AF845714

E-Book inklusive

Mit folgendem Code können Sie die E-Book-Ausgabe dieses Buches downloaden:

ztbed-djbh1-ez2vd-torou-356fz

Registrieren Sie sich unter

plus.hanser-fachbuch.de/ebookinklusive

Das E-Book können Sie auf Ihrem Rechner*, Tablet-PC und E-Book-Reader nutzen.

* Systemvoraussetzungen: Internet-Verbindung und Adobe® Reader®

Kotz / Wenz

C# und .NET 10 – Grundlagen, Profiwissen und Rezepte

Jürgen Kotz
Christian Wenz

C# und .NET 10 – Grundlagen, Profiwissen und Rezepte

HANSER

Die Autoren:
Jürgen Kotz, München
Christian Wenz, München

Print-ISBN: 978-3-446-48532-7
E-Book-ISBN: 978-3-446-48656-0
E-Pub-ISBN: 978-3-446-48734-5

Die allgemein verwendeten Personenbezeichnungen gelten gleichermaßen für alle Geschlechter.

Bibliografische Information der Deutschen Nationalbibliothek:
Die Deutsche Nationalbibliothek verzeichnet diese Publikation in der Deutschen Nationalbibliografie; detaillierte bibliografische Daten sind im Internet unter http://dnb.d-nb.de abrufbar.

Vilshofener Straße 10 | 81679 München | info@hanser.de
www.hanser-fachbuch.de
Lektorat: Sylvia Hasselbach
Copy editing: Walter Saumweber, Ratingen
Herstellung: le-tex publishing services GmbH, Leipzig
Coverkonzept: Marc Müller-Bremer, www.rebranding.de, München
Covergestaltung: Thomas West
Titelmotiv: © thinkstockphotos.de/liuzishan
Satz: Eberl & Koesel Studio, Kempten
Druck: Elanders Waiblingen GmbH, Waiblingen
Printed in Germany

Inhalt

Vorwort

C# ist die seit langem von Microsoft propagierte Sprache, sie bietet die Möglichkeiten und Flexibilität von C++ und erlaubt trotzdem eine schnelle und unkomplizierte Programmierpraxis wie einst bei Visual Basic. C# ist (fast) genauso mächtig wie C++, wurde aber komplett neu auf objektorientierter Basis geschrieben.

In Jürgens Fall traten 2001 seine Tochter Julia und C# mit der ersten Beta-Version in sein Leben ein. Beide begleiten ihn jetzt seit 25 Jahren. Aus seiner kleinen Tochter wurde mittlerweile eine erwachsene Frau, die kurz vorm Abschluss ihres Medizinstudiums steht. Die Liebe zur IT konnte Jürgen ihr leider nicht ganz vermitteln, und C# ist definitiv auch zu einer erwachsenen Programmiersprache geworden.

Mit .NET 10 hat Microsoft jetzt die neueste Version von .NET veröffentlicht, bei der vor allem viele Neuerungen im Bereich KI und Performance sowie Stabilität (vor allem für MAUI) implementiert wurden. Da diese Versionsnummer – wie alle geraden – einen „Long Term Support" bietet, also drei Jahre lang Bugfixes und Sicherheitspatches, hat unser Buch eine gründliche Überarbeitung und Aktualisierung verdient. Der bewährte Aufbau bleibt natürlich erhalten, allerdings gibt es in jedem Kapitel Änderungen und Ergänzungen. Wir haben alle relevanten neuen Features von .NET 9 und 10 aufgenommen, beispielsweise die neuen Sprachfeatures von C# 13 und C# 14 oder die neuen Möglichkeiten von Blazor als Teil von ASP.NET Core 10. Dem Thema KI wurde auch ein neues Kapitel spendiert. Sie erhalten somit weiterhin einen gründlichen Einstieg und Überblick über .NET, erfahren aber auch, was sich in den letzten Versionen getan hat.

C# ist das ideale Werkzeug zum Programmieren beliebiger Komponenten für .NET, beginnend bei WPF-, Web- und mobilen Anwendungen (auch für Android und iOS) bis hin zu systemnahen Applikationen.

Das vorliegende Buch ist ein Angebot für angehende wie auch für fortgeschrittene C#-Programmierer. Seine Philosophie knüpft an die vielen anderen Titel an, die in dieser Reihe in den vergangenen zwanzig Jahren zu verschiedenen Programmiersprachen erschienen sind:

- Programmieren lernt man nicht durch lineares Durcharbeiten eines Lehrbuchs, sondern nur durch unermüdliches Ausprobieren von Beispielen, verbunden mit ständigem Nachschlagen in der Referenz.
- Der Umfang einer modernen Sprache wie C# in Verbindung mit Visual Studio ist so gewaltig, dass ein seriöses Programmierbuch das Prinzip der Vollständigkeit aufgeben muss und nach dem Prinzip „so viel wie nötig“ sich lediglich eine „Initialisierungsfunktion“ auf die Fahnen schreiben kann.

Gegenüber anderen Büchern zur gleichen oder ähnlichen Thematik nimmt dieses Buch für sich in Anspruch, gleichzeitig Lehr- und Übungsbuch zu sein.

Zum Buchinhalt

Dieses Buch wagt den Spagat zwischen einem Grundlagen- und einem Profibuch. Sinn eines solchen Buches kann es nicht sein, eine umfassende Schritt-für-Schritt-Einführung in C# 14.0 zu liefern oder all die Informationen noch einmal zur Verfügung zu stellen, die Sie in der Produktdokumentation ohnehin schon finden und von denen Sie in der Regel nur ein Mausklick oder die F1-Taste trennt.

- Für den *Einsteiger* möchten wir den einzig vernünftigen und gangbaren Weg beschreiten, nämlich nach dem Prinzip „so viel wie nötig“ eine schmale Schneise durch den Urwald der .NET-Programmierung mit C# schlagen, bis er eine Lichtung erreicht hat, die ihm erste Erfolgserlebnisse vermittelt.
- Für den *Profi* möchten wir in diesem Buch eine Vielzahl von Informationen und Know-how bereitstellen, wonach er bisher in den mitgelieferten Dokumentationen, im Internet bzw. in anderen Büchern vergeblich gesucht hat.

Die Kapitel des Buches sind in vier Themenkomplexe gruppiert; online gibt es noch umfangreiches Zusatzmaterial:

1. **Grundlagen der Programmierung mit C# (Buch)**
2. **Desktop-Anwendungen mit WPF & Co. (Buch)**
3. **Fortgeschrittene Techniken (Buch)**
4. **Webanwendungen (Buch)**
5. Windows-Forms-Anwendungen (online)
6. Zugriff auf das Dateisystem (online)
7. ADO.NET (online)
8. XML (online)

Die Kapitel innerhalb eines Teils bilden einerseits eine logische Abfolge, können andererseits aber auch quergelesen werden. Im Praxisteil eines jeden Kapitels werden anhand realer Problemstellungen die behandelten Programmiertechniken im Zusammenhang demonstriert.

Nobody is perfect

Sie werden in diesem Buch nicht alles finden, was C# bzw. .NET 10 zu bieten haben. Manches ist sicher in einem anderen Spezialtitel ausführlicher beschrieben. Aber Sie halten mit diesem Buch einen überschaubaren Breitband-Mix in den Händen, der sowohl vertikal vom Einsteiger bis zum Profi als auch horizontal von den einfachen Sprachelementen bis hin zu komplexen Anwendungen jedem etwas bietet, ohne dabei den Blick auf das Wesentliche im .NET-Dschungel zu verlieren.

Wenn Sie Vorschläge oder Fragen zum Buch haben, können Sie uns gerne kontaktieren:

juergen.kotz@primetime-software.de

info@christianwenz.de

Wir hoffen, dass wir Ihnen mit diesem Buch einen nützlichen Begleiter bei der .NET-Programmierung zur Seite gestellt haben, der es verdient, seinen Platz nicht im Regal, sondern griffbereit neben dem Computer einzunehmen.

Vielen Dank!

Ein Buch – gerade, wenn es so umfangreich ist – ist stets Teamarbeit. Herzlichen Dank an unsere Lektorin Sylvia Hasselbach, mit der wir seit über 20 Jahren zusammenarbeiten dürfen, sowie an Kristin Rothe und Irene Weilhart. Sollten trotz aller Sorgfalt Fehler auffallen, so veröffentlichen wir diese als Errata auf der Buchseite auf *www.hanser-fachbuch.de* und auf *https://plus.hanser-fachbuch.de* bei den Codebeispielen. Lenny Kotz hat uns bei einigen der Grafiken im Buch unterstützt.

Jürgen Kotz und Christian Wenz

München, im Januar 2026

Zusatzmaterial online

Der Einfachheit halber werden im ersten Teil die Beispiele weiter mit Windows Forms oder als Konsolenanwendungen erstellt. Der zweite Teil des Buches behandelt dann ausführlich WPF sowie .NET MAUI und im dritten Teil „Technologien“ werden die Beispiele dann mit WPF oder auch einer Konsolenanwendung dargestellt. Der vierte Teil ist dann der Webtechnologie vorbehalten. Alle Beispieldaten dieses Buches und die mittlerweile zahlreichen Bonuskapitel können Sie online herunterladen.

Geben Sie auf

https://plus.hanser-fachbuch.de

den Code am Ende des Buches ein.

Beim Nachvollziehen der Buchbeispiele beachten Sie bitte Folgendes:

- Kopieren Sie die Buchbeispiele auf die Festplatte. Wenn Sie auf die Projektmappendatei (**.sln*) klicken, wird Visual Studio in der Regel automatisch geöffnet und das jeweilige Beispiel wird in die Entwicklungsumgebung geladen, wo Sie es z. B. mittels der **F5**-Taste kompilieren und starten können.
- Für einige Beispiele ist ein installierter Microsoft SQL Server Express LocalDB oder jegliche andere Instanz eines SQL-Servers erforderlich. Ersterer wird standardmäßig mit Visual Studio mit installiert.
- Beachten Sie die zu einigen Beispielen beigefügten *Liesmich.txt*-Dateien, die Sie auf besondere Probleme hinweisen.

Teil I: Grundlagen

- .NET 10 (Kapitel 1)
- Einstieg in Visual Studio 2026 Version 18.0 (Kapitel 2)
- Grundlagen der Sprache C# (Kapitel 3)
- OOP-Konzepte (Kapitel 4)
- Arrays, Strings, Methoden (Kapitel 5)
- Weitere Sprachfeatures (Kapitel 6)
- Einführung in LINQ (Kapitel 7)
- Neuerungen von C# im Überblick (Kapitel 8)

1 .NET 10

Mit .NET 10 ist Mitte November 2025 die aktuellste Version des Microsoft Frameworks, das mittlerweile auf eine über 20-jährige Geschichte zurückblickt, erschienen. Seit der Version .NET 6 handelt sich dabei wieder um eine Version, welche das gesamte .NET-Universum wieder vereint, es gibt somit wieder ein *„one" .NET*.

.NET 10 ist eine „Long Term Support"-Version (LTS) von .NET (weil gerade Versionsnummer) und wird somit bis zum November 2028 mit Fehlerbehebungen und Sicherheitsupdates unterstützt.

Mit dem .NET Framework können völlig unterschiedliche Applikationstypen (Desktop, Web, Mobile) in unterschiedlichen Programmiersprachen (C#, VB, F# etc.) entwickelt werden und egal was man macht, man hat eine einheitliche Funktionsbibliothek, eben das .NET Framework.

Im Jahre 2016 erschien parallel zum .NET Framework ein sogenanntes .NET Core Framework, das speziell für plattformübergreifende Webentwicklung konzipiert war. Keine Bindung somit mehr an Windows, sondern zeitgemäße plattformübergreifende Möglichkeiten (auch für mobile Plattformen wie iOs und Android), um seine Applikationen zu entwickeln und auch zu deployen. Da es sich bei .NET Core um Open Source handelte, hat Microsoft hier auch bewiesen, dass Open Source für Microsoft nicht nur ein Lippenbekenntnis ist, sondern ein wesentliches Fundament in der weiteren Entwicklung des Softwaregiganten.

Eigentlich war die Wiedervereinigung des klassischen .NET Frameworks mit den .NET-Core-Versionen bereits 2020 mit der Version 5.0 geplant, jedoch musste diese dann aufgrund der Coronapandemie um ein Jahr verschoben werden.

Somit wurden erst mit .NET 6 diese beiden Entwicklungsstränge (.NET und .NET Core) komplett zusammengeführt und man hat wieder ein einheitliches Framework – laut Microsoft auch das performanteste .NET –, um seine Anwendungen zu schreiben. Nur die Entwicklung von Desktopapplikationen mit den Frameworks Windows Forms und WPF ist noch an Windows gebunden, alle anderen Anwendungsmöglichkeiten sind plattformübergreifend.

Mit den seitdem erschienenen Versionen .NET 7 bis hin zum aktuellen Framework . NET 10 hat Microsoft vor allem in Bezug auf Performance viele Verbesserungen durchgeführt.

1.1 Microsofts .NET-Technologie

Ganz ohne Theorie geht nichts! In diesem leider etwas „trockenen" Abschnitt werden Einsteiger mit der grundlegenden .NET-Philosophie und den damit verbundenen Konzepten, Begriffen und Features vertraut gemacht. Dazu dürfen Sie Ihrem Rechner ruhig einmal eine Pause gönnen.

1.1.1 Zur Geschichte von .NET

Das Kürzel .NET ist die Bezeichnung für eine gemeinsame Plattform für viele Programmiersprachen. Beim Kompilieren von .NET-Programmen wird der jeweilige Quelltext in MSIL (*Microsoft Intermediate Language*) übersetzt. Es gibt nur ein gemeinsames Laufzeitsystem für alle Sprachen, die sogenannte CLR (Common Language Runtime), die die MSIL-Programme ausführt.

Die im Jahr 2002 eingeführte .NET-Technologie wurde notwendig, weil sich die Anforderungen an moderne Softwareentwicklung dramatisch verändert hatten, wobei das rasant wachsende Internet mit seinen hohen Ansprüchen an die Skalierbarkeit einer Anwendung, die Verteilbarkeit auf mehrere Schichten und ausreichende Sicherheit der hauptsächliche Motor war, sich nach einer grundlegend neuen Sprachkonzeption umzuschauen.

Mit .NET fand ein radikaler Umbruch in der Geschichte der Softwareentwicklung bei Microsoft statt. Nicht nur dass jetzt „echte" objektorientierte Programmierung zum obersten Dogma erhoben wird, nein, auch eine langjährig bewährte Sprache wie das alte Visual Basic wurde völlig umgekrempelt und die einst gelobte COM-Technologie wurde zum Auslaufmodell erklärt!

HINWEIS: Dem unerfahrenen Leser mögen einige Ausführungen im Laufe dieses Kapitels noch sehr fremd sein. Machen Sie sich deswegen keine Sorgen und wenn Sie etwas nicht verstehen, kommen Sie einfach am Ende des Buches nochmals hierher zurück.

Warum eine eigene Programmiersprache?

C# wurde ausschließlich für das .NET Framework konzipiert, wobei versucht wurde, das Beste aus den etablierten Programmiersprachen Java, JavaScript, Visual Basic und C++ zu kombinieren, ohne aber deren Nachteile zu übernehmen.

Da sich die etablierten Sprachen nicht ohne größere Kompromisse an das .NET Framework anpassen ließen, haben die .NET-Entwickler die Gelegenheit beim Schopf gepackt und eine „maßgeschneiderte" .NET-Sprache entwickelt. C# setzt auf dem .NET Framework auf und kommt ohne „faule" Kompatibilitätskompromisse aus, wie sie z. B. teilweise bei Visual Basic erforderlich waren.

Als konsequent objektorientierte Sprache erfüllt C# folgende Kriterien:

- **Abstraktion:** Die Komplexität eines Geschäftsproblems ist beherrschbar, indem eine Menge von abstrakten Objekten identifiziert werden können, die mit dem Problem verknüpft sind.
- **Kapselung:** Die interne Implementation einer solchen Abstraktion wird innerhalb des Objekts versteckt.
- **Polymorphie:** Ein und dieselbe Methode kann auf mehrere Arten implementiert werden.
- **Vererbung:** Es wird nicht nur die Schnittstelle, sondern auch der Code einer Klasse vererbt (Implementationsvererbung statt der COM-basierten Schnittstellenvererbung).

Microsoft konnte natürlich nicht über Nacht die COM-Technologie auf die Müllkippe entsorgen, denn zu viele Programmierer wären dadurch auf immer und ewig verprellt worden und hätten sich frustriert einer alternativen Entwicklungsplattform zugewandt. Aus diesem Grund hat COM auch in .NET noch einige Zeit sein Gnadenbrot erhalten.

HINWEIS: Das gesamte Office-Paket wird auch weiterhin mit COM programmiert und die Schnittstellen zur Office-Automatisierung stehen über COM, das aus .NET heraus aufgerufen werden kann, zur Verfügung. Mittlerweile gibt es sogenannte PIA (Primary Interop-Assemblies)-Schnittstellen, die einen Wrapper für die COM-Schnittstelle bieten.

Ja, und das Ganze funktioniert auch weiterhin mit .NET 10.

Erst mit Microsoft 365 wird der Zugriff mit der Bibliothek *DocumentFormat.OpenXml* zur Pflicht, der die herkömmlichen auf COM basierenden PIA-Objekte „ablöst" Ablöst steht hier in Anführungszeichen, da das Programmiermodell sich komplett von den bisherigen Bibliotheken unterscheidet. Der große Vorteil liegt darin begründet, dass für *DocumentFormat.OpenXml* keine Installation von Office auf dem ausführenden Rechner oder Server vorhanden sein muss.

Wie funktioniert eine .NET-Sprache?

Jeder in einer beliebigen .NET-Programmiersprache geschriebene Code wird beim Kompilieren in einen Zwischencode, den sogenannten MSIL-Code (*Microsoft Intermediate Language Code*), übersetzt, der unabhängig von der Plattform bzw. der verwendeten Hardware ist und dem man es auch nicht mehr ansieht, in welcher Sprache seine Source geschrieben wurde.

HINWEIS: Es gibt über 50 verschiedene Programmiersprachen für .NET. Sogar das ehrwürdige COBOL besitzt eine Version für .NET!

Erst wenn der MSIL-Code von einem Programm zur Ausführung genutzt werden soll, wird er vom *Just-in-Time(JIT)-Compiler* in Maschinencode übersetzt[1]. Ein .NET-Programm wird also vom Entwurf bis zu seiner Ausführung auf dem Zielrechner tatsächlich zweimal kompiliert (siehe Bild 1.1).

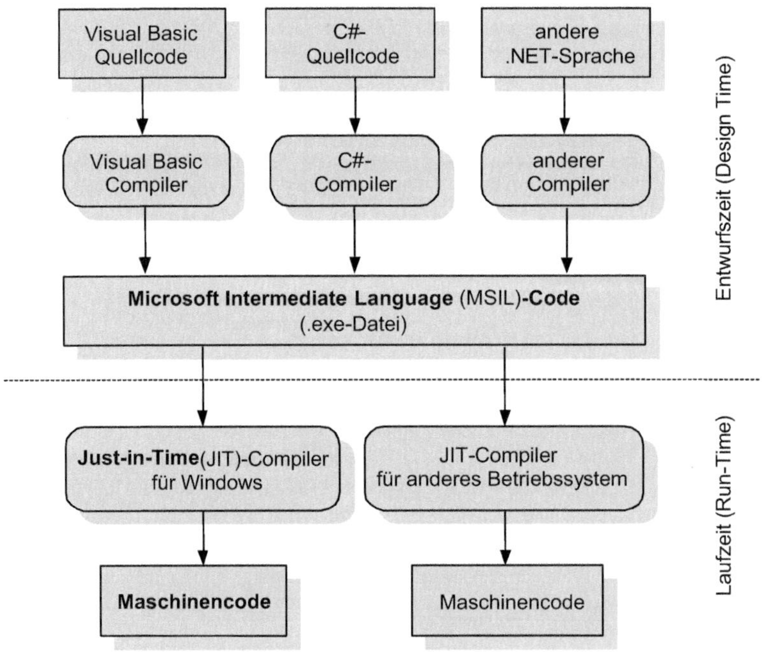

Bild 1.1 Übersetzungsschritte einer .NET Programmiersprache

[1] Der Begriff „jeder Code" schließt z. B. auch den Code der ASP.NET-Seiten ein.

HINWEIS: Für die Installation eines Programms ist in der Regel lediglich die Weitergabe des MSIL-Codes erforderlich. Voraussetzung ist allerdings das Vorhandensein der .NET-Laufzeitumgebung (CLR), die Teil des .NET Frameworks ist, auf dem Zielrechner.

Eine der wesentlichsten Änderungen seit .NET 7, die in den folgenden Versionen erweitert wurde, ist die Einführung eines *AoT*-Compilers (Ahead of Time). Bislang gab es in der .NET-Welt nur *JiT*-Compiler (Just in Time), die den erzeugten IL-Code (*Intermediate Language*-Code) während der Ausführung des Programms in nativen Maschinencode übersetzten. Bislang war es nur mit den Tools *ngen.exe* (klassisches .NET) bzw. *crossgen.exe* (.NET Core) möglich, nativen Maschinencode zu erstellen.

Nun hat man tatsächlich auch die Möglichkeit, bereits zur Compilezeit nativen Maschinencode zu erstellen.

Bei der Projektanlage (zumindest bei ausgewählten Projekttypen) kann man bereits die Option *native AOT-Veröffentlichung aktivieren anhaken* (siehe Bild 1.2), und dadurch wird der folgende zusätzliche Eintrag in die Projektdatei geschrieben:

```
<PropertyGroup>
    <PublishAot>true</PublishAot>
</PropertyGroup>
```

Dadurch aktiviert man die Option für die *Ahead-of-Time* Kompilierung.

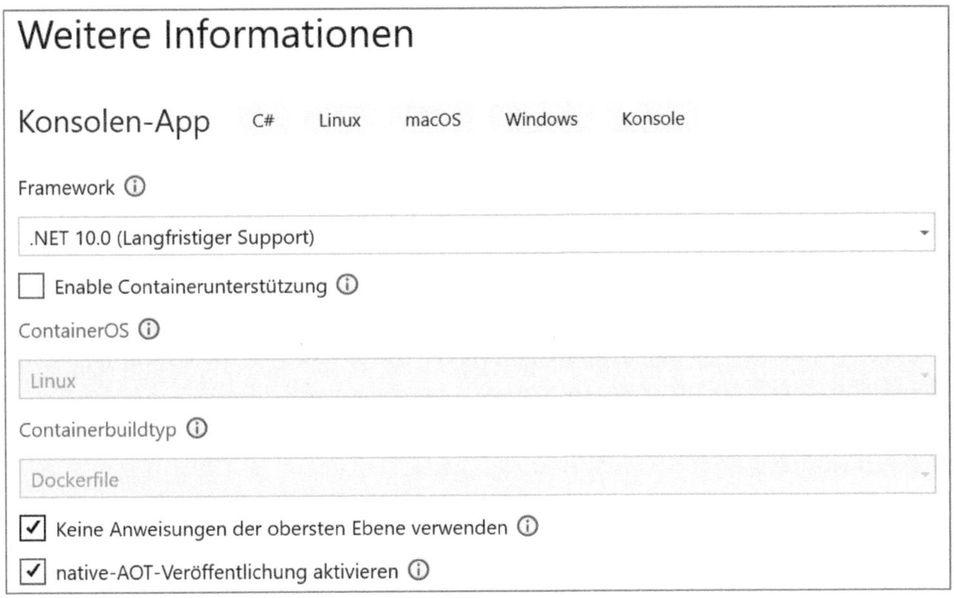

Bild 1.2 AOT-Veröffentlichungsoption bei der Projektanlage

Wenn das Projekt dann veröffentlicht wird, erhält man nun die binären Dateien in nativem Maschinencode.

Leider ist diese Option nur für wenige Projektarten verfügbar, aber zumindest ein Anfang ist gemacht. Zum jetzigen Zeitpunkt ist AoT-Kompilierung für Konsolenanwendungen (und dabei auch nicht für alle Bibliotheken), ASP.NET Core Web-API (wobei es sich hier um eine eigene Projektvorlage mit dem postfix native AOT handelt) und Workerdienst verfügbar.

1.1.2 .NET-Features und Begriffe

Mit Einführung von Microsofts .NET-Technologie prasselte auch eine Vielzahl neuer Begriffe auf die Entwicklergemeinde ein. Es werden hier nur die wichtigsten erklärt.

.NET Framework

.NET ist die Infrastruktur für die gesamte .NET-Plattform. Es handelt sich hierbei gleichermaßen um eine Entwurfs- wie um eine Laufzeitumgebung, in der Windows- und Web-Anwendungen erstellt und verteilt werden können.

Die nachfolgende Abbildung versucht, einen groben Überblick über die Komponenten des .NET Frameworks zu geben.

Zu den wichtigsten Komponenten des .NET Frameworks und den damit zusammenhängenden Begriffen zählen:

- Common Language Specification (CLS),
- Common Type System (CTS),
- Common Language Runtime (CLR),
- .NET-Klassenbibliothek,
- diverse Basisklassenbibliotheken wie Windows.Forms und ASP.NET,
- diverse Compiler z. B. für C#, VB.NET usw.

In der folgenden Abbildung sind die Entwicklungsstufen des ursprünglichen .NET Frameworks aufgezeichnet, die letzte klassische .NET Version 4.8 wurde 2019 veröffentlicht.

Im Folgenden sollen die einzelnen .NET-Bestandteile einer näheren Betrachtung unterzogen werden.

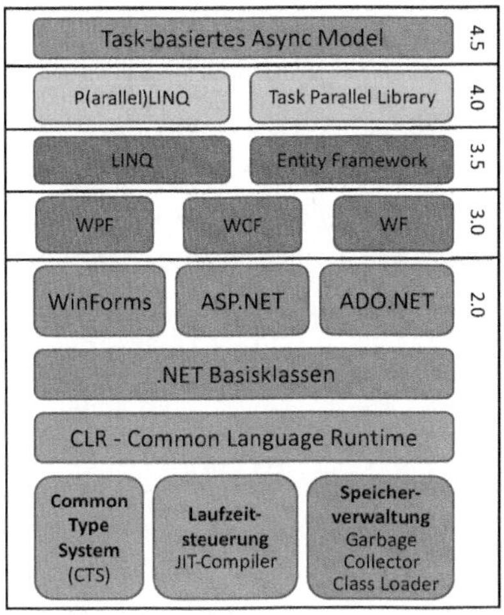

Bild 1.3
Komponenten des .NET Frameworks

Die Common Language Specification (CLS)

Um den sprachunabhängigen MSIL-Zwischencode erzeugen zu können, müssen allgemein gültige Richtlinien und Standards für die .NET-Programmiersprachen existieren. Diese werden durch die *Common Language Specification* (CLS) definiert, die eine Reihe von Eigenschaften festlegt, die jede .NET-Programmiersprache erfüllen muss.

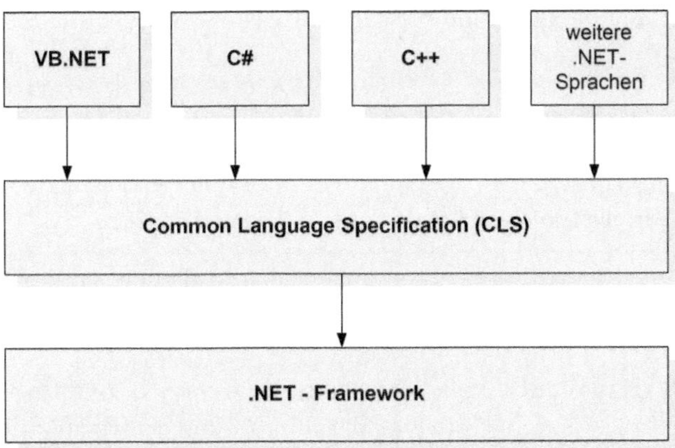

Bild 1.4 CLS – Common Language Specification

HINWEIS: Ganz egal, mit welcher .NET-Programmiersprache Sie arbeiten, der Quellcode wird immer in ein und dieselbe Intermediate Language (MSIL) kompiliert.

Besonders für die Entwicklung von .NET-Anwendungen im Team haben die Standards der CLS weitreichende positive Konsequenzen, denn es ist nun zweitrangig, in welcher .NET-Programmiersprache Herr Müller die Komponente X und Herr Meier die Komponente Y schreibt. Alle Komponenten werden problemlos miteinander interagieren!

> Wir persönlich würden es jedoch besser finden, wenn alle im Team mit der gleichen Programmiersprache arbeiten würden.

Auf einen wichtigen Bestandteil des CLS kommen wir im folgenden Abschnitt zu sprechen.

Das Common Type System (CTS)

Ein Kernbestandteil der CLS ist das *Common Type System (CTS)*. Es definiert alle Typen[2], die von der .NET-Laufzeitumgebung (CLR) unterstützt werden.

Alle diese Typen lassen sich in zwei Kategorien aufteilen:

- Wertetypen (werden auf dem Stack im Speicher abgelegt)
- Referenztypen (werden auf dem Heap im Speicher abgelegt)

Zu den Wertetypen gehören beispielsweise die ganzzahligen Datentypen und die Gleitkommazahlen. Zu den Referenztypen zählen die Objekte, die aus Klassen instanziiert wurden.

> **HINWEIS:** Dass unter .NET auch die Wertetypen letztendlich als Objekte betrachtet und behandelt werden, liegt an einem als *Boxing* bezeichneten Verfahren, das die Umwandlung eines Wertetyps in einen Referenztyp zur Laufzeit besorgt.

Warum hat Microsoft mit dem heiligen Prinzip der Abwärtskompatibilität gebrochen und selbst die fundamentalen Datentypen einer Programmiersprache neu definiert?

Als Antwort kommen wir noch einmal auf eine wesentliche Säule der .NET-Philosophie zu sprechen, auf die durch CLS/CTS manifestierte Sprachunabhängigkeit und auf die Konsequenzen, die dieses Paradigma nach sich zieht.

Microsofts .NET-Entwickler hatten gar keine andere Wahl, denn um Probleme beim Zugriff auf sprachfremde Komponenten zu vermeiden und um eine sprachübergreifende Programmentwicklung überhaupt zu ermöglichen, mussten die Spezifikationen der Programmiersprachen durch die CLS einander angepasst werden. Dazu müssen

[2] Unter .NET spricht man allgemein von Typen und meint damit Klassen, Interfaces und Datentypen, die als Wert übergeben werden.

alle wesentlichen sprachbeschreibenden Elemente – wie vor allem die Datentypen – in allen .NET-Programmiersprachen gleich sein.

Da .NET eine Normierung der Programmiersprachen erzwingt, verwischen die Grenzen zwischen den verschiedenen Sprachen und Sie brauchen nicht immer umzudenken, wenn Sie tatsächlich einmal auf eine andere .NET-Programmiersprache umsteigen wollen.

Als Lohn für die Mühen und den Mut, die eingefahrenen Gleise seiner altvertrauten Sprache zu verlassen, winken dem Entwickler wesentliche Vereinfachungen. So sind die Zeiten des alltäglichen Ärgers mit den Datentypen – wie z. B. bei der Übergabe eines Integers an eine C-DLL – endgültig vorbei. Bei so viel Licht gibt es natürlich auch Schatten. Mit einem der inzwischen zahlreich und kostenlos verfügbaren MSIL-Decompiler ist es sehr einfach möglich, aus einer EXE-Datei den Quellcode zu generieren. Wenn überhaupt, so ist es nur mit hohem Aufwand möglich, dass Sie als Programmierer Ihr Know-how vor der Konkurrenz schützen können. In Zeiten von Open Source sehen manche Unternehmen dieses Problem jedoch nicht mehr, anderen ist jedoch der Schutz des eigenen Quellcodes noch immer wichtig.

Die Common Language Runtime (CLR)

Die Laufzeitumgebung bzw. *Common Language Runtime* (CLR) ist die Umgebung, in der .NET-Programme auf dem Zielrechner ausgeführt werden. Sie muss auf einem Computer nur einmal installiert sein und schon laufen sämtliche .NET-Anwendungen, egal ob sie in C#, VB oder F# programmiert wurden. Die CLR zeichnet für die Ausführung der Anwendungen verantwortlich und kooperiert auf Basis des CTS mit der MSIL.

Mit ihren Fähigkeiten bildet die Common Language Runtime gewissermaßen den Kern von .NET. Den Code, der von der CLR ausgeführt wird, bezeichnet man auch als verwalteten bzw. *Managed Code*.

Die CLR ist innerhalb des .NET Frameworks nicht nur für das Ausführen von verwaltetem Code zuständig. Der Aufgabenbereich der CLR ist weitaus umfangreicher und umfasst zahlreiche Dienste, die als Bindeglied zwischen dem verwalteten MSIL-Code und dem Betriebssystem des Rechners die Anforderungen des .NET Frameworks sicherstellen, wie z. B.

- ClassLoader,
- Just-in-Time(JIT)-Compiler,
- ExceptionManager,
- Code Manager,
- Security Engine,
- Debug Machine,

- Thread Service,
- COM-Marshaller.

Die Verwendung der sprachneutralen MSIL erlaubt die Nutzung des CTS und der Basisklassen für alle .NET-Sprachen gleichermaßen. Einziger hardwareabhängiger Bestandteil des .NET Frameworks ist der Just-in-Time-Compiler. Deshalb kann der MSIL-Code im Prinzip frei zwischen allen Plattformen bzw. Geräten, für die ein .NET Framework existiert, ausgetauscht werden.

Namespaces

Alle Typen des .NET Frameworks werden in sogenannten Namensräumen (Namespaces) zusammengefasst. Unabhängig von irgendeiner Klassenhierarchie wird jede Klasse einem bestimmten Namensraum zugeordnet.

Die folgende Tabelle zeigt beispielhaft einige wichtige Namespaces für die Basisklassen des .NET Frameworks:

Namespace	... enthält Klassen für ...
System.Windows.Forms	... Windows-basierte WinForms-Anwendungen
System.Collections	... Objekt-Arrays
System.Collections.Generic	... typsichere Objekt-Arrays
System.Drawing	... die Grafikprogrammierung
System.Data	... den Datenbankzugriff
System.Web	... die Webprogrammierung
System.IO	... Ein- und Ausgabeoperationen

Mit den Namespaces hat auch der Ärger mit der Registrierung von (COM-)Komponenten bei Versionskonflikten sein Ende gefunden, denn eine unter .NET geschriebene Komponente wird von der .NET-Runtime nicht mehr über die ProgID der Klasse mithilfe der Registry lokalisiert, sondern über einen in der Runtime enthaltenen Mechanismus, der einen Namespace einer angeforderten Komponente sowie deren Version für das Heranziehen der „richtigen" Komponente verwendet.

Assemblierungen

Unter einer Assemblierung (*Assembly*) versteht man eine Basiseinheit für die Verwaltung von Managed Code und für das Verteilen von Anwendungen. Sie kann sowohl aus einer einzelnen als auch aus mehreren Dateien (Modulen) bestehen. Eine solche Datei (*.dll* oder *.exe*) enthält MSIL-Code (kompilierter Zwischencode).

Die Klassenverwaltung in Form von selbst beschreibenden Assemblies vermeidet Versionskonflikte von Komponenten und ermöglicht vor allem dynamische Programminstallationen aus dem Internet. Statt der bei einer klassischen Installation bisher erforderlichen Einträge in die Windows-Registry genügt nunmehr einfaches Kopieren der Anwendung.

Normalerweise müssen Sie die Assemblierungen referenzieren, in denen die von Ihrem Programm verwendeten Typen bzw. Klassen enthalten sind. Eine Ausnahme ist die Assemblierung *mscorlib.dll*, welche die Basistypen des .NET Frameworks in verschiedenen Namensräumen umfasst (siehe obige Tabelle).

Zugriff auf COM-Komponenten

Verweise auf COM-DLLs werden so eingebunden, dass sie zur Entwurfszeit quasi wie .NET-Komponenten behandelt werden können.

Über das Menü *Projekt/COM-Verweis hinzufügen* erreichen Sie unter Visual Studio die Liste der verfügbaren COM-Bibliotheken. Nachdem Sie die gewünschte Bibliothek selektiert haben, können Sie die COM-Komponente wie gewohnt ansprechen.

HINWEIS: Wenn Sie COM-Objekte in Ihre .NET-Projekte einbinden wollen, müssen Sie auf viele Vorteile von .NET verzichten. Durch die zusätzliche Interoperabilitätsschicht sinkt die Performance meist deutlich.

Metadaten und Reflexion

Das .NET Framework stellt im *System.Reflection*-Namespace einige Klassen bereit, die es erlauben, die Metadaten (Beschreibung bzw. Strukturinformationen) einer Assembly zur Laufzeit auszuwerten, womit z. B. eine Untersuchung aller dort enthaltenen Typen oder Methoden möglich ist.

Die Beschreibung durch die .NET-Metadaten ist allerdings wesentlich umfassender, als es in den gewohnten COM-Typbibliotheken üblich war. Außerdem werden die Metadaten direkt in der Assembly untergebracht, die dadurch selbstbeschreibend wird und z. B. auf Registry-Einträge verzichten kann. Metadaten können daher nicht versehentlich verloren gehen oder mit einer falschen Dateiversion kombiniert werden.

HINWEIS: Es gibt unter .NET nur noch eine einzige Stelle, an der sowohl der Programmcode als auch seine Beschreibung gespeichert werden!

Metadaten ermöglichen es, zur Laufzeit festzustellen, welche Typen benutzt und welche Methoden aufgerufen werden. Daher kann .NET die Umgebung an die Anwendung anpassen, sodass diese effizienter arbeitet.

Der Mechanismus zur Abfrage der Metadaten wird Reflexion (*Reflection*) genannt. Das .NET Framework bietet dazu eine ganze Reihe von Methoden an, mit denen jede Anwendung – nicht nur die CLR – die Metadaten von anderen Anwendungen abfragen kann.

Auch Entwicklungswerkzeuge wie Visual Studio verwenden die Reflexion, um z. B. den Mechanismus der IntelliSense zu implementieren. Sobald Sie einen Methodennamen eintippen, zeigt die IntelliSense eine Liste mit den Parametern der Methode an oder mit allen Elementen eines bestimmten Typs.

Weitere nützliche Werkzeuge, die auf der Basis von Reflexionsmethoden arbeiten, sind der IL-Disassembler (ILDASM) des .NET Frameworks oder ILSpy.

HINWEIS: Eine besondere Bedeutung hat Reflexion im Zusammenhang mit dem Auswerten von Attributen zur Laufzeit (siehe den folgenden Abschnitt).

Attribute

In vielen anderen Programmiersprachen versteht man Attribute als Variablen, die zu einem Objekt gehören und damit seinen Zustand beschreiben.

Unter .NET haben Attribute eine grundsätzlich andere Bedeutung: .NET-Attribute stellen einen Mechanismus dar, mit dem man Typen und Elemente einer Klasse schon beim Entwurf kommentieren und mit Informationen versorgen kann, die sich zur Laufzeit mittels Reflexion abfragen lassen.

Auf diese Weise können Sie eigenständige, selbstbeschreibende Komponenten entwickeln, ohne die erforderlichen Infos separat in Ressourcendateien oder Konstanten unterbringen zu müssen. So erhalten Sie mobilere Komponenten mit besserer Wartbarkeit und Erweiterbarkeit.

Man kann Attribute auch mit „Anmerkungen" vergleichen, die man einzelnen Quellcode-Elementen, wie Klassen oder Methoden, „anheftet". Solche Attribute (Annotations) gibt es eigentlich in jeder Programmiersprache, sie regeln z. B. die Sichtbarkeit eines bestimmten Datentyps. Allerdings waren diese Fähigkeiten bislang fest in den Compiler integriert, während sie unter .NET nunmehr direkt im Quellcode zugänglich sind. Das heißt, dass .NET-Attribute typsichere, erweiterbare Metadaten sind, die zur Laufzeit von der CLR (oder von beliebigen .NET-Anwendungen) ausgewertet werden können.

Mit Attributen können Sie Design-Informationen (z. B. zur Dokumentation), Laufzeit-Infos (z. B. Namen einer Datenbankspalte für ein Feld) oder sogar Verhaltensvorschriften für die Laufzeit (z. B. ob ein gegebenes Feld an einer Transaktion teilnehmen darf) definieren. Die Möglichkeiten sind quasi unbegrenzt.

Wenn Ihre Anwendung beispielsweise einen Teil der erforderlichen Informationen abspeichert, muss bereits beim Entwurf festgelegt werden, wo die Daten abzulegen sind. Solche Informationen werden üblicherweise in Konstanten oder in einer Ressourcendatei untergebracht oder sogar fest in die Aufrufe der entsprechenden Registrierfunktionen eingebaut. Wesentliche Bestandteile der Klasse werden also von der übrigen Klassendefinition abgetrennt. Der Attribute-Mechanismus macht damit Schluss, denn er erlaubt es, derlei Informationen direkt an die Klassenelemente „anzuheften", sodass letztendlich eine sich vollständig selbst beschreibende Komponente vorliegt.

Serialisierung

Fester Bestandteil des .NET Frameworks ist auch ein Mechanismus zur Serialisierung von Objekten. Unter Serialisierung versteht man das Umwandeln einer Objektinstanz in sequenzielle Daten, d. h. in binäre, XML- oder JSON-Daten mit dem Ziel, die Objekte als Datei permanent zu speichern oder über Netzwerke zu verschicken.

Auf umgekehrtem Weg rekonstruiert die Deserialisierung aus den Daten wieder die ursprüngliche Objektinstanz.

Das .NET Framework unterstützt drei verschiedene Serialisierungsmechanismen:

- Die Shallow-Serialisierung mit der Klasse *System.Xml.Serialization.XmlSerializer*.
- Die Deep-Serialisierung mit den Klassen *BinaryFormatter* und *SoapFormatter* aus dem *System.Runtime.Serialization*-Namespace (wird ab .NET 5 nicht mehr unterstützt).
- JSON-Serialisierung mittels der Klassen im Namensraum *System.Text.Json*
- oder alternativ (vor allem für die klassischen .NET Frameworks) zu *System.Text.Json*
- Durch das ladbare NuGet-Paket *Newtonsoft.Json* wird auch eine JSON-Serialisierung ermöglicht.

Aufgrund ihrer Einschränkungen (geschützte und private Objektfelder bleiben unberücksichtigt) ist die Shallow-Serialisierung für uns weniger interessant.

Das populärste Austauschformat momentan ist jedoch JSON. Die Funktionalität zur Serialisierung in dieses Format wird seit .NET 5 über eigene .NET-Framework-Klasse zur Verfügung gestellt, in vielen Teilen und vor allem bei den klassischen Framework-Versionen wird aber auch noch das Nuget-Paket *Newtonsoft.Json* verwendet.

Anwendungsgebiete der Serialisierung finden sich bei ASP.NET, ADO.NET, XML etc.

Multithreading

Multithreading ermöglicht es einer Anwendung, ihre Aktivitäten so aufzuteilen, dass diese unabhängig voneinander ausgeführt werden können, bei gleichzeitig besserer Auslastung der Prozessorzeit. Allgemein sind Threads keine Besonderheit von .NET, sondern auch in anderen Programmierumgebungen durchaus üblich.

Unter .NET laufen Threads in einem Umfeld, das Anwendungsdomäne genannt wird. Erstellung und Einsatz erfolgen mithilfe der Klasse *System.Threading.Thread.*

Nicht in jedem Fall ist die Aufnahme zusätzlicher Threads die beste Lösung, da man sich dadurch auch zusätzliche Probleme einhandeln kann. So ist beim Umgang mit mehreren Threads die Threadsicherheit von größter Bedeutung. Das heißt, aus Sicht der Threads müssen die Objekte stets in einem gültigen Zustand vorliegen und das auch dann, wenn sie von mehreren Threads gleichzeitig benutzt werden.

Ab der .NET-Framework-Version 4.0 wurde das Konzept von *Tasks* (eine Art Hintergrundthread) mittels der *TPL* (Task Parallel Library) hinzugefügt. Mittels Tasks ist die Programmierung von asynchronen Funktionsaufrufen wesentlich vereinfacht worden. Die Klassen der TPL befinden sich im Namensraum *System.Threading.Tasks.*

Objektorientierte Programmierung

Last, but not least, möchten wir am Ende unseres Rundflugs über die .NET-Highlights noch einmal auf das allem zugrunde liegende OOP-Konzept verweisen, denn .NET ist komplett objektorientiert aufgebaut – unabhängig von der verwendeten Sprache oder der Zielumgebung, für die programmiert wird (Desktop- oder Web-Anwendung).

Jeder .NET-Code ist innerhalb einer Klasse verborgen und sogar einfache Variablen sind zu Objekten mutiert, die Eigenschaften und Methoden bereitstellen. Es ist deshalb wenig sinnvoll, mit der Einführung in die Sprache C# fortzufahren, ohne sich vorher mit dem Konzept der OOP vertraut gemacht zu haben (siehe Kapitel 4).

1.2 .NET Core

Um die Konkurrenz nicht enteilen zu lassen, entschloss sich Microsoft neben dem klassischen .NET Framework das .NET Core Framework als Open-Source-Projekt zu entwickeln. Mit diesem Framework war es möglich, plattformübergreifende Webapplikationen und auch mobile Applikationen zu entwickeln.

1.2.1 Geschichte von .NET Core

.NET Core war eine parallele Entwicklung, vornehmlich für Webapplikationen, die plattformübergreifend eingesetzt werden konnte und nicht mehr an das Windows-Betriebssystem gebunden war.

Bereits Mitte 2014 kündigte Microsoft .NET Core an, es dauerte dann aber noch zwei Jahre, bis .NET Core 1.0 final erschien. Der große Unterschied zum bisherigen klassischen .NET Framework bestand darin, dass nicht mehr auf das gesamte Framework referenziert wurde, sondern alle Bibliotheken in NuGet-Pakete aufgedröselt wurden, die dann – je nach dem, was im Projekt gebraucht wurde – diesem hinzugefügt wurden. Der Funktionsumfang dieser ersten Version enthielt natürlich nur ein Bruchteil des Funktionsumfangs des klassischen .NET Frameworks.

In zyklischen Abständen kamen dann weitere Versionen von 1.1 über 2.0, 2.1 sowie 2.2, und zu guter Letzt 3.0 und im Dezember 2019 .NET Core 3.1 hinzu, um die Lücken in der Funktionalität des bisherigen .NET Frameworks einigermaßen zu schließen. Alle Versionen wurden als .NET Core bezeichnet.

Dabei wurde der Support dieser Versionen in zwei Kategorien eingeteilt:

- LTS (Long Term Support) für 3 Jahre
- Current für 18 Monate (ab .NET 9 für 24 Monate)

Interessant dabei war, dass alle Versionen mit einer ungeraden Minor-Versionsummer (1.1, 2.1, 3.1) Long Term Support bekamen, während die anderen Versionen nur für 18 Monate von Microsoft supportet wurden.

Im November 2020 erschien dann .NET 5, jedoch nicht mit all den Features, die Microsoft geplant hatte. Einige Features wurden aufgrund der Coronapandemie auf die Version 6 verschoben. Obwohl .NET 5 der Nachfolger von .NET Core 3.1 war, wurde auf die Benennung .NET (Core) 4 verzichtet.

Zum einen wollte man keine Verwechslung mit der bisherigen klassischen Version des .NET Frameworks aufkommen lassen, das ja mittlerweile auch die Version 4 (zu diesem Zeitpunkt 4.8) erreicht hat. Und um klar darzustellen, dass es sich um die Basis aller weiteren .NET Frameworks handelt, wurde auch die Bezeichnung Core fallen gelassen.

Auch im klassischen .NET Framework wurde damit begonnen, wesentliche Bestandteile aus dem Framework auszulagern, um schnellere Produktzyklen gewährleisten zu können. Das bekannteste Beispiel dazu ist vermutlich Entity Framework, die von Microsoft empfohlene Datenbankzugriffstechnologie. Genauso wurde auch eine Core-Variante des Entity Frameworks entwickelt, die in Kapitel 17 beschrieben ist. Während bei der Framework-Version .NET 6 auf den Zusatz Core verzichtet wurde, werden wir diesen bei Entity Framework, zumindest zum jetzigen Stand, noch finden.

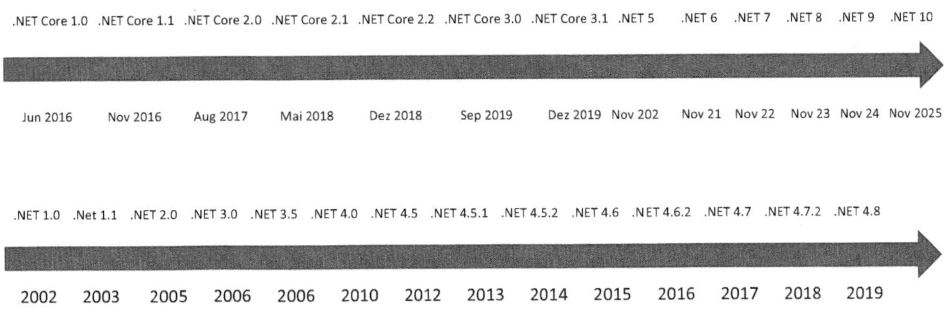

Bild 1.5 Entwicklung des Frameworks

1.2.2 LTS – Long Term Support und zukünftige Versionen

Microsoft hat mit Erscheinen von .NET 5 angekündigt, dass nunmehr jedes Jahr im November eine neue .NET-Version erscheint. Hierbei werden alle Versionen mit einer geraden Versionsnummer (wie .NET 6, .NET 8 oder .NET 10) Long Term Support erhalten, während der Support für die ungeraden Versionen auf 18 Monate beschränkt war. Ab .NET 9 wird der Standardsupport auf zwei Jahre ausgedehnt.

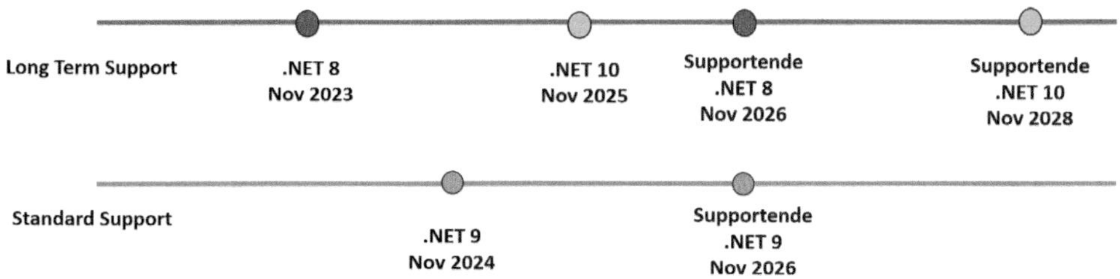

Bild 1.6 Geplanter Supportverlauf

1.2.3 .NET Standard

Dadurch, dass es jetzt plötzlich zwei nicht kompatible Framework-Versionen gab (klassisches .NET und .NET Core) hatten viele Entwickler folgendes Problem: Man wollte neue Komponenten mit der neuen Technologie entwickeln, aber natürlich konnte man die Codebase nicht von heute auf morgen einfach umstellen.

Eine .NET-Bibliothek konnte nicht in einem .NET Core-Projekt referenziert werden und umgekehrt, somit hatte man keine Möglichkeit, Bibliotheken zu entwickeln, die für beide Plattformen genutzt werden konnten.

Zu diesem Zweck wurde .NET Standard eingeführt. .NET Standard ist nicht noch ein zusätzliches Framework, sondern eine Spezifikation. In dieser Spezifikation wurde eine Reihe von Schnittstellen definiert, die in allen .NET-Plattformen implementiert werden müssen. Somit war .NET Standard der kleinste gemeinsame Nenner zwischen .NET, .NET Core und Xamarin [3)] (für die Entwicklung von mobilen Anwendungen unter iOs und Android).

Bibliotheken, die sowohl in .NET-Projekten wie auch in .NET-Core-Projekten genutzt werden sollten, konnte man somit in .NET Standard entwickeln.

[3] Xamarin wurde in .NET 6 durch .NET MAUI ersetzt. MAUI (Multiplatform App UI) wurde jedoch zur Veröffentlichung von .NET 6 nicht fertiggestellt und ist letztendlich im 2. Quartal 2022 veröffentlicht worden.

Auch für .NET Standard gab es verschiedene Versionen, die immer mehr Schnittstellen definierten. Beginnend bei der Version 1.0, die noch sehr wenige Schnittstellen geboten hat, über die Version 1.6 hin bis zu 2.0 und 2.1.

Unterstützte die Version 1.6 noch ca. 13 000 Schnittstellen, so waren es bei der Version 2.0 schon 32 000 Schnittstellen, die man benutzen konnte. Allerdings wird für die .NET-Standard-2.0-Version auch bereits mindestens die Verwendung des .NET Frameworks in der Version 4.7.2 empfohlen (obwohl 4.6.1 offiziell unterstützt wird).

HINWEIS: Wir hoffen Sie mit diesen unzähligen unterschiedlichen Versionen und Versionsnummern nicht abgeschreckt zu haben, und können Sie beruhigen, dass wir mit der Aufzählung der unterschiedlichen Versionen durch sind.

1.3 Features von .NET 6

So, dann wollen wir uns noch anschauen, was uns die weiterentwickelten .NET Frameworks an neuen Features bieten.

In puncto Desktopapplikationen hat man unterschiedlichste Frameworks zum Entwickeln von herkömmlichen, aber auch mobilen Apps. Wie schon in den Vorgängerversionen kann man WPF-Applikationen (siehe Kapitel 9-12) oder auch Windows-Forms-Applikationen (siehe Onlinekapitel) implementieren. Diese beiden Anwendungsarten sind aber weiterhin an die Windows-Plattform gebunden.

Komplett neu ist jedoch .NET MAUI (Multiplatform App UI), das als Nachfolger von Xamarin die Möglichkeit bietet, mobile Applikationen für iOS und Android zu entwickeln (siehe Kapitel 13). Eine Codebasis für die unterschiedlichen Plattformen nimmt dem Entwickler viel Arbeit ab.

Und dann kommen natürlich noch die Anwendungsarten für die Webentwicklung hinzu. Dieses sind die Kapitel ASP.NET Core (Kapitel 18), ASP.NET Web API (Kapitel 20) sowie Blazor (Kapitel 21).

Außer diesen Anwendungsarten verspricht Microsoft unzählige Performanceverbesserungen, sodass es sich trotz der Plattformunabhängigkeit um das schnellste .NET zu dieser Zeit handelt. Vor allem im Bereich Dateizugriff gibt es viele Verbesserungen, um das Lesen und Schreiben von Dateien zu optimieren.

Ein wesentlicher Zeitgewinn für alle Entwickler bietet Hot Reload. Hot Reload bietet die Möglichkeit, sowohl XAML- als auch C#-Code während der Laufzeit zu ändern und das Programm mit den geänderten Codeteilen weiterlaufen zu lassen, ohne jedes Mal das Programm neu starten zu müssen.

Bild 1.7 Überblick .NET 6

.NET 6 unterstützt auch alle Sprachfeatures von C# 10 (siehe Kapitel 8).

Minimal APIs ist ein weiterer Punkt, der dem Entwickler viele Codezeilen spart, jedoch auch teilweise kritisch gesehen wird, auch von den beiden Autoren dieses Buches. Dazu aber später mehr, wenn wir die geeigneten Beispiele dazu bringen und Sie sich dann Ihre eigene Meinung bilden können.

Um .NET 6 nutzen zu können, benötigen Sie Visual Studio 2022 oder Visual Studio Code. Eine Entwicklung mit .NET 6 unter Visual Studio 2019 oder früheren Versionen ist nicht möglich.

1.4 Features von .NET 7

Wie bereits erwähnt, wurde mit .NET 7 zum allerersten Mal die Möglichkeit eines AOT-Compilers in Konsolenprojekten implementiert.

.NET 7 unterstützt auch den gesamten Sprachumfang der neuen C# Sprachversion 11, der in Kapitel 8 noch ausführlich vorgestellt wird.

Des Weiteren wurden einige Performanceverbesserungen durchgeführt und vor allem Verbesserungen an den Klassen im Namensraum *System.Text.Json* vorgenommen.

Zusätzlich gibt es neue oder verbesserte Klassen für folgende Einsatzmöglichkeiten (siehe Tabelle 1.1)

Tabelle 1.1 Neue und erweiterte Klassen in .NET 7

Einsatzmöglichkeiten	Klassennamen
Unterstützung für Mikro- und Nanosekunden	*DateTime, DateTimeOffset* *TimeOnly, TimeSpan* Erweiterungen um die Properties *Microsecond* und *Nanosecond*
Unterstützung zum Zugriff auf Tar-Archive	Klassen im Namespace *System.Formats.Tar*
Unterstützung zum Lesen aller Daten aus einem Stream	Neue Methoden *ReadExactly* und *ReadAtLeast* in der *Stream*-Klasse
Neue Typkonverter	*DateOnlyConverter, TimeOnlyConverter, Int128Converter, UInt128Converter, HalfConverter*
Neues Attribut zum Auslesen, welche Syntax in einem String verwendet wird	*StringSyntaxAttribute* mit Konstanten wie zum Beispiel *DateOnlyFormat, JsonFormat, Regex* etc.

Eine komplette Zusammenfassung mit weiterführenden Links finden Sie unter *https://learn.microsoft.com/de-de/dotnet/core/whats-new/dotnet-7*.

Mit .NET 7 wurde auch eine neue Version 17.4 von Visual Studio 2022 veröffentlicht.

1.5 Features von .NET 8

In dieser Version des .NET Frameworks wurden die Möglichkeiten und Performance der AOT-Kompilierung weiter entwickelt und auch auf MAUI (zumindest für iOs und Android) übertragen.

Genauso wie in den Vorgängerversionen gibt es für .NET 8 eine neue C# Sprachversion 12, auch hier der Hinweis zur genaueren Darstellung in Kapitel 8.

Neben vielen kleinen Erweiterungen wurde auch der Namensraum *System.Text.Json* nochmals wesentlich erweitert (mehr dazu in Kapitel 17), und es gab auch sehr viele Performance- und Stabilisierungsverbesserungen für MAUI (mehr dazu dann in Kapitel 13).

Auch hier wollen wir die zusätzlichen Neuerungen von Klassen in Tabelle 1.2 als Überblick darstellen.

Tabelle 1.2 Neue und erweiterte Klassen in .NET 8

Einsatzmöglichkeiten	Klassennamen
Zufallsgeneratoren	Zusätzliche Methode *GetItems* in der Klasse *Random*, um nicht Zufallszahlen zu generieren, sondern um einen Eintrag aus einer Liste von Einträgen auszuwählen. Weitere Methode *Shuffle*, um die Reihenfolge von Listen wahlfrei zu mischen.
Verbesserung der Leistung von Collections	Neue Collection *FrozenCollection<TKey, TValue>*, bei der keine Schlüssel und Werte mehr verändert werden können, um ein schnelleres Lesen zu ermöglichen.
Datenvalidierung	Erweiterung von *System.ComponentModel.Data Annotations* um folgende Attribute/Attributwerte: *RangeAttribute.MinimumIsExclusive* *RangeAttribute.MaximumIsExclusive* *LengthAttribute* *Base64StringAttribute* *AllowedValuesAttribute* *DeniedValuesAttribute*
Neue Metriken	*MeterOptions*
Kryptografie	Unterstützung von SHA-3-Hash-Grundelementen durch die Klassen *SHA3_256*, *SHA3_384*, *SHA3_512* etc.
Unterstützung für Https-Proxies	Neue Funktionalität in den Klassen *HttpClient* und *WebProxy*
Streambasierte ZipFile-Funktionalität	Neue Überladungen in der Methode *CreateFrom Directory* der Klasse *System.IO.Compression.ZipFile*
DependencyInjection mit Schlüsseln	Erweiterungen der Methoden in *Builder.Services* (in ASP.NET Core)
GarbageCollection	Neue Funktionen zum Festlegen eines maximalen Arbeitsspeichergrenzwertes in der Klasse *GC*
Reflection nun auch für Funktionszeiger	*System.Type* besitzt nun eine Methode *IsFunction Pointer.*

Eine komplette Zusammenfassung mit weiterführenden Links finden Sie unter *https://learn.microsoft.com/de-de/dotnet/core/whats-new/dotnet-8/overview*.

Mit .NET 8 wurde auch Version 17.8 von Visual Studio 2022 veröffentlicht.

1.6 Features von .NET 9

Auch in dieser Version gibt es wieder einige Verbesserungen für die JSON-Serialisierung im Namespace *System.Text.Json* und es wurden neue LINQ-Methoden eingeführt.

Außerdem wurden Bausteine für KI und Machine Learning eingeführt (dazu mehr in Kapitel 18).

Mit *Aspire* werden Tools, Vorlagen und Pakete für die Erstellung von Apps bereitgestellt. So bietet Aspire 9 Verbesserungen des Dashboards, die sowohl für .NET 9 Apps wie auch .NET 8 Apps verwendet werden können.

Bei ASP.NET-Core-Applikationen werden Sie eine schnellere Startzeit feststellen, da die Vorabkompilierung optimiert wurde.

Auch bei MAUI gibt es Optimierungen in Punkto Leistungsfähigkeit und Stabilität sowie neue Controls.

Wie auch in den Vorgängerversionen gibt es für .NET 9 eine neue C#-Sprachversion 13, hier sei für mehr Informationen auf Kapitel 8 verwiesen.

Eine komplette Zusammenfassung mit weiterführenden Links finden Sie unter *https://learn.microsoft.com/de-de/dotnet/core/whats-new/dotnet-9/overview*

1.7 Features von .NET 10

In der aktuellen Version wurden wieder weitere Optimierungen in Bezug auf Performance und auch zur nativen Kompilierung eingebaut. Es gibt zahlreiche neue Kryptographie-Schnittstellen und natürlich weitere Funktionalitäten für die JSON-Serialisierung

Für die Webentwicklung gibt es neue Funktionalitäten für Blazor (siehe Kapitel 21).

Mit .NET 10 wurde auch die C#-Sprachversion 14 veröffentlicht.

Eine komplette Zusammenfassung mit weiterführenden Links finden Sie unter *https://learn.microsoft.com/de-de/dotnet/core/whats-new/dotnet-10/overview.*

! Um .NET 10 nutzen zu können, benötigen Sie Visual Studio 2026 oder Visual Studio Code. Eine Entwicklung mit .NET 10 unter Visual Studio 2022 oder früheren Versionen ist nicht möglich.

---

2 Einstieg in Visual Studio 2026

Dieses Kapitel bietet Ihnen einen effektiven Schnelleinstieg in die Arbeit mit Visual Studio 2026. Gleich nachdem Sie die Hürden der Installation gemeistert haben, erstellen Sie mit C# Ihre ersten .NET-Anwendungen, werden dabei en passant mit den grundlegenden Features der Entwicklungsumgebung vertraut gemacht und nach dem Prinzip „so viel wie nötig" in die .NET-Philosophie eingeweiht. Nach der Lektüre dieses Kapitels und dem Nachvollzug der abschließenden Praxisbeispiele sollte der Einsteiger über eine brauchbare Ausgangsbasis verfügen, um den sich vor ihm gewaltig auftürmenden Berg von Spezialkapiteln in Angriff zu nehmen.

HINWEIS: Für das Arbeiten mit .NET 10 ist zwingend der Einsatz von Visual Studio 2026 nötig. Alle vorherigen Versionen können auch weiterhin Visual Studio 2022 verwenden, Visual Studio 2026 ist nach vier Jahren wieder eine komplett neue Version von Visual Studio und ist zeitglich mit .NET 10 im November 2025 erschienen.

In dieser neuen Version wurde die Oberfläche komplett überarbeitet.

Visual Studio 2026 ist standardmäßig mit 13 unterschiedlichen Themes ausgestattet, wobei weitere Themes nachgeladen werden können. Wegen des besten Kontrasts haben wir uns für die Screenshots in diesem Buch für das Theme *Hell* entschieden. (Einstellbar unter ***Extras/Theme***)

2.1 Die Installation von Visual Studio 2026

Ohne eine angemessen ausgestattete „Werkstatt" ist die Lektüre dieses Buches nutzlos. Programmieren lernt man nur durch Beispiele, die man unmittelbar selbst am Rechner ausprobiert!

HINWEIS: Voraussetzung für ein erfolgreiches Studium dieses Buches ist ein Rechner mit einer lauffähigen Installation von Visual Studio 2026!

2.1.1 Überblick über die Produktpalette

Für welches der im Folgenden aufgeführten Produkte man sich entscheidet, hängt von den eigenen Anforderungen und Wünschen ab und ist nicht zuletzt auch eine Frage des Geldbeutels.

HINWEIS: Bei Visual Studio 2026 handelt es sich um eine 64-Bit-Applikation. Dies dürfte die Speicherproblematik, die man bei sehr großen Anwendungen in der Vergangenheit hatte, verschwinden lassen (vorausgesetzt Ihr Rechner besitzt genügend physikalischen Arbeitsspeicher).

Visual Studio 2026 Community

Bei dieser kostenfreien Version handelt es sich bereits um eine vollständig ausgestattete Entwicklungsumgebung für Windows-Desktop-, Web- und plattformübergreifende iOS-, Android- und Windows-Applikationen.

Sie kann auch für kommerzielle Projekte eingesetzt werden, wenn es sich dabei um Unternehmen mit weniger als 250 Mitarbeitern handelt.

HINWEIS: Der Inhalt dieses Buches kann komplett mit der **Community Edition** nachvollzogen werden!

Visual Studio 2026 Professional

Wie es der Name bereits suggeriert, handelt es sich bei diesem Standardpaket bereits um ein professionelles Werkzeug zur Entwicklung beliebiger Anwendungstypen im Team:

- Mit *CodeLens* ist ein leistungsstarkes Feature zum Verbessern der Produktivität Ihres Teams enthalten.
- Verschiedene Planungstools (Agile-Projekte, Teamräume, Diagramme usw.) dienen der Verbesserung der Team-Produktivität.
- Mit bestimmten MSDN-Abonnementleistungen erhalten Sie Zugang zu nützlicher Software für Entwicklung/Tests sowie Guthaben für die Azure-Cloudplattform

Visual Studio 2026 Enterprise

Hier handelt es sich um die Vollausstattung für Softwareentwickler und -architekten, die im Team Anwendungen auf Enterprise-Niveau erstellen wollen. Neben allen Features der Professional-Version sind auch weitere Funktionen enthalten, die eine komplexe Datenbankentwicklung und eine durchgängige Qualitätssicherung ermöglichen sollen.

Die Screenshots in diesem Buch sind mit der Professional-Version erstellt. Wenn Ihnen also manche Menüpunkte, die auf dem Screenshot sichtbar sind, fehlen, liegt das an der unterschiedlichen Version. Zum Nachvollziehen werden Sie diese nicht benötigen.

2.1.2 Anforderungen an Hard- und Software

Die folgende Auflistung kann lediglich eine Orientierungshilfe sein:

- Betriebssystem: Windows 10 (Home, Professional, Education und Enterprise), Windows 11 (inklusive ARM64-Editionen), Windows Server 2025, Windows Server 2022 und Windows Server 2019 (weitere Hinweise unter *https://docs.microsoft.com/de-de/visualstudio/releases/2026/compatibility*).
- Unterstützte Architekturen: 64-Bit (x64); ARM-Betriebssysteme werden von Windows 11 unterstützt, von Windows 10 nicht. Ebenso werden 32-Bit-Systeme und auf ARM32 basierende Systeme nicht unterstützt.
- ARM64 unterstützt nicht alle Anwendungsarten und Komponenten (wie Python Development, Office Development, Microsoft Blend, mobile Entwicklung mit C++ etc.)
- Prozessor: 1,8-GHz-Prozessor oder schneller; Quad-Core empfohlen.
- RAM: Mindestens 4 GB verfügbarer physischer Arbeitsspeicher; empfohlen werden 16 GB.
- Festplatte: Je nach Installation zwischen 20 – 50 GB Speicherplatzbedarf, es werden SSD-Platten empfohlen.
- Grafikkarte: WXGA mit einer Mindestauflösung von 1366 × 768 Pixeln, empfohlen WXGA mit 1920 × 1080 Pixel oder höher.

Die Parameter von Prozessor und RAM sind als untere Grenzwerte zu verstehen.

Visual Studio 2026 läuft auf derselben Hardware schneller und responsiver als Visual Studio 2022. Obwohl wir erst seit ein paar Wochen die aktuelle Version von Visual Studio 2026 auf unseren Rechnern installiert haben, können wir dies bestätigen.

2.2 Unser allererstes C#-Programm

Jeder Weg, und ist er noch so weit, beginnt mit dem ersten Schritt! Nachdem die Mühen der Installation gemeistert sind, wird es Zeit für ein allererstes C#-Programm. Wir verzichten allerdings auf das abgedroschene „Hello World" und wollen gleich mit etwas Nützlicherem beginnen, nämlich der Umrechnung von Euro in Dollar.

Auch allein mit dem .NET Framework SDK, also ohne Visual Studio, könnte man (zumindest rein theoretisch) vollwertige Programme entwickeln. Das wollen wir jetzt unter Beweis stellen, indem wir eine kleine Euro-Dollar-Applikation als sogenannte *Konsolenanwendung* – dem einfachsten Anwendungstyp – schreiben.

2.2.1 Vorbereitungen

Voraussetzungen sind lediglich ein simpler Texteditor und der C#-Kommandozeilencompiler *csc.exe*.

Compilerpfad eintragen

Der C#-Compiler *csc.exe* befindet sich, ziemlich versteckt, im Verzeichnis

```
\\Windows\Microsoft.NET\Framework\v4.0.30319
```

Dieser Compiler ist der sogenannte Legacy-Compiler der klassischen .NET Frameworks.

Da das Kompilieren direkt an der Kommandozeile ausgeführt werden soll, werden wir *csc.exe* in den Windows-Pfad aufnehmen, um so seinen Aufruf von jedem Ordner des Systems aus zu ermöglichen.

Es gibt nun zwei Möglichkeiten, an der Kommandozeile mit dem gesetzten Pfad zur *csc.exe* zu arbeiten.

Die einfache Variante ist, Sie starten in der Programmgruppe *Visual Studio 2026* (über das Startmenü) das Tool *Developer Command Prompt for VS 2022*. Daraufhin startet ein Konsolenfenster, in dem der korrekte Pfad bereits gesetzt ist.

Der aktuelle Compiler trägt den Namen *Roslyn*, und dieser Pfad (der auf unterschiedlichen Systemen an anderer Stelle steht) wird über den Aufruf des Tools *Developer Command Prompt for VS* automatisch gesetzt.

Oder Sie fügen den Pfad den Windows-Umgebungsvariablen hinzu. Das ist zwar etwas aufwendiger, aber Sie müssen das nur ein einziges Mal machen und können dann egal, von welcher Konsole aus, auf diesen Pfad direkt zugreifen. Gehen Sie dabei wie folgt vor:

- Sie finden den Dialog zur Einstellung der *Path*-Umgebungsvariablen in der Windows-Systemsteuerung, wenn Sie nach dem Begriff *Path* suchen.

Bild 2.1 Suche in der Systemsteuerung

- Im Dialog *Systemeigenschaften* klicken Sie auf der Registerkarte *Erweitert* auf die Schaltfläche *Umgebungsvariablen*.

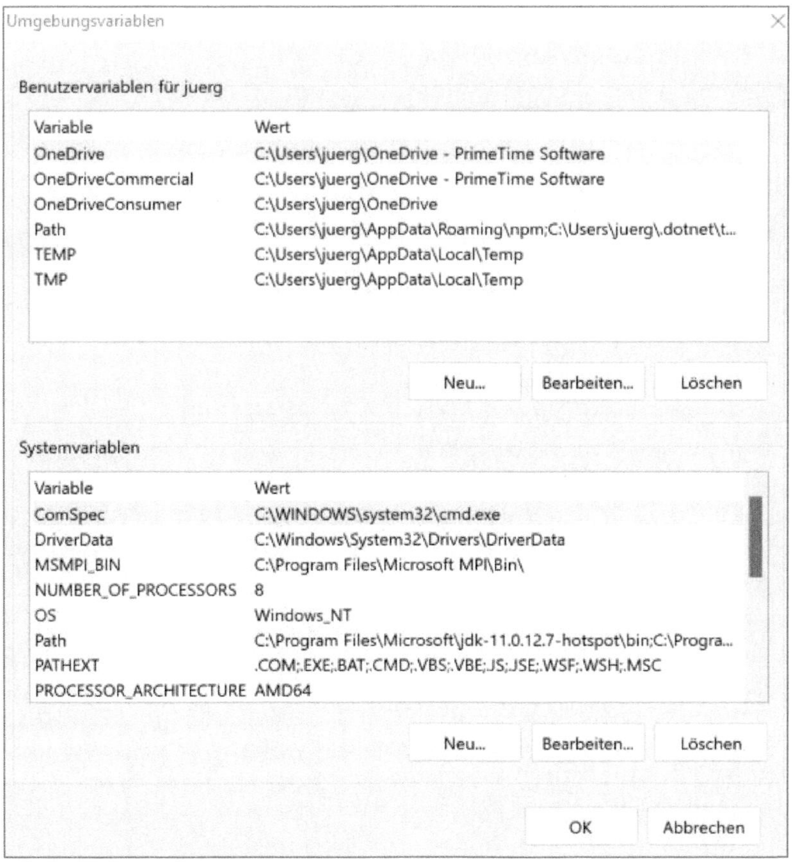

Bild 2.2 Umgebungsvariablen

- Wählen Sie in der unteren Liste *Systemvariablen* den *Path*-Eintrag und klicken Sie auf die *Bearbeiten*-Schaltfläche (siehe Bild 2.2).
- Fügen Sie mit der Schaltfläche *Neu* den Namen des .NET-Framework-Verzeichnisses, in welchem sich *csc.exe* befindet (*C:\Windows\Microsoft.NET\Framework\v4.0.30319*), an die Liste an:

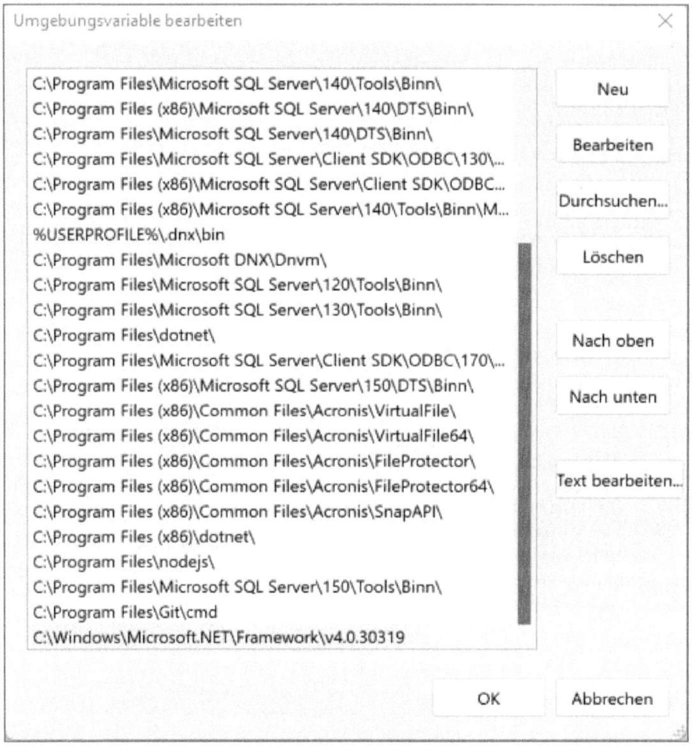

Bild 2.3 Umgebungsvariablen bearbeiten

Die erfolgreiche Übernahme der Änderungen an den *Path*-Umgebungsvariablen können Sie in einem kleinen Test überprüfen, bei dem Sie sich als durchaus nützlichen Nebeneffekt gleich die vielfältigen Optionen des Compilers anzeigen lassen.

Öffnen Sie dazu die Eingabeaufforderung (in Windows 10/11 finden Sie eine Verknüpfung zur Eingabeaufforderung z. B. in der Alle-Apps-Übersicht des Startmenüs unter *Windows-System*; oder Sie suchen einfach nach „Eingabeaufforderung“) und geben Sie (von einem beliebigen Verzeichnis aus) den folgenden Befehl ein, den Sie mit *Enter* abschließen:

```
csc /?
```

Aus der endlosen Parameterliste, die angezeigt wird, ist für uns die Option */target: exe* (abgekürzt */t:exe*) besonders interessant, da wir damit später unsere Konsolenanwendung kompilieren wollen.

Vom Funktionieren des Compilers können Sie sich erst dann überzeugen, wenn Sie eine C#-Source-Datei erstellt haben (siehe Abschnitt 2.2.2).

2.2.2 Quellcode schreiben

Öffnen Sie den im Windows-Zubehör enthaltenen Editor und tippen Sie, ohne lange darüber nachzudenken, einfach den folgenden Text ein:

Listing 2.1 Umrechnung Euro in Dollar

```
using System;
class KonsolenDemo
{
  static void Main()
  {
    int i;
    Console.WriteLine("Umrechnung Euro in Dollar");
    do
    {
       double kurs;
       double euro;
       double dollar;
       Console.Write("Kurs 1: ");
       kurs = Convert.ToDouble(Console.ReadLine());
       Console.Write("Euro: ");
       euro = Convert.ToDouble(Console.ReadLine());
       dollar = euro * kurs;
       Console.WriteLine("Sie erhalten " +
                           dollar.ToString("0.00$"));
       Console.Write("Programm beenden? (j/n)");
       string s = Console.ReadLine();
       i = string.Compare(s, "j");
    } while(i != 0);
  }
}
```

HINWEIS: Achten Sie auf die exakte Einhaltung der Groß-/Kleinschreibung!

Speichern Sie die Datei unter dem Namen *EuroDollar.cs* in ein extra dafür angelegtes Verzeichnis, z. B. *\EuroDollarKonsole*, ab.

2.2.3 Programm kompilieren und testen

Um bequem auf der Kommandozeile arbeiten zu können, kopieren Sie zunächst die Datei *cmd.exe* (Eingabeaufforderung aus ...|*Windows*|*System32*) in dasselbe Verzeichnis, in welchem sich auch die Datei *EuroDollar.cs* befindet. Eventuell müssen Sie die Konsole im Administrator-Modus öffnen.

Klicken Sie doppelt auf *cmd.exe* und rufen Sie dann den C#-Compiler wie folgt auf:

```
csc /t:exe EuroDollar.cs
```

Nach dem erfolgreichen Kompilieren wird sich eine neue Datei *EuroDollar.exe* im Anwendungsverzeichnis befinden, ansonsten gibt der Compiler eine Fehlermeldung aus.

Klicken Sie doppelt auf die Datei *EuroDollar.exe* und führen Sie Ihr erstes C#-Programm aus!

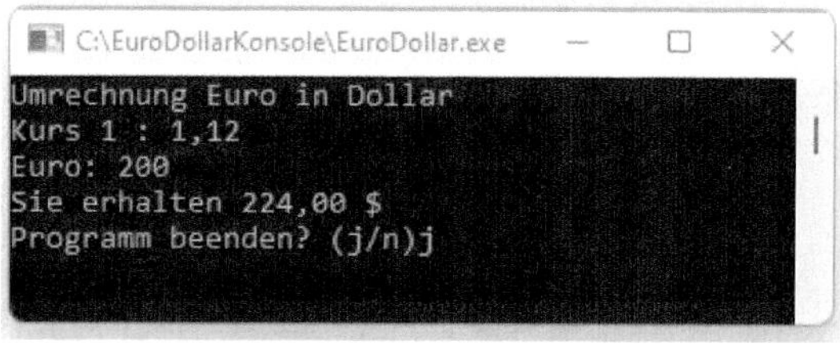

Bild 2.4
Unser erstes Programm, ein Euro-Dollar-Umrechnungsprogramm

2.2.4 Einige Erläuterungen zum Quellcode

Da wir auf die Grundlagen der Sprache C# erst ab den nächsten Kapiteln ausführlich zu sprechen kommen, sollen die folgenden Informationen zunächst nur allererste Eindrücke vermitteln.

Befehlszeilen und Gültigkeitsbereiche

Das Ende einer C#-Befehlszeile wird durch ein Semikolon (;) markiert. Der Zeilenumbruch spielt also keine Rolle! Gültigkeitsbereiche/Blöcke sind durch geschweifte Klammern {...} eingegrenzt. Es muss also die Anzahl der öffnenden Klammern gleich der Anzahl schließender Klammern sein.

using-Anweisung

Mit der ersten Anweisung

```
using System;
```

binden Sie den *System*-Namensraum (*Namespace*) ein. Das hat den Vorteil, dass Sie statt

```
System.Console.WriteLine("Umrechnung Euro in Dollar");
```

nur noch

```
Console.WriteLine("Umrechnung Euro in Dollar");
```

schreiben müssen.

Wir werden später sehen, dass in der aktuellen C#-Version diese *using*-Angabe nicht mehr nötig ist.

class-Anweisung

Mit dieser Anweisung erzeugen Sie eine neue Klasse, in welcher in unserem Beispiel die *Main*-Prozedur deklariert wird. Diese definiert den Einsprungpunkt der Konsolenanwendung (also dort, wo das Programm startet).

HINWEIS: Ein C#-Programm besteht aus mindestens einer **.cs*-Datei mit einer Klasse.

WriteLine- und ReadLine-Methoden

Diese Methoden der *Console*-Klasse erlauben die Aus- und Eingabe von Text.

Während *Write* nur den Text an der aktuellen Position ausgibt, erzeugt *WriteLine* zusätzlich einen Zeilenumbruch.

ReadLine erwartet die Betätigung der **Enter**-Taste und liefert die vorher eingegebenen Zeichen als Zeichenkette zurück.

Assemblierung

Bei der vom C#-Compiler erzeugten Datei *EuroDollar.exe* handelt es sich **nicht** um eine herkömmliche EXE-Datei, sondern um eine sogenannte *Assemblierung*, die erst in Zusammenarbeit mit der CLR (*Common Language Runtime*) des .NET Frameworks in Maschinencode verwandelt wird (siehe Abschnitt 1.1.2).

2.2.5 Konsolenanwendungen sind out

Zwar sind mit der Klasse *System.Console* auch verschiedenste farbliche Effekte möglich, trotzdem: Bei wem weckt das triste Outfit einer Konsolenanwendung noch positive Emotionen[1)]?

1 Von nostalgischen Erinnerungen an die DOS-Steinzeit einmal abgesehen.

Als einfaches Hilfsmittel zum Erlernen von C# und für verschiedene Tools und Testzwecke hat dieser einfache Anwendungstyp aber durchaus noch seine Daseinsberechtigung.

Mit Visual Studio 2026 werden wir im Praxisteil dieses Kapitels die Euro-Dollar-Umrechnung nochmals programmieren, dann allerdings mit einer Windows-Oberfläche. Bevor es aber damit losgehen kann, sollten Sie sich ein wenig mit der Windows-Philosophie anfreunden.

Ja, wir wissen, auch Desktop-Applikationen gelten mittlerweile nicht mehr unbedingt als modern, aber es wäre für den Anfänger verfrüht, jetzt gleich Webanwendungen zu programmieren. Die Kapitel, die dieses Thema behandeln, befinden sich nicht ohne Grund am Ende des Buches.

2.3 Die Windows-Philosophie

Eine moderne Programmiersprache wie C# gibt Ihnen die faszinierende Möglichkeit, eigene Windows-Programme mit relativ geringem Aufwand und nach nur kurzer Einarbeitungszeit selbst zu entwickeln. Allerdings fällt der Einstieg umso leichter, je schneller man sich Klarheit über die zunächst fremdartig anmutende, aber dann doch einfach und gleichzeitig genial erscheinende Windows-Philosophie verschafft.

2.3.1 Mensch-Rechner-Dialog

Die Art und Weise, **wie** die Kommunikation mit dem Benutzer (Mensch-Rechner-Dialog) abläuft, dürfte wohl der gravierendste Unterschied zwischen einer klassischen Konsolenanwendung und einer typischen Windows-Anwendung sein. Wie Sie es bereits im Einführungsbeispiel kennengelernt haben, „wartet" das Konsolenprogramm auf eine Eingabe, indem die Tastatur zyklisch abgefragt wird.

Unter Windows werden hingegen Ein- und Ausgaben in sogenannte „Nachrichten" umgesetzt, die zum Programm geschickt und dort in einer Nachrichtenschleife kontinuierlich verarbeitet werden. Daraus ergibt sich ein grundsätzlich anderes Prinzip der Interaktion zwischen Mensch und Rechner:

- Während bei einer Konsolenanwendung alle Initiativen für die Benutzerkommunikation vom Programm ausgehen, hat in einer Windows-Anwendung der Bediener den Hut auf. Er bestimmt durch seine Eingaben den Ablauf der Rechnersitzung.
- Während eine Konsolenanwendung in der Regel in einem einzigen Fenster läuft, erfolgt die Ausgabe bei einer Windows-Anwendung meist in mehreren Fenstern.

2.3.2 Objekt- und ereignisorientierte Programmierung

Vergleicht man den Programmaufbau einer Konsolenanwendung, welche aus einer langen Liste von Anweisungen besteht, mit einer Windows-Anwendung, so stellt man folgende Hauptunterschiede fest:

- Im Konsolenprogramm werden die Befehle sequenziell abgearbeitet, d. h. Schritt für Schritt hintereinander. Den Gesamtablauf kontrolliert in der Regel ein Hauptprogramm.
- In einer Windows-Anwendung laufen alle Aktionen objekt- und ereignisorientiert ab. Eine streng vorgeschriebene Reihenfolge für die Eingabe und Abarbeitung der Befehle gibt es nicht mehr. Für jede Aktivität des Anwenders ist ein Programmteil zuständig, der weitestgehend unabhängig von anderen Programmteilen agieren kann und muss. Daraus folgt auch das Fehlen eines Hauptprogramms im herkömmlichen Sinn!

Ein Windows-Programmierer hat sich vor allem mit den folgenden Begriffen auseinanderzusetzen:

Objekte (Objects)

Das sind zunächst die Elemente der Windows-Bedienoberfläche, denen wiederum Eigenschaften, Ereignisse und Methoden zugeordnet werden.

Beschränken wir uns der Einfachheit halber zunächst nur auf die visuelle Benutzerschnittstelle, so haben wir es in C# mit folgenden Objekten zu tun:

- **Formular/Fenster:** Das sind die Fenster, in welchen eine C#-Anwendung ausgeführt wird. In einem Fenster (*Form/Window*) können weitere untergeordnete Fenster, Komponenten, Text oder Grafik enthalten sein.
- **Steuerelemente:** Diese tauchen in vielfältiger Weise als Schaltflächen (*Button*), Textfelder (*TextBox*) etc. auf. Sie stellen die eigentliche Benutzerschnittstelle dar, über die mittels Tastatur oder Maus Eingaben erfolgen oder die der Ausgabe von Informationen dienen.

Der Objektbegriff wird auch auf die nichtvisuellen Elemente ausgedehnt und das geht schließlich so weit, dass innerhalb des .NET Frameworks sogar alle Variablen als Objekte betrachtet werden. Natürlich dürfen Sie als Programmierer auch eigene Objekte/Komponenten entwickeln und hinzufügen.

Eigenschaften (Properties)

Unter diesem Begriff versteht man die Attribute von Objekten, wie z. B. die Höhe (*Height*) und die Breite (*Width*) oder die Hintergrundfarbe (*BackColor*) eines Formulars oder Fensters. Jedes Objekt verfügt über seinen eigenen Satz von Eigenschaften, die teilweise nur zur Entwurfs- oder nur zur Laufzeit veränderbar sind.

Methoden (Methods)

Das sind die im Objekt definierten Funktionen und Prozeduren, die gewissermaßen das „Verhalten" beim Eintreffen einer Nachricht bestimmen. So säubert z. B. die *Clear*-Methode den Inhalt einer *ListBox*. Eine Methode kann z. B. auch das Verhalten des Objekts bei einem Mausklick, einer Tastatureingabe oder sonstigen Ereignissen (siehe nächster Absatz) definieren. Im Unterschied zu den oben genannten Eigenschaften (Properties), die eine „statische" Beschreibung liefern, bestimmen Methoden die „dynamischen" Fähigkeiten des Objekts.

Ereignisse (Events)

Dies sind Nachrichten, die vom Objekt empfangen werden. Sie stellen die eigentliche Windows-Schnittstelle dar. So ruft z. B. das Anklicken eines Steuerelements mit der Maus in Windows ein *Click*-Ereignis hervor. Aufgabe eines Windows-Programms ist es, auf alle Ereignisse gemäß dem Wunsch des Anwenders zu reagieren. Dies geschieht in sogenannten *Ereignisbehandlungsroutinen* (Eventhandler).

Diese (zugegebenermaßen ziemlich oberflächlichen und unvollständigen) Erklärungen zur objektorientierten Programmierung sollen vorerst zum Einstieg genügen, theoretisch sauber wird die OOP erst in Kapitel 4 erläutert.

2.3.3 Programmieren mit Visual Studio 2026

Nicht nur Konsolenanwendungen, sondern auch Windows- und Web-Anwendungen lassen sich zumindest rein theoretisch mit den (kostenlos erhältlichen) Werkzeugen des *Microsoft .NET Framework SDK* erstellen. Allerdings ist dies extrem umständlich, da dazu zeitaufwendige Überlegungen zur Gestaltung der Benutzerschnittstelle[2)] und ständiges Nachschlagen in der Dokumentation erforderlich wären. Die intuitive Entwicklungsumgebung Visual Studio oder Visual Studio Code (noch zu erwähnen wäre Rider von der Firma JetBrains), das vor allem im Webbereich viele Anhänger gefunden hat, befreit Sie von diesem, besonders bei größeren Projekten sehr lästigen und nervtötenden „Herumwursteln" und erlaubt (unabhängig von der verwendeten Programmiersprache) eine systematische Vorgehensweise in vier Etappen:

1. Visueller Entwurf der Bedienoberfläche
2. Zuweisen der Objekteigenschaften
3. Verknüpfen der Objekte mit Ereignissen
4. Kompilieren und Testen der Anwendung

[2] Das geht bis hin zum Abzählen von Pixeln!

Bereits die *erste Etappe* weist einen deutlichen Unterschied zur Konsolenprogrammiertechnik auf: Am Anfang steht der Oberflächenentwurf!

Ausgangsbasis ist das vom Editor bereitgestellte Startfenster, welches mit diversen Steuerelementen, wie Schaltflächen (*Buttons*) oder Editierfenstern (*TextBoxen*), ausgestattet werden kann. Im Werkzeugkasten finden Sie ein nahezu komplettes Angebot von Windows-typischen Steuerelementen. Diese werden ausgewählt, mittels Maus an ihre endgültige Position gezogen und (falls nötig) in ihrer Größe verändert.

Bereits während der ersten Etappe hat man, mehr oder weniger unbewusst, Eigenschaften, wie Position und Abmessungen von Formularen und Steuerelementen, verändert. In der zweiten Etappe braucht man sich eigentlich nur noch um die Eigenschaften zu kümmern, die von den Standardeinstellungen (Defaults) abweichen.

Die dritte Etappe haucht unseren bislang nur mit statischen Attributen ausgestatteten Objekten Leben ein. Hier muss in sogenannten *Ereignisbehandlungsroutinen* (Eventhandlern) festgelegt werden, **wie** das Formular oder das betreffende Steuerelement auf bestimmte Ereignisse zu reagieren hat. Visual Studio stellt auch hier „vorgefertigten" Rahmencode für alle zum jeweiligen Objekt passenden Ereignisse zur Verfügung. Der Programmierer füllt diesen Rahmen mit C#-Quellcode aus. Hier können Methoden oder Prozeduren aufgerufen werden, aber auch Eigenschaften anderer Objekte lassen sich während der Laufzeit neu zuweisen.

In der vierten Etappe schlägt schließlich die Stunde der Wahrheit. Das von Ihnen geschriebene Programm wird vom C#-Compiler in einen Zwischencode übersetzt und läuft damit auf jedem Rechner, auf dem das .NET Framework installiert ist.

Allerdings ist die Arbeit des Programmierers nur in seltenen Fällen bereits nach einmaligem Durchlaufen aller vier Etappen getan. In der Regel müssen Fehler ausgemerzt und Ergänzungen vorgenommen werden, sodass sich der beschriebene Entwicklungszyklus auf ständig höherem Level so lange wiederholt, bis ein zufriedenstellendes Ergebnis erreicht ist.

Der in diesem Zyklus praktizierte visuelle Oberflächenentwurf, verbunden mit dem ereignisorientierten Entwurfskonzept, macht *Visual Studio 2026* zu einer hoch effektiven Entwicklungsumgebung für Windows- und Web-Anwendungen.

2.4 Die Entwicklungsumgebung Visual Studio 2026

Visual Studio 2026 ist eine universelle Entwicklungsumgebung (IDE[3]) für Windows-, Web- und für mobile Anwendungen, die auf Microsofts .NET-Technologie basieren. Alle notwendigen Tools, wie z. B. für den visuellen Oberflächenentwurf, für die Codeprogrammierung und für die Fehlersuche, werden bereitgestellt.

[3] *Integrated Development Environment*

C# ist nur eine der möglichen objektorientierten Sprachen, die Sie unter Visual Studio 2026 einsetzen können. So werden z. B. noch Visual Basic, Visual C++ und Visual F#, aber auch Sprachen wie Python unterstützt.

HINWEIS: Der vorliegende Abschnitt soll lediglich einen allerersten Eindruck der IDE vermitteln, der sich erst durch die konkrete Arbeit mit den Praxisbeispielen am Ende dieses Kapitels verfestigen wird!

Die für dieses Buch verwendete Version von Visual Studio 2026 ist die Version 18.0.2 (November 2025 Featureupdate).

2.4.1 Neues Projekt

Wenn Sie Visual Studio starten, erscheint folgender Bildschirm:

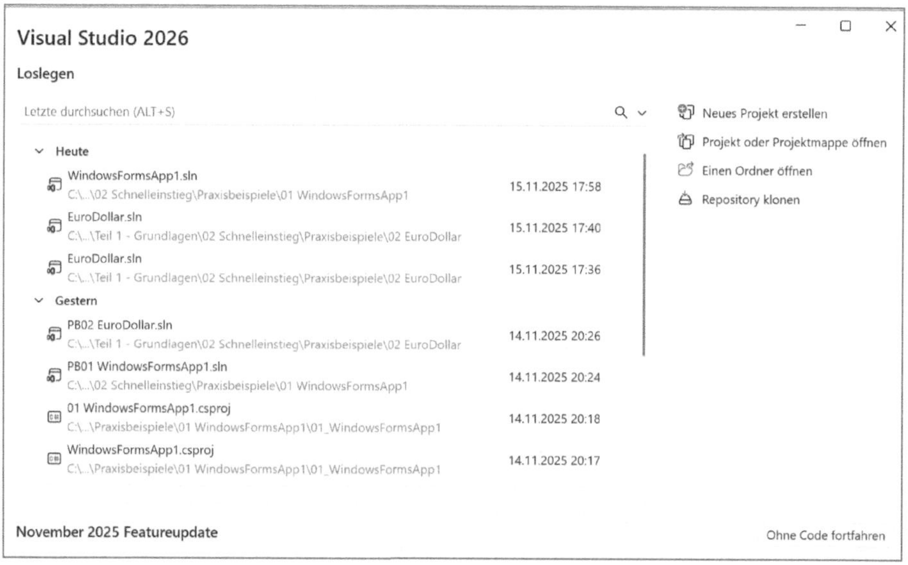

Bild 2.5 Startbildschirm von Visual Studio

Wählen Sie rechts oben den Eintrag *Neues Projekt erstellen*.

Daraufhin erscheint der Dialog zur Auswahl der Projektvorlage. In Bild 2.6 haben wir über die drei rechts oben befindlichen Klappboxen folgende Filter gesetzt:

- Sprache: *C#*
- Plattform: *Windows*
- Projekttyp: *Desktop*

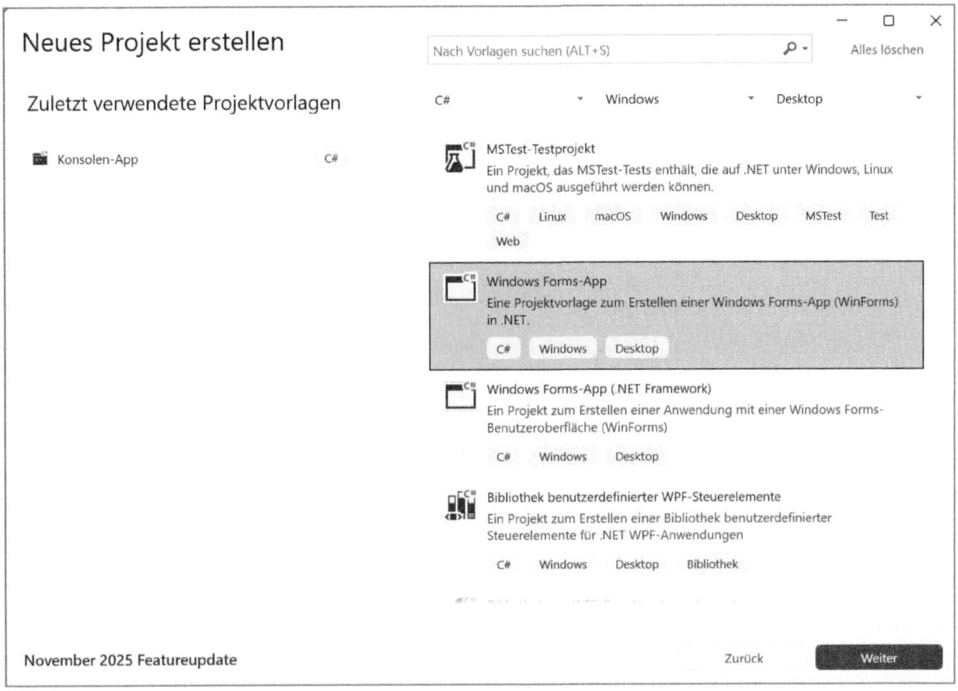

Bild 2.6 Auswahl der Projektvorlage

Wie Sie sehen, sind die Auswahlmöglichkeiten (vor allem vor dem Setzen der Filter) hier sehr umfangreich. Um den Einstieg so einfach wie möglich zu machen, wählen Sie die Vorlage *Windows Forms-App* .

Manche Projektvorlagen sehen Sie augenscheinlich doppelt in der Liste, mit dem einzigen Unterschied, dass in Klammern „.NET Framework" dahinter steht. Bei der Auswahl dieser Vorlagetypen bekommen Sie Projektvorlagen für das „klassische" .NET Framework (bis zur Version 4.8). Die ohne den Zusatz „.NET Framework" sind die Projektvorlagen für die neuen und aktuellen Frameworks.

Im nachfolgenden Dialog können Sie noch bestimmte Werte angeben, um Ihr Projekt zu konfigurieren. Im ersten Beispiel ändern wir nur den Standort (Speicherort), in dem die Projektmappe gespeichert werden soll.

Haben Sie das Häkchen bei *Platzieren Sie die Projektmappe und das Projekt im selben Verzeichnis* gesetzt, so legt Visual Studio sowohl die Projektmappendatei (**.slnx*) als auch die Projektdatei (**.csproj*) in dasselbe Verzeichnis. Da wir das in aller Regel nicht wollen, lassen wir den Haken bei dieser Einstellung weg. Somit wird für jedes Projekt in der Projektmappe ein eigener Unterordner angelegt.

Seit .NET 10 haben die Solution-Dateien die Dateiendung .snlx, in den Vorgängerdateien war es jeweils .sln.

Zum besseren Verständnis sei hier noch gesagt, dass eine Projektmappe ein Ordner für ein oder mehrere zusammenhängende Projekte ist. Sie können jederzeit der Projektmappe weitere Projekte hinzufügen.

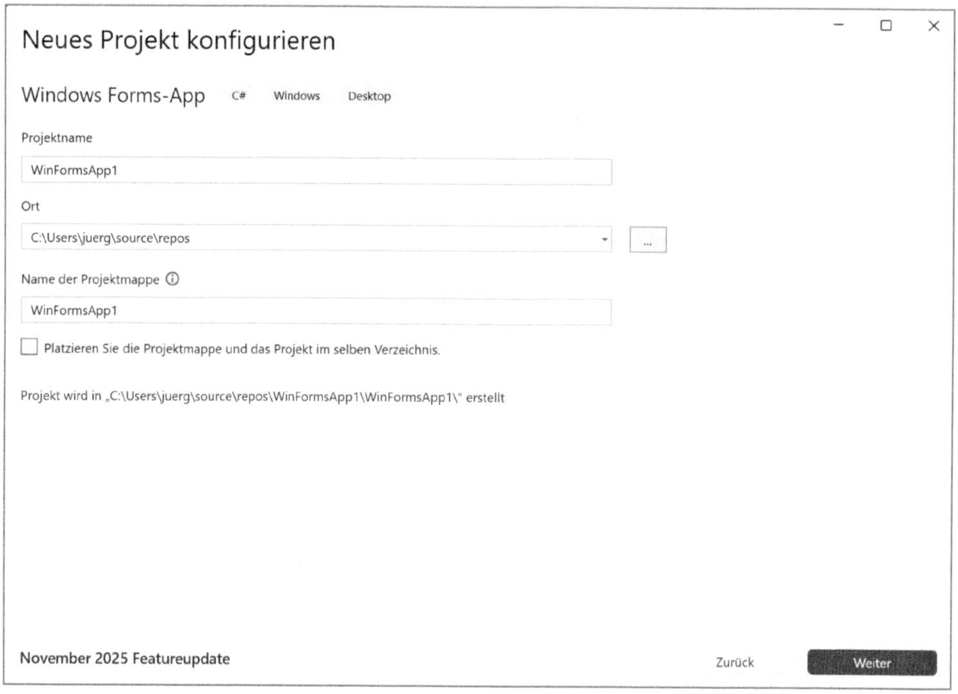

Bild 2.7 Speicherort des Projekts anpassen

Mit *Weiter* kommen Sie in den Dialog, in dem Sie die Framework-Version auswählen können. Da *Windows Forms-App* ohne den Zusatz *.NET Framework* ausgewählt wurde, werden nur die aktuellen auf Ihrem System installierten .NET-Versionen zur Auswahl angeboten (die Liste kann sich auf Ihrem Rechner von der in Bild 2.8 gezeigten unterscheiden). Visual Studio 2026 erlaubt es, Programme für verschiedene .NET-Framework-Versionen zu entwickeln (Multi-Targeting). Wir wählen den Eintrag *.NET 10.0 (Langfristige Unterstützung)* aus Bild 2.8. Sie sehen hier auch in Klammern welchen Support das entsprechende Framework jeweils unterstützt bzw. auch eine Nachricht, wenn der Support schon abgelaufen ist (siehe Eintrag .NET 6).

Bild 2.8 Auswahl der gewünschten .NET-Framework-Version

2.4.2 Die wichtigsten Fenster

Haben Sie als Projekttyp beispielsweise *Windows Forms-App* gewählt, wird Ihnen Visual Studio 2026 etwa den folgenden Anblick bieten, wobei auf die für den Einsteiger zunächst wichtigsten Fenster besonders hingewiesen wird.

HINWEIS: Falls sich eines der Fenster versteckt hat, können Sie es jederzeit über das *Ansicht*-Menü herbeiholen.

Bild 2.9 Visual Studio mit einer neuen Windows-Forms-App

Der Projektmappen-Explorer

Da es unter Visual Studio möglich ist, mehrere Projekte gleichzeitig zu bearbeiten, gibt es eine Projektmappendatei mit der Extension *.slnx* (Solution), deren Inhalt im Projektmappen-Explorer übersichtlich angezeigt wird. Sie können dieses Fenster deshalb ohne Übertreibung als „Schaltzentrale" Ihres Projekts betrachten.

Die zu jedem einzelnen C#-Projekt gehörigen Dateien und Einstellungen werden in einer XML-Datei mit der Extension *.csproj* (C#-Projekt) verwaltet. Der Aufbau der Projektdateien hat sich unter den neuen .NET-Versionen wesentlich verändert und ist dabei viel übersichtlicher geworden. Sie haben jetzt auch die Möglichkeit, die Projektdatei direkt in Visual Studio mit dem Kontextmenüeintrag *Projektdatei bearbeiten* zu editieren. In früheren Versionen sind alle Projektdateien eines Projekts aufgelistet worden, wobei in den neuen Versionen automatisch alle Dateien, die sich im Ordner befinden zum Projekt gehören.

> Die gute Nachricht ist, Sie können auch in den alten Framewerkversionen die Projektdatei auf dieses sogenannte SDK-Projektformat umstellen um diese bessere Übersichtlichkeit auch in den älteren Projekten zu bekommen.

HINWEIS: Öffnen Sie Ihre Projekte immer über die *.slnx*-Projektmappendatei, statt über die *.csproj*-Projektdatei, selbst wenn nur ein einziges Projekt enthalten ist!

Zur Bedeutung der einzelnen Einträge bzw. Dateien:

- **Abhängigkeiten:** Hier sind die aktuell für das Projekt gültigen Abhängigkeiten auf Frameworks, NuGet-Pakete und andere Projektverweise aufgelistet. Standardmäßig hat Visual Studio bereits die benötigten Verweise für die Projektvorlage erstellt, weitere können Sie mit der rechten Maustaste über das Kontextmenü hinzufügen.
- **Form1.cs:** Diese Datei enthält eine partielle Klasse[4)], die den von Ihnen selbst hinzugefügten Code von *Form1* kapselt.
- **Form1.Designer.cs (unter Form1.cs in der Baumstruktur):** Diese Datei enthält eine partielle Klasse, die den vom Windows Forms Designer automatisch generierten Code von *Form1* kapselt. Der gesamte Code von *Form1* ist also zwischen den partiellen Klassen in *Form1.cs* und *Form1.Designer.cs* aufgeteilt.
- **Program.cs:** Eine statische Klasse, die die *Main*-Methode (den Einsprungpunkt der Anwendung) enthält. In dieser Methode wird durch Aufruf von *Application.Run* eine Nachrichtenschleife gestartet, die ununterbrochen auf Ereignisse wartet, damit die Anwendung darauf reagieren kann.

Durch Doppelklick auf eine dieser Dateien können Sie diese im Designer bzw. im Codefenster zur Bearbeitung öffnen.

Der (Formular)-Designer

Im Designer-Fenster entwerfen Sie die Programmoberfläche bzw. Benutzerschnittstelle. Ähnlich wie bei einem Zeichenprogramm entnehmen Sie dem Werkzeugkasten Steuerelemente und ziehen diese per Drag-and-drop auf ein Formular. Hier können Sie weitere Eigenschaften, wie z. B. Größe und Position, direkt mit der Maus und andere, wie z. B. Farbe und Schriftart, über das Eigenschaften-Fenster ändern.

Der Werkzeugkasten (Toolbox)

Den Werkzeugkasten werden Sie häufig benötigen (Menü *Ansicht/Toolbox* bzw. `STRG+W, X`). Auf verschiedenen Registerseiten, die später von Ihnen auch frei konfiguriert werden können, finden Sie eine umfangreiche Palette verschiedenster Steuerelemente für Windows-Forms-Anwendungen.

[4] Das Konzept partieller Klassen wird im OOP-Kapitel (Abschnitt 4.7.3) erläutert.

Das Eigenschaften-Fenster

Im Eigenschaften-Fenster (Menü *Ansicht/Eigenschaftenfenster* bzw. **STRG+W, P**) werden die zur Entwurfszeit editierbaren Eigenschaften des gerade aktiven Steuerelements aufgelistet[5]. Normalerweise hat jede Eigenschaft bereits einen Standardwert, den Sie in vielen Fällen übernehmen können. Alle vom Standard abweichenden Eigenschaften werden fett dargestellt.

Das Aktivieren eines bestimmten Steuerelements geschieht entweder durch Anklicken desselben auf dem Formular oder durch dessen Auswahl in der Klappbox am oberen Rand des Eigenschaften-Fensters.

Das Codefenster

Für die eigentliche Programmierung ist das Codefenster zuständig. Logischerweise wird dieses damit auch zu Ihrem Hauptbetätigungsfeld als C#-Programmierer. Um zum Beispiel das zu *Form1* (siehe Bild 2.10) gehörige Codefenster zu öffnen, klicken Sie auf den Designer von *Form1* mit der rechten Maustaste und wählen im Kontextmenü *Code anzeigen* (**F7**), oder Sie klicken einfach doppelt in die freie Fläche des Formulars. Bild 2.10 zeigt das Codefenster für *Form1* im Praxisbeispiel.

Der Code-Editor unterstützt Sie auf vielfältige Weise beim Schreiben von Quellcode. So markiert er Wörter farblich, unterbreitet Ihnen Vorschläge, weist Sie auf Fehler hin oder rückt den Text automatisch ein.

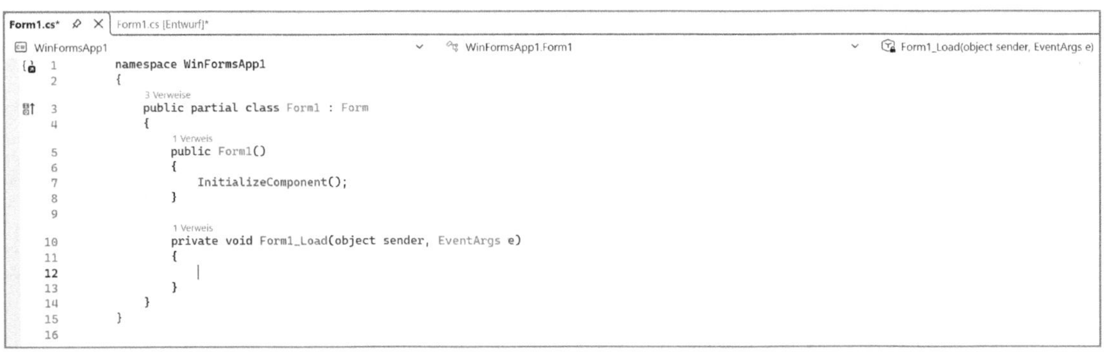

Bild 2.10 Code-Editor

[5] Lassen Sie sich nicht davon irritieren, dass das Eigenschaften-Fenster auf einer extra Registerseite auch die zum Steuerelement gehörigen Ereignisse anbietet.

2.4.3 Projektvorlagen in Visual Studio 2026 – Minimal APIs

In Visual Studio wurden ab .NET 6 für die meisten Projekttypen die Vorlagen (Templates) umgestellt und wesentlich vereinfacht (oder auch zusammengeschrumpft). Microsoft spricht von Minimal APIs, um mit so wenig Code wie möglich sofort zur eigenen Implementierung zu kommen.

An vielen Stellen ist uns das persönlich zu radikal, denn in dem Moment, wo es wieder komplexer wird, wird man den „gesparten" Code dann doch benötigen.

Als Beispiel möchten wir die Vorlage für eine .NET-10-Konsolenanwendung zeigen.

Listing 2.2 Neues Template für eine Konsolenanwendung unter .NET 8

```
// See https://aka.ms/new-console-template for more information
Console.WriteLine("Hello, World!");
```

Es gibt keine Klassendefinition, keinen Einstiegspunkt in das Programm und keinen Namespace mehr. Wir fragen uns, was sich ein unerfahrener Programmierer denkt, wenn er so etwas sieht. Didaktisch ist das sehr fragwürdig.

In Kapitel 1 sehen Sie in Bild 1.2 eine Abbildung, bei der die Option *Keine Anweisungen der obersten Ebene verwenden* angehakt ist. Damit bekommen Sie den ausführlichen Code, so wie Sie ihn vielleicht aus früheren .NET-Versionen (vor .NET 6) kennen. Einfach diese Option bei der Projektanlage auswählen, und Sie bekommen immer den etwas ausführlicheren Code angelegt.

Listing 2.3 Komplette Konsolenanwendung ohne Verwendung von Anweisungen der obersten Ebene

```
namespace ConsoleApp1;

internal class Program
{
    static void Main(string[] args)
    {
        Console.WriteLine("Hello World!");
    }
}
```

Hier sehen Sie alles, was benötigt und von einer objektorientierten Sprache erwartet wird: Namespace, Klassendefinition, *Main*-Routine als Haupteinstiegspunkt und den Code.

Wenn Sie das Setzen des Häkchens vergessen haben, können Sie noch immer das alte Template bekommen, wenn Sie dazu auf den Pinsel wie in Bild 2.11 dargestellt klicken und die Option *In Program.Main Programmformat konvertieren* auswählen.

Der minimale Code funktioniert aufgrund einiger neuer C#-10-Sprachfeatures, die wir uns in Kapitel 8 ansehen werden.

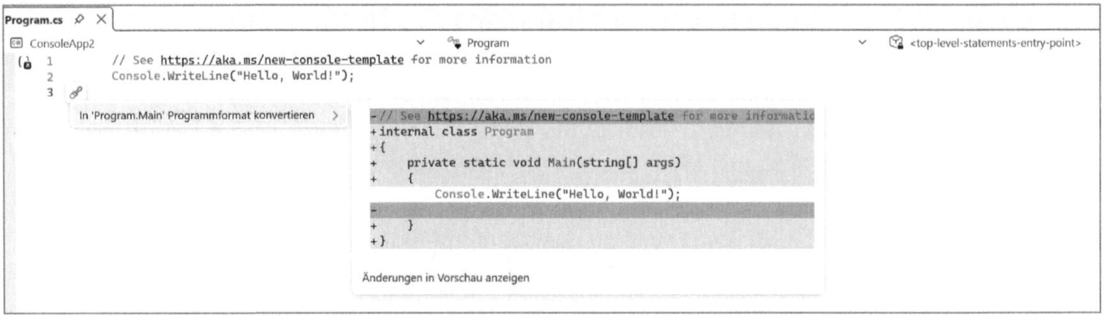

Bild 2.11 Konvertierung in vollständiges Template

2.5 Praxisbeispiele

Bereits in Abschnitt 2.3.3, „Programmieren mit Visual Studio 2026“, hatten wir Ihnen die vier Etappen der Programmentwicklung in Visual Studio ganz allgemein erklärt. Jetzt wollen wir Nägel mit Köpfen machen und diese Schritte anhand von zwei Beispielen (ein ganz einfaches und ein etwas anspruchsvolleres) praktisch nachvollziehen.

Für diese kleinen Applikationen sind nicht die geringsten Programmierkenntnisse erforderlich. Es geht vielmehr darum, ein erstes Gefühl für die Anwendungsentwicklung unter Visual Studio zu bekommen.

2.5.1 Unsere erste Windows-Forms-Anwendung

Die bescheidene Funktionalität beschränkt sich auf ein Fensterchen mit einer Schaltfläche, über die per Mausklick die Beschriftung der Titelleiste in „Hallo C#-Freunde“ geändert werden kann. Das Beispiel demonstriert, mit welch geringem Aufwand man in Visual Studio eigene Windows-Anwendungen erstellen kann. Der damit ausgelöste Aha-Effekt wird Sie sicher ausreichend motivieren, manche Durststrecken der nächsten Kapitel zu überstehen.

Wenn Sie nach dem Anlegen der Windows-Forms-App, in der Mitte dieses Kapitels, Visual Studio nicht wieder geschlossen haben, können wir an dieser Stelle direkt fortfahren. Ansonsten gehen Sie zum Öffnen dieses Projekts wie folgt vor.

1. Etappe: Visueller Entwurf der Bedienoberfläche

Der Programmstart von *Microsoft Visual Studio 2026* erfolgt entweder über das Windows-Startmenü oder noch schneller über eine Desktop- bzw. Taskleisten-Verknüpfung.

Danach klicken Sie einfach auf den Eintrag *WindowsFormsApp1.slnx* in der Liste der zuletzt verwendeten Elemente.

Nach dem Klick dauert es ein kleines Weilchen, bis die Entwicklungsumgebung mit dem Startformular *Form1* erscheint. Darauf platzieren Sie ein Steuerelement vom Typ *Button*. Die dazu notwendige Vorgehensweise unterscheidet sich kaum von der eines normalen Zeichenprogramms.

Falls die Toolbox gerade nicht sichtbar ist, klicken Sie im Menü *Ansicht* auf den Eintrag *Toolbox* und wählen dann einfach das gewünschte Steuerelement aus:

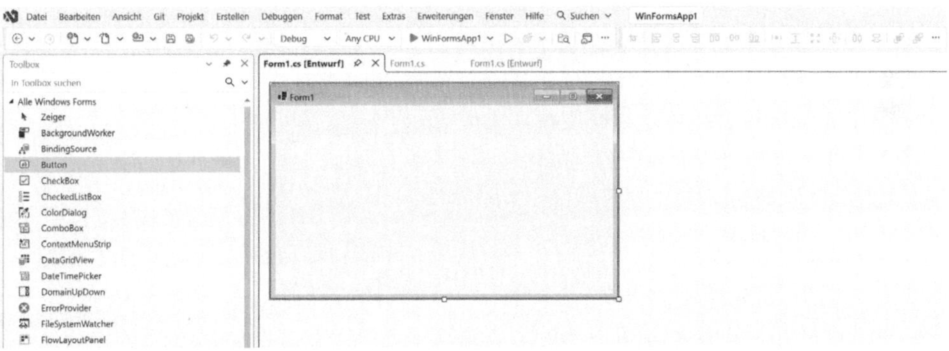

Bild 2.12 Button auswählen und auf die Form ziehen

Ein schneller Doppelklick befördert das Steuerelement direkt auf das Formular. Sie können aber auch den gewünschten *Button* in gewohnter Windows-Manier auf das Formular ziehen, dort absetzen und auf die gewünschte Größe zoomen.

2. Etappe: Zuweisen der Objekteigenschaften

Der *Button* trägt noch seine standardmäßige Beschriftung *button1*. Um diese in „Start" zu ändern, muss die *Text*-Eigenschaft geändert werden. Markieren Sie dazu das Steuerelement mit der Maus und rufen Sie mit `STRG+W, P` oder `F4` (bzw. über das Menü *Ansicht*) das Eigenschaften-Fenster auf. Ändern Sie im Eigenschaften-Fenster die *Text*-Eigenschaft von ihrem Standardwert „button1" in „Start".

Verwechseln Sie die *Text*-Eigenschaft nicht mit der *Name*-Eigenschaft. Immer wenn Sie ein neues Steuerelement platzieren, setzt Visual Studio standardmäßig den Wert von *Text* zunächst auf den von *Name*.

Es dürfte Ihnen nun auch keine Schwierigkeiten bereiten, über die *Font*-Eigenschaft von *button1* auch noch die Schriftgröße etc. zu ändern.

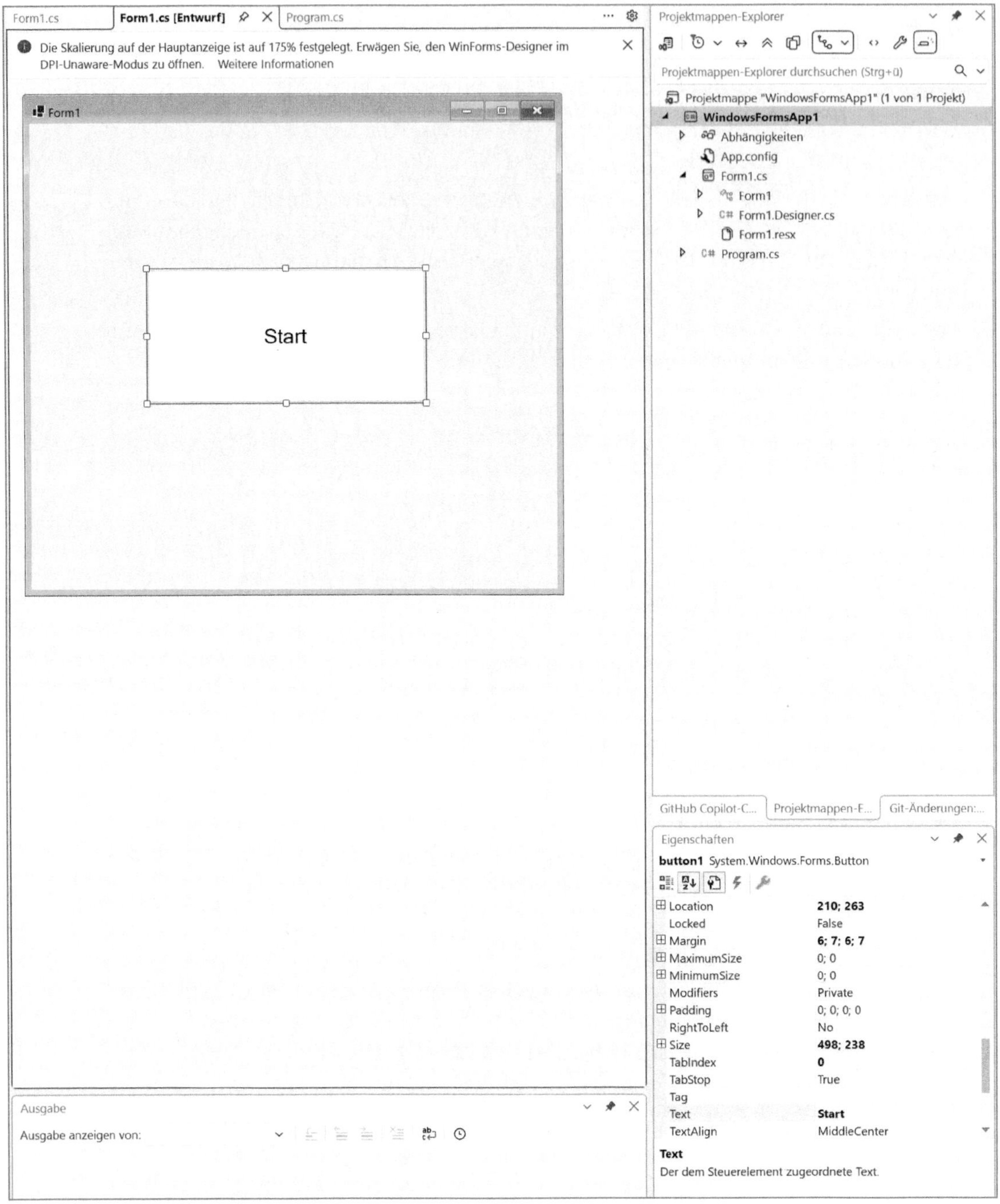

Bild 2.13 Setzen von Eigenschaften

3. Etappe: Verknüpfen der Objekte mit Ereignissen

Klicken Sie doppelt auf die Komponente *button1*, so öffnet sich das Codefenster. Richten Sie nun Ihr Augenmerk auf die Schreibmarke, welche im vorgefertigten Rahmencode innerhalb der *Click*-Ereignisbehandlungsroutine (Eventhandler) blinkt. Hier tragen Sie Ihren C#-Code ein, der festlegt, **was** passieren soll, wenn zur Programmlaufzeit (also nicht jetzt zur Entwurfszeit!) der Anwender auf diese Schaltfläche klickt.

In unserem Fall wollen wir erreichen, dass sich die Beschriftung der Titelleiste des Formulars ändert. Das bedeutet, dass wir die *Text*-Eigenschaft des Objekts *Form1*, dessen Standardwert bislang ebenfalls „Form1" lautete, neu zuweisen müssen. Diesmal aber tun wir das nicht im Eigenschaften-Fenster, sondern per C#-Code.

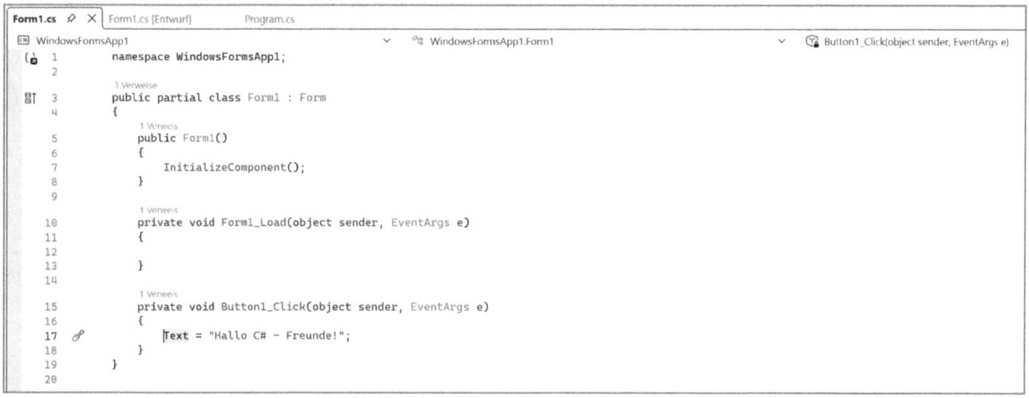

Bild 2.14 Schreiben einer Ereignisroutine

Fügen Sie die fett hervorgehobene Zeile in den bereits vorhandenen Rahmencode ein:

Listing 2.4 Ändern der Fensterüberschrift

```
private void Button1_Click(object sender, EventArgs e)
{
    Text = "Hallo C# - Freunde!";
}
```

4. Etappe: Programm kompilieren und testen

Kompilieren Sie das Programm durch Klicken auf das kleine Dreieck in der Symbolleiste (bzw. Menü *Debuggen/Debuggen starten* oder **F5**).

Sie befinden sich nun im Ausführungsmodus. Ihr Programm „lebt" jetzt, denn die Schaltfläche lässt sich anklicken und die Beschriftung der Titelleiste ändert sich tatsächlich.

Das Programm beenden Sie, indem Sie auf das kleine rote Quadrat in der Symbolleiste klicken (bzw. Menü *Debuggen/Debuggen beenden* oder **`Umschalt+F5`**) oder aber das Formular einfach in altbekannter Windows-Manier schließen.

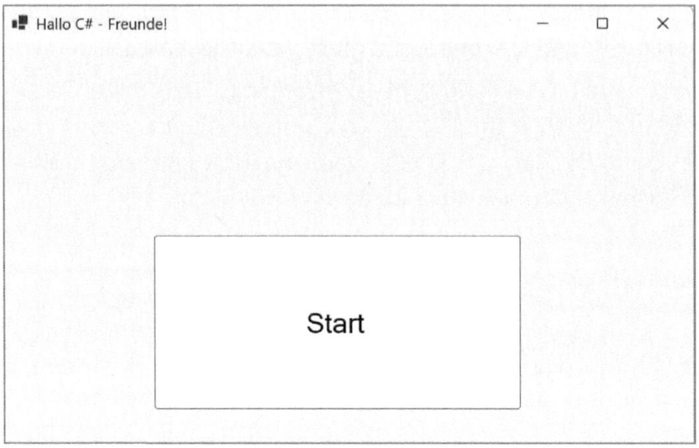

Bild 2.15
Hallo C#-Freunde

Gratulation – Sie haben soeben Ihre erste Windows-Forms-Anwendung geschrieben!

Dem erfahrenen Leser wird wahrscheinlich während der Laufzeit des Programms ein relativ neues Icon aufgefallen sein (siehe Bild 2.16)

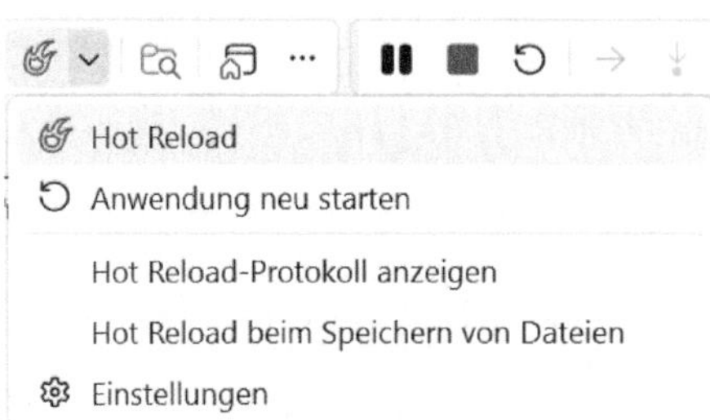

Bild 2.16
Hot Reload

Hier können Sie Einstellungen für Hot Reload vornehmen. Sie können jetzt während der Laufzeit der Anwendung Änderungen am Programmcode durchführen und diese werden automatisch durch Klick auf *Hot Reload* oder auch beim Speichern der Datei übernommen (wenn Sie die Option *Hot Reload beim Speichern von Dateien* angeklickt haben).

Ändern Sie einfach den Text, der in der Titelleiste angezeigt wird, und speichern Sie die Codedatei. Dann klicken Sie noch mal auf den Button *Start* und Sie werden sehen, dass jetzt der geänderte Text in der Titelleiste angezeigt wird, ohne dass Sie die Anwendung neu starten mussten.

Hot Reload ist eines der zeitsparendsten Features in Visual Studio 2026 (wurde aber bereits auch schon in VS 2022 eingeführt).

Stellen Sie sich einfach vor, Sie haben schon eine komplexe Anwendung geschrieben und müssen sich durch mehrere Eingabedialoge mit vielen Texteingaben kämpfen, bis Sie an der Stelle angekommen sind, die Sie gerade testen wollen. Und dann stellen Sie fest, dass Sie ein ganz einfaches Logikproblem haben und Ihr zu testender Code gar nicht ausgeführt wird. Sie können *Hot Reload* verwenden, den Code einfach anpassen und weitermachen. Früher hätte man die Anwendung beenden müssen, den Code anpassen, neu starten und sich wieder durch alle Dialoge durchkämpfen müssen.

Bemerkungen

- In diesem Beispiel haben Sie ganz nebenbei auch gelernt, dass man Eigenschaften (Properties) nicht nur zur Entwurfszeit im Eigenschaften-Fenster zuweist, sondern dies auch zur Laufzeit per Code tun kann.
- Die Properties, die Sie im Eigenschaften-Fenster zuweisen, bezeichnet man auch als *Starteigenschaften*. Zur Laufzeit können diese – wie im Beispiel für die *Text*-Eigenschaft des Formulars gezeigt – durchaus ihren Wert ändern.
- Das .NET-SDK empfiehlt, dass alle Klassen innerhalb eines Namensraums (*namespace*) oder auch untergeschachtelten Namensräumen definiert werden[6]. Visual Studio verwendet automatisch den Namen Ihres Projekts (wir haben das bei der Standardvorgabe *WindowsFormsApp1* belassen) als oberste Ebene des Namensraums. Insgesamt hat also der Quellcode Ihrer ersten Windows-Anwendung folgendes Aussehen, wobei nur die fett hervorgehobene Zeile von Ihnen selbst getippt werden musste:

Listing 2.5 Gesamter Code des Formulars

```
namespace WindowsFormsApp1;

public partial class Form1 : Form
{
    public Form1()
    {
        InitializeComponent();
    }

    private void Button1_Click(object sender, EventArgs e)
    {
        Text = "Hallo C# - Freunde!";
    }
}
```

[6] Mehr zum Konzept der Namensräume erfahren Sie in Kapitel 6.

HINWEIS: Beachten Sie die durch die {}-Klammern eingegrenzten Gültigkeitsbereiche!

- Die als Ergebnis des Kompilierprozesses generierte *.exe*-Datei finden Sie im Unterverzeichnis *...\WindowsFormsApp1\bin\Debug\net10.0-windows* Ihres Projektordners. Es handelt sich hierbei allerdings **nicht** um eine klassische EXE-Datei, sondern, wie bereits in Kapitel 1 erläutert, um eine sogenannte Assemblierung. Haben Sie die Programmentwicklung erfolgreich abgeschlossen und Visual Studio beendet, so können Sie später jederzeit in dieses Verzeichnis wechseln, um durch Doppelklick auf die Datei *WindowsFormsApp1.exe* das Programm zu starten.
- Direkt im Projektverzeichnis befindet sich die Projektmappendatei *Windows FormsApp1.slnx*. Wenn Sie auf diese Datei klicken[7)], so wird standardmäßig Visual Studio geöffnet und das Programm wird in die Entwicklungsumgebung geladen.

2.5.2 Umrechnung Euro-Dollar

Diesmal soll es keine Spielerei, sondern ein durchaus nützliches Programmchen sein – die Umrechnung von Euro in Dollar, ein simpler Währungsrechner also. Durch Vergleichen mit der in Abschnitt 2.2 beschriebenen ersten C#-Anwendung dürften auch die Unterschiede der klassischen Konsolentechnik zur visualisierten, objekt- und ereignisorientierten Windows-Programmierung ganz deutlich zu Tage treten.

1. Etappe: Visueller Entwurf der Bedienoberfläche

Legen Sie ein neues Visual-C#-Projekt vom Typ *Windows Forms-App* an und geben Sie ihm den Namen „EuroDollar“.

Ziel ist die folgende Bedienoberfläche, die Sie jetzt mühelos im Designer-Fenster erstellen (siehe Bild 2.17)[8)].

Sie brauchen außer dem bereits vorhandenen Startformular *Form1* drei *Label* zur Beschriftung, drei *TextBoxen* für die Eingabe und einen *Button* zum Beenden des Programms. Für die Namensgebung sorgt Visual Studio automatisch, es sei denn, Sie möchten den Objekten eigene Namen geben.

[7] Das werden Sie z. B. häufig beim Laden von Beispielprojekten tun.

[8] Der Inhalt der drei Textboxen ist standardmäßig leer. Er wurde hier nur aus Gründen der Übersichtlichkeit mit deren Namen beschriftet.

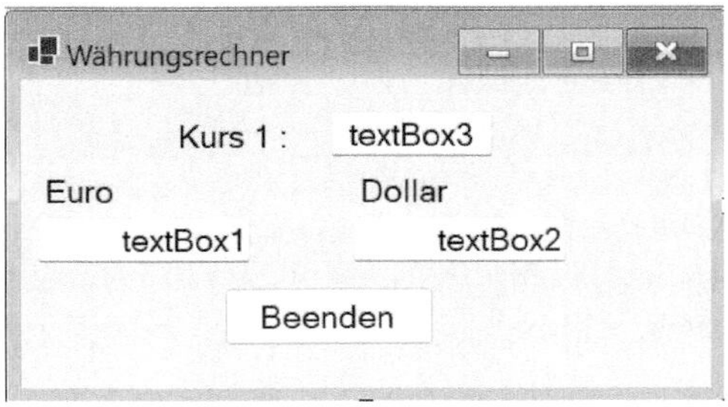

Bild 2.17
Formular für Währungsrechner

HINWEIS: Konzentrieren Sie sich in der ersten Etappe nur auf Lage und Abmessung der Komponenten, nicht auf deren Beschriftung, da Eigenschaften erst in der nächsten Etappe angepasst werden!

Beim Platzieren und bei der Größenanpassung der Komponenten gehen Sie ähnlich vor, wie Sie es bereits von vektororientierten Zeichenprogrammen (z. B. Visio, Power Point) gewöhnt sind:

- Im Werkzeugkasten klicken Sie auf das Symbol für die *TextBox*-Komponente. Der Mauszeiger wechselt sein Aussehen.
- Danach bewegen Sie den Mauszeiger zu der Stelle von *Form1*, an welcher sich die linke obere Ecke von *textBox1* befinden soll, drücken die Maustaste nieder und zoomen (bei gedrückt gehaltener Maustaste) die *TextBox* auf ihre endgültige Größe. Analog verfahren Sie mit *textBox2* und *textBox3*.
- Nun klicken Sie im Werkzeugkasten auf das Symbol für die *Label*-Komponente und erzeugen auf die gleiche Weise *label1*, *label2* und *label3*.
- Schließlich bleibt noch *button1*, den Sie am unteren Rand von *Form1* absetzen.

2. Etappe: Zuweisen der Objekteigenschaften

Unser Programm besteht nun aus insgesamt acht Komponenten: einem Formular und sieben Steuerelementen. Alle Eigenschaften haben bereits ihre Standardwerte. Einige davon müssen wir allerdings noch ändern. Dies geschieht mithilfe des Eigenschaften-Fensters. Wenn Sie mit der Maus auf eine Komponente klicken und danach die **F4**-Taste (diese funktioniert auch zur Anzeige des Eigenschaften-Fensters) betätigen, erscheint das Eigenschaften-Fenster der Komponente mit der Liste aller zur Entwurfszeit verfügbaren Eigenschaften.

- Beginnen Sie mit *label1*, das die Beschriftung „Euro" tragen soll. Die Beschriftung kann mit der *Text*-Eigenschaft geändert werden. Standardmäßig entspricht diese der *Name*-Property, in unserem Fall also „label1". Um das zu ändern, klicken Sie auf das *Label* und tragen anschließend in der Spalte rechts neben dem *Text*-Feld die neue Beschriftung ein (die alte ist vorher „wegzuradieren“). Analog verfahren Sie mit den beiden anderen Labels (Beschriftung „Dollar“ und „Kurs 1: “).

- Auch *button1* muss natürlich seine neue *Text*-Eigenschaft („Beenden“) erhalten.
- Schließlich klicken Sie auf eine leere Fläche von *Form1*, um anschließend mit **F4** das Eigenschaften-Fenster für das Formular aufzurufen und dessen *Text*-Eigenschaft entsprechend der gewünschten Beschriftung der Titelleiste zu modifizieren.

Die Tabelle gibt eine Zusammenstellung aller Objekteigenschaften, die wir geändert haben:

Name des Objekts	Eigenschaft	Neuer Wert
Form1	*Text* *Font.Size*	Währungsrechner *10*
label1	*Text*	Euro
label2	*Text*	Dollar
label3	*Text*	Kurs 1:
textBox1	*TextAlign*	*Right*
textBox2	*TextAlign*	*Right*
textBox3	*TextAlign*	*Center*
button1	*Text*	Beenden

3. Etappe: Verknüpfen der Objekte mit Ereignissen

Während Sie die beiden Vorgängeretappen noch locker bewältigen konnten, beginnt jetzt Ihre Hauptarbeit als C#-Programmierer. Wechseln Sie zum Codefenster *Form1.cs* (auch mit **F7**, *Ansicht/Code* oder dem Kontextmenü des Formulars möglich). Was Sie erwartet, ist die von Visual Studio vorbereitete Klassendeklaration von *Form1*. Wie Sie sehen, können Sie einzelne Bereiche (Regionen) durch das Plus- bzw. Minus-Symbol am linken Rand auf- bzw. zuklappen.

Zunächst fügen Sie eine Anweisung ein, um drei Variablen des *double*-Datentyps (Fließpunktzahlen) zu deklarieren. Gleichzeitig werden diese Variablen mit dem Wert 1.0 initialisiert:

Listing 2.6 Definition von privaten Variablen

```
private double euro = 1.0;
private double dollar = 1.0;
private double kurs = 1.0;
```

Im Unterschied zur einfachen Konsolenanwendung, bei der uns das Programm die Einhaltung einer bestimmten Eingabereihenfolge aufgezwungen hat, soll in unserer Windows-Forms-Anwendung die Berechnung immer dann neu gestartet werden, wenn wir bei der Eingabe in eine der drei Textboxen irgendeine Taste losgelassen haben. Wir müssen also für jede der Textboxen einen eigenen Eventhandler für das *KeyUp*-Ereignis schreiben!

Dabei ist eine fast schon rituelle Erstellungsreihenfolge zu beachten, die Sie mit fortschreitender Programmierpraxis sehr bald auch im Schlaf ausführen können:

- **Objekt auswählen:** Zur Objektauswahl klicken Sie auf das Objekt im Designer-Fenster und öffnen mit **F4** das Eigenschaften-Fenster.

  Klicken Sie im Eigenschaften-Fenster oben auf das ⚡ -Symbol, um die Ereignisliste zur Anzeige zu bringen.

- **Ereignis auswählen:** Zur Ereignisauswahl doppelklicken Sie auf das gewünschte Ereignis. Als Resultat werden automatisch die erste und die letzte Zeile (Rahmencode) des Eventhandlers generiert und im Codefenster angezeigt.

- **Ereignisbehandlungen programmieren:** Füllen Sie den Eventhandler mit den gewünschten C#-Anweisungen aus.

Wir beginnen in unserem Beispiel mit dem *KeyUp*-Eventhandler für *textBox1*, der immer dann ausgeführt wird, wenn der Benutzer den Euro-Betrag ändert. Doppelklicken Sie also auf *KeyUp* und das Codefenster öffnet sich mit dem automatisch erzeugten Rahmencode des Eventhandlers.

Füllen Sie nun den Rahmencode wie folgt aus:

Listing 2.7 Ereignishandler für das KeyUp-Ereignis der TextBox

```
private void TextBox1_KeyUp(object sender, KeyEventArgs e)
{
    euro = Convert.ToDouble(textBox1.Text);dollar =
    euro * kurs;
    textBox2.Text = dollar.ToString("#,##0.00");
}
```

HINWEIS: Sie müssen nur die Anweisungen innerhalb der geschweiften Klammern selbst einfügen. Der übrige Rahmencode wird automatisch erzeugt, wenn Sie die oben erläuterte Erstellungsreihenfolge beachten!

Bild 2.18 Anzeige der Events

Der Prozedurkopf des Eventhandlers verweist standardmäßig vor dem Unterstrich (_) auf den Namen des Objekts und danach auf das entsprechende Ereignis. Das vorangestellte *private* verdeutlicht, dass auf die Prozedur nur innerhalb der *Form1*-Klasse zugegriffen werden kann.

Auf analoge Weise erzeugen Sie die Eventhandler für die Steuerelemente *textBox2* und *textBox3*, geben aber dann den jeweils geänderten Umrechnungscode ein.

Ändern des Dollar-Betrags:

Listing 2.8 Umrechnungscode

```
private void textBox2_KeyUp(object sender, KeyEventArgs e)
{
    dollar = Convert.ToDouble(textBox2.Text);
    euro = dollar / kurs;
    textBox1.Text = euro.ToString("#,##0.00");
}
```

Ändern des Umrechnungskurses:

```
private void textBox3_KeyUp(object sender, KeyEventArgs e)
{
    kurs = Convert.ToDouble(textBox3.Text);
    dollar = euro * kurs;
    textBox2.Text = dollar.ToString("#,##0.00");
}
```

HINWEIS: Grübeln Sie jetzt noch nicht über den tieferen Sinn der einzelnen Anweisungen nach, denn dazu haben Sie in den späteren Kapiteln noch genug Zeit!

Damit Sie bereits unmittelbar nach dem Programmstart sinnvolle Werte in den drei Textboxen sehen, ist folgender Eventhandler für das *Load*-Ereignis des *Form1*-Objekts hinzuzufügen:

Listing 2.9 Vorbelegung der Textfelder

```
private void Form1_Load(object sender, EventArgs e)
{
      textBox1.Text = euro.ToString();
      textBox2.Text = dollar.ToString();
      textBox3.Text = kurs.ToString();
}
```

Beim Klick auf den *Beenden*-Button soll das Formular entladen werden. Wählen Sie in der Objektauswahlliste des Eigenschaften-Fensters den Eintrag *button1* und anschließend in der Ereignisauswahlliste das *Click*-Event:

Listing 2.10 Schließen des Fensters und somit auch der Anwendung

```
private void button1_Click(object sender, EventArgs e)
{
      Close();
}
```

4. Etappe: Programm kompilieren und testen

Starten Sie die Anwendung durch Klicken auf den grünen Pfeil in der Symbolleiste (oder **F5**-Taste) und im Handumdrehen ist Ihre C#-Windows-Anwendung kompiliert und ausgeführt!

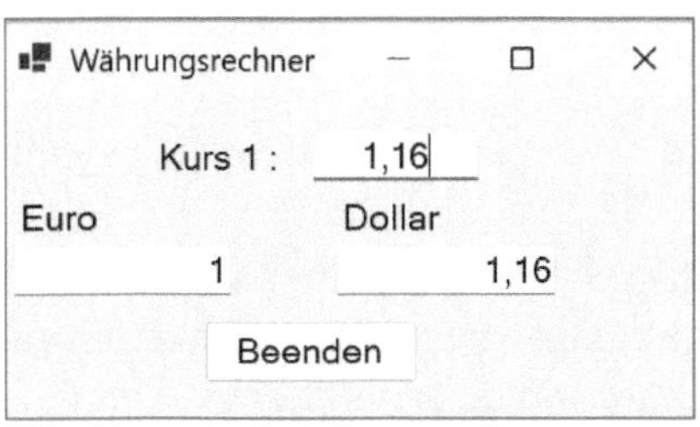

Bild 2.19
Euro-Dollar-Rechner als Windows-Anwendung

Spielen Sie ruhig ein wenig mit verschiedenen Werten herum, um sich den Unterschied zwischen Konsolen- und Windows-Programmen zu verinnerlichen. Da es keine vorgeschriebene Reihenfolge für die Benutzereingaben mehr gibt, werden die anderen Felder sofort aktualisiert. Eine spezielle „="-Schaltfläche (etwa wie bei einem Taschenrechner) ist deshalb überflüssig.

HINWEIS: Achten Sie darauf, dass Sie als Dezimaltrennzeichen das Komma und nicht den Punkt eingeben. Letzterer dient als Tausender-Separator (zumindest auf einem deutschen Betriebssystem).

IntelliSense – die hilfreiche Fee

Eines der bemerkenswertesten Features des Code-Editors ist seine sogenannte *Intelli Sense*, auf die Sie mit Sicherheit bereits beim Eintippen des Quellcodes aufmerksam geworden sind. Sobald Sie den Namen eines Objekts bzw. eines Steuerelements mit einem Punkt abschließen, erscheint wie von Geisterhand eine Liste mit allen Eigenschaften und Methoden des Objekts. Das befreit Sie von dem lästigen Nachschlagen in der Hilfe und bewahrt Sie vor Schreibfehlern.

HINWEIS: Wenn Sie das markierte Element übernehmen wollen, brauchen Sie den Namen nicht zu Ende zu schreiben, da die IntelliSense den kompletten Text automatisch ergänzt.

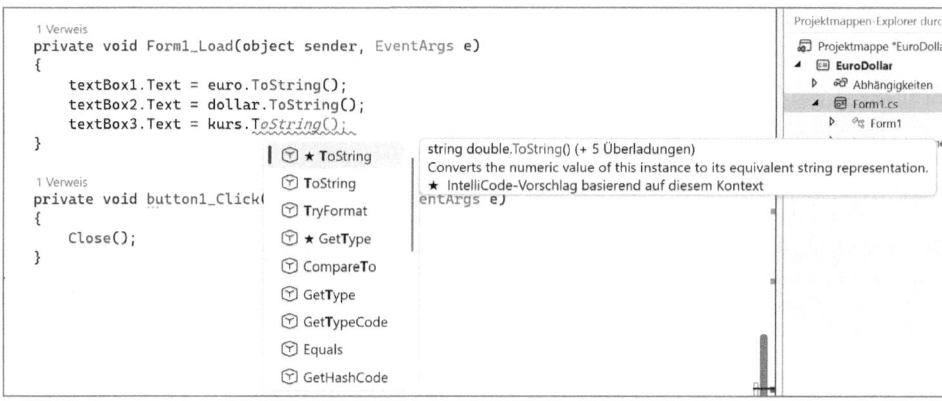

Bild 2.20 Intellisense in Aktion

Die Glühbirne sorgt für Erleuchtung

Bereits beim Schreiben des Quellcodes werden Sie von Visual Studio auf grundsätzliche Syntaxfehler (z. B. ein vergessenes Semikolon) hingewiesen. Im Allgemeinen geschieht dies durch Unterstreichen mit einer wellenförmigen (roten) Linie. Wenn Sie mit der Maus auf diese Linie zeigen, erscheint links unterhalb das Symbol einer gelben Glühbirne mit Hinweisen zur Behebung des Fehlers.

In Bild 2.21 wurde z. B. die Variable *euro* falsch eingetippt. Wählen Sie aus den Vorschlägen einfach die passende Fehlerbereinigung aus.

HINWEIS: Für komplexere Problemen finde Sie ganz am Ende der Vorschläge der „Glühbirne" noch den Eintrag Mit Copilot beheben. Bei der Benutzung von Visual Studio 2026 lohnt es sich auf alle Fälle sich ein Copilot-Konto anzulegen, in vielen Fällen reicht dazu auch die kostenlose Version.

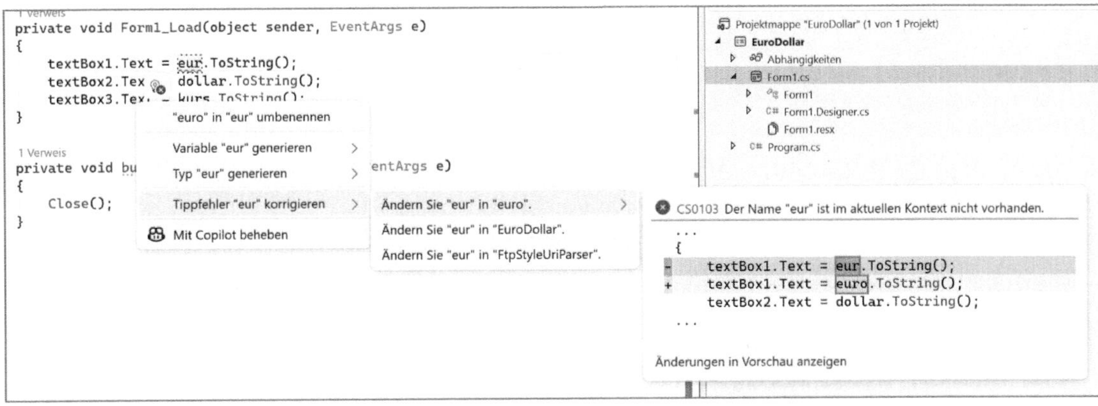

Bild 2.21 Glühbirne in Aktion

Fehler beim Kompilieren

Andere Fehler treten erst beim Kompilieren ans Tageslicht, wobei Sie durch folgende Meldung (Bild 2.22) aufgeschreckt werden:

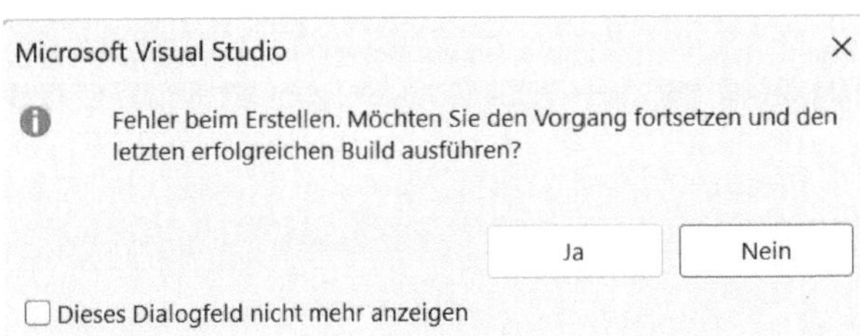

Bild 2.22 Fehler beim Erstellen

In der Regel sollten Sie *Nein* klicken, um unverzüglich den (oder die) Übeltäter im Quellcode zu suchen und dingfest zu machen. Das Lokalisieren ist meist sehr einfach, da der fehlerhafte Ausdruck durch eine Wellenlinie unterschlängelt ist. Auch hier erhalten Sie Hinweise zur Fehlerursache, wenn Sie mit der Maus auf die betreffende Stelle fahren.

HINWEIS: Wenn das Programm sich partout nicht kompilieren lässt und weit und breit keine Wellenlinie bzw. ein anderer Hinweis auf den Übeltäter in Sicht ist, hilft meist ein Blick in die Fehlerliste am unteren Rand des Hauptfensters (oder Menü *Ansicht/Fehlerliste*).

Bild 2.23 Fehlerliste

Auf einen typischen Fehler, der manchen Anfänger zur Verzweiflung bringen kann, soll Sie das folgende Beispiel hinweisen.

Durch einen versehentlichen Doppelklick auf *textBox1* haben Sie im Codefenster unbewusst einen Eventhandler für das *TextChanged*-Ereignis (das ist das Standardereignis für dieses Steuerelement) erzeugt. Sie haben das zwar sofort bemerkt und den Rahmencode des Eventhandlers gleich wieder gelöscht, aber durch diese Aktion haben Sie einen Compilerfehler erzeugt.

Das führt dazu, dass der Designer einen Fehler ausgegeben hat und das Formular im Designmodus nicht mehr dargestellt werden konnte.

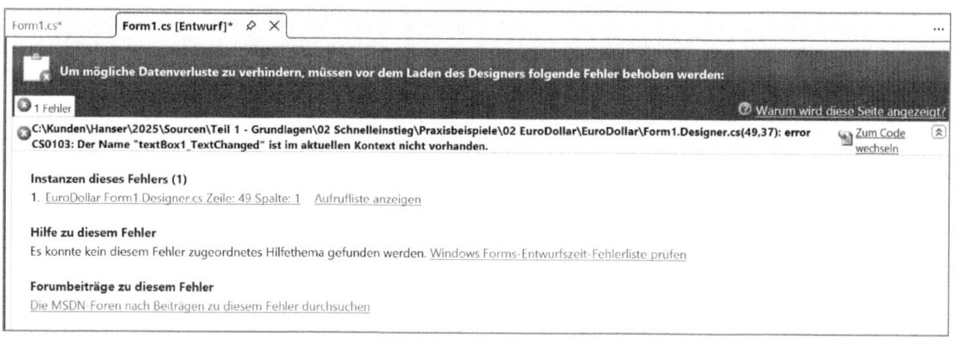

Bild 2.24 Fehlermeldung im Designer

Erst ein Blick auf die Fehlerliste bringt Sie auf die richtige Fährte, denn Sie haben zwar den Rahmencode des *textBox1_TextChanged*-Eventhandlers wieder gelöscht, nicht aber seine (von Visual Studio automatisch angelegte) Deklaration. Diese ist nach wie vor vorhanden und verweist (für Sie zunächst unsichtbar) auf den nun nicht mehr vorhandenen Code. Klicken Sie deshalb auf den Link *Gehe zu Code* (oder doppelklicken Sie auf den Eintrag in der Fehlerliste), worauf sich das Codefenster der Datei *Form1.Designer.cs* öffnet[9]:

[9] In dieser Datei haben Sie normalerweise nichts zu suchen, da die Einträge von Visual Studio vorgenommen werden.

Bild 2.25 Fehler im Designercode

Der Name des „falschen" Eventhandlers ist mit einer roten Linie unterschlängelt. Entfernen Sie diese Zeile komplett.

HINWEIS: Weitere hilfreiche Hinweise zum Debuggen finden Sie in Kapitel 16.

2.6 Neuerungen in Visual Studio 2022 Version 17.8

Zum Abschluss dieses Kapitels wollen wir noch einen kleinen Überblick über die Neuerungen von Visual Studio in der vorherigen Version zeigen.

Wenn Sie ein GitHub-Copilot-Abonnement haben, können Sie den Copilot Autocomplete als optionale Komponente in Visual Studio laden und sich über dessen Vorschläge und Codevervollständigungen freuen.

Auch PullRequests in Quellcode verwalteten Projekten können jetzt direkt aus Visual Studio heraus durchgeführt werden.

Zum Vergleichen von Codeständen gibt es ein verbessertes Vergleichsfenster, das Ihnen übersichtlicher die durchgeführten Änderungen an einer Codedatei zeigt.

Ein wesentlicher Fokus in der neuen Version lag auch auf einer besseren Performance von Visual Studio.

Damit auch nicht SDK-Style-Projekte (in der Regel die klassischen .NET Framework-Projekte bis .NET 4.8) von den Performancevorteilen profitieren können, sollten Sie in eine Projektdatei folgenden Code einfügen:

```
<Project>
  <PropertyGroup>
    <AccelerateBuildsInVisualStudio>true</AccelerateBuildsInVisualStudio>
  </PropertyGroup>
</Project>
```

Beachten Sie dabei, dass das Attribut *Project* bereits in der Projektdatei gesetzt ist und es mehrere *PropertyGroups* dazu gibt. Am besten fügen Sie das Attribut *Accelerate BuildsInVisualStudio* in jede *PropertyGroup* ein.

Eine ausführliche Beschreibung finden Sie unter *https://devblogs.microsoft.com/visual studio/visual-studio-17-8-now-available*.

2.7 Die Highlights der neuen Version Visual Studio 2026

Das Erste, was uns aufgefallen ist, ist, dass sich Visual Studio 2026 wesentlich flotter als die Vorgängerversionen verhält. Die Responsezeit beim Ausführen von Befehlen ist deutlich schneller, was zu einem ersten positiven Eindruck führt.

In der Benutzeroberfläche gibt es mittlerweile, wie Sie in Bild 2.26 sehen können, eine Vielzahl von Themes zur Auswahl und die Konturen sind schärfer als in der Vergangenheit, was bei langen Arbeitstagen den Augen zugutekommt. Neue Icons und ein *Fluent Design* sorgen für ein neues Look-and-feel der IDE.

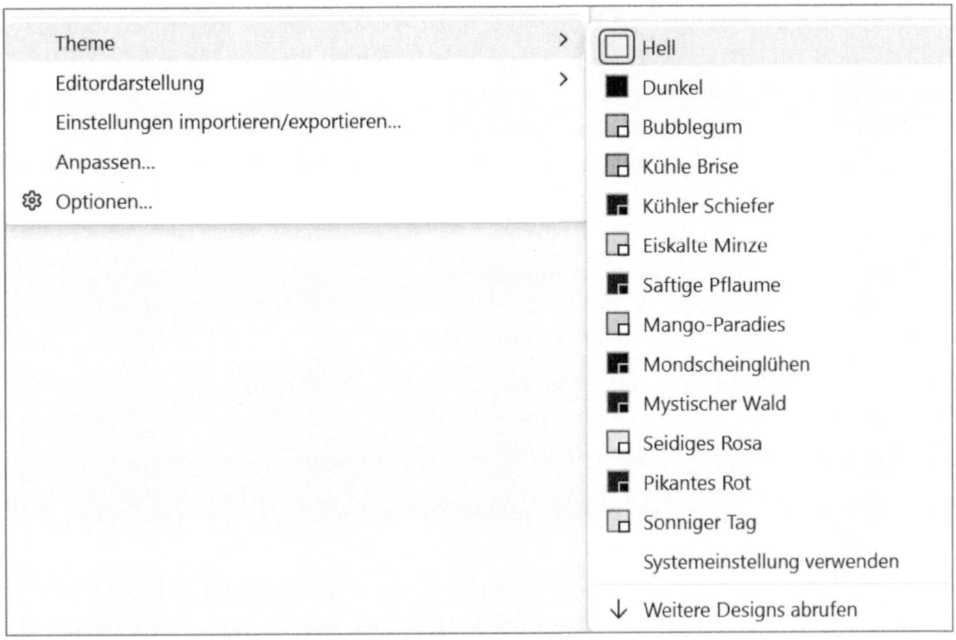

Bild 2.26 Auswahl der vorinstallierten Themes

Visual Studio 2026 kann selbstverständlich parallel zu Visual Studio 2022 installiert werden und verspricht eine komplette Kompatibilität zu den in der Vorgängerversion erstellten Projekten.

Die Codevorschläge an vielen Stellen sind wirklich beeindruckend und können sehr häufig eins zu eins übernommen werden. Man spart sich durch diese KI-Integration wirklich viel Tipparbeit und manchmal auch Denkarbeit, weil einem der nächste fertige Baustein schon vorgeschlagen wird.

In der Statusleiste des Editors können Sie jetzt definieren, welche Elemente Sie anzeigen wollen, wie Sie in Bild 2.27 sehen.

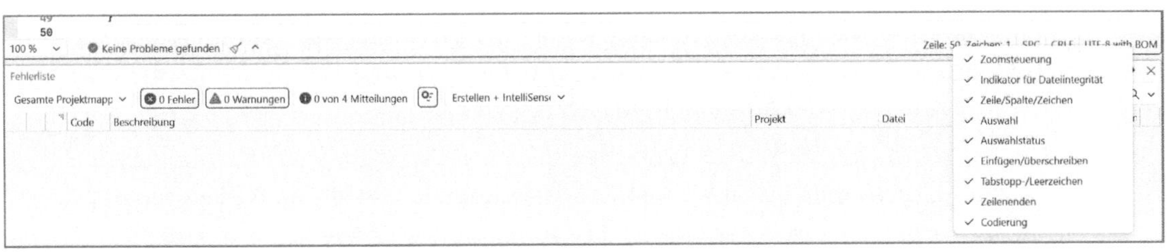

Bild 2.27 Auswahl, welche Informationen in der Statuszeile angezeigt werden sollen

Somit haben Sie an dieser Stelle, ohne in irgendwelchen Menüs zu suchen, die Möglichkeit, zum Beispiel das Encoding oder die Zeilenenden Ihrer Datei zu ändern.

Beim Debuggen werden Ihnen jetzt automatisch Werte angezeigt, ohne dass man explizit mit der Maus über Variablen fahren muss, um deren Tooltip zu sehen. Genauso werden Ihnen direkt auch Funktionsergebnisse von aufgerufenen Methoden angezeigt.

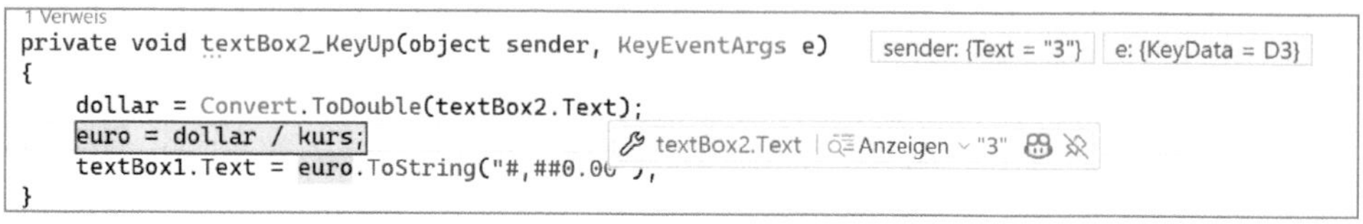

Bild 2.28 Automatische Anzeige von Werten beim Debuggen

Wie schon angesprochen, wurde Microsoft Copilot viel tiefer in Visual Studio 2026 integriert, als es noch in den Vorgängerversionen der Fall war.

So gibt es jetzt in der Codeansicht ein eigenes Copilot-Aktionsmenü, wie Sie in Bild 2.29 sehen. Darüber können Sie sich Code erklären lassen, Kommentare automatisch generieren lassen oder auch Tests generieren (also wenn wir ehrlich sind, all das machen lassen, wozu wir oft keine Lust haben).

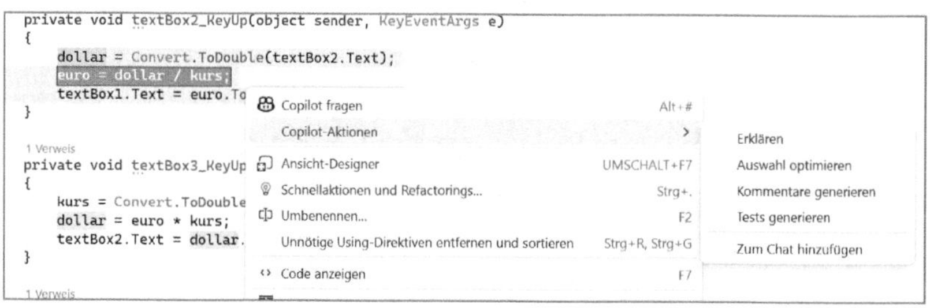

Bild 2.29 Copilot-Aktionen

Und noch eine Kleinigkeit zum Schluss: Was wir persönlich sehr gut finden, ist, dass das *CodeCoverage*-Feature, das bislang nur in der Enterprise-Version vorhanden war, nun sogar in der Community-Edition verfügbar ist.

Zur besseren Lesbarkeit werden wir im weiteren Verlauf des Buches nur noch Visual Studio schreiben. Nur an Stellen, an denen wir explizit auf eine Version hinweisen wollen, werden wir den Jahreszusatz noch verwenden.

---

3 Grundlagen der Sprache C#

In diesem Kapitel möchten wir Ihnen den für den Einstieg wichtigen Sprachkern von C# erklären[1]. Wir zeigen Ihnen, wie Sie Anweisungen schreiben, mit Datentypen umgehen, Schleifen und Verzweigungen einsetzen, Arrays definieren und Funktionen bzw. Prozeduren aufrufen. Mit Rücksicht auf den Einsteiger und um die Übersichtlichkeit nicht zu gefährden, folgen die etwas anspruchsvolleren Bestandteile von C# erst in späteren Kapiteln.

HINWEIS: Testen Sie möglichst viele der kleinen Codeschnipsel des vorliegenden Kapitels am eigenen Rechner auf Herz und Nieren. Als Codegerüst kann entweder eine Konsolenanwendung oder aber eine Windows-Forms-Anwendung dienen.

3.1 Grundbegriffe

So, dann schauen wir uns mal die grundlegendsten Dinge von C# an.

3.1.1 Anweisungen

Unter einer Anweisung wird ein Befehl verstanden, der eine bestimmte Aktion ausführt. Wie in jeder anderen Programmiersprache müssen auch die C#-Anweisungen bestimmten Regeln entsprechen, die man in ihrer Gesamtheit als *Syntax*[2] bezeichnet.

[1] Der Profi, der bereits mit Java, C oder C++ gearbeitet hat, wird dieses Kapitel natürlich mit Siebenmeilenstiefeln durcheilen.

[2] Im Unterschied zur *Syntax* versteht man unter der *Semantik* einer Sprache die Beschreibung dessen, *was* die einzelnen Anweisungen bewirken.

Eine der wichtigsten Syntaxregeln kennen Sie bereits aus den Einführungsbeispielen, nämlich dass jede Anweisung mit einem Semikolon abzuschließen ist und dass der Zeilenumbruch dabei keinerlei Rolle spielt.

Da C# eine sogenannte formatfreie Sprache ist, haben neben dem Zeilenumbruch auch Leerzeichen, Tabulatoren etc. keine Bedeutung, es sei denn, Sie verwenden sie bewusst, um die optische Lesbarkeit Ihres Codes zu verbessern.

Durch gute Strukturierung Ihres Quellcodes, wie z. B. blockweises Einrücken, machen Sie Ihre Programme übersichtlicher und verringern somit die Fehlerquote.

HINWEIS: Die Entwicklungsumgebung von Visual Studio erleichtert Ihnen das blockweise Einrücken unter anderem durch das Menü *Bearbeiten/Erweitert/Zeilen einzug vergrößern* bzw. *verkleinern* oder durch die entsprechenden Schaltflächen der Symbolleiste. Beachten Sie, dass diese Menüpunkte nur sichtbar sind, wenn ein Codefenster das aktive Fenster in Visual Studio ist.

3.1.2 Bezeichner

Für die Namensgebung von Elementen Ihres Programms, wie Variablen, Methoden, Klassen etc. verwenden Sie Bezeichner. Bei der Namensgebung müssen Sie sich an folgende Regeln halten:

- Als Zeichen sind Groß- und Kleinbuchstaben, der Unterstrich „_" sowie die Ziffern 0 . . . 9 zulässig.
- Jeder Bezeichner muss mit einem Buchstaben (oder einem Unterstrich) beginnen, Zahlen sind am Anfang nicht zulässig.
- Als case-sensitive Sprache unterscheidet C# penibel zwischen Groß- und Kleinschreibung.

Beispiel 3.1: Zulässige Bezeichner

C#

```
euro
_radius
zwerg7
```

Beispiel 3.2: Unzulässige Bezeichner

C#

```
%Anteil
7Zwerge
Gehalt$
```

HINWEIS: Bezüglich der Verwendung von Groß- und Kleinschreibung gibt es zwar keine Verbote, aber folgende Empfehlung: Verwenden Sie möglichst keine Bezeichner, die sich lediglich durch die Groß- und Kleinschreibung voneinander unterscheiden! Einzige Ausnahme, wo Sie das sogar tun sollten, ist bei Properties und den zugehörigen Feldbezeichnungen. Doch seit der Einführung von AutoPro perties (siehe Kapitel 4) benötigen Sie das Feld nicht mehr. Schreiben Sie Elemente, die öffentlich (*public*) definiert werden, immer groß, *private*-Variablen dagegen klein.

Beispiel 3.3: Beide Bezeichner sollten nicht nebeneinander verwendet werden:

C#

```
MeineAdresse
meineAdresse
```

3.1.3 Schlüsselwörter

Bei Schlüsselwörtern handelt es sich um vordefinierte reservierte Bezeichner, die den Kern der Sprache C# ausmachen und die im Codefenster von Visual Studio normalerweise blau eingefärbt werden. Die folgende (nicht ganz vollständige) Übersicht zeigt die Schlüsselwörter von C#.

abstract	*as*	*async*	*await*	*base*	*bool*
break	*cyte*	*case*	*char*	*class*	*const*
continue	*decimal*	*default*	*delegate*	*do*	*double*
else	*enum*	*event*	*explicit*	*extern*	*false*
finally	*fixed*	*float*	*for*	*foreach*	*goto*
if	*implicit*	*in*	*int*	*interface*	*internal*
is	*lock*	*long*	*namespace*	*new*	*null*
object	*operator*	*out*	*override*	*params*	*private*
protected	*public*	*readonly*	*Ref*	*return*	*sbyte*
sealed	*short*	*sizeof*	*stackalloc*	*static*	*string*
struct	*switch*	*this*	*Throw*	*true*	*try*
typeof	*uint*	*ulong*	*unchecked*	*unsafe*	*ushort*
using	*var*	*virtual*	*Void*	*volatile*	*while*

HINWEIS: Schlüsselwörter dürfen Sie **nicht** für selbst definierte Bezeichner verwenden!

Allerdings gibt es zu obigem Hinweis eine gewisse Ausnahme: Wenn Schlüsselwörter ein @ als Präfix enthalten, können sie als Bezeichner im Programm verwendet werden.

Beispiel 3.4: Schlüsselwörter mit Präfix

C#

@if stellt z. B. einen gültigen Bezeichner dar, *if* jedoch nicht, da es sich um ein Schlüsselwort handelt. Die Verwendung finden wir persönlich jedoch mehr als fragwürdig.

3.1.4 Kommentare

Kommentare (im Editor standardmäßig grün eingefärbt) dienen als zusätzliche Erläuterungen für den Programmierer. Sie sollen die Lesbarkeit des Quellcodes verbessern. Für das Kennzeichnen von Kommentaren können Sie zwei unterschiedliche Verfahren verwenden.

Einzeilige Kommentare

Um eine Zeile (nicht Befehlszeile) als Kommentar zu markieren, leiten Sie diese mit einem doppelten Slash // ein.

Beispiel 3.5: Eine Anweisung mit Kommentar

C#

```
private double euro = 1.0;     // Variablendeklaration
```

HINWEIS: Geizen Sie in Ihren Quelltexten nicht mit Kommentaren, damit Sie (oder andere) auch später noch den von Ihnen geschriebenen Code verstehen können!

Mehrzeilige Kommentare

Um einen mehrzeiligen Bereich als Kommentar zu kennzeichnen, wird dieser mit /* und */ eingegrenzt.

Beispiel 3.6: Mehrzeiliger Kommentar

C#

```
/* Dieser Kommentar
besteht aus zwei Zeilen */
```

Mehrzeilige Kommentare können Sie auch vorteilhaft beim Testen von Code einsetzen, indem Sie (in der Regel nur vorübergehend) bestimmte Codeabschnitte außer Kraft setzen, d. h. „auskommentieren".

HINWEIS: Die Visual-Studio-Entwicklungsumgebung erleichtert Ihnen das Auskommentieren von Codeabschnitten mit dem Menübefehl *Bearbeiten/Erweitert/Auswahl kommentieren* (Strg+E, C) bzw. *Auskommentierung der Auswahl aufheben* (Strg+E, U) oder mit den entsprechenden Schaltflächen der Symbolleiste .

3.2 Datentypen, Variablen und Konstanten

Jedes Programm „lebt" in erster Linie von seinen Variablen und Konstanten, die bestimmten Datentypen entsprechen. Es ist daher logisch, dass wir dieses Thema an den Anfang unserer Betrachtungen zur Sprache C# stellen müssen.

3.2.1 Fundamentale Typen

Die folgende Tabelle gibt eine Übersicht der einfachen (fundamentalen) Datentypen, die C# zur Verfügung stellt[3].

Wie Sie der Tabelle entnehmen können, entsprechen alle C#-Datentypen einer Klassendefinition im .NET Framework. Die CLR[4]-Datentypen sind im *System*-Namensraum angeordnet. Bei der Deklaration ist es egal, welchen der beiden möglichen Typbezeichner Sie angeben, auch wenn die Angabe des C#-Datentyps empfohlen wird.

[3] Auf „anspruchsvollere" Datentypen wie *var* oder *dynamic* gehen wir erst an späterer Stelle ein.

[4] Die .NET-Laufzeitumgebung *(Common Language Runtime)*

C#-Datentyp	.NET-CLR-Typ	Erläuterung	Länge [Byte] [5)]
byte	*System.Byte*	Positive Ganzzahl zwischen 0 … 255	1
sbyte	*System.SByte*	Vorzeichenbehaftete Ganzzahl zwischen –128 … 127	1
short	*System.Int16*	Kurze Ganzzahl zwischen $-2^{15} \dots 2^{15}-1$ (–32.768 … 32.767)	2
ushort	*System.UInt16*	Vorzeichenlose Ganzzahl zwischen 0 … 65 535	2
int	*System.Int32*	Ganzzahl zwischen $-2^{31} \dots 2^{31}-1$ (–2.147.483.648 … 2.147.483.647)	4
uint	*System.UInt32*	Vorzeichenlose Ganzzahl zwischen 0 … 4.294.967.295	4
ulong	*System.UInt64*	Vorzeichenlose Ganzzahl zwischen 0 … 18.446.744.073.709.551.615	8
long	*System.Int64*	Lange Ganzzahl $-2^{63} \dots 2^{63}-1$ (–9.223.372.036.854.775.808 … 9.223.372.036.854.775.807)	8
float	*System.Single*	Gleitkommazahl mit 7-stelliger Genauigkeit zwischen ca. +/– 3.4E-45 und +/–3.4E+38	4
double	*System.Double*	Gleitkommazahl mit 16-stelliger Genauigkeit zwischen ca. +/– 4.9E-324 und +/–1.8E+308	8
decimal	*System.Decimal*	Gleitkommazahl zwischen 0 … +/– 79E+27 (ohne Dezimalpunkt) und ca. +/–1.0E-29 …7.9E+27 (mit Dezimalpunkt)	16
char	*System.Char*	Ein beliebiges Unicode-Zeichen	2
bool	*System.Boolean*	Wahrheitswert (*true*, *false*)	2
string	*System.String*	Beliebige Unicode-Zeichenfolge mit einer maximalen Länge von ca. 2 000 000 000 Zeichen	2 pro Zeichen plus 10
object	*System.Object*	Universeller Datentyp	4 (auf 32 Bit) 8 (auf 64 Bit)

[5] Systemintern sind auch die ersten vier Typen 4 Byte lang.

3.2.2 Wertetypen versus Verweistypen

Mit Ausnahme des *string*- und des *object*-Datentyps, die sogenannte *Verweistypen* sind, gehören die übrigen Datentypen in obiger Tabelle zu den *Wertetypen*. Das Verständnis des Unterschieds zwischen diesen beiden fundamentalen Gruppen ist enorm wichtig für das tiefere Eindringen in die Sprache C#.

Wertetypen

Dazu zählen all die einfachen Datentypen wie *byte*, *int*, *double* usw. Hinzu kommen später noch andere wie beispielsweise *struct* (siehe Abschnitt 3.6.2) und *DateTime* (siehe Abschnitt 5.3). Beim Abarbeiten des Programms wird für die lokalen Variablen und die übergebenen Parameter Speicherplatz benötigt, der immer dem Stack entnommen wird. Nach Beendigung einer Methode wird der Speicher automatisch an den Stack[6] zurückgegeben.

Verweistypen

Bislang kennen wir nur die Verweistypen *string* und *object*, in Kapitel 5 kommen später noch Datenfelder (Arrays) hinzu. Aber das ist nur die Spitze des Eisbergs, denn in der objektorientierten Programmierung, in die wir ab Kapitel 4 tiefer einsteigen werden, sind alle Objekte Verweistypen. Das bedeutet, dass auf dem Stack nicht der Wert des Objekts abgespeichert wird, sondern lediglich ein Verweis (Referenz, Zeiger) auf eine Speicheradresse des Heap, wo das eigentliche Objekt gespeichert ist. Das Anlegen des Objekts auf dem Heap wird auch als Instanziierung bezeichnet, in der Regel muss dazu der *new*-Operator verwendet werden[7]. Das Entsorgen des Speichers übernimmt sporadisch der sogenannte Garbage Collector. Doch zu all dem kommen wir erst im nachfolgenden OOP-Kapitel.

3.2.3 Benennung von Variablen

Variablen sind benannte Speicherplatzstellen. Der Variablenname dient dazu, die Speicheradresse im Programmcode quasi wie über einen Alias anzusprechen.

Zusätzlich zu den in Abschnitt 3.1.2 aufgeführten Regeln für selbst definierte Bezeichner sollten Sie folgenden Empfehlungen gemäß *Common Language Specification* (CLS) folgen:

---

[6] Stack und Heap sind bestimmte Bereiche im Arbeitsspeicher jedes Computers.

[7] Der *string*-Datentyp bildet hier eine gewisse Ausnahme (siehe Abschnitt 5.2).

- Beginnen Sie den Namen einer Variablen mit einem Kleinbuchstaben.
- Falls Bezeichner aus mehreren Wörtern zusammengesetzt sind, so sollten ab dem zweiten Wort alle Wörter mit einem Großbuchstaben (sogenanntes CamelCasing) beginnen.

Beispiel 3.7: Ein Variablenname, der sich aus mehreren Wörtern zusammensetzt

C#

```
haushaltskassenSaldo
```

3.2.4 Deklaration von Variablen

Variablen werden in C# wie folgt deklariert:

Syntax:

```
Datentyp variablenname;
```

Beispiel 3.8: Drei Variablen unterschiedlichen Datentyps werden deklariert.

C#

```
int anzahl;
double breite;
string nachName;
```

Wollen Sie mehrere Variablen vom gleichen Datentyp deklarieren, so können diese durch Kommas separiert werden. Sie können die Variablen natürlich auch einzeln in eigenen Zeilen definieren.

Beispiel 3.9: Drei *int*-Variablen werden deklariert.

C#

```
int i, j, k;
```

Als Datentyp kann man auch den CLR-Typ angeben (siehe obige Tabelle). Visual Studio wird Ihnen dann aber sofort vorschlagen, den C#-Datentyp zu verwenden.

Beispiel 3.10: Die folgenden drei Deklarationen sind gleichwertig.

C#

```
int i;
System.Int32 i;
Int32 i;
```

Initialisierte Variablen

Zusammen mit der Deklaration können Sie den Variablen auch gleich Anfangswerte zuweisen (im Fachjargon heißt das „initialisieren").

Beispiel 3.11: Initialisierte Variablen

C#

```
int anzahl;
anzahl = 99;
```

Stattdessen können Sie kürzer formulieren:

```
int anzahl = 99;
```

3.2.5 Typsuffixe

Wenn Sie Variablen im Quellcode direkte Zahlenwerte (Literale) zuweisen wollen, so werden diese vom Compiler standardmäßig als Datentyp *int* bzw. *double* interpretiert. Bei Datentypen wie *long*, *float* oder *decimal* müssen Sie ein sogenanntes Typsuffix (*L*, *F*, *M*) anhängen, ansonsten werden die Literale wie *int* oder *double* behandelt und es gibt einen Compilerfehler. Eine Übersicht enthält die folgende Tabelle.

Typsuffix	Gleitkommatyp
f oder *F*	*Float*
L	*Long*
m oder *M*	*Decimal*

Beispiel 3.12: Richtige und falsche Literalzuweisungen

C#

```
float max = 99.99;          // Fehler!
float max = 99.99F;         // richtig; 99.99f wäre auch korrekt
decimal geld = 300.50;     // Fehler!
decimal geld = 300.50M;    // richtig; 300.50m wäre auch korrekt
```

3.2.6 Zeichen und Zeichenketten

Die Datentypen *char* und *string* basieren auf dem Unicode-Zeichensatz, der pro Zeichen 2 Byte beansprucht (im Unterschied zum klassischen ASCII- bzw. ANSI-Zeichensatz mit 1 Byte pro Zeichen). Mit dem Unicode können deshalb nicht mehr nur maximal 255, sondern bis zu 65 535 (!) verschiedene Zeichen gespeichert werden.

char

Variablen vom *char*-Datentyp können Sie Zeichenliterale, hexadezimale Escape-Sequenzen oder Unicode-Darstellungen zuweisen.

HINWEIS: *char*-Literale sind in einfache Hochkommata (') einzufassen.

Beispiel 3.13: Char

C#

Drei gleichwertige Anweisungen deklarieren eine *char*-Variable und initialisieren diese mit dem Zeichen *A*:

```
char c = 'A';          // Zeichenliteral
char c = '\x0041';     // hexadezimal
char c = '\u0041';     // Unicode
```

Als weitere Möglichkeit kommt eine explizite Typkonvertierung direkt aus dem (ganzzahligen) Zeichencode in Betracht.

Beispiel 3.14: Eine weitere Ergänzung zum Vorgängerbeispiel

C#

```
char c = (char)65;    // Typecasting liefert 'A'
```

string

HINWEIS: *string*-Literale sind in doppelte Hochkommata (") einzufassen.

Beispiel 3.15: Zuweisen einer Stringvariablen

C#

```
string s = "Hallo";
```

Einen einzelnen *char* können Sie direkt aus einem *string* herauskopieren, indem Sie den Index in eckige Klammern schreiben. Dabei hat das erste Zeichen den Index 0.

Beispiel 3.16: Das erste Zeichen eines Strings ermitteln

C#

```
string s = "Hallo";
char c = s[0];            // liefert "H"
```

HINWEIS: Ausführliches zur Stringverarbeitung finden Sie in Kapitel 5.

Der umgekehrte Schrägstrich bzw. Backslash (\) spielt innerhalb eines Strings eine besondere Rolle, denn nachfolgende Zeichen werden vom C#-Compiler als Befehl interpretiert[8].

Die folgende Tabelle zeigt die häufigsten in C# benutzten Escape-Sequenzen.

Escape-Sequenz	Bedeutung
\'	Einfaches Anführungszeichen
\''	Doppeltes Anführungszeichen
\\	Backslash
\a	Signalton
\b	Backspace (BS)
\f	Seitenvorschub
\n	Neue Zeile (LF)
\r	Wagenrücklauf (CR)
\t	Horizontaler Tabulator (TAB)

HINWEIS: Bei einem Unicode-Zeichen folgt dem Backslash ein kleines „u" und die vierstellige Nummer des Zeichens, z. B. 'u0013'.

8 Siehe dazu auch das Onlinekapitel „Reguläre Ausdrücke".

Beispiel 3.17: Korrekte Schreibweise für Dateipfade

C#

Die Anweisung zur Definition eines Dateipfads

```
string pfad = "C:\Benutzer\Juergen";
```

... wird bereits von der Entwicklungsumgebung als „nicht erkannte Escape-Sequenz" zurückgewiesen, da der Backslash als Beginn einer Escape-Sequenz interpretiert wird. Die folgende Anweisung wäre korrekt:

```
string pfad = "C:\\Benutzer\\Juergen";
```

Oder in diesem Fall auch die Kurzform:

```
string pfad = @"C:\Benutzer\Juergen";
```

Beispiel 3.18: Hinzufügen eines Zeilenvorschubs

C#

```
MessageBox.Show("Beste Grüße von ...\r\nJürgen",
"Escape-Sequenzen", MessageBoxButtons.OK, MessageBoxIcon.Information);
```

Ergebnis

Folgendes Meldungsfenster erscheint:

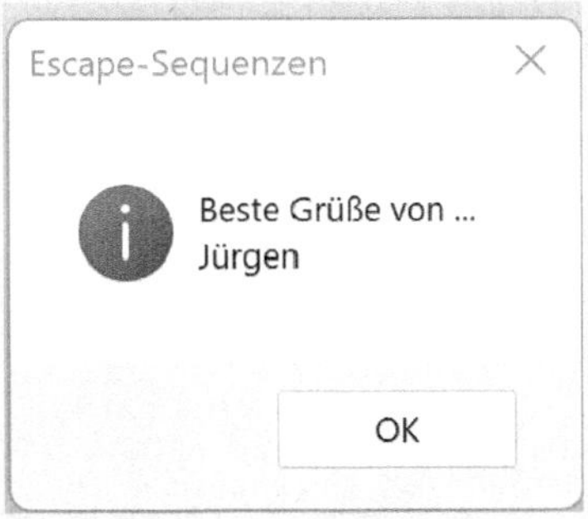

Bild 3.1
Messagebox mit Zeilenumbruch

3.2.7 object-Datentyp

Der *object*-Datentyp ist weitaus mehr, als es der Name vermuten lässt. Alle Klassen des .NET Frameworks sind von *System.Object* abgeleitet und *object* ist dafür lediglich ein Alias.

Eine *object*-Variable ist ein sogenannter Verweis- oder Referenztyp, denn sie speichert nicht den tatsächlichen Wert, sondern lediglich einen 8 Byte großen Zeiger auf die Adresse der zugewiesenen Variablen (oder 4 Byte bei einer 32-Bit-Anwendung).

Variablen des Typs *object* können Sie alles zuweisen.

Beispiel 3.19: Einer Objektvariablen *o* wird eine *int*-Zahl zugewiesen.

C#

```
int i = 5;
object o = i;
```

Etwas komplizierter ist der umgekehrte Weg, nämlich wenn Sie den Wert der Objektvariablen einer anderen Variablen zuweisen wollen. In diesem Fall ist man auf explizite Typumwandlung (Typecasting) angewiesen (siehe Abschnitt 3.3.1). Eine direkte Zuweisung (implizite Typkonvertierung) führt zu einem Compilerfehler.

Beispiel 3.20: Die Fortsetzung des Vorgängerbeispiels

C#

```
int j = o;          // Fehler!
int j = (int)o;     // mit Typecasting o.k.!
```

Wichtig in diesem Zusammenhang ist das Verständnis des Unterschieds zwischen Werte- und Referenztypen und des Prinzips des Boxing/Unboxing (siehe Abschnitt 3.3.6).

3.2.8 Konstanten deklarieren

Im Unterschied zu Variablen bleibt der Wert einer Konstante während der gesamten Laufzeit eines Programms unverändert. Sie legen ihn einmalig mit dem *const*-Schlüsselwort fest. Die Deklaration ist ähnlich wie bei initialisierten Variablen.

Syntax:

```
const Datentyp Konstantenname = Wert;
```

Beispiel 3.21: Verschiedene Konstantendeklarationen

C#

```
const int C = 119;
const float PI  = 3.1415F;
const double X1  = 3 * 0.4, X2 = 5.3 + 0.68;
const string S = "Hallo";
```

3.2.9 Nullable Types

C# erfordert seit eh und je die explizite Initialisierung von Variablen.

Beispiel 3.22: Falsche und richtige Verwendung von Variablen

C#

```
int z;
z++;                   // falsch, weil z nicht initialisiert ist
...
int z = 0;
z++;                   // richtig
```

Initialisieren von Wertetypen mit null

Etwas komplizierter wird es aber, wenn man einen Wert mit „nichts" (*null*) initialisieren möchte.

Beispiel 3.23: Das funktioniert nicht!

C#

```
int z = null;          // falsch
```

Durch ein der Typdeklaration nachgestelltes Fragezeichen (*?*) kann der Compiler einen Wertetyp in die generische *System.Nullable*-Struktur verpacken, wodurch es möglich wird, einer Variablen den Wert *null* zuzuweisen.

Beispiel 3.24: Aber das funktioniert!

C#

```
int? z = null;
z = 1;
```

Oder als explizite Deklaration:

```
System.Nullable<Int32> z = null;
z = 1;
```

Zuweisungen mit dem ??-Operator

Um einen *Nullable Type* (werteloser Typ) einer anderen Variablen zuweisen zu können, muss vorher eine *null*-Abfrage erfolgen, wie sie mittels *HasValue*-Eigenschaft möglich ist.

Beispiel 3.25: Die Variable *y* wird mit der Zahl 0 initialisiert, da *x* den Wert *null* hat.

C#

```
int? x = null;
int y;
if (x.HasValue)
{
  y = x.Value;
}
else
{
  y = 0;
}
```

Deutlich eleganter und kürzer ist eine solche Zuweisung aber, wenn man dazu das doppelte Fragezeichen (*??*), den sogenannten NULL-Zusammenführungsoperator oder im Englischen null-coalescing operator, verwendet. Er liefert den Wert des vorangestellten Ausdrucks, falls dieser nicht *null* ist, andernfalls den Wert des nachfolgenden Ausdrucks.

Beispiel 3.26: Das Vorgängerbeispiel wird einfacher realisiert.

C#

```
int? x = null;
int y = x ?? 0;
```

Beispiel 3.27: Im *Label* erscheint der Text „nichts zugewiesen".

C#

```
string s = null;
label1.Text = s ?? "nichts zugewiesen!";
```

3.2.10 Typinferenz

Dieses in Zusammenhang mit der LINQ-Technologie (siehe Kapitel 7) eingeführte Sprachfeature erlaubt es, dass der Datentyp einer Variablen bei der Deklaration vom Compiler automatisch ermittelt wird, ohne dass Sie explizit den Typ angeben müssen. Als Ersatz für einen konkreten Typ wird das Schlüsselwort *var* verwendet.

HINWEIS: Damit der Compiler den Typ der Variablen feststellen kann, muss eine mit *var* deklarierte Variable unbedingt bei der Deklaration initialisiert werden.

Beispiel 3.28: ***var*-Deklaration**

C#

Die Initialisierung der Variablen *a* wird vom Compiler ausgewertet und der Typ wird aufgrund des Werts 35 auf *Integer* festgelegt.

```
var a = 35;
```

Obige Zeile ist semantisch identisch mit folgendem Ausdruck:

```
int a = 35;
```

Der Datentyp wird einmalig bei der ersten Deklaration der Variablen vom Compiler festgelegt und kann danach nicht mehr verändert werden.

Beispiel 3.29: Keine Änderung möglich!

C#

Da die Variable *b* vom Compiler als *Integer* festgelegt wurde, kann ihr später kein *double*-Wert zugewiesen werden.

```
var b = 7;
b = 12.3;            // Fehler!
```

HINWEIS: Typinferenz funktioniert nur bei lokalen Variablen (siehe Abschnitt 3.2.11)!

3.2.11 Gültigkeitsbereiche und Sichtbarkeit

Obwohl sich in C# alles innerhalb von Klassen abspielt, werden wir erst im OOP-Kapitel 4 ausführlicher auf diese Thematik zu sprechen kommen.

Trotzdem sollten Sie bereits jetzt Folgendes wissen:

- Lokale Variablen gelten standardmäßig nur innerhalb ihres – in geschweiften Klammern eingerahmten – Bereichs und der untergeordneten Bereiche. Ein Zugriff von außerhalb ist nicht möglich. Lokale Variablen sollten kleingeschrieben werden.
- Sie können die Schlüsselwörter *private* und *public* verwenden, um festzulegen, ob auf die Variablen auch von außerhalb zugegriffen werden kann.
- Wenn Sie eine Variable nicht als *public* oder *private* deklarieren, ist sie standardmäßig *private*. Man bezeichnet die Schlüsselwörter *private* und *public* auch als *Zu-*

griffsmodifizierer. Sie gelten nicht nur für Variablen, sondern auch für Klassen, Objekte, Eigenschaften und Methoden (siehe Kapitel 4, Abschnitt 4.1.3).

3.3 Konvertieren von Datentypen

C# ist eine typsichere Sprache und nimmt es deshalb mit den Datentypen sehr genau. Schon bei den geringsten Nachlässigkeiten schlagen Ihnen Visual Studio oder der Compiler gnadenlos auf die Finger.

3.3.1 Implizite und explizite Konvertierung

Unabhängig vom tatsächlichen Wert, wie er in der Variablen gespeichert ist, lassen sich verschiedene Datentypen nur dann gegenseitig zuweisen, wenn der Wertebereich des rechten Datentyps in den linken „passt". In einem solchen Fall findet eine sogenannte *implizite Konvertierung* statt, die der Compiler automatisch vornimmt.

Beispiel 3.30: Die Zuweisung *Byte* zu *Integer* funktioniert problemlos.

C#

```
byte b = 100;
int i = b;                    // implizite Typkonvertierung
```

Geradezu oberlehrerhaft verhält sich C# im umgekehrten Fall. Egal, ob der Wert in den kleineren Datentyp passt oder nicht – es wird halt gemeckert.

Beispiel 3.31: Das geht nicht.

C#

Obwohl der Wert 100 problemlos in eine *Byte*-Variable passt, erscheint die Fehlermeldung „Implizite Konvertierung des Typs 'int' zu 'byte' nicht möglich!".

```
int i = 100;
byte b = i;                   // Fehler!
```

Um den meckernden Compiler zu beschwichtigen, ist eine sogenannte *explizite Typkonvertierung* (auch *Typecasting* genannt) erforderlich.

Syntax:

```
neueVariable = (Neuer Datentyp)alteVariable;
```

Beispiel 3.32: Das Vorgängerbeispiel wird fehlerfrei ausgeführt.

C#

```
int i = 100;
byte b = (byte)i;        // explizite Typkonvertierung
```

Implizite Konvertierungen sind sicher, Datenverluste sind deshalb ausgeschlossen. Dabei kann stets nur der kleinere der beiden Datentypen direkt in einen größeren umgewandelt werden[9)].

Explizite Typkonvertierungen sollten stets mit Vorsicht angewendet werden, wobei man sicher sein muss, dass die Wertebereiche zur Laufzeit nicht überschritten werden.

HINWEIS: Man muss sich immer bewusst sein, dass eine explizite Typkonvertierung dann zu Datenverlusten führen kann, wenn der Wertebereich durch die Konvertierung verkleinert wird.

Beispiel 3.33: Da der *byte*-Datentyp nur den Bereich 0 ... 255 abdeckt, entsteht ein falsches Ergebnis.

C#

```
int i = 300;
byte b = (byte)i;
// liefert falsches Resultat (44)
```

Beispiel 3.34: Implizite und explizite Typkonvertierung *double* in *int* gegenübergestellt

C#

```
int i;
double d = 12.5;
i = d;               // implizite Konvertierung ergibt Fehler!
i = (int)d;          // explizite Konvertierung ergibt Datenverlust:
                     // i erhält den Wert 12
```

[9] Sie können sich das bildlich so vorstellen, dass jeder Datentyp einem Kochtopf mit unterschiedlichem Fassungsvermögen entspricht, und Sie dürfen immer nur etwas aus einem kleineren in einen größeren Topf füllen.

Beispiel 3.35: Implizite Typkonvertierung *char* in *int*

C#

```
char c = 'A';
int i = c;                    // i erhält den Wert 65 (Zeichencode von 'A')
```

Beispiel 3.36: Explizite Typkonvertierung des Ergebnisses einer Division

C#

```
int i = 3;
double x = i/10;              // x erhält den Wert 0
double x = (double)i/10;      // x erhält den Wert 0,3
double x = i/10.0;            // x erhält den Wert 0,3
```

In diesem Beispiel haben wir bei der ersten Division zwei Ganzzahlen dividiert. Deshalb ist eine Ganzzahldivision durchgeführt worden. Sobald einer der beiden Werte (egal ob Zähler oder Nenner) aber eine Fließkommazahl ist, wird eine Fließkommazahlendivision durchgeführt.

as-Konvertierungsoperator

Eine Alternative zur expliziten Typumwandlung mittels *()*-Konvertierung ist der *as*-Operator, der allerdings nur auf Verweis- und nicht auf Wertetypen anwendbar ist. Auch alle Steuerelemente gehören zu den Verweistypen!

Beispiel 3.37: Konvertieren des *sender*-Parameters eines Eventhandlers

C#

```
Text = (sender as TextBox).Text;
```

3.3.2 Welcher Datentyp passt zu welchem?

Der folgenden Tabelle entnehmen Sie alle möglichen impliziten und expliziten Typkonvertierungen. Die impliziten Konvertierungen sind fett hervorgehoben.

Quell-Datentyp	Zieldatentypen
bool	*Object*
byte	*ushort, short, uint, int, ulong, long, float, double, decimal, object, sbyte, char*
sbyte	***short, int, long, float, double, decimal, object,*** *byte, ushort, uint, ulong, char*

Quell-Datentyp	Zieldatentypen
short	***int, long, float, double, decimal, object,*** *sbyte, byte, ushort, uint, ulong, char*
ushort	***uint, int, ulong, long, float, double, decimal, object,*** *sbyte, byte, short, char*
char	***ushort, uint, int, ulong, long, float, double, decimal, object,*** *sbyte, byte, short*
int	***long, float, double, decimal, object***, *sbyte, byte, short, ushort, uint, ulong, char*
uint	***long, float, double, decimal, object,*** *sbyte, byte, short, ushort, int, char*
long	***float, double, decimal, object,*** *sbyte, byte, short, ushort, int, uint, ulong, char*
ulong	***float, double, decimal, object,*** *sbyte, byte, short, ushort, int, uint, long, char*
float	***double, object,*** *sbyte, byte, short, ushort, int, uint, long, ulong, char, decimal*
double	***object,*** *sbyte, byte, short, ushort, int, uint, long, ulong, char, float, decimal*
decimal	***object,*** *sbyte, byte, short, ushort, int, uint, long, ulong, char, float, double*
string	*Object*
object	alle Datentypen (Unboxing, siehe Abschnitt 3.3.6)

3.3.3 Konvertieren von string

Laut obiger Konvertierungstabelle lässt sich der *string*-Datentyp nur in den universellen *object*-Datentyp umwandeln und in umgekehrter Richtung scheint gar nichts zu gehen. Doch die Entwarnung folgt sogleich.

ToString-Methode

Der *object*-Datentyp – gewissermaßen die „Mutter aller Objekte" – vererbt an alle Nachkommen die *ToString()*-Methode, auf die Sie bereits hin und wieder in den bisherigen Beispielen gestoßen sind, nämlich dann, wenn es darum ging, Zahlenwerte zur Anzeige zu bringen.

HINWEIS: Jeder Datentyp kann mittels seiner *ToString()*-Methode in den Datentyp *string* umgewandelt werden!

Und noch ein Hinweis, der besonders für Umsteiger von Visual Basic wichtig ist:

HINWEIS: Vergessen Sie nicht die Klammern hinter *ToString()*!

Beispiel 3.38: Anzeige einer Gleitkommazahl

C#

```
double d = 12.75;
MessageBox.Show(d.ToString);        // Fehler
MessageBox.Show(d.ToString());      // ok
```

Beispiel 3.39: Konvertieren eines *bool* in *string*

C#

```
bool b = true;
string s = b.ToString();            // "True"
```

String in Zahl verwandeln

Zwar können wir mit der *ToString()*-Methode alle Datentypen in den *string*-Typ konvertieren, wie aber sieht es umgekehrt aus?

Für bestimmte andere Datentypen gibt es spezifische Lösungen, z. B. zum Umwandeln von *string* in *char*.

Beispiel 3.40: Einem *char* wird das zweite Zeichen eines *string* zugewiesen.

C#

```
string name = "Maria";
char c = name[1];
MessageBox.Show(c.ToString());        // zeigt "a"
```

Damit enden vorerst unsere Erfolgserlebnisse, denn das übliche Typecasting scheint bei den anderen Datentypen zu versagen.

Beispiel 3.41: Das geht leider nicht.

C#

```
string s = "5";
int i = (int)s;              // Fehler!
```

Rettung naht auch hier in Gestalt der *Convert*-Klasse (siehe auch den nächsten Abschnitt 3.3.4). Als Alternative zu den expliziten Typkonvertierungen bietet diese Klasse für nahezu jeden einfachen Datentyp eine spezielle (statische) Konvertierungsmethode, der man den zu konvertierenden Ausdruck als Argument übergibt.

Beispiel 3.42: Das Vorgängerbeispiel kann wie folgt gelöst werden.

C#

```
string s = "5 ";
int i = Convert.ToInt32(s);
MessageBox.Show(i.ToString());        // zeigt "5"
```

3.3.4 Die Convert-Klasse

Diese statische Klasse bietet für jeden einfachen Datentyp eine spezielle Konvertierungsmethode, der man den zu konvertierenden Ausdruck als Argument übergibt.

Syntax:

```
Convert.typMethode(object expr);
```

typeMethode = Konvertierungsmethode (*ToBoolean, ToByte, ToInt32, ToDouble* ...)

expr = zu konvertierender Ausdruck

Beispiel 3.43: *string* wird in *double* konvertiert.

C#

```
string s = "55,7";
double d = Convert.ToDouble(s);          // 55,7
```

Alternativ kann auch die *Parse*-Methode (siehe den nächsten Abschnitt 3.3.5) eingesetzt werden.

Beispiel 3.44: Konvertieren eines Stringliterals in eine Ganzzahl

C#

```
int nr = Int32.Parse("12");
```

Beispiel 3.45: *bool* wird in *int* und in *string* konvertiert.

C#

```
bool b = true;
int i = Convert.ToInt32(b);              // 1
b = false;
i = Convert.ToInt32(b);                  // 0
string s = Convert.ToString(b);          // "False"
```

EVA-Prinzip

Auch für (fast) jedes Programm gilt nach wie vor das uralte EVA-Prinzip (Eingabe, Verarbeitung, Ausgabe). In diesem Zusammenhang sei nochmals auf die besondere Bedeutung der Typkonvertierung von und in den *string*-Datentyp hingewiesen. Da unter Windows sehr häufig die Übergabewerte als Zeichenketten vorliegen (*Text*-Eigenschaft der Ein- und Ausgabefelder), müssen sie zunächst in Zahlentypen umgewandelt werden, um dann nach ihrer Verarbeitung wieder in Zeichenketten rückverwandelt und (formatiert) zur Anzeige gebracht zu werden.

Beispiel 3.46: Ein Ausschnitt aus dem Einführungsbeispiel in Abschnitt 2.5.2

C#

```
euro = Convert.ToDouble(textBox1.Text);         // Eingabe: string => double
dollar = euro * kurs;                           // Verarbeitung
textBox2.Text = dollar.ToString("#,##0.00");    // Ausgabe: double => string
```

3.3.5 Die Parse-Methode

Die numerischen Typen *Byte* (*byte*), *Int16* (*short*), *Int32* (*int*), *Int64* (*long*), *Single* (*float*) und *Double* (*double*) verfügen u. a. über die (statische) *Parse*-Methode, welche die Stringdarstellung einer Zahl in den entsprechenden Typ konvertieren kann.

Beispiel 3.47: Der Inhalt einer *TextBox* wird in eine Gleitkommazahl konvertiert.

C#

```
double z = double.Parse(textBox1.Text);
```

HINWEIS: Die *Parse*-Methode hat den Vorteil, dass zusätzlich Kulturinformationen eines bestimmten Landes mit übergeben werden können.

3.3.6 Boxing und Unboxing

Die Begriffe *Boxing/Unboxing* gehören zu den häufig strapazierten .NET-Schlagwörtern, die manchem Einsteiger Ehrfurcht einflößen. Was verbirgt sich dahinter? Sie wissen bis jetzt, dass Sie dem universellen *object*-Datentyp jeden Wert direkt zuweisen können, d. h. durch implizite Typkonvertierung. Umgekehrt kann, falls es der *object*-Inhalt erlaubt, jeder Datentyp durch explizite Typkonvertierung (Typecasting) aus *object* wieder „herausgezogen" werden. Das direkte Zuweisen funktioniert in diesem Fall nicht.

Beispiel 3.48: Boxing und Unboxing

C#

Eine *bool*-Variable wird in ein *object* „verpackt“ (Boxing) und dieses wird anschließend einer zweiten *bool*-Variablen zugewiesen (Unboxing).

```
bool b1 = true;
object o = b1;          // ok, implizite Konvertierung (Boxing)
bool b2 = o;            // Fehler, implizite Konvertierung
bool b2 = (bool)o;      // ok, explizite Konvertierung (Unboxing, b2 ist true)
```

Um den tieferen Sinn von Boxing/Unboxing zu verstehen, sollten Sie sich nochmals den Unterschied zwischen den beiden fundamentalen Arten von Datentypen vergegenwärtigen, d. h. zwischen den Wertetypen und den Verweis- bzw. Referenztypen (siehe Abschnitt 3.2.2).

Boxing

Es stellt sich nun die Frage, was denn passiert, wenn man einer *object*-Variablen, d. h. einem Verweistyp, einen Wertetyp zuweist, der naturgemäß im Stack gespeichert ist.

Beispiel 3.49: Ein Integer wird einem *object*-Datentyp zugewiesen.

C#

```
int i = 25;
object o = i;
```

Die genauere Fragestellung ist: Worauf zeigt die *object*-Variable *o*? Der Zeiger *o* darf doch keinesfalls auf den Stack verweisen (das würde die Stabilität des Programms massiv gefährden)!

Die Antwort: Es findet ein automatischer Kopiervorgang statt, d. h., eine Kopie der Variablen *i* wird auf dem Heap abgelegt, auf die dann die *object*-Variable *o* zeigt.

Unboxing

Wie greift man nun aber wieder auf den in der *object*-Variablen „eingepackten“ Wert zu? Eine einfache (implizite) Zuweisung funktioniert nicht. Richtig ist eine explizite Typkonvertierung (Typecasting).

Beispiel 3.50: Das Vorgängerbeispiel wird fortgesetzt.

C#

```
int j = o;                  // Fehler!
int j = (int)o;             // ok
```

Allerdings funktioniert das Typecasting nur dann, wenn die Objektvariable tatsächlich auf den gewünschten Typ verweist, Trickserei – wie im folgenden Beispiel – nützt also nichts.

Beispiel 3.51: Das geht nicht!

C#

Die Hoffnung, bei der Umwandlung *string* nach *int* vielleicht ohne *Convert*-Klasse (siehe Abschnitt 3.3.4) auszukommen, geht leider nicht in Erfüllung.

```
string s = "5";
object o = s;
int i = (int)o;      // Fehler!
```

HINWEIS: Das Boxing ist mit ein wesentlicher Grund, warum in .NET „alles ein Objekt" ist, denn auch Wertetypen können damit quasi wie Objekte behandelt werden.

Beispiel 3.52: Ja, auch das funktioniert!

C#

```
int i = new int();
i = 12;
```

Der Wert von *i* nach der Instanziierung wäre 0.

3.4 Operatoren

Operatoren verknüpfen Variablen bzw. Operanden miteinander und führen Berechnungen durch. Wir unterscheiden zwischen

- arithmetischen Operatoren,
- Zuweisungsoperatoren,
- logischen Operatoren und
- Vergleichsoperatoren.

Die meisten Operatoren in C# benötigen zwei Operanden.

Beispiel 3.53: Operanden

C#

Im Ausdruck

```
i = 12;
```

ist der *Operator* das Gleichheitszeichen (=), die beiden *Operanden* sind die Variable *i* und die Literalkonstante *12*.

HINWEIS: C# erlaubt auch das Überladen von Operatoren, auf das wir aber erst an späterer Stelle eingehen wollen (siehe Kapitel 6).

3.4.1 Arithmetische Operatoren

In diesem Abschnitt wollen wir einige Operatoren betrachten.

Standard-Operatoren

Es gibt zunächst die üblichen Operatoren für die Grundrechenarten:

Operator	Beispielausdruck	Erklärung
+	x + y	Addition
-	x - y	Subtraktion
*	x * y	Multiplikation
/	x/ y	Division
%	x % y	Modulo-Division (liefert Restwert)

Beispiel 3.54: Standard-Operatoren

C#

```
int i;
int j = 6;
i = 3 *(4 + 5) * j;     // 162
i = 7 % 3;              // 1 (Rest!)
```

HINWEIS: Achten Sie bei der Division von Literalen darauf, dass das Ergebnis abgerundet wird, wenn nicht mindestens einer der Operanden als Fließkommazahl gekennzeichnet ist.

Beispiel 3.55: Nur die beiden letzten Divisionen liefern das exakte Ergebnis.

C#

```
double d;
d = 7 / 3;             // 2   (Ergebnis wird abgerundet!)
d = 7D / 3;            // 2,3333333333333
d = 7.0 / 3;           //        dto.
```

Inkrement- und Dekrement-Operatoren

Mit den Kurz-Operatoren ++ und -- lässt sich das schrittweise Erhöhen (Inkrementieren) bzw. Erniedrigen (Dekrementieren) von Variablen vereinfachen.

Operator	Beispielausdruck	Erklärung
++	x++ ++x	Postfix-Inkrement Präfix-Inkrement
--	x-- --x	Postfix-Dekrement Präfix-Dekrement

Wie Sie den Beispielen in obiger Tabelle entnehmen, können Sie die Kurz-Operatoren ++ und -- nicht nur hinter den Namen der Variablen (Postfix), sondern auch davor (Präfix) schreiben.

Beispiel 3.56: Postfix-Inkrement und Postfix-Dekrement

C#

```
int i = 10;
i++;                   // i erhält den Wert 11
double d = 2.5;
d--;                   // d erhält den Wert 1,5
```

Beispiel 3.57: Äquivalente Version des Vorgängerbeispiels mit Präfixoperationen

C#

```
int i = 10;
++i;                   // i erhält den Wert 11
double d = 2.5;
--d;                   // d erhält den Wert 1,5
```

Wie Sie sehen, haben beide Schreibweisen keinerlei Einfluss auf den Wert der Variablen. Diese wird in jedem Fall um 1 inkrementiert bzw. dekrementiert, wozu also sollen Postfix- und Präfix-Notationen dann gut sein?

Um den „feinen" Unterschied zu verstehen, muss man wissen, dass nicht nur die Variable (z. B. *i*) einem bestimmten Wert entspricht, sondern auch die mit dem Kurz-Operator verknüpfte Variable (z. B. *i++*). Letztere hat bei einer Postfix-Operation den Wert **vor** der Inkrementierung bzw. Dekrementierung, bei einer Präfix-Operation hingegen den Wert **nach** der Inkrementierung bzw. Dekrementierung.

Beispiel 3.58: Ergebnisse einer Postfix-Inkrementation werden im Meldungsfenster angezeigt.

C#

```
int i = 10;
MessageBox.Show((i++).ToString());     // i++ hat den Wert 10
MessageBox.Show(i.ToString());         // i hat den Wert 11
```

Beispiel 3.59: Dasselbe für eine Präfix-Inkrementation

C#

```
int i = 10;
MessageBox.Show((++i).ToString());      // ++i hat den Wert 11
MessageBox.Show(i.ToString());          // i hat den Wert 11
```

Eine besondere Rolle spielen Postfix- und Präfix-Schreibweise bei der Steuerung von *while*- und *do*-Schleifen (siehe Abschnitt 3.5.2).

3.4.2 Zuweisungsoperatoren

Die Tabelle zeigt, dass es neben dem simplen Zuweisungsoperator (=) noch fünf andere mit arithmetischen Operatoren verknüpfte Kurz-Operatoren gibt.

Operator	Beispielausdruck	Erklärung
=	x = y	x wird der Wert von y zugewiesen
+=	x += y	x ergibt sich zu x + y
-=	x -= y	x ergibt sich zu x – y
*=	x *= y	x ergibt sich zu x * y
/=	x/= y	x ergibt sich zu x / y
%=	x %= y	x ergibt sich als Restbetrag aus x / y

Die Kurz-Operatoren bringen relativ bescheidene Verbesserungen, sie erleichtern das Schreiben von Quellcode und erhöhen die Übersichtlichkeit.

Beispiel 3.60: Kurz-Operatoren

C#

Statt

```
i = i + 3;
```

kann man auch schreiben

```
i += 3;
```

Beispiel 3.61: Kurz-Operatoren

C#

Für

```
string s = "Hallo";
```

gibt es diese

```
s = s + " .NET-Freunde!";
```

oder diese Möglichkeit zum Anhängen einer weiteren Zeichenkette:

```
string s = "Hallo";
s += " .NET-Freunde!";           // "Hallo .NET-Freunde!"
```

3.4.3 Logische Operatoren

Logische Operatoren basieren auf Ja-/Nein- bzw. *true-/false*-Werten. In C# ist dazu ein reichhaltiges Angebot enthalten.

Vergleichsoperatoren

Vergleichs- oder relationale Operatoren vergleichen zwei Ausdrücke miteinander und liefern als Ergebnis einen *true/false*-Wahrheitswert.

Operator	Erklärung
==	x gleich y?
!=	x ungleich y?
<	x kleiner y?
<=	x kleiner oder gleich y?

Operator	Erklärung
>	x größer y?
>=	x größer oder gleich y?

Beispiel 3.62: Vergleich von zwei Integer-Zahlen

C#

```
bool b = 10 < 5;                      // b ist false
```

HINWEIS: Vor allem für Umsteiger von Visual Basic ist es sehr ungewöhnlich, dass ein Vergleich mit == geführt wird. In C# ist = der Zuweisungsoperator, während == der Vergleichsoperator ist.

Besondere Bedeutung haben Vergleichsoperatoren im Zusammenhang mit Verzweigungsbefehlen, wie wir sie in Abschnitt 3.5.1 kennenlernen werden. Das folgende Beispiel liefert einen Vorgeschmack.

Beispiel 3.63: Vergleichsoperatoren im Zusammenhang mit Verzweigungsbefehlen

C#

Wenn der Wert der Variablen *min* gleich 59 ist, wird ihr Wert auf 0 gesetzt, ansonsten wird er um 1 erhöht.

```
if (min == 59)
{
  min = 0;
}
else
{
  min++;
}
```

Obwohl *string* ein Verweistyp ist, werden die Gleichheitsoperatoren (== und !=) so definiert, dass die Werte von *string*-Objekten und keine Verweise verglichen werden.

Beispiel 3.64: Zwei Strings werden verglichen.

C#

```
string a = "Hallo";
string b = "H";
b += "allo";                        // b wird zu "Hallo"
Console.WriteLine(a == b);          // liefert true, da die Werte gleich sind
Console.WriteLine((object)a == b);  // liefert false, da es verschiedene
                                    // Objekte sind
```

Boolesche Operatoren

Diese Operatoren werden auf boolesche Variablen (*true*/*false*) angewendet:

Operator	Erklärung
&	Und: Liefert *true*, wenn beide Operanden *true* sind.
|	Oder: Liefert *true*, wenn mindestens einer der Operanden *true* ist.
^	Exklusiv-Oder (XOR): Liefert *true*, wenn genau nur einer der beiden Operanden *true* ist.
&&	Intelligentes Und: Wie &-Operator; ist aber der erste Operand *false*, wird der zweite nicht ausgewertet.
||	Intelligentes Oder: Wie |-Operator; ist aber der erste Operand *true*, wird der zweite nicht ausgewertet.
!	**Negation:** Aus *true* wird *false* und aus *false* wird *true*.

Beispiel 3.65: Boolesche Operatoren

C#

```
bool b = (true & true) | (false & true);      // b wird true
bool z = (10 < 5) ^ (11 > 11)                 // z wird false
bool schalter = true;
schalter = !schalter;                         // schalter wird false
```

Kurzschlussauswertung

Ist bei einer UND-Verknüpfung der linke Teil *false*, so kann auf die Auswertung des rechten Teils verzichtet werden, da das Ergebnis sowieso *false* ist. Ist bei einer ODER-Verknüpfung der linke Teil *true*, so steht ebenfalls das Ergebnis bereits fest (*true*).

Diese Gesetzmäßigkeit machen sich die „intelligenten" Verknüpfungsoperatoren && und || zunutze, indem sie ein auch als *Kurzschlussauswertung* bekanntes Verfahren verwenden. Wenn der linke Teil bereits zu einem eindeutigen Ergebnis führt, wird der rechte Teil gar nicht erst ausgewertet.

Beispiel 3.66: Kurzschlussauswertung

C#

Es wird das gleiche Ergebnis wie im Vorgängerbeispiel erzielt, aber es wird weniger Rechenzeit benötigt, da der rechte Teil nicht ausgewertet wird (der linke Teil ist *true*).

```
bool b = (true && true) || (false && true);        // b wird true
```

HINWEIS: Verwenden Sie die Operatoren && und || anstatt & und |, da Sie dadurch Rechenzeit einsparen!

Bitweise Operationen

Mit den folgenden Operatoren (von denen Ihnen die ersten drei bereits bekannt sind) lassen sich bitweise Verknüpfungen durchführen. Sie verknüpfen also nicht mehr die booleschen Variablen *true* und *false*, sondern die einzelnen Bits (0 bzw. 1) von zwei Zahlen.

Operator	Erklärung
&	Bitweise „UND"-Verknüpfung der beiden Operanden
|	Bitweise „ODER"-Verknüpfung der beiden Operanden
^	Bitweise „XOR"-Verknüpfung der beiden Operanden
>>	Rechtsverschiebung aller Bits eines Operanden um eine bestimmte Anzahl
<<	Linksverschiebung aller Bits eines Operanden um eine bestimmte Anzahl

Beispiel 3.67: Die XOR-Verknüpfung der Integer-Zahlen 1 und 7 ergibt 6.

C#

```
int a = 1;                    // Bitmuster = 001
int b = 7;                    // Bitmuster = 111
a = a ^ b;                    // Bitmuster = 110  (a erhält den Wert 6)
```

Beispiel 3.68: Die Bitfolge der Zahl 1 wird um zwei Stellen nach links „geshiftet" und ergibt 4.

C#

```
int a = 1;                // Bitmuster = 001
a = a << 2;               // Bitmuster = 100    (a erhält den Wert 4)
```

3.4.4 Rangfolge der Operatoren

Es ist klar, dass bei einem Zuweisungsoperator (=) immer erst die rechte Seite ausgerechnet und dann der linken Seite zugewiesen wird. Aber in welcher Reihenfolge werden die Operationen auf der rechten Seite ausgeführt? Antwort gibt die folgende Tabelle, welche die Operatoren in ihrer hierarchischen Rangfolge zeigt.

Operator	Bedeutung
( )	Klammern
!	logisches NOT
*/ %	Multiplikation, Division, Modulo
+ -	Addition, Subtraktion
< <= > >=	kleiner als, kleiner gleich als, größer als, größer gleich als
== !=	gleich, ungleich

Die weiter oben in der Hierarchie stehenden Operationen werden immer **vor** den weiter unten stehenden ausgeführt.

HINWEIS: Durch Einschließen in runde Klammern () kann die hierarchische Reihenfolge außer Kraft gesetzt werden.

Beispiel 3.69: Arithmetische Operationen

C#

```
double x = 2.0;
double y = x * x + 1 + x / 4;                // y = 5,5
// aber
double y = x * (x + 1 + x / 4);              // y = 7
```

Beispiel 3.70: Boolesche Operationen

C#

```
bool b = !true && false || 5 > 6;            // b = false
int z = 50;
bool numeric = z > 47 && z < 58;             // numeric = true
```

3.5 Kontrollstrukturen

Verzweigungs- und Schleifenanweisungen unterbrechen den linearen Programmablauf und gehören zum Einmaleins des Programmierens.

3.5.1 Verzweigungsbefehle

„Programmweichen" werden durch Verzweigungsanweisungen bzw. -funktionen oder auch durch Sprungbefehle gestellt.

Klassische Entscheidungsanweisungen

Die folgende Tabelle gibt einen Überblick.

<table>
<tr><th>Verzweigungsanweisung</th><th>Erklärung</th></tr>
<tr><td><code>if (Bedingung)
{
    Anweisung1;
}
else
{
    Anweisung2;
}</code></td><td>Bedingte Verzweigung
Wenn die Bedingung zutrifft, wird Anweisung1 ausgeführt, ansonsten Anweisung2.
Der else-Zweig kann auch weggelassen werden.</td></tr>
<tr><td><code>if (Bedingung1)
{
    Anweisung1;
}
else if (Bedingung2)
{
    Anweisung2;
}
else if (Bedingung3)
{
    Anweisungen ...;
}</code></td><td>Verschachtelte Verzweigung
Zweige werden so lange ausgewertet, bis eine der Bedingungen true ergibt.</td></tr>
<tr><td><code>switch (Ausdruck)
{
  case Ausdruck1 :
    Anweisungen;
    break;
  case Ausdruck2 :
    Anweisungen;
    break;
  ...
  default :
    Anweisungen;
    break;
}</code></td><td>Blockstruktur
Der Ausdruck wird mit den hinter case angeführten Ausdrücken verglichen. Nach erstem Erfolg wird der Block verlassen, ansonsten werden die default-Anweisungen ausgeführt.
Der default-Zweig kann auch weggelassen werden, in diesem Fall erfolgt eine Fortsetzung nach Blockende.
Die break-Befehle verhindern das „Durchfallen".</td></tr>
</table>

In vielen Fällen werden Sie zum Prüfen von Bedingungen die *if*-Anweisung verwenden.

Beispiel 3.71: In den Labels wird „Verbessern" und „Du bekommst nichts!" angezeigt.

C#

```
int zensur = 3;
if (zensur == 1)
{
    label1.Text = "Gratuliere!";
    label2.Text = "Du bekommst einen Blumenstrauß!";
}
else
{
    label1.Text = "Verbessern!";
    label2.Text = "Du bekommst nichts!";
}
```

Optional können Sie innerhalb des *if*-Blocks noch *else*- oder *else if*-Zweige verwenden, wobei die *else if*-Bedingung nur dann geprüft wird, wenn keine der vorstehenden *if*-Bedingungen erfüllt war.

Beispiel 3.72: Im Label wird „Befriedigend" angezeigt.

C#

```
int zensur = 3;
if (zensur == 1)
    label1.Text =  "Sehr gut!";
else if (zensur == 2)
    label1.Text =  "Gut";
else if (zensur == 3)                              // zutreffende Bedingung
    label1.Text =  "Befriedigend";
    //(usw.)
else
  label1.Text = "Nicht erlaubte Zensur!";
```

HINWEIS: Wenn in einem *if*- oder *else*-Zweig nur eine einzige Anweisung ausgeführt wird, kann man (wie im Beispiel 3.72 gezeigt) auf die geschweiften Klammern verzichten. Wir persönlich sind jedoch keine Freunde davon, die geschweiften Klammern einzusparen.

Mit dem *switch*-Konstrukt wird ein Ausdruck auf mehrere mögliche Ergebnisse hin überprüft. Im Testausdruck kann ein beliebiger arithmetischer oder logischer Ausdruck stehen.

Beispiel 3.73: Diese Kontrollstruktur leistet das Gleiche wie das Vorgängerbeispiel.

C#

```
int zensur = 3;
switch (zensur) {
    case 1:
        label1.Text = "Sehr gut";
        break;
    case 2:
        label1.Text = "Gut";
        break;
    case 3:
        label1.Text = "Befriedigend";
        break;                // zutreffende Bedingung
    //(usw.)
    default:
        label1.Text = "Nicht erlaubte Zensur!";
        break;
}
```

HINWEIS: Sie können *switch* nur bei einfachen Datentypen wie *byte* und *int* sowie *string* verwenden. In allen anderen Fällen müssen Sie *if*-Konstrukte nehmen. Mit C# 7 und dem sogenannten Mustervergleich (Pattern Matching) wurde diese Restriktion aufgehoben (siehe Abschnitt 7.5.3)

Um eine identische Aktion bei mehreren möglichen Vergleichswerten auszuführen, schreiben Sie die einzelnen *case*-Zweige einfach hintereinander und lassen dabei das Schlüsselwort *break* weg.

Beispiel 3.74: Das *Label* zeigt „Frühling" an.

C#

```
int monat = 5;
switch (monat) {
    case 12:
    case 1:
    case 2:
         label1.Text = "Winter";
         break;case 3:
    case 4:
    case 5:
         label1.Text = "Frühling";
         break;    // zutreffende Bedingung
    case 6:
    case 7:
    case 8:
         label1.Text = "Sommer";
         break;case 9:
```

```
        case 10:
        case 11:
            label1.Text = "Herbst";
            break;default :
        label1.Text =  "kein gültiger Monat!";
         break;
    }
```

HINWEIS: Sie sollten, wo immer es geht, statt einer *if*-Anweisung mit eingeschachtelten *else if*-Verzweigungen eine *switch*-Anweisung verwenden. Diese wird wesentlich schneller ausgeführt, da die Prüfbedingung nur einmal auszuwerten ist.

In der Prüfbedingung für das *if*-Konstrukt wird auch oft vom Negations-Operator (*!*) Gebrauch gemacht:

Beispiel 3.75: An den Verzeichnisnamen *pfad* wird ein Slash (/) angehängt, falls keiner vorhanden ist.

C#

```
if (!pfad.EndsWith("/"))
{
   pfad += "/";
}
```

Ergänzung

Ein weniger gebräuchlicher Verzweigungsbefehl basiert auf dem Fragezeichen (?) und durch Doppelpunkt (:) getrennten Zielanweisungen. Dadurch lässt sich eine kompaktere Schreibweise erzwingen.

Beispiel 3.76: Der Verzweigungsbefehl

C#

```
label1.Text = checkBox1.Checked ? "Ja" : "Nein";
```

entspricht

```
if (checkBox1.Checked)
{
   label1.Text = "Ja";
}
else
{
   label1.Text = "Nein";
}
```

Beispiel 3.77: In Abhängigkeit von einer booleschen Variablen erhält *i* den Wert 1 oder 2.

C#

```
int i = checkBox1.Checked ? 1 : 2;
```

Sprungbefehle

Verzweigungen können auch mit Sprunganweisungen realisiert werden. Innerhalb von Sprunganweisungen werden die Schlüsselwörter *continue*, *default*, *goto* und *return* eingesetzt.

So sind innerhalb eines *switch*-Konstrukts auch absolute Sprünge mittels *goto* möglich. Die *case*- oder *default*-Anweisungen sind die Sprungziele.

Beispiel 3.78: Eine (fragwürdige, aber syntaktisch korrekte) Alternative zum Vorgängerbeispiel (auszugsweise)

C#

```
switch (monat)
{
  case 12:
      goto case 2;
  case 1:
      goto case 2;
  case 2:
      label1.Text = "Winter";
      break;
  case 3:
      goto case 5;
  case 4:
      goto case 5;
  case 5:
      label1.Text = "Frühling";
      break;
// usw.
```

HINWEIS: Wenn Sie nach der Eingabe eines Schlüsselworts (wie *if*, *else*, *switch* oder auch sämtlicher Schlüsselwörter, die in den folgenden Kapiteln vorgestellt werden) zweimal die **Tab**-Taste drücken (z. B. „if", **Tab**, **Tab**), dann wird der komplette Codeblock angelegt. Sie sparen sich also die Eingabe der Grundsyntax und vor allem der geschweiften Klammern.

3.5.2 Schleifenanweisungen

Die wichtigsten Grundtypen sind *for*-, *while*- und *do*-Schleifen (siehe Tabelle).

Schleifenanweisung	Erklärung
`for (zähler=Anfangswert; Abbruchbedingung; zähler=neuerWert) { Anweisungen; }`	***for*-Zählschleife,** wird so lange durchlaufen, bis Abbruchbedingung *false* ist
`while (Abbruchbedingung) { Anweisungen; }`	***while*-Bedingungsschleife,** Abbruchbedingung am Schleifenanfang (kopfgesteuert)
`do { Anweisungen; } while (Abbruchbedingung)`	***do*-Bedingungsschleife,** Abbruchbedingung am Schleifenende (fußgesteuert)

HINWEIS: Ein weiterer Schleifentyp, die *foreach*-Schleife, spielt im Zusammenhang mit Arrays und Auflistungen eine wichtige Rolle (siehe Kapitel 5).

for-Schleifen

Bei diesem klassischen Schleifentyp wird die Zählervariable pro Durchlauf aktualisiert (meist inkrementiert bzw. dekrementiert), bis eine Abbruchbedingung erfüllt ist. Die Initialisierung, der boolesche Ausdruck und die Anweisung zur Aktualisierung der Zählvariablen müssen durch Semikolons voneinander getrennt sein.

Beispiel 3.79: Die Schleife gibt zehnmal untereinander den laufenden Index und einen Text in einer *ListBox* aus.

C#

```
for (int i = 1; i <= 10; i++)
{
    listBox1.Items.Add(i.ToString() + " Viele Wege führen nach Rom!");
}
```

Sie können jedes der drei Elemente (Initialisierung, Abbruchbedingung, Aktualisierung) im Schleifenkopf auch weglassen, müssen sich aber dann anderweitig um Ersatz bemühen.

Beispiel 3.80: Eine (etwas ungewöhnliche) äquivalente Version des Vorgängerbeispiels

C#

```
int i = 1;                    // Ersatz für Initialisierung der Zählvariablen
for (; i <= 10;)
{
   listBox1.Items.Add(i.ToString() + " Viele Wege führen nach Rom!");
   i++;                       // Ersatz für Aktualisierung der Zählvariablen
}
```

while-Schleife

Bei diesem Schleifentyp steht die Organisation einer Zählervariablen nicht im Mittelpunkt, wodurch eine etwas flexiblere Programmierung möglich wird. In Abhängigkeit davon, ob die Abbruchbedingung am Schleifenanfang oder an deren Ende kontrolliert wird, spricht man auch von *kopfgesteuerten* bzw. *fußgesteuerten* Schleifen. Die *while*-Schleife ist – ebenso wie die *for*-Schleife – kopfgesteuert.

Beispiel 3.81: Ein völlig identisches Resultat wie obige for-Schleifen

C#

```
int i = 1;
while (i <= 10)
{
   listBox1.Items.Add(i.ToString() + " Viele Wege führen nach Rom!");
   i++;
}
```

do-Schleife

Dieser dritte Schleifentyp ähnelt der *while*-Schleife, allerdings wird die Abbruchbedingung erst am Ende getestet.

Beispiel 3.82: Eine weitere äquivalente Version der Vorgängerbeispiele

C#

```
int i = 1;
do
{
   listBox1.Items.Add(i.ToString() + " Viele Wege führen nach Rom!");
   i ++;
}
while (i <= 10);
```

Das komplette Programm finden Sie im Praxisbeispiel in Abschnitt 3.8.3, „Schleifenanweisungen verstehen“.

Wozu braucht man die *do*-Schleife überhaupt, wenn man doch mit der *while*-Schleife zum gleichen Ergebnis kommt?

Die Antwort: Manchmal brauchen Sie vielleicht eine Schleife, bei der die Anweisungen im Schleifenkörper mindestens einmal ausgeführt werden. In diesem Fall dürfte der Unterschied deutlich sein.

Beispiel 3.83: Ersetzen Sie die erste Anweisung in beiden Vorgängerbeispielen durch:

C#

```
int i = 11;
```

Während die *do*-Schleife eine einzige Zeile ausgibt, bleibt die *ListBox* bei der *while*-Schleife leer.

Vorzeitiges Verlassen einer Schleife

Genauso wie Sie mit *break* eine Verzweigung verlassen können, ist damit auch ein vorzeitiger Abbruch einer Schleifenanweisung möglich.

Beispiel 3.84: Vorzeitiges Verlassen einer Schleife

C#

Auch dieser Code gibt zehnmal untereinander einen Text in einer *ListBox* aus. Statt aber die Abbruchbedingung im Schleifenkopf festzulegen, wird sie in den Schleifenkörper verlagert.

```
for (int i = 1; ; i++)
{
   listBox1.Items.Add(i.ToString() + " Viele Wege führen nach Rom!");
   if (i == 10)
   {
       break;              // Abbruchbedingung testen
   }
}
```

3.6 Benutzerdefinierte Datentypen

Sie sind als Programmierer nicht nur auf die einfachen Datentypen *int*, *double* etc. angewiesen, sondern können auch eigene Datentypen kreieren. Interessant sind vor allem

- Enumerationen und
- strukturierte Datentypen.

Beide bauen auf den einfachen Datentypen auf und sind – ebenfalls wie diese – sogenannte *Wertetypen*, die im Stack des Computers gespeichert werden.

3.6.1 Enumerationen

Mit dem *enum*-Schlüsselwort erstellen Sie einen Enumtyp, dessen mögliche Werte auf eine bestimmte Menge symbolischer Namen beschränkt sind. Häufig werden Sammlungen von miteinander verwandten Konstanten in Enumerationen zusammengefasst.

Deklaration

Der *enum*-Datentyp wird ähnlich wie ein strukturierter Datentyp deklariert. Die *enum*-Anweisung ist innerhalb von Methoden unzulässig und nur auf globaler Ebene anwendbar.

Syntax:

```
enum Bezeichner : Datentyp
     {
       Feld1 = Wert1,
       Feld2 = Wert2,
       ...
     }
```

Alle in der Enumeration enthaltenen Konstanten müssen vom gleichen Datentyp sein. Zulässig sind nur die acht Integer-Typen *byte, sbyte, short, ushort, int, uint, long* und *ulong*. Falls die Angabe des Datentyps weggelassen wird, handelt es sich automatisch um *int*-Konstanten.

Beispiel 3.85: Eine Enumeration für die Monate eines Jahres

C#

```
enum Monate : byte
{Januar = 1, Februar, März, April, Mai, Juni,
 Juli, August, September, Oktober, November, Dezember}
```

Jedem Element der Enumeration ist ein bestimmter Zahlenwert zugeordnet, der standardmäßig mit 0 beginnt. Falls Sie das ändern wollen, so müssen Sie den Wert explizit zuordnen. Wenn Sie das nur für den ersten Wert tun, so erhalten die Nachfolger vom Compiler automatisch den nächsthöheren Wert (siehe obiges Beispiel).

Zugriff

Wenn ein Enumtyp deklariert ist, können Sie ihn wie jeden anderen Datentyp verwenden. Das heißt, Sie deklarieren damit auf gewohnte Weise Variablen oder Konstanten, denen Sie dann Werte zuweisen.

Beispiel 3.86: Deklarieren der Konstanten *ersterMonat* vom Enumtyp *Monate*

C#

```
const Monate ersterMonat = Monate.Januar;
```

Beispiel 3.87: Deklarieren von zwei Variablen des Enumtyps *Monate*

C#

```
Monate monat1;
Monate monat2;
monat1 = Monate.Januar;
monat2 = monat1 + 1;
MessageBox.Show(monat2.ToString());    // zeigt Februar
```

Um nicht den Namen, sondern die Integer-Zahl des Elements zu ermitteln, müssen Sie eine Typkonvertierung vornehmen.

Beispiel 3.88: Der folgende Code wird an das Vorgängerbeispiel angehängt.

C#

```
int m = (int)monat2;
MessageBox.Show(m.ToString());         // zeigt 2
```

3.6.2 Strukturen

Mit dem *struct*-Schlüsselwort definieren Sie komplexe Datentypen, die ein oder auch mehrere Element(e) enthalten dürfen. In diesem Abschnitt wollen wir aber Strukturen nicht tiefgründiger behandeln, sondern nur einen ersten Einblick gewähren.

Deklaration

Vom Prinzip her entspricht die Definition einer *Struktur* der einer *Klasse*, die allerdings zu den sogenannten *Verweis-* oder *Referenztypen* gehört (siehe Kapitel 4).

Eine einfache Struktur hat folgenden Aufbau:

Syntax:

```
struct Bezeichner
{
   Modifizierer Datentyp feld1;
   Modifizierer Datentyp feld2;
   ...
}
```

Beachten Sie:

- Die *struct*-Anweisung ist innerhalb von Methoden unzulässig und nur auf globaler Ebene anwendbar.
- Damit die Elemente einer Struktur von außerhalb sichtbar sind, muss der *public*-Modifizierer vorangestellt werden[10].

Beispiel 3.89: Eine Struktur

C#

Um in einer Variablen zur Personenbeschreibung neben dem Namen auch noch das Alter zu erfassen, definieren Sie einen neuen Datentyp:

```
struct Person
{
  public string Vorname
  public string Nachname
  public int Alter
}
```

HINWEIS: Denken Sie immer daran, dass allein mit der Definition eines Datentyps noch keine Variable dieses Typs existiert! Diese muss – wie jede andere Variable auch – erst noch deklariert werden.

Beispiel 3.90: Sie erzeugen zwei Variablen des oben definierten Datentyps *Person*.

C#

```
Person person1;
Person person2;
```

Datenzugriff

Um auf den Wert einer Strukturvariablen zuzugreifen, müssen Name und Element durch einen Punkt (sogenannter *Qualifizierer*) voneinander getrennt sein[11].

[10] Diese Darstellung ist etwas vereinfacht. Die ausgereifte Programmierung verlangt auch hier, genauso wie bei Klassen, das Prinzip der Kapselung.

[11] Dies entspricht der generellen Schreibweise beim Zugriff auf Objekteigenschaften.

Beispiel 3.91: Fortsetzung des Vorgängerbeispiels

C#

```
int a;
string name;
person1.Vorname = "Jürgen";        // Initialisieren  (Schreibzugriff)
person1.Nachname = "Kotz";         // dto.
person1.Alter = 58;                // dto.
a = person1.Alter                  // Lesezugriff
name = person1.Vorname + "  " + person1.Nachname   // "Jürgen Kotz"
```

HINWEIS: Beim Lesezugriff auf nicht initialisierte Felder erhalten Sie einen Compilerfehler.

Beispiel 3.92: Das Feld *Alter* von *person2* wurde nicht initialisiert (siehe Bemerkungen).

C#

```
a = person2.Alter    // Fehler!
```

Man kann natürlich nicht nur, wie eben beschrieben, auf die einzelnen Felder einer Strukturvariablen, sondern auch auf die Variable insgesamt zugreifen.

Beispiel 3.93: Die Variable *person1* wird „geklont".

C#

```
person2 = person1;
```

Struktur versus Klasse

Wie bereits bekannt, haben Strukturen viele Ähnlichkeiten mit Klassen. Genauso wie diese können sie beispielsweise über einen oder mehrere (überladene) Konstruktoren verfügen, mit denen die Felder initialisiert werden können.

Beispiel 3.94: Die Strukturvariable *person1* wird mit ihrem Standard-Konstruktor erzeugt und initialisiert.

C#

```
Person person1 = new Person();
int a = person1.Alter              // a erhält automatisch den Wert 0
```

Der Standardkonstruktor initialisiert die entsprechenden Eigenschaften der Struktur mit Defaultwerten. Sie können diesen natürlich auch selbst implementieren.

Und noch ein wesentlicher Unterschied zu Klassen und anderen Verweistypen:

HINWEIS: Bei Strukturvariablen spielt sich nach wie vor alles auf dem Stack ab (auch das Instanziieren mit *new*). Sie sind Wertetypen und für diese ist der Heap tabu!

3.7 Nutzerdefinierte Methoden

Methoden kapseln wiederverwendbaren Programmcode und erleichtern somit nicht nur die Arbeit des Programmierers, sondern tragen auch in erheblichem Maße zur Übersichtlichkeit des Programmcodes bei.

Jede Methode hat einen Namen und einen Körper. Letzterer enthält die beim Methodenaufruf auszuführenden Anweisungen.

Grundsätzlich unterscheiden wir zwischen

- Methoden **mit** Rückgabewert und
- Methoden **ohne** Rückgabewert.

Methoden **mit** Rückgabewert sind Ihnen sicherlich aus anderen Programmiersprachen[12] als *Funktionen* ein Begriff, während eine Methode **ohne** Rückgabewert als *Prozedur*, *Sub* oder einfach nur als *Unterprogramm* bezeichnet wird.

In diesem Abschnitt wollen wir Methoden noch nicht als öffentliche (*public*) Mitglieder einer Klasse verstehen, wie sie in der OOP das Verhalten von Objekten definieren, denn dazu kommen wir erst in Kapitel 4. Vorerst behandeln wir sie lediglich als private Klassenmitglieder.

HINWEIS: Für das Verständnis der Parameterübergabe an Methoden ist es wichtig, dass Sie den Unterschied zwischen Werte- und Referenztypen kennen (siehe Abschnitt 3.2.2).

[12] z. B. Visual Basic oder Delphi

3.7.1 Methoden mit Rückgabewert

Deklaration

Die Deklaration ist ähnlich wie bei einer normalen Variablen, nur dass an den Namen der Methode in Klammern die Parameterliste angefügt wird (sie kann auch leer sein).

Syntax:

```
Datentyp Name (Parameterliste)
{
    // Code definieren
    // .....
    return Rückgabewert;
}
```

Die *Parameterliste* ist eine durch Kommata separierte Liste mit der Aufzählung der einzelnen Parameter:

Syntax:

```
([ref|out] Datentyp Parameter, [ref|out] Datentyp Parameter, ...)
```

HINWEIS: Zur Bedeutung der optionalen Übergabe mit *ref* bzw. *out* siehe Abschnitt 3.7.3 und Abschnitt 3.7.4.

Der Methodenkörper ist durch eine öffnende und eine schließende geschweifte Klammer eingegrenzt.

Als Rückgabewert kommt natürlich nur der im Methodenkopf deklarierte Datentyp infrage. Den Rückgabewert, der auch ein Ausdruck sein kann, schreiben Sie in Klammern hinter die *return*-Anweisung.

Beispiel 3.95: Funktion zur Berechnung des Kugelgewichts

C#

Übergabeparameter sind der Radius *ra* und das spezifische Gewicht *sg*.

```
private double Kugel(double ra, double sg)
{
    double vol = 4 / 3F * Math.PI * Math.Pow(ra, 3);
    return sg * vol;
}
```

HINWEIS: Schreiben Sie die *return*-Anweisung immer an das Ende des Methodenkörpers, denn alle dahinter stehenden Anweisungen werden nicht mehr ausgeführt.

Aufruf

Beim Aufruf einer Methode muss die *Signatur* der Parameterliste sorgfältig beachtet werden. Das heißt, die Reihenfolge der Argumente und ihr Datentyp müssen zur deklarierten Parameterliste passen. Im aufrufenden Code muss der Rückgabewert einer Variablen zugewiesen werden, die den gleichen Datentyp wie die Methode hat.

Beispiel 3.96: Obige Funktion wird mit einer eisernen Kugel von 20 cm Durchmesser getestet.

C#

```
double r = 10;          // Radius ist 10 cm
double s = 7.87;        // spez. Gewicht = 7,87 gr/cm3
double gew = Kugel(r, s);       // Aufruf
MessageBox.Show(gew.ToString("#,#0.000 Gramm"));    // Gewicht der Kugel ist
                                                    // 32.965,779 Gramm
```

HINWEIS: Bei **jedem** Methodenaufruf müssen Sie die runden Klammern **()** angeben, auch wenn die Methode keine Parameter besitzt!

3.7.2 Methoden ohne Rückgabewert

Deklaration

Soll die Methode keinen Wert zurückgeben, so setzen Sie anstelle des Datentyps das *void*-Schlüsselwort ein.

Syntax:

```
void Name (Parameterliste)
{
   // Code definieren
   // ...
}
```

Eine *void*-Methode arbeitet oft mit *Feldern* zusammen. Unter Feldern verstehen wir in C# globale Variablen, die auf Klassenebene deklariert wurden (im Unterschied zu den lokalen Variablen im Methodenkörper).

Beispiel 3.97: Anwenden einer *void*-Methode zum Berechnen des Kugelgewichts

C#

Deklarationen auf Klassenebene:

```
// Dieser Variablen wird das Ergebnis zugewiesen
private double gew;
private void Kugel(double ra, double sg)
{
  double vol = 4 / 3F * Math.PI * Math.Pow(ra, 3);
  gew = sg * vol;          // Feld wird mit dem Ergebnis gefüttert
}
```

Aufruf

Im Unterschied zum Aufruf einer Methode mit Rückgabewert handelt es sich diesmal um keine direkte Zuweisung des Rückgabewerts, da dieser der globalen Variablen *gew* entnommen wird.

Beispiel 3.98: Unsere Methode wird nun ebenfalls mit der legendären Eisenkugel getestet.

C#

```
double r = 10;         // Radius ist 10 cm
double s = 7.87;       // spez. Gewicht = 7,87 gr/cm3
Kugel(r, sg);                // Aufruf
MessageBox.Show(gew.ToString("#,#0.000 Gramm"));
//  zeigt "32.965,779 Gramm"
```

HINWEIS: Obwohl Sie in einer *void*-Methode die *return*-Anweisung nicht brauchen, können Sie diese trotzdem zum vorzeitigen Verlassen der Methode verwenden. Dazu schreiben Sie einfach *return* gefolgt von einem Semikolon.

3.7.3 Parameterübergabe mit ref

Bei jedem Methodenaufruf werden – je nach Länge der Parameterliste – kein, ein oder auch mehrere Argument(e) an die Parameter der Methode übergeben. Handelt es sich hierbei um einen Wertetyp, so wird der entsprechende Parameter automatisch zu einer Kopie des Arguments.

Wenn Sie aber bei der Methodendeklaration dem Parameter das Schlüsselwort *ref* voranstellen, so wird nicht eine Kopie, sondern der Zeiger auf die Speicherplatzadresse des Arguments übermittelt. Im Körper der aufgerufenen Methode wird es dadurch möglich, am Wert des Arguments „herumzudoktern", denn sämtliche hier vorgenommenen Änderungen am Wert des Parameters wirken sich auf das Argument aus. Auf diese Weise können Methoden ihre Ergebnisse ohne Verwendung globaler Variablen direkt an die aufrufenden Argumente zurückliefern.

HINWEIS: Wenn Sie ein Argument an einen *ref*-Parameter übergeben, müssen Sie beim Aufruf ebenfalls das *ref*-Schlüsselwort voranstellen.

Beispiel 3.99: Parameterübergabe mit *ref*

C#

Bei dieser Methode zur Kugelgewichtsbestimmung wurde die Übergabeart des zweiten Parameters in *ref* geändert. Dadurch wird es möglich, über diesen Parameter auch das Berechnungsergebnis zu übertragen.

```
private void Kugel(double ra, ref double g)
{
  double vol = 4 / 3F * Math.PI * Math.Pow(ra, 3);
  g = g * vol;          // g zeigt auf das Ergebnis
}
```

Den Parameter *g* haben wir hier bewusst nicht mit *sg* (für spezifisches Gewicht) bezeichnet, weil er nach dem Aufruf der *Kugel*-Methode auf das Gewicht verweist, also dann z. B. *gew* heißen müsste.

Test

Testen der Methode:

```
double r = 10;
double g = 7.87;
Kugel(r, ref g);
MessageBox.Show(g.ToString("#,#0.000 Gramm"));    // zeigt "32.965,779 Gramm"
```

Noch einmal – aber bitte langsam

Der *ref*-Parameter hat nur für Wertetypen (dazu gehören z. B. die einfachen Datentypen wie *int, double*) eine relevante Bedeutung. Mit der standardmäßigen Parameterübergabe (also ohne *ref*) wird der Wert des übergebenen Parameters in eine vom Compiler erzeugte lokale Variable des Methodenkörpers kopiert. Die aufrufende Variable (das Argument) und die lokale Variable im Inneren der Methode (der Parameter) haben danach nichts mehr miteinander zu tun, eine Veränderung des Werts der lokalen Variablen bleibt ohne Rückwirkung auf das Argument, sodass ein „Zurückgeben" von Ergebnissen – wie im obigen Beispiel gezeigt – nicht möglich ist.

Wenn Sie das Argument (einen Wertetyp) hingegen mit *ref* übergeben, so verfügt die aufgerufene Methode nur scheinbar über eine eigene lokale Variable. In Wirklichkeit wird mit dem ursprünglichen Argument weitergearbeitet, eine „Entkopplung“ hat also nicht stattgefunden.

HINWEIS: Im Interesse der Fehlersicherheit Ihrer Programme sollten Sie *ref*-Parameter möglichst sparsam einsetzen und ansonsten lieber mit Kopien arbeiten. *ref* sollten Sie nur dann verwenden, wenn Sie tatsächlich Werte von Wertetypen „nach außen hin“ verändern wollen.

3.7.4 Parameterübergabe mit out

Das Schlüsselwort *out* hat eine sehr ähnliche Bedeutung wie *ref*. Also wird auch hier der Wert des Arguments nicht in den Parameter kopiert, sondern der Parameter wird lediglich zu einem Alias des Arguments.

Einziger Unterschied zwischen *ref* und *out* ist, dass eine Methode einem *ref*-Parameter einen Wert zuweisen **kann**, einem *out*-Parameter hingegen einen Wert zuweisen **muss**.

HINWEIS: Ein Argument, das an einen *ref*-Parameter übergeben wird, muss zuvor initialisiert werden. Dies ist beim *out*-Parameter nicht erforderlich.

Beispiel 3.100: Parameterübergabe mit *out*

C#

Dieses Beispiel würde mit *ref* nicht funktionieren, da der beim Aufruf übergebene Parameter *g* nicht initialisiert ist.

```
void Kugel(double ra, double sg, out double gew)
{
  double vol = 4 / 3F * Math.PI * Math.Pow(ra, 3);
  gew = sg * vol;        // gew zeigt auf das Ergebnis
}
```

Test

Der Aufruf:

```
double r = 10;
double s = 7.87;
double g;          // g ist nicht initialisiert!
Kugel(r, s, out g);
MessageBox.Show(g.ToString("#,#0.000 Gramm"));  // zeigt "32.965,779 Gramm"
```

3.7.5 Methodenüberladung

Wenn mehrere gleichnamige Methoden im gleichen Gültigkeitsbereich ohne Namenskonflikt friedlich nebeneinander existieren, so spricht man von *überladenen* Methoden. Die Unterscheidung wird vom Compiler anhand der Signatur getroffen. Unter Signatur verstehen wir bekanntlich die Reihenfolge der übergebenen Parameter und deren Datentyp.

HINWEIS: Überladene Methoden müssen immer eine unterschiedliche Signatur haben!

Beispiel 3.101: Methodenüberladung

C#

Die *Kugel*-Funktion steht in zwei überladenen Versionen zur Verfügung. Die erste Version verlangt als Parameter den Radius und das spezifische Gewicht.

```
double Kugel(double ra, double sg)
{
   double vol = 4 / 3.0 * Math.PI * Math.Pow(ra, 3);
   return sg * vol;
}
```

Eine zweite Version soll nur das Volumen der Kugel berechnen.

```
double Kugel(double ra)
{
   double vol = 4 / 3.0 * Math.PI * Math.Pow(ra, 3);
   return vol;
}
```

Test

Wenn Sie jetzt die Methode verwenden wollen, werden Ihnen in der Visual-Studio-Entwicklungsumgebung automatisch beide überladenen Versionen angeboten:

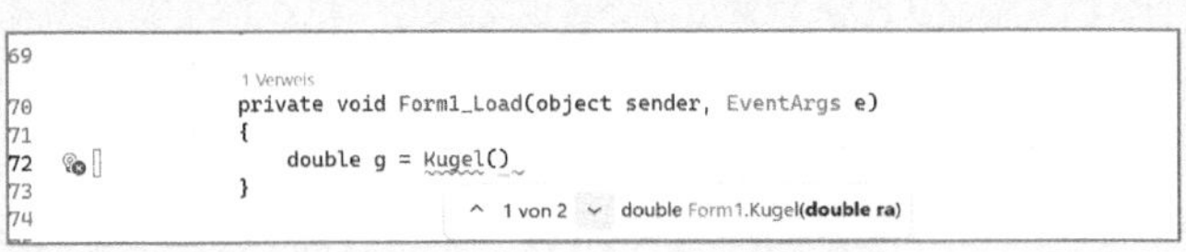

Bild 3.2 Aufruf einer überladenen Methode

Der Aufruf ist entweder so

```
double g = Kugel(10, 7.87);          // liefert  32.965,779
```

oder so möglich:

```
double v = Kugel(10);                // liefert  4.188,790
```

Bemerkungen

- Unterscheiden sich die Deklarationen zweier Methoden nur in der Verwendung von *ref* bzw. *out*, erfolgt ebenfalls eine Überladung.
- Das Überladen des Rückgabewerts einer Methode ist nicht erlaubt.
- Wie Sie bestimmt schon bei der Arbeit im Codefenster von Visual Studio bemerkt haben, werden für die meisten Methoden mehrere Überladungen angeboten. Ein typisches Beispiel hierfür ist die *Show*-Methode der *MessageBox* mit insgesamt 21 (!) Überladungen.

3.7.6 Optionale Parameter

Ein optionaler Parameter gestattet es Ihnen, einem Parameter einen Standardwert zuzuweisen. Beim Aufruf der Methode bleibt es Ihnen überlassen, für diesen Parameter ein Argument zu übergeben oder nicht.

Das folgende Beispiel zeigt, wie Sie in früheren C#-Versionen optionale Parameter mittels Methodenüberladungen simulieren konnten.

Beispiel 3.102: Zwei Überladungen einer Methode

C#

```
public string Hallo()                    // erste Überladung
{
    return "Hallo Du!";
}
public string Hallo(string name)         // zweite Überladung
{
    return "Hallo " + name + "!";
}
```

Bei Verwendung dieses Codes erscheint der *name*-Parameter wie ein optionaler Parameter, denn die folgenden beiden Aufrufe funktionieren:

```
string grüssDich = Hallo();
string grüssMaria = Hallo("Maria");
```

Wenn Sie Methoden mit mehr Parametern hätten, müssten Sie noch mehr Überladungen bereitstellen. Vielen Entwicklern gefällt dies nicht, da dadurch der Code aufquillt wie Hefeteig.

Das folgende Beispiel zeigt einen optionalen Parameter, welcher die obigen zwei Überladungen ersetzt:

Beispiel 3.103: Methode mit einem optionalen Parameter

C#

```
public string Hallo(string name = "Du")
{
    return "Hallo " + name + "!";
}
```

Wie zu sehen ist, erfordert die Aufrufsyntax für einen optionalen Parameter lediglich das Zuweisen eines Standardwerts (*default value*). Falls beim Aufruf kein Wert übergeben wird, wird der Standardwert genommen.

Auch das folgende Beispiel aus der Office-Automation zeigt, wie man mittels optionaler Parameter den Code vereinfachen kann.

Beispiel 3.104: Die *SaveAs*-Methode für ein Excel-Worksheet in klassischer Schreibweise:

C#

```
wkBook.SaveAs("myfile.xls", Missing.Value, Missing.Value,
              Missing.Value, Missing.Value, Missing.Value,
              Excel.XlSaveAsAccessMode.xlShared,
              Missing.Value, Missing.Value, Missing.Value, Missing.Value,
              Missing.Value);
```

Nur zwei Argumente werden im obigen Beispiel bereitgestellt, die übrigen sind *Missing.Value*.

Jetzt die vereinfachte Version mit optionalen Parametern:

```
wkBook.SaveAs("myfile.xls", Excel.XlSaveAsAccessMode.xlShared);
```

Wenn Sie bislang für Methoden wie *SaveAs* immer kostbare Zeit verschwenden mussten, um die exakte Position eines Parameters herauszufinden, werden Sie die Kürze des obigen Codes zu schätzen wissen[13].

3.7.7 Benannte Parameter

Eng verwandt mit den optionalen Parametern sind die benannten Parameter. Einer ihrer Hauptvorzüge ist die Auflösung von Mehrdeutigkeiten. Benannte Parameter erkennt man nicht anhand der Methodendeklaration, sondern lediglich an der Syntax des Methodenaufrufs.

[13] Im Fall des zweiten Arguments käme auch ein benannter Parameter (siehe Abschnitt 3.7.7) infrage. Da aber die Parameterliste nur ein Argument enthält, ist eine Benennung nicht erforderlich.

HINWEIS: Benannte Parameter tragen beim Aufruf denselben Namen wie die entsprechenden Parameter in der Methodendeklaration, wobei ein Doppelpunkt angehängt wird.

Beispiel 3.105: Eine Methode mit drei Parametern

C#

```
public void AddBuch(string titel, string autor = "", DateTime? termin = null)
{
    // noch nicht implementiert
}
```

Der Parameter *titel* ist nicht optional, *autor* hingegen ist optional, beide sind vom Datentyp *string*. Der letzte Parameter zeigt, dass man als Standardwert einem Parameter auch *null* zuweisen kann.
Der Aufruf der Methode mit benannten Parametern:

```
AddBuch(autor: "Jürgen Kotz und Christian Wenz", termin: DateTime.Now,
             titel: "C# und .NET 10!");
```

Bewusst haben wir hier die Reihenfolge der übergebenen Parameter verändert, da diese bei benannten Parametern keine Rolle spielt.

Benannte Parameter sind besonders dann nützlich, wenn Sie mehrere optionale Parameter des gleichen zu übergebenden Typs haben.

3.8 Praxisbeispiele

3.8.1 Vom PAP zur Konsolenanwendung

Dieses ausgesprochene Einsteiger-Beispiel erläutert die Umsetzung eines Programmablaufplans (PAP) in eine klassische Konsolenanwendung. Es sind nacheinander drei positive ganze Zahlen einzugeben. Das Programm soll die größte der drei Zahlen ermitteln und das Ergebnis anzeigen!

Programmablaufplan

Der nachfolgend abgebildete PAP zeigt die Berechnungsvorschrift (Algorithmus). Sie erkennen hier die typische EVA-Grundstruktur, bei der die Anweisungen in der Reihenfolge **E**ingabe, **V**erarbeitung, **A**usgabe ausgeführt werden.

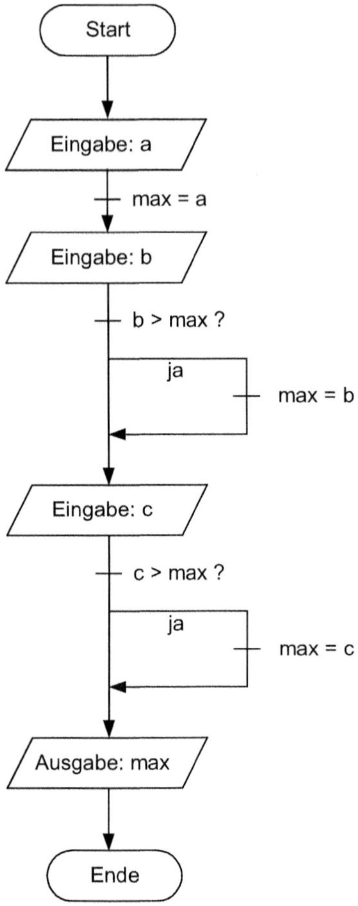

Bild 3.3
Programmablaufplan

Programmierung

Beim Schreiben der Befehle (z. B. mit dem Editor aus dem Windows-Zubehör) gibt obiger PAP eine nützliche Orientierung:

```
using System;
class Maximum3
{
   static void Main()
   {
      Console.WriteLine("Maximum von drei Zahlen");        // Überschrift
      Console.WriteLine();                                 // Leerzeile
      int a;                                               //  Variablendeklaration
      int b;
      int c;
      int max;
      Console.WriteLine("Geben Sie die erste Zahl ein!");
      a = Convert.ToInt32(Console.ReadLine());             // Eingabe a
```

```
        max = a;                                        // Initialisieren von max
        Console.WriteLine("Geben Sie die zweite Zahl ein!");
        b = Convert.ToInt32(Console.ReadLine());        // Eingabe von b
        if (b > max)                                    // Bedingung
        {
            max = b;
        }
        Console.WriteLine("Geben Sie die dritte Zahl ein!");
        c = Convert.ToInt32(Console.ReadLine());        // Eingabe c
        if (c > max)                                    // Bedingung
        {
            max = c;
        }
        Console.WriteLine("Das Maximum ist " + max.ToString());  // Ergebnisausgabe
        Console.ReadLine();              // Programm wartet auf <Enter>, um zu beenden
    }
}
```

Speichern Sie die Textdatei als *Maximum3.cs* ab.

Kompilieren

Die Vorgehensweise entspricht exakt dem Abschnitt 1.2 im Einführungskapitel. Sie müssen also zunächst diverse Vorbereitungen treffen (Umgebungsvariable für den C#-Compiler hinzufügen, Datei *cmd.exe* in das Anwendungsverzeichnis kopieren), um bequem kompilieren zu können.

Geben Sie dann den folgenden Text an der Kommandozeile ein:

```
csc /t:exe Maximum3.cs
```

Haben Sie beim Eintippen des Quellcodes keine Fehler gemacht, so dürfte das Kompilieren anstandslos verlaufen.

Im Projektverzeichnis finden Sie nun die Datei *Maximum3.exe* vor.

Test

Starten Sie *Maximum3.exe* durch Doppelklick!

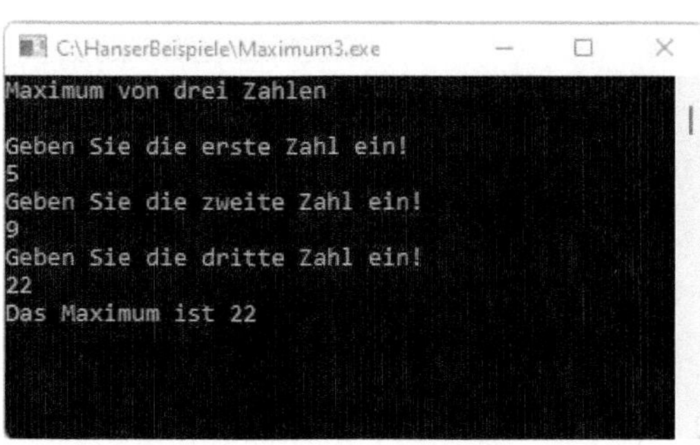

Bild 3.4
Maximum aus drei Zahlen

HINWEIS: Durch Drücken der Enter-Taste beenden Sie die Anwendung.

3.8.2 Ein Konsolen- in ein Windows-Programm verwandeln

Eine Windows-Anwendung ist natürlich wesentlich attraktiver als eine Konsolen-Applikation und schließlich wollen Sie ja zukünftig mit dem Komfort von Visual Studio statt mit einem simplen Texteditor arbeiten!

Ziel dieses Beispiels soll es sein, das im Vorgängerbeispiel erstellte Konsolenprogramm in eine „richtige" Windows-Forms-Applikation zu verwandeln.

Oberfläche

Starten Sie Visual Studio und öffnen Sie ein neues Projekt (Projekttyp: „Visual C#", Vorlage: „Windows Forms-App"). Geben Sie als Namen z. B. „Maximum3" ein.

Mit F4 holen Sie das Eigenschaftenfenster in den Vordergrund und stellen damit die *Text*-Eigenschaft (das ist die Beschriftung der Titelleiste) des Startformulars *Form1* neu ein: „Maximum von drei Zahlen".

Vom Werkzeugkasten (*Ansicht/Toolbox*) ziehen Sie die Steuerelemente (3-mal *Text Box*, 1-mal *Button*, 4-mal *Label*) gemäß folgender Abbildung auf *Form1* und stellen auch hier bestimmte *Text*-Eigenschaften neu ein:

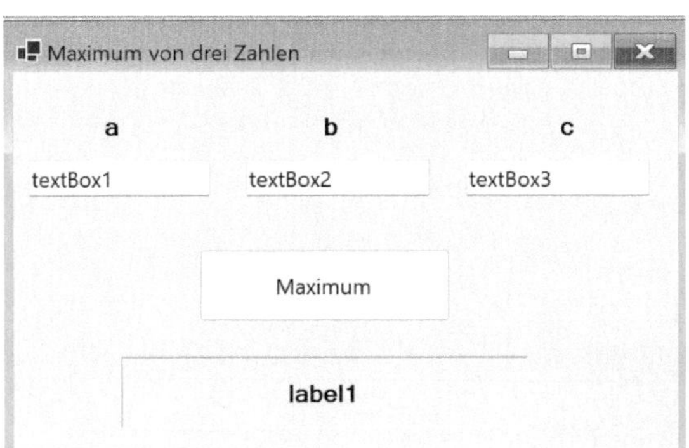

Bild 3.5
UI des Maximum3-Programmes

Quelltext

Durch einen Doppelklick auf *button1* wird automatisch das Codefenster der (partiellen) Klasse *Form1* mit dem bereits vorbereiteten Rahmencode des *Click*-Eventhandlers geöffnet. In diesem Zusammenhang ein für den Einsteiger wichtiger Hinweis, der auch für die Zukunft gilt:

HINWEIS: Sie sollten den Rahmencode der Eventhandler nur in Ausnahmefällen selbst eintippen. Lassen Sie sich stattdessen den Rahmencode durch die Visual-Studio-Entwicklungsumgebung generieren (falls es sich um das Standardereignis handelt, durch Doppelklick auf das Steuerelement, ansonsten über die „Ereignis"-Seite des Eigenschaftenfensters)!

```
namespace Maximum3;

public partial class Form1 : Form
{
    public Form1()
    {
        InitializeComponent();
    }

    private void button1_Click(object sender, EventArgs e)
    {
          // Hier müssen Ihre C#-Anweisungen eingefügt werden!
    }
}
```

Füllen Sie den zunächst leeren Körper des Eventhandlers mit den erforderlichen Anweisungen aus, sodass der komplette Eventhandler schließlich folgendermaßen aussieht:

```
private void button1_Click(object sender, EventArgs e)
{
    int a = Convert.ToInt32(textBox1.Text);     // Eingabe a
    int max = a;                                // Initialisieren von max
    int b = Convert.ToInt32(textBox2.Text);     // Eingabe b
    if (b > max)                                // Bedingung
    {
        max = b;
    }
    int c = Convert.ToInt32(textBox3.Text);     // Eingabe c
    if (c > max)                                // Bedingung
    {
        max = c;
    }
    label1.Text = "Das Maximum ist " +  max.ToString() + " !";   // Ergebnisausgabe
}
```

Sie können natürlich auch die Werte in den Textboxen bei Laden des Formulars vorbelegen. Doppelklicken Sie dazu auf eine freie Fläche des Formulars. Dadurch wird der Form-Load-Eventhandler angelegt. Füllen Sie den Eventhandler wie folgt:

```
private void Form1_Load(object sender, EventArgs e)
{
    textBox1.Text = "20";
    textBox2.Text = "-3";
    textBox3.Text = "5";
}
```

HINWEIS: Beim Vergleich mit der Konsolenanwendung erkennen Sie, dass Ein- und Ausgabe deutlich einfacher geworden sind!

Test

Nachdem Sie das Projekt abgespeichert haben, kompilieren und starten Sie das Programm mit der F5-Taste (oder durch Klick auf die entsprechende kleine Schaltfläche mit dem grünen Dreieck in der Symbolleiste von Visual Studio):

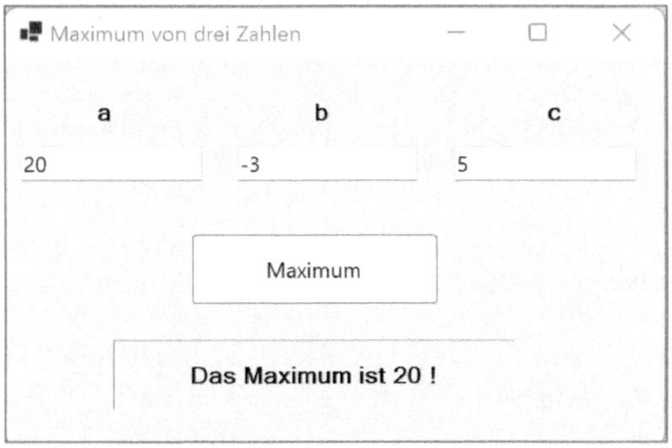

Bild 3.6
Maximum3 während der Laufzeit

Bemerkungen

Neben dem attraktiveren Outfit einer Windows-Anwendung schlagen auch noch weitere Vorteile gegenüber der tristen Konsolenanwendung deutlich zu Buche:

- So ist z. B. die Reihenfolge der Zahleneingaben ohne Bedeutung und
- Sie können bequem mittels Tab-Taste zwischen den Steuerelementen wechseln.

HINWEIS: Ein noch attraktiveres Outfit bieten WPF (Windows Presentation Foundation)-Anwendungen. Eine Einführung in WPF erfolgt ab Kapitel 9.

3.8.3 Schleifenanweisungen verstehen

C# offeriert Ihnen ein reichhaltiges Angebot an Schleifenanweisungen. Da der Umgang mit ihnen zum Einmaleins des Programmierens gehört, demonstriert Ihnen das vorliegende Beispiel die prinzipielle Anwendung der wichtigsten Schleifentypen (außer *foreach*-Schleife).

Ziel soll es sein, zehnmal untereinander einen Text in einer *ListBox* auszugeben, wobei fünf verschiedene Schleifenkonstruktionen gegenübergestellt werden.

Oberfläche

Alles, was Sie zum Testen brauchen, ist das mit einer *ListBox* und einigen *Buttons* bestückte Startformular *Form1* (siehe Laufzeitabbildung Bild 3.7).

Quellcode

```
public partial class Form1 : Form
{   ...
```

Wir beginnen mit der altbekannten *for*-Schleife:

```
    private void button1_Click(object sender, EventArgs e)
    {
        for (int i = 1; i<=10; i++)
        {
            listBox1.Items.Add(i.ToString() + " Viele Wege führen nach Rom!");
        }
    }
```

HINWEIS: Auch bei Schleifen kann man auf die geschweiften Klammern verzichten, wenn der Schleifenblock nur aus einer Anweisung besteht. Genau wie bei der if-Anweisung sind wir keine Fans von dieser Verkürzung.

Eine der möglichen Modifikationen (aber nicht unbedingt die sinnvollste), bei der Sie sich selbst um die Verwaltung der Zählvariablen kümmern müssen:

```
    private void button2_Click(object sender, EventArgs e)
    {
        int i = 1;              // Ersatz für Initialisierung der Zählvariablen
        for (; i<=10; )
        {
            listBox1.Items.Add(i.ToString() + " Viele Wege führen nach Rom!");
            i++;                // Ersatz für Aktualisierung der Zählvariablen
        }
    }
```

Die *while*-Schleife ist kopfgesteuert:

```
    private void button3_Click(object sender, EventArgs e)
    {
        int i = 1;
        while (i <= 10)
        {
            listBox1.Items.Add(i.ToString() + " Viele Wege führen nach Rom!");
            i++;
        }
    }
```

Fußgesteuert hingegen gibt sich die *do-while*-Schleife:

```
    private void button4_Click(object sender, EventArgs e)
    {
        int i = 1;
        do
        {
            listBox1.Items.Add(i.ToString() + " Viele Wege führen nach Rom!");
            i ++;
        }
        while (i <= 10);
    }
```

Das vorzeitige Verlassen der Schleife mittels *break*:

```
    private void button5_Click(object sender, EventArgs e)
    {
        for (int i = 1; ; i++)
        {
            listBox1.Items.Add(i.ToString() + " Viele Wege führen nach Rom!");
            if (i == 10)
            {
                break;                          // Abbruchbedingung
            }
        }
    }
```

Eher nebensächlich ist das Löschen der *ListBox*:

```
    private void button6_Click(object sender, EventArgs e)
    {
        listBox1.Items.Clear();
    }
```

Das Beenden des Programms:

```
    private void button7_Click(object sender, EventArgs e)
    {
        Close();
    }
}
```

Test

Alle fünf Schleifenvarianten produzieren ein absolut identisches Ergebnis:

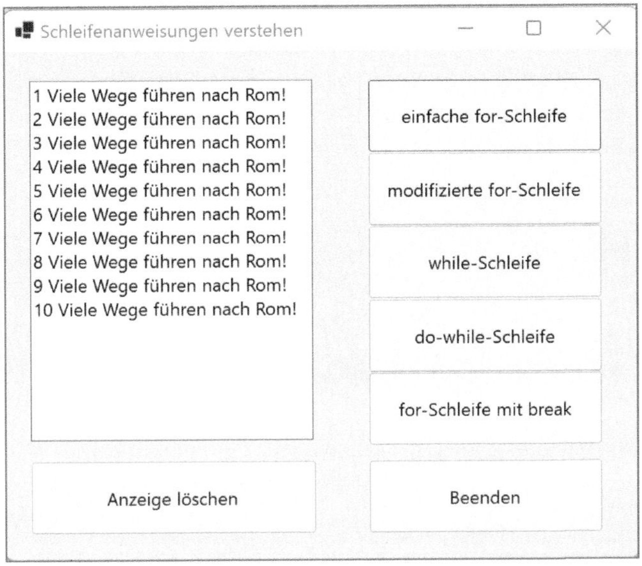

Bild 3.7 Viele Wege führen nach Rom, sogar die Schleifenwege

3.8.4 Benutzerdefinierte Methoden überladen

In C# spricht man nicht mehr im klassischen Sinn von Funktionen und Prozeduren, sondern nur noch von Methoden mit Rückgabewert und von Methoden ohne Rückgabewert (*void*). Beschränkt man sich auf private Methoden (Aufruf innerhalb einer Klasse), so spielen diese quasi die Rolle von „Unterprogrammen“, sind also streng genommen keine Methoden mehr im Sinne der OOP. Trotzdem können auch solche Methoden überladen werden, d. h., in mehreren gleichnamigen Versionen nebeneinander existieren, die sich nur durch ihre Signatur unterscheiden.

Das vorliegende, durchaus auch praxistaugliche, Programm demonstriert drei verschiedene Überladungen der bekannten Formel zur Berechnung des Gewichts einer Kugel:

$$G = \frac{4}{3} \cdot \pi \cdot r^3 \cdot \gamma$$

G = Gewicht (Gramm)

r = Radius (Zentimeter)

π = Pi = 3,14159...

Y = spezifisches Gewicht (Gramm/Kubikzentimeter)

En passant wird weiteres Einsteigerwissen wie Strukturen (*struct*), *if*-Statements, *RadioButton*-Auswahl etc. vermittelt.

Oberfläche

Auf das Startformular *Form1* setzen Sie eine *GroupBox*, die fünf verschiedene *Radio Buttons* enthält, mit denen ein bestimmtes Material (Holz, Aluminium, Glas, Eisen, Blei) ausgewählt wird. Weiterhin werden noch eine *TextBox*, drei *Buttons* und verschiedene *Labels* benötigt (siehe Bild 3.8).

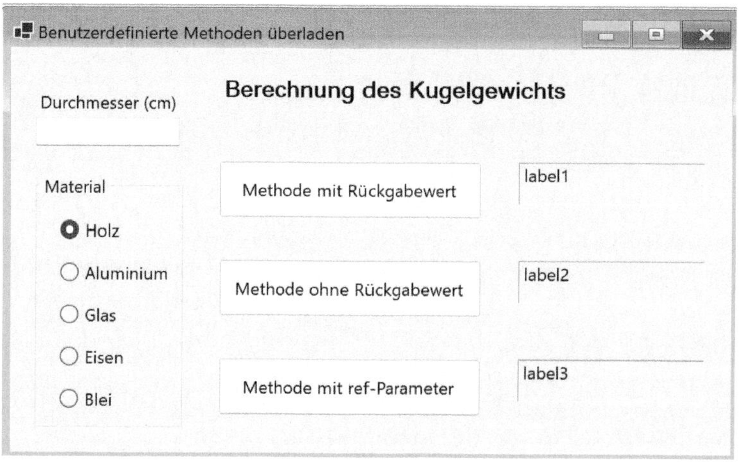

Bild 3.8 Entwurf des Programmes zur Berechnung des Kugelgewichts

Quellcode

```
public partial class Form1 : Form
{
```

Globale Deklarationen:

```
        private struct Kugel      // kapselt Radius und spez. Gewicht einer Kugel
        {
            public double Radius;
            public double Sg;
        }

        private double gew;        // Rückgabewert für Variante 2

        // Hilfsfunktion, liest Kugelwerte aus Eingabemaske
        private Kugel BerechneKugel()
        {
            Kugel kug;
            // Kugelradius zuweisen
            kug.Radius = Convert.ToDouble(textBox1.Text)/2;
            if (radioButton1.Checked)
```

```
        {
            kug.Sg = 1.4;          // Holz
        }
        else if (radioButton2.Checked)
        {
            kug.Sg = 2.7;          // Alu
        }
        else if (radioButton3.Checked)
        {
            kug.Sg = 3.0;          // Glas
        }
        else if (radioButton4.Checked)
        {
            kug.Sg = 7.87;         // Eisen
        }
        else
        {
            kug.sSg = 11.3;        // Blei
        }
        return kug;
    }
```

Drei verschiedene Methodenüberladungen zur Berechnung des Kugelgewichts:

Variante 1:

```
    private double KugelGewicht(double ra, double sg)
    {
        double vol = 4/3.0 * Math.PI * Math.Pow(ra, 3);
        return sg * vol;      // Rückgabe des Gewichts als Funktionswert
    }
```

Variante 2:

```
    private void KugelGewicht(Kugel kug)
    {
        double vol = 4/3.0 * Math.PI * Math.Pow(kug.Radius, 3);
        // das Gewicht wird der globalen Variablen gew zugewiesen
        gew = kug.Sg * vol;
    }
```

Variante 3:

```
    private void KugelGewicht(ref Kugel kug)
    {
        double vol = 4/3.0 * Math.PI * Math.Pow(kug.radius, 3);
        // der Übergabeparameter kug zeigt auf das Gewicht!
        kug.sg = kug.sg * vol;
    }
```

Bei den folgenden Codierungen der Methode *Kugelgewicht* wird Ihnen die IntelliSense von Visual Studio jeweils eine Auswahl zwischen den drei Überladungen anbieten:

Test Variante 1:

```
private void button1_Click(object sender, EventArgs e)
{
    Kugel kug = BerechneKugel();
    double r = kug.Radius;
    double sg = kug.Sg;        // Radius und spez. Gewicht
    double gew = KugelGewicht(r, sg);               // Aufruf
    label1.Text = gew.ToString("#,#0.000 Gramm");   // lokale Variable gew
}
```

Test Variante 2:

```
private void button2_Click(object sender, EventArgs e)
{
    Kugel kug = BerechneKugel();
    KugelGewicht(kug);                              // Aufruf
    label2.Text = gew.ToString("#,#0.000 Gramm");   // globale Variable gew
}
```

Test Variante 3:

```
    private void button3_Click(object sender, EventArgs e)
    {
        Kugel kug = BerechneKugel();
        KugelGewicht(ref kug);                 // Aufruf (kug trägt Ergebnis)
        label3.Text = kug.sg.ToString("#,#0.000 Gramm");
    }
}
```

Vorbelegung des Durchmessers:

```
private void Form1_Load(object sender, EventArgs e)
{
    textBox1.Text = "20";
}
```

Test

Wählen Sie das Material aus, ändern Sie den Durchmesser der Kugel und lassen Sie sich das Gewicht anzeigen. Alle drei Methodenüberladungen liefern identische Ergebnisse.

3.8.5 Anwendungen von Visual Basic nach C# portieren

Sie sind VB-Programmierer und wollen zu C# wechseln? Der vorliegende Abschnitt soll Ihnen den Umstieg erleichtern.

Sie werden im Internet diverse Übersetzungshilfen finden, doch die meisten benötigen noch eine Überprüfung des erzeugten Codes und manuelle Nacharbeit.

Am besten programmieren Sie die Portierung immer noch in „Handarbeit“:

- Öffnen Sie das zu übersetzende VB-Projekt mit Visual Studio.
- Laden Sie eine zweite Instanz von Visual Studio und öffnen Sie ein neues C#-Projekt.
- Kopieren Sie über die Windows-Zwischenablage die visuellen Komponenten (keine Formulare!) von der VB- in die C#-Entwicklungsumgebung.
- Kopieren Sie abschnittsweise den VB-Code in das C#-Codefenster und ersetzen Sie dort Schritt für Schritt die VB- durch die C#-Syntax.

Die folgenden Ausführungen sollen Ihnen die Arbeit erleichtern.

Die augenfälligsten Unterschiede

Beim Vergleich beider Programmiersprachen stechen zunächst die folgenden Unterschiede ins Auge:

- **Abschluss einer Befehlszeile:** Während in Visual Basic der Zeilenumbruch eine Befehlszeile abschließt, übernimmt in C# das Semikolon diese Funktion, sodass sich Anweisungen über mehrere Zeilen erstrecken können!
- **Groß-/Kleinschreibung:** In Visual Basic spielt die Groß-/Kleinschreibung keine Rolle, C# hingegen ist eine case-sensitive Sprache, die peinlichst zwischen Groß- und Kleinschreibung unterscheidet.
- **Kommentare:** In VB sind nur einzeilige, in C# hingegen auch mehrzeilige Kommentare möglich.
- **Module und Klassen:** Während sich in C# alles in Klassenmodulen abspielt, gibt es in VB zusätzlich noch die Möglichkeit, die aus dem alten Visual Basic stammenden Module einzusetzen. Als Bezug auf die eigene Klasseninstanz benutzt man unter VB das Schlüsselwort *Me*, unter C# aber *this*.
- **Variablendeklaration:** In C# beginnen Variablendeklarationen grundsätzlich mit der Angabe des Datentyps.
- **Typkonvertierungen:** In C# finden strengere Typkontrollen statt. Es gibt weder *Option Strict Off* noch *Option Explicit Off*.
- **Namespaces:** Während ein Namensraum unter VB mit *Imports* eingebunden wird, erfolgt dies unter C# mit *using* (bzw. unter C# 10 gar nicht mehr, dazu aber mehr in Abschnitt 6.1).

Ehe wir weiter ins Detail gehen, zeigt die folgende Tabelle eine zeilenweise Gegenüberstellung von zwei kompletten Programmen (Konsolenanwendungen).

VB

```
Imports System
' Namespace einbinden
Module Module1
' Das Programm ist eine
' Konsolenanwendung
Sub Main()

    Dim c As Char


    Console.WriteLine(
            "Umrechnung Euro-Dollar")
    Do

        Dim kurs As Double
        Dim euro As Double
        Dim dollar As Double
        Console.Write("Kurs 1 : ")
        kurs = _
 Convert.ToDouble(Console.ReadLine())
        Console.Write("Euro: ")
        euro = _
 Convert.ToDouble(Console.ReadLine())
        dollar = euro * kurs
        Console.WriteLine(
        "Sie erhalten " & dollar _
        .ToString("0.00 Dollar"))
        Console.Write(
           "Programm beenden? (j/n)")
        c = Convert.ToChar _
           (Console.ReadLine())
      Loop While c <> "j"
   End Sub
End Module
```

C#

```
using System;
// Namespace einbinden
class Program
/* Das Programm ist eine
   Konsolenanwendung */
{
 static void Main(string[] args)
  {
    char c;


    Console.WriteLine(
             "Umrechnung Euro-Dollar");
    do
    {
         double kurs;
         double euro;
         double dollar;
         Console.Write("Kurs 1 : ");
         kurs =
Convert.ToDouble(Console.ReadLine());
         Console.Write("Euro: ");
         euro =
Convert.ToDouble(Console.ReadLine());
         dollar = euro * kurs;
         Console.WriteLine(
         "Sie erhalten " + dollar
         .ToString("0.00 Dollar"));
         Console.Write(
          "Programm beenden? (j/n)");
        string s = Console.ReadLine();
         c = s[0];
    } while(c != 'j');
  }
}
```

Datentypen

VB.NET-Datentyp	C#-Datentyp	.NET-CLR-Typ
Byte	*byte*	*System.Byte*
SByte	*sbyte*	*System.SByte*
Short	*short*	*System.Int16*
UShort	*ushort*	*System.UInt16*
Integer	*int*	*System.Int32*
UInteger	*uint*	*System.UInt32*
Long	*long*	*System.Int64*
ULong	*ulong*	*System.UInt64*
Single	*float*	*System.Single*
Double	*double*	*System.Double*
Decimal	*decimal*	*System.Decimal*
Char	*char*	*System.Char*
Boolean	*bool*	*System.Boolean*
String	*string*	*System.String*
Object	*object*	*System.Object*

Operatoren

VB	C#	VB	C#	VB	C#
= + - * / \ (Fließkomma) Mod	= + - * / %	And Or Xor AndAlso OrElse Not	& | ^ && || !	= < > <= >= <>	== < > <= >= !=

Verzweigungen

VB	C#

If zensur = 1 Then
  Label1.Text = "Sehr gut!"
ElseIf zensur = 2 Then
  Label1.Text = "Gut"
ElseIf zensur = 3
  Label1.Text = "Befriedigend"
Else
  Label1.Text =
        "Nicht erlaubte Zensur!"
End If
	if (zensur == 1)
	{
	  label1.Text = "Sehr gut!";
	}
	else if (zensur == 2)
	{
	  label1.Text = "Gut";
	}
	else if (zensur == 3)
	{
	  label1.Text = "Befriedigend";
	}
	else
	{
	  label1.Text =
	        "Nicht erlaubte Zensur!";
	}

Select Case zensur
  Case 1:
      label1.Text = "Sehr gut"
  Case 2:
      label1.Text = "Gut"
  Case 3:
      label1.Text = "Mmmm"
  Case Else
      Label1.Text = "????"
End Select
	switch (zensur)
	{
	  case 1:
	      label1.Text = "Sehr gut";
	      break;
	  case 2:
	      label1.Text = "Gut";
	      break;
	  case 3:
	      label1.Text = "Mmmm";
	      break;
	  default:
	      label1.Text = "????";
	      break;
	}

Try
  c = a / b
  Me.Text = c.ToString
Catch ex As Exception
  MessageBox.Show(ex.Message)
End Try
	try
	{
	  c = a / b;
	  this.Text = c.ToString();
	}
	catch(Exception ex)
	{
	  MessageBox.Show(ex.Message);
	}

Schleifen

<table>
<tr><th>VB</th><th>C#</th></tr>
<tr><td><pre>For i As Integer = 1 To 10
     ListBox1.Items.Add("Hallo!")
Next i</pre></td><td><pre>for (int i = 1; i <= 10; i++)
{
    listBox1.Items.Add("Hallo!");
}</pre></td></tr>
<tr><td><pre>Do While i <= 10
  ListBox1.Items.Add("Hallo!")
  i += 1
Loop</pre></td><td><pre>while (i <= 10)
{
  listBox1.Items.Add("Hallo!");
  i++;
}</pre></td></tr>
<tr><td><pre>Do
 ListBox1.Items.Add("Hallo!")
 i +=1
Loop While i <=10</pre></td><td><pre>do
{
  listBox1.Items.Add("Hallo!");
  i ++;
} while (i <= 10);</pre></td></tr>
</table>

Arrays

<table>
<tr><th>VB</th><th>C#</th></tr>
<tr><td><pre>Dim a(100) As Double
a(0) = 12.5</pre></td><td><pre>double[] a = new double[99];
a[0] = 12.5;</pre></td></tr>
<tr><td><pre>For Each feld As Double In a
  MessageBox.Show(feld.ToString)
Next feld</pre></td><td><pre>foreach (double feld in a)
{
  MessageBox.Show(feld.ToString());
}</pre></td></tr>
</table>

Strukturen

<table>
<tr><th>VB</th><th>C#</th></tr>
<tr><td><pre>Structure Person
  Public Vorname As String
  Public Nachname As String
  Public Alter As Integer
End Structure</pre></td><td><pre>struct Person
{
  public string Vorname;
  public string Nachname;
  public int Alter;
}</pre></td></tr>
</table>

Enumerationen

VB

```
Enum Kind
  Julia = 1
  Lennard
  Maria
End Enum
```

C#

```
enum Kind
{
  Julia = 1,
  Lennard,
  Maria
}
```

- Arrays sind in .NET alle dynamisch und beginnen grundsätzlich mit dem Index 0. Der Index ist in VB in runde, in C# hingegen in eckige Klammern einzuschließen.
- In VB ist einfaches Umdimensionieren von Arrays zur Laufzeit mittels *ReDim*-Anweisung möglich. In C# muss man dazu ein neues Array definieren. Intern passiert jedoch dasselbe.
- VB bietet den einfachen *With*-Zugriff auf Struktur- und Objektvariablen. Dieses Feature ist unter C# nicht vorhanden.

Funktionen, Prozeduren, Methoden

VB

```
Function Kugel(ByVal ra As Double, _
       ByVal sg As Double) As Double
  Dim vol As Double = _
      4/3 * Math.Pi * Math.Pow(ra, 3)
  Return sg * vol
End Function

Sub Kugel(ByVal ra As Double,
              ByVal sg As Double)
 Dim vol As Double =
      4/3 * Math.Pi * Math.Pow(ra, 3)
 gew = sg * vol
End Sub

Declare Function GetDC Lib "user32" _
   Alias "GetDC" _
   (ByVal hwnd As Integer) _
   As Integer
 ...
Dim dc As Integer = GetDC(0)
```

C#

```
double Kugel(double ra, double sg)
{
   double vol =
   4/3.0 * Math.PI * Math.Pow(ra, 3);
   return(sg * vol);
}

void Kugel(double ra, double sg)
{
  double vol =
    4/3.0 * Math.PI * Math.Pow(ra, 3);
  gew = sg * vol;
}

[DllImport("user32.dll")]
static extern int GetDC(int  hwnd);
...
int dc = GetDC(0);
```

- VB unterscheidet zwischen Funktionen und Prozeduren, C# kennt nur noch Methoden mit und ohne (*void*) Rückgabewert.
- In C# wird beim Aufruf einer Methode grundsätzlich die Argumentliste geklammert, auch wenn sie leer ist:

```
textBox1.Text = euro.ToString();
```

Klassendefinition

<table>
<tr><th>VB</th><th>C#</th></tr>
<tr><td><pre>
Public Class Kunde
  Public Shared Const mwst _
     As Double = 0.19

  Public Sub New(ByVal anr As String, _
             ByVal name As String)
     Anrede = anr
     Me.Name = name
  End Sub

  Public Property Name As String
  Public Property Anrede As String
  Public Function Adresse() As String
    Dim s As String = Anrede & " " _
                      & Name
    Return s
  End
End Class
</pre></td><td><pre>
public class Kunde
{
  public static const
     double mwst = 0.19;

  public Kunde(string anr,
               string name)
  {
     Anrede = anr;
     Name = name;
  }
  public string Name { get; set; }
  public string Anrede { get; set; }

  public string Adresse()
  {
     string s = anrede + " " +
                name;
     return(s);
  }
}
</pre></td></tr>
</table>

Erzeugen eines Objekts

<table>
<tr><th>VB</th><th>C#</th></tr>
<tr><td><pre>
Private kunde1 As Kunde
kunde1 = New Kunde("Frau", "Maus")
</pre></td><td><pre>
private Kunde kunde1;
kunde1 = new Kunde("Frau", "Maus");
</pre></td></tr>
<tr><td><pre>
Private kunde1 As New Kunde(
        "Frau", "Maus")
</pre></td><td><pre>
private Kunde kunde1 =
      new Kunde("Frau", "Maus");
</pre></td></tr>
</table>

Ereignis definieren und auslösen

VB

```
Public Event Ereignis( _
    ByVal Sender As Object,
    ByVal e As String)
...
RaiseEvent ereignis(Me, "Hallo")
```

C#

```
public delegate void EreignisTyp(
       object sender, string e);
public event EreignisTyp Ereignis;
...
ereignis(this, "Hallo");
```

Ereignis mit Eventhandler verbinden

VB

```
Private WithEvents kunde1 As Kunde
kunde1 = New Kunde
 AddHandler kunde1.Ereignis, _
        AddressOf EreignisHandler
 ...
 Private Sub EreignisHandler( _
   ByVal sender As Object,
   ByVal e As String)
  ...
 End Sub
```

C#

```
private Kunde kunde1;
 kunde1 = new Kunde();
 kunde1.Ereignis +=
        EreignisHandler;
 ...
 private void EreignisHandler(
               object sender,
               string e)
 {  ...  }
```

HINWEIS: Das unter VB übliche (statische) Zuweisen eines Eventhandlers mittels Handles-Klausel ist unter C# nicht möglich.

4 OOP-Konzepte

C# erlaubt es Ihnen, bereits ohne fundierte OOP-Kenntnisse objektorientiert zu programmieren! Davon haben Sie bereits vor der Lektüre dieses Kapitels, mehr oder weniger unbewusst, Gebrauch gemacht: Sie haben Ereignisbehandlungsroutinen (Eventhandler) geschrieben und den Objekten der visuellen Benutzerschnittstelle (Form, Steuerelemente) Eigenschaften zugewiesen bzw. deren Methoden aufgerufen.

Die Entwicklungsumgebung von Visual Studio erlaubt objektorientiertes Programmieren bereits mit einem Minimum an Vorkenntnissen. Das vorliegende Kapitel will etwas tiefer in die OOP-Problematik eindringen und präsentiert Ihnen neben einigen grundlegenden Ausführungen die für den Einstieg wichtigsten objektspezifischen Features von C# im Überblick.

HINWEIS: In C# haben Sie grundsätzlich die Möglichkeit, zwischen Klassen (sind Verweistypen) und Strukturen (sind Wertetypen) zu wählen. Strukturen (*struct*) wurden bereits im Sprachkapitel (Abschnitt 3.6.2) einführend behandelt, sie bieten allerdings noch weitaus mehr Möglichkeiten, die fast an die von Klassen heranreichen. Wir aber wollen uns im vorliegenden Kapitel ausschließlich mit Klassen und Objekten, den Grundelementen der OOP, beschäftigen.

4.1 Kleine Einführung in die OOP

In .NET ist alles ein Objekt! Viele Entwickler – insbesondere, wenn sie mit „altem“ Code zu kämpfen haben – tun sich immer noch ziemlich schwer mit OOP, weil ihnen die Komplexität einer vollständigen Anwendung zu hoch erscheint.

4.1.1 Historische Entwicklung

Im Unterschied zur objektorientierten ist die klassische strukturierte Programmierung ziemlich sprachunabhängig und hatte Zeit genug, um auch in den letzten Winkel der Programmierwelt vorzudringen.

Demgegenüber stand es um die Akzeptanz der objektorientierten Programmierung bis zum Anbruch des .NET-Zeitalters zu Beginn dieses Jahrtausends noch nicht zum Besten. Das aber hat sich seitdem, auch durch den Siegeszug von Java, dramatisch geändert.

Strukturierte Programmierung

Gern bezeichnet man die strukturierte Programmierung auch als Vorläufer der objektorientierten Programmierung, obwohl dieser Vergleich hinkt. Richtig ist, dass sowohl strukturierte als auch objektorientierte Programmierung fundamentale Denkmuster[1] sind, die gleichberechtigt nebeneinander existieren.

Die Grundkonzepte der strukturierten Programmierung wurden beginnend mit dem Ende der Sechzigerjahre entwickelt und lassen sich mit folgenden Stichwörtern charakterisieren: hierarchische Programmorganisation, logische Programmeinheiten, zentrale Programmsteuerung, beschränkte Datenverfügbarkeit.

> *Ziel der strukturierten Programmierung ist es, Algorithmen so darzustellen, dass ihr Ablauf einfach zu erfassen und zu verändern ist.*

Gegenstand der strukturierten Programmierung ist also die bestmögliche Anordnung von Code, um dessen Transparenz, Testbarkeit und Wiederverwendbarkeit zu maximieren[2].

Dass C# eine konsequent objektorientierte Sprache ist, bedeutet noch lange nicht, dass man damit nicht auch strukturiert programmieren könnte, im Gegenteil. In Kapitel 3, in dem sich alles um die grundlegenden sprachlichen Elemente von C# dreht, haben wir uns fast ausschließlich auf dem Boden der traditionellen strukturierten Programmierung bewegt und versucht, die OOP noch weitestgehend auszuklammern.

So haben wir es größtenteils ignoriert, dass selbst die einfachen Datentypen Objekte sind, und haben z. B. statt mit Methoden mit Funktionen und Prozeduren und statt mit Klassen mit strukturierten Datentypen (*struct*) gearbeitet. Tatsächlich können Sie aber mit OOP alles machen, was auch die strukturierte Programmierung erlaubt. Statt beispielsweise globale Variablen in einem Modul zu deklarieren, können Sie statische Klasseneigenschaften verwenden.

Um fit für die aktuellen Herausforderungen zu sein, sollten Sie deshalb – wo immer es vertretbar ist – nach objektorientierten Lösungen streben.

---

1 Im Fachjargon heißt das „Paradigma".

2 Bahnbrechendes auf diesem Gebiet leistete Prof. Niklaus Wirth mit seinen Sprachen Pascal und Modula.

Objektorientiertes Programmieren

Die objektorientierte Programmierung entfaltete auf breiter Basis erst seit Ende der 80er-Jahre mit dem Beginn des Windows-Zeitalters ihre Wirkung. Sehr bekannte Vertreter objektorientierter Sprachen sind C++, Java, Smalltalk und Borland Delphi – aber auch das alte Visual Basic war bereits in vielen wesentlichen Zügen objektorientiert aufgebaut[3].

> *Objektorientierte Programmierung ist ein Denkmuster, bei dem Programme als Menge von über Nachrichten kooperierenden Objekten organisiert werden und jedes Objekt Instanz einer Klasse ist.*

Im Unterschied zur strukturierten Programmierung bedeutet „objektorientiert" also, dass Daten und Algorithmen nicht mehr nebeneinander existieren, sondern in Objekten zusammengefasst sind.

Während Module in der strukturierten Programmierung zwar auch Daten und Code zusammenfassen, stellen Klassen jetzt Vorlagen dar, von denen immer neue Kopien (Instanzen) angefertigt werden können. Diese Instanzen, das heißt die Objekte, kapseln den Zugriff auf die enthaltenen Daten hinter Schnittstellen (Interfaces).

Der große Vorteil der OOP ist ihre Ähnlichkeit mit den menschlichen Denkstrukturen. Dadurch wird vor allem dem Einsteiger, der bisher über keine bzw. wenig Programmiererfahrung verfügt, das Verständnis der OOP erleichtert.

HINWEIS: Die OOP verlangt eine Anpassung des Software-Entwicklungsprozesses und der eingesetzten Methoden an den Denkstil des Programmierers – nicht umgekehrt!

Die OOP ist einer der wenigen Fälle, in denen der Einsteiger gegenüber dem Profi zumindest einen kleinen Vorteil besitzt: Er ist noch nicht in der Denkweise klassischer Programmiersprachen gefangen, die dazu erziehen, in Abläufen zu denken, bei denen die in der realen Welt zu beobachtenden Abläufe Schritt für Schritt in Algorithmen umgesetzt werden, etwa um betriebliche Prozesse per Programm zu automatisieren.

Die OOP entspricht hingegen der üblichen menschlichen Denkweise, indem sie z. B. reale Objekte aus der abzubildenden Umwelt identifiziert und in ihrer Art beschreibt.

[3] Mit VB.NET wurde auch Visual Basic endlich vollwertiges Mitglied der OOP-Welt.

4.1.2 Grundbegriffe der OOP

Bereits in Kapitel 2 hatten Sie gesehen, dass Objekte durch Eigenschaften, Methoden und Ereignisse beschrieben werden. Auf diese und andere Weise überwindet das Konzept der objektorientierten Programmierung (OOP) den prozeduralen Ansatz der klassischen strukturellen Programmierung zugunsten einer realitätsnahen Modellierung.

Bevor wir uns den Details zuwenden, sollen die wichtigsten Begriffe der objektorientierten Programmierung (OOP) zunächst allgemein, das heißt ohne Bezug auf eine konkrete Programmiersprache, erörtert werden.

Objekt

Der Programmierer versteht unter einem *Objekt* die Zusammenfassung (Kapselung) von Daten und zugehörigen Funktionalitäten. Ein solches Softwareobjekt wird auch oft benutzt, um Dinge des täglichen Lebens für Zwecke der Datenverarbeitung abzubilden. Aber das ist nur ein Aspekt, denn Objekte sind ganz allgemein Dinge, die Sie in Ihrem Code beschreiben wollen. Es sind Gruppen von Eigenschaften, Methoden und Ereignissen, die logisch zusammengehören. Als Programmierer arbeiten Sie mit einem Objekt, indem Sie dessen Eigenschaften und Methoden manipulieren und auf seine Ereignisse reagieren.

Klasse

Eine *Klasse* ist nicht mehr und nicht weniger als ein „Bauplan“, auf dessen Grundlage die entsprechenden Objekte zur Programmlaufzeit erzeugt werden. Gewissermaßen als Vorlage (Prägestempel) für das Objekt legt die Klasse fest, wie das Objekt auszusehen hat und wie es sich verhalten soll. Es handelt sich bei einer Klasse also um eine reine Softwarekonstruktion, die Eigenschaften, Methoden und Ereignisse eines Objekts definiert, ohne das Objekt zu erzeugen.

HINWEIS: Manchmal wird anstatt des Begriffs „Klasse" mit völlig gleichwertiger Bedeutung auch „Objekttyp" verwendet.

Instanz

Man erhält erst dann ein konkretes Objekt, wenn man eine *Instanz* einer Klasse bildet. Es lassen sich viele Objekte mit einer einzigen Klassendefinition erzeugen.

Beispiel 4.1: Instanz

Auf dem Montageband werden zahlreiche Auto-Objekte nach ein und denselben Konstruktionsvorschriften für die Klasse *Auto* gebaut. Diesen Vorgang könnte man auch als Bildung von Instanzen der Klasse *Auto* bezeichnen. Während die Klasse lediglich die Eigenschaft *Farbe* definiert, wird der konkrete Wert (rot, blau, grün ...) erst beim Erzeugen des Objekts (der Instanz) zugewiesen.

Kapselung

Klassen realisieren das Prinzip der *Kapselung* von Objekten, das es ermöglicht, die Implementierung der Klasse (der Code im Inneren) von deren Schnittstelle (die öffentlichen Eigenschaften, Methoden und Ereignisse) sauber zu trennen. Durch das Verbergen der inneren Struktur werden die internen Daten und einige verborgene Methoden geschützt, sie sind also von außen nicht zugänglich. Die Manipulation des Objekts kann lediglich über streng definierte, über die Schnittstelle zur Verfügung gestellte öffentliche Methoden erfolgen.

Wiederverwendbarkeit

Klassen ermöglichen die *Wiederverwendbarkeit* von Code. Nachdem eine Klasse geschrieben wurde, können Sie diese an verschiedenen Stellen innerhalb einer Applikation verwenden. Klassen reduzieren somit den redundanten Code einer Anwendung, sie erleichtern außerdem die Wartung des Codes.

Vererbung

Echte Vererbung (*Implementierungsvererbung*) ermöglicht es, Klassen zu definieren, die von anderen Klassen abgeleitet werden, wobei nicht nur die Schnittstelle, sondern auch der dahinterliegende Code (die Implementierung) vom Nachkommen übernommen wird.

Da es nun möglich ist, die Implementierung einer Klasse für weitere Klassen als Grundlage zu verwenden, kann man Unterklassen bilden, die alle Eigenschaften und Methoden ihrer Oberklasse erben. Diese Unterklassen können zu den geerbten Eigenschaften neue hinzufügen oder Eigenschaften der Oberklasse verstecken, indem sie diese überschreiben.

Wird von einer solchen Unterklasse ein Objekt erzeugt (also eine Instanz der Unterklasse gebildet), dann dient für dieses Objekt sowohl die Ober- als auch die Unterklasse als „Bauplan".

C# unterstützt das Überschreiben (*Overriding*) von Methoden[4] der Oberklasse mit alternativen Methoden der Unterklasse (siehe Abschnitt 4.6, „Vererbung und Polymorphie").

---

[4] Nicht zu verwechseln mit dem Überladen (Overloading) von Methoden (siehe Abschnitt 3.7.5).

Polymorphie

OOP macht es möglich, ein und dieselbe Methode für ganz verschiedene Objekte zu verwenden, man nennt dies dann *Polymorphie* (Vielgestaltigkeit). Jedes dieser Objekte kann die Ausführung unterschiedlich realisieren. Für das aufrufende Objekt bleibt der Vorgang trotzdem derselbe.

Beispiel 4.2: Polymorphie

Die Methode *Beschleunigen* ist in einer *Fahrzeug*-Klasse definiert, die an die Unterklassen *Auto* und *Fahrrad* vererbt. Es ist klar, dass diese Methoden in beiden Unterklassen überschrieben, das heißt völlig unterschiedlich implementiert werden müssen.

Als Polymorphie, die aufs Engste mit der Vererbung verknüpft ist, kann man also die Fähigkeit von Unterklassen bezeichnen, Eigenschaften und Methoden mit dem gleichen Namen, aber mit unterschiedlichen Implementierungen aufzurufen (siehe Abschnitt 4.6.5, „Allgemeine Hinweise und Regeln zur Vererbung“).

4.1.3 Sichtbarkeit von Klassen und ihren Mitgliedern

Um die Klasse bzw. ihre Mitglieder (Member, Elemente) gezielt zu verbergen oder offenzulegen, sollten Sie von den Zugriffsmodifizierern Gebrauch machen, die den Gültigkeitsbereich (bzw. die *Sichtbarkeit*) einschränken.

Klassen

Die folgende Tabelle zeigt die möglichen Einschränkungen bei der Sichtbarkeit von Klassen:

Modifizierer	Sichtbarkeit
public	Unbeschränkt. Auch von anderen Assemblierungen aus können Objekte der Klasse erstellt werden.
internal	Nur innerhalb des aktuellen Projekts. Außerhalb des Projekts ist kein Zugriff auf diese Klasse möglich. Gilt als Standard, falls kein Modifizierer vorangestellt wird.
private	Nur innerhalb einer anderen Klasse.

Klassenmitglieder

Die folgende Tabelle zeigt die Zugriffsmöglichkeiten auf die Klassenmitglieder (Member).

Modifizierer	Sichtbarkeit
public	Unbeschränkt
protected	Innerhalb der Klasse und der daraus abgeleiteten Klassen
internal	Innerhalb des aktuellen Projekts
internal protected	Innerhalb des aktuellen Projekts oder der abgeleiteten Klassen (auch außerhalb des Projektes)
private	Nur innerhalb der Klasse

Die Schlüsselwörter *private* und *public* definieren immer die beiden Extreme des Zugriffs. Betrachtet man die jeweiligen Klassen für sich, so reichen diese beiden Zugriffsarten völlig aus. Mit solchen, quasi isolierten, Klassen lassen sich allerdings keine komplexeren Probleme lösen.

Um einzelne Klassen miteinander zu verbinden, verwenden Sie den mächtigen Mechanismus der Vererbung. In diesem Zusammenhang gewinnt die *protected*-Deklaration wie folgt an Bedeutung:

- Da eine abgeleitete Klasse auf die *protected*-Member zugreifen kann, sind diese Member für die abgeleitete Klasse quasi *public*.
- Ist eine Klasse nicht von einer anderen abgeleitet, kann sie nicht auf deren *protected*-Member zugreifen, da diese dann quasi *private* sind.

Mehr zu diesem Thema finden Sie in Abschnitt 4.6, „Vererbung und Polymorphie“.

4.1.4 Allgemeiner Aufbau einer Klasse

Bevor der Einsteiger seine erste Klasse schreibt, sollte er sich zunächst im einführenden Sprachkapitel 3 mit den Strukturen (*struct*, siehe Abschnitt 3.6.2) anfreunden (auch wenn diese in Kapitel 3 nur stark vereinfacht dargestellt werden), die in Aufbau und Anwendung starke Ähnlichkeiten zu Klassen aufweisen[5]. Auch im Aufbau von Methoden sollte er sich auskennen (Abschnitt 3.7).

Im Unterschied zu einer Struktur (Schlüsselwort *struct*) wird eine Klasse mit dem Schlüsselwort *class* deklariert. Die (stark vereinfachte) Syntax:

---

[5] Der wesentliche Unterschied ist der, dass Strukturen Wertetypen, Klassen hingegen Referenztypen sind.

Syntax:

```
Modifizierer class Bezeichner
{
   // ... Felder
   // ... Konstruktoren
   // ... Eigenschaften
   // ... Methoden
   // ... Ereignisse
}
```

Zur Bedeutung der (Zugriffs-)*Modifizierer* wird auf obige Tabellen verwiesen.

Im Klassenkörper haben wir es mit „Klassenmitgliedern“ (Member) wie Feldern, Konstruktoren, Eigenschaften, Methoden und Ereignissen zu tun, auf die wir noch detailliert zu sprechen kommen.

Beispiel 4.3: Eine einfache Klasse *Kunde* wird deklariert und implementiert.

C#

```
public class Kunde
{
   private string anrede;  // Feld
   private string name;  // Feld

   public Kunde(string anr, string nam)  // Konstruktor
   {
      anrede = anr;
      name = nam;
   }

   public string Name  // Eigenschaft
   {
      get {return name;}
      set {name = value;}
   }

   public string Adresse()  // Methode
   {
      string s = anrede + " " + name;
      return(s);
   }
}
```

Unsere Klasse verfügt damit über zwei Felder, eine Eigenschaft und eine Methode. Da die beiden Felder mit dem *private*-Modifizierer deklariert wurden, sind sie von außen nicht sichtbar.

Die Definition der Klassenmitglieder bezeichnet man auch als *Implementation* der Klasse.

Bemerkungen

Zur besseren Lesbarkeit des Programms gibt es für unterschiedliche Codetypen zwei unterschiedliche Konventionen, wie die Bezeichner geschrieben werden sollen.

- **Pascal-Notation:** Der erste Buchstabe des Bezeichners wird als großer Buchstabe geschrieben. Bei zusammengesetzten Wörtern wird der zweite und folgende Teil wieder mit einem Großbuchstaben begonnen. Die restlichen Zeichen werden kleingeschrieben. Beispiel: *KundenGutschrift*. Diese Notation wird bei Klassennamen, Interface-Namen, Properties, Ereignissen und Methoden verwendet.
- **CamelCase-Notation:** Im Gegensatz zur Pascal-Notation wird hier der Bezeichner mit einem Kleinbuchstaben begonnen. Beispiel: *kundenGutschrift*. Diese Notation wird vor allem bei Feldern verwendet.

HINWEIS: Felder werden in der CamelCase-Notation implementiert.

4.1.5 Das Erzeugen eines Objekts

Existiert eine Klasse, so steht dem Erzeugen von Objektvariablen nichts mehr im Wege. Eine Objektvariable ist ein Verweistyp, sie enthält also nicht das Objekt selbst, sondern stellt lediglich einen Zeiger (Adresse) auf den Speicherbereich des Objekts bereit. Es können sich also durchaus mehrere Objektvariablen auf ein und dasselbe Objekt beziehen. Wenn eine Objektvariable den Wert *null* enthält, bedeutet das, dass sie momentan „ins Leere" zeigt, also kein Objekt referenziert. Wird dann versucht, auf Eigenschaften oder Methoden dieser Objektvariable zuzugreifen, kommt es zu einem Fehler im Programmablauf, nämlich zu einer sogenannten *NullReferenceException*.

Tatsächlich ist die *NullReferenceException* eine der am häufigsten auftretende Exception-Art in Produktivsystemen. Deswegen sollten Sie die vielen Warnungen, die Sie in Visual Studio hinsichtlich eventueller Null-Referenzierung bekommen auch ernst nehmen.

HINWEIS: Seit .NET 7 gibt es eine Neuerung, die bei der Migration Ihrer Projekte für Verwirrung sorgen könnte. Sämtliche C#-Schlüsselwörter werden kleingeschrieben. Ab .NET 7 bekommen Sie für kleingeschriebene Klassennamen eine Warnung (CS8981), dies soll sicherstellen, dass es zukünftig keine Konflikte zwischen C#-Schlüsselwörtern und Klassennamen gibt.

Unter der Voraussetzung, dass eine gültige Klasse existiert, verläuft der Lebenszyklus eines Objekts in Ihrem Programm in folgenden Etappen:

- Referenzierung (eine Objektvariable wird deklariert, sie verweist momentan noch auf *null*).
- Instanziierung (die Objektvariable zeigt jetzt auf einen konkreten Speicherplatzbereich).
- Initialisierung (die Datenfelder der Objektvariablen werden mit Anfangswerten gefüllt).
- Arbeiten mit dem Objekt (es wird auf Eigenschaften und Methoden des Objekts zugegriffen, Ereignisse werden ausgelöst).
- Zerstören des Objekts (das Objekt wird dereferenziert, der belegte Speicherplatz wird wieder freigegeben).

Werfen wir nun einen genaueren Blick auf die einzelnen Etappen.

Referenzieren und Instanziieren

Es stehen zwei Varianten zur Verfügung.

In *Variante 1* wird pro Schritt eine Anweisung verwendet:

Syntax:

```
Modifizierer Klasse object;object = new Klasse(Parameter);
```

Beispiel 4.4: Ein Objekt *kunde1* wird referenziert und erzeugt.

C#

```
private Kunde kunde1;  // Referenzieren
kunde1 = new Kunde1();  // Erzeugen
```

In *Variante2*, der Kurzform, sind beide Schritte in einer Anweisung zusammengefasst. Das heißt, das Objekt wird zusammen mit seiner Deklaration erzeugt.

Syntax:

```
Klasse object = new Klasse();
```

Beispiel 4.5: Das Äquivalent zum Vorgängerbeispiel

C#

```
private Kunde kunde1 = new Kunde();
```

Dem Klassenbezeichner (*Klasse*) müsste genauer genommen noch der Name der Klassenbibliothek (bzw. der Name des Projekts) vorangestellt werden, doch dies wird unter Visual Studio nicht erforderlich sein, da der entsprechende Namensraum (*Name space*) bereits automatisch eingebunden wurde (*using*-Anweisung).

Obwohl die Kurzform sehr eindrucksvoll ist, können Sie hier keine Fehlerbehandlung (*try...catch*-Block) durchführen, es sei denn, die Definition würde für eine lokale Variable innerhalb einer Methode gelten.

Beispiel 4.6: Eine mögliche Fehlerbehandlung (mehr dazu in Kapitel 16)

C#

```
private Kunde kunde1;
try
{
   kunde1 = new Kunde();
}
catch(Exception ex)
{
   MessageBox.Show(ex.Message);
}
```

Klassische Initialisierung

Statt die Anfangswerte einzeln zuzuweisen, können Sie diese zusammen mit einem Konstruktor übergeben.

Beispiel 4.7: Das Objekt *kunde1* wird erzeugt (Standardkonstruktor), zwei Eigenschaften werden einzeln zugewiesen.

C#

```
Kunde kunde1 = new Kunde();
kunde1.Anrede = "Frau";
kunde1.Name = "Müller";
```

Beispiel 4.8: Das Objekt *kunde1* wird erzeugt und mit einem Konstruktor initialisiert.

C#

```
Kunde kunde1 = new Kunde("Frau", "Müller");
```

Weitere Einzelheiten entnehmen Sie dem Abschnitt 4.5.1.

Objektinitialisierer

Ab C# 3.0 wurden – vor allem in Hinblick auf die in der LINQ-Technologie erforderlichen anonymen Typen – sogenannte *Objektinitialisierer* eingeführt. Damit können nun öffentliche Eigenschaften und Felder von Objekten ohne das explizite Vorhandensein des jeweiligen Konstruktors in beliebiger Reihenfolge initialisiert werden. Das Initialisieren geschieht über geschweifte Klammern, in denen die einzelnen Felder/Eigenschaften des Objekts mit Werten belegt werden.

Beispiel 4.9: Gegeben ist eine Klasse *Person*

C#

```
public class Person
{
   public string Name {get; set;}
   public string Strasse {get; set;}
   public int PLZ {get; set;}
   public string Ort {get; set;}
}
```

Das Erzeugen und Initialisieren einer Instanz von *Person* bedarf keines Konstruktors:

```
Person person1 = new Person { Name = "Müller",
                              Strasse = "Am Waldesrand 7",
                              PLZ = 12345,
                              Ort = "Musterhausen" };
```

HINWEIS: In diesem kleinen Beispielcode ist auch die Kurzschreibweise von Properties (Eigenschaften) dargestellt. Dazu aber später mehr, machen Sie sich über *{get; set;}* noch keine zu großen Gedanken.

Arbeiten mit dem Objekt

Wie Sie bereits wissen, erfolgt der Zugriff auf Eigenschaften und Methoden eines Objekts, indem der Name des Objekts mit einem Punkt (.) vom Namen der Eigenschaft/Methode getrennt wird.

Syntax:

```
Objekt.Eigenschaft|Methode()
```

Beispiel 4.10: Die Eigenschaft *Guthaben* des Objekts *kunde1* wird zugewiesen und die Methode *Adresse* wird aufgerufen.

C#

```
kunde1.Guthaben = 10;
label1.Text = kunde1.Adresse();
```

Zerstören des Objekts

Wenn Sie das Objekt nicht mehr brauchen, können Sie die Objektvariable auf *null* setzen.

Beispiel 4.11: Der *kunde1* wird in die ewigen Jagdgründe befördert.

C#

```
kunde1 = null;
```

Das Objekt selbst wird allerdings erst dann zerstört, wenn der Garbage Collector festgestellt hat, dass es nicht länger benötigt wird (siehe Abschnitt 4.5.2, „Destruktor und Garbage Collector").

4.1.6 Einführungsbeispiel

Raus aus dem muffigen Hörsaal, lassen Sie uns endlich einmal selbst eine einfache Klasse erstellen und beschnuppern!

Vorbereitungen

- Legen Sie ein neues Projekt als Windows-Forms-Anwendung an.
- Auf dem Startformular (*Form1*) platzieren Sie zwei *Labels* und zwei *Buttons*.

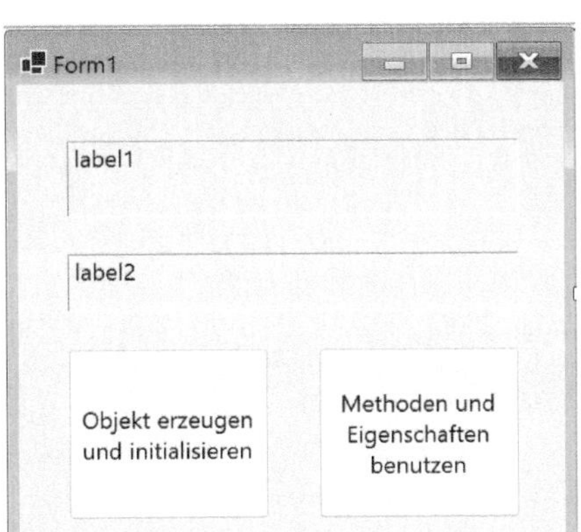

Bild 4.1
Formularentwurf Einführungsbeispiel

- Nachdem Sie den Menüpunkt *Projekt/Klasse hinzufügen* gewählt haben, geben Sie im Dialogfenster den Namen *Kunde.cs* ein und klicken auf *Hinzufügen*. Der Projektmappen-Explorer zeigt jetzt die neue Klasse:

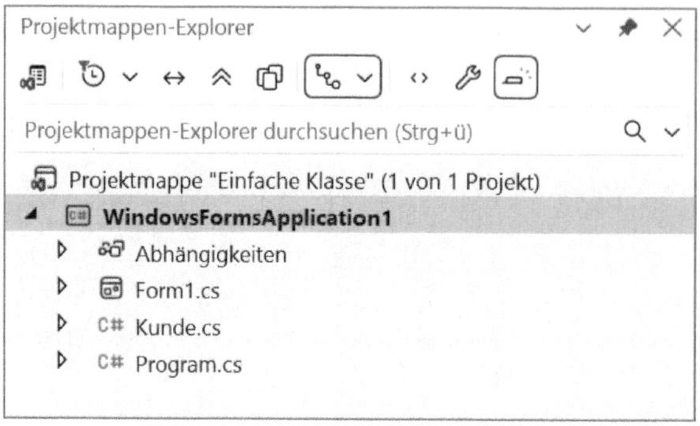

Bild 4.2 Projektmappen-Explorer des Einführungsbeispiels

Sie müssen eine Klasse nicht unbedingt in einem eigenen Klassenmodul (dahinter steckt eine physikalische Datei mit der Endung *.cs*) definieren, Sie könnten die Klasse z. B. auch zum bereits vorhandenen Code des Formulars (*Form1.cs*) hinzufügen. Tun Sie dies aber bitte nicht oder nur in Ausnahmefällen. Das Verwenden eigener Klassen (idealerweise jedes in einer eigenen physikalischen Datei) steigert die Übersichtlichkeit des Programmcodes und erleichtert dessen Wiederverwendbarkeit.

Klasse definieren

Im Code-Fenster *Kunde.cs* ist bereits der Rahmencode für unsere Klasse vorbereitet:

```
namespace WindowsFormsApplication1;

internal class Kunde
{
}}
```

Tragen Sie in den Klassenkörper die Implementierung der Klasse ein, sodass der komplette Code der Klasse schließlich folgendermaßen ausschaut:

```
internal class Kunde
{
   private const char LF = (char)10;  //  private Konstante (Zeilenumbruch)
   public string Anrede;             //  öffentliches Feld
   public string Name;               //  dto.
   public int Plz;                   //  dto.
   public string Ort;                //  dto.
   public bool Stammkunde;           //  dto.
   public double Guthaben;           //  dto.
   public string Adresse()           //  öffentliche Methode
   {
      string s = Anrede + " " + Name + LF + Plz.ToString() + " " + Ort;
      return(s);
```

```
    }
    public void AddGuthaben(double betrag)  //  öffentliche Methode
    {
        if (Stammkunde)
        {
            Guthaben += betrag;
        }
    }
}
```

Bemerkungen

- Die Klasse verfügt über sechs „einfache" Eigenschaften, und zwar sind das alle als *public* deklarierten Variablen, die man auch als „öffentliche Felder" bezeichnet. Die Betonung liegt hier auf „einfach", da wir später noch lernen werden, wie man „richtige" Eigenschaften programmiert (einen Vorgeschmack hatten Sie in Beispiel 4.9).
- Weiterhin verfügt die Klasse über zwei *Methoden*. Die *string*-Methode *Adresse()* liefert einen Rückgabewert vom Datentyp *string*, nämlich die komplette Anschrift.
- Die *void*-Methode *AddGuthaben* hingegen liefert keinen Wert zurück. Sie erhöht den Wert des *Guthaben*-Felds bei jedem Aufruf um den übergebenen Betrag.
- Die private Konstante *LF* wird von der Methode *Adresse()* für das Einfügen des Zeilenumbruchs benötigt (es gibt für solche Fälle auch eine Methode *Environment. NewLine()*).

Objekt erzeugen und initialisieren

Wechseln Sie nun in das Code-Fenster von *Form1*.

Auf Klassenebene deklarieren Sie eine Objektvariable *kunde1*:

```
private Kunde kunde1;  // Objekt referenzieren
```

Dem linken Button geben Sie die Beschriftung *Objekt erzeugen und initialisieren* und belegen das *Click*-Ereignis wie folgt:

```
private void button1_Click(object sender, EventArgs e)
{
    kunde1 = new Kunde();  // Objekt erzeugen
    // Objektfelder initialisieren:
    kunde1.Anrede = "Herr";
    kunde1.Name = "Müller";
    kunde1.Plz = 12345;
    kunde1.Ort = "Berlin";
    kunde1.Stammkunde = true;
}
```

Objekt verwenden

Hinterlegen Sie nun den rechten Button mit der Beschriftung *Methoden und Eigenschaften verwenden* wie folgt:

```
private void button2_Click(object sender, System.EventArgs e)
{
    label1.Text = kunde1.Adresse();  // erste Methode aufrufen
    kunde1.AddGuthaben(50);          // zweite Methode aufrufen
    label2.Text = "Guthaben ist " + kunde1.Guthaben.ToString("C");
    // Eigenschaft lesen
}
```

Unterstützung durch die IntelliSense

Sie haben beim Eintippen des Quelltextes (insbesondere im Code-Fenster von *Form1*) bereits gemerkt, dass Sie durch die IntelliSense von Visual Studio eifrigst unterstützt werden.

Die IntelliSense weist Sie z. B. auf die verfügbaren Klassenmitglieder (Eigenschaften und Methoden) hin und ergänzt den Quellcode automatisch, wenn Sie auf den gewünschten Eintrag doppelklicken.

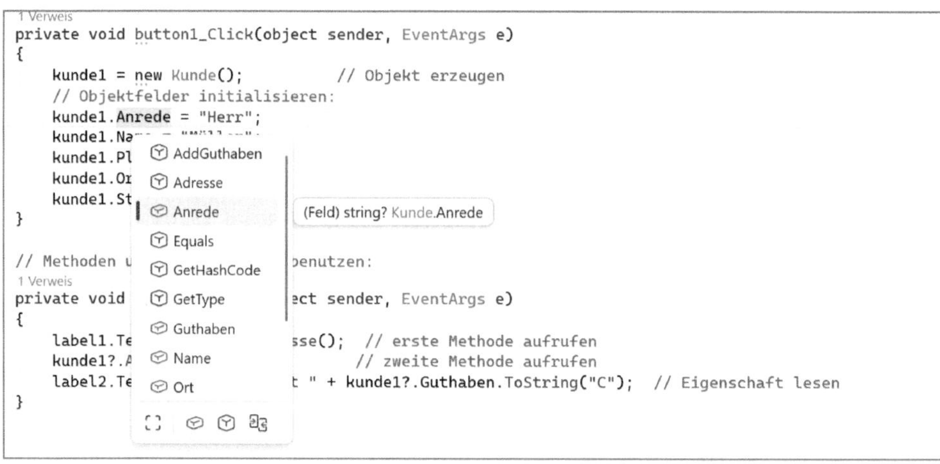

Bild 4.3 IntelliSense für die Klasse Kunde

Falls das gewünschte Klassenmitglied nicht erscheint, müssen Sie sofort stutzig werden und es keinesfalls mit dem gewaltsamen Eintippen des Namens versuchen, denn dann gibt es wahrscheinlich einen Fehler beim Kompilieren. Überprüfen Sie stattdessen lieber nochmals die Klassendeklaration, z. B. ob vielleicht nicht doch der *public*-Modifizierer vergessen wurde.

Unterstützung durch Compilerwarnungen

In Visual Studio bekommen Sie bei unserem Codebeispiel vier Warnungen. Visual Studio weist Sie darauf hin, dass Non-Nullable-Felder beim Beenden des Konstruktors einen Wert ungleich NULL haben sollten.

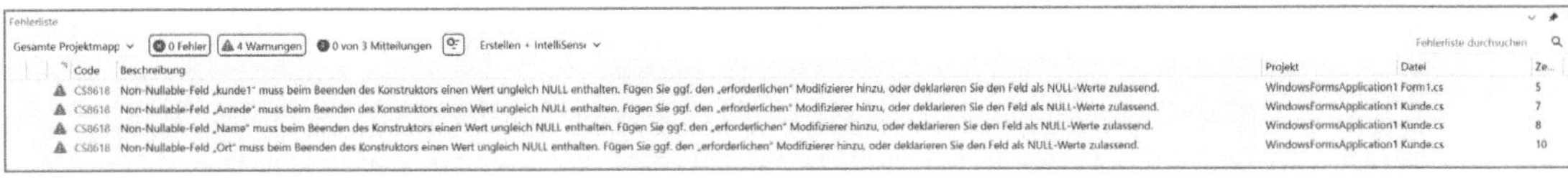

Bild 4.4 Compiler-Warnungen in Visual Studio

Mit C# 8.0 wurde ein Feature mit dem Namen Nullable-Verweistyp eingeführt. Dieses neue Feature soll prinzipiell *NullReference*-Exceptions verhindern (mehr dazu in Abschnitt 8.7.1).

Um die Warnungen zu beheben, hängen wir einfach an die Typdefinition ein Fragezeichen an, um dem Compiler mitzuteilen, dass diese Variable nicht zugewiesen sein muss.

In der Klasse *Kunde.cs*:

```
public string? Anrede;        // öffentliches Feld
public string? Name;          // dto.
public string? Ort;           // dto.
```

Und in *Form1.cs*:

```
private Kunde? kunde1;
```

Dies führt dann zu einer weiteren Compilerwarnung *Dereferenzierung eines möglichen Nullverweises*. Das bedeutet, dass im Code unter *Button2* ein Laufzeitfehler auftreten kann, wenn wir auf *Button2* klicken, ohne davor auf *Button1* geklickt zu haben, wo ja das Objekt vom Typ *Kunde* instanziiert wird.

Um diese Warnung abzustellen und um sicherzugehen, dass unser kleines Programm nicht abstürzt, sichern wir den Code mit dem Null-Operator *?* ab.

```
private void button2_Click(object sender, System.EventArgs e)
{
   label1.Text = kunde1?.Adresse();  // erste Methode aufrufen
   kunde1?.AddGuthaben(50);          // zweite Methode aufrufen
   label2.Text = "Guthaben ist " + kunde1?.Guthaben.ToString("C");
   // Eigenschaft lesen
}
```

Durch das Hinzufügen von *?* wird die entsprechende Methode nicht aufgerufen bzw. die entsprechende Eigenschaft nicht abgerufen, wenn die Objektvariable *kunde1* nicht initialisiert wird, also den Wert *null* besitzt. Anstatt eines Laufzeitfehlers wird einfach an den entsprechenden Stellen der Wert *null* zurückgegeben.

Dieses kleine Beispiel hat uns auf sehr einfache Weise gezeigt, wie wir eine potenzielle Schwachstelle in unserem Code schließen können, da wir durch die Compilerwarnung auf dieses Problem hingewiesen wurden. In dem Beispiel war es ja noch recht übersichtlich, aber gerade bei komplexeren Projekten sieht man solche Dinge nicht auf den ersten Blick und ist froh, dass man die entsprechenden Hinweise bekommt.

HINWEIS: Sie können die ursprünglichen Compilerwarnungen auch durch das Löschen eines Eintrags in der Projektdatei auflösen. Löschen Sie dazu in der Projektdatei einfach den Eintrag *<Nullable>enable</Nullable>*. Wundern Sie sich dann aber nicht, wenn während der Laufzeit tatsächlich auch *NullReferenceExceptions* zu Abstürzen führen.

Objekt testen

Nun ist es endlich so weit, dass Sie Ihr erstes eigenes C#-Objekt vom Stapel lassen können. Unmittelbar nach Programmstart betätigen Sie den linken Button und danach den rechten. Durch mehrmaliges Klicken auf den zweiten Button wird sich das Guthaben des Kunden Müller in 50-€-Schritten erhöhen.

Passen Sie gegebenenfalls noch die Beschriftungen Ihrer Buttons entsprechend Bild 4.5 an.

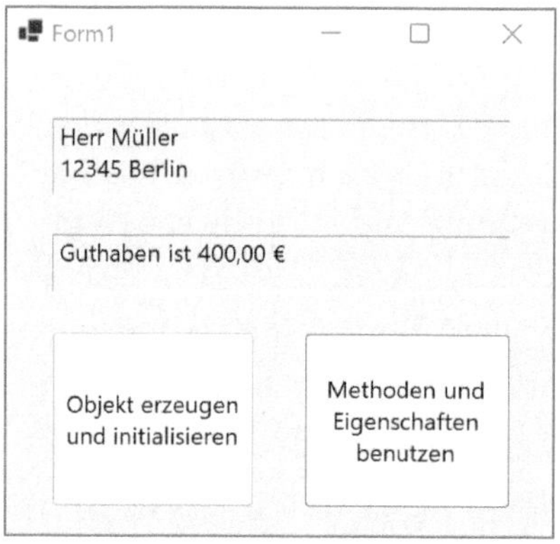

Bild 4.5
Programm zur Laufzeit

Bemerkungen

Unsere Klasse funktioniert nach außen hin zwar ohne erkennbare Mängel, sie ist hinsichtlich ihrer inneren Konstruktion aber keinesfalls als optimal zu bezeichnen. Wir haben deshalb keinerlei Grund, uns zufrieden zurückzulehnen, denn das uns unter C# zur Verfügung stehende OOP-Instrumentarium wurde von uns bei Weitem noch nicht ausgeschöpft.

- Beispielsweise haben wir nur „einfache“ Eigenschaften, nämlich *public*-Felder, verwendet, was eigentlich eine schwere Sünde in den Augen der OOP-Puristen ist (siehe Abschnitt 4.2.1, „Eigenschaften mit Zugriffsmethoden kapseln“).
- Weiterhin war das Initialisieren der Eigenschaften über mehrere Codezeilen ziemlich mühselig (von einem hilfreichen Konstruktor haben wir noch keinerlei Gebrauch gemacht, siehe Abschnitt 4.5.1, „Konstruktor und Objektinitialisierer“).
- Außerdem wird eine Klasse erst dann so richtig effektiv, wenn wir davon nicht nur eine, sondern mehrere Instanzen (sprich Objekte) ableiten. Diese wiederum kann man ziemlich elegant in sogenannten Auflistungen (Collections) verwalten (siehe Abschnitt 6.3).

Doch zur Beseitigung dieser und anderer Unzulänglichkeiten kommen wir erst später. Ein weiteres Problem, das uns unter den Nägeln brennt, duldet keinen weiteren Aufschub und wir wollen es deshalb gleich im folgenden Abschnitt behandeln.

4.2 Eigenschaften

Eigenschaften bestimmen die Attribute eines Objekts, sie leiten sich von dessen *Zustand* ab, wie er in den Zustandsvariablen (Objektfeldern) gespeichert ist. Im Unterschied zu den Methoden, die von allen Instanzen der Klasse gemeinsam genutzt werden, sind die den Eigenschaften zugewiesenen Werte für alle Objekte einer Klasse meist unterschiedlich.

HINWEIS: Eigenschaften/Properties sollten immer in der Pascal-Notation implementiert werden.

4.2.1 Eigenschaften mit Zugriffsmethoden kapseln

Von den im Objekt enthaltenen Feldern sind die *public*-Felder als „einfache“ Eigenschaften zu betrachten.

In unserem Beispiel hatten wir für die Klasse *Kunde* solche „einfachen“ Eigenschaften als *public*-Variablen deklariert. Das allerdings ist nicht die „feine Art“ der objektorientierten Programmierung, denn das Veröffentlichen von Feldern widerspricht dem elementaren Prinzip der Kapselung und erlaubt keinerlei Zugriffskontrolle wie z. B. Wertebereichsüberprüfung oder die Vergabe von Lese- und Schreibrechten.

Idealerweise sind deshalb in einem Objekt nur private Felder enthalten und der Zugriff auf diese wird durch Accessoren (Zugriffsmethoden) gesteuert.

In diesem Sinn ist eine *Eigenschaft* gewissermaßen ein Mittelding zwischen Feld und Methode. Sie verwenden die Eigenschaft wie ein öffentliches Feld. Vom Compiler aber wird der Feldzugriff in den Aufruf von Accessoren – das sind spezielle Zugriffsmethoden auf private Felder – übersetzt. Doch schauen wir uns das Ganze lieber in der Praxis an.

Deklarieren von Eigenschaften

Eigenschaften werden ähnlich wie öffentliche Methoden deklariert. Innerhalb der Deklaration implementieren Sie für den Lesezugriff eine *get*- und für den Schreibzugriff eine *set*-Zugriffsmethode. Während die *get*-Methode ihren Rückgabewert über *return* liefert, erhält die *set*-Methode den zu schreibenden Wert über *value*.

Syntax:

```
Modifizierer Datentyp Eigenschaftsname
{
    get
    {
        // hier Lesezugriff auf priv. Felder implementieren
        return privatesFeld;
    }
    set
    {
        // hier Schreibzugriff auf priv. Felder implementieren
        privatesFeld = value;
    }
}
```

Wir wollen nun unser Beispiel mit „echten" Eigenschaften ausstatten. Dazu werden zunächst die *public*-Felder in *private* verwandelt.

Der Schreibzugriff auf die Eigenschaft *Anrede* wird so kontrolliert, dass nur die Werte „Herr" oder „Frau" zulässig sind.

Beim Namen verwenden wir eine sogenannte AutoProperty.

Da wir sowohl im *get*- wie auch im *set*-Zweig den Standardcode verwenden würden (also im *get* `return privatesFeld;` und im *set* `privatesFeld = value;`) sparen wir uns den Code und schreiben nur `public string? Name { get; set; }`. Dabei können wir auch auf die Definition der privaten Variablen verzichten. Der Compiler erledigt das alles für uns.

```
public class Kunde
{
    private string? anrede; //    privates Feld
    public string Anrede
    {
        get {return anrede; }
        set
```

```
        {
            if (value == "Herr" || value == "Frau")
            {
               anrede = value;
            }
            else
            {
               MessageBox.Show("Die Anrede '" + value + "' ist nicht zulässig!");
            }
        }
    }

    public string? Name { get; set; }
    ...
  }
}
```

Zugriff

Wenn Sie ein Objekt verwenden, merken Sie auf Anhieb natürlich nicht, ob es noch über „einfache“ oder schon über „richtige“ Eigenschaften verfügt, es sei denn, die in die *get*- bzw. *set*-Methoden eingebauten Zugriffsbeschränkungen werden verletzt und Sie erhalten entsprechende Fehlermeldungen.

Beispiel 4.12: Sie wollen die Anrede „Mister“ zuweisen, was zu einem Laufzeitfehler führt.

C#

```
kunde1 = new Kunde();
kunde1.Anrede = "Mister";  // Fehler!
```

Ergebnis

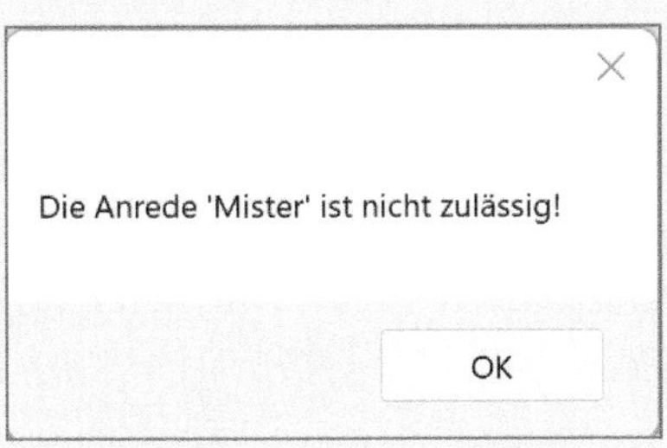

Bild 4.6
Hinweismeldung auf ungültige Anrede

Bemerkungen

- Beim Schreiben des Quellcodes in der Entwicklungsumgebung Visual Studio merken Sie den „feinen“ Unterschied zwischen „einfachen“ und „richtigen“ Eigenschaften, denn die IntelliSense zeigt dafür unterschiedliche Symbole[6].

[6] Probieren Sie das bitte selbst aus!

- In unserem Beispiel wurden nur die Eigenschaften *Anrede* und *Name* „intelligent“, das heißt, sie unterliegen einer Zugriffskontrolle. Bei den übrigen Eigenschaften können Sie auch gerne statt dem *public*-Feld eine AutoProperty implementieren.
- Die Ausgabe des Fehlers in einer MessageBox wurde momentan nur der Einfachheit halber verwendet. In einer richtigen Klasse würde man tatsächlich eine *Exception* werfen, denn eine *MessageBox* ist innerhalb von Klassendefinitionen nicht sinnvoll.

4.2.2 Berechnete Eigenschaften

Mit Zugriffsmethoden lässt sich weit mehr anstellen, als nur den Zugriff auf private oder geschützte Felder der Klasse zu kontrollieren. So können z. B. innerhalb der Methode komplexe Berechnungen mit den Feldern (die man auch *Zustandsvariablen* nennt) und den übergebenen Parametern ausgeführt werden.

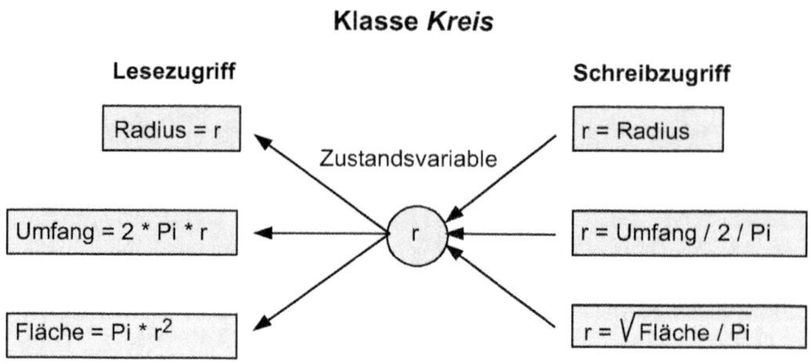

Bild 4.7 Formeln für Kreisberechnungen

Beispiel 4.13: Berechnete Eigenschaften

C#

Eine Klasse *Kreis* hat die Eigenschaften *Radius*, *Umfang* und *Fläche*. In der einzigen Zustandsvariablen *r* braucht aber nur der Radius abgespeichert zu werden, da sich die übrigen Eigenschaften aus r berechnen lassen (*get* = Lesezugriff) bzw. umgekehrt (set = Schreibzugriff).

```
public class Kreis
{
```

Die Eigenschaft *radius*:

```
    public double Radius { get; set; }
```

Die Eigenschaft *Umfang*:

```
    public double Umfang
    {
        get {return (2 * Math.PI * Radius);}
    }
```

Die Eigenschaft *Flaeche*:

```
    public double Flaeche
    {
        get {return Math.PI * Math.Pow(Radius, 2); }
    }
}
```

Das komplette Programm finden Sie im Praxisbeispiel in Abschnitt 4.10.1, „Eigenschaften sinnvoll kapseln“.

HINWEIS: Wir haben die Property *Flaeche* ganz bewusst mit „ae“ anstatt mit „ä“ geschrieben. Es ist zwar erlaubt, Umlaute zu verwenden, doch wir sind keine großen Fans davon. In internationalen Teams ist es oft mühevoll, den Kollegen zu erklären, wo dieses Zeichen auf der amerikanischen Tastatur zu finden ist ☺.

4.2.3 Lese-/Schreibschutz

Es kommt häufig vor, dass bestimmte Felder bzw. Eigenschaften nur gelesen oder nur geschrieben werden dürfen. Um dies zu ermöglichen, lassen Sie einfach den *get*-Zweig (für Lesezugriff) beziehungsweise den *set*-Zweig (Schreibzugriff) innerhalb der Property weg. Wir haben das ja bereits bei den Properties *Flaeche* und *Umfang* der Klasse *Kreis* gezeigt.

Mittels des Schlüsselwortes *readonly* kann der Wert nur bei der Deklaration oder innerhalb des Konstruktors gesetzt werden.

Beispiel 4.14: Ein schreibgeschütztes öffentliches Feld wird deklariert und initialisiert.

C#

```
private readonly double mwst = 0.19;
```

HINWEIS: Außer beim Deklarieren kann man ein *readonly*-Feld auch in einem Konstruktor initialisieren! Genau dadurch unterscheidet sich das *readonly*- vom *const*-Schlüsselwort, denn *readonly*-Felder können – abhängig vom verwendeten Konstruktor – über unterschiedliche Werte verfügen.

Verwendet man statt öffentlicher Felder „richtige“ Eigenschaften, so ist für eine Zugriffsbeschränkung keinerlei zusätzlicher Aufwand erforderlich – im Gegenteil:

HINWEIS: Um eine Eigenschaft allein für den Lese- bzw. Schreibzugriff zu deklarieren, lässt man einfach die *get*- bzw. die *set*-Zugriffsmethode weg.

Beispiel 4.15: In der *Kunde*-Klasse soll das Guthaben für den Schreibzugriff gesperrt werden.

C#

Das klingt sicher logisch, da zur Erhöhung des Guthabens bereits die Methode *AddGuthaben* existiert.

```
public double Guthaben { get; }
```

Ergebnis

In der Entwicklungsumgebung von Visual Studio wird nun der Versuch abgewiesen, dieser Eigenschaft einen Wert zuzuweisen:

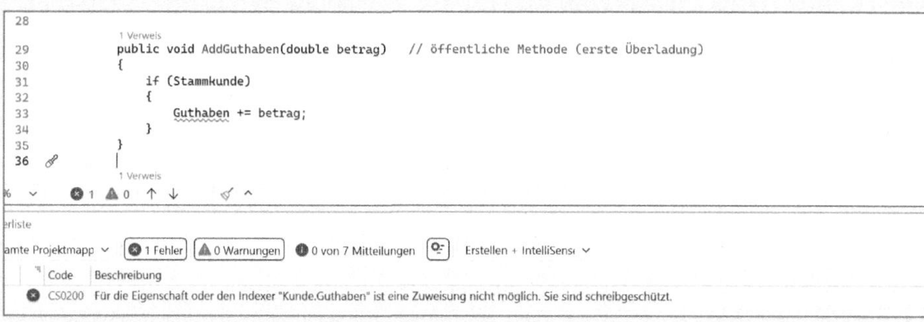

Bild 4.8 Compilerfehler, da das Guthaben jetzt schreibgeschützt ist

Dieses Problem lösen wir aber gleich mit den Property-Accessoren in Abschnitt 4.2.4.

4.2.4 Property-Accessoren

Es ist möglich, den Zugriff auf *get*- oder *set*-Accessoren von Eigenschaften zu beschränken. Meist ist dies nur für den *set*-Accessor sinnvoll, während der *get*-Accessor in der Regel öffentlich bleibt. Es gibt natürlich auch Ausnahmen, denken Sie zum Beispiel an die PIN Ihrer Kreditkarte.

Beispiel 4.16: Property-Accessoren (kein öffentlicher Schreibzugriff)

C#

Eine Eigenschaft mit *get*- und *set*-Accessoren. Der *get*-Accessor besitzt die gleiche Sichtbarkeit wie die *KontoNummer*-Eigenschaft, während der *set*-Accessor nur einen *protected*-Zugriff erlaubt.

```
public string KontoNummer { get; protected set; }
```

Beispiel 4.17: Property-Accessoren (kein öffentlicher Lesezugriff)

C#

Eine Eigenschaft mit *get*- und *set*-Accessoren. Der *set*-Accessor besitzt die gleiche Sichtbarkeit wie die *PIN*-Eigenschaft, während der *get*-Accessor nur einen *protected*-Zugriff erlaubt.

```
public string PIN { protected get; set; }}
```

In Beispiel 4.15 aus Abschnitt 4.2.3 ändern Sie einfach den Code wie folgt ab:

```
public double Guthaben { get; private set; }
```

4.2.5 Statische Felder/Eigenschaften

Mitunter gibt es Felder bzw. Eigenschaften, deren Werte für alle aus der Klasse instanziierten Objekte identisch sind und die deshalb nur einmal in der Klasse gespeichert zu werden brauchen.

HINWEIS: Statische Felder/Eigenschaften (*Klasseneigenschaften*) werden mit dem Schlüsselwort *static* deklariert.

Statische Eigenschaften bzw. öffentliche Felder können benutzt werden, ohne dass dazu eine Objektvariable deklariert und ein Objekt instanziiert werden müsste! Es genügt das Voranstellen des Klassenbezeichners.

Beispiel 4.18: Die Klasse *Kunde* soll zusätzlich eine öffentliche Eigenschaft *Rabatt* bekommen, die für jedes Kundenobjekt immer den gleichen Wert hat.

C#

```
public class Kunde
{
    ...
    public static double Rabatt { get; set; }
    ...
}
```

Der Zugriff ist sofort über den Klassenbezeichner möglich, ohne dass dazu eine Objektvariable erzeugt werden müsste.

Beispiel 4.19: Allen Kunden wird ein Rabatt von 15 % zugewiesen.

C#

```
Kunde.Rabatt = 0.15;
```

Vielen Umsteigern, die aus der strukturierten Programmierung kommen, bereitet es Schwierigkeiten, auf ihre geliebten globalen Variablen zu verzichten, mit denen sie bequem Werte zwischen verschiedenen Programmmodulen austauschen konnten. Genau hier bieten sich statische Eigenschaften bzw. öffentliche statische Felder an, die z. B. in einer extra für derlei Zwecke angelegten Klasse *Utilities* abgelegt werden könnten.

PRAXISTIPP: Bitte benutzen Sie solche Definitionen nicht zu exzessiv.

Beispiel 4.20: Die Klassen *Form1* und *Form2* greifen für allgemeine Berechnungen auf eine statische Eigenschaft *MWSt* der Klasse *Utilities* zu.

C#

```
public class Utilities
{
    public static double Mwst { get; set; }
    ...
```

Hier könnten z. B. auch nicht statische Klassenmitglieder eingefügt werden, die natürlich auch auf die statische Eigenschaft *Mwst* zugreifen dürfen.

```
}
```

Sowohl von *Form1* als auch von *Form2* aus kann direkt auf die statische Eigenschaft *Mwst* zugegriffen werden. Eine Instanz von *Utilities* braucht dazu nicht erzeugt zu werden: Zuweisen der Mehrwertsteuer in *Form1*:

```
public partial class Form1 : Form
{
    ...
        Utilities.Mwst = 0.19;
    ...
}
```

Anzeige der Mehrwertsteuer in einer anderen Form *Form2*:

```
public partial class Form2 : Form
{
    ...
    private void button1_Click(object sender, EventArgs e)
    {
        textBox1.Text = Utilities.Mwst.ToString();
    }
}
```

Es versteht sich von selbst, dass innerhalb der *get-* bzw. *set*-Accessoren statischer Eigenschaften nur auf statische Klassenmitglieder (Felder) zugegriffen werden kann. Gleiches gilt übrigens auch für statische Methoden (siehe Abschnitt 4.3.3).

Konstante Felder

Obwohl ein Feld nicht als *static const* deklariert werden kann, verhält sich ein *const*-Feld im Wesentlichen statisch. Deshalb kann auf *const*-Felder mit der gleichen Notation wie bei *static*-Feldern zugegriffen werden (eine mit *new* erzeugte Objektinstanz ist nicht erforderlich).

HINWEIS: Auch Konstanten werden in der Pascal-Notation implementiert.

Beispiel 4.21: Deklaration einer öffentlichen Konstanten und Zugriff

C#

```
public class Utilities
{
    public const int Anzahl = 50;
    ...
}
```

Der Zugriff ist direkt möglich:

```
public partial class Form1 : Form
{
    ...
    n = Utilities.Anzahl;
    ...
}
```

Worin unterscheiden sich denn dann statische und konstante Felder? Der wesentliche Unterschied ist der, dass man den Wert statischer Felder beim Erzeugen eines Objekts (durch Aufruf unterschiedlicher Konstruktoren) oder zur Laufzeit (durch Methodenaufrufe) ändern kann, bei konstanten Feldern geht das natürlich nicht.

4.2.6 Einfache Eigenschaften automatisch implementieren

Wie bereits in Abschnitt 4.2.1, „Eigenschaften mit Zugriffsmethoden kapseln", erwähnt, gehört es zum schlechten Programmierstil, wenn *public*-Variablen quasi die Rolle von einfachen Eigenschaften übernehmen. Getreu der Devise „Hauptsache es funktioniert" ist es aber für den schreibfaulen Programmierer oft der bequemere Weg, erspart er sich damit doch viele Zeilen einfachen Codes. Automatisch implementierte Eigenschaften (*AutoProperties*) befreien den Programmierer aus diesem Zwiespalt. Sie benötigen in der Regel auch nur eine einzige Codezeile, trotzdem erfolgt im Hintergrund eine exakte Implementierung mit *get*- und *set*-Zugriffsmethoden. In den vorigen Abschnitten haben wir diese ja auch bereits des Öfteren genutzt.

Beispiel 4.22: Drei Varianten für eine einfache Eigenschaft *Nachname*

C#

1. Der kurze, aber ganz schlechte Programmierstil:
public class Kunde

```
{
    public string Nachname;
    ...
}
```

2. Die exakte, aber umständliche Schreibweise:

```
public class Kunde
{
    private string nachname;
        get {return (nachname);}
        set {nachname = value;}
    }
    ...
}
```

3. Die Eigenschaft wird automatisch und sauber implementiert:
public class Kunde

```
{
    public string Nachname { get; set; }
    ...
}
```

Wie Sie sehen, ist nur eine einzige Codezeile erforderlich: Der Compiler erstellt hier ein privates, anonymes dahinterliegendes Feld (analog zu *nachname* bei der ersten Variante), das nur durch die *get*- und *set*-Accessoren aufgerufen werden kann.

HINWEIS: Das Anlegen von Properties wird in Visual Studio durch Shortcuts vereinfacht. Für die ausführliche Variante 2 tippen Sie einfach *propfull* gefolgt von zwei Tabulatorzeichen ein. Für die kurze Variante 3 geben sie *prop* mit zwei Tabs ein.

HINWEIS: Soll die Eigenschaft schreibgeschützt sein, so legen Sie einfach einen private/protected *set*-Accessor fest, oder lassen Sie diesen einfach weg.

Beispiel 4.23: Die automatisch implementierte Eigenschaft *Nachname* ist schreibgeschützt.

C#

```
public string Nachname { get; private set; }
```

HINWEIS: Es sei hier nochmals betont, dass sich nur einfache Eigenschaften automatisch implementieren lassen, keine berechneten Eigenschaften oder Eigenschaften mit Validierung des übergebenen Wertes!

Auch die automatische Initialisierung von Auto-Properties ist möglich:

Beispiel 4.24: Die Auto-Eigenschaft *Nachname* wird initialisiert.

C#

```
public string Nachname { get; set; } = "Kotz";
```

Sie können auf diese Weise sogar schreibgeschützte Eigenschaften ohne Setter definieren und initialisieren (Getter-only Auto-Properties):

Beispiel 4.25: Die Auto-Eigenschaft *Nachname* ist schreibgeschützt und wird initialisiert.

C#

```
public string Nachname { get; } = "Kotz";
```

4.3 Methoden

Methoden bestimmen die dynamischen Attribute eines Objekts, also sein Verhalten. Eine Methode ist eine Funktion, die innerhalb der Klasse implementiert ist.

HINWEIS: Methoden werden in der Pascal-Notation implementiert.

4.3.1 Öffentliche und private Methoden

Bereits in Kapitel 3 haben wir gelernt, wie man Methoden programmiert. Jetzt wollen wir noch etwas nachhaken und den Fokus auf die Methoden richten, die in unseren selbst programmierten Klassen zum Einsatz kommen.

HINWEIS: Wenn Sie eine Methode als *private* deklarieren, ist sie nur innerhalb der Klasse sichtbar und es handelt sich um keine Methode im eigentlichen Sinn der OOP, sondern eher um eine Funktion/Prozedur im herkömmlichen Sinn.

Beispiel 4.26: Die Methoden *Adresse* und *AddGuthaben* arbeiten mit sechs Eigenschaften zusammen.

C#

```
public class Kunde
{
    public string Anrede { get; set; }
    public string Name { get; set; }
    public int Plz { get; set; }
    public string Ort { get; set; }
    public bool Stammkunde { get; set; }
    public double Guthaben { get; private set; }

    public string Adresse()      // öffentliche Methode
    {
        string s = Anrede + " " + Name  + Plz.ToString() + " " + Ort;
        return(s);
    }

    public void AddGuthaben(double betrag)  // öffentliche Methode
    {
        if (stammkunde)
        {
            Guthaben += betrag;
        }
    }
}
```

Deklaration und Aufruf:

```
Kunde kunde1 = new Kunde();
...
label1.Text = kunde1.Adresse();  // erste Methode aufrufen
kunde1.AddGuthaben(50);          // zweite Methode aufrufen
```

4.3.2 Überladene Methoden

Obwohl wir bereits in Abschnitt 3.7.5 ganz allgemein auf dieses Thema eingegangen sind, soll es hier nochmals im OOP-Kontext diskutiert werden.

Innerhalb des Klassenkörpers dürfen zwei und mehr gleichnamige Methoden konfliktfrei nebeneinander existieren, wenn sie eine unterschiedliche Signatur (Reihenfolge und Datentyp der Übergabeparameter) besitzen.

Beispiel 4.27: Überladene Methoden

C#

Zwei überladene Versionen einer Methode in der Klasse *Kunde*. Die erste hat nur den Nettobetrag als Parameter, die zweite den Bruttobetrag und die Mehrwertsteuer.

```
public void AddGuthaben(double betrag)  // erste Überladung
{
   if (stammkunde)
   {
      guthaben += betrag;
   }
}

public void AddGuthaben(double brutto, double mwst)  // zweite Überladung
{
   guthaben += brutto / (1 + mwst);
}
```

Wenn Sie diese Methoden verwenden wollen, so fällt die Auswahl im Code-Fenster leicht:

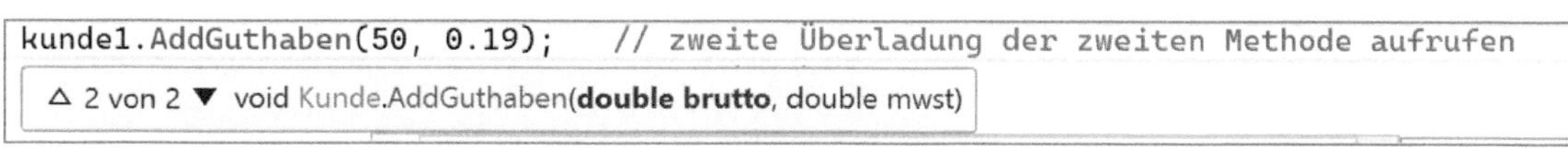

Bild 4.9 Anzeige der möglichen Methodenüberladung

4.3.3 Statische Methoden

Genauso wie die in Abschnitt 4.2.5 erläuterten *statischen Eigenschaften* können *statische Methoden* (auch als *Klassenmethoden* bezeichnet) ohne Verwendung eines Objekts aufgerufen werden. Statische Methoden eignen sich z. B. gut für diverse Formelsammlungen (ähnlich der *Math*-Klassenbibliothek).

HINWEIS: Der Einsatz statischer Methoden für relativ einfache Aufgaben ist bequemer und ressourcenschonender als das Arbeiten mit Objekten, die Sie jedes Mal extra instanziieren müssten.

Beispiel 4.28: Wir bauen eine Klasse, in der wir wahllos einige von uns häufig benötigte Berechnungsformeln verpacken.

C#

```
public class MeineFormeln
{
    public static double KreisUmfang(double radius)
    {
        return 2 * Math.PI * radius;
    }
        public static double KugelVolumen(double radius)
    {
        return 4 / 3.0 * Math.PI * Math.Pow(radius, 3);
    }
         public static double Netto(double brutto, double mwst)
    {
         Return brutto/(1 + mwst);
    }
   // ... weitere Methoden
}
```

Der Zugriff von außerhalb ist absolut problemlos, weil man sich nicht mehr um das lästige Instanziieren einer Objektvariablen kümmern muss.

Beispiel 4.29: Die statischen Methoden der Klasse *MeineFormeln* werden in einer Eingabemaske aufgerufen.

C#

```
private void button1_Click(object sender, EventArgs e)
{
   double r = Convert.ToDouble(textBox1.Text);  // Kreisradius konvertieren
   label1.Text = MeineFormeln.KreisUmfang(r).ToString("0.000");
   label2.Text = MeineFormeln.KugelVolumen(r).ToString("0.000");
   double b = Convert.ToDouble(textBox2.Text);  // Brutto konvertieren
   label3.Text = MeineFormeln.Netto(b, 0.19).ToString("C");
}
```

Ergebnis

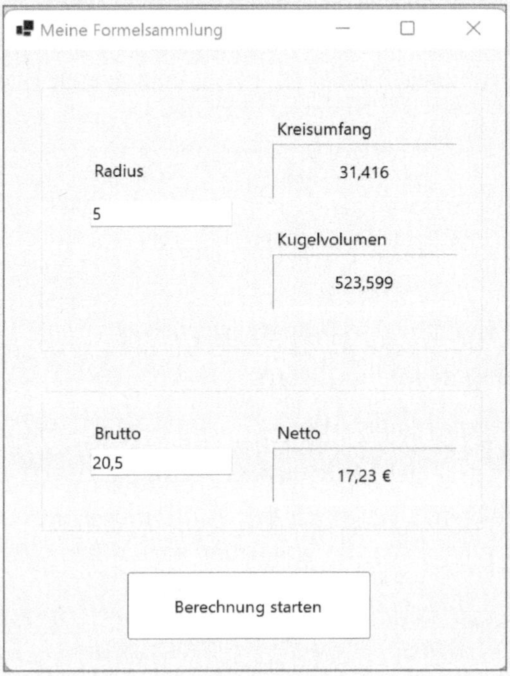

Bild 4.10 Meine Formelsammlung zur Laufzeit

Bemerkungen

- Sie können mit *static* auch ein Feld deklarieren, das von allen Instanzen der Klasse gemeinsam genutzt werden kann und nicht für jedes Objekt extra zugewiesen werden muss. Zum Initialisieren kann ein sogenannter *statischer Konstruktor* Verwendung finden (siehe Abschnitt 4.5.1, „Konstruktor und Objektinitialisierer").
- Eine Klasse mit ausschließlich statischen Mitgliedern kann mit dem Schlüsselwort *static* deklariert werden, siehe Abschnitt 4.7.4, „Statische Klassen", oder das Praxisbeispiel in Abschnitt 4.10.2, „Eine statische Klasse anwenden".

4.4 Ereignisse

Nachdem wir uns den Eigenschaften und Methoden von Objekten ausführlich gewidmet haben, wollen wir die Dritten im Bunde, die Ereignisse, nicht vergessen. Wie Sie bereits wissen, werden Ereignisse unter bestimmten Bedingungen vom Objekt ausgelöst und können dann in einer Ereignisbehandlungsroutine abgefangen und ausgewertet werden.

Allerdings bieten bei Weitem nicht alle Klassen Ereignisse an, denn diese werden nur benötigt, wenn auf bestimmte Änderungen eines Objekts reagiert werden soll.

HINWEIS: Ereignisse werden in der Pascal-Notation implementiert.

4.4.1 Ereignis hinzufügen

Um einer Klasse ein Ereignis hinzuzufügen, sind drei Schritte erforderlich:

1. Die Deklaration des Ereignistyps (*delegate*-Schlüsselwort)
2. Die Instanziierung des Ereignisses (*event*-Schlüsselwort)
3. Das Auslösen des Ereignisses (innerhalb einer Methode oder Eigenschaft)

Um einer heillosen Verwirrung vorzubeugen, machen wir es diesmal umgekehrt und beginnen gleich mit einem Beispiel, ehe wir später die Syntax und weitere Einzelheiten erklären.

Beispiel 4.30: Ereignis-Delegate hinzufügen[7]

C#

In unserer *Kunde*-Klasse wird ein Ereignis-Delegate mit dem Namen *GuthabenLeer* deklariert, davon wird ein Ereignis mit dem Namen *WenigGuthabenLeer* instanziiert. Dieses Ereignis „feuert" innerhalb der Methode *AddGuthaben* genau dann, wenn das Guthaben den Wert von 10 unterschreitet.

```
public class Kunde
{
```

1. Schritt: den Ereignistyp definieren:

```
    public delegate void GuthabenLeer(object sender, string e);
```

2. Schritt: eine Ereignisinstanz *WenigGuthaben* deklarieren:

```
    public event GuthabenLeer? WenigGuthaben;
```

Die Methode, in der das Ereignis ausgelöst wird:

```
    public void AddGuthaben(double betrag)
    {
        Guthaben += betrag;
```

[7] Später werden wir diese Aufgabe dem Konstruktor übertragen.

3. Schritt: Ereignis auslösen:

```
        if (Guthaben <= 10)
        {
            // Das Ereignis feuert nur, wenn ...
            if (WenigGuthabenLeer != null)
                // ... mindestens ein Eventhandler angemeldet ist
            {
                string meldung = "Das Guthaben beträgt " +
                                 Guthaben.ToString("C") + "!";
                WenigGuthaben(this, meldung);
            }
        }
    }

    public double Guthaben { get; set; } = 100;
    public string? Nachname { get; set; }
}
```

Nun kommen wir zu den sicherlich dringend notwendigen Erklärungen:

Ereignis deklarieren

Wie bereits kurz erwähnt, werden Ereignisse von sogenannten Delegaten abgeleitet. Ein Delegate ist ein Ereignistyp, er sieht – bis auf das *delegate*-Schlüsselwort – wie eine Methode aus und er verhält sich auch ähnlich.

HINWEIS: Delegaten ermöglichen es, ein Framework von Rückruf- und Benachrichtigungsmethoden für miteinander kooperierende Klassen zu implementieren.

Syntax:

```
ModifiziererdelegateDatentyp delegateName (Datentyp parameter);
```

Falls der Delegate keinen Rückgabewert liefert, wird dieser – wie bei einer Methode – als *void* angegeben. Die meisten Delegaten werden keinen Rückgabewert haben.

Beispiel 4.31: Die Deklaration des Delegaten aus dem Vorgängerbeispiel

C#

```
public delegate void GuthabenLeer(object sender, string e);
```

Ereignis instanziieren

Nachdem Sie mittels Delegaten den Ereignistyp deklariert haben, steht dem Erzeugen einer Delegatinstanz, also eines spezifischen Ereignisses, nichts mehr im Wege. Sie verwenden dazu das *event*-Schlüsselwort.

Syntax:

```
Modifizierer event DelegateName EreignisName;
```

Ähnlich wie bei Objekten (diese sind bekanntlich Instanzen einer Klasse) handelt es sich bei einem Ereignis um eine Instanz des Delegaten. Da der Aufbau bereits feststeht, genügen die Angabe des Namens der Ereignisdeklaration (*DelegateName*) und der spezielle Name des Ereignisses (*EreignisName*).

Beispiel 4.32: Von im Vorgängerbeispiel deklarierten Delegaten wird ein Ereignis mit dem Namen *WenigGuthaben* instanziiert.

C#

```
public event GuthabenLeer WenigGuthaben;
```

Es ist durchaus möglich und üblich, auch mehrere Ereignisse vom gleichen Delegaten abzuleiten.

Ereignis auslösen

Ein Ereignis wird immer innerhalb der Klasse ausgelöst, in der es deklariert und erzeugt wurde. Das kann an verschiedenen Stellen innerhalb von Methoden oder Eigenschaften geschehen.

Das Auslösen erfolgt wie ein normaler Methodenaufruf:

Syntax:

```
ereignisName(parameter);
```

Die Signatur der Parameter (Reihenfolge und Datentyp) muss der im entsprechenden Delegate festgelegten Parameterliste entsprechen.

HINWEIS: Ereignisse sind Verweistypen und können demzufolge auch auf *null* abgefragt werden.

Beispiel 4.33: Ereignis auslösen[8]

C#

Das im Vorgängerbeispiel deklarierte Ereignis wird innerhalb der Methode *AddGuthaben* ausgelöst. Vor dem Aufruf wird getestet, ob zumindest ein Eventhandler für dieses Ereignis angemeldet ist (was genau unter „Anmelden" zu verstehen ist, erfahren Sie im nächsten Abschnitt).

```
public void AddGuthaben(double betrag)
{
    if (Guthaben <= 10)
    {
        if (WenigGuthaben != null)  // mindestens ein Eventhandler angemeldet?
        {
            string meldung = "Das Guthaben beträgt nur noch " +
                             guthaben.ToString("c") + "!";
            WenigGuthaben(this, meldung);
        }
    }
}
```

Eine Alternative, um das Ereignis auf *null* zu prüfen und gleichzeitig auch auszulösen, sehen Sie hier:

```
WenigGuthaben?.Invoke(this, meldung);
```

Mit dem Fragezeichen prüfen Sie, ob *WenigGuthaben* gleich *null* ist. Falls es *null* ist, machen Sie nichts, anderenfalls rufen Sie den Ereignishandler mittels der Methode *Invoke()* auf.

4.4.2 Ereignis verwenden

In der Klasse, in der wir mit dem Ereignis arbeiten wollen, sind – zusätzlich zur Erzeugung der Objektvariablen – zwei Schritte durchzuführen:

1. Ereignisbehandlung (Eventhandler) schreiben.
2. Eventhandler anmelden.

Lassen Sie uns auch hier mit einem Beispiel beginnen.

[8] Im Programmiererjargon sagt man auch „Das Ereignis feuert"!

Beispiel 4.34: Ereignisse verwenden

Wir nutzen die im Vorgängerabschnitt definierte Klasse *Kunde*, die von uns gerade mit dem Ereignis *WenigGuthaben* nachgerüstet wurde.
Auf Klassenebene referenzieren wir zunächst die übliche Objektvariable:

```
private Kunde kunde1;    // Objekt referenzieren
```

1. Schritt: Wir schreiben nun eine Ereignisbehandlung (Eventhandler) für das Ereignis:

```
private void GuthabenKontrolle(object o, string s)
{
    Kunde k = (Kunde)o;
    label2.Text = k.NachName + ": " + s;  // Ausgabe einer Warnung
}
```

2. Schritt: Um das Ereignis mit dem Eventhandler zu verbinden, ist eine Anmeldung erforderlich, die wir in den Konstruktorcode von *Form1* einfügen können:

```
public Form1()
{
        InitializeComponent();
        kunde1 = new Kunde();  // Objekt instanziieren

        // Eventhandler anmelden:
        kunde1.WenigGuthaben += new Kunde.GuthabenLeer(GuthabenKontrolle);
}
```

Das Ereignis ist jetzt eingebunden und einem Funktionstest steht nichts mehr im Weg. Dazu rufen wir wiederholt die Methode *AddGuthaben* auf, die das Guthaben jedes Mal um 10 verringert:

```
private void button1_Click(object sender, EventArgs e)
{
    kunde1.AddGuthaben(-10);  // Guthaben verringern
    label1.Text = "Guthaben ist " + kunde1.Guthaben.ToString("c");
}
```

Ergebnis

Nachdem Sie den *Button* neunmal geklickt haben, wird das Ereignis ausgelöst:

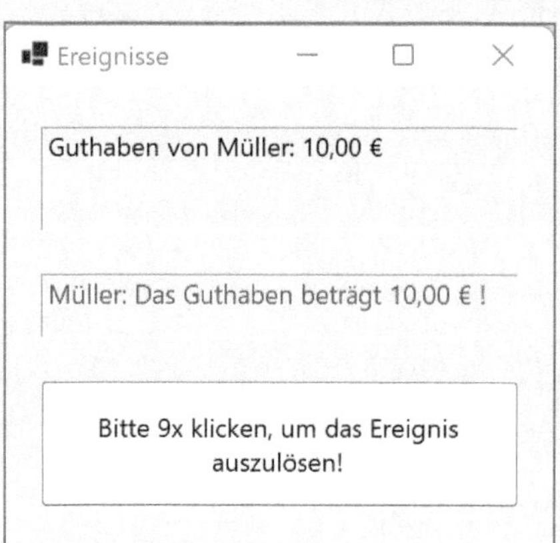

Bild 4.11
Das Ereignis wurde ausgelöst.

Den kompletten Quellcode entnehmen Sie bitte den Buchbeispielen.

Nun zu den Details.

Ereignisbehandlung schreiben

Die Frage „Was soll passieren, wenn das Ereignis ausgelöst wurde?" wird in einer Ereignisbehandlungsmethode (Eventhandler) beantwortet.

Syntax:

```
Modifizierer Datentyp methodenName (Datentyp parameter)
```

Den Namen der Methode können Sie frei wählen. Den konkreten Namen des Ereignisses finden Sie hier nicht. Das heißt, eine Ereignisbehandlung lässt sich auch von mehreren Ereignissen gemeinsam verwenden. Lediglich die Methodensignatur (*Datentyp parameter*) muss der des Delegaten entsprechen, nach dessen Muster das Ereignis erzeugt wurde.

Beispiel 4.35: Ereignisbehandlung schreiben

C#

Beim Auftreten des Ereignisses wird nicht nur der Parameter *s* angezeigt, in der Titelleiste erscheint zusätzlich noch der Name des Kunden, den wir durch explizite Typkonvertierung aus dem ebenfalls übergebenen *object*-Parameter „herausziehen".

```
private void GuthabenKontrolle(object o, string s)
{
   Kunde k = (Kunde)o;  // Typecasting
   label2.Text = k.NachName + ": " + s;  // Warnung ausgeben
}
```

Ereignisbehandlung anmelden

Um dem Compiler mitzuteilen, welcher Eventhandler bei Auftreten des Ereignisses denn nun aufzurufen ist, müssen Sie die gewünschte Ereignisbehandlung beim Objekt (der Klasseninstanz) anmelden.

Syntax:

```
ObjektEreignisName += new DelegateName(EventHandlerName);
```

Beispiel 4.36: Dem Objekt *kunde1* wird mitgeteilt, dass bei Auftreten des Ereignisses *WenigGuthaben* der Eventhandler *GuthabenKontrolle* aufzurufen ist.

C#

```
kunde1.WenigGuthaben += new Kunde.GuthabenLeer(GuthabenKontrolle);
```

Wichtig ist dabei die Verwendung des Operators += (siehe Sprachkapitel, Abschnitt 3.4), denn pro Ereignis sind durchaus mehrere Eventhandler möglich. In diesem Fall erfolgt deren Abarbeitung in der Reihenfolge der Anmeldung.

Beispiel 4.37: Zum Ereignis *WenigGuthaben* wird ein zweiter Eventhandler hinzugefügt.

C#

Beim Eintreten des Ereignisses erscheint zunächst das vom ersten Eventhandler produzierte Meldungsfenster und anschließend der Name des Kunden in einem weiteren Meldungsfenster.
Das Hinzufügen des zweiten Eventhandlers wird hier in einer verkürzten Syntax durchgeführt (`kunde1.WenigGuthaben += Kundenanschrift;`).

```
// zweiten Eventhandler implementieren
private void KundenAnschrift(object o, string s)
{
    Kunde k = (Kunde)o;
    MessageBox.Show(k.NachName);
}
 ....
// zweiten Eventhandler hinzufügen:
kunde1.WenigGuthaben += KundenAnschrift;
```

Falls ein Eventhandler nicht mehr benötigt wird, sollten Sie ihn wieder abmelden.

Beispiel 4.38: Abmelden eines Eventhandlers *KundenAnschrift*. Dies kann auch direkt in der Methode *Kundenanschrift* gemacht werden, wenn Sie wollen, dass diese Methode über den Eventhandler nur ein einziges Mal ausgelöst wird. Auch hier verwenden wir wieder die verkürzte Syntax zum Entfernen des Ereignishandlers.

C#

```
kunde1.WenigGuthaben -= KundenAnschrift;
```

Bemerkungen

Wenn Sie im Eigenschaftenfenster der Visual-Studio-Entwicklungsumgebung auf bekannte Weise Eventhandler für die Objekte der Bedienoberfläche erzeugen, so hat die IDE nicht nur den Rahmencode des Eventhandlers für Sie generiert, sondern – quasi im Verborgenen – auch die benutzten Ereignisse angemeldet. Üblicherweise übergeben diese Ereignisse zwei Parameter an die aufrufende Instanz: eine Referenz auf das Objekt, welches das Ereignis ausgelöst hat, und ein Objekt der *EventArgs*- oder einer davon abgeleiteten Klasse.

Beispiel 4.39: Rahmencode des automatisch generierten Eventhandlers für das Click-Ereignis eines Button

C#

```
private void button1_Click(object sender, EventArgs e)
{
}
```

Klappen Sie die Region *Windows Form Designer generated Code* auf, so finden Sie die entsprechende Befehlszeile für die Anmeldung des Eventhandlers:

```
this.button1.Click += new System.EventHandler(this.button1_Click);
```

Bild 4.12 veranschaulicht nochmals die Syntax dieser Zeile.

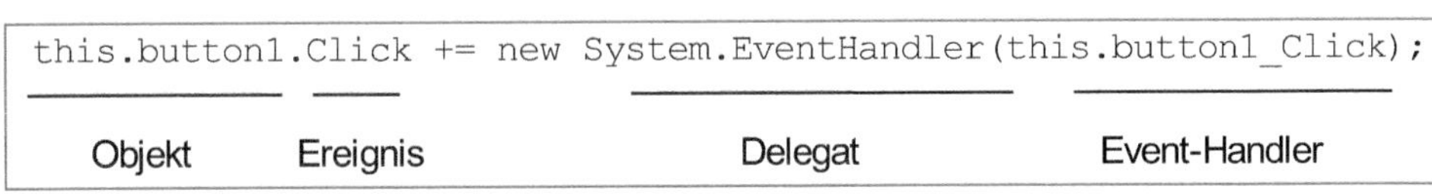

Bild 4.12 Definition des Eventhandlers im Codebehind

Und zum Schluss noch ein Hinweis auf einen ziemlich häufigen Unterlassungsfehler:

HINWEIS: Wenn Sie die Codezeilen eines Eventhandlers komplett per Hand löschen (man sollte das eigentlich nicht tun), so müssen Sie auch die entsprechende Anmeldungszeile löschen, ansonsten gibt es einen Compilerfehler!

4.5 Arbeiten mit Konstruktor und Destruktor

Eine „richtige" objektorientierte Sprache wie C# realisiert das Erzeugen und Entfernen von Objekten mithilfe von Konstruktoren und Destruktoren.

„Bis jetzt sind wir doch glänzend ohne Konstruktor ausgekommen!", werden Sie jetzt vielleicht einwenden. Ganz stimmt das nicht, denn wenn Sie sich um keinen eigenen Konstruktor kümmern, wird der von *System.Object* geerbte parameterlose *new*-Standardkonstruktor verwendet.

4.5.1 Konstruktor und Objektinitialisierer

Der Konstruktor[9] ist gewissermaßen die Standardmethode der Klasse und kann in mehreren Überladungen vorhanden sein.

HINWEIS: Der Name des Konstruktors ist immer identisch mit dem Namen der Klasse.

Der Konstruktor wird automatisch bei der Instanziierung eines Objekts (*new*) aufgerufen und dient vor allem dazu, den Feldern des neu erzeugten Objekts Anfangswerte zuzuweisen.

Deklaration

Einen Konstruktor fügen Sie dem Klassenkörper ähnlich wie eine *public void*-Methode hinzu, nur dass Sie der Methode den Namen der Klasse geben und auf das *void*-Schlüsselwort verzichten. Als Parameter übergeben Sie die Werte für die Felder, die initialisiert werden sollen.

HINWEIS: Zum Anlegen eines Konstruktors können Sie auch einfach *ctor* gefolgt von zwei Tabs eingeben (Code Snippet).

Syntax:

```
public KlassenName(Datentyp parameter)
{
   // Initialisierung der Klasse
}
```

Wie bei jeder anderen Methode können Sie auch mehrere überladene Konstruktoren implementieren.

9 Seit C# 6.0 verfügen auch Strukturen (struct) über einen (parameterlosen) Konstruktor.

Beispiel 4.40: Unserer Klasse *Kunde* werden zwei überladene Konstruktoren hinzugefügt.

C#

```
public class Kunde
{
    // Die Felder
    public string Anrede { get; set; }
    public string Name { get; set; }
    public int Plz { get; set; }
    public string? Ort { get; set; }
    public bool StammKunde { get; set; }
    public double Guthaben { get; set; }
```

Der erste Konstruktor initialisiert nur zwei Felder:

```
   public Kunde(string anrede, string name)
   {
       Anrede = anrede;
       Name = name;
   }

   // Der zweite Konstruktor initialisiert alle Felder der Klasse:
   public Kunde(string a, string n, int p, string o, bool s, decimal g)
   {
       Anrede = a;
       Name = n;
       Plz = p;
       Ort = o;
       StammKunde = s;
       Guthaben = g;
   }
   ...
}
```

Aufruf

Nachdem Sie einer Klasse einen oder mehrere Konstruktoren hinzugefügt haben, sind Sie auch zur Verwendung von mindestens einem davon verpflichtet. Die bisher gewohnte einfache Instanziierung von Objekten ist nicht mehr möglich, wenn zusätzlich kein Standardkonstruktor (Konstruktor ohne Parameter) vorhanden ist!

Beispiel 4.41: Zwei Objekte der Klasse *Kunde* werden erzeugt und mit Anfangswerten initialisiert.

C#

Objekte referenzieren:

```
Kunde? kunde1;
Kunde? kunde2;
Kunde? kunde3;
```

Sicherheitshalber bauen wir das Erzeugen der Objekte in einen Exception-Handler ein:

```
try
{
```

Für jedes Objekt wird ein anderer überladener Konstruktor verwendet:

```
kunde1 = new Kunde("Herr", "Müller");
kunde2 = new Kunde("Frau", "Hummel", 12345, "Berlin", true, 100);
    //  kunde3 = new Kunde(); // erzeugt Compilerfehler!!!
    MessageBox.Show("Objekte erfolgreich erzeugt!");
}
catch(Exception ex)
{
    MessageBox.Show(ex.Message + " fehlerhafter Konstruktor!");
}
```

Wenn Sie den Code mit dem Anfangsbeispiel in Abschnitt 4.1.6 vergleichen, so sehen Sie, dass das Initialisieren der Objekte viel übersichtlicher geworden ist. Statt umständlich eine Eigenschaft nach der anderen zuzuweisen, geht das jetzt in einer einzigen Befehlszeile.

Objektinitialisierer

Objektinitialisierer erlauben das Erzeugen und Initialisieren von Instanzen auf Basis von (öffentlichen) Objekteigenschaften auch ohne das explizite Vorhandensein eines Konstruktors[10)].

Beispiel 4.42: Erzeugen eines Objekts mittels Objektinitialisierer (das ist kein Konstruktoraufruf!)

C#

```
kunde1 = new Kunde {Anrede = "Herr", Name = "Müller"};
```

[10] Notwendig wurde diese Spracherweiterung vor allem wegen der LINQ-Technologie, deren anonyme Typen beispielsweise nach einem solchen Feature verlangen (siehe Kapitel 7).

Statischer Konstruktor

Neben einem oder mehreren „normalen" Konstruktoren kann eine Klasse auch über einen *statischen* Konstruktor verfügen. Ein solcher Konstruktor wird verwendet, um *static*-Felder (siehe Abschnitt 4.2.5) zu initialisieren oder um einmaligen Initialisierungscode auszuführen. Der Aufruf erfolgt automatisch, bevor die erste Instanz erstellt oder auf statische Klassenmitglieder verwiesen wird.

Beispiel 4.43: Eine Klasse besitzt die statische Eigenschaft *Mwst*, die zu Beginn mit dem Wert 0,19 initialisiert werden soll.

C#

```
public class Utilities
{
    public static double Mwst { get; set; }

    static Utilities()    // statischer Konstruktor
    {
        Mwst = 0.19;
    }
    ...
}

// Der Zugriff von einem Formular Form1 aus:
public partial class Form1 : Form
{
    ...
    textBox1.Text = Utilities.Mwst.ToString();  // zeigt 0,19
    ...
}
```

HINWEIS: Ein statischer Konstruktor akzeptiert weder Zugriffsmodifizierer noch besitzt er Parameter. Er kann auch nicht direkt aufgerufen werden.

4.5.2 Destruktor und Garbage Collector

Das Pendant zum Konstruktor ist aus objektorientierter Sicht der Destruktor. Da der Lebenszyklus eines Objekts bekanntlich mit dessen Zerstörung und der Freigabe der belegten Speicherplatzressourcen endet, ist der Destruktor für das Erledigen von „Aufräumarbeiten" zuständig, kurz bevor das Objekt sein Leben aushaucht.

In .NET haben wir allerdings keine echten Destruktoren, da hier die endgültige Zerstörung eines Objekts nicht per Code, sondern automatisch vom Garbage Collector vorgenommen wird. Dieser durchstöbert in unregelmäßigen Zeitabständen den Heap nach Objekten, um diejenigen zu suchen, die nicht mehr referenziert werden.

An die Stelle eines echten Destruktors tritt ein Quasi-Destruktor. Das ist eine Finalisierungsmethode, die zu einem unbestimmbaren Zeitpunkt vom Garbage Collector aufgerufen wird, kurz bevor dieser das Objekt vernichtet.

Ähnlich wie beim Konstruktor wird auch hier der Name der Klasse als Methodenbezeichner verwendet, allerdings mit einer Tilde (~) als Präfix. Der *public*-Zugriffsmodifizierer entfällt, da Sie selbst den Destruktor nicht aufrufen dürfen, auch Parameter dürfen nicht übergeben werden.

Syntax:

```
~KlassenName()
{
    // hier Code für Aufräumarbeiten implementieren
}
```

Beispiel 4.44: Destruktor und Garbage Collector

C#

Unsere Klasse *Kunde* erhält ein öffentliches statisches Feld, das durch den Konstruktor inkrementiert und durch den Quasi-Destruktor dekrementiert werden soll. Wir beabsichtigen damit, die Anzahl der momentan instanziierten Objekte (sprich Anzahl der Kunden) abzufragen.
Der auf das Wesentliche reduzierte Code von *Kunde*:

```
public class Kunde
{
     public static int Anzahl = 0;

     // Konstruktor:
     public Kunde()
     {
         Anzahl++;
     }
     // Destruktor:
      ~Kunde()
     {
          Anzahl--;
     }
}
```

Wir verwenden zum Testen der Klasse ein Windows-Formular mit zwei *Buttons*, einer *Timer*-Komponente (*Interval* = 1000, *Enabled* = *True*) und einem *Label*.
Zum Code der Klasse *Form1* fügen Sie hinzu:

```
    Kunde? kunde1;  // Objekt referenzieren

  // Objekt hinzufügen:
    private void Button1_Click(object sender, EventArgs e)
    {
        kunde1 = new Kunde();
    }

  // Objekt entfernen:
    private void Button2_Click(object sender, EventArgs e)
    {
        kunde1 = null;  // dereferenzieren
    }

  // Anzeige der im Speicher befindlichen Instanzen im Sekundentakt:
    private void Timer1_Tick(object sender, EventArgs e)
    {
        label1.Text = Kunde.Anzahl.ToString();
    }
```

Ergebnis

Beim Programmtest müssen Sie etwas Geduld aufbringen.
Nach dem Programmstart fügen Sie durch Klicken auf den linken Button ein Objekt *kunde1* hinzu, wonach sich die Anzeige von 0 auf 1 ändert. Anschließend klicken Sie auf den rechten Button, um das Objekt wieder zu entfernen.

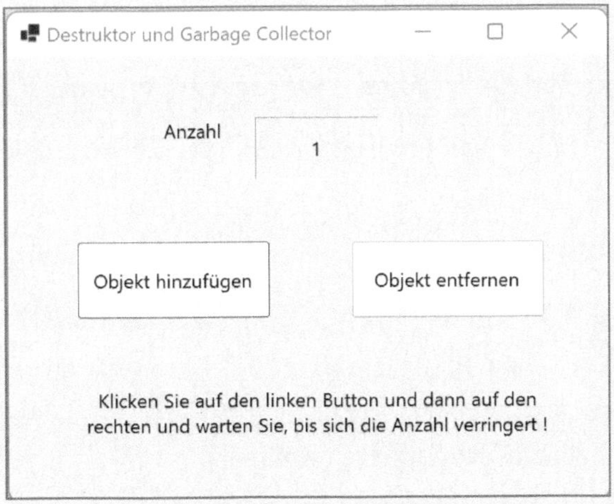

Bild 4.13 Warten auf den Garbage Collector

Es kann einige Zeit dauern, bis die Anzeige wieder auf 0 zurückgeht, nämlich dann, wenn den Garbage Collector gerade einmal wieder die Lust zum Aufräumen überkommt und er den Quasi-Destruktor aufruft.
Übrigens können Sie auch den linken Button mehrmals hintereinander anklicken. Die Anzeige zählt zwar hoch, das aber täuscht, denn es bleibt bei nur einer Objektvariablen (*kunde1*). Allerdings wird Ressourcenverschwendung betrieben, denn dem Objekt wird immer wieder ein neuer Speicherbereich zugewiesen. Der vorher belegte Speicher liegt brach und wartet auf die Freigabe durch den Garbage Collector.

HINWEIS: Das obige Beispiel sollten Sie aufgrund seiner Unberechenbarkeit keinesfalls als Vorbild für ähnliche Zählaufgaben verwenden!

Da wegen der Unberechenbarkeit der Objektvernichtung der Umgang mit dem Quasi-Destruktor ziemlich problematisch ist, sollten Sie für das definierte Freigeben von Objekten besser eine separate Methode (*Dispose*) oder *using* verwenden (siehe Abschnitt 4.5.3)[11]

4.5.3 Mit using den Lebenszyklus des Objekts kapseln

Mit dem Schlüsselwort *using* kann man nicht nur Namespaces einbinden (siehe Kapitel 6), sondern in völlig anderer Bedeutung auch für das sichere Erzeugen und Vernichten von Objekten sorgen. Hinter den Kulissen wird ein *try-finally*-Block um das entsprechende Objekt generiert und beim Beendigen für das Objekt *Dispose()* aufgerufen. Das folgende (eigentlich lächerliche) Beispiel soll lediglich das Prinzip verdeutlichen.

HINWEIS: Voraussetzung dafür ist, dass das Objekt das Interface (mehr zu Interfaces später) *IDisposable* implementiert.

Beispiel 4.45: Zum Prinzip von *using*

C#

```
using (Kunde kunde1 = new Kunde("Herr", "Müller"))  // Erzeugen des Objekts
{
    kunde1.Wohnort = "Berlin";                      // Arbeiten mit dem Objekt
    ...
}                                                   // Freigabe des Objekts
```

Kunde implementiert dieses Interface gerade nicht. Wir kommen später darauf zurück, da wir Ihnen hier nur die prinzipielle Syntax zeigen wollten.

[11] Der Garbage Collector läuft in einem eigenen Thread. Er wird nur dann aufgerufen, wenn sich die anderen Threads in einem sicheren Zustand befinden.

4.6 Vererbung und Polymorphie

Ein zentrales OOP-Thema ist die *Vererbung*. Sie ermöglicht es, Klassen zu definieren, die von anderen Klassen abhängen. Eng mit der Vererbung verknüpft ist die *Polymorphie* (Vielgestaltigkeit). Man versteht darunter die Fähigkeit von Subklassen, die Methoden der Basisklasse mit unterschiedlichen Implementierungen zu verwenden. C# unterstützt sowohl Vererbung als auch polymorphes Verhalten, da das Überschreiben (*Overriding*) der Basisklassenmethoden mit alternativen Implementierungen erlaubt ist.

Durch Vererbung können Sie sich die Programmierarbeit wesentlich erleichtern, indem Sie spezialisierte Subklassen verwenden, die den Code zum großen Teil von einer allgemeinen Basisklasse erben. Die Subklassen heißen auch *abgeleitete Klassen*, *Kind-* oder *Unterklassen*, die Basisklasse wird auch als *Super-* oder *Elternklasse* bezeichnet. In den Subklassen können Sie bestimmte Funktionalitäten überschreiben, um spezielle Prozesse auszuführen.

Lassen Sie uns anhand eines kurzen und dennoch ausführlichen Beispiels die wichtigsten Vererbungstechniken demonstrieren.

4.6.1 Method-Overriding

Die Subklassen *PrivatKunde* und *FirmenKunde* können auf sämtliche Eigenschaften und Methoden der Basisklasse zugreifen und fügen selbst eigene Methoden (auch Eigenschaften wären natürlich möglich) hinzu.

Die „geerbten" Methoden *GetAdresse()* und *AddGuthaben()* sind in unserem Beispiel allerdings sogenannte *überschriebene Methoden* (*Method-Overriding*). Das heißt, Adresse und Guthaben sollen für Privatkunden auf andere Weise als für Firmenkunden ermittelt werden. Genaueres dazu erfahren Sie im nächsten Abschnitt.

4.6.2 Klassen implementieren

Beginnen wir zuerst mit der Basisklasse Kunden.

Basisklasse Kunde

Jede Klasse ist prinzipiell eine Basisklasse, die Deklaration entspricht somit der einer „normalen" Klasse.

```
public class Kunde   // Basisklasse
{
```

Die Eigenschaften:

```
public string Anrede { get; set; }
public string Nachname { get; set; }
public bool StammKunde { get; set; }
public double Guthaben { get; protected set; }
```

Durch den *protected*-Modifizierer für die *Guthaben*-Eigenschaft wird es möglich, dass auch die beiden Subklassen auf dieses Feld schreibend zugreifen können, außerhalb der Vererbungshierarchie jedoch niemand.

Ein eigener Konstruktor ersetzt den Standardkonstruktor:

```
public Kunde(string anrede, string name)  // Konstruktor
{
    Anrede = anrede;
    Nachname = name;
}
```

Nun zu den beiden Methoden, die durch die Subklassen überschrieben werden können.

Der Rückgabewert der virtuellen (überschreibbaren) Methode *GetAdresse()* setzt sich aus Anrede und Namen des Kunden zusammen:

```
public virtual string GetAdresse()  // virtuelle Methode
{
    string s = anrede + " " + name;
    return(s);
}
```

Die virtuelle Methode *AddGuthaben()* erhöht das Guthaben des Kunden um den im Argument übergebenen Bonusbetrag. Allerdings kommen nur Stammkunden in diesen Genuss:

```
    public virtual void AddGuthaben(double betrag)  // virtuelle Methode
    {
        if (StammKunde)
        {
            Guthaben += betrag;
        }
    }
}
```

Subklasse PrivatKunde

Diese Klasse erbt alle Eigenschaften und Methoden der Basisklasse, wird also sozusagen um deren Code „erweitert". Das *override*-Schlüsselwort der beiden Methoden bedeutet, dass hier die in der Basisklasse als *virtual* definierten Funktionen überschrieben werden. Das erlaubt der Subklasse, eine eigene Implementierung der Funktionen zu realisieren.

```
public class PrivatKunde : Kunde  // erbt von der Basisklasse Kunde!
{
   public string WohnOrt { get; set; }
```

Der Konstruktor ist unbedingt notwendig, weil auch die Basisklasse einen eigenen Konstruktor verwendet. Es wird das *base*-Schlüsselwort benutzt, um den Konstruktor der Basisklasse aufzurufen.

```
    public PrivatKunde(string anrede, string name, string ort): base(anrede, name)
    {
        WohnOrt = ort;    // klassenspezifische Ergänzung
    }
```

Die Methode *GetAdresse()* wird so überschrieben, dass zusätzlich zu Anrede und Name (von der Basisklasse geerbt) noch der Wohnort des Privatkunden angezeigt wird.

```
    public override string GetAdresse()
    {
        const char LF = (char)10;    // Zeilenvorschub
        return base.adresse() + LF + WohnOrt;
    }
```

Die Methode *AddGuthaben()* wird komplett neu überschrieben. Ohne Rücksicht auf die Zugehörigkeit zur Stammkundschaft werden jedem Privatkunden 5 % vom Rechnungsbetrag als Bonusguthaben angerechnet:

```
    public override void AddGuthaben(double betrag)
    {
        // Zugriff auf protected-Property in Basisklasse:
        Guthaben += 0.05 * betrag;
    }
}
```

Subklasse FirmenKunde

Der Code für die Subklasse *FirmenKunde* unterscheidet sich in folgenden Details von der Klasse *PrivatKunde*:

- Die Methode *GetAdresse()* liefert statt des Wohnorts den Namen der Firma des Kunden, die als zusätzliche Eigenschaft in der Klasse *FirmenKunde* hinzugefügt wurde.
- Die *AddGuthaben()*-Methode berechnet zunächst den Nettobetrag und addiert davon 1 % zum Bonusguthaben. Damit nur Stammkunden in den Genuss dieser Vergünstigung kommen, wird dazu die gleichnamige Methode der Basisklasse aufgerufen.
- Die neu hinzugekommene Methode *GetMwst()* erlaubt einen Lesezugriff auf die Mehrwertsteuer-Konstante.

```
public class FirmenKunde : Kunde
{
    private  const double mwst = 0.19;   // Mehrwertsteuer

    public FirmenKunde(string anrede, string name, string firma): base(anrede, name)
    {
        firma = firma;
    }

    public string Firma { get; set; }

    public override string GetAdresse()
    {
        const char LF = (char)10;   // Zeilenvorschub
        return base.GetAdresse() + LF + Firma;
    }

    public override void AddGuthaben(double brutto)
    {
        double netto = brutto /(1 + mwst);
        base.AddGuthaben(netto * 0.01);   // Aufruf der Methode der Basisklasse
    }
    public double GetMwst()   // eine ganz normale Methode
    {
        return mwst;
    }
}
```

Die Implementierung unserer drei Klassen ist geschafft!

HINWEIS: Es dürfen nur Methoden überschrieben werden, die in der Basisklasse auch als *virtual* deklariert wurden.

Testoberfläche

Um die Funktionsfähigkeit der drei Klassen zu testen, gestalten Sie die Benutzerschnittstelle wie in Bild 4.14.

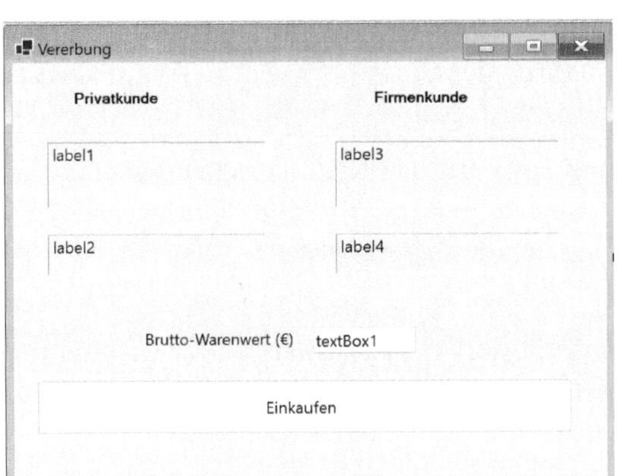

Bild 4.14 Formular für Vererbungsbeispiel

4.6.3 Implementieren der Objekte

Für einen kleinen Test genügt es, wenn wir mit nur zwei Objekten (ein Privat- und ein Firmenkunde) arbeiten. Diese definieren wir in einem Formular.

Im Konstruktor des Formulars werden die beiden Objekte erzeugt. Die Ja-/Nein-Eigenschaft *StammKunde* muss allerdings für den Ja-Fall extra zugewiesen werden, da es dazu keinen passenden Konstruktor gibt. Im Nein-Fall ist *false* sowieso der Standardwert dieser Eigenschaft.

```
public partial class Form1 : Form
{
    private PrivatKunde kunde1;
    private FirmenKunde kunde2;

    public Form1()
    {
        InitializeComponent();
        kunde1 = new PrivatKunde("Herr", "Kotz", "München");
        kunde2 = new FirmenKunde("Frau", "Weiss", "PrimeTime Software");
        kunde2.StammKunde = true;
        textBox1.Text = "100";
    }
```

Bei Klick auf den „Einkaufen“-Button werden für jedes Objekt diverse Eigenschaften abgefragt und Methoden aufgerufen:

```
    private void button1_Click(object sender, EventArgs e)
    {
        double brutto = Convert.ToDouble(textBox1.Text);
        label1.Text = kunde1.GetAdresse();
        kunde1.AddGuthaben(brutto);
        label2.Text = "Bonusguthaben ist " + kunde1.Guthaben.ToString("c");
        label3.Text = kunde2.GetAdresse();
        kunde2.AddGuthaben(brutto);
        label4.Text = "Bonusguthaben ist " + kunde2.Guthaben.ToString("c");
    }
}
```

Praxistest

Überzeugen Sie sich nun davon, dass die drei Klassen wie gewünscht zusammenarbeiten und dass Vererbung tatsächlich funktioniert.

Die Werte in der folgenden Laufzeitabbildung sind wie folgt zu interpretieren:

- Dem Privatkunden Kotz wurde ein Guthaben von 5 € (5 % aus 100 €) zugebilligt (Stammkundschaft spielt bei Privatkunden keine Rolle, da die Methode *AddGut haben()* komplett überschrieben ist).
- Frau Weiss ist eine Firmenkundin und erhält – nur weil sie Stammkundin ist – ein mickriges Guthaben von 0,84 € (1 % auf den Nettowert).
- Durch wiederholtes Klicken auf „Einkaufen“ kumulieren die Bonusguthaben.

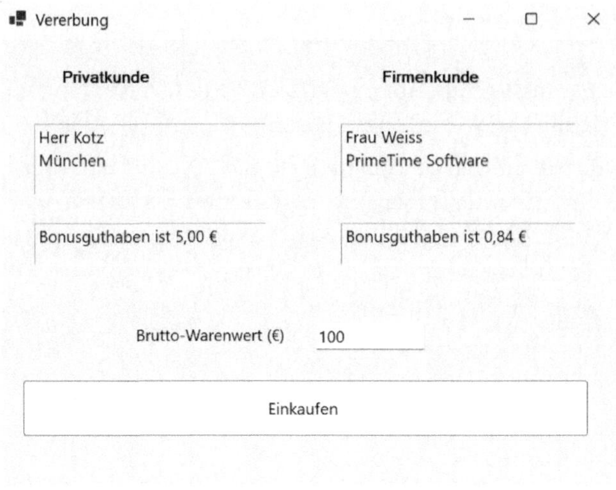

Bild 4.15
Vererbung während der Laufzeit

4.6.4 Ausblenden von Mitgliedern durch Vererbung

Durch in eine abgeleitete Klasse oder Struktur eingeführte Mitglieder (Konstanten, Felder, Eigenschaften, Methoden, Ereignisse oder Typen) werden alle gleichnamigen Basisklassenelemente verdeckt oder auch verschattet.

Beispiel 4.46: Zur Klasse *Kunde* fügen wir eine Methode *Test* hinzu.

C#

```
public class Kunde      // Basisklasse
{
    ...
    public void Test()
    {
        MessageBox.Show("Hallo Kunde!");
    }
}
```

Eine Methode gleichen Namens fügen wir auch zur Klasse *PrivatKunde* hinzu:

```
class PrivatKunde : Kunde      // abgeleitete Klasse
{
    ...
    public void Test()
    {
        MessageBox.Show("Hallo Privatkunde!");
    }
}
```

Im Quellcode-Editor erscheint der Name *Test()* grün unterschlängelt. Der entsprechende Warnhinweis lautet: *„PrivatKunde.Test()" blendet den versteckten Member „Kunde.Test()" aus. Verwenden Sie das new-Schlüsselwort, wenn das Ausblenden vorgesehen war.*
Der Test erfolgt in *Form1:*

```
public partial class Form1 : Form
{
    private PrivatKunde kunde1 = new PrivatKunde();
    ...
    private void button1_Click(object sender, EventArgs e)
    {
       ...
       kunde1.Test();
    }
}
```

Ergebnis

Wie Sie sehen, wurde die Methode *Test()* der Klasse *Kunde* durch die Methode *Test()* der Klasse *PrivatKunde* ausgeblendet:

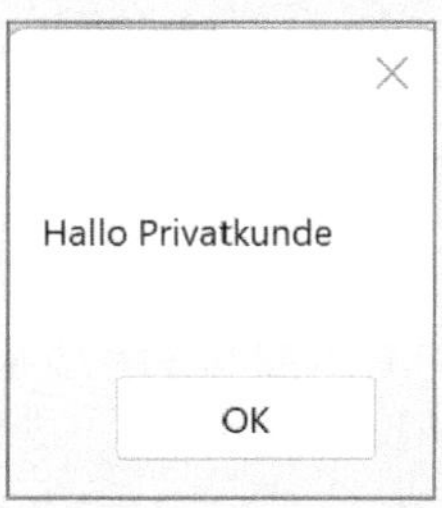

Bild 4.16
Test()-Methode aus der PrivatKunde-Klasse

Um obigen Warnhinweis im Quellcode zu vermeiden, sollte man die gleichnamige Methode in der abgeleiteten Klasse mit dem *new*-Schlüsselwort markieren.

Eine klassische Vererbung mit den Schlüsselwörtern *virtual* und *override* wäre natürlich viel sinnvoller. Jedoch hat man nicht immer auch Zugriff auf den Quellcode der Basisklasse.

Beispiel 4.47: Die folgende Änderung macht das Vorgängerbeispiel transparenter (das Ergebnis bleibt das gleiche).

C#

```
...
public class PrivatKunde : Kunde     // abgeleitete Klasse
{
   ...
   public new void Test()
   {
     MessageBox.Show("Hallo Privatkunde!");
   }
}
```

HINWEIS: Die Deklaration eines neuen Mitglieds verdeckt ein geerbtes Mitglied nur innerhalb des Gültigkeitsbereichs des neuen Mitglieds! Versuchen Sie, solche Situationen mittels normaler Vererbung zu lösen und verwenden Sie das Schlüsselwort *new* in diesem Kontext nur in absoluten Ausnahmesituationen.

4.6.5 Allgemeine Hinweise und Regeln zur Vererbung

Nachdem wir nun am praktischen Beispiel die Programmierung von Vererbungsbeziehungen kennengelernt haben, werden wir auch die folgenden Regeln und Hinweise verstehen:

- Alle öffentlichen Eigenschaften und Methoden der Basisklasse sind auch über die abgeleiteten Subklassen verfügbar.
- Methoden der Basisklasse, die von den abgeleiteten Subklassen überschrieben werden dürfen (sogenannte *virtuelle Methoden*), müssen mit dem Schlüsselwort *virtual* deklariert werden.
- Fehlt das Schlüsselwort *virtual* bei der Methodendeklaration, so bedeutet das, dass dies die einzige Implementierung der Methode ist.
- Methoden der Subklassen, welche die gleichnamige Methode der Basisklasse überschreiben, müssen mit dem Schlüsselwort *override* deklariert werden.
- Wenn Sie das *override*-Schlüsselwort in der Subklasse vergessen, wird angenommen, dass es sich um eine „Schattenfunktion" der originalen Funktion handelt. Eine solche Funktion hat denselben Namen wie das Original, überschreibt dieses aber nicht. Bitte solche Fälle dringend vermeiden.
- Private Felder der Basisklasse, auf die die Subklassen zugreifen dürfen, müssen mit *protected* deklariert werden.
- Die Basisklasse wird der Subklasse durch einen der Klassendeklaration nachgestellten Doppelpunkt bekanntgemacht:

Syntax:

```
class SubKlasse : BasisKlasse
{
    // ... Implementierungscode
}
```

- Eine Subklasse kann immer nur von einer einzigen Basisklasse abgeleitet werden (keine Mehrfachvererbung möglich).

- Mit dem *base*-Objekt kann von den Subklassen auf die Basisklasse zugegriffen werden, mit dem *this*-Objekt auf die eigene Klasse.
- Wenn die Basisklasse einen oder mehrere eigene Konstruktoren mit Parametern verwendet, so müssen in den Subklassen ebenfalls eigene Konstruktoren definiert werden (Konstruktoren werden nicht vererbt, sie können sich nur gegenseitig aufrufen!).
- Der nicht parameterlose Konstruktor einer Subklasse muss einen passenden Konstruktor seiner Basisklasse aufrufen (*base*-Schlüsselwort).
- Falls aber die Basisklasse über keinen eigenen Konstruktor verfügt, wird der Standardkonstruktor automatisch aufgerufen, wenn ein Objekt aus einer Subklasse erzeugt wird.

Wenn Sie mit Vererbung arbeiten, sollten Sie Folgendes beachten:

- Es gibt keinerlei Beschränkung bezüglich der Stufenanzahl der Vererbungshierarchie. Sie können die Hierarchie so tief wie nötig staffeln, die Eigenschaften/Methoden werden trotzdem durch alle Vererbungsstufen hindurchgereicht. Allgemein gilt, je weiter unten sich eine Klasse in der Hierarchie befindet, umso spezialisierter ist ihr Verhalten. Zum Beispiel eine *HochschulKunden*-Klasse, die von einer Klasse *SchulKunden* erbt und diese wiederum von der *Kunden*-Klasse.
- Um die Komplexität zu minimieren und die Wartbarkeit des Codes zu vereinfachen, sollten Sie die Vererbungshierarchie nicht tiefer als ca. vier Stufen staffeln.
- Jede Subklasse kann nur von einer Basisklasse erben! So kann z. B. eine *HochSchul Kunden*-Klasse nicht sowohl von der *Kunden*-Klasse als auch von einer *Schul Kunden*-Klasse erben. Das ist in Ordnung so, denn eine solche multiple Vererbung könnte sehr schnell zu einem komplexen und unübersichtlichen Problem werden.

Es gibt zwei primäre Anwendungsfälle für Vererbung in Anwendungen:

- Sie verwenden Objekte unterschiedlichen Typs mit ähnlicher Funktionalität. So erben z. B. *SchulKunden*-Klasse und *StaatsKunden*-Klasse von der *Kunden*-Klasse.
- Sie haben gleiche Prozesse mit einer Menge von Objekten auszuführen. So erbt z. B. jeder Typ eines Geschäftsobjekts von einer Business Object(BO)-Klasse.

Sie sollten in folgenden Fällen auf Vererbung verzichten:

- Sie brauchen nur eine einzige Funktion von der Basisklasse. In diesem Fall sollten Sie die Funktion in die eigene Klasse delegieren, statt von einer anderen zu erben.
- Sie möchten alle Funktionen überschreiben. In einem solchen Fall sollten Sie eine Schnittstelle (*Interface*, siehe Abschnitt 4.8) statt Vererbung verwenden.

4.6.6 Polymorphes Verhalten

Untrennbar mit der Vererbung verbunden ist die sogenannte Polymorphie (Vielgestaltigkeit). Polymorphes Verhalten bedeutet, dass erst zur Laufzeit einer Anwendung entschieden wird, welche der möglichen Methodenimplementierungen aufgerufen wird, da dies zum Zeitpunkt des Kompilierens noch unbekannt ist.

Im obigen Beispiel hatten wir von den Vorzügen der Polymorphie allerdings noch keinen Gebrauch gemacht, denn *Privat-* und *Firmenkunde* wurden in einzelnen Objektvariablen gespeichert und bereits per Programmcode fest mit ihren Methoden *GetAdresse()* und *AddGuthaben()* verbunden.

Um Polymorphie sichtbar zu machen, müssen wir das bei der Implementierung der Objekte zielgerichtet ausnutzen. Wie wir gleich sehen werden, treten die Vorzüge der Polymorphie besonders augenscheinlich zutage, wenn Objekte unterschiedlicher Klassenzugehörigkeit nacheinander in Arrays oder Auflistungen abgespeichert werden.

Beispiel 4.48: Polymorphes Verhalten

C#

Wir nehmen die drei Klassen des Vorgängerbeispiels (*Kunde, PrivatKunde, FirmenKunde*) als Grundlage. An deren Implementierungen brauchen wir keinerlei Veränderungen vorzunehmen, denn polymorphes Verhalten ergibt sich als logische Konsequenz aus der Vererbung von Klassen. Änderungen müssen wir lediglich beim Abspeichern der Objektvariablen vornehmen.
Aus den Subklassen *PrivatKunde* und *FirmenKunde* wollen wir insgesamt drei Objekte (*kunde1, kunde2, kunde3*) instanziieren (ein Privatkunde, zwei Firmenkunden).
Innerhalb des Klassencodes von *Form1* deklarieren Sie:

```
private PrivatKunde kunde1;
private FirmenKunde kunde2;
private Firmenkunde kunde3;
private Kunde[] kunden = new Kunde[3];   // Array für 3 Objekte
private const char LF = (char) 10;      // für Zeilenvorschub
```

Im Konstruktor von *Form1* werden die notwendigen Initialisierungen vorgenommen:

```
public Form1()
{
    kunde1 = new PrivatKunde("Herr", "Kotz", "München");
    kunde1.StammKunde = false;
    kunde2 = new FirmenKunde("Frau", "Weiss", "PrimeTime Software");
    kunde2.StammKunde = true;
    kunde3 = new FirmenKunde("Herr", "Wenz", "Actition GmbH");
    kunde3.StammKunde = false;
```

Da das Array vom Typ der Basisklasse ist, kann es auch Objekte der Subklassen (Privat- und Firmenkunden) in wahlloser Reihenfolge aufnehmen:

```
        kunden[0] = kunde1;
        kunden[1] = kunde2;
        kunden[2] = kunde3;
        textBox1.Text = "100";
    }
```

Das Array wird in einer *for*-Schleife durchlaufen und ausgelesen. Dabei werden die polymorphen Methoden (das sind die mit *virtual* bzw. *override* deklarierten) für alle Objekte aufgerufen:

```
private void button1_Click(object sender, EventArgs e)
{
    double brutto = Convert.ToDouble(textBox1.Text);
    label1.Text = string.Empty;
    for (int i = 0; i < kunden.Length; i++)
    {
      kunden[i].AddGuthaben(brutto);
        label1.Text = label1.Text + LF + kunden[i].GetAdresse() + LF
                      + kunden[i].Guthaben.ToString("c");
    }
}
```

Obwohl im Array die Objekte bunt durcheinandergewürfelt sein können, „weiß" das Programm zur Laufzeit genau, welche Implementierung der beiden polymorphen Methoden *GetAdresse()* und *AddGuthaben()* jeweils für Privat- und für Firmenkunden die richtige ist.

HINWEIS: Genau hier liegt der springende Punkt zum Verständnis der Polymorphie! Mit der in Abschnitt 4.6.4 implementierten und ausblendenden *Test()*-Methode hätten wir dieses Verhalten nicht gesehen.

Beispiel 4.49: Polymorphes Verhalten, Variante 2

C#

Eine alternative Implementierung mittels *foreach*-Schleife bringt die Polymorphie noch deutlicher ans Tageslicht, da die Methodenaufrufe nicht mit Objekten der Subklassen *PrivatKunde*/*Firmenkunde*, sondern mit Objekten der Basisklasse *Kunde* verknüpft sind:

```
private void button2_Click(object sender, EventArgs e)
{
    double brutto = Convert.ToDouble(textBox1.Text);
    label1.Text = string.Empty;
    foreach (Kunde ku in kunden)
    {
        ku.AddGuthaben(brutto);
        label1.Text = label1.Text + LF + ku.GetAdresse() + LF +
        ku.Guthaben.ToString("c");
    }
}
```

Praxistest

Das Ergebnis anhand der abgebildeten Testoberfläche beweist, dass Vererbung und Polymorphie tatsächlich untrennbar miteinander verbunden sind. Egal ob Privat- oder Firmenkunde, es werden immer die jeweils passenden Methodenimplementierungen aufgerufen[12].

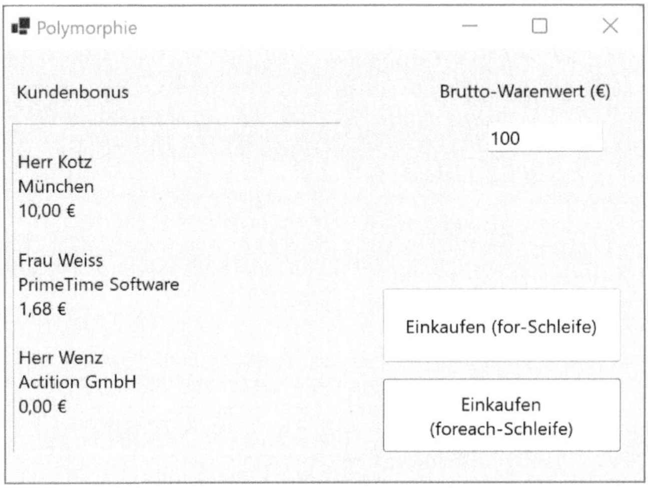

Bild 4.17
Polymorphie zur Laufzeit

Das tiefere Verständnis der Polymorphie ist mit Sicherheit einer der schwierigsten Konzepte der OOP. Deshalb wurde unser Beispiel bewusst einfach gehalten, damit Sie zunächst zu einem Grundverständnis gelangen, das Sie später weiter ausbauen können.

HINWEIS: Probieren Sie doch, die Version der mit *new* überschriebenen Testmethode dem Beispiel hinzuzufügen, und rufen Sie dann die Methode innerhalb der Schleife auf. Das Ergebnis wird immer das der Basisklasse sein, da mit dem Schlüsselwort *new* auch die Polymorphie ausgehebelt wird.

4.6.7 Die Rolle von System.Object

Jedes Objekt in .NET erbt von der Basisklasse *System.Object*. Diese Klasse ist Teil des Microsoft .NET Frameworks und beinhaltet die Basiseigenschaften und -methoden, wie sie für ein .NET-Objekt erforderlich sind.

[12] Tja, der arme Herr Wenz. Weil er kein Stammkunde ist, bekommt er auch kein Bonusguthaben.

Alle öffentlichen Eigenschaften und Methoden von *System.Object* stehen automatisch auch in jedem Objekt zur Verfügung, das Sie erzeugt haben.

Viele der öffentlichen Eigenschaften und Methoden von *System.Object* haben eine Standardimplementation. Das heißt, Sie brauchen selbst keinerlei Code zu schreiben, um sie zu verwenden.

Beispiel 4.50: Die *ToString()*-Methode liefert den vollständigen Namen (inklusive Namespace) des Typs der Klasse von *kunde1*.

C#

```
MessageBox.Show(kunde1.ToString());
```

Ergebnis

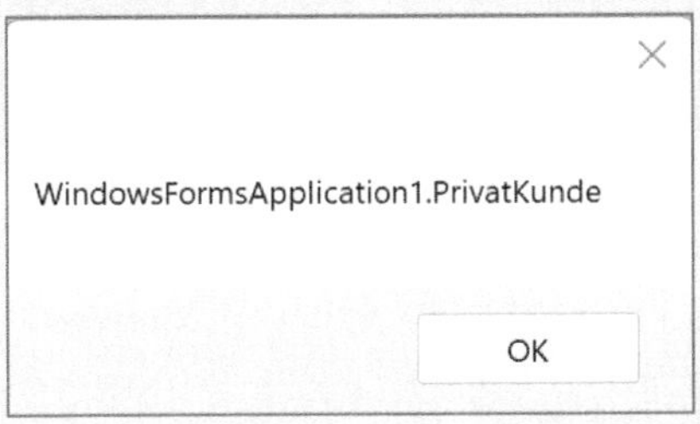

Bild 4.18
Vererbte ToString()-Methode aus der Basisklasse object

Sie können das standardmäßige Verhalten von *ToString()* mittels einer Implementierung mit dem *override*-Schlüsselwort verändern. Dies erlaubt Ihnen eine individuelle Implementierung einiger Eigenschaften bzw. Methoden von *System.Object*.

Beispiel 4.51: Die gleiche *ToString()*-Methode des Vorgängerbeispiels liefert nun den Namen des Kunden, wenn Sie die folgende Methode zum Klassenkörper von *Kunde* hinzufügen.

C#

```
public override string ToString()
{
   return Nachname;
}
```

Ergebnis

Bild 4.19
Überschriebene ToString()-Methode

4.7 Spezielle Klassen

Es gibt einige Klassen, die spezielle Features aufweisen bzw. nur für einen beschränkten Einsatzbereich infrage kommen. Gekennzeichnet werden diese Klassen in der Regel durch einen vorangestellten Modifizierer (*abstract, sealed, partial, static*).

4.7.1 Abstrakte Klassen

Klassen, die lediglich ihr „Erbmaterial" an andere Klassen weitergeben und von denen selbst keine Instanzen gebildet werden, bezeichnet man als *abstrakt*. Typische Beispiele für abstrakte Klassen wären *Fahrzeug, Tier* oder *Nahrung*.

HINWEIS: Das bedeutet, es gibt viele unterschiedliche Tiere (Hund, Katze, Maus etc.) aber keine Ausprägung von Tier. Es gibt nur deren spezielle Ableitungen.

Um zu verhindern, dass von abstrakten Klassen Instanzen gebildet werden, müssen diese mit dem Modifikator *abstract* gekennzeichnet werden.

Beispiel 4.52: In unserem Vorgängerbeispiel werden von der Klasse *Kunde* keine Instanzen gebildet. Sie kann deshalb als abstrakt deklariert werden.

C#

```
public abstract class Kunde
{ ... }
```

Während die Deklaration nach wie vor möglich ist

```
Kunde kunde;
```

schlägt der Versuch einer Instanziierung fehl:

```
kunde = new Kunde("Herr", "Kotz");  // Fehler
```

Abstrakte Klassen ähneln einem weiteren wichtigen Softwarekonstrukt der OOP, den Schnittstellen (Interfaces). Eine Schnittstelle müssen Sie sich wie eine abstrakte Klasse vorstellen, in der nur öffentliche Methoden definiert, aber nicht implementiert werden (die Methodenrümpfe bleiben leer). Die Deklaration einer Schnittstelle ähnelt der einer Klasse, nur dass das Schlüsselwort *class* gegen das Schlüsselwort *interface* ausgetauscht wird (siehe Abschnitt 4.8).

Abstrakte Methoden

In Verbindung mit polymorphem Verhalten finden sich innerhalb abstrakter Klassen oft auch *abstrakte Methoden*. Diese enthalten grundsätzlich keinen Code, da sie in den abgeleiteten Klassen mit *override* überschrieben werden **müssen**. Zur Kennzeichnung abstrakter Methoden verwenden Sie das Schlüsselwort *abstract*. Die Deklaration erfolgt in einer Zeile, also ohne Rumpf.

Beispiel 4.53: Die Funktion *Adresse()* der abstrakten *Kunde*-Klasse muss in sämtlichen Subklassen komplett implementiert werden. In dem Beispiel wird das Überschreiben in der Klasse *PrivatKunde* gezeigt.

C#

```
public abstract class Kunde
{   ...
    public abstract string Adresse();  // abstrakte Methode
    ...
}
```

Da eine abstrakte Methode implizit eine virtuelle Methode darstellt, muss sie in der Subklasse mit *override* deklariert werden.

```
public class PrivatKunde : Kunde;
{   ...
    public override string Adresse()  // überschreibt abstrakte Methode
    {
         return Anrede + "  " + Nachname + "  " + Wohnort;
    }
    ...
}
```

4.7.2 Versiegelte Klassen

Wenn Sie unbedingt verhindern möchten, dass andere Programmierer von einer von Ihnen entwickelten Komponente weitere Subklassen ableiten, so müssen Sie Ihre Klasse mithilfe des Modifikators *sealed* schützen.

Beispiel 4.54: Die Klasse *PrivatKunde* wird versiegelt und darf deshalb keine Nachkommen haben.

C#

```
public sealed class PrivatKunde : Kunde
{   ...
}
```

Beim Versuch, von einer Subklasse zu erben, schlägt Ihnen der Compiler erbarmungslos auf die Finger:

```
public class Student : PrivatKunde    // Fehler!!!
{
    ...
}
```

HINWEIS: Vererbungsmodifikatoren wie *abstract* und *virtual* führen in einer versiegelten Klasse zum Compilerfehler, da sie keinen Sinn ergeben!

Übrigens: Ein bekanntes Beispiel für eine versiegelte Klasse ist der *string*-Datentyp, was jedweden Begehrlichkeiten einen Riegel vorschiebt.

4.7.3 Partielle Klassen

Das Konzept partieller Klassen ermöglicht es, den Quellcode einer Klasse auf mehrere einzelne Dateien aufzusplitten. In Visual Studio wird zum Beispiel auf diese Weise der vom Designer automatisch erzeugte Layout-Code vom Code des Entwicklers getrennt, was zu einer gesteigerten Übersichtlichkeit beiträgt, wovon man sich nach Öffnen eines neuen Windows-Forms-Projekts selbst überzeugen kann.

Die Programmierung ist denkbar einfach, denn alle Teile der Klasse sind lediglich mit dem Modifizierer *partial* zu kennzeichnen. Dieser muss hinter dem Sichtbarkeitsmodifizierer (*private, public, protected, . . .*) stehen.

Beispiel 4.55: Eine einfache Klasse *Kunde*

C#

```
public class Kunde
{
   public Kunde(string nachName)
   {
      Name = nachName;
   }

   public string Name { get; protected set; }
   public double Guthaben { get; protected set; }

   public void AddGuthaben(double betrag)
   {
      guthaben += betrag;
   }
   ...
}
```

Die Klasse *Kunde* könnte (als eine von vielen Möglichkeiten) wie folgt in drei partielle Klassen aufgesplittet werden:

```
public partial class Kunde
{
   public Kunde(string nachName)
   {
      Nachname = nachName;
   }
}

public partial class Kunde
{
   public string Name { get; protected set; }
   public double Guthaben { get; protected set; }
}

Public partial class Kunde
{
   public void AddGuthaben(double betrag)
   {
      Guthaben += betrag;
   }
}
```

HINWEIS: Dieses konstruierte Beispiel ist natürlich wenig sinnvoll. Partielle Klassen sind aber da wichtig, wo Klassen durch Designer automatisch generiert werden (nicht nur bei Windows Forms).

4.7.4 Statische Klassen

Mit dem *static*-Modifizierer kann man nicht nur statische Klassenmitglieder (Eigenschaften, Methoden, siehe Abschnitt 4.2.5 und Abschnitt 4.3.3), sondern auch komplette *statische* Klassen deklarieren. Eine solche Klasse kann nicht instanziiert werden und sie hat nur statische Mitglieder. Praktische Anwendungen ergeben sich z. B. für Formelsammlungen. Auch in der .NET-Klassenbibliothek finden sich zahlreiche vordefinierte statische Klassen (z. B. *File, Directory, Debug, Math, ...*).

Beispiel 4.56: Eine statische Klasse zur Berechnung des Kugelvolumens bei gegebenem Durchmesser (und umgekehrt)

C#

```
public static class Kugel
{
    private static double Pi = Math.PI;

    public static double Durchmesser_Volumen(double durchmesser)
    {
        return = Math.Pow(durchmesser, 3) * Pi/6.0;
    }

    public static double Volumen_Durchmesser(double volumen)
    {
        return Math.Pow(6/Pi * volumen, 1/3.0);
    }
}
```

Beispielhafte Anwendung der statischen Klasse *Kugel* zur Berechnung des Durchmessers einer Kugel mit einem Kubikmeter Rauminhalt:

```
double v = 1.0;
double d = Kugel.Volumen_Durchmesser(v);    // liefert 1,24 ...
```

Die Verwendung einer ähnlichen Klasse wird im Praxisbeispiel in Abschnitt 4.10.2, „Eine statische Klasse anwenden“, demonstriert.

4.8 Schnittstellen (Interfaces)

Das .NET-Framework (die CLR) unterstützt keine Mehrfachvererbung. Das heißt, eine Unterklasse kann immer nur von einer einzigen Oberklasse erben. Dies ist wohl mehr ein Segen als ein Fluch, denn allzu leicht würde sonst der Programmierer im Gestrüpp mehrfacher Vererbungsbeziehungen über mehrere Hierarchieebenen hinweg die Übersicht verlieren – instabiler Code und Chaos könnten die Folge sein.

Ein Ausweg ist die Verwendung von Schnittstellen. Diese bieten fast alle Möglichkeiten der Mehrfachvererbung, vermeiden aber deren Nachteile. Schnittstellen dienen dazu, gemeinsame Merkmale ansonsten unabhängiger Klassen beschreiben zu können.

Eine Schnittstelle können Sie sich zunächst wie eine abstrakte Klasse (siehe Abschnitt 4.7.1) vorstellen, in der nur abstrakte Methoden definiert werden[13].

HINWEIS: Vielleicht haben Sie schon mal den Begriff Dependency Injection gehört. In großen professionellen Projekten wird das fast immer eingesetzt. Die Basis für diese Technologie bilden Interfaces.

4.8.1 Definition einer Schnittstelle

Eine Schnittstelle können Sie zu Ihrem Projekt genauso hinzufügen wie eine neue Klasse. Statt des Schlüsselworts *class* verwenden Sie aber *interface*.

HINWEIS: Laut Konvention sollte der Name einer Schnittstelle mit „I" beginnen. Alle Interfaces sind selbstredend wieder in der Pascal-Notation zu implementieren.

Beispiel 4.57: Eine Schnittstelle *IPerson*, die zwei Eigenschaften und eine Methode definiert

C#

```
public interface IPerson
{
    string Nachname { get; set; }

    string Vorname { get; set; }

    string GetName();
}
```

Vielleicht vermissen Sie im obigen Beispiel die Zugriffsmodifizierer (*public* ...). Diese haben aber in einer Schnittstellendefinition generell nichts zu suchen. Sie sind sogar verboten!

[13] Dieser Vergleich hinkt natürlich wegen der auch bei abstrakten Klassen nicht möglichen Mehrfachvererbung.

HINWEIS: Die Festlegung der Zugriffsmodifizierer für die Mitglieder der Schnittstelle ist verboten! Sie müssen ja *public* sein, ansonsten wären sie ja keine öffentliche Schnittstelle.

4.8.2 Implementieren einer Schnittstelle

Die Syntax entspricht der bei der normalen Implementierungsvererbung[14]. Das heißt, an die Deklaration der erbenden Klasse wird ein Doppelpunkt angefügt, dem der Name der Schnittstelle folgt.

HINWEIS: Die implementierende Klasse geht die Verpflichtung ein, ausnahmslos **alle** Mitglieder der Schnittstelle zu implementieren!

Beispiel 4.58: Die Klasse *Kunde* implementiert die Schnittstelle *IPerson*.

C#

```
public class Kunde : IPerson
{
```

Alle von *IPerson* geerbten abstrakten Klassenmitglieder müssen implementiert werden:

```
public string Nachname { get; set; }

public string Vorname { get; set; }

public string GetName()
    {
        return Vorname + " " + Nachname ;
    }
    ...
}
```

Den kompletten Code finden Sie im Praxisbeispiel in Abschnitt 4.10.4, „Schnittstellenvererbung verstehen“. Dort wird auch gezeigt, wie man eine mit abstrakten Methoden ausgestattete abstrakte Klasse ganz leicht in eine Schnittstelle überführen kann.

[14] Der Vergleich trifft zumindest dann zu, wenn nur eine einzige Schnittstelle implementiert wird.

HINWEIS: Wenn Ihre Klasse mehrere Schnittstellen implementiert, werden diese einfach mit Komma getrennt nach dem „Vererbungsdoppelpunkt" aufgelistet. Sollten Sie zusätzlich auch noch von einer normalen Basisklasse erben, so muss diese am Anfang der Liste und als erstes Element nach dem Doppelpunkt stehen.

4.8.3 Abfragen, ob Schnittstelle vorhanden ist

Manchmal möchte man vor der eigentlichen Arbeit mit einem Objekt wissen, ob dieses eine bestimmte Schnittstelle implementiert hat. Eine Lösung bietet eine Abfrage mit dem *is*-Operator.

Beispiel 4.59: Abfragen, ob das Objekt *kunde1* die Schnittstelle *IPerson* implementiert hat.

C#

```
if (kunde1 is IPerson)
{
  MessageBox.Show(
  "Das Objekt kunde1 hat die Schnittstelle IPerson implementiert!");
}
```

Ergebnis

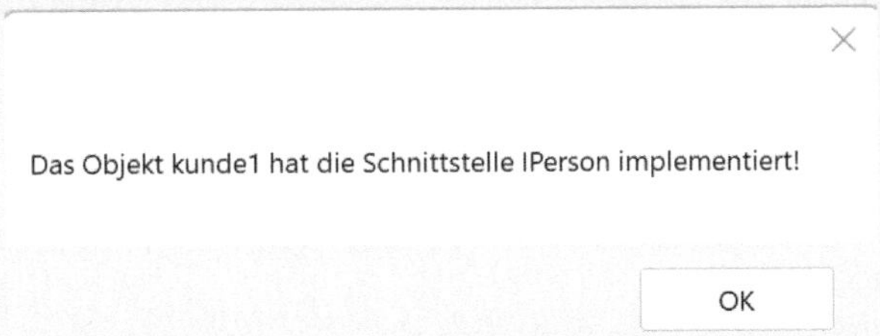

Bild 4.20 Abfrage, ob ein Objekt ein bestimmtes Interface implementiert

4.8.4 Mehrere Schnittstellen implementieren

Eine Klasse kann nicht nur eine, sondern auch mehrere Schnittstellen gleichzeitig implementieren, was quasi Mehrfachvererbung bedeutet, wie sie mit der klassischen Implementierungsvererbung unmöglich ist.

Beispiel 4.60: Eine Klasse implementiert zwei Schnittstellen.

C#

```
public class Privatkunde : IPerson, IKunde
{
...
}
```

4.8.5 Schnittstellenprogrammierung ist ein weites Feld ...

... und bis jetzt haben wir nur an der Oberfläche gekratzt. Wichtige Prinzipien hier nochmals in Kürze:

- Statt von einer abstrakten Klasse zu erben, werden die abstrakten Methoden über eine Schnittstelle veröffentlicht. Damit erlangt man gewissermaßen die Funktionalität der Mehrfachvererbung und umgeht deren Nachteile.
- Eine Schnittstelle ist wie ein Vertrag. Sobald eine Klasse eine Schnittstelle implementiert, muss sie auch ausnahmslos alle (!) Mitglieder der Schnittstelle implementieren und veröffentlichen.
- Der Name der implementierten Methode sowie deren Signatur müssen mit deren Definition in der Schnittstelle exakt übereinstimmen.
- Mehrere Schnittstellen können zu einer neuen Schnittstelle zusammengefasst werden und selbst wieder Schnittstellen implementieren.

HINWEIS: Mehr zur Schnittstellenprogrammierung finden Sie beispielsweise in Kapitel 6 (*IEnumerable*-Interface).

4.9 Datensatztypen – Records

In C# 9 wurden Datensatztypen eingeführt, die anstelle von Klassen und Strukturen genutzt werden können. Im weiteren Verlauf dieses Abschnitts verwenden wir anstatt der sperrigen deutschen Bezeichnung Datensatztyp lieber den englischen Ausdruck *Record*. Records sind genauso wie Klassen Referenztypen und können auch vererbt werden (zur Vererbung siehe das Praxisbeispiel in Abschnitt 4.10.10). Records werden vor allem dann verwendet, wenn Sie immutable Properties benötigen, also Eigenschaften, deren Werte nach der Initialisierung nicht mehr geändert werden können. Dies benötigt man sehr häufig bei sogenannten DTOs (Data Transfer Objects),

Sie können aber auch Records mit veränderbaren Eigenschaften anlegen. Aber schauen wir uns doch Records einmal genauer an.

4.9.1 Definition eines Record

Einen Record können Sie genau wie eine Klasse definieren, Sie ändern lediglich das Schlüsselwort *class* in *record.*

Wenn Sie in Visual Studio Ihrem Projekt einen neuen Record hinzufügen wollen, dann suchen Sie leider vergebens in den Vorlagen nach diesem. Verwenden Sie einfach eine Klasse und ändern Sie dann das Schlüsselwort *class* zu *record.*

Beginnen wir mit dem ersten kleinen Beispiel und definieren einen veränderbaren (mutable) Record.

Beispiel 4.61: Ein Record mit zwei veränderbaren Eigenschaften

C#

```
public record AlbumMutable
{
    public string? Name { get; set; }
    public string? Kuenstler { get; set; }
}
```

Das ging ja einfach. An der Stelle möchten wir nochmals die IntelliSense-Fähigkeiten von Visual Studio hervorheben, die aus unserer Sicht gegenüber der Vorgängerversion Visual Studio 2019 und älteren Versionen noch mal deutlich verbessert wurden.

Sobald wir die erste Property schreiben möchten und nur den Buchstaben *p* eintippen, schlägt uns Visual Studio schon vor, dass wir jetzt wohl eine Property *Name* anlegen möchten. Durch Drücken der Tab-Taste wird der Code vervollständigt.

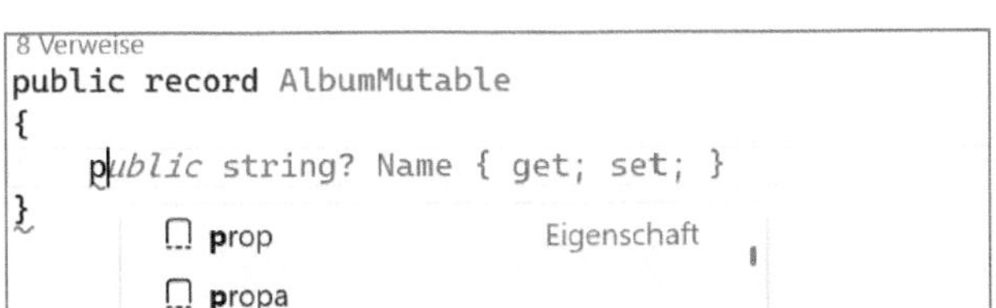

Bild 4.21 IntelliSense in Visual Studio

Nachdem wir den Vorschlag mit **Tab** übernommen haben und mit **Enter** in die nächste Zeile gehen, erhalten wir einen Vorschlag für eine weitere Property Description.

Bild 4.22
... und der nächste Vorschlag gleich hinterher

So, jetzt wollen wir unseren Record natürlich auch verwenden.

Beispiel 4.62: Verwenden des Record in einem Formular

C#

```
private void button1_Click(object sender, EventArgs e)
{
    AlbumMutable album = new AlbumMutable();
    album.Kuenstler = "The Beatles";
    album.Name = "Abbey Road";
    MessageBox.Show(album.ToString());
}
```

Bislang sehen wir noch keinen Unterschied zu einer Klasse. Es gibt Eigenschaften und Methoden können angelegt werden. Uns stehen sogar die Methoden zur Verfügung, die wir von *object* erben (wie zum Beispiel *ToString()*). Also drängt sich die Frage auf, warum es einen neuen Typ gibt und wo die Vorteile liegen. Wie bereits erwähnt, sollten Records eher bei Datenstrukturen eingesetzt werden, deren Werte sich nach der Initialisierung nicht mehr ändern. Das haben wir im Einführungsbeispiel jetzt noch nicht gezeigt, aber dazu kommen wir gleich.

Doch davor wollen wir das kleine Beispiel mal laufen lassen und erleben dabei die erste Überraschung.

Compilergenerierte ToString()-Methode

Bei einer Klasse hätten wir als Ausgabe den Namespace der Klasse und den Klassennamen, getrennt durch einen Punkt, erwartet.

Doch die Überraschung sehen Sie in Bild 4.23:

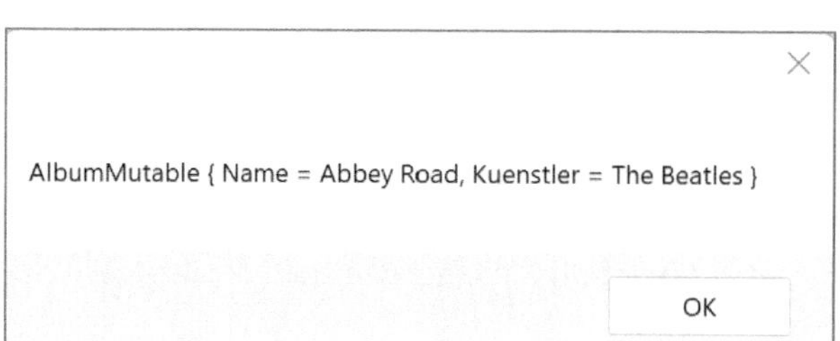

Bild 4.23
Ausgabe der Eigenschaftsnamen mit den zugehörigen Werten

Anstatt der Typbezeichnung sehen wir alle Eigenschaften des Records mit den zugehörigen Werten.

Wertegleichheit bei Equals()

Eine weitere Methode, die anders als in einer Klasse implementiert ist, ist die *Equals()*-Methode.

Bei Klassen wird beim Aufruf der *Equals()*-Methode verglichen, ob es sich um dieselbe Referenz des Objekts handelt. Bei Records werden tatsächlich die Werte verglichen.

Beispiel 4.63: Vergleich von unterschiedlichen Records

C#

```
private void button2_Click(object sender, EventArgs e)
{
    AlbumMutable album = new AlbumMutable();
    album.Kuenstler = "The Beatles";
    album.Name = "Abbey Road";

    AlbumMutable album2 = new AlbumMutable();
    album2.Kuenstler = "The Beatles";
    album2.Name = "Abbey Road";

    AlbumMutable album3 = new AlbumMutable();
    album3.Kuenstler = "The Beatles";
    album3.Name = "Let it be";
    if (album.Equals(album2))
    {
        MessageBox.Show("Album1 und Album2 haben die gleichen Werte");
    }

    if (album2.Equals(album3))
    {
        MessageBox.Show("Album1 und Album3 haben die gleichen Werte");
    }
}
```

Es werden hier drei unterschiedliche Instanzen des Typs *AlbumMutable* angelegt. Zwei davon besitzen dieselben Werte, die dritte hat einen unterschiedlichen Namen.
Im Gegensatz zu Klassen sind *album* und *album2* hier gleich, da die Werte verglichen werden.

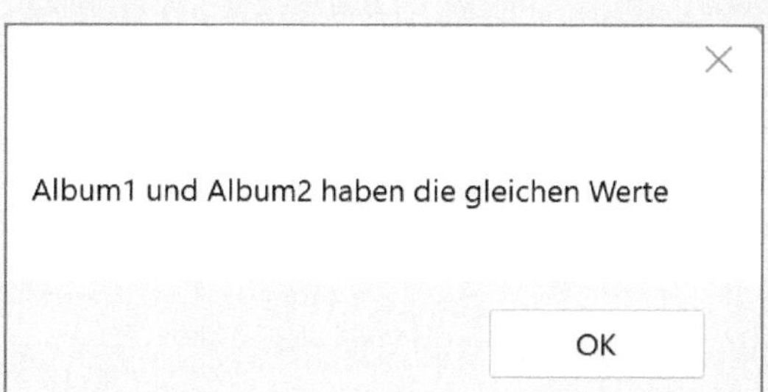

Bild 4.24
Vergleich der Werte

4.9.2 Mutable Properties

Jetzt wollen wir uns aber anschauen, wie wir unveränderliche Records definieren können. Dabei gibt es zwei Möglichkeiten, die auch miteinander kombiniert werden können.

- Positional Parameter
- Init-only Setter

Sie können dafür den Record mittels eines sogenannten primären Konstruktors definieren.

Beispiel 4.64: Definition des Records mit primärem Konstruktor

C#

```
public record AlbumImmutable(string Name, string Kuenstler);
```

Und dann wie folgt verwenden

Beispiel 4.65: Verwenden des Records in einem Formular

C#

```
private void button3_Click(object sender, EventArgs e)
{
    AlbumImmutable album = new AlbumImmutable("Abbey Road", "The Beatles");
    MessageBox.Show(album.ToString());
}
```

Ein Ändern des Wertes meckert der Compiler sofort an, da es sich ja im Endeffekt um eine schreibgeschützte Property handelt.

Die zweite Möglichkeit, immutable Properties für einen Record zu definieren, sind Init-only Setters. Sie ähneln fast exakt einer normalen Propertydefinition, nur dass Sie anstatt des Schlüsselwortes *set* einfach *init* schreiben.

Beispiel 4.66: Recorddefinition mittels Init-only Setter.

C#

```
public record AlbumInitOnlyImmutable
{
    public string? Name { get; init; }
    public string? Kuenstler { get; init; }
}
```

Um dieses Objekt jetzt zu instanziieren, verwenden Sie die Syntax wie bei den Objektinitialisierern in Abschnitt 4.5.1.

Beispiel 4.67: Verwenden der Init-only Setter in einem Formular.

C#

```
private void button4_Click(object sender, EventArgs e)
{
    AlbumInitOnlyImmutable album = new AlbumInitOnlyImmutable{
        Name = "Abbey Road", Kuenstler = "The Beatles"};
    MessageBox.Show(album.ToString());
}
```

Bitte aufpassen, die Werte sind im Beispiel 4.67 in geschweiften Klammern geschrieben, nicht dass Sie da aus Versehen drübergelesen haben.

HINWEIS: Die Init-only Setter wurden in C# 9 eingeführt und können auch für Klassen verwendet werden. Der primäre Konstruktor wurde mit C# 12 eingeführt. Mehr zu beidem lesen Sie in Kapitel 8.

Wir hoffen, dass wir Ihnen den Nutzen der Records verdeutlichen konnten. Bei reinen Datentransferobjekten ist die Menge an benötigtem Code doch wesentlich geringer als bei einer Klassendefinition.

HINWEIS: Auch wenn wir hier immutable Typen definieren, so sei gesagt, dass Sie mit Reflection natürlich weiterhin jegliche „Schweinereien" betreiben können.

Und natürlich kann man auch beide Möglichkeiten miteinander kombinieren.

Beispiel 4.68: Kombinierte Recorddefinition.

C#

```
public record AlbumImmutableKombi(string Name, string Kuenstler)
{
    public int Erscheinungsjahr { get; init; }
}
```

Das Instanziieren funktioniert dann auch über die Kombination der beiden Möglichkeiten.

Beispiel 4.69: Verwenden des Records in einem Formular

C#

```
private void button5_Click(object sender, EventArgs e)
{
    AlbumImmutableKombi album = new AlbumImmutableKombi(
        "Abbey Road", "The Beatles") { Erscheinungsjahr = 1969 };
    MessageBox.Show(album.ToString());
}
```

HINWEIS: Sie können natürlich auch zu jeder dieser Kombinationen noch zusätzlich herkömmliche mutable Properties hinzufügen.

Ein weiterer Vorteil eines immutable Records gegenüber einer Klasse besteht darin, dass er *threadsafe* ist und es nicht mehr möglich ist, einen der Werte nach der Objekterstellung noch zu ändern.

4.9.3 Nicht-destruktive Änderung

Dadurch, dass die Werte von unveränderlichen Records nicht mehr geändert werden können, bietet Nicht-destruktive Änderung die Möglichkeit, ein neues Objekt zu instanziieren und dabei die Werte aus einer bestehenden Instanz zu übernehmen und dann anzupassen. Der englische Begriff für die, wieder mal sperrige, deutsche Übersetzung lautet *non-destructive mutation.*

Schauen wir uns mal an, wie das syntaktisch aussieht.

Beispiel 4.70: Non-destructive mutation

C#

```
private void button6_Click(object sender, EventArgs e)
{
    AlbumImmutable album = new AlbumImmutableKombi(
        "Abbey Road", "The Beatles") { Erscheinungsjahr = 1969 };
    AlbumImmutableKombi modifiedAlbum = new AlbumImmutableKombi(
        album.Name, album.Kuenstler)
        {
            Erscheinungsjahr = 1970
        };
```

Hier wird eine neue Instanz *modifiedAlbum* erstellt, bei der die beiden Werte für *Name* und *Kuenstler* aus der Instanz *album* übernommen werden und das *Erscheinungsjahr* mit einem neuen Wert belegt wird.

```
        AlbumImmutableKombi modified2Album = album with{
            Kuenstler = "Rolling Stones",
            Erscheinungsjahr = 1970
        };
        MessageBox.Show(modified2Album);
    }
```

In der zweiten Variante wird ein neues Schlüsselwort *with* eingeführt. Das bedeutet, es werden alle Eigenschaften aus der Instanz *album* übernommen und die in geschweiften Klammern angegebenen Properties werden mit neuen Werten versorgt.

HINWEIS: *With* wurde auch mit C# 9 eingeführt, ist aber nur in Verbindung mit Records gültig.

4.9.4 Dekonstruktion

Records können auch auf einfache Weise dekonstruiert werden. Dabei wird die Instanz in ein Tupel umgewandelt, das alle Properties, die über Positionsparameter definiert wurden, enthält.

Eine Dekonstruktion von Init-only Setter ist nicht möglich!

Beispiel 4.71: Dekonstruktion eines Records

C#

```
    private void button7_Click(object sender, EventArgs e)
    {
        AlbumImmutable album = new AlbumImmutable("Abbey Road", "The Beatles");
        string name;
        string kuenstler;
        (name, kuenstler) = album;
        MessageBox.Show(name + " " + kuenstler);    }
```

HINWEIS: Die Dekonstruktion funktioniert nur, wenn mindestens zwei Eigenschaften im Tupel vorhanden sind. Mit nur einer einzigen Property würde es nicht funktionieren – ein Wert ist ja auch kein Tupel.

HINWEIS: Mit C# 10 wurden auch noch Datensatzstrukturen eingeführt, also Records als Wertetypen, die mit der Kombination der beiden Schlüsselwörter *record* und *struct* definiert werden.

```
public record struct Album(string Name, string Kuenstler)
```

Mehr dazu in Kapitel 8.

4.10 Praxisbeispiele

Bei den folgenden Praxisbeispielen haben wir zur Vereinfachung bei manchen Projekten das Attribut *<nullable>enabled<nullable>* aus der Projektdatei entfernt. Das sollten Sie eigentlich nicht tun, denn der Hinweis auf die Codestellen, wo eine *Null ReferenceException* potenziell auftreten könnte, ist schon sehr wichtig. Da wir aber noch am Anfang unserer C#-Reise sind, wollen wir die auftretenden Warnungen erstmal ignorieren, bevor dadurch zu viel Verwirrung gestiftet wird.

4.10.1 Eigenschaften sinnvoll kapseln

Das Deklarieren von Eigenschaften als öffentliche Variablen der Klasse heißt immer, das Brett an der dünnsten Stelle zu bohren. Der fortgeschrittene Programmierer verwendet stattdessen sogenannte Property-Methoden, die einen kontrollierten Zugriff erlauben. Außerdem ermöglichen die Property-Methoden auch die Implementierung von *berechneten Eigenschaften*, die aus den (privaten) Zustandsvariablen ermittelt werden. Im vorliegenden Praxisbeispiel handelt es sich um eine Klasse *Kreis* mit den Eigenschaften *Radius*, *Umfang* und *Flaeche*. Intern werden alle Berechnungen über den Radius durchgeführt.

Oberfläche

Um einen großen Vorteil der OOP zu demonstrieren (ohne viel Mehraufwand lassen sich beliebig viele Instanzen einer Klasse erzeugen), wollen wir mit zwei Objekten (*kreis1* und *kreis2*) arbeiten.

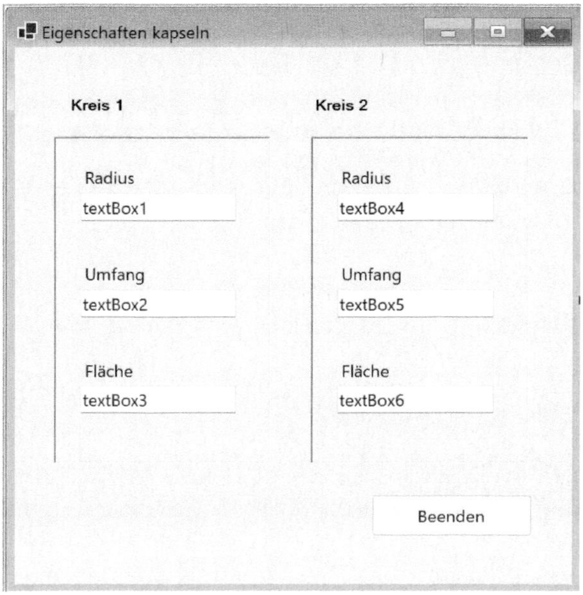

Bild 4.25 Eigenschaften kapseln

Quellcode (Kreis)

Unsere Klasse wird natürlich außerhalb von *Form1* definiert, wir werden diese in eine separate Datei auslagern. Wählen Sie im Menü *Projekt/Klasse hinzufügen* und geben Sie dem Klassenmodul den Namen *Kreis.cs*.

Deklarieren und implementieren Sie nun die Klasse wie folgt:

```
public class Kreis
{
```

Die Eigenschaft *Radius*:

```
    public double Radius { get; set; }
```

Die Eigenschaft *Umfang*:

```
    public double Umfang
    {
      get { return 2 * Math.PI * r;}
      set { Radius = value / 2 / Math.PI; }
```

Die Eigenschaft *Flaeche*:

```
    public double Flaeche
    {
       get { return Math.PI * Math.Pow(Radius, 2) ;}
       set { Radius = Math.Sqrt(value / Math.PI); }
    }
```

Quellcode (Form1)

Wechseln Sie in den Klassencode von *Form1*.

```
public partial class Form1 : Form
{ ...
```

Ein Objekt *kreis1* wird erzeugt und wird durch Objektinitialisierung gleich mit dem Radius 1,0 (die Maßeinheit soll hier keine Rolle spielen) initialisiert werden:

```
Kreis kreis1 = new Kreis { Radius = 1.0 };
```

Die folgenden Eventhandler sind einfach und übersichtlich, da die Objekte ihre inneren Funktionalitäten kapseln:

```
    private void textBox1_KeyUp(object sender, KeyEventArgs e)
    {
        kreis1.Radius = Convert.ToDouble(textBox1.Text);
        textBox2.Text = kreis1.Umfang.ToString("##0.00");
        textBox3.Text = kreis1.Flaeche.ToString("##0.00");
    }

    private void textBox2_KeyUp(object sender, KeyEventArgs e)
    {
        kreis1.Umfang = Convert.ToDouble(textBox2.Text);
        textBox1.Text = kreis1.Radius;
        textBox3.Text = kreis1.Flaeche.ToString("##0.00");
    }

    private void textBox3_KeyUp(object sender, KeyEventArgs e)
    {
        kreis1.Flaeche = Convert.ToDouble(textBox3.Text);
        textBox1.Text = kreis1.Radius.ToString("##0.00");
        textBox2.Text = kreis1.Umfang.ToString("##0.00");
    }
    ...
}
```

Der Code für das zweite Objekt (*kreis2*) ist völlig analog zu *kreis1*, sodass hier auf die Wiedergabe des Quellcodes verzichtet werden kann (siehe Beispieldaten zum Buch).

Test

Sobald Sie eine beliebige Eigenschaft ändern, werden die anderen zwei sofort aktualisiert! Ein leerer Eingabewert oder die Eingabe ungültiger Zahlen würden wegen fehlender Fehlerbehandlung zu einem Programmabsturz führen.

HINWEIS: Geben Sie als Dezimaltrennzeichen immer das Komma (,) ein, als Tausender-Separator dürfen Sie den Punkt (.) verwenden.

Bemerkung

Aus Gründen der Übersichtlichkeit wurde auf das Abfangen weiterer Eingaben, die sich nicht in einen numerischen Wert konvertieren lassen, verzichtet.

4.10.2 Eine statische Klasse anwenden

Statische Klassen eignen sich ideal für Formelsammlungen (siehe z. B. die *Math*-Klasse), da keine Objekte erzeugt werden müssen, denn es kann gleich „losgerechnet" werden. Das vorliegende Beispiel demonstriert dies anhand einer statischen Klasse *Kugel* zur Berechnung des Kugelvolumens bei gegebenem Durchmesser (und umgekehrt).

$$V = 4/3 \star Pi \star r^3$$

Nimmt man anstatt des Radius den Durchmesser *d* der Kugel, so ergibt sich daraus nach einigen Umstellungen die folgende Berechnungsformel für das Volumen *V*:

$$V = d^{3\star} Pi/6$$

Oberfläche

Ein Formular mit zwei Textfeldern zur Eingabe von Kugeldurchmesser und Kugelvolumen.

Quellcode[15)]

```
public static class Kugel
{
    public static double Durchmesser_Volumen(double durchmesser)
    {
        return = Math.Pow(durchmesser, 3) * Math.PI/6.0;
    }

    public static double Volumen_Durchmesser(string volumen)
    {
        return Math.Pow(6/Math.PI * vol, 1/3.0);
    }
}
```

Die Verwendung der Klasse im Formularcode:

```
using static StaticClass.Kugel;
public partial class Form1 : Form
{  ...
```

[15] Die using static-Anweisung wurde mit C# 6.0 eingeführt. Sie lohnt sich allerdings erst dann, wenn wiederholt auf verschiedene Member einer statischen Klasse zugegriffen werden muss.

Durch die Angabe von *using static StaticClass.Kugel* können die beiden Methoden *Durchmesser_Volumen()* und *Volumen_Durchmesser()* ohne Angabe einer Klasse oder Instanz aufgerufen werden.

Die Berechnung startet nach Betätigen der **Enter**-Taste:

```
    private void textBox1_KeyUp(object sender, KeyEventArgs e)
    {
        if ((e.KeyCode == Keys.Enter) && (textBox1.Text != ""))
        {
             textBox2.Text = Durchmesser_Volumen(
                         Convert.ToDouble(textBox1.Text)).ToString("#,##0.000");
        }
    }
    private void textBox2_KeyUp(object sender, KeyEventArgs e)
    {
        if ((e.KeyCode == Keys.Enter) && (textBox2.Text != ""))
        {
            textBox1.Text = Volumen_Durchmesser(
                         Convert.ToDouble(textBox2.Text)).ToString("#,##0.000");
        }
    }
}
```

Test

Es ist egal, ob Sie den Radius oder das Volumen eingeben. Nach Betätigen der **Enter**-Taste wird der Inhalt des jeweils anderen Textfelds sofort aktualisiert.

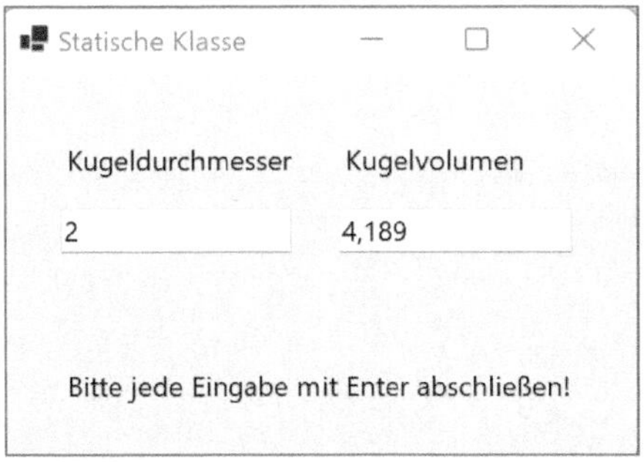

Bild 4.26
Berechnungen mit statischer Klasse

Die Maßeinheit spielt bei der Programmierung keine Rolle, da sie für beide Eingabefelder identisch ist. Um beispielsweise einen Wasserbehälter mit 1 Kubikzentimeter Inhalt zu realisieren, ist eine Kugel mit dem Durchmesser von 1,241 Zentimetern erforderlich, für 1 Kubikmeter (1000 Liter) wären es 1,241 Meter.

4.10.3 Vom fetten zum schlanken Client

Lassen Sie sich durch den martialischen Titel nicht irritieren. Wir wollen damit lediglich Ihr Interesse für eine Methodik wecken, die Ihnen hilft, den Horizont herkömmlicher Programmiertechniken zu überschreiten, und damit einen leichteren Zugang zur OOP ermöglicht. Dabei gehen wir von folgender Erfahrung aus:

Typisch für den OOP-Ignoranten ist, dass er getreu der Devise „Hauptsache es funktioniert“ mit Ausdauer und Beharrlichkeit immer wieder sogenannte „fette“ Clients (Fat Clients) programmiert. In einem solchen *Fat Client* ist in der Regel die gesamte Intelligenz (Geschäfts- bzw. Serverlogik) der Anwendung konzentriert, das heißt, eine Aufteilung in Klassen bzw. Schichten hat nie stattgefunden.

Ein qualifizierter objektorientierter Entwurf zeichnet sich aber dadurch aus, dass der Client möglichst „dumm“ bzw. „dünn“ ist. Ein *Thin Client* verwaltet ausschließlich das User Interface, die Aufgaben beschränken sich auf die Entgegennahme der Benutzereingaben und deren Weiterleitung an die Geschäftslogik bzw. umgekehrt auf die Ausgabe und Anzeige der von der Geschäftslogik ermittelten Ergebnisse. Der Server hingegen umfasst die Geschäftslogik und kapselt die Intelligenz der Anwendung.

Die Vorteile einer solchen mehrschichtigen „Thin Client“-Strategie sind:

- gesteigerte Übersichtlichkeit und leichte Wiederverwendbarkeit der Software,
- Realisierung als verteilte Anwendung im Netzwerk ist möglich,
- Wartbarkeit und Erweiterbarkeit der Geschäftslogik sind möglich, ohne dass die Clients geändert werden müssten.

In unserem zweiteiligen Beispiel geht es um einen einfachen „Taschenrechner“, den wir in zwei Versionen realisieren wollen.

In unserer ersten Windows-Forms-Anwendung haben wir es mit einem Musterbeispiel für einen „fetten“ Client zu tun. Im zweiten Teil verwandeln wir das Programm in eine mehrschichtige Anwendung mit einem „dünnen“ Client. Neugierig geworden?

Oberfläche

So oder ähnlich sollte unser „Rechenkünstler“ (egal ob dick oder dünn) zur Laufzeit aussehen:

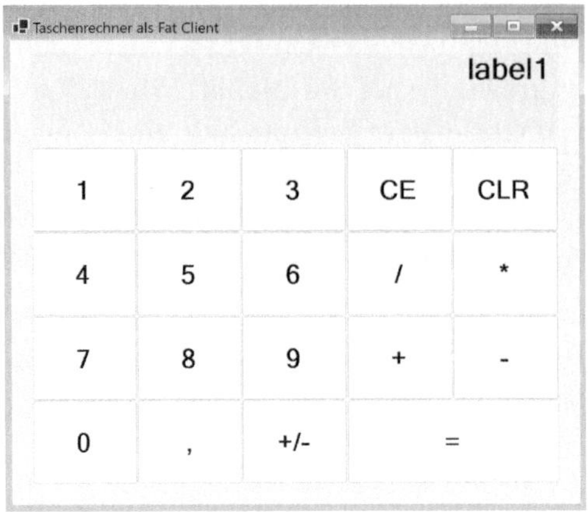

Bild 4.27
GUI für den Taschenrechner

Quellcode (Fat Client)

```
public partial class Form1 : Form
{   ...
```

Über die Bedeutung der folgenden drei globalen Zustandsvariablen brauchen wir wohl keine weiteren Worte zu verlieren:

```
    private string op;                      // aktueller Operator (+, - , *, /)
    private string reg1 = string.Empty;    // erstes Register (Operand)
    private string reg2 = string.Empty;    // zweites Register (Operand)
```

Wir wollen zur Steuerung des Programmablaufs eine spezielle Variable *state* verwenden, die den aktuellen Zustand speichert:

```
    private int state = 1;    // aktuelles Register (1 oder 2)
```

Die nun folgenden Ereignisbehandlungen für die Schaltflächen des Ziffernblocks und die vier Rechenoperationen lassen wir diesmal nicht, wie ansonsten üblich, automatisch von der Entwicklungsumgebung generieren, sondern wir programmieren sie „per Hand“. Grund dafür ist der geringere Schreibaufwand, da gemeinsame Eventhandler benutzt werden. Wir ergänzen also den Konstruktorcode mit dem Anmelden der entsprechenden Eventhandler (würden Sie das Anmelden wie üblich der IDE überlassen, so fänden Sie den automatisch generierten Code in der partiellen Klasse *Form1.Designer.cs*).

```
   public Form1()
   {
       InitializeComponent();
```

Die erste Gruppe bezieht sich auf den Ziffernblock und verweist auf die gemeinsam genutzte Methode *ButtonZ_Click*:

```
    button1.Click += new EventHandler(ButtonZ_Click);   // 1
    button2.Click += new EventHandler(ButtonZ_Click);   // 2
    button3.Click += new EventHandler(ButtonZ_Click);   // 3
    button4.Click += new EventHandler(ButtonZ_Click);   // 4
    button5.Click += new EventHandler(ButtonZ_Click);   // 5
    button6.Click += new EventHandler(ButtonZ_Click);   // 6
    button7.Click += new EventHandler(ButtonZ_Click);   // 7
    button8.Click += new EventHandler(ButtonZ_Click);   // 8
    button9.Click += new EventHandler(ButtonZ_Click);   // 9
    button10.Click += new EventHandler(ButtonZ_Click);  // 0
    button11.Click += new EventHandler(ButtonZ_Click);  // ,
```

Die zweite Gruppe bezieht sich auf die vier Operationstasten, die auf die gemeinsame Methode *ButtonOp_Click* verweisen:

```
    this.button12.Click += new EventHandler(ButtonOp_Click);  // +
    this.button13.Click += new EventHandler(ButtonOp_Click);  // -
    this.button14.Click += new EventHandler(ButtonOp_Click);  // *
    this.button15.Click += new EventHandler(ButtonOp_Click);  // :
}
```

Typisch für die nun folgenden Implementierungen der Ereignisbehandlungen *ButtonZ_Click* und *ButtonOp_Click* ist, dass die durchgeführten Aktionen vom Wert der Zustandsvariablen *state* abhängig sind, die somit die Rolle einer „Programmweiche“ übernimmt.

Zunächst die Zifferneingabe:

```
private void ButtonZ_Click(object sender, EventArgs e)
{
    Button cmd = (Button)sender;
```

In Abhängigkeit von *state* wird die Eingabe zum ersten oder zum zweiten Register hinzugefügt. Der Wert der einzugebenden Ziffer wird dabei der *Text*-Eigenschaft des Buttons entnommen:

```
    switch (state)
    {
        case 1:  // zum ersten Operanden hinzufügen
              reg1 += cmd.Text[0];
              label1.Text = reg1;
              break;
        case 2:  // zum zweiten Operanden hinzufügen
              reg2 += cmd.Text[0];
              label1.Text = reg1 + " " + op + " " + reg2;
              break;
    }
}
```

Bei der Eingabe des Operators (+, –, *, /) wird ähnlich verfahren:

```
private void ButtonOp_Click(object sender, EventArgs e)
{
    Button cmd = (Button)sender;
    switch (state)
    {
        case 1:   // neuer Operand
              op = cmd.Text;
              state = 2;
              break;
        case 2:
              Ergebnis();    // Zwischenergebnis mit altem Operand ermitteln
              op = cmd.Text;    // ... dann neuer Operand
              break;
    }
    label1.Text = reg1.ToString() + " " + op;
    reg2 = string.Empty;    // Register2 löschen
}
```

Die folgende Hilfsprozedur führt die Rechenoperation aus und speichert deren Ergebnis im Register1:

```
private void Ergebnis()
{
    double r1 = Convert.ToDouble(reg1);
    double r2 = Convert.ToDouble(reg2);
    switch (op)
    {
        case "+":
            reg1 = (r1 + r2).ToString();
            break;
        case "-":
            reg1 = (r1 - r2).ToString();
            break;
        case "*":
            reg1 = (r1 * r2).ToString();
            break;
        case "/":
            reg1 = (r1 / r2).ToString();
            break;
    }
    reg2 = string.Empty;    // löscht Register2
}
```

Die Ergebnistaste (=):

```
private void buttonResult_Click(object sender, EventArgs e)
{
    if (state == 2)
    {
        Ergebnis();
        label1.Text += " = " + reg1;
        state = 1;
    }
    else
```

```
        {
            label1.Text = reg1;
            reg2 = "";   // löscht Register2
        }
    }
```

Letztes eingegebenes Zeichen löschen (CE):

```
private void buttonCE_Click(object sender, EventArgs e)
{
    switch (state)
    {
        case 1:
            if (!string.IsNullOrEmpty(reg1))
            {
                reg1 = reg1.Remove(reg1.Length - 1, 1);
                label1.Text = reg1;
            };
            break;
        case 2:
            if (!string.IsNullOrEmpty(reg2))
            {
                reg2 = reg2.Remove(reg2.Length - 1, 1);
                label1.Text = reg2;
            };
            break;
    }
}
```

Wir überprüfen hier mit der statischen Methode *IsNullOrEmpty()* des *string*-Datentyps, ob das Feld *reg1* oder *reg2* überhaupt befüllt ist.

Alle Register sowie Anzeige löschen und Anfangszustand herstellen (CLR):

```
private void ButtonCLR_Click(object sender, EventArgs e)
{
    reg1 = string.Empty;
    reg2 = string.Empty;
    label1.Text = string.Empty;
    state = 1;
}
```

Schließlich noch der Vorzeichenwechsel (+/-):

```
private void ButtonVZ_Click(object sender, EventArgs e)
{
    double r;
    switch (state)
    {
        case 1:
            r = -Convert.ToDouble(reg1);
            reg1 = r.ToString();
            label1.Text = reg1;
            break;
        case 2:
            r = -Convert.ToDouble(reg2);
            reg2 = r.ToString();
```

```
                label1.Text = regl + " " + op + " " + reg2;
                break;
        }
    }
}
```

Test

Der Vorzug gegenüber üblichen Rechnern sticht sofort ins Auge: Man kann den Rechenvorgang mitverfolgen, weil der komplette Ausdruck angezeigt wird.

HINWEIS: Wie bei jedem anderen einfachen Taschenrechner auch, bleibt hier leider die Rangfolge der Operatoren (Punktrechnung geht vor Strichrechnung) unberücksichtigt. Bei der Eingabe von mehreren Operationen hintereinander, z. B. 3 + 4 * 12, ist deshalb zu beachten, dass erst die höherwertige Operation auszuführen ist (4 * 12).

Bemerkungen

- Den Programmablauf könnte man in Gestalt eines Zustandsüberführungsdiagramms (*State Chart*) noch anschaulicher darstellen.
- Leider ist die gesamte Intelligenz der Anwendung in der Benutzerschnittstelle *Form1* enthalten, also ein typischer „fetter" Client. Transparenz, Wiederverwendbarkeit und Wartbarkeit des Codes sind demzufolge nicht optimal. Wie man das Programm auf ein höheres objektorientiertes Niveau heben kann, soll das folgende Beispiel zeigen.

Abmagerungskur für den fetten Client

Schluss mit diesem Chaos! Durch Auslagern der Intelligenz in die Klassen *Rechenmodul* und *Register* erhalten wir nach einigem Hin und Her als Ergebnis der „Abmagerungskur" schließlich ein sauberes und übersichtliches Objektmodell.

Die Klasse *Form1* (Thin Client) ist gegenüber dem Vorgänger deutlich abgemagert und beschränkt sich nur noch auf ihre eigentliche Aufgabe, die Verwaltung der Benutzerschnittstelle. Die Klassen *Rechenmodul* und *Register* stellen hingegen die zweischichtige Geschäftslogik der Anwendung dar, kapseln also die Intelligenz.

Unser Thin Client benutzt eine Instanz der Klasse *Rechenmodul*. In dieser wiederum sind zwei Instanzen der Klasse *Register* enthalten. Hier geht es also noch nicht um Vererbung, Polymorphie etc., sondern nur um das zweckmäßige „Wegkapseln" von Funktionalität, wie das in unserem Fall etwa auch der physikalischen Realität entspricht, denn auch ein „richtiger" Taschenrechner enthält ein Rechenmodul. In diesem wiederum sind ein oder mehrere Register enthalten.

Allerdings stellt diese Thin-Client-Lösung nur eine von mehreren Möglichkeiten dar und ist das Ergebnis einer Analyse des Ausgangscodes nach den Kriterien der Wiederverwendbarkeit („Code Reuse").

HINWEIS: Der Begriff ThinClient ist hier tatsächlich etwas sehr euphorisch verwendet worden. Es wurde lediglich die Logik von der Oberfläche getrennt, was schon einmal ein wesentlicher Schritt hin zur Wiederverwendbarkeit ist. Eine weitere saubere Trennung in Klassenbibliotheken oder sogar Serverkomponenten würde aber jetzt den Rahmen sprengen.

Quellcode für Register

```
public class Register
{
```

Die globale Variable *st* speichert den Registerinhalt als Zeichenkette:

```
    private string st = string.Empty;
```

Zugriff auf den numerischen Wert von *st*:

```
    public double Wert
    {
        get
        {
            try
            {
                return Convert.ToDouble(st);
            }
            catch
            {
                return 0;
            }
        }
        set
        {
            st = value.ToString();
        }
    }
```

Hinzufügen einer einzelnen Ziffer und Rückgabe des Anzeigestrings:

```
    public string NeueZiffer(char z)
    {
        if (char.IsDigit(z) || (z.ToString() == ","))
        {
            st += z;
            return st;
        }
        else
        {
```

```
            return "";
        }
    }
```

Letzte Ziffer löschen und Anzeigestring zurückgeben:

```
    public string LoeschZiffer()
    {
        if (st.Length > 0)
        {
            st = st.Remove(st.Length - 1, 1);
        }
        return st;
    }
```

Gesamtes Register löschen:

```
    public void LoeschAlles()
    {
        st = string.Empty;
    }
}
```

Quellcode für Rechenmodul

```
public class Rechenmodul
{
    private int state = 1;          // Startmodus (Zustandsvariable)
    private char op;                // aktueller Operator
    private Register reg1;
    private Register reg2;     // zwei Rechenregister
```

Im Konstruktor werden zwei Register-Objekte erzeugt:

```
    public Rechenmodul()
    {
        reg1 = new Register();
        reg2 = new Register();
    }
```

Zifferneingabe in aktuelles Register:

```
    public string NeueZiffer(string ziff)
    {
        char z = ziff[0];
        if (state == 1)   // zum ersten Register hinzufügen
        {
            return reg1.neueZiffer(z);
        }
        else   // zum zweiten Register hinzufügen
        {
            return reg1.Wert.ToString() + " " + op + " " + reg2.neueZiffer(z);
        }
    }
```

Letzte Ziffer des aktuellen Registers löschen und resultierenden Registerinhalt zurückgeben:

```
public string LoescheZiffer()
{
    if (state == 1)
    {
       return reg1.LoeschZiffer();
    }
    else
    {
        return reg2.LoeschZiffer();
    }
}
```

Vorzeichen des aktuellen Registers umkehren:

```
public string AendereVZ()
{
    if (state == 1)
    {
        reg1.Wert = -reg1.Wert;
        return (reg1.Wert.ToString());
    }
    else
    {
        reg2.Wert = -reg2.Wert;
        return (reg1.Wert.ToString() + " " + op + " " + reg2.Wert.ToString());
    }
}
```

Der Operator wird übernommen. Rückgabewert ist der String des ersten Operanden mit abschließendem Operatorenzeichen:

```
public string SetzeOperator(string o)
{
    if (state == 1)
    {
        state = 2;
    }
    else
    {
        BerechneErgebnis();    // Zwischenergebnis (mit altem Operator) ermitteln
    }

    op = o[0];                 // neuen Operator übernehmen
    reg2.LoeschAlles();        // zweites Register löschen
    return reg1.Wert.ToString() + "  " + op;
}
```

Die abschließende Rechenoperation ausführen und das Ergebnis liefern:

```
public string ZeigeErgebnis()
{
    string s = string.Empty;
    if (state == 1)          // im Startmodus wird noch nichts berechnet, ...
```

```
        {
            reg2.LoeschAlles();  // ... lediglich zweites Register wird gelöscht
        }
        else
        {
            s = " = " + BerechneErgebnis();
            state = 1;
        }
        return s;
    }
```

Eine Hilfsmethode zum Ausführen der Rechenoperation nebst Abspeichern des Ergebnisses im ersten Register (überschreibt erstes Register mit Ergebnis der Operation):

```
    private string BerechneErgebnis()
    {
        switch (op.ToString())
        {
            case "+":
                reg1.Wert = reg1.Wert + reg2.Wert;
                break;
            case "-":
                reg1.Wert = reg1.Wert - reg2.Wert;
                break;
            case "*":
                reg1.Wert = reg1.Wert * reg2.Wert;
                break;
            case "/":
                reg1.Wert = reg1.Wert / reg2.Wert;
                break;
        }
        reg2.LoeschAlles();   // zweites Register löschen
        return reg1.Wert.ToString();
    }
```

Alle Register löschen und Startzustand wiederherstellen:

```
    public void LoeschAlles()
    {
        reg1.LoeschAlles();
        reg2.LoeschAlles();
        state = 1;
    }
}
```

Quellcode für Form1

Die Oberfläche unseres Thin Client entspricht hundertprozentig dem „fetten“ Vorgänger. Die Programmierung ist allerdings – dank des *Rechenmodul*-Objekts – deutlich einfacher und transparenter geworden:

```
public partial class Form1 : Form
{
```

Einzige globale Variable ist der Verweis auf die Klasse *Rechenmodul*:

```
private Rechenmodul rm;
```

Im Konstruktorcode müssen, wie im Vorgängerbeispiel, zunächst die Eventhandler für Ziffernblock und Operationstasten angemeldet werden:

```
public Form1()
{
    InitializeComponent();
    // Ziffernblock:
    button1.Click += new EventHandler(ButtonZ_Click);   // 1
    ...
```

Neu ist das Instanziieren der Geschäftslogik (bzw. des Servers):

```
rm = new Rechenmodul();
}
```

Eine Ziffer eingeben (0..9,):

```
private void ButtonZ_Click(object sender, EventArgs e)
{
    Button cmd = (Button)sender;
    label1.Text = rm.NeueZiffer(cmd.Text);
```

Die Operation eingeben (+, –, *, /):

```
private void ButtonOp_Click(object sender, EventArgs e)
{
    Button cmd = (Button)sender;
    label1.Text = rm.SetzeOperator(cmd.Text);
}
```

Ergebnis anzeigen (=):

```
private void buttonResult_Click(object sender, EventArgs e)
{
      label1.Text += rm.ZeigeErgebnis();
}
```

Letztes eingegebenes Zeichen löschen (CE):

```
private void buttonCE_Click(object sender, EventArgs e)
{
    label1.Text = rm.LoescheZiffer();
}
```

Alle Register sowie Anzeige löschen und Anfangszustand wiederherstellen:

```
private void ButtonCLR_Click(object sender, EventArgs e)
{
    rm.LoeschAlles();
    label1.Text = string.Empty;
}
```

Vorzeichenwechsel (+/-):

```
    private void ButtonVZ_Click(object sender, EventArgs e)
    {
        label1.Text = rm.AendereVZ();
    }
}
```

Test

Sie werden keinerlei Unterschied in Aussehen und Verhalten unseres „dünnen" Taschenrechners zu seinem „fetten" Vorgänger feststellen, was uns in der Auffassung bestätigt, dass den Hauptnutzen aus der OOP nicht der Anwender, sondern der Programmierer hat!

Bemerkung

Unter Einsatz einer Formelparser-Klasse wären auch Klammerrechnungen möglich. Das dürfte weniger aufwendig sein als das Hinzufügen weiterer Register.

4.10.4 Schnittstellenvererbung verstehen

Ein mächtiges Feature der OOP ist das Konzept der Schnittstellenvererbung (siehe Abschnitt 4.8). Die Schnittstellenvererbung erschließt sich dem Einsteiger am leichtesten, wenn er sich vorher das Konzept abstrakter Klassen und Methoden (siehe Abschnitt 4.7.1) verinnerlicht hat.

In unserem kleinen Demobeispiel wollen wir Geldbeträge auf das Konto eines Kunden einzahlen bzw. von dort abheben. Die erste Lösung soll mittels einer abstrakten Klasse, die nur über abstrakte Methoden verfügt, erfolgen[16)]. Die zweite Lösung benutzt eine Schnittstelle (Interface).

Objektmodell

In unserer ersten Variante erbt die Klasse *Kunde* von der abstrakten Klasse *Person*. Letztere verfügt ausschließlich über abstrakte Klassenmitglieder. Diese enthalten nur die Eigenschafts- bzw. Methodendeklaration, also keinerlei Code. Die Implementierung muss komplett in der erbenden Klasse *Kunde* erfolgen.

In der zweiten Variante ersetzen wir die abstrakte Klasse *Person* mit der Schnittstelle *IPerson*. Weitere Unterschiede sind auf den ersten Blick nicht zu erkennen, dazu müssen wir uns den Quellcode näher anschauen.

---

[16] Dies ist allerdings die extremste Form der Implementierungsvererbung, denn es wird de facto keinerlei Code vererbt.

Oberfläche Form1

Erstellen Sie eine neue Windows-Forms-Anwendung und gestalten Sie das Startformular wie gezeigt.

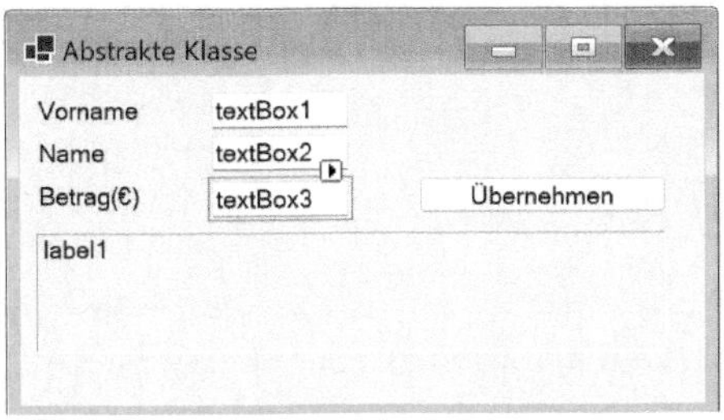

Bild 4.28
Oberfläche für Beispiel abstrakte Klasse und Interface

Beginnen wir mit der ersten Variante!

Quellcode Person

Fügen Sie dem Projekt eine neue Klasse *Person* hinzu:

```
public abstract class Person
{
    public abstract string Nachname { get; set; }
    public abstract string Vorname { get; set; }
    public abstract string GetName();
}
```

Wie Sie sehen, ist die Klasse abstrakt und enthält die abstrakten Eigenschaften *Nachname* und *Vorname* sowie die abstrakte Methode *GetName*.

Quellcode Kunde

Fügen Sie dem Projekt eine Klasse *Kunde* hinzu:

```
Public class Kunde : Person
{
    public double Guthaben { get; protected set; }
```

Die von *Person* geerbten abstrakten Klassenmitglieder müssen überschrieben werden:

```
    public override string Nachname {get; set;}
    public override string Vorname {get; set;}

    public override string GetName()
    {
       return Vorname + " " + Nachname;
    }
```

Es folgen die normalen Klassenmitglieder:

```
    public Kunde(string vorname, string nachname)  // ein Konstruktor
    {
        Vorname = vorname;
        Nachname = nachname;
    }
    public double UpdateGuthaben(double betrag)
    {
        return Guthaben += betrag;
    }
}
```

HINWEIS: Es müssen **alle** geerbten abstrakten Klassenmitglieder überschrieben werden, ansonsten erfolgt eine Fehlermeldung des Compilers (Bild 4.29).

Bild 4.29 Fehlerliste wegen nicht implementierter Property aus abstrakter Basisklasse

In der Klassendefinition *public class Kunde : Person* ist auch *Kunde* rot unterringelt und wenn Sie mit der Maus darüberfahren, sehen Sie dieselben Fehlermeldungen.

Klicken Sie einfach mit der Maus auf den Klassenbezeichner *Kunde* und tippen Sie dann Strg+. (also die Steuerungstaste und einen Punkt). Es öffnet sich daraufhin ein Kontextmenü, mit dem Sie den Fehler beheben können.

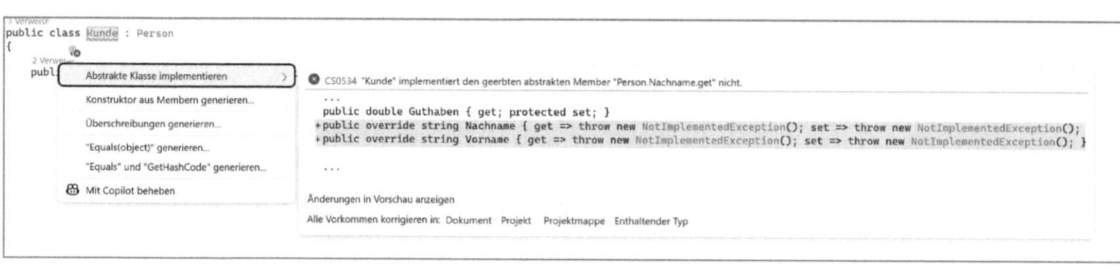

Bild 4.30 Vorschlag zur automatischen Fehlerbehebung

Hier finden Sie verschiedene Vorschläge zur Fehlerbehebung, zumeist ist der erste Vorschlag der passende, aber schauen Sie sich die Vorschläge bitte trotzdem an und übernehmen nicht einfach immer den ersten In Bild 4.30 sehen Sie auch, welcher Code eingefügt bzw. angepasst wird.

Quellcode Form1

```
...
public partial class Form1 : Form
{
```

Zu Beginn wird ein Kunde erzeugt, initialisiert und angezeigt:

```
    Kunde kunde1 = new Kunde("Julia", "Kotz");

    private void Form1_Load(object sender, EventArgs e)
    {
        textBox1.Text = kunde1.Vorname;
        textBox2.Text = kunde1.Nachname;
        textBox3.Text = "0";
    }
```

Bei jedem Klick auf die Schaltfläche werden Vor- und Nachname des Kunden neu zugewiesen. Der eingegebene Betrag wird dem Guthaben hinzugefügt bzw. (bei negativem Vorzeichen) abgezogen:

```
    private void Button1_Click(object sender, EventArgs e)
    {
        kunde1.Vorname = textBox1.Text;
        kunde1.Nachname = textBox2.Text;
        double betrag = Convert.ToDouble(textBox3.Text);
        kunde1.UpdateGuthaben(betrag);
```

Die abgeschlossene Buchung wird mit einem Meldungstext quittiert:

```
        label1.Text = kunde1.GetName() + " hat ein Guthaben von " +
                      kunde1.Guthaben.ToString("c") + " !";
    }
}
```

Test

Nehmen Sie einige Ein- oder Auszahlungen vor.

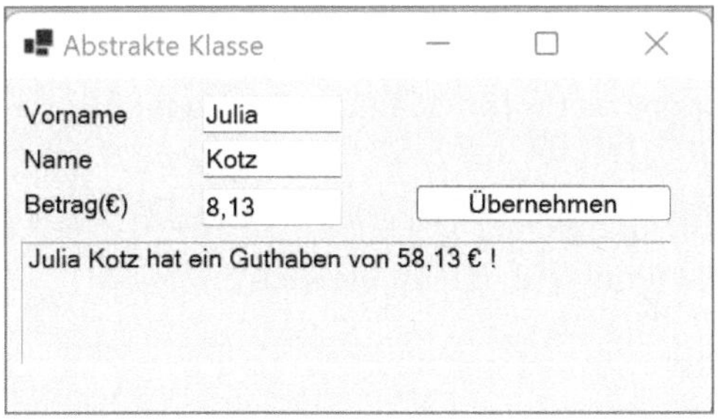

Bild 4.31 Ausgabe des Formulars

Nach erfolgreichem Test dieser ersten Variante wollen wir die zweite Variante in Angriff nehmen und die Klasse *Person* durch ein Interface *IPerson* ersetzen.

Quellcode IPerson

Benennen Sie einfach im Projektmappen-Explorer die Klasse *Person* in *IPerson* um (die Abfrage, ob auch alle Verweise geändert werden sollen, beantworten Sie positiv):

```
public interface IPerson
{
    string Nachname { get; set; }
    string Vorname { get; set; }
    string GetName();
}
```

Quellcode Kunde

Auch hier sind nur minimale Änderungen erforderlich, denn bei den von *IPerson* geerbten Schnittstellenmitgliedern fehlen lediglich die *override*-Modifizierer.

```
Public class Kunde : IPerson
{
    ...
     public string Nachname { get; set;}  // ohne override
    ...
}
```

Das war es auch schon, denn der Quellcode von *Form1* kann unverändert bleiben.

HINWEIS: Sowohl bei der abstrakten Basisklasse wie auch beim Interface können Sie sich die zu implementierenden Schnittstellen anlegen lassen. Klicken Sie einfach mit der Maus auf den Bezeichner der abstrakten Basisklasse oder des Interfaces in der Klassendefinition und tippen Sie dann wieder **Strg+.** (Steuerungstaste plus Punkt). Im Kontextmenü wird Ihnen dann ein Befehl *Schnittstelle implementieren* angezeigt.

Beim Testen des Codes werden Sie keinerlei Veränderungen zum Vorgängerprojekt feststellen, allerdings dürfte der gesamte Code etwas übersichtlicher geworden sein.

Bemerkungen

- Ebenso wie von abstrakten Klassen können auch von Schnittstellen keine Instanzen erzeugt werden.
- Es müssen ausnahmslos **alle** Schnittstellenmitglieder implementiert werden (eine Schnittstelle ist wie ein Vertrag, der bedingungslos einzuhalten ist!).
- Zugriffsmodifizierer (*public*) für die Mitglieder einer Schnittstelle fehlen komplett, denn diese haben in einer Schnittstellendefinition nichts zu suchen. Die Mitglieder müssen ja sowieso *public* sein.

- Eine Klasse kann von mehreren Schnittstellen erben, jedoch nur von einer einzigen Klasse. Das ist der Hauptunterschied (oder auch der Hauptvorteil!) der Schnittstellenvererbung gegenüber der Implementierungsvererbung.

4.10.5 Rechner für komplexe Zahlen

Auch mit diesem Beispiel wollen wir nicht nur die Lösung eines mathematischen Problems zeigen, sondern (was viel wichtiger ist) grundlegendes Handwerkszeug des .NET-Programmierers demonstrieren:

- Sinnvolle Auslagerung von Quellcode in Klassen, um das Verständnis der OOP zu vertiefen,
- Prinzip der Operatorenüberladung in C#,
- Strukturierung des Codes der Benutzerschnittstelle nach dem EVA-Prinzip (Eingabe-Verarbeitung-Ausgabe).

Doch ehe wir mit der Praxis beginnen, scheint ein kurzer Abstieg in die Untiefen der Mathematik unumgänglich.

Was sind komplexe Zahlen?

Eine besondere Bedeutung haben komplexe Zahlen beispielsweise in der Schwingungslehre und in der Wechselstromtechnik, einem bedeutenden Teilgebiet der Elektrotechnik.

Zur Darstellung einer komplexen Zahl $\underline{Z} = \boldsymbol{Re}\{\underline{Z}\} + \boldsymbol{jIm}\{\underline{Z}\}$ bieten sich zwei Möglichkeiten an:

- Kartesische Koordinaten (Real-/Imaginärteil)
- Polarkoordinaten (Betrags-/Winkeldarstellung)

Die folgende Tabelle zeigt eine Zusammenstellung der Umrechnungsformeln:

Kartesische Koordinaten	Polarkoordinaten
$\underline{Z} = \boldsymbol{Re}\{\underline{Z}\} + \boldsymbol{jIm}\{\underline{Z}\}$	$\underline{Z} = \lvert\underline{Z}\rvert e^{j\varphi_Z}$
Realteil: $\mathrm{Re}\{\underline{Z}\} = \lvert\underline{Z}\rvert \cos\varphi_Z$	Betrag: $\lvert\underline{Z}\rvert = \sqrt{(\mathrm{Re}\{Z\})^2 + (\mathrm{Im}\{Z\})^2}$
Imaginärteil: $\mathrm{Im}\{\underline{Z}\} = \lvert\underline{Z}\rvert \sin\varphi_Z$	Phasenwinkel: $\varphi_Z = \arctan\frac{\mathrm{Im}\{Z\}}{\mathrm{Re}\{Z\}}$

Am besten lassen sich diese Zusammenhänge am Einheitskreis erläutern, wobei $\underline{Z}$ als Punkt in der komplexen Ebene erscheint.

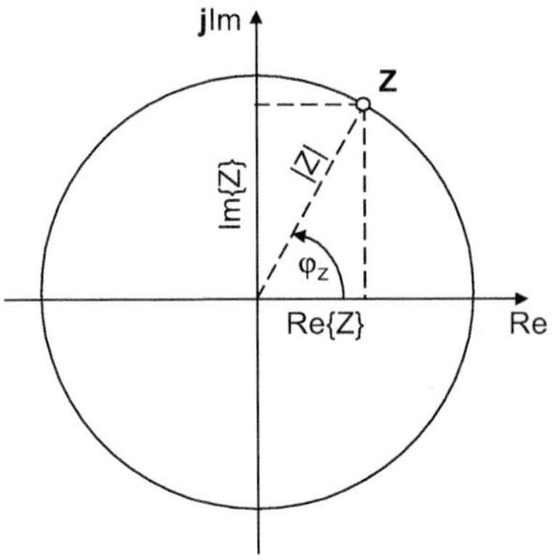

Bild 4.32
Einheitskreis

Die kartesische Form eignet sich besonders gut für die Ausführung von Addition und Subtraktion:

Mit

$$Z_1 = \mathrm{a}_1 + \mathrm{jb}_1 \text{ und } Z_2 = \mathrm{a}_2 + \mathrm{jb}_2$$

ergibt sich

$$\mathrm{Z}_1 + \mathrm{Z}_2 = \mathrm{a}_1 + \mathrm{a}_2 + \mathrm{j}(\mathrm{b}_1 + \mathrm{b}_2)\mathrm{bzw} \cdot \mathrm{Z}_1 - \mathrm{Z}_2 = \mathrm{a}_1 - \mathrm{a}_2 + \mathrm{j}(\mathrm{b}_1 - \mathrm{b}_2)$$

Andererseits bevorzugt man für Multiplikation und Division die Zeigerform:

Mit

$$Z_1 = \mathrm{C}_1 \cdot \mathrm{e}^{\mathrm{j}\varphi 1} \mathrm{und} \mathrm{Z}_2 = \mathrm{C}_2 \cdot \mathrm{e}^{\mathrm{j}\varphi 1}$$

erhalten wir

$$\mathrm{Z}_1 \cdot \mathrm{Z}_2 = \mathrm{c}_1 \cdot \mathrm{c}_2 \cdot \mathrm{e}^{\mathrm{j}(\varphi + \varphi 2)} \ \mathrm{bzw} \cdot \mathrm{Z}_1/\mathrm{Z}_2 = \mathrm{c}_1/\mathrm{c}_2 \cdot \mathrm{e}^{\mathrm{j}(\varphi 1 - \varphi 2)}$$

Für die Angabe des Phasenwinkels hat man die Wahl zwischen Radiant (Bogenmaß) und Grad. Für die gegenseitige Umrechnung gilt die Beziehung

$$\varphi(Rad) = \frac{\pi}{180}\varphi(Grad)$$

HINWEIS: Die Maßeinheit „Grad“ wird aufgrund ihrer Anschaulichkeit vom Praktiker für die Ein- und Ausgabe bevorzugt, während „Radiant“ für interne Berechnungen günstiger ist.

Programmierung der Klasse KomplexeZahl

Öffnen Sie ein neues Projekt vom Typ Windows-Forms-App. Das Startformular *Form1* lassen Sie zunächst unbeachtet liegen, denn der routinierte .NET-Programmierer kapselt seinen Code in Klassen anstatt ihn einfach zum Formularcode hinzuzufügen.

Die zweckmäßige Aufteilung einer praktischen Problemstellung in verschiedene Klassen und die Definition der Abhängigkeiten ist sicherlich der schwierigste Part der OOP und erfordert einige Übung und Routine, bis das dazu erforderliche abstrakte Denken schließlich zur Selbstverständlichkeit wird[17].

Die hier vorgeschlagene Lösung benutzt die Klasse *KomplexeZahl*, die eine komplexe Zahl repräsentiert. Diese Klasse speichert in den Eigenschaften *Realteil* und *Imaginärteil* den Wert der komplexen Zahl in kartesischen Koordinaten. Die beiden anderen Eigenschaften (*Laenge* und *Phasenwinkel*) repräsentieren dieselbe Zahl in Polarkoordinaten. Allerdings werden *Laenge* und *Phasenwinkel* nicht direkt in den Objekten gespeichert, sondern in sogenannten *Eigenschaftenmethoden* jeweils aus dem *Realteil* und dem *Imaginärteil* berechnet.

Über das Menü *Projekt/Klasse hinzufügen* erstellen Sie den Rahmencode der Klasse.

```
public class KomplexeZahl
{
```

Die beiden öffentlichen Zustandsvariablen bilden das „Gedächtnis“ der Klasse:

```
    public double Realteil {get; set;}    // Realteil
    public double Imaginaerteil { get; set;}    // Imaginärteil
```

Der Konstruktor setzt die Zustandsvariablen auf ihre Anfangswerte:

```
    public KomplexeZahl(double r, double i)
    {
        Realteil = r;
        Imaginärteil = i;
    }
```

Die Eigenschaftenmethode *Phasenwinkel* berechnet den Phasenwinkel aus den Properties *Realteil* und *Imaginärteil*:

```
    public double Phasenwinkel
    {
        get
        {
            double g = 0;
            if (Realteil != 0)
            {
                g = 180 / Math.PI * Math.Atan(Imaginaerteil / Realteil);
                if (Realteil < 0)
                {
                    g += 180;
```

[17] Die UML (Unified Modelling Language) stellt dazu spezielle Werkzeuge bereit.

```
            }
        }
        else
        {
            if (Imaginaerteil != 0)
            {
                if (Imaginaerteil > 0)
                {
                    g = 90;
                }
                else
                {
                    g = -90;
                }
            }
        }
        return g;
    }
    set
    {
        double b;
        double l;
        b = value * Math.PI / 180;
        l = Math.Sqrt(Realteil * Realteil + Imaginaerteil * Imaginaerteil);
        Realteil = l * Math.Cos(b);          // neuer Realteil
        Imaginaerteil = l * Math.Sin(b);     // neuer Imaginärteil
    }
}
```

Die Eigenschaft *Laenge* ermittelt den Betrag (die Länge des Zeigers) aus *Realteil* und *Imaginaerteil*:

```
public double Laenge
{
    get
    {
        return Math.Sqrt(Realteil * Realteil + Imaginaerteil * Imaginaerteil);
    }
    set
    {
        double b;
        b = Math.Atan(Imaginaerteil / Realteil);
        Realteil = value * Math.Cos(b);
        Imaginaerteil = value * Math.Sin(b);
    }
}
```

Besonders interessant sind die folgenden drei (statischen) Methoden, welche die Operatorenüberladungen für Addition, Multiplikation und Division neu definieren.

Der +-Operator erhält eine neue Bedeutung, er addiert jetzt zwei komplexe Zahlen:

```
public static KomplexeZahl operator +(KomplexeZahl a, KomplexeZahl b)
{
    KomplexeZahl z = new KomplexeZahl(0, 0);
    z.Realteil = a.Realteil + b.Realteil;
```

```
        z.Imaginaerteil = a.Imaginaerteil + b.Imaginaerteil;
        return z;
    }
```

Der *-Operator multipliziert zwei komplexe Zahlen:

```
    public static KomplexeZahl operator *(KomplexeZahl a, KomplexeZahl b)
    {
        KomplexeZahl z = new KomplexeZahl(0, 0);
        z.Realteil = a.Realteil * b.Realteil - a.Imaginaerteil * b.Imaginaerteil;
        z.Imaginaerteil = a.Realteil * b.Imaginaerteil + a.Imaginaerteil *
                          b.Realteil;
        return z;
    }
```

Der /-Operator dividiert zwei komplexe Zahlen:

```
    public static KomplexeZahl operator /(KomplexeZahl a, KomplexeZahl b)
    {
        KomplexeZahl z = new KomplexeZahl(0, 0);
        z.Realteil = (a.Realteil * b.Realteil + a.Imaginaerteil * b.Imaginaerteil)
                   / (b.Realteil * b.Realteil + b.Imaginaerteil * b.Imaginaerteil);
      z.Imaginaerteil = (a.Imaginaerteil * b.Realteil - a.Realteil * b.Imaginaerteil)
                   / (b.Realteil * b.Realteil + b.Imaginaerteil * b.Imaginaerteil);
      return z;
    }
}
```

HINWEIS: Vielleicht sticht Ihnen bereits jetzt ein gravierender Unterschied zur klassischen „Geradeausprogrammierung" ins Auge: Spezielle Methoden zur Umrechnung zwischen kartesischen Koordinaten und Polarkoordinaten sind nicht mehr erforderlich, da ein Objekt vom Typ *KomplexeZahl* beide Darstellungen bereits als Eigenschaften kapselt!

Bedienoberfläche für Testprogramm

Um uns von der Funktionsfähigkeit der entwickelten Klassen zu überzeugen, brauchen wir ein kleines Testprogramm, das die Ein- und Ausgabe von komplexen Zahlen und die Auswahl der Rechenoperation sowie der Koordinatendarstellung ermöglicht.

Wir verwenden dazu das bereits vorhandene Startformular *Form1*, das wir entsprechend Bild 4.32 gestalten.

HINWEIS: Es kann nicht schaden, wenn Sie *ReadOnly* für *textBox3* und *textBox6* auf *True* und *TabStop* auf *False* setzen, da Sie diese beiden rechten Felder nur zur Ergebnisanzeige brauchen.

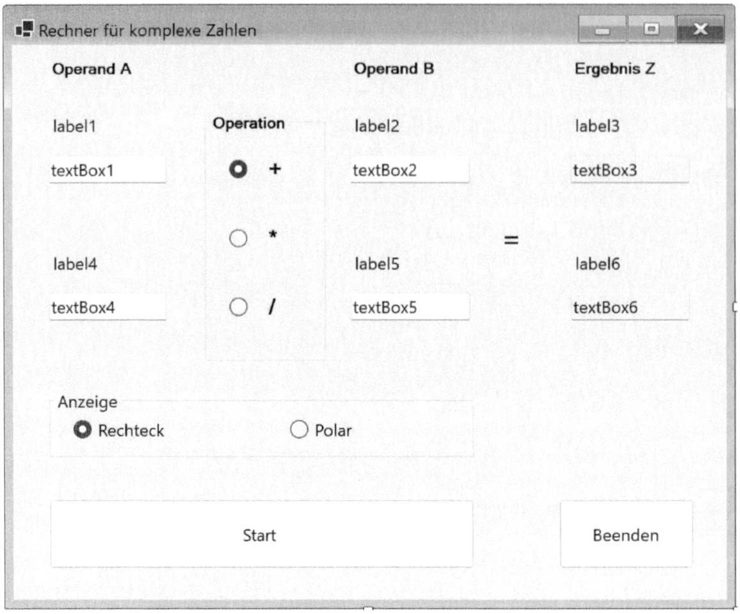

Bild 4.33 GUI für Beispiel komplexe Zahlen

Quellcode für Testprogramm

Das an legendäre DOS-Zeiten erinnernde EVA-Prinzip (Eingabe, Verarbeitung, Anzeige) hat auch unter .NET nichts von seiner grundlegenden Bedeutung eingebüßt.

Der clientseitige Quellcode entspricht vom prinzipiellen Ablauf her der klassischen Geradeausprogrammierung, ist allerdings deutlich übersichtlicher und problemnäher, denn wir arbeiten mit drei Objektvariablen, die bereits komplexe Zahlen sind, und nicht mit einer Vielzahl skalarer Variablen!

```
public partial class Form1 : Form
{
    ...
```

Die benötigten Objektvariablen:

```
    private KomplexeZahl a = new KomplexeZahl(1,1);   // Operand A
    private KomplexeZahl b = new KomplexeZahl(1,1);   // Operand B
    private KomplexeZahl z = new KomplexeZahl(1,1);   // Ergebnis
```

Unter Berücksichtigung der eingestellten Anzeigeart (Rechteck- oder Polarkoordinaten) liest die folgende Methode die Werte der Eingabemaske in die Objekte:

```
    private void Eingabe()
    {
        if (radioButton4.Checked)   // Rechteck-Koordinaten
        {
            a.Realteil = Convert.ToDouble(textBox1.Text);
            b.Realteil = Convert.ToDouble(textBox2.Text);
```

```
            a.Imaginaerteil = Convert.ToDouble(textBox4.Text);
            b.Imaginaerteil = Convert.ToDouble(textBox5.Text);
        }
        else                            // Polarkoordinaten
        {
            a.Laenge = Convert.ToDouble(textBox1.Text);
            b.Laenge = Convert.ToDouble(textBox2.Text);
            a.Phasenwinkel = Convert.ToDouble(textBox4.Text);
            b.Phasenwinkel = Convert.ToDouble(textBox5.Text);
        }
    }
```

Die Verarbeitungsroutine führt die gewünschte Rechenoperation mit den bekannten Symbolen für Addition, Multiplikation und Division aus. Dazu werden die in der Klasse *KomplexeZahl* definierten Operatorenüberladungen benutzt:

```
    private void Verarbeitung()
    {
        if (radioButton1.Checked) // Addition
        {
            z = a + b;
        }
        if (radioButton2.Checked) // Multiplikation
        {
            z = a * b;
        }
        if (radioButton3.Checked) // Division
        {
            z = a / b;
        }
    }
```

Als Pendant zur *Eingabe*-Methode sorgt die Methode *Ausgabe* für die Anzeige von *A*, *B* und *Z*, wozu auch die Anpassung der Beschriftung der Eingabefelder gehört:

```
    private void Anzeige()
    {
        if (radioButton4.Checked)   // Anzeige in Rechteck-Koordinaten
        {
            label1.Text = "Realteil A";
            label2.Text = "Realteil B";
            label3.Text = "Realteil Z";
            label4.Text = "Imaginärteil A";
            label5.Text = "Imaginärteil B";
            label6.Text = "Imaginärteil Z";
            textBox1.Text = a.Realteil.ToString();    // Anzeige Realteil A
            textBox4.Text = a.Imaginaerteil.ToString();   // Anzeige Imaginärteil A
            textBox2.Text = b.Realteil.ToString();    // Anzeige Realteil B
            textBox5.Text = b.Imaginaerteil.ToString();   // Anzeige Imaginärteil B
            textBox3.Text = z.Realteil.ToString();    // Anzeige Realteil Z
            textBox6.Text = z.Imaginaerteil.ToString();   // Anzeige Imaginärteil Z
        }
        else                                      // Anzeige in Polarkoordinaten
        {
            label1.Text = "Betrag A";
            label2.Text = "Betrag B";
```

```
            label3.Text = "Betrag Z";
            label4.Text = "Winkel A";
            label5.Text = "Winkel B";
            label6.Text = "Winkel Z";
            textBox1.Text = a.Laenge.ToString();    // Anzeige Betrag A
            textBox4.Text = a.Phasenwinkel.ToString();    // Anzeige Winkel A
            textBox2.Text = b.Laenge.ToString();    // Anzeige Betrag B
            textBox5.Text = b.Phasenwinkel.ToString();    // Anzeige Winkel B
            textBox3.Text = z.Laenge.ToString();    // Anzeige Betrag Z
            textBox6.Text = z.Phasenwinkel.ToString();    // Anzeige Winkel Z
        }
    }
```

Initialisierungen bei Programmstart lassen sich am saubersten im Ereignishandler *Load* des Formulars durchführen. Doppelklicken Sie dazu einfach auf eine freie Stelle des Formularentwurfs:

```
    private void Form1_Load(object sender, EventArgs e)
    {
        z = a + b;
        Anzeige();
    }
```

Die „Start"-Schaltfläche:

```
    private void button1_Click(object sender, EventArgs e)
    {
        Eingabe();
        Verarbeitung();
        Anzeige();
    }
```

Die Anzeige wurde zwischen Rechteck- und Polarkoordinaten umgeschaltet:

```
    private void radioButton4_CheckedChanged(object sender, EventArgs e)
    {
        Anzeige();
    }
    ...
}
```

Programmtest

Wenn zum Beispiel die Aufgabe

$$(2.5 + 3j)/(-2 + j)$$

gelöst werden soll, so stellen Sie zunächst die Anzeige auf „Rechteck" ein. Geben Sie dann links oben den Realteil (2,5) und darunter den Imaginärteil (3) des ersten Operanden ein. Analog dazu geben Sie rechts oben den Realteil (–2) und darunter den Imaginärteil (1) des zweiten Operanden ein. Abschließend klicken Sie auf die gewünschte Operation (/).

Nach Betätigen der *Start*-Taste erscheint als Ergebnis die komplexe Zahl –0.4 –1.7j.

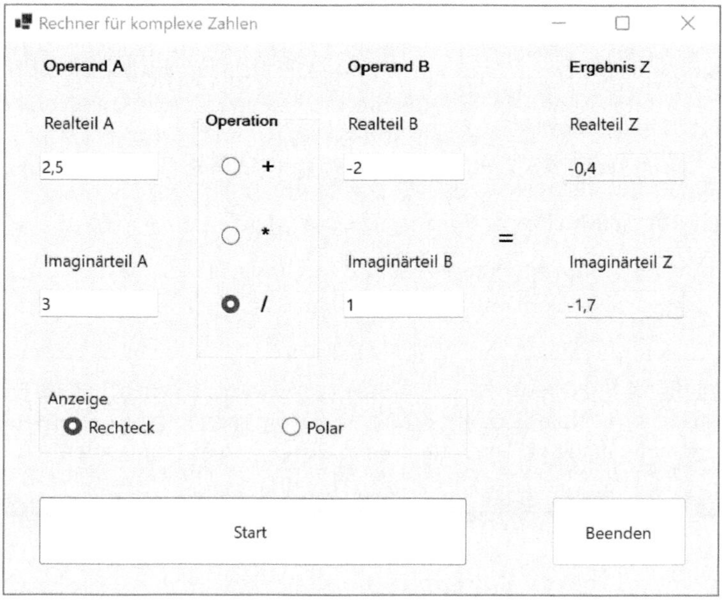

Bild 4.34 Berechnung der komplexen Zahl

Die äquivalenten Polarkoordinaten liefern für das gleiche Beispiel einen Zeiger mit der Länge von ca. 1746 und einem Winkel von ca. 256,76 Grad:

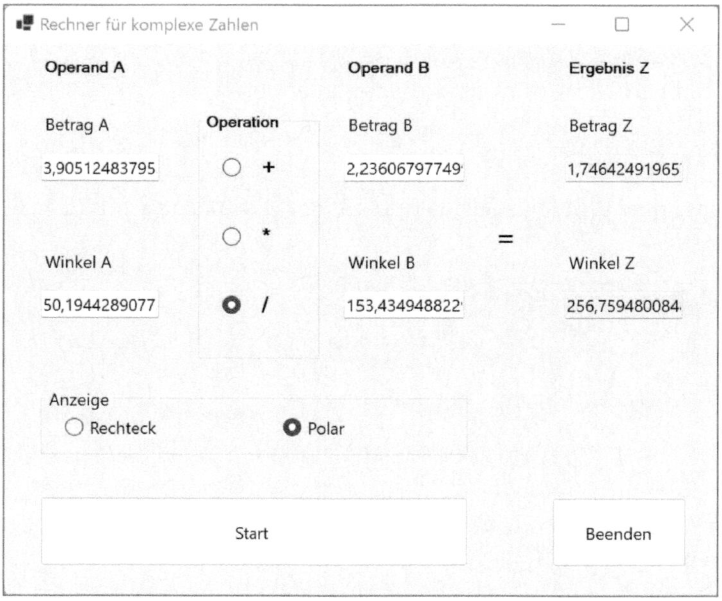

Bild 4.35 Berechnung der komplexen Zahl in Polarkoordinaten

Bemerkungen

- Man sieht einem objektorientierten Programm seine Herkunft nicht an. Die Vorteile liegen aber bekanntermaßen in der leichteren Lesbarkeit des Quellcodes („sprechender" Code) und in der Wartbarkeit und Erweiterungsfähigkeit.
- Nicht der Endanwender, sondern der Entwickler zieht den größten Vorteil aus der OOP, da seine Arbeit übersichtlicher und transparenter wird!
- Beim Arbeiten mit Visual Studio informiert Sie die IntelliSense stets aktuell über die vorhandenen Klassenmitglieder und deren Signaturen.

HINWEIS: Es gibt für .NET auch ein NuGet-Paket *System.Runtime.Numerics*, in dem auch Funktionalität für komplexe Zahlen enthalten ist. Sie können gerne dieses NuGet-Paket laden und damit herumspielen, wenn Sie an diesem Thema interessiert sind.

4.10.6 Sortieren mit IComparable/IComparer

Haben Sie eine *ArrayList* oder eine generische *List*<> von Typen, wie Strings oder Integers, die bereits *IComparer* unterstützen, so können Sie dieses Array oder die Liste ohne irgendeine explizite Referenz auf *IComparer* sortieren. In diesem Fall werden die Elemente des Arrays automatisch in die standardmäßige Implementierung von *IComparer* gecastet, eine *Sort*-Methode ist also bereits „eingebaut".

Haben Sie aber benutzerdefinierte Objekte, so müssen Sie selbst entweder eines oder beide der Interfaces *IComparable* oder *IComparer* implementieren.

Oberfläche

Erstellen Sie dazu wieder eine Windows-Forms-App mit der Oberfläche aus Bild 4.36:

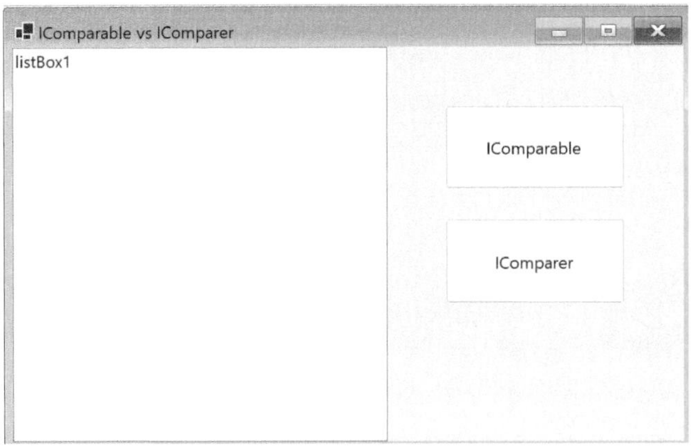

Bild 4.36 Oberfläche für IComparable/IComparer-Beispiel

Klasse Student

Fügen Sie zum Projekt eine neue Klasse *Student* hinzu, die das generische *ICompara ble<Student>*-Interface implementiert:

```
public class Student : IComparable<Student>
{
    public int Nummer{get; set;}
    public string Vorname { get; set; }
    public string Nachname { get; set; }

    public Student(int nummer, string vorname, string nachname)
    {
        Nummer = nummer;
        Vorname = vorname;
        Nachname = nachname;
    }
```

Eine sinnvolle *ToString*-Methode für die Anzeige:

```
    public override string ToString()
    {
        return Nummer.ToString() + " ,  " + Nachname + "  , " + Vorname;
    }
```

Die alphabetische Sortierung nach dem Nachnamen wird als Standardvergleich festgelegt:

```
  public int CompareTo(Student student)
    {
        return this.Nachname.CompareTo(student.Nachname);
    }
}
```

Form1.cs

In der *Form1* implementieren wir zunächst eine Methode, die eine Studentenliste erzeugt und initialisiert:

```
    private List<Student> GetStudenten()
    {
        List<Student> studenten = new List<Student>();
        studenten.Add(new Student(82495, "Horst", "Borchert"));
        studenten.Add(new Student(20935, "Gerlinde", "Gräfe"));
        ...
        return studenten;
    }
```

Im *Load*-Event des Formulars wird die Liste noch unsortiert angezeigt:

```
    private void Form1_Load(object sender, EventArgs e)
    {
        listBox1.DataSource = GetStudenten();
    }
...
```

Im *Click*-Event des ersten *Buttons* wird die Liste (entsprechend der Implementierung von *CompareTo* in *Student*) sortiert und angezeigt:

```
private void Button1_Click(object sender, EventArgs e)
{
    List<Student> studenten = GetStudenten();
    studenten.Sort();
    listBox1.DataSource = studenten;
}
```

Test von IComparable

Bei Klick auf die Schaltfläche *IComparable* erscheint die Liste, wie in Bild 4.37 gezeigt, alphabetisch nach den Nachnamen sortiert.

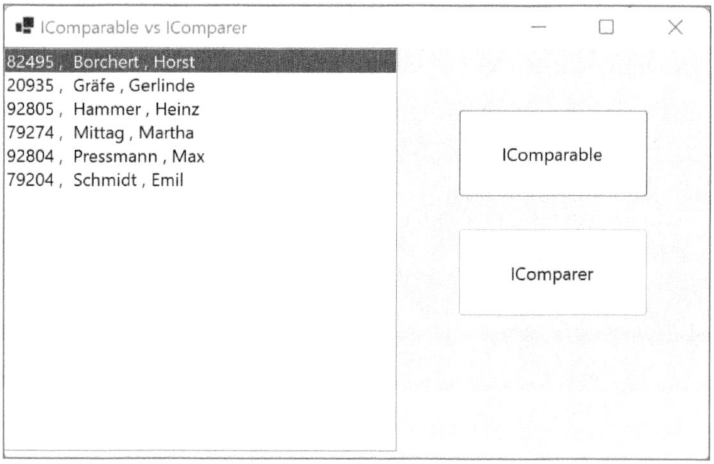

Bild 4.37 Sortierte Liste von Studenten

Bemerkungen zu IComparable

- Wenn eine Klasse das *IComparable*-Interface implementiert, müssen wir auch die Methode *CompareTo(T)* implementieren. In dieser Methode können wir unseren Sortieralgorithmus definieren (Standardvergleich). In unserem Beispiel haben wir die Liste in alphabetischer Reihenfolge sortiert.
- Wir verwenden *IComparable<T>*, wenn die Klasse über einen Standardvergleich verfügen soll. Das Sortierkriterium muss also bereits bekannt sein, bevor wir mit der Implementierung der Klasse beginnen. In unserem Beispiel mussten wir deshalb vorher entscheiden, dass wir nach dem Nachnamen und nicht nach der Studentennummer sortieren wollen. Es gibt aber Situationen, in denen wir nicht nur den Standardvergleich, sondern mehrere Sortierkriterien benötigen.

- Um letztgenanntes Problem zu lösen, stellt .NET ein spezielles Interface *ICompa rer<>* bereit, das über eine Methode *Compare()* verfügt, die zwei Objektparameter *X*, *Y* entgegennimmt und einen Integer zurückgibt.

Klasse SortNummer

Wir wollen nach der Nummer des Studenten wahlweise in auf- oder absteigender Folge sortieren lassen. Um dafür nicht zwei Klassen schreiben zu müssen, übergeben wir im Konstruktor einen Parameter, der die gewünschte Sortierfolge spezifiziert.

```
public class SortNummer : IComparer<Student>
{
```

Sortierung in aufsteigender (*true*) bzw. absteigender (*false*) Ordnung:

```
    private bool aufsteigend;
```

Festlegung der Sortierfolge im Konstruktor:

```
    public SortNummer(bool auf)
    {
        aufsteigend = auf;
    }
```

Die Implementierung des Sortierkriteriums muss in der *Compare*-Methode erfolgen:

```
    public int Compare(Student a, Student b)
    {
        if (aufsteigend)   // aufsteigend
        {
            if (a.Nummer > b.Nummer)
            {
                return 1;
            }
            else if (a.Nummer < b.Nummer)
            {
                return -1;
            }
            else
            {
                return 0;
            }
        }
        else   // absteigend
        {
            if (a.Nummer < b.Nummer)
            {
                return 1;
            }
            else if (a.Nummer > b.Nummer)
            {
                return -1;
            }
            else
            {
```

```
                return 0;
            }
        }
    }
}
```

Ergänzung Form1.cs

Wir ergänzen den Code, um die zweite Sortiervariante zu testen:

```
        private void Button2_Click(object sender, EventArgs e)
        {
            List<Student> studenten = GetStudenten();
```

Wir wollen die Sortierfolge umkehren:

```
            SortNummer son = new SortNummer(false);
```

Die Liste wird nun nach absteigenden Nummern sortiert:

```
            studenten.Sort(son);
```

Noch eine Bemerkung zu obiger Zeile: IntelliSense wird Ihnen vier Überladungen der *Sort*-Methode anbieten. Eine davon ist die bereits implementierte Standardsortierung (*IComparable*), die andere die in *SortNummer* definierte zusätzliche Sortierung, die wir hier ausgewählt haben. Die anderen beiden sind sowohl für die Standardimplementierung wie auch für die von uns erweiterte Sortierung gedacht für den Fall, dass die übergebenen Studenteninstanzen *null*-Werte beinhalten, zu verwenden.

```
            listBox1.DataSource = studenten;
        }
```

Test von IComparer

Die Liste ist jetzt nach absteigenden Nummern sortiert (siehe Bild 4.38).

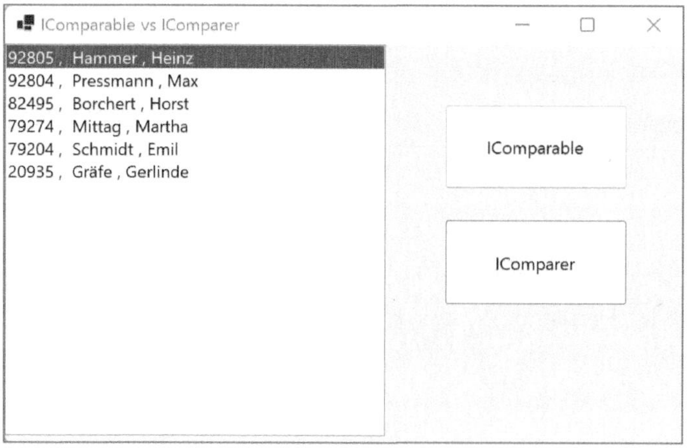

Bild 4.38
Sortiert nach absteigenden Nummern

Bemerkungen zu IComparer

- Wir verwenden *IComparer* dann, wenn wir ein anderes Sortierkriterium als den von der Klasse bereitgestellten Standardvergleich benötigen (oder mehrere Vergleichskriterien).
- Pro zusätzlichem Sortierkriterium ist eine extra Klasse erforderlich, die das *IComparer*-Interface (*Compare*-Methode) implementiert.
- *IComparer* funktioniert auch dann, wenn keine Standardsortierung existiert, also wenn *IComparable* nicht implementiert ist.

4.10.7 Einen Objektbaum in generischen Listen abspeichern

Die generische *List*-Klasse hat gegenüber der altbackenen *ArrayList* gravierende Vorteile. So entfallen vor allem die umständlichen Typkonvertierungen. Nicht nur einfache Objekte, sondern auch komplette Objektbäume können mittels dem in .NET implementierten JSON-Serialisierer bequem serialisiert bzw. deserialisiert werden, um die Daten dauerhaft zu sichern.

HINWEIS: Wir verwenden für die JSON-Serialisierung nicht mehr die Bibliothek *Newtonsoft.Json*, die dem einen oder anderen bereits vertraut ist, sondern den JSON-Serialisierer aus dem Namespace *System.Text.Json*. Dieser Namespace muss explizit in den Codedateien, in denen serialisiert wird, per *using*-Anweisung bekannt gemacht werden.

Wir demonstrieren dies am Beispiel einer ausbaufähigen Schachdatenbank, in der Sie beliebig viele Schachpartien abspeichern können[18].

HINWEIS: Das vorliegende Beispiel benutzt keine Datenbank, sondern eine einfache JSON-Datei als Speichermedium.

Oberfläche

Starten Sie Visual Studio und öffnen Sie eine neue Windows-Forms-Anwendung. Auf dem Startformular *Form1* findet links eine *GroupBox* ihren Platz. In diese setzen Sie drei *TextBox*-Steuerelemente und einen *BindingNavigator*, der am unteren Rand angedockt wird (*Dock* = *Bottom*) und den Sie in *BNPartien* umbenennen.

[18] Um den Sinn dieses Praxisbeispiels zu verstehen, muss man kein Schachspieler sein.

Rechts platzieren Sie eine *DataGridView*-Komponente. Fügen Sie noch zwei *Binding Source*-Komponenten hinzu, die Sie in *BSPartien* und *BSZüge* umbenennen. Verbinden Sie nun die *BindingSource*-Eigenschaft von *BNPartien* mit *BSPartien*.

HINWEIS: Ausführliche Informationen zur Databindung innerhalb von Windows Forms finden Sie in den Onlinekapiteln dieses Buches.

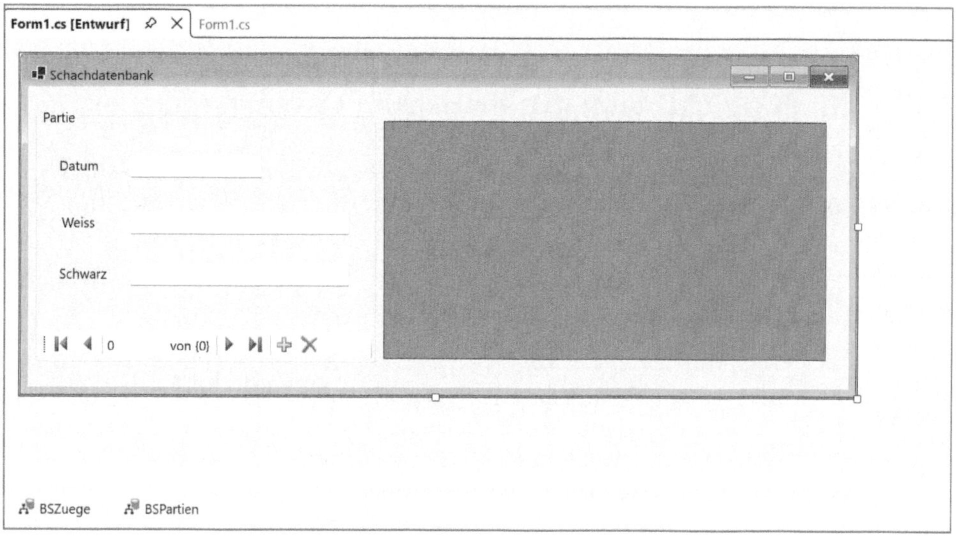

Bild 4.39 GUI für die Schach-Datenbank

Über den Menüpunkt *Projekt/Klasse hinzufügen* erweitern Sie das Projekt um die Klassen *Zug*, *Partie* und *SchachDB*, die beide am Objektbaum beteiligt sind.

Die Klasse Zug

Diese Klasse repräsentiert einen Doppelzug nebst Kommentar (einfachheitshalber sind alle Eigenschaften selbstimplementierend):

```
public class Zug
{
    public string Weiss { get; set; }       // Zug des Weiß-Spielers, z. B. "d2-d4"
    public string Schwarz { get; set; }     // Antwortzug des Schwarz-Spielers
    public string Kommentar { get; set; }   // z. B. "geschlossene Eröffnung"
}
```

Die Klasse Partie

```
public class Partie
{
```

Eine generische Liste speichert alle Züge einer Partie:

Im Konstruktor wird die (zunächst leere) Zugliste erstellt:

```
    public Partie()
    {
        Zuege = new List<Zug>();
    }
```

Der Zugriff auf die Zugliste:

```
    public IList<Zug> Zuege { get; set; }
```

Einige selbst implementierende Eigenschaften:

```
    public DateTime Datum { get; set; }   // Datum der Partie
    public string SpielernameWeiss {get; set;}        // Name des Weiß-Spielers
    public string SpielernameSchwarz {get; set;}      // Name des Schwarz-Spielers
}
```

Die Klasse SchachDB

Dies ist die Wurzelklasse unseres Objektbaums.

```
public class SchachDB
{
```

Die generische Liste speichert alle Partien der Datenbank:

Im Konstruktor wird die (zunächst leere) Partienliste erzeugt:

```
    public SchachDB()
    {
         Partien = new List<Partie>();
    }
```

Der Zugriff auf die Liste der Partien:

```
    public IList<Partie> Partien { get; set; }
}
```

Die Klasse Persistenz

Damit nach dem Ausschalten des Rechners nicht alle Daten auf Nimmerwiedersehen verschwunden sind, stellt diese Klasse die Methoden *Save()* und *Load()* bereit, die sich um die Datenpersistenz kümmern.

```
using System.Text.Json;
...
    public class Persistenz
    {
```

Aufgabe dieser Methode ist es, den kompletten Objektbaum mittels dem *JsonSerializer* zu serialisieren und als Datei abzuspeichern:

```
    public static void Save(SchachDB daten, string fileName)
    {
        string jsonString = JsonSerializer.Serialize(daten);
        File.WriteAllText(fileName, jsonString);
    }
```

Die folgende Methode lädt die Datei zurück in den Arbeitsspeicher und rekonstruiert den Objektbaum:

```
    public static SchachDB Load(string fileName)
    {
        string jsonString = File.ReadAllText(fileName);
        return JsonSerializer.Deserialize<SchachDB>(jsonString);
    }
}
```

Die Klasse Form1

```
public partial class Form1 : Form
{
```

Der komplette Objektbaum:

```
    private SchachDB = new SchachDB();
```

Der Standort der Datenbankdatei:

```
    private const string FILENAME = "SchachDB.json";
```

Der Programmstart:

```
    private void Form1_Load(object sender, EventArgs e)
    {
```

Zunächst wird versucht, die JSON-Datei zu laden. Im Fehlerfall (in der Regel beim ersten Programmstart) entsteht eine neue leere Datei:

```
        try
        {
            schachDB = Persistenz.Load(FILENAME);
        }
        catch (Exception ex)
        {
            MessageBox.Show(ex.Message);
        }
```

Verbinden der *Partien*-Liste mit der entsprechenden *BindingSource*-Komponente:

```
        BSPartien.DataSource = schachDB.Partien;
```

Anbinden der Steuerelemente:

```
textBox1.DataBindings.Add("Text", BSPartien, nameof(Partie.Datum), true);
textBox2.DataBindings.Add("Text", BSPartien, nameof(Partie.SpielernameWeiss), true);
textBox3.DataBindings.Add("Text", BSPartien, nameof(Partie.SpielernameSchwarz), true);
```

An dieser Stelle verwenden wir, anstatt den Namen der Property zu schreiben den *nameof*-Operator. Dieser Operator gibt auch genau wieder den Namen der Property zurück (im ersten Fall „Datum"), jedoch wird hier Intellisense unterstützt und verhindert somit Tippfehler. Sollte die Property bei einem Refactoring umbenannt werden, so gibt es an dieser Stelle einen Compilerfehler, der dann einfach zu beheben ist. Wenn Sie das Umbenennen auch noch für alle Vorkommen durchführen, dann wird diese Codestelle auch automatisch angepasst. Wenn Sie den Namen der Property direkt schreiben, dann verlieren Sie all diese Vorteile und solche Stellen werden dann bei einem Refactoring gerne übersehen, was wiederum zu einem Laufzeitfehler führt.

Anbinden des Datengrid an die Liste der Züge:

```
        dataGridView1.DataSource = BSZuege;
    }
```

Erzeugen Sie einen Eventhandler für das *CurrentChanged*-Ereignis der *BindingSource* der Partienliste:

```
    private void BSPartien_CurrentChanged(object sender, EventArgs e)
    {
```

Beim Navigieren zu einer anderen Partie wird die *BindingSource* der Zugliste umgeklemmt:

```
        Partie partie = (Partie)BSPartien.Current;
        BSZüge.DataSource = partie.Zuege;
    }
```

Beim Schließen des Formulars versuchen wir, den Objektbaum in der Datei abzuspeichern:

```
    private void Form1_FormClosing(object sender, FormClosingEventArgs e)
    {
        try
        {
            Persistenz.Save(schachDB, FILENAME);
        }
        catch (Exception ex)
        {
            MessageBox.Show(ex.Message);
        }
    }
```

Damit Sie nicht leichtfertig eine komplette Schachpartie mitsamt allen mühsam eingegebenen Zügen löschen, soll nach Klick auf die *Löschen*-Schaltfläche des *Binding Navigator*s zunächst eine Sicherheitswarnung erscheinen:

```
    private void BindingNavigatorDeleteItem2_Click(object sender, EventArgs e)
    {
        if (MessageBox.Show("Soll die Partie wirklich gelöscht werden?",
            "Sicherheitsabfrage", MessageBoxButtons.YesNo) == DialogResult.Yes)
        {
            BSPartien.RemoveCurrent();
        }
    }
}
```

HINWEIS: Die obige Methode funktioniert nur dann, wenn Sie die *DeleteItem*-Eigenschaft des *BindingNavigator*s auf *None* (keine) gesetzt haben.

Test

Lassen Sie sich nicht davon irritieren, dass nach Programmstart zunächst ein Meldungsfenster erscheint, das Sie auf die noch nicht vorhandene Datei hinweist.

Klicken Sie zunächst auf die „+"-Schaltfläche im *BindingNavigator*, um eine neue Schachpartie mit dem Datum[19)] und den Namen der Spieler anzulegen. Danach können Sie auf bekannte Weise im Datengitter nacheinander die einzelnen Züge eintippen.

Nach Schließen des Formulars werden alle Partien automatisch in der im Anwendungsverzeichnis abgelegten Datei *SchachDB.json* gespeichert und stehen nach erneutem Programmstart wieder zur Verfügung.

Bemerkungen

Für den Schachinteressenten ergeben sich mannigfaltige Erweiterungsmöglichkeiten, wie zum Beispiel die Suche nach Partien mit einem bestimmten Gegner oder nach gleichen Eröffnungszügen. Ziemlich aufwendig, aber auch sehr praktisch ist eine grafische Brettdarstellung, mittels der man die Züge per Drag-and-drop eingeben kann.

[19] Haben Sie ein ungültiges Datum eingegeben, so lässt sich das Formular erst dann wieder schließen, wenn Sie diesen Fehler korrigiert haben (generische Listen sind typsicher!).

4.10.8 OOP beim Kartenspiel erlernen

Am Beispiel des bayrischen Kartenspiels Schafkopf soll das vorliegende Praxisbeispiel Ihnen helfen, Ihre OOP-Grundlagen weiter auszubauen. Es wird gezeigt, wie die in einem Array abgespeicherten *Karten*-Objekte durch einen Konstruktor erzeugt werden und selbst wiederum nach außen als Eigenschaften einer Klasse *Spiel* in Erscheinung treten.

HINWEIS: Zum Verständnis ist die Kenntnis der Schafkopfregeln keinesfalls Voraussetzung. Es reicht aus, zu wissen, dass das Spiel aus 32 Karten besteht und jeder der vier Spieler zu Beginn acht Karten erhält.

Oberfläche

Bild 4.40 bedarf wohl keines weiteren Kommentars.

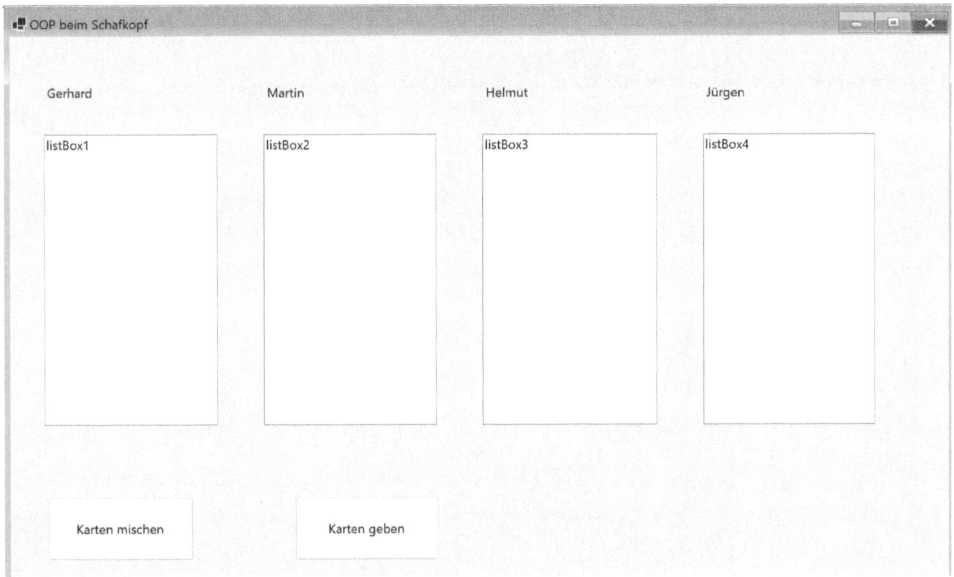

Bild 4.40 Oberfläche zum Kartengeben

Quellcode

Als Nächstes definieren wir die Klassen *Karte* und *Spiel*:

```
public class Karte
{
    public string Farbe { get; set; }
    public string Wert { get; set; }
```

Der Konstruktor:

```
    public Karte(string farbe, string wert)
    {
        Farbe = farbe;
        Wert = wert;
    }
}
```

Die Klasse *Spiel* kapselt 32 Instanzen der Klasse *Karte*:

```
public class Spiel
{
```

Die Eigenschaft *Karten* (das ist ein Array mit 32 Karten):

```
    public Karte[] Karten { get; set; } = new Karte[32];
```

Eine Hilfsmethode soll das Generieren der Karten vereinfachen:

```
    private void CreateKarten(string farbe, int a)
    {
        Karten[a] = new Karte(farbe, "Sieben");
        Karten[a + 1] = new Karte(farbe, "Acht");
        Karten[a + 2] = new Karte(farbe, "Neun");
        Karten[a + 3] = new Karte(farbe, "Zehn");
        Karten[a + 4] = new Karte(farbe, "Unter");
        Karten[a + 5] = new Karte(farbe, "Ober");
        Karten[a + 6] = new Karte(farbe, "König");
        Karten[a + 7] = new Karte(farbe, "As");
    }
```

Der Konstruktor erzeugt und füllt das Spiel der Reihe nach mit allen 32 Karten:

```
    public Spiel()
    {
         CreateKarten("Eichel", 0);
         CreateKarten("Gras", 8);
         CreateKarten("Herz", 16);
         CreateKarten("Schelln", 24);
    }
```

Die Methode zum Mischen der Karten:

```
    public void Mischen()
    {
```

Der Zwischenspeicher für den Kartentausch:

```
        Karte tmp;
```

Ein Zufallszahlengenerator:

```
        Random rnd = new Random();
```

Alle Karten nacheinander durchlaufen:

```
        for (int i = 0; i < Karten.Length; i++)
        {
```

Den Zufallsindex einer anderen Karte bestimmen:

```
            int z = rnd.Next(0, Karten.Length);
```

Die zufällige Karte mit der aktuellen Karte vertauschen:

```
            tmp = Karten[z];
            Karten[z] = Karten[i];
            Karten[i] = tmp;
        }
    }
}
```

HINWEIS: Aus Gründen der Einfachheit bleibt der Index 0 des *Karten*-Arrays ungenutzt.

Nun zum Klassencode von *Form1*:

```
public partial class Form1 : Form
{
    ...
```

Die Variable für das Spiel wird definiert:

```
    Spiel spiel = new Spiel();
```

Eine Hilfsroutine zum Löschen der Anzeige:

```
    private void Loeschen()
    {
        listBox1.Items.Clear();
        listBox2.Items.Clear();
        listBox3.Items.Clear();
        listBox4.Items.Clear();
    }
```

Alle Karten mischen:

```
    private void button1_Click(object sender, System.EventArgs e)
    {
        spiel = new Spiel();
        Loeschen();
        spiel.Mischen();
    }
```

Alle Karten austeilen:

```
    private void button2_Click(object sender, EventArgs e)
    {
        Loeschen();
```

Die Karten für Gerhard:

```
        for (int i = 0; i < 8; i++)
        {
            listBox1.Items.Add(spiel.Karten[i].Farbe + "  " +
                               spiel.Karten[i].Wert);
        }
```

Die Karten für Martin:

```
        for (int i = 8; i < 16; i++)
        {
            listBox2.Items.Add(spiel.Karten[i].Farbe + "  " +
                               spiel.Karten[i].Wert);
        }
```

Die Karten für Helmut:

```
        for (int i = 16; i < 24; i++)
        {
            listBox3.Items.Add(spiel.Karten[i].Farbe + "  " +
                               spiel.Karten[i].Wert);
        }
```

Die restlichen Karten für Jürgen:

```
        for (int i = 24; i < 32; i++)
        {
            listBox4.Items.Add(spiel.Karten[i].Farbe + "  " +
                               spiel.Karten[i].Wert);
        }
    }
}
```

Test

Wenn Sie, vor lauter Ungeduld, unmittelbar nach Programmstart auf die Schaltfläche „Karten austeilen“ klicken, werden Sie von allen drei Spielern laute Protestrufe ernten, da die Karten offensichtlich nicht gemischt wurden.

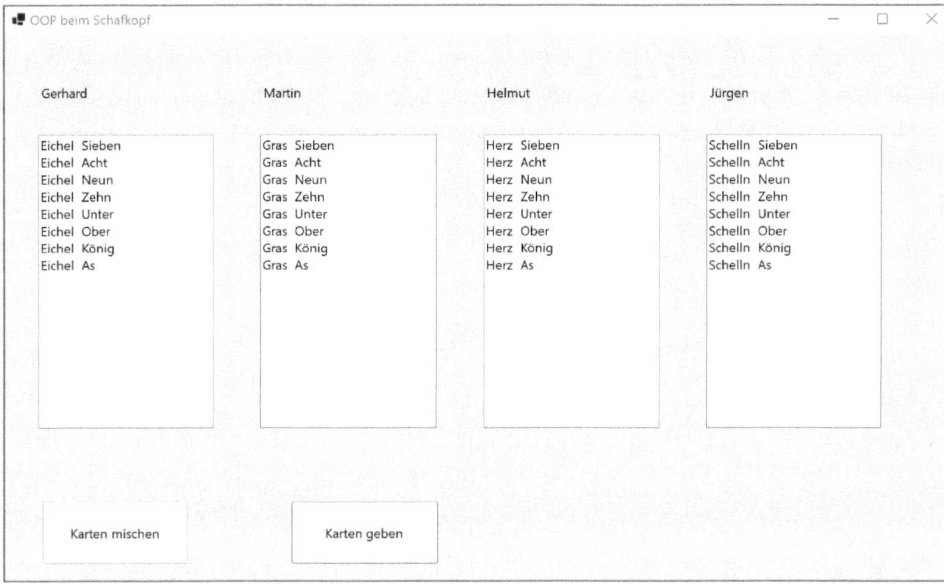

Bild 4.41 Ungemischte Karten

Erst nach ein- oder mehrmaligem Klick auf die Schaltfläche „Karten mischen" hat die Gerechtigkeit ihren Einzug gehalten und der Zufall bestimmt, welche Karten die Spieler Gerhard, Martin, Helmut und Jürgen erhalten.

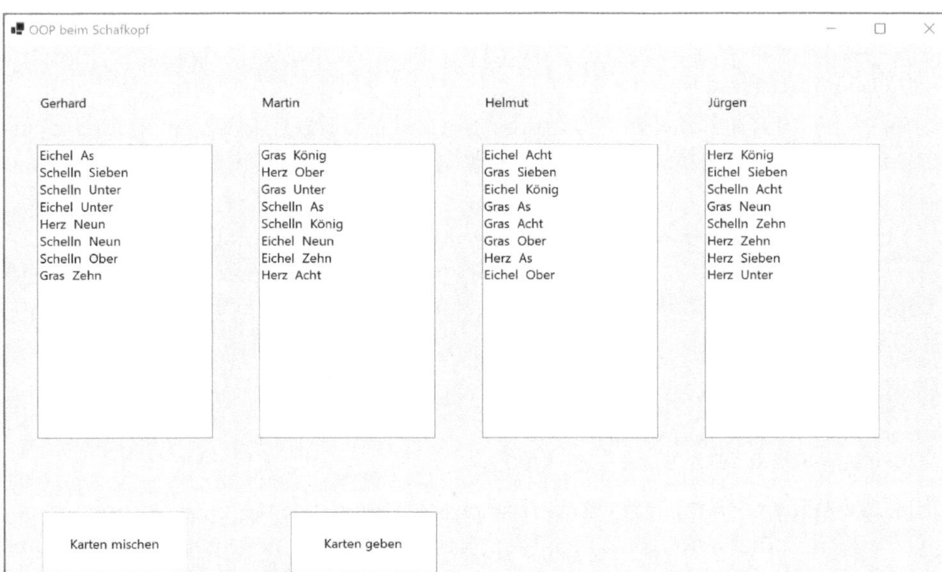

Bild 4.42 Gemischte Karten

4.10.9 Eine Klasse zur Matrizenrechnung entwickeln

Am Beispiel einer Klasse *Matrix* soll die grundlegende Vorgehensweise bei der Entwicklung einer Klasse erläutert werden, die schon etwas anspruchsvoller ist als z. B. eine triviale *Person*-Klasse.

Schwerpunktthemen sind:

- überladener Konstruktor,
- überladene Methoden,
- Eigenschaftsmethoden,
- Indexer,
- Unterschied zwischen statischen (Shared-) Methoden und Instanzmethoden.

Die Klasse *Matrix* soll Funktionalität zur Verfügung stellen, die Sie zur Ausführung von Matrixoperationen benötigen (Addition, Multiplikation ...).

Obwohl wir hier nur die Addition implementieren werden, kann die Klasse von Ihnen nach dem gezeigten Muster selbstständig um weitere Matrizenoperationen erweitert werden, wie z. B. Multiplikation oder Inversion.

HINWEIS: Wer sich nicht für Mathematik interessiert, kann das Beispiel trotzdem sehr gut verwenden, da der Schwerpunkt auf den verwendeten Programmiertechniken liegt.

Quellcode der Klasse Matrix

Wir beginnen diesmal nicht mit dem Startformular (*Form1*), sondern erweitern zunächst über den Menüpunkt *Projekt/Klasse hinzufügen* unser Projekt um eine neue Klasse mit dem Namen *Matrix*.

Die Klasse *Matrix* verwaltet ein zweidimensionales Array aus *double*-Zahlen. Die Eigenschaften *AnzahlReihen* und *AnzahlSpalten* speichern die Anzahl der Zeilen und Spalten.

```
public class Matrix
{
    private double[,] array;
    public int AnzahlZeilen { get; set; }
    public int AnzahlSpalten { get; set; }
```

Ein neues Array wird über den Konstruktor instanziiert, der in zwei Versionen vorliegt. Falls Sie später *new()* ohne Argument aufrufen, wird eine Matrix mit einem einzigen Element generiert, ansonsten mit den gewünschten Dimensionen.

```
public Matrix()    // Standardkonstruktor
{
    AnzahlZeilen = 1;
    AnzahlSpalten = 1;
    array = new double[AnzahlZeilen, AnzahlSpalten];
}
public Matrix(int zeilen, int spalten)    // überladener Konstruktor
{
    AnzahlZeilen = zeilen;
    AnzahlSpalten = spalten;
    array = new double[AnzahlZeilen, AnzahlSpalten];
}
```

Der Zugriff auf ein bestimmtes Matrix-Element wird natürlich elegant über einen Indexer realisiert:

```
public double this [int zeile, int spalte]
{
    get {return array[zeile, spalte];}
    set {array[zeile, spalte] = value;}
}
```

Die *Add*-Methode akzeptiert entweder ein oder zwei *Matrix*-Objekte als Parameter. Falls Sie nur ein *Matrix*-Objekt übergeben, wird die aktuelle Instanz der Matrix als zweiter Operand verwendet.

Die erste Überladung der *Add*-Methode ist statisch, sie wird also nicht über einem *Matrix*-Objekt, sondern direkt über der *Matrix*-Klasse ausgeführt! Die Methode nimmt beide Operanden (*Matrix*-Objekte) entgegen und liefert ein *Matrix*-Objekt zurück.

```
public static Matrix Add(Matrix a, Matrix b)
{
    if (!((a.AnzahlZeilen == b.AnzahlZeilen) &&
          (a.AnzahlSpalten == b.AnzahlSpalten)))
    {
        return new Matrix();
    }
    else
    {
        Matrix newMatrix = new Matrix(a.AnzahlZeilen, a.AnzahlSpalten);
        for (int zeile = 0; zeile < a.AnzahlZeilen; zeile++)
        {
            for (int spalte = 0; spalte < a.AnzahlSpalten; spalte++)
            {
               newMatrix[zeile, spalte] = a[zeile, spalte] + b[zeile, spalte];
            }
        }
        return newMatrix;
    }
}
```

Obige Methode wird mit einer leeren „Verlegenheitsmatrix“ verlassen, wenn beide Operanden nicht die gleichen Dimensionen aufweisen sollten.

Bei der zweiten Überladung handelt es sich um eine normale Instanzmethode. Sie nimmt als Parameter nur ein einziges *Matrix*-Objekt entgegen. Der zweite Operand ist naturgemäß die aktuelle *Matrix*-Instanz, die diese Methode aufruft.

```
public Matrix Add(Matrix a)
{
    if (!((a.AnzahlZeilen == AnzahlZeilen) &&
          (a.AnzahlSpalten == AnzahlSpalten)))
    {
         return new Matrix();
    }
    else
    {
        Matrix newMatrix = new Matrix(AnzahlZeilen, AnzahlSpalten);
        for (int zeile = 0; zeile <AnzahlZeilen; zeile++)
        {
            for (int spalte = 0; spalte <AnzahlSpalten; spalte++)
            {
                 newMatrix[zeile, spalte] = a[zeile, spalte] +
                                            this[zeile, spalte];
            }
        }
        return newMatrix;
    }
}
```

Der Unterschied zwischen statischen Methoden und Instanzmethoden dürfte Ihnen so richtig erst beim Sichten des Codes von *Form1* klar werden, wo beide Überladungen aufgerufen werden.

Hier ein Vorgriff auf den Code von *Form1*:

```
Matrix a;
Matrix b;
Matrix c;
c = Matrix.Add(a, b);    // Aufruf der statischen Methode
c = a.Add(b);            // Aufruf der Instanzmethode
```

Oberfläche

Wir benötigen drei *ListView*-Komponenten und drei *Buttons*. Setzen Sie folgende zwei Eigenschaften für jede *ListView*: *View* = *Details* und *GridLines* = *True*.

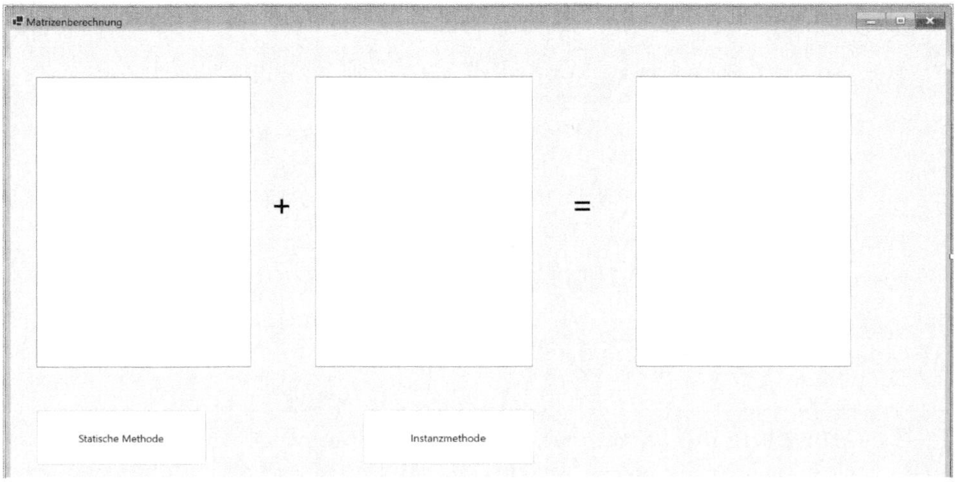

Bild 4.43 GUI für Matrizenberechnung

Quellcode von Form1

Unser Beispiel benutzt Matrizen mit 9 Zeilen und 6 Spalten:

```
public partial class Form1 : Form
{
    const int ZEILEN = 9;     // Anzahl Zeilen
    const int SPALTEN = 6;    // Anzahl Spalten
    ...
```

Wir verwenden für beide *Button*s einen gemeinsamen Eventhandler:

```
    private void button_Click(object sender, EventArgs e)
    {
```

Zufallszahlengenerator instanziieren:

```
        Random rnd = new Random();
```

Die Matrix *A* instanziieren, mit Zufallszahlen füllen und anzeigen (man beachte den bequemen Zugriff über den Indexer!):

```
        Matrix a = new Matrix(ZEILEN - 1, SPALTEN - 1);
        for (int i = 0; i < a.AnzahlZeilen; i++)
        {
            for (int j = 0; j < a.AnzahlSpalten; j++)
            {
                a[i, j] = rnd.Next(100);  // Zugriff auf Matrixelement über Indexer!
            }
        }
        ShowListView(a, listView1);       // Anzeige in linker ListView
```

Gleiches geschieht mit Matrix *B*:

```
Matrix b = new Matrix(ZEILEN - 1, SPALTEN - 1);
for (int i = 0; i < b.AnzahlZeilen; i++)
{
    for (int j = 0; j < b.AnzahlSpalten; j++)
    {
        b[i, j] = rnd.Next(100);
    }
}
ShowListView(b, listView2);   // Anzeige in mittlerer ListView
```

Die resultierende Matrix *C* berechnen wir – in Abhängigkeit vom geklickten *Button* – mit der ersten oder mit der zweiten Überladung der *Add*-Methode.

HINWEIS: Beide Überladungen der *Add*-Methode leisten absolut das Gleiche, nur die Aufrufsyntax ist unterschiedlich!

```
    Matrix c;

    if ((Button)sender == button1)
    {
        c = Matrix.Add(a, b);    // Aufruf über statische Methode
    }
    else
    {
        c = a.Add(b);            // Aufruf über Instanzmethode
    }
    ShowListView(c, listView3);  // Resultatanzeige in rechter ListView
}
```

Der Anzeigeroutine *showListView* werden ein *Matrix*-Objekt und eine *ListView*-Komponente übergeben:

```
private void showListView(Matrix m, ListView lv)
{
    lv.Clear();
```

Alle Spalten erzeugen und beschriften:

```
    lv.Columns.Add("", 20, HorizontalAlignment.Right); // linke (leere) Randspalte
    for (int j = 0; j < m.AnzahlSpalten; j++)  // alle Spalten erzeugen
    {
```

Spaltennummerierung und Formatierung in Kopfzeile:

```
        lv.Columns.Add(j.ToString(), 90, HorizontalAlignment.Right);
    }
```

Alle Zeilen erzeugen, beschriften und Zellen füllen:

```
    for (int i = 0; i < m.AnzahlZeilen; i++)
    {
```

Pro Zeile ein *ListViewItem*, Zeilennummerierung in linke Randspalte eintragen:

```
            ListViewItem item = new ListViewItem(i.ToString());
            for (int j = 0; j < m.AnzahlSpalten; j++)
            {
```

Alle Zellen füllen (pro Zelle ein *SubItem*):

```
                item.SubItems.Add(m[i, j].ToString());
            }
```

Zeile zur *ListView* hinzufügen:

```
            lv.Items.Add(item);
        }
    }
    ...
```

Test

Nach Programmstart werden die beiden ersten Matrizen mit Zufallszahlen zwischen 0 und 100 gefüllt. Ob Sie dann *Button1* oder *Button2* anklicken, ist völlig egal, in beiden Fällen wird die resultierende Summen-Matrix mit dem richtigen Ergebnis gefüllt:

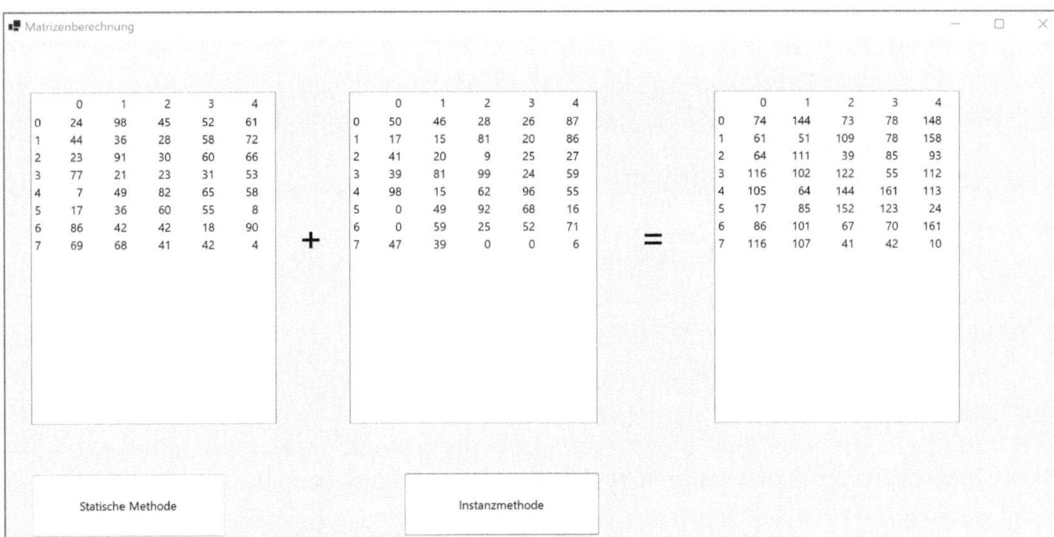

Bild 4.44 Berechnete Matrizen

4.10.10 Vererbung von Records

Im abschließenden Praxisbeispiel in diesem Kapitel möchten wir Ihnen noch zeigen, wie Sie Records vererben können.

Dabei wollen wir einen Basisrecord *Spiel* definieren, von dem dann ein Record *Brettspiel* und ein Record *Kartenspiel* abgeleitet werden.

Oberfläche

Die Oberfläche besteht aus einem einzigen Button und einer ListBox. Das Ergebnis der Anwendung sehen Sie in Bild 4.45.

Quellcode

Als erstes definieren wir mittels zwei Positionsparametern und einer Eigenschaft den Record *Spiel*:

```
public record Spiel(string Name, int Spieler)
{
    public string? Beschreibung { get; init; }
}
```

Der Record *Kartenspiel*, der von *Spiel* erbt und einen zusätzlichen Positionsparameter besitzt:

```
public record Kartenspiel(string Name, int Spieler, int AnzahlKarten)
                        : Spiel(Name, Spieler)
```

Der Record *Brettspiel*, der ebenfalls von *Spiel* erbt und auch einen weiteren Positionsparameter besitzt:

```
public record Brettspiel(string Name, int Spieler, int AnzahlFiguren)
                       : Spiel(Name, Spieler)
```

Nun zum Klassencode von *Form1*:

```
public partial class Form1 : Form
{
    ...
```

Ein Ereignishandler für den Klick auf den Button, der zuerst die Anzeige löscht

```
    private void button1_Click(object sender, EventArgs e)
    {
        listBox1.Items.Clear();
```

und dann zwei Records der vererbten Typen instanziiert und deren Inhalt mittels der *ToString()*-Methode in die Listbox schreibt. Um die Typenkompatibilität zur Basisklasse *Spiel* zu zeigen, wird die Variable für das *Brettspiel* als *Spiel* deklariert:

```
Kartenspiel schafkopf = new Kartenspiel("Schafkopf", 4, 32)
    { Beschreibung = "bayrisches Kartenspiel für 4 Personen" };
Spiel schach = new Brettspiel("Schach", 2, 32)
    { Beschreibung = "Weltweit bekanntes Spiel für 2 Personen" };
listBox1.Items.Add(schafkopf.ToString());
listBox1.Items.Add(schach.ToString());
```

Und schließlich wird einer weiteren Variablen vom Typ *Spiel* die Instanz *schafkopf* zugewiesen.

```
Spiel schafkopfspiel = schafkopf;
listBox1.Items.Add(schafkopfspiel.ToString());
```

Test

Wenn Sie nun auf den *Start*-Button klicken, sehen Sie das Ausgabe aus Bild 4.45. Bei allen Ausgaben wird auch die zusätzliche Eigenschaft (*AnzahlKarten* bzw. *Anzahl Figuren*) angezeigt, die in den geerbten Klassen hinzugekommen ist.

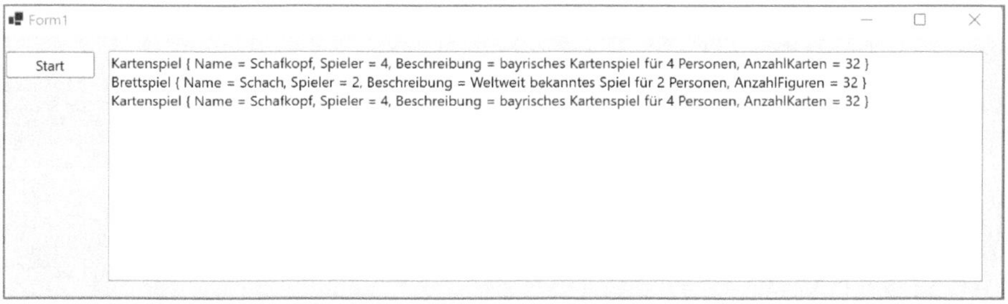

Bild 4.45 Vererbungsbeispiel

5 Arrays, Strings, Methoden

Ausgerüstet mit den in Kapitel 4 vermittelten Grundkenntnissen der objektorientierten Programmierung wollen wir nun die sprachlichen Grundlagen von C# weiter ausbauen.

Bislang haben wir schon einige Elemente verwendet, die erst im Laufe des Buches gesondert angesprochen werden, aber die gesamte .NET-C#-Visual-Studio-Infrastruktur ist so umfangreich, dass man manchmal gar nicht mehr weiß, wo man anfangen soll. Wir hoffen jedenfalls, dass Sie bis hierher gut folgen konnten.

Wir werden Ihnen im vorliegenden Kapitel weiteres Handwerkszeug, wie den objektorientierten Umgang mit Arrays, Zeichenketten, regulären Ausdrücken, Zahlenformatierungen, mathematischen und Datumsfunktionen, vermitteln.

5.1 Datenfelder (Arrays)

Arrays eignen sich zum Speichern mehrerer Variablen eines bestimmten Datentyps. Gegenüber der Verwendung vieler einzelner „normaler" Variablen ergibt sich der Vorteil, dass nur ein einziger Variablenname benötigt wird. Die Unterscheidung erfolgt über einen Index.

HINWEIS: Der untere Index eines Arrays ist standardmäßig 0. Der höchste Index ist deshalb immer um eins niedriger als die Länge des Arrays.

Da auch Arrays zu den Referenz- bzw. Verweistypen zählen, geht es im Unterschied zu den Wertetypen nicht mehr ohne ein Minimum an objektorientiertem Vokabular.

Wie jedes andere Objekt wird auch eine Array-Variable in drei Etappen zum Leben erweckt:

- Deklarieren
- Erzeugen
- Initialisieren

Im vorliegenden Abschnitt beschränken wir uns zunächst nur auf die für den Einstieg wichtigsten Grundlagen.

HINWEIS: Zählten Arrays in den ersten Versionen von C# zu den ganz wichtigen Sprachkonstrukten, so haben Sie im Laufe der Zeit durch die Einführung von Collections und später von generischen Collections stark an Bedeutung verloren. Trotz allem werden Arrays intern in all diesen Objekten verwendet und wir empfehlen, sich ein Grundwissen über Arrays anzueignen.

5.1.1 Array deklarieren

Sie deklarieren ein Array wie eine normale Variable, lediglich nach dem Datentypbezeichner folgt ein eckiges Klammerpärchen [].

Syntax:

```
Datentyp[] arrVariable;
```

Der Datentyp des Arrays kann beliebig sein.

Beispiel 5.1: Ein Integer-Array *a* wird deklariert.

C#

```
int[] a;
```

Die Größe des Arrays wird bei der Deklaration nicht angegeben, denn es existiert noch keine Instanz dieses Objekts, lediglich ein Verweis (Referenz) ins Leere (*null*) wird auf dem Stack angelegt.

5.1.2 Array instanziieren

Eine Array-Instanz erzeugen Sie mit dem Schlüsselwort *new*:

Syntax:

```
arrVariable = new Datentyp[Dimension];
```

Beispiel 5.2: Die im Vorgängerbeispiel deklarierte *Array*-Variable wird mit vier Elementen erzeugt.

C#

```
a = new int[4];
```

Die Array-Variable *a* zeigt nun nicht mehr ins Leere, sondern auf einen konkreten Speicherbereich im Heap, der vier Integer aufnehmen kann.

Sie können auch das Deklarieren und Instanziieren innerhalb einer einzigen Anweisung erledigen.

Syntax:

```
Datentyp[] arrVariable = new Datentyp[Dimension];
```

Beispiel 5.3: Eine Zusammenfassung der beiden Vorgängerbeispiele

C#

```
int[] a = new int[4];
```

5.1.3 Array initialisieren

Arrays werden beim Erzeugen mit Standardwerten initialisiert (einfache Zahlendatentypen mit *0*, boolesche Elemente mit *false*, Verweistypen mit *null*). Um andere Werte zuzuweisen, müssen Sie diese in geschweiften Klammern {}, getrennt durch Kommata, auflisten und an die *new*-Anweisung anhängen.

Syntax:

```
arrVariable = new Datentyp[Dimension] {wert1, wert2, ... };
```

Beispiel 5.4: Die *int*-Array-Variable *a* wird deklariert und mit Werten gefüllt.

C#

```
int[] a;                 // Deklarieren
a = new int[4] {10, 9, 8, 7};  // Erzeugen und Initialisieren
```

HINWEIS: Bei einer Initialisierung können Sie beim Instanziieren auf die Angabe der Dimension verzichten. Sie ergibt sich aus der Menge der Werte, die Sie angeben. Also müssten Sie im obigen Beispiel die 4 nicht angeben.

Wem das zu umständlich ist, der kann auch von einer Kurzform Gebrauch machen, die ohne den *new*-Operator auskommt und bei der die drei Schritte Deklarieren, Erzeugen und Initialisieren in einer einzigen Anweisung zusammengefasst sind. Die Angabe der Indexgrenze entfällt, denn diese ergibt sich ja automatisch aus der Anzahl der übergebenen Werte.

Syntax:

```
Datentyp[] arrVariable = {wert1, wert2, ... };
```

Beispiel 5.5: Die Kurzform des Vorgängerbeispiels

C#

```
int[] a = {10, 9, 8, 7};  // Deklarieren, Erzeugen und Initialisieren
```

Beispiel 5.6: Ein *string*-Array mit fünf initialisierten Feldern

C#

```
string[] arbeitsTage = {"Montag", "Dienstag", "Mittwoch", "Donnerstag", "Freitag"};
```

Die Werte, mit denen das Array initialisiert wird, müssen nicht immer Konstanten bzw. Literale sein, sondern können natürlich auch erst zur Laufzeit berechnet werden, wie das folgende etwas anspruchsvollere Beispiel beweist.

Beispiel 5.7: Das *int*-Array *a* wird mit vier Zufallszahlen initialisiert.

C#

```
Random z = new Random(); // Objektvariable der Random-Klasse erzeugen
int[] a = new int[] {z.Next(1,7), z.Next(1,7), z.Next(1,7), z.Next(1,7)};
```

Die *Random*-Klasse stellt einen Generator für Pseudozufallszahlen dar. Die *Next*-Methode liefert hier Zufallszahlen, die zwischen 1 und 6 liegen (Würfelprinzip).

5.1.4 Zugriff auf Array-Elemente

Der Lese-/Schreibzugriff auf einzelne Elemente des Arrays erfolgt wie bei normalen Variablen, nur dass dem Namen der Array-Variablen der in (eckigen) Klammern stehende Index folgt.

HINWEIS: Da die Indizierung eines Arrays bei 0 beginnt, hat das erste Element den Index 0. Mit dem Index 1 greifen Sie auf das zweite Element zu.

Beispiel 5.8: Das *int*-Array *a* wird mit neuen Werten gefüllt.

C#

```
int[] a = new int[4];
a[0] = 100;
a[1] = 33;
a[2] = 80;
a[3] = 75;
```

Indexüberprüfung

Beim Zugriff auf die Array-Elemente (also erst zur Laufzeit) wird geprüft, ob der Index im erlaubten Bereich liegt.

Beispiel 5.9: (*Fortsetzung von Beispiel 5.8*) Obiges Array hat vier Elemente, die mit 0, 1, 2, 3 indiziert sind. Der Zugriff auf den Index 4 erzeugt einen Laufzeitfehler.

C#

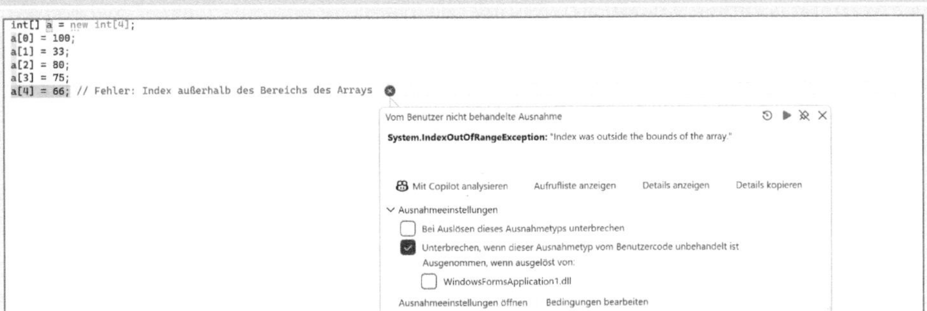

Bild 5.1 Laufzeitfehler wegen ungültigem Index

Oberen Array-Index ermitteln

Sie wissen mittlerweile, dass der untere Index eines Arrays immer 0 ist. Was aber, wenn der obere Index unbekannt ist? In diesem Fall fragen Sie einfach die *Length*-Eigenschaft des Arrays ab, welche die Anzahl der Feldelemente zurückgibt. Verringern Sie diese um eins und Sie haben den oberen Feldindex.

Beispiel 5.10: In das letzte Element des Arrays *a* wird ein neuer Wert geschrieben.

C#

```
int max = a.Length - 1;
a[max] = 100;
```

5.1.5 Zugriff mittels Schleife

Für den sequenziellen Zugriff auf alle Array-Elemente eignen sich prinzipiell alle unter Abschnitt 3.5.2 angegebenen Schleifenanweisungen.

for-Schleife

Beispiel 5.11: Ein *int*-Array wird mit den Zahlen 0 ... 99 gefüllt.

C#

```
int[] a = new int[100];
for (int i = 0; i != a.Length; i++)
{
    a[i] = i;
}
```

foreach-Schleife

Eine weitere wichtige Zugriffsart ist die uns bislang noch nicht ganz so bekannte *foreach*-Schleife, mit der alle Elemente des Arrays durchlaufen werden können, ohne dass deren Anzahl bekannt sein muss.

Syntax:

```
foreach (element in array)
{
  Anweisungen;
  [break];
};
```

Wie jede andere Schleife kann auch die *foreach*-Schleife mit dem optionalen *break* vorzeitig verlassen werden.

Beispiel 5.12: Das im Vorgängerbeispiel gefüllte Array wird ausgelesen.

C#

```
foreach (int feld in a)
{
    MessageBox.Show(feld.ToString()); // zeigt nacheinander 0, 1, 2 ... 10
    if (feld == 10)
    {
        break;
    }
}
```

Leider ist mit einer *foreach*-Schleife nur der Lesezugriff auf die Feldelemente möglich. Hier meckert bereits der Compiler, wenn Sie eine Zuweisung programmieren würden.

Beispiel 5.13: Das Füllen eines Arrays misslingt.

C#

```
int[] a = new int[100];
int i = 0;
foreach (int feld in a)
{
  feld = i++;  // Fehler, weil Feld schreibgeschützt ist
}
```

HINWEIS: Eine besonders wichtige Rolle spielt die *foreach*-Schleife im Zusammenhang mit dem Durchlaufen von Objektauflistungen (siehe Abschnitt 5.3.1, „*IEnumerable*-Interface").

5.1.6 Mehrdimensionale Arrays

Ein Array darf auch mehr als nur eine einzige Dimension haben. Die einzelnen Dimensionen werden bei der Deklaration bzw. beim Zugriff durch Komma voneinander getrennt.

Syntax:

```
Datentyp[, , ] arrVariable = new Datentyp[Dimension1, Dimension2, Dimension3];
```

Sie können sich beispielsweise ein zweidimensionales Array als „Regal“ vorstellen, das nach seiner Definition zunächst aus „leeren“ Fächern besteht, die in mehreren Reihen übereinander angeordnet sind und die jeweils eine Variable des deklarierten Datentyps aufnehmen können[1].

Beispiel 5.14: Ein (zweidimensionales) Gleitkomma-Array mit 10 Zeilen und 20 Spalten wird deklariert.

C#

```
double[, ] c = new double[10, 20];  // c[0,0] ... c[9, 19]

// Mit den folgenden Anweisungen speichern Sie in jedem Feld den Wert 5.5:

for (int i = 0; i < 10; i++)         // für alle Zeilen
{
    for (int j = 0; j < 20; j++)     // für alle Spalten
    {
        c[i,j] = 5.5;
    }
}
```

HINWEIS: Für den reinen Lesezugriff ist auch die Verwendung einer *foreach*-Schleife möglich. In diesem Fall benötigt man – wie bei eindimensionalen Arrays – nur eine Schleife, die dann von links oben nach rechts unten durchlaufen wird.

Beispiel 5.15: Der Inhalt des im Vorgängerbeispiel erzeugten Arrays wird in einer *ListBox* angezeigt.

C#

```
...
    foreach (double d in c)
    {
        listBox1.Items.Add(d.ToString());
    }
```

Dimensionsgrenzen ermitteln

Zur Bestimmung der Länge der einzelnen Dimensionen eines mehrdimensionalen Arrays ist die *Length*-Eigenschaft ungeeignet. Verwenden Sie stattdessen die *GetLength*- oder *GetUpperBound*-Methode der *Array*-Klasse (siehe Abschnitt 5.1.10, „Eigenschaften und Methoden von Arrays“).

[1] Ein bekanntes Einsatzgebiet für mehrdimensionale Arrays ist z. B. die Matrizenrechnung in der Mathematik.

Beispiel 5.16: Das Vorgängerbeispiel kann auch eleganter programmiert werden.

C#

```
double[, ] c = new double[10, 20];
for (int i = 0; i < c.GetLength(0); i++) // für erste Dimension
{
    for (int j = 0; j < c.GetLength(1); j++) // für zweite Dimension
    {
        c[i,j] = 5.5;
    }
}
```

Mehrdimensional initialisieren

Auch mehrdimensionale Arrays lassen sich mit Anfangswerten initialisieren. Die Werte der einzelnen Dimensionen werden in geschweiften Klammerpaaren hintereinander aufgeführt.

Beispiel 5.17: Ein zweidimensionales *String*-Array wird erzeugt und mit Namen und Wohnort von drei Personen initialisiert.

C#

```
string[,] personen = {{"Meier", "Berlin"}, {"Schultze", "Leipzig"}, {"Krause",
"Bonn"}};
string s = personen[2,1];
MessageBox.Show(s);  // zeigt "Bonn"
```

Ergebnis

Bild 5.2
Meldungsfenster mit dem korrekten Wert

5.1.7 Zuweisen von Arrays

Ebenso wie Sie den Inhalt einer Variablen einer anderen Variablen zuweisen können, z. B. a = b, können Sie auch einem Array ein anderes Array zuweisen. Da aber Arrays in allen .NET-Programmiersprachen *Referenztypen* sind, speichern Array-Variablen direkt keine Werte, sondern nur Referenzen (Zeiger) auf einen bestimmten Speicherbereich. Normale Datentypen hingegen zählen bekanntlich zu den *Wertetypen*.

Das gegenseitige Zuweisen von Array-Variablen führt also nicht zu einem Kopieren der Werte, sondern lediglich zum „Verbiegen“ eines Zeigers, das heißt zum Zuweisen einer neuen Speicheradresse.

Beispiel 5.18: Ein mit den Werten 1, 2 und 3 initialisiertes Array *a* wird einem Array *b* zugewiesen. Anschließend wird im *b*-Array ein Feld geändert.

C#

```
int[] a = {1, 2, 3};
int[] b = new int[a.Length];
b = a;              // kein Kopieren, sondern nur Referenzieren!
b[0] = 5;
MessageBox.Show(b[0].ToString()); // zeigt erwartungsgemäß "5" an
MessageBox.Show(a[0].ToString()); // zeigt nicht "1", sondern ebenfalls "5" an!
```

Im Beispiel wurde der Zeiger, der vorher das Array *b* referenzierte, „verbogen“. Er zeigt nun ebenfalls auf *a*. Was aber passiert mit dem Speicherbereich des „in der Luft hängenden“ *b*-Arrays? Er steht nicht mehr zur Verfügung und wird bei nächster Gelegenheit vom Garbage Collector entsorgt.

Um ein Array wirklich in ein anderes zu kopieren, können Sie zunächst einen umständlichen Weg beschreiten und die Werte einzeln zuweisen.

Beispiel 5.19: Das Vorgängerbeispiel wird so geändert, dass ein echtes Kopieren stattfindet.

C#

```
int[] a = {1, 2, 3};
int[] b = new int[a.Length];
for (int i = 0; i < a.Length; i++)
{
    b[i] = a[i];
}
b[0] = 5;
MessageBox.Show(a[0].ToString());  // zeigt "1" an
MessageBox.Show(b[0].ToString());  // zeigt "5" an
```

HINWEIS: Eine elegantere Lösung mittels *Clone*-Methode finden Sie in Abschnitt 5.1.10, „Eigenschaften und Methoden von Arrays“.

5.1.8 Arrays aus Strukturvariablen

Ist für den Einsteiger der Umgang mit Strukturvariablen schon gewöhnungsbedürftig, so ist deren Einbau in Arrays für manchen eine schier unüberwindliche Barriere. Dabei ist das gar nicht so sehr schwierig zu verstehen, wenn man ein plausibles Beispiel parat hat.

Beispiel 5.20: Spieler einer Fußballmannschaft

C#

```
struct Spieler
{
    public string Name { get; set; }
    public int Tore { get; set; }
    public double Gehalt { get; set; }
    public bool AuswahlSpieler { get; set; }
}
```

Deklaration und Zugriff:

```
Spieler[] alleSpieler = new Spieler[11]; // eine Mannschaft = 11 Spieler
alleSpieler[0].Name = "Neuer";
alleSpieler[3].Name = "Müller";
```

Beispiel 5.21: Eine komplette Fußballmannschaft

C#

```
struct Mannschaft
{
    public string Verein { get; set; }
    public Spieler[] AlleSpieler { get; set; }  // Verweis auf Substruktur!
    public string Trainer { get; set; }
}
```

Deklaration und Zugriff:

```
Mannschaft mannschaft1;  // Mannschafts-Variable
mannschaft1.AlleSpieler = new Spieler[11];
mannschaft1.Verein = "Bayern München";
mannschaft1.AlleSpieler[0].Name = "Neuer";
mannschaft1.AlleSpieler[3].Tore = 12;
mannschaft1.Trainer = "Kompany";
```

Beispiel 5.22: Alle Spieler mit mehr als zehn Toren werden zu Auswahlspielern.

C#

```
for (int i = 0; i < mannschaft1.AlleSpieler.Length; i++)
{
    if (mannschaft1.AlleSpieler[i].Tore > 10)
    {
        mannschaft1.AlleSpieler[i].AuswahlSpieler = true;
    }
}
```

Arrays aus Strukturvariablen sind die universellere Alternative zu *verzweigten Arrays*, bei denen die Array-Elemente selbst wieder Arrays sind und auf die wir hier aus Platzgründen nicht näher eingehen wollen.

5.1.9 Löschen und Umdimensionieren von Arrays

Felder löschen

Um die Felder eines Arrays zu löschen (sie werden nicht entfernt!), verwenden Sie die *Clear*-Methode der *Array*-Klasse. Es handelt sich hierbei um eine statische Methode der *Array*-Klasse (siehe Abschnitt 5.1.10, „Eigenschaften und Methoden von Arrays").

Syntax:

```
Array.Clear(arr, index, anz);
```

arr = die Array-Variable; *index* = Startindex; *anz* = Anzahl der zu löschenden Felder

Die Felder werden auf ihre Standardwerte zurückgesetzt (*0* bei Zahlendatentypen, *null* bei Verweistypen, *false* bei booleschen Werten).

Beispiel 5.23: Das vierte Element eines Arrays (Index = 3) wird gelöscht.

C#

```
int[] a = {5, 6, 7, 8, 9}; // Kurzform zum Erzeugen und Initialisieren eines Arrays
MessageBox.Show(a[3].ToString()); // viertes Element hat Wert 8
Array.Clear(a,3,1);               // viertes Element wird gelöscht
MessageBox.Show(a[3].ToString()); // viertes Element hat Wert 0
```

Array löschen

Wollen Sie das komplette Array entfernen, müssen Sie der Array-Variablen den Wert *null* zuweisen (dereferenzieren). Diese zeigt dann gewissermaßen ins Leere und nicht mehr auf den entsprechenden Heap-Speicherbereich, in dem das Array abgelegt ist. Das herrenlose Array wird allerdings nicht sofort, sondern erst bei nächstbester Gelegenheit vom .NET-Garbage-Collector entsorgt.

Beispiel 5.24: Array löschen

C#

Eine Array-Variable wird deklariert, initialisiert und dereferenziert. Der folgende Zugriff auf ein beliebiges Element führt danach zu einem Fehler.

```
int[] a = new int[4] {5, 6, 7, 8};  // Deklarieren und Initialisieren
a = null;        // Dereferenzieren
a[0]= 2;         // Fehler
```

Statt die Array-Variable auf *null* zu setzen, kann sie auch mit einem neuen Array quasi „überschrieben" werden.

Beispiel 5.25: Die Array-Variable *a* zeigt zunächst auf ein Array mit vier und danach auf ein neues Array mit zwei Feldern.

C#

```
int[] a = new int[] {5, 6, 7, 8}; // initialisiertes Array mit vier Feldern
a = new int[] {13, 14};          // neues initialisiertes Array mit zwei Feldern
```

Array-Dimensionen ändern

Im Vorgängerbeispiel haben Sie bereits eine Möglichkeit kennengelernt, um die Abmessungen eines Arrays zur Laufzeit zu ändern. Allerdings geht dabei der alte Array-Inhalt verloren.

Wenn die Größe des Arrays nicht konstant bleibt, sondern sich während der Laufzeit ändert, oder wenn Sie Array-Elemente hinzufügen oder löschen wollen, kommen Sie nicht um einigen Programmieraufwand herum[2)], wobei Sie meistens zwischen einem Quell- und einem Ziel-Array hin- und herkopieren müssen.

Allerdings ist dieser Aufwand nur für die von uns bislang betrachteten Arrays der *System.Array*-Klasse erforderlich. Wesentlich komfortablere Möglichkeiten zum Hinzufügen und Löschen bietet die Klasse *ArrayList* oder die generische *List* (siehe Kapitel 6).

[2] In Visual Basic gibt es dafür die *ReDim*-Anweisung für die sogenannten *dynamischen* Arrays, nicht aber in C#.

5.1.10 Eigenschaften und Methoden von Arrays

Bereits mittendrin im OOP-Geschehen kommen Sie jetzt nicht umhin, sich auch mit den *Eigenschaften* und *Methoden* von Arrays anzufreunden. Lassen Sie sich nicht verwirren, wenn im Folgenden von zwei verschiedenen Arten von Eigenschaften/Methoden die Rede ist:

- *Instanzeigenschaften und –methoden:* Diese wenden Sie auf eine Array-**Instanz**, also auf eine Array-Variable an.
- *Klasseneigenschaften und -methoden* (auch als *statische* Eigenschaften/Methoden bekannt): Diese wenden Sie direkt auf die Array-**Klasse** an.

Wenn Sie sich die Beispiele dieses Abschnitts näher anschauen, dürfte Ihnen der Unterschied bald klar werden. Die folgenden Tabellen sollen lediglich einen Überblick vermitteln.[3]

Wichtige Eigenschaften und Methoden von Array-Variablen

Member	Beschreibung
Length	... liefert Gesamtanzahl der Array-Elemente
Rank	... liefert die Anzahl der Array-Dimensionen
Clone(...)	... kopiert alle Elemente aus Quell- in Ziel-Array
CopyTo(...)	... kopiert Elemente ab *index* von Quell- in Ziel-Array
GetLength(...)	... liefert die Anzahl Elemente einer bestimmten Dimension
Initialize(...)	... initialisiert alle Array-Elemente auf Standardwerte

Eine Möglichkeit zum 1:1-Kopieren von Arrays bietet die *Clone*-Methode. Die Abmessungen des Ziel-Arrays müssen dabei **nicht** unbedingt mit denen des Quell-Arrays übereinstimmen.

[3] Die exakte Syntax entnehmen Sie bitte der Dokumentation.

Beispiel 5.26: Der Inhalt des Arrays *a* wird in das Array *b* kopiert.

C#

```
int[] a = {1, 2, 3};  // Quell-Array
int[] b;           // Ziel-Array
```

Da die *Clone*-Methode einen Wert vom *object*-Datentyp zurückgibt, musste eine explizite Typumwandlung in ein *int[]*-Array vorgenommen werden:

```
b = (int[])a.Clone();  // Typecasting
b[0] = 5;
MessageBox.Show(a[0].ToString());  // zeigt "1" an
MessageBox.Show(b[0].ToString());  // zeigt "5" an
```

Wichtige Methoden der Array-Klasse

Methode	Beschreibung
BinarySearch(...)	... dient zur (schnellen) binären Suche in einem sortierten (!) Array
Clear(...)	... löscht die Werte von Elementen
IndexOf(...)	... dient zur (langsamen) sequenziellen Suche in einem Array
Sort(...)	... dient zur vollständigen bzw. teilweisen Sortierung eines Arrays

Beispiel 5.27: Ein eindimensionales *int*-Array mit zehn Elementen wird nach der Zahl 11 durchsucht. Vorher muss es sortiert werden, um *BinarySearch* anwenden zu können.

C#

```
int[] a = {13, 11, 5, 3, 12, 1, 3, 6, 4, 2};
Array.Sort(a); // neue Reihenfolge {1, 2, 3, 3, 4, 5, 6, 11, 12, 13}
int i;
for (i = 0; i < a.Length; i++)
{
    MessageBox.Show(a[i].ToString()); // zeigt sortierte Reihenfolge an
}
i = Array.BinarySearch(a, 11);     // Suche nach der Zahl 11
if (i > 0)
{
    MessageBox.Show("11 an Position " + i.ToString() + " gefunden!");
}
else
{
    MessageBox.Show("Nichts gefunden!");
}
```

5.1.11 Übergabe von Arrays

Von den vielen Möglichkeiten zur Parameter- und Ergebnisübergabe, die es neben den einfachen Datentypen gibt (eigentlich können Sie beliebige Objekte, wie z. B. auch *Collections*, übergeben), wollen wir uns den Umgang mit Arrays näher anschauen.

Arrays als Parameter

An Methoden können auch Arrays übergeben werden. Dazu deklarieren Sie diese mit leeren Klammern.

Beispiel 5.28: Eine Methode berechnet den Mittelwert eines übergebenen *double*-Arrays.

C#

```
double Mittelwert(double[] zahlen)
{
    double sum = 0;
    int z = zahlen.Length;
    for (int i = 0; i < z; i++)
    {
        sum += zahlen[i];
    }
    return(sum / z);
}
```

Die Verwendung:

```
double[] zahlen = {1.5, 2, 3.8, 0.7}; // Array mit vier Werten
double mw = Mittelwert(zahlen);       // Aufruf der Methode
MessageBox.Show(mw.ToString());       // zeigt den Durchschnitt "2"
```

Wesentlich einfacher, als den Mittelwert per Hand zu berechnen, ist es, vordefinierte Methoden von Arrays zu nutzen. So liefert die Methode *Average()* das gewünschte Ergebnis.

C#

Die einfache Verwendung:

```
double[] zahlen = {1.5, 2, 3.8, 0.7}; // Array mit vier Werten
double mw = zahlen.Average();         // Aufruf der Methode
MessageBox.Show(mw.ToString());       // zeigt den Durchschnitt "2"
```

Rückgabe von Arrays

Methoden sind natürlich auch zur Rückgabe von Arrays in der Lage.

Beispiel 5.29: Die Methode liefert ein zweidimensionales *string*-Array.

C#

```
string[,] Kundenliste()
{
  string[,] kunden = {{"Meier", "Berlin"}, {"Schultze", "Leipzig"},
          {"Krause", "Bonn"}, {"Schneider", "München"}};
  Return kunden;
}
```

Bei der Verwendung der Methode achten Sie darauf, dass der untere Feldindex immer mit 0 beginnt:

```
string[,] liste = Kundenliste();
MessageBox.Show("Name: " + liste[2, 0] + ", Wohnort: " + liste[2, 1]);
```

Ergebnis

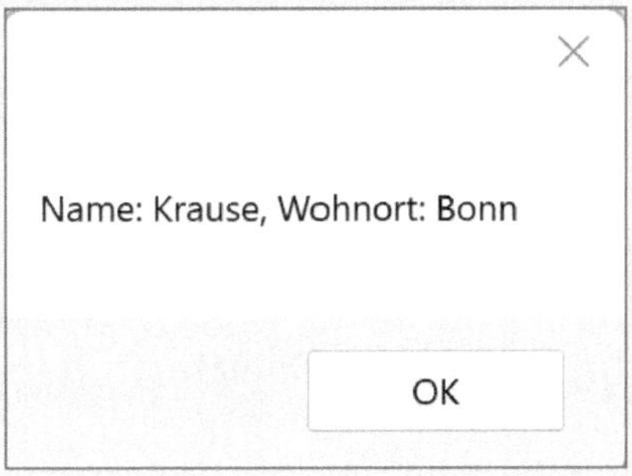

Bild 5.3
Rückgabe des korrekten Arrayeintrags

Ein weiteres Beispiel zur Array-Übergabe finden Sie im Praxisbeispiel in Abschnitt 5.6.2, „Zeichenketten mit StringBuilder addieren“.

5.2 Verarbeiten von Zeichenketten

Die Arbeit mit Zeichenketten (Strings) ist ein wesentlicher Bestandteil der .NET-Programmierung. Bereits in Kapitel 3 hatten Sie Möglichkeiten kennengelernt, mit denen Konvertierungen von und in den *string*-Datentyp vorgenommen werden können. Es ist jetzt an der Zeit, dass Sie sich mit weiteren wichtigen Verfahren zur Manipulation von Zeichenketten vertraut machen.

5.2.1 Zuweisen von Strings

Ebenso wie Arrays sind auch Strings *Referenztypen*. Das heißt, eine String-Variable speichert nicht den Wert, sondern nur einen Verweis (Referenz, Adresse) auf die Speicherstelle. Allerdings gilt es, einen wesentlichen Unterschied festzuhalten:

HINWEIS: Mit jeder Änderung an einer *String*-Variablen wird ein neuer String erzeugt!

Durch diese Besonderheit wird ein Verhalten wie bei Wertetypen erreicht, obwohl es sich um Referenztypen handelt. Wer es nicht glaubt, möge bitte folgendes Beispiel ausprobieren:

Beispiel 5.30: String *s2* erhält einen Verweis auf String *s1*. Anschließend wird *s1* geändert.

C#

```
string s1 = "Berlin";
string s2 = s1; // s2 referenziert s1
s1 = "München"; // legt neues String-Objekt an (ohne Auswirkung auf s2)
MessageBox.Show(s1); // zeigt "München"
MessageBox.Show(s2); // zeigt "Berlin"
```

5.2.2 Eigenschaften und Methoden von String-Variablen

Unter .NET ist „alles ein Objekt" und so ist auch jede Zeichenkettenvariable nicht nur schlechthin vom *string*-Datentyp, sondern genau genommen eine Instanz (ein Objekt) der Klasse *string*. Die folgende Tabelle soll einen groben Überblick über die Eigenschaften und Methoden dieser Objekte vermitteln.

Eigenschaft/Methode	Typ	Beschreibung
Length	*int*	... liefert die Anzahl der Zeichen
EndsWith`(string val)`	*bool*	... testet, ob String mit einem bestimmten String endet
IndexOf`(string|char val [,int startIndex, int count])`	*int*	... sucht Position eines übergebenen Zeichens/Strings, liefert -1 wenn erfolglos
Insert`(int startIndex, string val)`	*string*	... fügt String ab *startIndex* ein

Eigenschaft/Methode	Typ	Beschreibung
PadLeft(int totalWidth [,char paddingChar])	*string*	... füllt String links mit Zeichen auf, bis Gesamtbreite *totalWidth* erreicht ist
PadRight(int totalWidth [,char paddingChar])	*string*	... wie *PadLeft*, nur rechts
Remove(int start, int count)	*string*	... löscht eine Anzahl von Zeichen ab einer bestimmten Position
Replace(char|string old, char|string new)	*string*	... ersetzt alle Zeichen bzw. Teilstrings
Split(char separator [, int count])	*string[]*	... zerlegt String in Teilstrings auf Basis eines Trennzeichens in ein String-Array
StartsWidth(string val)	*bool*	... testet, ob String mit einem bestimmten String beginnt
SubString(int start [, int len])	*string*	... liefert einen Teilstring ab einer bestimmten Position (in einer bestimmten Länge)
ToCharArray([int start,] int len])	*char[]*	... liefert String (oder Teilstring) als Char-Array
ToLower([CultureInfo cult])	*string*	... konvertiert alle Zeichen in Kleinbuchstaben
ToUpper([CultureInfo cult])	*string*	... konvertiert alle Zeichen in Großbuchstaben
Trim([char[] trimChars)	*string*	... löscht alle vor- oder nachlaufenden Leerzeichen (oder andere)

Beispiel 5.31: Die Anzahl Zeichen einer *TextBox* wird in einem Meldungsfenster angezeigt.

C#

```
MessageBox.Show(textBox1.Text.Length.ToString(), "Stringlänge");
```

Beispiel 5.32: Die Länge eines Strings wird in einem *Label* angezeigt.

C#

```
string s = "Wie lang ist dieser Text?";
int len = s.Length;
label1.Text = len.ToString();  // 25
```

Beispiel 5.33: Alles herauskopieren ab Position 10 (das erste Zeichen hat die Position 0!)

C#

```
string s = "Macht C# wirklich Spaß?";
label1.Text = s.Substring(10);  // "irklich Spaß?"
```

Beispiel 5.34: Sechs Zeichen ab Position 10 herauskopieren

C#

```
string s = "Macht C# wirklich Spaß?";
label1.Text = s.Substring(10, 6);  // "irklic"
```

Beispiel 5.35: Suchen nach einer bestimmten Zeichenfolge

C#

```
string s = "Das Wetter ist heute warm und sonnig!";
label1.Text = s.IndexOf("warm").ToString();  // 21
```

Beispiel 5.36: Ersetzen einer bestimmten Zeichenfolge

C#

```
string s = "Ist .NET nicht eine Herausforderung?";
label1.Text = s.Replace("Herausforderung", "Riesengaudi");
// "Ist .NET nicht eine Riesengaudi?"
```

Beispiel 5.37: Mehrfaches Ersetzen

C#

```
string s = "Ist .NET nicht eine Herausforderung?";
label1.Text = s.Replace("e", "E");
// "Ist .NET nicht EinE HErausfordErung?"
```

Beispiel 5.38: In Großbuchstaben verwandeln

C#

```
string s = "Ist .NET nicht umwerfend schön?";
label1.Text = s.ToUpper(); // "IST .NET NICHT UMWERFEND SCHÖN?"
```

Beispiel 5.39: Das letzte Zeichen auslesen

C#

```
string s = "Hat sich .NET nicht toll weiterentwickelt?";
label1.Text = s.SubString(s.Length-1); // "?"
```

Strings in Char-Arrays verwandeln

Beispiel 5.40: Kopieren eines Strings in ein *Char*-Array

C#

```
string s = "Hallo";
char[] c = s.ToCharArray();
for (int i = 0; i <= c.GetUpperBound(0); i++)
{
    MessageBox.Show(c[i].ToString());
    // zeigt nacheinander "H", "a", "l", "l", "o"
}
```

Beispiel 5.41: Die Umkehrung des Vorgängerbeispiels, das Rückverwandeln eines *Char*-Arrays in einen *String*

C#

```
char[] c = {'H', 'a', 'l', 'l', 'o'};
string s = "";
for (int i=0; i < c.Length; i++)
{
    s = s + c[i];
}
MessageBox.Show(s); // zeigt "Hallo"
```

5.2.3 Wichtige Methoden der String-Klasse

Die Klasse *String* verfügt über einige statische Methoden zur Bearbeitung von Zeichenketten, diese können also ohne vorhandene Instanz eines Datentyps aufgerufen werden. Einen kleinen Überblick vermittelt die folgende Tabelle.

Methode	Typ	Beschreibung
`Clone()`	*object*	... liefert Verweis auf Instanz
`Compare(string str1, string str2 [, bool ignoreCase])`	*int*	... vergleicht zwei Strings mit (oder ohne) Berücksichtigung der Groß-/Kleinschreibung
`Copy(string str)`	*string*	... erzeugt neue String-Instanz
`Empty()`	*string*	... liefert einen Leerstring („")
`Format(string format, object arg0 [, object arg1] [, object arg2 ])`	*string*	... formatiert einen String aufgrund von Formatierungsargumenten

Methode	Typ	Beschreibung
`Join(string separator, string[] val [, int start , int count])`	*string*	... erzeugt aus String-Array einen einzelnen String, wobei die Teile durch Separator getrennt werden

Beispiel 5.42: Vergleich des Inhalts zweier TextBoxen unter Berücksichtigung der Groß-/Kleinschreibung

C#

```
int i = string.Compare(textBox1.Text, textBox2.Text, false);
switch (i)
{
  case -1:
    label1.Text = "String 1 ist kleiner als String 2 !";
    break;
  case 0 :
    label1.Text = "String 1 ist gleich String 2 !";
    break;
  case 1 :
    label1.Text = "String 1 ist größer als String 2 !";
    break;
}
```

HINWEIS: Wenn Sie einen String unabhängig von Groß-/Kleinschreibung mit einem festen Wert vergleichen wollen, dann machen Sie diesen Vergleich bitte mit der *String.Compare*-Methode anstatt an einer Seite des Vergleiches *ToLower/ToUpper* zu schreiben. Dies ist bei weitem performanter, denn bei *ToLower* oder *ToUpper* wird zum Vergleich eine neue Instanz des Strings erstellt.

Strings zerlegen und wieder zusammenstückeln

Ein gutes Beispiel für das Zusammenwirken von Instanzen- und Klassenmethoden ist das Zerlegen und Zusammenfügen von Zeichenketten. Zum Einsatz kommen die *Split*-Methode (eine Instanzenmethode) und die *Join*-Methode (eine statische Methode der *String*-Klasse).

Beispiel 5.43: Ein *String* wird in Teilstrings zerlegt.

C#

```
string[] a;
string s = "Heute ist ein wunderschöner Tag!";
a = s.Split(, ,);  // Trennzeichen ist das Leerzeichen!
for (int i = 0; i <= a.GetUpperBound(0); i++)
{
    MessageBox.Show(a[i]);  // zeigt Array-Elemente nacheinander an
}
```

Beispiel 5.44: Der *String* wird wieder zusammengefügt, neues Trennzeichen ist der Bindestrich („-").

C#

```
s = string.Join("-", a);
MessageBox.Show(s);
```

Ergebnis

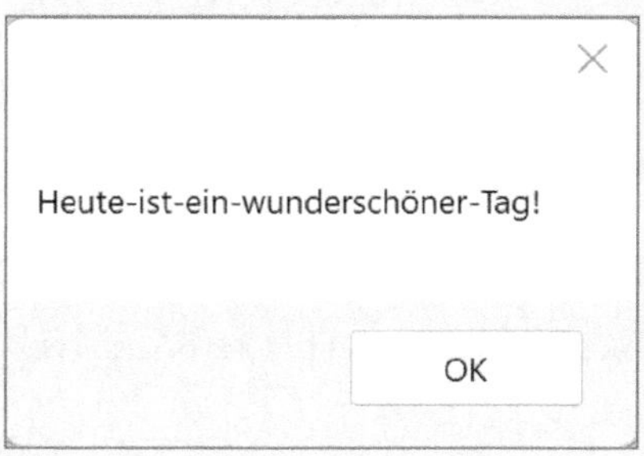

Bild 5.4
String mit Bindestrich wieder zusammengesetzt

HINWEIS: Beachten Sie, dass das Trennzeichen der *Split*-Methode vom *char*-Datentyp und das der *Join*-Methode vom *string*-Datentyp ist.

Beispiel 5.45: Der Inhalt einer mehrzeiligen *TextBox* (*MultiLine*-Eigenschaft ist *true*) wird zeilenweise in einem Array abgelegt und anschließend wieder zurück in die *TextBox* kopiert.

C#

```
string[] a;
char c = (char)13; // Trennzeichen hat Zeichencode 13 (CR)
a = textBox1.Text.Split(c); // zeilenweise ab ins Array!
// .....
string s = c.ToString(); // Trennzeichen in string-Datentyp konvertieren
textBox2.Text = string.Join(s, a); // rein in die zweite Textbox!
```

HINWEIS: Was es mit der *Format*-Methode auf sich hat, erfahren Sie in Abschnitt 5.5.2, „Anwenden der Format-Methode“.

5.2.4 Die StringBuilder-Klasse

Da mit jeder Änderung an einer *String*-Variablen ein neuer String erzeugt wird, hat dies besonders dann negative Auswirkungen auf die Performance, wenn der Wert eines Strings sehr häufig geändert wird. Einen eleganten Ausweg zeigt die Klasse *StringBuilder* (Namespace *System.Text*).

Im Praxisbeispiel in Abschnitt 5.6.2, „Zeichenketten mit StringBuilder addieren“, finden Sie einen eindrucksvollen Vergleichstest zwischen einer herkömmlichen Stringaddition und der mittels eines *StringBuilder*-Objekts.

Grundlegendes

Zum Erzeugen eines *StringBuilder*-Objekts stehen insgesamt sechs Konstruktoren zur Verfügung, mit denen man in verschiedenen Kombinationen einen Initialisierungsstring und eine Anfangskapazität zuweisen kann.

Beispiel 5.46: Ein *StringBuilder*-Objekt für die Zeichenfolge „Heute ist Mittwoch!“ wird erzeugt.

C#

```
StringBuilder builder = new StringBuilder("Heute ist Mittwoch!");
```

Im obigen Konstruktor wurde die Anfangskapazität nicht explizit zugewiesen, sie wird deshalb automatisch auf einen der Standardwerte 16, 32, 64, ... festgelegt. Da die Zeichenkette 19 Zeichen lang ist, wird das *StringBuilder*-Objekt hier mit der Kapazität 32 erzeugt.

Wollen Sie die im *StringBuilder*-Objekt enthaltene Zeichenfolge auslesen, so beachten Sie:

HINWEIS: Ein *StringBuilder*-Objekt repräsentiert keine Zeichenfolge (dazu dient der Datentyp *string*). Um die entsprechende Zeichenfolge zu gewinnen, müssen Sie das *StringBuilder*-Objekt (mittels *ToString()*-Methode) in einen *string* konvertieren.

Beispiel 5.47: Der Inhalt des im Vorgängerbeispiel erzeugten *StringBuilder*-Objekts wird ausgelesen.

C#

```
MessageBox.Show(builder.ToString());
```

Bild 5.5
Ausgabe des Inhalts des StingBuilder

Eigenschaften

Eigenschaft	Beschreibung
Capacity	... liefert oder setzt die Kapazität eines *StringBuilder*-Objekts
Chars	... liefert das Zeichen an einer bestimmten Position (Indexer)
Length	... liefert die Länge der Zeichenfolge
MaxCapacity	... liefert die maximale Kapazität

HINWEIS: Verwechseln Sie die Eigenschaft *Capacity* nicht mit der Ihnen bereits von der *String*-Klasse her bekannten *Length*-Eigenschaft!

Beispiel 5.48: Ein *StringBuilder*-Objekt wird erzeugt, dann werden diverse Eigenschaften ausgelesen.

C#

```
StringBuilder builder = new StringBuilder("Heute ist Mittwoch!", 50);
int cap = builder.Capacity;      // 50
int laenge = builder.Length;     // 19
int max = builder.MaxCapacity;   // 2147483647
```

Beispiel 5.49: Aus der Zeichenfolge „Heute ist Mittwoch“ wird das Zeichen an der elften Position geliefert.

C#

```
StringBuilder builder = new StringBuilder("Heute ist Mittwoch");
char c = builder[10];
label1.Text = c.ToString(); // "M"
```

Methoden

Methode	Beschreibung
`Append()`	... fügt eine Zeichenkette zu einem *StringBuilder*-Objekt hinzu; die aus unserer Sicht wichtigste Methode
`AppendFormat()`	... fügt eine formatierte Zeichenkette hinzu
`AppendLine()`	... fügt eine Zeile hinzu
`CopyTo()`	... kopiert einen Teil des *StringBuilder*-Objekts in ein Char-Array
`EnsureCapacity()`	... sichert ab, dass das *StringBuilder*-Objekt so groß ist wie angegeben
`Insert()`	... fügt ab einer bestimmten Position eine Zeichenkette ein
`Remove()`	... löscht aus der Zeichenfolge eine Zeichenfolge ab einer bestimmten Position
`Replace()`	... ersetzt in der Zeichenfolge ein Zeichen durch ein anderes

Beispiel 5.50: Eine Zeichenkette wird einem *StringBuilder*-Objekt zugewiesen.

C#

```
StringBuilder builder = new StringBuilder();
builder.Append("Heute ist Mittwoch!");
label1.Text = builder.ToString(); // "Heute ist Mittwoch!"
```

Beispiel 5.51: In die Zeichenfolge „Heute !“ wird ab Position 6 die Zeichenfolge „ist Mittwoch“ eingefügt.

C#

```
StringBuilder builder = new StringBuilder("Heute !");
builder.Insert(6, "ist Mittwoch");
label1.Text = builder.ToString(); // "Heute ist Mittwoch!"
```

Beispiel 5.52: In der Zeichenfolge „Heute ist Mittwoch!" wird das letzte Zeichen gelöscht.

C#

```
StringBuilder builder = new StringBuilder("Heute ist Mittwoch!");
builder.Remove(builder.Length-1,1);
label1.Text = builder.ToString(); // "Heute ist Mittwoch"
```

Beispiel 5.53: In der Zeichenfolge „Heute ist Mittwoch!" wird der Wochentag ersetzt.

C#

```
StringBuilder builder = new StringBuilder("Heute ist Mittwoch!");
builder.Replace("Mittwoch", "Donnerstag");
label1.Text = builder.ToString(); // "Heute ist Donnerstag!"
```

HINWEIS: Der große Vorteil des *StringBuilder* zeigt sich bei umfangreichen Stringkonkatenationen, da er hier um ein Vielfaches performanter ist wie das *string*-Objekt.

5.3 Datums- und Zeitberechnungen

In diesem Abschnitt wollen wir uns den zahlreichen Eigenschaften und Methoden der *DateTime*-Struktur zuwenden, auf deren Grundlage Datums-/Zeitberechnungen möglich sind.

5.3.1 Die DateTime-Struktur

Dieser Datentyp wird benutzt, um ein Datum einschließlich einer Uhrzeit in einer Variablen zu speichern.

Grundlegendes

Eine Variable des Typs *DateTime* kann einen Zeitpunkt zwischen dem 1. Januar des Jahres 1 und dem 31. Dezember des Jahres 9999 darstellen. Der *Tick* ist die dabei verwendete Einheit zur Messung der Zeitwerte. Die Länge eines Ticks beträgt winzige 100 Nanosekunden (0,0000001 Sekunden), was äußerst präzise Angaben von Zeitpunkten (bzw. Zeitmessungen) ermöglicht.

Zum Erzeugen einer *DateTime*-Variablen stehen insgesamt zwölf Konstruktoren zur Verfügung, mit denen man in verschiedensten Kombinationen ein konkretes Datum (mit und ohne Uhrzeit) zuweisen kann[4].

Beispiel 5.54: Eine *DateTime*-Variable für den *20. Februar 2019, 12:34 Uhr* erzeugen und auswerten

C#

```
DateTime dat1 = new DateTime(2019, 2, 20, 12, 34, 0);
long ts = dat1.Ticks;
string s = "Das Datum ist der " + dat1.ToString();
s += "\nSeit dem 1.Januar des Jahres 1 sind " + ts.ToString() + " Ticks vergangen!";
MessageBox.Show(s);
```

Ergebnis

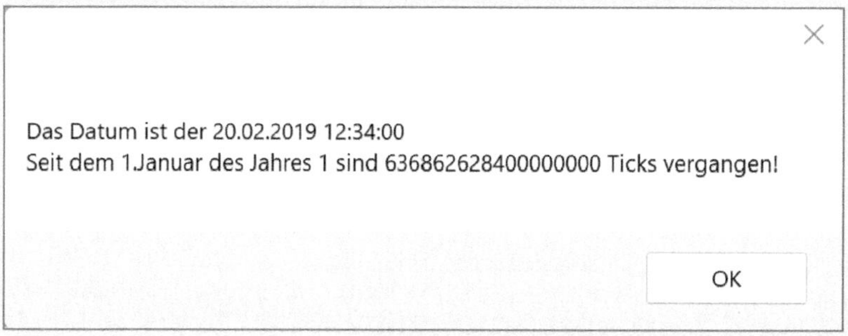

Bild 5.6 Ausgabe eines Datums und dessen Ticks

Um aus den ermittelten Ticks nun das Datum und die Uhrzeit zu rekonstruieren, verwenden wir einfach einen anderen Konstruktor:

Beispiel 5.55: Fortsetzung des Vorgängerbeispiels

C#

```
DateTime dat2 = new DateTime(ts);
MessageBox.Show(dat2.ToString()); // "20.02.2019 12:34:00"
```

Nachdem Sie nun einen ersten Eindruck vom Umgang mit *DateTime* gewonnen haben, wollen wir uns im Folgenden den zahlreichen Eigenschaften und Methoden genauer zuwenden. Dabei müssen wir – wie bereits bei der *Array*- und der *String*-Klasse gezeigt – unterscheiden, ob die Eigenschaften/Methoden auf eine *DateTime*-Variable oder auf die *DateTime*-Struktur angewendet werden.

4 Sie können auch festlegen, ob sich die Zeitangabe auf die lokale Systemzeit, die koordinierte Weltzeit (UTC) oder eine andere beziehen soll.

5.3.2 Wichtige Eigenschaften von DateTime-Variablen

Eigenschaft	Beschreibung
Ticks	... liefert die Anzahl von *Ticks* einer *DateTime*-Variablen (*long*-Typ)
Second, Minute, Hour, Day, Month, Year	... liefern die Bestandteile eines Datums als *Integer*-Zahl
DayOfWeek	... liefert den Wochentag als *DayOfWeek*-Enumeration (*Monday, Tuesday, Wednesday, Thursday, Friday, Saturday, Sunday*)
DayOfYear	... liefert die Nummer des Tages im Jahr als *Integer*-Zahl

Beispiel 5.56: Die Eigenschaften eines Datums, das in eine *TextBox* eingegeben wurde 20. 02. 2019

C#

```
DateTime dat = Convert.ToDateTime(textBox1.Text);
int stunde = dat.Day;      // erhält den Wert 20
int minute = dat.Month;    // erhält den Wert 2
int jahr = dat.Year;       // erhält den Wert 2019
```

Beispiel 5.57: Der Wochentag für das Datum 20. 2. 2019 wird ermittelt.

C#

```
DateTime dat = Convert.ToDateTime("20.2.2019");
DayOfWeek wochentag = dat.DayOfWeek;
MessageBox.Show(wochentag.ToString());  // zeigt "Wednesday"
```

Beispiel 5.58: Leider wird im Beispiel nur der englische Wochentag angezeigt. Um den deutschen Bezeichner zu erhalten, müssen Sie auf die aktuelle `CurrentUICulture`-Eigenschaft des laufenden Threads zugreifen.

C#

```
MessageBox.Show(Thread.CurrentThread.CurrentUICulture.DateTimeFormat.
        GetDayName(dat.DayOfWeek));
```

Eine alternative Möglichkeit sehen Sie weiter hinten in Beispiel 5.83.

Beispiel 5.59: Der wievielte Tag im Jahr ist der 20. 2. 2019?

C#

```
DateTime datum = Convert.ToDateTime("20.2.2019");
int i = datum.DayOfYear;  // i erhält den Wert 51
```

5.3.3 Wichtige Methoden von DateTime-Variablen

Methode	Beschreibung
AddDays(double *value*) **AddHours**(double *value*) **AddMinutes**(double *value*) **AddMonths**(double *value*) **AddYears**(double *value*)	... liefert ein neues Datum zurück, das sich aus der Addition des übergebenen Wertes zum Datum berechnet *value* ist eine Zahl, die aus ganzen Tagen und den Bruchteilen eines Tages besteht, sie kann auch negativ sein!
ToLongDateString() **ToLongTimeString**() **ToShortDateString**() **ToShortTimeString**()	... liefern das Datum als kurzen oder langen Datums-/Zeit-string und können als Alternative zur *ToString*-Methode eingesetzt werden

Beispiel 5.60: Das Datum, das genau 2,5 Tage vor dem 20. 2. 2019, 12:34, liegt

C#

```
DateTime datum = Convert.ToDateTime("20.2.2019 12:34");
datum = datum.AddDays(-2.5);
MessageBox.Show(datum.ToString());  // zeigt "18.02.2019 00:34:00"
```

Beispiel 5.61: Formatierte Ausgabe der Zeit

C#

```
DateTime datum = Convert.ToDateTime("20.2.2019 12:34");
MessageBox.Show(datum.ToShortTimeString());  // zeigt "12:34"
```

HINWEIS: Zahlreiche weitere Möglichkeiten der Formatierung von *DateTime*-Variablen finden Sie in Abschnitt 5.5.1, „Anwenden der ToString-Methode".

5.3.4 Wichtige Mitglieder der DateTime-Struktur

Eigenschaft/Methode	Erläuterung
Now	... liefert das aktuelle Datum mit Zeit
Today	... liefert das aktuelle Datum ohne Zeit
DaysInMonth(int *year*, int *month*)	... liefert die Anzahl von Tagen eines Monats

Eigenschaft/Methode	Erläuterung
IsLeapYear(int *year*)	... stellt fest, ob das Jahr ein Schaltjahr ist
Parse(string *s*)	... dient zum Umwandeln eines Strings in einen *DateTime*-Wert mit optionalen Kulturinformationen

Beispiel 5.62: Die Tage des Monats Februar 2019

C#

```
int i = DateTime.DaysInMonth(2019, 2);  // i erhält den Wert 28
```

Beispiel 5.63: Ist das Jahr 2019 ein Schaltjahr?

C#

```
int year = 2019;
string s = "Das Jahr " + year.ToString() + " ist kein Schaltjahr!";
if (DateTime.IsLeapYear(year))
{
    s = s.Replace("kein", "ein");
}
MessageBox.Show(s);
```

Beispiel 5.64: Eine Uhr anzeigen

C#

Bestücken Sie ein Formular mit einem *Timer*-Steuerelement (*Interval* = 1000, *Enabled* = *True*). Erzeugen Sie durch Doppelklick auf den *Timer* den Rahmencode für den *Tick*-Eventhandler und geben Sie die Uhrzeit in der Titelleiste des Formulars aus:

```
private void timer1_Tick(object sender, EventArgs e)
{
 Text = DateTime.Now.ToString("HH:mm:ss");
}
```

5.3.5 Konvertieren von Datumstrings in DateTime-Werte

In Eingabemasken werden Datumswerte häufig als Zeichenketten eingetippt (z. B. in *TextBox*). Deshalb ist nachfolgend eine explizite Konvertierung in den *DateTime*-Typ erforderlich.

Beispiel 5.65: Datum und Zeit werden in jeweils eine *TextBox* eingegeben, in einen *DateTime*-Typ konvertiert und in einem *Label* angezeigt.

C#

```
DateTime datum = Convert.ToDateTime(textBox1.Text + " " + textBox2.Text);
label1.Text = datum.ToString("dd.MM.yy HH:mm");
```

Als Alternative zur *Convert*-Klasse lässt sich auch mit der (statischen) *Parse*-Methode ein *string* in einen *DateTime*-Wert umwandeln[5].

Beispiel 5.66: Eine äquivalente Realisierung des Vorgängerbeispiels

C#

```
DateTime datum = DateTime.Parse(textBox1.Text + " " + textBox2.Text);
...
```

5.3.6 Die TimeSpan-Struktur

Im Unterschied zum *DateTime*-Typ, der einen konkreten Zeitpunkt beschreibt, bezieht sich der Typ *TimeSpan* auf eine bestimmte Zeitspanne. Der Wert einer *TimeSpan*-Variablen entspricht der Anzahl von Ticks.

Verschiedene Konstruktoren nehmen Tage, Stunden, Minuten, Sekunden usw. als Parameter entgegen, aber auch Ticks.

Beispiel 5.67: Die Zeitdauer zwischen zwei Zeitpunkten wird berechnet und in Tagen, Stunden, Minuten und Sekunden aufgeschlüsselt.

C#

```
DateTime d1 = new DateTime(2001, 1, 22, 6, 35, 10); // 22.1.2001 06:35:10
DateTime d2 = new DateTime(2005, 9, 28, 8, 55, 0);  // 28.9.2005 08:55:00
TimeSpan ts = new TimeSpan(d2.Ticks - d1.Ticks);
string tage = ts.Days.ToString();
string stunden = ts.Hours.ToString();
string minuten = ts.Minutes.ToString();
string sekunden = ts.Seconds.ToString();

MessageBox.Show("Vom " + d1.ToString() + " bis zum " + d2.ToString() +
        "\nsind es " + tage + " Tage, " + stunden + " Stunden, " +
        minuten.ToString() + " Minuten und " +
        sekunden.ToString() + " Sekunden!");
```

[5] Dies hat den Vorteil, dass zusätzlich Kulturinformationen mit übergeben werden dürfen, welche die Besonderheiten des Kalenders eines bestimmten Landes berücksichtigen (Beispiele siehe Hilfe-Dokumentation).

Ergebnis

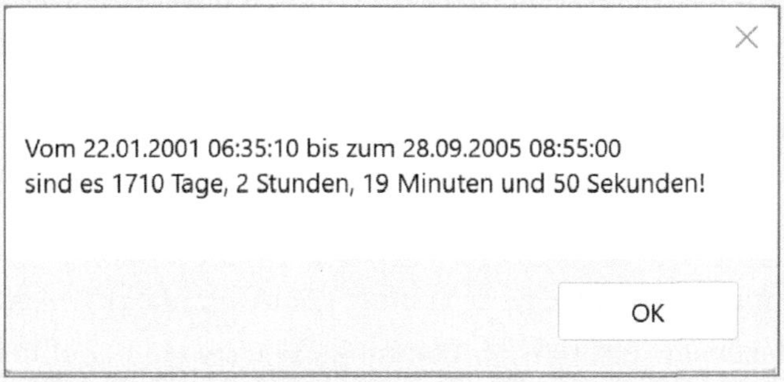

Bild 5.7 Differenz zwischen zwei Daten

Wie Sie obigem Beispiel entnehmen, lassen sich Tage, Stunden usw. als Eigenschaften eines *TimeSpan* auslesen.

Andere Eigenschaften, die mit *Total...* beginnen, erlauben hingegen eine Auswertung der Gesamtstunden, Gesamtminuten etc. zwischen zwei Zeitpunkten.

Beispiel 5.68: Modifiziertes Vorgängerbeispiel mit ausgetauschten Eigenschaften (Days => TotalDays, Hours => TotalHours usw.)

C#

```
  ...
  string tage = ts.TotalDays.ToString();
  string stunden = ts.TotalHours.ToString();
  string minuten = ts.TotalMinutes.ToString();
  string sekunden = ts.TotalSeconds.ToString();
...
```

Ergebnis

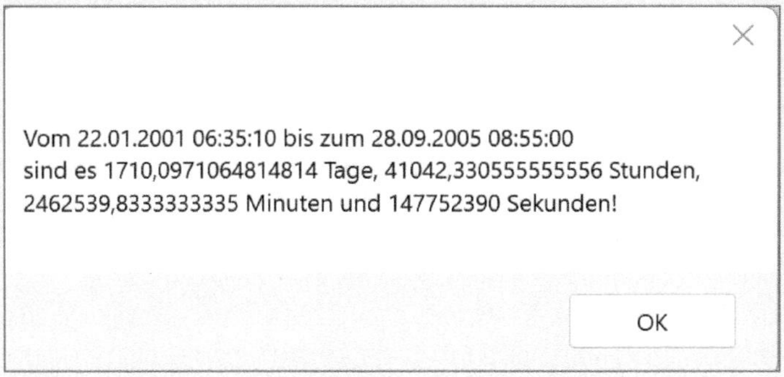

Bild 5.8 Angabe der Differenz mit kompletten Werten

Eine nützliche Anwendung von *TimeSpan* zur Zeitmessung im Millisekundenbereich finden Sie im Praxisbeispiel in Abschnitt 5.6.2, „Zeichenketten mit StringBuilder addieren".

5.3.7 DateOnly und TimeOnly

Mit .NET 6 wurden zwei neue Strukturen eingesetzt, mit denen es möglich ist, ein Datum ohne Uhrzeit (*DateOnly*) bzw. eine Uhrzeit ohne Datum (*TimeOnly*) darzustellen.

Es gibt viele Szenarien, bei denen die Uhrzeit eines Datums keine Rolle spielt (z. B. der Geburtstag einer Person). Genauso gibt es Szenarien, bei denen die Uhrzeit wichtig ist, jedoch nicht das Datum (Wecker).

Beispiel 5.69: Definieren einer *DateOnly*-Struktur und einer *TimeOnly*-Struktur

C#

```
DateOnly date = new DateOnly(2025, 11, 22);
DateOnly heute = DateOnly.FromDateTime(DateTime.Now);
TimeOnly wecker = new TimeOnly(7, 30);
TimeOnly jetzt = TimeOnly.FromDateTime(DateTime.Now);
```

Die Funktionen, die wir für *DateTime* gesehen haben, wie *AddDays()*, *AddMonth()* etc. stehen auch für diese Datentypen zur Verfügung. Wobei der Parameter der *Add()*-Methoden für *DateOnly* jetzt vom Typ *int* ist (es macht ja wenig Sinn, einen halben Tag aufzuaddieren).

Ebenso können diese Typen die bislang vorgestellten Formatfunktionen nutzen.

Beispiel 5.70: Eine sehr sinnvolle Methode von *TimeSpan* möchten wir Ihnen noch zeigen. Mittels *IsBetween()* können Sie feststellen, ob eine Uhrzeit zwischen zwei anderen liegt.

C#

```
TimeOnly start = new TimeOnly(7, 30);
TimeOnly ende = new TimeOnly(22, 30);
TimeOnly now = TimeOnly.FromDateTime(DateTime.Now);
bool isBetween = now.IsBetween(start, ende);
```

5.4 Mathematische Methoden

Die *Math*-Klasse stellt eine Vielzahl von (statischen) Methoden zur Verfügung, mit denen Sie die üblichen mathematischen Funktionen aufrufen können.

5.4.1 Überblick

Die folgende Tabelle zeigt eine Zusammenstellung wichtiger Funktionen:

Methode	Erläuterung
Abs(x)	liefert den Absolutwert einer Zahl x (Wert ohne Vorzeichen)
Atan(x)	berechnet den Arcustangens einer Zahl x
Cos(x)	berechnet den Cosinus eines Winkels x (Bogenmaß)
Exp(x)	liefert e^x (die x-te Potenz zur Basis e)
Log(x)	liefert natürlichen Logarithmus (Basis e)
Log10(x)	liefert dekadischen Logarithmus (Basis 10)
Max(x, y)	liefert Maximum von x und y
Min(x, y)	liefert Minimum von x und y
Pi	die Zahl Pi = 3,1415....
Pow(x, y)	berechnet die Potenz x^y
Round(x,n)	rundet den Ausdruck x auf n Nachkommastellen
Sign(x)	berechnet das Vorzeichen eines Ausdrucks x
Sin(x)	berechnet den Sinus eines Winkels x (Bogenmaß)
Sqrt(x)	ermittelt die Quadratwurzel von x
Tan(x)	berechnet den Tangens eines Winkels x (Bogenmaß)

HINWEIS: Die zu übergebenden Argumente und der Rückgabewert der Methoden der *Math*-Klasse haben im Allgemeinen den *double*-Datentyp. Es sind deshalb die entsprechenden Typkonvertierungen zu bemühen (siehe Kapitel 3).

5.4.2 Zahlen runden

Beispiel 5.71: Rundung einer *double*-Zahl auf zwei Nachkommastellen

C#

```
double d = Math.Round(12.477, 2);
MessageBox.Show(d.ToString());  // zeigt "12,48"
```

5.4.3 Winkel umrechnen

Der Winkel wird grundsätzlich im Bogenmaß (*Radian*) angegeben. Die Umrechnungsformel lautet:

Rad = Grad * Pi /180

Beispiel 5.72: Der Sinus von 30 Grad

C#

```
double d = Math.Sin(30 * Math.PI / 180);  // liefert 0,5
```

5.4.4 Potenz- und Wurzeloperationen

Für diese Operationen steht die *Pow*-Methode der *Math*-Klasse zu Diensten.

Beispiel 5.73: Die dritte Wurzel aus 10

C#

```
double d = 10;
d = Math.Pow(10, 1/3.0);
MessageBox.Show(d.ToString("0.0000"));  // zeigt 2,1544
```

5.4.5 Logarithmus und Exponentialfunktionen

Log(x) und *Exp(x)* sind zueinander Umkehrfunktionen. Sie beziehen ihre Basis auf die Zahl *e* (2,718282...). Es gilt daher der Zusammenhang:

```
Exp(Log(x)) = Log(Exp(x)) = x
```

Beispiel 5.74: Der „Beweis" für obige Formel[6]

C#

```
const double x = 25;
double y;
y = Math.Exp(Math.Log(x));
MessageBox.Show(y.ToString()); // zeigt "25"
y = Math.Log(Math.Exp(x));
MessageBox.Show(y.ToString()); // zeigt ebenfalls "25"
```

Beispiel 5.75: Nachbildung des dekadischen Logarithmus (zur Basis 10) durch eine selbst definierte Methode

C#

```
private double Log10(double x) // Methodendeklaration
{
  return(Math.Log(x) / Math.Log(10));
}

double d = Log10(100);      // Aufruf der Methode
MessageBox.Show(d.ToString()); // zeigt "2"
```

Da nicht nur der natürliche, sondern auch der dekadische Logarithmus von der *Math*-Klasse zur Verfügung gestellt wird, ist man auf den „Eigenbau" der *Log10*-Funktion nicht mehr angewiesen.

Beispiel 5.76: Das Vorgängerbeispiel wird vereinfacht.

C#

```
double d = Math.Log10(100);
MessageBox.Show(d.ToString());  // zeigt "2"
```

5.4.6 Zufallszahlen erzeugen

Zum Erzeugen von Pseudozufallszahlen verwenden Sie die *Random*-Klasse. Im Konstruktor können Sie einen Startwert übergeben, der für jeweils unterschiedliche Folgen sorgt. Der *Next*-Methode übergeben Sie als Argumente den unteren und oberen Grenzwert, dabei gilt:

untere Grenze <= *Zufallszahl* < *obere Grenze*

---

[6] Den Mathematikpuristen unter den Lesern werden hier möglicherweise die Haare zu Berge stehen, aber hier geht es nur um reine Programmierpraxis.

Beispiel 5.77: Es werden ganze Zufallszahlen zwischen 0 und 9 erzeugt.

C#

```
Random rdm = new Random((int)DateTime.Now.Ticks);
// Initialisieren mit Systemzeit
int z = rdm.Next(0, 10);
MessageBox.Show(z.ToString()); // zeigt Zufallszahl aus 0,1,2 ... 9
```

HINWEIS: Die Methode *NextDouble* liefert eine Zufallszahl zwischen 0,0 und 1,0.

5.4.7 Kreisberechnung

Im nächsten Beispiel wollen wir einige Kreisberechnungen durchführen.

Beispiel 5.78: Es wird die Fläche und der Umfang eines Kreises mit einem Radius von 10 berechnet.

C#

```
int radius = 10;
const char CR = (char)13 ;
string s = $"Ein Kreis hat einen Radius von {radius} m." + CR
     + $"Der Umfang beträgt {2 * Math.PI * radius} m. " + CR
     + $"Die Fläche ist {Math.PI * radius * radius}";
MessageBox.Show(s));
```

HINWEIS: An dieser Stelle haben wir gerade Stringinterpolation eingeführt. Anstatt Variablen durch Konkatenation in einem String auszugeben, brauchen Sie nur vor den Anführungszeichen ein $-Zeichen zu setzen und die Variablenwerte innerhalb des Strings in geschweifte Klammern zu schreiben. Mehr dazu gleich in Abschnitt 5.5.3.

5.5 Zahlen- und Datumsformatierungen

Um Daten in Ihrem Programm anzuzeigen, müssen diese meist vorher in den *string*-Datentyp verwandelt werden. In den meisten Fällen brauchen Sie für die Datenanzeige die hohe Genauigkeit nicht, mit denen C# die Zahlenwerte berechnet hat, oder aber Sie wünschen einfach einige „kosmetische" Korrekturen. Die beiden wichtigsten Möglichkeiten, um sich diese Wünsche zu erfüllen, sind:

- Anwenden der *ToString*-Methode der Variablen,
- Anwenden der *Format*-Methode der *String*-Klasse.

Beide Verfahren lassen sich nicht nur zum Formatieren von Zahlen, sondern auch für Datums-/Zeitangaben verwenden.

HINWEIS: Bei Formatierungen werden die Originalwerte grundsätzlich nicht beeinflusst.

5.5.1 Anwenden der ToString-Methode

Alle Datentypen verfügen über die *ToString()*-Methode, die nicht nur einen beliebigen Wert in einen *string* konvertiert, sondern ihn auch noch formatieren kann.

Syntax:

```
var.ToString(formatString)
```

Bereits im Praxisbeispiel in Abschnitt 2.5.2 hatten wir von der folgenden formatierten Anzeige Gebrauch gemacht:

Beispiel 5.79: Anzeige einer Gleitkommazahl mit mindestens einer Vorkommastelle und zwei Nachkommastellen

C#

```
private double euro;
//...
textBox1.Text = euro.ToString("#,##0.00");
```

Für viele übliche Formatierungen können Sie aber auch die bereits vorhandenen standardisierten Formatstrings einsetzen.

Beispiel 5.80: Wir verwenden die Standardformatierung „C", die sich auf das in der Systemsteuerung eingestellte Währungsformat bezieht. Ein kleines „c" funktioniert genauso.

C#

```
textBox1.Text = euro.ToString("C");
```

Zahlenformatierungen

Die folgende Tabelle zeigt wichtige Zahlenformatierungen:

Formatstring	Beschreibung	Beispielwert	Ergebnis
C	Währung mit Standard-Dezimalstellen	12345.67	12.345,67 €
E	Wissenschaftliches Format	12345.67	1,234567E+004
F2	Zahl mit zwei festen Dezimalstellen	12345.67	12345,67
F4	Zahl mit vier festen Dezimalstellen	12345.67	12345,6700
G	Allgemeines Format	12345.6789	12345,6789
X	Hexadezimales Format	255	FF
0.00	Nutzerdefiniertes Format	12345.6789	12345,68
#,#0.00	dto.	0.6789	0,68
#,#.00	dto.	0.6789	,68

Datumsformatierungen

Zur Formatierung von Datum und Zeit stehen mit der *ToString*-Methode vielfältige Möglichkeiten zur Verfügung. Auch hier haben Sie die Auswahl zwischen verschiedenen Standardformaten oder benutzerdefinierten Formatierungen:

Formatstring	Beschreibung	Beispiel
d	kurzes Datumsformat	20. 02. 2019
D	langes Datumsformat	Mittwoch, 20. Februar 2019
f	langes Datum mit kurzer Zeit	Mittwoch, 20. Februar 2019 12:34
F	langes Datum mit langer Zeit	Mittwoch, 20. Februar 2019 12:34:00
g	kurzes Datum mit kurzer Zeit	20. 02. 2019 12:34
G	kurzes Datum mit langer Zeit	20. 02. 2019 12:34:00
m oder M	Monat-/Tag-Format	20 Februar
t	kurzes Zeitformat	12:34
T	langes Zeitformat	12:34:00
u	universelles (ISO-)Format	2019-02-20 12:34:00Z
y oder Y	Jahr Monat	Februar 2019

Formatstring	Beschreibung	Beispiel
dd.MM.yy	benutzerdefiniert	20.02.19
yyyy-MM-dd	dto.	2019-02-20
MM/dd/yy	dto.	20.02.19
hh:mm:ss	dto.	12:34:00
h:mm	dto.	12:34

Beispiel 5.81: Das aktuelle Datum wird in einem Meldungsfenster angezeigt.

C#

```
DateTime datum = DateTime.Now.Date;
MessageBox.Show(datum.Date.ToString("D"));
```

5.5.2 Anwenden der Format-Methode

Hier handelt es sich um eine statische Methode der *String*-Klasse (siehe Abschnitt 5.2.3), mit der man recht komplexe Formatierungen erzielen kann.

Beispiel 5.82: Zwei Datumsformatierungen sind im Text eingeschlossen.

C#

```
DateTime datum = DateTime.Now.Date;
string s = "Wir treffen uns heute am {0:d} etwa gegen {1:h:mm}!";
MessageBox.Show(string.Format (s, datum, "10:45"));
```

Zu obigem Beispiel gibt es sicherlich allerhand Klärungsbedarf:

Der String *s* enthält in den geschweiften Klammern zwei Formatspezifikationen, deren allgemeine Syntax wie folgt lautet:

Syntax:

```
{Index[, Minimalbreite][:Formatstring]}
```

- Der **Index** bestimmt das zu formatierende Argument. In unserem Beispiel gibt es zwei Argumente, nämlich *d* und *#10:45 AM#*. Das erste hat (wie immer) den Index 0, das zweite den Index 1.

- Mit **Minimalbreite** können Sie optional angeben, wie breit der formatierte Teilstring mindestens sein soll. Für positive Werte wird der String nach links, für negative Werte nach rechts mit Leerzeichen aufgefüllt.
- Der optionale **Formatstring** wird nach denselben Regeln erstellt, wie wir sie bereits im vorhergehenden Abschnitt kennengelernt haben.

5.5.3 Stringinterpolation

Seit C# 6.0 führt ein deutlich einfacherer Weg zum Formatstring. Dabei ist dem String lediglich ein Dollarzeichen voranzustellen. Die variablen Werte können dann direkt innerhalb von geschweiften Klammern eingetragen werden.

Beispiel 5.83: Der (deutsche) Wochentag des aktuellen Datums wird angezeigt[7].

C#

```
label1.Text = $"{DateTime.Now:dddd}";  // liefert z. B. "Dienstag"
```

Die beiden Beispiele des vorherigen Abschnitts lassen sich drastisch vereinfachen:

Beispiel 5.84: Komplexe Datumsformatierung (vereinfacht)

C#

```
MessageBox.Show($"Wir treffen uns heute am
     {DateTime.Now.Date:d} etwa gegen 10:45!");
```

Beispiel 5.85: Kreisberechnung (vereinfacht) mit Zahlenformatierungen

C#

```
string s = $"Ein Kreis hat einen Radius von {r}m.\n"
     + $"Der Umfang beträgt {(2 * Math.PI * r):0.00}m.\n"
     + $"Die Fläche ist {(Math.PI * r * r):0.00}m2.";
MessageBox.Show(s);
```

---

[7] Die ***DayOfWeek***-Methode liefert nur den englischen Wochentag.

5.6 Praxisbeispiele

5.6.1 Zeichenketten verarbeiten

Die zahlreichen Eigenschaften und Methoden von Stringvariablen sollen an folgendem, nicht ganz ernst zu nehmenden, Beispiel demonstriert werden:

Vielleicht haben Sie sich in Ihrer Schulzeit schon mal gegenseitig „hochgeheime“ Nachrichten nach folgendem Prinzip zugeschickt: Jeder Buchstabe des Originals wird um eine bestimmte Anzahl Stellen innerhalb der alphabetischen Reihenfolge verschoben. Dem Empfänger teilt man vorher den „Geheimschlüssel“ mit, das heißt die Anzahl der Buchstabenverschiebungen nach rechts bzw. links. Beispielsweise wird der Text „hallo“ mit einer Verschiebung von drei Stellen als „kdoor“ verschlüsselt. Ausgerüstet mit einer Schablone kann man auf diese Weise relativ schnell kleinere Texte chiffrieren und dechiffrieren.

Oberfläche

Die Laufzeitansicht (Bild 5.9) zeigt die benötigten Steuerelemente (von oben nach unten: *textBox1*, *numericUpDown1*, *button1*, *textBox2*, *button2*, *textBox3*):

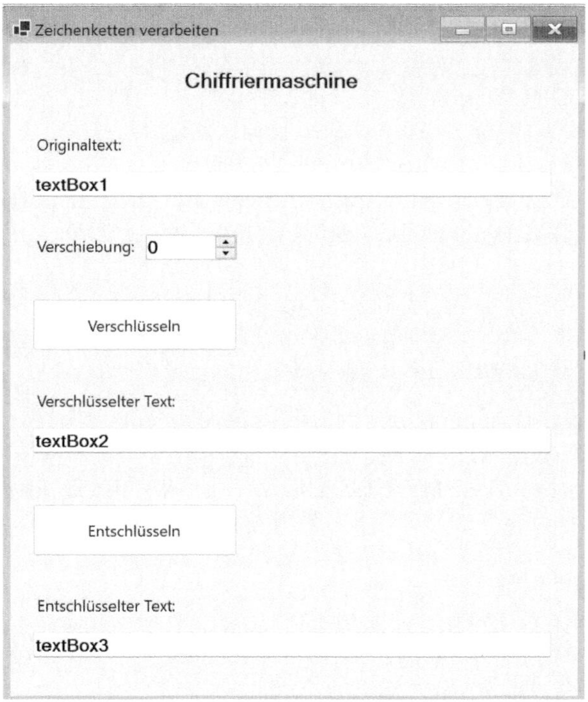

Bild 5.9
GUI der Chiffriermaschine

Die Anpassung der *Font*-Eigenschaft der drei *TextBox*en ist empfehlenswert (*Font. Bold = True*). Die Eigenschaften *Value* und *Increment* der *NumericUpDown*-Komponente belassen wir auf ihren Standardwerten (*0* bzw. *1*).

Quellcode

Die fett gedruckten Elemente im Code weisen auf Eigenschaften bzw. Methoden der *String*-Klasse hin, wie wir sie beispielsweise zum Herauskopieren (*Substring*) bzw. Suchen (*IndexOf*) eines bestimmten Zeichens benötigen.

```
public partial class Form1 : Form
{ ...
```

Zu Beginn deklarieren wir den Zeichensatz als Stringkonstante, in der alle erlaubten Buchstaben, Zahlen, Leerzeichen etc. enthalten sein müssen. Die Reihenfolge ist von untergeordneter Bedeutung (siehe Bemerkung am Schluss). Außerdem deklarieren wir eine Variable, die die Länge des Zeichensatzes ermittelt:

```
    private const string S0 = "abcdefghijklmnopqrstuvwxyz" +
              "äöüABCDEFGHIJKLMNOPQRSTUVWXYZÄÖÜ1234567890 .,-?!";
    private int max = S0.Length; // Anzahl der Zeichen
```

Beim Laden des Formulars werden der obere und untere Grenzwert der *Numeric UpDown*-Komponente auf die positive bzw. negative Länge des Zeichensatzes gesetzt:

```
    private void Form1_Load(object sender, EventArgs e)
    {
        numericUpDown1.Maximum = max;
        numericUpDown1.Minimum = -max;
    }
```

Das Verschlüsseln und das Entschlüsseln des Textes wird von einer einzigen Funktion erledigt. Als Übergabeparameter erhält sie einen String *s* sowie die gewünschte (positive oder negative) Verschiebung *n*. Rückgabewert ist der verschlüsselte bzw. der entschlüsselte String:

```
    private string Codieren(string s, int n)
    {
       string s1 = string.Empty; // zurückzugebender String
```

In der folgenden Schleife wird pro Durchlauf ein Zeichen aus dem übergebenen String „herauskopiert" und seine Position im Zeichensatz gesucht. Anschließend wird das verschobene Zeichen berechnet und der Ergebnisstring wird stückweise wieder „zusammengebaut":

```
       for (int i = 0; i < s.Length; i++)
       {
           char z = s.Substring(i)[0]; // i-tes Zeichen herauskopieren
           int pos = S0.IndexOf(z);   // Position im Zeichensatz suchen
           if (pos == -1)         // Zeichen nicht gefunden
           {
```

```
                MessageBox.Show($"{z} ist ein unzulässiges Zeichen!", "Warnung");
                break;
            }

            int posN = pos + n;         // auf neue Position verschieben
            // bei Überlauf wieder von vorn beginnen
            if (posN >= max)
            {
                posN = posN - max;
            }

            if (posN < 0)
            {
                posN = posN + max;    // ... bzw. hinten weitermachen
            }

            // korrespondierendes Zeichen ermitteln
            z = S0.Substring(posN)[0];
            s1 = s1 + z;                // Rückgabestring zusammensetzen
        }
        return s1;
    }
```

Der Funktionsaufruf beim Verschlüsseln:

```
    private void button1_Click(object sender, EventArgs e)
    {
        textBox2.Text = Codieren(textBox1.Text, numericUpDown1.Value);
    }
```

Der Aufruf beim Entschlüsseln:

```
    private void button2_Click(object sender, EventArgs e)
    {
        textBox3.Text = Codieren(textBox2.Text, (int) -numericUpDown1.Value);
    }
}
```

Test

Nach dem Programmstart haben Sie die Möglichkeit zu umfassenden Experimenten. Falls Sie ein nicht erlaubtes Zeichen eingeben, erfolgt ein Hinweis:

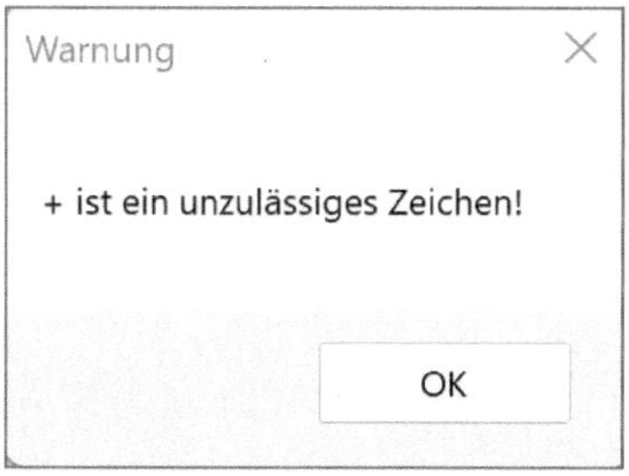

Bild 5.10
Warnung wegen ungültigem Zeichen in der Chiffriermaschine

Bemerkungen

- Es liegt an Ihnen, den erlaubten Zeichenvorrat zu vergrößern bzw. einzuschränken. Dazu brauchen Sie lediglich die Stringkonstante *S0* zu ändern.
- Die „Knackfestigkeit" des Verfahrens lässt sich deutlich steigern, wenn Sie die Zeichen innerhalb S0 nicht in alphabetischer Reihenfolge, sondern zufällig anordnen.
- Die Achillesferse unserer „Chiffriermaschine" soll nicht verschwiegen werden: Der Hacker sucht im Text zunächst nach dem am häufigsten vorkommenden Zeichen und das ist mit hoher Wahrscheinlichkeit das verschlüsselte „e".

5.6.2 Zeichenketten mit StringBuilder addieren

Unter .NET sind auch Strings Referenztypen. Das heißt, eine Stringvariable speichert nicht den Wert, sondern lediglich einen Verweis (Referenz, Adresse) auf die Speicherstelle. Allerdings muss ein wichtiger Unterschied beachtet werden:

HINWEIS: Strings werden im Speicher als unveränderliche Zeichenketten (immutable) abgelegt. Mit jeder Änderung einer String-Variablen wird ein neuer String erzeugt!

In diesem Praxisbeispiel können Sie sich davon überzeugen, was für ein gefährlicher Zeit- und Speicherplatzfresser deshalb die einfache Stringaddition mittels +-Operator sein kann und welch gewaltige Performancesteigerung man durch Verwendung eines *StringBuilder*-Objekts erreicht. Nebenbei erfahren Sie auch etwas über den Einsatz der *TimeSpan*-Klasse zur exakten Zeitmessung.

Oberfläche

Öffnen Sie eine neue Windows-Forms-Anwendung und gestalten Sie eine Benutzerschnittstelle mit zwei *Buttons*, diversen *Labels* und einer *TrackBar*. Weisen Sie der *TrackBar* die Werte *Maximum = 50000, Minimum = 1000, SmallChange = 1000, Large Change = 10000* zu. Das Bild 5.11 zeigt bereits die Laufzeitansicht mit Testergebnissen.

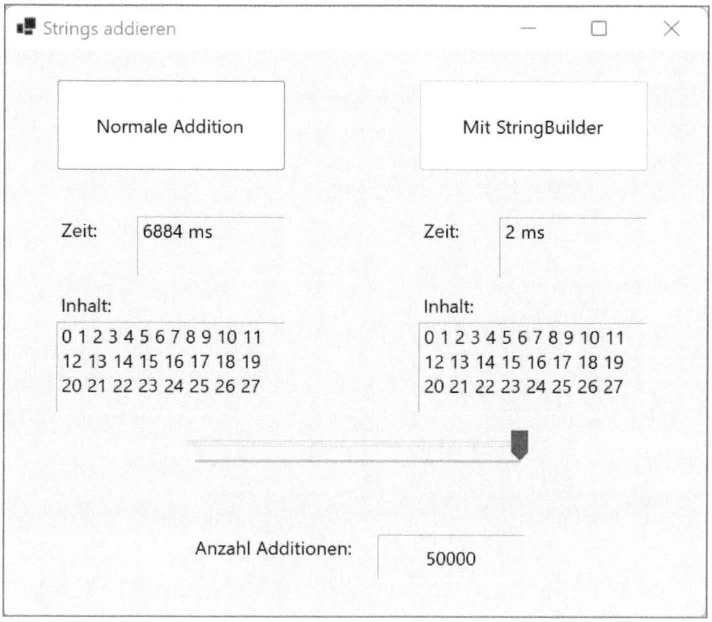

Bild 5.11 Vergleich Stringkonkatenation zu StringBuilder

Quellcode Klasse Test

Über das Menü *Projekt/Klasse hinzufügen* ergänzen Sie das Projekt um eine neue Datei mit dem Namen *Test.cs.*

```
using System.Text;
...
```

Die statische Klasse *Test* stellt zwei Methoden bereit, welche die beiden Verfahren zur Stringaddition demonstrieren sollen. Als Rückgabewert der beiden Methoden dient die Klasse *TestResult,* deren Felder den Ergebnisstring und die zur Addition benötigte Zeit (in Millisekunden) kapseln:

```
public class TestResult
{
    public string? Inhalt { get; set; }
    public int Zeit { get; set; }
}

public static class Test
{
```

Beide Methoden addieren in einer Schleife (beginnend mit eins) die ganzen Zahlen fortlaufend zu einem Teststring. Beim Aufruf wird ein Parameter *anzahl* übergeben, der die Anzahl der Schleifendurchläufe bzw. Additionsoperationen festlegt.

Die erste Methode demonstriert die übliche Stringaddition mittels +-Operator. Für die Zeitmessung wird die *TimeSpan*-Klasse benutzt:

```
    public static TestResult Concat(int anzahl)
    {
        DateTime start = DateTime.Now;
        TestResult result = new TestResult0;
```

String addieren:

```
        string str = string.Empty;
        for (int i = 0; i < anzahl; i++)
        {
            str += "{i}";
        }
        result.Inhalt = str;
```

Zeitmessung:

```
        DateTime ende = DateTime.Now;
        TimeSpan ts = new TimeSpan(ende.Ticks - start.Ticks);
        result.Zeit = Convert.ToInt32(ts.TotalMilliseconds);
        return result;
    }
```

Analog ist die Methode *ConcatWithStringBuilder* aufgebaut, die zur Addition die *Append*-Methode der *StringBuilder*-Klasse benutzt:

```
    public static TestResult ConcatWithStringBuilder(int anzahl)
    {
        DateTime start = DateTime.Now;
        TestResult result = new TestResult();
```

Mit *StringBuilder* addieren:

```
StringBuilder sb = new StringBuilder();
        for (int i = 0; i < nr; i++)
        {
            sb.Append($"{i}");
        }
        result.Inhalt = sb.ToString();
```

Zeitmessung:

```
        DateTime ende = DateTime.Now;
        TimeSpan ts = new TimeSpan(ende.Ticks - start.Ticks);
        result.Zeit = Convert.ToInt32(ts.TotalMilliseconds);
        return result;
    }
}
```

Quellcode Form1

```
public partial class Form1 : Form
{
  ...
```

Die normale Stringaddition:

```
    private void button1_Click(object sender, EventArgs e)
    {
        label1.Text = "";
        label2.Text = "";
        Refresh();
        Cursor = Cursors.WaitCursor;
        TestResult result = Test.Concat(trackBar1.Value);
        label1.Text = $"{result.Zeit} ms";
        string? s = result.Inhalt;
```

Da es sinnlos ist, einen Tausende Zeichen langen String komplett in einem *Label* anzuzeigen, beschränken wir uns hier auf die letzten hundert Zeichen:

```
        label2.Text = s?.Substring(0, 100);
        Cursor = Cursors.Default;
    }
```

Die Addition mittels *StringBuilder*:

```
    private void button2_Click(object sender, EventArgs e)
    {
        label3.Text = "";
        label4.Text = "";
        Refresh();
        Cursor = Cursors.WaitCursor;
        TestResult result = Test.ConcatWithStringBuilder(trackBar1.Value);
        label3.Text = $"{result.Zeit ms";
        string? s = result.Inhalt;
        label4.Text = s?.Substring(0, 100);
        Cursor = Cursors.Default;
    }
```

Die Anzeige der Anzahl der Schleifendurchläufe wird aktualisiert:

```
    private void trackBar1_ValueChanged(object sender, EventArgs e)
    {
        label5.Text = trackBar1.Value.ToString();
    }
}
```

Test

Kompilieren Sie das Programm und stellen Sie zuerst die gewünschte Anzahl von Additionen ein. Das Ergebnis ist eindrucksvoll. Wie das oben abgebildete Beispiel zeigt, bringt bei 50 000 Durchläufen die Verwendung eines *StringBuilders* einen Performancegewinn um weit mehr als den Faktor 250! Allerdings wächst dieses Verhältnis nicht linear. Je länger der String wird, desto potenziell größer wird der Faktor werden.

Bemerkungen

- Da jede Änderung an einer *String*-Variablen einen neuen Wert erzeugt, wird dadurch ein Verhalten quasi wie bei Wertetypen erreicht, obwohl es sich bei Strings – genauso wie z. B. bei Arrays – um Referenztypen handelt.
- Bei der einfachen Stringaddition muss pro Addition stets eine Kopie des Strings im Speicher angelegt werden, selbst wenn nur ein einzelnes Zeichen hinzuzufügen ist. Das ist sehr zeit- und speicherplatzaufwendig.
- Werden, wie in unserem Beispiel, viele Additionen nacheinander ausgeführt, so kommen Sie kaum um die Verwendung eines StringBuilders herum, wenn Sie Ihr Programm nicht total ausbremsen wollen.
- Wenn Sie beim Instanziieren der *StringBuilder*-Klasse die möglichst gut geschätzte Anfangsgröße des internen Arrays übergeben, können Sie den Code beschleunigen.

5.6.3 Methodenaufrufe mit Array-Parametern

Für eine Liste von Zahlen wollen wir den *arithmetischen Mittelwert*, den *geometrischen Mittelwert* und den *Wert in der Mitte* berechnen. Auch in diesem Beispiel geht es weniger um Mathematik als um das Festigen grundlegender Sprachkonzepte.

Oberfläche

Für das Startformular *Form1* benötigen wir an Steuerelementen eine *ListBox*, eine *TextBox*, zwei *Buttons* und mehrere *Labels*, wie in Bild 5.12 zu sehen.

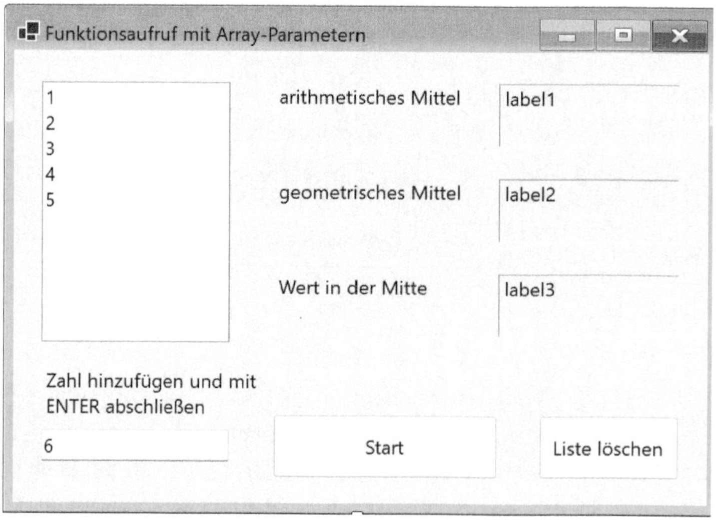

Bild 5.12 GUI für Mittelwertberechnungen

Quellcode

Eine von uns später noch zu definierende Hauptmethode *Average* verwendet drei spezialisierte Methoden: *MeanArithmetic* (für den arithmetischen Mittelwert), *Mean Geometric* (für den geometrischen Mittelwert) und *MeanMedian* (für den Wert in der Mitte der sortierten Folge).

```
public partial class Form1 : Form
{ ...
```

Welche der drei oben genannten Methoden jeweils gemeint ist, wird durch Übergabe einer von drei Konstanten gesteuert, die in einer Enumeration gekapselt sind.

```
    public enum AverageType
    {
        MeanA = 0,  // arithmetisches Mittel
        MeanG,      // geometrisches Mittel
        Median      // Wert in der Mitte
    }
```

Es folgen die Implementierungen der drei Methoden. Allen ist gemeinsam, dass ihnen als Parameter das mit den auszuwertenden Zahlen gefüllte *double*-Array übergeben wird.

MeanArithmetic-Funktion: Die Summe aller Zahlen geteilt durch deren Anzahl (arithmetischer Mittelwert).

```
    private double MeanArithmetic(double[] arr)
    {
        double total = 0;
        double teiler = arr.GetLength(0);
        if (teiler == 0)
        {
            return 0;
        }

        int i = 0;
        while (i <= arr.GetUpperBound(0))
        {
            total += arr[i];
            i++;
        }

        return total / teiler;
    }
```

MeanGeometric-Funktion: Die n-te Wurzel aus dem Produkt aller Zahlen (geometrischer Mittelwert).

```
    private double MeanGeometric(double[] arr)
    {
        double total = 1;
        int i = 0;
        double n = arr.GetLength(0);
```

```
    while (i < n)
    {
        total *= arr[i];
        i++;
    }

    return Math.Pow(total, 1 / n ); // n-te Wurzel aus total
}
```

MeanMedian-Funktion: Wenn die Liste eine ungerade Anzahl von Einträgen hat, so ist es der in der Mitte der sortierten (!) Zahlenfolge stehende Wert. Bei einer geraden Anzahl von Einträgen ist es die Summe der beiden mittleren Werte geteilt durch zwei.

```
private double MeanMedian(double[] arr)
{
    int count = arr.GetLength(0);
    if (count == 0)
    {
        return 0;
    }

    Array.Sort(arr);        // Zahlen sortieren
    if ((count % 2) == 0)    // für geradzahlige Liste
    {
        return((arr[(int)(count / 2.0) - 1] + arr[(int)(count / 2.0)]) / 2);
    }
    else              // für ungeradzahlige Liste
    {
        return arr[count / 2]; // ganzzahlige Division!
    }
}
```

Die Hauptmethode *Average* entscheidet auf Grundlage der übergebenen Enumerationskonstanten, zu welcher der drei speziellen Funktionen verzweigt werden soll:

```
public double Average(double[] arr, AverageType avType)
{
    switch(avType)
    {
        case AverageType.MeanA:
            return MeanArithmetic(arr);
        case AverageType.MeanG:
            return MeanGeometric(arr);
        case AverageType.Median:
            return MeanMedian(arr);
        default:
            throw new Exception($"Ungültiger Mittelwert-Typ ({avType})");
    }
}
```

Nun endlich kommen wir zur Anwendung (Klick auf die *Start*-Schaltfläche):

```
    private void Button1_Click(object sender, EventArgs e)
    {
        int n = listBox1.Items.Count;
        double[] arr = new double[n];  // Array passender Größe deklarieren
        for (int i = 0; i < n; i++)
        {
            // Array aus ListBox füllen
            arr[i] = Convert.ToDouble(listBox1.Items[i]);
        }
```

Dreimaliger Aufruf der *Average*-Funktion mit unterschiedlichen Konstanten:

```
        // MeanArithmetic
        label1.Text = Average(arr, AverageType.MeanA).ToString("#,##0.###");
        // MeanGeometric
        label2.Text = Average(arr, AverageType.MeanG).ToString("#,##0.###");
        // Median
        label3.Text = Average(arr, AverageType.Median).ToString();
    }
```

Um eine Zahl zur *ListBox* hinzuzufügen, geben Sie diese in die *TextBox* ein und schließen mit der Enter-Taste ab:

```
    private void textBox1_KeyUp(object sender, KeyEventArgs e)
    {
        if (e.KeyCode == Keys.Enter)
        {
            listBox1.Items.Add(textBox1.Text);
            textBox1.Clear();
        }
    }
```

Die *ListBox* löschen:

```
    private void Button2_Click(object sender, System.EventArgs e)
    {
        listBox1.Items.Clear();
    }
}
```

Test

Nach dem Programmstart übertragen Sie zunächst in beliebiger Reihenfolge einige Zahlenwerte aus der *TextBox* in die *ListBox*, um anschließend die Auswertung vornehmen zu können.

Bemerkungen

- Verwenden Sie zur Zahleneingabe das Dezimalkomma und nicht den Dezimalpunkt.
- Jede Eingabe ist mit Enter abzuschließen.

6 Weitere Sprachfeatures

Da Sie nun mit den wichtigsten Sprachelementen und OOP-Konzepten vertraut sind, können wir jetzt die sprachlichen Grundlagen von C# weiter ausbauen und Ihnen zusätzliches Rüstzeug, wie den Umgang mit Namespaces, Operatorenüberladung, Generics, Collections, Delegates etc. mit auf den Weg geben. Auch die dynamische Programmierung soll nicht vergessen werden.

6.1 Namespaces (Namensräume)

Namensräume bilden eine hierarchisch organisierte Verwaltungsstruktur für die inzwischen fast astronomisch große Anzahl von Klassen des .NET Frameworks. Ansonsten wäre das Chaos vorprogrammiert, denn die Übersicht ginge verloren und Namenskonflikte ließen sich nicht vermeiden.

HINWEIS: Mit .NET 6 und C# 10 wurden einige sehr interessante Dinge bei den Namespaces vereinfacht, deshalb sind wir in den bisherigen Kapiteln relativ wenig auf Namespaces eingegangen – aber dazu gleich mehr.

6.1.1 Ein kleiner Überblick

Namensräume sind die Kategorien für die Klassendefinitionen, man kann sie näherungsweise mit der Ordnerstruktur eines Dateisystems vergleichen. Demzufolge wird auch jeder Programmcode in Namespaces verwaltet. Wenn Sie ein neues Projekt erstellen, so wird diesem automatisch von der IDE ein Namensraum zugeordnet (entspricht standardmäßig dem Namen der Projektdatei bzw. Assembly). Damit zu Beginn bereits eine gewisse Grundfunktionalität vorhanden ist, werden standardmäßig bereits die wichtigsten Klassen über Referenzen auf Frameworkbibliotheken eingebunden. Die entsprechende Liste findet sich im Projektmappen-Explorer, nachdem Sie den Knoten *Abhängigkeiten* aufgeklappt haben.

Bild 6.1 Projektabhängigkeiten

Wenn Sie für Ihre Programmentwicklung noch weitere Bibliotheken benötigen, so öffnen Sie das Kontextmenü *Abhängigkeiten* im Projektmappen-Explorer und wählen einen der angebotenen Kontextmenübefehle aus. Es gibt verschiedene Möglichkeiten, weitere Bibliotheken zu referenzieren.

6.1.2 Einen eigenen Namespace einrichten

Sie können durchaus den von der Entwicklungsumgebung für Ihr neues Projekt automatisch vergebenen Namespace ändern. Beachten Sie jedoch dabei, dass sich die Datei, in der Sie den Namespace geändert haben, dann in einem anderen Namensraum als alle anderen unveränderten Dateien befindet und Sie diese eventuell mittels einer *using*-Anweisung einbinden müssen.

Wenn Sie den Standardnamespace der Assembly ändern wollen, können Sie dies in den Eigenschaften des Projekts unter *Anwendung/Allgemein* machen, wie in Bild 6.2 zu sehen ist.

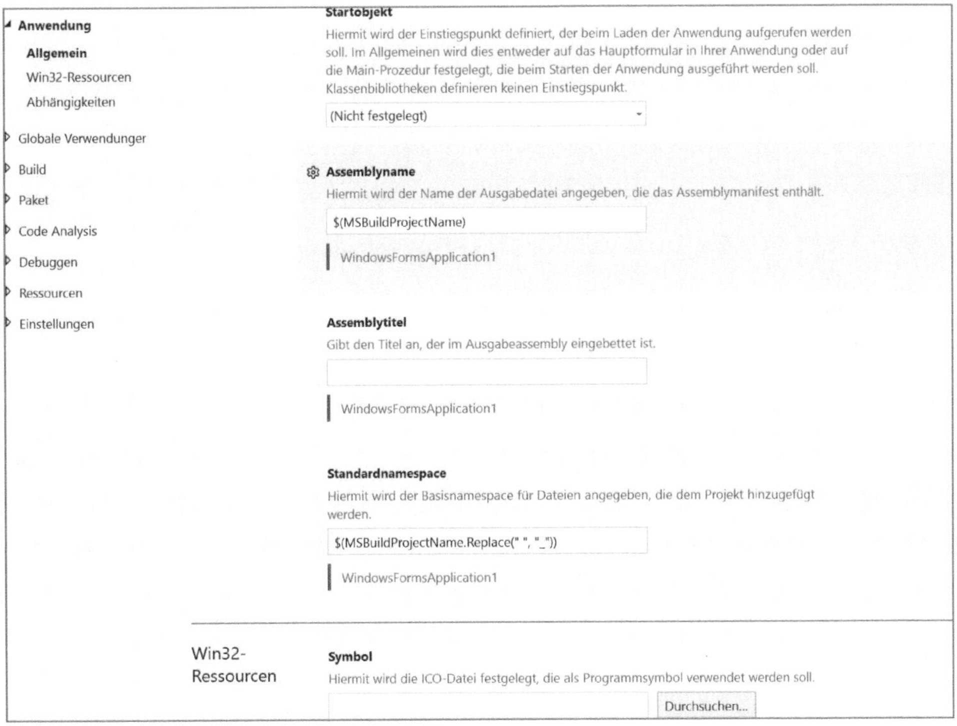

Bild 6.2 Allgemeine Anwendungseigenschaften

Passen Sie dort die Einstellung für *Standardnamespace* an. Alle Codedateien, die Sie ab jetzt hinzufügen, werden mit diesem Namespace angelegt. Bei allen Dateien, die Sie davor schon angelegt haben, müssen Sie den Namespace manuell anpassen.

HINWEIS: Wenn Sie in Ihrem Projekt eine Ordnerstruktur abbilden, werden die Namespaces standardmäßig um die Ordnernamen erweitert.

Beispiel 6.1: Definition eines Namespace. *Class1* liegt im Namespace *WindowsForms Application1*.

C#

```
namespace WindowsFormsApplication1
{
    public class Class1
    {
    }
}
```

Beispiel 6.2: In C# 10 wurde die Definition des Namespace vereinfacht. Man benötigt den Block, der durch die äußeren geschweiften Klammern definiert wurde, nicht mehr. Somit spart man sich in der ganzen Codedatei eine Einrückung und der Code ist besser lesbar.

C#

```
namespace WindowsFormsApplication1;
public class Class1
{
}
```

Sie können in Visual Studio einstellen, wie Ihre Klassen automatisch angelegt werden. Die neue Version wird dabei als *Dateibereich* bezeichnet, während die ältere Version den passenden Namen *Blockbereich* trägt.

Die Einstellung finden Sie unter dem Menüpunkt *Extras/Optionen* und dann *Alle Einstellungen/Sprachen/C#/Codeformat* und Auswahl von *Allgemein*, wie in Bild 6.3 dargestellt.

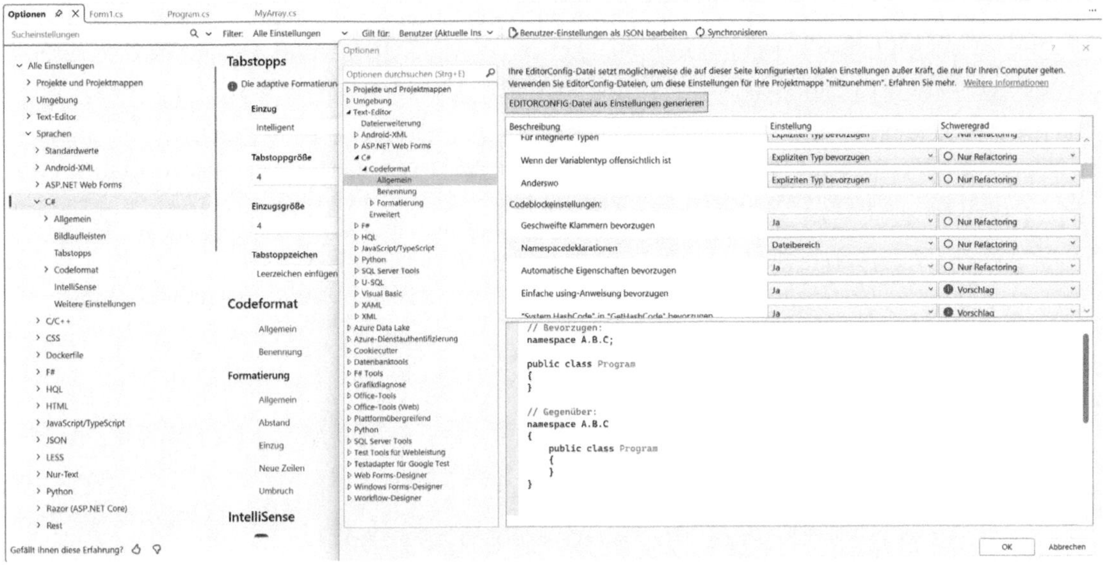

Bild 6.3 Auswahl, ob Namespaces als Dateibereich oder Blockbereich angelegt werden

6.1.3 Die using-Anweisung

Klassen, die sich im gleichen Namespace befinden, „kennen" sich gegenseitig und benötigen deshalb keine voll qualifizierte Namensangabe. Im anderen Fall müssen dem Namen einer Klasse die Namespaces vorangestellt werden, was oft zu langen und unübersichtlichen Ausdrücken führt. Um derartige „Bandwürmer" zu vermeiden, steht am Anfang eines Projekts (außerhalb der Klassendefinitionen) in der Regel eine mehr oder weniger lange Liste von *using*-Anweisungen:

Beispiel 6.3: Die *using*-Anweisungen zu Beginn einer neuen Windows-Forms-Anwendung (vor .NET 6)

C#

```
using System;
using System.Collections.Generic;
using System.ComponentModel;
using System.Data;
using System.Drawing;
using System.Linq;
using System.Text;
using System.Threading.Tasks;
using System.Windows.Forms;
```

Dieser einmalige Aufwand führt im nachfolgenden Code zu einer verkürzten und übersichtlichen Typnotation, welche meist nur noch den Typbezeichner erforderlich macht.

HINWEIS: Vielleicht ist Ihnen aufgefallen, dass einige Namespaces ausgegraut dargestellt werden und andere nicht. Die ausgegrauten werden zu diesem Zeitpunkt nicht benutzt, das heißt, Sie verwenden in dieser Codedatei keine Klasse aus dem entsprechenden Namespace. Es gibt einen Kontextmenüeintrag, mit dem Sie die Namespaces sortieren oder auch die nicht benutzten entfernen können.

Beispiel 6.4: Die voll qualifizierte Typdeklaration einer generischen Liste

C#

```
System.Collections.Generic.List<string> myList;
// ... kann wie folgt verkürzt werden:
List<string> myList;
```

HINWEIS: Auch hier gibt es eine größere Änderung mit .NET 6 und C# 10. Die sogenannten *global usings*. Dazu aber auch gleich mehr.

Das Haar in der Suppe: Wenn in verschiedenen Namensräumen Klassen mit gleichen Typbezeichnern existieren, so führt die Verwendung von *using* zu Mehrdeutigkeiten, denn der Compiler „denkt", er nimmt den Typ in der ersten Namespaceangabe. In einem solchen Fall sollten Sie die voll qualifizierten Typbezeichner beibehalten. Eine elegantere Möglichkeit bietet aber das Verwenden eines Alias oder das Vermeiden von identischen Typnamen.

6.1.4 Namespace Alias

Ausgangspunkt ist die vollständige Syntax der *using*-Anweisung:

Syntax:

```
using [Alias =] Namespace;
```

Beispiel 6.5: Ein Alias für den Namespace *System.Collections.Generic* vereinfacht die Deklaration einer generischen Auflistung.

C#

```
using GColl = System.Collections.Generic;
...
GColl.List<string> myList;
```

6.1.5 Globale using-Anweisungen

Mit .NET 6 und C# 10 wurden *global usings* definiert. Dieses Feature ist standardmäßig aktiviert und bedeutet, dass je nach ausgewählter Projektvorlage eine Liste von *using*-Anweisungen bereits global definiert ist. Das bedeutet, Sie müssen das Einbinden der Namespaces mittels *using* nicht mehr in den Codedateien programmieren.

Für eine Windows-Forms-Anwendung entspricht die Liste der vordefinierten Namespaces ziemlich genau der in Beispiel 6.3 aufgelisteten Namensräume.

Wenn Sie genau wissen wollen welche Namespace für Ihre Projektvorlage bereits importiert sind können Sie sich diese Namespaces in den Projekteigenschaften anzeigen lassen.

Dort finden Sie unter Globale Verwendungen – Allgemein die Liste der standardmäßigen importierten Namespaces. An dieser Stelle können Sie auch Aliase hinzufügen und neue Namespaces zusätzlich global importieren oder auch bestehende Namespaces entfernen.

Bild 6.4 Bearbeitungsmöglichkeiten der Globalen Verwendungen

Aber es geht noch einen kleinen Schritt weiter. In Kapitel 5 haben wir den *String Builder* eingeführt. Diese Klasse befindet sich im Namespace *System.Text*. Da dieser Namespace standardmäßig nicht global definiert ist, müssen wir ihn in den Codedateien, in denen wir den *StringBuilder* nutzen wollen, mit *using* importieren.

Seit C# 10 können Sie das jetzt auch in einer einzigen Codedatei im Projekt machen, indem Sie den Namespace als *global using* definieren. Sie müssen dann den Namespace in anderen Namensräumen nicht mehr importieren.

Beispiel 6.6: Globale using-Definition für *System.Text*

C#

```
global using System.Text;
```

HINWEIS: Globale using-Definitionen kennen VB.NET-Entwickler bereits seit Jahren.

Wenn Sie *global using* deaktivieren wollen, dann entfernen Sie einfach den Eintrag *<ImplicitUsings>enable</ImplicitUsings>* in der Projektdatei.

Beispiel 6.7: Standardinhalt einer Windows-Forms-Projektdatei

C#

```
<Project Sdk="Microsoft.NET.Sdk">
  <PropertyGroup>
    <OutputType>WinExe</OutputType>
    <TargetFramework>net6.0-windows</TargetFramework>
    <Nullable>enable</Nullable>
    <UseWindowsForms>true</UseWindowsForms>
    <ImplicitUsings>enable</ImplicitUsings>
  </PropertyGroup>
</Project>
```

6.2 Operatorenüberladung

Das Überladen von Operatoren ermöglicht es, dass den bereits in C# vorhandenen Standardoperatoren (siehe Kapitel 3) eine beliebige andere Bedeutung zugewiesen wird.

6.2.1 Syntaxregeln

Die Syntax basiert auf dem Schlüsselwort *operator*.

Syntax:

```
public static Ergebnistyp operator Operator (Operand1, Operand2)
```

Obige Syntax gilt für binäre Operatoren (+,-, *, /, ...), die zwei Operanden für die Ausführung der Operation brauchen.

Für unäre Operatoren (++, - -, ...) gilt:

Syntax:

```
public static Ergebnistyp operator Operator (Operand)
```

HINWEIS: Das Schlüsselwort *operator* kann nur zusammen mit dem Modifizierer *public static* verwendet werden!

6.2.2 Praktische Anwendung

Wie bereits erwähnt, können nur die in C# bereits vorhandenen Standardoperatoren überladen werden. Im folgenden Beispiel erhält der „+“-Operator eine neue Bedeutung.

Beispiel 6.8: Zwei gleich große eindimensionale *Double*-Arrays sollen mittels „+“-Operator addiert werden.

C#

Die Klasse **MyArray** kapselt den Zugriff auf ein internes eindimensionales Array:

```
public class MyArray
{
    public static int Anzahl;              // Anzahl der Elemente
    private double[] array;                // 1-dim. Array
```

Der Konstruktor erzeugt das Array in entsprechender Größe:

```
    public MyArray(int n)                  // Konstruktor
    {
        Anzahl = n;
        array = new double[n];
    }
```

Ein Indexer ermöglicht den bequemen indizierten Zugriff auf die Elemente der Instanzen der Klasse *MyArray*:

```
public double this[int i]
{
    get { return array[i]; }
    set { array[i] = value; }
}
```

Eine Überladung des „+"-Operators wird definiert. Rückgabewert ist eine neue Instanz von *MyArray*:

```
public static MyArray operator + (MyArray a1, MyArray a2)
    {
        MyArray a = new MyArray(Anzahl);
        for (int i =0; i < Anzahl; i++)
        {
            a[i] = a1[i] + a2[i];
        }
        return a;
    }
}
```

Anwendung der Operatorenüberladung bei der Addition zweier Instanzen von *MyArray*:

```
private void button1_Click(object sender, EventArgs e)
{
    MyArray a1 = new MyArray(3);
    a1[0] = 1.5;
    a1[1] = 5.25;
    a1[2] = -0.75;
    MyArray a2 = new MyArray(3);
    a2[0] = 0;
    a2[1] = 2.3;
    a2[2] = -7.1;
    MyArray a3 = a1 + a2;
    // Anwendung des überladenen + Operators
    for (int i =0; i < MyArray.Anzahl; i++)
    {
        MessageBox.Show(a3[i].ToString());
        //  "1.5", "7.55", "-7.85"
    }
}
```

6.3 Collections (Auflistungen)

Wenn Sie mehrere Objekte speichern wollen, ist es häufig einfacher, dies statt in einem Array (siehe Kapitel 5) in einer Auflistung (Collection) zu tun. Eine Collection verhält sich „intelligenter" als ein Array, es gibt z. B. keine unbelegten Speicherstellen, wie sie bei einem Array nach dem Löschen eines Eintrags entstehen. Die Größe einer Collection passt sich dynamisch den jeweiligen Erfordernissen an, das Hinzufügen und Löschen von Einträgen wird über spezielle Eigenschaften und Methoden gesteuert. In der Regel ist auch die Performance besser. Eine *IndexOutOfRangeException* ist nicht möglich.

Das .NET-Framework stellt zu diesem Zweck über den Namensraum *System.Collections* zahlreiche Auflistungsklassen zur Verfügung, von denen wir hier nur auf zwei wichtige Typen, *ArrayList* und *Hashtable*, näher eingehen wollen.

6.3.1 Die Schnittstelle IEnumerable

Alle Auflistungsklassen verfügen über gemeinsame Methoden, die durch Schnittstellen beschrieben werden, welche von der Schnittstelle *IEnumerable* abgeleitet sind. Bild 6.5 zeigt die Beziehungen zwischen diesen Schnittstellen.

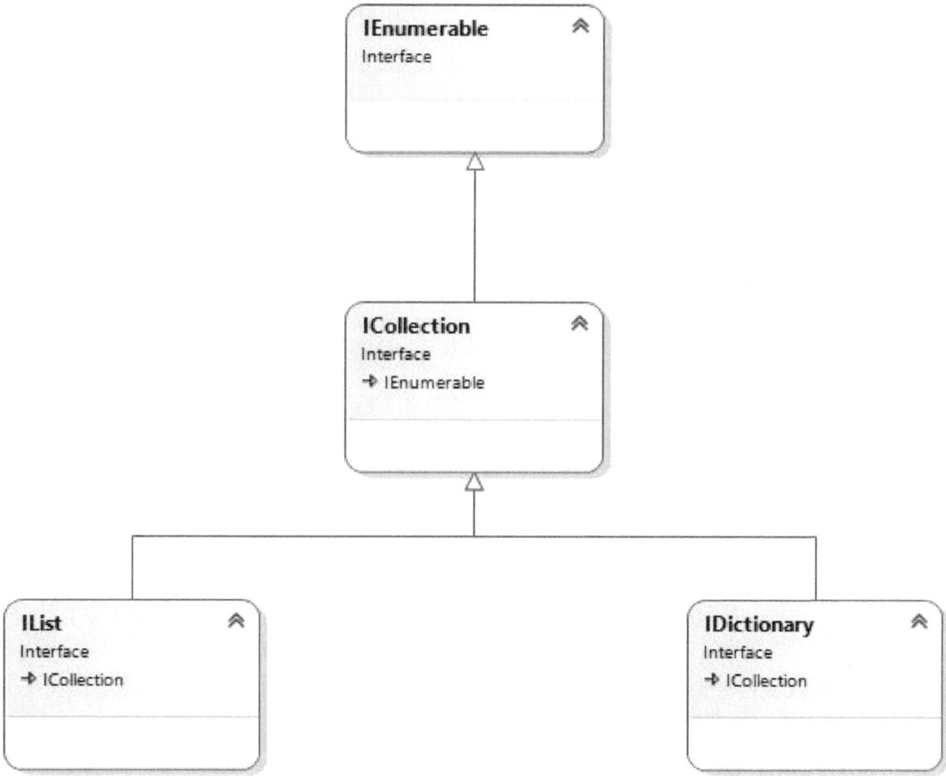

Bild 6.5 Schnittstelle IEnumerable

Wie Sie erkennen, wird *ICollection* direkt aus *IEnumerable* abgeleitet, wobei beide Schnittstellen die Grundfunktionalität für jede Art von Auflistungsklassen bereitstellen. Nachfolgend zerteilen sich die Schnittstellen in die Typen *IList* (für Auflistungsklassen, auf die per Index zugegriffen wird) und *IDictionary* (für Auflistungen, auf die über eine Schlüssel-Wert-Kombination zugegriffen wird).

IEnumerable

Diese Schnittstelle stellt die Kernfunktionalität einer Collection bereit und macht einen Enumerator verfügbar, der eine einfache Iteration durch eine Auflistung unterstützt.

Die einzige Methode *GetEnumerator()* liefert ein Enumerator-Objekt zurück, welches die Methoden *Current()*, *MoveNext()* und *Reset()* hat.

Nach dem Erstellen eines Enumerators oder nach dem Aufrufen der *Reset()*-Methode wird ein Enumerator zunächst vor dem ersten Element der Auflistung positioniert. Der erste Aufruf der *MoveNext()*-Methode legt den Enumerator auf das erste Element der Auflistung fest.

Wenn *MoveNext()* das Ende der Auflistung erreicht, wird der Enumerator hinter dem letzten Element in der Auflistung positioniert und *MoveNext()* gibt *false* zurück. Wenn sich der Enumerator an dieser Position befindet, liefern nachfolgende Aufrufe von *MoveNext()* ebenfalls *false*, bis *Reset* aufgerufen wird.

Beispiel 6.9: Der Inhalt einer mit String-Objekten gefüllten Auflistung *coll* wird in einer *ListBox* angezeigt.

C#

```
IEnumerator aufzaehler = coll.GetEnumerator();
// Enumerator-Objekt erstellen
while(aufzaehler.MoveNext())
{
    listBox1.Items.Add(coll.Current);
}
```

Wie wichtig der im Hintergrund agierende Enumerator ist, wird am Beispiel der *foreach*-Schleife deutlich, mit der eine beliebige Auflistung komplett durchlaufen werden kann.

Beispiel 6.10: Das Vorgängerbeispiel wird mittels einer *foreach*-Schleife gelöst.

C#

```
foreach (string str in coll)
{
    listBox1.Items.Add(str);
}
```

HINWEIS: Verwechseln Sie *IEnumerable* nicht mit *IEnumerator*! *IEnumerable* ist die Schnittstelle, die von der Auflistungsklasse implementiert wird. *IEnumerator* hingegen ist die Schnittstelle eines Enumerators, wie er von der *GetEnumerator()*-Methode der Auflistungsklasse geliefert wird.

ICollection

Diese Schnittstelle erweitert *IEnumerable* um weitere Funktionalität. Hier die wichtigsten Eigenschaften bzw. Methoden:

Member	Beschreibung
Count	... liefert die Anzahl der Elemente in der Auflistung
IsSynchronized	... liefert *true*, wenn das Auflistungsobjekt synchronisiert (threadsicher) ist
SyncRoot	... liefert die Objektreferenz, die den Objektzugriff synchronisiert
CopyTo()	... kopiert die Elemente der Auflistung in ein Array

IList

Diese Schnittstelle wird von besonders vielen Klassen des .NET-Frameworks implementiert. Hier ihre wichtigsten Mitglieder:

Member	Beschreibung
Item	... ermöglicht den Zugriff auf ein Element der Liste (ist Indexer für *IList*)
Add()	... fügt ein Element am Ende der Auflistung hinzu
Clear()	... löscht alle Elemente der Auflistung
Contains()	... stellt fest, ob ein bestimmtes Element zur Auflistung gehört
IndexOf()	... liefert den Index eines bestimmten Objekts
Insert()	... fügt ein Objekt an einer bestimmten Position in die Auflistung ein
IsFixedSize	... stellt fest, ob die Kapazität der Auflistung vergrößert werden kann
IsReadOnly	... stellt fest, ob die Auflistung schreibgeschützt ist
Remove()	... entfernt ein Element aus der Auflistung unter Angabe der Referenz
RemoveAt()	... entfernt ein Element aus der Auflistung unter Angabe des Index

Die *Add*-Methode hat keinerlei Einfluss auf die Positionierung des Elements innerhalb der Liste, denn ein neu hinzugefügtes Element wird immer an das Listenende gesetzt. Der Rückgabewert der *Add*-Methode liefert den Index, den das Element erhalten hat.

HINWEIS: Ein mittels *Remove* oder *RemoveAt* freigegebener Index bleibt nicht unbelegt, sondern bewirkt eine Indexverschiebung aller nachfolgenden Elemente.

6.3.2 ArrayList

Die *ArrayList* ist eine nullbasierte Collection, der mittels *Add()*-Methode beliebige Elemente hinzugefügt werden können. Obwohl eigentlich veraltet (nicht generisch, keine *IEnumerable*-Schnittstelle und deshalb kaum für LINQ geeignet), wird die *ArrayList* trotzdem noch häufig eingesetzt.

Beim Erzeugen einer *ArrayList* können Sie eine Startkapazität angeben. Überschreitet die Anzahl der Elemente die Startkapazität, so wird die *ArrayList* automatisch vergrößert (tatsächlich wird die Kapazität immer verdoppelt). Erzeugen Sie eine *ArrayList* ohne Startkapazität, so wird automatisch der Wert 16 eingestellt.

Beispiel 6.11: Drei Objekte unterschiedlichen Typs, die von der Klasse *Kunde* erben, werden in einer *ArrayList* (Startkapazität = 3) gespeichert.

C#

```
PrivatKunde kunde1 = new PrivatKunde("Herr", "Kotz", "München");
FirmenKunde kunde2 = new FirmenKunde("Frau", "Weiss", "PrimeTime Software");
FirmenKunde kunde3 = new FirmenKunde("Herr", "Wenz", "Actition GmbH");
ArrayList kunden = new ArrayList(3);        // Startkapazität 3
kunden.Add(kunde1);
kunden.Add(kunde2);
kunden.Add(kunde3);
```

//Für alle Kunden-Objekte wird die (polymorphe) AddGuthaben-Methode aufgerufen:

```
foreach (Kunde ku in kunden)
{
    ku.AddGuthaben(brutto);
}
```

HINWEIS: Im Vergleich mit einem normalen Array, das Sie nur ziemlich umständlich dynamisch vergrößern können, ist eine *ArrayList* wesentlich einfacher zu benutzen.

Weitere Eigenschaften und Methoden

Ein Direktzugriff auf die einzelnen Elemente entspricht dem bei einem normalen Array, allerdings ist dazu eine explizite Typkonvertierung erforderlich.

Beispiel 6.12: Das Guthaben des ersten Kunden wird angezeigt.

C#

```
Kunde kd = (Kunde)kunden[0];                              // Typecasting
label1.Text = kd.Guthaben.ToString("C");
```

Mit *AddRange* fügen Sie Elemente aus einer anderen Auflistung hinzu.

Beispiel 6.13: Zwei Personen werden der Kundenliste hinzugefügt.

C#

```
ArrayList personen = new ArrayList[2];
kunden.AddRange(personen);
```

Interessant dürften weiterhin die Methoden *Clear()* (entfernt alle Elemente), *RemoveAt()* (entfernt Element am angegebenen Index), *Sort()* (Sortieren) und *Binary Search()* (Suchen in sortierter Auflistung) sein, die so wie bei einem normalen Array funktionieren.

Einen Vergleichstest finden Sie im Praxisbeispiel in Abschnitt 6.10.1, „ArrayList versus generische List“.

6.3.3 Hashtable

Die *Hashtable* ist eine Auflistung, die das schnelle Auffinden von Objekten erlaubt. Beim Hinzufügen von Elementen muss allerdings ein eindeutiger (also nicht mehrfach vorkommender) Schlüsselwert angegeben werden. Für den Schlüssel sind beliebige Datentypen möglich, meistens nimmt man dafür *int*- oder *string*-Werte. Allerdings wird in der *Hashtable* nicht der Schlüssel gespeichert, sondern dessen sogenannter *Hashcode* (eine automatisch ermittelte Integer-Zahl zur eindeutigen Identifizierung des Schlüsselwerts).

Beispiel 6.14: Die drei im Vorgängerbeispiel erzeugten Instanzen der Klassen *PrivatKunde* bzw. *FirmenKunde* werden mit den Integer-Schlüsseln 101, 102, 103 in einem *Hashtable*-Objekt gespeichert.

C#

```
Hashtable kunden = new Hashtable();
kunden.Add(101, kunde1);
kunden.Add(102, kunde2);
kunden.Add(103, kunde3);
//Für alle Kunden-Objekte wird die AddGuthaben-Methode aufgerufen:
foreach (Kunde ku in kunden.Values)
{
    ku.AddGuthaben(brutto);
}
```

Der direkte Zugriff auf das Element mit dem Schlüssel 102:

```
Kunde kd = (Kunde)kunden[102];
label1.Text = kd.Guthaben.ToString("C");
```

HINWEIS: Weil Sie die Felder einer *Hashtable* nicht normal indizieren können, ist das Durchlaufen mittels *for*-Schleife nicht möglich. Sie müssen also immer die *foreach*-Schleife verwenden.

6.3.4 Indexer

Sie wissen bereits aus Kapitel 5, wie ein Array deklariert wird und wie man auf die einzelnen Elemente zugreift, indem man deren Index in eckige Klammern einschließt. Die Elemente eines Arrays können beliebige Objekte sein.

Beispiel 6.15: Erzeugen eines Arrays Personen mit zwei Objekten der Klasse Kunde

C#

```
public class Person
{
    public string Vorname {get; set;}
    public string Nachname {get; set;}
    public DateOnly Geburtstag { get; set; }
    public bool Student { get; set; }
}
```

Ein Array für zwei Objekte vom Typ *Person* wird erzeugt:

```
Person[] personen = new Person[2];
personen[0] = new Person { Vorname = "Max", Nachname = "Müller" };
personen[1] = new Person { Vorname = "Kurt", Nachname = "Krause" };
```

Der indizierte Zugriff:

```
MessageBox.Show(Personen[0].Nachname);     // zeigt "Müller"
```

C# bietet Ihnen nun die Möglichkeit, eigene Auflistungsklassen so zu definieren, dass deren Objekte quasi wie ein Array indiziert werden können. Dazu ist ein sogenannter Indexer erforderlich, dessen Syntax starke Ähnlichkeit zur Implementierung einer Eigenschaft mittels *get*- und *set*-Accessoren aufweist, wobei der Name dem Schlüsselwort für den Zugriff auf die aktuelle Klasse – nämlich *this* –entspricht.

Syntax:

Modifikatoren Datentyp **this**[*Parameterliste*]

Beispiel 6.16: Auflistungsklasse

C#

Das Vorgängerbeispiel wird wiederholt, allerdings kommt diesmal statt des Arrays eine selbstdefinierte Auflistungsklasse *Personen* zum Einsatz, die mit einem Indexer ausgestattet ist und eine *Hashtable* kapselt, in der die einzelnen *Person*-Objekte abgelegt werden.

```
using System.Collections;
namespace WindowsFormsApplication;

public class Personen
{
    Hashtable ht = new Hashtable();
    //Jetzt wird der Indexer definiert:
    public Person this[int i]
   // Indexer liefert Objekt vom Typ Person
    {
        get
        {
            if (ht.Contains(i))
            {
                return (Person)ht[i];
            }
            else
            {
                return null;
            }
        }
        set
        {
            if (ht.Contains(i))
            {
                // überschreiben, falls Schlüssel existiert
                ht[i] = value;
            }
            else
            {
                // sonst hinzufügen
                ht.Add(i, value);
            }
        }
    }
}
```

Beispiel 6.16: Auflistungsklasse

Der Zugriff auf die Auflistung unterscheidet sich nicht von der Array-Variante. Allerdings braucht die Größe der Auflistung vorher nicht bekannt zu sein und es können beliebige weitere Objekte hinzugefügt werden:

```
Personen = new Personen();
personen[0] = new Person {Vorname = "Max", Nachname = "Müller" };
personen[1] = new Person{Vorname = "Kurt", Nachname = "Krause"};
MessageBox.Show(personen[0].Nachname);          // zeigt "Müller"
```

Es steht Ihnen frei, die Klasse *Personen* durch weitere Eigenschaften (*Count*, ...) oder Methoden (*Remove()*, ...) zu erweitern, die auf die Fähigkeiten der *Hashtable* zurückgreifen.

HINWEIS: Wegen des Indexers darf die Klasse *Personen* keine *Item*-Methode haben!

Es ist auch möglich, den Zugriff auf einen der Accessoren zu beschränken.

Beispiel 6.17: Zugriff auf einzelne Zelle eines Arrays mittels Indexer

C#

```
public double this [int row, int col]
{
   get {return _array[row, col];}
   private set {_array[row, col] = value;}    // Schreibzugriff beschränkt
}
```

HINWEIS: Indexer können niemals *static* deklariert werden, weil sich *this* immer auf ein konkretes Objekt bezieht.

6.4 Generics

Generics muten zunächst wie ein Paradoxon an, erlauben sie doch dem Programmierer die typsichere Verwendung von Klassen, die nicht an einen bestimmten Typ gebunden sind. Die Anwendung ist nicht nur auf Klassen beschränkt, sondern auch auf andere .NET-Typen (Strukturen, Schnittstellen, Delegaten, Methoden) übertragbar.

Gemeinsames Merkmal aller Generics ist die Übergabe von variablen Datentypen (Parametrisierung von Klassen- oder Methodendefinitionen). Der Nutzer einer Klasse gibt also die Datentypen vor, die die Klasse intern verarbeiten soll.

HINWEIS: Die variablen Datentypen werden in spitzen Klammern (*<Datentyp,...>*) unmittelbar nach dem Klassen- bzw. Methodenbezeichner angegeben.

Beispiel 6.18: Erzeugen einer generischen Liste zum Speichern von Integerzahlen

C#

```
System.Collections.Generic.List<int> zahlen =
                        new System.Collections.Generic.List<int>();
```

6.4.1 Generics bieten Typsicherheit

Seit Einführung der Generics steht endlich eine Vorlage zum Erzeugen typsicherer Collections für Elemente beliebigen Typs zur Verfügung. Eine solche generische Klasse ist in der Lage, alle wesentlichen Aufgaben zu erfüllen, die wir für unsere Auflistungen brauchen: Hinzufügen, Löschen, Einfügen etc. Auch andere Collection-Typen, mit denen wir es allgemein zu tun haben, werden berücksichtigt, so wie z. B. *Stack* (First in, Last out) oder eine *Queue* (First in, First out) etc. Im Folgenden soll das Prinzip der Generics erklärt werden.

Einen einfachen generischen Typ deklarieren

Anhand einer sehr einfachen generischen Klasse wollen wir demonstrieren, wie diese als Container für eine Vielzahl anderer Typen verwendet werden kann.

Beispiel 6.19: Die Klasse *Store<T>* kann den Wert eines beliebigen Typs speichern.

C#

```
public class Store<T>
{
    public T Value {get; set; }
}
```

Der Klassenname *Store<T>* ist der erste Hinweis, dass es sich um einen generischen Typ handelt, die spitzen Klammern umschließen den Typ-Platzhalter *T*.

Das einzige öffentliche Klassenmitglied ist die Eigenschaft *Value*, wobei *T* auch hier den generischen Typ der Eigenschaft repräsentiert.

Generischen Typ verwenden

Um eine generische Klasse für einen beliebigen Typ zu verwenden, brauchen Sie nur eine neue Instanz zu erzeugen, wobei Sie den Namen des gewünschten Typs in den Klammern „<>“ übergeben.

Beispiel 6.20: Anwendung der Klasse *Store* (oben) mit Anzeige in einer *ListBox*

C#

Für den Datentyp *System.String*:

```
Store<string> wort = new Store<string>();
wort.Value = "Hallo";                                    // Hallo
listBox1.Items.Add(wort.Value);
```

Für den Datentyp *Kunde*:

```
Store<Kunde> kunde = new Store<Kunde>();
kunde.Value = new Kunde("Müller");
listBox1.Items.Add(kunde.Value.NachName);                // Müller
```

Obwohl wir in diesem Beispiel ein und dieselbe Klasse verwendet haben, um einen String oder einen Kunden zu speichern, bleibt ihr ursprünglicher Typ unverändert. Und das alles hat funktioniert, ohne dass wir *System.Object* verwenden mussten! Selbst IntelliSense funktioniert für die generischen Klassen.

6.4.2 Generische Methoden

Eine Methode mit Typ-Parameter ist generisch. Ähnlich wie bei der Klasse wird der Typ in spitzen Klammern angegeben.

Beispiel 6.21: Diese statische Methode erzeugt ein Array des gegebenen Typs *T* mit der gewünschten Größe *size* und liefert es dem Aufrufer zurück.

C#

```
public static T[] CreateArray<T>(int size)
{
    return new T[size];
}
```

Beispiel 6.22: Mit dem folgenden Aufruf wird eine Instanz eines *String*-Arrays mit einer Anfangsgröße von 5 erzeugt.

C#

```
string[] arrStr = CreateArray<string>(5);
```

Beispiel 6.23: Vertauschen von zwei Objekten

C#

```
private void GenerischerSwap<T>(ref T a, ref T b)
{
    T tmp = a;
    a = b;
    b = tmp;
}
```

Anwendung:

```
int i1 = 2;
int i2 = 7;
GenerischerSwap(ref i1, ref i2);
```

In den Beispieldateien zum Buch gibt es zu Abschnitt 6.4.2 noch ein schönes Beispiel zu der gerade vorgestellten *Swap()*-Methode.

6.4.3 yield – Iteratoren

Es gibt eine typisierte Methode mit dem Namen *GetEnumerator()*. Für die Rückgabe der einzelnen Werte wird das Schlüsselwort *yield* in Verbindung mit *return* benutzt.

Beispiel 6.24: Eine Klasse *Monate* implementiert *GetEnumerator*.

C#

```
{
    public IEnumerator<string> GetEnumerator()
    {
        yield return "Januar";
        yield return "Februar";
        yield return "März";
        ...
        yield return "Dezember";
    }
}
```

Bezüglich der Anwendung der Klasse gibt es keinen Unterschied zur bisher üblichen Vorgehensweise mittels *foreach*-Schleife:

```
Monate monate = new Monate();
foreach(string s in monate)
{
    listBox1.Items.Add(s);
}
```

Wie nicht anders zu erwarten, erscheinen in der *ListBox* untereinander die zwölf Monate.

Mehr zum Einsatz von *yield* finden Sie in Abschnitt 6.7.2, „Das Prinzip der dynamischen Programmierung“, und im Praxisbeispiel in Abschnitt 6.10.2, „Generische IEnumerable-Interfaces implementieren“.

yield ist auch ein wichtiger Befehl bei der Definition von LINQ-Befehlen (mehr dazu in Kapitel 7).

6.5 Generische Collections

Eines der wohl wichtigsten Einsatzgebiete für Generics sind Collections jeglicher Art.

6.5.1 List-Collection statt ArrayList

Als Alternative zur *ArrayList* bietet sich die generische *List*-Klasse an. Aus Gründen der Abwärtskompatibilität musste allerdings auf eine Änderung/Erweiterung der im Namespace *System.Collections* bereits vorhandenen Klassen verzichtet werden. Die generischen Klassen befinden sich im Namespace *System.Collections.Gerneric.*

HINWEIS: *System.Collections.Generic* ist im Gegensatz zum althergebrachten *System.Collections*-Namensraum in den globalen Namensräumen definiert. Ein eindeutiges Indiz dafür, dass Sie lieber die Klassen aus diesem Namensraum verwenden sollten.

Beispiel 6.25: Erzeugung einer generischen *List* für den benutzerdefinierten Typ *Kunde* (Deklaration der Klasse *Kunde* siehe Beispiel 6.15).

C#

```
System.Collections.Generic.List<Kunde> kunden =
        new System.Collections.Generic.List<Kunde>();
```

Beachten Sie den *Generic*-Namespace innerhalb des *System.Collections*-Namespace. Dort werden Sie weitere generische Klassen wie *SortedList, Dictionary, Queue, Stack,* ... finden. Die *List*-Klasse in diesem Namespace ähnelt der *System.Collections.ArrayList*-Klasse, allerdings gibt es einige wichtige Unterschiede. Da es sich bei *System.Collections.Generic* um einen globalen Namespace handelt, können Sie hier auf die Angabe des vollqualifizierenden Namens verzichten.

Beispiel 6.25: Kunden zur Collection hinzufügen und in einer *ListBox* ausgeben

C#

Um die Verwendung der *kunden*-Auflistung zu zeigen, wollen wir dreimal eine Schleife durchlaufen, in der wir einen neuen Kunden (*Müller1*, *Müller2*, *Müller3*) erzeugen und diesen zu *kunden* hinzufügen:

```
for(int i = 0; i < 3; i++)
{
        Kunde kunde = new Kunde($"Müller{(i++)}");
        kunden.Add(kunde);
}
```

Durch die Collection iterieren und jedes Element in einer *ListBox* ausgeben:

```
foreach(Kunde kd in kunden)
{
      listBox1.Items.Add(kd.Nachname);
}
```

Eine andere Möglichkeit zur Ausgabe der Liste wäre eine einfache *for*-Schleife.

Beispiel 6.26: Die Nachnamen aller Kunden in einer *ListBox* anzeigen

C#

```
for (int i = 0; i < kunden.Count; i++)
{
    listBox1.Items.Add(kunden[i].NachName);
}
```

6.5.2 Vorteile generischer Collections

Die Arbeit mit einer generischen *List* unterscheidet sich deutlich von unseren durch die *ArrayList* (siehe obiges Eingangsbeispiel) geprägten Gewohnheiten. Wir brauchen uns keinerlei Gedanken mehr über den Typ von *Kunde* zu machen, weil unsere generische Collection typsicher arbeitet.

Stellvertretend für die anderen generischen Collections sollen die Vorteile der generischen *List*-Klasse hier noch einmal zusammengefasst werden:

- Das Boxing von Wertetypen ist nicht mehr erforderlich, weil *List<int>* im obigen Beispiel jetzt „weiß“, welcher Datentyp zu speichern und wie viel Speicher dafür zu reservieren ist.
- Statt eines Laufzeitfehlers erhalten Sie bereits einen Compiler-Fehler, falls Sie einen falschen Datentyp in der *List* speichern wollen.
- Ein Typecasting entfällt, wenn Sie auf die Werte der generischen *List* zugreifen wollen.

6.5.3 Constraints

Ein Constraint wird benutzt, um die vom Generic akzeptierten Typen zu beschränken. Ähnlich der SQL-Syntax wird dazu das der Klassendefinition nachgestellte *where*-Schlüsselwort benutzt.

Beispiel 6.27: Der generische Typ *Dictionary* mit einem *Constraint*

C#

```
public class Dictionary<K, V> where K : IComparable {}
```

Die *where*-Klausel beschränkt den *K*-Typ auf den Typ *IComparable*. Falls *K* das *IComparable*-Interface nicht implementiert, gibt es einen Compiler-Fehler.

Ein anderer Typ eines Constraints ist der Konstruktor-Constraint.

Beispiel 6.28: Um keinen Compiler-Fehler auszulösen, muss *K* zumindest einen Standardkonstruktor haben.

C#

```
public class Test<K> where K: new() {}
```

Die prinzipielle Funktion dieser generischen Schnittstellen entspricht ihren nicht generischen Pendants. Wir werden auf die generischen Listen in den weiteren Kapiteln des Buches noch ausführlich zu sprechen kommen.

6.6 Das Prinzip der Delegates

Die Delegate-Technologie gehört zweifelsfrei zu den tragenden Säulen von .NET. Jeder, der tiefer in .NET eindringen will, muss sich mit dieser Technik anfreunden, bildet sie doch die Basis für andere wichtige .NET-Features, wie zum Beispiel das Ereignismodell, Callbacks oder die Lambda Expressions bis hin zu LINQ. Im Laufe der Zeit wurden jedoch weitere Möglichkeiten in das Framework eingebaut, wie generische *Action*- und *Func*-Objekte, die sehr ähnlich wie die Delegates funktionieren – zu *Action* und *Func* später mehr.

6.6.1 Delegates sind Methodenzeiger

Der Begriff „Delegate“ bedeutet „delegieren“ bzw. „weiterleiten“. Damit ist bereits das Wesentliche gesagt, denn ein Delegate macht nichts anderes, als einen Methodenaufruf an eine konkrete Methode weiterzuleiten. Man kann also einen Delegate durchaus auch als typisierten Funktionszeiger (Pointer) bezeichnen. Pointer, wie man sie beispielsweise auch von der Sprache C her kennt, sind ein leistungsfähiges Werkzeug, um Algorithmen flexibel zu gestalten.

HINWEIS: Das gesamte Ereignissystem von Windows Forms basiert auf Delegates.

Pointer und .NET – das müsste Sie eigentlich stutzig machen, denn das passt nicht so recht zusammen. Die althergebrachte Zeigertechnik ist ziemlich unübersichtlich, nicht selten kommt es zu Speicherzugriffsfehlern und damit zu bösen Programmabstürzen. Aus diesem Grund haben die .NET-Entwickler die klassische Pointertechnologie kategorisch ausgeschlossen. Stattdessen wurden – in konsequenter Weiterführung des objektorientierten Paradigmas des .NET-Frameworks – Methodenzeiger in Objekten gekapselt.

HINWEIS: Ein Delegate ist ein Objekt, das einen typsicheren Zeiger auf die Methode eines anderen Objekts enthält.

Damit wird, wie bei jedem anderen Objekt auch, ein Delegate gewissermaßen als Instanz einer Klasse, d. h. eines Objekttyps, erzeugt.

Um von vornherein begriffliche Klarheit zu schaffen, wollen wir gleich von Beginn an die Bezeichnungen „Delegate-Typ“ und „Delegate-Objekt“ sauber voneinander trennen. Ersterer ist vergleichbar mit dem Begriff der Klasse und der zweite mit dem des Objekts (also der Instanz, die auf eine konkrete Methode zeigt).

6.6.2 Einen Delegate-Typ deklarieren

Ein Delegate-Typ beschreibt die Signatur der Methode, auf welche der daraus instanziierte Delegate zeigen soll. Die Deklaration eines Delegate-Typs hat folgendes Format:

Syntax:

```
<Sichtbarkeit>delegate<Rückgabetyp><Name>([<Parameterliste>])
```

Beispiel 6.29: Ein Delegate-Typ mit dem Namen *OperationDelegate* für Rechenoperationen mit zwei Integer-Zahlen

C#

```
public delegate int OperationDelegate(int x, int y);
```

6.6.3 Ein Delegate-Objekt erzeugen

Ein Delegate kann entweder mit einer benannten oder einer anonymen Methode, oder aber auch mit einem Lambda Expression instanziiert werden. Das Verständnis erschließt sich am leichtesten, wenn wir zunächst von der uns bekannten klassischen Technik zum Aufruf von Methoden ausgehen.

Beispiel 6.30: Zwei sehr einfache Methoden, die zur Addition bzw. Multiplikation von Integer-Zahlen dienen

C#

```
private int Add(int x, int y)
{
    return x + y;
}

private int Multiply(int x, int y)
{
    return x * y;
}
```

Der herkömmliche Aufruf beider Methoden könnte so aussehen:

```
int a = 7;
int b = 3;
int resultAdd = Add(a, b);              // liefert 10
int resultMultiply = Multiply(a,b);     // liefert 21
```

Die Methoden *Add()* und *Multiply()* im obigen Beispiel haben die gleiche Signatur, d. h. Anzahl und Typ der übergebenen Parameter sowie der Typ des Rückgabewerts sind identisch. Beide Methoden entsprechen deshalb dem gleichen Delegate-Typ.

Um für beide Methodenaufrufe Delegate-Objekte zu erzeugen, sind folgende Schritte erforderlich:

1. Definition des Delegate-Typs mittels *delegate*-Schlüsselwort:

```
delegate int OperationDelegate(int x, int y);
```

2. Deklaration von zwei Variablen vom Typ des Delegaten.

```
OperationDelegate addDelegate;
OperationDelegate multiplyDelegate;
```

3. Instanziieren der Delegaten mittels *new* (erst hier werden Delegate-Objekte erzeugt, welche auf die Methoden *Add()* und *Multiply()* zeigen). Als Argument wird der Name der Methode übergeben, die vom jeweiligen Delegaten aufgerufen werden soll:

```
addDelegate = new OperationDelegate(Add);
multiplyDelegate = new OperationDelegatelg(Multiply);
// oder mittlerweile auch in verkürzter Schreibweise möglich
addDelegate = Add;
multiplyDelegate = Multiply;
```

4. Der Aufruf der im obigen Beispiel implementierten Methoden *Add()* und *Multiply()* mit den Delegate-Objekten *addDelegate* bzw. *multiplyDelegate* sieht jetzt folgendermaßen aus:

```
int a = 7;
int b = 3;
long resultAdd = addDelegate(a, b);                      // liefert 10
long resultMultiply = multiplyDelegate(a,b);             // liefert 21
```

Das ist ja ziemlich viel Aufwand, werden Sie jetzt denken, und der Vorteil von Delegaten gegenüber dem direkten Methodenaufruf ist nicht so recht ersichtlich. Für dieses einfache Beispiel mögen Sie vielleicht recht haben, aber im weiteren Verlauf werden Sie feststellen, dass sich mit Delegaten wesentlich mehr anstellen lässt.

Beispiel 6.31: Verwendung eines Delegaten für eine Methode, die zwei Zahlen vergleicht

C#

```
private bool VergleicheZahlen(int x, int y)          // eine Methode ...
{
    if (y < x)
    {
        return true;
    }
    else
    {
        return false;
    }
}
// dafür Delegatentyp deklarieren
private delegate bool CompareDelegate(int x, int y);
...
// ... und Delegaten instanziieren
CompareDelegate compMethod = VergleicheZahlen;
...
if (VergleicheZahlen(i, j))         // Methodenaufruf
{...}
```

Beispiel 6.32: Obiges Beispiel mit einem generischen Delegaten

C#

```
private bool VergleicheZahlen<T>(T x, T y) where T : IComparable
{
    if (y.CompareTo(x) < 0)
    {
        return true;
    }
    else
    {
        return false;
    }
}
...
private delegate bool CompareDelegate<T>(T x, T y);
...
CompareDelegate<T> compMethod = VergleicheZahlen;
...
if (compMethod(i, j)) {...}
```

6.6.4 Anonyme Methoden

Bei komplexeren Programmen kann der Aufruf benannter Methoden (in unserem obigen Einführungsbeispiel sind das *Add()* und *Multiply()*) durch einen Delegaten schnell zu unübersichtlichem Code führen. Anonyme Methoden schaffen hier Abhilfe, indem der Methodenkörper direkt an die Instanziierung des Delegate-Objekts angefügt wird. Der Code ist nun nicht mehr namentlich mit einem Methodenbezeichner verbunden und wird deshalb als „anonyme" Methode bezeichnet.

Beispiel 6.33: Realisierung des Einführungsbeispiels mit anonymen Methoden. Dazu werden die Schritte 2 und 3 zusammengefasst und auf die benannten Methoden *Add()* und *Multiply()* wird verzichtet.

C#

```
OperationDelegate addDelegate = delegate(int x, int y)
{
    return x + y;
};

OperationDelegate multiplyDelegate = delegate(int x, int y)
{
    return x * y;
};
```

HINWEIS: Bei einer anonymen Methode handelt es sich nicht mehr um eine eigenständige Methode! Vielmehr geht es hier nur um eine vereinfachte Instanzierung eines Delegate-Objekts!

Anonyme Methoden erlauben es, auf das explizite Deklarieren der Methode zu verzichten und stattdessen den Programmcode in Verbindung mit einem passenden Delegaten direkt zuzuweisen. Einsatzmöglichkeiten ergeben sich in erster Linie bei Ereignisbehandlungsroutinen (Eventhandler).

Beispiel 6.34: Auswerten des *Click*-Ereignisses eines *Buttons* auf herkömmliche Weise

C#

```
button1.Click += new EventHandler(Button1_Click);
// Eventhandler anmelden
...
```

Eventhandler implementieren:

```
private void Button1_Click(object sender, EventArgs e)
{
    Close();
}
```

Beispiel 6.35: Obiges Beispiel mittels einer anonymen Methode.

C#

```
button1.Click += delegate(object sender, EventArgs e)
{
   Close();
};
```

HINWEIS: Sollen jedoch mehrere Ereignisse den gleichen Code ausführen, so muss anstelle der Implementierung der Aufruf einer Methode stehen.

6.6.5 Lambda-Ausdrücke

Bei den Lambda-Ausdrücken handelt es sich eigentlich um nichts weiter, als um funktional erweiterte anonyme Methoden. Der offensichtlichste Unterschied zu anonymen Methoden zeigt sich in der Syntax: Auf die Parameterliste folgt ein Pfeil (=>, der sogenannte Lambda-Operator), gefolgt von einer einzelnen Anweisung oder einem Anweisungsblock:

Syntax:

*(Inputparameter)***=>** *{Expressions/Statements}*

Beispiel 6.36: Eine Methode zur Multiplikation von zwei Gleitkommazahlen, die mittels Lambda-Ausdruck definiert wird

C#

```
public delegate double OperationDelegate(double x, double y);    // Delegate-Typ
// Methode als Lambda-Ausdruck zuweisen
OperationDelegate multiplyDelegate = (double x, double y) => x * y;
...
textBox1.Text = multiplyDelegate(5.5, 4.3).ToString();
```

HINWEIS: Lambda-Ausdrücke stellen lediglich eine leistungsfähigere Syntax dar, mit der sich anonyme Methoden schreiben lassen.

Beispiel 6.37: Obiges Beispiel auf traditionelle Weise mittels einer anonymen Methode realisiert

C#

```
public delegate double OperationDelegate(double x, double y);    // Delegate-Typ
// anonyme Methode zuweisen
operationDelegate multiplyDelegate = delegate(double x, double y)
{
    return x * y;
};
...
textBox1.Text = multiplyDelegate(5.5, 4.3).ToString();  // Methodenaufruf: 23.65
```

Die Syntax von Lambda-Ausdrücken ist am Anfang gewöhnungsbedürftig. Falls der Code rechts neben dem Pfeil aus mehreren Anweisungen besteht, sind diese in geschweifte Klammern einzuschließen.

Beispiel 6.38: Lambda-Ausdruck mit Anweisungsblock

C#

```
(int x) =>
{
    if( x < 0)
    {
        x = -1 * x;
    }
    return x;
}
```

Der Rückgabetyp eines Lambda-Ausdrucks wird durch den Typ des Ausdrucks hinter dem Pfeil (=>) bestimmt. Folglich hat ein Lambda-Ausdruck mit nur einem Methodenaufruf nach dem Pfeil den gleichen Rückgabetyp wie diese Methode. Falls dem Pfeil ein Anweisungsblock folgt, wird der Rückgabetyp durch den Ausdruck nach *return* festgelegt. Fehlt *return* im Anweisungsblock, dann ist der Rückgabetyp des Lambda-Ausdrucks *void*.

Beispiel 6.39: Einige Lambda-Ausdrücke, die die Zuordnung des Rückgabetyps veranschaulichen sollen

C#

Rückgabetyp *void*, da *Console.WriteLine() void* liefert:

```
(int j) => Console.WriteLine(j.ToString());
```

Rückgabetyp *int*, da *j* und *k* vom Typ *int* sind:

```
(int j, int k) => j * k;
```

Rückgabetyp *void*, da das Schlüsselwort *return* im Anweisungsblock fehlt:

```
(double x) =>
{
    x = 3.14;
    MessageBox.Show(x.ToString());
}
```

Rückgabetyp *double*, da ein *double* (0.7) zu einem *int* addiert wird und das Ergebnis *double* ist:

```
(int i) => i + 0.7;
```

Rückgabetyp *string*, da nach dem Pfeil ein *string* addiert wird:

```
(int geb) =" $"Alles Gute zum {geb}!"
```

Genau wie bei anonymen Methoden auch, muss natürlich die Anzahl der Parameter und deren jeweiliger Datentyp mit denen des Delegate, für den der Lambda-Ausdruck angegeben wird, übereinstimmen. Allerdings kann bei Lambda-Ausdrücken auf die Angabe des Typs für die Parameter verzichtet werden, da dieser auch vom Kontext her ableitbar ist. Dem jeweiligen Parameter des Lambda-Ausdrucks wird also automatisch der Typ des entsprechenden Parameters des Delegate, für den der Lambda-Ausdruck angegeben wird, zugewiesen. Im folgenden Beispiel kann man dieses Konzept erkennen.

Beispiel 6.40: Parametertyperkennung in einem Lambda-Ausdruck

C#

```
public class Person
{
  public string Name {get; set;}
  public int Alter {get; set;}
}
public delegate void PersonDelegate(Person person);
```

Wegen *PersonDelegate* ist der Parameter *p* vom Typ *Person*, der Rückgabetyp muss *void* sein:

```
PersonDelegate dlg = (p) => Console.WriteLine(p.Name);
```

Bei nur einem Parameter darf man die Klammern bei *(p)* weglassen:

```
PersonDelegate dlg2 = p => Console.WriteLine(p.Name);
```

Wie bei den Parametern muss natürlich auch der Rückgabetyp des Lambda-Ausdrucks mit dem Rückgabetyp des Delegate übereinstimmen (bzw. eine implizite Konvertierung existieren). Demzufolge liefert der Lambda-Ausdruck im obigen Beispiel keinen Rückgabewert, da *void* vom Delegate *PersonDelegate* entsprechend als „Rückgabewert" vorgegeben ist.

6.6.6 Lambda-Ausdrücke in der Task Parallel Library

Auch beim Schreiben von Code für die neue Task Parallel Library (TPL) bzw. für Parallel LINQ (PLINQ) werden Sie häufig Lambda-Ausdrücke verwenden. Wenn beispielsweise eine Methode wie *Parallel.For* einen Delegate *Func* oder *Action* als Inputparameter entgegennimmt, so können Sie diesen Parameter als Lambda-Ausdruck bereitstellen. Der Compiler erkennt die Variablentypen innerhalb des Lambda-Ausdrucks und konvertiert die Lambda-Expression in eine Instanz des Delegate.

Ausführlich gehen wir auf die *Task Parallel Library* und die parallele Programmierung erst in Kapitel 15 ein.

Um Ihnen dennoch einen ersten Eindruck zu vermitteln, sollen zwei Beispiele gegenübergestellt werden.

Beispiel 6.41: Eine einfache *for*-Schleife in klassischer Programmiertechnik

C#

```
int anzahl = 100;
for (int i = 1; i < anzahl; i++)
{
    System.Diagnostics.Debug.Write($"{i} ");
    if (i > 30)
    {
        break;
    }
}
```

Ergebnis

Die Ausgabe (Menü *Ansicht/Ausgabe*):

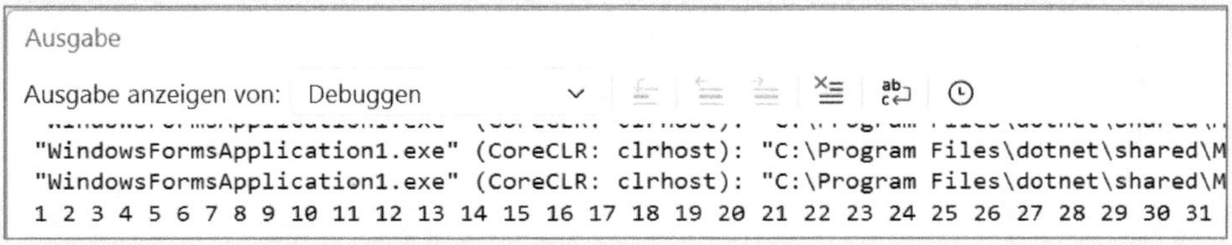

Bild 6.6 Ausgabe bei klassischer Schleife

Das analoge Problem soll nun mittels Parallelprogrammierung gelöst werden.

Beispiel 6.42: Anwendung eines Lambda-Ausdrucks in der Methode *Parallel.For()*

C#

```
int anzahl = 100;
Parallel.For(0, anzahl, (i, state) =>
{
    System.Diagnostics.Debug.Write($"{i} ");
    if (i > 50)
    {
        state.Break();
    }
});
...
```

Ergebnis

Das Ausgabefenster:

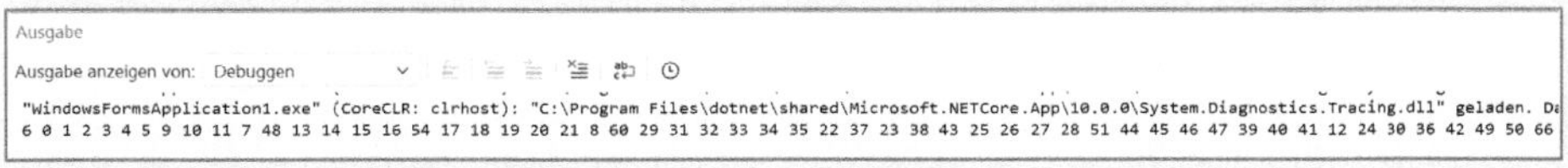

Bild 6.7 Ausgabe mit paralleler Schleife, wir sehen auch Werte über 50

Wie Sie dem Ergebnis entnehmen, läuft die Schleife in mehreren Threads. Die Reihenfolge der Zahlen ist deswegen auch etwas chaotisch, weil jeder Thread einen eigenen Bereich zum Zählen bekommt.

6.6.7 Action<> und Func<>

Action und *Func* sind generische Funktionszeiger, die auf Methoden zeigen können, deren Parameter den generischen Typparametern entsprechen. Dabei wird *Action* für Methoden ohne Rückgabewerte definiert und *Func* für Methoden mit Rückgabewerten (ungleich *void*).

Fangen wir mal mit dem einfachsten Beispiel an.

```
Action<> someAction;
```

Hier wird eine Variable *someAction* definiert, die auf jegliche *void*-Methode mit einer leeren Parameterliste zeigen kann.

```
Action<int> someCalculationAction;
```

Hier wird eine Action definiert, die auf jegliche *void*-Methode zeigen kann, die einen einzigen Parameter besitzt und dieser muss vom Typ *int* sein (z. B. `private void Test(int i) {...}`).

Bei *Func* müssen Sie immer mindestens einen generischen Typparameter haben. Dieser entspricht dem Typ des Rückgabewertes der Methode, auf die gezeigt wird.

```
Func<DateTime> dateTimeFunction;
```

Dieser Funktionszeiger kann auf jede parameterlose Methode zeigen, die eine *Date Time*-Struktur zurückgibt.

```
private DateTime Heute()
{
    return DateTime.Now;
}
```

HINWEIS: Sollte die Methode Eingabeparameter haben, so stehen diese in der generischen Typliste stets vor dem Typ der Rückgabe. Das heißt, der Rückgabetyp ist immer der letzte Typ in der generischen Typliste. Im Fall einer parameterlosen Methode ist es der erste, aber auch der letzte Parameter.

Schauen wir uns das noch an einem kleinen „Codeschnipsel“ an:

```
Func<int, int, long> mathFunction;
```

Dieser Funktionszeiger kann auf jegliche Funktion zeigen, die zwei Eingabeparameter vom Typ *int* und einen Rückgabewert vom Typ *long* hat.

```
private long CalculateSomething(int value1, int value2) {...}
```

Beispiel 6.43: Anwendung eines Lambda mittels einer Action.

C#

Zuerst definieren wir eine Action *ausgabe*, die der Signatur des Lambda in Beispiel 6.42 entspricht.

```
private Action<int, ParallelLoopState> ausgabe;
```

Dann schreiben wir eine Methode, die dieser Signatur entspricht und die Funktionalität des Lambda ausführt.

```
private void PrintNumber(int number, ParallelLoopState state)
{
    System.Diagnostics.Debug.Write($"{number} ");
    if (number > 50)
    {
        state.Break();
    }
}
```

Im Konstruktor wird schließlich die Methode der Action *ausgabe* zugewiesen:

```
public Form1()
{
    InitializeComponent();
    ...
    ausgabe = PrintNumber;
}
```

Und zu guter Letzt wird die Action über den Lambda aufgerufen.

```
Parallel.For(0, 100, (i, state) => ausgabe(i, state));
```

Das Ergebnis entspricht in etwa der Ausgabe in Bild 6.7.

HINWEIS: Möglicherweise ist Ihnen der Vorteil von *Action* und *Func* noch nicht ganz bewusst geworden. Aber bedenken Sie, welche Möglichkeiten Sie haben, da Sie eine *Action* oder *Func* auch als öffentliche Eigenschaft definieren können und somit auch Funktionen außerhalb der eigenen Klasse (auch von Klassen, die Sie zum Entwicklungszeitpunkt gar nicht kennen) mit der entsprechenden Funktionalität verbinden können.

6.7 Dynamische Programmierung

Die sogenannte *dynamische* Programmierung wurde bereits mit C# 4.0 eingeführt. Zu ihren wichtigsten Vorteilen zählen die gravierenden Vereinfachungen bei Verwendung des Reflection-Mechanismus, bei COM-Interop und beim Zugriff auf das HTML DOM. Zur Kompilierzeit erlaubt Ihnen C# jetzt die Ausführung beliebiger Operationen mit Variablen eines dynamischen Typs. Doch ehe wir ins Detail gehen, sollen zunächst einige allgemeine Dinge geklärt werden.

6.7.1 Wozu dynamische Programmierung?

Die meisten C#-Entwickler verwenden mehrere Werkzeuge in einer einzigen Applikation, um komplexe Aufgaben zu programmieren. Für WPF-Desktop-Anwendungen braucht man beispielsweise C# und XAML. Häufig findet sich Open-Source-Code zum Lösen eines Problems, allerdings kann dieser in einer anderen Sprache vorliegen, z. B. in VB oder F#. Einer der Vorteile von .NET ist die Fähigkeit zur Cross-Language-Interoperabilität. Nicht zu Unrecht bezeichnet man ja die Laufzeitumgebung als „Common Language" Runtime (CLR). Microsoft hat zwar dynamische Sprachen wie IronRuby und IronPython entwickelt, für die Entwickler gab es bislang aber keinen einfachen Weg, um die Interoperabilität mit dynamischen Sprachen zu gewährleisten. Überzeugen Sie sich nun in diesem Abschnitt davon, wie leicht man mittels dynamischer Programmierung dieses Ziel erreichen kann.

- Wenn Sie mithilfe des Reflection-Mechanismus eine Methode auf einem Objekt aufrufen wollen, dann müssen Sie dazu eine Objektreferenz gewinnen, den Typ der verwendeten Bindung ermitteln und dann das Objekt aufrufen. All diese Schritte können mittels dynamischer Methoden vereinfacht werden.
- Die Realisierung von COM-Interop mittels C# war bislang ziemlich umständlich, besonders weil Sie die exakte Syntax bei Konvertierungen, optionalen Parametern usw. zu beachten hatten.[1] Ein wichtiger Vorteil der dynamischen Programmierung in C# ist die sauberere Syntax in derartig unübersichtlichen Szenarien.

---

[1] Einige C#-Entwickler hatten hier neidisch in Richtung VB geschielt, das bislang eine bessere Unterstützung für COM-Interop bot.

6.7.2 Das Prinzip der dynamischen Programmierung

... lässt sich am besten anhand eines konkreten Beispiels erklären.

Das folgende Beispiel soll das Erzeugen eines Objekts demonstrieren. Drei lose nebeneinanderstehende Hilfsklassen dienen als Grundlage.

Beispiel 6.44: Prinzip der dynamischen Programmierung (Teil 1)

C#

Die drei Klassen *Flugzeug*, *Vogel* und *Student* stehen untereinander in keinerlei Beziehung (Vererbung etc.). *Flugzeug* und *Vogel* verfügen über eine *Fliegen*-Methode, *Student* aber nicht.

```
class Flugzeug
{
    public void Fliegen()
    {
       MessageBox.Show("Das Flugzeug fliegt!");
    }
}

class Vogel
{
    public void Fliegen()
    {
        MessageBox.Show("Der Vogel fliegt!");
    }
}

class Student
{
    public void Lernen()
    {
        MessageBox.Show("Der Student lernt!");
    }
}
```

Eine Hilfsmethode, die eine Instanz von *Flugzeug* liefert:

```
public object GetFliegendesObjekt()
{
    return new Flugzeug();
}
```

Keine der drei Klassen implementiert ein Interface oder eine allgemeine Basisklasse. Das heißt, es existiert keinerlei Code, der eine streng typisierte Beziehung zwischen diesen Klassen erzeugt. Später werden Sie sehen, wie man mittels dynamischer Typen trotzdem auf all diese Klassen zugreifen kann.

Ganz bewusst haben wir hier als Rückgabetyp der Methode *GetFliegendesObjekt* den Typ *object* gewählt. Wir wollen damit die Bedingungen simulieren, die auftreten, wenn man die Referenz auf ein Objekt unbekannten Typs erhält. Das passiert beispielsweise, wenn dieses Objekt von der Bibliothek eines Drittanbieters kommt oder von einer Bibliothek stammt, die in einer dynamischen Sprache (wie *IronRuby* oder *IronPython*) geschrieben wurde.

Sie als Programmierer haben die Dokumentation von *GetFliegendesObjekt* gelesen und wissen deshalb, dass das Rückgabeobjekt eine *Fliegen*-Methode besitzt, der C#-Compiler aber kann das wegen der *object*-Referenz nicht herausfinden. Unter dem alten C# mussten Sie deshalb ziemlich umständlich mittels Reflection-Mechanismus die *Fliegen*-Methode auf dem Objekt aufrufen, in C# geht das dank dynamischer Variablen verblüffend einfach.

Beispiel 6.44: Prinzip der dynamischen Programmierung (Teil 2)

C#

Die von *GetFliegendesObject* gelieferte *object*-Referenz wird der dynamischen Variablen *fliegendesObjekt* zugewiesen:

```
dynamic fliegendesObjekt = getFliegendesObjekt();
fliegendesObjekt.Fliegen();
```

Der Typ *dynamic* entspricht nur auf den ersten Blick dem *object*-Typ, denn Sie können mit einem *dynamic*-Typ Dinge tun, nämlich Methoden oder Eigenschaften aufrufen, was mit *object* nicht möglich gewesen wäre.

HINWEIS: Beim Kompilieren erlaubt C# Ihnen die Ausführung beliebiger Operationen auf einer dynamischen Variablen. Ist der Aufruf nicht gültig, gibt es jedoch einen Laufzeitfehler, wie wir gleich sehen werden.

Das Binden eines dynamischen Typs erfolgt erst zur Laufzeit. Obiges Beispiel ruft *Fliegen()* auf der Variablen *fliegendesObjekt* auf. Diese dynamische Variable führt die *Fliegen()*-Methode von *Flugzeug* zur Laufzeit aus.

Falls die Methode, die Sie auf einem dynamischen Objekt aufrufen, nicht existiert, erhalten Sie keine Fehlermeldung des Compilers, sondern einen Laufzeitfehler.

Beispiel 6.45: Die Iterator-Methode liefert je eine Instanz von *Flugzeug, Vogel* und *Student*.

C#

```
public IEnumerable<object> GetFliegendeObjekte()
{
    yield return new Flugzeug();
    yield return new Vogel();
    yield return new Student();
}
```

Da *Student* keine *Fliegen*-Methode besitzt, generiert der folgende Code einen Laufzeitfehler:

```
foreach (dynamic f in GetFliegendeObjekte())
{
    f.Fliegen();
}
```

Der Code iteriert so lange anstandslos über *GetFliegendeObjekte*, bis eine Instanz geliefert wird (hier die von *Student*), die keine *Fliegen*-Methode (eventuell können Studenten von der Uni fliegen) besitzt. In diesem Fall wird eine Laufzeit-Exception ausgelöst.[2)]

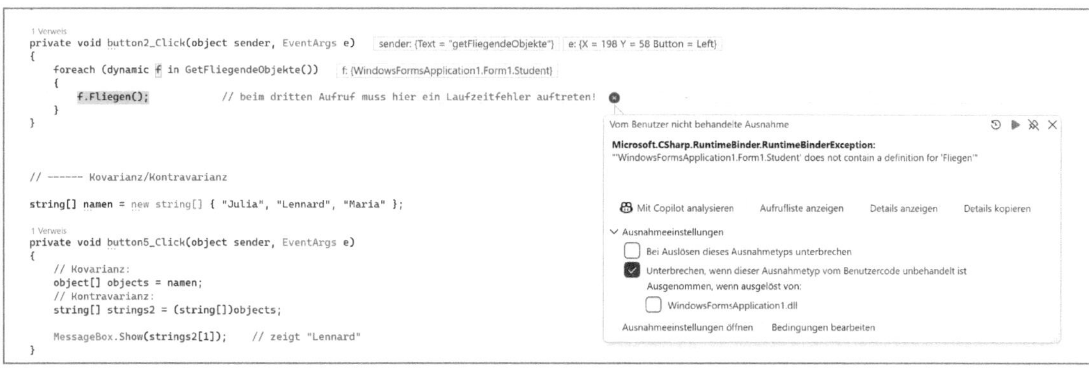

Bild 6.8 Laufzeitfehler beim Aufruf der nicht vorhandenen Methode Fliegen()

6.7.3 Optionale Parameter sind hilfreich

Die optionalen Parameter (siehe Abschnitt 3.7.6) leisten auch bei der dynamischen Programmierung gute Dienste. Dies kann am besten anhand von *Missing.Value* verdeutlicht werden:

---

[2] In diesem Fall ist die Fehlermeldung exakt die gleiche, wie Sie sie zur Kompilierzeit sehen würden, wenn die Variable fliegendesObjekt nicht dynamisch wäre!

Die alten C#-Versionen verlangen die Verwendung von *Missing.Value*, ein statisches Readonly-Feld im *System.Reflection*-Namespace, das als Platzhalter für optionale Werte dient. Da die Rückgabewerte in COM-Interop vom Typ *object* sind, mussten Sie bislang eine explizite Konvertierung beim Zuweisen der zurückgegebenen Officeobjekte (z. B. *ActiveSheet*) durchführen.

Beispiel 6.46: Ein typischer Excel-Aufruf zum Hinzufügen eines neuen Worksheet

C#

```
var wkBook = excelApp.Workbooks.Add(Missing.Value);
var wkSheetData = (Excel.Worksheet)wkBook.ActiveSheet;
```

Dank dynamischer Programmierung und optionaler Parameter vereinfacht sich obiger Code:

```
dynamic wkBook = excelApp.Workbooks.Add();
Excel.Worksheet wkSheetData = wkBook.ActiveSheet;
```

Wie Sie sehen, können Sie, wenn Sie den Typ von *wkBook* explizit auf *dynamic* setzen, die Eigenschaft *ActiveSheet* direkt herauslesen und das Ergebnis dem Typ *Excel.Work sheet* zuweisen.

HINWEIS: Leider verlieren Sie bei der Nutzung von *dynamic* die IntelliSense-Unterstützung von Visual Studio.

6.7.4 Kovarianz und Kontravarianz

Das Füllen eines allgemeineren Typs mit den Werten eines speziellen (tiefer abgeleiteten) Typs bezeichnet man als *Kovarianz*. Im umgekehrten Fall, also wenn Sie einem spezielleren Typ einen allgemeineren Typ zuweisen, spricht man von *Kontravarianz*.

Im vorliegenden Abschnitt werden Sie lernen, wie man Kovarianz und Kontravarianz nicht nur für Arrays, sondern auch für generische Typen implementieren kann.

Beispiel 6.47: Einem Objektarray wird ein Stringarray zugewiesen und umgekehrt.

C#

```
string[] namen = new string[]  { "Julia", "Lennard", "Maria" };
```

Kovarianz:

```
object[] objects = namen;
```

Kontravarianz:

```
string[] strings2 = (string[])objects;
```

Wenn man Kovarianz und Kontravarianz in Arrays realisieren kann, so möchte man das verständlicherweise mit der gleichen Semantik auch mit Collections tun. Das folgende Beispiel benutzt die Schnittstelle *IEnumerable* statt eines Arrays, um so Kovarianz und Kontravarianz zu demonstrieren.

Beispiel 6.48: Kovarianz und Kontravarianz mit Collections

C#

```
IEnumerable<string> strings3 = namen;
IEnumerable<object> objects3 = strings3;
IEnumerable<string> strings4 = (IEnumerable<string>)objects3;
```

6.8 Lokale Funktionen

Lokale Funktionen sind ein Sprachfeature, das mit C# 7.0 eingeführt wurde. Lokale Funktionen sind private Funktionen, die innerhalb eines anderen Klassenmembers, meistens natürlich innerhalb einer Methode, implementiert sind und dann auch nur ausschließlich von diesem Member aufgerufen werden können. Die lokale Funktion hat dabei Zugriff auf alles, was in dem umgebenden Klassenmember bekannt ist, ähnlich wie eine Methode auf die Felder der Klasse zugreifen kann.

Eine andere Bezeichnung für lokale Funktionen, oder im Englischen *local functions*, ist der Begriff *Nested Functions*.

Lokale Funktionen werden zumeist in Methoden implementiert, sie können aber prinzipiell in allen Klassenmembern eingefügt werden, die ausführbaren Code beinhalten, wie:

- Methoden,
- Konstruktoren,
- Properties,
- Event Accessoren,
- Anonymen Methoden,
- Lambdaausdrücken,
- und auch mit einer Schachtelung in einer anderen lokalen Funktion.

Beispiel 6.49: Definition einer lokalen Funktion

C#

```
private int Fibonacci(int i)
{
    if (i <= 0)
    {
        throw new ArgumentException("Bitte keine negativen Werte verwenden");
    }
    return FibonacciLokal(i).Current;

    (int Current, int Previous) FibonacciLokal(int n)
    {
        if (n == 0)
        {
            return (1, 0);
        }
        var (current, previous) = FibonacciLokal(n - 1);
        return (current + previous, current);
    }
}
```

Im Beispiel 6.49 wollen wir exemplarisch eine lokale Funktion zur Berechnung der Fibonacci-Reihe zeigen.

Unter der Fibonacci-Reihe wird eine Zahlenfolge berechnet, bei der jede Zahl die Summe der beiden vorhergehenden ist.

Sie beginnt also immer mit 0, 1, 1, 2, 3, 5, 8, 13, 21, 34, 55, 89 usw. (Die erste 0 fällt weg, wenn der Anfangswert bei 1 beginnt.)

Sie sehen dabei den Aufruf der lokalen Methode *FibonacciLokal*, die sich dann selbst rekursiv aufruft und mithilfe eines Tupels (siehe Abschnitt 6.9.3) jeweils den aktuellen und den Vorgängerwert aus der Fibonacci-Reihe zurückgibt.

Ob die Funktion am Beginn der kapselnden Methode, in deren Mitte oder am Ende steht, ist belanglos. Best Practice ist am Beginn oder am Ende der umschließenden Methode.

Die lokalen Funktionen können auch innerhalb von Blöcken (*if*, *for*, *foreach*, *do*, *while*, *switch*) deklariert werden und haben dann Zugriff auf genau diesen Scope.

Wie Sie in dem Beispiel sehen, ist die Verwendung von Modifiern für den Gültigkeitsbereich (*private*, *public* etc.) bei lokalen Funktionen nicht erlaubt.

Erlaubt sind jedoch folgende Modifier:

- *async* (wenn die umschließende Methode auch async ist)
- *unsafe* (wenn die Assembly mit der Compileroption unsafe kompiliert wurde)[3]
- *static* (Erweiterung in C# 8)
- *extern* (Erweiterung in C# 9)[4]

Methodenüberladung ist bei lokalen Funktionen nicht möglich. Außerdem dürfen Parameter und Variablen der lokalen Funktion nicht denselben Namen besitzen wie Variablen oder Felder des Aufrufers. Jedoch darf der Name mit dem Namen eines Feldes oder eines anderen Klassenmembers der Klasse übereinstimmen (ob das der Leserlichkeit des Codes hilft, wagen wir aber zu bezweifeln).

Parameter von lokalen Funktionen sollten nicht den Namen *value* haben.

Lokale Funktionen können sehr ähnlich wie Lambda-Ausdrücke oder anonyme Methoden verwendet werden, um kleine, mehrfach aufzurufende Tasks auszuführen. Dadurch kann man seinen Code sauberer machen und besser strukturieren.

Lokale Funktionen werden vor allem an Stellen eingesetzt, wo Subroutinen benötigt werden, die nur von einer einzigen Methode aufgerufen werden.

Die Vorteile von lokalen Funktionen:

- Sie sind schneller als Delegates.
- Bessere Speicherverwaltung (sie brauchen im Gegensatz zu Delegates keinen eigenen Memory).
- Völlige Kapselung von Subroutinen, die nur einem einzigen Aspekt dienen.
- Sie machen den Quellcode übersichtlicher.

Allerdings gibt es auch kleine Probleme, da sie zum Beispiel nicht in Unittests direkt aufgerufen werden können und auch in der Methodenliste von Visual Studio nicht auftauchen. Auch der Aufruf mittels Reflections ist nur äußerst kompliziert verwendbar.

[3] Unsafe ist eine Compileroption, um die Möglichkeit zu haben, aus C++ heraus C#-Code aufzurufen und dabei auch Pointer zu verwenden.

[4] Aufruf einer extern implementierten Methode (z. B. DLL-Import beim Aufruf von nicht verwaltetem Code)

6.9 Weitere Datentypen

Die folgenden Datentypen werden ab der Version 4.0 des .NET-Frameworks unterstützt.

6.9.1 BigInteger

Der Typ *System.Numerics.BigInteger* steht für beliebig große ganzzahlige Werte und gestattet das Arbeiten mit einer rein theoretisch unendlich großen Ziffernfolge.

Eine neue *BigInteger*-Instanz kann

- mit dem *new*-Schlüsselwort oder
- durch eine einfache Wertzuweisung oder
- mit der statischen *Parse()*-Methode erzeugt werden.

Beispiel 6.50: Erzeugen eines *BigInteger* aus einem *long*-Wert

C#

```
using System.Numerics;
...
BigInteger bigInt1 = new BigInteger(2345668321);
```

Beispiel 6.51: Erzeugen eines *BigInteger* durch Zuweisen eines long-Werts

C#

```
using System.Numerics;
...
BigInteger bigInt2 = 2345668321;
```

Beispiel 6.52: Erzeugen eines *BigInteger* aus einer Zeichenkette

C#

```
BigInteger bigInt3 =  BigInteger.
Parse("123456789012345678901234567890123456789011234567 80");
```

Auch die mathematischen Operatoren für Addition, Multiplikation, Subtraktion und Division wurden für diese Klasse überladen.

Beispiel 6.53: Multiplikation zweier *BigInteger*

C#

```
BigInteger bigInt4 = bi2 * bi1;
```

Die folgende Tabelle zeigt die wichtigsten Eigenschaften einer *BigInteger*-Zahl.

Eigenschaft	Beschreibung
Sign	... liefert Vorzeichen des Werts (–1, 0, 1)
IsEven	... prüft, ob der Wert gerade ist
IsOne	... prüft, ob der Wert eins ist
IsZero	... prüft, ob der Wert gleich 0 ist
IsPowerOfTwo	... prüft, ob der Wert eine Zweierpotenz ist

Beispiel 6.54: Es wird bewiesen, dass die Zahl 2097152 eine Potenz von 2 ist.

C#

```
BigInteger bigInt5 = 2097152;
if (bigInt5.IsPowerOfTwo)                          // liefert true
{
   MessageBox.Show($"{bigInt5} ist eine Potenz von 2 !");
}
```

Die folgende Tabelle zeigt einige wichtige statische Methoden der *BigInteger*-Klasse:

Methode	Beschreibung
Add, Subtract, Multiply, Divide	... liefern das Ergebnis der vier Grundrechenarten
Abs	... ermittelt den Absolutwert einer *BigInteger*-Zahl
DivRem	... dividiert einen *BigInteger*-Wert durch einen anderen und liefert in einem Output-Parameter das Ergebnis und den Rest
GreatestCommonDivisor	... liefert den größten gemeinsamen Teiler zweier *BigInteger*-Zahlen
Log, Log10	... ermittelt den natürlichen bzw. dekadischen Logarithmus
Min, Max	... bestimmt Maximum bzw. Minimum zweier *BigInteger*-Zahlen

Methode	Beschreibung
Parse	... konvertiert die Stringdarstellung einer Zahl in ihr *BigInteger*-Äquivalent
TryParse	... versucht, die Stringdarstellung einer Zahl in ihr *BigInteger*-Äquivalent zu konvertieren. Der Rückgabewert zeigt an, ob die Konvertierung erfolgreich war.
Pow	... berechnet eine bestimmte Potenz für einen *BigInteger*-Wert
Reminder	... realisiert die Integer-Division von zwei *BigInteger*-Werten und gibt den Rest zurück

Wie man sieht, können die mathematischen Grundoperationen auch mit entsprechenden Methodenaufrufen realisiert werden.

Beispiel 6.55: Alternative Durchführung des Beispiels 6.52 (Multiplikation zweier *BigInteger*-Zahlen)

C#

```
BigInteger bigInt6 = BigInteger.Multiply(bi1, bi2);
```

Beispiel 6.56: Die ganzzahlige Division *1000000/300000* mit zusätzlicher Ermittlung des Rests

C#

```
BigInteger bigInt1 = 1000000;
BigInteger bigInt2 = 300000;
BigInteger bigInt3;
BigInteger bigInt4 = BigInteger.DivRem(bigInt1, bigInt2, out bigInt3);
```

bigInt3 hat jetzt den Wert *100000* und *bigInt4* den Wert *3*.

Beispiel 6.57: Die 20ste Potenz von 10 wird berechnet.

C#

```
BigInteger bigInt1 = 10;
BigInteger bigInt2 = BigInteger.Pow(bigInt1, 20);
```

bigInt2 hat jetzt den Wert 100000000000000000000.

6.9.2 Complex

Der Datentyp *System.Numeric.Complex* repräsentiert eine komplexe Zahl.[5] Auch für diesen Datentyp stehen, wie im folgenden, ganz einfachen Beispiel zu sehen ist, die gewöhnlichen mathematischen Operatoren zur Verfügung.

Beispiel 6.58: Addition von zwei komplexen Zahlen

C#

Zwei Instanzen von *complex* erzeugen:

```
Complex c1 = new Complex(1.5, -0.3);
Complex c2 = new Complex(-5, 2.1);
```

Operation durchführen:

```
Complex c3 = c1 + c2;
```

Ergebnis auswerten:
- kartesische Koordinaten:

```
double re = c3.Real;          // -3,5
double im = c3.Imaginary;     // 1,8
```

- Polarkoordinaten:

```
double m = c3.Magnitude;      // 3,9357 ...
double p = c3.Phase;          // -0,475 ...
```

Die mathematisch interessierten Leser wird es freuen, dass auch zahlreiche statische Methoden (*Cos, Cosh, Exp* ...) bereitgestellt werden, mit denen eine Vielzahl weiterer Berechnungen durchführbar sind.

6.9.3 Tuple<>

Die generische *System.Tuple<>*-Klasse ermöglicht es, bis zu acht Elemente unterschiedlichen Typs gemeinsam in einem Tupel typsicher abzuspeichern. Mittels der Eigenschaften *Item1* ... *Item8* kann auf die einzelnen Elemente zugegriffen werden.

Wir haben Tupel im Beispiel 6.49 bei der Berechnung der Fibonacci-Reihe bereits benutzt. Die Definition des Tupels war bei dem Beispiel *Tuple<int, int>*, oder vereinfacht *(int Current, int Previous)*.

[5] Eine komplexe Zahl besteht immer aus zwei Komponenten. Sie kann entweder in kartesischen Koordinaten (Real- und Imaginärteil) oder in Polarkoordinaten (Betrag und Phase) dargestellt werden.

Beispiel 6.59: Anwendung der Tuple-Klasse

C#

Zwei einfache Klassen definieren:

```
public class Lektor
{
    public string Name { get; set; }
}

public class Autor
{
   public string Name { get; set; }
}
```

Alle Objekte erzeugen:

```
Lektor lektor = new Lektor {Name = "Sylvia"};
Autor autor1 = new Autor {Name = "Jürgen"};
Autor autor2 = new Autor {Name = "Christian"};
```

Jetzt wird ein *Tuple*-Objekt erzeugt:

```
Tuple< Lektor, Autor, Autor > tuple =
    new Tuple< Lektor, Autor, Autor > (lektor, autor1, autor2);
```

Der Zugriff erfolgt über die entsprechenden *Item*-Eigenschaften:

```
Lektor lektor = tuple.Item1;
MessageBox.Show(lektor.Name);                       // zeigt "Sylvia"
```

oder

```
Autor autor = tuple.Item3;
MessageBox.Show(autor.Name);                        // zeigt "Christian"
```

HINWEIS: Die Elemente eines Tupels sind schreibgeschützt, können also zur Laufzeit nicht verändert werden.

HINWEIS: Mit C# 7 wurde die Funktionalität von Tupeln erweitert und deren Verwendung auch stark vereinfacht. Mehr dazu in Abschnitt 8.5.2.

6.9.4 SortedSet<>

Mit der generischen *System.Collections.Generic.SortedSet*<>-Klasse lassen sich Mengen sortieren. Das Hinzufügen und Einsortieren geschieht mittels *Add()*-Methode.

Beispiel 6.60: Erstellen einer Namensliste und Ausgabe in einer ListBox

C#

Eine Instanz erzeugen:

```
SortedSet<string> namen = new SortedSet<string>();
```

Elemente hinzufügen:

```
namen.Add("Maria");
namen.Add("Lennard");
namen.Add("Julia");
```

Ausgabe:

```
foreach (string s in namen)
{
    listBox1.Items.Add(s);
}
```

Ergebnis

Die alphabetisch geordnete Ausgabe entspricht dem Standard für Zeichenketten:

```
Julia
Lennard
Maria
```

Dem Konstruktor kann auch ein benutzerdefiniertes Objekt vom generischen Typ *System.Collections.Generic.IComparer<T>* übergeben werden, mit dem Sie selbst die Sortierfolge bestimmen können.

Beispiel 6.61: Die Sortierung der Zeichenketten soll nach der Länge erfolgen.

C#

Diese Klasse definiert die neue Sortierung:

```
public class Sortierfolge : IComparer<string>
{
    public int Compare(string a, string b)
    {
        return a.Length - b.Length;
    }
}
```

Die Instanz der sortierten Menge wird nun so erstellt:

```
SortedSet<string> namen =  new SortedSet<string>(new Sortierfolge());
...
```

Ergebnis

Im Vergleich zum Vorgängerbeispiel sieht die Ausgabe jetzt so aus:

```
Julia
Maria
Lennard
```

6.10 Praxisbeispiele

6.10.1 ArrayList versus generische List

Bei einer *ArrayList* handelt es sich um eine universell einsetzbare (nicht generische) Sammlung (Collection) von Objekten, die vom standardmäßig eingebundenen Namensraum *System.Collections* bereitgestellt wird (siehe Abschnitt 6.3.2).

Generics hingegen sind Klassen bzw. Methoden, denen die Typinformationen erst zur Laufzeit zugewiesen werden. Die variablen Datentypen werden in spitzen Klammern unmittelbar nach dem Klassen- bzw. Methodenbezeichner angegeben. Im Namespace *System.Collections.Generic* finden sich zahlreiche generische Klassen, wie z. B. *List*, die als Alternative zur altbekannten *ArrayList* infrage kommt (siehe Abschnitt 6.5.1).

Das vorliegende Beispiel besteht aus zwei getrennten Windows-Forms-Anwendungen. In der ersten zeigen wir, wie man in der *ArrayList* sortiert und sucht und wie man deren Inhalt ausliest und in einer *ListBox* zur Anzeige bringt. Die zweite Anwendung löst das gleiche Problem mittels einer generischen *List*.

Oberfläche

Die Oberflächen für beide Anwendungen sind identisch. Auf dem Startformular *Form1* platzieren Sie eine *ListBox*, eine *TextBox* und drei *Buttons* (siehe Laufzeitabbildung am Schluss).

Quellcode (mit ArrayList)

```
using System.Collections;
namespace WindowsAplication1;

public partial class Form1 : Form
{
    private ArrayList  al = null;
```

Nach Programmstart wird die *ArrayList* im Konstruktor erzeugt, und beim Laden des Formulars mit Werten gefüllt und angezeigt:

```
    public Form1()
    {
        InitializeComponent();
        al = new ArrayList();
    }

    private void Form1_Load(object sender, EventArgs e)
    {
        al = new ArrayList();
        al.Add("Das");
        al.Add("ist");
        al.Add("ein");
```

```
        al.Add("Test");
        al.Add("mit");
        al.Add("der");
        al.Add("ArrayList");
        al.Add("Das");
        al.Add("ist");
        al.Add("ok.");
        ListeAnzeigen(al);
    }
```

Die Routine zur Anzeige des Inhalts in der *ListBox*:

```
    private void ListeAnzeigen(ArrayList al)
    {
        listBox1.Items.Clear();
        for (int i = 0; i < al.Count; i++)
        {
            listBox1.Items.Add(al[i] ?? string.Empty);
        }
    }
```

Falls der Arraywert beim Hinzufügen einen Null-Wert beinhalten würde, prüfen wir das beim Hinzufügen mit dem Nullpropagation-Operator ?? ab und fügen stattdessen einen leeren String in die Liste.

Aufsteigend sortieren:

```
    private void button1_Click(object sender, System.EventArgs e)
    {
        al.Sort();
        ListeAnzeigen(al);
    }
```

Absteigend sortieren:

```
    private void button2_Click(object sender, System.EventArgs e)
    {
        al.Reverse();
        ListeAnzeigen(al);
    }
```

Suchen:

```
    private int ix = -1;            // Index des letztmaligen Vorkommens
    private void button3_Click(object sender, System.EventArgs e)
    {
        char lf = (char)10;        // für Zeilenvorschub
        int i = al.IndexOf(textBox1.Text, ix+1);    // Suche wird ab ix fortgesetzt
        if (i < 0)
        {
            MessageBox.Show($"Das Element wurde nicht gefunden!{lf} " +
                            $"Suche beginnt wieder von vorn!");
            ix = -1;
            listBox1.SelectedIndex = -1;        // Zeilenmarkierung entfernen
        }
        else
```

```
            {
                listBox1.SelectedIndex = i;          // gefundenes Wort markieren
                ix = i;
            }
        }
    }
```

Quellcode (mit generischer List)

Alle Änderungen gegenüber dem *ArrayList*-Beispiel sind fett hervorgehoben. Wie Sie sehen, können *ArrayList* und *List* direkt ausgetauscht werden, da sie über dieselben Methoden (*Add, Sort, Reverse, IndexOf*) verfügen.

```
using System.Collections.Generic;
namespace WindowsApplication1;

public partial class Form1 : Form
{
    private List<string> gl;
    public Form1()
    {
        InitializeComponent();
        gl = new List<string>();
    }

    private void Form1_Load(object sender, EventArgs e)
    {
        gl = new List<string>();
        gl.Add("Das");
        gl.Add("ist");
        ...
        ListeAnzeigen(al);
    }

    private void listeAnzeigen(List<string> gl)
    {
        listBox1.Items.Clear();
        for (int i = 0; i < gl.Count; i++)
        {
            listBox1.Items.Add(gl[i]);
        }
    }
    ...
    // restlicher Code siehe ArrayList-Version
}
```

Test

Beide Programme zeigen dasselbe Verhalten. Bild 6.9 zeigt eine erfolgreiche Suche ohne vorherige Sortierung:

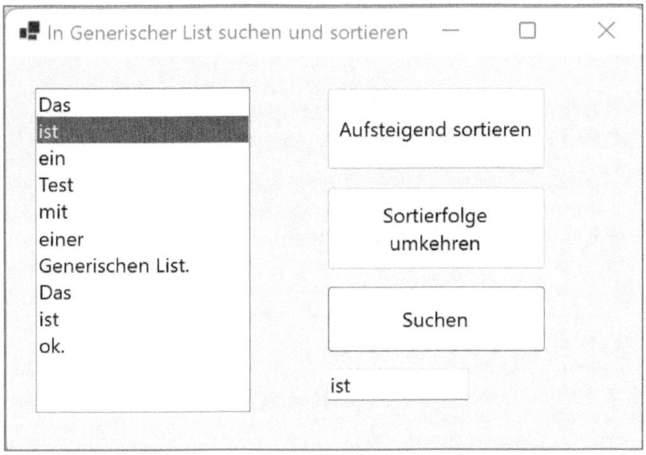

Bild 6.9 Suchen in generischer Liste

Bemerkungen

Gegenüber der *ArrayList* bietet die generische *List* alle Vorzüge einer typsicheren Programmierung:

- Das Boxing von Wertetypen ist nicht mehr erforderlich, weil *List<string>* in unserem Beispiel jetzt „weiß“, welcher Datentyp zu speichern ist und wie viel Speicher man dafür reservieren muss.
- Statt eines Laufzeitfehlers erhalten Sie bereits einen Compiler-Fehler, falls Sie einen falschen Datentyp in der *List* speichern wollen.
- Eine Typumwandlung (Typecasting) entfällt, wenn Sie auf die Werte der generischen *List* zugreifen wollen.

6.10.2 Generische IEnumerable-Interfaces implementieren

Das .NET-Framework stellt zwei Arten von Standardschnittstellen für die Enumeration und den Vergleich von Collections zur Verfügung:

- Interfaces für die traditionellen, nicht typsicheren Collections (siehe Abschnitt 6.3) und
- Interfaces für die neueren generischen Collections (siehe Abschnitt 6.5).

In unserem Beispiel speichert eine Klasse *TestListe* ein String-Array und implementiert dazu die generische Schnittstelle *IEnumerable<string>*. Dies ist erforderlich, um beispielsweise mittels *foreach*-Anweisung über diese selbst definierte Collection iterieren zu können.

Doch halt, schießen wir mit einer Extraklasse *TestListe* nicht mit Kanonen auf Spatzen?

Wenn es lediglich darum geht, mit *foreach* über die Stringliste zu iterieren, so genügen wenige Codezeilen.

Beispiel 6.62: Auslesen einer Stringliste und Anzeige in einer *ListBox*

C#

```
IEnumerable<string> liste = new string[] { "Julia", "Lennard", "Maria"};

foreach (string s in liste)
{
    listBox1.Items.Add(s);
}
```

Wir aber wollen noch etwas mehr, als es obiger Code zeigt. Für mehr Komfort, wie das Hinzufügen von Einträgen, indizierter Zugriff etc., lohnt sich durchaus das Anlegen einer eigenen Klasse.

Oberfläche

Platzieren Sie auf dem Startformular einer neuen Windows-Forms-Anwendung eine *ListBox* und einen *Button*.

Quellcode TestListe

Fügen Sie zum Projekt eine Klasse *TestListe* hinzu:

```
using System.Collections;
namespace WindowsFormsApplication1;

// generische Schnittstelle implementieren
public class TestListe : IEnumerable<string>
{
    private string[] namen;     // Stringarray speichert den Inhalt der Testliste
    private int pos = 0;        // Positionszähler
```

Im Konstruktor wird die Liste mit den übergebenen Strings initialisiert:

```
    public TestListe(params string[] initNamen )
    {
        // genügend Platz für die Strings reservieren
        strings = new string[5];
        // die übergebene Stringliste wird eingelesen:
        foreach (string s in initNamen)
        {
            namen[pos++] = s;
        }
    }
```

Die Implementierung des Enumerators ist Pflicht:

```
IEnumerator<string> IEnumerable<string>.GetEnumerator()
{
    foreach (string s in namen)        // Listeninhalt wird durchlaufen
    {
        yield return s;                // Enumerator wird geliefert
    }
}
```

Eine Methode, die einen String an das Ende der Liste anhängt:

```
public void Add( string s )
{
    namen[pos] = s;
    pos++;
}
```

Schließlich gönnen wir uns noch einen Indexer, der einen indizierten Zugriff auf die Liste wie bei einem Array erlaubt:

```
public string this[int index]
{
    get
    {
        if ( index < 0 || index >= namen.Length )
        { }
        return namen[index];
    }
    set
    {
        namen[index] = value;
    }
}
```

HINWEIS: Leider würde obiger Code einen Compiler-Fehler verursachen, da die gleichnamige (nicht generische!) *GetEnumerator()*-Methode nicht implementiert wurde. Weil deren Signatur identisch ist, muss sie explizit implementiert werden.

Für den folgenden kleinen Workaround ist der Namespace *System.Collections* zusätzlich einzubinden:

```
        IEnumerator IEnumerable.GetEnumerator()
        {
            throw new NotImplementedException();
        }
    }
}
```

HINWEIS: Auch die feste Initialisierung des Arrays mit dem Wert 5 könnte eleganter umgesetzt werden. Dazu können Sie sich ja mal ein paar Gedanken machen.

Quellcode Form1

```
public partial class Form1 : Form
{
    private void button1_Click(object sender, EventArgs e)
    {
```

Eine neue Testliste erzeugen und mit zwei Einträgen initialisieren:

```
        TestListe liste = new TestListe("Julia", "Lennard");
```

Weitere Einträge hinzufügen und indizierten Zugriff testen:

```
        liste.Add("Jürgen");
        liste.Add("Marcela");
        liste[4] = "Maria";
```

Alle Einträge lesen:

```
        foreach (string s in liste)
        {
           listBox1,Items.Add(s);
        }
    }
}
```

Test

Das Programm zeigt die erwarteten Ergebnisse.

Bild 6.10
Ausgabe der Namen

Bemerkungen

- Klassen, die die *IEnumerable*-Schnittstelle implementieren, können einen Enumerator zurückgeben.
- *IEnumerable<T>* hat nur eine einzige Methode, *GetEnumerator()*, deren Aufgabe es ist, eine Implementierung von *IEnumerator<T>* zu liefern.
- Die *foreach*-Schleife benutzt automatisch das Interface *IEnumerable<T>*, wobei *GetEnumerator()* aufgerufen wird.
- C# unterstützt mit dem Schlüsselwort *yield* das Erzeugen eines Enumerators.

6.10.3 Delegates, Func, anonyme Methoden, Lambda Expressions

Dieses Beispiel will dem Einsteiger den Weg zu den etwas schwierigeren Sprachelementen von C# ebnen, an denen aber kein Weg vorbeiführt, will man sich in die höheren Regionen der Programmentwicklung begeben. Grundlage bilden die Addition und Multiplikation von Fließkommazahlen. Dieses Problem wird auf fünf verschiedene und voneinander unabhängige Arten realisiert, wodurch sich gute Vergleichsmöglichkeiten ergeben, um das Wesen von Delegaten (Methodenzeiger), anonymen Methoden und Lambda Expressions zu erfassen.

Oberfläche

Ein Formular mit sechs *Buttons*, zwei in einer *GroupBox* befindlichen *RadioButtons* und drei *TextBox*en bildet unsere Testoberfläche (siehe Bild 6.11).

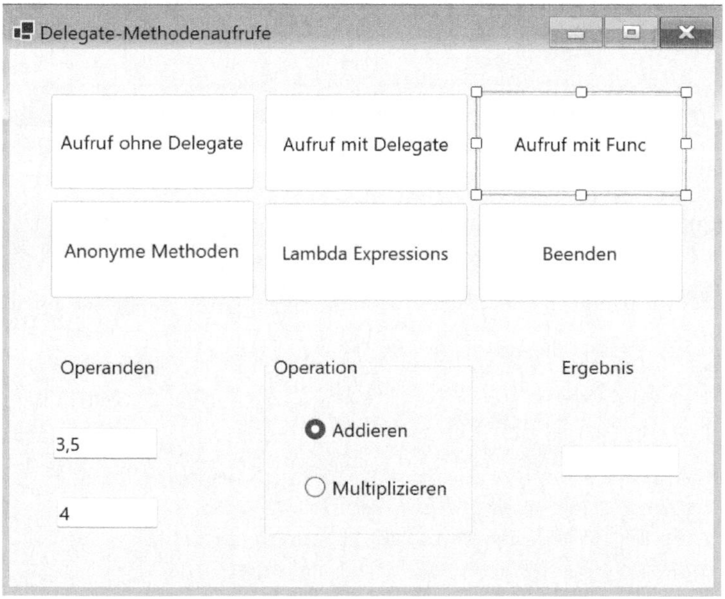

Bild 6.11 Unterschiedliche Möglichkeiten für Methodenaufrufe

Über jede der Schaltflächen (außer der zum Beenden) werden die Rechenoperationen auf unterschiedliche Weise ausgeführt.

Quellcode

Zunächst deklarieren wir den Delegate-Typ *OperationDelegate*, welcher der Signatur der beiden Methoden *Add()* und *Multiply()* entspricht, die wir danach deklarieren.

Außerdem wird noch eine *Func* mit derselben Signatur definiert, die wir für die Schaltfläche *Aufruf mit Func* benötigen:

```
namespace Delegate1;
public delegate double OperationDelegate(double x, double y);

public partial class Form1 : Form
{
    private Func<double, double, double>? operationFunc;

    public Form1()
    {
        InitializeComponent();
    }

    private double Add(double x, double y)
    {
         return x + y;
    }
    private double Multiply(double x, double y)
    {
         return x * y;
    }
```

HINWEIS: Obige zwei Methoden werden nur für die ersten drei Varianten benötigt.

Gewissermaßen als „Aufwärmübung“ werden über den Button *Aufruf ohne Delegate* die Rechenoperationen zunächst auf herkömmliche Weise (also ohne Verwendung von Delegates) ausgeführt.

```
    private void Button1_Click(object sender, EventArgs e)
    {
         double a = Convert.ToDouble(textBox1.Text);
         double b = Convert.ToDouble(textBox2.Text);
         double result;
         if (radioButton1.Checked)
         {
             result = Add(a, b);
         }
         else
         {
             result = Multiply(a, b);
         }
         textBox3.Text = result.ToString();
    }
```

Nun wollen wir zeigen, wie dieselben Operationen unter Verwendung von Delegate-Objekten realisiert werden können:

```
    private void Button2_Click(object sender, EventArgs e)
    {
```

Der erste Schritt ist das Deklarieren einer Variablen vom Typ des Delegaten (das Prinzip entspricht dem Deklarieren einer Objektvariablen für eine Klasse):

```
        OperationDelegate myDelegate;
```

In Abhängigkeit von der eingestellten Rechenoperation wird das Delegate-Objekt entweder mit der *Add()*- oder mit der *Multiply()*-Methode initialisiert:

```
        if (radioButton1.Checked)
        {
            myDelegate = Add;
        }
        else
        {
            myDelegate = Multiply;
        }

        double a = Convert.ToDouble(textBox1.Text);
        double b = Convert.ToDouble(textBox2.Text);
```

Aufruf des Delegate-Objekts und Ergebnisanzeige:

```
        double result = myDelegate(a, b);
        textBox3.Text = result.ToString();
    }
```

In der dritten Variante rufen wir die Berechnungen mittels eines generischen Funktionszeigers auf. Die generische Typliste (*Func<double, double, double>*) besteht hierbei aus drei *double*-Werten. Die ersten beiden stehen für die zu übergebenden Parameter, der dritte und letzte Typparameter ist der Typ der Rückgabe der Funktion:

```
    private void Button3_Click(object sender, EventArgs e)
    {
        if (radioButton1.Checked)
        {
            operationFunc = Add;
        }
        else
        {
            operationFunc = Multiply;
        }

        double a = Convert.ToDouble(textBox1.Text);
        double b = Convert.ToDouble(textBox2.Text);
        double result = myDlg(a, b);
        textBox3.Text = result.ToString();
    }
```

Alle bisherigen Varianten erfordern den Aufruf der (benannten) Methoden *Add()* und *Multiply()*, wie sie zu Beginn implementiert wurden. Ganz ohne diese Methoden kommt die folgende Variante aus, die sogenannte *anonyme Methoden* verwendet:

```
    private void Button4_Click(object sender, EventArgs e)
    {
```

Die folgende Instanziierung der Delegate-Objekte *addDlg* und *multiplyDlg* erfolgt mittels der in den geschweiften Klammern implementierten, anonymen (namenlosen) Methoden:

```
        OpertionDelegate addDelegate = delegate(double x, double y)
        {
            return x + y;
        };

        OperationDelegate multiplyDelegate = delegate(double x, double y)
        {
            return x * y;
        };
```

Wie man sieht, handelt es sich bei anonymen Methoden um keine Methoden im herkömmlichen Sinn, sondern nur um das „Anhängen" von Implementierungscode, was eine kompaktere und übersichtlichere Programmierung ermöglicht.

Die Anwendung beider Delegate-Objekte zeigt keine Besonderheiten:

```
        double a = Convert.ToDouble(textBox1.Text);
        double b = Convert.ToDouble(textBox2.Text);
        double result = 0;
        if (radioButton1.Checked)
        {
            result = addDelegate(a, b);
        }
        else
        {
            result = multiplyDelegate(a,b);
        }
        textBox3.Text = result.ToString();
    }
```

Hat man das Prinzip der anonymen Methoden verstanden, so ist es nur noch ein kleiner Schritt bis hin zu den sogenannten *Lambda Expressions*, wie der folgende Code für die fünfte und letzte Variante zeigt:

```
    private void Button5_Click(object sender, EventArgs e)
    {
```

Die folgenden beiden Codezeilen instanziieren die Delegaten *addDelegate* und *multiplyDelegate*. Den Platz der anonymen Methoden in der Vorgängervariante nehmen diesmal aber die Lambda Expressions ein. Letztere sind durch einen Doppelpfeil gekennzeichnet, auf dessen linker Seite in Klammern die an die Methode zu übergebenden Argumente stehen. Auf der rechten Seite findet sich die Implementierung der Methode (ist bei mehreren Anweisungen in geschweifte Klammern einzuschließen):

```
        OperationDelegate addDelegate = (double x, double y) => x + y;
        OperationDelegate multiplyDelegate = (double x, double y) => x * y;
```

Der restliche Code entspricht der Vorgängervariante:

```
        double a = Convert.ToDouble(textBox1.Text);
        double b = Convert.ToDouble(textBox2.Text);
        double result;
        if (radioButton1.Checked)
        {
            result = addDelegate(a, b);
        }
        else
        {
            result = multiplyDelegate(a, b);
        }
        textBox3.Text = result.ToString();
    }
```

Und schließlich noch der Code zum Beenden des Programmes:

```
    private void Button6_Click(object sender, EventArgs e)
    {
        Close();
    }
}
```

Test

Geben Sie in die beiden linken Textfelder irgendwelche Zahlen ein (bei der standardmäßigen deutschen Kultureinstellung ist das Dezimaltrennzeichen das Komma und das Tausendertrennzeichen der Punkt). Wählen Sie anschließend die auszuführende Operation (Addition/Multiplikation) und starten Sie die Ausführung über eine beliebige Schaltfläche.

Jede der fünf Varianten muss zum exakt gleichen Ergebnis führen.

7 Einführung in LINQ

LINQ (Language Integrated Query) ist ein C#-Sprachfeature, das mit C# 3.0 eingeführt wurde. Bei *LINQ to Objects* handelt es sich um die allgemeinste und grundlegendste LINQ-Implementierung, die auch die wichtigsten Bausteine für die übrigen LINQ-Implementierungen liefert. In einer SQL-ähnlichen Syntax können miteinander verknüpfte Collections/Auflistungen abgefragt werden, die die *IEnumerable*-Schnittstelle implementieren.

7.1 LINQ-Grundlagen

Der wichtigste Vorteil von LINQ ist die standardisierte Möglichkeit, nicht nur Tabellen in einer relationalen Datenbank, sondern auch Textdateien, XML-Dateien und andere Datenquellen in einer SQL-ähnlichen Syntax abzufragen. Ein zweiter Vorteil ist die Fähigkeit, diese standardisierten Methoden von jeder .NET-konformen Sprache (wie zum Beispiel C# oder VB) aus aufrufen zu können.

7.1.1 Die LINQ-Architektur

Bild 7.1 soll die grundsätzliche Architektur von LINQ verdeutlichen.

Je nach Standort des Betrachters besteht LINQ einerseits aus einer Menge von Werkzeugen zur Arbeit mit Daten, was in den verschiedenen LINQ-Implementationen (LINQ to Objects, LINQ to DataSets, LINQ to Entities und LINQ to XML) zum Ausdruck kommt. Andererseits besteht LINQ aus einer Menge von Spracherweiterungen.

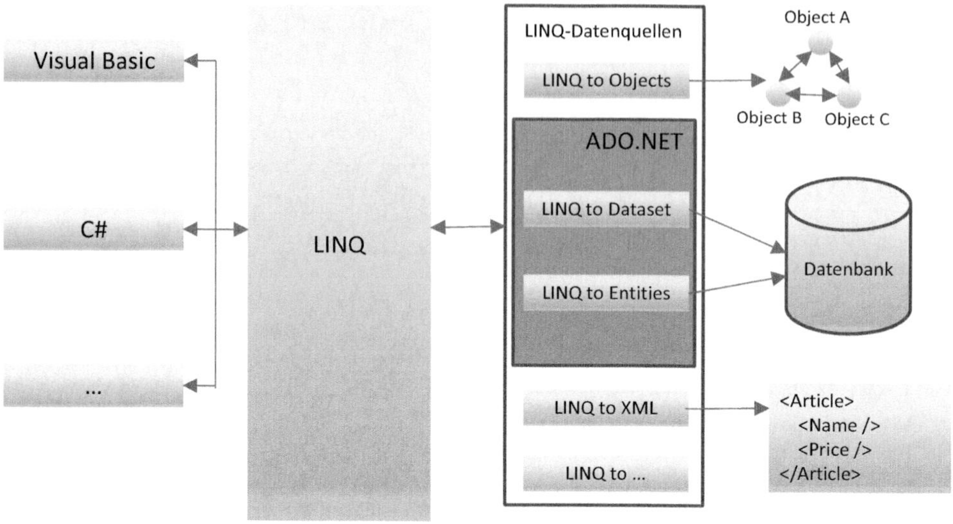

Bild 7.1 LINQ-Architektur

LINQ-Implementierungen

LINQ eröffnet zahlreiche Varianten für den Zugriff auf verschiedenste Arten von Daten. Diese sind in den verschiedenen LINQ-Implementationen (auch als „LINQ Flavors", d. h. „Geschmacksrichtungen", bezeichnet) enthalten. Folgende LINQ-Provider wurden bereits als Bestandteile des .NET-Frameworks bereitgestellt (siehe Bild 7.1):

- LINQ to Objects (arbeitet mit Collections, die *IEnumerable<T>* implementieren),
- LINQ to XML (Zugriff auf XML-Strukturen),
- LINQ to DataSet (arbeitet auf Basis von DataSets) und
- LINQ to Entities (verwendet das Entity Framework (Core) als ORM). Entities sind vom Typ *IQueryable<T>* anstatt von *IEnumerable<T>* wie bei LINQ to Objects.

Diese LINQ-Provider/Implementationen bilden eine Familie von Tools, die einzeln für bestimmte Aufgaben eingesetzt oder aber auch für leistungsfähige Lösungen mit einem Mix aus Objekten, XML und relationalen Daten kombiniert werden können.

HINWEIS: Wir werden uns in diesem Kapitel hauptsächlich auf **LINQ to Objects** beschränken, da dieser Provider die grundlegende Technologie bereitstellt und die übrigen Flavours mehr eine Angelegenheit der Datenbankliteratur sind.

Nochmals sei hier betont, dass LINQ eine offene Technologie ist, der jederzeit neue Provider hinzugefügt werden können. Die im .NET Framework enthaltenen Implementationen bilden lediglich eine Basis, die eine Menge von Grundbausteinen (Abfrageoperatoren, Abfrageausdrücke, Abfragebäume) bereitstellt.

Die Einführung von LINQ machte mehrere Ergänzungen bei den .NET-Programmiersprachen erforderlich, von denen einige bereits in diesem Kapitel (Lambda-Ausdrücke) bzw. im einführenden Sprachkapitel 3 (Typinferenz) bzw. im OOP-Kapitel 4 (Objektinitialisierer) besprochen wurden. Auf zwei weitere Sprachfeatures (anonyme Typen und Erweiterungsmethoden), ohne die LINQ nicht möglich wäre, wollen wir im Folgenden eingehen.

7.1.2 Anonyme Typen

Darunter verstehen wir einfache namenlose Klassen, die vom Compiler automatisch erzeugt werden und die nur über Eigenschaften und dazugehörige private Felder verfügen. „Namenlos" bedeutet, dass uns der Name der Klasse nicht bekannt ist und man deshalb keinen direkten Zugriff auf die Klasse hat. Lediglich eine Instanz steht zur Verfügung, die man ausschließlich lokal, d. h. im Bereich der Deklaration, verwenden kann.

Die Deklaration anonymer Typen erfolgt mittels Typinferenz (Schlüsselwort *var*, siehe Abschnitt 3.2.10) und eines anonymen Objektinitialisierers. Das heißt, man lässt beim Initialisieren einfach den Klassennamen weg und schreibt stattdessen *var*. Der Compiler erzeugt die anonyme Klasse anhand der Eigenschaften im Objektinitialisierer und anhand des jeweiligen Typs der zugewiesenen Werte.

HINWEIS: In den meisten Beispielen, die Sie im Internet finden, wird fast nur noch *var* anstatt des korrekten Typnamens geschrieben, also auch bei einfachen Wertetypen. Dafür wurde das Schlüsselwort eigentlich nicht eingeführt, aber die Bequemlichkeit hat in den letzten Jahren wohl überhandgenommen. Bei sämtlichen Beispielen bis hierher haben wir auf *var* verzichtet, weil zumindest der Autor dieses Kapitels kein großer Fan davon ist. Ab jetzt werden wir aber *var* dort verwenden, wo wir es ohnehin brauchen, und auch an den Stellen, wo eindeutig erkennbar ist, für welchen Datentyp *var* steht.

Beispiel 7.1: Eine Objektvariable *person* wird aus einer anonymen Klasse instanziiert.

C#

```
var person = new { Vorname = "Jürgen", Nachname = "Kotz", Alter = 58};
```

Der Compiler generiert hierfür intern (in MSIL-Code) die folgende Klasse:

```
internal class ??????
{
    public string Vorname { get; init; }
    public string Nachname { get: init; }
    public int Alter { get; init; }
}
```

HINWEIS: Da der Typ der Eigenschaften aus der jeweiligen Klasse bzw. Struktur des im Objektinitialisierer zugewiesenen Werts abgeleitet wird, darf man hier nicht *null* zuweisen, denn der Compiler kann in diesem Fall den Datentyp der Eigenschaft nicht bestimmen.

Beispiel 7.2: Fehlerhafter Code, der Compiler kann den Typ der Eigenschaft *Alter* nicht ableiten.

C#

```
var person = new { Vorname = "Jürgen" , Nachname = "Kotz", Alter = null};
// Fehler!!!
```

Sobald eine weitere anonyme Klasse deklariert wird, bei der im Objektinitialisierer Eigenschaften mit gleichem Namen, Typ und in der gleichen Reihenfolge wie bei einer anderen bereits vorhandenen anonymen Klasse angegeben sind, verwendet der Compiler die gleiche anonyme Klasse und es sind untereinander Zuweisungen möglich.

Beispiel 7.3: Da Name, Typ und Reihenfolge der Eigenschaften im Objektinitialisierer bei *person* (siehe Beispiel 7.1) und *kunde* identisch sind, ist eine direkte Zuweisung möglich.

C#

```
var kunde = new { Vorname = "Lennard", Nachname = "Kotz", Alter = 20};
person = kunde;
```

HINWEIS: Anonyme Typen dürfen nur lokal verwendet werden. Sie sind auch als Übergabeparameter **nicht** erlaubt.

7.1.3 Erweiterungsmethoden

Normalerweise erlaubt eine objektorientierte Programmiersprache das Erweitern von Klassen durch Vererbung. Bereits C# 3.0 führte aber eine neue Syntax ein, die das direkte Hinzufügen neuer Methoden zu einer vorhandenen Klasse erlaubt. Diese sogenannten *Erweiterungsmethoden* werden als statische Methoden in einer neuen statischen Klasse implementiert und können dann wie eine normale Methode (d. h. Instanzmethode) des erweiterten Datentyps aufgerufen werden. Um eine Methode als

Erweiterungsmethode zu deklarieren, wird vor dem ersten Parameter das Schlüsselwort *this* angegeben. Der Argumenttyp des ersten Parameters bezieht sich auf die zu erweiternde Klasse bzw. Struktur. Wird die Erweiterungsmethode dann aufgerufen, übergibt der Compiler die Instanz des erweiterten Typs als erstes Argument an die Methode.

HINWEIS: Erweiterungsmethoden können auch für Interfaces definiert werden.

Beispiel 7.4: Zwei Erweiterungsmethoden (*Multiply* und *Abs*) für die Basisklasse *System.Int32*

C#

```
public static class IntExtension
{
    // 1. Erweiterungsmethode
    public static int Multiply(this int instanz, int faktor)
    {
        return instanz * faktor;
    }
    // 2. Erweiterungsmethode
    public static int Abs(this int instanz)
    {
       if (instanz < 0)
       {
          return -1 * instanz;
       }
       return instanz;
    }
}
```

Der Test:

```
int zahl = -95;
textBox1.Text = zahl.Multiply(7).ToString();     // -665
textBox2.Text = zahl.Abs().ToString();           //   95
```

In diesem Beispiel kann man nun die Erweiterungsmethoden *Multiply* und *Abs* für jede Integer-Variable so nutzen, als wären diese Methoden direkt in der Basisklasse *System.Int32* als Instanzenmethoden implementiert.

HINWEIS: Falls in *System.Int32* bereits eine *Abs*-Methode mit der gleichen Signatur wie die gleichnamige Erweiterungsmethode existieren würde, so hätte die in *System.Int32* bereits vorhandene Methode Vorrang vor der Erweiterungsmethode.

HINWEIS: Befindet sich die statische Klasse, in der die Extensionmethoden definiert sind, in einem anderen Namespace als die der aufrufenden Klasse, so muss unbedingt der Namespace der statischen Klasse mittels *using* bekannt gemacht werden. IntelliSense schlägt Ihnen die Extensionmethoden erst dann vor, wenn auch der Namespace bekannt ist.

7.2 Abfragen mit LINQ to Objects

LINQ stellt bekanntlich grundlegende Abfragefunktionen in einer SQL-ähnlichen Syntax bereit. Dazu gehören zunächst als wichtigster Standard das Angeben einer Quelle (*from*), das Festlegen der zurückzugebenden Daten (*select*), das Filtern (*where*) und das Sortieren (*orderby*). Hinzu kommen eine Fülle weiterer Operatoren, wie z. B. für das Gruppieren, Verknüpfen und Sammeln von Datensätzen, auf die wir aber erst später eingehen wollen.

7.2.1 Grundlegendes zur LINQ-Syntax

Die LINQ-Abfrageoperatoren sind als Erweiterungsmethoden (siehe Abschnitt 7.1.3) definiert und in der Regel auf beliebige Objekte, die *IEnumerable<T>* implementieren, anwendbar.

Beispiel 7.5: Gegeben sei die folgende Auflistung.

C#

```
string[] monate = {"Januar", "Februar", "März", "April", "Mai", "Juni",
        "Juli", "August", "September", "Oktober", "November", "Dezember"};
```

Die folgende LINQ-Abfrage selektiert die Monatsnamen mit einer Länge von sechs Buchstaben, wandelt sie in Großbuchstaben um und ordnet sie alphabetisch.

```
var expr = from s in monate
           where s.Length == 6
           orderby s
           select s.ToUpper();
```

Die Ergebnisanzeige:

```
foreach (string item in expr)
{
    listBox1.Items.Add(item);
}
```

Das Resultat in einem Listenfeld:

```
AUGUST
JANUAR
```

Obiges Beispiel demonstriert das allgemeine Format einer LINQ-Abfrage:

Syntax:

```
from ... < where ... orderby ... > select ...
```

Eine LINQ-Abfrage muss immer mit *from* beginnen. Im Wesentlichen durchläuft *from* eine Liste von Daten. Dazu wird eine Variable benötigt, die jedem einzelnen Datenelement in der Quelle entspricht.

HINWEIS: Wer die Sprache SQL kennt, der wird zunächst davon irritiert sein, dass eine LINQ-Abfrage mit *from* und nicht mit *select* beginnt. Der Grund hierfür ist, dass nur so ein effektives Arbeiten mit der IntelliSense von Visual Studio möglich ist. Da zuerst die Datenquelle ausgewählt wird, kann die IntelliSense geeignete Typmitglieder für die Objekte der Auflistung anbieten. Vielleicht haben Sie diese Unterstützung im SQL Server Management Studio schon mal vermisst.

Weiterhin erkennen Sie, wie vom neuen Sprachfeature der lokalen Typinferenz (implizite Variablendeklaration) Gebrauch gemacht wird, denn die Anweisung

```
var expr = from s in monate ...
```

ist für den Compiler identisch mit

```
IEnumerable<string> expr = from s in monate ...
```

7.2.2 Zwei alternative Schreibweisen von LINQ-Abfragen

Grundsätzlich sind für LINQ-Abfragen zwei gleichberechtigte Schreibweisen möglich:

- Query-Expression-Syntax[1] (Abfrage-Syntax)
- Method-Syntax (Methoden-Syntax)

Bis jetzt haben wir aber nur die Query-Expression-Syntax verwendet. Um die volle Leistungsfähigkeit von LINQ auszuschöpfen, sollten Sie aber beide Syntaxformen verstehen.

Beispiel 7.6: Die LINQ-Abfrage des obigen Beispiels in Extension-Method-Syntax

C#

```
var expr = monate
                .Where(s => s.Length == 6)
                .OrderBy(s => s)
                .Select(s => s.ToUpper());
```

Oder kompakt in einer Zeile:

```
var expr = monate.Where(s => s.Length == 6).OrderBy(s => s).Select(s =>
s.ToUpper());
```

Wie Sie sehen, verwenden wir bei dieser Notation Erweiterungsmethoden und Lambda-Ausdrücke. Aber auch eine Kombination von *Query-Expression-Syntax* mit *Extension-Method-Syntax* ist möglich.

Beispiel 7.7: Obiges Beispiel in gemischter Syntax

C#

```
var expr = (from s in monate
            where s.Length == 6
            select s.ToUpper()).
           OrderBy(s => s);
```

Hier wurde ein Abfrageausdruck in runde Klammern eingeschlossen, gefolgt von der Erweiterungsmethode *OrderBy*. So lange, wie der Abfrageausdruck ein *IEnumerable* zurückgibt, kann darauf eine ganze Kette von Erweiterungsmethoden folgen.

Die Query-Expression-Syntax (Abfragesyntax) ermöglicht das Schreiben von Abfragen in einer SQL-ähnlichen Weise. Der Compiler kompiliert alle Queries in die Method-

[1] Die *Method-Syntax* wird auch als *Dot-Notation-Syntax* bezeichnet und entspricht der Objektorientierung etwas mehr.

Syntax, die der objektorientierte Programmierung näher steht. Dabei wird z. B. die Filterbedingung *where* einfach in den Aufruf einer Erweiterungsmethode namens *Where* der *Enumerable*-Klasse übersetzt, die im Namespace *System.Linq* definiert ist.

Allerdings unterstützt die Query-Expression-Syntax nicht jeden standardmäßigen Abfrageoperator bzw. kann nicht jeden unterstützen, den Sie selbst hinzufügen. In einem solchen Fall sollten Sie direkt die Method-Syntax verwenden.

Abfrageausdrücke unterstützen eine Anzahl verschiedener „Klauseln", z. B. *where, select, orderby, groupby* und *join*. Wie bereits erwähnt, lassen sich diese Klauseln in die gleichwertigen Operatoraufrufe übersetzen, die wiederum über Erweiterungsmethoden implementiert werden. Die enge Beziehung zwischen den Abfrageklauseln und den Erweiterungsmethoden, welche die Operatoren implementieren, erleichtert ihre Kombination, falls die Abfragesyntax keine direkte Klausel für einen erforderlichen Operator unterstützt.

7.2.3 Übersicht der wichtigsten Abfrageoperatoren

Die Klasse *Enumerable* im Namespace *System.Linq* stellt zahlreiche Abfrageoperatoren für LINQ to Objects bereit und definiert diese als Erweiterungsmethoden für Typen, die *IEnumerable<T>* implementieren.

HINWEIS: Kommen bei der Method-Syntax Abfrageoperatoren bzw. -methoden zur Anwendung, so sollten wir bei der Query-Expression-Syntax (Abfragesyntax) präziser von Abfrageklauseln bzw. -Statements sprechen.

Die folgende Tabelle zeigt die wichtigsten standardmäßigen Abfrageoperatoren von LINQ.

Bezeichnung der Gruppe	Operator
Beschränkungsoperatoren (Restriction)	*Where*
Projektionsoperatoren (Projection)	*Select, SelectMany, Join, LeftJoin, RightJoin*
Sortieroperatoren (Ordering)	*OrderBy, ThenBy*
Gruppierungsoperatoren (Grouping)	*GroupBy*
Quantifizierungsoperatoren (Quantifiers)	*Any, All, Contains*
Aufteilungsoperatoren (Partitioning)	*Take, Skip, TakeWhile, SkipWhile, Chunk*
Mengenoperatoren (Sets)	*Distinct, Union, Intersect, Except*
Elementoperatoren (Elements)	*First, FirstOrDefault, ElementAt*

Bezeichnung der Gruppe	Operator
Aggregatoperatoren (Aggregation)	*Count, Sum, Min, Max, Average, CountBy, AggregateBy*
Konvertierungsoperatoren (Conversion)	*ToArray, ToList, ToDictionary*
Typumwandlungsoperatoren (Casting)	*OfType<T>*

Bild 7.2 illustriert an einem Beispiel, wie einige der bereits im Vorgängerabschnitt diskutierten neuen Sprachfeatures in LINQ-Konstrukten zur Anwendung kommen und wie die Abfragesyntax vom Compiler in die äquivalente Erweiterungsmethoden-Syntax umgesetzt wird.

Vergleich zwischen Abfragesyntax (oben) und Erweiterungsmethoden-Syntax (unten):

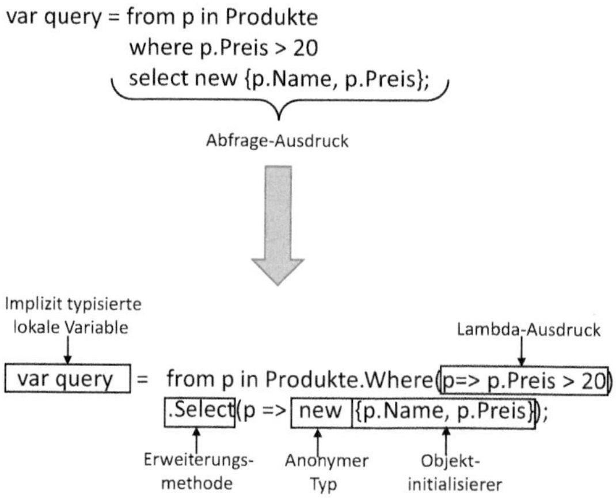

Bild 7.2
LINQ-Syntax

7.3 LINQ-Abfragen im Detail

Das Ziel der folgenden Beispiele ist nicht die vollständige Erläuterung aller in der obigen Tabelle aufgeführten Operatoren und deren Überladungen, sondern vielmehr eine Demonstration des prinzipiellen Aufbaus von Anweisungen zur Abfrage von Objektauflistungen.

In der Regel werden beide Syntaxformen (Query-Expression-Syntax und Method-Syntax) gegenübergestellt, denn nur so erschließt sich am ehesten das allgemeine Verständnis für die auch für den SQL-Kundigen nicht immer leicht durchschaubare Logik der LINQ-Operatoren bzw. -Abfragen.

Für die Beispiele zu LINQ to Objects wird überwiegend auf eine Datenmenge zugegriffen, deren Struktur das folgende Diagramm zeigt.

HINWEIS: Die verwendeten Daten haben ihren Ursprung nicht in einer Datenbank, sondern werden per Code erzeugt (Listing siehe Beispieldaten zum Buch).

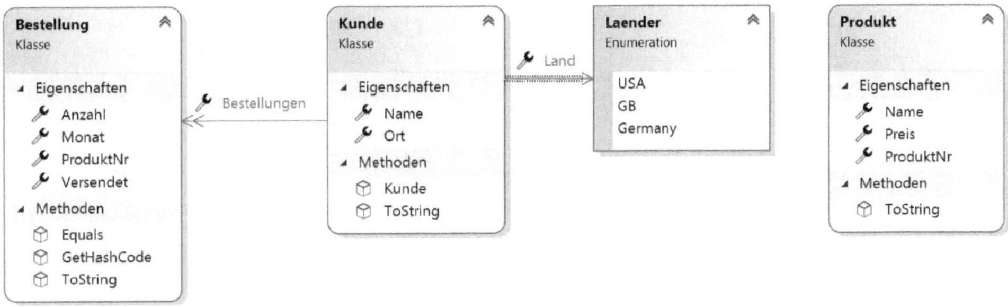

Bild 7.3 Datenmodell für unsere Beispiele

7.3.1 Die Projektionsoperatoren Select und SelectMany

Diese Operatoren „projizieren" die Inhalte einer Quell-Auflistung in eine Ziel-Auflistung, die das Abfrageergebnis repräsentiert.

Select

Der Operator macht die Abfrageergebnisse über ein Objekt verfügbar, welches *IEnumerable<T>* implementiert.

Beispiel 7.8: Namen aller Produkte ausgegeben (Extension-Method-Syntax)

C#

```
var allProdukte = Produkte.Select(p => p.Name);
```

Alternativ die Query-Expression-Syntax:

```
var allProdukte = from p in Produkte select p.Name;
```

Die Ausgabe der Ergebnisliste:

```
listBox1.DataSource = allProdukte.ToList();
```

Ergebnis

Der Inhalt des Listenfelds sollte dann etwa folgenden Anblick bieten:

```
Marmelade
Quark
Mohrrüben
...
```

Beispiel 7.9: Das Abfrageergebnis wird auf einen anonymen Typ projiziert, der als Tupel definiert ist.

C#

```
var expr = Kunden.Select(k => new {k.Name, k.Ort});
```

Alternativ die Query-Expression-Syntax:

```
var expr = from k in Kunden
           select new { K.Name, k.Ort };
listBox1.DataSource = expr.ToList();
```

Ergebnis

```
{Name = Walter, Ort = Altenburg}
{Name = Thomas, Ort = Berlin}
```

SelectMany

Stände nur der *Select*-Operator zur Verfügung, so hätte man zum Beispiel bei der Abfrage der Bestellungen für alle Kunden eines bestimmten Landes das Problem, dass das Ergebnis vom Typ *IEnumerable<Bestellung>* wäre, wobei es sich bei jedem Element um ein Array mit den Bestellungen eines einzelnen Kunden handeln würde. Um einen praktikableren, d. h. weniger tief geschachtelten, Ergebnistyp zu erhalten, wurde der Operator *SelectMany* eingeführt.

Beispiel 7.10: Die Bestellungen aller Kunden aus Deutschland sollen ermittelt werden.

C#

```
var bestellungen = Kunden
                .Where(k => k.Land == Länder.Germany)
                .SelectMany(k => k.Bestellungen);
```

Alternativ der Abfrageausdruck in Query-Expression-Syntax:

```
var bestellungen =
                from k in Kunden
                where k.Land == Länder.Germany
                from b in k.Bestellungen
                select b;
```

Das Auslesen des Ergebnisses der Abfrage:

```
listBox1.DataSource = bestellungen.ToList();
```

Die Ausgabe (Voraussetzung ist eine entsprechende Überschreibung der *ToString()*-Methode der Klasse *Bestellung*):

```
ProdNr: 2 , Anzahl: 4 , Monat: März, Versand: False
ProdNr: 1 , Anzahl: 11, Monat: Juni , Versand: True
...
```

7.3.2 Der Restriktionsoperator Where

Dieser Operator schränkt die Ergebnismenge anhand einer Bedingung ein. Sein prinzipieller Einsatz wurde bereits in den Vorgängerbeispielen hinreichend demonstriert. Außerdem können auch Indexparameter verwendet werden, um die Filterung auf bestimmte Indexpositionen zu begrenzen.

Beispiel 7.11: Die Kunden an den Positionen 2 und 3 der Kundenliste sollen angezeigt werden.

C#

```
var expr =  Kunden
            .Where((k, index) => (index >= 2) && (index < 4))
            .Select(k => k.Name);
listBox1.DataSource = expr.ToList();
```

Ergebnis

```
Holger
Fernando
```

7.3.3 Die Sortierungsoperatoren OrderBy und ThenBy

Diese Operatoren bewirken ein Sortieren der Elemente innerhalb der Ergebnismenge.

OrderBy/OrderByDescending

Dieses nette Pärchen ermöglicht das Sortieren in auf- bzw. absteigender Reihenfolge.

Beispiel 7.12: Alle Produkte mit einem Preis kleiner gleich 20 sollen ermittelt und nach dem Preis sortiert ausgegeben werden (das teuerste zuerst).

C#

```
var prod = Produkte
           .Where(p => p.Preis <= 20)
           .OrderByDescending(p => p.Preis)
           .Select(p => new { p.Name, p.Preis });

// Oder alternativ als Abfrageausdruck:
var prod = from p in Produkte
           where p.Preis <= 20
           orderby p.Preis descending
           select new { p.Name, p.Preis };

// Die Ausgabe:
listBox1.DataSource = prod.ToList();
```

Ergebnis

```
{Name = Käse, Preis = 20}
{Name = Mohrrüben, Preis = 15}
...
```

ThenBy/ThenByDescending

Diese Operatoren verwendet man, wenn nacheinander nach mehreren Schlüsseln sortiert werden soll. Da *ThenBy* und *ThenByDescending* nicht auf den Typ *IEnumerab le<T>*, sondern nur auf den Typ *IOrderedSequence<T>* anwendbar sind, können diese Operatoren nur im Anschluss an *OrderBy*/*OrderByDescending* eingesetzt werden.

Beispiel 7.13: Alle Kunden sollen zunächst nach ihrem Land und dann nach ihren Namen sortiert werden.

C#

```
var knd = Kunden
          .OrderBy(k => k.Land)
          .ThenBy(k => k.Name)
          .Select(k => new { k.Land, k.Name});

// Der alternative Abfrageausdruck:
var knd = from k in Kunden
          orderby k.Land, k.Name
          select new { k.Land, k.Name };

// Die Ausgabe ...
listBox1.DataSource = knd.ToList();
```

Ergebnis

```
... führt in beiden Fällen zu einem Ergebnis wie diesem:
{Land = USA, Name = Fernando}
{Land = USA, Name = Holger}
{Land = GB, Name = Alice}
{Land = Germany, Name = Thomas}
{Land = Germany, Name = Walter}
```

Reverse

Dieser Operator bietet eine einfache Möglichkeit, um die Reihenfolge der Elemente im Abfrageergebnis umzukehren. Der Operator ist als Abfrageausdruck nicht verfügbar.

Beispiel 7.14: Das Vorgängerbeispiel mit umgekehrter Reihenfolge der Ergebniselemente

C#

```
var knd = Kunden.OrderBy(k => k.Land).ThenBy(k => k.Name).
                 Select(k => new { k.Land, k.Name }).Reverse();
```

Ergebnis

```
{Land = Germany, Name = Walter}
{Land = Germany, Name = Thomas}
...
```

7.3.4 Der Gruppierungsoperator GroupBy

Dieser Operator kommt dann zum Einsatz, wenn das Abfrageergebnis in gruppierter Form zur Verfügung stehen soll. *GroupBy* wählt die gewünschten Schlüssel-Elemente-Zuordnungen aus der abzufragenden Auflistung aus.

Beispiel 7.15: Alle Kunden nach Ländern gruppieren

C#

```
var knd = Kunden
          .GroupBy(k => k.Land);

// Der alternative Abfrageausdruck:
var knd = from k in Kunden
          group k by k.Land;

//Durchlaufen der Ergebnismenge:
foreach (IGrouping<Laender, Kunde> kdGroup in knd)
{
    listBox1.Items.Add(kdGroup.Key);

    foreach (var kd in kdGroup)
    {
        listBox1.Items.Add($"  {kd}");
    }
}
```

Ergebnis

Der Gruppenschlüssel (*kdGroup.Key*) ist hier das Land. Die Standardausgabe der Gruppenelemente erfolgt entsprechend der überschriebenen *ToString()*-Methode der Klasse *Kunden* (siehe Beispieldaten zum Buch):

```
Germany
   Walter - Altenburg - Germany

   Thomas - Berlin - Germany
USA
   Holger - Washington - USA
   Fernando - New York - USA
GB
   Alice - London - GB
```

Der *GroupBy*-Operator existiert in mehreren Überladungen, die alle den Typ *IEnumerable<IGrouping<K, T>>* liefern. Die generische Schnittstelle *IGrouping<K, T>* definiert einen spezifischen Schlüssel vom Typ *K* für die Gruppenelemente (Typ *T*).

Der Typ der äußeren Schleifenvariablen *IGrouping<Laender, Kunde>* kann auch implizit deklariert werden, sodass sich der Schleifenkopf im obigen Beispiel wie folgt vereinfachen lässt:

```
foreach(var kdGroup in knd)
```

Wenn nicht der standardmäßige, sondern ein benutzerdefinierter Elemente-Selektor zum Einsatz kommen soll, muss eine weitere Überladung von *GroupBy* verwendet werden (siehe folgendes Beispiel).

Beispiel 7.16: Das gleiche Problem wie im Vorgängerbeispiel wird gelöst, als Gruppenelemente werden allerdings nur die Namen der Kunden ausgegeben.

C#

```
var knd = Kunden.GroupBy(k => k.Land, k => k.Name);

foreach (var kdGroup in knd)
{
    listBox1.Items.Add(kdGroup.Key);
    foreach (var kd in kdGroup)
    {
        listBox1.Items.Add($"  {kd}");
    }
}
```

Ergebnis

```
Germany
  Walter
  Thomas

USA
  Holger
  Fernando
GB
  Alice
```

Beispiel 7.17: Alle Produkte werden nach ihren Anfangsbuchstaben gruppiert.

C#

```
var prodGroups = Produkte.GroupBy(p => p.Name[0], p => p.Name);

foreach (var pGroup in prodGroups)
// var ersetzt IGrouping<char, string>
{
    listBox1.Items.Add(pGroup.Key);
    foreach (var p in pGroup)
    {
        listBox1.Items.Add($"  {p}");
    }
}
```

Ergebnis

```
M
  Marmelade
  Mohrrüben
  Mehl
Q
  Quark
K
  Käse
H
  Honig
```

C#

Zum gleichen Ergebnis führt der folgende Code unter Verwendung eines Abfrageausdrucks:

```
var prodGroups = from p in Produkte
                 group p by p.Name[0] into g
                 select new { firstLetter = g.Key, prods = g };

foreach (var g in prodGroups)
{
    listBox1.Items.Add(g.firstLetter);
    foreach (var p in g.prods)
    {
        listBox1.Items.Add(p.Name);
    }
}
```

7.3.5 Verknüpfen mit Join

Mit diesem Operator definieren Sie Beziehungen zwischen verschiedenen Auflistungen. Im folgenden Beispiel werden Bestelldaten auf Produkte projiziert.

Beispiel 7.18: Die Bestellungen aller Kunden werden aufgelistet.

C#

```
var bestprod = Kunden.SelectMany(k => k.Bestellungen)
                     .Join(Produkte, b => b.ProduktNr, p => p.ProduktNr,
                      (b, p) => new {
                      b.Monat, p.ProduktNr, p.Name, p.Preis, b.versendet });
```

Alternativ die Notation in Abfragesyntax:

```
var bestprod = from k in Kunden
               from b in k.Bestellungen
               join p in Produkte on b.ProduktNr equals p.ProduktNr
               select new { b.Monat, p.ProduktNr, p.Name, p.Preis, b.versendet };
```

Beim Vergleich (*equals*) ist zu beachten, dass zuerst der Schlüssel der äußeren Auflistung (*b.ProduktNr*) und dann der der inneren Auflistung (*p.ProduktNr*) angegeben werden muss. Ein Vergleich mit dem Vergleichsoperator == ist ebenfalls nicht zulässig.
Die Anzeigeroutine:

```
listBox1.DataSource = bestprod.ToList();
```

Ergebnis

Das Ergebnis liefert die Übersicht über alle Bestellungen:

```
{Monat = März, ProduktNr = 2, Name = Quark, Preis = 10, versendet = False}
{Monat = Juni, ProduktNr = 1, Name = Marmelade, Preis = 5, versendet = False}
{Monat = November, ProduktNr = 3, Name = Mohrrüben, Preis = 15, versendet = True}
{Monat = November, ProduktNr = 5, Name = Honig, Preis = 25, versendet = True}
{Monat = Juni, ProduktNr = 6, Name = Mehl, Preis = 30, versendet = False}
{Monat = Februar, ProduktNr = 4, Name = Käse, Preis = 20, versendet = True}
...
```

Mit dem .NET Framework 10 wurden jetzt auch die vor allem von den Datenbank-entwicklern vermissten Operatoren *LeftJoin* und *RightJoin* eingeführt.

7.3.6 Aggregat-Operatoren

Zum Abschluss unserer Stippvisite bei den LINQ-Operatoren wollen wir noch einen kurzen Blick auf eine weitere wichtige Familie werfen. Diese Operatoren, zu denen *Count, Sum, Max, Min, Average* etc. gehören, setzen Sie ein, wenn Sie verschiedenste Berechnungen mit den Elementen der Datenquelle durchführen wollen.

Count

Die von diesem Operator durchzuführende Aufgabe ist sehr einfach, es wird die Anzahl der Elemente in der abzufragenden Auflistung ermittelt.

Beispiel 7.19: Alle Kunden sollen, zusammen mit der Anzahl der von ihnen aufgegebenen Bestellungen, angezeigt werden.

C#

```
var kdn = Kunden.Select(k => new {
                    k.Name, k.Ort, AnzahlBest = k.Bestellungen.Count() });
```

Oder das Gleiche in Abfragesyntax:

```
var kdn = from k in Kunden
          select new { k.Name, k.Ort, AnzahlBest = k.Bestellungen.Count()};
```

Wir zeigen die Ergebnismenge in der ListBox an:

```
listBox1.DataSource = kdn.ToList();
```

Ergebnis

```
{Name = Walter, Ort = Altenburg, AnzahlBest = 1}
{Name = Thomas, Ort = Berlin, AnzahlBest = 2}
...
```

Wie Sie sehen, scheint die Anwendung dieser Operatoren einfach und leicht verständlich zu sein.

Sum

Wie es der Name schon vermuten lässt, können mit diesem Operator verschiedenste Summen aus den Elementen der Quell-Auflistung gebildet werden. Zunächst ein einfaches Beispiel.

Beispiel 7.20: Die Summe aller Preise der Produktliste

C#

```
var total = Produkte.Sum(p => p.Preis);
```

Die alternative Abfragesyntax (eigentlich gemischte Syntax):

```
var total = (from p in Produkte select p.Preis).Sum();
```

Die Ausgabe:

```
listBox1.Items.Add(total);
// liefert mit den ursprünglichen Beispieldaten den Wert 105.
```

Das folgende Beispiel ist nicht mehr ganz so trivial, da sich hier der *Sum*-Operator innerhalb einer verschachtelten Abfrage versteckt.

Beispiel 7.21: Die Gesamtsumme aller aufgegebenen Bestellungen wird ermittelt.

C#

```
var expr = from k in Kunden
           join b in
                from k in Kunden
                from b in k.Bestellungen join p in Produkte
                on b.ProduktNr equals p.ProduktNr
                select new { k.Name, BestellBetrag = b.Anzahl * p.Preis }
                on k.Name equals b.Name into KundenMitBest
                select new { k.Name,
                    TotalBetrag = KundenMitBest.Sum(b => b.BestellBetrag)};
listBox1.DataSource = expr.ToList();
```

Ergebnis

```
{Name = Walter, TotalBetrag = 40}
{Name = Thomas, TotalBetrag = 340}
...
```

Das schaut jetzt schon nicht mehr ganz so trivial aus. Etwas übersichtlicher ist die Methodensyntax:

```
var expr = Kunden.Select(k => new { k.Name,
                        TotalerBetrag = k.Bestellungen.Sum(b => b.Anzahl *
                        Produkte.First(p => p.ProduktNr == b.ProduktNr).Preis) });
```

Dadurch, dass bestimmte Operationen in der Abfragesyntax nicht möglich sind und wir deswegen sowieso die Erweiterungsmethodensyntax bzw. einen Mix verwenden müssen, ist der Favorit der Autoren eindeutig die Erweiterungsmethodensyntax. Deswegen werden wir in den folgenden Kapiteln die Abfragesyntax nicht mehr darstellen. Dem objektorientierten Programmierer, und das wollen Sie doch werden, dürfte die Punkt-Syntax sowieso besser gefallen.

7.3.7 Verzögertes Ausführen von LINQ-Abfragen

Normalerweise werden LINQ-Ausdrücke nicht bereits bei ihrer Definition, sondern erst bei Verwendung der Ergebnismenge ausgeführt (*deferred Execution*). Damit hat man die Möglichkeit, nachträglich Elemente zu der abzufragenden Auflistung hinzuzufügen bzw. zu ändern, ohne dazu die Abfrage nochmals neu erstellen zu müssen.

Beispiel 7.22: Alle Produkte, die mit dem Buchstaben „M" beginnen, sollen ermittelt werden.

C#

```
var prods = Produkte.Where(p => p.Name[0] == 'M').Select(p => p.Name);
```

Oder alternativ in Abfragesyntax:

```
var prods = from p in Produkte where p.Name[0] =='M' select p.Name;
```

Die Ergebnismenge wird das erste Mal durchlaufen und angezeigt:

```
foreach (var prod in prods)
{
    listBox1.Items.Add(prod);
}
listBox1.Items.Add("----------");
```

Anschließend ändern wir ein Element in der der Abfrage zugrunde liegenden Quelle

```
Produkte[0].Name = "Milch";
```

... und durchlaufen die Ergebnismenge ein zweites Mal:

```
foreach (var prod in prods)
{
    listBox1.Items.Add(prod);
}
```

Ergebnis

Die Ausgabe im Listenfeld zeigt, dass in der zweiten Ergebnismenge das geänderte Element erscheint:

```
Marmelade
Mohrrüben
Mehl
-----------
Milch
Mohrrüben
Mehl
```

Wir sehen, dass die definierte Abfrage immer dann ausgeführt wird, wenn wir (wie hier in der *foreach*-Schleife) auf das Abfrageergebnis (*prods*) zugreifen.

Abfragen dieser Art bezeichnet man deshalb auch als „verzögerte Abfragen".[2] Mitunter aber ist dieses Verhalten nicht erwünscht, d. h. man möchte das Abfrageergebnis nicht verzögert, sondern sofort nach Definition der Abfrage zur Verfügung haben. Abhilfe schafft hier die im nächsten Abschnitt beschriebene Anwendung von Konvertierungsmethoden.

HINWEIS: Wenn Sie mittels des LINQ-Operators *First* oder *FirstOrDefault* nur den ersten Satz einer Ergebnismenge lesen wollen (respektive *Last* oder *LastOrDefault*), dann wird die Abfrage auch sofort ausgeführt.

7.3.8 Konvertierungsmethoden

Zu dieser Gruppe gehören *ToArray*, *ToList*, *ToDictionary*, *AsEnumerable*, *Cast* und *ToLookup*. Sowohl die Methoden *ToArray* als auch *ToList* forcieren ein sofortiges Durchführen der Abfrage.

[2] *deferred (query) execution*

Beispiel 7.23: Das Vorgängerbeispiel wird wiederholt, diesmal aber wird das Abfrageergebnis in einer generischen List zwischengespeichert.

C#

```
var mProds = (Produkte.Where(p => p.Name[0] == 'M').
              Select(p => p.Name)).ToList();
```

bzw.:

```
var mProds = (from p in Produkte where p.Name[0] == 'M' select p.Name).ToList();
```

Ergebnis

Die Änderung der Quellfolge bleibt ohne Konsequenz für das Abfrageergebnis:

```
Produkte[0].Name = "Milch";
...
```

Ausgabe:

```
Marmelade
Mohrrüben
Mehl
-----------
Marmelade
Mohrrüben
Mehl
```

7.3.9 Abfragen mit PLINQ

PLINQ ist eine parallele Implementierung von LINQ to Objects und kombiniert die Einfachheit und Lesbarkeit der LINQ-Syntax mit der Leistungsfähigkeit der parallelen Programmierung. PLINQ besitzt das komplette Angebot an Standard-Abfrageoperatoren und hat zusätzliche Operatoren für parallele Operationen.

Als Reaktion auf die zunehmende Verfügbarkeit von Mehrprozessorplattformen bietet PLINQ eine einfache Möglichkeit, die Vorteile paralleler Hardware einschließlich herkömmlicher Mehrprozessorcomputer und der neueren Generation von Mehrkernprozessoren zu nutzen.

HINWEIS: In vielen Szenarien kann PLINQ signifikant die Geschwindigkeit von LINQ-to-Objects-Abfragen steigern, da es alle verfügbaren Prozessoren des Computers nutzt.

Wer bereits mit LINQ vertraut ist, dem wird der Umstieg auf PLINQ kaum Sorgen bereiten. Die Verwendung von PLINQ entspricht meistens exakt der von LINQ to Objects und LINQ to XML. Sie können beliebige der bereits bekannten Operatoren nutzen, wie zum Beispiel *Join*, *Select*, *Where* usw.

Damit können Sie auch unter PLINQ Ihre bereits vorhandenen LINQ-Abfragen auf gewohnte Weise weiterverwenden, wenn Sie dabei einen wesentlichen Unterschied beachten:

HINWEIS: Parallelisieren Sie die Abfrage durch Aufruf der Erweiterungsmethode *AsParallel*!

Die Erweiterungsmethode *AsParallel* gehört zur *System.Linq.ParallelQuery*-Klasse. *AsParallel* kann auf jeder Datenmenge ausgeführt werden, die *IEnumerable<T>* implementiert.

Der Aufruf von *AsParallel* veranlasst den C#-Compiler, die parallele Version der Standard-Abfrageoperatoren zu binden. Damit übernimmt PLINQ die weitere Verarbeitung der Abfrage.

Beispiel 7.24: Eine einfache LINQ-Abfrage über eine Liste von Integer-Zahlen

C#

```
List<int> zahlen = new List<int>() {0, 1, 2, 3, 4, 5, 6, 7, 8, 9};
```

Oder auch:

```
IEnumerable<int> zahlen = new int[] {0, 1, 2, 3, 4, 5, 6, 7, 8, 9};
var q = from x in zahlen
        where x > 3
        orderby x descending
        select x;
```

Erst beim Iterieren über die Liste wird die Abfrage ausgeführt:

```
foreach (var z in q)
{
    listBox1.Items.Add(z.ToString());
    // 9, 8, 7, 6, 5, 4
}
```

Um dieselbe Abfrage mittels PLINQ auszuführen, ist lediglich *AsParallel* auf den Daten aufzurufen:

Beispiel 7.25: Die Abfrage im obigen Beispiel mit PLINQ

C#

```
...
var q = from x in zahlen.AsParallel()
        where x > 3
        orderby x descending
        select x;
...
```

Die Abfragen in den obigen Beispielen wurden in Query-Expression-Syntax geschrieben. Alternativ kann man natürlich auch die Method-Syntax[3] verwenden.

Beispiel 7.26: Beide obigen Abfragen in Erweiterungsmethoden-Syntax

C#

Einfache LINQ-Version:

```
...
var q = zahlen
        .Where(x => x > 3)
        .OrderByDescending(x => x)
        .Select(x => x);
...
```

PLINQ-Version:

```
...
 var q = zahlen.AsParallel()
        .Where(x => x > 3)
        .OrderByDescending(x => x)
        .Select(x => x);
...
```

Nach dem Aufruf der *AsParallel*-Methode führt PLINQ transparent die Erweiterungsmethoden (*Where, OrderBy, Select*, ...) auf allen verfügbaren Prozessoren aus. Genauso wie LINQ realisiert auch PLINQ eine verzögerte Ausführung von Abfragen, d. h. erst beim Durchlaufen der *foreach*-Schleife, beim Direktaufruf von *GetEnumerator* oder beim Eintragen der Ergebnisse in eine Liste (*ToList, ToDictionary*, ...) wird die Datenmenge abgefragt. Dann kümmert sich PLINQ darum, dass bestimmte Teile der Abfrage auf verschiedenen Prozessoren laufen, was mit versteckten multiplen Threads umgesetzt wird. Sie als Programmierer brauchen das nicht zu verstehen, Sie

---

3 Der Compiler konvertiert die Query-Expression-Syntax in die Method-Syntax, sodass letztendlich bei beiden Syntaxformen Erweiterungsmethoden aufgerufen werden.

merken lediglich an der höheren Performance, dass die Prozessoren besser ausgelastet werden.

Probleme mit der Sortierfolge

Wie sollte es anders sein, bei genauerem Hinsehen werden Sie feststellen, dass es doch nicht ganz so unkompliziert ist, LINQ-Abfragen zu parallelisieren. Ganz abgesehen davon, dass die Parallelisierung nicht immer den erhofften Geschwindigkeitszuwachs bringt, haben wir es noch mit einem schwierigen und vor allem nicht gleich erkennbaren Problem zu tun: der Sortierfolge. Diese bereitet im Zusammenhang mit der parallelen Verarbeitung teilweise recht große Probleme, da auch bei einer geordneten Ausgangsmenge nicht eindeutig ist, in welcher Reihenfolge die Elemente durch PLINQ verarbeitet werden. Je nach LINQ-Operator kann es zu recht merkwürdigen Ergebnissen kommen.[4)]

Aus diesem Grund wurde die Erweiterungsmethode *AsOrdered* eingeführt. Verwenden Sie diese im Zusammenhang mit *AsParallel*, wird die Sortierfolge der Ausgangsmenge in jedem Fall beibehalten.

Beispiel 6.27: Verwendung von *AsOrdered*

C#

```
List<int> zahlen = new List<int>()
        { 7, 4, 2, 3, 1, 6, 11, 5, 10, 8, 9, 13, 12 };
var q = (from x in zahlen.AsParallel().AsOrdered()
where x > 3
select x).Take(5);
```

Das Ergebnis wird in jedem Fall

```
7, 4, 6, 11, 5
```

sein. Lassen Sie *AsOrdered* weg, sind weder die obige Reihenfolge noch die Zahlen eindeutig bestimmbar. Unter Umständen kann auch

```
13, 7, 11, 6, 5
```

ausgegeben werden.

Wie sich Sortierfolgen auf bestimmte Operatoren auswirken, beschreibt im Detail diese Webseite: *http://msdn.microsoft.com/de-de/library/dd460677(v=vs.110).aspx.*

[4] Dies ist auch von der Anzahl der Prozessoren und der Größe der Datenmenge abhängig.

HINWEIS: Grundsätzlich gilt jedoch: Vermeiden Sie im Zusammenhang mit PLINQ die Anwendung von Sortieroperationen. Diese machen die Vorteile von PLINQ durch erhöhten Verwaltungsaufwand meist wieder zunichte. Für Aufgaben, bei denen die Sortierung egal ist, erweist sich PLINQ jedoch als eine performancegewinnende Technologie.

7.4 Praxisbeispiele

7.4.1 Die Syntax von LINQ-Abfragen verstehen

In diesem Praxisbeispiel lernen Sie den prinzipiellen Aufbau von LINQ-Abfragen kennen. Im Zusammenhang damit kommen Sprachfeatures wie Typinferenz, Lambda-Ausdrücke und Erweiterungsmethoden zum Einsatz.

Prinzipiell gibt es zwei verschiedene Syntaxformen für LINQ-Abfragen:

- *Query-Expression-Syntax:* Hier werden Standard-Query-Operatoren verwendet.
- *Method-Syntax:* Hier kommen Erweiterungsmethoden zum Einsatz.

Im Folgenden werden wir beide Syntaxformen demonstrieren, um den Inhalt eines Integer-Arrays zu verarbeiten. Außerdem wird eine Mischform vorgeführt.

Oberfläche

Auf dem Startformular *Form1* befinden sich eine *ListBox* und drei *Button*s (siehe Bild 7.4).

Quellcode

```
namespace WindowsFormsApplication1;

public partial class Form1 : Form
{
    public Form1()
    {
        InitializeComponent();
    }
```

Die abzufragende Integer-List enthält irgendwelche ganzzahligen Werte:

```
    private int[] zahlen = {5, -4, 18, 26, 0, 19, 16, 2, -1, 0, 9, -5, 8, 15, 19 };
```

Die Abfrage in Query-Expression-Syntax:

```
    private void button1_Click(object sender, EventArgs e)
    {
```

Im Abfrageergebnis sollen alle Zahlen, die größer als 10 sind, enthalten sein und nach ihrer Größe sortiert werden. Im Abfrageausdruck kommen die SQL-ähnlichen Standard-Abfrageoperatoren (*from, where, orderby, select*) zum Einsatz:

```
var expr = from z in zahlen
                     where z > 10
                     orderby z
                     select z;
```

Die Anzeige:

```
    listBox1.DataSource = expr.ToList();
```

Dieselbe Abfrage in Extension-Method-Syntax:

```
    private void button2_Click(object sender, EventArgs e)
    {
```

Hier werden im Abfrageausdruck sogenannte Erweiterungsmethoden (*Where, OrderBy, Select*) zusammen mit Lambda-Ausdrücken (... => ...) benutzt:

```
var expr = zahlen
               .Where(z => z > 10)
               .OrderBy(z => z);
```

Wenn die *Select*-Anweisung das ursprüngliche Objekt, wie im Beispiel oben, unverändert zurückgibt, muss diese bei der Extension-Method-Syntax nicht angegeben werden.

Die Anzeige:

```
    listBox1.DataSource = expr.ToList();
```

Die gleiche Abfrage in gemischter Syntax:

```
    private void button3_Click(object sender, EventArgs e)
    {
```

Hier wird der erste (geklammerte) Teil des Abfrageausdrucks in Query-Expression-Syntax und der zweite (mit einem Punkt eingeleitete) Teil in Method-Syntax geschrieben:

```
var expr = (from z in zahlen
                         where z > 10
                         select z).
                         OrderBy(z => z);
```

Die Anzeige:

```
    listBox1.DataSource = expr.ToList();
```

Test

Egal, welche der drei Schaltflächen Sie anklicken, das Ergebnis wird stets dasselbe sein:

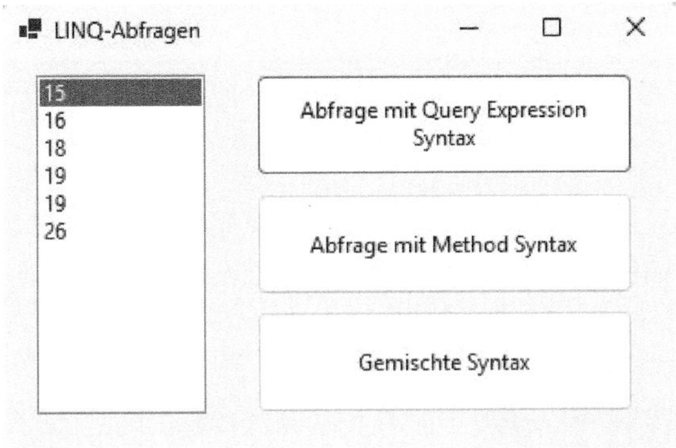

Bild 7.4
GUI für einfache LINQ-Abfragen

Bemerkungen (auch wenn wir uns in manchen Punkten wiederholen)

- Unter *Typinferenz* versteht man ein Sprachmerkmal, welches es erlaubt, dass der Datentyp **lokaler** Variablen bei der Deklaration vom Compiler automatisch ermittelt wird, ohne dass explizit der Typ angegeben werden muss (stattdessen wird das Schlüsselwort *var* vorangestellt). Wie wir gesehen haben, erweist sich dieses Feature vor allem für *anonyme Typen* als praktisch bzw. notwendig.
- Bei den *Lambda-Ausdrücke*n handelt es sich vom Prinzip her um nichts weiter als um funktional erweiterte *anonyme Methoden*. Der offensichtlichste Unterschied zeigt sich in der Syntax: Auf die Parameterliste folgt ein Pfeil (=>), gefolgt von einer einzelnen Anweisung oder einem Anweisungsblock.
- Normalerweise erlaubt eine objektorientierte Programmiersprache das Erweitern von Klassen durch Vererbung. Bereits C# 3.0 führte eine neue Syntax ein, die das direkte Hinzufügen neuer Methoden zu einer vorhandenen Klasse erlaubt. Diese sogenannten *Erweiterungsmethoden* werden als statische Methoden in einer neuen statischen Klasse implementiert und können dann wie eine normale Methode (d. h. Instanzmethode) des erweiterten Datentyps aufgerufen werden.
- Nicht nur Zahlenauflistungen wie im vorliegenden Beispiel, sondern jede Collection, die das *System.Collections.Generic.IEnumerable*-Interface (oder das generische *IEnumerable<T>*-Interface) unterstützt, kann mit LINQ verarbeitet werden.

7.4.2 Aggregat-Abfragen mit LINQ

Im vorliegenden Praxisbeispiel demonstrieren wir, wie anhand von Aggregat-Abfragen eine Auflistung von Gleitkommazahlen (z. B. eine Messwertliste) nach verschiedenen Kriterien ausgewertet werden kann. Gewissermaßen als „Nebeneffekt" wird die Liste auch noch sortiert.

Oberfläche

Diesmal wollen wir das Array nicht fest codieren, sondern dem Benutzer die Möglichkeit überlassen, eine beliebige Menge von Gleitkommazahlen über eine *TextBox* einzugeben. Die Zahlenkolonne wird in einer *ListBox* dargestellt und anschließend ausgewertet und sortiert angezeigt.

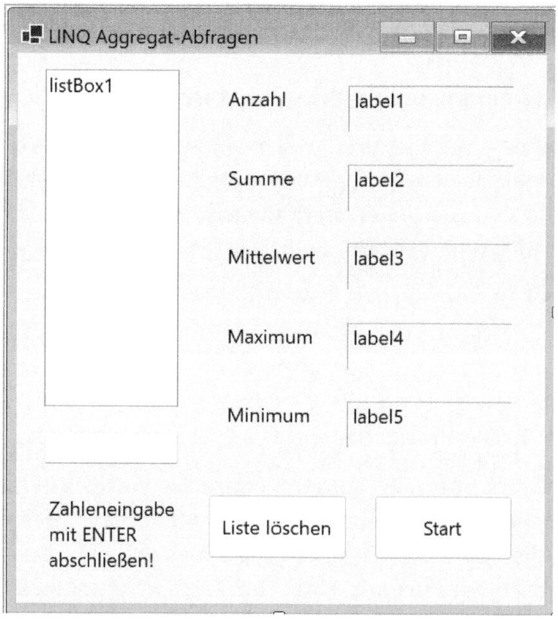

Bild 7.5
GUI für Aggregatabfragen

Quellcode

```
namespace WindowsFormsApplication1;

public partial class Form1 : Form
{
    public Form1()
    {
        InitializeComponent();
    }

    private void Button1_Click(object sender, EventArgs e)
    {
```

Die Länge der Zahlenliste wird bestimmt:

```
        int anzahl = listBox1.Items.Count;
```

Die Zahlen werden aus der *ListBox* in eine generische Liste geschrieben:

```
        var zahlen = new List<double>();
        for (int i = 0; i < anzahl; i++)
        {
            zahlen.Add(Convert.ToDouble(listBox1.Items[i]));
        }
```

Die Abfrage wird definiert:

```
var expr =
      from z in zahlen
      orderby z     // sortiert in aufsteigender Reihenfolge
      select z;
```

Nacheinander wird der Abfrageausdruck für verschiedene Aggregat-Methoden ausgewertet:

```
        int count = expr.Count();                       // Anzahl
        label1.Text = count.ToString();

        double sum = expr.Sum();                        // Summe
        label2.Text = sum.ToString();

        double avg = expr.Average();                    // Durchschnitt
        label3.Text = avg.ToString();

        double max = expr.Max();                        // Maximum
        label4.Text = max.ToString();

        double min = expr.Min();                        // Minimum
        label5.Text = min.ToString();
```

Sortierte Anzeige in *ListBox*:

```
        listBox1.Items.Clear();
        foreach (double z in expr)
        {
            listBox1.Items.Add(z.ToString());
        }
    }
```

ListBox-Inhalt löschen:

```
    private void button4_Click(object sender, EventArgs e)
    {
        listBox1.Items.Clear();
    }
```

Eine in die *TextBox* eingegebene Zahl wird mittels Enter-Taste in die *ListBox* übernommen:

```
    private void textBox1_KeyUp(object sender, KeyEventArgs e)
    {
        if (e.KeyCode == Keys.Enter)
        {
            listBox1.Items.Add(textBox1.Text);
            textBox1.Clear();
        }
    }
}
```

Test

Nach Eingabe einer Zahlenkolonne (Dezimaltrennzeichen ist natürlich das Komma!) können Sie Auswertung und Sortierung starten.

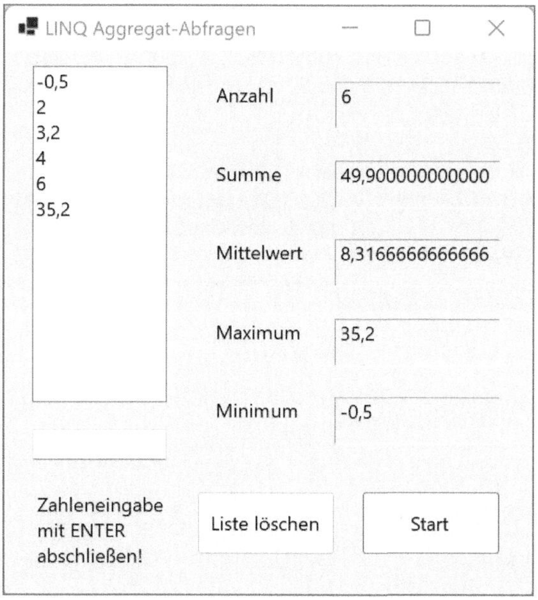

Bild 7.6
Sortierte Ausgabe und Anzeige der Ergebnisse

Bemerkungen

- Um die Zahlenreihe nicht in aufsteigender, sondern in absteigender Reihenfolge zu sortieren, ist im Abfrageausdruck die Klausel **orderby z** zu ersetzen durch **orderby z descending**.
- Die Wirkung der Aggregat-Methoden (*Count*, *Sum*, *Average*, *Min*, *Max*) ist völlig unabhängig davon, ob die Zahlenmenge sortiert ist oder nicht.

7.4.3 LINQ im Schnelldurchgang erlernen

Ganz ernst zu nehmen ist der Titel natürlich nicht, denn LINQ ist eine komplexe Technologie und der Einsteiger kann sie mittels eines solch kurzen Beispiels bestenfalls „beschnuppern".

Worum also geht es bei LINQ? Mit LINQ lassen sich Elemente aus einer Auflistung oder einem Array selektieren, wobei eine SQL-ähnliche Syntax benutzt wird. Für die Erstellung einer einfachen LINQ-Abfrage sind folgende grundlegende Schritte auszuführen:

1. Beginnen Sie eine neue LINQ-Abfrage mit dem Schlüsselwort *from*.
2. Identifizieren Sie die Filterbedingungen mit dem Schlüsselwort *where*.
3. Legen Sie mit dem Schlüsselwort *select* fest, welche Werte der gefilterten Menge im Ergebnis der Abfrage enthalten sein sollen.
4. Bestimmen Sie die Sortierreihenfolge mit dem Schlüsselwort *orderby*.

Das Ergebnis einer LINQ-Abfrage ist eine Instanz von *IEnumerable<T>* und enthält die Collection- bzw. Arrayelemente, die den Filterbedingungen entsprechen. Sie können *IEnumerable<T>* verwenden, um mittels *foreach*-Schleife über die Abfrageergebnisse zu iterieren, oder es auch als Datenquelle für weitere LINQ-Abfragen einsetzen.

Bei der Methodensyntax ist der Aufruf von *Select()* optional. Wenn Sie den Inhalt der Liste 1:1 zurückgeben wollen, dann wird der *Select()*-Aufruf nicht benötigt. Wenn Sie eine Transformation des Ergebnisses vornehmen wollen, dann können Sie das mittels *Select()* bewerkstelligen.

Das vorliegende Praxisbeispiel demonstriert LINQ anhand verschiedener Fragestellungen.

Oberfläche

Ein Formular mit drei *Button*s und einer *ListBox*.

Quellcode und Tests

Die Abfrage wird einmal mit Schlüsselwörtern (*Query-Expression-Syntax*) und ein zweites Mal mit Erweiterungsmethoden und Lambda-Ausdrücken (*Method-Syntax*) ausgeführt.

```
namespace WindowsFormsApplication1;

public partial class Form1 : Form
{
    public Form1()
```

```
{
    InitializeComponent();
}
```

Das *String*-Array, welches wir mit LINQ abfragen wollen:

```
private string[] namen =
        { "Müller", "Meier", "Kurze", "Schneider", "Merkel",
          "Krause", "Baumann", "Hofmann" };
```

Eine einfache LINQ-Abfrage:

Wir selektieren die Einträge, die länger als fünf Zeichen sind, und sortieren das Ergebnis der Länge nach. Auf lokaler Ebene können wir von der sogenannten „Typinferenz" Gebrauch machen und den Ergebnistyp der Abfrage mit dem Schlüsselwort *var* anstatt mit *IEnumerable<string>* deklarieren:

```
private void button1_Click(object sender, EventArgs e)
{
   var linqRes = from ps in namen
                 where ps.Length > 5
                 orderby ps.Length
                 select ps;
   Anzeigen(linqRes);
}
```

Dasselbe Ergebnis produziert die folgende Abfrage auf der Basis von Erweiterungsmethoden und Lambda-Ausdrücken:

```
private void button2_Click(object sender, EventArgs e)
{
    var linqRes = namen.Where(ps => ps.Length > 5).OrderBy(ps => ps.Length);
        Anzeigen(linqRes);
}
```

Für sehr große Collections und Arrays bietet sich *Parallel LINQ* (PLINQ) an, welches Ihre Abfrage zwischen mehreren Threads aufteilt, um sie parallel zu verarbeiten. PLINQ aktivieren Sie, indem Sie die *AsParallel*-Methode auf das Array anwenden.

Dieselbe Abfrage mit PLINQ:

```
private void button3_Click(object sender, EventArgs e)
{
    var linqRes = from ps in namen.AsParallel()
                  where ps.Length > 5
                  orderby ps.Length
                  select ps;
    Anzeigen(linqRes);
}
```

Die folgende Hilfsmethode erwartet als Übergabeparameter ein *IEnumerable<string>*, sie konvertiert die *IEnumerable<string>* in eine generische Liste vom Typ *string* und weist diese der Listbox als Datenquelle zu:

```
    private void Anzeigen(IEnumerable<string> linqRes)
    {
        listBox1.DataSource = linqRes.ToList();
    }
}
```

Test

Alle drei Abfragen führen zum gleichen Ergebnis (auch wenn bei PLINQ die Sortierung anders sein könnte):

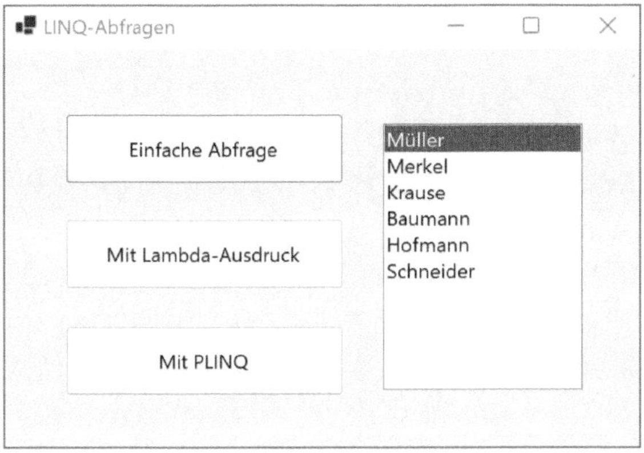

Bild 7.7
Ausgabe der Namen nach Länge sortiert

7.4.4 Strings mit LINQ abfragen und filtern

Auch die *String*-Klasse implementiert die generische *IEnumerable<T>*-Schnittstelle. Deshalb kann mittels LINQ jede Zeichenfolge als Zeichensequenz aufgefasst und abgefragt werden. Ein String besteht ja aus einer Liste von *chars*. Im vorliegenden Praxisbeispiel ermitteln wir auf diese Weise unter anderem die Anzahl der in einem String enthaltenen numerischen Ziffern.

Oberfläche

Auf das Startformular *Form1* setzen Sie eine *ListBox* und einen *Button*.

Quellcode

```
namespace WindowsFormsApplication1;

public partial class Form1 : Form
{
    public Form1()
    {
        InitializeComponent();
    }
```

```
    private void Button1_Click(object sender, EventArgs e)
    {
        string s = "XY34/w = abc-12";
        listBox1.Items.Add(s);
        listBox1.Items.Add(String.Empty);
```

Nur die Zeichen auswählen, die Zahlen darstellen:

```
var query1 =
      from c in s
      where char.IsDigit(c)
      select c;
```

Erst jetzt wird die Abfrage ausgeführt:

```
        foreach (char c in query1)
        {
            listBox1.Items.Add(c);
        }
```

Die *Count*-Methode auf der Abfrage ausführen:

```
        int count = query1.Count();
        listBox1.Items.Add($"Anzahl = {count}");
```

Alle Zeichen vor dem ersten '=' auswählen:

```
var query2 = s.TakeWhile(c => c != != '=');
```

Die zweite Abfrage ausführen:

```
        foreach (char c in query2)
        {
            listBox1.Items.Add(c.ToString());
        }
    }
}
```

Test

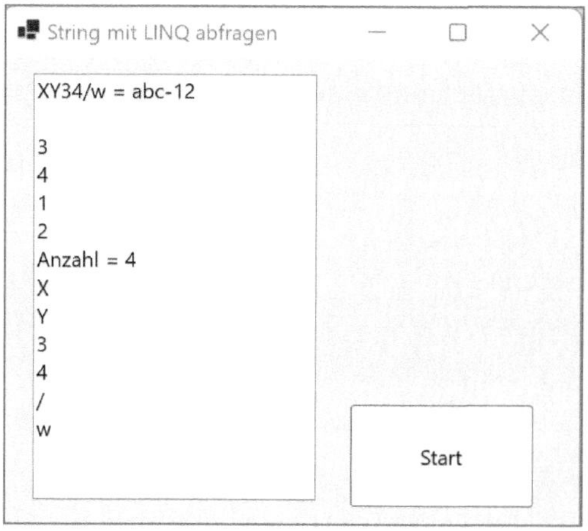

Bild 7.8
Stringabfragen mit LINQ

Bemerkungen

- In unserem Beispiel wird die Abfrage *query1* ein zweites Mal verwendet, nachdem sie erstmalig ausgeführt wurde. Dies ist möglich, da die Abfrage selbst die eigentlichen Ergebnisse nicht speichert.
- Das Beispiel soll vor allem das LINQ-Prinzip verdeutlichen, denn für die praktische Ausführung von Mustervergleichsoperationen wird man besser die *Regex*-Klasse (siehe Onlinekapitel) verwenden.

7.4.5 Duplikate aus einer Liste entfernen

Im folgenden Beispiel werden wir aus einer generischen Liste *List<Person>* mehrfach vorkommende Einträge löschen. Da wir Objekte auf gleiche Namen (Inhalte) abgleichen wollen, verwenden wir keine Klasse, sondern den in C# 9 eingeführten Record (siehe Abschnitt 4.9). Ansonsten hätten wir eine benutzerdefinierte Implementierung des *IEqualityComparer*-Interface schreiben müssen. Durch die Verwendung des Record können wir uns diese sparen.

Die Realisierung der LINQ-Abfrage erfolgt in zwei Varianten:

- verzögerte Ausführung beim Iterieren über die Ergebnismenge mittels *foreach*-Schleife,
- unverzögerte Ausführung durch Anwendung der Konvertierungsmethode *ToList()*.

Oberfläche

Ein Formular, eine *ListBox* und zwei *Button*s (siehe Laufzeitansicht Bild 7.9).

Quellcode

Erstellen Sie eine neue Klasse (ja, wir wissen, wir wollten einen Record, aber es gibt noch kein Template für einen Record) mit dem Namen *Person*:

```
namespace WindowsFormsApplication1;
```

Ändern Sie dann das Schlüsselwort *class* in *record* und fügen Sie den Code des Record *Person* ein:

```
public record Person(string Nachname, string Vorname)
{
```

Eine überschriebene *ToString()*-Methode zur Ausgabe:

```
    public override string ToString()
    {
        return $"{Vorname} {Nachname}";
    }
}
```

Im Code von *Form1* definieren Sie eine generische Personenliste, die Sie mittels Objektinitialisierer mit einigen Personen füllen, darunter auch Duplikate:

```
namespace WindowsFormsApplication3;

public partial class Form1 : Form
{
    public Form1()
    {
        InitializeComponent();
    }

    List<Person> personen = new List<Person>()
    {
        new Person("Müller", "Kurt"),
        new Person("Meier", "Timo"),
        new Person("Schneider", "Alois"),
        new Person("Müller", "Kurt"),
        new Person("Schröder", "Thomas"),
        new Person("Müller", "Kurt"),
        new Person("Müller", "Max"),
        new Person("Müller", "Thomas"),
        new Person("Brezner", "Dr.")
        new Person("Doberenz", "Walter")
    };
```

Variante 1:

```
    private void button1_Click(object sender, EventArgs e)
    {
```

Personenduplikate werden mittels *Distinct*-Methode entfernt:

```
        var personen1 = personen.Distinct();
```

Erst beim Iterieren über die Abfrage wird diese ausgeführt:

```
        foreach (Person item in personen1)
        {
```

Die resultierenden Einträge werden angezeigt:

```
            listBox1.Items.Add(item);
        }
    }
```

Variante 2:

```
    private void button2_Click(object sender, EventArgs e)
    {
        var personen1 = personen.Distinct();
```

Die folgende LINQ-Abfrage wird sofort ausgeführt und konvertiert die Nachnamen der von Doppelgängern befreiten Personen in eine Stringliste:

```
        var personenNN = (from ps in personen1
                          select ps.Nachname).ToList();
```

Die Anzeige:

```
            foreach (string item in personenNN)
            {
                listBox1.Items.Add(item);
            }
        }
    }
```

Test

Die Abfrageergebnisse zeigen jede Person nur einmal (unique). Bei Variante 2 werden allerdings nur die Nachnamen angezeigt (deshalb dreimal „Müller"!).

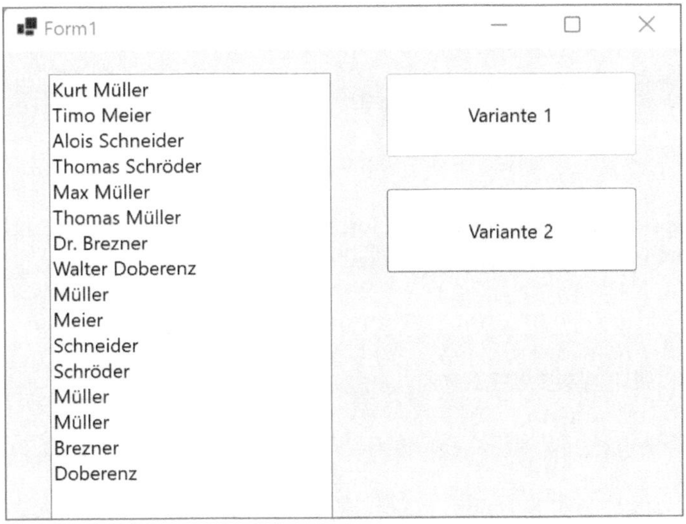

Bild 7.9 Duplikate wurden entfernt

Bemerkungen

- Bei Variante 1 handelt es sich um das LINQ-typische „verzögerte Ausführen von Abfragen" (*deferred query execution*).
- Die LINQ-Erweiterungsmethode *Distinct()* liefert ein Abfrageergebnis vom Typ *IEnumerable <Person>*, welches mit den Konvertierungsmethoden *ToArray()*, *ToList()* oder *ToDictionary()* unverzögert in ein Array oder eine Liste verwandelt werden kann.

7.4.6 Arrays mit LINQ initialisieren

Es kommt häufig vor, dass Sie die Elemente eines Arrays initialisieren müssen, entweder mit demselben Wert oder mit einer sich stetig erhöhenden Folge von Werten. Mittels LINQ können Sie all dies bereits im Array-Initialisierer erledigen – Sie brauchen dazu keine *for*-Schleife!

Die Klasse *Enumerable* aus dem Namespace *System.Linq* stellt dazu statische Methoden zum Abfragen von Objekten bereit, die *System.Collection.Generic.IEnumerable<T>* implementieren.

Als Beispiel werden in der folgenden Codezeile alle Elemente des Arrays *a* der Länge 10 mit dem Wert -1 initialisiert, die zweite Zeile initialisiert *b* mit (0, 1, . . ., 9) und die dritte Zeile initialisiert *c* mit (100, 110, . . ., 190):

```
int[] a = Enumerable.Repeat(-1, 10).ToArray();
int[] b = Enumerable.Range(0, 10).ToArray();
int[] c = Enumerable.Range(0, 10).Select(i => 100 + 10 * i).ToArray();
```

Oberfläche

Zum Testen öffnen Sie eine neue Windows-Forms-Anwendung und platzieren auf dem Formular drei *ListBox*en und drei *Button*s (siehe Bild 7.10).

Quellcode (Form1.cs)

Hier implementieren Sie die Interaktionslogik:

```
namespace WinFormsApp1;

public partial class Form1 : Form
{
   private void Button1_Click(object sender, e)
   {
```

Alle Elemente des Arrays *a* mit dem Wert -1 initialisieren:

```
        int[] a = Enumerable.Repeat(-1, 10).ToArray();
```

Anzeige:

```
        listBox1.DataSource = a;
    }

    private void Button2_Click(object sender, EventArgs e)
    {
```

Das Array *b* mit (0, 1, . . ., 9) initialisieren:

```
        int[] b = Enumerable.Range(0, 10).ToArray();
```

Anzeige:

```
        listBox2.DataSource = b;
    }

    private void Button3_Click(object sender, EventArgs e)
    {
```

Das Array *c* mit (100, 110, . . ., 190) initialisieren:

```
        int[] c = Enumerable.Range(0, 10).Select(i => 100 + 10 * i).ToArray();
```

Anzeige:

```
        listBox3.DataSource = c;
    }
}
```

Test

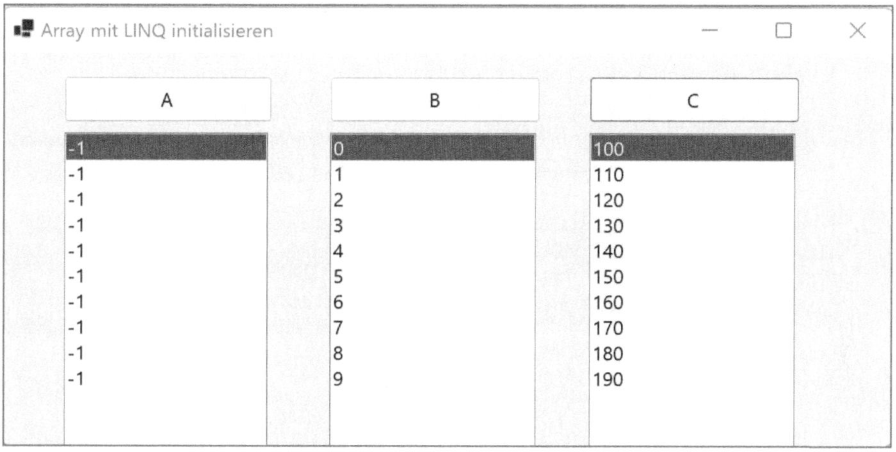

Bild 7.10 Vorinitialisierte Arrays

HINWEIS: Um Ihnen schon mal einen Vorgeschmack und hoffentlich auch ein bisschen Lust auf den zweiten Teil des Buches (beginnt mit Kapitel 9) zu geben, werden die restlichen Praxisbeispiele in diesem Kapitel mit WPF dargestellt.

7.4.7 Arrays per LINQ mit Zufallszahlen füllen

Mit diesem einfachen Trick können Sie eine Zufallsfolge der Länge N generieren:

```
Random rand = new Random();
var randomSeq = Enumerable.Repeat(0, n).Select(i => rand.Next());
```

Oberfläche

Zum Testen öffnen Sie eine neue WPF-Anwendung und erweitern das Formular wie folgt. Nach der Eingabe von *Loaded=* wählen Sie in der eingeblendeten Liste *<Neuer Ereignishandler>* aus.

Bild 7.11 Anlegen eines Ereignishandlers für das Loaded-Event des Window

Somit wird ähnlich wie beim Load-Ereignis in Windows Forms ein Ereignishandler angelegt, der beim Laden des Formulars/Window aufgerufen wird:

```
<Window x:Class="WpfApplication1.MainWindow"
        xmlns="http://schemas.microsoft.com/winfx/2006/xaml/presentation"
        xmlns:x="http://schemas.microsoft.com/winfx/2006/xaml"
        Title="Zufallszahlen" Height="350" Width="525" Loaded="Window_Loaded">
    <Grid>
        <ListBox Name="ListBox1" ItemsSource="{Binding}"/>
    </Grid>
</Window>
```

Quellcode (MainWindow.xaml.cs)

Ergänzen Sie den *Window_Loaded*-Eventhandler wie folgt:

```
    private void Window_Loaded(object sender, RoutedEventArgs e)
    {
```

Wir wollen eine Zufallsfolge im Bereich zwischen 0 und 999 erzeugen:

```
        Random rand = new Random();
        var randomSeq = Enumerable.Repeat(0, 100).
                                   Select(i => rand.Next(0,1000));
```

Dank der verzögerten Ausführung von LINQ-Abfragen wird diese Zufallssequenz nicht sofort berechnet und im Array abgelegt, sondern erst beim Iterieren über die Sequenz oder der Zuweisung an eine Datenbindung, d. h. bei der Anzeige:

```
        ListBox1.DataContext = randomSeq;
    }
```

Test

Bild 7.12 Liste mit Zufallszahlen

7.4.8 Einen String mit Wiederholmuster erzeugen

LINQ ist auch hervorragend geeignet, um verschiedenste Arten von Strings zu erzeugen, so zum Beispiel auch Strings für Test- und Debugging-Zwecke.

Wollen Sie zum Beispiel einen String mit dem sich wiederholenden Muster „ABCABCABC... „ der Länge n generieren, so gibt es elegante Lösungen:

```
string values = new string(Enumerable.Range(0, n)
                .Select(i => (char)('A' + i % 3)).ToArray());
```

Eine andere Lösung:

```
string values = string.Join(string.Empty,
                       Enumerable.Repeat("ABC", n).ToArray());
```

Oberfläche

Zum Testen öffnen Sie eine neue WPF-Anwendung und platzieren ein *Label* und zwei *Buttons* (am besten aber nicht mit Drag-and-drop in den Designer, mehr dazu in Kapitel 9). Weisen Sie im XAML-Code dem *Label* eine *Name*-Eigenschaft (*Label1*) zu und legen Sie genauso wie in Bild 7.11 gezeigt die *Click*-Eventhandler für die *Buttons* an:

```
...
    <Grid Margin="5 ">
        <Grid.RowDefinitions>
            <RowDefinition Height="2*"/>
            <RowDefinition Height="3*"/>
        </Grid.RowDefinitions>
        <Label Name="Label1" Content="Label" HorizontalAlignment="Center"
               VerticalAlignment="Center" />
        <StackPanel Grid.Row="1" Orientation="Horizontal"
                                 HorizontalAlignment="Center"
                                 Height="50">
            <Button Content="Variante 1" Click="Button_Click_1" Width="100" />
            <Button Content="Variante 2" Click="Button_Click_2" Width="100"/>
        </StackPanel>
    </Grid>
```

Quellcode (MainWindow.xaml.cs)

Die Interaktionslogik:

```
using System.Linq;
using System.Windows;

namespace WpfApplication1;

public partial class MainWindow : Window
{
    public MainWindow()
    {
        InitializeComponent();
    }
```

Die erste Variante:

```
    private void Button_Click_1(object sender, RoutedEventArgs e)
    {
        string values = new string(
            Enumerable.Range(0, 100).Select(i => (char)('A' + i % 5)).ToArray());
        Label1.Content = values;
    }
```

Die zweite Variante:

```
    private void Button_Click_2(object sender, RoutedEventArgs e)
    {
        string values = string.Join(string.Empty,
                        Enumerable.Repeat("ABC", 100).ToArray());
        Label1.Content = values;
    }
}
```

Test

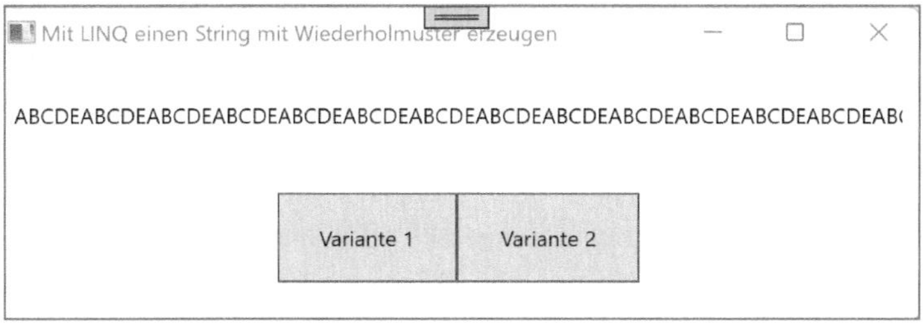

Bild 7.13 String mit Wiederholmuster

7.4.9 Mit LINQ Zahlen und Strings sortieren

Vorbei ist die Zeit, in der Sie Sortieralgorithmen mühsam per Hand programmieren mussten. Das Sortieren von Arrays aus Zahlen oder Zeichenketten ist mittels LINQ kein Problem, wie es unser Beispiel zeigen wird.

Oberfläche

Öffnen Sie eine neue WPF-Anwendung und fügen Sie im Designer zwei *ListBox*-Controls in das Stammelement ein. Geben Sie den *ListBox*-Controls die Namen *lb1* und *lb2*:

```
...
    <Grid Margin="20">
        <Grid.ColumnDefinitions>
            <ColumnDefinition Width="1*"/>
            <ColumnDefinition Width="2*"/>
        </Grid.ColumnDefinitions>
        <ListBox Name="lb1" Margin="5" Grid.Column="0" ItemsSource="{Binding}"/>
        <ListBox Name="lb2" Margin="5" Grid.Column="1" ItemsSource="{Binding}"/>
    </Grid>
...
```

Quellcode

Erstellen Sie wie in Abschnitt 7.4.7 wieder einen Ereignishandler für das *Window_Loaded*-Ereignis und fügen Sie folgenden Code ein:

```
    private void Window_Loaded(object sender, RoutedEventArgs e)
    {
```

Eine Liste mit Zahlen:

```
        int[] zahlen = { 10, -4, 8, 12 };
```

Sortieren mit LINQ (standardmäßig aufsteigend) und anschließende Anzeige:

```
        zahlen = zahlen.OrderBy(z => z).ToArray();
        lb1.DataContext = zahlen;
```

Irgendeine String-Liste:

```
        string[] namen = {"Mayer", "Zacharias", "Baumann", "Förster", "Abraham"};
```

Zur Abwechslung wird hier in umgekehrter alphabetischer Reihenfolge sortiert:

```
        namen = namen.OrderByDescending(n => n).ToArray();
```

Anzeige:

```
        lb2.DataContext = namen;
    }
```

Test

Sofort nach dem Starten der Anwendung ist das Ergebnis sichtbar:

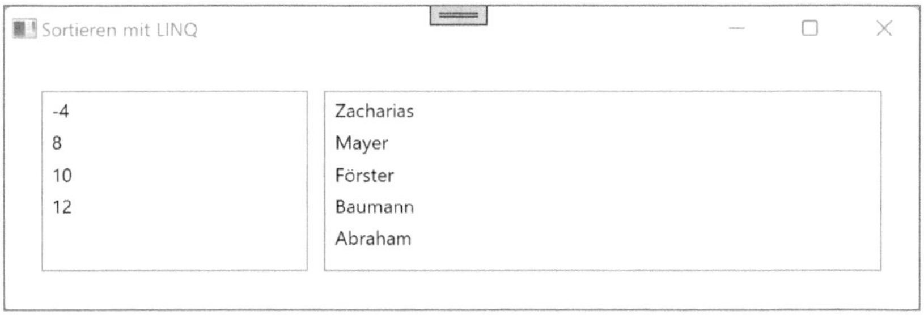

Bild 7.14 Sortierte Listen

7.4.10 Mit LINQ Collections von Objekten sortieren

Insbesondere bei der Datenbindung unter WPF haben Sie es häufig mit Objektlisten zu tun. Dabei ist neben dem Abfragen auch das Sortieren eine häufige Aufgabenstellung, die sich mit LINQ recht elegant erledigen lässt.

In unserem Beispiel wollen wir eine generische Collection sortieren, die aus *Studenten*-Objekten besteht.

Oberfläche

Öffnen Sie eine neue WPF-Anwendung und platzieren Sie auf dem Stammelement eine *ListBox* (*Name=lb*) und zwei Schaltflächen:

```
...
    <Grid Margin="5">
        <Grid.ColumnDefinitions>
            <ColumnDefinition Width="*"/>
            <ColumnDefinition Width="*"/>
        </Grid.ColumnDefinitions>
        <ListBox Name="lb" Grid.Column="0" ItemsSource="{Binding}"/>
        <StackPanel Grid.Column="1">
            <Button Content="unverzögert" Click="Button1_Click" />
            <Button Content="verzögert" Click="Button2_Click" />
        </StackPanel>
    </Grid>
...
```

Klasse Student

Fügen Sie zum Projekt eine Klasse *Student* hinzu:

```
public class Student
{
    public int Nummer { get; set; }
    public string Vorname { get; set; }
    public string Nachname { get; set; }

    public Student(int nummer, string vorname, string nachname)
    {
        Nummer = nummer;
        Vorname = vorname;
        Nachname = nachname;
    }
```

Überschreiben der *ToString*-Methode für die spätere Datenbindung (Anzeige):

```
    public override string ToString()
    {
        return $"{Nummer} , {Nachname} , {Vorname}";
    }
}
```

MainWindow.xaml.cs

Im Codebehind erzeugen Sie zunächst eine Studentenliste und initialisieren diese mit einigen Einträgen:

```
    private List<Student> GetStudenten()
    {
       return new List<Student>
       {
            new Student(82495, "Horst", "Borchert"),
            new Student(20935, "Gerlinde", "Gräfe"),
            new Student(79274, "Martha", "Mittag"),
            new Student(79204, "Emil", "Schmidt"),
            new Student(92804, "Max", "Pressmann"),
            new Student(92804, "Heinz", "Hammer")
        };
    }
```

Die sofortige Ausführung (beim Zuweisen von *sortedStudenten*):

```
    private void Button1_Click(object sender, RoutedEventArgs e)
    {
        var studenten = GetStudenten();
```

Die LINQ-Abfrage, die wegen *.ToList()* sofort ausgeführt wird:

```
        var sortedStudenten = studenten.OrderBy(s => s.Nachname).ToList();
```

Die Anzeige des Array-Inhalts:

```
        lb.DataContext = sortedStudenten;
    }
```

Die Ausführung (verzögert):

```
    private void Button2_Click(object sender, RoutedEventArgs e)
    {
        var studenten = GetStudenten();
```

Die LINQ-Abfrage (die Eigenschaft, nach der absteigend sortiert wird, ist hier die *Nummer*):

```
var sortedStudenten = studenten.OrderByDescending(s => s.Nummer);
```

Die Ausgabe der Abfrageergebnisse:

```
        lb.DataContext = linqExpr;
    }
```

Test

Die Studentenliste ist in aufsteigender Reihenfolge der Nummern sortiert:

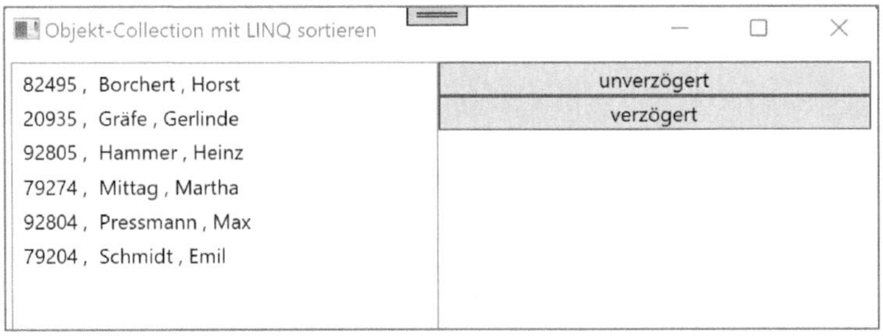

Bild 7.15 Sortierte Studentenliste

Bemerkungen

- Da die Abfrage normalerweise erst dann ausgeführt wird, wenn auf das Abfrageergebnis (hier *sortedStudenten*) zugegriffen wird (z. B. per Datenbindung), spricht man von einer verzögerten Ausführung (*deferred query execution*).

- Natürlich kann LINQ noch viel mehr als nur sortieren. Fügen Sie eine *where*-Klausel hinzu, um beispielsweise alle Studenten, deren Nummern größer als 80 000 sind, herauszufiltern!

7.4.11 Where – Deep Dive

Nachdem wir nun schon einige LINQ-Abfragen ausgeführt haben, wollen wir uns die Frage stellen, wie das überhaupt funktioniert.

Um dieses Kapitel abzurunden und auch um einen Blick unter die Motorhaube zu werfen, versuchen wir, die *Where*-Erweiterungsfunktionalität selber nachzubilden.

Zur Demonstration eignet sich hier am besten eine Konsolenanwendung. Wir legen also einfach ein neues Projekt als Konsolenanwendung an.

Leider kommen wir an dieser Stelle mit der unsäglichen Minimal-API der Konsolenanwendung (Bild 7.16) in Berührung (meinen Unmut darüber haben wir ja schon in Abschnitt 2.4.3 geäußert).

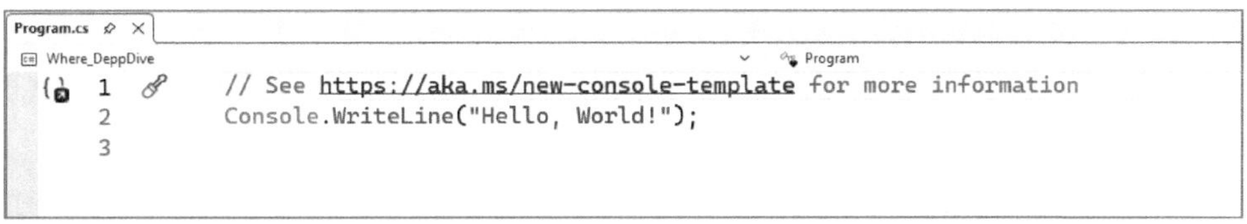

Bild 7.16 Minimal-API einer Konsolenanwendung

Quellcode (Program.cs) – erster Entwurf

Das wollen wir natürlich auf vernünftige Beine stellen, deswegen ersetzen wir den Inhalt der *Program.cs* mit folgendem Code:

```
namespace Where_DeepDive;

class Program
{
    static void Main(string[] args)
    {

    }
}
```

Wir werden später wieder hierher zurückkommen, um unsere Tests auszuführen.

Sie können sich auch den Code automatisch erzeugen lassen, indem Sie auf den Pinsel, der links neben dem Code vorhanden ist, klicken und die Option *In 'Program.Main' Programmformat konvertieren* auswählen (siehe Bild 7.17).

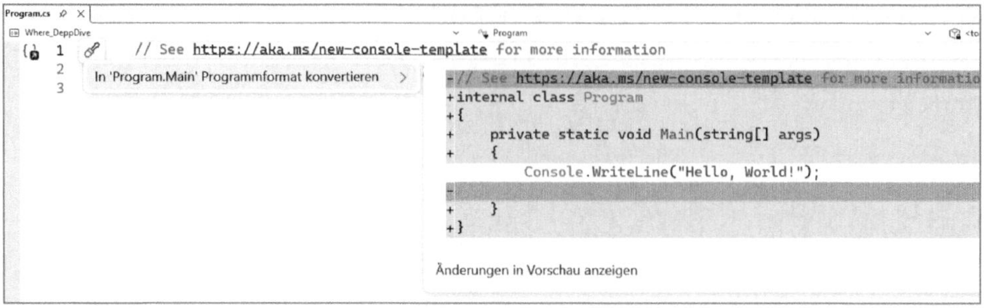

Bild 7.17 Automatische Konvertierung des Codes

Quellcode (Album.cs) – erster Entwurf

Im zweiten Schritt fügen wir eine neue Klasse *Album* hinzu (bestehend aus drei Properties):

```
namespace Where_DeepDive;

public class Album
{
    public string Name { get; set; } = string.Empty;
    public string Interpret { get; set; } = string.Empty;
    public int Erscheinungsjahr { get; set; }
}
```

So, nun wollen wir eine Liste vom Typ *Album* erstellen, die wir mittels der *Where*- und später einer eigenen *Filter*funktion in der Konsole ausgeben wollen:

Quellcode (Program.cs) – zweiter Entwurf

```
namespace Where_DeepDive;

class Program
{
    static void Main(string[] args)
    {
     var alben = new List<Album>
        {
            new Album { Name = "Please Please Me", Interpret = "The Beatles",
                        Erscheinungsjahr = 1962},
            new Album { Name = "With the Beatles", Interpret = "The Beatles",
                        Erscheinungsjahr = 1963},
            new Album { Name = "A Hard Days Night", Interpret = "The Beatles",
                        Erscheinungsjahr = 1964},
            new Album { Name = "Beatles for Sale", Interpret = "The Beatles",
                        Erscheinungsjahr = 1964},
            new Album { Name = "Help", Interpret = "The Beatles",
                        Erscheinungsjahr = 1965},
            new Album { Name = "Rubber Soul", Interpret = "The Beatles",
                        Erscheinungsjahr = 1965},
            new Album { Name = "Revolver", Interpret = "The Beatles",
                        Erscheinungsjahr = 1966},
```

```
            new Album { Name = "Sgt. Peppers Lonely Hearts Club Band",
                        Interpret = "The Beatles", Erscheinungsjahr = 1967},
            new Album { Name = "Magical Mystery Tour", Interpret = "The Beatles",
                        Erscheinungsjahr = 1967},
            new Album { Name = "The Beatles (White Album)",
                        Interpret = "The Beatles", Erscheinungsjahr = 1968},
            new Album { Name = "Yellow Submarine", Interpret = "The Beatles",
                        Erscheinungsjahr = 1969},
            new Album { Name = "Abbey Road", Interpret = "The Beatles",
                        Erscheinungsjahr = 1969},
            new Album { Name = "Let it be", Interpret = "The Beatles",
                        Erscheinungsjahr = 1970}
        };

        Console.WriteLine("============== Ende Ausgabe Where================");
        var blaueAlben = alben.Where(a => a.Erscheinungsjahr >= 1967);

        foreach (var item in blaueAlben)
        {
            Console.WriteLine(item.Name);
        }
        // Ende Ausgaben Where

        Console.WriteLine("============== Ende Ausgabe Where================");
    }
}
```

Jetzt werden wir unsere eigene Version von *Where* bauen und erstmal zusammenzufassen, was wir über *Where* wissen. In Bild 7.18 sehen Sie, was angezeigt wird, wenn Sie im Codefenster mit der Maus über *Where* fahren.

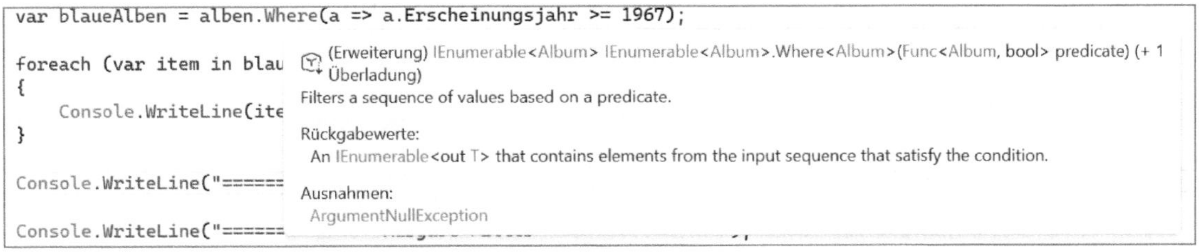

Bild 7.18 Visual-Studio-Unterstützung zu Where

Daraus können wir folgende Informationen ablesen:

- Erweiterungsmethode (also eine statische Methode in einer statischen Klasse)
- Eingabeparameter *predicate*: Eine *Func<Album, bool>*, also ein Funktionszeiger auf eine Funktion, die ein Objekt vom Typ *Album* entgegennimmt und dann *true* oder *false* zurückgibt. In unserem Beispiel ist das der Ausdruck *a.Erscheinungs jahr >= 1967*, wobei *a* über den Lambda-Operator definiert ist (*a* =>). Sprich für jedes Album *a* wird einmal der Ausdruck *a.Erscheinungsjahr >= 1967* ausgewertet.
- Der Rückgabewert der Funktion ist vom Typ *IEnumerable<Album>*.

Da wir *Where* auch schon für andere Objekte benutzt haben, können wir davon ausgehen, dass es sich bei dieser Methode um eine generische Methode handelt.

Also legen wir los und fügen unserem Projekt eine weitere Klasse mit dem Namen *MyExtensions* hinzu.

Quellcode (MyExtensions.cs) – erster Entwurf

Da wir wissen, dass wir eine Extension-Methode schreiben wollen, definieren wir die Klasse statisch:

```
namespace Where_DeepDive;

public static class MyExtensions
{
```

Mit dem gerade erworbenen Wissen definieren wir unsere eigene generische *Filter*-Methode wie folgt (dies entspricht der Signatur der original *Where*-Methode):

```
    public static IEnumerable<T> Filter<T>(this IEnumerable<T> sequence,
                                           Func<T, bool> predicate)
    {
```

Als Erstes bietet sich folgender Lösungsansatz an: Wir durchlaufen die Auflistung *sequence* und

schauen, ob der Funktionszeiger *predicate true* zurückgibt. Ist dies der Fall, nehmen wir den Eintrag, schreiben ihn in eine Ergebnisliste und geben diese zurück:

```
        var result = new List<T>();

        foreach (var item in sequence)
        {
            if (predicate(item))
            {
                result.Add(item);
            }
        }

        return result;
```

Damit können wir einen ersten Versuch wagen. Fügen Sie noch, nach der Ausgabe von *Where*, den Aufruf von *Filter* sowie die entsprechende Ausgabe in *Program.cs* ein:

```
        Console.WriteLine("==============Ausgabe Filter================");
        var blaueAlben2 = alben.Filter(a => a.Erscheinungsjahr >= 1967);

        foreach (var item in blaueAlben2)
        {
            Console.WriteLine(item.Name);
        }
        Console.WriteLine("============== Ende Ausgabe Filter================");
```

Wenn Sie das Programm laufen lassen, sehen Sie die Ausgabe aus Bild 7.19.

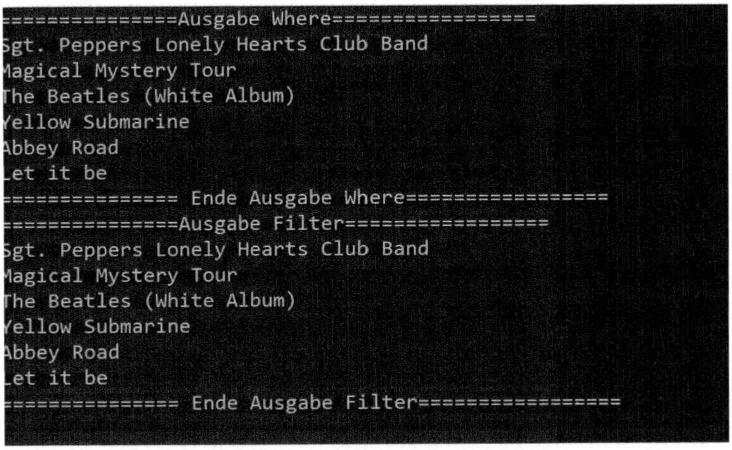

Bild 7.19 Ausgabe des ersten Entwurfs

Soll es wirklich so einfach gewesen sein? Leider sind wir noch nicht am Ziel.

Um der Sache auf den Grund zu gehen, führen wir eine kleine, wenn auch ungewöhnliche Änderung in der Klasse *Album* durch.

Quellcode (Album.cs) – zweiter Entwurf

Wir wollen die Eigenschaft *Erscheinungsjahr* in eine komplette Property (mit privater Variable) ändern und beim Zugriff auf das Erscheinungsjahr eine Ausgabe in die Konsolenausgabe schreiben. So etwas hat natürlich in einer produktiven Anwendung nichts zu suchen, aber dadurch sehen Sie ganz genau, was passiert.

```
namespace Where_DeepDive;

public class Album
{
    private int erscheinungsjahr;

    public string Name { get; set; }
    public string Interpret { get; set; }
    public int Erscheinungsjahr {
        get
        {
            Console.WriteLine($"Gebe das {erscheinungsjahr} für {Name} zurück");
            return erscheinungsjahr;
        }
        set => erscheinungsjahr = value;
    }
}
```

HINWEIS: Bitte achten Sie darauf, dass Sie bei der Konsolenausgabe für das Erscheinungsjahr die private Variable (*erscheinungsjahr*) und nicht den Namen der Property verwenden. Letzteres würde nämlich zu einer Endlosschleife führen, da sich die Property rekursiv immer wieder aufrufen würde.

Und jetzt starten wir noch mal das Programm und sehen, dass die beiden Ausgaben von *Where* und *Filter* plötzlich unterschiedlich sind (Bild 7.20).

In der ersten Variante mit *Where* wird die Ausgabe des Treffers innerhalb der *for each*-Schleife sofort nach der Ausgabe in der Property *Erscheinungsjahr* erzeugt. Während in unserer eigenen Variante erst alle Ausgaben aus der Property *Erscheinungsjahr* kommen und erst dann die Anzeige der Treffer innerhalb der *foreach*-Schleife.

```
Gebe das 1963 für With the Beatles zurück
Gebe das 1964 für A Hard Days Night zurück
Gebe das 1964 für Beatles for Sale zurück
Gebe das 1965 für Help zurück
Gebe das 1965 für Rubber Soul zurück
Gebe das 1966 für Revolver zurück
Gebe das 1967 für Sgt. Peppers Lonely Hearts Club Band zurück
Sgt. Peppers Lonely Hearts Club Band
Gebe das 1967 für Magical Mystery Tour zurück
Magical Mystery Tour
Gebe das 1968 für The Beatles (White Album) zurück
The Beatles (White Album)
Gebe das 1969 für Yellow Submarine zurück
Yellow Submarine
Gebe das 1969 für Abbey Road zurück
Abbey Road
Gebe das 1970 für Let it be zurück
Let it be
===============Ende Ausgabe Where=================
===============Ausgabe Filter=================
Gebe das 1962 für Please Please Me zurück
Gebe das 1963 für With the Beatles zurück
Gebe das 1964 für A Hard Days Night zurück
Gebe das 1964 für Beatles for Sale zurück
Gebe das 1965 für Help zurück
Gebe das 1965 für Rubber Soul zurück
Gebe das 1966 für Revolver zurück
Gebe das 1967 für Sgt. Peppers Lonely Hearts Club Band zurück
Gebe das 1967 für Magical Mystery Tour zurück
Gebe das 1968 für The Beatles (White Album) zurück
Gebe das 1969 für Yellow Submarine zurück
Gebe das 1969 für Abbey Road zurück
Gebe das 1970 für Let it be zurück
Sgt. Peppers Lonely Hearts Club Band
Magical Mystery Tour
The Beatles (White Album)
Yellow Submarine
Abbey Road
Let it be
============== Ende Ausgabe Filter=================
```

Bild 7.20 Unterschiedliche Ausgaben von Where und Filter

So richtig interessant wird es, wenn Sie jetzt noch die beiden *foreach*-Schleifen für die Ausgabe in den beiden Varianten auskommentieren und dann das Programm noch mal starten. Bild 7.21 zeigt die neuen Ausgaben. Bei *Where* wird jetzt nichts mehr ausgegeben, während wir alle Zugriffe auf die Property *Erscheinungsjahr* in der eigenen *Filter*-Variante angezeigt bekommen.

War da nicht etwas mit verzögerter Ausführung (deferred execution)? So lange wir nicht auf das Ergebnis zugreifen, passiert gar nichts, wie in der *Where*-Variante zu sehen ist. In unserer eigenen Filterlogik wird die Ergebnismenge auf jeden Fall einmal durchlaufen.

Und wir haben jetzt einen Rückgabewert vom Typ *IEnumerable<T>*, war da nicht etwas mit *yield*? Genau das ist der Schlüssel zum Erfolg.

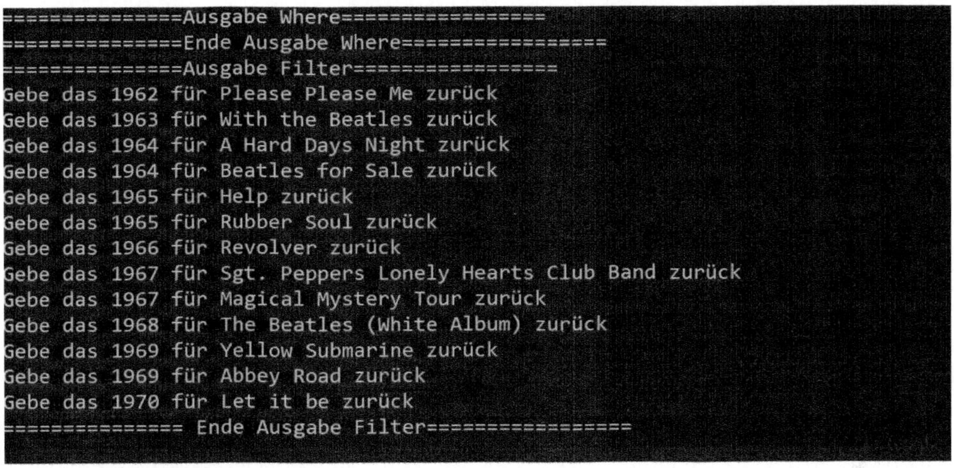

```
==============Ausgabe Where=================
==============Ende Ausgabe Where=================
==============Ausgabe Filter=================
Gebe das 1962 für Please Please Me zurück
Gebe das 1963 für With the Beatles zurück
Gebe das 1964 für A Hard Days Night zurück
Gebe das 1964 für Beatles for Sale zurück
Gebe das 1965 für Help zurück
Gebe das 1965 für Rubber Soul zurück
Gebe das 1966 für Revolver zurück
Gebe das 1967 für Sgt. Peppers Lonely Hearts Club Band zurück
Gebe das 1967 für Magical Mystery Tour zurück
Gebe das 1968 für The Beatles (White Album) zurück
Gebe das 1969 für Yellow Submarine zurück
Gebe das 1969 für Abbey Road zurück
Gebe das 1970 für Let it be zurück
============== Ende Ausgabe Filter=================
```

Bild 7.21 Ausgaben ohne foreach

Quellcode (MyExtensions.cs) – zweiter und finaler Entwurf

Wir wollen jetzt nicht mehr eine Ergebnisliste definieren und innerhalb einer Schleife befüllen, sondern mit *yield* arbeiten. Dazu ändern wir den Code in der Extensionmethode wie folgt ab:

```
public static IEnumerable<T> Filter<T>(this IEnumerable<T> sequence,
                                        Func<T, bool> predicate)
    {
        foreach (var item in sequence)
        {
            if (predicate(item))
            {
                yield return item;
            }
        }
    }
```

Bild 7.22 zeigt nun zwei identische Ausgaben, das Ziel ist erreicht.

```
===============Ausgabe Where=================
Gebe das 1962 für Please Please Me zurück
Gebe das 1963 für With the Beatles zurück
Gebe das 1964 für A Hard Days Night zurück
Gebe das 1964 für Beatles for Sale zurück
Gebe das 1965 für Help zurück
Gebe das 1965 für Rubber Soul zurück
Gebe das 1966 für Revolver zurück
Gebe das 1967 für Sgt. Peppers Lonely Hearts Club Band zurück
Sgt. Peppers Lonely Hearts Club Band
Gebe das 1967 für Magical Mystery Tour zurück
Magical Mystery Tour
Gebe das 1968 für The Beatles (White Album) zurück
The Beatles (White Album)
Gebe das 1969 für Yellow Submarine zurück
Yellow Submarine
Gebe das 1969 für Abbey Road zurück
Abbey Road
Gebe das 1970 für Let it be zurück
Let it be
===============Ende Ausgabe Where=================
===============Ausgabe Filter=================
Gebe das 1962 für Please Please Me zurück
Gebe das 1963 für With the Beatles zurück
Gebe das 1964 für A Hard Days Night zurück
Gebe das 1964 für Beatles for Sale zurück
Gebe das 1965 für Help zurück
Gebe das 1965 für Rubber Soul zurück
Gebe das 1966 für Revolver zurück
Gebe das 1967 für Sgt. Peppers Lonely Hearts Club Band zurück
Sgt. Peppers Lonely Hearts Club Band
Gebe das 1967 für Magical Mystery Tour zurück
Magical Mystery Tour
Gebe das 1968 für The Beatles (White Album) zurück
The Beatles (White Album)
Gebe das 1969 für Yellow Submarine zurück
Yellow Submarine
Gebe das 1969 für Abbey Road zurück
Abbey Road
Gebe das 1970 für Let it be zurück
Let it be
=============== Ende Ausgabe Filter=================
```

Bild 7.22 yield erzeugt eine identische Ausgabe.

HINWEIS: Um das Ganze noch zu verdeutlichen, setzen Sie mal vor dem Programmstart einen Haltepunkt in der Zeile mit *yield return* und einen Haltepunkt an der Stelle *a.Erscheinungsjahr >= 1967* (innerhalb des Filter-Aufrufes, siehe Bild 7.23). Nach dem Debuggen dürften Sie sich mit *yield*, *deferred Execution* und LINQ bei Weitem wohler fühlen.

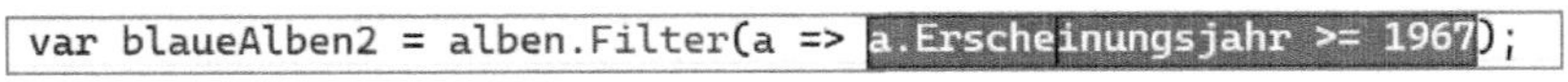

Bild 7.23 Haltepunkt innerhalb des Lambda-Ausdrucks

Sie können den Haltepunkt dort setzen, indem Sie mit der Maus auf *Erscheinungsjahr* klicken und dann die **F9**-Taste drücken.

8 Neuerungen von C# im Überblick

In diesem Kapitel wollen wir Ihnen nochmals einen kompakten Überblick über die Spracherweiterungen von C# in den letzten Versionen geben (teilweise mit Verweis auf die Kapitel, in denen das jeweilige Thema ausführlicher behandelt wird). Dabei sollen kurz die Erweiterungen der Sprache seit der Version 4.0 zusammengefasst werden. Mit Visual Studio 2026 und .NET 10 sind wir mittlerweile bei C# 14 angekommen.

Wir verwenden in diesem Kapitel immer eine Konsolenanwendung, um uns auf das Wesentliche konzentrieren zu können.

8.1 C# 4.0 – Visual Studio 2010

In der Version 4.0, die mit Visual Studio 2010 verfügbar war, gab es drei nennenswerte Spracherweiterungen für C#:

- Die Einführung des Datentyps *dynamic*
- Einführung von optionalen und benannten Parametern
- Generische Typen für *Kovarianz* und *Kontravarianz*

8.1.1 Datentyp dynamic

Wie in den dynamischen Skriptsprachen (z. B. JavaScript oder IronPython) gibt es jetzt auch in C# einen Datentyp *dynamic*. Der tatsächliche Typ ist somit zur Entwicklungszeit noch nicht bekannt und wird erst zur Laufzeit ermittelt. Er verhält sich ähnlich wie *object*, da er jeglichen Wert annehmen kann. Jedoch unterstützt er zur Kompilierzeit jegliche Methoden und Eigenschaften. Unterstützt der zur Laufzeit ermittelte

Typ jedoch diese Methode oder Eigenschaft nicht, wird ein Laufzeitfehler ausgelöst. Der Datentyp *object* würde im Gegensatz dazu ja nur wenige Methoden (wie z. B. *ToString()*) anbieten und beim Nutzen einer speziellen Methode (ohne Typcast) zur Kompilierzeit einen Fehler auslösen.

Beispiel 8.1: Beispiel zur Verwendung einer Variablen, die als *dynamic* definiert ist

C#

Definition einer Beispielklasse:

```
public class Test
{
    public void TestMethode1(int i) { }
    public void TestMethode2(int i, int j) { }
}
```

Definition dieser Klasse als dynamic:

```
static void Main()
{
    dynamic test = new Test();
    // problemloser Aufruf
    test.TestMethode1(5);
    // Tippfehler Groß-Kleinschreibung
    // kein Compilerfehler aber Laufzeitfehler
    test.Testmethode1(5);
}
```

HINWEIS: Erwarten Sie bei der Verwendung des *dynamic*-Datentyps kein Intelli Sense in Visual Studio.

Gerade beim Zugriff auf COM-Interop-Bibliotheken erspart man sich mit diesem neuen Feature viele Typcasts, jedoch muss man die genaue Schreibweise der entsprechenden Methoden und Eigenschaften kennen.

Der Datentyp *dynamic* wurde auch bereits in Abschnitt 6.7 ausführlich erläutert.

8.1.2 Benannte und optionale Parameter

Wie bereits seit vielen Jahren in VB unterstützt auch C# ab der Version 4.0 benannte und optionale Parameter.

Bei benannten Parametern kann man den Namen des Parameters jetzt mit angeben, die Position des Parameters ist dann nicht mehr entscheidend. Unter Umständen wird dadurch die Lesbarkeit des Programmcodes verbessert.

Beispiel 8.2: Beispiel zur Verwendung von benannten Parametern

C#

Definition einer Methode:

```
static double BerechneBMI(double groesse, double gewicht)
{
    return gewicht * Math.Pow(groesse - 100, 2);
}
```

Aufrufvarianten für diese Methode:

```
static void Main()
{
    // herkömmlicher Aufruf
    var bmi = BerechneBMI(180, 90);
    // Aufruf mit benannten Parametern
    bmi = BerechneBMI(groesse: 180, gewicht: 90);
    // Aufruf mit benannten Parametern in anderer Reihenfolge
    Bmi = BerechneBMI(gewicht: 90, groesse: 180);
    // Aufruf nur mit einem benannten Parameter
    // erster Parameter an korrekter Position
    bmi = BerechneBMI(180, gewicht: 90);
    // Aufruf nur mit einem benannten Parameter
    // (erster Parameter nicht an korrekter Position) ist nicht möglich
    // Compilerfehler
    bmi = BerechneBMI(90, groesse: 180);
}
```

C# 4.0 unterstützt jetzt auch optionale Parameter. Das bedeutet, man kann bei einer Konstruktor-/Methodendefinition definieren, ob ein Parameter übergeben werden muss oder nicht. Optionale Parameter müssen jedoch am Ende der Parameterliste stehen und einen Standardwert besitzen.

Mehr zu optionalen Parametern finden Sie auch in Abschnitt 6.7.3.

HINWEIS: Gerade wenn Sie mit COM-Interop auf Office-Applikationen zugreifen, werden Sie sehen, wie angenehm optionale Parameter sind.

Beispiel 8.3: Beispiel für optionale Parameter

C#

Definition einer Methode:

```
static void PrintSomething(string text, int repeat = 10)
{
    for (int i = 0; i < repeat; i++)
    {
        Console.WriteLine(text);
    }
}
```

Aufrufvarianten für diese Methode:

```
static void Main()
{
    // Aufruf ohne den optionalen Parameter (wird 10-mal gedruckt)
    PrintSomething("Das ist das Haus vom Nikolaus");
    // Aufruf mit optionalem Parameter (wird 5-mal gedruckt)
    PrintSomething("Das ist das Haus vom Nikolaus", 5);
}
```

8.1.3 Kovarianz und Kontravarianz

Die Zuweisung eines allgemeineren Typs mit den Werten eines speziellen (tiefer abgeleiteten) Typs bezeichnet man als *Kovarianz*. Im umgekehrten Fall, also wenn Sie einem spezielleren Typ einen allgemeineren Typ zuweisen, spricht man von *Kontravarianz*.

Dieses Sprachfeature wurde bereits in Abschnitt 6.7.4 besprochen.

8.2 C# 5.0 – Visual Studio 2012

Der Hauptschwerpunkt von C# 5.0 war asynchrone Programmierung. Zu diesem Zweck wurden die beiden Schlüsselwörter *async* und *await* eingeführt, mit deren Hilfe es sehr einfach möglich wurde, asynchrone Methoden zu definieren.

Die sogenannte Caller Information war die zweite Neuerung in C# 5.0, die vor allem Logging und Protokollierungen wesentlich vereinfachte.

8.2.1 Async und Await

Mit C# 5.0 wurden zwei neue Schlüsselwörter eingeführt:

- der *async*-Modifizierer und
- der *await*-Operator.

Eine mit *async* markierte Methode wird als „asynchrone Methode“ bezeichnet. Das heißt, die Programmausführung wartet nach deren Aufruf nicht auf das Ende der Methode, sondern setzt die Ausführung fort. Mit dem *await*-Operator haben Sie die Möglichkeit, auf das Ende der Methode zu warten, und gleichzeitig können Sie den Rückgabewert der Methode auswerten.

Beispiel 8.4: Beispiel für *async-await*

C#

Definition einer asynchronen Methode, die nach einer 5-sekündigen Pause einen Text in der Console ausgibt:

```
static async Task DoSomethingLongRunning()
{
    await Task.Delay(5000);
    Console.WriteLine("Fertig mit dem langen Warten");
}
```

Aufruf aus der *Main()*-Methode:

```
static void Main()
{
    _ = DoSomethingLongRunning();
    Console.WriteLine("Ob der noch fertig wird");
    Console.ReadLine();
}
```

Obwohl die Konsolenausgabe in der *Main()*-Routine erst nach dem Aufruf der Methode *DoSomethingLongRunning()* ausgeführt wird, wird diese zuerst ausgegeben. Der Grund ist, dass die Methode *DoSomethingLongRunning()* eine asynchrone Methode ist und bei dem *await*-Aufruf die Kontrolle sofort an die *Main()*-Routine zurückgegeben wird, die dann mit der weiteren Programmausführung fortfährt.

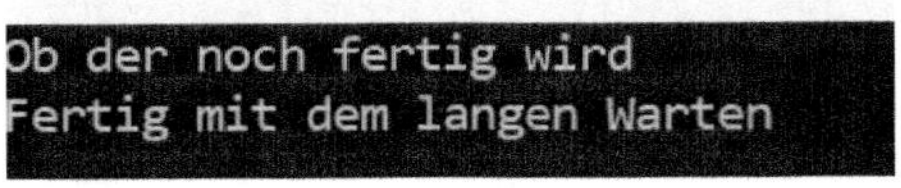

Bild 8.1
Beispiel für async/await

HINWEIS: Definieren Sie den Rückgabewert jeder asynchronen Methode als generischen *Task<T>* bzw. als *Task* (bei einer ursprünglichen *void*-Routine).

Der Abschnitt 14.8 führt Sie ausführlich in die Möglichkeiten ein, die Ihnen diese beiden neuen Schlüsselwörter bieten.

8.2.2 CallerInfo

Mit den *CallerInfo*-Attributen kann man mittels optionaler Parameter sehr dynamisch Informationen über den Aufrufer an eine Methode übergeben.

Dabei stehen folgende Informationen bereit:

- Name des Aufrufers (*CallerMemberName*),

- Zeilennummer des Aufrufs (*CallerLineNumber*),
- Name der Datei, aus der der Aufruf kommt (*CallerFilePath*).

Beispiel 8.5: Beispiel für *CallerInfo*

C#

Um die Aufrufinformationen nutzen zu können, benötigen Sie folgende *using*-Anweisung (nicht in den global usings enthalten):

```
using System.Runtime.CompilerServices;
```

Definition einer Methode, die Aufrufinformationen als optionale Parameter erhält (welche Aufrufinformationen das sind, steht vor dem Parameter in eckigen Klammern):

```
static void Log(string text,
                [CallerMemberName] string callerName = "",
                [CallerLineNumber] int lineNumber = 0 )
{
   Console.WriteLine($"{text} wurde übergeben aus der Methode
                  {callerName} in Zeile {lineNumber}");
}
```

Aufrufe der Methode:

```
static void Main()
{
   Log("Hallo");
   Log("Welt");
   Console.ReadLine();
}
```

Wie Sie in Bild 8.2 sehen, werden die gewünschten Informationen über die *CallerInfo*-Attribute automatisch übergeben.

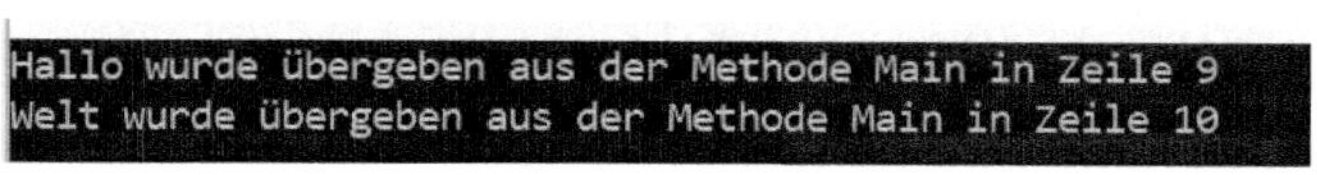

Bild 8.2 CallerInfos werden ausgegeben

Eine ausführliche Beschreibung dieser Attribute folgt in Abschnitt 16.3.

8.3 Visual Studio 2013

Mit Visual Studio 2013 gab es keine C#-Spracherweiterungen. In dieser Version gab es nur Bugfixes und Performanceverbesserungen auf Sprachebene.

Visual Studio 2013 stand jedoch ganz im Zeichen von *Roslyn* (der neuen .NET-Compiler-Plattform). Damit können in Visual Studio jetzt Codeanalyzer hinzugefügt werden, um einheitlichen und übersichtlicheren Code sicherzustellen und somit die Codequalität zu verbessern.

8.4 C# 6.0 – Visual Studio 2015

Mit C# 6.0 wurden viele kleine Sprachfeatures eingeführt, die dem Entwickler das Leben einfacher gestalten sollen. Diese Sprachfeatures sind in den nächsten Kapiteln aufgeführt.

8.4.1 String Interpolation

Mittels String Interpolation kann man sehr einfach Variablen in konstante Stringausdrücke einbinden, ohne eine aufwendige Stringkonkatenation durchzuführen.

Die Variablen werden dabei in geschweiften Klammern geschrieben und vor der Zeichenkette wird lediglich das $-Zeichen geschrieben.

String Interpolation wurde bereits ausführlich in Abschnitt 5.5.3 beschrieben und wurde auch in den letzten Beispielen schon intensiv verwendet.

8.4.2 Schreibgeschützte AutoProperties

Ab der Version C# 6.0 kann man auch AutoProperties schreibgeschützt definieren, sodass der Wert nur im Konstruktor gesetzt werden kann. Dazu muss man lediglich den *get-Accessor* definieren.

Beispiel 8.6: Beispiel für eine schreibgeschützte AutoProperty

C#

```
public string Name { get; }
```

Mit diesem neuen Sprachfeature kann man auch mit der verkürzten Property-Schreibweise nun *immutable*-Typen erzeugen, wenn auch die in C# 9 eingeführten Records dafür geeigneter sind.

HINWEIS: Jeglicher schreibende Zugriff außerhalb des Konstruktors führt zu einem Compilerfehler.

8.4.3 Initialisierer für AutoProperties

Mittels Initialisierern für AutoProperties kann man unabhängig vom Konstruktor den Properties sofort einen Wert zuweisen. Gerade bei mehreren überladenen Konstruktoren spart man sich hier unnötige Initialisierungen. Initialisierer für AutoProperties funktionieren auch für schreibgeschützte AutoProperties.

Beispiel 8.7: Beispiel für AutoProperties-Initialisierer

C#

```
public List<string> Kinder { get; } = new List<string>();
public string Geburtsland { get; set; } = "Deutschland";
```

8.4.4 Expression Body Member

Sehr häufig besitzen Member einer Klasse nur eine einzige Anweisung, diese können jetzt als *Expression Body* Member genutzt werden (sorry, für den englischen Ausdruck, aber die offizielle deutsche Übersetzung Ausdruckskörper-Funktionsmember finden wir fürchterlich). Expression Body Member funktionieren für Methoden sowie für schreibgeschützte Eigenschaften.

Beispiel 8.8: Beispiel eines Expression Body Members für eine Methode und eine schreibgeschützte Eigenschaft

C#

```
public override string ToString() => $"{Vorname} {Name} aus {Geburtsland}";
public string FullName => $"{Vorname} {Name}";
```

8.4.5 using static

Mit der Spracherweiterung *using static* können nun alle statischen Methoden einer Klasse importiert werden. Ob es sich dabei um eine statische Klasse handelt oder auch um eine Klasse, die sowohl statische als auch Instanzmethoden besitzt, ist unerheblich.

Beispiel 8.9: Beispiel für using static

C#

```
using static System.Math;
using static System.String;

class Program
{
   public void Calculate(string text, int value)
   {
      // anstatt string.IsNullOrEmpty
      if(IsNullOrEmpty(text))
      {
         ...
      }
      // anstatt Math.Abs
      Console.WriteLine(Abs(value));
   }
}
```

8.4.6 Bedingter Nulloperator

Sehr häufig mussten Sie bislang in Ihrem Code immer Prüfungen auf *null* durchführen, um eine *NullReferenceException* zu verhindern. Dies war teils sehr aufwendig und machte den Code nicht unbedingt lesbarer. Der *bedingte NullOperator* soll diese Überprüfungen jetzt wesentlich vereinfachen.

Sie müssen lediglich den Memberzugriff durch den Punkt (.) mit dem bedingten Nulloperator (?.) ersetzen.

Beispiel 8.10: Beispiel für bedingten Nulloperator

C#

```
// kein Laufzeitfehler auch wenn person == null
// der Stringvariablen wird entweder der Wert zugewiesen,
// oder wenn person null ist, dann ebenfalls null
string name = person?.Name;
// null Sammeloperator
// wenn person null ist, dann ist Name Unbekannt,
// ansonsten der Name der Person
string name = person?.Name ?? "Unbekannt";
// Beispiel zum Aufruf eines Eventhandlers
// Auch wenn kein Eventhandler registriert ist,
// führt dieser Code zu keiner NullReferenceException
MyEvent?.Invoke(this, EventArgs.Empty);
```

8.4.7 Ausnahmenfilter

Mittels Ausnahmenfiltern (Exception Filter) kann man in *catch*-Blöcken noch gewisse Einschränkungen mitgeben, um zu bestimmen, ob der *catch*-Block ausgeführt wird.

So kann man zum Beispiel bei einem Webaufruf für verschiedene *HttpStatusCodes* verschiedene *catch*-Blöcke mit derselben *Exception* definieren.

Beispiel 8.11: Beispiel für Ausnahmenfilter bei einer *HttpRequestException*

C#

```
try
{ ... }
catch (HttpRequestException e) when (e.Message.Contains("404"))
{ ... }
catch (HttpRequestException e) when (e.Message.Contains("405"))
{ ... }
```

HINWEIS: Auf diese Art und Weise können Sie auch eine globale Protokollierung Ihrer Fehler erreichen, indem Sie eine Erweiterungsmethode für eine Exception erstellen, die immer *false* zurückgibt.

```
catch (Exception ex) when (ex.LogError())
```

Diese Bedingung wird nie erfüllt, sodass Sie dann in weiteren *catch*-Blöcken Ihre konkrete Fehlerbedingung verzweigen können.

8.4.8 nameof-Ausdrücke

Mittels des *nameof*-Ausdrucks können Variablen, Methodennamen oder Eigenschaftennamen als Strings verwendet werden. Der große Vorteil besteht darin, dass bei der Umbenennung des Codemembers automatisch der *nameof*-Ausdruck auch ersetzt wird, was bei hartcodierten Stings nicht der Fall wäre.

Beispiel 8.12: Beispiel für *nameof*

C#

```
// bei Datenbindung
textBox1.DataBindings.Add(new DataBinding("Text", person, nameof(Vorname), true);
// bei PropertyChanged
PropertyChanged?.Invoke(this,new PropertyChangedEventArgs(nameof(PropertyName)));
```

8.4.9 await in catch und finally

Es ist nun möglich, das Schlüsselwort *await* auch in *catch*- und *finally*-Blöcken zu verwenden. Das war in der Vorgängerversion nicht möglich.

8.4.10 Indexinitialisierer

Indexinitialisierer sind nun auch für Dictionarys verfügbar.

Beispiel 8.13: Beispiel für Initialisierung eines Dictionary

C#

```
private Dictionary<int, string> webFehler = new Dictionary<int, string>()
{
    [404] = "Seite nicht gefunden",
    [405] = "Methode nicht zugelassen",
    [500] = "Interner Serverfehler"
};
```

8.5 C# 7.0 – Visual Studio 2017

Auch C# 7.0 bringt wieder einen großen bunten Strauß an weiteren neuen Spracherweiterungen mit, die wir uns im Folgenden anschauen wollen.

8.5.1 out-Variablen

Bislang mussten *out*-Parameter definiert werden, bevor sie dann an eine Methode übergeben werden konnten. Diese Definition kann jetzt direkt beim Methodenaufruf erfolgen.

Beispiel 8.14: Beispiel für eine *out*-Variable

C#

```
if (int.TryParse(value, out int result)
{ ... }
// oder auch mit impliziter Typisierung
if (int.TryParse(value, out var result)
{ ... }
```

8.5.2 Tupel

Tupel sind leichtgewichtige Datenstrukturen, die mehr als ein Datenelement enthalten. Manchmal würde man bei Methodenaufrufen gerne mehr als einen Funktionswert zurückgeben, dies war jedoch ohne die Definition einer neuen Klasse nicht so ohne weiteres möglich. Zwar gab es Tupel in C# schon seit längerer Zeit, jedoch war deren Verwendung nicht unbedingt intuitiv. Es war bislang nicht möglich, Namen für die Elemente eines Tupels zu vergeben, man musste sie einfach *Item1*, *Item2* etc. nennen.

Diese Restriktionen wurden mit den neuen C#-7.0-Tupeln aufgehoben.

Beispiel 8.15: Verwendung von Tupeln

C#

```
// bislang nur folgende Syntax möglich
// die Daten mussten dann mit Item1 und Item2 angesprochen werden
var data = (180, 83);
// jetzt aber auch so möglich
(int Height, int Weight) data = (180, 83);
// oder auch
var data2 = (Height: 180, Weight: 83);
```

Wenn Sie Tupel in Methoden zurückgeben, können die Methoden wie folgt definiert werden:

```
private static (int Min, int Max) Bereich(List<int> zahlen)
{
    int min = int.MaxValue;
    int max = int.MinValue;
    foreach(var zahl in zahlen)
    {
        min = (zahl < min) ? zahl : min;
        max = (zahl > max) ? zahl : max;
    }
    return (min, max);
}
private static void Main()
{
    var zahlenliste = new List<int>() { 17, 24, 37, 43, 58, 3, 97, 21 };
    var grenzwerte = Bereich(zahlenliste);
    Console.WriteLine($"Kleinste Zahl: {grenzwerte.min}");
    Console.WriteLine($"Größte Zahl: {grenzwerte.max}");
    // oder auch
    (int Klein, int Gross) = Bereich(zahlenliste);
    Console.WriteLine($"Kleinste Zahl: {Klein}");
    Console.WriteLine($"Größte Zahl: {Gross}");
}
```

Bei Tupeln schreibt man die Rückgabewerte in der Pascal-Notation (sie sind ja die Properties des Tupel). Also wie hier im Beispiel `private static (int Min, int Max) Bereich(List<int> zahlen)` das M beim Min und Max groß.

8.5.3 Mustervergleich

Mit Mustervergleichen (*Pattern Matching*) ist es möglich, nicht nur Abfragen auf den Typ, sondern auch auf weitere Inhalte durchzuführen.

Mustervergleiche können mit dem bekannten *is*-Operator und auch dem *switch*-Konstrukt durchgeführt werden.

Beispiel 8.16: Beispiel eines Mustervergleichs

C#

```
static void Main()
{
   object[] data = { null!, "Hallo",
         new Person("Julia", "W"), new Person("Lenny", "M") };
   foreach(var item in data)
   {
      IsMuster(item);
      SwitchMuster(item);
   }
}
static void IsMuster(object o)
{
    // Abfrage mit is anstatt ==
    if (o is null)
    {
        Console.WriteLine("Der Wert ist null");
    }
    // Abfrage auf den Wert
    if (o is "Hallo")
    {
        Console.WriteLine("Es ist der Hallo-Eintrag");
    }
    // Abfrage auf den Typ
    if (o is string s)
    {
        Console.WriteLine($"Es ist ein string {s}");
    }
    // Abfrage auf den Typ und Wert
    if (o is Person p && p.Geschlecht == "M")
    {
        Console.WriteLine(
            $"Es ist eine männliche Person mit Namen {p.Name}");
    }
}
```

```
static void SwitchMuster(object o)
{
    switch (o)
    {
        case null:
            Console.WriteLine("Der Wert ist null");
            break;
        case string s:
            Console.WriteLine($"Es ist ein string {s}");
            break;
        case Person p when p.Geschlecht == "M"
            Console.WriteLine(
                $"Es ist eine männliche Person mit Namen {p.Name}");
            break;
    }
}
```

In der ersten Anweisung wollen wir einem *Object-Array* einen *null*-Wert zuweisen. Dies würde in der Regel ja zu einer Compilerwarnung führen, weil ja das *ObjektArray* nicht als *Nullable* gekennzeichnet wurde. Mit dem !-Operator hinter dem *null*-Wert wird diese Warnung unterdrückt.

HINWEIS: Auf eine ähnliche Art und Weise können auch generische Listen und Collections vorinitialisiert werden, ohne sie als Nullable zu definieren:

```
public List<string> StringListe { get; set; } = default!;
```

Mit *default!* sparen Sie sich die Definition als Nullable-Liste.

Die Ausgabe sehen Sie in Bild 8.3.

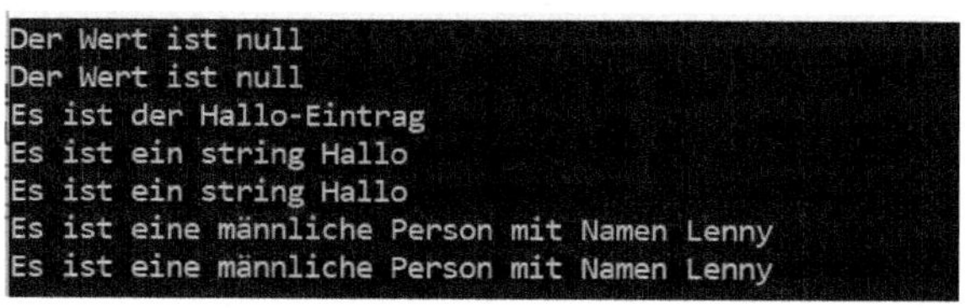

Bild 8.3 Pattern Matching

8.5.4 Discards

Mit der Verwendung der neuen Tupel könnten Sie jetzt Informationen aus dem Tupel zurückbekommen, die Sie überhaupt nicht benötigen. Mittels *Discards* können Sie quasi Platzhalter (_) für die nicht benötigten Informationen definieren, ohne dafür extra Variablen definieren zu müssen.

Beispiel 8.17: Verwenden von Discards

C#

```
static (string, DateTime, int, int) GetSomeData(int id)
{
   switch (id)
   {
      case 1:
          return ("Julia", new DateTime(2001, 1, 22), 178, 65);
      case 2:
          return ("Lenny", new DateTime(2005, 9, 28), 193, 85);
      case 3:
          return ("Maria", new DateTime(2019, 2, 20), 132, 25);
      default:
          return ("", new DateTime(2000, 1, 1), 0, 0);
   }
}
static void Main()
{
   // mich interessieren nur die Werte für Name und Geburtstag
   var (name, birthday, _, _) = GetSomeData(1);
   Console.WriteLine($"{name} geboren am: {birthday.ToShortDateString()}");
}
```

HINWEIS: Beim Aufruf einer asynchronen Methode haben Sie die Möglichkeit, mittels *await* auf die Durchführung der asynchronen Methode zu warten und somit das Ergebnis auszuwerten. Sie können aber auch den *await*-Aufruf weglassen. Der Compiler quittiert das mit einer Warnung. Diese Warnung können Sie mit einem *Discard* umgehen:

```
_ = DoSomeLongRunning();
```

(siehe Abschnitt 8.2.1)

8.5.5 Lokale ref-Variablen und Rückgabetypen

Mit diesem Feature können Rückgabewerte von Funktionen als Referenzen definiert werden, auch wenn es sich dabei eigentlich um Wertetypen handelt. Wenn der Wert später durch den Aufruf geändert wird, wird auch der ursprüngliche Wert angepasst.

8.5.6 Lokale Funktionen

Mittels lokaler Funktionen können Sie Methoden innerhalb einer anderen Methode definieren. Somit wird für nur einmalig aufgerufene Methoden unter Umständen die Lesbarkeit des Codes erhöht. Mehr dazu finden Sie in Kapitel 6.8.

8.5.7 Mehr Expression Body Member

Expression Body Member (siehe auch Abschnitt 8.4.4) können nun auch für Konstruktoren und *get*- und *set*-Zweige von Properties verwendet werden.

Beispiel 8.18: Expression Body Member für eine Property

C#

```
private int wert;
public int Wert
{
   get => return wert;
   set => wert = value;
}
```

8.5.8 throw-Ausdrücke

throw kann jetzt auch in bedingten Ausdrücken aufgerufen werden. Dies war bislang nicht möglich.

Beispiel 8.19: Aufruf von *throw* in einem bedingten Ausdruck

C#

```
private string wert;
public string Wert
{
   get => return wert;
   set => wert = value ?? throw new ArgumentNullException();
}
```

8.5.9 Verbesserung der numerischen literalen Syntax

Vor allem bei der Verwendung von großen Zahlen hat man manchmal Probleme, die Zahl richtig zu lesen, da man die Anzahl der Nullen zum Beispiel gar nicht richtig wahrnimmt.

Nun kann man in großen Zahlen einen _ einbauen, um die Lesbarkeit der Zahl zu erleichtern.

Beispiel 8.20: Verwenden von numerischen Literalen

C#

```
public const long GrosseZahl = 1_000_000_000;
public const double Pi = 3.141_592_653_59;
// oder auch binär
public const int vierzig = 0b0010_1000;
```

8.6 C# 7.1 bis 7.3 – Visual Studio 2019

Die Versionen C# 7.1, 7.2 und 7.3 waren bereits mit Updates und unter Umständen auch Konfigurationsänderungen (zumindest vor dem Update 15.7) auch für Visual Studio 2017 verfügbar. In Visual Studio 2019 wird jetzt standardmäßig C# 7.3 verwendet. In Vorschauversionen wie für .NET Core 3.0 wird bereits C# 8.0 verwendet.

8.6.1 C# 7.1

C# 7.1 wartet mit ein paar neuen Sprachfeatures auf.

8.6.1.1 Asynchrone Main-Einstiegsmethode

Sie können jetzt in einer Konsolenanwendung die *Main*-Routine mit dem *async*-Schlüsselwort versehen. Wenn die Konsolenanwendung einen Returncode hat, dann ist der Rückgabewert der asynchronen *Main()*-Routine vom generischen Typ *Task<int>*, ansonsten wird nur *Task* zurückgegeben.

Beispiel 8.21: Asynchrone *Main()*-Routine

C#

```
static async Task Main()
{
    await EineAsynchroneMethode();
}
```

Beispiel 8.22: Asynchrone *Main()*-Routine mit Returncode

C#

```
static async Task<int> Main()
{
    return await EineAsynchroneMethode();
}
```

8.6.1.2 Literale Standardausdrücke

Dieses neue Sprachfeature dient lediglich der Vereinfachung von Ausdrücken mit Standardwerten.

Anstatt wie bisher . . .

Beispiel 8.23: Bisherige Syntax bei der Verwendung von Standardausdrücken

C#

```
Func<int, bool> bedingung = default(Func<int, bool>);
```

. . . können Sie jetzt Folgendes schreiben:

Beispiel 8.24: Neue Syntax bei der Verwendung von Standardausdrücken

C#

```
Func<int, bool> bedingung = default;
```

8.6.1.3 Vereinfachter Aufruf von Tupeln

Auch die folgende Spracherweiterung ist lediglich eine Sprachvereinfachung. Bei den in C# 7.0 neu eingeführten Tupeln mussten bei der Initialisierung der Tupel bislang immer die Elementnamen explizit angegeben werden. Sehr häufig waren jedoch die verwendeten Variablennamen identisch mit dem Elementnamen. Unter dieser Voraussetzung können Sie jetzt die Elementnamen weglassen.

Beispiel 8.25: Bisherige Syntax zur Initialisierung von Tupeln

C#

```
int sum = 172;
double avg = 8.5;
var result = (sum: sum, avg: avg);
```

Jetzt können Sie Folgendes schreiben:

Beispiel 8.26: Neue Syntax bei der Initialisierung von Tupeln

C#

```
int sum = 172;
double avg = 8.5;
var result = (sum, avg);
```

Die Elementnamen werden aus dem Variablennamen übernommen.

8.6.2 C# 7.2

C# 7.2 stand ganz im Zeichen von Verbesserungen bei der Arbeit mit Wertetypen.

Sie können bei einem Wertetypparameter, der als Referenztyp übergeben wird, den Modifier *in* angeben, um zu verhindern, dass die aufrufende Methode den Wert ändert. Mittels des Schlüsselwertes *in* können Sie eine Variable ähnlich wie *ref* übergeben, ohne dass der Wert jedoch geändert werden kann.

Beispiel 8.27: *in*-Parameter

C#

```
static void Main()
{
    int i = 17;
    DoSomethingIn(in i);
    Console.WriteLine(i);
    Console.ReadLine();
}

static void DoSomethingIn(in int i)
{
    Console.WriteLine(i);
    // i= 44;   würde zu einem Compilerfehler führen
}
```

Mit C# 7.2 wurde außerdem ein *private protected*-Modifizierer eingeführt. Damit können Member definiert werden, die nur innerhalb der Klasse und nur in abgeleiteten Klassen **innerhalb** derselben Assembly aufgerufen werden können.

8.6.3 C# 7.3

Ein Teil der Neuerungen in C# 7.3 besteht im sicheren Zugriff auf sogenannten *unsafe* Code, sprich Code, der Pointer verwendet. Da dies den Rahmen dieses Buches sprengen würde, möchten wir auf diesen Teil nicht näher eingehen. Der interessierte Leser findet jedoch über die Links *https://docs.microsoft.com/de-de/dotnet/csharp/language-reference/keywords/fixed-statement* und *https://docs.microsoft.com/de-de/dotnet/csharp/language-reference/keywords/stackalloc* weiterführende Informationen zu diesem Thema.

Im zweiten Teil der Neuerungen gibt es Verbesserungen bestehender Sprachfeatures. Tupel können jetzt mit den Vergleichsoperationen == und != miteinander verglichen werden.

Beispiel 8.28: Vergleich von zwei Tupeln

C#

```
int sum = 172;
double avg = 8.5;
var tupel1 = (sum, avg);
var tupel2 = (sum, avg);
if (tupel1 == tupel2)
{
    Console.WriteLine("Die beiden Tupel sind gleich");
}
else
{
    Console.WriteLine("Die beiden Tupel unterscheiden sich");
}
```

Sie haben außerdem mit C# 7.3 die Möglichkeit, Attribute an die Felder von autoimplementierten Eigenschaften anzuhängen. Dies geschieht, indem Sie die Eigenschaft mit einem Attribut versehen und vor dem entsprechenden Attribut *field:* schreiben.

Beispiel 8.29: Autoimplementierte Eigenschaft mit einem *NonSerialized*-Attribut für das generierte Feld. Das private Feld kann somit nicht serialisiert werden.

C#

```
[field: NonSerialized]
public string Name { get; set; }
```

Außerdem gibt es Verbesserungen bei der Auflösung von überladenen Methoden. Dies wird in der Regel zu weniger Compilerfehlern mit dem Hinweis, dass eine überladene Methodensignatur nicht eindeutig ist, führen.

8.7 C# 8.0

C# 8.0 war nach Erscheinen unter Visual Studio 2019 für .NET Core 3.x- und .NET Standard 2.1-Projekte verfügbar. Schauen wir uns mal die wichtigsten Sprachänderungen in C# 8.0 an.

8.7.1 Standardschnittstellenmethoden

Mittels Standardschnittstellenmethoden können Sie problemlos vorhandene und veröffentlichte Interfaces erweitern, ohne die Kompatibilität zu brechen.

Sie können also eine Implementierung innerhalb eines Interfaces durchführen. Ist die Implementierung in der Klasse, welche das Interface implementiert, nicht vorhanden, wird kein Compilerfehler ausgelöst.

Sie können die zusätzliche Schnittstelle natürlich auch in der Klasse implementieren und somit die Standardschnittstelle ersetzen.

Bedenken Sie das auch andere Entwicklerteams Ihr Interface verwenden und Sie gar keinen Überblick haben wo Ihr Interface überall verwendet wird.

Beispiel 8.30: Wir haben folgendes Interface bereits implementiert und in einer Bibliothek veröffentlicht. Wir haben auch keinen Überblick, in welchen Programmen dieses Interface überall von anderen Entwicklungsteams eingesetzt wird.

```
public interface IAlbum
{
    string Name { get; set; }
    string Interpret { get; set; }
    List<string> Titel { get; set; }
}
```

Im eigenen Entwicklerteam wird das Interface in der Klasse *Album* implementiert:

```
public class Album : IAlbum
{
    public string Name { get; set; }
    public string Interpret { get; set; }
    public List<string> Titel { get; set; }
}
```

Und aus dem Team kommt jetzt die Anforderung, dass man doch das Interface um eine Eigenschaft (es könnte genauso gut eine Methode sein) *TitelCount* erweitern soll.

Bislang hat so eine Änderung die Kompatibilität gebrochen. Alle Klassen mussten die neue Schnittstelle implementieren. In C# 8.0 können Sie diese jedoch als Standardschnittstellenmethode implementieren.

Hier die neue Implementierung des Interface:

```
public interface IAlbum
{
    string Name { get; set; }
    string Interpret { get; set; }
    List<string> Titel { get; set; }
    int? TitelCount => Titel?.Count;
}
```

In der ursprünglichen Klasse *Album* könnten wir jetzt die Property *TitelCount* hinzufügen, aber in der Demo verzichten wir mal darauf.

Sie sehen jetzt den Code, der die Klasse *Album* nutzt. Wir werden feststellen, dass die neue Eigenschaft *TitelCount* auf eine Objektvariable vom Typ *Album* nicht genutzt werden kann. Erst durch einen Typcast auf *IAlbum* ist diese neue Property verfügbar.

```
private static void StandardSchnittstellenDemo()
{
    Album album = new Album
    {
        Name = "Abbey Road",
        Interpret = "The Beatles",
        Titel = new List<string>
        {
            "Come Together",
            "Something",
            "Maxwells Silver Hammer"
        }
    };
    Console.WriteLine($"Anzahl Titel: {((IAlbum)album).TitelCount}");
    //Console.WriteLine($"Anzahl Titel: {album.TitelCount}");  -- Compilerfehler
}
```

Wie Bild 8.4 zeigt, wird uns auch per IntelliSense die Property bei einer Objektvariablen vom Typ *Album* nicht vorgeschlagen.

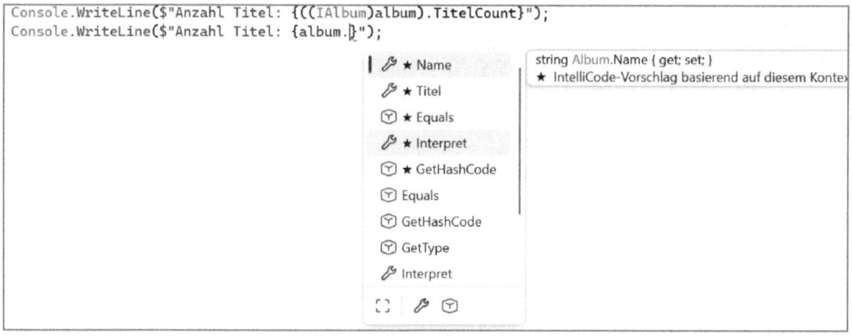

Bild 8.4 Kein IntelliSense-Vorschlag für Standardschnittstellenmethoden

Bild 8.5 zeigt, dass die Ausgabe mit drei Titeln korrekt ist.

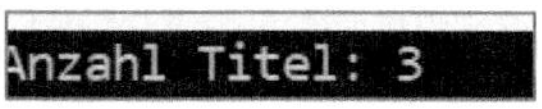

Bild 8.5 Korrekte Ausgabe der Anzahl von Titeln

8.7.2 Vereinfachung von switch-Ausdrücken

Switch-Ausdrücke wurden mit C# 8.0 vereinfacht. Sie können natürlich noch immer die bisherige Syntax verwenden, aber es ist auch möglich, *switch* ohne *case* und *break* zu schreiben.

Beispiel 8.31: Wir wollen in einem Programm die Kategorie (Wochenende, Arbeitstag etc.) des heutigen Tages auslesen.

```
string tagesKategorie = ErweiterungPatternMatchingDemo(DateTime.Now);
Console.WriteLine(tagesKategorie);
```

Bislang hätte die aufgerufene Methode in etwa so ausgeschaut:

```
private static string ErweiterungPatternMatchingDemoKlassisch(DateTime now)
{
    switch (now.DayOfWeek)
    {
        case DayOfWeek.Sunday:
        case DayOfWeek.Saturday:
            return "Wochenende";
        case DayOfWeek.Monday:
        case DayOfWeek.Tuesday:
        case DayOfWeek.Wednesday:
        case DayOfWeek.Thursday:
            return "Arbeitstag";
        case DayOfWeek.Friday:
            return "fast Wochenende";
        default:
            throw new ArgumentException();
    }
}
```

Aber vereinfacht geht das jetzt so:

```
private static string ErweiterungPatternMatchingDemo(DateTime now) =>
    now.DayOfWeek switch
    {
        DayOfWeek.Sunday => "Wochenende",
        DayOfWeek.Monday => "Arbeitstag",
        DayOfWeek.Tuesday => "Arbeitstag",
        DayOfWeek.Wednesday => "Arbeitstag",
        DayOfWeek.Thursday => "Arbeitstag",
        DayOfWeek.Friday => "fast Wochenende",
        DayOfWeek.Saturday => "Wochenende",
        _ => throw new ArgumentException()
    };
```

Beachten Sie dabei folgende Punkte:

- Die Methode ist ein Expression Body Member.
- *switch* steht hinter der Variablen.
- *case* und *:* werden durch => ersetzt.
- *default* wird durch einen Discard (_) ersetzt.
- Auf den Lambdaoperator => folgt ein Ausdruck, keine Anweisung.

Die Syntax orientiert sich auch an dem in C# 7.0 eingeführten Mustervergleich (Pattern Matching). Dies gilt auch für die folgenden Abschnitte.

8.7.3 Eigenschaftenmuster

Eigenschaftenmuster kann man auf bestimmte Eigenschaften eines Objekts innerhalb des *switch* mappen.

Beispiel 8.32: Wir haben eine Klasse *Kunde* mit zwei Eigenschaften *Name* und *Land*.

```
public class Kunde
{
    public string Name { get; set; }
    public string Land { get; set; }
}
```

Für den Kunden wollen wir eine Preiskalkulation machen, in der die Umsatzsteuer des jeweiligen Landes berücksichtigt wird:

```
private static double BruttopreisBerechnen(Kunde kunde, double nettoPreis) =>
    kunde switch
    {
        { Land: "Deutschland" }  => nettoPreis *1.19,
        { Land: "Österreich" } => nettoPreis *1.2,
        { Land: "Schweiz" } => nettoPreis *1.077,
        _ => 0
    };
```

Wir können hier einen *switch* auf den Kunden durchführen und dann innerhalb des *switch* eine bestimmte Eigenschaft vergleichen.

Auch für *Tuple* ist ein Muster in dieser Art in C# 8.0 eingeführt worden.

8.7.4 Vereinfachte using-Ressourcenschutzblöcke

Sämtliche Objekte, die das Interface *IDisposable* implementiert haben, können innerhalb eines *using*-Blocks instanziiert und genutzt werden. Beim Verlassen des *using*-Blocks wird automatisch die entsprechende *Dispose*-Methode aufgerufen und das Objekt wird sauber aufgeräumt. Gerade bei Dateioperationen oder Datenbankzugriffen sieht man diese *using*-Blöcke sehr häufig.

In C# 8.0 müssen Sie nun keinen Block mehr definieren. Der Compiler erkennt automatisch, wann das Objekt nicht mehr genutzt wird, und kümmert sich um die Aufräumarbeiten, also den Aufruf von *Dispose()*.

Beispiel 8.33: Vereinfachter using-Block

```
using var datei = new StreamReader("notes.txt");
...
```

Anstatt:

```
using (var datei = new StreamReader("notes.txt"))
{
   ...
}
```

Das ist zwar nur eine kleine Sprachänderung, aber die Vorteile liegen auf der Hand:

- Weniger Einrückungen machen den Code besser lesbar.
- Variablen müssen nicht außerhalb von Blöcken definiert werden, um sie nach dem Block zu nutzen, weil es den Block als solches gar nicht mehr gibt.

Wenn Sie innerhalb einer Methode eine Ressource in unterschiedlichen Varianten benutzen, also zum Beispiel Sie schreiben erst mittels eines *StreamWriter* in eine Datei und lesen danach mit einem *StreamReader* aus der gleichen Datei, dann empfiehlt sich die Nutzung der alten Blocksyntax, da es hier vorkommen kann, dass das *Dispose* etwas zu spät aufgerufen wird.

8.7.5 Null-Coalescing-Zuweisungen

Der *Null-Coalescing*-Zuweisungsoperator *??=* weist nur dann einen Wert zu, wenn dieser nicht *null* ist.

Beispiel 8.34: In diesem Beispiel wird ein Objekt vom Typ *Album* instanziiert und eine zweite Objektvariable vom Typ *Album* auf *null* gesetzt. Obwohl wir das *null*-Objekt, nach dem instanziierten Album, einer weiteren Variablen zuweisen, behält diese Variable den ursprünglichen Wert.

```
private static void NullCoalesceDemo()
{
    Album album = new Album() { Name="Revolver", Interpret="The Beatles"};
    Album album2 = null;
    Album album3 = album;
    album3 ??= album2;
    Console.WriteLine(album3.Name);
}
```

Die Ausgabe in Bild 8.6 zeigt den Namen des instanziierten Albums.

Bild 8.6
Ausgabe des Namens des instanziierten Albums

8.7.6 Nullable Referenztypen

Projekte ab .NET 6 besitzen in ihrer Projektdatei unter anderem die Einstellung *<Nullable>enable</Nullable>*. Diese ist auch standardmäßig gesetzt, kann aber natürlich auch entfernt werden, was wir aber nicht unbedingt empfehlen würden.

Wenn diese Einstellung gesetzt ist, dann ist es nicht erlaubt, einer Variablen den Wert *null* zuzuweisen (es sei denn sie ist als *Nullable* definiert). Es muss außerdem sichergestellt werden, dass die Variable einen Wert am Ende der Objektinitialisierung besitzt.

Bei Wertetypen gibt es die *Nullable*-Erweiterung schon lange, jetzt gibt es auch *Nullable*-Referenztypen (durch Anhängen eines *?* an den Datentyp). Die Abfrage, ob ein Wert zugewiesen ist, geschieht im Gegensatz zu *Nullable*-Wertetypen nicht mit der Property *HasValue*, sondern mit einem einfachen Vergleich auf *null*.

HINWEIS: Bei *string*-Variablen funktioniert das relativ einfach durch die Zuweisung von *string.Empty*.

```
public string Name { get; set; } = string.Empty;
```

Ist die Initialisierung der Objektvariablen nicht sichergestellt, so gibt der Compiler dies als Warnung aus. Vermutlich haben Sie diese Warnung in einigen Projekten schon gesehen.

Wenn eine Objektvariable jedoch einen *null*-Wert bekommen kann, dann muss diese Variable als Verweistyp definiert werden, der einen null-Wert zulässt, indem an den Typnamen ein *?* angehängt wird.

Beispiel 8.35: Wir bauen das gerade gezeigte Beispiel 8.34 jetzt so um, dass wir im Projekt keine Compilerwarnungen mehr erhalten.

Die Klasse *Album.cs* sieht jetzt so aus:

```
public class Album : IAlbum
{
    public string Name { get; set; } = string.Empty;
    public string Interpret { get; set; } = string.Empty;
    public List<string> Titel { get; set; } = new List<string>();
}
```

Die Methode *NullCoalesceDemo* ist jetzt so auf *NullReferenceExceptions* abgesichert:

```
private static void NullCoalesceDemo()
{
    Album album = new Album() { Name="Revolver", Interpret="The Beatles"};
    Album? album2 = null;
    Album? album3 = album;
    album3 ??= album2;
    Console.WriteLine(album3?.Name);
}
```

8.7.7 Indizes und Bereiche

Für den Zugriff auf Elemente innerhalb eines Arrays konnte man sich bislang immer mit einem Index behelfen. *namen[2]* würde zum Beispiel den dritten Eintrag innerhalb eines Arrays *namen* zurückliefern.

Nun gibt es auch die Möglichkeit, einen Index nicht vom Beginn der Auflistung, sondern vom Ende des Arrays zählen zu lassen. Dafür gibt es den Endeoperator ^, der die Position relativ zum Ende eines Arrays oder einer Sequenz angibt. Allerdings ist der letzte Eintrag nicht *^0* sondern *^1*. Dies liegt daran, dass *^0* dem Ausdruck *array [array.Length]* entspricht. Folglich würde *namen[^1]* den letzten Eintrag des Arrays zurückliefern.

Als zweite Neuerung in diesem Bereich wurde ein neuer Typ *System.Range* eingeführt. Damit kann man auf einen beliebigen Bereich eines Arrays zugreifen. Hand in Hand dazu geht der Bereichsoperator .., über den der Beginn und das Ende des Bereichs definiert werden. Dabei ist der Beginn des Bereichs in dem Ergebnis enthalten, das Ende des Bereichs aber nicht mehr. Um das gesamte Array abzubilden, würden Sie folgenden Bereich definieren: *[0..^0]*.

Aber betrachten wir das einmal an einem Beispiel.

Beispiel 8.36: Wir definieren ein Stringarray mit fünf Namen und spielen ein bisschen mit den Operatoren herum.

```
private static void IndexDemo()
{
    var namen = new string[] { "Jürgen", "Marcela", "Julia", "Lenny", "Maria" };
```

Dann geben wir den ersten und den letzten Namen der Liste aus

```
    Console.WriteLine($"Der erste Name ist {namen[0]}");
    Console.WriteLine($"Der letzte Name ist {namen[^1]}");
```

Als Nächstes wollen wir den Bereich von 2 bis 5 auswählen. Das ist somit der 3. Eintrag (Index 2) bis zum 5. Eintrag (Index 4; das Ende 5 ist ja nicht mehr enthalten und hätte ansonsten zu einem Fehler geführt).

```
    var kinderNamen = namen[2..5];
    foreach (var item in kinderNamen)
    {
        Console.WriteLine($"Kind: {item}");
    }
```

Man kann auch von hinten zum Zählen beginnen.

```
    var kinderNamen2 = namen[^3..^0];
    foreach (var item in kinderNamen2)
    {
        Console.WriteLine($"Kind (2. Schleife): {item}");
    }
```

Oder mit der Definition des neuen Typs *Range*.

```
Range range = 2..5;
    var kinderNamen3 = namen[range];
    foreach (var item in kinderNamen3)
    {
        Console.WriteLine($"Kind (Range): {item}");
    }
}
```

Bild 8.7 zeigt die Ausgabe der entsprechenden Namen.

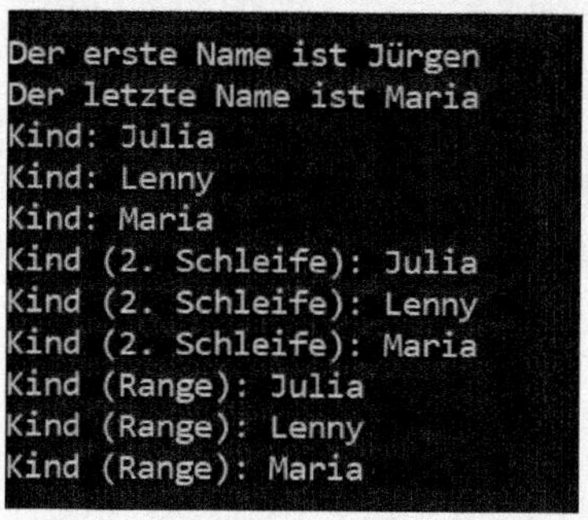

Bild 8.7
Namensausgabe mit Indizes und Bereichen

8.7.8 Weitere Sprachneuerungen

C# 8.0 bringt noch weitere kleinere Sprachneuerungen mit sich, die wir hier nur kurz erwähnen wollen:

- Lokale Funktionen dürfen auch statisch sein.
- *IDisposable* kann asynchron sein durch Implementierung des Interface *IAsync Disposable*.
- Es gibt asynchrone Streams zum Lesen von größeren Dateien. Es können bereits Dateninhalte angezeigt werden, bevor die Datei komplett gelesen wurde. Mehr zu asynchronen Streams finden Sie in Abschnitt 14.9.

- Bei Stringdefinitionen können Sie vor dem führenden Anführungszeichen des Strings bei Stringinterpolation ein *$* setzen, aber auch zum Unterdrücken von Escapesequenzen ein @-Zeichen. Bislang musste, bei der Verwendung von beiden Zeichen, folgende Reihenfolge eingehalten werden: `$@"...."`. Ab C# 8.0 spielt diese Reihenfolge keine Rolle mehr, es ist nun auch `@$"...."` erlaubt.

8.8 C# 9.0

C# 9.0 kann ab .NET 5 genutzt werden. Eine Nutzung mit früheren Framework-Versionen ist nicht möglich.

8.8.1 Records

Records ist wohl das am meisten zu beachtende neue Feature dieser Sprachversion. Mit Records ist es sehr einfach möglich, immutable (nicht veränderbare) Typen zu definieren. Im Verlaufe dieses Buches sind wir schon zweimal über Records gestolpert. Eine ausführliche Beschreibung finden Sie in Abschnitt 4.9, ein Praxisbeispiel finden Sie in Abschnitt 7.4.5.

8.8.2 Init-only Setter

Die *Init-only Setter* haben wir auch schon im Zusammenhang mit den Records in Abschnitt 4.9 angesprochen.

Unter einem *Init-only Setter* versteht man die Möglichkeit, bei einer Propertydefinition festzulegen, dass der Wert nur bei der Initialisierung des Objekts gesetzt werden kann. Statt dem bereits bekannten Schlüsselwort *set* können Sie jetzt auch *init* verwenden.

```
public string Name { get; init; }
```

Auch wenn wir dieses Sprachkonstrukt im Zusammenhang mit *Records* eingeführt haben, kann man es ebenfalls bei Klassen und Strukturen nutzen.

Der Wert der Property muss also bis zum Ende der Konstruktionsphase eines Objekts gesetzt werden. Eine spätere Änderung des Wertes ist nicht mehr möglich.

8.8.3 Weitere Verbesserungen in Musterausdrücken

Schauen Sie sich dazu folgendes Beispiel an:

Beispiel 8.37: Weitere Verbesserungen in Musterausdrücken

```
public static bool IsNumber(this char c) =>
    c is >= '0' and <= '9';
```

oder:

```
public static bool IsNumberOrOperator(this char c) =>
    c is (>= '0' and <= '9') or '+' or '-' or '*' or '/' ;
```

8.8.4 Weitere Sprachneuerungen

C# 9.0 bietet außerdem noch folgende weiteren Sprachneuerungen:

- Top-Level-Anweisungen (zur Implementierung der minimalen APIs) bieten die Möglichkeit, in einem Codefile des Projekts Programmcode zu schreiben, ohne diesen in eine Methode oder einer Klasse zu schachteln. Unserer Meinung nach ein eher fragwürdiges Feature.
- Effizienteren Code durch weniger Schreibarbeit. So ist zum Beispiel die Instanzierung eines Objekts wie folgt möglich: `Album album = new();`. Das funktioniert natürlich nicht bei der Verwendung von Typinferenz mit *var*, aber wenn Sie den konkreten Typ bereits angeben, müssen Sie nach *new* nicht mehr den Typ schreiben.
- Ein ähnliches Verfahren mittels *new()* ohne Typ können Sie auch beim Aufruf einer Methode, die einen bestimmten Objekttyp als Parameter benötigt, anwenden:
- `GetSongs(Album album) { ... }`

  Die Methode *GetSongs* können Sie so aufrufen: `GetSongs(new());`

  Oder auch so: `GetSongs(new() { Name = "Rubber Soul" };`

8.9 C# 10

C# 10 ist nur unter Visual Studio 2022 und .NET-6-Projekten verfügbar. Eine Verwendung in früheren Versionen ist nicht möglich.

8.9.1 Datensatzstrukturen

Außer den in C# 9.0 eingeführten Records gibt es jetzt auch immutable Strukturen. Ein Record ist ja ein Verweistyp. Mit der Definition *record struct* oder auch *readonly record struct* können Sie jetzt auch sehr einfach immutable Wertetypen definieren. Es gelten dieselben Regeln wie bei Records. Datensatzstrukturen müssen natürlich, genauso wie Records, nicht immutable sein.

8.9.2 Globale using-Anweisungen

Anstatt in jeder Codedatei immer wieder dieselben *using*-Direktiven anzugeben, können Sie diese jetzt in einer beliebigen Codedatei mit *global* angeben. Eine weitere Definition in anderen Codedateien ist nicht mehr notwendig.

```
global using System.Text;
```

Am besten schreiben Sie alle globalen *using*-Anweisungen in eine Datei, in der sonst kein weiterer Programmcode steht. Geben Sie dann dieser Datei einen sprechenden Namen (wie z. B. *GlobalUsings.cs*).

Sie können globale Usings auch in Ihrem Projektfile wie folgt definieren:

```
<ItemGroup>
  <Using Include="System.Text" />
</ItemGroup>
```

8.9.3 Weitere Sprachneuerungen

C# 10 bringt unter anderem noch folgende neuen Sprachfeatures mit:

- Dateibasierte Namespacedeklarationen wurden in den Beispieldateien schon ausgiebig genutzt. Klassen müssen nicht mehr in einem Namespace liegen (innerhalb der geschweiften Klammern). Alle Typen, die sich innerhalb der Datei befinden gehören zu dem Namespace, der in der Datei angegeben ist.
- Konstanten und auch Attribute können mittels Stringinterpolation initialisiert werden.
- Records können mit *sealed* versehen werden, sodass keine Vererbung für die Records stattfinden kann.

8.10 C# 11

Eine der wesentlichsten Änderungen in .NET 7 ist die Einführung eines *AoT*-Compilers (Ahead of Time). Bislang gab es in der .NET-Welt nur *JiT*-Compiler (Just in Time), die den erzeugten IL-Code (*Intermediate Language*-Code) während der Ausführung des Programms in nativen Maschinencode übersetzten. Bislang war es nur mit den Tools *ngen.exe* (klassisches .NET) bzw. *crossgen.exe* (.NET Core) möglich, nativen Maschinencode zu erstellen.

Nun hat man tatsächlich auch die Möglichkeit, bereits zur Compilezeit nativen Maschinencode zu erstellen.

Durch folgenden Eintrag in die Projektdatei

```
<PropertyGroup>
    <PublishAot>true</PublishAot>
</PropertyGroup>
```

aktiviert man die Option für die *Ahead-of-Time* Kompilierung.

Wenn das Projekt dann veröffentlicht wird, erhält man nun die binären Dateien in nativem Maschinencode.

Leider ist diese Option nur für wenige Projektarten verfügbar, aber zumindest ein Anfang ist gemacht. Zum jetzigen Zeitpunkt ist AoT-Kompilierung nur für Konsolenanwendungen (und dabei auch nicht für alle Bibliotheken) verfügbar.

Mit .NET 7 ist auch C#11 als neue Sprachversion erschienen. C#11 wird von Microsoft offiziell nur für .NET 7 unterstützt, ist jedoch teilweise auch in früheren Versionen vor .NET 7 verfügbar.

In .NET 7 gibt es noch eine weitere Neuerung, die bei der Migration Ihrer Projekte für Verwirrung sorgen könnte. Sämtliche C#-Schlüsselwörter werden kleingeschrieben. Ab .NET 7 bekommen Sie für kleingeschriebene Klassennamen eine Warnung (CS8981), dies soll sicherstellen, dass es zukünftig keine Konflikte zwischen C#-Schlüsselwörtern und Klassennamen gibt.

Jetzt wollen wir aber einen Blick auf die wichtigsten neuen C#11-Sprachfeatures werfen. (Eine ausführliche Beschreibung finden Sie unter *https://learn.microsoft.com/de-de/dotnet/csharp/whats-new/csharp-11).*

8.10.1 Raw String Literals

Raw String Literals oder zu Deutsch unformatierte Zeichenfolgenliterale bieten zusätzliche Optionen für die Formatierung von Text. Es besteht die Möglichkeit, beliebigen Text mit Anführungszeichen, Zeilenumbruch und Leerzeichen zu schreiben, ohne irgendwelche Escapesequenzen zu nutzen.

Ein Raw String beginnt und endet mit jeweils drei Anführungszeichen.

Das folgende Codebeispiel zeigt die Verwendung eines Raw String Literals.

Beispiel 8.38: Beispiel eines Raw Strings in einer Konsolenanwendung

C#

```
static void Main(string[] args)
{
    string myRawString = """
Das ist ein Beispiel für einen Raw String.
Manche Zeilen beginnen linksbündig.
    andere sind eingerückt
            und manche sind sehr weit eingerückt.
Und dann kann ich auch noch "Anführungszeichen" nutzen wie ich will.
""";
    Console.WriteLine(myRawString);
}
```

Die Ausgabe dieses unformatierten Zeichenfolgeliterals sehen Sie in Bild 8.8.

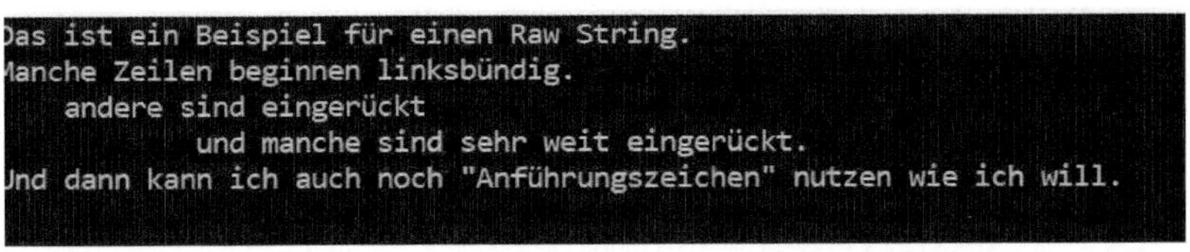

Bild 8.8 Ausgabe eines unformatierten Zeichenfolgeliterals

In der offiziellen Dokumentation von Microsoft heißt es, dass ein Raw String-Literal mit mindestens drei doppelten Anführungszeichen beginnen muss. Diese Aussage hat uns etwas verwundert, aber wir haben festgestellt, dass man auch vier oder fünf oder auch noch mehr doppelte Anführungszeichen schreiben kann, solange der String mit derselben Anzahl auch abgeschlossen wird.

Auch String-Interpolation ist innerhalb eines Raw String-Literals möglich. Wenn Sie die geschweifte Klammer { auch als Text ausgeben möchten, dann müssen Sie mindestens zwei $-Zeichen vor den Anführungszeichen schreiben und die String-Interpolation auch mit zwei geschweiften Klammern definieren.

```
string myRawString = $$"""
        Heute ist {{{DateTime.Now.ToLongDateString()}}}
    """;
```

Hier würde die Ausgabe, wie in Bild 8.9 dargestellt, erscheinen.

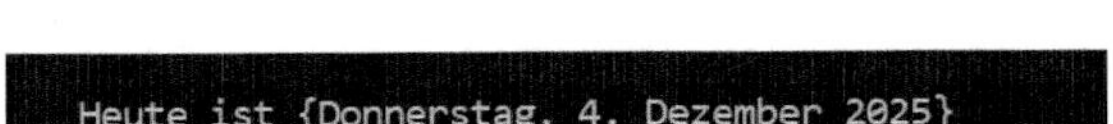

Bild 8.9 Raw String-Literal mit String-Interpolation

Eine weitere Neuerung bei der String-Interpolation ist, dass der C#-Code innerhalb des geschweiften Klammernpaares jetzt zur besseren Lesbarkeit auch umbrochen werden darf.

```
string myRawString = $$"""
        Heute ist {{{DateTime.Now.
ToLongDateString()}}}
    """;
```

Die Ausgabe bleibt dabei unverändert.

8.10.2 Generische Mathematik

Mit .NET 7 wurde ein neues Interface *INumber<T>* im Namespace *System.Numerics* eingeführt. Mit diesem Interface ist es nun möglich, generische mathematische Funktionen zu definieren, die für unterschiedliche numerische Datentypen genutzt werden können. Man muss also nicht mehr für jeden numerischen Datentyp explizit diese mathematische Funktion definieren.

Beispiel 8.39: Generische mathematische Funktion zur Durchschnittsberechnung

```
static void Main(string[] args)
{
    var ints = new int[] { 1, 2, 3, 4, 5, 6 };
    double result = MyAverage<int, double>(ints);
    var doubles = new double[] { 1.1, 2.2, 3.3, 4.4, 5.5, 6.6 };
    int result2 = MyAverage<double, int>(doubles);
    Console.WriteLine(result);
    Console.WriteLine(result2);
}
public static TResult MyAverage<T, TResult>(IEnumerable<T> numbers)
where T : INumber<T>
where TResult : INumber<TResult>
{
    TResult sum = TResult.Zero;
    foreach (var item in numbers)
    {
        sum += TResult.CreateChecked(item);
    }
    return sum / TResult.CreateChecked(numbers.Count());
}
```

Wie Sie in dem Beispiel sehen, kann sich das Ergebnis (*TResult*) bezüglich des Datentyps vom Eingabeparameter (*T*) unterscheiden, es müssen beide Typen lediglich numerische Datentypen sein.

Um die Ergebnisvariable **sum** im Beispiel 40.2 mit 0 zu initialisieren, haben wir dabei die Property *TResult.Zero* verwendet.

Für das korrekte Mapping der Zwischenergebnisse (durch Addition und Division) auf den gewünschten Ergebnistyp *TResult* verwenden wir hier die Methode *TResult.CreateChecked()*.

Falls der Wert der Operation nicht mehr im Gültigkeitsbereich des Datentyps wäre, würde damit auch eine *OverflowException* ausgelöst.

Zur Methode *CreateChecked()* gibt es noch zwei Alternativen:

- *CreateSaturating()*
- *CreateTruncating()*

Bei beiden Methoden werden die Werte durch unterschiedliche Bitverschiebungen in den gültigen Definitionsbereich überführt, und es wird keine *OverflowException* ausgelöst.

HINWEIS: Beim Testen mit der aktuell verfügbaren Version gaben alle drei Methoden das gleiche Ergebnis zurück, und es wurde auch bei *CreateChecked()* keine *OverflowException* ausgelöst.

8.10.3 Generische Attribute

Mit C#11 ist es jetzt möglich, generische Klassen als Ableitung der Basisklasse *System.Attribute* zu definieren. Vor C#11 musste man dafür einen Konstruktor definieren, an den ein *Type* als Parameter übergeben wurde.

Hier sehen Sie die Definition eines generischen Attributes.

```
public class MyGenericAttribute<T> : Attribute { }
```

Dieses Attribut kann dann wie folgt genutzt werden:

```
[MyGenericAttribute<int>()]
public int DoSomething() {  }
```

Folgende Typen sind als generischer Typ für Attribute nicht zulässig:

- *Dynamic*
- Nullwertfähige Verweistypen wie zum Beispiel *string?*
- *Tupel*

8.10.4 Listenmuster

Listenmuster erweitern Pattern Matching, um Vergleiche von Inhalten von Listen durchzuführen.

Sie können dabei die folgende Liste

```
List<string> sommer = new List<string>() { "Juni", "Juli", "August" };
```

mit folgendem Vergleich abfragen:

```
sommer is ["Juni", "Juli", "August"]
```

Dabei ist auch der Einsatz von *Discards* möglich:

```
sommer is ["Juni", _, _]
```

Beziehungsweise Sie können sich auch Variablen mit einem korrekten Wert befüllen lassen:

```
sommer is [var first, "Juli", "August"]
```

Hier würde die Variable *first* den Wert „Juni" zugewiesen bekommen.

Beispiel 8.40: Listenmuster

```
List<string> sommer = new List<string>() { "Juni", "Juli", "August" };
if (sommer is ["Juni", "Juli", "August"])
{
    Console.WriteLine("Das sind die Sommermonate");
}
if (!(sommer is ["Juni", "Juli", "August", "September"]))
{
    Console.WriteLine("Das ist ein Monat zu viel");
}
if (sommer is ["Juni", _, _])
{
    Console.WriteLine("Das ist auch ein gültiger Vergleich");
}

if (sommer is [var first, "Juli", "August"])
{
    Console.WriteLine($"Der erste Sommermonat ist {first}");
}
```

Das Beispiel 8.40 erzeugt dabei die in abgebildete Konsolenausgabe.

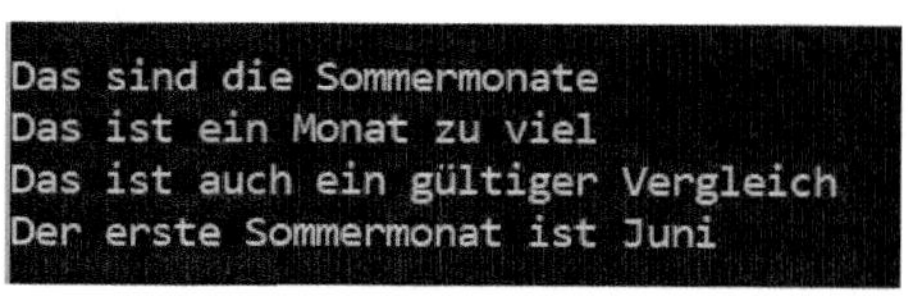

Bild 8.10
Beispiele der Listenmuster

8.10.5 Lokale Dateitypen

Mit C#11 können Sie Typen definieren, deren Sichtbarkeit sich nur auf die Codedatei, in der sie definiert wurden, beschränkt. Damit sollen Namenskonflikte vermieden werden.

Zur Definition benötigen Sie das neue Schlüsselwort *file*.

Beispiel 8.41: Lokale Dateiklasse

```
internal class SomeClass
{
    public int DoSomeWork(int multiply)
    {
        HiddenClass hc = new HiddenClass();
        return hc.Result * multiply;
    }
}

file class HiddenClass
{
    public int Result { get; set; } = 42;
}
```

Wie Sie in Beispiel 8.41 sehen, können Sie die Klasse *HiddenClass* in *SomeClass* nutzen, jedoch ist die Sichtbarkeit nur auf die cs-Datei, in der sie definiert ist, beschränkt.

8.10.6 Required Member

Ein weiteres neues Schlüsselwort *required* hat auch den Weg nach C#11 gefunden. Damit können Sie festlegen, welche Properties nach dem Konstruktor-Aufruf initialisiert sein müssen.

Betrachten Sie dazu folgende Klassendefinition:

```
public class Movie
{
    public Movie()
    { }

    [SetsRequiredMembers]
    public Movie(string title)
    {
        Title = title;
    }

    public required string Title { get; set; }
    public int Year { get; set; }
}
```

Sie sehen dabei, dass die Eigenschaft *Title* mit dem Schlüsselwort *required* versehen wurde. Es gibt einen parameterlosen Konstruktor sowie einen Konstruktor, der die Eigenschaft *Title* setzt. Dieser zweite Konstruktor ist außerdem mit dem Attribut *Sets RequiredMembers* versehen. Dieses Attribut informiert den Compiler, dass in diesem Konstruktor alle *required*-Eigenschaften gesetzt werden.

Somit sind folgende Initialisierungen möglich:

```
Movie m = new Movie("x");
Movie n = new Movie() {  Title= "x" };
```

Die Verwendung des Standardkonstruktors ohne einen Objektinitialisierer führt zu einem Compilerfehler.

```
Movie n = new Movie(); // Compilerfehler
```

Wenn Sie wollen, dass der Wert nur bei der Initialisierung gesetzt wird und später nicht mehr verändert werden kann, dann verwenden Sie bei der Definition der Property das Schlüsselwort *init* statt *set*.

```
    public required string Title { get; init; }
```

8.10.7 Automatische Standardstrukturen

Der C#11 Compiler stellt sicher, dass sämtliche Felder innerhalb einer Struktur während des Konstruktoraufrufs automatisch mit ihrem Standardwert initialisiert werden.

8.11 C# 12

Als nächstes schauen wir uns noch die Spracherweiterungen von C#-Sprachversion 12 an. Eine ausführliche Beschreibung finden Sie auch unter *https://learn.microsoft.com/de-de/dotnet/csharp/whats-new/csharp-12*.

8.11.1 Primäre Konstruktoren auch für Klassen und Strukturen

Mit C#12 ist es nun möglich, wie bereits bei *records*, nun auch in Klassen und Strukturen primäre Konstruktoren zu verwenden und somit den benötigten Quellcode etwas einzudampfen.

Betrachten wir uns eine schreibgeschützte Struktur für ein Quadrat wie in Beispiel 8.42.

Beispiel 8.42: Bisherige üblich verwendete Syntax

```
public readonly struct Quadrat
{
    public Quadrat(double laenge)
    {
        Umfang = laenge *4;
        Flaeche = laenge * laenge;
    }

    public readonly double Umfang { get; }
    public readonly double Flaeche { get; }
}
```

Hier definieren wir zwei schreibgeschützte Eigenschaften *Umfang* und *Flaeche*, und im Konstruktor, an den die Länge des Quadrats übergeben wird, setzen wir die Werte für die entsprechenden schreibgeschützten Properties.

Mit primären Konstruktoren kann man den Code jetzt vereinfachen, wie Sie in Beispiel 8.43 sehen können. Bereits bei der Definition des Konstruktors wird der Parameter für den „primären" Konstruktor übergeben, und dieser kann im gesamten Gültigkeitsbereich der Struktur (oder auch Klasse) genutzt werden.

Beispiel 8.43: Syntax mit primärem Konstruktor

```
public readonly struct QuadratMitPrimaerKonstruktor(double laenge)
{
    public readonly double Umfang { get; } = laenge *4;
    public readonly double Flaeche { get; } = laenge * laenge;
}
```

Der Codeumfang der Struktur dampft sich ungefähr um die Hälfte ein.

8.11.2 Sammlungsausdrücke

Mittels Sammlungsausdrücken, oder *collection expressions*, können Sie jetzt das Initialisieren von Arrays oder Listen wesentlich vereinfachen.

Beispiel 8.44 zeigt, wie Sie ohne *new*-Operator eine generische Liste oder ohne geschweifte Klammern Arrays initialisieren können. Sie schreiben die Werte einfach in ein eckiges Klammernpaar.

Beispiel 8.44: Initialisieren von Listen mittels Sammlungsausdrücken

```
int[] zahlen = [1, 2, 3, 4];
List<string> beatles = [ "John", "Paul", "George", "Ringo" ];
List<string> stones = ["Mick", "Keith", "Charly", "Ron", "Brian", "Will"];
```

Mit Sammlungsausdrücken wurde auch der sogenannte *Spread*-Operator .. eingeführt. Damit können verschiedene Sammlungsausdrücke zu neuen zusammengefügt werden:

```
List<string> musicians = [.. beatles, .. stones];
```

Hier wurde nun eine neue Liste *musicians* definiert, die aus den Inhalten der Liste *beatles* und *stones* besteht. Die Liste ist natürlich auch iterierbar.

Auch wenn Sie eine Liste nur instanzieren wollen, ohne Werte hinzuzufügen, können Sie das jetzt mit einem leeren eckigen Klammernpaar machen:

```
List<string> words = [];
```

8.11.3 Weitere Sprachneuerungen

Zu den weiteren Sprachneuerungen gehören:

- *ref readonly-Parameter:* zur deutlicheren Beschreibung von APIs
- *Standardmäßige Lambdaparameter:* Lambdaparameter können mit Standardwerten versehen werden, wie zum Beispiel

  ```
  Action line = ()  => Console.WriteLine();
  ```

- *Alias für beliebige Typen:* Beliebige Typen können jetzt mit *using* verwendet werden

8.12 C# 13

Mit .NET 9 wurde im Jahre 2024 auch C# 13 eingeführt. Die neuen Features werden in diesem Kapitel vorgestellt. Eine ausführliche Beschreibung aller neuen Sprachfeatures finden Sie auch unter *https://learn.microsoft.com/de-de/dotnet/csharp/whats-new/csharp-13*.

.NET 9 ist die erste Version mit Standardsupport (ungerade Versionsnummer), die für zwei Jahre supported wird. Bislang lief der Support bei den Standardsupportversionen nach 18 Monaten aus.

Mit .NET 9 wurden weitere Verbesserungen im Namespace *System.Text.Json* eingeführt, einige neue LINQ-Methoden (mehr dazu in Kapitel 7, „Einführung in LINQ“) und die neuen Namespaces *Microsoft.Extensions.AI*, *Microsoft.Extensions.VectorData* und *System.Numerics.Tensors*, um KI-Dienste, sowohl SLMs als auch LLMs, zu nutzen (mehr dazu in Kapitel 18, „Künstliche Intelligenz mit .NET“).

.NET 9 führt auch ein neues Lock-Objekt für Sperrmechanismen ein; mehr dazu erfahren Sie in Abschnitt 14.3.2.

Betrachten wir aber nun die wichtigsten Sprachneuerungen von C# 13, die Ihnen ab .NET 9 zur Verfügung stehen.

Als erste kleine Neuerung würden wir die neue Escape-Sequenz *\e* bezeichnen, die für das *ESCAPE*-Zeichen steht.

8.12.1 params auch für Collections möglich

Das Schlüsselwort *params*, das Sie bislang beim letzten Parameter einer Methodendefinition für eine Liste von Übergabeparametern eines identischen Typs verwenden können, können Sie jetzt auch für Arraytypen verwenden.

Zu den unterstützten Typen zählen:

- *System.Span<T>*
- *System.ReadOnlySpan<T>*
- *System.Collections.Generic.IEnumerable<T>*
- *System.Collections.Generic.IReadOnlyCollection<T>*
- *System.Collections.Generic.IReadOnlyList<T>*
- *System.Collections.Generic.ICollection<T>*
- *System.Collections.Generic.IList<T>*

Beispiel 8.45: params mit einer generischen Liste von Ganzzahlen

```
static void Main(string[] args)
{
    ParamsSample();
    ParamsSample(0, 1, 2, 3);
    ParamsSample(new List<int> {0, 1, 2, 3});
}

private static void ParamsSample(params List<int> numbers)
{
    foreach (var number in numbers)
    {
        Console.Write(number);
        Console.Write(" ");
    }
}
```

Wie Sie in Beispiel 8.45 sehen, liegt der Vorteil nun darin, dass Sie aufgrund des *param*-Schlüsselwortes gar nichts übergeben müssen, direkt eine Zahlenreihe übergeben können, oder nun auch eine Liste des gewünschten Typs übergeben können.

Mit C# 12 würde die Definition der Methode *ParamsSample* zu einem Compilerfehler führen, denn in dieser Version war die Verwendung von params in Kombination mit Arraytypen nicht erlaubt.

Aber Vorsicht, Sie können hier nicht eine beliebige Liste von Listen übergeben.

8.12.2 Impliziter Indexzugriff

Bei der Initialisierung von eindimensionalen Arrays können Sie jetzt den impliziten Indexoperator ^ (vom Ende her) verwenden.

Sie haben also die Möglichkeit, bei einer Objektinitialisierung, ein Array anstatt von vorne nach hinten nun auch von hinten nach vorne zu initialisieren.

Beispiel 8.46: Definition einer Klasse mit einem Integerarray als Property

```
public class Countdown
{
    public int[] Numbers { get; set; } = new int[10];
}
```

Und die Initialisierung dieses Objekts und des darin enthalten Arrays in Beispiel 8.47.

Beispiel 8.47 Initialisierung und Ausgabe der Werte

```
Countdown countdown = new Countdown()
{
    Numbers =
    {
        [^1] = 0,
        [^2] = 1,
        [^3] = 2,
        [^4] = 3,
        [^5] = 4,
        [^6] = 5,
        [^7] = 6,
        [^8] = 7,
        [^9] = 8,
        [^10] = 9
    }
};

foreach (var number in countdown.Numbers)
{
    Console.WriteLine(number);
}
```

Wie Sie in Bild 8.11 sehen, wird das Array von hinten nach vorne befüllt.

Bild 8.11
Umgekehrte Initialisierung

8.12.3 Weitere partielle Member

Vor C# 13 gab es bereits partielle Methoden, nun kann man auch partielle Properties und partielle Indexer nutzen.

Der Einsatz dieses Sprachfeatures wird vor allem bei partiellen Klassen eingesetzt, bei denen ein Teil der Klasse von einem Designer erstellt wird. Der Designer kann dann eben diese partiellen Methoden, Properties oder Indexer definieren bzw. aufrufen, aber in dem anderen Teil der partiellen Klasse erfolgt dann erst die tatsächliche Implementierung eben dieses Members.

Beispiel 8.48: Beispiel für eine partielle Property

```
public partial class PartialMemberSample
{
    // Designer Code
    public partial string? Name { get; set; }
}

public partial class PartialMemberSample
{
    private string? _name;
    public partial string? Name
    {
        get => _name;
        set => _name = value;
    }
}
```

8.13 C# 14

Im November 2025 wurde zusammen mit .NET 10 auch C#14 eingeführt. Auch darüber finden Sie eine ausführliche Beschreibung aller neuen Features unter *https://learn.microsoft.com/de-de/dotnet/csharp/whats-new/csharp-14*.

Für die Nutzung von C# 14 brauchen Sie dringend Visual Studio 2026, eine Nutzung der neuen Features in Visual Studio 2022 ist nicht möglich.

8.13.1 Erweiterungsmitglieder

Das Konzept der Erweiterungsmethoden (Extensionmethoden) wurde ja bereits in Kapitel 7.1.3 beschrieben, mit C# 14 werden nun aber auch Erweiterungseigenschaften und statische Erweiterungsmethoden eingeführt. Für die herkömmlichen Extensionmethoden gibt es nun auch eine neue alternative Syntax.

Beispiel 8.49: Klassendefinition einer Personenklasse

```
public class Person
{
    public string FirstName { get; set; } = string.Empty;
    public string LastName { get; set; } = string.Empty;
}
```

In Beispiel 8.49 sehen Sie eine einfache Definition einer Klasse *Person* mit zwei Eigenschaften *FirstName* und *LastName*.

Diese Klasse wollen wir jetzt um folgende Member erweitern:

- Property *FullName*
- Methode *GetInitials* (um die alternative Syntax zu zeigen)
- Statische Methode *GetPropertyCount()*

Wie bereits bei den Erweiterungsmethoden müssen diese Erweiterungen in einer neuen statischen Klasse definiert werden; an dieser Regel hat sich auch mit C# 14 nichts geändert.

Jedoch definieren Sie jetzt einen *Extension*-Block, der auch generisch sein kann, und innerhalb dieses Blockes definieren Sie Ihre Erweiterungsmember.

Sie müssen jetzt keine statischen Methoden/Eigenschaften definieren, es sei denn für die statische Erweiterungsmethode, und Sie können auch auf die Verwendung des Schlüsselwortes *this* beim ersten Parameter verzichten, denn den ersten Parameter –

als Kennzeichen, welches Objekt erweitert werden soll – benötigen Sie gar nicht mehr. Das zu erweiternde Objekt wird bereits bei der Definition des *Extension*-Blocks angegeben, sodass Sie die Erweiterungsmember in einer Syntax, die fast eins zu eins der normalen Syntax innerhalb der Klasse gleicht, schreiben können. Der einzige Unterschied ist, dass Sie nicht *this* schreiben können, sondern stattdessen den Namen der Variablen verwenden müssen, die im *Extension*-Block angegeben ist.

Zum Erweitern der Person würde der *Extension*-Block wie folgt definiert werden:

```
extension (Person person){}
```

Beziehungsweise für eine Erweiterung einer generischen Liste:

```
extension<T> (IEnumerable<T> source){}
```

Beispiel 8.50 zeigt den Code unserer statischen Erweiterungsklasse des Typs *Person*.

Beispiel 8.50: Erweiterung für die Klasse Person

```
public static class PersonExtensions
{
    extension(Person person)
    {
        // Extensioneigenschaft:
        public string FullName => $"{person.LastName}, {person.FirstName}";

        // Extensionmethode:
        public string GetInitials() =>
                     $"{person.FirstName[0]}{person.LastName[0]}".ToUpper();

        // statische Extensionmethode:
        public static int GetPropertyCount() { return 2; }
    }
}
```

Im Beispiel 8.51 wird noch der Code gezeigt, wie diese Erweiterungsmember genutzt werden können.

Beispiel 8.51: Aufruf der Erweiterungsmember

```
static void Main(string[] args)
{
    Person p = new Person
    {
        FirstName = "Max",
        LastName = "Mustermann"
    };
    Console.WriteLine(p.FullName);
    Console.WriteLine(p.GetInitials());
    Console.WriteLine(Person.GetPropertyCount());
}
```

Bild 8.12 zeigt die Ausgabe in der Konsole.

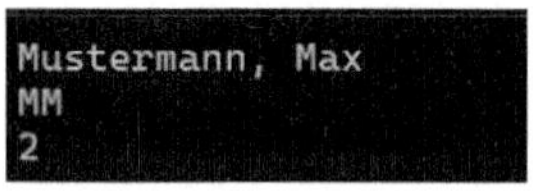

Bild 8.12
Ausgabe der Aufrufe der Erweiterungsmember

> Die bislang bekannte Syntax für Erweiterungsmethoden ist natürlich weiterhin gültig.

8.13.2 field

Bereits in C# 13 wurde das Schlüsselwort *field* als Preview eingeführt und nun in C# 14 endgültig implementiert.

Damit können Sie bei einer Property auf das Backingfield zugreifen, ohne dass Sie es tatsächlich definieren müssen. Bei den sogenannten *autoimplemented Properties* (siehe Abschnitt 4.2.6) wird ja auf die Definition der privaten Feldvariable verzichtet, diese wird vom Compiler automatisch generiert. Mit dem Schlüsselwort *field* können Sie jetzt diese Backingvariable direkt ansprechen. Es ist somit quasi ein Alias für den vom Compiler generierten Bezeichner.

Beispiel 8.52 zeigt die Definition einer Property, bei der die Zuweisung auf *null* zu einer *Exception* führt.

Beispiel 8.52: Verwendung des Schlüsselwortes field im Setter einer Property

```
public string Name
{
    get;
    set => field = value ?? throw new ArgumentNullException(nameof(value));
}
```

> Wenn Sie bestehenden Code haben, bei der Sie einen Bezeichner mit dem Namen *field* verwenden, dann können Sie entweder *this.field* oder *@field* schreiben, um eine Unterscheidung zu dem neuen Schlüsselwort *field* zu ermöglichen. Eine noch sauberere Möglichkeit wäre natürlich, den Bezeichner umzubenennen.

8.13.3 Weitere partielle Member

Wie in Abschnitt 8.12.3 bereits beschrieben, wurde mit .NET 9 die Möglichkeit geschaffen, Properties und Indexer partiell zu definieren. Mit C# 14 ist dies nun auch für Konstruktoren und Ereignisse möglich.

8.13.4 Null-bedingte Zuweisung

Der Operator *?.* kann jetzt auch auf der linken Seite einer Zuweisung verwendet werden. Bislang war es nur auf der rechten Seite möglich.

Somit kann folgende Zuweisung ohne *NullReferenceException* erfolgen, ohne dass die Variable zuvor auf *null* geprüft werden muss.

Beispiel 8.53: Null-bedingte Zuweisung

```
Person? p2 = null;
p2?.FirstName = "Juergen";
```

Wenn die Objektvariable *p2* im Beispiel 8.53 den Wert null hat, wird die Zuweisung einfach nicht ausgeführt.

Teil II: Desktop-Anwendungen

- Einführung in WPF (Kapitel 9)
- Übersicht WPF-Controls (Kapitel 10)
- Wichtige WPF-Techniken (Kapitel 11)
- WPF-Datenbindung (Kapitel 12)
- .NET MAUI (Kapitel 13)

9 Einführung in WPF

Wer innovative und optisch anspruchsvollere Windows-Desktop-Anwendungen entwerfen will, kommt nicht um die Verwendung von WPF, dem Nachfolger/Pendant der Windows Forms, herum.

WPF ist die Abkürzung für *Windows Presentation Foundation*. Hierbei handelt es sich im weitesten Sinne um eine weitere Windows-Präsentations-Schnittstelle bzw. ein Framework für die Entwicklung interaktiver Anwendungen. Eines der wesentlichsten Merkmale ist die strikte Trennung von Präsentations- und Geschäftslogik, basierend auf der Beschreibungssprache XAML.

Wer den Umstieg von Windows Forms nach WPF wagt, muss mit beträchtlichem Portierungsaufwand rechnen, da vielfach gänzlich andere Konzepte zum Einsatz kommen. Eine Teilmigration Ihrer Anwendung wird von Microsoft durch das *ElementHost*-Control unterstützt, dieses kann WPF-Elemente innerhalb einer Windows-Forms-Anwendung darstellen. Im Umkehrschluss lassen sich Windows-Forms-Elemente per *WindowsFormsHost* auch in WPF-Anwendungen nutzen.

Bei Neuentwicklungen für den Desktop sollten Sie jedoch in jedem Fall die Verwendung von WPF in Betracht ziehen. Soll die Anwendung auch auf anderen Plattformen lauffähig sein, sollte man auch .NET MAUI in Betracht ziehen (siehe Kapitel 13).

HINWEIS: In den ersten .NET-Core-Versionen (einschließlich 3.0) war WPF nicht Teil von .NET Core. Seit .NET Core 3.1 ist WPF komplett enthalten.

9.1 Einführung

Bevor wir uns im Gestrüpp der WPF-Programmierung verirren, wollen wir zunächst einen Blick auf die Grundkonzepte, Vor- und Nachteile sowie die möglichen Anwendungstypen werfen.

Die grundlegende WPF-Version (aktuell WPF 10) ist fest mit .NET 10 verbunden und kann in Vorgängerversionen nicht eingesetzt werden.

HINWEIS: Sehr häufig hört man im Zusammenhang mit WPF den Begriff *MVVM*. Es handelt sich um eine Architektur (ModelViewViewModel), mit der eine sauberere Trennung zwischen den Komponenten einer Applikation erreicht werden kann. Wir empfehlen Ihnen, auf jeden Fall ein MVVM-Framework einzusetzen. Die meisten dieser Frameworks sind kostenlos und werden Ihnen helfen, eine weitaus wartungsfreundlichere App zu entwickeln. Eine genauere Betrachtung von MVVM würde aber leider den Rahmen dieses Buches sprengen.

9.1.1 Was kann eine WPF-Anwendung?

Nachdem Windows Forms zu Beginn des Jahrtausends über 10 bis 15 Jahre mit fast den gleichen Bibliotheken und APIs (GDI32, User32) gekämpft hat, stellt sich bei einer so radikalen Änderung zunächst die Frage, was kann WPF bzw. was macht den Unterschied zu der bisherigen Vorgehensweise aus?

Statt vieler Worte also zunächst eine kurze Liste der Highlights:

- hierarchische Oberflächenbeschreibung mit XAML, alternativ können die Oberflächen auch per Code beschrieben werden (nicht zu empfehlen),
- Codebehind-Modell, ähnlich wie bei ASP.NET-Anwendungen,
- strikte Trennung von Design und Logik,
- Desktop-(Fenster-basiert) oder Browser-Anwendung (Seiten-basiert) möglich,
- vektorbasierte Grafikausgabe (Fließkomma-Arithmetik), damit frei skalierbare Oberflächen unabhängig vom Ausgabegerät,
- schnelle Grafikausgabe dank Hardwarebeschleunigung und Ausgabe per DirectX,
- umfangreiche Unterstützung für 2D- und 3D-Grafik,
- hervorragende Layout-Optionen für Texte und Steuerelemente,
- umfangreiche Unterstützung für Grafik-Effekte (Schatten, Transparenz, Rotation, Scherung etc.) bei der Oberflächengestaltung,

- komplexe grafische Animationen für Elemente,
- Unterstützung von Medien (Videos, Bilder, Audio),
- einfache Datenbindung für fast alle Eigenschaften möglich.

WPF soll all diese Möglichkeiten nicht nur unter einem Dach vereinigen, sondern die einzelnen Konzepte auch sinnvoll miteinander verzahnen. Microsoft teilt die einzelnen Funktionen dazu in eine Reihe von Diensten auf, die Sie als Entwickler in Anspruch nehmen können:

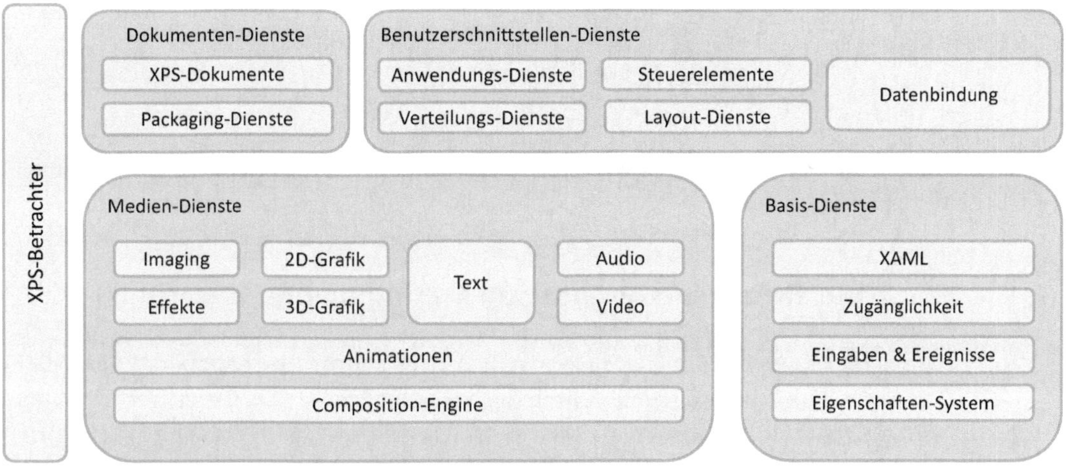

Bild 9.1 WPF-Dienste

Alle obigen Dienste liegen als Managed Code (verwalteter Code) vor, verwenden das .NET-Framework und setzen auf DirectX für die Grafikausgabe auf.

Bild 9.2 zeigt in einer Übersicht, welche Teile von WPF als Managed Code vorliegen und welche Abhängigkeiten zwischen den einzelnen Ebenen bestehen.

HINWEIS: Aus Performancegründen ist die *MilCore.dll* in unmanged Code geschrieben, hier laufen alle Grafikausgaben der Anwendung durch.

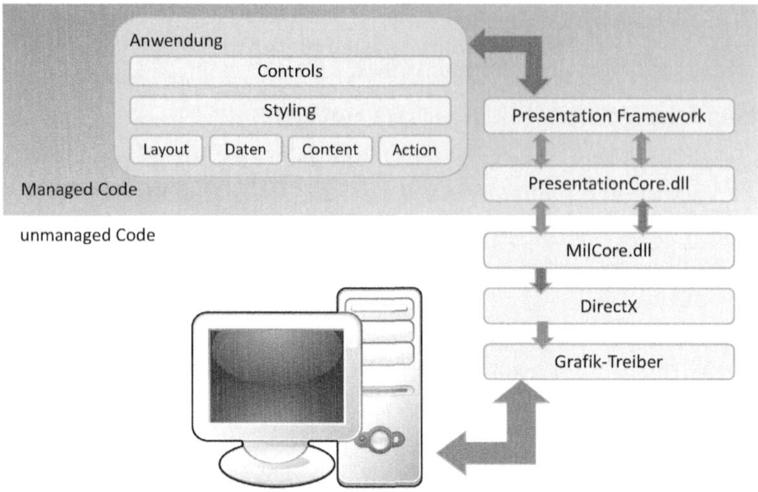

Bild 9.2 WPF-Bibliotheken

9.1.2 Die eXtensible Application Markup Language

Wie schon kurz erwähnt, basieren WPF-Anwendungen im Normalfall[1] auf einer Trennung von Oberflächenbeschreibung und Quellcode, wie Sie es auch von ASP.NET-Anwendungen her kennen. Die Oberfläche selbst wird mit einer XML-basierten Beschreibungssprache namens XAML (*eXtensible Application Markup Language*, gesprochen wie die bayerische „Semmel“) definiert, die Programmlogik schreiben Sie wie gewohnt in C# oder VB.

Diese strikte Trennung ermöglicht es auch, die Oberfläche von einem Designer und die Logik von einem Programmierer erstellen zu lassen. Wer jetzt denkt, als Programmierer arbeitslos zu werden, braucht keine Sorge zu haben. Das grundsätzliche Programmgerüst werden Sie nach wie vor entwerfen, die optische Gestaltung (Aussehen von Controls, Animationen, Grafiken etc.) kann dann ein Grafiker übernehmen. Dafür gibt es auch andere Tools wie zum Beispiel *Blend*. Grafiker hätten vermutlich keinen großen Spaß mit Visual Studio.

Über grundlegende XAML-Kenntnisse sollten Sie als Programmierer ebenfalls verfügen. Auch wenn Ihnen der Visual-Studio-Designer scheinbar viel Arbeit abnimmt, ist es häufig wesentlich einfacher, ein paar Tags in das XAML-Dokument einzufügen, als mühevoll die Oberfläche zusammenzuklicken und per Eigenschafteneditor zu konfigurieren. Diese Tatsache scheint auch Microsoft nicht entgangen zu sein, der XAML-Code wird im Editor parallel zum Designer angezeigt, Änderungen in einem der beiden Editoren wirken sich wechselseitig aus (siehe Bild 9.3).

[1] Sie könnten auch eine Anwendung nur per Code erzeugen, aber dann gehen Sie vermutlich auch nur zu Fuß und verwenden kein Auto.

HINWEIS: Wir persönlich haben uns schon lange abgewöhnt, mit dem Designer zu arbeiten, weil er häufig Code erzeugt, der gegen prinzipielle WPF-Konzepte verstößt.

Bild 9.3 XAML-Editor

HINWEIS: Da Microsoft zwei Zielgruppen (Designer und Entwickler) mit WPF ansprechen möchte, sind auch zwei getrennte Entwicklungsumgebungen verfügbar. Vor einer sitzen Sie vermutlich gerade (Visual Studio), die zweite nennt sich *Blend for Visual Studio* und richtet sich vornehmlich an Designer. In der Praxis hat sich aber in den letzten Jahren immer mehr gezeigt, dass die Entwickler in den meisten Projekten beide Jobs übernehmen. Vor allem beim Einsatz eines MVVM-Frameworks muss man für die gesamte Datenbindung in XAML das dahinterliegende ViewModel kennen – etwas, das ich von einem Designer nicht erwarten kann. Die Projekte, in denen Designer mit XAML arbeiten, sind rar gesät.

9.1.3 Unsere erste XAML-Anwendung

Öffnen Sie ein neues Projekt und wählen Sie den Projekttyp *WPF-Anwendung*. Vergeben Sie dabei als Projektnamen *ErsteXamlSchritte*. Visual Studio erstellt daraufhin vier Dateien, zwei XAML-Dateien (*App.xaml, MainWindow.xaml*) und zwei dazugehörige Klassendefinitionen in C# (*App.xaml.cs, MainWindow.xaml.cs*).

Schauen wir uns diese Dateien einmal im Detail an.

App.xaml

In dieser Datei wird, neben der Einbindung der beiden obligatorischen Namespaces, die Klasse *App* konfiguriert. Im vorliegenden Fall wird mit dem Attribut *StartupUri* festgelegt, welches Fenster als Erstes angezeigt wird.

Beispiel 9.1: App.xaml

XAML

```
<Application x:Class="ErsteXamlSchritte.App"
    xmlns="http://schemas.microsoft.com/winfx/2006/xaml/presentation"
    xmlns:x="http://schemas.microsoft.com/winfx/2006/xaml"
    xmlns:local="clr-namespace:ErsteXamlSchritte"
    StartupUri="MainWindow.xaml">
    <Application.Resources>

    </Application.Resources>
</Application>
```

HINWEIS: Der Bezug zur Hintergrundcodedatei wird über das Attribut *x:Class* hergestellt (*Namespace.<Klassennamen>*).

Ganz nebenbei nimmt diese Datei auch noch die Definition von Anwendungsressourcen (globale Ressourcen) auf, wir kommen ab Abschnitt 11.2 darauf zurück.

App.xaml.cs

Hierbei handelt es sich um die Hintergrundcodedatei zu obiger XAML-Datei mit der noch leeren Klassendefinition:

Beispiel 9.2: ***App.xaml.cs***

C#

```
using System.Windows;
namespace ErsteXamlSchritte
{
    public partial class App : Application
    {
    }
}
```

Die derart definierte *App*-Klasse können Sie zur Laufzeit über *App.Current* abrufen. Die Klasse selbst stellt bereits einen umfangreichen Satz an Ereignissen und Eigenschaften zur Verfügung (mehr dazu ab Abschnitt 9.3.1).

Wer das eigentliche Hauptprogramm in dieser Datei vermutet hat, liegt falsch, denn dieses wird von Visual Studio automatisch erzeugt. Zusätzlich wird noch eine Methode *InitializeComponent* angelegt, in der das Startformular entsprechend der Optionen in *App.xaml* festgelegt wird.

MainWindow.xaml

Hier haben wir es mit der XAML-Beschreibung des ersten bereits automatisch erzeugten Fensters zu tun. Den Bezug zum C#-Sourcecode stellt wiederum das *x:Class*-Attribut her. Die Einbindung der Namespaces dürfte Ihnen bereits aus der *App.xaml* bekannt sein:

Beispiel 9.3: ***MainWindow.xaml***

XAML

```
<Window x:Class="ErsteXamlSchritte.MainWindow"
     xmlns="http://schemas.microsoft.com/winfx/2006/xaml/presentation"
     xmlns:x="http://schemas.microsoft.com/winfx/2006/xaml"
     xmlns:d="http://schemas.microsoft.com/expression/blend/2008"
     xmlns:mc="http://schemas.openxmlformats.org/markup-compatibility/2006"
     xmlns:local="clr-namespace:ErsteXamlSchritte"
     mc:Ignorable="d" Title="MainWindow" Height="300" Width="300">
     <Grid>
     </Grid>
</Window>
```

Mit dem Attribut *Title* wird der Inhalt der Kopfzeile definiert, *Width* und *Height* dürften selbsterklärend sein.

Das *Grid*-Element definiert bereits den grundlegenden Container (und damit das Layout) für das neue Fenster. Dieses Element können Sie bei Bedarf löschen und durch eines der anderen Container-Elemente ersetzen (siehe Abschnitt 9.2).

MainWindow.xaml.cs

Die letzte der vier Dateien dürfte die „Spielwiese“ für Sie als Programmierer sein, hier haben Sie es mit der Code-Hintergrunddatei für das mit *MainWindow.xaml* definierte Fenster zu tun.

Beispiel 9.4: ***MainWindow.xaml.cs***

C#

```
using System.Windows;
using System.Windows.Controls;
using System.Windows.Media;

namespace ErsteXamlSchritte
{
    public partial class MainWindow : Window
    {
        public MainWindow()
        {
            InitializeComponent();
        }
    }
}
```

In dieser Datei werden die Ereignishandler, zusätzliche Methoden und lokale Variablen abgelegt.

HINWEIS: Wenn Sie, wie am Anfang des Kapitels empfohlen, ein MVVM-Framework einsetzen, wäre das Ziel, in dieser Datei keinen zusätzlichen, außer dem generierten, Code zu haben.

Ein erster Ereignishandler

Sicher wollen Sie endlich auch etwas Aktivität in unser Programm bringen. Fügen Sie dazu einen einfachen *Button* in den Designer und damit in das *Grid* (!) von *Main Window* ein. Alternativ können Sie auch die XAML-Datei von *MainWindow* bearbeiten:

Beispiel 9.5: Ein erster Ereignishandler

XAML

```
...
    <Grid>
        <Button>Ein erster Test</Button>
    </Grid>
...
```

C#

Nach einem Doppelklick auf den Button erzeugt Visual Studio für Sie bereits den Ereignishandler. Fügen Sie jetzt noch eine *MessageBox.Show*... ein, und Sie haben ein funktionstüchtiges Programm, bei dem XAML-Oberfläche und C#-Code miteinander verbunden sind.

```
private void Button_Click(object sender, RoutedEventArgs e)
{
    MessageBox.Show("Hallo Welt");
}
```

Ergebnis

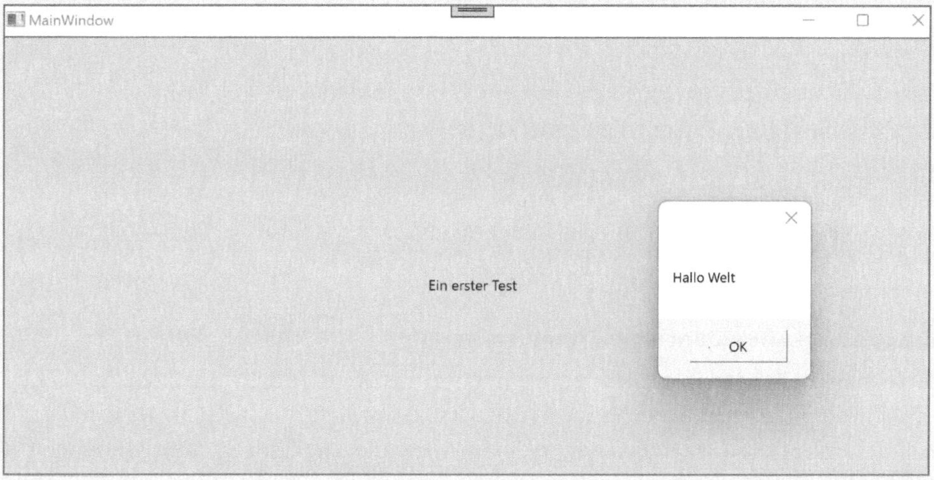

Bild 9.4 Hallo Welt – die WPF Edition

Sicher nicht ganz uninteressant ist jetzt die XAML-Datei, hier muss ja ein Verweis auf die zugehörige Ereignisroutine eingefügt werden. Und siehe da, dem Attribut *Click* wird der Name der Ereignismethode übergeben:

```
...
    <Grid>
      <Button Click="Button_Click">Ein erster Test</Button>
    </Grid>
...
```

Und wo ist mein Button-Objekt?

Versuchen Sie jetzt einmal, per Code auf den Button zuzugreifen, um zum Beispiel dessen Beschriftung (Content) zu ändern. Haben Sie den Button per XAML erzeugt, dürfte Ihnen dies schwerfallen, denn ein derartiges Objekt ist nicht zu finden. Ursache ist die fehlende Zuweisung des *Name*-Attributs in der XAML-Datei.

HINWEIS: Ein XAML-Element muss nur dann benannt werden, wenn Sie es auch per Code ansprechen wollen. In der Regel werden Sie das mit einem MVVM-Framework nur in den seltensten Fällen benötigen.

Erweitern Sie also die XAML-Definition des Buttons um ein *Name*-Attribut mit eindeutigem Namen:

```
...
<Grid>
    <Button Name="button1" Click="Button_Click">Ein erster Test</Button>
</Grid>
...
```

Jetzt können Sie in der Codedatei wie gewohnt mit dem Objekt *button1* arbeiten und zum Beispiel dessen Beschriftung ändern:

```
private void Button_Click(object sender, RoutedEventArgs e)
{
    button1.Content = "Das funktioniert also auch ...";
}
```

Brauche ich unbedingt eine Trennung von Code und XAML?

Im Prinzip nein, aber eine Mischung von Code und XAML dürfte der Übersichtlichkeit Ihrer Programme sicher nicht zuträglich sein. Ganz abgesehen davon, dass in diesem Fall eine getrennte Bearbeitung von Oberfläche und Logik nicht mehr sinnvoll realisierbar ist.

Aus diesen Gründen gehen wir auf die Möglichkeit, Code und XAML in einer Datei unterzubringen, nicht ein.

Kann ich Oberflächen auch per Code erzeugen?

Im Prinzip ja, der Aufwand ist jedoch teilweise recht beträchtlich, da sich die Eigenschaften und Zuweisungen leichter per XAML konfigurieren lassen.

Beispiel 9.6: Wir wollen einen neuen *Button* innerhalb von *button1* erzeugen.

C#

```
private void Button_Click(object sender, RoutedEventArgs e)
{
    Button btn = new Button();
    btn.Content = "Test für Button2";
    btn.Name = "button2";
    btn.Background = Brushes.Coral;
    button1.Content = btn;
```

Ergebnis

Das Resultat zeigt Bild 9.5:

Bild 9.5 Button in Button

HINWEIS: Sie werden vielleicht bei meinen Screenshots oben in der Mitte des Fensters einen schwarzen Balken sehen. Das ist ein Add-in zur Visualisierung des Livebaums, in dem Sie die Hierarchie der Controls sehr gut erkennen können.

Dabei wollen wir es an dieser Stelle belassen, auf weitere Details werden wir im Verlauf des Kapitels zu sprechen kommen.

9.1.4 Zielplattformen

Für den Entwickler sicher nicht ganz uninteressant dürfte die Frage nach den Zielplattformen für die erstellten WPF-Anwendungen sein. Obwohl seit .NET 6 auch andere Zielplattformen als Windows möglich sind, gilt das nicht für WPF. WPF, genauso wie Windows Forms, ist weiterhin fest an die Windows-Plattform gebunden.

9.1.5 Applikationstypen

Microsoft bietet verschiedene Templates im Zusammenhang mit WPF an, u. a.:

- WPF-Anwendung
- WPF-Browserapp
- WPF-Klassenbibliothek
- Bibliothek von WPF-Benutzersteuerelementen
- Bibliothek benutzerdefinierte WPF-Steuerelemente

Diese Vorlagen gibt es in zwei Versionen, einmal mit dem Zusatz „(.NET Framework)“, also bis einschließlich klassisches .NET Framework 4.8 und eben ohne (.NET Core 3.1, ab .NET 5).

Im Folgenden wollen wir uns kurz mit den Unterschieden der beiden erstgenannten Anwendungstypen auseinandersetzen, um Ihnen die Entscheidung für das eine oder andere Template zu erleichtern.

WPF-Anwendung

Dieser Anwendungstyp entspricht im Wesentlichen den bisherigen Windows-Forms-Anwendungen mit folgenden Möglichkeiten:

- Die Installation erfolgt per Setup (MSI) oder *ClickOnce* auf dem Zielcomputer.
- Ein Verweis kann im Startmenü bzw. in der Systemsteuerung unter *Software* erfolgen.
- Die Anwendung läuft per Default im Full-Trust-Mode. Das heißt, Sie können auf die Registrierdatenbank, das Dateisystem etc. zugreifen.
- Die Anwendung läuft in einem eigenen Fenster (Windows).
- Die Anwendung läuft offline.
- Updates müssen explizit installiert werden (per *ClickOnce* automatisierbar).

WPF-Browserapp

Auch wenn sie so heißt, handelt es sich doch um keine Webanwendung. Der Name bezieht sich lediglich auf den Anzeigeort der Anwendung.

- Diese Anwendungen laufen nur im Internet-Browser mit wizardartiger Oberfläche (Navigation zwischen Pages[2]).
- Die Anwendung läuft mit stark eingeschränkten Rechten in einer Sandbox.

---

[2] Die freie Navigation durch den Anwender kann den Entwickler schnell in den Wahnsinn treiben.

- Die Anwendung wird **nicht** auf dem Zielcomputer installiert.
- Ein Verweis im Startmenü bzw. in der Systemsteuerung unter Software ist **nicht** möglich.
- Die Anwendungen werden automatisch per *ClickOnce* verteilt.
- Obwohl der überwiegende Teil der WPF-Features genutzt werden kann, gibt es einige Einschränkungen bei der Darstellung.

HINWEIS: Diese Vorlage ist nur für das klassische .NET Framework (also bis .NET 4.8) verfügbar.

9.1.6 Vor- und Nachteile von WPF-Anwendungen

Über die Vorteile von WPF-Anwendungen wissen Sie ja bereits eine ganze Menge (siehe Abschnitt 9.1.1). Der wichtigste Vorteil dürfte für die meisten sicher die Oberflächengestaltung sein. Hier handelt es sich um einen echten Quantensprung gegenüber den teilweise recht tristen Windows-Forms-Anwendungen.

Doch wo viel Licht ist, da ist auch Schatten, und so werden Sie früher oder später auch einige „Haare in der Suppe“ finden:

- WPF-Anwendungen sind nicht auf älteren Betriebssystemen (Windows 2000 etc.) lauffähig, was jedoch mittlerweile vernachlässigbar ist.
- Die Anwendungen erfordern etwas leistungsfähigere Hardware.
- Komplexere Anwendungen erfordern schnell umfangreiche Kenntnisse (steile Lernkurve).
- Nicht alle Windows-Forms-Steuerelemente sind vorhanden, einige Standarddialoge fallen schnell durch ihr „altbackenes“ Äußeres auf.
- Viele Konzepte in WPF richten sich an den Designer und nicht an den Entwickler.
- Das Setzen von Eigenschaften per Code ist teilweise recht aufwendig.
- Trennung von Code und Oberfläche kann Probleme beim dynamischen Erstellen von Oberflächenelementen bereiten.
- WPF-Anwendungen werden schnell zum „Selbstbedienungsladen“, sowohl der C#-Code als auch die XAML-Oberflächenbeschreibung können relativ einfach aus den Anwendungen extrahiert werden (Decompiler).
- Last, but not least, ist nicht jeder Anwender davon begeistert, wenn er eine zwar bunte, aber kaum funktionale Anwendung vorgesetzt bekommt. WPF „erleich-

tert" es dem Entwickler, konfuse und wenig intuitive Oberflächen zu gestalten, aber das haben Sie ja selbst in der Hand.

Tja, wann also sollten Sie WPF verwenden und die Lektüre dieses Kapitels fortsetzen? Immer dann, wenn Sie obige Einschränkungen nicht stören, Sie sowieso ein neues Projekt beginnen und – das sollte wohl der Hauptgrund sein – Sie einen echten Nutzen mit WPF erzielen.

Wenn Ihre Anwendung auch als App auf mobilen Endgeräten und auf Mac-Rechnern laufen soll, so ziehen Sie auch .NET MAUI (mehr dazu in Kapitel 13) in Betracht.

HINWEIS: Leider hat sich in den letzten neuen Frameworkversionen zum Thema WPF kaum etwas getan, sodass zu befürchten ist, dass nicht mehr viele neue Features für WPF entwickelt werden (zumindest von Microsoft).

9.1.7 Weitere Dateien im Überblick

Sicher sind Ihnen bei Nachforschungen in den physikalischen Projektverzeichnissen auch einige Dateien aufgefallen, mit denen Sie auf die Schnelle nichts anfangen können. Wir wollen uns mit *.baml* und *.g.cs* zwei der wichtigsten Typen herausgreifen und näher anschauen.

Was sind .BAML-Dateien und was passiert damit?

Bei den im Verzeichnis *\obj\Debug\net10.0-windows* enthaltenen Dateien handelt es sich um binäre Repräsentationen (*Binary Application Markup Language*) der einzelnen XAML-Dateien (Windows/Pages).

Diese sind nicht für die Betrachtung oder Bearbeitung vorgesehen, sondern werden als Ressourcen in die finale Assembly gelinkt.

.BAML-Dateien liegen bereits in einem Zwischenformat vor, was zur Laufzeit eine schnellere Verarbeitung des Objekt-Graphen ermöglicht.

Worum handelt es sich bei den .G.CS-Dateien?

Das „.G" steht zunächst für „Generated". Im Detail handelt es sich um die Klassendefinition in der jeweiligen Projekt-Programmiersprache, die automatisch zu jedem XAML-File (Window/Page) angelegt wird. Diese Datei stellt den genauen Zusammenhang zwischen XAML-Elementen (Controls) und den jeweiligen C#-Klassen her.

Beispiel 9.7: Eine *.G.CS*-Datei für *MainWindows.xaml*

C#

```
using System;
...
using System.Windows.Shell;
```

Der definierte Namespace:

```
namespace ErsteXamlSchritte {
```

Die bereits in XAML definierte Klasse:

```
    public partial class MainWindow : System.Windows.Window,
                                      System.Windows.Markup.IComponentConnector
    {
```

Haben Sie in die XAML-Datei benannte Controls eingefügt (*Name*-Attribut), finden Sie hier das C#-Pendant:

```
        #line 10 "..\..\..\MainWindow.xaml"
        [System.Diagnostics.CodeAnalysis.SuppressMessageAttribute
         ("Microsoft.Performance", "CA1823:AvoidUnusedPrivateFields")]
        internal System.Windows.Controls.Button button1;

        #line default
        #line hidden
        private bool _contentLoaded;
```

Der eigentliche Initialisierungsvorgang:

```
        [System.Diagnostics.DebuggerNonUserCodeAttribute()]
        public void InitializeComponent() {
            if (_contentLoaded)
            {
                return;
            }
            _contentLoaded = true;
            System.Uri resourceLocater = new
                System.Uri("/ErsteXamlSchritte;component/mainwindow.xaml",
                            System.UriKind.Relative);
            #line 1 "..\..\MainWindow.xaml"
            System.Windows.Application.LoadComponent(this,
                                 resourceLocater);
        }
  Button_Click);

            #line default
            #line hidden
            return;
            }
            this._contentLoaded = true;
        }
    }
}
```

Mit der folgenden Methode werden die Objekte und die Ereignisse zugeordnet:

```
        [System.Diagnostics.DebuggerNonUserCodeAttribute()]
        [System.CodeDom.Compiler.GeneratedCodeAttribute(
                "PresentationBuildTasks", "8.0.0.0")]
        [System.ComponentModel.EditorBrowsableAttribute(
            System.ComponentModel.EditorBrowsableState.Never)]
        [System.Diagnostics.CodeAnalysis.SuppressMessageAttribute(
            "Microsoft.Design",
            "CA1033:InterfaceMethodsShouldBeCallableByChildTypes")]
         void System.Windows.Markup.IComponentConnector.Connect(
                int connectionId, object target)
         {
             switch (connectionId)
             {
                 case 1:
                      this.button1 =
                          ((System.Windows.Controls.Button)(target));
             #line 10 "..\..\MainWindow.xaml"
                     this.button1.Click += new
                         System.Windows.RoutedEventHandler(this.Button_Click);
             #line default
             #line hidden
             return;
             }
             this._contentLoaded = true;
         }
     }
}
```

9.2 Alles beginnt mit dem Layout

Vielleicht erscheint Ihnen diese Überschrift etwas merkwürdig, aber nachdem Sie sich über den Typ der WPF-Anwendung (siehe Abschnitt 9.1.5) im Klaren sind, sollten Sie bedenken, dass sowohl eine *Page* als auch ein *Window* nur über **ein** untergeordnetes Stammelement verfügen dürfen – ganz im Gegensatz zu einer Windows-Forms-Anwendung, bei der Sie recht unbekümmert Controls in den Formularen verteilen können.

Aus diesem Grund werden wir uns in diesem Abschnitt zunächst mit einigen recht speziellen Controls, den Panel-Elementen oder auch Containern beschäftigen, bevor wir auf die eigentlichen Elemente der Bedienoberfläche zu sprechen kommen (Schaltflächen, Listenfelder etc.).

9.2.1 Allgemeines zum Layout

Erster Schritt nach dem Erstellen eines neuen *Window* oder einer neuen *Page* ist die Auswahl einer passenden Container-Klasse[3)], die das spätere Layout der Seite vorgibt. WPF bietet hier eine reiche Auswahl an, die folgende Tabelle zeigt einige wichtige Panels:

Layout-Control	Kurzbeschreibung
Canvas	In diesem Panel können Sie eine absolute Positionierung realisieren.
DockPanel	Controls können im Panel andocken (*Top, Bottom, Left, Right, Fill*).
Grid	Ein Tabellen-Layout, wie es ähnlich auch bei HTML-Seiten verwendet wird.
StackPanel	Controls werden übereinander (vertikal) oder nebeneinander (horizontal) „gestapelt". Die Richtung kann vorgegebenen werden.
TabPanel	Entspricht einem *TabControl*, enthält untergeordnete *TabItems*, die wiederum andere Panel-Controls aufnehmen können.
UniformGrid	Formatiert enthaltene Controls in ein festes Raster aus Zeilen und Spalten. Alle Controls sind gleich groß.
ViewBox	Enthaltene Grafiken können verschiedenartig skaliert werden.
WrapPanel	Dieses Panel verhält sich ähnlich wie ein *StackPanel*, allerdings werden die enthaltenen Controls bei Bedarf in die nächste „Zeile" umbrochen.

Wie Sie sehen, besitzt jedes dieser Elemente spezielle Verhaltensweisen für die Anordnung der darin abgelegten Controls. Doch warum brauchen wir überhaupt ein Layout?

Die Antwort findet sich in der Möglichkeit von WPF-Anwendungen, Dialoge frei zu skalieren. Das heißt, eine Größenänderung des Formulars soll sich auch **sinnvoll** auf die darin enthaltenen Controls auswirken. Absolute Positions- und Größenangaben (die leider der Designer macht) sind in diesem Zusammenhang ungeeignet, vielmehr soll das Layout durch geschickte Auswahl und Parametrierung von Container-Controls erzeugt werden. Dabei ist es auch möglich, die Container-Controls ineinander zu verschachteln, um die gewünschten Effekte zu erreichen.

[3] Standardmäßig ist bereits ein *Grid* enthalten (keine Zeilen/Spalten).

Beispiel 9.8: Darstellung eines einfachen Taschenrechners (auszugsweise)

XAML

Zunächst das komplette Fenster definieren:

```
<Window x:Class="Taschenrechner.MainWindow"
...
```

Ein *Grid* mit zwei Zeilen und einer Spalte teilt die Grundfläche im Verhältnis 1:4:

```
<Grid>
   <Grid.RowDefinitions>
     <RowDefinition Height="*" />
     <RowDefinition Height="4*" />
  </Grid.RowDefinitions>
```

In die obere Zelle des Grids wird eine Textbox zur Ausgabe der Werte eingefügt. Diese definiert ihre Randabstände über das Attribut *Margin*:

```
   <TextBox Grid.Row="0" Margin="4,4,4,10" Name="textBox1" />
```

In die untere Zelle des Grids fügen wir ein *UniformGrid* ein; enthaltene Steuerelemente werden in ihrer Größe automatisch an ein per *Columns* bzw. *Rows* festgelegtes Raster angepasst:

```
   <UniformGrid Name="uniformGrid1" Columns="5" Rows="4" Grid.Row="1">
```

Was fehlt, sind unsere Schaltflächen, die durch das *UniformGrid* automatisch skaliert und positioniert werden. Wir können also auf all diese Angaben verzichten:

```
     <Button  Name="button1" >7</Button>
     <Button  Name="button2" >8</Button>
...
     <Button  Name="button20" >=</Button>
   </UniformGrid>
  </Grid>
</Window>
```

Dieses noch recht einfache Beispiel hat bereits vier Hierarchieebenen, wie sie in Bild 9.6 noch einmal gezeigt werden.

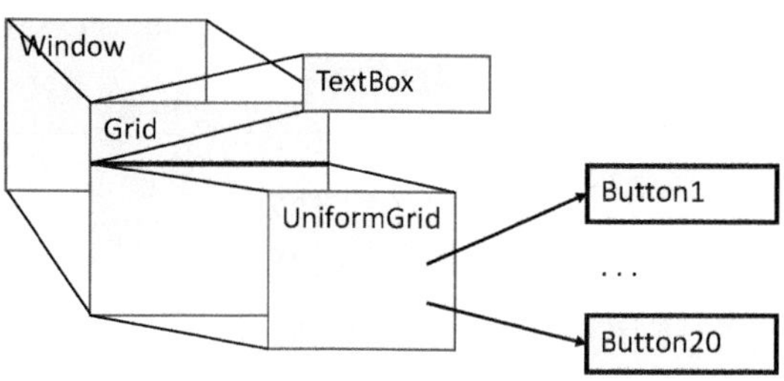

Bild 9.6 Hierarchien in dem Window

Ergebnis

Zur Laufzeit können Sie das Fenster jetzt beliebig vergrößern/verkleinern bzw. im Seitenverhältnis verändern. Das Grundlayout des Fensters bleibt erhalten:

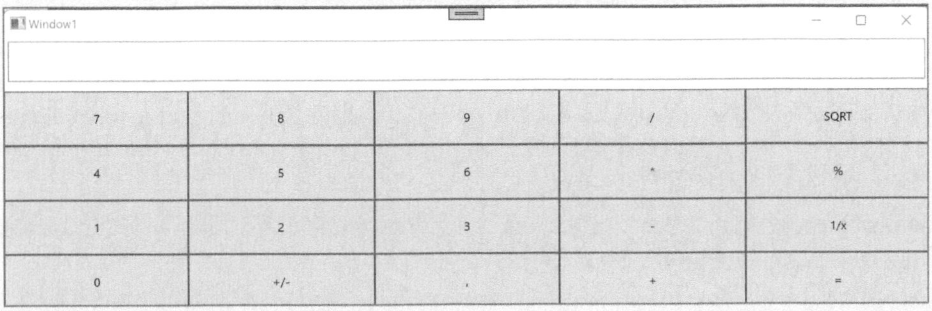

Bild 9.7 Taschenrechner Querformat

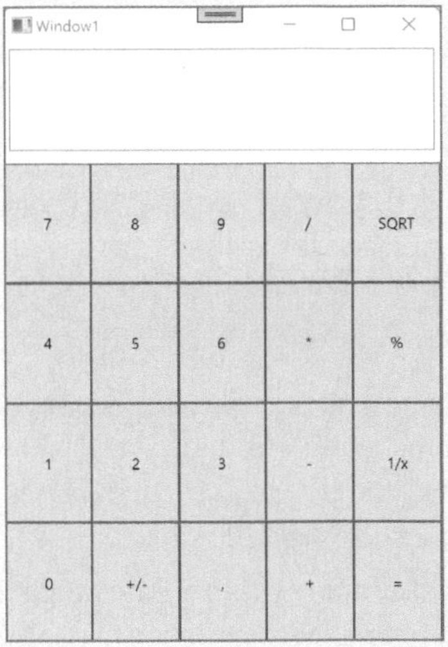

Bild 9.8
Taschenrechner Hochformat

HINWEIS: Vergessen Sie in diesem Zusammenhang nicht die Regel, dass Controls in einigen Panels ohne explizite Größenangabe ihre Abmessungen nach dem Inhalt (Content) bestimmen.

9.2.2 Positionieren von Steuerelementen

Wer sich obiges Beispiel bereits genauer angesehen hat, wird festgestellt haben, dass wir trotz allem einige absolute Maßangaben im XAML-Code versteckt haben. Die Rede ist hier von der *TextBox*, deren äußere Ränder wir mit *Margin* fest definiert haben.

Was sind das überhaupt für Maßangaben?

Um was für Maßangaben bzw. Einheiten (Pixel, Inch etc.) handelt es sich eigentlich? Die Lösung: In WPF werden Koordinatenangaben in geräteunabhängigen Pixeln angegeben! Wer jetzt auch nicht schlauer ist, dem sei gesagt, dass Microsoft die Größe eines derartigen Pixels mit genau 1/96 Zoll festgelegt hat.

Dieser Wert leitet sich aus der „angenommenen" Standard-Bildschirmauflösung von 96 DPI (Pixel/Inch) ab. Im Idealfall entspricht also ein logischer Pixel einem Pixel auf dem Bildschirm. Dass diese Annahme für absolute Maßangaben ziemlicher Blödsinn ist, dürfte spätestens nach einem Wechsel der Bildschirmauflösung klar sein; ein Pixel ist jetzt viel größer/kleiner als vorher.

Denken sie also nicht allzu viel darüber nach und nutzen Sie diesen Wert einfach so wie die allseits bekannten Pixel.

Wer Probleme mit der Umrechnung zwischen dieser schönen neuen Einheit und den konventionellen Einheiten hat, kann sich mit folgenden Umrechnungsfaktoren behelfen:

Maßeinheit	Von WPF-Pixel nach ...	Von ... in WPF-Pixel
Inch	0,01041666	96
Millimeter	0,26458333	3,779527
Point	0,75	1,333333

Top/Left/Width/Height

Wenn Sie sich ein Control bzw. dessen Eigenschaften näher ansehen, werden Sie schnell feststellen, dass weder *Top* noch *Left* vorhanden sind. Wozu auch, in den meisten Layout-Controls findet sowieso eine automatische Positionierung statt.

Einzige Ausnahme: das *Canvas*-Control, bei dem eine absolute Positionierung möglich ist. In diesem Fall helfen Ihnen sogenannte „angehängte Eigenschaften" (*Attached Properties*) weiter. Diese beziehen sich jeweils auf das übergeordnete Control, in diesem speziellen Fall auf das *Canvas*-Control.

Beispiel 9.9: Positionieren einer Schaltfläche in einem *Canvas*-Control

C#

```
<Canvas Name"canvas1" >
   <Button Canvas.Left="74" Canvas.Top="70" Height="45" Name="button1"
           Width="89">Beschriftung
   </Button>
</Canvas>
```

Zu *Width* und *Height* brauchen wir Ihnen sicher nicht viel zu sagen. Beachten Sie jedoch, dass in den meisten Fällen die Breite/Höhe des Controls durch den umgebenden Container bestimmt wird. Dies ist auch im Sinne einer Layout-orientierten Programmierung, in der die Gestaltung vom übergeordneten Layout und nicht vom einzelnen Control bestimmt wird. Halten Sie sich also etwas zurück mit dem Setzen dieser Eigenschaft.

MinWidth/MaxWidth/MinHeight/MaxHeight

Mit diesen Attributen/Eigenschaften können Sie Mindestgrößen für das Control vorgeben. Sind diese nicht realisierbar (zu wenig Platz), wird das Control abgeschnitten. Ist mehr Platz, wird das Control in seiner Größe beschränkt.

Margin/Padding

Im Zusammenhang mit der Ausrichtung von Controls sind auch zwei Eigenschaften interessant, die zum einen den Abstand des Controls zum umgebenden Elternfenster/-Control (Margin), zum anderen den Abstand des Control-Contents zu den Control-Außengrenzen (Padding) angeben. Bild 9.9 zeigt die entsprechenden Bereiche:

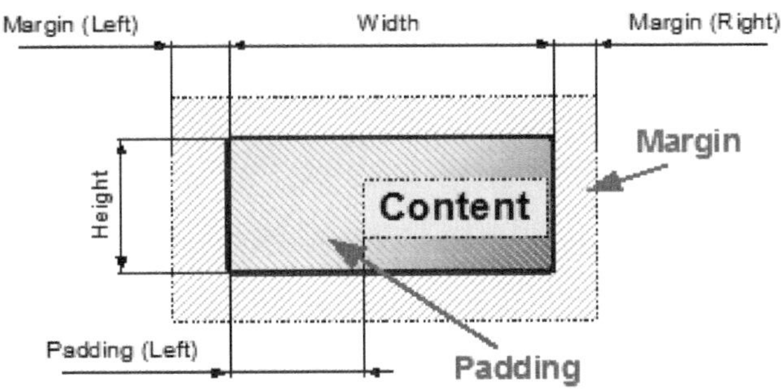

Bild 9.9 Margin und Padding

Beide Eigenschaften können Sie vollständig (4 Werte) oder auch vereinfacht angeben (1 Wert, 2 Werte).

Werte	Beispiel	Bedeutung
1 Wert	*Margin="5"*	Der Wert gilt für alle Ränder.
2 Werte	*Margin="5,10"*	Der erste Wert bestimmt den linken und rechten Rand, der zweite Wert bestimmt den oberen und unteren Rand.
4 Werte	*Margin="1, 5, 10, 20"*	Einzelangaben für linken, oberen, rechten, unteren Rand.

HINWEIS: Die Angabe von drei oder mehr als vier Werten führt zu einem Laufzeitfehler.

Beispiel 9.10: Verwendung von *Padding* und *Margin* für die Gestaltung einer Schaltfläche

XAML

```
...
    <Button Margin="5,10,20,40" Padding="16,8,4,2" Name="button2">
      <Image Width="50" Height="50" Source="Bilder/Cabo.jpg" />
    </Button>
...
```

Ergebnis

Die Ausgabe mit Angabe der Abstände:

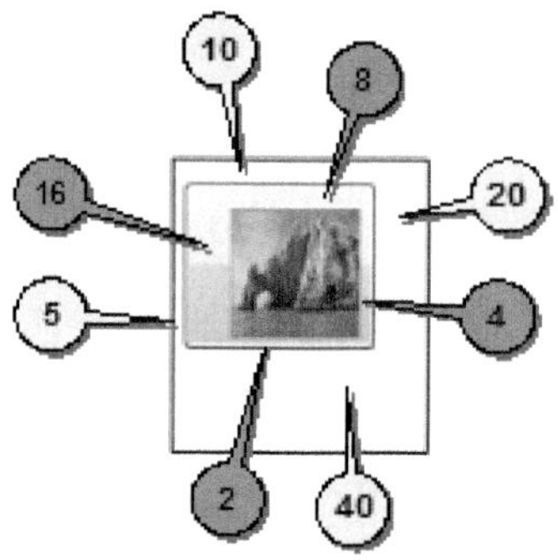

Bild 9.10
Margin und Padding im Beispiel

HorizontalAlignment/VerticalAligment

Vielleicht wundern Sie sich, warum wir uns mit der horizontalen bzw. vertikalen Ausrichtung von Controls beschäftigen, wenn diese doch meist in die übergeordneten Layout-Controls hineinskaliert werden.

Der Grund für dieses Verhalten ist die Defaulteinstellung für beide Eigenschaften. Diese ist mit *Stretch* festgelegt. Alternativ können Sie für *HorizontalAlignment* auch *Left, Right, Center* auswählen bzw. für *VerticalAlignment* die Werte *Top, Bottom* oder *Center*.

Ist ein Wert ungleich *Stretch* festgelegt, bestimmt der enthaltene Content des Controls die Größe bzw. die Angaben von *Width* und *Height*.

9.2.3 Canvas

Mit diesem Control haben Sie die Möglichkeit, die klassische Variante für die Positionierung von Steuerelementen zu realisieren. Dazu stehen Ihnen mit *Top, Left, Right, Bottom* vier angehängte Eigenschaften zur Verfügung.

Beispiel 9.11: Freies Positionieren von Controls in einem *Canvas* mit *Left* und *Top*

XAML

```
<Canvas Height="196" Width="396">
   <Button Canvas.Left="56" Canvas.Top="46" Height="23" Width="75">
           Button</Button>
   <Button Canvas.Left="24" Canvas.Top="85" Height="39" Width="107">
           Button</Button>
   <Button Canvas.Left="160" Canvas.Top="22" Height="23" Width="75">
           Button</Button>
   <Button Canvas.Left="120" Canvas.Top="85" Height="91" Width="115">
           Button</Button>
   <ComboBox Canvas.Left="206" Canvas.Top="55" Height="28" Width="169" />
 </Canvas>
```

Ergebnis

Die Laufzeitansicht:

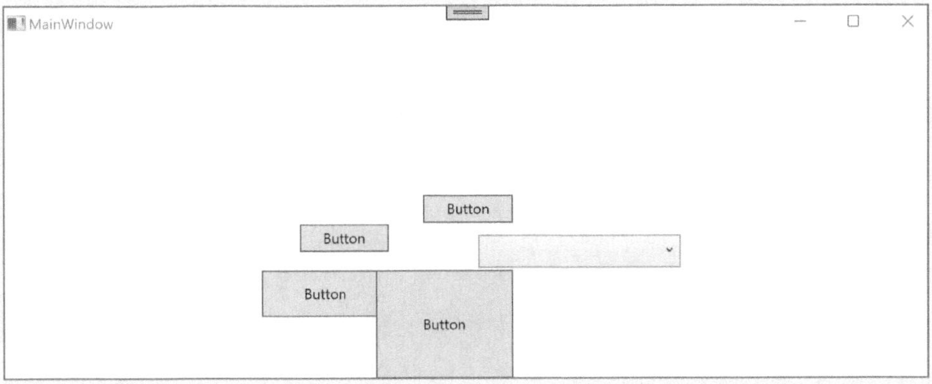

Bild 9.11 Canvas

9.2.4 StackPanel

Das *StackPanel* ermöglicht das einfache „Stapeln" der enthaltenen Controls. Die Richtung dieses Stapels können Sie über die *Orientation*-Eigenschaft steuern.

Beispiel 9.12: *StackPanel* mit vertikaler Ausrichtung (Default)

XAML

```
<StackPanel>
  <Button>Button1</Button>
  <Button>Button2</Button>
  <Button>Button3</Button>
  <Button>Button4</Button>
</StackPanel>
```

Ergebnis

Da keine der enthaltenen Schaltflächen eine Größenangabe enthält, werden die Schaltflächen automatisch an die Breite des *StackPanels* angepasst. Die Höhe ergibt sich aus dem Content der jeweiligen Schaltfläche, wie es auch Bild 9.12 zeigt:

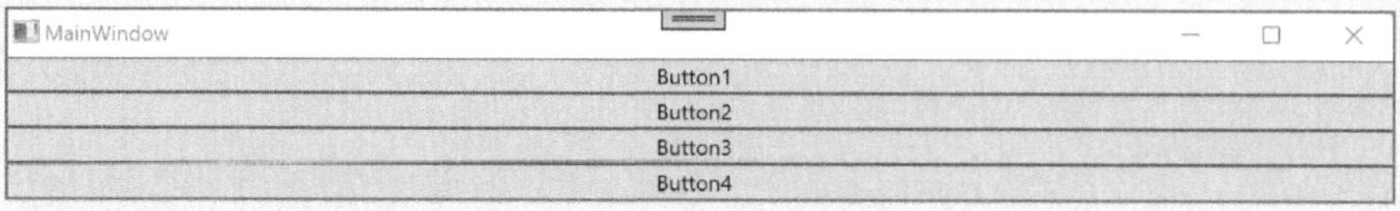

Bild 9.12 Vertikale Ausrichtung im StackPanel

Änderungen der Breite des *StackPanels* wirken sich unmittelbar auf die Breite der enthaltenen Controls aus. Wird die Defaultgröße der enthaltenen Controls unterschritten, werden diese abgeschnitten.

Bei horizontaler Ausrichtung kehrt sich das Verhalten um. Jetzt wird die Höhe der Controls durch das *StackPanel* bestimmt, die Breite bestimmt sich aus dem Content.

Beispiel 9.13: Horizontale Ausrichtung im *StackPanel*

XAML

```
<StackPanel Orientation="Horizontal" >
    <Button>Button1</Button>
    <Button>Button2</Button>
    <Button>Button3</Button>
    <Button>Button4</Button>
 </StackPanel>
```

Ergebnis

Bild 9.13 Horizontale Ausrichtung im StackPanel

9.2.5 DockPanel

Eines der wichtigsten Controls für das Erzeugen Explorer-ähnlicher Oberflächen dürfte das *DockPanel* sein. Hier können Sie festlegen, an welcher Seite des *DockPanels* die enthaltenen Controls ausgerichtet werden sollen. Die Ausrichtung wird bei jedem eingelagerten Control über die angehängte Eigenschaft *DockPanel.Dock* bestimmt.

Beispiel 9.14: Einige Schaltflächen in einem *DockPanel* ausrichten

XAML

```
<DockPanel>
    <Button DockPanel.Dock="Top">Button1</Button>
    <Button DockPanel.Dock="Top">Button2</Button>
    <Button DockPanel.Dock="Bottom">Button3</Button>
    <Button DockPanel.Dock="Left">Button4</Button>
    <Button DockPanel.Dock="Right">Button5</Button>
</DockPanel>
```

Ergebnis

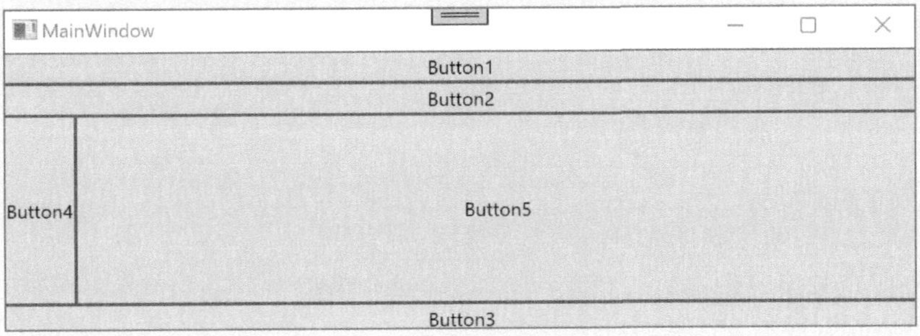

Bild 9.14 DockPanel

Drei Regeln lassen sich bereits aus obigem Beispiel erkennen:

- Controls mit gleicher Ausrichtung werden gestapelt (*Button1*, *Button2*).
- Die Reihenfolge der Controls bestimmt, welches Control „dominant" ist (siehe Beispiel 9.14).
- Das letzte Control in der Liste füllt den verbliebenen Platz komplett aus, egal welche Angaben gemacht wurden (*Button5*).

Beispiel 9.15: Einfluss der Reihenfolge auf die Anzeige (wir tauschen lediglich *Button3* und *Button4* miteinander)

XAML

```
<DockPanel >
   <Button DockPanel.Dock"Top">Button1</Button>
   <Button DockPanel.Dock="Top">Button2</Button>
   <Button DockPanel.Dock="Left">Button4</Button>
   <Button DockPanel.Dock="Bottom">Button3</Button>
   Button DockPanel.Dock="Right">Button5</Button>
 </DockPanel>
```

Ergebnis

Wie Sie sehen, ist jetzt *Button4* dominanter und bestimmt damit auch die Breite von *Button3* und *Button5*:

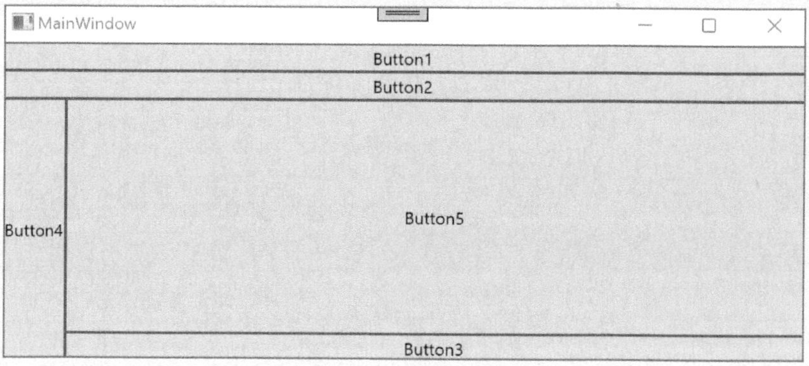

Bild 9.15 DockPanel mit geänderter Reihenfolge

Soll das letzte enthaltene Control nicht per Default den gesamten verbliebenen Platz ausfüllen, können Sie dieses Verhalten mit *LastChildFill=False* abschalten.

Beispiel 9.16: Änderung des Füllverhaltens und der Breite von Elementen

XAML

```
<DockPanel LastChildFill="False">
   <Button DockPanel.Dock="Top" Width="70">Button1</Button>
   <Button DockPanel.Dock="Top">Button2</Button>
   <Button DockPanel.Dock="Left">Button4</Button>
   <Button DockPanel.Dock="Bottom">Button3</Button>
   <Button DockPanel.Dock="Right">Button5</Button>
 </DockPanel>
```

Ergebnis

Geben Sie bei den enthaltenen Controls *Height* oder *Width* an, überschreiben diese Werte die automatisch vorgegebenen Werte des *DockPanels* (*Button1*):

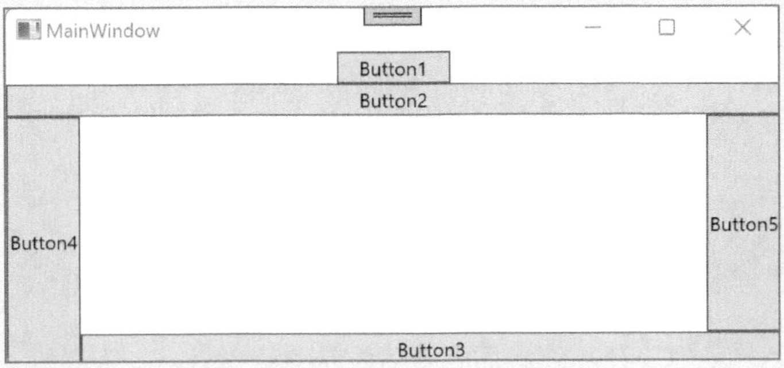

Bild 9.16 AutoFill ist deaktiviert.

Im obigen Beispiel wurde *Button1* per Default horizontal zentriert dargestellt. Mit *HorizontalAligment* bzw. *VerticalAligment* können Sie dieses Verhalten ändern.

HINWEIS: Controls in einem *DockPanel* können sich nicht überlappen. Notfalls werden diese abgeschnitten.

9.2.6 WrapPanel

Hier haben wir es mit einem nahen Verwandten des *StackPanels* zu tun. Das Verhalten ist recht ähnlich, mit dem Unterschied, dass bei fehlendem Platz die enthaltenen Elemente in die nächste „Zeile" umbrochen werden.

Beispiel 9.17: Ein *WrapPanel* mit Buttons füllen

XAML

```
<WrapPanel>
    <Button>Button1</Button>
    <Button>Button2</Button>
    <Button>Button3</Button>
    <Button>Button4</Button>
    <Button>Button5</Button>
    <Button>Button6</Button>
    <Button>Button7</Button>
</WrapPanel>
```

Ergebnis

Die erste Ansicht:

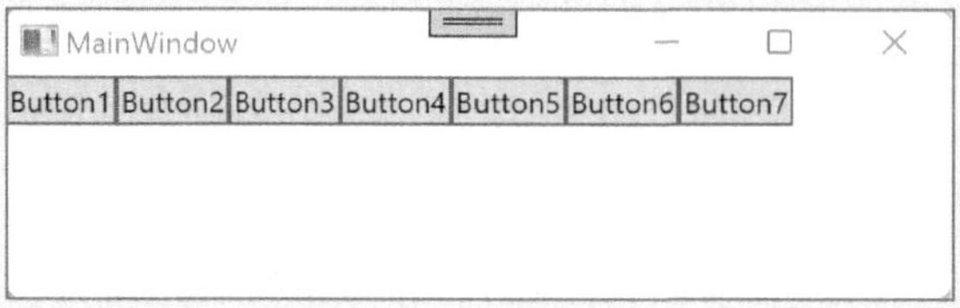

Bild 9.17 WrapPanel bei genügend Breite

Eine Breitenänderung des *WrapPanels* führt zu folgender Ansicht:

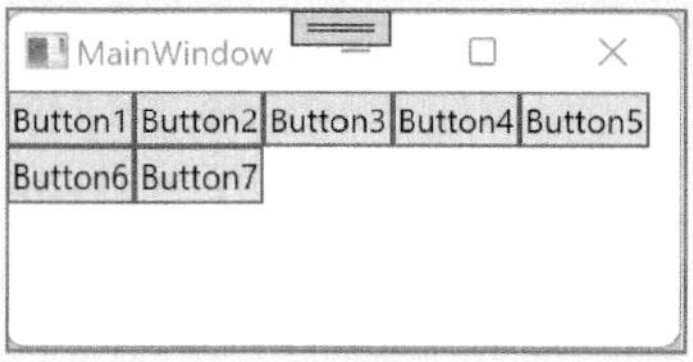

Bild 9.18 WrapPanel, wenn Breite nicht reicht

Ist nicht mehr genügend Platz für einen Umbruch vorhanden, werden die betreffenden Elemente abgeschnitten.

9.2.7 UniformGrid

Bevor wir uns dem wesentlich komplexeren Verwandten zuwenden, wollen wir noch einen kurzen Blick auf das *UniformGrid* werfen. Dieses dient dem einfachen Ausrichten von Elementen, wenn diese alle die gleiche Größe erhalten und in einer Rasterstruktur angeordnet werden sollen.

Die Verwendung ist relativ einfach: Definieren Sie über die Eigenschaften *Columns* und *Rows* zunächst die Anzahl der Zeilen und Spalten und fügen Sie die gewünschten Elemente ein.

HINWEIS: Eine gezielte Zuordnung zu den einzelnen Gridzellen ist nicht möglich, hier entscheidet die Reihenfolge der Definition über die Position im *UniformGrid*. Die Zellen werden von links nach rechts und dann von oben nach unten gefüllt.

Beispiel 9.18: Verwendung des *UniformGrid*

XAML

```
<UniformGrid Name="uniformGrid1" Columns="2" Rows="3" Grid.Row="1" Height="170"
             Width="226">
   <Button>Text</Button>
   <CheckBox Height="16" Name="checkBox1" Width="120">CheckBox</CheckBox>
   <Label Height="23" Name="label1" Width="120">Label</Label>
   <Rectangle Name="rectangle1" Stroke="Black" />
   <TextBox Height="21" Name="textBox1" />
   <Image Name="image1" Source="BigBuddha.jpg" />
</UniformGrid>
```

Ergebnis

Das angezeigte *UniformGrid*:

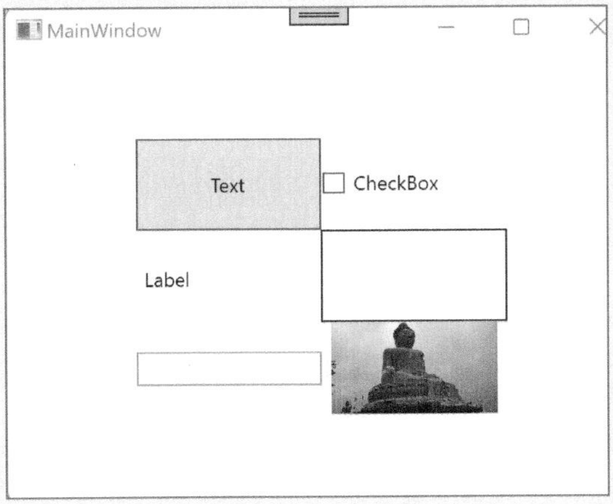

Bild 9.19 UniformGrid

HINWEIS: Ist für das *UniformGrid* eine Höhe bzw. Breite vorgegeben, werden Kind-Elemente auch dann dargestellt, wenn sie die Anzahl der vorgegebenen Zeilen und Spalten überschreiten.

9.2.8 Grid

Hier haben wir es mit einem recht komplexen Control zu tun, bei dem Kind-Elemente in Zeilen und Spalten angeordnet werden können. Im Unterschied zum *UniformGrid* ist das *Grid* jedoch wesentlich flexibler, was die Definition von Zeilen und Spalten anbelangt. Auch die enthaltenen Elemente können freier positioniert werden. Es ist sogar möglich, Elemente zellübergreifend zu definieren. Doch der Reihe nach:

Definition des Grundlayouts

Fügen Sie ein neues *Grid* in ein *Window* ein, verfügt dieses zunächst nur über eine einzige Zelle. Neue Zeilen bzw. Spalten definieren Sie über einen gesonderten Bereich *RowDefinitions* bzw. *ColumnDefinitions*.

Beispiel 9.19: Ein *Grid* mit zwei Spalten und drei Zeilen definieren

XAML

```
<Window x:Class="GridSample.MainWindow"
    xmlns="http://schemas.microsoft.com/winfx/2006/xaml/presentation"
    xmlns:x=http://schemas.microsoft.com/winfx/2006/xaml
    xmlns:d="http://schemas.microsoft.com/expression/blend/2008"
    xmlns:mc="http://schemas.openxmlformats.org/markup-compatibility/2006"
    xmlns:local="clr-namespace:GridSample"
    mc:Ignorable="d"
    Title="MainWindow" Height="175" Width="500" >
  <Grid>
    <Grid.RowDefinitions>
      <RowDefinition/>
      <RowDefinition/>
      <RowDefinition/>
    </Grid.RowDefinitions>
    <Grid.ColumnDefinitions>
      <ColumnDefinition/>
      <ColumnDefinition/>
    </Grid.ColumnDefinitions>
  </Grid>
</Window>
```

Ergebnis

Wie Sie sehen, sind bei dieser Art der Definition alle Zellen gleich groß. Vergrößern Sie das *Grid*, werden die Spalten und Zeilen im gleichen Verhältnis vergrößert.

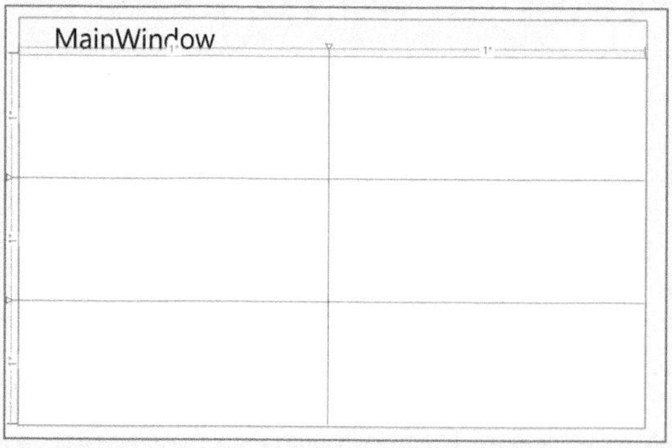

Bild 9.20 Grid mit gleich großen Zeilen und Spalten

Für die Definition spezifischer Zeilenhöhen bzw. Spaltenbreiten hat sich Microsoft einige Varianten ausgedacht:

Beispiel 9.20: Spaltenbreite entsprechend dem Inhalt festlegen (das breiteste bzw. höchste Element bestimmt die Breite bzw. Höhe)

XAML

```
<Grid>
...
   <Grid.ColumnDefinitions>
     <ColumnDefinition Width="Auto"/>
     <ColumnDefinition Width="Auto"/>
   </Grid.ColumnDefinitions>
   <Label>Hier steht ein kurzer Text</Label>
   <Label Grid.Column="1">Hier steht ein langer langer langer langer
        langer langer Text</Label>
 </Grid>
```

Ergebnis

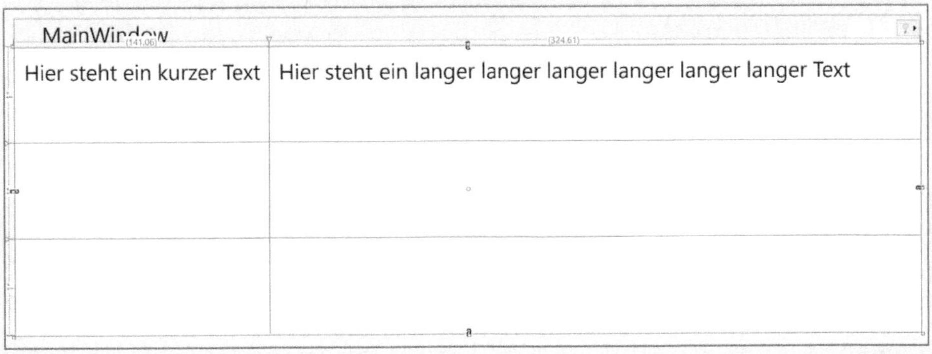

Bild 9.21 Die Breite richtet sich nach dem Inhalt.

Beispiel 9.21: Festlegen einer bestimmten Breite

XAML

```
<Grid>
...
   <Grid.ColumnDefinitions>
     <ColumnDefinition Width="100"/>
     <ColumnDefinition Width="Auto"/>
   </Grid.ColumnDefinitions>
...
 </Grid>
```

Beispiel 9.22: Festlegen eines Anteils am verfügbaren Platz

XAML

```
<Grid>
  <Grid.RowDefinitions>
    <RowDefinition Height="*"/>
    <RowDefinition Height="2*"/>
    <RowDefinition Height="0.5*"/>
  </Grid.RowDefinitions>
  <Grid.ColumnDefinitions>
    <ColumnDefinition Width="*"/>
    <ColumnDefinition Width="2*"/>
  </Grid.ColumnDefinitions>
</Grid>
```

Ergebnis

In diesem Fall kommen Sie um etwas Rechnerei nicht herum. Für obiges Beispiel gilt: Es gibt 3,5 Zeilenanteile und 3 Spaltenanteile. Die daraus resultierenden Spaltenbreiten bzw. Zeilenhöhen sehen Sie in Bild 9.22:

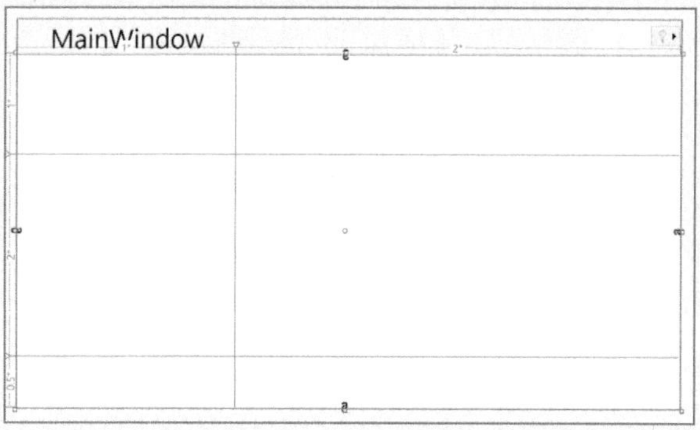

Bild 9.22 Spezifische Größenanordnung

Wie Sie sehen, können die Zellgrößen im *Grid* recht flexibel definiert werden.

Zuordnen von Kind-Elementen

Die Zuordnung der Kind-Elemente zu den einzelnen Gridzellen erfolgt über die angehängten Eigenschaften (attached Properties) *Grid.Column* und *Grid.Row*, die Sie bei jedem der Kind-Elemente setzen können.

HINWEIS: Die erste Spalte und Zeile (*Grid.Column="0"* und *Grid.Row="0"*) sind Standard. Das bedeutet, sie müssen nicht angegeben werden.

Beispiel 9.23: Erstellen einer einfachen Oberfläche

XAML

Zunächst definieren wir das *Grid* und dessen Hintergrundfarbe:

```
<Grid Background="AliceBlue">
```

Die Zeilen festlegen:

```
  <Grid.RowDefinitions>
    <RowDefinition Height="*"/>
    <RowDefinition Height="2*"/>
    <RowDefinition Height="0.5*"/>
  </Grid.RowDefinitions>
```

Die Spalten festlegen:

```
  <Grid.ColumnDefinitions>
    <ColumnDefinition Width="*"/>
    <ColumnDefinition Width="2*"/>
  </Grid.ColumnDefinitions>
```

Und hier kommen die Inhalte:

```
  <Label Grid.Column="0" Grid.Row="0">Kurztext:</Label>
  <Label Grid.Column="0" Grid.Row="1">Beschreibung:</Label>
 <TextBox Grid.Column="1" Grid.Row="0" Margin="4" Name="textBox1" />
  <TextBox Grid.Column="1" Grid.Row="1" Margin="4" Name="textBox2"
           AcceptsReturn="True"/>
  <Button Grid.Column="1" Grid.Row="2" Name="button1">Sichern</Button>
</Grid>
```

Ergebnis

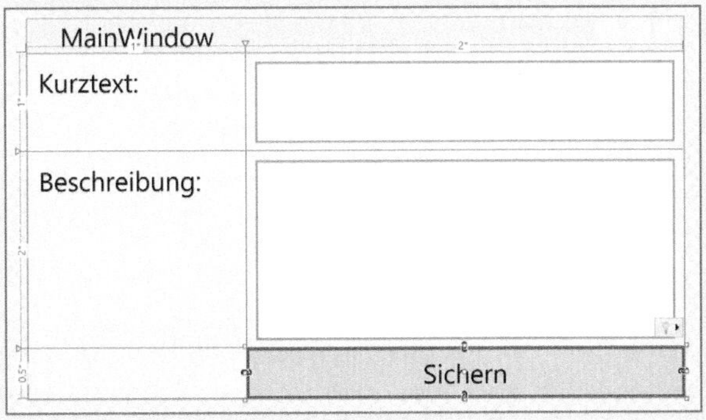

Bild 9.23 Beispiel für eine Gridanordnung

HINWEIS: Für das Ausrichten der Inhalte können Sie die Eigenschaften *Vertical Alignment* und *HorizontalAlignment* verwenden.

Doch was ist, wenn sich ein Element über zwei oder drei Spalten bzw. Zeilen erstrecken soll? Auch das ist kein Problem. Verwenden Sie die Eigenschaften *Grid.ColumnSpan* bzw. *Grid.RowSpan*, um für das jeweilige Element mehrere Spalten/Zeilen zusammenzufassen.

Beispiel 9.24: Die Schaltfläche aus obigem Beispiel soll sich über zwei Spalten erstrecken

XAML

```
<Grid Background="AliceBlue">
...
   <Button Grid.Column="0" Grid.Row="2" Grid.ColumnSpan="2"
           Name="button1">Sichern</Button>
 </Grid>
```

Ergebnis

In der Entwurfsansicht können Sie deutlich sehen, dass sich die Schaltfläche jetzt über die Spaltentrennlinie erstreckt (siehe Bild 9.24):

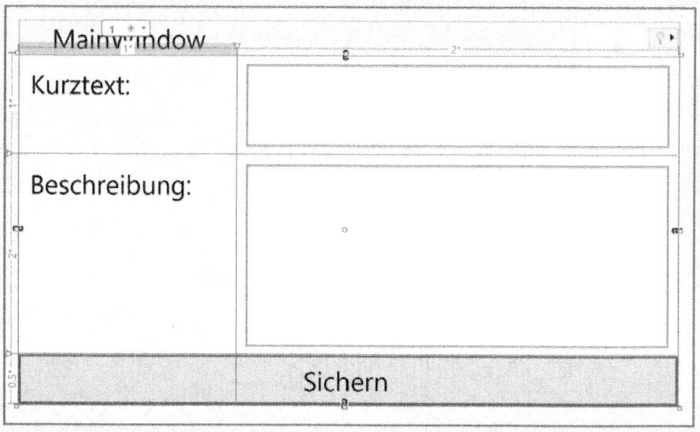

Bild 9.24 Button über die gesamte Breite

Verwendung des GridSplitters

Möchten Sie zur Laufzeit Einfluss auf die Spaltenbreiten bzw. Zeilenhöhen nehmen, können Sie einen sogenannten *GridSplitter* in eine oder auch mehrere Zellen (*Column Span, RowSpan*) einfügen. Dessen Breite bestimmen Sie mit *Width*, die Farbe können Sie über das *Background*-Attribut festlegen.

HINWEIS: Per Default ist der *GridSplitter* am rechten Rand der Zelle verankert. Sie können dieses Verhalten aber auch über die *HorizontalAlignment*-Eigenschaft ändern.

Beispiel 9.25: Verwendung *GridSplitter* für obiges Beispiel

XAML

```
<Grid Background="AliceBlue">
...
   <GridSplitter Grid.Column="0" Grid.RowSpan="2"
         HorizontalAlignment="Right" Width="5" Background="Cyan" />
 </Grid>
```

Ergebnis

Die Entwurfsansicht zeigt bereits, dass der *GridSplitter* nur in den ersten beiden Zeilen des Grids angezeigt wird:

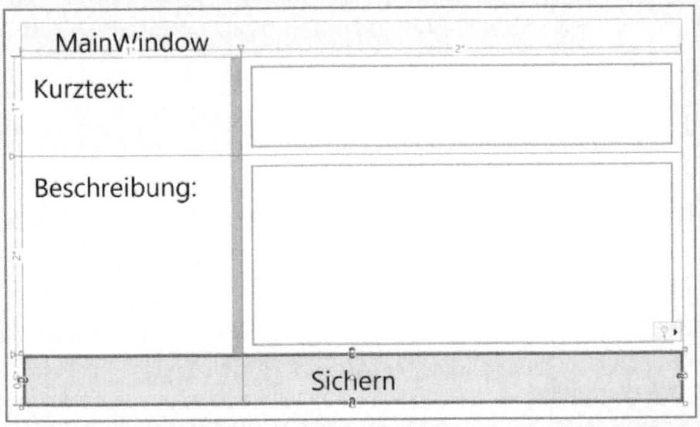

Bild 9.25 GridSplitter im Grid

HINWEIS: Der *GridSplitter* überdeckt den Inhalt der jeweiligen Zelle etwas. Legen Sie also für die enthaltenen Elemente einen entsprechend großen Randabstand fest (*Margin*).

9.2.9 ViewBox

Geht es um die Anzeige von Grafiken in bestimmten Seitenverhältnissen bzw. mit automatischer Anpassung an das übergeordnete Element, ist die *ViewBox* die erste Wahl.

Beispiel 9.26: Platzieren Sie einfach die gewünschte Grafik im Clientbereich und legen Sie per *Stretch*-Attribut das Verhalten fest.

XAML

```
<Viewbox Name="viewbox1" Stretch="UniformToFill" >
   <Image Source=»Tiger.jpg»/>
 </Viewbox>
```

Die Tabelle zeigt die Auswirkung der *Stretch*-Eigenschaft auf das Aussehen der enthaltenen Grafik:

Stretch	Beispiel	Beschreibung
None	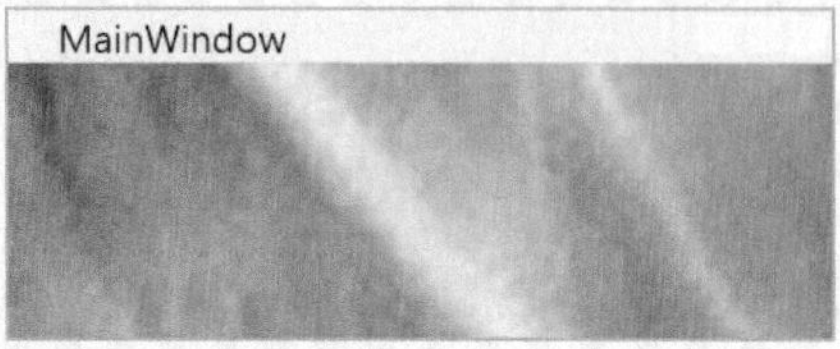 Bild 9.26 Stretch: None	Grafik wird in Originalgröße angezeigt. Reicht der Platz nicht, wird die Grafik abgeschnitten. Ist die Grafik kleiner als die *ViewBox*, wird die Grafik per Default zentriert.
Fill	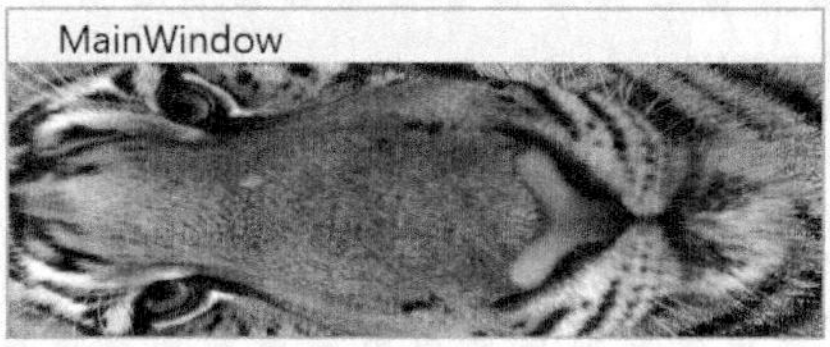 Bild 9.27 Stretch: Fill	Die Grafik wird ohne Rücksicht auf die Proportionen in die *ViewBox* skaliert.
Uniform	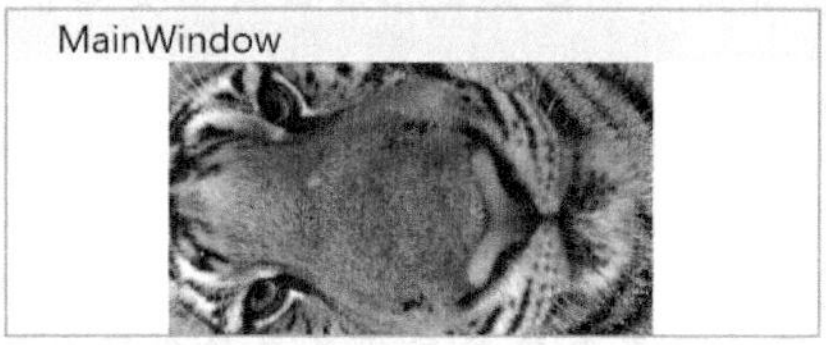 Bild 9.28 Stretch: Uniform	Die Grafik wird proportional skaliert, sodass sie vollständig in der Clientfläche angezeigt wird.
UniformToFill	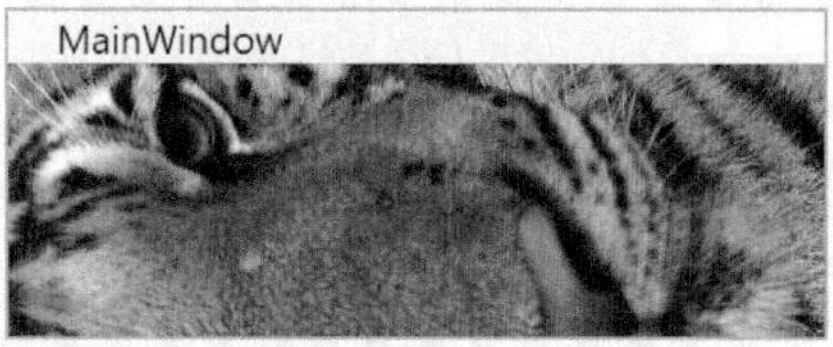 Bild 9.29 Stretch: UniformToFill	Die Grafik wird proportional skaliert, jedoch so, dass die *ViewBox* vollständig gefüllt ist. Hierbei werden meist Teile der Grafik abgeschnitten.

HINWEIS: Da es sich um Vektorgrafik handelt, sind auch starke Vergrößerungen ohne Qualitätsverlust möglich.

9.2.10 TextBlock

Im Gegensatz zu den bisher vorgestellten Elementen nimmt der *TextBlock* eine Sonderstellung ein. Auch wenn dieser prinzipiell weitere Steuerelemente aufnehmen kann, ist doch seine Hauptaufgabe die Ausgabe von formatierten Texten. Damit empfiehlt sich dieses Steuerelement als „großer Bruder“ des guten alten *Label*-Controls, mit wesentlich erweiterten Möglichkeiten.

Beispiel 9.27: Ausgabe von Text in einer Gridzelle mithilfe eines *TextBlock*-Elements

XAML

```
...
 <Grid>
   <Grid.ColumnDefinitions>
     <ColumnDefinition/><ColumnDefinition/>
   </Grid.ColumnDefinitions>
   <Grid.RowDefinitions>
     <RowDefinition/><RowDefinition/>
   </Grid.RowDefinitions>
   <TextBlock Grid.Column="1" Grid.Row="0">
    Hallo User, hier steht jede Menge Text! </TextBlock>
 </Grid>
...
```

Ergebnis

Ein Ergebnis ist bereits zu sehen. Es dürfte aber noch nicht ganz den Erwartungen entsprechen, da der Text nicht umbrochen wird:

Bild 9.30 Abgeschnittener Text

Beispiel 9.28: Umbrechen des Textes mit dem Attribut *TextWrapping*

XAML

```
...
   <TextBlock TextWrapping="Wrap" Grid.Column="1" Grid.Row="0">
       Hallo User, hier steht jede Menge Text! ABCDEFGHIJKLMNOPQRSTUVW
     </TextBlock>
   <TextBlock TextWrapping="WrapWithOverflow" Grid.Column="0" Grid.Row="1">
     Hallo User, hier steht jede Menge Text! ABCDEFGHIJKLMNOPQRSTUVW
   </TextBlock>
...
```

Ergebnis

Die beiden möglichen Umbruch-Varianten unterscheiden sich nur beim Umbruch langer Wörter, die nicht in eine Zeile passen (*Wrap* trennt das Wort, *WrapWithOverflow* schneidet es ab):

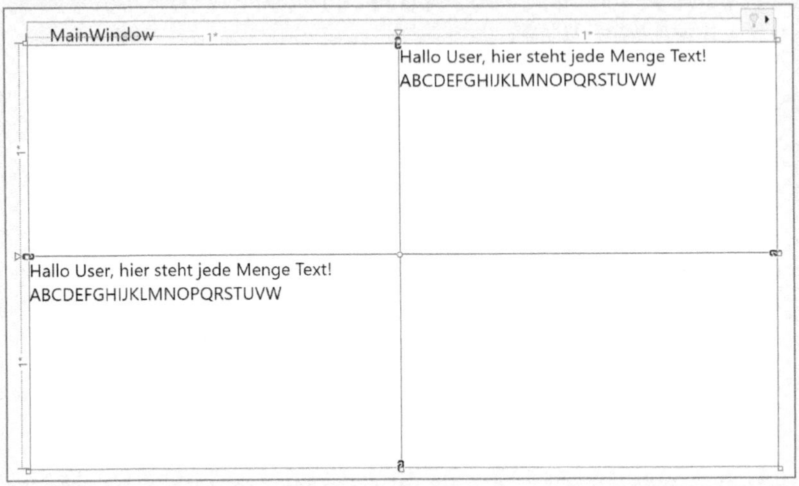

Bild 9.31 Texte mit Umbrüchen

Textformatierungen

Der auffälligste Unterschied zum *Label* besteht in den umfangreichen Formatierungsmöglichkeiten, die ein *TextBlock* bietet:

Beispiel 9.29: Einfache Vorgabe eines Textformats für den gesamten *TextBlock*

XAML

```
...
   <TextBlock FontFamily="Arial" FontSize="18" FontWeight="Bold"
              TextWrapping="Wrap" Grid.Column="1" >
       Hallo User, hier steht jede Menge Text! ABCDEFGHIJKLMNOPQRSTUVW
   </TextBlock>
...
```

Ergebnis

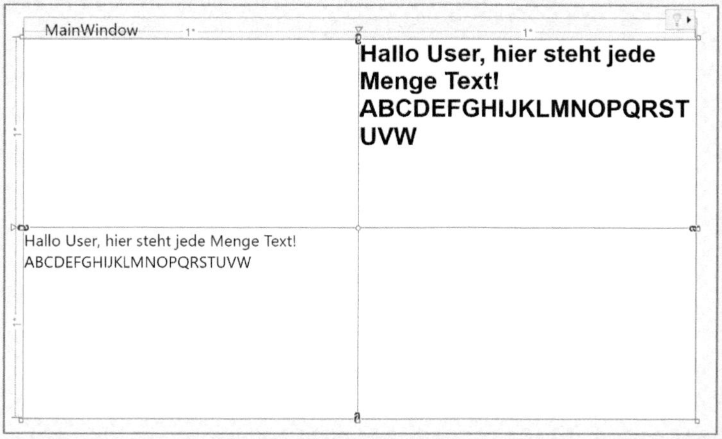

Bild 9.32 Formatierter Text im TextBlock

Beispiel 9.30: Spezielle Textformatierungen im *TextBlock*

XAML

```
...
    <TextBlock FontSize="24" TextWrapping="Wrap">
        Hallo <Bold>User</Bold>, hier steht <Underline>jede Menge</Underline>
        <Italic>Text</Italic>! ABCDEFGHIJKLMNOPQRSTUVW
    </TextBlock>
...
```

Ergebnis

Der formatierte Text:

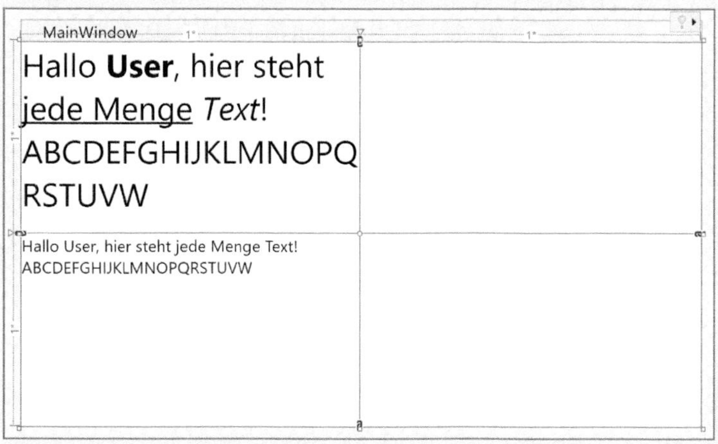

Bild 9.33 Wort für Wort formatierter Text

Besonderheit von Leerzeichen/Zeilenumbrüchen

Auf ein Thema der Textausgabe müssen wir unbedingt noch eingehen, da es sich hier um eine Besonderheit des XAML-Compilers handelt. Die Rede ist von der Ausgabe mehrfacher Leerzeichen und von Zeilenumbrüchen, die standardmäßig nicht berücksichtigt werden.

Mit dem Attribut *xml:space* können Sie das Verhalten des Compilers beeinflussen, sodass auch mehrfache Leerzeichen und Zeilenumbrüche richtig interpretiert werden.

> **HINWEIS:** In diesem Fall werden auch die Formatierungen im XAML-Quelltext (Einrückungen) berücksichtigt.

Beispiel 9.31: Ausgabe mehrfacher Leerzeichen und Zeilenumbrüche

XAML

```
<TextBlock xml:space="preserve" FontFamily="Arial"
    FontSize="18">Hallo User,

hier    steht    jede Menge
Text! ABCDEFGHIJKLMNOPQRSTUVW
 </TextBlock>
```

Ergebnis

Die Ausgabe (beachten Sie, dass Wrapping nicht aktiviert ist):

Bild 9.34 Leerzeichen und Leerzeilen

HINWEIS: Zeilenumbrüche können Sie auch mit einem *<LineBreak/>*-Element erzeugen.

Textausrichtung

Neben dem Textformat ist meist auch eine spezielle Ausrichtung der Texte gewünscht. Der *TextBlock* verwendet dafür, wie wohl nicht anders zu erwarten, das Attribut *TextAligment*. Die möglichen Werte sind *Left*, *Right*, *Center* (mittig zentriert), *Justify* (Blocksatz).

9.3 Das WPF-Programm

Da zeigen wir Ihnen im vorhergehenden Abschnitt schon diverse WPF-Elemente und kümmern uns gar nicht um das eigentliche Programmgerüst! Das wollen wir nun nachholen, bevor wir uns mit weiteren Details der WPF-Controls beschäftigen.

9.3.1 Die App-Klasse

Auf die in der Datei *App.xaml.cs* abgeleitete *App*-Klasse sind wir bereits in Abschnitt 9.1.3 eingegangen. Eine zugehörige Instanz dieser Klasse können Sie zur Laufzeit über die statische Eigenschaft *App.Current* abrufen.

Interessant ist diese Klasse vor allem für den Lebenszyklus des Programms:

- Festlegen des Startobjekts
- Auswerten von Kommandozeilenparametern
- Beenden der Anwendung
- Auswerten von Anwendungsereignissen

Wir wollen uns die einzelnen Punkte im Folgenden etwas näher ansehen.

9.3.2 Das Startobjekt festlegen

Wie schon erwähnt, wird das Hauptprogramm der WPF-Anwendung automatisch vom Visual-Studio-Compiler erzeugt. Doch wo legen wir dann das Startobjekt bzw. das Startfenster fest?

Hier hilft uns die Datei *App.xaml* weiter. In dieser wird mit dem *StartupUri*-Attribut das erste Fenster festgelegt:

```
<Application x:Class="WpfApp.App"
    xmlns="http://schemas.microsoft.com/winfx/2006/xaml/presentation"
    xmlns:x=http://schemas.microsoft.com/winfx/2006/xaml
    xmlns:x="http://schemas.microsoft.com/winfx/2006/xaml"
    xmlns:local="clr-namespace:WpfApp"
    StartupUri="MainWindow.xaml">
    <Application.Resources>
    </Application.Resources>
</Application>
```

Diesen Eintrag können Sie ohne Probleme auf ein beliebiges anderes Fenster festlegen. Der Compiler nutzt diese Information für die später automatisch erzeugte Methode *InitializeComponent*:

```
[DebuggerNonUserCode]
public void InitializeComponent()
{
    base.StartupUri = new Uri("Window1.xaml", UriKind.Relative);
}
```

HINWEIS: Sie können diesen Wert auch zur Laufzeit ändern. Überschreiben Sie dazu beispielsweise die *OnStartup*-Methode.

Beispiel 9.32: Zur Laufzeit ein Startformular festlegen (*App.xaml.cs*)

C#

```
namespace WpfApp;
public partial class App : Application
{
    protected override void OnStartup(StartupEventArgs e)
    {
        if (e.Args.Count() == 0)
        {
            StartupUri = new Uri("Window1.xaml", UriKind.Relative);
        }
        else
        {
            StartupUri = new Uri("MainWindow.xaml", UriKind.Relative);
        }
    }
}
```

Beispiel 9.33: Alternative zum Überschreiben der *OnStartup*-Methode

XAML

Alternativ können Sie auch das entsprechende Ereignis *Startup* verwenden. Fügen Sie dazu in der Datei *App.xaml* einen entsprechenden Tag hinzu:

```
<Application x:Class"WpfApp.App"
    xmlns="http://schemas.microsoft.com/winfx/2006/xaml/presentation"
    xmlns:x=http://schemas.microsoft.com/winfx/2006/xaml
    xmlns:x="http://schemas.microsoft.com/winfx/2006/xaml"
    xmlns:local="clr-namespace:WpfApp"
             StartupUri="MainWindow.xaml" Startup="Application_Startup">
...
    <Application.Resources>
    </Application.Resources>
</Application>
```

C#

Anschließend editieren Sie die Datei *App.xaml.cs*:

```
...
namespace WpfApp;
public partial class App : Application
{
    private void Application_Startup(object sender, StartupEventArgs e)
    {
   ...
    }
}
```

HINWEIS: Sie können in diesem Ereignis bzw. in der überschriebenen Methode auch weitere Fenster erzeugen und anzeigen. Diese erscheinen zeitgleich mit dem Hauptformular, das per *App.xaml* definiert wurde.

9.3.3 Kommandozeilenparameter verarbeiten

Auch wenn das Verwenden von Kommandozeilenparametern immer mehr aus der Mode kommt, ist es in dem einen oder anderen Fall doch erforderlich.

In der *OnStartUp*-Methode bzw. im *Startup*-Ereignis wird ein Parameter vom Typ *StartupEventArgs* übergeben. Über dessen Eigenschaft *Args* können Sie auf die Liste der übergebenen Parameter zugreifen.

Beispiel 9.34: Überschreiben der Methode *OnStartUp*, um die Kommandozeilenparameter auszuwerten (*App.xaml.cs*) und anzuzeigen

C#

```
namespace WpfApp;
public partial class App : Application
{
    protected override void OnStartup(StartupEventArgs e)
    {
        if (e.Args.Count() == 0)
        {
            MessageBox.Show(
            "Das Programm muss mit Parametern gestartet werden!");
            Shutdown();
        }
        foreach (string arg in e.Args)
        {
            MessageBox.Show(arg);
        }
    }
}
```

Befehlszeilenargumente können Sie am besten über das Startprofil der Applikation angeben. Dazu rufen Sie mit einem Rechtsklick auf das Projekt den Kontextmenüeintrag Eigenschaften auf. Dann wählen Sie Debuggen und Klicken auf *Öffnen der Benutzeroberfläche von Debugstartprofilen.* Dort können Sie dann bequem im Feld Befehlszeilenargumente die gewünschten Argumente eingeben, wie Sie in Bild 9.35 erkennen können.

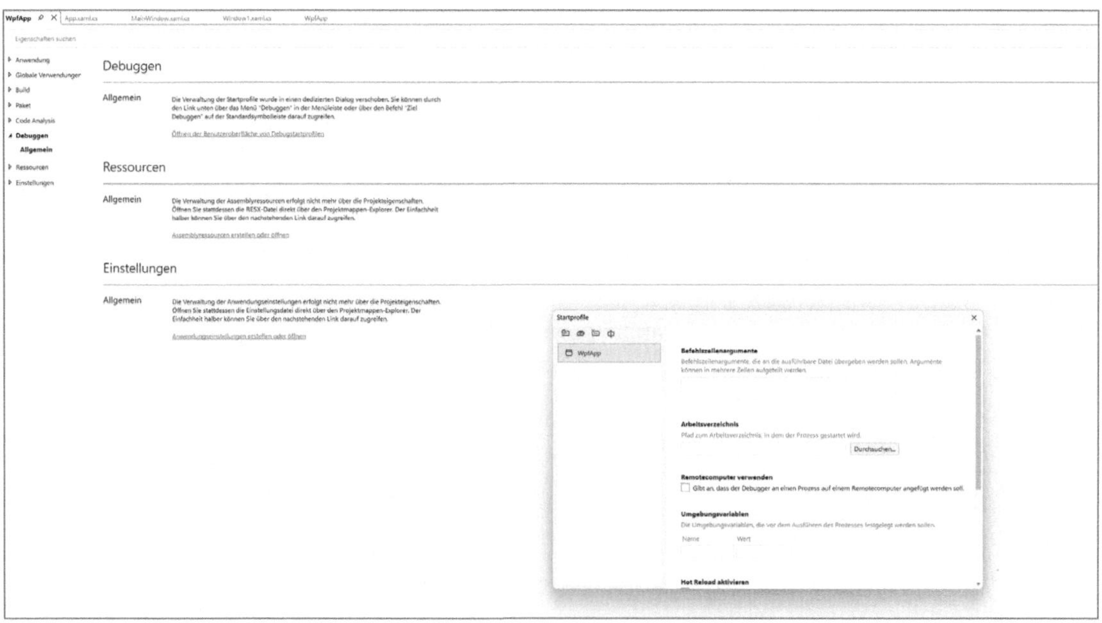

Bild 9.35 Startprofil der Applikation

9.3.4 Die Anwendung beenden

Eigentlich eine dumme Aufgabenstellung, werden die meisten denken, wird doch die Anwendung standardmäßig geschlossen, wenn das letzte Fenster vom Anwender geschlossen wird. Dies ist zunächst korrekt, doch dieses Verhalten ist nicht immer gewünscht, und es soll auch Fälle geben, wo die Anwendung aus sich heraus geschlossen wird.

Die Art, wie eine Anwendung beendet wird, beeinflussen Sie über die Eigenschaft *ShutdownMode* des *App*-Objekts. Neben dem Standardwert *OnLastWindowClose* (wenn kein offenes Fenster mehr vorhanden ist) können Sie auch *OnMainWindowClose* (beim Schließen des Startfensters) oder *OnExplicitShutdown* wählen.

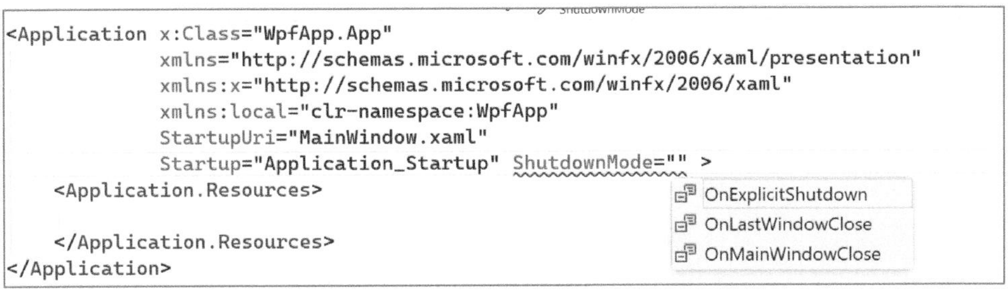

Bild 9.36 Setzen des ShutdownMode

Die letzte Variante erwartet den expliziten Aufruf der *Shutdown*-Methode des *Application*-Objekts.

Beispiel 9.35: Explizites Beenden der Anwendung per Schaltfläche

C#

```
private void Button_Click(object sender, RoutedEventArgs e)
{
    App.Current.Shutdown();
}
```

9.3.5 Auswerten von Anwendungsereignissen

Für den Programmierer hält die *App*-Klasse noch einige interessante Ereignisse bereit, mit denen er auf bestimmt Anwendungszustände reagieren kann.

Ereignis	Beschreibung
Activated	Die Applikation wird zur Vordergrundanwendung.
Deactivated	Die Applikation ist nicht mehr die Vordergrund-anwendung.
DispatcherUnhandledException	Ein nicht behandelter Fehler ist aufgetreten.
Exit	Das Anwendungsende ist ausgelöst.
SessionEnding	Windows wird beendet (Logout oder Shutdown). Sie können den Grund über den Parameter *e.ReasonSessionEnding* ermitteln. Mit *e.Cancel* können Sie versuchen, den Shutdown aufzuhalten; dies ist jedoch nicht in allen Fällen möglich.
Startup	Die Anwendung wurde gestartet.

Beispiel 9.36: Eine zentrale Fehlerbehandlung implementieren

C#

In der Datei *App.xaml.cs* erzeugen Sie einen neuen Ereignishandler für *DispatcherUnhandledException*.
Vergessen Sie nicht, in der Datei *App.xaml.cs* eine *using*-Anweisung für den Namespace *System.Windows.Threading* hinzuzufügen.

```
...
using System.Windows.Threading;
...
public partial class App : Application
{
    private void Fehlerbehandlung(object sender,
            DispatcherUnhandledExceptionEventArgs e)
    {
        MessageBox.Show($"Wieder ein Fehler: {e.Exception.Message}");
        e.Handled = true;
    }
}
```

XAML

In der Datei *App.xaml* fügen Sie das Attribut *DispatcherUnhandledException* hinzu, um Ereignis und Ereignismethode miteinander zu verknüpfen:

```
<Application x:Class="WpfApp.App"
         xmlns="http://schemas.microsoft.com/winfx/2006/xaml/presentation"
         xmlns:x="http://schemas.microsoft.com/winfx/2006/xaml"
         xmlns:local="clr-namespace:WpfApp"
         StartupUri="MainWindow.xaml"
         DispatcherUnhandledException="Fehlerbehandlung" >
...
```

Tritt jetzt in Ihrem Programm ein unbehandelter Fehler auf, wird obige Ereignisprozedur ausgeführt und das Programm anschließend fortgesetzt.

9.4 Die Window-Klasse

Die eigentliche „Spielwiese“ des Programmierers ist sicherlich das einzelne Fenster innerhalb der Anwendung. In WPF-Anwendungen handelt es sich dabei um Instanzen der Klasse *Window*, dem Pendant zu *Form* von Windows-Forms-Anwendungen.

Bevor wir jetzt der Versuchung erliegen, alle Eigenschaften, Methoden und Ereignisse detailliert aufzulisten, wollen wir uns lieber einige spezifische Aufgabenstellungen herauspicken. Vieles kennen Sie ja bereits von den Windows Forms.

9.4.1 Position und Größe festlegen

Haben Sie per Visual Studio ein neues Window erzeugt, sind bereits die Attribute für Breite und Höhe vorhanden (*Width, Height*) und sie müssen nur noch angepasst werden.

Die Position des Fensters können Sie zum einen mit dem Attribut *WindowStartup Location* festlegen (*CenterOwner, CenterScreen, Manual*), zum anderen können Sie *Top* oder *Left* für die Ausrichtung verwenden.

Für die Position in der Liste der angezeigten Windows ist die Eigenschaft *Topmost* verantwortlich.

9.4.2 Rahmen und Beschriftung

Die Art des Rahmens beeinflussen Sie mit dem Attribut *WindowStyle* (*None, Tool Window, SingleBorderWindow, ThreeDBorderWindow*). Die Beschriftung des Fensters lässt sich mit dem Attribut *Title* festlegen:

```
<Window x:Class="WindowSample.MainWindow"
        xmlns="http://schemas.microsoft.com/winfx/2006/xaml/presentation"
        xmlns:x="http://schemas.microsoft.com/winfx/2006/xaml"
        xmlns:d="http://schemas.microsoft.com/expression/blend/2008"
        xmlns:mc="http://schemas.openxmlformats.org/markup-compatibility/2006"
        xmlns:local="clr-namespace:WindowSample"
        mc:Ignorable="d" WindowStyle="SingleBorderWindow"
        Title="MainWindow" Height="100" Width="300">
```

9.4.3 Das Fenster-Icon ändern

Über das Attribut *Icon* lässt sich dem *Window* auch ein neues Icon (linke obere Ecke bzw. Taskleistenansicht) zuordnen.

Beispiel 9.37: Das Fenster-Icon festlegen

XAML

Ziehen Sie per Drag-and-drop eine Icon-Datei in Ihr Projekt und legen Sie die *Icon*-Eigenschaft des *Window* auf deren Namen fest:

```
<Window x:Class="WindowSample.MainWindow"
        xmlns="http://schemas.microsoft.com/winfx/2006/xaml/presentation"
        xmlns:x="http://schemas.microsoft.com/winfx/2006/xaml"
        xmlns:d="http://schemas.microsoft.com/expression/blend/2008"
        xmlns:mc="http://schemas.openxmlformats.org/markup-compatibility/2006"
        xmlns:local="clr-namespace:WindowSample"
        mc:Ignorable="d"
        Title="MainWindow" Height="100" Width="300" Icon="Sign.ico">
...
```

HINWEIS: Es ist besser, wenn Sie derartige Ressourcen in einem Unterverzeichnis Ihres Projekts speichern, so geht der Überblick nicht verloren. In diesem Fall müssen Sie für *Icon* auch den relativen Pfad angeben (z. B. *„\Images\Sign.ico“*).

9.4.4 Anzeige weiterer Fenster

WPF-Windows zeigen Sie, wie auch die Windows Forms, nach dem Instanziieren mit den Methoden *Show* oder *ShowDialog* (modal) an.

Beispiel 9.38: Aufruf eines zweiten Fensters

C#

```
private void Button_Click(object sender, RoutedEventArgs e)
{
    Window1 w = new Window1();
    w.ShowDialog();
}
```

9.4.5 Transparenz

Legen Sie die Eigenschaft *Opacity* auf den gewünschten Wert der Transparenz (0 ... 1) fest, werden Sie sicher zunächst enttäuscht sein, denn es wird lediglich eine Graustufe angezeigt.

Der Grund: Dieses Attribut wird nur im Zusammenhang mit dem Attribut *Allows Transparency* berücksichtigt.

HINWEIS: Zusätzlich muss der Rahmentyp (*WindowStyle*) auf *None* festgelegt sein.

Beispiel 9.39: Teiltransparentes Window

XAML

```
<Window x:Class="WindowSample.Window1"
        xmlns="http://schemas.microsoft.com/winfx/2006/xaml/presentation"
        xmlns:x="http://schemas.microsoft.com/winfx/2006/xaml"
        xmlns:d="http://schemas.microsoft.com/expression/blend/2008"
        xmlns:mc="http://schemas.openxmlformats.org/markup-compatibility/2006"
        xmlns:local="clr-namespace:WindowSample"
        mc:Ignorable="d"
        Title="Window1" Height="100" Width="300"
        Opacity="0.7" AllowsTransparency="True" WindowStyle="None">
```

Ergebnis

Das erzeugte Fenster über dem Desktop:

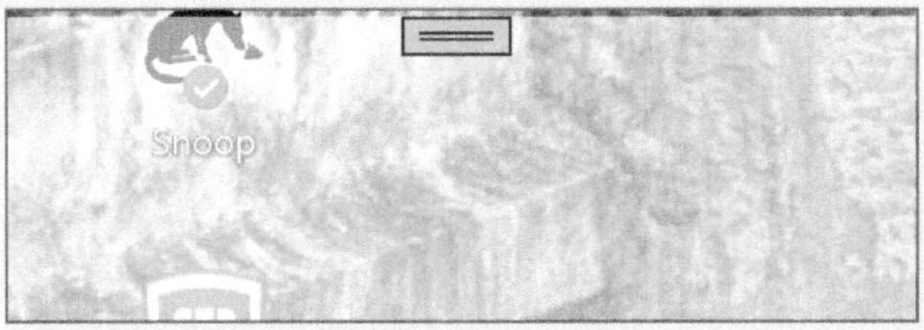

Bild 9.37 Transparentes Window

9.4.6 Abstand zum Inhalt festlegen

Über die Eigenschaft *BorderThickness* legen Sie fest, wie groß der Rahmen um den Clientbereich des Formulars ist. Die Rahmenfarbe legen Sie mit *BorderBrush* fest.

Beispiel 9.40: Verwendung von *BorderThickness*

XAML

```
<Window x:Class="WindowSample.MainWindow"
       xmlns="http://schemas.microsoft.com/winfx/2006/xaml/presentation"
       xmlns:x="http://schemas.microsoft.com/winfx/2006/xaml"
       xmlns:d="http://schemas.microsoft.com/expression/blend/2008"
       xmlns:mc="http://schemas.openxmlformats.org/markup-compatibility/2006"
       xmlns:local="clr-namespace:WindowSample"
       mc:Ignorable="d"
       Title="MainWindow" Height="100" Width="300"
       BorderThickness="20" BorderBrush="Red">
    <Grid>
       <Button Click="Button_Click">Neues Fenster</Button>
    </Grid>
</Window>
```

Ergebnis

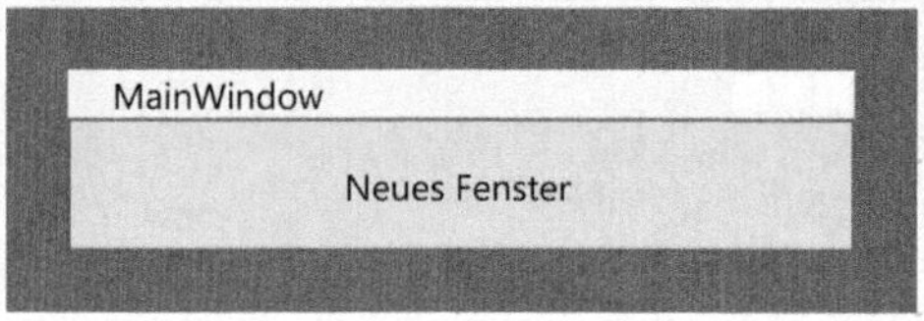

Bild 9.38 Window mit rotem Rand

9.4.7 Fenster ohne Fokus anzeigen

Nicht in jedem Fall möchten Sie mit dem Einblenden eines neuen Fensters diesem auch den Eingabefokus zuweisen. Hier sei nur an Tool-Windows oder andere Statusfenster erinnert, die ohne Useraktivität auskommen.

Bevor Sie sich jetzt in endlose Programmierorgien stürzen, sollten Sie sich besser mit der *Window*-Eigenschaft *ShowActivated* vertraut machen. Setzen Sie diese auf *true*, wird das Fenster zwar geöffnet, aber es erhält nicht den Eingabefokus. Sie erkennen dies an der Rahmenfarbe, nicht aktivierte Fenster sind etwas heller.

9.4.8 Ereignisfolge bei Fenstern

Wie auch bei den Windows Forms möchten Sie als Programmierer auf diverse Ereignisse im „Leben" eines Windows reagieren können. Die WPF-Entwickler haben auch hier nicht gespart, für fast jede denkbare Situation steht ein Ereignis zur Verfügung, wie Sie in Bild 9.39 sehen.

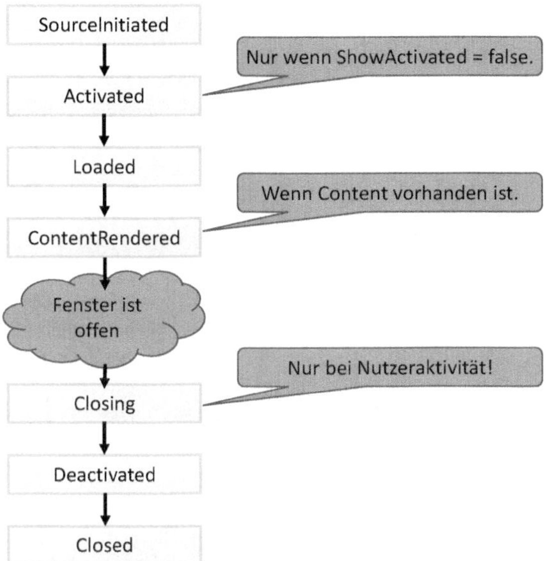

Bild 9.39 Ereignisreihenfolge

HINWEIS: Weitere Informationen zum Ereignismodell von WPF finden Sie in Abschnitt 11.3.

9.4.9 Ein paar Worte zur Schriftdarstellung

Nachdem die ersten WPF-Versionen noch mit einer rudimentären Textausgabe aufgewartet haben[4], hatten die Entwickler wohl ein Einsehen und spendierten ab Version 4.0 eine verbesserte Textausgabe, die vor allem bei kleinen Schriften nicht gleich zu Kopfschmerzen führt.

Ursache des Übels war der Algorithmus für das Rendern der Schriftarten. Dieser war zwar aus Programmierersicht akkurat (geräteneutral), auf TFT-Bildschirmen mit ih-

[4] Für einige Entwickler war die schlechte und verschwommene Textausgabe der alten Version **das** Killerargument gegen WPF.

rer beschränkten Auflösung führte diese Darstellung jedoch zu fast unlesbaren Ergebnissen.

Über die neue Eigenschaft *TextOptions* bietet sich nun die Möglichkeit, die Darstellung von Schriftarten in Formularen zu optimieren. Zwei Optionen sind in diesem Zusammenhang von Bedeutung:

- *TextOptions.TextFormattingMode*
- *TextOptions.TextRenderingMode*

HINWEIS: Beide Optionen können Sie für das gesamte Formular (wie im Weiteren beschrieben) oder auch nur für einzelne Controls zuweisen.

TextOptions.TextFormattingMode

Bevor wir lange um den heißen Brei herumreden, hier ein Beispiel für die Auswirkung von *TextOptions.TextFormattingMode* auf die Darstellung (Abbildung vergrößert):

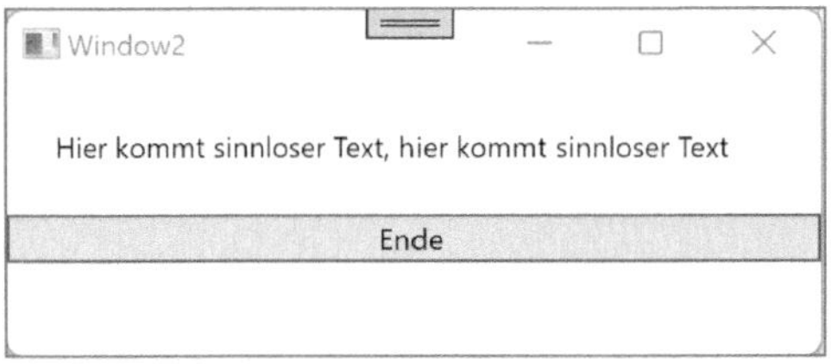

Bild 9.40
TextFormattingMode Ideal

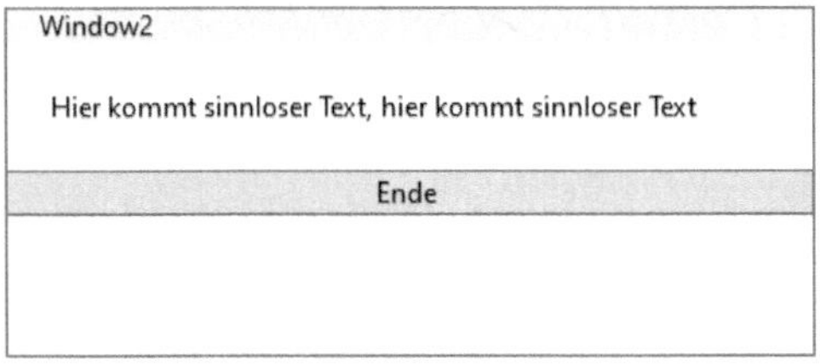

Bild 9.41
TextFormattingMode Display

Bild 9.40 zeigt die Standarddarstellung von Schriften (*Ideal*), bei Bild 9.41 ist die Eigenschaft *Options.TextFormattingMode* auf *Display* gesetzt.

Das Beispiel 9.39 zeigt, wie Sie die Option für das gesamte Formular setzen:

Beispiel 9.41: ***TextOptions.TextFormattingMode*** **setzen**

XAML

```
<Window x:Class="WindowSample.Window2"
        xmlns="http://schemas.microsoft.com/winfx/2006/xaml/presentation"
        xmlns:x="http://schemas.microsoft.com/winfx/2006/xaml"
        xmlns:d="http://schemas.microsoft.com/expression/blend/2008"
       xmlns:mc="http://schemas.openxmlformats.org/markup-compatibility/2006"
        xmlns:local="clr-namespace:WindowSample"
        mc:Ignorable="d"
        Title="Window2" Height="150" Width="300"
        TextOptions.TextFormattingMode="Display">
    <StackPanel>
        <TextBlock
          Text="Hier kommt sinnloser Text, hier kommt sinnloser Text"/>
        <Button>Ende</Button>
    </StackPanel>
```

Doch wann sollten Sie welche Option verwenden? Eine allgemeingültige Antwort lässt sich kaum geben, entweder Sie experimentieren etwas (unterschiedliche Bildschirme), oder Sie halten sich an folgende Pauschalaussagen:

- Verwenden Sie *Display* grundsätzlich bei kleinen Texten (< 15 pt).
- Verwenden Sie die Standardeinstellung bzw. *Ideal* bei großen Texten, bei Transformationen, Zoom etc.

TextOptions.TextRenderingMode

Nach der bisherigen Kritik an der Textdarstellung wollten es die Entwickler wohl besonders gut machen und haben gleich noch eine weitere „Stellschraube" spendiert, die Sie für die Textoptimierung einsetzen können. Die Rede ist von *TextOptions.Text RenderingMode*, für das die drei Optionen *ClearType*, *Grayscale* und *Aliased* zur Verfügung stehen.

HINWEIS: Alle drei Optionen sind nur von Bedeutung, wenn die Eigenschaft *TextOptions.TextFormattingMode* auf *Display* gesetzt ist.

Ein Beispiel soll Ihnen die Unterschiede demonstrieren.

Beispiel 9.42: Verwendung von *TextOptions.TextRenderingMode*

XAML

```
<Window x:Class="WindowSample.Window3"
        xmlns="http://schemas.microsoft.com/winfx/2006/xaml/presentation"
        xmlns:x="http://schemas.microsoft.com/winfx/2006/xaml"
        xmlns:d="http://schemas.microsoft.com/expression/blend/2008"
        xmlns:mc="http://schemas.openxmlformats.org/markup-compatibility/2006"
        xmlns:local="clr-namespace:WindowSample"
        mc:Ignorable="d"
        Title="Window3" Height="100" Width="600"
        TextOptions.TextFormattingMode="Display">
    <StackPanel>
        <TextBlock>
            Hier kommt sinnloser Text (ClearType)
        </TextBlock>
        <TextBlock TextOptions.TextRenderingMode="Grayscale">
            Hier kommt sinnloser Text (Grayscale)
        </TextBlock>
        <TextBlock TextOptions.TextRenderingMode="Aliased">
            Hier kommt sinnloser Text (Aliased)
        </TextBlock>
    </StackPanel>
```

Ergebnis

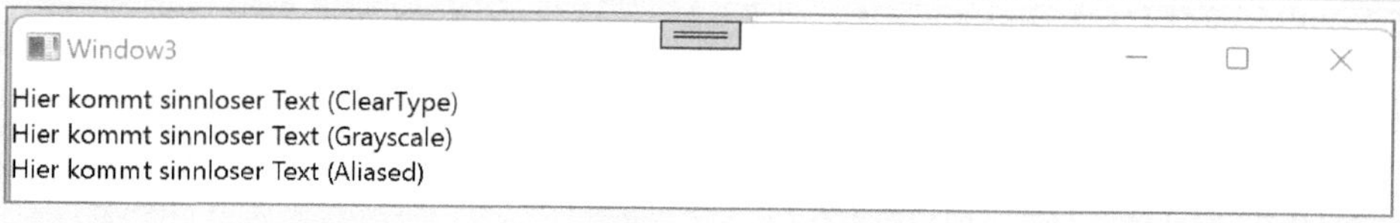

Bild 9.42 Unterschiedliche TextRenderingModes

Bei der Standardoption „ClearType“ wird Antialiasing mit diversen Farbabstufungen (Grau-, Brauntöne) realisiert, „Grayscale“ nutzt hingegen lediglich Graustufen für die Kantenglättung. „Aliased“ kommt ganz ohne Kantenglättung aus.

9.4.10 Ein paar Worte zur Darstellung von Controls

Nachdem wir uns bereits über die Schriftdarstellung ausgelassen haben, sollten wir auch noch kurz auf die Antialiasing-Effekte bei der Darstellung von Controls durch die Layoutengine eingehen. Auch hier gilt, dass die Auflösung von Bildschirmen begrenzt ist, und so bleibt der Layoutengine manchmal nichts anderes übrig, als eine berechnete Position/Breite durch einen Antialiasing-Effekt anzudeuten. So weit, so gut, aber nicht jeder Anwender (insbesondere bei TFT-Bildschirmen) honoriert es, wenn Kanten nicht mehr klar, sondern verschwommen dargestellt werden, wie es das folgende Beispiel zeigt:

Beispiel 9.43: Antialiasing-Effekte bei Controls

XAML

```
...
    <Grid Background="Yellow">
        <Grid.ColumnDefinitions>
            <ColumnDefinition Width="*" />
            <ColumnDefinition Width="*" />
            <ColumnDefinition Width="*" />
        </Grid.ColumnDefinitions>
        <Rectangle Stroke="Blue" StrokeThickness="1" Fill="Aqua"
                   Width="50.5"/>
        <Rectangle Stroke="Blue" StrokeThickness="1" Fill="Aqua"
                   Grid.Column="1"/>
        <Rectangle Stroke="Blue" StrokeThickness="1" Fill="Aqua"
                   Grid.Column="2"/>
    </Grid>
...
```

Ergebnis

Beachten Sie die verschwommenen senkrechten Kanten der Rechtecke:

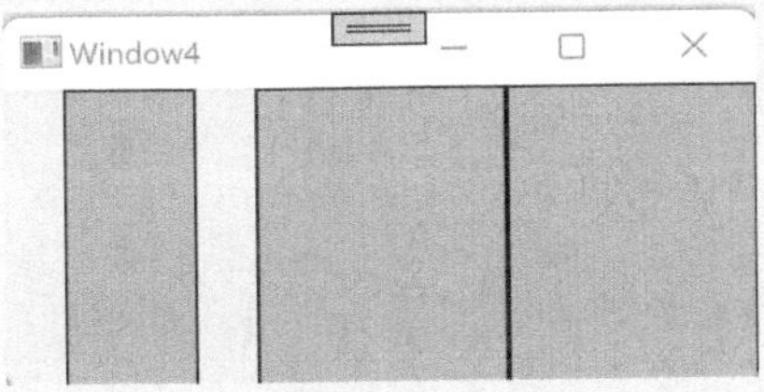

Bild 9.43 Antialiasing-Effekt

Beispiel 9.44: Ausschalten der Effekte mit UseLayoutRounding

XAML

```
...
    <Grid UseLayoutRounding="True" Background="Yellow">
...
```

Ergebnis

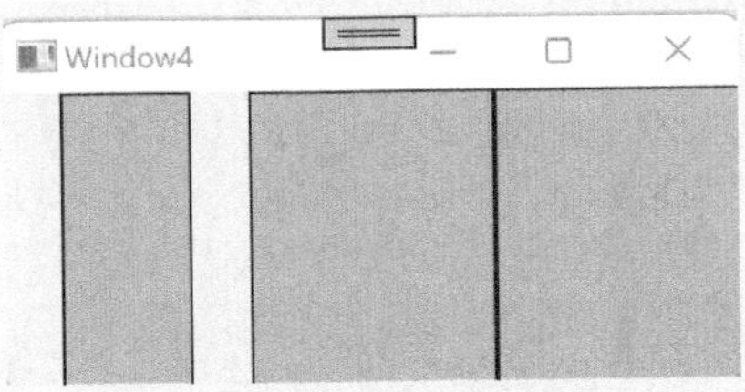

Bild 9.44 Mit aktiviertem UseLayoutRounding

Wie Sie dem Beispiel 9.42 entnehmen können, führt das Setzen von *UseLayout Rounding* auf *True* dazu, dass kritische Kanten so verschoben werden, dass sie mit den Bildschirmpixeln übereinstimmen. Dies geht zwar etwas zulasten der Genauigkeit, im Interesse einer klaren Darstellung können wir hier aber sicher „ein Auge zudrücken“.

HINWEIS: Die gedruckten Bilder im Buch zeigen die Effekte nicht ganz so genau, aber wenn Sie das Beispiel in Visual Studio nachbauen, werden Sie die Unterschiede sehen.

9.4.11 Wird mein Fenster komplett mit WPF gerendert?

Nein, Rahmen und Kopfzeile werden nach wie vor durch GDI-Anweisungen generiert, was auch erklärt, warum viele WPF-Features (Styles, Transparenz, Rotation etc.) nicht auf das eigentliche Fenster angewendet werden können.

Möchten Sie dennoch den Fenster-Kopf oder -Rand mit WPF-Mitteln gestalten, bleibt Ihnen nichts anderes übrig, als ein rahmenloses Window zu erstellen und die Buttons bzw. die Reaktion auf die Mausereignisse mit WPF-Controls nachzustellen.

Damit haben wir uns mit den notwendigsten Grundkenntnissen über die WPF-Anwendung versorgt.

HINWEIS: In den weiteren Kapiteln wollen wir uns zunächst den wichtigsten Controls zuwenden (Kapitel 10), bevor wir zu speziellen Themen wie Ereignisbehandlung, Styles etc. kommen (Kapitel 11). Das Spezialthema „Datenbindung“ finden Sie in Kapitel 12.

10 Übersicht WPF-Controls

Bei den WPF-Controls handelt es sich, ähnlich wie bei den Windows-Forms-Steuerelementen, um ein recht komplexes Thema. Angesichts der erdrückenden Vielfalt unterschiedlichster Controls und deren Features können wir auch hier keinen Anspruch auf Vollständigkeit erheben.

HINWEIS: Auch wenn es in diesem Kapitel nicht angesprochen wird, so wurde mit WPF 8 ein neues Steuerelement hinzugefügt. Neben dem bisherigen *OpenFileDia log* und dem *SaveFileDialog* gibt es nun auch einen *OpenFolderDialog*, mit dem Ordner ausgewählt werden können. Alle Klassen dazu befinden sich im Namespace *Microsoft.Win32*.

10.1 Allgemeingültige Eigenschaften

Da die meisten Controls direkt oder indirekt von der Klasse *Control* (*System.Windows.Controls*) abgeleitet sind (und diese wiederum von *FrameworkElement* ...), verfügen sie auch über einige gemeinsame Eigenschaften, die wir an dieser Stelle kurz besprechen wollen.

Eigenschaft	Beschreibung
Background	Die Füll-/Hintergrundfarbe, z. B. <Button *Background="Blue"*>
BorderBrush	Die Rahmenfarbe, z. B. <Button *BorderBrush="Blue"*>

Eigenschaft	Beschreibung
Cursor	Der Mauszeiger für das Control, z. B. <Button *Cursor="Wait"*>
FontFamily,FontSize,FontStyle, FontWeight	Schriftart, Schriftgröße, Schriftschnitt (*Normal, Italic, Oblique*), Schriftbreite (*Light, Normal, UltraBold*), z. B. <Button *FontFamily="Arial" FontSize="12" FontStyle="Italic" FontWeight="UltraBold"*>
Foreground	Vordergrundfarbe, z. B. <Button *Foreground="Coral"*>
HorizontalAlignment,VerticalAlignment	Horizontale/vertikale Ausrichtung bezüglich des übergeordneten Elements, z. B. <Button *HorizontalAlignment="Left"*>
HorizontalContentAlignment, VerticalContentAlignment	Horizontale/vertikale Ausrichtung der Inhalte, z. B. <Button *HorizontalContentAlignment="Left"*>
Height/Width	Höhe und Breite des Controls, siehe auch Abschnitt 9.3.1
Margin	Außenabstände, siehe auch Abschnitt 9.3.2
MaxHeight, MaxWidth,MinHeight, MinWidth	Maximale bzw. minimale Abmessungen des Controls
Name	Name der Komponente, z. B. <Button *Name="button1"*>
Opacity	Transparenz (ein Wert zwischen 0 und 1), z. B. <Button **Opacity="0.5"**>
Padding	Innenabstände, siehe auch Abschnitt 9.3.2
Parent	Das übergeordnete Element
Resources	Verweis auf Ressourcen, dazu mehr ab Abschnitt 11.2
Style	Verweis auf einen Style, dazu mehr ab Abschnitt 11.5
TabIndex	Index in der Tabulatorreihenfolge
Tag	Frei definierbare Eigenschaft vom Typ *object*, hier können Sie eigene Informationen speichern.
ToolTip	Die beliebten kleinen Hinweistexte, die dem Endanwender sinnvolle Informationen anzeigen.
Visibility	Die Sichtbarkeit des Controls (*Collapsed*, *Hidden*, *Visible*), Achtung: Bei *Hidden* beansprucht das Control nach wie vor seinen Platz, es ist nur nicht sichtbar. Mit *Collapsed* verschwindet auch die „Leerstelle“.

Ergänzend wollen wir noch auf zwei Eigenschaften eingehen, die über einen anderen Namespace in den XAML-Code importiert werden, aber häufig benötigt werden:

Eigenschaft	Beschreibung
x:Name	Ermöglicht es, Objekten die nicht von *FrameworkElement* abgeleitet sind, einen Bezeichner zu geben, um zur Laufzeit auf dieses Objekt zuzugreifen.
x:FieldModifier	Mit dem Zugriffsmodifizierer steuern Sie die Sichtbarkeit des Objekts außerhalb der Klasse (*public* oder *internal*).

Beispiel 10.1: Der Unterschied zwischen *Hidden* (Bild 10.1) und *Collapsed* (Bild 10.2) für *Button2*

XAML

```
<StackPanel>
   <Button>Button1</Button>
   <Button Visibility="Collapsed">Button2</Button>
   <Button>Button3</Button>
</StackPanel>
```

Ergebnis

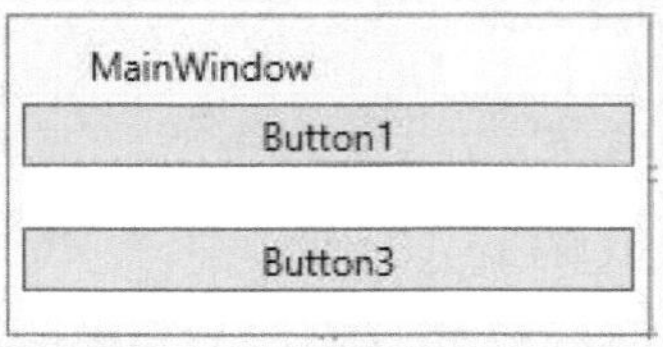

Bild 10.1 Visibility Hidden

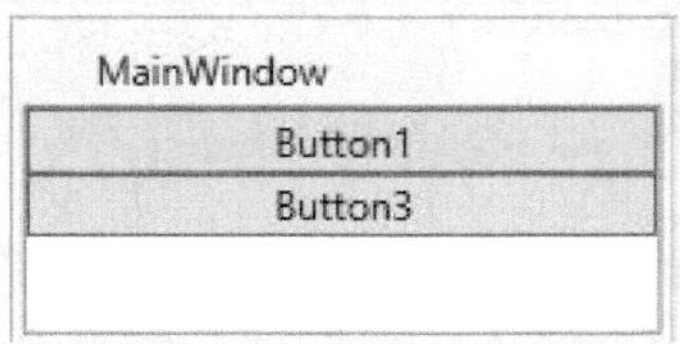

Bild 10.2 Visibility Collapsed

HINWEIS: Umsteiger werden sicher darauf hereinfallen: Die Höhe und Breite des Controls rufen Sie nicht über *Height* bzw. *Width*, sondern über *ActualHeight* und *ActualWidth* ab. Der Grund ist in der Verwendung der Layouts zu finden. Das heißt, die übergeordneten Elemente bestimmen die Abmessungen des Controls. Eine Vorgabe für Breite und Höhe wird jedoch nach wie vor über *Width* und *Height* realisiert.

10.2 Label

Dieses innovative Control kennen Sie sicher noch zur Genüge aus Ihrer „Vor“ -WPF-Ära. Der Verwendungszweck ist zum einen das Beschriften von Controls (z. B. *Text Box*), zum anderen lassen sich so zum Beispiel Access-Keys einer *TextBox* zuordnen. Die Zuordnung zwischen *Label* und Control erfolgt mit dem Attribut *Target*, wie es das folgende Beispiel zeigt.

Beispiel 10.2: Festlegen eines Access-Keys (Alt+E) und Zuordnen der *TextBox1* (Ziel des Eingabefokus)

XAML

```
...
   <StackPanel>
      <Label Target="{Binding ElementName=textBox1}" Name="label1" >
      _Edit
      </Label>
      <TextBox Name="textBox1" />
   </StackPanel>
...
```

Ergebnis

Die Laufzeitansicht in Bild 10.3 (nach dem Drücken der **Alt**-Taste):

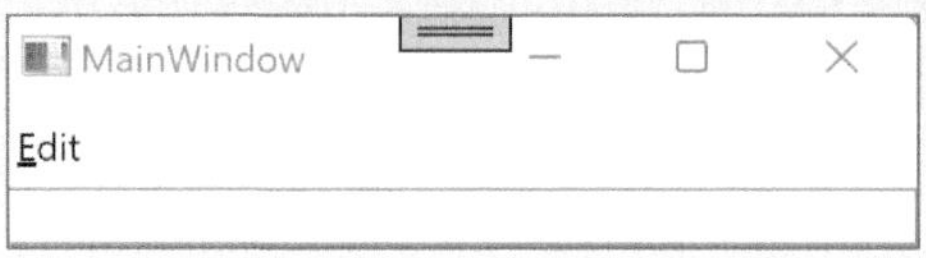

Bild 10.3
Label mit Shortcut

10.3 Button, RepeatButton, ToggleButton

Der Verwendungszweck von *Button*, *RepeatButton* und *ToggleButton* als Schaltfläche mit *Click*-Ereignis dürfte schnell klar sein. Doch es gibt einige Unterschiede, wie die folgende Tabelle zeigt:

Element	Beschreibung
Button	Ein einzelnes *Click*-Ereignis nach Betätigung.
RepeatButton	Mehrfache *Click*-Ereignisse bei Betätigung; die Frequenz wird mit der Eigenschaft *Intervall* (Millisekunden) bestimmt, der Abstand zwischen dem ersten Klick (resultiert aus dem Niederdrücken) und der Wiederholung kann mit *Delay* (Millisekunden) festgelegt werden (siehe Bild 10.4).

Element	Beschreibung
ToggleButton	Einzelnes *Click*-Ereignis nach Betätigung; die Schaltfläche schaltet jedoch mit jedem Klick zwischen den Zuständen „gedrückt" und „nicht gedrückt" um. Zur Auswertung des Status stehen die beiden Ereignisse *Checked* und *UnChecked* sowie die Eigenschaft *IsChecked* zur Verfügung.

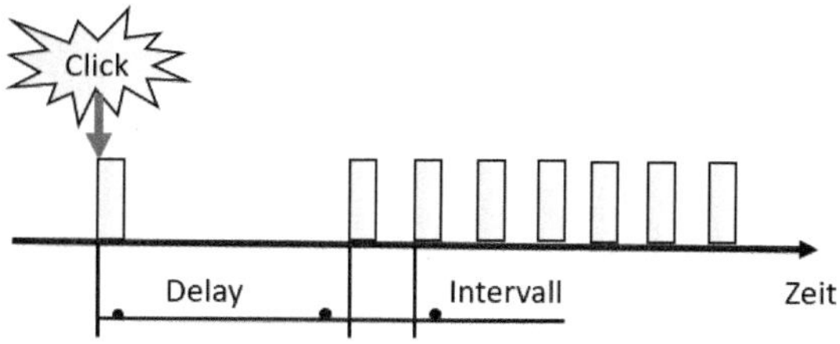

Bild 10.4 Das Verhalten des RepeatButtons

Beispiel 10.3: Einige Schaltflächendefinitionen

C#

```
<StackPanel>
   <Button Margin="15" Click="Button_Click">Button</Button>
   <RepeatButton  Margin="15" Delay="2000" Interval="500"
                  Click="RepeatButton_Click">RepeatButton
   </RepeatButton>
   <ToggleButton  Name="tb" Click="RepeatButton_Click">ToggleButton
                                                  </ToggleButton>
 </StackPanel>
```

10.3.1 Schaltflächen für modale Dialoge

Eine Standardaufgabe für den Programmierer ist häufig das Erstellen von modalen Dialogen, deren Ergebnis (*OK, Abbruch*) im übergeordneten Fenster ausgewertet werden muss. Wird das Window mit **Alt+F4**, der Schließen-Schaltfläche oder per Systemmenü geschlossen, wird die *DialogResult*-Eigenschaft des betreffenden Windows auf *False* gesetzt. Den Wert *True* müssen Sie z. B. über die *OK*-Schaltfläche explizit setzen.

Die standardmäßige Zuordnung der beiden Tasten (*OK/Abbruch*) können Sie mit den Eigenschaften *IsDefault* (Verknüpfung mit **Enter**-Taste) und *IsCancel* (Verknüpfung mit **ESC**-Taste) realisieren. *IsCancel=True* führt zum automatischen Schließen des Fensters.

Beispiel 10.4: Aufruf eines modalen Dialogs und Auswertung von *OK/Abbruch*

XAML

Das modale Window:

```
<Window x:Class="ButtonSample.Window1"
        xmlns="http://schemas.microsoft.com/winfx/2006/xaml/presentation"
        xmlns:x="http://schemas.microsoft.com/winfx/2006/xaml"
        xmlns:d="http://schemas.microsoft.com/expression/blend/2008"
        xmlns:mc="http://schemas.openxmlformats.org/markup-compatibility/2006"
        xmlns:local="clr-namespace:ButtonSample"
        mc:Ignorable="d"
        Title="Window1" Height="150" Width="300">
    <Grid>
        <Grid.RowDefinitions>
            <RowDefinition Height="2*" />
            <RowDefinition Height="*" />
        </Grid.RowDefinitions>
        <StackPanel Orientation="Horizontal" Grid.Row="1"
                    HorizontalAlignment="Right">
            <Button IsDefault="True" Margin="5" Padding="3"
                Click="button1_Click">Ok</Button>
            <Button IsCancel="True" Margin="5" Padding="3">Abbruch</Button>
        </StackPanel>
    </Grid>
</Window>
```

C#

Die Ereignisprozedur für den *OK*-Button:

```
private void button1_Click(object sender, RoutedEventArgs e)
{
    DialogResult = true;
    Close();
}
```

Der Aufruf des modalen Window und Auswertung:

```
Window1 w1 = new Window1();
w1.ShowDialog();
if (w1.DialogResult.HasValue && w1.DialogResult.Value)
{
    MessageBox.Show("OK");
}
else
{
    MessageBox.Show("Abbruch");
}
```

10.3.2 Schaltflächen mit Grafik

Wer jetzt verzweifelt nach einer Image-Eigenschaft Ausschau hält, dürfte enttäuscht sein. Keine der Schaltflächen verfügt darüber, was jedoch kein Problem ist, da Sie in WPF-Anwendungen den Content des Controls selbst bestimmen können (*Content Control*).

Doch wie müssen wir vorgehen? Ausschlaggebend für die Zusammenstellung unserer Schaltfläche ist das zukünftige Layout (Grafik oben, Texte unten oder andersherum). Mit den in Abschnitt 9.2 vorgestellten Layout-Controls können Sie zunächst ein geeignetes Layout für den Inhalt der Schaltfläche entwerfen und dann die eigentlichen Image- und Text-Elemente[1] anordnen.

Beispiel 10.5: Schaltfläche mit Text und Grafik

C#

```
<Button Click="Button_Click">
```

Ein *StackPanel* bestimmt das innere Layout der Schaltfläche:

```
  <StackPanel Orientation="Horizontal" Margin="10">
```

Die Grafik festlegen (ziehen Sie vorher einfach eine Grafik per Drag-and-drop in Ihr Projekt):

```
    <Image Source="Tiger.jpg" Width="80" Height="60" Margin="0,0,10,0"/>
```

Der Beschriftungstext (hier könnten Sie auch mit Textformatierungen arbeiten):

```
    <TextBlock VerticalAlignment="Center">Tiger</TextBlock>
  </StackPanel>
</Button>
```

Ergebnis

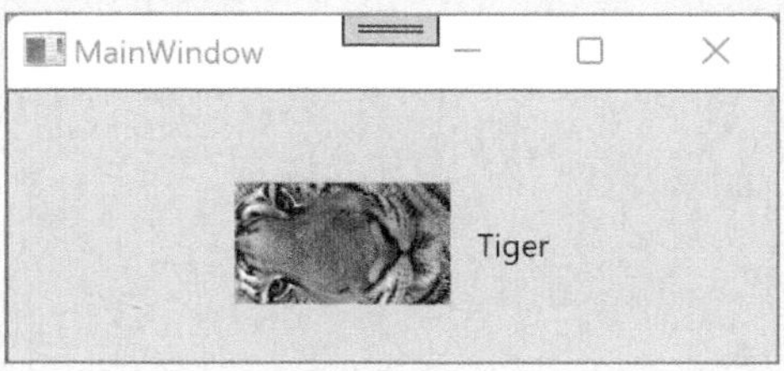

Bild 10.5
Schaltfläche mit Bild

HINWEIS: Statt dieser Lösung können Sie natürlich auch die *Button*-Klasse ableiten, oder Sie nutzen die Möglichkeit eines UserControls. Beide Varianten sollen aber nicht im Mittelpunkt dieses Abschnitts stehen.

---

1 Statt einer Grafik könnten Sie auch gleich ein komplettes Video in der Schaltfläche anzeigen. Ob dies sinnvoll ist, ist eine andere Frage.

10.4 TextBox, PasswordBox

Beide Controls dürften Ihnen als wichtige Möglichkeiten für die Texteingabe sicher bekannt sein. An dieser Stelle wollen wir deshalb nur auf einige Eigenschaften zur Konfiguration dieser Eingabefelder eingehen.

10.4.1 TextBox

Die wichtigsten Eigenschaften auf einen Blick:

Eigenschaft	Beschreibung
Text	Der Inhalt der *TextBox*.
TextWrapping	Einzeilige (*NoWrap*) oder mehrzeilige (*Wrap*, *WrapWithOver Flow*) Darstellung. *Wrap* bricht bei jedem Zeichen um, *WrapWithOverFlow* nur bei Leerzeichen.
AcceptReturn	Wenn *True*, erzeugt die **Enter**-Taste eine neue Zeile, anderenfalls wird **Enter** ignoriert.
IsReadOnly	Schreibschutz ja/nein.
VerticalScrollBarVisibility, *HorizontalScrollBarVisibility*	Sichtbarkeit der Scrollbars vorgeben. Mögliche Werte: *Auto*, *Disabled*, *Hidden*, *Visible*
MaxHeight, *MaxWidth*, *MinHeight*, *MinWidht*	Maximale/minimale Abmessungen der *TextBox* vorgeben.
MaxLines, *MinLines*	Minimale/maximale Anzahl von angezeigten Zeilen in der *TextBox*. Nur sinnvoll mit *TextWrapping*.
MaxLength	Die maximale Zeichenzahl.
CaretIndex	Position des Eingabecursors.
SpellCheck.IsEnabled	Ein-/Ausschalten der integrierten Rechtschreibkorrektur (siehe Beispiel).

Beispiel 10.6: Setzen der *Text*-Eigenschaft per XAML

XAML

```
        <TextBox Text="Meine Vorgabe">
        </TextBox>
oder
        <TextBox>
  Meine Vorgabe
        </TextBox>
```

Beispiel 10.7: Verwendung der Rechtschreibkorrektur

XAML

```
<TextBox SpellCheck.IsEnabled="True">TextBox1</TextBox>
```

Ergebnis

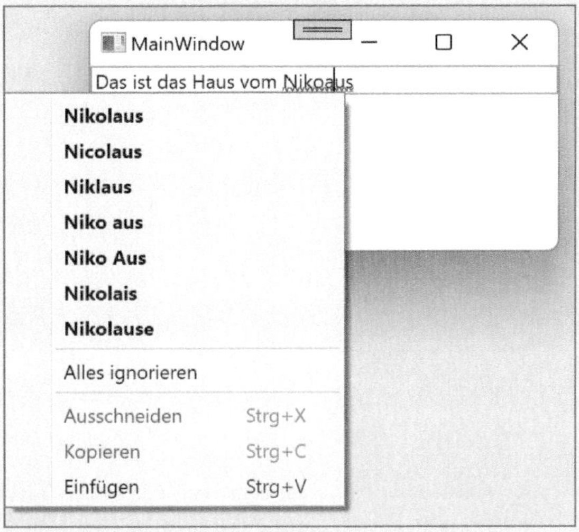

Bild 10.6 Rechtschreibprüfung in der TextBox

Zur Laufzeit wird jetzt, je nach aktueller Landeseinstellung, eine automatische Rechtschreibprüfung durchgeführt, Fehler werden rot unterstrichen und Alternativen per Kontextmenü angezeigt.

Und da Deutsch eine Sprache mit andauernden behördlichen Änderungen ist, findet sich auch eine Möglichkeit, die aktuelle Rechtschreibreform zu berücksichtigen. Verwenden Sie einfach die Eigenschaft *SpellCheck.SpellingReform* und setzen Sie einen der folgenden Werte: *Prerefrom, Postrefrom, PreAndPostrefrom*[2].

Wahrscheinlich haben Sie dieses Feature bis jetzt noch gar nicht vermisst: Seit WPF 4 können Sie sowohl für den Eingabecursor als auch für die Cursorauswahl einen extra *Brush* verwenden, was Ihren gestalterischen Fähigkeiten natürlich jede Menge Raum gibt.

[2] In.einer späteren WPF-Version findet sich dann sicher auch ein *PostPostNextPreReform* ☺.

Beispiel 10.8: Texteingabe- und Auswahlcursor ändern

XAML

Hier zunächst der geänderte Eingabecursor:

```
<TextBox FontSize="20" CaretBrush="Green">
```

Und hier ein etwas komplexerer Auswahlcursor:

```
    <TextBox.SelectionBrush>
        <LinearGradientBrush StartPoint="0.5,0" EndPoint="0.5,1">
            <GradientStop Color="Transparent" Offset="-.2" />
            <GradientStop Color="Red" />
            <GradientStop Color="Yellow" Offset=".9" />
            <GradientStop Color="Transparent" Offset="1.2" />
        </LinearGradientBrush>
    </TextBox.SelectionBrush>
    Hallo User
</TextBox>
```

Ergebnis

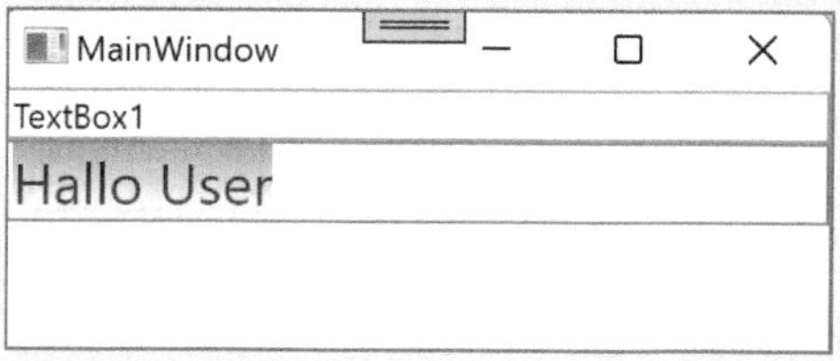

Bild 10.7
Textbox mit Brush

Vergessen Sie nicht, den Text zu markieren!

10.4.2 PasswordBox

Der Sinn dieses Controls ist die verdeckte Eingabe von Zeichenketten (Passwörtern). Für Sie als Programmierer sind die beiden Eigenschaften

- *PasswordChar* (das Maskierungszeichen) und
- *Password* (die eingegebene Zeichenkette)

interessant.

Beispiel 10.9: Verwendung *PasswordBox*

XAML

```
<PasswordBox Name="pwd1" MaxLength="6" Password="geheim" PasswordChar="?"
             KeyUp="PasswordBox_KeyUp"/>
```

C#

Die Ereignisroutine:

```
private void PasswordBox_KeyUp(object sender, KeyEventArgs e)
{
    if (e.Key == Key.Enter)
    {
        MessageBox.Show(pwd1.Password);
    }
}
```

Ergebnis

Bild 10.8
Inhalt der PasswortBox

10.5 CheckBox

Geht es um die Auswahl bzw. Darstellung boolescher Werte (*True*/*False*), bietet sich neben dem *ToggleButton* die gute alte *CheckBox* an.

Die Beschriftung des Controls bestimmen Sie über die *Content*-Eigenschaft; hier ist stattdessen z. B. auch ein *Image* möglich, was optisch sicher viel hergibt.

Den aktuellen Status können Sie über die Eigenschaft *IsChecked* bestimmen.

HINWEIS: Es sind drei Zustände (*Null*, *True*, *False*) möglich, wenn Sie die Eigenschaft *IsThreeState* auf *True* setzen (unbestimmte Angabe).

Die Auswertung einer Änderung kann in den Ereignissen *Checked* bzw. *UnChecked* erfolgen. Besser ist jedoch *Click*, da Sie hier beide Zustände auswerten können.

Beispiel 10.10: Verwendung der *CheckBox*

XAML

```
<StackPanel Margin="5">
```

Variante 1:

```
<CheckBox Checked="CheckBox_Checked" Unchecked="CheckBox_Unchecked"
                    Click="CheckBox_Click"
          Name="checkBox1" Foreground="Blue">Ich kann lesen</CheckBox>
```

Variante 2:

```
<CheckBox Name="checkBox2" Foreground="Green">
          Ich kann schreiben</CheckBox>
```

Hier mit drei Zuständen:

```
<CheckBox Name="checkBox3" Click="CheckBox3_Click"
          IsThreeState="True" IsChecked="{x:null}">
          Schwanger</CheckBox>
```

CheckBox mit Grafik statt Text:

```
<CheckBox Name="checkBox4" Foreground="Green">
  <Image Source="Images\BigBuddha.jpg" Width="50" Height="50"
</CheckBox>
```

Natürlich könnte es auch jedes andere Control sein, das Sie als Content der *CheckBox* festlegen, aber einen Sinn sollte es schon machen.

```
</StackPanel>
```

C#

Die Ereignisroutinen:

```
private void CheckBox_Checked(object sender, RoutedEventArgs e)
{
    MessageBox.Show("True");
}

private void CheckBox_Unchecked(object sender, RoutedEventArgs e)
{
    MessageBox.Show("False");
}
```

Nur *true/false* auswerten:

```
private void CheckBox_Click(object sender, RoutedEventArgs e)
{
    if (checkBox1.IsChecked.HasValue && checkBox1.IsChecked.Value)
    {
        MessageBox.Show("True");
    }
    else
    {
        MessageBox.Show("False");
    }
}
```

Unbestimmten Zustand auswerten:

```
private void CheckBox3_Click(object sender, RoutedEventArgs e)
{
    if (checkBox3.IsChecked == null)
    {
        MessageBox.Show("Etwas Schwanger!");
    }
}
```

Ergebnis

Bild 10.9
CheckBoxen mit unterschiedlichen Darstellungen

Beachten Sie die obige Option „Schwanger": Angezeigt wird der unbestimmte Zustand, d. h. in diesem Fall „etwas schwanger".

10.6 RadioButton

Möchten Sie mehr als nur eine *True/False*-Auswahl anbieten (siehe *CheckBox*), können Sie eine Reihe von Radiobuttons verwenden, bei der jeweils nur ein *RadioButton* markiert sein kann.

Um die einzelnen Radiobuttons miteinander zu verbinden, steht Ihnen die Eigenschaft *GroupName* zur Verfügung. Alle Controls mit übereinstimmenden Namen werden zu einer Gruppe zusammengefasst, nur ein Element der Gruppe kann markiert sein (*IsChecked*).

Beispiel 10.11: Verwendung *RadioButton*

XAML

```
<StackPanel Margin="5">
   <Label Content="----------------RadioButton ----------------------"
          Margin="4,10"/>
```

Die einfachste Variante:

```
<RadioButton Name="rb1">Option1</RadioButton>
```

Mit gesetzter *IsChecked*-Option:

```
<RadioButton Name="rb2" IsChecked="True">Option2</RadioButton>
```

Als Content ist auch ein Image oder jedes andere Control zulässig:

```
<RadioButton Name="rb3">
     <Image Source="Images\BigBuddha.jpg" Width="50" Height="50"/>
</RadioButton>
<RadioButton Name="rb4">Option4</RadioButton>
```

Und hier beginnt eine neue Gruppe, da anderer Parent:

```
<StackPanel>
  <RadioButton Name="rb5">Option1</RadioButton>
  <RadioButton Name="rb6" IsChecked="True">Option2</RadioButton>
  <RadioButton Name="rb7">Option3</RadioButton>
  <RadioButton Name="rb8">Option4</RadioButton>
</StackPanel>
</StackPanel>
```

Ergebnis

Wie Sie in Bild 10.10 sehen können, sind bei diesem Beispiel zwei *RadioButtons* markiert:

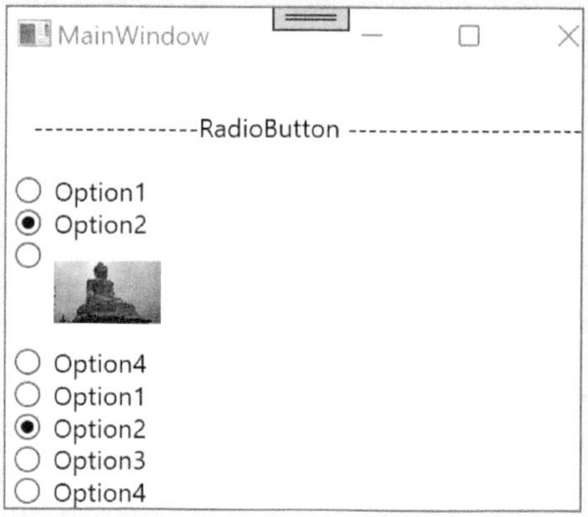

Bild 10.10
Zwei gewählte OptionButtons

HINWEIS: Geben Sie keinen *GroupName* an, werden alle *RadioButtons* mit gemeinsamem Parent (z. B. *StackPanel*) zu einer Gruppe zusammengefasst.

10.7 ListBox, ComboBox

Für die Auswahl aus Listen mit mehreren Einträgen bieten sich statt der *RadioButtons* besser eine *ListBox* oder eine *ComboBox* an. Erstere gestattet die gleichzeitige Anzeige mehrerer Werte, die *ComboBox* stellt nur einen Wert aus der Liste dar.

10.7.1 ListBox

Jede *ListBox* kann mehrere Einträge, d. h. *ListBoxItems*, enthalten, von denen wiederum ein oder mehr Einträge ausgewählt sein können.

Sollen mehrere Einträge ausgewählt werden können, setzen Sie *SelectionMode* auf *Multiple* (Auswahl durch einfachen Klick) oder *Extended* (Auswahl durch Klick + **Shift**-Taste).

Beispiel 10.12: Definition einer *ListBox* mit sechs Einträgen inklusive zweier Grafiken

XAML

```
<ListBox SelectionMode="Extended">
  <ListBoxItem IsSelected="True">Zeile 1</ListBoxItem>
  <ListBoxItem>Zeile 2</ListBoxItem>
  <ListBoxItem>Zeile 3</ListBoxItem>
  <ListBoxItem>Zeile 4</ListBoxItem>
  <ListBoxItem>
     <Image Source="Images\BigBuddha.jpg" Width="50" Height="50"/>
  </ListBoxItem>
  <ListBoxItem>
     <Image Source="Images\Tiger.jpg" Width="50" Height="50"/>
  </ListBoxItem>
</ListBox>
```

Ergebnis

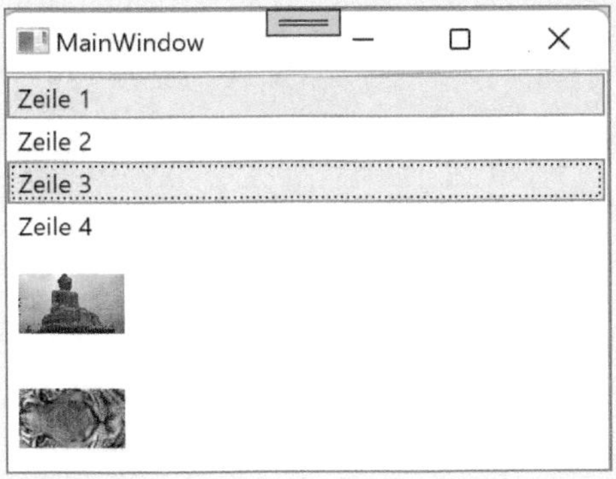

Bild 10.11
ListBox mit Bildern als Eintrag

Alternativ können Sie die Beschriftung auch mit einer etwas kürzeren Schreibweise zuweisen:

```
<ListBoxItem Content="Zeile 4"/>
```

HINWEIS: Im Gegensatz zu den Windows-Forms-Listboxen können Sie jeden Eintrag individuell (Farbe, Hintergrundfarbe, Schrift etc.) formatieren. Ob dies sinnvoll und der Übersicht dienlich ist, sei dahingestellt.

Wem diese Möglichkeiten nicht ausreichen, der kann der *ListBox* auch andere Controls als Einträge hinzufügen.

Beispiel 10.13: Controls in der ListBox (eine einfache „CheckListBox")

XAML

```
<ListBox SelectionMode="Multiple" Height="75">
  <CheckBox Name="Item1">Zeile 1</CheckBox>
  <CheckBox Name="Item2">Zeile 2</CheckBox>
  <CheckBox Name="Item3">Zeile 3</CheckBox>
  <CheckBox Name="Item4">Zeile 4</CheckBox>
</ListBox>
```

Ergebnis

Die erzeugte *ListBox*:

Bild 10.12
ListBox mit CheckBoxen

Doch wie können Sie die aktuelle Markierung bzw. die Auswahl ermitteln? Die *List Box* stellt zu diesem Zweck eine Reihe von Eigenschaften zur Verfügung, von denen *SelectedIndex* (die erste markierte Zeile, nullbasiert) und *SelectedItems* (Collection von *ListBoxItems*) am nützlichsten sind.

HINWEIS: Prüfen Sie vor der Verwendung gegebenenfalls, ob überhaupt ein Eintrag markiert wurde. In diesem Fall muss *SelectedIndex* einen Wert ungleich –1 aufweisen.

Beispiel 10.14: *ListBox* mit Einträgen füllen und später die markierten abfragen. Der XAML-Code entspricht dem in Beispiel 10.12 mit einem zusätzlichen Button.

XAML

```
<Button Click="Button_Click">Ausgabe</Button>
```

C#

Auswerten per Ereigniscode:

```
private void Button_Click(object sender, RoutedEventArgs e)
{
    if (listBox1.SelectedIndex != -1)
    {
        MessageBox.Show(listBox1.SelectedValue.ToString());
        MessageBox.Show("Es ist mindestens ein Eintrag markiert!");
        MessageBox.Show($"Zeile {listBox1.SelectedIndex} ist markiert!");
        foreach (ListBoxItem item in listBox1.SelectedItems)
        {
            MessageBox.Show(item.Content.ToString());
        }
    }
}
```

HINWEIS: Für normale Textzeilen wird obiger Code die sichtbare Beschriftung zurückgeben, für markierte Grafikeinträge erscheint der Text *System.Windows.Controls.Image*.

Beispiel 10.15: *ListBox*-Eintrag zur Entwurfszeit markieren

XAML

```
...
    <ListBoxItem IsSelected="True">4</ListBoxItem>
...
```

Natürlich müssen Sie nicht unbedingt auf XAML zurückgreifen, wenn Sie eine *ListBox* füllen wollen. Dies funktioniert genauso gut auch per C#-Code.

Beispiel 10.16: *ListBox* zur Laufzeit füllen

C#

```
private void Button_Click(object sender, RoutedEventArgs e)
{
    listBox2.Items.Clear();         // Alles löschen
    CheckBox cb = new CheckBox();
    // zur Probe mal eine CheckBox einfügen
    cb.Content = "Ein Test";
    listBox2.Items.Add(cb);
    for (int i = 1; i < 50; i++)
    {
        // und jetzt noch fünfzig Zeilen Text ...
        listBox2.Items.Add($"Zeile {i}");
    }
}
```

Ergebnis

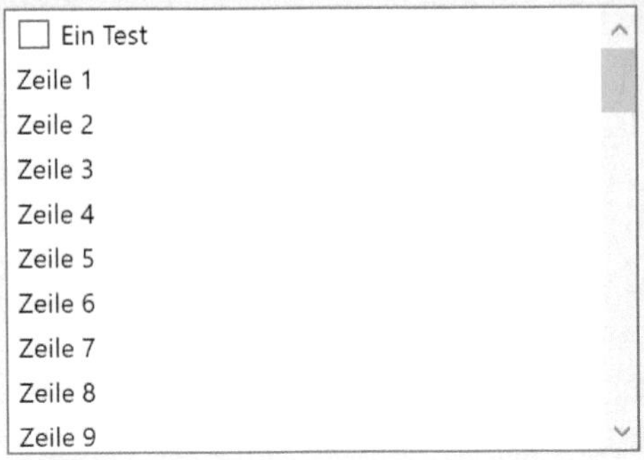

Bild 10.13
Generierte Listboxeinträge

HINWEIS: Möchten Sie die Einträge einzeln formatieren, verwenden Sie *ListBox Items* beim Aufruf von *Add*.

10.7.2 ComboBox

Das Handling aus Sicht des Programmierers entspricht weitgehend der *ListBox*, mit dem wesentlichen Unterschied, dass der Anwender nur ein Element der Auswahlliste markieren kann. Dieses wird nachfolgend in der *ComboBox* angezeigt (Eigenschaft *Text*).

Neben der reinen Auswahl von vorgegebenen Werten können Sie auch neue Einträge zulassen. Dazu müssen Sie die Eigenschaft *IsEditable* auf *True* setzen. In diesem Fall erscheint eine Textbox, die der Nutzer nach Wunsch füllen kann.

Beispiel 10.17: Einfache *ComboBox*

XAML

```
<ComboBox Name="ComboBox1"
   SelectionChanged="ComboBox1_SelectionChanged">
  <ComboBoxItem>Zeile 1</ComboBoxItem>
  <ComboBoxItem>Zeile 2</ComboBoxItem>
  <ComboBoxItem>Zeile 3</ComboBoxItem>
  <ComboBoxItem>Zeile 4</ComboBoxItem>
  <ComboBoxItem>Zeile 5</ComboBoxItem>
  <ComboBoxItem>
    <Image Source="Images\BigBuddha.jpg" Width="50" Height="50"/>
  </ComboBoxItem>
  <ComboBoxItem>
    <Image Source="Images\Tiger.jpg" Width="50" Height="50"/>
  </ComboBoxItem>
</ComboBox>
```

C#

Ereignisauswertung:

```
private void ComboBox1_SelectionChanged(object sender,
    SelectionChangedEventArgs e)
{
    MessageBox.Show($"Markierte Zeile: {ComboBox1.SelectedIndex}";
}
```

Ergebnis

Die *ComboBox* in Aktion:

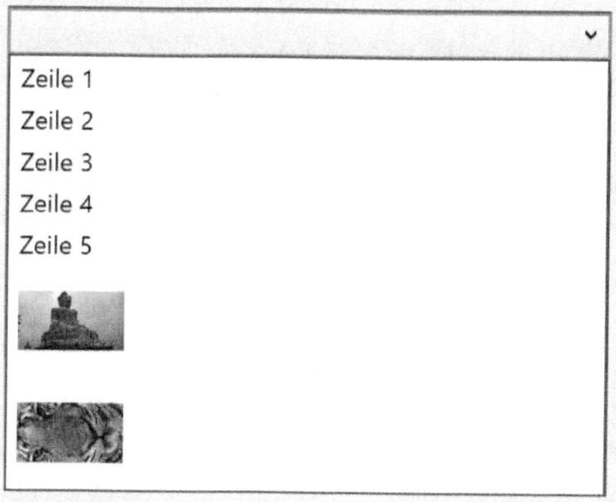

Bild 10.14
ComboBox-Einträge mit Bildern

XAML

```
<ComboBox Name="ComboBox2" IsEditable="True">
  <ComboBoxItem>Zeile 1</ComboBoxItem>
  <ComboBoxItem>Zeile 2</ComboBoxItem>
  <ComboBoxItem>Zeile 3</ComboBoxItem>
  <ComboBoxItem>Zeile 4</ComboBoxItem>
  <ComboBoxItem>Zeile 5</ComboBoxItem>
</ComboBox>
```

Ergebnis

Die Texteingabe zur Laufzeit:

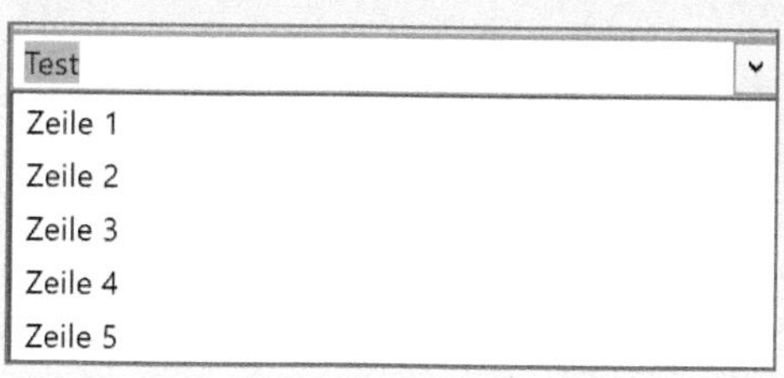

Bild 10.15
Texteingabe in einer ComboBox

HINWEIS: Auf das Füllen per Datenbindung gehen wir in Kapitel 12 ein.

10.7.3 Den Content formatieren

Gut und schön werden Sie sicher sagen, vieles davon kann auch Windows Forms. Doch da täuschen Sie sich vermutlich etwas. Die einzelnen *ComboBoxItem-* bzw. *List BoxItem*-Einträge verfügen nicht nur über die *Content*-Eigenschaft, sondern sie bieten darüber hinaus auch noch reichlich Optionen für das gezielte Formatieren des Inhalts an.

Statt endloser Aufzählungen soll ein Beispiel einige Anregungen bieten:

Beispiel 10.19: Formatieren von *ComboBox*-Einträgen

XAML

```
<ComboBox Width="150" FontSize="16" BorderThickness="2"
    BorderBrush="Blue">
    <ComboBoxItem HorizontalAlignment="Right" Foreground="Green">
        Zeile 1</ComboBoxItem>
    <ComboBoxItem FontWeight="Bold" FontFamily="Courier New">
        Zeile 2</ComboBoxItem>
    <ComboBoxItem Width="50" Background="Yellow">
        Zeile 3</ComboBoxItem>
    <ComboBoxItem FontSize="8">Zeile 4</ComboBoxItem>
    <ComboBoxItem Background="Gray" Content="Zeile 5" />
</ComboBox>
```

Ergebnis

Bild 10.16 Formatierte Einträge

Unter bestimmten Umständen können Sie statt der ausführlichen Syntax auch eine verkürzte Form verwenden, allerdings müssen Sie in diesem Fall einen zusätzlichen Namespace einbinden und die Einträge typisieren:

Beispiel 10.20: String-Formatierung in einer *ComboBox*

XAML

```
<Window x:Class="ListBoxSample.MainWindow"
        xmlns="http://schemas.microsoft.com/winfx/2006/xaml/presentation"
        xmlns:x="http://schemas.microsoft.com/winfx/2006/xaml"
        xmlns:d="http://schemas.microsoft.com/expression/blend/2008"
        xmlns:mc="http://schemas.openxmlformats.org/markup-compatibility/2006"
        xmlns:local="clr-namespace:ListBoxSample"
        mc:Ignorable="d"
        xmlns:sys="clr-namespace:System;assembly=mscorlib"
        Title="MainWindow" Height="500" Width="300">
    <StackPanel>
        <ComboBox Width="150" HorizontalContentAlignment="Center"
                  ItemStringFormat="0.00€">
            <sys:String>Kein Wert</sys:String>
            <sys:Decimal>0.1</sys:Decimal>
            <sys:Decimal>1</sys:Decimal>
            <sys:Decimal>1.1</sys:Decimal>
            <sys:Decimal>1.11</sys:Decimal>
            <sys:Decimal>1.111</sys:Decimal>
        </ComboBox>
    </StackPanel>
</Window>
```

Ergebnis

Bild 10.17
Typisierte Einträge

10.8 Image

Ganz nebenbei haben wir in den vorhergehenden Beispielen bereits einen Blick auf das *Image*-Control geworfen. Wie Sie sicher schon festgestellt haben, können Sie damit Grafiken auf einfache Weise sowohl in einem *Window*, als auch in *ListBoxen*, *ComboBoxen*, *Buttons* etc. anzeigen.

Zur Verfügung stehen neben den altbekannten Formaten BMP, GIF, ICO, JPG, PNG, TIFF auch das WDP-Format[3]. Leider werden sowohl das WMF- als auch das EMF-Format nicht unterstützt, hier hilft nur die Verwendung von Windows Forms.

[3] Windows Media Photo-Format

10.8.1 Grafik per XAML zuweisen

Zugewiesen wird die Grafik über das *Source*-Attribut. Die genaue Form der Adressierung von Programmressourcen besprechen wir ausführlich erst in Abschnitt 11.2.5. An dieser Stelle soll uns ein Beispiel genügen.

Beispiel 10.21: Grafik aus Ressource laden[4]

XAML

Erstellen Sie zunächst per Kontextmenü einen neuen Ordner (*Images*) für Ihr WPF-Projekt. Fügen Sie nachfolgend per Drag-and-drop eine Grafik (z. B. *BigBuddha.jpg*) in dieses Verzeichnis ein.

Der XAML-Code:

```
<Window x:Class="ImageSample.MainWindow"
        xmlns="http://schemas.microsoft.com/winfx/2006/xaml/presentation"
        xmlns:x="http://schemas.microsoft.com/winfx/2006/xaml"
        xmlns:d="http://schemas.microsoft.com/expression/blend/2008"
        xmlns:mc="http://schemas.openxmlformats.org/markup-compatibility/2006"
        xmlns:local="clr-namespace:ImageSample"
        mc:Ignorable="d"
        Title="MainWindow" Height="170" Width="250">
  <Grid>
     <Image Source="Images\BigBuddha.jpg"/>
  </Grid
</Window>
```

10.8.2 Grafik zur Laufzeit zuweisen

Im Gegensatz zu den guten alten Windows Forms ist das Laden von Grafiken per Code in WPF etwas mühevoller geworden.

Beispiel 10.22: Laden eines weiteren Bildes aus dem Images-Ordner

C#

```
    private void Window_Loaded(object sender, RoutedEventArgs e)
    {
        BitmapImage bi = new BitmapImage();
        bi.BeginInit();
  bi.UriSource = new Uri("images/Tiger.jpg", UriKind.Relative);
        bi.EndInit();
        image1.Source = bi;
    }
```

4 Dies ist nicht zwingend erforderlich, es verbessert aber die Übersicht im Projekt.

Der *Source*-Eigenschaft können Sie entweder ein initialisiertes *BitmapImage*-Objekt übergeben – in diesem Fall muss das eigentliche Laden der Datei (egal ob extern oder intern) mit den Methoden *BeginInit* und *EndInit* eingeleitet/beendet werden –, oder Sie erzeugen ein *BitmapFrame*-Objekt, wie im folgenden Beispiel gezeigt:

Beispiel 10.23: Laden der Ressource per *BitmapFrame*

C#

```
image1.Source = BitmapFrame.Create(new Uri
                ("images/Tiger.jpg", UriKind.Relative));
```

HINWEIS: In den Microsoft-Dokumentationen finden Sie beim *BitmapImage* noch die Eigenschaften *DecodePixelWidth* und *DecodePixelHeight*. Damit können Sie schon beim Laden des Bildes eine Skalierung durchführen (z. B. entsprechend der Anzeigefläche). Im Speicher wird jetzt nur ein Bild dieser Größe gehalten, eine dauernde Skalierung ist nicht mehr notwendig (weniger Speicher, weniger Rechenzeit).

Beispiel 10.24: Maximale Anzeigebreite ist 50, die Originalgröße ist 3000.

C#

```
...
          BitmapImage bi = new BitmapImage();
          bi.BeginInit();
          bi.DecodePixelWidth = 50;
          bi.UriSource = new Uri("images/Tiger.jpg",UriKind.Relative);
...
```

HINWEIS: Die Anzeige sollte in diesem Fall mit *Stretch* = *None* erfolgen.

10.8.3 Bild aus Datei laden

Hier können wir auf die aus Windows bekannten Dateidialoge zugreifen.

Beispiel 10.25: Laden einer Grafik per Dateidialog

C#

Zunächst den Namespace einbinden:

```
using Microsoft.Win32;
...
    private void Window_Loaded(object sender, RoutedEventArgs e)
    {
```

Instanz erzeugen:

```
OpenFileDialog dlg = new OpenFileDialog();
        dlg.Title = "Dateiauswahl";
        dlg.DefaultExt = "jpg";
```

Anzeige und Auswertung, wenn *Öffnen* angeklickt wurde:

```
        var response = dlg.ShowDialog();
        if (response.HasValue && response.Value)
        {
            image1.Source = BitmapFrame.Create(new Uri(dlg.FileName));
        }
    }
```

Ergebnis

Der Dateiauswahldialog erscheint beim Öffnen des Fensters:

Bild 10.18 Dateidialog zum Auswählen einer (Bild-)Datei

10.8.4 Die Grafikskalierung beeinflussen

Nicht jede Grafik hat bereits die Größe, die wir für die Anzeigefläche benötigen. Das *Image*-Control stellt aus diesem Grund zwei Eigenschaften zur Verfügung, mit denen Sie das Skalieren konfigurieren können:

- *Stretch* (*None, Fill, Uniform, UniformToFill*)
- *StretchDirection* (*Both, DownOnly, UpOnly*)

Beispiel 10.26: Verwendung von *Stretch*

XAML

```
    <Grid>
      <Grid.RowDefinitions>
        <RowDefinition Height="*" />
        <RowDefinition Height="*" />
        <RowDefinition Height="*" />
      </Grid.RowDefinitions>
      <Grid.ColumnDefinitions>
        <ColumnDefinition Width="*" />
        <ColumnDefinition Width="*" />
      </Grid.ColumnDefinitions>
  Originalgröße:
      <Image Grid.Column="0" Grid.Row="1" Source="Images\BigBuddha.jpg"
             Stretch="None"/>
  Skalierung ohne Rücksicht auf Proportionen:
      <Image Grid.Column="1" Grid.Row="1" Source="Images\BigBuddha.jpg"
             Stretch="Fill"/>
  Skalierung mit Rücksicht auf Proportionen, längste Seite bestimmt die Größe:
      <Image Grid.Column="0" Grid.Row="2" Source="Images\BigBuddha.jpg"

  Skalierung mit Rücksicht auf Proportionen, kürzeste Seite bestimmt die Größe:
      <Image Grid.Column="1" Grid.Row="2" Source="Images\BigBuddha.jpg"
             Stretch="UniformToFill"/>
    </Grid>
```

Ergebnis

Bild 10.19 Bilder mit unterschiedlichem Stretch

Wird das *Image* frei positioniert (z. B. *Canvas*), sollten Sie für eine vorgegebene Größe entweder die Höhe **oder** die Breite angeben – nie beides, da es in diesem Fall zu Verzerrungen kommen kann.

HINWEIS: Beachten Sie in diesem Fall auch die Eigenschaften *ActualWidth* und *ActualHeight*. Beide liefern erst nach dem Laden des Bildes einen sinnvollen Wert.

10.9 Slider, ScrollBar

Im Folgenden wollen wir uns mit zwei Controls beschäftigen, die für die Eingabe von Werten innerhalb eines bestimmten Wertebereichs geeignet sind.

10.9.1 Slider

Ein *Slider*-Control eignet sich zum Beispiel sehr gut, um die Lautstärke und die Abspielgeschwindigkeit zu steuern. Damit dürfte auch schon der Verwendungszweck erkennbar sein:

- Auswahl eines Wertes durch Verschieben des Reglers (*Value*)
- Vorgabe eines minimalen Wertes (*Minimum*)
- Vorgabe eines maximalen Wertes (*Maximum*)

Beachten Sie, dass es sich beim *Value* um einen *Double*-Wert handelt, Sie also gegebenenfalls eine Typisierung/Rundung durchführen müssen, um den Wert in Ihrem Programm sinnvoll nutzen zu können. Änderungen der Auswahl können Sie über das *ValueChanged*-Ereignis auswerten.

HINWEIS: Natürlich können Sie den *Slider* auch als Ausgabemedium zur Wertanzeige missbrauchen.

Neben den drei genannten Eigenschaften bieten sich auch noch weitere Möglichkeiten zur Konfiguration an:

- **Ausrichtung:** Verwenden Sie *Orientation*, um die Ausrichtung des Controls zu beeinflussen (*Vertical, Horizontal*).
- **Anzeige von Werten:** Hier bietet sich die Verwendung von Tooltips an. Setzen Sie *AutoToolTipPlacement* auf *BottomRight* oder *TopLeft*, um den jeweils aktuellen

Wert beim Verschieben des Sliders anzuzeigen. Die Genauigkeit bestimmen Sie mit *AutoToolTipPrecision*.

- **Werteverlauf:** Standardmäßig finden Sie die kleinsten Werte links bzw. unten. Sollen sich diese rechts bzw. oben befinden, müssen Sie *IsDirectionReversed* auf *True* setzen.
- **Markierungsbereich:** Mit *IsSelectionRangeEnabled* aktivieren Sie die Anzeige eines Markierungsbereichs. Den Bereich selbst definieren Sie über *SelectionStart* und *SelectionEnd*.
- **Markierung, Skala:** Mit *TickPlacement* (*Both, BottomRight, TopLeft*) können Sie die Anzeige von Markierungsstrichen einschalten. Da standardmäßig die Striche für jeden ganzzahligen Wert gesetzt werden, sollten Sie mit *TickFrequency* ein anderes Intervall festlegen.
- **Schrittweite:** Haben Sie *TickFrequency* festgelegt, können Sie mit *IsSnapToTick Enabled=True* erreichen, dass nur Werte genau an den Markierungsstrichen ausgewählt werden können.

Beispiel 10.27: Horizontaler *Slider* mit Markierungsbereich und Tooltip

XAML

```
<Canvas>
    <Slider AutoToolTipPlacement="TopLeft" IsSelectionRangeEnabled="True"
          SelectionStart="10" SelectionEnd="20" Minimum="1" Maximum="50"
          Value="25" Canvas.Left="11" Canvas.Top="55" Height="26"
          Name="slider1" Width="179" />
</Canvas>
```

Ergebnis

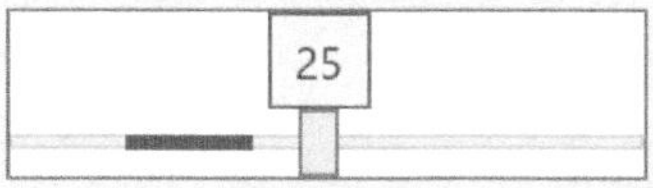

Bild 10.20
Slider mit Selektion

Beispiel 10.28: Vertikaler *Slider* mit Markierungsstrichen und zwangsweiser Auswahl (0, 10, 20 ... 100)

XAML

```
<Canvas>
    <Slider TickPlacement="Both" TickFrequency="10" IsSnapToTickEnabled="True"
          AutoToolTipPlacement="BottomRight" Width="43"
          Orientation="Vertical" Canvas.Left="250" Canvas.Top="21"
          Height="111" Name="slider2" Maximum="100" />
</Canvas>
```

Ergebnis

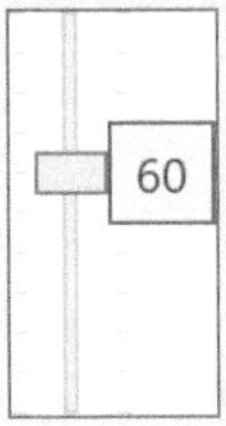

Bild 10.21
Slider mit 10er-Intervall

10.9.2 ScrollBar

Ähnlich wie beim *Slider* bietet eine *ScrollBar* die Möglichkeit, Werte (*Value*) aus einem Wertebereich (*Minimum, Maximum*) auszuwählen. Scrollbars können mit *Orientation* ebenfalls horizontal oder vertikal ausgerichtet werden. Die Auswertung kann mit dem Ereignis *Scroll* erfolgen, alternativ kommt jedoch meist eine direkte Datenbindung (siehe Kapitel 12) infrage.

Im Gegensatz zum *Slider* fehlen jedoch alle weiteren Möglichkeiten zur Konfiguration (Wertanzeige, Skala etc.).

Beispiel 10.29: Verwendung *ScrollBar*

XAML

```
<Canvas>
    <ScrollBar Maximum="10" Scroll="ScrollBar_Scroll" Orientation="Horizontal"
            Canvas.Left="42" Canvas.Top="182" Height="25"
            Name="scrollBar1" Width="214" />
</Canvas>
```

Ergebnis

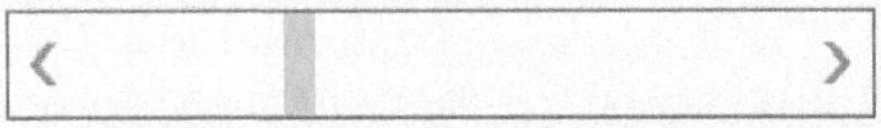

Bild 10.22
ScrollBar

10.10 ScrollViewer

Nicht genug der Scroller, mit dem *ScrollViewer* können Sie direkt ein im *Content* enthaltenes Container-Control horizontal und vertikal verschieben, wenn es nicht in den sichtbaren Clientbereich des ScrollViewers passt. Ob und wann die ScrollBars angezeigt werden, entscheiden Sie mit den Eigenschaften *HorizontalScrollBarVisibility* und *VerticalScrollBarVisibility*.

Häufiger Verwendungszweck dieses Controls ist die Darstellung von Grafiken, die zu groß für die Anzeige im Fenster sind.

Beispiel 10.30: Ein *Grid* mit fester Größe soll in einem *ScrollViewer* angezeigt werden

XAML

```
<ScrollViewer HorizontalScrollBarVisibility="Visible"
              VerticalScrollBarVisibility="Visible">
  <Grid Width="500" Height="500" ShowGridLines="True">
    <Grid.RowDefinitions>
      <RowDefinition Height="*" />
      <RowDefinition Height="*" />
      <RowDefinition Height="*" />
    </Grid.RowDefinitions>
    <Grid.ColumnDefinitions>
      <ColumnDefinition Width="*" />
      <ColumnDefinition Width="*" />
      <ColumnDefinition Width="*" />
    </Grid.ColumnDefinitions>
  </Grid>
</ScrollViewer>
```

Ergebnis

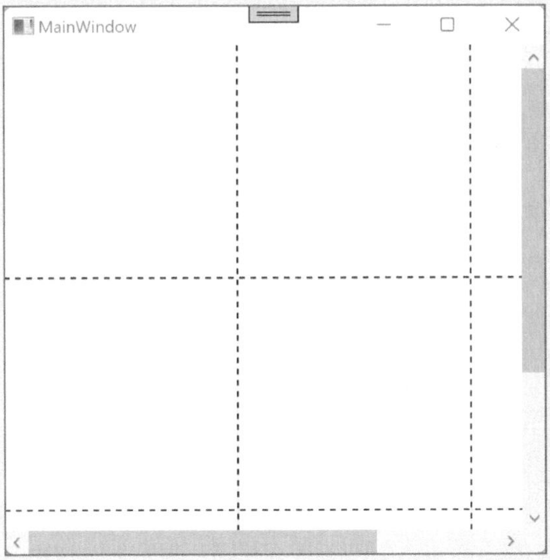

Bild 10.23
ScrollViewer

Entsprechend der Größe des enthaltenen Controls (*Grid*) wird der Scrollbereich angepasst.

10.11 Menu, ContextMenu

Nachdem wir uns schon eine Reihe der geläufigsten Controls angesehen haben, wollen wir uns endlich an ein wesentliches Oberflächenelement wagen, das wohl in fast keinem Programm fehlt: die Menüleiste. An dieser Stelle gleich ein wichtiger Hinweis, damit Ihre Ambitionen nicht zu weit gehen:

HINWEIS: WPF unterstützt keine MDI-Anwendungen!

10.11.1 Menu

Ein eigenes Menü erstellen Sie recht einfach per XAML mit dem *<Menu>*-Element, in das Sie ineinander geschachtelte *<MenuItem>*-Elemente einfügen. Zusätzlich können Sie zum Gruppieren noch *<Separator>*-Elemente verwenden. Die Auswertung können Sie, wie nicht anders zu erwarten, mit dem *Click*-Ereignis vornehmen.

Beispiel 10.31: Ein einfaches Menü erstellen

XAML

```
<Window x:Class="MenuSample.MainWindow"
        xmlns="http://schemas.microsoft.com/winfx/2006/xaml/presentation"
        xmlns:x="http://schemas.microsoft.com/winfx/2006/xaml"
        xmlns:d="http://schemas.microsoft.com/expression/blend/2008"
        xmlns:mc="http://schemas.openxmlformats.org/markup-compatibility/2006"
        xmlns:local="clr-namespace:MenuSample"
        mc:Ignorable="d"
        Title="MainWindow" Height="250" Width="400">
```

Zunächst ein *DockPanel*, um das Menü auch oben zu verankern:

```
  <DockPanel>
```

Hier das Menü:

```
    <Menu DockPanel.Dock="Top" Height="22">
```

Die erste Gruppe von *MenuItems*:

```
      <MenuItem Header="_Datei">
        <MenuItem Header="Neu"/>
        <MenuItem Header="Öffnen"/>
        <MenuItem Header="Sichern"/>
```

Hier ein Separator (Trennstrich):

```
        <Separator/>
        <MenuItem Header="Ende"/>
      </MenuItem>
```

Noch zwei Hauptmenüpunkte:

```
      <MenuItem Header="_Bearbeiten"/>
      <MenuItem Header="_Hilfe"/>
    </Menu>
```

Das folgende *StackPanel* füllt den verbliebenen Platz im *DockPanel*:

```
    <StackPanel>
    </StackPanel>
  </DockPanel>
</Window>
```

Ergebnis

Im Endergebnis dürfte folgendes *Window* angezeigt werden:

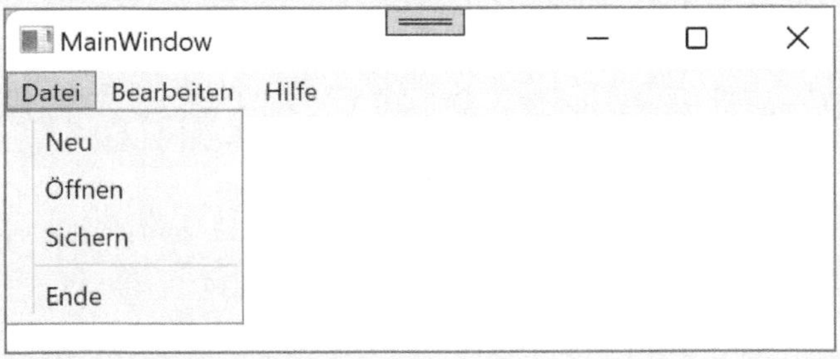

Bild 10.24 Menu

10.11.2 Tastenkürzel

Wie Sie sicher bereits im obigen Beispiel bemerkt haben, werden die **Alt**-Tasten-Shortcuts durch einen Unterstrich markiert. Möchten Sie erweiterte Tastenkombinationen verwenden, können Sie diese über das *InputGestureText*-Attribut einem Menüpunkt zuweisen.

Beispiel 10.32: Verwendung von *InputGestureText*

XAML

```
<MenuItem Header="Neu" InputGestureText="Strg+N"
   Click="MenuItem_Click">
  <MenuItem.Icon>
    <Image Source="Images/filenew.png" Width="22"/>
  </MenuItem.Icon>
</MenuItem>
```

Ergebnis

Doch ein erster Test wird Sie auf den harten Boden der Realität zurückholen: Die Tastenfolge wird zwar im Menü angezeigt, jedoch ignoriert. Diese Eigenschaft dient nur dem Anzeigezweck. Sie müssen diese Tastenkombination noch explizit über Tastaturereignisse abfangen oder über ein CommandBinding (siehe Kapitel 11) binden.

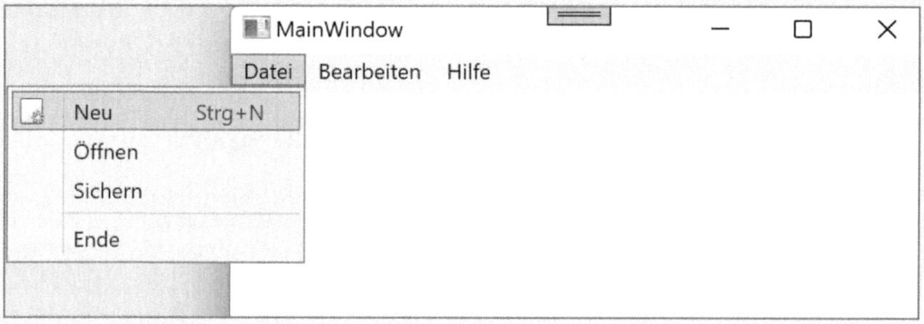

Bild 10.25 Menu mit Shortcuts

HINWEIS: Alternativ können Sie in WPF sogenannte Commands verwenden. Wir gehen in Abschnitt 11.4 darauf ein.

10.11.3 Grafiken

Bisher sehen unsere Menüpunkte noch recht trist aus, es fehlen die bekannten Grafiken. Doch auch dies ist kein Problem, WPF bietet zwei Varianten für die Anzeige von Grafiken an:

- Ein zusätzliches Icon links neben dem Texteintrag
- Eine beliebige Kombination von Grafik und Elementen innerhalb des Menüeintrags

Beispiel 10.33: Einblenden eines zusätzlichen Icons links neben dem Menüeintrag

XAML

```
<Menu DockPanel.Dock="Top" Height="22" Name="menu1">
   <MenuItem Header="_Datei">
      <MenuItem Header="Neu">
```

Hier weisen Sie die Grafik zu:

```
        <MenuItem.Icon>
          <Image Source="Images/filenew.png" Width="22"/>
        </MenuItem.Icon>
      </MenuItem>
      <MenuItem Header="Öffnen">
        <MenuItem.Icon>
          <Image Source="Images/fileopen.png" Width="22"/>
        </MenuItem.Icon>
      </MenuItem>
```

Beispiel 10.34: Ein grafischer Menüeintrag mit freier Gestaltung (zusätzliche *ComboBox*)

XAML

```
<Menu DockPanel.Dock="Top" Height="22" Name="menu1">
   <MenuItem Header="_Datei">
...
      <MenuItem>
```

Mit einem *MenuItem.Header*-Element bietet sich die Möglichkeit, beliebige Elemente in einem Menüeintrag unterzubringen:

```
        <MenuItem.Header>
```

Fügen Sie zunächst ein Layout-Element ein. Danach ist die Positionierung von Grafiken oder anderen Elementen ein Kinderspiel:

```
          <StackPanel>
            <Image Source="images/frosch.gif" Height="40" Margin="4"/>

          <ComboBox>
            <ComboBoxItem>Zeile 1</ComboBoxItem>
            <ComboBoxItem>Zeile 2</ComboBoxItem>
            <ComboBoxItem>Zeile 3</ComboBoxItem>
            <ComboBoxItem>Zeile 4</ComboBoxItem>
            <ComboBoxItem>Zeile 5</ComboBoxItem>
          </ComboBox>
        </StackPanel>
      </MenuItem.Header>
    </MenuItem>
...
```

Ergebnis

Bild 10.26 zeigt das Ergebnis unserer Bemühungen. Ob Sie eine *ComboBox* unbedingt im Menü unterbringen müssen, ist allerdings fraglich.

Bild 10.26 Menu mit Bild und ComboBox

10.11.4 Weitere Möglichkeiten

Neben den bereits vorgestellten Möglichkeiten bietet sich mit den Eigenschaften *IsCheckable* und *IsChecked* die Möglichkeit, Optionen innerhalb des Menüs zu aktivieren bzw. zu deaktivieren.

Den Menüpunkt selbst können Sie mit *IsEnabled=False* deaktivieren.

Beispiel 10.35: *IsCheckable* und *IsEnabled*

XAML

```
<Menu DockPanel.Dock="Top" Height="22" Name="menu1">
...
    <MenuItem Header="_Bearbeiten" IsEnabled="False"/>
    <MenuItem Header="_Hilfe">
        <MenuItem Header="Registriert" IsCheckable="True" IsChecked="True"/>
        <MenuItem Header="About" IsEnabled="True"/>
    </MenuItem>
</Menu>
```

Ergebnis

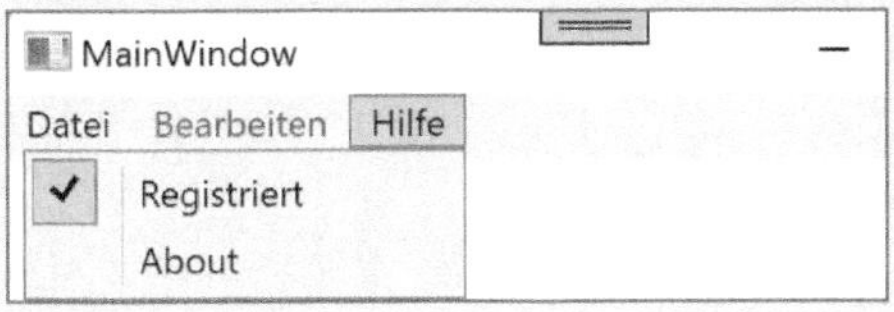

Bild 10.27
Menu mit Häkchen

HINWEIS: Eine der wenigen Neuerungen in WPF gab es in .NET 7 in Bezug auf *checkable MenuItems*. Hier gab es zuvor im Fall einer Sprachausgabe einen Bug, der mit .NET 7 gefixt wurde.

10.11.5 ContextMenu

Auf das Kontextmenü trifft weitgehend das bereits Gesagte zu, mit dem Unterschied, dass ein *ContextMenu* einem spezifischen Control zugeordnet wird.

Beispiel 10.36: Erzeugen eines Kontextmenüs

XAML

```
    <Image Source="Images/Tiger.jpg" >
  <Image.ContextMenu> <ContextMenu>
              <MenuItem Header="Laden" />
              <MenuItem Header="Sichern" />
              <MenuItem Header="Löschen" />
           </ContextMenu>
        </Image.ContextMenu>
    </Image>
```

Ergebnis

Das erzeugte Kontextmenü sehen Sie in Bild 10.28.

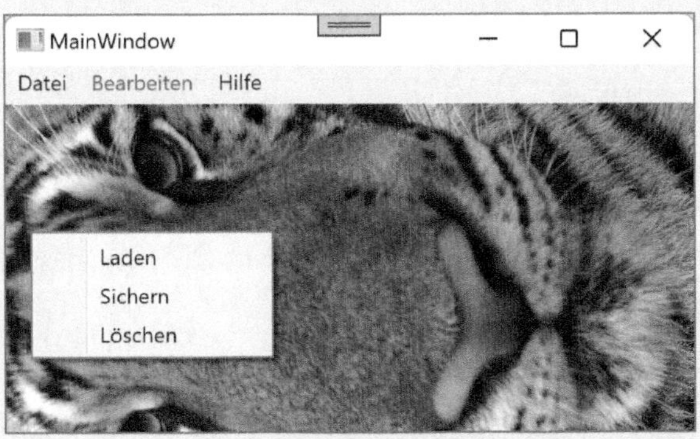

Bild 10.28
Kontextmenu

10.12 ToolBar

WPF-Anwendungen können eine Werkzeugleiste mit dem *ToolBar*-Control implementieren, allerdings haben Sie es hier nicht, wie vielleicht erwartet, mit einem hoch komplexen Control, sondern „lediglich" mit einem Container für die bereits aufgeführten Controls zu tun. Das beginnt bereits beim Einfügen des Controls – Sie als Programmierer müssen sich darum kümmern, dass die *ToolBar* auch dahin kommt, wo sie hin soll. Verwenden Sie dazu ein *DockPanel* und richten Sie das Control an der gewünschten Seite aus.

HINWEIS: Optional können Sie eine/mehrere Toolbar(s) in einem *ToolBarTray* unterbringen. Hier ist dann auch ein Positionieren und Verschieben möglich.

Beispiel 10.37: Eine einfache *ToolBar* mit drei Schaltflächen und einer *ComboBox*

XAML

```
<Window x:Class="ToolbarSample.MainWindow"
        xmlns="http://schemas.microsoft.com/winfx/2006/xaml/presentation"
        xmlns:x="http://schemas.microsoft.com/winfx/2006/xaml"
        xmlns:d="http://schemas.microsoft.com/expression/blend/2008"
        xmlns:mc="http://schemas.openxmlformats.org/markup-compatibility/2006"
        xmlns:local="clr-namespace:ToolbarSample"
        mc:Ignorable="d"
        Title="MainWindow" Height="250" Width="350">
 <DockPanel>
```

Zunächst der äußere Rahmen (ein *ToolBarTray*):

```
   <ToolBarTray DockPanel.Dock="Top">
```

Dann die eigentliche *ToolBar:*

```
     <ToolBar>
```

Und jetzt passiert das Gleiche wie in den anderen Layout-Containern (z. B. *StackPanel* mit horizontaler Ausrichtung):

```
       <Button Width="30" Height="30">
         <Image Source="Images/filenew.png"/>
       </Button>
       <Button Width="30" Height="30">
         <Image Source="Images/fileopen.png"/>
       </Button>
       <Button Width="30" Height="30">
         <Image Source="Images/filesave.png"/>
       </Button>
```

Das funktioniert natürlich auch mit einer *ComboBox*:

```
        <ComboBox Width="80" Height="30">
          <ComboBoxItem>Zeile 1</ComboBoxItem>
          <ComboBoxItem>Zeile 2</ComboBoxItem>
          <ComboBoxItem>Zeile 3</ComboBoxItem>
          <ComboBoxItem>Zeile 4</ComboBoxItem>
          <ComboBoxItem>Zeile 5</ComboBoxItem>
        </ComboBox>
      </ToolBar>
    </ToolBarTray>
 </Window>
```

Ergebnis

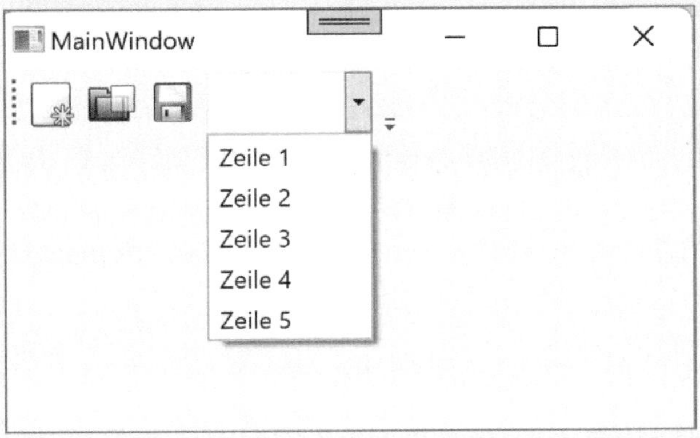

Bild 10.29 Toolbar

Der ToolBarTray

Warum fügen wir eigentlich die *ToolBar* in einen *ToolBarTray* ein? Die Antwort finden Sie schnell, wenn Sie beispielsweise die *ToolBar* am rechten oder linken Rand des Windows platzieren möchten.

Mit den folgenden Anweisungen ...

```
    <ToolBar DockPanel.Dock="Right">
      <Button Width="30" Height="30">
        <Image Source="Images/filenew.png"/>
      </Button>
 ...
```

... wird zwar die *ToolBar* rechts platziert, es erfolgt aber keine vertikale Ausrichtung. Eine entsprechende Eigenschaft ist nicht vorhanden.

Auch das Platzieren (per Code oder Drag-and-drop) mehrerer einzelner *ToolBar*s wird so schnell zum Geduldspiel.

Fügen Sie hingegen die einzelnen *ToolBar*-Controls in einen *ToolBarTray* ein, können Sie diesen per *Orientation*-Eigenschaft problemlos vertikal ausrichten. Auch das Platzieren der einzelnen *ToolBar*s per Drag-and-drop durch den Anwender ist jetzt möglich.

Mit der Verwendung des *ToolBarTray* ergeben sich jedoch noch weitere Möglichkeiten:

- Mit der *ToolBar*-Eigenschaft *Band* legen Sie die Zeile innerhalb des *ToolbarTray* fest.
- Die Reihenfolge mehrerer *ToolBar*-Controls innerhalb einer Zeile legen Sie über die Eigenschaft *BandIndex* fest.
- Möchten Sie das Verschieben von *ToolBars* innerhalb des *ToolBarTray* verhindern, setzen Sie deren *IsLocked*-Eigenschaft auf *True*.

HINWEIS: Blenden Sie nicht benötigte *ToolBar*-Controls mit *Visibility=Collapsed* aus, wenn Sie den von der *ToolBar* benötigten Platz freigeben möchten. Anderenfalls genügt ein *Hidden*, der *ToolBarTray* bleibt in diesem Fall sichtbar.

Was passiert eigentlich, wenn nicht genügend Platz für die komplette Darstellung der *ToolBar* bleibt? In diesem Fall werden normalerweise die nicht mehr darstellbaren Controls in einem extra Menü (Überlaufbereich) angezeigt, wie Sie in Bild 10.30 sehen.

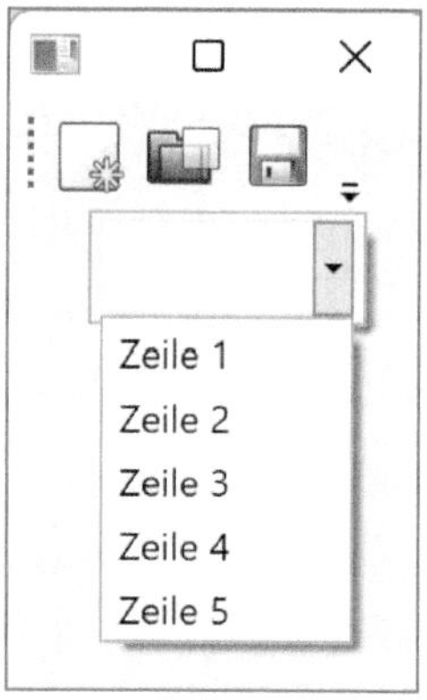

Bild 10.30
Menu im Überlaufbereich

Sie als Programmierer können darüber entscheiden, wann welche Controls im Überlaufbereich angezeigt werden sollen. Dazu steht die angehängte Eigenschaft *Tool Bar.OverflowMode* zur Verfügung. Für jedes einzelnen Control können Sie festlegen, ob es niemals (*Never*), bei Bedarf (*AsNeeded*) oder immer (*Always*) im Überlaufbereich angezeigt wird.

Beispiel 10.38: Eine ComboBox soll nie im Überlaufbereich angezeigt werden

XAML

```
<ToolBarTray DockPanel.Dock="Top">
  <ToolBar Band="1" >
    <Button Width="30" Height="30">
      <Image Source="Images/filenew.png"/>
    </Button>
    <ComboBox ToolBar.OverflowMode="Never" Width="80" Height="30">
      <ComboBoxItem>Zeile 1</ComboBoxItem>
      <ComboBoxItem>Zeile 2</ComboBoxItem>
      <ComboBoxItem>Zeile 3</ComboBoxItem>
      <ComboBoxItem>Zeile 4</ComboBoxItem>
      <ComboBoxItem>Zeile 5</ComboBoxItem>
    </ComboBox>
  </ToolBar>
```

Ergebnis

Obwohl die *ComboBox* das letzte Control innerhalb der *ToolBar* ist, wird sie jetzt niemals im Überlaufbereich erscheinen. Stattdessen erscheinen jetzt die anderen Controls im Übergangsbereich, wie Bild 10.31 zeigt.

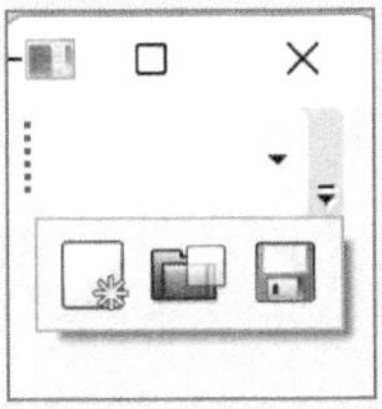

Bild 10.31
ComboBox, nicht im Überlaufbereich

Bleibt eine letzte Frage: Wie reagiere ich auf Ereignisse? Die Antwort ist ganz einfach – wie bei jedem anderen Control auch, d. h. mit *Click* oder *SelectionChanged.*

10.13 StatusBar, ProgressBar

Nach dem Menü und der Werkzeugleiste fehlt zu einer „kompletten" Oberfläche meist noch eine Statusleiste für die Ausgabe von Programminformationen.

10.13.1 StatusBar

Wie auch beim Menü oder bei der Werkzeugleiste sind **Sie** dafür verantwortlich, die *StatusBar* an den gewünschten Platz zu bringen. Üblicherweise werden Sie diese Aufgabe mit einem *DockPanel* realisieren. Dieses benötigen Sie sowieso für die beiden anderen genannten Controls.

Zwei Varianten zur Nutzung der *StatusBar* bieten sich an:

- Sie verwenden innerhalb der *StatusBar* sogenannte *StatusBarItems*, in die Sie wiederum per Layout-Control (*StackPanel*, *Grid*) weitere Controls (*Label*, *TextBox*, *Button* etc.) einfügen können, oder
- Sie verzichten auf die *StatusBarItems* und setzen einfach die benötigten Controls in den Content der *StatusBar*.

Variante eins hat den Vorteil der Übersichtlichkeit, der einfachen Gruppierbarkeit von Controls sowie der Möglichkeit, die Controls auch recht einfach am rechten Rand auszurichten. Dazu verwenden Sie die *DockPanel.Dock*-Eigenschaft des *StatusBar Items*[5].

HINWEIS: Meist müssen Sie die Höhe/Breite von enthaltenen Controls vorgeben, anderenfalls sind diese nicht sichtbar.

Beispiel 10.39: Verwendung der *StatusBar* mit rechter Ausrichtung einer *ProgressBar*

XAML

```
<Window x:Class="StatusBarSample.MainWindow"
        xmlns="http://schemas.microsoft.com/winfx/2006/xaml/presentation"
        xmlns:x="http://schemas.microsoft.com/winfx/2006/xaml"
        xmlns:d="http://schemas.microsoft.com/expression/blend/2008"
        xmlns:mc="http://schemas.openxmlformats.org/markup-compatibility/2006"
        xmlns:local="clr-namespace:StatusBarSample"
        mc:Ignorable="d"
        Title="MainWindow" Height="250" Width="350">
    <DockPanel>
```

Zunächst Ausrichtung im Fenster:

```
        <StatusBar DockPanel.Dock="Bottom">
```

Ein paar einfach positionierte Controls:

```
            <Label Content="Suchtext"/>
            <TextBox Width="50">*</TextBox>
            <Button>Suchen</Button>
```

Sie können auch einen Trenner einfügen:

```
            <Separator/>
```

---

5 Die *StatusBar* ist ein verkapptes *DockPanel*.

Beispiel 10.39: Verwendung der *StatusBar* mit rechter Ausrichtung einer *ProgressBar*

Wir richten ein *StatusBarItem* am rechten Rand aus ...

```
        <StatusBarItem HorizontalAlignment="Right">
```

... und fügen eine *ProgressBar* ein

```
          <ProgressBar Width="100" Height="20" Value="45"/>
        </StatusBarItem>
      </StatusBar>
    </DockPanel>
  </Window>
```

Ergebnis

Die Laufzeitansicht unserer *StatusBar* sehen Sie in Bild 10.32.

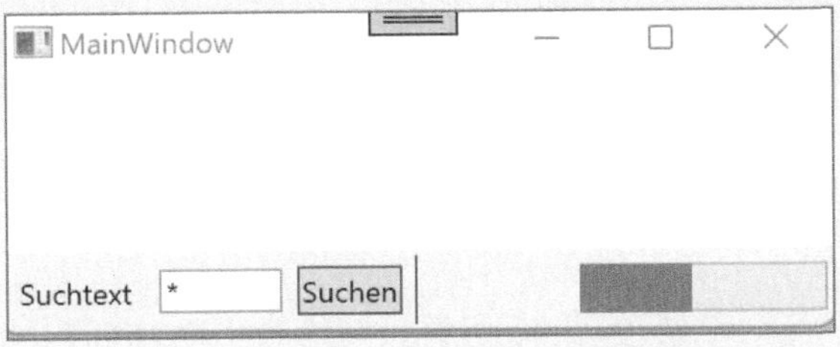

Bild 10.32 StatusBar

10.13.2 ProgressBar

Nicht alles läuft so schnell, wie wir es gern hätten, und so hat auch in Zeiten von Quad- oder Octa-Core-Prozessorsystemen der gute alte Fortschrittsbalken seine Daseinsberechtigung behalten.

In WPF-Anwendungen verwenden Sie dazu das *ProgressBar*-Control, das zwei Modi kennt:

- *IsIndeterminate=True*: der Fortschrittsbalken stellt eine endlose Animation dar, um „Bewegung" zu zeigen[6]:

Bild 10.33
Laufender Fortschrittsbalken

- *IsIndeterminate=False*: der bekannte Fortschrittsbalken, der mit *Minimum*, *Maximum* und *Value* konfiguriert wird (siehe Bild 10.32, rechts unten).

6 Das ideale Control für den „Datei kopieren" -Dialog unter Windows („gleich fertig, gleich fertig ...")

HINWEIS: Werden Sie nicht nervös, wenn beim Setzen der Eigenschaft *IsIndeterminate* die Animation auch im Entwurf läuft.

Das Control selbst kann horizontal oder vertikal angeordnet werden (*Orientation*). Bester Aufbewahrungsort für die *ProgressBar* dürfte sicher die *StatusBar* sein.

Beispiel 10.40: Verwendung des *ProgressBar*-Controls

XAML

```
<StatusBar DockPanel.Dock="Bottom">
  <Label Content="Suchtext"/>
  <TextBox Width="50">*</TextBox>
  <StatusBarItem DockPanel.Dock="Right">
    <ProgressBar Width="100" Height="20" Value="45"/>
  </StatusBarItem>
  <Button>Suchen</Button>
  <Separator/>
</StatusBar>
```

10.14 Border, GroupBox, BulletDecorator

Nachdem wir uns bisher mit ganz praktischen Controls beschäftigt haben, wollen wir auch etwas für die Ordnung bzw. fürs Auge vorstellen. Die im Folgenden gezeigten Controls haben eigentlich nur den Zweck, die Optik des Programms zu verbessern.

10.14.1 Border

Möchten Sie einen (fast) frei definierbaren Rahmen um einzelne Controls zeichnen, bietet sich die Verwendung eines *Border*-Controls an.

Fügen Sie in den *Content* dieses Controls ein eigenes Layout-Control ein, um die darin enthaltenen Controls sinnvoll anzuordnen. Bei der Konfiguration des Borders können Sie neben Vorder- und Hintergrundfarbe/-muster auch die Rahmenbreite (*BorderThickness*) und den Eckradius (*CornerRadius*) festlegen. Letzteres kann für jede Ecke einzeln erfolgen, geben Sie in diesem Fall einfach vier statt einem Wert an (links oben, rechts oben, rechts unten, links unten). Gleiches gilt auch für die Rahmenbreite (links, oben, rechts, unten).

Die Abstände zum Rand bzw. zum Inhalt legen Sie wie gewohnt mit *Margin* bzw. *Padding* fest.

Beispiel 10.41: Verwendung von *Border*

XAML

```
<UniformGrid Margin="4" Columns="3" Rows="3">
```

Variante 1:

```
<Border Margin="4" BorderThickness="2" CornerRadius="12" BorderBrush="Black"/>
```

Variante 2:

```
<Border Margin="4" BorderThickness="2,7,10,3" CornerRadius="50,5,15,5"
        Background="Chartreuse" BorderBrush="DarkOrchid"/>
```

Variante 3:

```
  <Border Padding="30,5,5,5" BorderThickness="2,7,10,3" CornerRadius="50,5,15,5"
          Background="Chartreuse" BorderBrush="DarkOrchid">
    <StackPanel>
      <Button>Bla Bla</Button>
      <Button>Bla Bla Bla</Button>
      <Button>Bla Bla Bla</Button>
    </StackPanel>
  </Border>
</UniformGrid>
```

Ergebnis

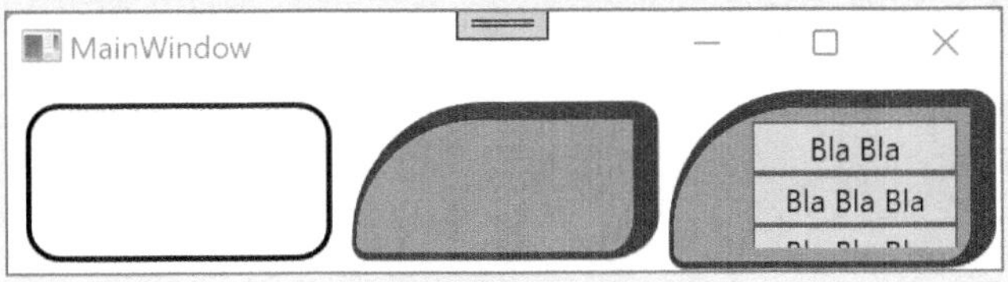

Bild 10.34 Verschiedene Border

10.14.2 GroupBox

Ein naher Verwandter des *Border*-Controls ist die *GroupBox*. Statt der Möglichkeit, den Eckradius zu beeinflussen, können Sie hier eine Kopfzeilenbeschriftung (*Header*) realisieren. Dabei müssen Sie sich nicht auf reinen Text beschränken, Sie können auch andere Controls und damit zum Beispiel auch Grafiken in den Kopfbereich einfügen.

Beispiel 10.42: Verwendung der *GroupBox*

XAML

```
<UniformGrid Margin="4" Columns="3" Rows="2">
```

Zunächst die einfachste Variante mit reinem Text:

```
    <GroupBox Header="Stammdaten" BorderThickness="2" BorderBrush="HotPink"
                                  Padding="5">
       <StackPanel>
          <Button>Bla Bla</Button>
          <Button>Bla Bla Bla</Button>
          <Button>Bla Bla Bla</Button>
       </StackPanel>
    </GroupBox>
```

Hier die Variante mit einer *CheckBox* im Header:

```
    <GroupBox BorderThickness="2" BorderBrush="HotPink" Padding="5"
              Background="AliceBlue">
      <GroupBox.Header>
        <CheckBox>Fahrzeugdaten</CheckBox>
      </GroupBox.Header>
       <StackPanel>
          <Label>Kennzeichen</Label>
          <TextBox>M-KW 1983</TextBox>
       </StackPanel>
    </GroupBox>
```

Es geht auch mit einer Grafik und Text:

```
    <GroupBox BorderThickness="2" BorderBrush="Black" Padding="5"
              Background="Yellow">
       <GroupBox.Header>
          <StackPanel Orientation="Horizontal">
             <Image Source="Images/Filenew.png"  Width="20" />
             <TextBlock>Daten</TextBlock>
          </StackPanel>
       </GroupBox.Header>
       <StackPanel>
          <Label>Kennzeichen</Label>
          <TextBox>M-KW 1983</TextBox>
       </StackPanel>
    </GroupBox>
</UniformGrid>
```

Ergebnis

Die drei Varianten sehen Sie in Bild 10.35.

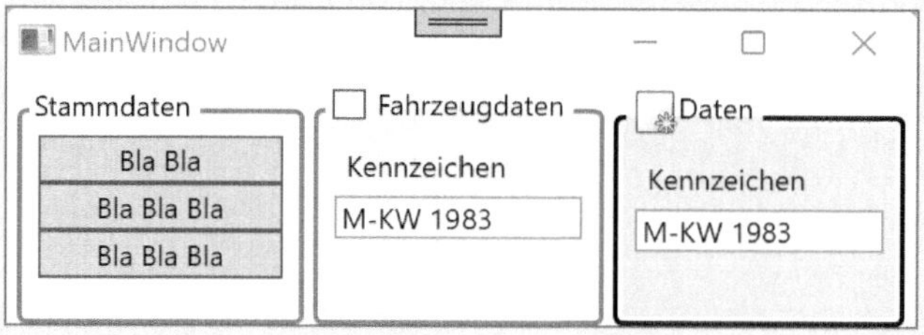

Bild 10.35
GroupBox mit Header

HINWEIS: Setzen Sie *RadioButtons* in eine *GroupBox*, um diese als logische Gruppe zu organisieren. So brauchen Sie nicht die *GroupName*-Eigenschaft festzulegen, und die Zusammenhänge fallen auch optisch auf.

10.14.3 BulletDecorator

Dieses Control dient der Anzeige von Aufzählungen, d. h. von Aufzählungszeichen bzw. Aufzählungsgrafiken (*BulletDecorator.Bullet*) und einem beschreibenden Text[7].

Beispiel 10.43: Verwendung von *BulletDecorator*

XAML

```
<UniformGrid Margin="4" Columns="3" Rows="3">
```

Variante 1 (Ellipse plus Text):

```
   <StackPanel>
      <BulletDecorator Margin="5">
```

Das Aufzählungszeichen definieren:

```
         <BulletDecorator.Bullet>
            <Ellipse Width="10" Height="10" Fill="Red" />
         </BulletDecorator.Bullet>
```

Den Textteil definieren:

```
         <TextBlock Margin="5 0 0 0" TextWrapping="NoWrap">
            Zeile 1
         </TextBlock>
      </BulletDecorator>
```

Und jetzt die nächste Aufzählung:

```
      <BulletDecorator Margin="5">
         <BulletDecorator.Bullet>
            <Ellipse Width="10" Height="10" Fill="Red" />
         </BulletDecorator.Bullet>
         <TextBlock Margin="5 0 0 0" TextWrapping="NoWrap">
            Zeile 2
         </TextBlock>
      </BulletDecorator>
   </StackPanel>
```

7 Mit einem *Grid* können Sie derartige Aufgaben sicher einfacher realisieren.

Variante 2 (mit *CheckBox*):

```
<BulletDecorator Margin="0,5,0,0">
   <BulletDecorator.Bullet>
      <CheckBox/>
   </BulletDecorator.Bullet>
   <TextBlock Width="100" TextWrapping="Wrap" HorizontalAlignment="Left"
                     Margin="5,0,0,0">
      Mit CheckBox
   </TextBlock>
</BulletDecorator>
```

Variante 3 (mit Grafik):

```
<StackPanel>
   <BulletDecorator Margin="0,5,0,0">
      <BulletDecorator.Bullet>
         <Image Source="Images/Tiger.jpg" Width="30"/>
      </BulletDecorator.Bullet>
   <TextBlock Width="100" TextWrapping="Wrap" HorizontalAlignment="Left"
            Margin="5,0,0,0">
         auch Grafiken sind möglich
      </TextBlock>
   </BulletDecorator>
```

Und hier der nächste Eintrag:

```
   <BulletDecorator Margin="0,5,0,0">
      <BulletDecorator.Bullet>
         <Image Source="Images/BigBuddha.jpg" Width="30"/>
      </BulletDecorator.Bullet>
      <TextBlock Width="100" TextWrapping="Wrap" HorizontalAlignment="Left"
                  Margin="5,0,0,0">
          auch Grafiken sind möglich
      </TextBlock>
   </BulletDecorator>
  </StackPanel>
</UniformGrid>
```

Ergebnis

Bild 10.36 BulletDecorator

10.15 Expander, TabControl

Gerade Dialogfenster mit vielen Eingabefeldern/Optionen leiden unter immer demselben Problem: Es ist zu wenig Platz vorhanden. Diesem Missstand sollen das *Expander*- und das *TabControl* abhelfen.

10.15.1 Expander

Das *Expander*-Control ermöglicht es, zwischen einem aufgeklappten und einem geschlossenen Zustand hin- und herzuschalten. Die Höhe des Controls im aufgeklappten Zustand bestimmt sich aus der Höhe des enthaltenen Layout-Containers bzw. des enthaltenen Controls.

Sichtbar bleibt in jedem Fall die per *Header* definierte Beschriftung und eine Schaltfläche, mit der Sie das Control aufklappen können. Die Aufklapprichtung wird mit *ExpandedDirection* (*Down*, *Left*, *Right*, *Up*) definiert.

Beispiel 10.44: Verwendung Expander

XAML

Zunächst ordnen wir alle drei *Expander* in einem *StackPanel* an:

```
<StackPanel>
```

Die Beschriftung, die Hintergrundfarbe und die Aufklapprichtung festlegen:

```
    <Expander Header="Private Daten" Background="LightGray"
              ExpandDirection="Right" >
```

Der Inhalt des Expanders ist z. B. ein weiteres *StackPanel*, mit dem die Eingabefelder beschriftet bzw. angeordnet werden:

```
      <StackPanel Margin="5">
         <Label Content="Vorname:" />

         <TextBox></TextBox>
         <Label Content="Nachname:"/>
         <TextBox></TextBox>
```

Die Höhe des Expanders wird durch die Summe der einzelnen Controls bestimmt:

```
      </StackPanel>
   </Expander>
   <Expander Header="Gehaltsdaten" Background="LightYellow">
      <StackPanel Margin="5">
         <Label Content="Gehalt:" />
         <TextBox></TextBox>
         <Label Content="Steuerklasse:"/>
         <TextBox></TextBox>
      </StackPanel>
   </Expander>
```

Hier blenden wir statt eines Layout-Controls gleich eine *TextBox* im *Expander* ein und legen die Höhe der *TextBox* fest:

```
    <Expander Header="Bemerkungen" Background="AliceBlue">
      <TextBox Margin="5" Height="150">
      </TextBox>
    </Expander>
</StackPanel>
```

Ergebnis

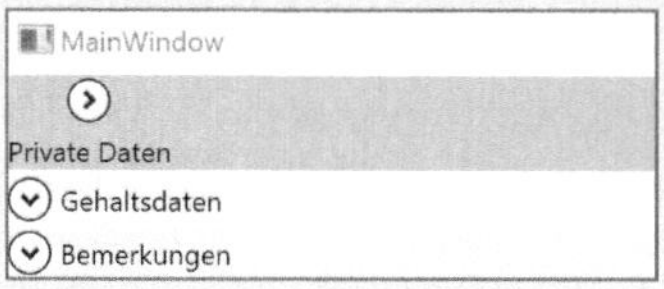

Bild 10.37
Geschlossene Expander

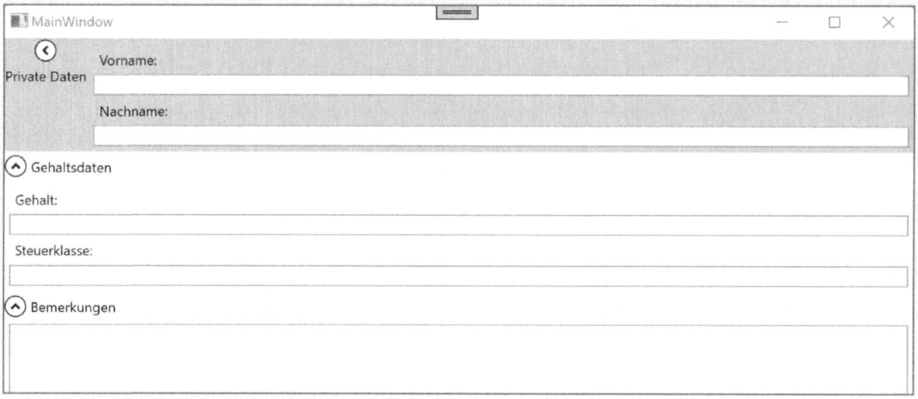

Bild 10.38 Geöffnete Expander

HINWEIS: Über die *IsExpanded*-Eigenschaft können Sie per Code den aktuellen Zustand abfragen bzw. beeinflussen (z. B. Schließen bei Fokusverlust).

10.15.2 TabControl

Statt wie beim *Expander* einzelne Bereiche einzublenden, werden beim *TabControl* die einzelnen Registerkarten (*TabItems*) komplett umgeschaltet. Es ist also immer nur eine Seite sichtbar. Wo das Register angezeigt wird, bestimmen Sie mit der Eigenschaft *TabStripPlacement* (*Left*, *Right*, *Top*, *Bottom*). Die Auswahl des aktiven *TabItems* erfolgt mit der Maus oder über die Eigenschaften *SelectedIndex* bzw. *SelectedItem*. Alternativ können Sie mit *IsSelected* den Status eines *TabItems* abfragen.

Beispiel 10.45: Ein *TabControl* mit drei *TabItems*

XAML

```
<Window>
```

Das *TabControl*:

```
   <TabControl>
```

Und hier auch schon die erste Registerkarte mit einfacher Beschriftung:

```
      <TabItem Header="Tabseite 1">
         Hier steht der Content!
      </TabItem>
```

Die zweite Registerkarte mit einem Layout-Control im Content:

```
      <TabItem Header="Tabseite 2">
         <StackPanel>
            <Label>Beliebige Controls ...</Label>
         </StackPanel>
      </TabItem>
```

Die dritte Registerkarte macht von der Möglichkeit Gebrauch, im Header auch Grafiken bzw. beliebige Controls anzuzeigen:

```
      <TabItem>
         <TabItem.Header>
            <StackPanel Orientation="Horizontal">
               <Image Source="Images/rudi.gif" Height="30"/>
               <TextBlock VerticalAlignment="Center">Tabseite 3</TextBlock>
            </StackPanel>
         </TabItem.Header>
```

Der Content besteht wiederum aus einem Layout-Control und den darin enthaltenen Controls:

```
         <StackPanel Margin="5">
            <Label Content="Vorname:" />
            <TextBox></TextBox>
            <Label Content="Nachname:"/>
            <TextBox></TextBox>
         </StackPanel>
      </TabItem>
   </TabControl>
</Window>
```

Ergebnis

Das *TabControl* zur Laufzeit sehen Sie in Bild 10.39.

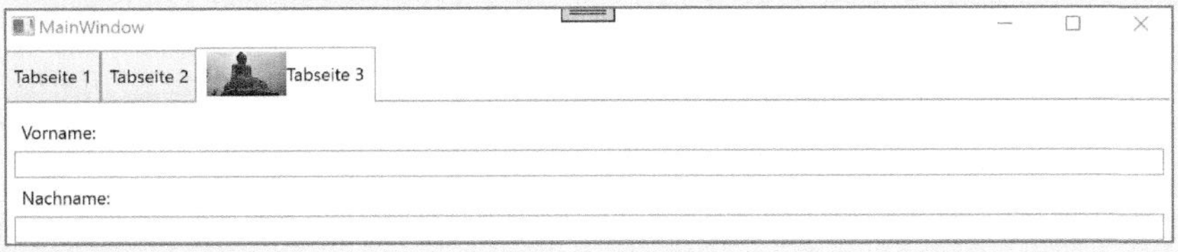

Bild 10.39 TabControl

HINWEIS: Möchten Sie per Programm auf Änderungen reagieren, nutzen Sie das *SelectionChanged*-Ereignis für die Auswertung.

10.16 Popup

Für die Anzeige von Zusatzinformationen können Sie den *ToolTip* eines Controls verwenden. Dieser hat allerdings den Nachteil, dass er einem spezifischen Control zugeordnet ist. Anders das Popup-Fenster (ja, es handelt sich um ein eigenes Fenster!), das zwar nicht automatisch eingeblendet wird, dafür aber an jeder beliebigen Stelle stehen kann.

HINWEIS: Einmal eingeblendet, bleibt das Fenster an der aktuellen Position stehen, auch wenn das übergeordnete Fenster verschoben wird.

Beispiel 10.46: Einfaches *Popup* einblenden

XAML

```
<Canvas>
   <Button Canvas.Left="206" Canvas.Top="37" Height="30"
           Width="43" Click="Button_Click">...</Button>
   <Popup Name="popUp1" Placement="MousePoint" VerticalOffset="25"
          HorizontalOffset="25" Width="100">
      <TextBlock Height="50" Margin="1" TextWrapping="Wrap"
         Background="LightBlue" >
         Zusätzliche Informationen ...
      </TextBlock>
   </Popup>
   <TextBox Canvas.Left="28" Canvas.Top="37" Height="31" Name="textBox1"
           Width="168"/>
</Canvas>
```

C#

Das Ein-/Ausblenden des Popup-Fensters wird mit der Eigenschaft *IsOpen* realisiert:

```
private void Button_Click(object sender, RoutedEventArgs e)
{
    popUp1.IsOpen = !popUp1.IsOpen;
}
```

Ergebnis

Klicken Sie zur Laufzeit auf den Button, wird das Popup-Fenster relativ zur aktuellen Cursorposition (siehe *Placement*) eingeblendet, wie Sie in Bild 10.40 sehen.

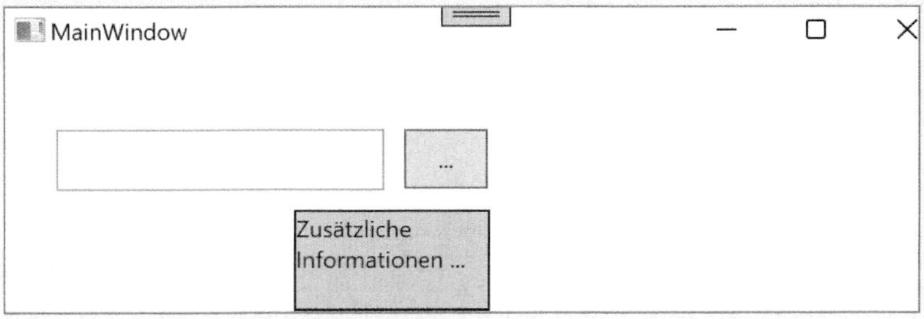

Bild 10.40 Eingeblendetes Popup

Weitere Möglichkeiten zum Platzieren bieten sich mit den folgenden Eigenschaften:

- *Placement* (*Absolute, Bottom, Mouse, Relative, ...*)
- *PlacementTarget* (ein Control, auf das sich relative Angaben beziehen)
- *PlacementRectangle* (optionales Rechteck, zu dem das Popup relativ angezeigt wird)
- *HorizontalOffset* (zusätzliche horizontale Verschiebung der Koordinaten)
- *VerticalOffset* (zusätzliche vertikale Verschiebung der Koordinaten)

Neben der Positionierung bietet sich auch die Möglichkeit, das Popup-Fenster animiert einzublenden. Setzen Sie dazu die Eigenschaft *PopupAnimation* auf *Fade*, *Scroll* oder *Slide*.

HINWEIS: Damit die Animation auch sichtbar ist, muss *AllowsTransparency* auf *True* gesetzt werden.

Beispiel 10.47: Weitere Möglichkeiten für die Konfiguration des *Popup*

XAML

Relative Platzierung zu einer *TextBox*, automatisches Einblenden mit Animation (wenn die *TextBox* den Fokus erhält) bzw. Ausblenden (wenn Fokusverlust):

```
...
    <TextBox Canvas.Left="28" Canvas.Top="37" Height="31" Name="textBox1"
             Width="168"/>
    <Popup Name="popUp2" Width="180"
```

Das Bezugselement für die Koordinatenangaben festlegen:

```
PlacementTarget="{Binding ElementName=textBox1}"
Placement="Relative"
```

Die relative Platzierung:

```
VerticalOffset="35" HorizontalOffset="130"
```

Die Animation festlegen:

```
PopupAnimation="Slide" AllowsTransparency="True"
```

Mittels Datenbindung an die *IsFocused*-Eigenschaft der *TextBox* öffnen/schließen wir das Popup-Fenster:

```
IsOpen="{Binding ElementName=textBox1,
         Path=IsFocused, Mode=OneWay}">
```

Hier folgen die Inhalte des Popup-Fensters:

```
        <StackPanel Background="LightBlue">
           <TextBlock Height="50" Margin="4" TextWrapping="Wrap"
                      Background="LightBlue" >
              Hier könnten weitere Funktionen realisiert werden
              Wie zum Beispiel Kalender/Taschenrechner
           </TextBlock>
           <Button Margin="4">OK</Button>
        </StackPanel>
    </Popup>
```

Ergebnis

Nachdem die *TextBox* den Fokus erhalten hat, dürfte das Popup-Fenster eingeblendet werden.

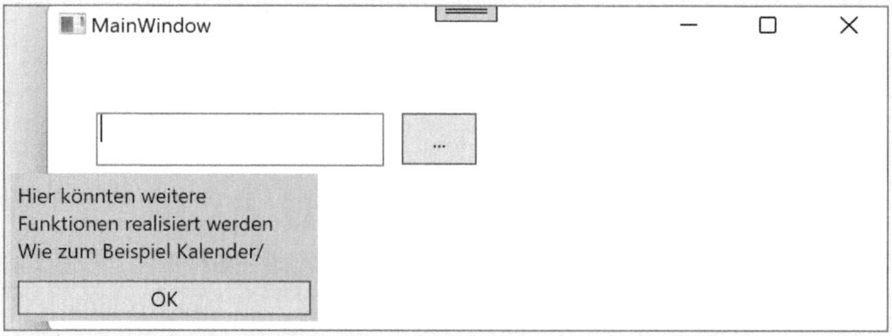

Bild 10.41 Popup mit Bezug zu einer TextBox

10.17 TreeView

Sicher jedem vom Windows Explorer her bekannt, darf auch in WPF ein *TreeView*-Control nicht fehlen. Allerdings könnte die Verwendung dieses Controls viele gestandene Windows-Forms- und Win32-Programmierer schnell in den Wahnsinn treiben, unterscheidet sich doch die Programmierung in vielen Punkten vom bisherigen Vorgehen. Dies ist vor allem der freien Programmierbarkeit dieses Controls geschuldet. Was Sie in den einzelnen *TreeViewItem*s anzeigen, ist, wie in WPF üblich, von Ihnen frei definierbar.

Doch ganz so kompliziert wollen wir nicht anfangen. Ein einfaches Beispiel zeigt zunächst, wie Sie eine rein textorientierte *TreeView* per XAML-Code definieren:

Beispiel 10.48: Grundprinzip der Schachtelung der *TreeViewItem*-Elemente

XAML

Definition der eigentlichen *TreeView*:

```
<TreeView>
```

Der erste Knoten, über die *Header*-Eigenschaft bestimmen Sie die Beschriftung:

```
    <TreeViewItem Header ="Root" IsExpanded="True">
```

Unter-Knoten schachteln Sie einfach:

```
        <TreeViewItem Header ="Untereintrag 1" IsExpanded="True"/>
        <TreeViewItem Header ="Untereintrag 2" IsExpanded="True"/>
        <TreeViewItem Header ="Untereintrag 3" IsExpanded="True"/>
        <TreeViewItem Header ="Untereintrag 4" IsExpanded="True">
```

Eine weitere Unterebene:

```
            <TreeViewItem Header ="Untereintrag 4.1" IsExpanded="True"/>
            <TreeViewItem Header ="Untereintrag 4.2" IsExpanded="True"/>
            <TreeViewItem Header ="Untereintrag 4.3" IsExpanded="True"/>
            <TreeViewItem Header ="Untereintrag 4.4" IsExpanded="True"/>
        </TreeViewItem>
    </TreeViewItem>
</TreeView>
```

Ergebnis

Die Darstellung der so definierten *TreeView* sehen Sie in Bild 10.42.

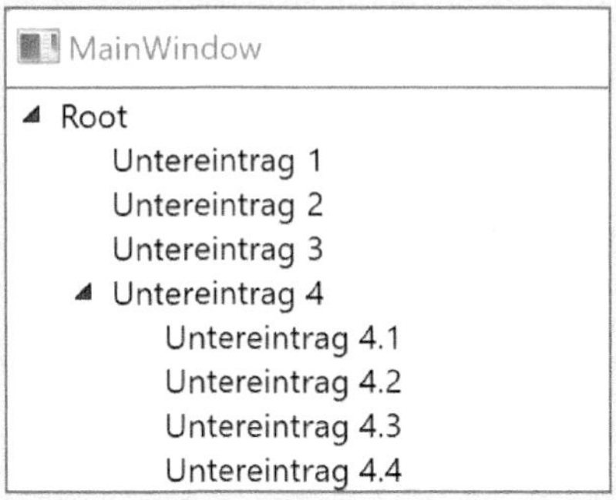

Bild 10.42
Einfache TreeView

Beispiel 10.49: Alternativ können Sie die *TreeView* auch per Code füllen

C#

```
private void Window_Loaded(object sender, RoutedEventArgs e)
{
    TreeViewItem tvi;
```

Bisherige Inhalte löschen:

```
    tv1.Items.Clear();
```

Den ersten Eintrag erzeugen und weitere Untereinträge hinzufügen:

```
    tvi = new TreeViewItem { Header = "Root" };
    tvi.Items.Add(new TreeViewItem { Header = "Untereintrag 1" });
    tvi.Items.Add(new TreeViewItem { Header = "Untereintrag 2" });
    tvi.Items.Add(new TreeViewItem { Header = "Untereintrag 3" });
    tvi.Items.Add(new TreeViewItem { Header = "Untereintrag 4 });
    tv1.Items.Add(tvi);
}
```

„Was ist daran so kompliziert?“, werden Sie sicher nach den bisherigen Beispielen fragen. Die Antwort kommt spätestens bei der Aufgabenstellung, Grafiken in die Einträge einzufügen.

Beispiel 10.50: Frei definierte *TreeViewItems* mit Grafiken bzw. mit Schaltfläche

XAML

```
<TreeView>
```

Hier noch mal ein ganz „normaler“ Knoten:

```
  <TreeViewItem Header ="Root" IsExpanded="True" Tag="0">
```

Und jetzt wird es kompliziert:

```
<TreeViewItem>
```

Eine Image-Eigenschaft gibt es nicht, stattdessen erzeugen wir den kompletten Eintrag per *StackPanel*, das wiederum aus einem *Image* und einem *TextBlock* besteht:

```
    <TreeViewItem.Header>
        <StackPanel Orientation="Horizontal">
            <Image Source="images\BigBuddha.jpg" Height="60" Margin="5"/>
            <TextBlock Text="Big Buddha" VerticalAlignment="Center"/>
        </StackPanel>
    </TreeViewItem.Header>
</TreeViewItem>
<TreeViewItem>
    <TreeViewItem.Header>
        <StackPanel Orientation="Horizontal">
            <Image Source="images\Tiger.jpg" Height="60" Margin="5"/>
            <TextBlock Text="Ein Tiger" VerticalAlignment="Center"/>
        </StackPanel>
    </TreeViewItem.Header>
</TreeViewItem>
```

Dass es auch mit ganz beliebigen Controls geht, zeigt die folgende Variante, bei der wir einen *Button* im *TreeViewItem* einblenden:

```
        <TreeViewItem>
            <TreeViewItem.Header>
                <Button>Eine Schaltfläche</Button>
            </TreeViewItem.Header>
        </TreeViewItem>
    </TreeViewItem>
</TreeView>
```

Ergebnis

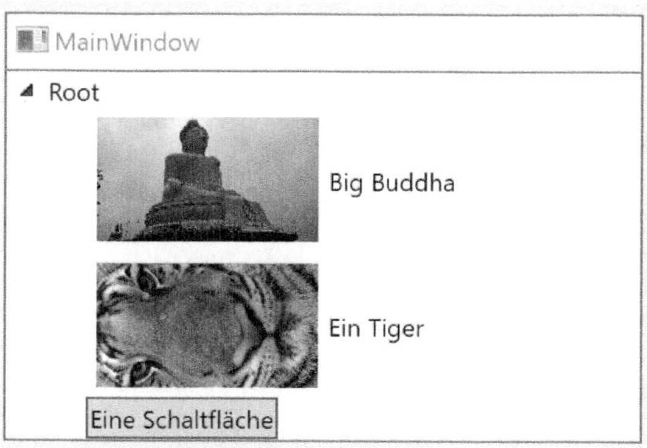

Bild 10.43 TreeView mit Bildern

Nach all den „Oberflächlichkeiten“ wollen wir uns jetzt den „inneren Werten“ des Controls zuwenden:

- Den aktuellen Knotenzustand können Sie mit *IsExpanded* abfragen oder setzen.
- Der aktuell gewählte Eintrag lässt sich über die Eigenschaft *SelectedItem* ermitteln, alternativ können Sie auch die Liste der Einträge durchlaufen und die *IsSelected*-Eigenschaft abfragen.
- Auf Änderungen der Auswahl können Sie mit *SelectedItemChanged* bzw. *Selected* (für *TreeViewItem*) reagieren.
- Um bei Bedarf Scrollbars einzublenden, sollten Sie *Width* und *Height* der *TreeView* explizit setzen.
- Mit der Methode *BringIntoView* können Sie gezielt ein *TreeViewItem* einblenden. Das heißt, bei Bedarf werden Knoten geöffnet und die *TreeView* scrollt den gewünschten Eintrag in den sichtbaren Bereich.
- Nutzen Sie die *Tag*-Eigenschaft, um einzelnen *TreeViewItems* zusätzliche Informationen zuzuordnen, oder erzeugen Sie gleich eine neue Klasse, die Sie von *Tree ViewItem* ableiten und um zusätzliche Eigenschaften und Methoden bereichern.

HINWEIS: Um der Thematik „DataBinding“ in Kapitel 12 nicht vorzugreifen, verzichten wir an dieser Stelle auf weitere Erläuterungen.

10.18 ListView

Die *ListView* als Ableitung der schon vorgestellten *ListBox* zeigt zunächst das gleiche Verhalten, wenn Sie einem *ListView*-Element weitere *ListViewItems* hinzufügen.

Beispiel 10.51: *ListView* mit *ListViewItems*

XAML

```
<ListView>
   <ListViewItem>Zeile 1</ListViewItem>
   <ListViewItem>Zeile 2</ListViewItem>
   <ListViewItem>Zeile 3</ListViewItem>
</ListView>
```

Ergebnis

Die erzeugte Ansicht in Bild 10.44 dürfte Sie nicht überraschen.

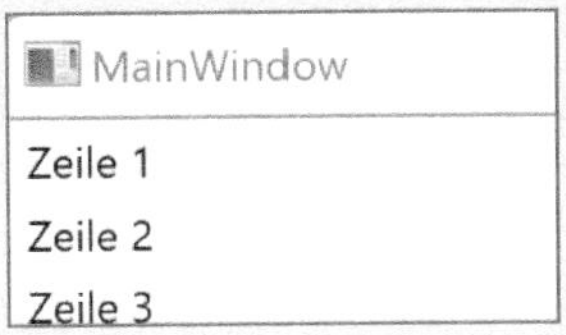

Bild 10.44 ListView

Doch im Gegensatz zur einfachen *ListBox* lassen sich für eine *ListView* sogenannte Ansichten (Views) definieren, die auch recht einfach austauschbar sind. Eine dieser Ansichten ist die von WPF bereits vordefinierte *GridView*, die eine Collection in Tabellenform darstellen kann.

HINWEIS: Die einzelnen Elemente innerhalb dieser Ansicht werden nicht per XAML/Code, sondern per Datenbindung zugeordnet. Deswegen hier nur kleine Beispiele, mehr dazu in Kapitel12, „Datenbindung".

10.19 DataGrid

Welcher Programmierer hat es bisher nicht vermisst? Für viele war das Fehlen eines leistungsfähigen *DataGrid*s, das im Gegensatz zur *ListView* auch das Editieren der Daten beherrscht, ein entscheidender Faktor für das Festhalten an „alten" Windows-Forms-Anwendungen. Doch das Warten hat sich gelohnt; das früher nur im zusätzlichen WPF-Toolkit enthaltene *DataGrid* findet sich seit der Framework-Version 4.0 auch im WPF-Werkzeugkasten.

HINWEIS: Da das Control mit einem großem Funktionsumfang aufwarten kann, beschränken wir uns im Rahmen dieses Buches auf einige praktische Aufgabenstellungen, die wir aber aus naheliegenden Gründen in Abschnitt 12.7 untergebracht haben.

10.20 Calendar/DatePicker

Seit WPF 4 gibt es auch zwei Controls für die Anzeige/Eingabe von Kalenderdaten. Während der *Calendar* für die Anzeige von Jahres- bzw. Monatsübersichten geeignet ist, steht der *DatePicker* lediglich für die Eingabe eines Datums zur Verfügung.

Die beiden Controls:

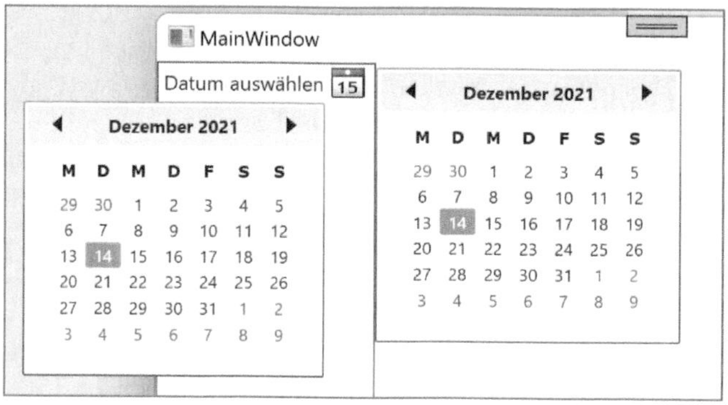

Bild 10.45 DatePicker (links) und Calendar (rechts)

Einige Anwendungsbeispiele zeigen Ihnen die Verwendung.

DisplayMode

Wie schon erwähnt, lässt das *Calendar*-Control über die *DisplayMode*-Eigenschaft unterschiedliche Anzeigemodi (*Decade*, *Year*, *Month*) zu, wie Sie in Bild 10.46 sehen.

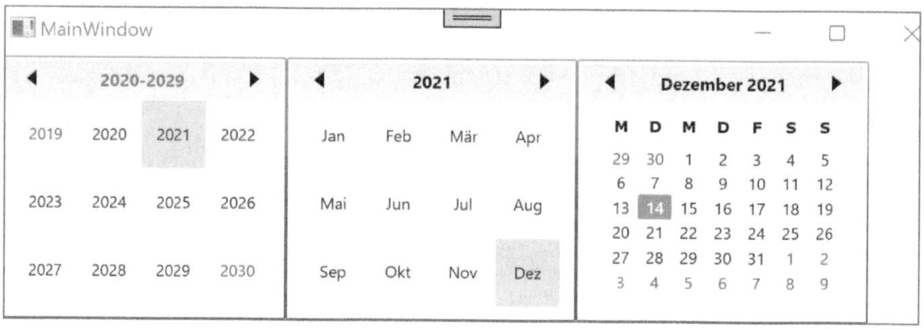

Bild 10.46 Calendar mit unterschiedlichem DisplayMode

DisplayDate, SelectedDate und SelectedDates

Diese wohl wichtigsten Eigenschaften geben Auskunft über die aktuelle Auswahl im jeweiligen Control:

- Bei *DisplayDate* handelt es sich um den Anzeigewert des Controls nach dem Start. Dies ist meist das aktuelle Datum.
- *SelectedDate* entspricht der Benutzerauswahl, es handelt sich um **einen** Datumswert (Voraussetzung ist der *SingleDate*-Auswahlmodus).
- Die *SelectedDates*-Collection können Sie nutzen, wenn das *Calendar*-Control eine Mehrfachauswahl zulässt.

Auswahlmodi

Für den *DatePicker* stellt sich die Frage nicht, hier können Sie immer nur ein einziges Datum wählen, wohingegen der *Calendar* mittels *SelectionMode*-Eigenschaft zwischen folgenden Modi unterscheiden kann:

- *None* (nur Anzeige von *DisplayDate*),
- *SingleDate* (Einzeldatum; per *SelectedDate* auslesen),
- *SingleRange* (Datumsbereich; per *SelectedDates* auslesen) und
- *MultipleRange* (mehrere Datumsbereiche; per *SelectedDates* auslesen).

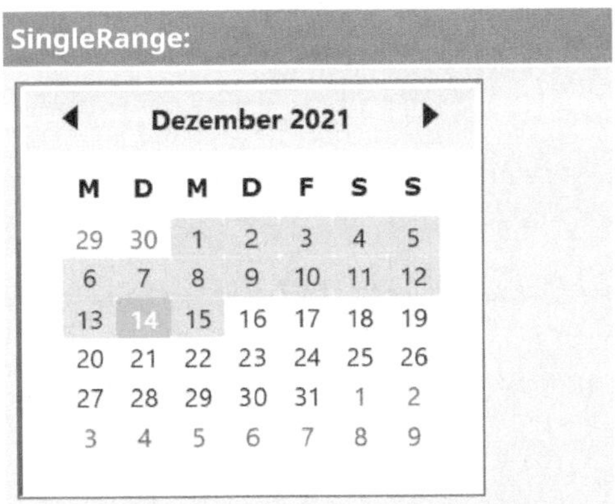

Bild 10.47 Calendar mit SingleRange

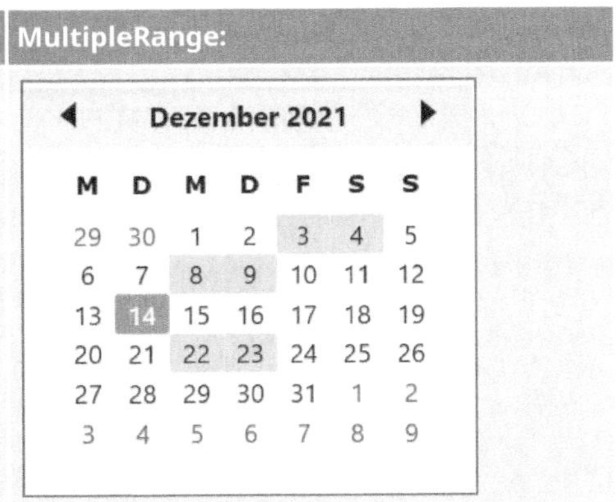

Bild 10.48 Calendar mit MultipleRange

Die Auswahl der Bereiche per XAML-Code erfordert etwas Schreibarbeit:

Beispiel 10.52: Bereichsauswahl per XAML-Code

XAML

```
<Window x:Class="CalendarSample.MainWindow"
    xmlns="http://schemas.microsoft.com/winfx/2006/xaml/presentation"
    xmlns:x="http://schemas.microsoft.com/winfx/2006/xaml"
    xmlns:d="http://schemas.microsoft.com/expression/blend/2008"
    xmlns:mc="http://schemas.openxmlformats.org/markup-compatibility/2006"
```

```
xmlns:sys="clr-namespace:System;assembly=mscorlib"
    xmlns:local="clr-namespace:CalendarSample"
    mc:Ignorable="d"
    Title="MainWindow" Height="250" Width="500">
    <StackPanel>
        <Calendar Name="calendar1" DisplayMode="Month"
            SelectionMode="MultipleRange">
            <Calendar.SelectedDates>
                <sys:DateTime>12/15/2021</sys:DateTime>
                <sys:DateTime>12/18/2021</sys:DateTime>
            </Calendar.SelectedDates>
        </Calendar>
```

Ergebnis

Bild 10.49
Calendar mit XAML-Vorbelegung

Der Nutzer hat jetzt die Möglichkeit, diese Bereiche zu belassen oder zu erweitern. Die Abfrage der Bereiche erfolgt per *SelectedDates*-Auflistung:

Beispiel 10.53: Abfrage der gewählten Datumswerte

C#

```
private void Button_Click(object sender, RoutedEventArgs e)
{
    foreach (var datum in calendar1.SelectedDates)
    {
        MessageBox.Show(datum.ToString());
    }
}
```

Sperrtage

Zu einem guten Kalender gehört auch die Möglichkeit, einzelne Datumswerte zu sperren. Diese Funktionalität steht Ihnen über die Collection *BlackoutDates* zur Verfügung.

HINWEIS: In diesem Fall müssen Sie *DateRange*-Eigenschaften setzen (von/bis).

Beispiel 10.54: Auswahl von Sperrtagen

XAML

```
<StackPanel>
<Calendar Name="calendar1" DisplayMode="Month" SelectionMode="MultipleRange">
            <Calendar.SelectedDates>
                <sys:DateTime>5/15/2019</sys:DateTime>
                <sys:DateTime>5/18/2019</sys:DateTime>
            </Calendar.SelectedDates>
Setzen der Bereiche:
            <Calendar.BlackoutDates>
                <CalendarDateRange Start="12/1/2021" End="12/4/2021"/>
                <CalendarDateRange Start="12/11/2021" End="12/13/2021"/>
                <CalendarDateRange Start="12/16/2021" End="12/17/2021"/>
            </Calendar.BlackoutDates>
        </Calendar>
```

Ergebnis

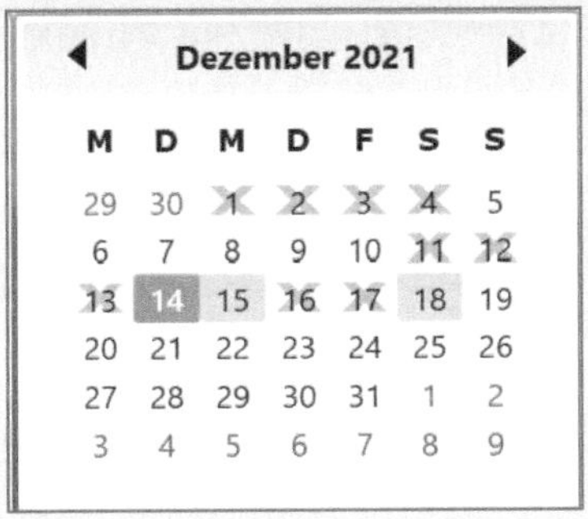

Bild 10.50
Calendar mit Speertagen (BlackoutDates)

Calendar skalieren

Wollen Sie das *Calendar*-Control skalieren (*Width*/*Height*) werden Sie sicher zunächst enttäuscht sein – das Control ändert seine Größe um keinen Millimeter (bzw. Pixel)! Doch nicht verzagen, mit zwei Alternativen bekommen Sie das Control auf die gewünschte Größe:

Beispiel 10.55: Skalieren mit der *ViewBox*

C#

```
XAML
        <Viewbox>
            <Calendar x:Name="CalendarControl"
                      HorizontalAlignment="Left" VerticalAlignment="Top">
            </Calendar>
        </Viewbox>
```

Beispiel 10.56: Skalieren mit Transformation

XAML

```
<Calendar HorizontalAlignment="Left" VerticalAlignment="Top">
    <Calendar.RenderTransform>
        <ScaleTransform ScaleX=»1.5» ScaleY=»1.5» />
    </Calendar.RenderTransform>
</Calendar>
```

Ergebnis

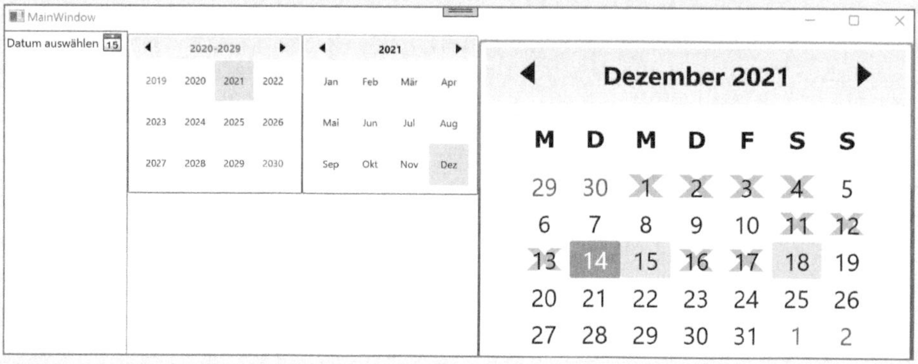

Bild 10.51 Rechts der skalierte Calendar

HINWEIS: Weitere Anpassungsmöglichkeiten für das Control bestehen durch die Verwendung von Templates. Wir gehen ab Abschnitt 11.7 darauf ein.

10.21 Ellipse, Rectangle, Line und Co.

Fast hätten wir sie vergessen, aber für die Oberflächengestaltung werden neben den komplexeren Controls auch die einfachen Elemente wie

- Ellipse/Kreis (*Ellipse*),
- Rechteck (*Rectangle*) und
- Linien (*Line*)

benötigt. Wie jedem anderen Control können Sie diesen grafischen Primitiven auch Ereignisse zuordnen, um zum Beispiel auf einen Mausklick zu reagieren.

10.21.1 Ellipse

Für das Zeichnen von Kreisen oder Ellipsen nutzen Sie das *Ellipse*-Control. Die Eigenschaften *Height* und *Width* sind, sicher wenig überraschend, für die Abmessungen der Ellipse verantwortlich. Die Linienfarbe stellen Sie über die Eigenschaft *Stroke*, die Linienstärke mit *StrokeThickness* ein. Die Füllung bestimmen Sie über *Fill*.

Beispiel 10.57: Verwendung *Ellipse*

XAML

```
<Ellipse Width="50" Height="80" Margin="10" Stroke="Blue"
         StrokeThickness="5" Fill="Aqua"/>
<Ellipse Width="80" Height="80" Margin="10"
         Stroke="Black" StrokeThickness="2"
         Fill="Yellow" MouseDown="Ellipse_MouseDown"/>
```

C#

```
Die Ereignismethode:
    private void Ellipse_MouseDown(object sender, MouseButtonEventArgs e)
    {
        MessageBox.Show("MouseDown");
    }
```

Ergebnis

Die Ausgabe sehen Sie in Bild 10.52.

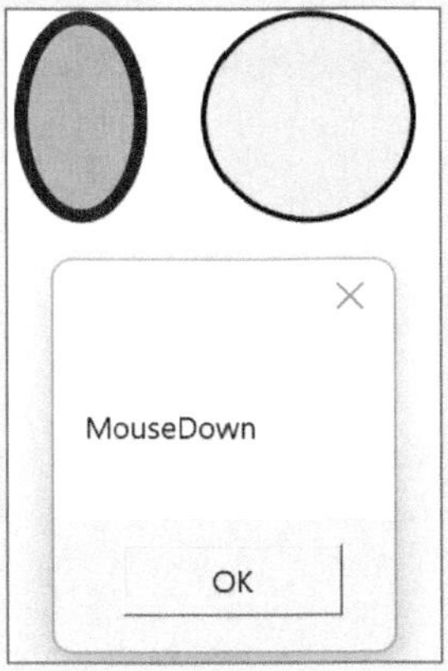

Bild 10.52
Zwei Ellipsen und ein Mausevent

10.21.2 Rectangle

Auch beim *Rectangle* bestimmen *Height* und *Width* die äußeren Abmessungen, *Stroke* und *StrokeThickness* legen Farbe und Linienstärke fest. Auch eine Eigenschaft *Fill* für die Füllung steht wieder zur Verfügung. Zusätzlich bieten die Eigenschaften *RadiusX* und *RadiusY* die Möglichkeit, einen Eckradius zu definieren.

Beispiel 10.58: Verwendung *Rectangle*

XAML

```
<Rectangle Width="50" Height="80" Margin="10" Stroke="Red"
           StrokeThickness="5" Fill="Green"/>
<Rectangle Width="80" Height="80" Margin="10" RadiusX="30" RadiusY="20"
           Stroke="Red" StrokeThickness="3" Fill="WhiteSmoke"/>
```

Ergebnis

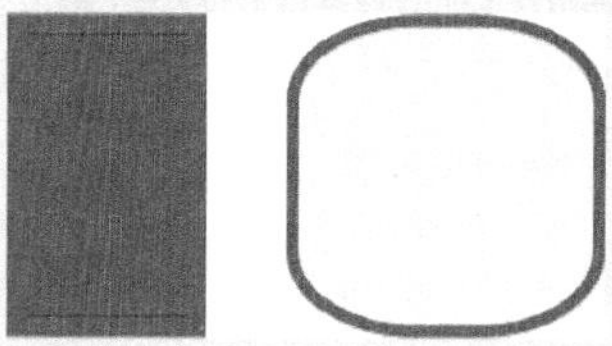

Bild 10.53
Zwei Rectangle-Controls

10.21.3 Line

Auch das Zeichnen von Linien wollen wir nicht vergessen. Mit *X1,Y1* und *X2,Y2* legen Sie Start- und Endpunkt der Linie fest. *Stroke* und *StrokeThickness* stellen auch hier Farbe und Linienstärke ein.

Beispiel 10.59: Verwendung von *Line*

XAML

```
<Line X1="10" Y1="20" X2="100" Y2="100" Stroke="Black" StrokeThickness="3"/>
<Line X1="10" Y1="100" X2="100" Y2="20" Stroke="Red" StrokeThickness="5"/>
```

Ergebnis

Die beiden gezeichneten Linien (Bild 10.54):

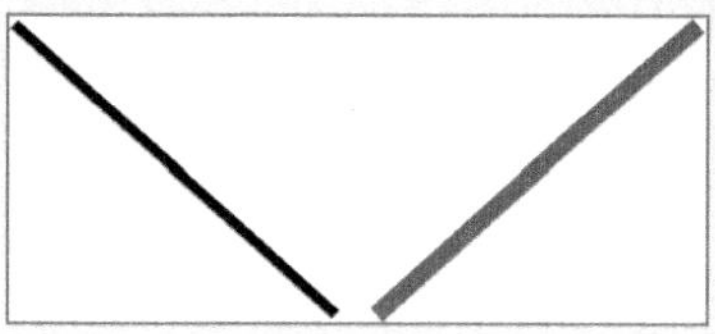

Bild 10.54
Zwei Linien

11 Wichtige WPF-Techniken

Nachdem wir im vorhergehenden Kapitel einige praktische Erfahrungen mit den WPF-Controls gesammelt haben, wollen wir uns jetzt mit den Besonderheiten der WPF-Programmierung im Vergleich zur Windows-Forms-/Win32-Programmierung beschäftigen.

Damit Sie die WPF-Philosophie verstehen, wollen wir Ihnen zu Beginn einige wichtige Eckpfeiler dieser Technologie erklären.

11.1 Eigenschaften

Da die Definition und Verwendung von Eigenschaften in WPF etwas anders organisiert ist als in den bekannten Windows-Forms-Anwendungen, sollten wir zunächst auf dieses Thema näher eingehen.

11.1.1 Abhängige Eigenschaften (Dependency Properties)

Mit den abhängigen (Dependency) und angehängten (Attached) Eigenschaften erweitert WPF das Spektrum der CLR-Eigenschaften. Abhängige Eigenschaften bieten gegenüber den „normalen" Eigenschaften folgende erweiterte Möglichkeiten:

- eine interne Prüfung (Validierung),
- automatisches Aktualisieren von Werten,
- die Verwendung von Callback-Methoden zur Signalisierung von Wertänderungen
- sowie die Vorgabe von Defaultwerten.

Notwendig wurde diese Erweiterung des Eigenschaftensystems, um viele der WPF-Features (Animationen, Datenbindung, Styles etc.) zu realisieren. So werden beispielsweise Werte von Eigenschaften überwacht und Änderungen führen automatisch zu Änderungen an den abhängigen Objekten.

Abhängige Eigenschaften werden nicht als private Felder definiert, sondern als statische, öffentliche Instanzen der Klasse *System.Windows.DependencyProperty*, die über *get-* und *set-*Methoden angesprochen werden. Die Verwaltung der Eigenschaft wird vom WPF-Subsystem übernommen (daher auch die *Register*-Methode, siehe folgendes Beispiel 11.1). Die der Eigenschaft übergeordnete Klasse stellt quasi nur noch eine Schnittstelle zu dieser Eigenschaft zur Verfügung.

Neben dem Wert können mit dem Defaultwert und der Callback-Methode auch weitere Metadaten zu einer Eigenschaft gespeichert werden.

Beispiel 11.1: Definition einer abhängigen Eigenschaft *Durchmesser* für ein Objekt *Kreis*

C#

```
using System.Windows;
namespace Dependency_Attached_Properties;
```

Wir definieren eine neue Klasse *Kreis* und leiten diese gleich von *DependencyObject* ab:

```
public class Kreis : DependencyObject
{
```

Hier die eigentliche Definition der abhängigen Eigenschaft (übergeben werden der Name, der Datentyp, das abhängige Objekt und optional die Metadaten, d. h. der Defaultwert und eine Callback-Methode):

```
public static readonly DependencyProperty DurchmesserProperty =
        DependencyProperty.Register(nameof(Durchmesser), typeof(double),
        typeof(Kreis), new FrameworkPropertyMetadata(11.1,
        new PropertyChangedCallback(OnDurchmesserChanged)));
```

Wie Sie sehen, handelt es sich nicht mehr um ein privates Feld. Vielmehr wird die bisher übliche Kapselung aufgegeben, die Verwaltung des Zustands wird von WPF übernommen, die Instanz meldet seine „lokalen Speicher" nur noch an (*Register*).
Die folgende Definition ist nur noch die allgemeine Schnittstelle nach außen, wie Sie es auch von den normalen Eigenschaften kennen:

```
    public double Durchmesser
    {
        get
        {
            return (double)GetValue(DurchmesserProperty);
        }
        set
        {
             SetValue(DurchmesserProperty, value);
        }
    }
```

Die *GetValue()* bzw. *SetValue()*-Methode werden dabei von der Basisklasse *DependencyObject* vererbt.
Hier eine Callback-Methode, mit der eine Wertänderung überwacht werden kann:

```
    private static void OnDurchmesserChanged(DependencyObject obj,
            DependencyPropertyChangedEventArgs args)
    {
        MessageBox.Show((obj as Kreis)?.Durchmesser.ToString());
    }
}
```

11.1.2 Angehängte Eigenschaften (Attached Properties)

Mit den angehängten Eigenschaften (*Attached Properties*), einer speziellen Form der Dependency Properties, wird der Versuch unternommen, die Flut von WPF-Element-Eigenschaften etwas einzudämmen. Das Problem: Wird ein Element/Control in einem Container platziert, hängt beispielsweise dessen Position vom umgebenden Container (*Grid, Canvas, DockPanel* etc.) ab. Für jede Art von Container werden aber andere Eigenschaften zur Positionierung benötigt. Aus diesem Grund stellen die übergeordneten Elemente die zum Positionieren nötigen Eigenschaften zur Verfügung (*Canvas. Top, Canvas.Left, DockPanel.Dock, Grid.Column, ...*), das eingelagerte Element nutzt diese lediglich in seinem Kontext. Der Vorteil: Nur wenn sich beispielsweise ein *Button* in einem *Canvas* befindet, werden auch die Eigenschaften *Canvas.Top, Canvas.Left* bereitgestellt und verwendet.

Beispiel 11.2: Positionieren einer Schaltfläche in einem *Canvas*-Control mit Attached Properties

XAML

```
<Canvas>
   <Button Canvas.Left="74" Canvas.Top="70" Height="45" Width="89">
      Beschriftung
   </Button>
</Canvas>
```

11.2 Einsatz von Ressourcen

Bevor wird uns im Weiteren mit Styles etc. beschäftigen, müssen wir zunächst noch einen Blick auf die Ressourcenverwaltung in WPF-Anwendungen werfen, da diese die Voraussetzung für die Zuordnung darstellt.

11.2.1 Was sind eigentlich Ressourcen?

In WPF-Anwendungen zählen nicht nur Grafiken, Strings, Sprachinformationen oder beliebige binäre Informationen zu den Ressourcen, sondern auch die Beschreibung von Styles, Füllmustern oder sogar ganzer Controls.

Eine Ressource besteht immer aus einem eindeutigen Schlüssel (Key) und dem eigentlichen Content, der jederzeit austauschbar ist, da Bezüge auf die Ressource immer nur den Schlüssel verwenden.

11.2.2 Wo können Ressourcen gespeichert werden?

Eine Möglichkeit, Ressourcen in Ihrer Anwendung abzulegen, haben Sie sicher ganz unbewusst schon zur Kenntnis genommen. Die Rede ist von der Datei *App.xaml*, in der bereits ein *Resources*-Abschnitt vordefiniert ist:

```
<Application x:Class="RessourcenSample.App"
             xmlns="http://schemas.microsoft.com/winfx/2006/xaml/presentation"
             xmlns:x="http://schemas.microsoft.com/winfx/2006/xaml"
             xmlns:local="clr-namespace:RessourcenSample"
             StartupUri="MainWindow.xaml">
    <Application.Resources>
    </Application.Resources>
</Application>
```

Hierbei handelt es sich um anwendungsweit verfügbare Ressourcen, die allen Windows/Pages und deren Elementen zur Verfügung stehen.

Neben diesen Ressourcen können Sie auch jedem Element und jedem Window eigene Ressourcen zuordnen, zusätzlich sind auch sogenannte Systemressourcen (z. B. Systemfarben) verfügbar.

Bild 11.1 zeigt die mögliche Hierarchie von Ressourcen.

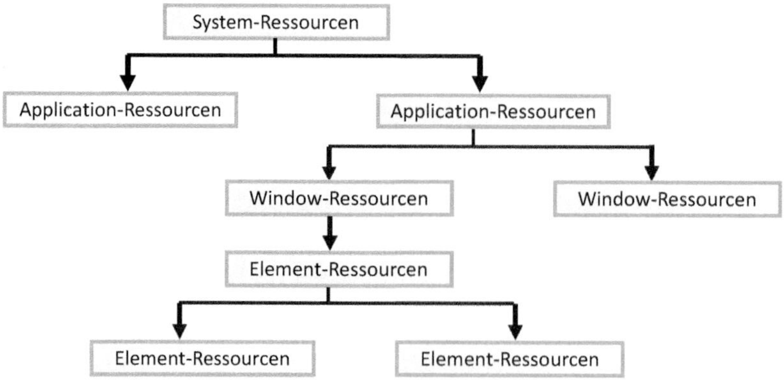

Bild 11.1 Hierarchie von Ressourcen

HINWEIS: Wird eine Ressource referenziert und damit auch gesucht, beginnt die Suche immer beim aktuellen Element. Wird die Ressource hier nicht gefunden, wird im übergeordneten Element (Container → Window → Application → System) gesucht. Damit ist auch klar, dass untergeordnete Elemente gleichnamige Ressourcen von übergeordneten Elementen überschreiben können. Innerhalb einer Hierarchieebene ist dies nicht möglich, da es sich in diesem Fall nicht um einen eindeutigen Schlüssel handelt.

Im XAML-Quellcode stellt sich die Definition von *Resources*-Abschnitten wie folgt dar:

Die Window-Ressourcen:

```
<Window>
  <Window.Resources>
    ...
  </Window.Resources>
  <StackPanel>
```

Die Ressourcen eines Containers:

```
<StackPanel.Resources>
      ...
    </StackPanel.Resources>
...
    <Button>
```

Die Ressourcen eines Elements:

```
<Button.Resources>
      ...
      </Button.Resources>
    </Button>
  </StackPanel>
</Window>
```

11.2.3 Wie definiere ich eine Ressource?

Haben Sie sich dafür entschieden, auf welcher Ebene Sie die Ressource definieren, können Sie zur Tat schreiten:

- Zunächst müssen Sie sich über die Art der Ressource im Klaren sein; diese bestimmt den Elementnamen (z. B. ein *ImageBrush*, mit dem ein Hintergrund festgelegt werden kann).

- Neben dieser Information müssen Sie sich noch für einen eindeutigen Schlüssel entscheiden, über den die Ressource angesprochen werden soll.
- Last, but not least, müssen Sie auch noch die eigentlichen Informationen zur Ressource (beim *ImageBrush* ist dies die *ImageSource*) festlegen.

Beispiel 11.3: Erzeugen und Verwenden einer Ressource auf Fensterebene

XAML

```
<Window x:Class="RessourcenSample.MainWindow"
        xmlns="http://schemas.microsoft.com/winfx/2006/xaml/presentation"
        xmlns:x="http://schemas.microsoft.com/winfx/2006/xaml"
        xmlns:d="http://schemas.microsoft.com/expression/blend/2008"
        xmlns:mc="http://schemas.openxmlformats.org/markup-compatibility/2006"
        xmlns:local="clr-namespace:RessourcenSample"
        mc:Ignorable="d"
        Title="MainWindow" Height="250" Width="400">
    <Window.Resources>
      <ImageBrush x:Key="bck" ImageSource="back.jpg"  />
    </Window.Resources>
```

Die Verwendung:

```
    <StackPanel Margin="0, 20, 0, 0">
        <Button>Hallo ohne Background</Button>
        <Button Background="{StaticResource bck}">Hallo mit Background</Button>
    </StackPanel>
</Window>
```

Ergebnis

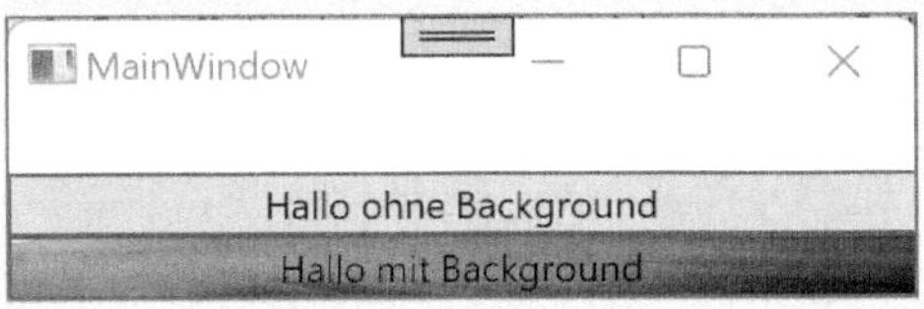

Bild 11.2
Button mit Ressource als Hintergrund

HINWEIS: Beim Einsatz von (statischen) Ressourcen ist es wichtig, dass diese **vor** der Verwendung definiert wurden, anderenfalls kann die Ressource nicht gefunden werden. Zusätzlich müssen Sie auf die Schreibweise achten, hier wird die Groß-/Kleinschreibung berücksichtigt!

Alternativ können Sie bei der Verwendung der Ressource auch die folgende Syntax nutzen:

```
<Button Height="50">
    <Button.Background>
      <StaticResource ResourceKey="bck" />
    </Button.Background>
    Hallo mit Background2
</Button>
```

11.2.4 Statische und dynamische Ressourcen

Wie Sie im vorhergehenden Beispiel bereits gesehen haben, können Ressourcen statisch, d. h. unveränderlich, über den Schlüssel zugeordnet werden:

```
<StackPanel>
    <Button Background="{StaticResource bck}">Hallo mit Background</Button>
</StackPanel>
```

Voraussetzung ist das vorherige Definieren der Ressource. Spätere Änderungen an der Ressource werden nicht registriert und haben keine Auswirkung auf das verwendende Element.

Neben dieser Variante besteht auch die Möglichkeit, Ressourcen dynamisch festzulegen. In diesem Fall können Sie die Ressourcen zur Laufzeit zuordnen bzw. bereits vorhandene Ressourcen einfach austauschen.

Beispiel 11.4: Verwendung einer noch nicht definierten dynamischen Ressource.

XAML

Zunächst die Zuordnung von Eigenschaft und Ressource:

```
<Button Background="{DynamicResource bck2}"
        Click="Button_Click">Hallo</Button>
```

Da es die Ressource zu diesem Zeitpunkt noch nicht gibt, erscheint eine Warnung, die Sie aber ignorieren können.

C#

Mit dem Klick auf die Schaltfläche wollen wir eine Ressource zuordnen:

```
private void Button_Click(object sender, RoutedEventArgs e)
{
```

Neuen *ImageBrush* erzeugen:

```
    ImageBrush brush = new ImageBrush();
```

Eine Bitmap zuweisen:

```
    if (!Resources.Contains("bck2"))
    {
        brush.ImageSource = new BitmapImage(new
                Uri("pack://application:,,,/Images/back2.jpg"));
```

Die Ressource erzeugen (Window-Ressource):

```
        Resources.Add("bck2", brush);
    }
}
```

Ergebnis

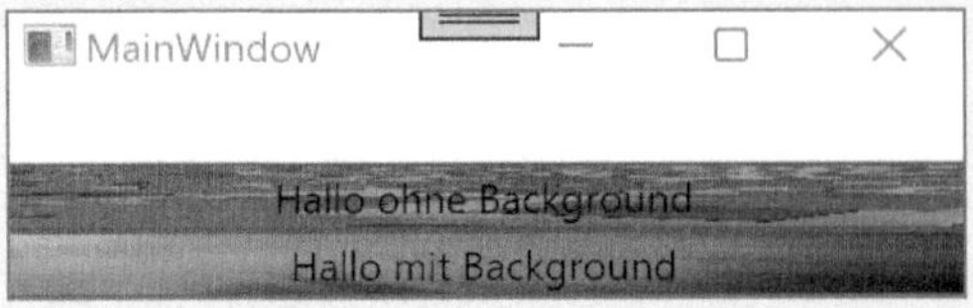

Bild 11.3
Nach Klick hat auch der obere Button eine Ressource zugewiesen.

HINWEIS: Und warum verwenden wir nicht einfach immer dynamische Ressourcen? Da die Verwaltung dynamischer Ressourcen deutlich aufwendiger ist, würden hier unnötigerweise Systemressourcen verschwendet werden.

11.2.5 Wie werden Ressourcen adressiert?

Möchten Sie auf eingebundene Ressourcen (z. B. Grafiken) Ihrer Anwendung zugreifen, müssen Sie beispielsweise bei der Zuordnung von Grafiken per Code eine bestimmte Syntax einhalten, anderenfalls wird die Ressource an der falschen Stelle gesucht und dann wohl auch nicht gefunden.

Die dazu erforderliche URI können Sie absolut, d. h. mit voller Pfadangabe, inklusive der aktuellen Assembly oder relativ zur aktuellen Assembly angeben.

Beispiel 11.5: Absolute Pfadangabe (Bild liegt in der Projekt-Root, Buildvorgang=Resource)

C#

```
Uri uri = new Uri("pack://application:,,,/Bild.jpg");
```

Beispiel 11.6: Absolute Pfadangabe (das Bild liegt im Unterverzeichnis *Images* des aktuellen Projekts, Buildvorgang=*Resource*)

C#

```
Uri uri = new Uri("pack://application:,,,/Images/Bild.jpg");
```

Beispiel 11.7: Relative Pfadangabe (das Bild liegt im gleichen Verzeichnis wie die Assembly)

C#

```
Uri uri = new Uri(@".\Back3.jpg", UriKind.Relative);
```

Beispiel 11.8: Relative Pfadangabe (das Bild liegt im relativen Unterverzeichnis *Images* der Assembly)

C#

```
Uri uri = new Uri(@".\Images\Back3.jpg", UriKind.Relative)
```

Neben den gezeigten Möglichkeiten können Sie unter anderem auch auf eingebundene Assemblies zugreifen.

11.2.6 Systemressourcen einbinden

Neben den in Ihrer Anwendung definierten Ressourcen können Sie auch Systemressourcen verwenden. Die Einbindung erfolgt entweder statisch oder dynamisch. Im ersten Fall reagiert die Anwendung jedoch nicht auf aktuelle Änderungen an den Systemeinstellungen.

Beispiel 11.9: Einbinden von Systemressourcen

XAML

Anzeige der *VirtualScreenWidth* in einem *Label* (Ressourcenabfrage):

```
<Label Content="{StaticResource {x:Static
                 SystemParameters.VirtualScreenWidthKey}}"/>
```

Anzeige, ob User-Interface-Effekte aktiviert sind (Wertabfrage):

```
<CheckBox IsChecked="{x:Static SystemParameters.UIEffects}"
                     Content="UIEffects" />
```

Ergebnis

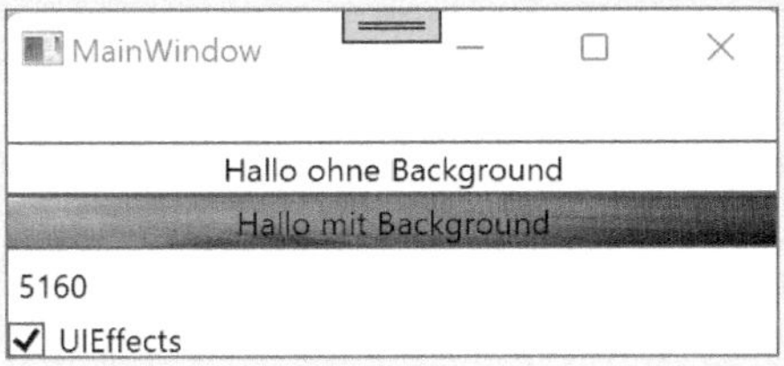

Bild 11.4
Anzeige von Systemressourcen

11.3 Das WPF-Ereignismodell

Nachdem wir in den bisherigen Beispielen recht sparsam mit der Verwendung von Eventhandlern umgegangen sind, wollen wir uns jetzt diesem Thema etwas intensiver widmen.

11.3.1 Einführung

Sicher haben Sie auch schon mehr oder weniger unbewusst von den Ereignissen in WPF Gebrauch gemacht. Nach dem Klick, z. B. auf eine Schaltfläche, wird der entsprechende Ereignishandler von Visual Studio bereitgestellt.

Beispiel 11.10: ***Button*** **mit zugehöriger Ereignisbehandlung in C#.**

XAML

```
<StackPanel>
    <Button Content="Klick mich!" Click="Button_Click"/>
</StackPanel>
```

C#

```
private void Button_Click(object sender, RoutedEventArgs e)
{
    MessageBox.Show("Hallo");
}
```

So weit, so gut – das kennen Sie sicher auch schon von der Programmierung mit Win32 oder Windows Forms. Doch was passiert, wenn Sie in WPF eine Schaltfläche aus einzelnen Elementen „zusammenbasteln"?

Beispiel 11.11: Button mit Text und Grafik

XAML

```
<Button Click="Button_Click">
  <StackPanel Orientation="Horizontal" Margin="10">
    <Image Source="Images/Flash.png" Width= "56" Height="46" />
    <TextBlock VerticalAlignment="Center">Klick mich!</TextBlock>
  </StackPanel>
</Button>
```

Ergebnis

Bild 11.5
Button mit eingebettetem Image und TextBlock

Rein intuitiv haben Sie sicher auch das *Click*-Ereignis dem Button zugeordnet. Doch warum sollte das eigentlich funktionieren? Was passiert, wenn der Nutzer auf das *Image* oder den *TextBlock* klickt, zusätzlich befindet sich „darunter" ja noch das *StackPanel*.

Das Zauberwort heißt hier „Routed Events“, ein Verfahren, um auftretende Ereignisse in der Element-Hierarchie weiterzugeben.

11.3.2 Routed Events

WPF unterscheidet bei den Routed Events zwei verschiedene Varianten, die Sie als Programmierer auch auseinanderhalten sollten:

- **Tunneling Events:** Ausgehend vom Wurzelelement (*Window/Page*) werden die Ereignisse bis zum auslösenden Element weitergereicht. Diese Events werden **vor** den zugehörigen Bubbling Events ausgelöst.
- **Bubbling Events:** Ausgehend vom aktivierten Element werden die Ereignisse zum jeweils übergeordneten Element weitergereicht, d. h. im Endeffekt bis zum *Window* oder zur *Page*.

HINWEIS: Tunneling Events sind durch das einleitende „Preview...“ gekennzeichnet, Bubbling Events verzichten darauf.

Beispiel 11.12: Ablauf der Ereigniskette für einen Mausklick mit der linken Taste

XAML

```
<Window x:Class="EreignisseSample.MainWindow"
...
    Title="MainWindow" MouseLeftButtonDown="Window_MouseLeftButtonDown"
        PreviewMouseLeftButtonDown="Window_PreviewMouseLeftButtonDown">
    <StackPanel>
        <Button MouseLeftButtonDown="Button_MouseLeftButtonDown"
              PreviewMouseLeftButtonDown="Button_PreviewMouseLeftButtonDown">
            <StackPanel Orientation="Horizontal" Margin="10"
                 MouseLeftButtonDown="StackPanel_MouseLeftButtonDown"
                 PreviewMouseLeftButtonDown="StackPanel_PreviewMouseLeftButtonDown">
                <Image Source="Images/Flash.png" Width="56" Height="46"
                    MouseLeftButtonDown="Image_MouseLeftButtonDown"
                    PreviewMouseLeftButtonDown="Image_PreviewMouseLeftButtonDown" />
                <TextBlock VerticalAlignment="Center"
                    MouseLeftButtonDown="TextBlock_MouseLeftButtonDown"
                    PreviewMouseLeftButtonDown="TextBlock_PreviewMouseLeftButtonDown">
                    Klick mich!
                </TextBlock>
            </StackPanel>
        </Button>
        <ListBox Name="listBox1" />
    </StackPanel>
</Window>
```

Ergebnis

Die Ereigniskette nach einem Klick auf das *Image:*

1. Window: *PreviewMouseLeftButtonDown*
2. Button: *PreviewMouseLeftButtonDown*
3. StackPanel: *PreviewMouseLeftButtonDown*
4. Image: *PreviewMouseLeftButtonDown*
5. Image: *MouseLeftButtonDown*
6. StackPanel: *MouseLeftButtonDown*

Wie Sie sehen, wird zunächst die komplette Tunneling-Ereigniskette durchlaufen, nachfolgend die Bubbeling-Events[1].

Im Normalfall werden Sie wohl nur Bubbling-Events verwenden. Tunneling-Events nutzen Sie beispielsweise, um Ereignisse bzw. deren Weiterleitung zu blockieren.

Beispiel 11.13: Das Weiterleiten der Ereignisse verhindern.

C#

Wir werten gleich das erste Ereignis aus (das Tunneling-Event beginnt beim Wurzelobjekt, d. h. dem Window):

```
private void Window_PreviewMouseLeftButtonDown(object sender,
                                               MouseButtonEventArgs e)
{
```

Ereignis behandelt

```
e.Handled = true;
    listBox1.Items.Add(nameof(Window_PreviewMouseLeftButtonDown));
}
```

Beispiel 11.14: Das auslösende Element bestimmen

C#

Den Ursprung für ein Ereignis können Sie mit dem ...*EventArgs.Source*-Parameter bestimmen:

```
private void Window_PreviewMouseLeftButtonDown(object sender,
             MouseButtonEventArgs e)
{
    MessageBox.Show(e.Source.ToString());
    listBox1.Items.Add(nameof(Window_PreviewMouseLeftButtonDown));
}
```

[1] Der Button löst ein *Click*-Ereignis aus. Die dazu nötige Logik verhindert das Auslösen entsprechender *MouseLeftButtonDown*-Ereignisse, deshalb ist hier die Ereigniskette zu Ende.

Ergebnis

Beim Klick auf das Image wird auch dieses als *Source* übermittelt.

Bild 11.6
Klick auf das Image

11.3.3 Direkte Events

Auch diese Form der Ereignisse ist nach wie vor präsent. Hierbei handelt es sich um die ganz normalen .NET-Ereignisse, wie Sie auch in Windows-Forms-Anwendungen auftreten.

Direkte Events werden eingesetzt, wenn die Verwendung von Bubbling oder Tunneling keinen Sinn macht, beispielsweise beim *MouseLeave*-Ereignis, das sehr objektbezogen ausgelöst wird.

Sie erkennen diese Ereignisse an einem fehlenden *Preview...*-Pendant.

11.4 Verwendung von Commands

Im Zusammenhang mit der Entwicklung von Anwendungen ist es Ihnen sicher auch schon passiert, dass Sie eine Menüfunktion zum x-ten Male neu programmiert haben. Das Gleiche trifft sicher ebenfalls auf die Toolbar zu. Das Prozedere ist doch immer gleich:

1. Methode mit der eigentlichen Logik erstellen
2. Menüpunkt erstellen

3. Menüpunkt Tastenkürzel zuweisen, Tastaturabfrage implementieren
4. Menüpunkt Ereignismethode zuweisen und Methode von 1. aufrufen
5. Toolbar-Button bereitstellen
6. Toolbar-Button Ereignismethode zuweisen und Methode von 1. aufrufen
7. Logik für das Sperren von 2. und 5. erstellen, wenn die Funktion nicht zur Verfügung steht

11.4.1 Einführung zu Commands

In WPF-Anwendungen können Sie diesen Aufwand wesentlich verringern, indem Sie entweder die von WPF vordefinierten Commands verwenden, oder indem Sie selbst eigene Commands implementieren.

Die neue Vorgehensweise (vordefinierte Commands, z. B. Einfügen in die Zwischenablage) im Vergleich zum bisherigen Vorgehen:

1. Entfällt, da für viele Controls bereits implementiert
2. **Menüpunkt erstellen und Command zuweisen**
3. Entfällt, da per Command automatisch zugewiesen
4. Entfällt, da per Command automatisch zugewiesen
5. **Toolbar-Button bereitstellen und Command zuweisen**
6. Entfällt, da per Command automatisch zugewiesen
7. Entfällt, da Command diese Logik bereitstellt

Das sieht doch schon wesentlich freundlicher aus als die mühsame und fehleranfällige erste Variante. Ähnlich einfach gestaltet sich die Wiederverwendung von selbst erstellten Kommandos, wenn Sie diese bereits einmal erstellt haben.

11.4.2 Verwendung vordefinierter Commands

Statt vieler Worte möchten wir Ihnen zunächst an einem Beispiel die Vorgehensweise bei der Verwendung von Commands demonstrieren.

Beispiel 11.15: Programmieren der Funktionen „Kopieren und Einfügen" für ein Formular mit zwei TextBoxen

XAML

Der XAML-Code der Oberfläche:

```
<Window x:Class="CommandsSample.MainWindow"
        xmlns="http://schemas.microsoft.com/winfx/2006/xaml/presentation"
        xmlns:x="http://schemas.microsoft.com/winfx/2006/xaml"
        xmlns:d="http://schemas.microsoft.com/expression/blend/2008"
        xmlns:mc="http://schemas.openxmlformats.org/markup-compatibility/2006"
        xmlns:local="clr-namespace:CommandsSample"
        mc:Ignorable="d"
        Title="MainWindow" Height="350" Width="400">
    <DockPanel>
```

Die Menüdefinition:

```
        <Menu DockPanel.Dock="Top" Height="22" Name="menu1">
            <MenuItem Header="_Bearbeiten">
```

Hier werden die beiden Menüpunkte „Kopieren" und „Einfügen" definiert:

```
                <MenuItem Command="ApplicationCommands.Copy"/>
                <MenuItem Command="ApplicationCommands.Paste"/>
```

Sie können auf die Angabe des Headers sowie der Tastenkürzel verzichten, diese stellt die obige *Command*-Definition automatisch zur Verfügung.

```
            </MenuItem>
        </Menu>
       <ToolBarTray DockPanel.Dock="Top">
           <ToolBar>
```

Hier findet sich bereits die Definition für die *ToolBar*-Buttons. Auch in diesem Fall genügt die Zuordnung der *Command*-Eigenschaft:

```
                <Button Width="30" Height="30" Command="ApplicationCommands.Copy">
                    <Image Source="Images/editcopy.png"/>
                </Button>
                <Button Width="30" Height="30" Command="ApplicationCommands.Paste">
                    <Image Source="Images/editpaste.png"/>
                </Button>
            </ToolBar>
        </ToolBarTray>
        <StackPanel>
```

Hier noch die beiden *TextBox*en, für die die Funktionen implementiert werden:

```
            <TextBox Name="txt1" Height="100">TextBox1 Bla Bla</TextBox>
            <TextBox Name="txt2" Height="100">TextBox2 Bla Bla</TextBox>
        </StackPanel>
    </DockPanel>
</Window>
```

Ergebnis

Und wo bleibt der Code? Kurze Antwort: Ihr Programm ist an dieser Stelle bereits fertig. Nach dem Start können Sie sich von der Funktionstüchtigkeit überzeugen.

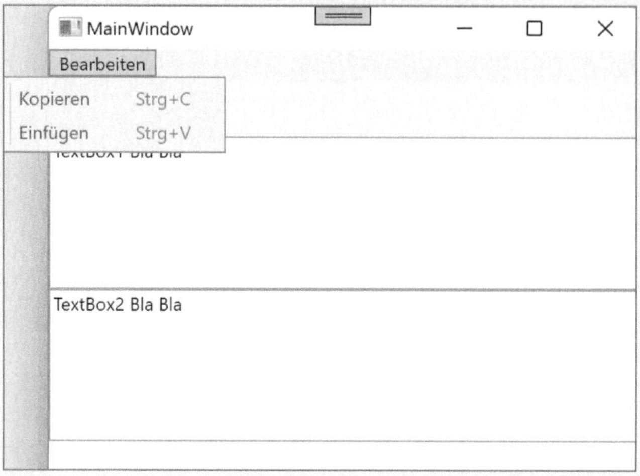

Bild 11.7 Fertige Menübefehle dank Commands

Beide Menüpunkte verfügen über eine Beschriftung und ein Tastenkürzel. Befindet sich Text in der Zwischenablage, ist das Menü *Einfügen* aktiviert, anderenfalls ist der Menüpunkt gesperrt. Der Menüpunkt *Kopieren* ist nur aktiv, wenn Sie in einer der *TextBox*en Text markieren und die *TextBox* den Eingabefokus besitzt.

Nicht schlecht, wenn Sie dies mit der konventionellen Variante vergleichen, bei der Sie sicher wesentlich mehr Code produziert hätten.[2]

11.4.3 Das Ziel des Commands

Doch gerade bei obigem Beispiel wird sicher bei manchem die Frage aufkommen, wohin denn eigentlich der Text eingefügt wird, haben wir doch zwei Textfelder. Die Frage ist sicher berechtigt, aber im obigen Beispiel noch recht einfach lösbar: Ziel des jeweils gewählten Commands ist standardmäßig immer das gerade aktive Control, d. h. die *TextBox*, die den Eingabefokus besitzt.

Schwieriger wird es, wenn die Zwischenablageinhalte gezielt in ein bestimmtes Control eingefügt werden sollen. In diesem Fall müssen Sie neben der *Command*- auch die *CommandTarget*-Eigenschaft definieren. Allerdings genügt in diesem Fall nicht die reine Angabe des Elementnamens, sondern Sie müssen die Binding-Syntax verwenden.

[2] Geben Sie trotzdem einen Wert an, überschreibt dies die vom Command bereitgestellten Werte.

Beispiel 11.16: Zwischenablageinhalte sollen immer in *TextBox2* eingefügt werden

XAML

Wir fügen dem betreffenden Menüpunkt ein *CommandTarget* hinzu:

```
          <MenuItem Header="_Bearbeiten">
              <MenuItem Command="ApplicationCommands.Copy"/>
              <MenuItem Command="ApplicationCommands.Paste"
                        CommandTarget="{Binding ElementName=txt2}"/>
          </MenuItem>
...
```

Ergebnis

Starten Sie jetzt das Programm, ist es egal, welches Control den Fokus besitzt. Drücken Sie die Tastenkombination **Strg+V** oder wählen Sie den entsprechenden Menüpunkt, wird der Text immer in die zweite *TextBox* eingefügt.

HINWEIS: Diese Vorgehensweise müssen Sie auch wählen, wenn Sie Commands von einzelnen Schaltflächen aus starten wollen. Da diese den Fokus erhalten können, würde nie klar sein, welches Ziel die Aktion haben soll.

Beispiel 11.17: „Freistehender" *Button* für das Einfügen des Zwischenablageinhalts

XAML

```
<Button Command="ApplicationCommands.Paste"
        CommandTarget="{Binding ElementName=txt2}">
    Paste (TextBox 2)
</Button>
```

11.4.4 Vordefinierte Commands

WPF bietet bereits „ab Werk" eine ganze Reihe von Commands, die in der täglichen Programmierpraxis immer wieder anfallen. Diese Commands gliedern sich in die folgenden Gruppen:

- *ApplicationCommands* (z. B. *Copy, Cut, Paste, Help, New, Print, Save, Stop, Undo*)
- *ComponentCommands* (z. B. *ExtendSelectionLeft, MoveLeft*)
- *NavigationCommands* (z. B. *FirstPage, GotoPage, Refresh, Search*)
- *MediaCommands* (z. B. *Play, Pause, FastForward, IncreaseVolume*)
- *EditingCommands* (z. B. *Delete, MoveUpByLine, ToggleBold*)

Ob und, wenn ja, welche Commands implementiert sind, müssen Sie von Fall zu Fall ausprobieren. Sehr umfassend ist z. B. die Unterstützung bei *TextBox* und *RichText Box* sowie beim *MediaElement* (siehe Onlinekapitel).

11.4.5 Commands an Ereignismethoden binden

Wie schon erwähnt, implementiert nicht jedes Control alle verfügbaren Commands. So steht zwar ein *ApplicationCommand.Open* (d. h. Beschriftung und Tastaturkürzel) zur Verfügung, im Normalfall passiert allerdings nichts, da kein Control eine entsprechende Logik implementiert hat, was bei derart komplexen Abläufen sicher auch nicht möglich ist.

Aus diesem Grund besteht die Möglichkeit, einem Command eine entsprechende Ereignisbehandlung per *CommandBinding* zuzuordnen. Zwei Ereignisse sind hier von zentraler Bedeutung:

- *Execute* (die eigentlich auszuführende Logik) und
- *CanExecute* (eine Abfrage, ob die Funktion überhaupt zur Verfügung steht)

Beispiel 11.18: Implementieren des *ApplicationCommand.Open*

XAML

Nutzen Sie für die Zuordnung der beiden Ereignismethoden am besten das Wurzelelement (*Window*):

```
<Window x:Class="CommandSample.MainWindow"
...
    Title="MainWindow" Height="350" Width="400">
  <Window.CommandBindings>
        <CommandBinding Command="ApplicationCommands.Open"
                        Executed="OpenCmdExecuted"
                        CanExecute="OpenCmdCanExecute"/>
    </Window.CommandBindings>
```

Vergessen Sie nicht, noch einen zusätzlichen Menüeintrag zu erstellen:

```
    <MenuItem Header="_Datei">
        <MenuItem Command="ApplicationCommands.Open"/>
    </MenuItem>
```

C#

Die beiden zugehörigen Ereignismethoden aus der Klassendefinition des Windows:

```
    private void OpenCmdExecuted(object target, ExecutedRoutedEventArgs e)
    {
        MessageBox.Show("Was soll ich öffnen?");
        // hier steht die eigentliche Logik
    }
```

Nur wenn die erste *TextBox* auch leer ist, ist das Öffnen neuer Dateien möglich:

```
private void OpenCmdCanExecute(object sender, CanExecuteRoutedEventArgs e)
{
    if (string.IsNullOrEmpty(txt1.Text))
    {
        e.CanExecute = true;
    }
    else
    {
        e.CanExecute = false;
    }
}
```

Ergebnis

Ein Test zur Laufzeit zeigt, dass die entsprechende Schaltfläche nur freigegeben ist, wenn die *TextBox* leer ist.
Klicken Sie auf den obigen Menüpunkt oder verwenden Sie die Tastenkombination **Strg+O**, wird unsere MessageBox aus der Methode *OpenCmdExecuted* ausgeführt.

HINWEIS: Selbstverständlich können Sie *CommandBinding* auch per Code realisieren, wie das folgende Beispiel zeigt.

Beispiel 11.19: Ereignismethode per Code zuweisen

C#

```
public MainWindow()
{
    InitializeComponent();
    CommandBinding cmdOpen =
        new CommandBinding(ApplicationCommands.Open);
    cmdOpen.Executed += new ExecutedRoutedEventHandler(OpenCmdExecuted);
}
```

11.4.6 Wie kann ich ein Command per Code auslösen?

Neben der bereits beschriebenen Variante, Commands per Zuordnung im XAML-Code auszulösen, besteht auch die Möglichkeit, diese direkt mit der *Execute*-Methode aufzurufen.

Beispiel 11.20: Direkter Aufruf eines Commands in einer Ereignismethode

C#

```
private void Button_Click(object sender, RoutedEventArgs e)
{
    ApplicationCommands.Paste.Execute(null, txt2);
}
```

Im zweiten Parameter übergeben Sie das *CommandTarget*.

11.4.7 Command-Ausführung verhindern

Nicht immer und zu jeder Zeit können Kommandos einfach ausgeführt werden. Unter bestimmten Bedingungen steht eine Funktion nicht zur Verfügung, in diesem Fall sollen die Menüpunkte/Schaltflächen abgeblendet sein, um den Anwender nicht unnötig zu verwirren.

Die Lösungsmöglichkeit haben wir bereits beim Zuordnen von Ereignismethoden gezeigt. Im *CanExecute*-Ereignis wird mit dem Parameter *e.CanExecute* entschieden, ob eine Aktion ausführbar ist oder nicht.

Beispiel 11.21: Command-Ausführung verhindern

C#

```
private void OpenCmdCanExecute(object sender, CanExecuteRoutedEventArgs e)
{
    e.CanExecute = false;
}
```

11.5 Das WPF-Style-System

Mit den WPF-Styles kommen wir jetzt zu einem Thema, das sicher von ganz zentraler Bedeutung für die oberflächenorientierten WPF-Anwendungen ist und auch einen der wesentlichsten Unterschiede zu den konventionellen Windows-Anwendungen darstellt.

11.5.1 Übersicht

Doch worum geht es eigentlich? Sicher haben Sie nach der Lektüre der beiden vorhergehenden Kapitel festgestellt, dass WPF-Controls mit Bergen von Eigenschaften ausgestattet sind, die es möglich machen, fast alle Aspekte der Darstellung zu beeinflussen.

Doch gerade für aufwendige Oberflächen ergeben sich einige Fragen:

- Wie kann ich mehr als einem Control ein spezifisches Aussehen zuweisen?
- Wie kann ich das Aussehen unter bestimmten Bedingungen ändern?
- Wie kann ich das grundsätzliche Aussehen eines Controls komplett ändern?
- Wie kann ich einfache Animationen realisieren?

Für alle diese Fragen bietet WPF eine Antwort:

- Verwendung von benannten oder Typ-Styles
- Verwendung von Triggern
- Verwendung von Templates
- Verwendung von StoryBoards

HINWEIS: Im Rahmen dieses Abschnitts werden wir die oben genannten Themen nur recht oberflächlich streifen, da dies eigentlich ein Hauptarbeitsgebiet für den Designer und nicht für den Programmierer ist. Außerdem ist Visual Studio für einige der obigen Aufgaben das falsche Tool. Für WPF-Designer gibt es das Tool *Blend for Visual Studio*, mit dem man komfortabel XAML-Dateien erstellen kann.

11.5.2 Benannte Styles

In den bisherigen Beispielen haben wir die Eigenschaften jedes Controls einzeln gesetzt, was bei größeren Ansammlungen recht schnell zum Geduldspiel ausarten kann. Denken Sie nur an unseren Taschenrechner aus dem WPF-Einführungskapitel, wo ca. zwanzig einzelne Tasten zu konfigurieren sind (Schrift, Randabstände, Farben etc.). Viel schöner wäre doch hier eine zentrale Vorschrift, wie ein derartiger Button auszusehen hat.

Genau diese Aufgabe übernimmt ein *benannter Style*. Dieser wird einmal definiert und kann dann per Key den einzelnen Elementen zugewiesen werden.

Beispiel 11.22: Alle Schaltflächen für den Taschenrechner sollen einen Randabstand von 2, eine fette Schrift und eine gelbe Hintergrundfarbe bekommen.

XAML

```
<Window x:Class="StyleSample.MainWindow"
    xmlns="http://schemas.microsoft.com/winfx/2006/xaml/presentation"
    xmlns:x="http://schemas.microsoft.com/winfx/2006/xaml"
    xmlns:d="http://schemas.microsoft.com/expression/blend/2008"
    xmlns:mc="http://schemas.openxmlformats.org/markup-compatibility/2006"
    xmlns:local="clr-namespace:StyleSample"
    mc:Ignorable="d"
    Title="MainWindow" Height="250" Width="400">
```

Jetzt wird auch klar, warum wir uns in diesem Kapitel bereits mit Ressourcen beschäftigt haben. Hoffentlich haben Sie diesen Abschnitt nicht gelangweilt überblättert!

```
    <Window.Resources>
```

Wir definieren einen neuen Style und legen dessen *Key* fest (über diesen können wir später auf den Style zugreifen bzw. auf diesen verweisen):

```
        <Style x:Key="myBtnStyle">
```

Innerhalb des *Style*-Elements können Sie per *Setter* die gewünschten Eigenschaften beeinflussen:

```
            <Setter Property="Control.Margin" Value="2" />
            <Setter Property="Control.Background" Value="Yellow" />
            <Setter Property="Control.FontWeight" Value="UltraBold" />
```

Legen Sie jeweils *Property* und *Value* fest.

```
        </Style>
    </Window.Resources>
```

Und jetzt kommt unser neuer Style zum Einsatz (setzen Sie diesen nur bei den Zifferntasten):

```
    <UniformGrid Name="uniformGrid1" Columns="5" Rows="4" Grid.Row="1">
        <Button Name="button1" Style="{StaticResource myBtnStyle}">7</Button>
        <Button Name="button2" Style="{StaticResource myBtnStyle}">8</Button>
        <Button Name="button3" Style="{StaticResource myBtnStyle}">9</Button>
...
```

Ergebnis

Schon im Designer dürfte sich jetzt etwas getan haben. Bild 11.8 zeigt die App während der Laufzeit.

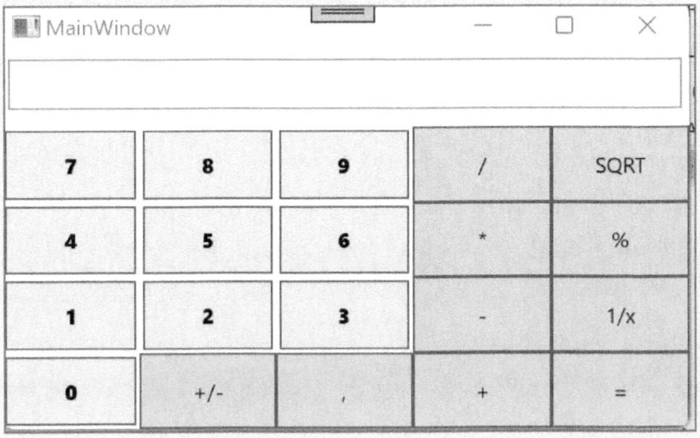

Bild 11.8 Button mit Zahlen mit einem einheitlichen Style

Was passiert eigentlich, wenn wir den Style einer *TextBox* zuweisen? Probieren Sie es ruhig aus, es kann nichts passieren. Vielleicht sind Sie überrascht, aber auch die *Text Box* wird nach dieser Aktion im gelben Outfit erscheinen und eine fette Schrift anzeigen.

Warum dies so ist? Ganz einfach, auch die *TextBox* verfügt über die aufgeführten Eigenschaften und übernimmt diese automatisch vom Style.

11.5.3 Typ-Styles

Ein „fauler“ Programmierer (sind wir das nicht alle?) wird immer einen einfacheren Weg suchen, und so ist es sicher mühsam, den Style jedem einzelnen Button explizit zuzuweisen, zumal die Syntax auch recht umfangreich ist. Aus diesem Grund gibt es noch eine zweite Art von Styles, die nicht über einen Key, sondern indirekt über den Klassennamen zugeordnet werden.

Der Vorteil: Alle WPF-Elemente, die Instanzen dieser Klasse sind, übernehmen automatisch diesen Style, ohne dass dies explizit angegeben werden muss.

Beispiel 11.23: ***(Fortsetzung von Beispiel 11.22)*** **Mit Ausnahme der Zifferntaste sollen alle Tasten einen grünen Hintergrund und eine weiße Schrift bekommen.**

XAML

```
    <Window.Resources>
```

Hier der benannte Style für die Zifferntasten:

```
        <Style x:Key="myBtnStyle">
...
        </Style>
```

Und hier der Default-Style für alle Elemente vom Typ *Button*:

```
      <Style TargetType="{x:Type Button}">
        <Setter Property="Margin" Value="2" />
        <Setter Property="Background" Value="Green" />
        <Setter Property="FontWeight" Value="UltraBold" />
        <Setter Property="Foreground" Value="White" />
      </Style>
```

Ergebnis

Ohne weitere Änderungen im XAML-Code dürfte sich jetzt bereits folgender Anblick im Designer bieten (Bild 11.9).

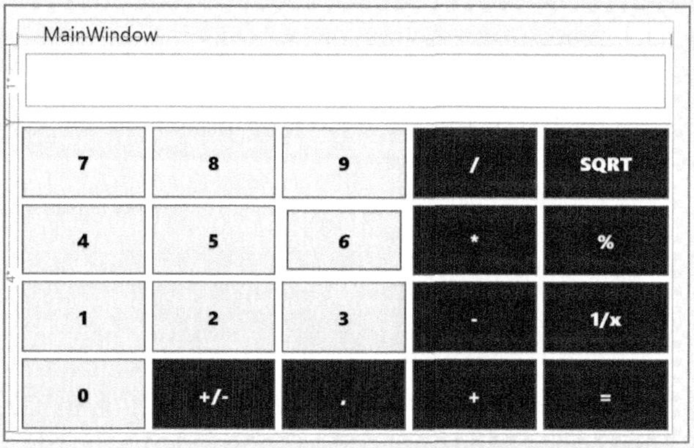

Bild 11.9 Buttons mit zwei unterschiedlichen Style-Varianten

HINWEIS: Hätten Sie die Style-Definition in der Datei *App.xaml* eingefügt, würde es sich um einen anwendungsweiten Style handeln – alle Windows bzw. die enthaltenen Schaltflächen würden dieses Outfit bekommen.

Doch was ist, wenn sich auf Ihrem Formular zum Beispiel ein paar *ToggleButton*-Controls befinden? Diese sind von obiger Style-Definition nicht betroffen, handelt es sich doch um eine andere Klasse.

11.5.4 Styles anpassen und vererben

Es gibt immer wieder Ausnahmen von der Regel, und so kommen Sie meist nicht darum herum, den Style einzelner Controls speziell anzupassen. Drei Varianten bieten sich dazu an:

- Sie überschreiben einzelne Attribute direkt im Element.
- Sie ersetzen den Style auf einer niedrigeren Ebene (statt *Application* z. B. in einem *StackPanel*).
- Sie vererben den Style und passen ihn unter neuem Namen an.

Styles anpassen (überschreiben)

Das Überschreiben von Styles ist eigentlich ganz intuitiv möglich. Geben Sie den Key des Styles an oder nutzen Sie einen Typ-Style wie bisher. Gleichzeitig erweitern Sie die Attributliste des betreffenden Elements, um die gewünschten Änderungen vorzunehmen.

Beispiel 11.24: (*Fortsetzung von Beispiel 11.22 und 11.23*) Die Taste „0" soll rot hinterlegt werden (der Style gibt gelb vor).

XAML

```
<Button Name="button16" Style="{StaticResource myBtnStyle}"
        Background="Red" >0</Button>
```

Style ersetzen

Fällt ein komplettes Formular aus dem Rahmen oder möchten Sie einzelne Elemente einer Gruppe (*StackPanel*, *Grid* etc.) mit einem angepassten Style versehen, können Sie auch den zentral gültigen Style ersetzen. Definieren Sie dazu einen neuen *Resources*-Abschnitt und fügen Sie die neue Style-Definition in diesen ein.

Beispiel 11.25: (*Fortsetzung von Beispiel 11.22. bis 11.24*) Ersetzen des zentralen Button-Styles

XAML

```
<Window x:Class="StyleSample.MainWindow"
...
```

Hier die übergreifende Definition:

```
<Window.Resources>
  <Style TargetType="{x:Type Button}">
...
        </Style>
    </Window.Resources>
...
    <UniformGrid Name="uniformGrid1" Columns="5" Rows="4" Grid.Row="1">
```

Hier wird der Style **ersetzt**, d. h. alle obigen Einstellungen gehen verloren:

```
<UniformGrid.Resources>
    <Style TargetType="{x:Type Button}">
            <Setter Property="Margin" Value="2" />
            <Setter Property="Background" Value="Blue" />
            <Setter Property="FontWeight" Value="UltraBold" />
            <Setter Property="Foreground" Value="White" />
        </Style>
    </UniformGrid.Resources>
    ...
```

HINWEIS: Elemente, die sich in der Hierarchie oberhalb des *UniformGrids* befinden, sind nicht von dieser Anpassung betroffen, hier gilt wieder die zentrale Version.

Styles vererben

Wer schreibfaul ist und beispielsweise nicht den kompletten Style austauschen will, kann diesen auch einfach vererben. Dazu wird in die Definition des Styles das Attribut *BasedOn* aufgenommen, das per Binding auf den Basisstyle verweist.

Ob Sie in diesem neuen Style bestehende Eigenschaften überschreiben (einfach erneut definieren) oder neue Eigenschaften hinzufügen, bleibt Ihnen überlassen.

Beispiel 11.26: Vererben eines Styles

XAML

```
<Window.Resources>
```

Das Original:

```
<Style x:Key="myBtnStyle">
    <Setter Property="Control.Margin" Value="2" />
    <Setter Property="Control.Background" Value="Yellow" />
    <Setter Property="Control.FontWeight" Value="UltraBold" />
</Style>
```

Der „Erbe“ mit geringfügiger Änderung:

```
<Style x:Key="myBtnStyle2" BasedOn="{StaticResource myBtnStyle}">
```

Hier wird eine Eigenschaft überschrieben:

```
    <Setter Property="Control.Margin" Value="5" />
```

Hier wird eine neue Eigenschaft gesetzt:

```
        <Setter Property="Control.FontStyle" Value="Italic" />
    </Style>
</Window.Resources>
```

Ergebnis

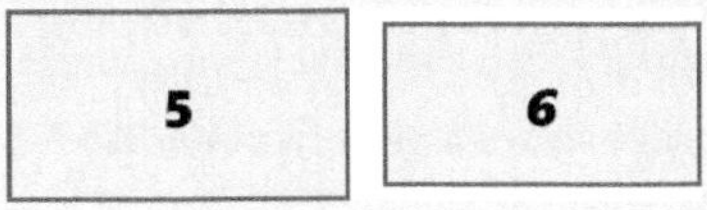

Bild 11.10
Links der Basis-Style, rechts der neue Style

Styleänderung per Code

Ihr Programm ist nicht darauf angewiesen, immer den gleichen Style zu verwenden. So ist es problemlos möglich, auch zur Laufzeit einen Style per Code neu zu setzen (z. B. unter bestimmten Bedingungen).

Beispiel 11.27: Der Style von *button10* wird geändert

C#

```
private void Window_Loaded(object sender, RoutedEventArgs e)
{
    // Ziffer 3
    button13.Style = (Style)FindResource("myBtnStyle2");
}
```

HINWEIS: Den Style bzw. dessen Instanz finden Sie mit der Methode *FindResource* über dessen Key.

HINWEIS: Bevor Sie sich weiter in diese Thematik vertiefen, werfen Sie zunächst einen Blick auf den folgenden Abschnitt; vielleicht können Sie damit bestimmte Aufgaben eleganter lösen.

11.6 Verwenden von Triggern

In unseren bisherigen Experimenten waren die vom Style vorgenommenen Änderungen immer statischer Natur, d. h. einmal gesetzt, blieb die Optik immer gleich. Doch dies kann sicher nicht der Weisheit letzter Schluss sein.

Wenn jetzt in Ihnen der Programmierer wieder durchkommt und Sie an C# und Ereignisprozeduren denken, vergessen Sie es gleich wieder. Für (fast) alle Aufgabenstellungen ist auch hier XAML die beste Lösung.

Für die Reaktion auf Eigenschaftsänderungen, Ereignisse, Datenänderungen etc. können Sie in WPF-Anwendungen sogenannte Trigger verwenden und damit zum Beispiel den Style ändern. Dabei sind Sie nicht auf einen einzelnen Trigger angewiesen, sondern Sie können der Trigger-Collection auch mehrere Ereignisse mit unterschiedlichen Bedingungen zuweisen.

Im Folgenden wollen wir uns die verschiedenen Triggerarten näher ansehen.

11.6.1 Eigenschaften-Trigger (Property Triggers)

Sicher kennen Sie auch das eine oder andere Programm, das exzessiv Gebrauch von diversen optischen Spielereien macht. Wird beispielsweise mit dem Mauscursor auf ein Control gezeigt, ändert sich dessen Rahmen oder die Hintergrundfarbe. Gleiches gilt für Eingabefelder, die den Fokus erhalten, etc. In all diesen Fällen ändern sich Eigenschaften (*IsMouseOver*, *IsFocused*), auf die Sie bei der konventionellen Programmierung mit Ereignismethoden reagieren können. Mit Eigenschaften-Triggern können Sie Ihren C#-Quellcode von derartigem Ballast befreien und direkt per XAML-Code Änderungen am Control vornehmen.

Beispiel 11.28: Eine *TextBox* soll auf *IsMouseOver* und *IsFocused* mit Farbänderungen reagieren.

XAML

```
<Window x:Class="TriggerSample.MainWindow"
        xmlns="http://schemas.microsoft.com/winfx/2006/xaml/presentation"
        xmlns:x="http://schemas.microsoft.com/winfx/2006/xaml"
        xmlns:d="http://schemas.microsoft.com/expression/blend/2008"
        xmlns:mc="http://schemas.openxmlformats.org/markup-compatibility/2006"
        xmlns:local="clr-namespace:TriggerSample"
        mc:Ignorable="d"
        Title="MainWindow" Height="300" Width="300">
```

Einen Style für die *TextBox* erzeugen:

```
    <Window.Resources>
        <Style x:Key="myStyle" TargetType="{x:Type TextBox}">
```

Der Außenabstand soll immer 2 betragen:

```
            <Setter Property="Margin" Value="2" />
```

Hier werden die Trigger definiert:

```
            <Style.Triggers>
```

Unter der Bedingung ...

```
                <Trigger Property="IsMouseOver" Value="True">
```

... wird die folgende Eigenschaft gesetzt:

```
                    <Setter Property="Background" Value="Yellow" />
                </Trigger>
```

Unter der Bedingung ...

```
            <Trigger Property="IsFocused" Value="True">
```

... werden die folgenden Eigenschaften gesetzt:

```
                <Setter Property="Background" Value="Blue" />
                <Setter Property="Foreground" Value="White" />
            </Trigger>
        </Style.Triggers>
    </Style>
</Window.Resources>
<StackPanel>
```

Hier verwenden wir den Style:

```
        <TextBox Style="{StaticResource myStyle}" >Hallo</TextBox>
        <TextBox Style="{StaticResource myStyle}" >Hallo</TextBox>
        <TextBox Style="{StaticResource myStyle}" >Hallo</TextBox>
    </StackPanel>
</Window>
```

Änderungen, die durch einen Trigger vorgenommen wurden, werden automatisch wieder rückgängig gemacht, wenn die Bedingung nicht mehr eingehalten wird (automatisches Wiederherstellen des Standardwertes).

Ergebnis

Bild 11.11 zeigt die Laufzeitansicht. Die erste TextBox hat den Eingabefokus, die zweite erfüllt die Bedingung *IsMouseOver=True* und die dritte TextBox ist im Standardzustand.

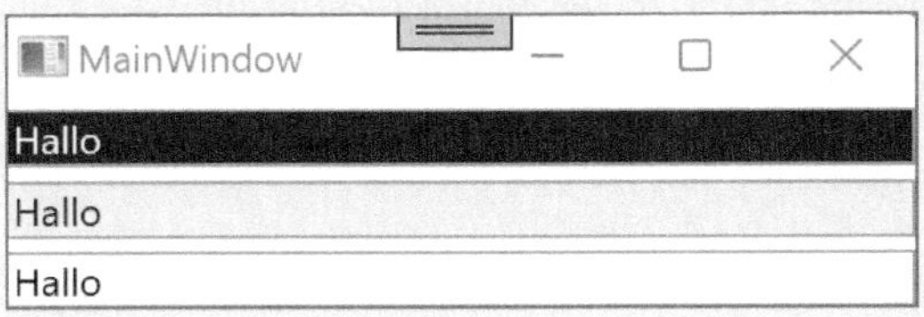

Bild 11.11 Trigger im Einsatz

Doch was ist, wenn Sie mehr als eine Bedingung benötigen? Auch das ist kein Problem, in diesem Fall erzeugen Sie einfach einen „multi-condition property trigger".

Beispiel 11.29: Der *TextBox-Hintergrund* soll rot werden, wenn die *TextBox* den Eingabefokus besitzt und wenn kein Text enthalten ist.

XAML

```
<Window.Resources>
    <Style x:Key="myStyle" TargetType="{x:Type TextBox}">
        <Setter Property="Margin" Value="2" />
        <Style.Triggers>
...
```

Einen Multi-Condition-Trigger definieren:

```
            <MultiTrigger>
                <MultiTrigger.Conditions>
```

Die beiden folgenden Bedingungen müssen zutreffen:

```
                    <Condition Property="IsFocused" Value="True"/>
                    <Condition Property="Text" Value="" />
                </MultiTrigger.Conditions>
```

Hier die Aktion:

```
                <Setter Property="Background" Value="Red" />
            </MultiTrigger>
        </Style.Triggers>
    </Style>
</Window.Resources>
```

11.6.2 Ereignis-Trigger

Ereignis-Trigger werden durch bestimmte Ereignisse (vom Typ *RoutedEvent*) ausgelöst. Im Gegensatz zu den Eigenschaften-Triggern können Sie über derartige Trigger jedoch direkt keine Eigenschaften ändern, Sie können „lediglich" Animationen starten, die sich wiederum auf Eigenschaften auswirken.

HINWEIS: Ereignis-Trigger setzen geänderte Eigenschaften nicht wieder zurück, dafür sind **Sie** als Programmierer verantwortlich (z. B. im Pendant des betreffenden Ereignisses).

Beispiel 11.30: Wird der Mauscursor über einen Button bewegt, wird dieser transparent.

XAML

Zunächst die Style-Definition:

```
        <Style TargetType="{x:Type Button}">
            <Style.Triggers>
```

Hier kommt unser Ereignis-Trigger:

```
                <EventTrigger RoutedEvent="Button.MouseEnter">
```

Wir reagieren mit einer Aktion über die Hintergründe:

```
                    <EventTrigger.Actions>
                        <BeginStoryboard>
```

Hier die eigentliche Aktion – die Eigenschaft *Opacity* soll in 4 Sekunden von 1 auf 0.25 verringert werden:

```
                <Storyboard>
                    <DoubleAnimation From="1" To="0.25" Duration="0:0:4"
                            Storyboard.TargetProperty="(Opacity)"/>
                </Storyboard>
            </BeginStoryboard>
        </EventTrigger.Actions>
    </EventTrigger>
```

Beim *MouseLeave*-Ereignis gehen wir den umgekehrten Weg und stellen die ursprüngliche Transparenz wieder her:

```
    <EventTrigger RoutedEvent="Button.MouseLeave">
        <EventTrigger.Actions>
            <BeginStoryboard>
                <Storyboard>
                    <DoubleAnimation From="0.25" To="1" Duration="0:0:4"
                             Storyboard.TargetProperty="(Opacity)"/>
                </Storyboard>
            </BeginStoryboard>
        </EventTrigger.Actions>
    </EventTrigger>
  </Style.Triggers>
</Style>
```

11.6.3 Daten-Trigger

Mit diesen Triggern können Sie auf das Ändern beliebiger Eigenschaften reagieren. Die Verbindung zu den entsprechenden Eigenschaften stellen Sie per Bindung her. Als Reaktion auf eine Eigenschaftsänderung können Sie, wie auch bei den Eigenschaften-Triggern, mit einem *Setter*-Element bestimmte Eigenschaften ändern.

HINWEIS: Die durch den Trigger geänderten Eigenschaften werden automatisch zurückgesetzt, wenn die Bedingung nicht mehr erfüllt ist.

Beispiel 11.31: Enthält die *TextBox* mehr als zehn Zeichen, wird sie grün eingefärbt.

XAML

```
    <Window.Resources>
        <Style x:Key="myStyle" TargetType="{x:Type TextBox}">
            <Style.Triggers>
...
                <DataTrigger Binding="{Binding RelativeSource={RelativeSource Self},
                             Path=Text.Length}" Value="10">
                    <Setter Property="Background" Value="Green" />
                </DataTrigger>
            </Style.Triggers>
        </Style>
    </Window.Resources>
```

11.7 Einsatz von Templates

Im Folgenden möchten wir Sie zunächst mit ein paar Grundaussagen konfrontieren, bevor wir uns der Thematik „Templates“ bzw. „Vorlagen“ widmen:

- WPF-Controls haben prinzipiell keine Zeichenlogik, es handelt sich um Lookless Controls.
- WPF-Controls stellen lediglich eine Sammlung von Verhalten (Behaviors) dar.

Spinnen denn die Römer? Wo kommen denn sonst die ganzen optischen Spielereien her? Die Antwort auf dieses Paradoxon: Die Zeichenlogik eines Controls wird nur vom Layout/Styling bestimmt. Jedes Control besitzt ein Standardaussehen (Default-Template), das komplett ersetzt werden kann.

Hier haben Sie es mit der Spielwiese der Designer zu tun. Aus dem guten alten viereckigen Button kann ein gänzlich anderes Objekt werden, das jedoch nach wie vor das wesentliche Verhalten eines Buttons (Klick) besitzt. Aus Sicht des Programmierers kann dieser neue Button wie der Standard-Button verwendet werden. Damit ersparen Templates uns vielfach die Mühe, Controls umständlich abzuleiten und deren Zeichenlogik per C#-Code komplett neu zu implementieren.

HINWEIS: Im Gegensatz zu den Styles können Sie bei den Templates nicht nur die vorhandenen Eigenschaften beeinflussen, sondern das Control auch von Grund auf neu zusammenbauen.

11.7.1 Neues Template erstellen

Ein etwas komplexeres Beispiel soll die prinzipielle Vorgehensweise verdeutlichen. Eine Komplettübersicht dieses Themas können wir Ihnen an dieser Stelle leider nicht geben.

Beispiel 11.32: Erzeugen und Verwenden eines Templates

XAML

Unsere Schaltflächen sollen ellipsenförmig sein und einen Farbverlauf aufweisen. Ist die Maus über dem Control, soll sich die Schriftstärke ändern. Ein Niederdrücken der Schaltfläche führt zu einem umgekehrten Farbverlauf im Control.

```
<Window.Resources>
```

Zunächst erstellen wir einen neuen Type-Style für *Button*-Elemente (Sie können auch einen benannten Style verwenden):

```
 <Style TargetType="{x:Type Button}">
```

Hier greifen wir erstmals auf das Template zu. Die Definition ist etwas verschachtelt, da es sich um eine recht komplexe Zuweisung handelt:

```
    <Setter Property="Template">
       <Setter.Value>
```

Der Eigenschaft *Template* wird ein *ControlTemplate* zugewiesen:

```
          <ControlTemplate TargetType="{x:Type Button}">
```

Für die innere Ausrichtung nutzen wir zunächst ein *Grid*:

```
             <Grid HorizontalAlignment="Stretch"
                  VerticalAlignment="Stretch" ClipToBounds="False">
```

Und hier haben wir es schon mit der Optik zu tun. Wir erzeugen eine Ellipse mit einem Farbverlauf (dies ist der Defaultzustand):

```
                <Ellipse>
                   <Ellipse.Fill>
                      <LinearGradientBrush StartPoint="0,0"
                                           EndPoint="0,1" >
                         <LinearGradientBrush.GradientStops>
                            <GradientStop Color="#fff399"
                                          Offset="0.1"/>
                            <GradientStop Color="#ffe100"
                                          Offset="0.5"/>
                            <GradientStop Color="#feca00"
                                          Offset="0.9"/>
                         </LinearGradientBrush.GradientStops>
                      </LinearGradientBrush>
                   </Ellipse.Fill>
                </Ellipse>
```

In unserem Button soll auch etwas angezeigt werden, dafür ist das *ContentPresenter*-Element verantwortlich:

```
                <ContentPresenter x:Name="PrimaryContent""
                                  HorizontalAlignment="Center"
                                  VerticalAlignment="Center"
```

Den eigentlichen Inhalt holen wir uns wiederum vom ursprünglichen Element (dem *Button*), deshalb auch die etwas umständliche Bindung:

```
                                  Content="{Binding Path=Content,
                     RelativeSource={RelativeSource TemplatedParent}}" />
          </Grid>
```

Nicht nur die Standardanzeige unseres Buttons wollen wir beeinflussen, sondern auch die Reaktion auf Maus und Klicken:

```
          <ControlTemplate.Triggers>
```

Es wird geklickt, d. h. wir zeichnen einen neuen Hintergrund. Dazu benötigen wir allerdings den Namen der Ellipse:

```
               <Trigger Property="Button.IsPressed" Value="True">
                   <Setter Property="Fill" TargetName="elli" >
```

Achtung: Diese Namen sind nur innerhalb des Templates verwendbar!

```
                       <Setter.Value>
                           <LinearGradientBrush StartPoint="0,1"
                                                EndPoint="0,0" >
                               <LinearGradientBrush.GradientStops>
                                   <GradientStop Color="#fff399"
                                                 Offset="0.1"/>
                                   <GradientStop Color="#ffe100"
                                                 Offset="0.5"/>
                                   <GradientStop Color="#feca00"
                                                 Offset="0.9"/>
                               </LinearGradientBrush.GradientStops>
                           </LinearGradientBrush>
                       </Setter.Value>
                   </Setter>
               </Trigger>
```

Die Maus wird über das Control bewegt. In diesem Fall wird lediglich die Schriftstärke geändert:

```
               <Trigger Property="Button.IsMouseOver" Value="True">
                   <Setter Property="FontWeight" Value="Bold" />
               </Trigger>
```

Hier könnten Sie noch auf weitere Eigenschaftsänderungen reagieren …

```
          </ControlTemplate.Triggers>
      </ControlTemplate>
   </Setter.Value>
</Setter>
```

Last, but not least, setzen wir noch ein paar Eigenschaften:

```
            <Setter Property="Foreground" Value="Black" />
            <Setter Property="FontFamily" Value="Arial" />
            <Setter Property="FontSize" Value="14" />
        </Style>
    </Window.Resources>
    <StackPanel>
        <Button Height="50">Hallo User</Button>
        <Button Height="76" Margin="10" Width="113">Hallo User
        </Button>
    </StackPanel>
```

Ergebnis

Und wie sieht nun unsere neue Schaltfläche aus? Die Antwort sehen Sie in Bild 11.12.

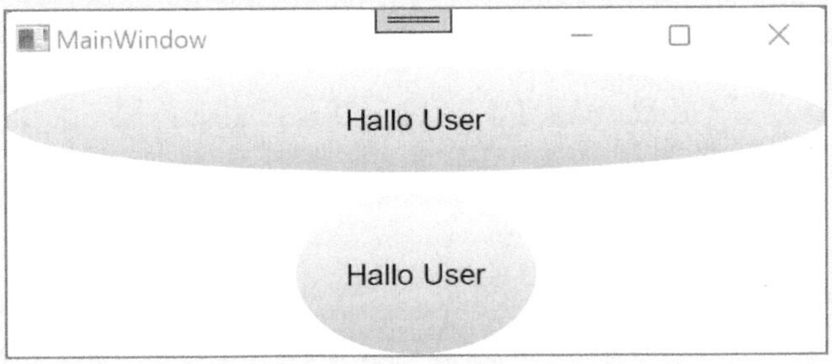

Bild 11.12 Buttons mit geändertem Template

Doch wie können Sie innerhalb des Templates auf die ursprüngliche Definition von Eigenschaften zugreifen? Hier hilft Ihnen ebenfalls Binding weiter.

Beispiel 11.33: Verwendung der Button.Background-Eigenschaft

XAML

```
    <ControlTemplate TargetType="{x:Type Button}">
        <Grid HorizontalAlignment="Stretch" VerticalAlignment=vStretch"
              ClipToBounds="False">
              <Rectangle Fill="{TemplateBinding Property=Background}"/>
                  <Ellipse Name="elli">
```

Ergebnis

Starten Sie das Programm mit dieser Änderung, taucht im Hintergrund zunächst der Default-Farbverlauf eines Buttons auf (so ist *Background* für einen *Button* auch gesetzt).

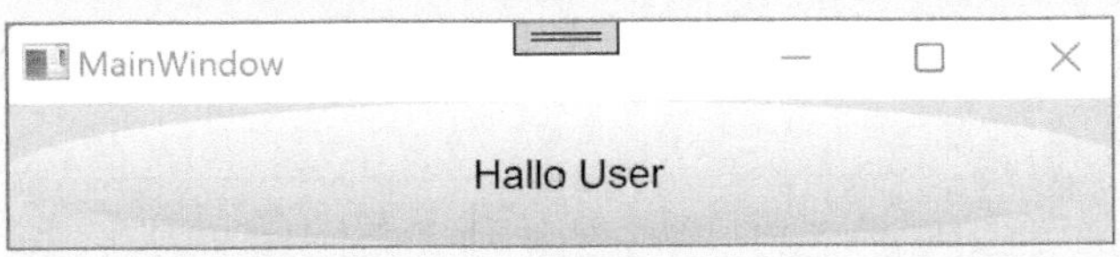

Bild 11.13 Der graue Hintergrund ist in den Ecken sichtbar.

Werfen wir noch einen Blick auf das *ContentPresenter*-Element in unserem obigen Template. Dessen Content stammt vom ursprünglichen Element ab und bietet damit ebenfalls die Möglichkeit, komplexe Controls „zusammenzubasteln".

Beispiel 11.34: Wir definieren den zweiten Button mit einer Grafik, der Button übernimmt den vorliegenden Style.

XAML

```
<Button Height="76" Margin="10" Width="113">
    <StackPanel Orientation="Horizontal">
        <Image Source="Images/flash.png" Width="26" Height="26"
               Margin="0,0,10,0"/>
        <TextBlock VerticalAlignment="Center">Action</TextBlock>
    </StackPanel>
</Button>
```

Ergebnis

Das zusammengewürfelte Endergebnis (Grafik und Text per *Content*, Grundlayout per *Template*) präsentiert sich nach wie vor als vollwertiger Button:

Bild 11.14
Button mit Image und TextBox

11.7.2 Template abrufen und verändern

Möchten Sie von einem vorhandenen Control das Template abrufen und eventuell verändern, ist dies seit Visual Studio 2012 kein Problem mehr[3].

Sie können von jedem Control direkt aus dem Designer heraus eine Kopie des Default-Templates editieren. Markieren Sie das betreffende Control im WPF-Editor-Fenster und klicken Sie mit der rechten Maustaste. Über das Kontextmenü rufen Sie *Vorlage bearbeiten/Kopie bearbeiten* auf:

3 In früheren Versionen waren Sie auf die Anwendung *Expression Blend* angewiesen, mittlerweile ist der WPF-Editor in Visual Studio massiv aufgerüstet worden.

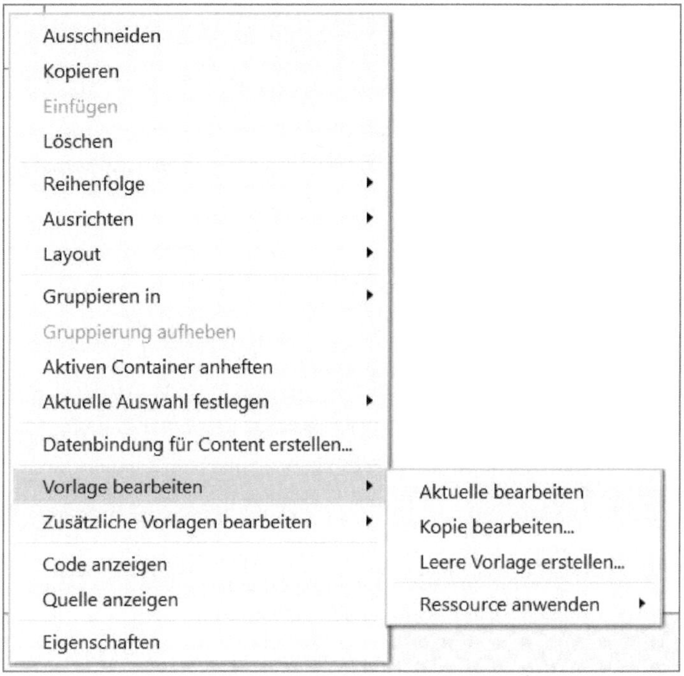

Bild 11.15 Kopie eines Templates erstellen

Im folgenden Dialog (Bild 11.16) bestimmen Sie, ob das Template per Name (benannt) oder per Typ zugeordnet werden soll und wo das Template erstellt wird. Auf das Speichern im aktuellen Window (Dieses Dokument) sollten Sie aus Gründen der Übersichtlichkeit verzichten. Mit der Option *Anwendung* wird das Template in der *app.xaml* erstellt.

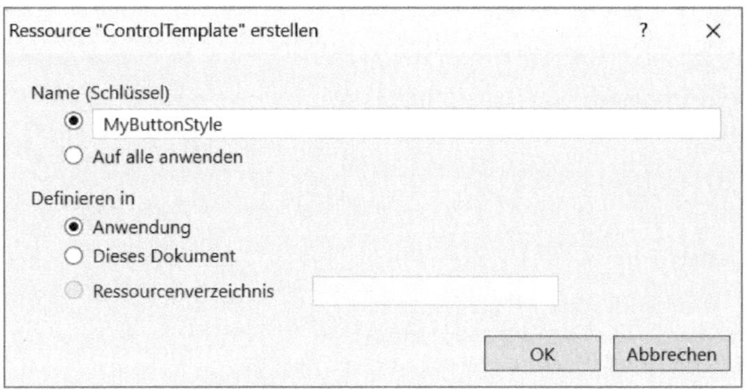

Bild 11.16 ControlTemplate erstellen

Beispiel 11.35: Die derart erstellte Kopie sieht wie folgt aus (Beispiel *Button*):

XAML

```
<Application.Resources>
```

Als Erstes wird ein *FocusVisualStyle* erstellt:

```
    <Style x:Key="FocusVisual">
        <Setter Property="Control.Template">
            <Setter.Value>
                <ControlTemplate>
                    <Rectangle Margin="2" StrokeDashArray="1 2"
              Stroke="{DynamicResource {x:Static SystemColors.ControlTextBrushKey}}"
              SnapsToDevicePixels="true" StrokeThickness="1"/>
                </ControlTemplate>
            </Setter.Value>
        </Setter>
    </Style>
```

Dann folgen Farbdefinitionen:

```
    <SolidColorBrush x:Key="Button.Static.Background" Color="#FFDDDDDD"/>
    <SolidColorBrush x:Key="Button.Static.Border" Color="#FF707070"/>
    <SolidColorBrush x:Key="Button.MouseOver.Background" Color="#FFBEE6FD"/>
    <SolidColorBrush x:Key="Button.MouseOver.Border" Color="#FF3C7FB1"/>
    <SolidColorBrush x:Key="Button.Pressed.Background" Color="#FFC4E5F6"/>
    <SolidColorBrush x:Key="Button.Pressed.Border" Color="#FF2C628B"/>
    <SolidColorBrush x:Key="Button.Disabled.Background" Color="#FFF4F4F4"/>
    <SolidColorBrush x:Key="Button.Disabled.Border" Color="#FFADB2B5"/>
    <SolidColorBrush x:Key="Button.Disabled.Foreground" Color="#FF838383"/>
```

Hier geht es mit der eigentlichen Definition des Buttons los, bei der zunächst einige Einstellungen zugewiesen werden:

```
    <Style x:Key="MyButtonStyle" TargetType="{x:Type Button}">
        <Setter Property="FocusVisualStyle" Value="{StaticResource FocusVisual}"/>
        <Setter Property="Background"
                Value="{StaticResource Button.Static.Background}"/>
        <Setter Property="BorderBrush"
                Value="{StaticResource Button.Static.Border}"/>
```

Hier wird direkt eine Systemressource genutzt. Die Anpassung erfolgt dynamisch, d. h. bei Änderungen in der Systemsteuerung:

```
        <Setter Property="Foreground"
            Value="{DynamicResource {x:Static SystemColors.ControlTextBrushKey}}"/>
```

Dann werden weitere Properties gesetzt:

```
        <Setter Property="BorderThickness" Value="1"/>
        <Setter Property="HorizontalContentAlignment" Value="Center"/>
        <Setter Property="VerticalContentAlignment" Value="Center"/>
        <Setter Property="Padding" Value="1"/>
```

Das Default-Template wird als Kopie über einen weiteren *Setter* definiert:

```
        <Setter Property="Template">
            <Setter.Value>
                <ControlTemplate TargetType="{x:Type Button}">
                    <Border x:Name="border" Background="{TemplateBinding Background}"
                            BorderBrush="{TemplateBinding BorderBrush}"
                            BorderThickness="{TemplateBinding BorderThickness}"
                            SnapsToDevicePixels="true">
                        <ContentPresenter x:Name="contentPresenter" Focusable="False"
                                HorizontalAlignment=
                                    "{TemplateBinding HorizontalContentAlignment}"
                                Margin="{TemplateBinding Padding}"
                                RecognizesAccessKey="True"
                                SnapsToDevicePixels=
                                    "{TemplateBinding SnapsToDevicePixels}"
                                VerticalAlignment=
                                    "{TemplateBinding VerticalContentAlignment}"/>
                    </Border>
```

Die Reaktion auf Eigenschaften-Trigger und Mausbewegungen:

```
                    <ControlTemplate.Triggers>
                        <Trigger Property="IsDefaulted" Value="true">
                            <Setter Property="BorderBrush" TargetName="border"
            Value="{DynamicResource {x:Static SystemColors.HighlightBrushKey}}"/>
                        </Trigger>
                        <Trigger Property="IsMouseOver" Value="true">
                            <Setter Property="Background" TargetName="border"
            Value="{StaticResource Button.MouseOver.Background}"/>
                            <Setter Property="BorderBrush" TargetName="border"
            Value="{StaticResource Button.MouseOver.Border}"/>
                        </Trigger>
                        <Trigger Property="IsPressed" Value="true">
                            <Setter Property="Background" TargetName="border"
            Value="{StaticResource Button.Pressed.Background}"/>
                            <Setter Property="BorderBrush" TargetName="border"
            Value="{StaticResource Button.Pressed.Border}"/>
                        </Trigger>
                        <Trigger Property="IsEnabled" Value="false">
                            <Setter Property="Background" TargetName="border"
            Value="{StaticResource Button.Disabled.Background}"/>
                            <Setter Property="BorderBrush" TargetName="border"
            Value="{StaticResource Button.Disabled.Border}"/>
                            <Setter Property="TextElement.Foreground"
                                    TargetName="contentPresenter"
            Value="{StaticResource Button.Disabled.Foreground}"/>
                        </Trigger>
                    </ControlTemplate.Triggers>
                </ControlTemplate>
            </Setter.Value>
        </Setter>
    </Style>
</Application.Resources>
```

HINWEIS: Ändern Sie in diesem Template beispielsweise die Farben im *IsMouse Over*-Trigger (siehe fett hervorgehobene Zeilen), dann wird sich das Aussehen aller Schaltflächen in Ihrer Anwendung ändern.

Hauptzielgruppe dieses Features dürfte jedoch nicht der Programmierer, sondern der Designer der Anwendung sein. Gleiches trifft ebenfalls auf das im folgenden Abschnitt behandelte Storyboard zu.

11.8 Transformationen, Animationen, StoryBoards

Im Folgenden wollen wir in einem „Schnelldurchlauf für Programmierer" noch einen Blick auf WPF-typische Features werfen, auch wenn diese im Allgemeinen nicht zum Hauptarbeitsgebiet des Entwicklers gehören.

11.8.1 Transformationen

Mithilfe von Transformationen können Sie in WPF das optische Standardverhalten problemlos verändern, ohne sich um Templates oder Styles kümmern zu müssen. Sie können die Größe, Position, Drehung und Verzerrung der betroffenen Controls über die einfache Zuweisung einer entsprechenden Transformation ändern (statische Änderung).

HINWEIS: Damit sind diese Operationen auch die Vorstufe für einfache Animationen (dynamische Änderungen in Abhängigkeit von der Zeit).

Folgende Möglichkeiten stehen Ihnen zur Verfügung:

Transformation	Beschreibung
RotateTransform	Element um einen bestimmten Winkel drehen
ScaleTransform	Element vergrößern/verkleinern
SkewTransform	Element verformen
TranslateTransform	Element verschieben
MatrixTransform	Zusammenfassen der obigen Transformationen per 3x3-Transformationsmatrix

Lassen Sie uns nun an einfachen Beispielen die Wirkung der jeweiligen Transformation demonstrieren.

Drehen mit RotateTransform

Mit *RotateTransform* realisieren Sie eine Drehung des Elements im Uhrzeigersinn. Den Drehpunkt können Sie optional festlegen, per Default ist dies die linke obere Ecke.

Beispiel 11.36: Button um 40° drehen

XAML

```
<Canvas>
    <Button Canvas.Left="100" Canvas.Top="100" Content="Button"
            Height="50" Width="100" >
        <Button.RenderTransform>
            <RotateTransform Angle="40"/>
        </Button.RenderTransform>
    </Button>
    <Rectangle Canvas.Left="100" Canvas.Top="100" Height="50"
               Stroke="Red" Width="100" />
</Canvas>
```

Ergebnis

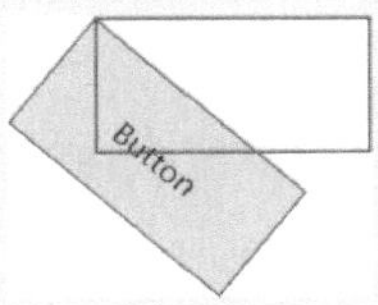

Bild 11.17
Um 40° gedrehter Button

Das *Angle*-Attribut bestimmt den Drehwinkel um den per *CenterX*- und *CenterY*-Attribut festgelegten Drehpunkt. Natürlich können Sie für eine andere Drehrichtung auch negative Werte übergeben.

HINWEIS: Durch die Rotation wird das Koordinatensystem des gedrehten Elements verändert!

Skalieren mit ScaleTransform

Soll ein Element skaliert werden, nutzen Sie eine *ScaleTransform*.

Beispiel 11.37: Button skalieren

XAML

```
<Canvas>
    <Button Canvas.Left="100" Canvas.Top="300" Content="Button"
            Height="50" Width="100" >
        <Button.RenderTransform>
            <ScaleTransform ScaleX="1.5" ScaleY="2"/>
        </Button.RenderTransform>
    </Button>
    <Rectangle Canvas.Left="100" Canvas.Top="300" Height="50"
               Stroke="Red" Width="100" />
</Canvas>
```

Ergebnis

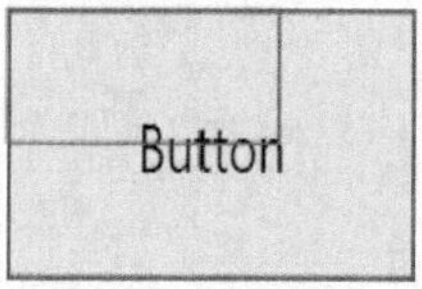

Bild 11.18
Button skalieren

Mit den *ScaleX*- und *ScaleY*-Attributen bestimmen Sie den Skalierungsfaktor für die X- bzw. Y-Achse. Mit *CenterX* und *CenterY* bestimmen Sie den Fixpunkt, von dem aus die Skalierung gestartet wird. Dies ist per Default die linke obere Ecke.

Verformen mit SkewTransform

Mit *SkewTransform* verformen Sie das Koordinatensystem um bestimmte Winkel.

Beispiel 11.38: Verformen des Koordinatensystems

XAML

```
<Canvas>
    <Button Canvas.Left="100" Canvas.Top="100" Content="Button"
            Height="50" Width="100" >
        <Button.RenderTransform>
            <SkewTransform AngleY="25" AngleX="15" />
        </Button.RenderTransform>
    </Button>
    <Rectangle Canvas.Left="100" Canvas.Top="100" Height="50"
               Stroke="Red" Width="100" />
</Canvas>
```

Ergebnis

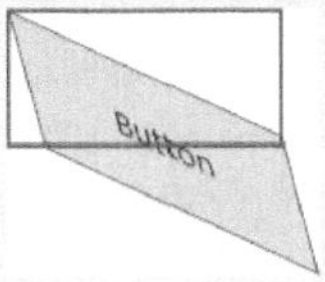

Bild 11.19
Verformung des Koordinatensystems

Den Verformungsgrad bestimmen Sie mit den Attributen *AngleX* und *AngleY*. *CenterX* und *CenterY* legen den Ursprungspunkt fest.

Verschieben mit TranslateTransform

Auch die Verschiebung eines Elements ist mit *TranslateTransform* kein Problem. Sie können mit den X- und Y-Attributen die horizontale bzw. vertikale Verschiebung bestimmen.

Beispiel 11.39: Button verschieben

XAML

```
<Canvas>
    <Button Canvas.Left="300" Canvas.Top="300" Content="Button"
            Height="50" Width="100" >
        <Button.RenderTransform>
            <TranslateTransform X="50" Y="25"/>
        </Button.RenderTransform>
    </Button>
    <Rectangle Canvas.Left="300" Canvas.Top="300" Height="50"
               Stroke="Red" Width="100" />
</Canvas>
```

Ergebnis

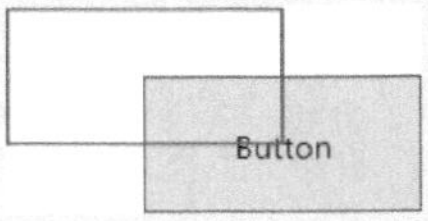

Bild 11.20
Button verschieben

Und alles zusammen mit TransformGroup

Sicher sind Sie auch schon versucht gewesen, mehrere der obigen Effekte gleichzeitig zu realisieren. Allerdings dürfte Ihnen die Syntaxprüfung des XAML-Editors dabei einen Strich durch die Rechnung gemacht haben.

HINWEIS: Um mehrere Transformationen gleichzeitig zuzuweisen, müssen Sie eine *TransformGroup* verwenden.

Beispiel 11.40: Mehrere Transformationen gleichzeitig anwenden

XAML

```
<Canvas>
    <Button Canvas.Left="500" Canvas.Top="100" Content="Button"
            Height="50" Width="100" >
        <Button.RenderTransform>
            <TransformGroup>
                <ScaleTransform ScaleX=".75" ScaleY="1.5"/>
                <RotateTransform Angle="45"></RotateTransform>
                <TranslateTransform X="50" Y="25"/>
            </TransformGroup>
        </Button.RenderTransform>
    </Button>
    <Rectangle Canvas.Left="500" Canvas.Top="100" Height="50"
               Stroke="Red" Width="100" />
</Canvas>
```

Ergebnis

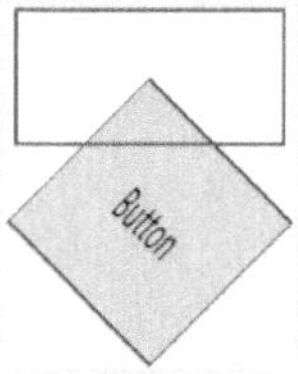

Bild 11.21
Transformationsgruppen

Doch Achtung: Hier spielt die Reihenfolge in der Gruppe eine bedeutende Rolle, wie folgende kleine Änderung (erst Drehung, dann Skalierung) zeigt. Ursache ist die Veränderung des Koordinatensystems des betroffenen Controls.

Beispiel 11.41: Änderung der Transformationsreihenfolge

XAML

```
<TransformGroup>
    <RotateTransform Angle="45"></RotateTransform>
    <ScaleTransform ScaleX=".75" ScaleY="1.5"/>
    <TranslateTransform X="50" Y="25"/>
</TransformGroup>
```

Ergebnis

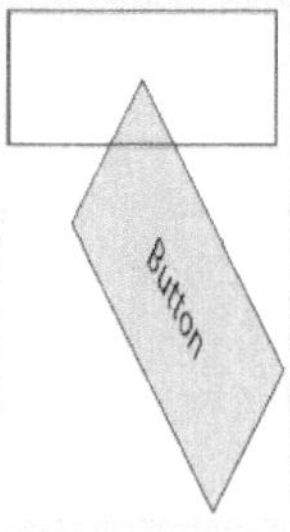

Bild 11.22
Transformationsgruppe mit anderer Reihenfolge

Hilfe durch den WPF-Editor

Wem die obigen Ausführungen zu kompliziert und wenig intuitiv waren, der kann es auch einfacher haben. Nutzen Sie einfach den in Visual Studio integrierten WPF-Editor, dieser ist mittlerweile sogar ganz brauchbar und bietet unter anderem auch die Möglichkeit, die *RotateTransformation* per Maus umzusetzen.

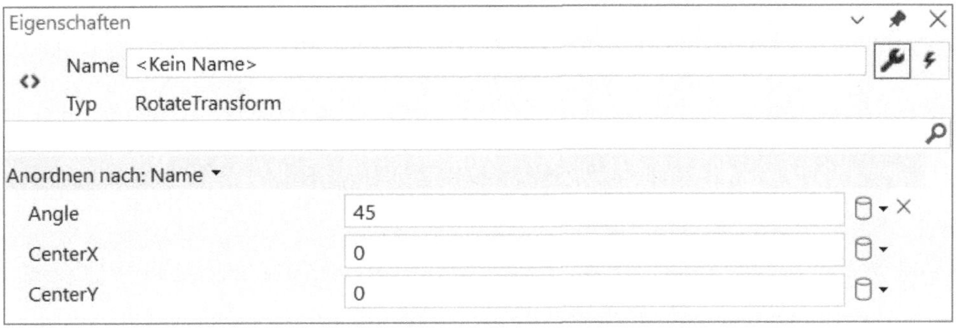

Bild 11.23 Editor für RotateTransform

11.8.2 Animationen mit dem StoryBoard realisieren

Für die Realisierung von Animationen werden in WPF sogenannte Storyboards verwendet, die wiederum einzelne oder mehrere Animationen (zeitliche Veränderungen von Eigenschaften) enthalten können. Storyboards können wiederum über bestimmte Ereignis-Trigger ausgelöst, angehalten, fortgesetzt oder auch beendet werden (alternativ natürlich auch per Code).

Ein erstes einfaches Beispiel soll die prinzipielle Vorgehensweise beim Animieren einer Eigenschaft (in diesem Fall der Transparenz) demonstrieren.

Beispiel 11.42: Ausblenden eines Buttons, wenn die Maus darüber bewegt wird

XAML

```
<Canvas>
```

Zunächst den Button definieren:

```
    <Button Canvas.Left="700" Canvas.Top="100" Content="Button"
            Height="50" Width="100" Name="button1" >
```

Wir reagieren mit einem *Trigger* auf das Hineinbewegen der Maus:

```
        <Button.Triggers>
            <EventTrigger RoutedEvent="Button.MouseEnter">
```

Aufgrund des ausgelösten Trigger-Ereignisses wird das folgende *StoryBoard* ausgeführt:

```
<BeginStoryboard>
    <Storyboard x:Name="Storyboard1">
```

Das *StoryBoard* enthält eine *DoubleAnimation* (Verändern einer *Double*-Eigenschaft) mit einer Zeitdauer (*Duration*) von 4 Sekunden:

```
<DoubleAnimation Duration="0:0:4"
```

Ziel der Eigenschaftsänderung ist *button1*:

```
Storyboard.TargetName="button1"
```

Die zu ändernde Eigenschaft ist *Opacity*:

```
Storyboard.TargetProperty="Opacity"
```

Die Eigenschaft wird in der oben genannten Zeitdauer von 1 auf 0 geändert:

```
                            From="1" To="0" />
                    </Storyboard>
                </BeginStoryboard>
            </EventTrigger>
        </Button.Triggers>
    </Button>
    <Rectangle Canvas.Left="700" Canvas.Top="100" Height="50"
               Stroke="Red" Width="100" />
</Canvas>
```

Das war hoffentlich nicht allzu abschreckend. Es geht teilweise auch einfacher und alternativ könnten Sie auch mit sinnvollen Werkzeugen den obigen XAML-Code erstellen.

Animation per C#-Code realisieren

Im obigen Fall müssen Sie immer ein StoryBoard einsetzen, um die Animation(en) zu kapseln. Etwas einfacher geht es, wenn Sie lediglich eine Animation per C#-Code realisieren wollen. In diesem Fall erstellen Sie einfach eine Instanz der gewünschten Animation (davon gibt es je nach Zieleigenschaft unterschiedliche), parametrieren diese und starten die Animation, indem Sie diese an die *BeginAnimation*-Methode des gewünschten Controls übergeben.

Beispiel 11.43: Eine einfache Animation per Code definieren und ausführen

C#

```
using System.Windows;
using System.Windows.Media.Animation;
...
    private void Button2_Click(object sender, RoutedEventArgs e)
    {
        // Instanz erstellen:
        DoubleAnimation animation = new DoubleAnimation();
        // Parametrieren:
        animation.From = 1;
        animation.To = 0;
        // Starten (Transparenz ändern):
        button2.BeginAnimation(OpacityProperty, animation);
    }
```

Das war doch gar nicht so schwierig, oder?

Animation per Code steuern

Vielleicht dämmert es Ihnen schon, komplexe Animationen bzw. die Zusammenfassung mehrerer Animationen als Storyboard sind kaum für die tägliche Praxis des C#-Entwicklers geeignet. Abgesehen davon, dass sie Unmengen von C#-Code erzeugen, fehlt bei vielen Animationen einfach die Vorstellungskraft. Dauernde Programmstarts zum Ausprobieren der Effekte zehren auch an den Nerven und kosten Zeit. Ganz nebenbei ist auch die Parametrierung vieler Eigenschaften mit C# eine Pein – hier kann XAML seine Vorteile deutlich ausspielen.

Viel besser ist es, die Storyboards mit einem Programm wie Microsoft Blend zu erstellen und nachträglich in die Anwendung einzufügen. Zum Starten der Animation können Sie entweder, wie bereits gezeigt, einen Trigger verwenden, oder Sie nutzen das *Storyboard* per Code. Dazu stellt die *Storyboard*-Klasse mehrere Methoden bereit, mit denen Sie die Animation gezielt kontrollieren können:

Methode	Beschreibung
Begin	Animationen des *Storyboards* starten.
Pause	Wiedergabe anhalten.
Resume	Wiedergabe fortsetzen.
Seek	Bei der Wiedergabe zu einer Position im *Storyboard* springen. Verwenden Sie einen *TimeSpan*-Wert.
Stop	Wiedergabe anhalten und Wiedergabeposition zurücksetzen.

HINWEIS: Auf das Ende der Animationen im *Storyboard* können Sie mit dessen *Completed*-Ereignis reagieren.

Beispiel 11.44: Als Ressource definierte Animation per Code starten

XAML

```
<Window x:Class="TransformationenSample.MainWindow"
...
        Title="MainWindow" Height="600" Width="1200">
```

Als Window-Ressource definieren wir ein *Storyboard*:

```
    <Window.Resources>
```

Achten Sie darauf, einen *Key* zu vergeben:

```
        <Storyboard x:Key="storyboard2">
          <DoubleAnimation Duration="0:0:4" Storyboard.TargetName="button3"
                           Storyboard.TargetProperty="Width" To="300" />
        </Storyboard>
    </Window.Resources>
        <Canvas>
        <Button Canvas.Left="900" Canvas.Top="100" Content="Button"
                Height="50" Name="button3" Width="100"
                Click="Button3_Click">
        </Button>
...
```

C#

Zunächst den Namespace importieren:

```
...
using System.Windows.Media.Animation;
...
```

Zur Laufzeit können wir unser *Storyboard* suchen und mit der *Begin*-Methode starten:

```
        private void Button3_Click(object sender, RoutedEventArgs e)
        {
            Storyboard? sb = FindResource("storyboard2") as Storyboard;
            sb?.Begin();
```

Ist für das *Storyboard* kein *TargetName* vorgegeben, können Sie das *Storyboard* auch auf jedes andere Control anwenden, wenn Sie dieses an die *Begin*-Methode übergeben:

```
sb?.Begin(button3);
        }
```

HINWEIS: Ein Klick auf eine andere Taste könnte beispielsweise mit *Storyboard.Stop* die Animation anhalten.

Selbstverständlich können Sie ein in den Ressourcen abgelegtes Storyboard auch per XAML einbinden bzw. starten. In diesem Fall benötigen Sie nicht eine Zeile C#-Code, können aber die Animationen (bzw. die übergeordneten Storyboards) zentral verwalten.

Beispiel 11.45: Alternative zum vorhergehenden Beispiel

XAML

```
<Window x:Class="Animation_Bsp.MainWindow"
...
    <Window.Resources>
        <Storyboard x:Key="storyboard2">
          <DoubleAnimation Duration="0:0:4" Storyboard.TargetName="button3"
                           Storyboard.TargetProperty="Width" To="300" />
        </Storyboard>
    </Window.Resources>
...
        <Button Canvas.Left="900" Canvas.Top="300" Content="Button"
                Height="23" Name="button4" Width="75" >
```

Per Trigger starten wir ein *Storyboard*:

```
            <Button.Triggers>
                <EventTrigger RoutedEvent="Button.MouseEnter">
```

Hier weisen wir die Ressource zu:

```
                    <BeginStoryboard Storyboard="{StaticResource storyboard2}" />
                </EventTrigger>
            </Button.Triggers>
        </Button>
    </Canvas>
</Window>
```

Haben Sie ein *Storyboard* ohne *TargetName* (universelle Verwendung), müssen Sie diesen beim Einbinden der Ressource angeben, um auch das Ziel der Animation zu bestimmen:

Beispiel 11.46: Ziel bestimmen

XAML

```
...
    <EventTrigger RoutedEvent="Button.MouseEnter">
        <BeginStoryboard Storyboard="{StaticResource storyboard4}"
                         Storyboard.TargetName="button4" />
    </EventTrigger>
...
```

Mehrere Animationen zusammenfassen

Dass eine Animation nur auf der linearen Änderung einer Eigenschaft basiert, dürfte wohl selten der Fall sein. Meist werden mehrere Eigenschaften gleichzeitig geändert. Auch das ist mit dem *Storyboard* kein Problem, wie es das folgende Beispiel zeigt:

Beispiel 11.47: *Storyboard* mit drei Animationen

XAML

```
<Window x:Class="TransformationenSample.MainWindow"
   xmlns="http://schemas.microsoft.com/winfx/2006/xaml/presentation"
   xmlns:x="http://schemas.microsoft.com/winfx/2006/xaml"
   xmlns:d="http://schemas.microsoft.com/expression/blend/2008"
   xmlns:mc="http://schemas.openxmlformats.org/markup-compatibility/2006"
   xmlns:local="clr-namespace:TransformationenSample"
   mc:Ignorable="d"
   Title="MainWindow" Height="600" Width="1200">
    <Window.Resources>
      <Storyboard x:Key="storyboard3">
         <DoubleAnimation Duration="0:0:4"
            Storyboard.TargetProperty="Width" To="300" />
         <DoubleAnimation Duration="0:0:4"
            Storyboard.TargetProperty="RenderTransform.Angle" To="360" />
         <ColorAnimation  Duration="0:0:3"
            Storyboard.TargetProperty="Foreground.Color"
                From="Red"  To="Blue" />
        </Storyboard>
    </Window.Resources>
```

Das soll zu diesem Thema genügen. Auch wenn WPF im Bereich „Animationen" fast unbegrenzte Möglichkeiten bietet, so sprechen diese doch kaum den Programmierer, sondern eher den Designer der Anwendung an. Machen Sie sich also nicht die Mühe, komplexe Storyboards per XAML oder gar C#-Quellcode zu erstellen, sondern nutzen Sie die Vorteile von Blend für Visual Studio. Erstellen Sie damit interaktiv den entsprechenden XAML-Code und fügen Sie diesen in die Ressourcen Ihrer Anwendung ein. Damit ersparen Sie sich viele graue Haare und haben mehr Zeit für die eigentliche Anwendungsentwicklung.

12 WPF-Datenbindung

Nachdem wir schon an der einen oder anderen Stelle auf Datenbindung zurückgegriffen haben, wollen wir uns jetzt direkt mit dieser Thematik beschäftigen.

Im Unterschied zu den Windows-Forms-Anwendungen sind Sie bei der Datenbindung nicht auf spezielle Controls oder Eigenschaften angewiesen. In einer WPF-Anwendung kann fast jede Eigenschaft (Abhängigkeitseigenschaft) an andere Eigenschaften gebunden werden.

Als Datenquelle können Sie beispielsweise

- Eigenschaften anderer WPF-Controls (Elemente),
- Ressourcen,
- XML-Elemente oder
- beliebige Objekte (auch Entities, ADO.NET-Objekte, z. B. *DataTable*)

verwenden.

12.1 Grundprinzip

Zunächst wollen wir Ihnen das Grundprinzip der Datenbindung in WPF an einem recht einfachen Beispiel demonstrieren.

Beispiel 12.1: Datenbindung zwischen *Slider* und *ProgressBar*

XAML

Fügen Sie in ein *Window* eine *ProgressBar* und einen *Slider* ein. Mit dem *Slider* soll der aktuelle Wert der ProgressBar direkt und ohne zusätzlichen Quellcode verändert werden.

```
<StackPanel>
```

Hier sehen Sie auch schon den Ablauf: Das Ziel (ProgressBar) bindet seine Eigenschaft *Value* an die Quelle (Slider) mit deren Eigenschaft *Value*.

```
        <ProgressBar Height="20" Name="progressBar1" Maximum="100"
                     Value="{Binding ElementName=slider1, Path=Value}"/>
                     Separator Height="10"/>
        <Slider Name="slider1" Maximum="100" />
    </StackPanel>
```

Ergebnis

Zur Laufzeit können Sie den *Slider* beliebig verändern, die *ProgressBar* passt sofort ihren Wert an:

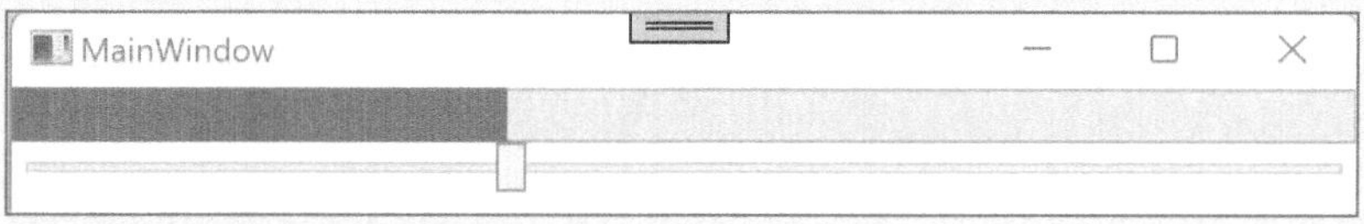

Bild 12.1 Slider passt die ProgressBar an

Bild 12.2 zeigt die Syntax im Detail.

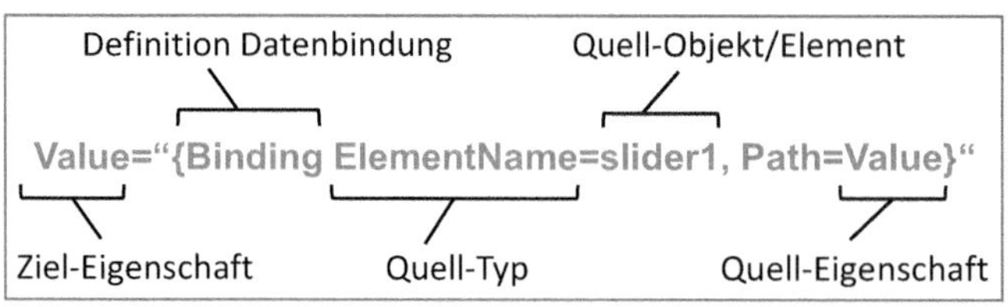

Bild 12.2 Syntax der Datenbindung

HINWEIS: Kann die Quelleigenschaft nicht automatisch in den Datentyp der Zieleigenschaft konvertiert werden, können Sie zusätzlich einen Typkonverter angeben (siehe dazu Abschnitt 12.6.1, *IValueConverter*).

12.1.1 Bindungsarten

Das vorhergehende Beispiel zeigte bereits recht eindrucksvoll, wie einfach sich Eigenschaften verschiedener Objekte miteinander verknüpfen lassen. Doch das ist noch nicht alles. Über ein zusätzliches Attribut *Mode* lässt sich auch bestimmen, in welche Richtungen die Bindung aktiv ist, d. h. ob die Werte nur von der Quelle zum Ziel oder auch umgekehrt übertragen werden. Die folgende Tabelle zeigt die möglichen Varianten:[1]

Typ	Beschreibung
OneTime	Mit der Initialisierung wird der Wert einmalig von der Quelle zum Ziel kopiert. Danach wird die Bindung aufgehoben.
OneWay	Der Wert wird nur von der Quelle zum Ziel übertragen.
OneWayToSource	Der Wert wird vom Ziel zur Quelle übertragen (writeonly). Ändert sich der Wert der Quelle, bleibt die Bindung erhalten, eine Wertübertragung findet jedoch nicht statt.
TwoWay	(meist Defaultwert) Werte werden zwischen Quelle und Ziel in beiden Richtungen übertragen.

Beispiel 12.2: Testen der verschiedenen Bindungsarten

XAML

```
...
    <Grid Margin="10">
        <Grid.ColumnDefinitions>
            <ColumnDefinition></ColumnDefinition>
            <ColumnDefinition></ColumnDefinition>
            <ColumnDefinition></ColumnDefinition>
        </Grid.ColumnDefinitions>
        <StackPanel>
            <Label Height="30">One Time</Label>
            <Label Height="30">One Way</Label>
            <Label Height="30">One Way To Source</Label>
            <Label Height="30">Two Way</Label>
        </StackPanel>
       <StackPanel Grid.Column="1">
            <Slider Name="sl1" Maximum="100" Height="30"/>
            <Slider Name="sl3" Maximum="100" Height="30"/>
            <Slider Name="sl5" Maximum="100" Height="30"/>
            <Slider Name="sl7" Maximum="100" Height="30"/>
        </StackPanel>
```

1 Bei Bindung an eine *ItemsSource* wird per Default OneWay-Binding verwendet.

```
        <StackPanel Grid.Column="2">
            <Slider Name="sl2" Maximum="100" Height="30"
                    Value="{Binding ElementName=sl1, Path=Value, Mode=OneTime}"/>
            <Slider Name="sl4" Maximum="100" Height="30"
                    Value="{Binding ElementName=sl3, Path=Value, Mode=OneWay}"/>
            <Slider Name="sl6" Maximum="100" Height="30"
                  Value="{Binding ElementName=sl5, Path=Value, Mode=OneWayToSource}"/>
            <Slider Name="sl8" Maximum="100" Height="30"
                    Value="{Binding ElementName=sl7, Path=Value, Mode=TwoWay}"/>
        </StackPanel>
    </Grid>
```

Ergebnis

Verschieben Sie ruhig einmal die *Slider* im Testprogramm. Jeweils der linke und der rechte *Slider* bilden eine Datenbindung und sollten auch das entsprechende Verhalten zeigen (Bild 12.3).

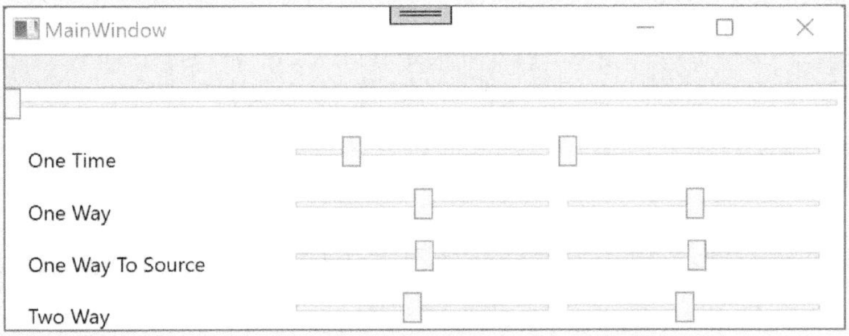

Bild 12.3 Datenbindung mit unterschiedlichem Mode

12.1.2 Wann eigentlich wird die Quelle aktualisiert?

Im obigen Beispiel scheint alles ganz einfach zu sein. Sie ziehen an einem Schieberegler und der andere bewegt sich mit (oder auch nicht, wie bei *OneTime*). Doch was ist, wenn Sie beispielsweise eine *TextBox* in einer Datenbindung verwenden? Hier stellt sich die Frage, **wann** der „gewünschte" Wert wirklich in der *TextBox* steht.

Eine eingegebene Ziffer ist vielleicht nicht der richtige Wert, sie kann aber schon als gültiger Inhalt interpretiert werden. Nicht in jedem Fall möchte man deshalb sofort einen Datenaustausch zwischen Ziel und Quelle zulassen (bei *TwoWay* oder *OneWayToSource*).

Über das optionale Attribut *UpdateSourceTrigger* haben Sie direkten Einfluss darauf, wann die Aktualisierung **der Quelle** durchgeführt wird. Vier Varianten bieten sich dabei an:

- *Default:* Meist wird das *PropertyChanged*-Ereignis für die Datenübernahme genutzt, bei einigen Controls kann es auch *LostFocus* sein.

- *Explicit:* Die Datenübernahme muss „manuell" per *UpdateSource*-Methode ausgelöst werden.
- *LostFocus:* Die Datenübernahme erfolgt bei Fokusverlust des Ziels.
- *PropertyChanged:* Die Datenübernahme erfolgt mit jeder Werteänderung. Dies kann bei komplexeren Abläufen zu Problemen führen, da der Abgleich, z. B. bei einem Schieberegler/einer Scrollbar, recht häufig vorgenommen wird.

Beispiel 12.3: Explizite Datenübernahme nur per Enter-Taste

XAML

```
<StackPanel>
    <TextBox Name="txt1">Hallo</TextBox>
    <TextBox Name="txt2"
             Text="{Binding ElementName=txt1, Path=Text,
                  UpdateSourceTrigger=Explicit}"
             KeyDown="TextBox_KeyDown"/>
</StackPanel>
```

C#

```
private void TextBox_KeyDown(object sender, KeyEventArgs e)
{
    if (e.Key== Key.Enter)
    {
        txt2.GetBindingExpression(TextBox.TextProperty).UpdateSource();
    }
}
```

HINWEIS: Da die Bindung im XAML-Code vorgenommen wurde, müssen wir im C#-Code erst mit *GetBindingExpression* das *BindingExpression*-Objekt abrufen, um die *UpdateSource*-Methode aufzurufen.

12.1.3 Geht es auch etwas langsamer?

Am obigen Beispiel konnten Sie es ja schon beobachten: Sie verschieben den *Slider* und der zweite *Slider* reagiert sofort. So weit, so gut. Was aber, wenn Sie erst nach einiger Zeit auf die Veränderung reagieren wollen?

Hier hilft die mit WPF 4.5 eingeführte Eigenschaft *Delay* weiter. Diese verzögert die Datenübergabe um den angegebenen Wert (Millisekunden). Das heißt, erst wenn die Zeit nach einer Änderung verstrichen ist, wird der Wert weitergegeben. Jede Änderung in dieser Zeitspanne setzt den internen Timer zurück und lässt die Zeit erneut laufen. Bewegen Sie also den *Slider* dauernd hin und her, passiert nichts, erst nach der letzten Bewegung und dem Ablaufen der Zeit wird auch die Änderung berücksichtigt.

Beispiel 12.4: Zeitverzögerung bei Datenbindung

XAML

```
...
    <Slider Name="s18" Maximum="100" Height="30"
            Value="{Binding ElementName=s17,
            Path=Value, Mode=TwoWay, Delay=500}"/>
...
```

Was dem einen oder anderen als Spielerei vorkommen mag, ist ein fast unverzichtbares Feature im Zusammenhang mit größeren Datenmengen oder langsamen Datenverbindungen. Folgende Szenarien sind denkbar:

- **1:n-Beziehung:** Änderungen in einer *ListBox* sollen sich nicht sofort auf die Detaildaten auswirken, sondern erst nachdem sich der Anwender für einen Datensatz final entschieden hat (Scrollen per Tastatur durch die Liste). Anderenfalls kann es schnell zum Ruckeln oder Springen zwischen den Datensätzen kommen.
- **Texteingaben:** Nutzen Sie laufende Eingaben als Filter oder Suchwert, kann gerade bei großen Ergebnismengen eine Verzögerung bei der Eingabe auftreten (ein kurzer Filter mit Platzhalter hat meist große Ergebnismengen zur Folge).
- **Anzeige großer Datenmengen:** Mit der Auswahl in einer Liste soll eine größere Grafik angezeigt werden. Jede Änderung, z. B. beim Scrollen, führt im Normalfall zum Laden der Grafik. Hier ist eine entsprechende Verzögerung sinnvoll.

Alle obigen Fälle lassen sich natürlich auch mit einem eigenen *Timer* realisieren, aber warum kompliziert, wenn es auch wesentlich einfacher geht?

Eine Einschränkung sollten Sie allerdings beachten, auch wenn sie meist nicht von Bedeutung ist:

HINWEIS: Die Verzögerung gilt nur für eine Richtung der Datenbindung, d. h. nur für das Control, dem auch die Verzögerung zugeordnet ist. Ziehen Sie deswegen im obigen Beispiel auch einmal den rechten Slider, der linke reagiert sofort darauf.

12.1.4 Bindung zur Laufzeit realisieren

Nicht immer werden Sie mit den schon zur Entwurfszeit definierten Datenbindungen auskommen. Es ist aber auch kein Problem, die Datenbindung erst zur Laufzeit per C#-Code zu realisieren. Alles, was Sie dazu benötigen, ist ein *Binding*-Objekt, dessen

Konstruktor Sie bereits den *BindingPath* zuweisen können. Legen Sie anschließend noch die *BindingSource* sowie gegebenenfalls den *Mode* (z. B. *OneWay*) fest. Letzter Schritt ist das eigentliche Binden mit der *SetBinding*-Methode des jeweiligen Controls.

Beispiel 12.5: Bindung zur Laufzeit realisieren

XAML

Unsere Testoberfläche:

```
<Window x:Class="DatenbindungStart.MainWindow"
...
        Title="MainWindow" Height="300" Width="500" Loaded="Window_Loaded">
...
    <StackPanel>
        <Label Name="Label1"></Label>
        <Button "Button1" Click="Button_Click">Test</Button>
    </StackPanel>
</Window>
```

C#

Mit dem Laden des Fensters erzeugen wir die Bindung wie oben beschrieben:

```
    private void Window_Loaded(object sender, RoutedEventArgs e)
    {
```

Wir binden an einen Button:

```
        Binding binding = new Binding("Content");
        binding.Source = button1;
        binding.Mode = BindingMode.OneWay;
```

Binden an den Content:

```
        label1.SetBinding(ContentProperty, binding);
    }
```

Und hier verändern wir die Beschriftung des Buttons:

```
    private void Button_Click(object sender, RoutedEventArgs e)
    {
        button1.Content = "Ein neuer Text";
    }
```

Test

Nach dem Start dürfte im Label zunächst „Test" stehen, die ursprüngliche Button-Beschriftung. Nach einem Klick auf die Schaltfläche ändern sich sowohl die Button-Beschriftung als auch die Label-Beschriftung.

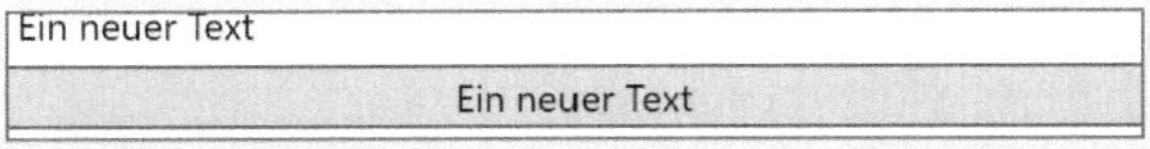

Bild 12.4 Bindung zur Laufzeit definieren

Die Bindung selbst können Sie recht einfach wieder aufheben, indem Sie der Ziel-Eigenschaft der Bindung einen neuen Wert zuweisen.

Beispiel 12.6: Bindung zur Laufzeit aufheben

C#

Entweder so:

```
label1.Content = "Bindung beendet";
```

Oder so:

```
label1.ClearValue(ContentProperty);
```

12.2 Binden an Objekte

Nachdem wir uns bereits mit dem Binden an Oberflächenelemente vertraut gemacht haben, wollen wir jetzt den Schritt hin zu selbstdefinierten Objekten gehen.

Prinzipiell bieten sich zwei Varianten der Instanziierung von Objekten an:

- Sie instanziieren die Objekte in XAML (in einem *Resource*-Abschnitt).
- Sie instanziieren wie bisher die Objekte im Quellcode.

HINWEIS: Von der Möglichkeit, Objekte im XAML-Code zu instanziieren, ist abzuraten. Einerseits wird mit Klassen gearbeitet, die per Code definiert und verarbeitet werden, andererseits wird die Instanz in der Oberfläche, d. h. im XAML-Code, erzeugt. Das ist sicher nicht der Weisheit letzter Schluss. Gerade die üble Vermischung von Code und Oberfläche sollte eigentlich vermieden werden.

Fragwürdig werden Beispielprogramme dann, wenn im C#-Quellcode das zunächst in XAML erzeugte Objekt per *FindResource* gesucht wird (siehe Beispiel 12.11). Das pervertiert doch jede Form der sauberen Programmierung.

Wohlgemerkt wollen wir nicht die komplette Datenbindung im Code realisieren. Das ist sicher zu aufwendig und auch nicht notwendig. Doch aus Sicht des Entwicklers sollte nicht die Oberfläche (XAML), sondern der Code im Mittelpunkt des Programms stehen.

12.2.1 Objekte im XAML-Code instanziieren

Erster Schritt nach der Definition der Klasse ist das Importieren des entsprechenden Namespace in die XAML-Datei, anderenfalls können Sie auch nicht darauf Bezug nehmen.

Beispiel 12.7: Import des aktuellen Namespace *ObjectBinding* in die XAML-Datei.

XAML

```
<Window x:Class="ObjectBinding.MainWindow"
    xmlns="http://schemas.microsoft.com/winfx/2006/xaml/presentation"
    xmlns:x="http://schemas.microsoft.com/winfx/2006/xaml"
    xmlns:local="clr-namespace:ObjectBinding"
...
```

HINWEIS: Der Stammnamespace wird in den XAML-Definitionen standardmäßig gesetzt. Wenn die Klasse jedoch in einem anderen Namespace definiert ist, dann muss dieser Namespace eingebunden werden.

Nachdem in XAML die entsprechende Klasse bekannt ist, kann diese auch verwendet werden, um eine eigene Instanz zu erzeugen.

Beispiel 12.8: Erzeugen der Instanz im XAML-Code (wir nutzen eine Klasse *Person*)

C#

```
public class Person
{
    public string? Nachname { get; set; }
    public string? Vorname { get; set; }
}
```

XAML

```
...
    <Window.Resources>
        <local:Person x:Key="pers" Nachname="Mooshammer" Vorname="Elisabeth" />
    </Window.Resources>
```

Die Werte im Einzelnen:

- *local*: Der Bezug auf den Namespace-Alias
- *Person*: Der Klassenname
- *x:Key*: Der Schlüssel, unter dem die Instanz verwendet werden kann
- *Nachname, Vorname*: Das Setzen einzelner Eigenschaften für die Instanz von *Person*

Letzter Schritt: Wir nutzen die Möglichkeiten der Datenbindung und binden zwei *TextBox*en an die Eigenschaften *Nachname* und *Vorname*.

Beispiel 12.9: Bindung an das neue Objekt erzeugen

XAML

```
<StackPanel>
    <TextBox Text="{Binding Source={StaticResource pers}, Path=Nachname}" />
    <TextBox Text="{Binding Source={StaticResource pers}, Path=Vorname}" />
</StackPanel>
```

Ergebnis

Schon zur Entwurfszeit dürfte in den beiden *TextBox*en der gewünschte Inhalt auftauchen:

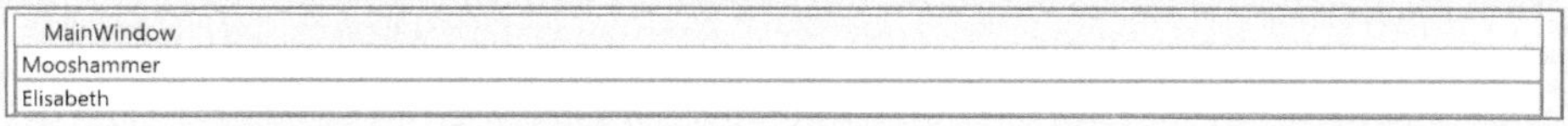

Bild 12.5 Anzeige der Personendaten im Entwurf

Wem das zu viel Schreibarbeit ist, der kann mit dem *DataContext* auch eine alternative Variante der Zuweisung nutzen. Diese Eigenschaft bietet zunächst eine Alternative zur Zuweisung von *Source*, hat jedoch zusätzlich die Fähigkeit, von übergeordneten auf untergeordnete Elemente vererbt zu werden. Damit können Sie beispielsweise einem *Panel* oder sogar dem gesamten *Window* einen *DataContext* zuweisen und diesen in allen enthaltenen Elementen nutzen.

Beispiel 12.10: Vereinfachung durch Verwendung eines DataContext

XAML

```
<StackPanel DataContext="{StaticResource pers}">
    <TextBox Text="{Binding Path=Nachname}" />
    <TextBox Text="{Binding Path=Vorname}" />
<\StackPanel>
```

Sie sparen sich so die Angabe von *Source* bei jedem einzelnen Element.

12.2.2 Verwenden der Instanz im C#-Quellcode

Sicher nicht ganz abwegig ist der Wunsch, zur Laufzeit per C#-Code auch mit dem Objekt zu arbeiten, um z. B. die Werte mit einer *MessageBox* anzuzeigen.

Hier wird die Programmierung dann schon recht windig, müssen Sie doch zunächst die entsprechende Ressource des *Window* suchen und typisieren; möglichen Fehlern ist Tür und Tor geöffnet.

Beispiel 12.11: Anzeige der Werte eines per XAML instanziierten Objekts

C#

```
private void Button_Click(object sender, RoutedEventArgs e)
{
    Person pers = (Person)FindResource("pers");
    MessageBox.Show($"{pers.Nachname}, {pers.Vorname}");
}
```

Aus Sicht eines Programmierers sieht das doch ziemlich merkwürdig aus, auch wenn sich hier der XAML-Profi freut, dass er sogar eine Instanz plus Wertzuweisung per XAML-Code realisiert hat.

Doch was passiert eigentlich mit der Datenbindung, wenn wir der Instanz ein paar neue Werte zuweisen? Ein Test ist schnell realisiert:

```
private void Button_Click(object sender, RoutedEventArgs e)
{
    Person pers = (Person)FindResource(«pers»);
    pers.Nachname = "Eberhofer";
}
```

Der nachfolgende Blick auf die Oberfläche dürfte in den meisten Fällen für Ernüchterung sorgen: Haben Sie Ihre .NET-Klasse (in diesem Fall *Person*) nicht entsprechend angepasst, passiert überhaupt nichts und in den *TextBox*en stehen nach wie vor die alten Werte.

12.2.3 Anforderungen an die Quell-Klasse

Was ist hier schiefgelaufen? Eigentlich nichts, die neuen Werte stehen wirklich im Objekt, sie werden aber nicht angezeigt, weil die darstellenden Elemente von einer Wertänderung nichts mitbekommen haben. Wir müssen diese quasi „schicken", und was eignet sich dafür besser als ein Ereignis?

Auch hier gibt es bereits eine fertige Lösung:

HINWEIS: Implementieren Sie in Ihrer Klasse das Interface *INotifyPropertyChanged* (Namespace *System.ComponentModel*).

Beispiel 12.12: Unsere Klasse *Person* mit implementiertem *NotifyPropertyChanged*-Ereignis

C#

```
using System.ComponentModel;

namespace ObjectBinding;
```

```
public class Person : INotifyPropertyChanged
{
    public event PropertyChangedEventHandler? PropertyChanged;

    public string Vorname
    {
        get;
        set
        {
            field = value;
            NotifyPropertyChanged(nameof(Vorname));
        }
    }

    public string Nachname
    {
        get;
        set
        {
            field = value;
            NotifyPropertyChanged(nameof(Nachname));
        }
    }

    public override string ToString()
    {
        return $"{Nachname}, {Vorname}";
    }

    private void NotifyPropertyChanged(string propName)
    {
        PropertyChanged?.Invoke(this, new PropertyChangedEventArgs(propName));
    }
}
```

Beispiel 12.12. wurde mit dem in .NET 9 eingeführten `field`-Schlüsselwort implementiert um die Properties kürzer zu halten (siehe Kapitel 8.13.2)

HINWEIS: Alternativ können Sie natürlich auch Abhängigkeitseigenschaften definieren. Diese verfügen „ab Werk" über die erforderliche Benachrichtigung an die gebundenen Elemente, sie erfordern aber einen höheren Programmieraufwand.

HINWEIS: Damit die Klasse auch im XAML-Code instanziiert werden kann, muss diese über einen parameterlosen Konstruktor verfügen.

12.2.4 Instanziieren von Objekten per C#-Code

Eigentlich könnten wir Ihnen an dieser Stelle noch weitere Möglichkeiten zeigen, wie Sie in XAML Objekte erzeugen bzw. zuweisen können, aber dies ist weder sinnvoll noch besonders übersichtlich. Wir wollen uns stattdessen mit der Vorgehensweise bei vorhandenen, d. h. per Code erzeugten, .NET-Objekten beschäftigen.

Zunächst bleiben wir bei unserem einfachen Beispiel mit der Instanz der Klasse *Person*.

Beispiel 12.13: Verwendung von instanziierten Objekten in XAML

C#

Zunächst die Instanziierung:

```
using System.Windows;

namespace ObjectBinding;

public partial class MainWindow : Window
{
    public Person Person { get; set;}

    public MainWindow()
    {
        InitializeComponent();
```

Instanz erzeugen und Werte zuweisen:

```
Person = new Person()
    { Nachname = "Birkenberger", Vorname = "Rudi"};
```

Hier legen wir per C#-Code den *DataContext* fest:

```
        stackPanel1.DataContext = Person;
    }
```

Die spätere Abfrage des Objekts stellt jetzt überhaupt kein Problem dar, die Instanz liegt ja bereits vor:

```
    private void Button_Click(object sender, RoutedEventArgs e)
    {
        MessageBox.Show($"{Person.Nachname}, {Person.Vorname}");
    }
}
```

XAML

```
Der XAML-Code:
...
    <StackPanel Name="stackPanel1">
        <TextBox Text="{Binding Path=Nachname}" />
        <TextBox Text="{Binding Path=Vorname}" />
        <Button Click="Button_Click">Name anzeigen</Button>
    </StackPanel>
</Window>
```

Der Vorteil dieser Vorgehensweise: Sie entscheiden, wie und wann die Instanz erzeugt wird, können vorher noch diverse Methoden aufrufen, profitieren von der Syntaxprüfung und haben einen lesbaren Code.

Der einzige Nachteil: Sie haben keine Wertanzeige zur Entwurfszeit. Im XAML-Code ist es nicht sofort erkennbar, welches Objekt zugeordnet wird. Dies ist allerdings auch gleich wieder der Vorteil, mit einem Klick können Sie einen neuen *DataContext* zuweisen und eine andere Instanz bearbeiten.

12.3 Binden von Collections

Die bisherigen Ausführungen dürften zwar schon das Potenzial der Datenbindung demonstriert haben, doch nach der Pflicht kommt jetzt die Kür, d. h. die Arbeit mit einer Reihe von Objekten (Collections). Diese sind vor allem dann interessant, wenn Sie Objekte von Datenbanken abrufen, um sie in Eingabedialogen oder gleich in Listenfeldern darzustellen. Ausgangspunkt können hier Geschäftsobjekte, LINQ-Abfragen etc. sein.

HINWEIS: Im vorliegenden Abschnitt werden wir uns zunächst auf eine „selbstgestrickte" Collection beziehen (wir verwenden das *Person*-Objekt aus dem vorhergehenden Abschnitt). Ab Abschnitt 12.5 geht es dann mit Datenbindung in Verbindung mit *LINQ to Entities*-Abfragen weiter.

12.3.1 Anforderung an die Collection

Wie auch bei der Klassendefinition für das einzelne Objekt, werden auch an die Collection einige Anforderungen gestellt. Zwar können die WPF-Elemente durch die Verwendung der *INotifyPropertyChanged*-Schnittstelle auf Änderungen einzelner Objekteigenschaften reagieren, das Hinzufügen oder Löschen von ganzen Objekten ist davon aber nicht betroffen. Aus diesem Grund bietet WPF auch hier ein genormtes Interface für die Rückmeldung an: *INotifyCollectionChanged*.

HINWEIS: Grundvoraussetzung für die Anzeige von Listen ist die Verwendung des *IEnumerable*-Interfaces.

Wollen Sie es sich leicht machen, können Sie direkt Objekte der Klasse *ObservableCollection* (Namespace *System.Collections.ObjectModel*) erzeugen.

Beispiel 12.14: Erzeugen und Verwenden einer geeigneten Klasse für die Datenbindung von Collections

C#

```
using System.Collections.ObjectModel;
...
public partial class MainWindow : Window
{
```

Eine Collection von Personen:

```
public ObservableCollection<Person> Abteilung { get; set; }
```

Im Konstruktor des Window erzeugen wir eine Instanz und füllen diese mit einigen Datensätzen:

```
    public MainWindow()
    {
        Abteilung = new ObservableCollection<Person>();
        Abteilung.Add(new Person()
            { Nachname = "Eberhofer", Vorname = "Franz" });
        Abteilung.Add(new Person()
            { Nachname = "Birkenberger", Vorname= "Rudi" });
        Abteilung.Add(new Person()
            { Nachname = "Simmerl", Vorname ="Max" });
       InitializeComponent();
```

Hier dürften Sie die Verbindung zur bisherigen Vorgehensweise sehen, die Collection wird als *DataContext* für das Fenster und damit für alle untergeordneten Elemente ausgewählt:

```
DataContext = Abteilung;
    }
```

12.3.2 Einfache Anzeige

Damit können wir uns zunächst der einfachen Anzeige, z. B. in *TextBox*en, widmen.

Beispiel 12.15: (Fortsetzung Beispiel 12.14.) Binden von TextBoxen an die Collection

XAML

```
    <StackPanel Background="Aqua">
        <Label Content="Nachname:" />
```

Hier werden die *TextBoxen* an die Eigenschaften der Collection bzw. an das aktive Objekt der Collection gebunden (dies ist durch eine View bestimmt, siehe ab Abschnitt 12.4):

```
        <TextBox Text="{Binding Path=Nachname}" />
        <Label Content="Vorname:" />
```

Beachten Sie auch diese mögliche Kurzsyntax, die auf die Angabe von *Path* verzichtet:

```
<TextBox Text="{Binding Vorname}" />
```

Einige Schaltflächen definieren:

```
<StackPanel Orientation="Horizontal">
    <Button Content=" &lt; " Click="ButtonPrevious_Click" />
    <Button Content=" &gt; " Click="ButtonNext_Click"/>
    <Button Content=" Neu " Click=vButtonNeu_Click"/>
    <Button Content=" Löschen " Click="ButtonLoeschen_Click"/>
</StackPanel>
</StackPanel>
```

Ergebnis

Das erzeugte Formular:

Bild 12.6 Datenbindung an eine Collection

Nach dem Start sollte schon etwas in den Textfeldern angezeigt werden, ein Navigieren zwischen den einzelnen Datensätzen (Objekten) ist allerdings noch nicht möglich.

12.3.3 Navigieren zwischen den Objekten

HINWEIS: An dieser Stelle müssen wir etwas vorgreifen, Abschnitt 12.4 geht auf dieses Thema im Detail ein.

Navigation zwischen Datensätzen bedeutet, dass auch irgendwo ein aktueller Datensatz gespeichert wird und entsprechende Navigationsmethoden zur Verfügung stehen. Auch bei intensiver Suche werden Sie aber derartige Eigenschaften zunächst nicht finden.

WPF erzeugt beim Binden von Collections automatisch eine Sicht auf die eigentliche Collection. Diese Sicht verwaltet den aktuellen Datensatz, bietet Navigationsmethoden an und ermöglicht das Filtern und Sortieren der Daten[2].

2 Derartige Sichten können Sie auch selbst erstellen und quasi als Schicht zwischen Daten und *DataContext* schieben.

Diese automatisch erzeugte Sicht können Sie mit der Methode *CollectionViewSource.GetDefaultView* für eine spezifische Collection abrufen.

Beispiel 12.16: ***(Fortsetzung Beispiel 12.15.)*** **Abrufen und Verwenden der** ***DefaultView*** **für unsere Collection**

C#

Wir erweitern die Liste der lokalen Variablen, um die Sicht zu speichern:

```
private ICollectionView view;

    public MainWindow()
    {
        Abteilung = new ObservableCollection<Person>();
...
```

Vergessen Sie nicht, einen Verweis auf den Namespace *System.ComponentModel* zu setzen. Im Konstruktor rufen wir die Sicht ab:

```
view = CollectionViewSource.GetDefaultView(Abteilung);
    }
```

Jetzt können wir mit dieser Sicht auch die Navigation zwischen den einzelnen Elementen der Collection realisieren.
Nächstes Objekt:

```
    private void ButtonNext_Click(object sender, RoutedEventArgs e)
    {
        view.MoveCurrentToNext();
        if (view.IsCurrentAfterLast)
        {
            view.MoveCurrentToLast();
        }
    }
```

Vorhergehendes Objekt:

```
    private void ButtonPrevious_Click(object sender, RoutedEventArgs e)
    {
        view.MoveCurrentToPrevious();
        if (view.IsCurrentBeforeFirst)
        {
            view.MoveCurrentToFirst();
        }
    }
```

Wir fügen zum Testen ein neues Objekt zur Laufzeit in die Collection ein:

```
    private void Button_Neu(object sender, RoutedEventArgs e)
    {
        Abteilung.Add(
            new Person() { Nachname = "Moratschek", Vorname = "Willi" });
    }
```

Auch das Löschen von Objekten ist auf diesem Wege möglich:

```
private void ButtonDelete_Click(object sender, RoutedEventArgs e)
{
    Person? p = view.CurrentItem as Person;
    if (p != null)
    {
        Abteilung.Remove(p);
    }
}
```

Nach dem Start des Beispiels können Sie zwischen den Objekten „navigieren“, Objekte hinzufügen und diese auch wieder löschen. Das Ganze kommt Ihnen sicherlich unter dem Stichwort „Datenbanknavigator“ bekannt vor.

12.3.4 Einfache Anzeige in einer ListBox

Das Anzeigen von Einzeldatensätzen ist ja schon ganz gut, wie aber steht es mit dem Füllen von ganzen Listenfeldern?

Auch hier können Sie, dank Datenbindung, schnell zu brauchbaren Ergebnissen kommen.

Beispiel 12.17: *(Fortsetzung)* Anbinden einer *ListBox* an unsere Collection

C#

Es genügt zunächst die einfache Zuweisung von *"{Binding}"* an die *ItemsSource*:

```
<ListBox Height="100" IsSynchronizedWithCurrentItem="True"
         Name="listBox1" ItemsSource="{Binding}"/>
```

Der Hintergrund: Da die Collection bereits direkt an das Formular gebunden ist, brauchen wir hier nicht weitere Eigenschaften zu spezifizieren. Alternativ könnten Sie hier auch die Collection per *DataContext* zuweisen.
Und wofür ist das Attribut *IsSynchronizedWithCurrentItem* verantwortlich? Hier sollten Sie sich an unsere Sicht erinnern, die auch den aktuellen „Satzzeiger" verwaltet. Nur wenn Sie das Attribut auf *True* setzen, wird das aktuelle Item mit dem „Satzzeiger" synchronisiert (dies gilt für beide Richtungen).

Ergebnis

Die angezeigte *ListBox* zur Laufzeit sehen Sie in Bild 12.7.

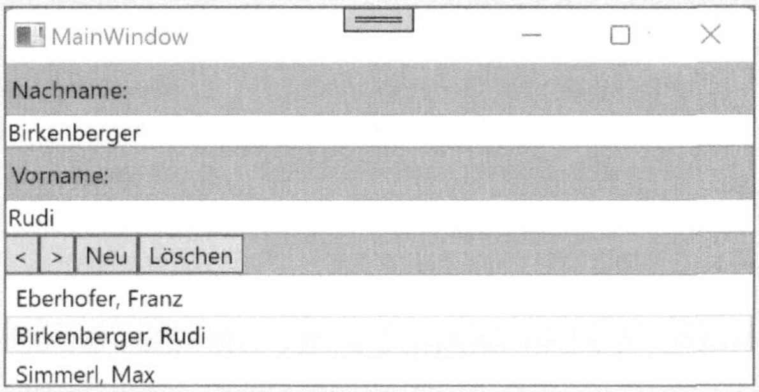

Bild 12.7 Synchronisierte Liste

HINWEIS: Die *ItemsSource*-Eigenschaft kann nur verwendet werden, wenn die *Items*-Collection eines *ItemsControl* leer ist. Falls nicht, wird Ihre Anwendung eine *InvalidOperationException* auslösen.

Doch woher „weiß“ die *ListBox* eigentlich, welche Eigenschaften des *Person*-Objekts in der Liste darzustellen sind? Antwort: Sie weiß es nicht und verwendet in diesem Fall einfach die *ToString*-Methode des betreffenden Objekts. Wenn Sie jetzt mal kurz in Abschnitt 12.2.3, „Anforderungen an die Quell-Klasse“, nachschlagen, werden Sie feststellen, dass wir in weiser Vorahnung bereits die *ToString*-Methode überschrieben haben und damit eine Kombination aus *Nachname* und *Vorname* zurückgeben.

Verwendung von DisplayMemberPath

Natürlich ist das Überschreiben der *ToString*-Methode nicht der Weisheit letzter Schluss und so ist es sicher sinnvoll, noch einen anderen Weg zur Auswahl des anzuzeigenden Members zu unterstützen. Genau für diesen Zweck wird die *DisplayMemberPath*-Eigenschaft angeboten. Diese bestimmt, welcher Member für den Text des Listeneintrags verwendet wird.

Beispiel 12.18: Verwendung von *DisplayMemberPath* für die Auswahl der anzuzeigenden Eigenschaft

XAML

```
<ListBox Height="100"  IsSynchronizedWithCurrentItem="True"
         ItemsSource="{Binding}" DisplayMemberPath="Nachname"/>
```

Leider genügt jedoch auch diese Version der Anzeigeformatierung nicht immer und so landen wir unweigerlich bei den *DataTemplates*.

12.3.5 DataTemplates zur Anzeigeformatierung

Obige Art der Datenbindung dürfte in vielen Fällen wohl kaum genügen. Die WPF-Entwickler haben aber auch für diesen Fall vorgesorgt und mit dem *DataTemplate* ein mächtiges Werkzeug geschaffen.

Das Prinzip: Jeder *ListBox/ComboBox* können Sie ein *DataTemplate* zuweisen, das dafür verantwortlich ist, wie das einzelne Item aufgebaut ist (quasi eine Schablone, in die die Daten eingefügt werden). Und da WPF im Content eines Items fast jede Zusammenstellung von Elementen akzeptiert, können Sie hier Formatierungen beliebiger Art erzeugen (natürlich im Rahmen der XAML-Vorgaben).

Beispiel 12.19: ***(Fortsetzung)*** **Wir wollen in der ListBox eine zweispaltige Anzeige realisieren (links der Nachname, rechts der Nachname und der Vorname).**

XAML

In den Ressourcen (z. B. Window) erzeugen Sie das erforderliche *DataTemplate*:

```
<Window.Resources>
    <DataTemplate x:Key="AbteilungsListTemplate">
```

Das Layout bestimmen Sie:

```
        <StackPanel Orientation="Horizontal">
```

Bei der Zuweisung von Inhalten können Sie jetzt direkt auf die Eigenschaften zugreifen:

```
            <TextBlock VerticalAlignment="Top" Width="100"
                       Text="{Binding Path=Nachname}" />
            <StackPanel>
                <TextBlock Text="{Binding Path=Nachname}" />
                <TextBlock Text="{Binding Path=Vorname}" />
            </StackPanel>
        </StackPanel>
    </DataTemplate>
</Window.Resources>
...
```

Last, but not least, müssen Sie der *ListBox* auch noch das Template zuweisen:

```
<ListBox Height="120" IsSynchronizedWithCurrentItem="True"
         Name="listBox1" ItemsSource="{Binding}"
         ItemTemplate="{StaticResource AbteilungsListTemplate}"/>
```

Ergebnis

Die erzeugte *ListBox* sehen Sie in Bild 12.8.

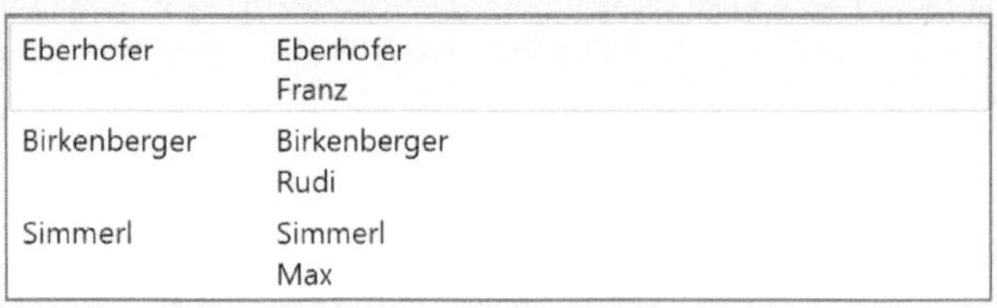

Bild 12.8
ListBox mit DataTemplate

Dass Sie hier auch mit Grafiken, optischen Effekten, Kontextmenüs etc. arbeiten können, sollte nach den Darstellungen der vorhergehenden Kapitel klar sein.

12.3.6 Mehr zu List- und ComboBox

An dieser Stelle wollen wir uns noch einige spezielle Eigenschaften von *List-* und *ComboBox* ansehen, die in der täglichen Programmierpraxis von Bedeutung sind.

SelectedIndex

Möchten Sie Einträge in der *ListBox* auswählen bzw. bestimmen, der wievielte Eintrag (Index) in der Liste markiert ist, können Sie die *SelectedIndex*-Eigenschaft verwenden.

Beispiel 12.20: Auswahl des zweiten Eintrags

C#

```
private void ButtonZweitenSatzAuswaehlen_Click(object sender, RoutedEventArgs e)
{
    listBox1.SelectedIndex = 1;
}
```

SelectedItem/SelectedItems

Möchten Sie das markierte Listenelement selbst abrufen bzw. das damit verbundene Objekt, verwenden Sie die *SelectedItem*-Eigenschaft. Alternativ können Sie auch eine Liste der markierten Einträge mit *SelectedItems* abrufen.

HINWEIS: Die Collection *SelectedItems* steht Ihnen nur zur Verfügung, wenn Sie *SelectionMode* auf *Multiple* festgelegt haben.

Beispiel 12.21: Verwendung *SelectedItem/SelectedItems*

C#

Wir nutzen unsere überschriebene *ToString*-Methode:

```
MessageBox.Show(listBox1.SelectedItem.ToString());
```

Wir greifen direkt auf einen Member (typisieren nicht vergessen) zu:

```
MessageBox.Show((listBox1.SelectedItem as Person)?.Nachname);
```

Wir zeigen alle markierten Einträge an:

```
foreach (Person p in listBox1.SelectedItems)
{
    MessageBox.Show(p.Nachname);
}
```

SelectedValuePath und SelectedValue

Mit *SelectedValuePath* können Sie festlegen, welcher Member von der Eigenschaft *SelectedValue* zurückgegeben wird. Dies ist im Zusammenhang mit Datenbanken meist der Primärindex der Tabelle, mit dem Sie einen Datensatz eindeutig identifizieren können.

HINWEIS: Ist *SelectedValuePath* nicht festgelegt, gibt *SelectedValue* das komplette Objekt zurück (entspricht *SelectedItem*).

Beispiel 12.22: Verwendung SelectedValuePath und SelectedValue

XAML

```
<ListBox IsSynchronizedWithCurrentItem="True" Name="listBox1"
         ItemsSource="{Binding}" DisplayMemberPath="Nachname"
         SelectedValuePath="Nachname"/>
```

C#

```
private void Button2_Click(object sender, RoutedEventArgs e)
{
    MessageBox.Show(listBox1.SelectedValue.ToString());
}
```

Ergebnis

Das Ergebnis zur Laufzeit:

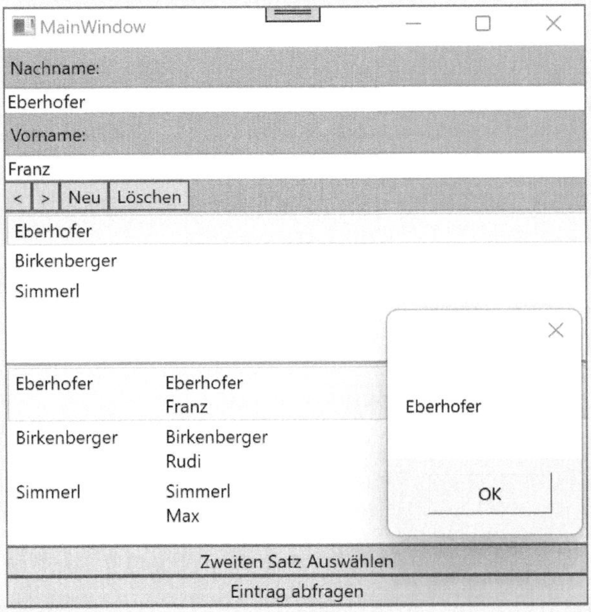

Bild 12.9 Eintrag abfragen

12.3.7 Verwendung der ListView

Im vorhergehenden Kapitel hatten wir die *ListView* ja bereits kurz gestreift (Trockenschwimmen), an dieser Stelle zeigen wir Ihnen die *ListView* „in Aktion“.

Einfache Bindung

Prinzipiell ist die *ListView* der *ListBox* recht ähnlich. Die Anbindung der Einträge erfolgt ebenfalls per *ItemsSource*, die Auswahl bzw. Bestimmung (*SelectedItem*, *SelectedValue* etc.) der markierten Einträge ist analog realisiert.

Neu ist, dass die *ListView* über Spaltenköpfe verfügt, die Sie getrennt konfigurieren können (*GridViewColumnHeader*) und gegebenenfalls auch für das Sortieren (siehe Beispiel 12.24) verwenden können.

Ein weiterer Unterschied ist die Unterstützung von verschiedenen Ansichten, von denen jedoch nur die *GridView* vordefiniert ist. Im Weiteren werden wir uns auch nur auf diese Ansicht beschränken.

Beispiel 12.23: ***(Fortsetzung)*** **Anzeige der Collection-Daten in einer** ***ListView***

XAML

Zuweisen der Datenquelle (Übernahme von *Window.DataContext*):

```
<ListView Name="listView1" Height="100" IsSynchronizedWithCurrentItem="True"
          ItemsSource="{Binding}">
    <ListView.View>
```

Hier wird die *GridView* definiert:

```
        <GridView>
```

Die einzelnen Spalten definieren:

```
            <GridView.Columns>
```

Und jetzt wird es einfach, binden Sie lediglich die gewünschten Eigenschaften an die einzelnen Spalten der *GridView*:

```
                <GridViewColumn Header="Name"
                                DisplayMemberBinding="{Binding Path=Nachname}" />
                <GridViewColumn Header="Vorname"
                                DisplayMemberBinding="{Binding Path=Vorname}" />
            </GridView.Columns>
        </GridView>
    </ListView.View>
</ListView>
```

Ergebnis:

Das Endergebnis zur Laufzeit sehen Sie in Bild 12.10.

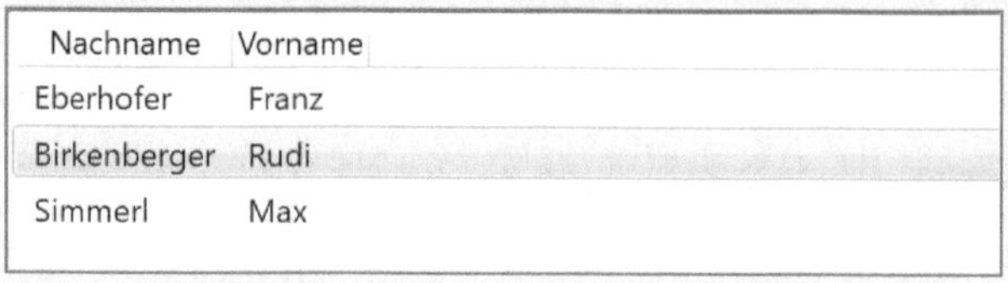

Bild 12.10 ListView

Sortieren der Einträge

Wie schon erwähnt, können Sie die Spaltenköpfe auch für das Sortieren der Einträge nutzen. Ein einfaches Beispiel zeigt die Vorgehensweise:

Beispiel 12.24: Sortieren nach Klick auf den jeweiligen Spaltenkopf

XAML

Unsere Änderung in der Seitenbeschreibung:

```
<ListView Name="listView1" IsSynchronizedWithCurrentItem="True"
          ItemsSource="{Binding}">
    <ListView.View>
        <GridView>
            <GridView.Columns>
                <GridViewColumn DisplayMemberBinding="{Binding Path=Nachname}" >
                    <GridViewColumnHeader Click="SortClick" Content="Nachname" />
                </GridViewColumn>
                <GridViewColumn DisplayMemberBinding="{Binding Path=Vorname}" >
                    <GridViewColumnHeader Click="SortClick" Content="Vorname" />
                </GridViewColumn>
            </GridView.Columns>
        </GridView>
    </ListView.View>
</ListView>
```

C#

Der Quellcode fällt recht kurz aus:

```
using System.ComponentModel;
using System.Collections.ObjectModel;
...
    private void SortClick(object sender, RoutedEventArgs e)
    {
```

Zunächst die betreffende Spalte bestimmen:

```
        GridViewColumnHeader? spalte = sender as GridViewColumnHeader;
```

Die Default-View bestimmen:

```
        ICollectionView view =
            CollectionViewSource.GetDefaultView(listView1.ItemsSource);
```

Eine neue Sortierfolge festlegen:

```
        if (spalte != null)
        {
            view.SortDescriptions.Clear();
            view.SortDescriptions.Add(new SortDescription(
                                 spalte.Content.ToString(),
                                 ListSortDirection.Ascending));
```

Und aktualisieren:

```
            view.Refresh();
        }
    }
```

Auf weitere Experimente mit der *ListView* verzichten wir an dieser Stelle, mit dem *DataGrid* steht uns ein wesentlich mächtigeres Control zur Verfügung. Mehr dazu in Abschnitt 12.7.

Wie Sie auch größere Collections bändigen, zeigt das Praxisbeispiel in Abschnitt 12.8.

12.4 Noch einmal zurück zu den Details

Nachdem wir in den bisherigen Abschnitten schon mehrfach vorgreifen mussten, wollen wir noch einmal kurz auf einige Details der Datenbindung eingehen.

Interessant für den Datenbankprogrammierer ist vor allem eine Zwischenschicht, die vom WPF quasi zwischen die Daten (Collections) und die reinen Anzeige-Controls (z. B. *ListView*) geschoben wird, um einige datenbanktypische Operationen zu ermöglichen:

- Verwaltung des aktuellen Satzzeigers
- Navigation zwischen den Datensätzen
- Sortierfunktion
- Filterfunktion

Die Rede ist von der Klasse *CollectionView*, um deren Erzeugung Sie sich nicht selbst kümmern müssen, da Sie diese automatisch erstellte View recht einfach abrufen können.

Beispiel 12.25: Abrufen der CollectionView

C#

```
...
    private ICollectionView view;
...
    private void Window_Loaded(object sender, RoutedEventArgs e)
    {
        lvOrder.DataContext = db.Orders;
        view = CollectionViewSource.GetDefaultView(lvOrder.DataContext);
    }
```

Mit dieser *CollectionView* stellt es jetzt kein Problem mehr dar, die oben gewünschten Funktionen zu implementieren.

12.4.1 Navigieren in den Daten

Wie schon in den vorhergehenden Abschnitten gezeigt, ist eine der Hauptaufgaben der *CollectionView* die Verwaltung des „Satzzeigers“. Dazu steht Ihnen zunächst die Eigenschaft *CurrentItem* zur Verfügung, die das aktuell ausgewählte Element der gebundenen Collection zurückgibt.

Weitere interessante Eigenschaften:

Eigenschaft	Beschreibung
CurrentItem	Aktuelles Element der Auflistung.
CurrentPosition	Ordinalposition des aktuellen Elements in der Auflistung.
IsCurrentAfterLast	Befindet sich der „Satzzeiger" hinter dem Ende der Auflistung?
IsCurrentBeforeFirst	Befindet sich der „Satzzeiger" vor dem Beginn der Auflistung?

Die eigentliche Navigation realisieren Sie mit den folgenden Methoden:

Methode	Beschreibung
MoveCurrentTo	Das übergebene Element wird als *CurrentItem* festgelegt.
MoveCurrentToFirst	„Satzzeiger" auf das erste Element verschieben.
MoveCurrentToLast	„Satzzeiger" auf das letzte Element verschieben.
MoveCurrentToNext	„Satzzeiger" auf das folgende Element verschieben.
MoveCurrentToPosition	„Satzzeiger" auf den angegebenen Index verschieben.
MoveCurrentToPrevious	„Satzzeiger" auf das vorhergehende Element verschieben.

Beispiel 12.26: Navigationstasten für „Vor" und „Zurück"

C#

Der folgende Aufwand ist nötig, um nicht hinter bzw. vor dem letzten bzw. ersten Datensatz zu landen:

```
private void ButtonNext_Click(object sender, RoutedEventArgs e)
{
    view.MoveCurrentToNext();
    if (view.IsCurrentAfterLast)
    {
        view.MoveCurrentToLast();
    }
}

private void ButtonPrevious_Click(object sender, RoutedEventArgs e)
{
    view.MoveCurrentToPrevious();
    if (view.IsCurrentBeforeFirst)
    {
        view.MoveCurrentToFirst();
    }
}
```

Beispiel 12.27: Verwendung von *CurrentItem*

C#

Löschen eines Listeneintrags per *CurrentItem* und Typisierung:

```
private void ButtonLoeschen_Click(object sender, RoutedEventArgs e)
{
    Person? p = view.CurrentItem as Person;
    if (p != null)
    {
        Abteilung.Remove(p);
    }
}
```

12.4.2 Sortieren

Dass sich die *CollectionView* auch zum Sortieren eignet, haben wir ja bereits am Beispiel der *ListView* gezeigt, wo durch Klicken auf den Spaltenkopf die Collection nach der jeweiligen Spalte sortiert wurde.

Zum Einsatz kommt die Collection *SortDescriptions*, die neben den Membernamen auch die Sortierfolge enthält. Da es sich um eine Collection handelt, können Sie auch mehrere Elemente angeben:

Beispiel 12.28: Sortieren einer Collection

C#

```
private void SortClick(object sender, RoutedEventArgs e)
{
    GridViewColumnHeader? spalte = sender as GridViewColumnHeader;
```

CollectionView abrufen:

```
    ICollectionView view =
        CollectionViewSource.GetDefaultView(listView1.ItemsSource);
```

Bisherige Sortiervorgaben löschen:

```
    view.SortDescriptions.Clear();
```

Eine neue Sortierfolge (Spaltenname, aufsteigend) festlegen:

```
    view.SortDescriptions.Add(new SortDescription(
         spalte.Content.ToString(),ListSortDirection.Ascending));
```

Ansicht aktualisieren:

```
    view.Refresh();
}
```

12.4.3 Filtern

Auch wenn Sie mit dieser Variante vorsichtig sein sollten (Daten werden eigentlich vor der Anzeige gefiltert, um unnötigen Traffic zu vermeiden), so besteht doch die Möglichkeit, zur Laufzeit gezielt Daten aus der gebundenen Collection herauszufiltern. Nutzen Sie dazu die *Filter*-Eigenschaft, der Sie eine selbst zu definierende Methode zuweisen.

Beispiel 12.29: Filter festlegen

C#

Zunächst unsere Filterfunktion (alle Vornamen, die mit „R" beginnen):

```
protected bool FilterVorname(object value)
{
    Person? p = value as Person;
    if (p == null)
    {
        return false;
    }
    return p.Vorname.StartsWith("R");
}
```

Und hier wird der Filter zugewiesen (ein Aktualisieren ist nicht nötig):

```
private void ButtonFilter_Click(object sender, RoutedEventArgs e)
{
    ICollectionView view =
        CollectionViewSource.GetDefaultView(listBox1.ItemsSource);
    view.Filter += FilterVorname;
}
```

HINWEIS: Möchten Sie den Filter wieder löschen, weisen Sie der Eigenschaft einfach *null* zu.

12.4.4 Live Shaping

Die vorhergehenden Funktionen zum Sortieren, Filtern und auch Gruppieren funktionieren recht gut, auch wenn Sie zum Beispiel neue Einträge zur Collection hinzufügen. Alternativ können Sie auch die *Refresh*-Methode der *CollectionView* aufrufen.

Doch was ist, wenn Sie lediglich ein Objekt der Collection bearbeiten und sich so z. B. die Filterbedingung für dieses Objekt ändert? In diesem Fall werden Sie schnell feststellen, dass Anzeige und Inhalt der Collection nicht mehr übereinstimmt.

Beispiel 12.30: ***(Fortsetzung von Beispiel 12.29)*** **Fehlende Aktualisierung**

C#

```
...
```

Filtern Sie die Daten und rufen Sie die folgende Methode auf, bleibt der Wert in der Trefferliste, obwohl „udolf" (das ist kein Tippfehler) nicht mit „R" beginnt.

```
private void ButtonFilterChange_Click(object sender, RoutedEventArgs e)
{
    Person? person = Abteilung.FirstOrDefault(p => p.Vorname == "Rudi");

    if (person != null)
    {
        p.Vorname = "udolf";
```

Erst nach einem Refresh sind die gefilterten Daten auch aktuell:

```
        // ICollectionView view = CollectionViewSource.GetDefaultView(
                                        listBox1.ItemsSource);
        // view.Refresh();
    }
}
...
```

Hier hilft Ihnen Live Shaping weiter. Über das Interface *ICollectionViewLiveShaping* können Sie bestimmte Spalten zur Überwachung anmelden.

Jeweils drei neue Member sind für die weitere Arbeit interessant:

- Die Eigenschaft *CanChangeLiveFiltering* (... *Sorting*, ... *Grouping*) bestimmt, ob die Überwachung möglich ist.
- Die Eigenschaft *IsLiveFiltering* (... *Sorting*, ... *Grouping*) bestimmt, ob die Überwachung eingeschaltet ist.
- Die Collection *LiveFilteringProperties* (... *Sorting*..., ... *Grouping*...) enthält die Namen der zu überwachenden Eigenschaften.

Beispiel 12.31: Filtern mit Live Shaping

C#

```
...
    private void ButtonLiveShaping_Click(object sender, RoutedEventArgs e)
    {
```

Filter wie bekannt festlegen:

```
        view.Filter += FilterVorname;
```

Wir rufen das neue Interface ab:

```
ICollectionViewLiveShaping viewls = view as ICollectionViewLiveShaping;
```

Test auf Interface:

```
        if (viewls == null)
        {
            MessageBox.Show("Nicht unterstützt!");
            return;
        }
```

Überprüfen, ob eine Überwachung möglich ist:

```
        if (viewls.CanChangeLiveFiltering)
        {
```

Feld *Vorname* soll überwacht werden:

```
            viewls.LiveFilteringProperties.Add(nameof(Person.Vorname));
            viewls.IsLiveFiltering = true;
        }
    }
...
```

HINWEIS: Da diese Form der Überwachung recht ressourcenintensiv ist, sollten Sie davon nur Gebrauch machen, wenn es unbedingt nötig ist.

HINWEIS: Die Codebeispiele finden Sie in den Buchbeispielen im Unterordner *Kapitel12.3_CollectionBinding* .

12.5 Anzeige von Datenbankinhalten

Anzeige eigener Collections gut und schön, aber wir wollen auch noch kurz einen Blick aufs große Ganze werfen und damit sind wir schon bei der „Königsdisziplin", den Datenbanken, angelangt.

HINWEIS: Wer jetzt Berge von ADO.NET-Quellcode erwartet, den werden wir enttäuschen. Auch wenn Sie unter der Haube noch eingesetzt wird, sollte man als Entwickler das Entity Framework nutzen. Und mit .NET 10 ist auch das Entity Framework Core 10 veröffentlicht worden, und das wollen wir jetzt einsetzen. Als Datenbank verwenden wir dabei die *Northwind*-Beispieldatenbank.

HINWEIS: Wenn Sie bislang noch nicht mit Datenbanken gearbeitet haben, sollten Sie Kapitel 18 durcharbeiten, bevor Sie mit diesem Abschnitt fortfahren.

12.5.1 Installieren der benötigten NuGet-Pakete

Um mit Entity Framework Core arbeiten zu können, müssen wir unserem Projekt erstmal drei NuGet-Pakete hinzufügen:

- *Microsoft.EntityFramework*
- *Microsoft.EntityFrameworkCore.SqlServer*
- *Microsoft.EntityFrameworkCore.Tools*

Wählen Sie dazu im Kontextmenü der Projektmappe den Eintrag *NuGet-Pakete verwalten* und dort das Register *Durchsuchen* aus.

Installieren Sie alle drei oben genannten NuGet-Pakete mit der aktuellsten Version und stimmen Sie den Lizenzbedingungen zu.

HINWEIS: Wenn Sie als erstes Paket Microsoft.EntityFrameworkCore.SqlServer installieren, dann wird Microsoft.EntityFramework automatisch mitinstalliert.

Bild 12.11 zeigt die Oberfläche des NuGet-Paketmanagers. Im Projektmappen-Explorer sehen Sie den aufgeklappten *Abhängigkeiten*-Order und darin den aufgeklappten *Pakete*-Ordner. Darin sehen Sie wiederum die installierten NuGet-Pakete.

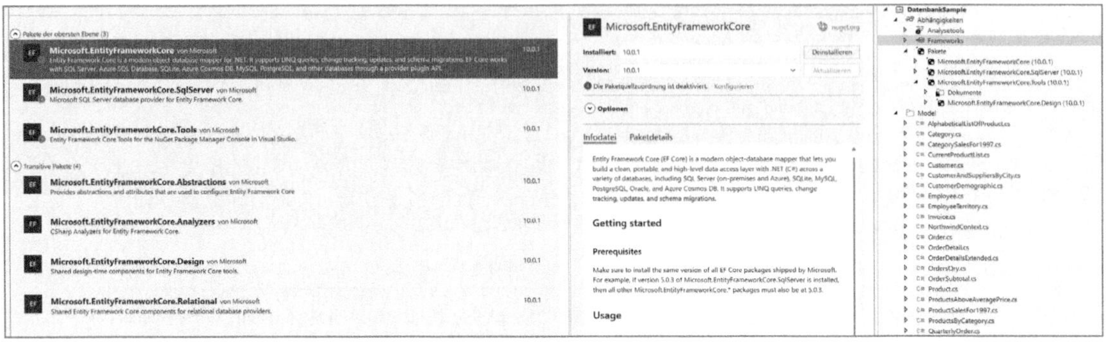

Bild 12.11 NuGet-Pakete und deren Abhängigkeiten

Wie Sie allerdings in Bild 12.12 sehen, könnten durch diese Aktion für Sicherheitslücken anfällige Paketversionen installiert werden (dies war zum Beispiel bei Entity Framework 8.0.1 der Fall). In Bild 12.12 ist auch noch der Hinweis auf ein hohes Sicherheitsrisiko der abhängigen Bibliothek *Azure.Identity* zu sehen.

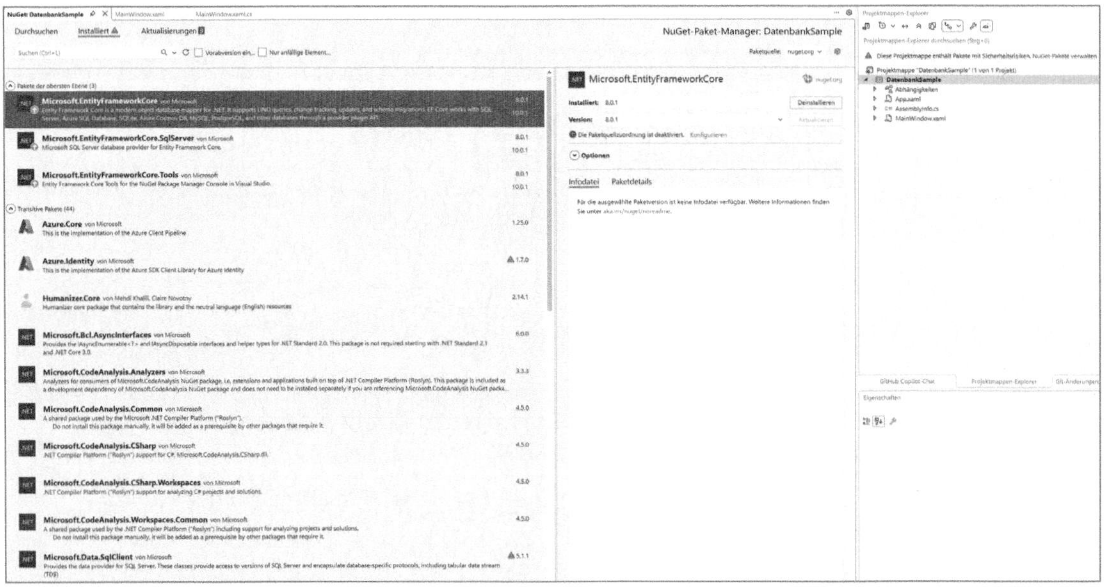

Bild 12.12 Hinweise auf anfällige Paketversionen

Dieses Problem können Sie einfach in den Griff bekommen, indem Sie die entsprechenden Pakete mit den aktuellsten (stabilen) Versionen aktualisieren.

HINWEIS: Die Anzeige der Hinweise auf Paketversionen mit Sicherheitsrisiken ist ein neues Feature von Visual Studio 2022, das für viele Benutzer sehr hilfreich ist. Sicherheitsanfällige Versionen werden auch in der Versionsliste (für die Auswahl, welche Version installiert werden soll) mit dem Zusatz *vulnerable* angezeigt.

Fügen Sie dann Ihrem WPF-Projekt zuerst einen neuen Ordner hinzu und nennen diesen *Model*. Darin wollen wir die *Model*-Dateien unseres Datenbankmodells hinterlegen.

HINWEIS: Sollten Sie die Northwind-Beispieldatenbank nicht installiert haben, können Sie unter *https://github.com/Microsoft/sql-server-samples/tree/master/samples/databases/northwind-pubs* das Installationsskript herunterladen. Das Installationsskript liegt auch in den Beispielordnern zum Buch.

12.5.2 Anlegen der Entitätsklassen

Jetzt geht es nicht mehr so komfortabel wie mit dem klassischen Entity Framework, wo Sie sich mit einem Designer Ihr Datenbankmodell zusammenklicken konnten. Das Ganze müssen wir jetzt über die Befehlszeile in der Paket-Manager-Konsole machen. Wenn Sie die Befehle kennen, werden Sie irgendwann sicher schneller sein als mit den Designern. Die Befehle, die wir jetzt nutzen, wurden durch das NuGet-Paket *Microsoft.EntityFrameworkCore.Tools* für das Projekt geladen.

Gehen Sie in die Paket-Manager-Konsole. Falls die Konsole noch nicht geöffnet ist, können Sie diese über das *Ansicht*-Menü öffnen (Bild 12.13).

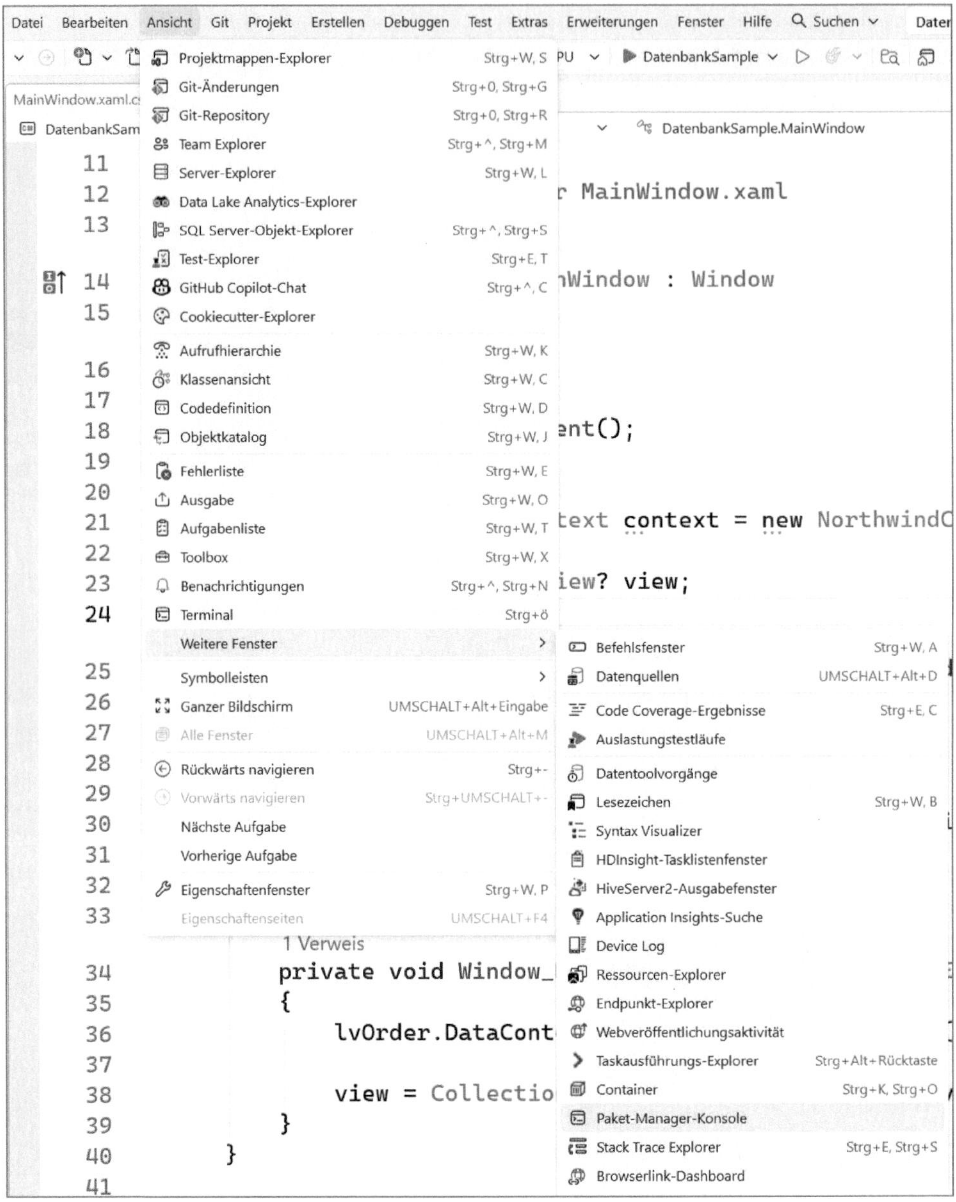

Bild 12.13 Öffnen der Paket-Manager-Konsole

Tippen Sie folgenden Befehl (der *ConnectionString* kann natürlich unterschiedlich sein) in die Konsole:

```
Scaffold-DbContext "Server=.;Initial Catalog=Northwind;Integrated
Security=True; TrustServerCertificate=True" Microsoft.EntityFrameworkCore.SqlServer
-OutputDir Model
```

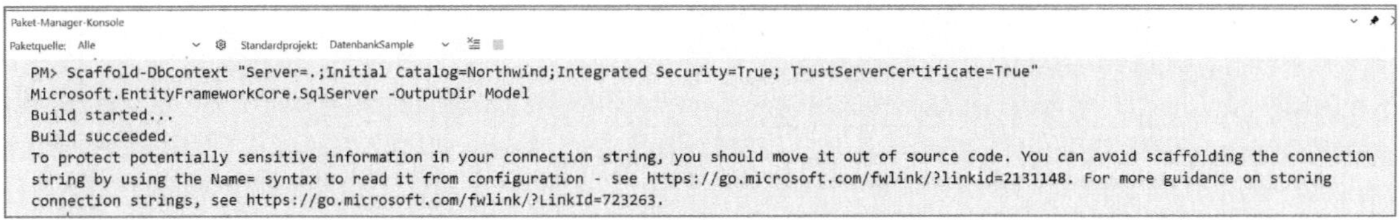

Bild 12.14 Befehl in der Paket-Manager-Konsole

Nachdem Sie den Befehl ausgeführt haben, werden einige neue Klassen im *Model*-Ordner angelegt.

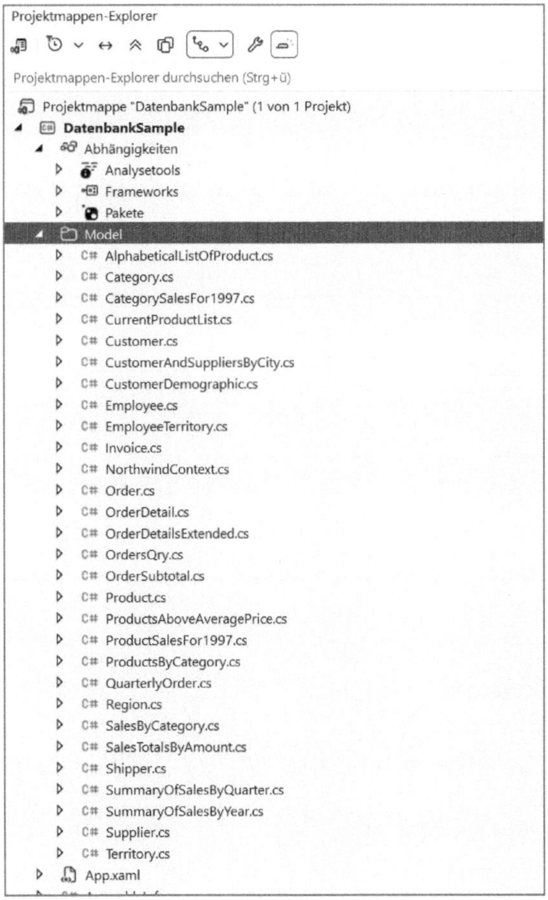

Bild 12.15 Generierte Modeldateien

Zu Ihrer Beruhigung sei gesagt, wir werden davon nur vier Klassen benötigen, aber prinzipiell wurde für jede Datenbanktabelle und -Sicht (View) eine Klasse angelegt. Die Eigenschaften der Klasse mappen dabei die Spalten in den Datenbanktabellen.

Jetzt schauen wir uns aber den Befehl, mit dem wir diese Klassen angelegt haben, noch mal genauer an:

- *Scaffold-DbContext*: Dieser Befehl leitet von einer bestehenden Datenbank das Modell ab. Die Northwind-Datenbank existiert ja bereits und somit können wir damit das Modell der Datenbank generieren lassen.
- *ConnectionString* (`"Server=.;Initial Catalog=Northwind;Integrated Security=True; TrustServerCertificate=True;"`): Das ist der *ConnectionString* zur Datenbank. Wir haben die Datenbank auf einem lokalen *SqlServer* installiert, deswegen steht hinter Source nur . (für local). Hier könnte auch *.\SqlExpress* für die *SQL-Server Express*-Version oder auch *(localdb)\MSSQLLocaldb* für eine *LocalDb*-Instanz stehen.
- *Microsoft.EntityFrameworkCore.SqlServer*: Hier verweisen wir auf das NuGet-Paket für den SqlServer, das wir initial geladen haben. Somit ist klar, dass es sich um eine SQL-Server-Datenbank handelt.
- *-OutputDir Model*: Dieser Befehl sorgt dafür, dass die Klassen im Ordner *Model* angelegt werden sollen, ansonsten würden die Klassen im Root-Verzeichnis des Projekts angelegt.

Durch das Ausführen des Befehls wurden die erforderlichen C#-Entitätsklassen für die einzelnen Tabellen sowie deren Beziehungen angelegt. Damit sind wir aber auch schon wieder bei den schon bekannten Collections angekommen. Die weitere Vorgehensweise dürfte Ihnen also bekannt vorkommen.

HINWEIS: In Kapitel 17 werden wir ausführlich auf diese Befehle eingehen und auch noch weitere Befehle vorstellen. Wir wollen hier aber nicht zu sehr vorgreifen.

12.5.3 Die Programmoberfläche

Nach dem Generieren des Models wollen wir uns mit einem einfachen WPF-Projekt von der Funktionsfähigkeit überzeugen.

```
<Window x:Class="DatenbankSample.MainWindow"
        xmlns="http://schemas.microsoft.com/winfx/2006/xaml/presentation"
        xmlns:x="http://schemas.microsoft.com/winfx/2006/xaml"
        xmlns:d="http://schemas.microsoft.com/expression/blend/2008"
        xmlns:mc="http://schemas.openxmlformats.org/markup-compatibility/2006"
        xmlns:local="clr-namespace:DatenbankSample"
        mc:Ignorable="d"
```

Eine Ereignisprozedur beim Öffnen des Window:

```
    Title="MainWindow" Height="450" Width="800" Loaded="Window_Loaded">
```

Zweispaltiges Layout per *Grid*:

```
    <Grid>
        <Grid.ColumnDefinitions>
            <ColumnDefinition Width="75" />
            <ColumnDefinition Width="*" />
        </Grid.ColumnDefinitions>
```

Hier die *ListView* mit den vorhandenen Bestellungen (Tabelle *Order*):

```
        <ListView Grid.Column="0" Name="lvOrder" IsSynchronizedWithCurrentItem="True"
            ItemsSource="{Binding}" SelectionChanged="lvOrder_SelectionChanged"
            HorizontalAlignment="Left" >
```

Die eigentlich Bindung erfolgt per *DataContext*-Zuweisung im C#-Code. Über das *SelectionChanged*-Ereignis werden wir die Detaildaten in die zweite *ListView* „zaubern“.

```
            <ListView.View>
                <GridView>
                    <GridView.Columns>
```

Wir zeigen nur die Spalte mit der Bestellnummer an:

```
                        <GridViewColumn Header="OrderID"
                                  DisplayMemberBinding="{Binding OrderId}" />
                    </GridView.Columns>
                </GridView>
            </ListView.View>
        </ListView>
```

Die *ListView* für die Detaildaten (die *DataContext*-Eigenschaft setzen wir im *SelectionChanged*-Ereignis der obigen *ListView*):

```
        <ListView Grid.Column="1" Name="lvOrderDetails"
                  IsSynchronizedWithCurrentItem="True" ItemsSource="{Binding}" >
            <ListView.View>
                <GridView>
                    <GridView.Columns>
                        <GridViewColumn Header="OrderId"
                                DisplayMemberBinding="{Binding OrderId}" />
                        <GridViewColumn Header="Id"
                                DisplayMemberBinding="{Binding ProductId}" />
```

Wer jetzt erwartet, dass wir uns die Mühe machen und noch eine dritte *GridView* für die Artikelnamen einbinden, hat nicht mit der Leistungsfähigkeit von LINQ und dem Entity Framework gerechnet. Es genügt die Abfrage der untergeordneten Collection *Product*:

```
                        <GridViewColumn Header="Artikelname"
                            DisplayMemberBinding="{Binding Product.ProductName}" />
```

Ein sinnvoller Vorteil von objektrelationalen Mapper-Klassen!

```
                </GridView.Columns>
            </GridView>
        </ListView.View>
    </ListView>
  </Grid>
</Window>
```

HINWEIS: Die Feldnamen im Binding (z. B. *OrderId*) sind case-sensitiv.

12.5.4 Der Zugriff auf die Daten

Jetzt müssen wir noch den erforderlichen C#-Code erstellen, um die Daten auch aus der Datenbank abzurufen.

Beginnen wir mit den *using*-Anweisungen für die benötigten eingebundenen Namensräume sowie dem Namespace für diese Codedatei. Beachten Sie, dass die generierten Klassen in einem Ordner *Model* angelegt wurden und somit im Namespace *DatenbankSample.Model* liegen.

C#

```
using DatenbankSample.Model;
using Microsoft.EntityFrameworkCore;
using System.ComponentModel;
using System.Windows;
using System.Windows.Controls;
using System.Windows.Data;

namespace DatenbankSample;
```

Dann folgt die Definition der *Window*-Klasse und der Konstruktor:

```
public partial class MainWindow : Window
{
    public MainWindow()
    {
        InitializeComponent();
    }
```

Die meiste Arbeit nimmt uns der *Entity Framework DataContext* ab, den wir gleich zu Beginn instanziieren:

```
    private NorthwindContext context = new NorthwindContext();
```

Wir wollen auch die Default-View zwischenspeichern, da wir diese für das Abrufen der Detaildatensätze benötigen:

```
    private ICollectionView view;
```

Beim Laden des Fensters:

```
    private void Window_Loaded(object sender, RoutedEventArgs e)
    {
```

Dem *DataContext* der linken *ListView* wird die Tabelle *Orders* zugewiesen. Die weiteren *Include*-Anweisungen laden die Daten aus den relationalen Tabellen, ein *Lazy-Loading* wie im klassischen Entity Framework ist in Core nicht so ohne Weiteres möglich (dazu aber mehr in Kapitel 17).

```
lvOrder.DataContext = context.Orders.Include(o => o.OrderDetails)
                                    ThenInclude(od => od.Product).ToList();
```

Die Default-View abrufen:

```
view = CollectionViewSource.GetDefaultView(lvOrder.DataContext);
    }
```

So, das wäre schon alles, wenn da nicht noch die Detaildatenanzeige fehlen würde. Im *SelectionChanged*-Ereignis der linken *ListView* kümmern wir uns zunächst um das Abrufen des aktuellen Datensatzes und leiten aus diesem Objekt die *OrderDetails* ab (als Collection enthalten):

```
    private void lvOrder_SelectionChanged(object sender, SelectionChangedEventArgs e)
    {
        Order? o = view?.CurrentItem as Order;
        if (o != null)
        {
            lvOrderDetails.DataContext = o.OrderDetails;
        }
    }
}
```

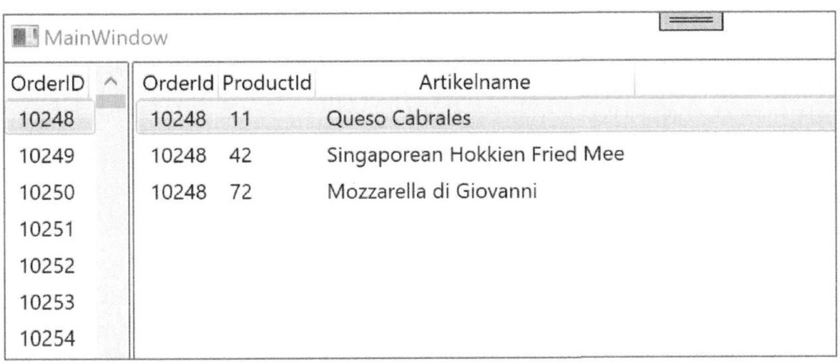

Bild 12.16 Unsere beiden ListViews mit den Daten aus der Datenbank

Ach ja, wie kommen eigentlich neue Datensätze in die Tabellen? Hier genügt es, wenn Sie z. B. ein neues *Product*-Objekt erstellen und es an die *Products*-Collection anhängen. Mit einem *SaveChanges*-Aufruf des *DataContext*-Objekts ist die Änderung dann auch schon zum Server übertragen.

HINWEIS: In Kapitel 17 werden wir die Datenbankkonzepte noch mal ausführlich betrachten.

12.6 Formatieren von Werten

In unseren Beispielen haben wir uns bislang erfolgreich davor gedrückt, Datumswerte, Währungen etc. in einem sinnvollen Format anzuzeigen bzw. zu formatieren.

Wir erweitern unsere Personenklasse aus den vorigen Beispielen um eine Eigenschaft *Geburtstag* vom Datentyp *DateTime*.

Binden Sie beispielsweise einen Datumswert an eine *TextBox*, wird zunächst das Standardformat angezeigt, wie Sie in Bild 12.17 sehen.

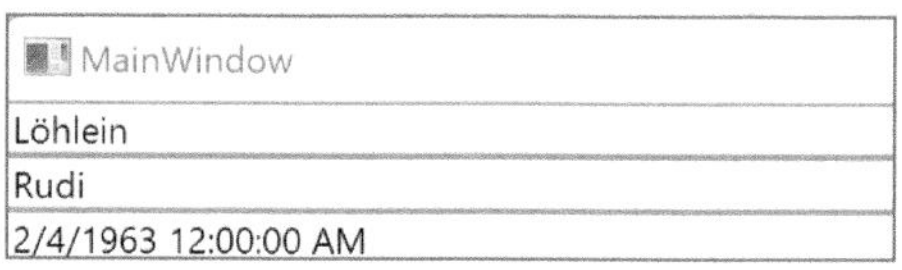

Bild 12.17
Datumsausgabe im US-Standardformat

Das sieht aus deutscher Sicht zunächst wenig erfreulich aus, aber mit dem *Language*-Attribut können Sie etwas nachhelfen.

Beispiel 12.32: Verwendung Language-Attribut

XAML

```
<TextBox Text="{Binding Path=Geburtstag}" Language="de"/>
```

Ergebnis

Nachfolgend sollte zumindest ein deutscher Datumswert angezeigt werden:

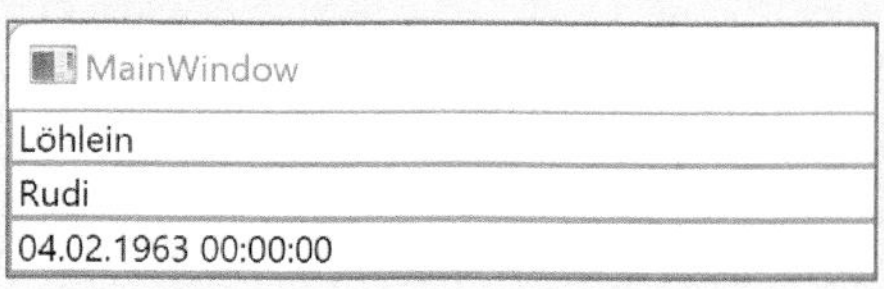

Bild 12.18
Datumsausgabe im deutschen Format

Doch auch dies ist noch nicht der Weisheit letzter Schluss.

12.6.1 IValueConverter

Mithilfe der WPF-Wertkonvertierer können Sie jede beliebige Konvertierung zwischen Quelle und Ziel einer Datenbindung realisieren. Dazu erstellen Sie eine Klasse, die das *IValueConverter*-Interface unterstützt. Diese Klasse muss zwei Methoden implementieren:

- *Convert* (von der Quelle zum Ziel)
- *ConvertBack* (vom Ziel zur Quelle)

Sicher können Sie sich denken, dass die *ConvertBack*-Methode den höheren Programmieraufwand erfordert, hat doch hier der User die Möglichkeit, zunächst beliebige Werte in die Textfelder einzugeben, die Sie dann mühsam in den geforderten Datentyp umwandeln müssen.

Beispiel 12.33: Implementieren und Verwenden eines Wertkonvertierers

C#

An dieser Stelle wollen wir allerdings nicht das Rad neu erfinden, sondern ein Beispiel aus dem Microsoft MSDN darstellen.
Erstellen Sie dazu eine neue Klasse *DateConverter*:

```
using System.Globalization;
using System.Windows.Data;

namespace Formatierungen;
```

Hier die neue Klasse *DateConverter*, die Sie mit entsprechenden Attributen versehen sollten:

```
[ValueConversion(typeof(DateTime), typeof(string))]
public class DateConverter : IValueConverter
{
```

Konvertieren von der Quelle zum Ziel (übergeben werden die Quelleigenschaft, der Zieleigenschaft-Typ, ein Konverter-Parameter sowie die aktuellen Landeseinstellungen):

```
    public object Convert(object value, Type targetType,
                    object parameter, CultureInfo culture)
    {
        DateTime date = (DateTime)value;
        return date.ToShortDateString();
    }
```

Konvertieren vom Ziel (z. B. *TextBox*) zur Quelle (z. B. Objekt):

```
    public object? ConvertBack(object value, Type targetType,
                               object parameter, CultureInfo culture)
    {
        string stringValue = value?.ToString() ?? string.Empty;
        DateTime resultDateTime;
        if (DateTime.TryParse(stringValue, out resultDateTime))
        {
            return resultDateTime;
        }
        return value;
    }
}
```

XAML

Die Verwendung im XAML-Code:

```
<Window x:Class="Formatierungen.MainWindow"
    xmlns="http://schemas.microsoft.com/winfx/2006/xaml/presentation"
    xmlns:x="http://schemas.microsoft.com/winfx/2006/xaml"
    xmlns:d="http://schemas.microsoft.com/expression/blend/2008"
    xmlns:mc="http://schemas.openxmlformats.org/markup-compatibility/2006"
```

Zunächst den lokalen Namespace einbinden:

```
xmlns:local="clr-namespace:Formatierungen"
    mc:Ignorable="d"
    Title="MainWindow" Height="450" Width="800" Loaded="Window_Loaded">
```

Die Einbindung der Klasse erfolgt per Ressource:

```
    <Window.Resources>
        <local:DateConverter x:Key="dateConverter"/>
    </Window.Resources>
    <StackPanel>
        <TextBox Text="{Binding Path=Nachname}" />
        <TextBox Text="{Binding Path=Vorname}" />
```

Sollten Sie nach diesen Zeilen eine Fehlermeldung bekommen, dass der Typ *DateConverter* nicht im Namespace *Formatierungen* existiert, dann kompilieren Sie die Anwendung noch mal neu (**F5**).

Und hier verwenden wir den Konverter bei der Bindung:

```
        <TextBox Text="{Binding Path=Geburtstag,
                            Converter={StaticResource dateConverter}}" />
    </StackPanel>
</Window>
```

Ergebnis

Das neue Ergebnis sieht schon viel ansprechender aus, wie Sie in Bild 12.19 sehen.

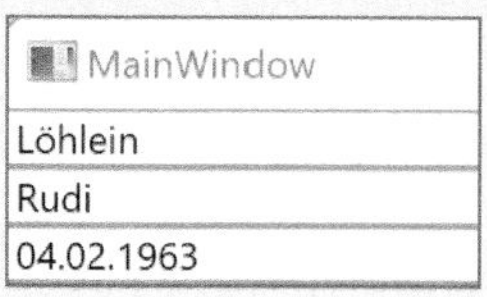

Bild 12.19 Datumsausgabe mit DateConverter

HINWEIS: Zusätzlich besteht die Möglichkeit, vorhandene Wertkonvertierer per Eigenschafteneditor zuzuweisen. Der Eigenschafteneditor erstellt, falls erforderlich, die entsprechenden Einträge im <*Window.Resources*>-Abschnitt des Formulars und weist das Attribut *Converter* zu.

12.6.2 BindingBase.StringFormat-Eigenschaft

Nachdem Sie sich durch unser obiges Beispiel gequält haben, wollen wir Ihnen auch nicht die dritte Variante zur Formatierung von Werten vorenthalten.

Werfen Sie doch einmal einen Blick auf die *BindingBase.StringFormat*-Eigenschaft, welche die Verwendung eines *IValueConverters* in vielen Standardfällen überflüssig macht.

Beispiel 12.34: Zwei verschiedene Datumsformate zuweisen

XAML

```
...
<TextBox Text="{Binding Path=Geburtstag, StringFormat= d. MMM yyyy}" />
...
<TextBox Text="{Binding Path=Geburtstag, StringFormat= dd.MM.yyyy}" />
...
```

Ergebnis

Das Ergebnis sehen Sie in Bild 12.20.

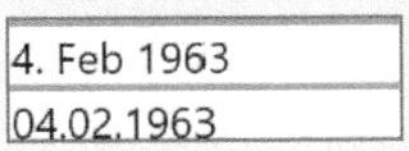

Bild 12.20
Datumsausgaben mittels StringFormat

12.7 Das DataGrid als Universalwerkzeug

Seit der WPF-Version 4 wird auch ein *DataGrid* regulär unterstützt, ohne zusätzliche Toolkits etc. laden zu müssen. Wie die schon besprochene *ListView* erlaubt auch das *DataGrid* die Anzeige von Collections im Tabellenformat. Zusätzlich werden Funktionen zum Editieren, Löschen, Auswählen und Sortieren angeboten.

HINWEIS: Anhand einiger Fallbeispiele wollen wir Ihnen eine Übersicht des Funktionsumfangs geben. Für eine komplette Beschreibung aller Eigenschaften bzw. Möglichkeiten fehlt hier jedoch der Platz und wir verweisen auf die recht umfangreiche Hilfe zum *DataGrid*-Control.

12.7.1 Grundlagen der Anzeige

Wie fast nicht anders zu erwarten, erfolgt die Anbindung an die Datenquelle mittels *ItemsSource*-Eigenschaft. Wir erzählen Ihnen an dieser Stelle also nichts Neues und verweisen auf die vorhergehenden Abschnitte.

Im Unterschied zu den bereits beschriebenen Controls bietet uns das *DataGrid* einen wesentlichen Vorteil: Sie brauchen sich nicht um das Erstellen der einzelnen Spalten zu kümmern, dank *AutoGenerateColumns*-Eigenschaft werden automatisch die erforderlichen Spalten erzeugt.

Erzeugen Sie, wie in Abschnitt 12.5.1 und Abschnitt 12.5.2 bereits gezeigt, noch mal das Model der Northwind-Datenbank.

Beispiel 12.35: Anbinden des DataGrids an die Entity-Framework-Daten

XAML

```
<Window x:Class="DataGridSample.MainWindow"
        xmlns="http://schemas.microsoft.com/winfx/2006/xaml/presentation"
        xmlns:x="http://schemas.microsoft.com/winfx/2006/xaml"
        xmlns:d="http://schemas.microsoft.com/expression/blend/2008"
        xmlns:mc="http://schemas.openxmlformats.org/markup-compatibility/2006"
        xmlns:local="clr-namespace:DataGridSample"
        mc:Ignorable="d"
        Title="MainWindow" Height="450" Width="800" Loaded="Window_Loaded">
    <Grid>
        <DataGrid Name="dataGrid1" />
    </Grid>
</Window>
```

C#

```
using DataGridSample.Model;
using System.Windows;

namespace DataGridSample;

public partial class MainWindow : Window
{
    public MainWindow()
    {
        InitializeComponent();
    }
    private void Window_Loaded(object sender, RoutedEventArgs e)
    {
        NorthwindContext context = new NorthwindContext();
        dataGrid1.ItemsSource = context.Products.ToList();
    }
}
```

Ergebnis

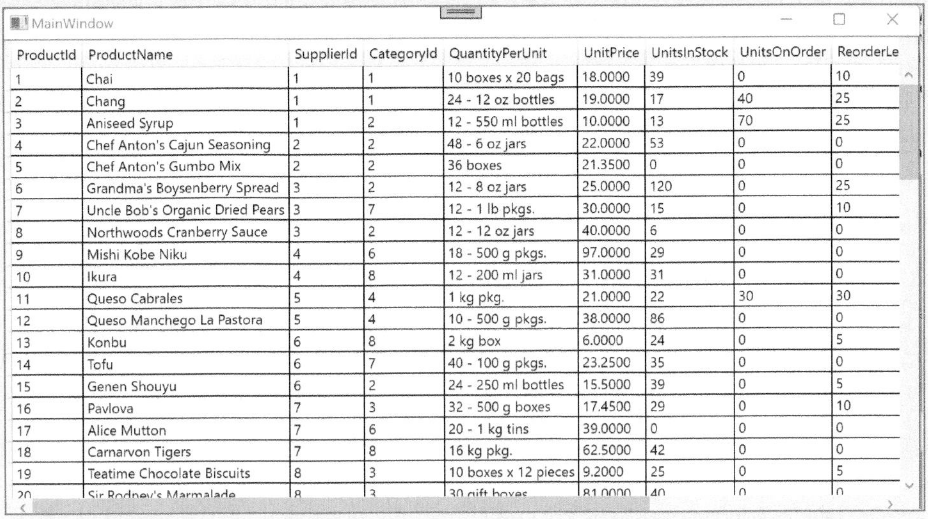

ProductId	ProductName	SupplierId	CategoryId	QuantityPerUnit	UnitPrice	UnitsInStock	UnitsOnOrder	ReorderLe
1	Chai	1	1	10 boxes x 20 bags	18.0000	39	0	10
2	Chang	1	1	24 - 12 oz bottles	19.0000	17	40	25
3	Aniseed Syrup	1	2	12 - 550 ml bottles	10.0000	13	70	25
4	Chef Anton's Cajun Seasoning	2	2	48 - 6 oz jars	22.0000	53	0	0
5	Chef Anton's Gumbo Mix	2	2	36 boxes	21.3500	0	0	0
6	Grandma's Boysenberry Spread	3	2	12 - 8 oz jars	25.0000	120	0	25
7	Uncle Bob's Organic Dried Pears	3	7	12 - 1 lb pkgs.	30.0000	15	0	10
8	Northwoods Cranberry Sauce	3	2	12 - 12 oz jars	40.0000	6	0	0
9	Mishi Kobe Niku	4	6	18 - 500 g pkgs.	97.0000	29	0	0
10	Ikura	4	8	12 - 200 ml jars	31.0000	31	0	0
11	Queso Cabrales	5	4	1 kg pkg.	21.0000	22	30	30
12	Queso Manchego La Pastora	5	4	10 - 500 g pkgs.	38.0000	86	0	0
13	Konbu	6	8	2 kg box	6.0000	24	0	5
14	Tofu	6	7	40 - 100 g pkgs.	23.2500	35	0	0
15	Genen Shouyu	6	2	24 - 250 ml bottles	15.5000	39	0	5
16	Pavlova	7	3	32 - 500 g boxes	17.4500	29	0	10
17	Alice Mutton	7	6	20 - 1 kg tins	39.0000	0	0	0
18	Carnarvon Tigers	7	8	16 kg pkg.	62.5000	42	0	0
19	Teatime Chocolate Biscuits	8	3	10 boxes x 12 pieces	9.2000	25	0	5
20	Sir Rodney's Marmalade	8	3	30 gift boxes	81.0000	40	0	0

Bild 12.21 DataGrid mit Produktdaten

Die Verwendung der *AutoGenerateColumns*-Eigenschaft ist sicher recht praktisch, doch haben Sie in diesem Fall keinen Einfluss auf Anzahl, Reihenfolge und Aussehen der Spalten.

Das *DataGrid* unterscheidet in diesem Fall lediglich zwischen Spalten der Typen *DataGridTextColumn* und *DataGridCheckBoxColumn*, deren Bedeutung sich bereits durch den Namen erklärt.

12.7.2 UI-Virtualisierung

Sicher interessiert es Sie auch, wie leistungsfähig das *DataGrid* ist. Erstellen Sie ruhig einmal eine Collection mit 1 000 000 Datensätzen und weisen Sie diese als *ItemsSource* zu. Sie werden feststellen, dass das Erzeugen der Collection wesentlich länger dauert als die Anzeige der Daten. Der Grund für dieses Verhalten basiert auf der UI-Virtualisierung, die mithilfe eines *VirtualizingStackPanel* als Layoutpanel innerhalb des *DataGrid* (auch *ListView*, *ListBox* etc.) verwendet wird.

Das *VirtualizingStackPanel* sorgt dafür, dass nur die gerade sichtbaren Einträge (bzw. die dazu notwendigen Controls) erzeugt werden. Was passiert, wenn dies nicht so ist, können Sie ganz einfach ausprobieren. Es genügt, wenn Sie das folgende Attribut in die Elementedefinition einfügen:

```
<DataGrid VirtualizingStackPanel.IsVirtualizing="False" Name="dataGrid1" />
```

Bitte besorgen Sie sich rechtzeitig eine Zeitung und eine Kanne Kaffee, wenn Sie versuchen wollen, eine große Collection an das *DataGrid* zu binden. Im extremsten Fall kommt es zur Meldung, dass der verfügbare Arbeitsspeicher nicht ausreicht. Die Ursache dürfte schnell klar werden, wenn Sie sich vorstellen, dass für jede erforderliche Zeile und alle angezeigten Spalten die entsprechenden Anzeige-Controls generiert werden müssen. Selbst bei unserer kleinen Datenbank wird man schon einen zeitlichen Unterschied feststellen.

12.7.3 Spalten selbst definieren

Gehen Ihnen die Möglichkeiten von *AutoGenerateColumns* nicht weit genug, können Sie alternativ auch selbst Hand anlegen und die einzelnen Spalten frei definieren. Setzen Sie in diesem Fall das Attribut *AutoGenerateColumns* auf *false* und fügen Sie die Spaltendefinitionen der *Columns*-Eigenschaft hinzu (die Reihenfolge der Definition entscheidet über die Anzeigereihenfolge).

Wir machen es uns im folgenden Beispiel etwas einfacher und definieren nur vier Spalten. Die Erzeugung der restlichen Spalten verhält sich analog zu den gezeigten Spaltendefinitionen.

Beispiel 12.36: DataGrid mit einzeln definierten Spalten

XAML

```
<Grid>
```

```
        <DataGrid AutoGenerateColumns="False" EnableRowVirtualization="True"
            ItemsSource="{Binding}" Name="dataGrid1" >
```

Und hier folgen die Definitionen der einzelnen Spalten:

```
            <DataGrid.Columns>
```

Eine Textspalte erzeugen, Bindung an den Member *ProductId* (bitte auf komplette Groß-/Kleinschreibung achten) herstellen, die Kopfzeile mit „ID“ beschriften und eine Größenanpassung vornehmen:

```
                <DataGridTextColumn Binding="{Binding Path=ProductId}"
                    Header="ID" Width="SizeToHeader" />
```

Gleiches für den Produktnamen (ohne Größenanpassung):

```
                <DataGridTextColumn Binding="{Binding Path=ProductName}"
                    Header="Bezeichnung" />
```

Dann legen wir eine Spalte für den *UnitPrice* an. Diese Spalte wollen wir auch als Währung formatieren `(StringFormat=C)`. Und zu guter Letzt die Spalte *Discontinued*, weil wir hier eine *DataGridCheckBox* verwenden wollen:

```
                <DataGridTextColumn Binding="{Binding UnitPrice, StringFormat=C}"
                                    Header="Preis" />
                <DataGridCheckBoxColumn Binding="{Binding Discontinued}"
                                    Header="Nicht mehr lieferbar" />
            </DataGrid.Columns>
        </DataGrid>
    </Grid>
```

Ergebnis

Das erzeugte *DataGrid* sehen Sie in Bild 12.22.

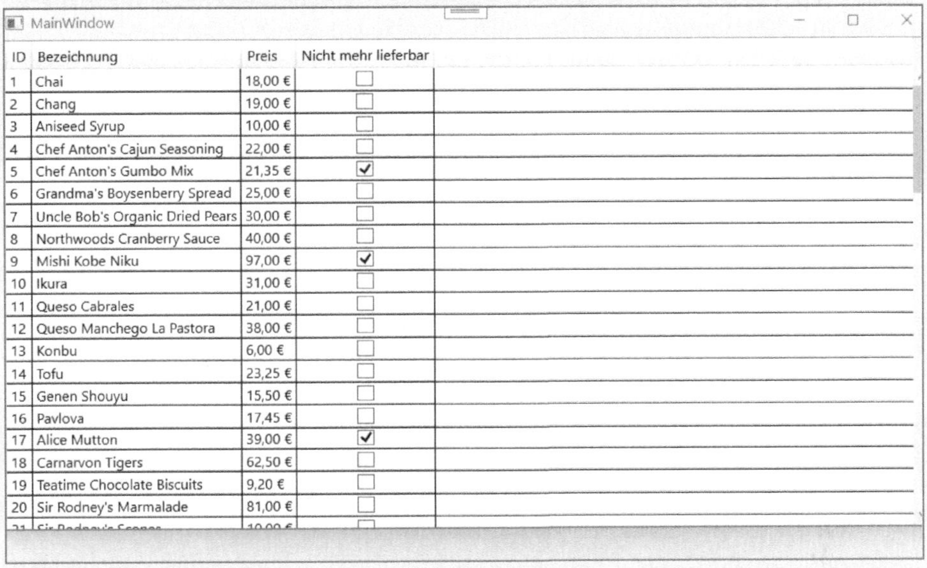

Bild 12.22 Produktdaten in einem DataGrid mit definierten Spalten

Anmerkung

Im obigen Beispiel ist der Preis in Dollar angegeben. Wenn Sie die aktuelle Währung aus der Systemeinstellung wählen wollen, müssen Sie noch folgenden Code hinzufügen. Am besten machen Sie das in der überschriebenen *OnStartup*-Methode der *App*, denn dann gilt das für die gesamte Anwendung:

```
public partial class App : Application
{
   protected override void OnStartup(StartupEventArgs e)
   {
      base.OnStartup(e);
      FrameworkElement.LanguageProperty.OverrideMetadata(
                    typeof(FrameworkElement),
                    new FrameworkPropertyMetadata(
                        XmlLanguage.GetLanguage(
                        CultureInfo.CurrentCulture.IetfLanguageTag)));
   }
}
```

Vergessen Sie nicht die beiden *using*-Anweisungen für *System.Globalization* und *System.Windows.Markup* hinzuzufügen.

Außer den Standard-Spaltentypen

- *DataGridTextColumn,*
- *DataGridCheckBoxColumn,*
- *DataGridComboBoxColumn,*
- *DataGridHyperlinkColumn*

steht auch die recht flexible *DataGridTemplateColumn* zur Verfügung. Welche Controls Sie hier einbinden (*Image, Chart, RichTextBox* etc.), bleibt Ihrer Fantasie überlassen. Auf diese Art und Weise kann man dann auch den Preis zum Beispiel rechtsbündig darstellen.

Weitere Gestaltungsmöglichkeiten bieten sich mit dem Ein- und Ausblenden der Trennlinien, der Konfiguration der Spaltenköpfe per Template usw.

12.7.4 Zusatzinformationen in den Zeilen anzeigen

Nicht alle Informationen sollen immer gleich in einem Grid sichtbar sein, vielfach werden Detailfenster etc. eingeblendet, um nach der Auswahl eines Datensatzes weitere Informationen anzuzeigen. Das *DataGrid* bietet mit dem *RowDetailsTemplate* ein recht interessantes Feature, versetzt Sie dieses Template doch in die Lage, unter bestimmten Umständen (*RowDetailsVisibilityMode*-Eigenschaft) zusätzliche Inhalte einzublenden.

Beispiel 12.37: Verwendung von *RowDetailsTemplate*

C#

Zuerst müssen wir dafür sorgen, dass für die Produkte auch die Bestelldetails geladen werden (vergessen Sie auch nicht, den dafür notwendigen Namespace *Microsoft.Entity FrameworkCore* einzubinden).

```
private void Window_Loaded(object sender, RoutedEventArgs e)
{
    NorthwindContext context = new NorthwindContext();
    dataGrid1.ItemsSource =
             context.Products.Include(p=>p.OrderDetails).ToList();
}
```

XAML

Zunächst müssen Sie bestimmen, wann die Details eingeblendet werden sollen:

```
<DataGrid AutoGenerateColumns="False" EnableRowVirtualization="True"
          ItemsSource="{Binding}"
          RowDetailsVisibilityMode="VisibleWhenSelected" >
    <DataGrid.Columns>
...
    </DataGrid.Columns>
```

Nach der Spaltendefinition können Sie das *RowDetailsTemplate* einfügen und mit den gewünschten Informationen füllen. Wir wollen hier alle Bestelldetails mit diesem Produkt anzeigen :

```
<DataGrid.RowDetailsTemplate>
 <DataTemplate>
  <DataGrid ItemsSource="{Binding OrderDetails}"
            AutoGenerateColumns="False">
   <DataGrid.Columns>
    <DataGridTextColumn Binding="{Binding OrderId}"  Header="OrderId"/>
    <DataGridTextColumn Binding="{Binding Quantity}"  Header="Anzahl" />
    <DataGridTextColumn Binding="{Binding Discount}"  Header="Rabatt" />
   </DataGrid.Columns>
  </DataGrid>
 </DataTemplate>
</DataGrid.RowDetailsTemplate>
</DataGrid>
```

Ergebnis

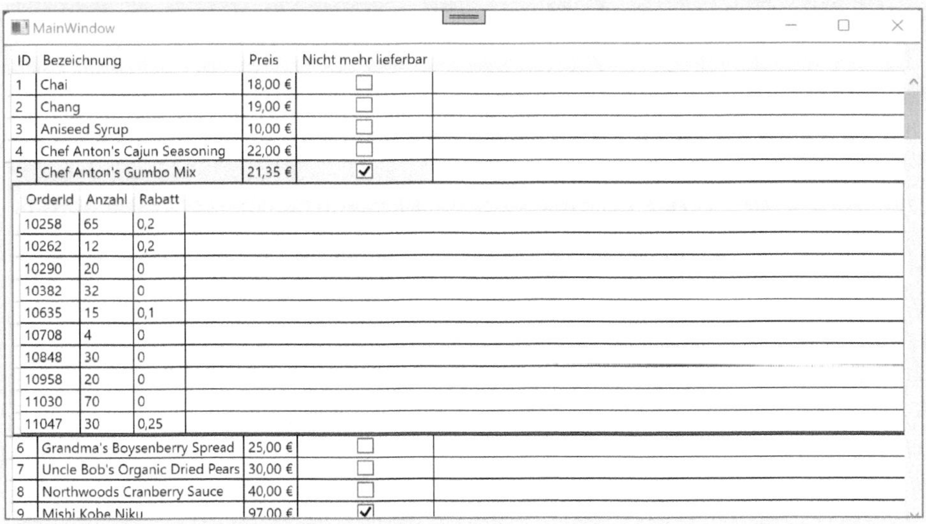

Bild 12.23 Produkte mit Zusatzinformationen

Mit *RowDetailsVisibilityMode* bestimmen Sie, wie die Zeilendetails angezeigt werden. Standardwert ist *Collapsed* (nicht sichtbar), alternativ steht *Visible* (immer sichtbar) oder *VisibleWhenSelected* zur Verfügung (nur die aktuelle Zeile).

12.7.5 Vom Betrachten zum Editieren

Auch wenn die umfangreichen Anzeigeoptionen das *DataGrid* für diverse Aufgaben prädestinieren, eine Hauptaufgabe dürfte in den meisten Fällen auch das Editieren der Inhalte sein.

Grundsätzlich entscheidet zunächst die übergreifende Eigenschaft *IsReadOnly* über die Fähigkeit, Inhalte des *DataGrids* zu editieren oder nur zu betrachten. Gleiches gilt auch auf Spaltenebene, auch hier können Sie mit *IsReadOnly* darüber entscheiden, welche Spalten editierbar sind und welche nicht. Zusätzlich unterstützen Sie diverse Ereignisse vor, während und nach dem Editiervorgang (*BeginningEdit, PreparingCell-ForEdit, CellEditEnding, ...*).

HINWEIS: Eine kleine Bemerkung soll noch erlaubt sein zum Thema Neuerungen in WPF in den aktuellen Frameworks. Das *DataGrid* hat zumindest mit .NET 7 zwei kleine Änderungen spendiert bekommen.

Die Spaltenbreiten in einem *DataGrid* können mit dem Tastatur-Shortcut ALT+Left oder ALT+Right direkt vom Endbenutzer angepasst werden (dies gilt auch für das Steuerelement *GridView*). Und außerdem kann der Endbenutzer die Spalten in einem *DataGrid* mit F3 sortieren.

12.8 Praxisbeispiel – Collections in Hintergrundthreads füllen

In den vorhergehenden Beispielen haben wir es uns recht einfach gemacht. Eine Collection wurde erzeugt, gefüllt und angezeigt. So weit, so gut, aber was ist, wenn das Erzeugen der Collection etwas länger dauert? Ein kleines Beispielprogramm zeigt das Problem und natürlich auch die Lösung dafür. Dabei trennen wir aber zwischen einer alten Lösung und einer mit .NET 4.5 eingeführten Neuerung.

Oberfläche

Ein einfaches *Window* mit einigen Schaltflächen und einer *ListView* zur Anzeige der Daten:

```
<Window x:Class="PraxisbeispielDatenbindung.MainWindow"
        xmlns="http://schemas.microsoft.com/winfx/2006/xaml/presentation"
        xmlns:x="http://schemas.microsoft.com/winfx/2006/xaml"
        xmlns:d="http://schemas.microsoft.com/expression/blend/2008"
        xmlns:mc="http://schemas.openxmlformats.org/markup-compatibility/2006"
        xmlns:local="clr-namespace:PraxisbeispielDatenbindung"
        mc:Ignorable="d"
        Title="MainWindow" Height="450" Width="800">
    <DockPanel>
        <StackPanel DockPanel.Dock="Top" Orientation="Horizontal">
            <Button Click="ButtonVT_Click">Laden Vordergrund-Thread</Button>
            <Button Click="ButtonHT_Click">Laden Hintergrund-Thread</Button>
            <Button Click="ButtonHL_Click">Laden Hintergrund Lösung</Button>
            <Button Click="ButtonLN_Click">Laden neu</Button>
        </StackPanel>
        <ListView Name="listView1" IsSynchronizedWithCurrentItem="
                  True"ItemsSource="{Binding}"
                                     VirtualizingPanel.IsVirtualizing="True" />
    </DockPanel>
</Window>
```

Das Problem

Stellen Sie sich folgendes Szenario vor: Sie füllen eine Liste von *Person*-Objekten[3], leider dauert der Abruf jedes einzelnen Objekts etwas länger:

```
using System.Collections.ObjectModel;
using System.Windows;
using System.Windows.Data;
using System.Windows.Input;

namespace PraxisbeispielDatenbindung;

public partial MainWindow : Window
{
    public ObservableCollection<Person> Abteilung { get; set; }
          =new ObservableCollection<Person>();

    public MainWindow()
    {
        InitializeComponent();
    }

    private void Window_Loaded(object sender, RoutedEventArgs e)
    {
        DataContext = Abteilung;
    }

    private void Datenabrufen()
    {
        Abteilung.Clear();
        for (int i = 0; i < 100; i++)
        {
```

[3] Definition siehe Beispiel 12.12.

Hier simulieren wir eine Zeitverzögerung, z. B. eine sehr langsame Datenverbindung:

```
            System.Threading.Thread.Sleep(100);
            Abteilung.Add(new Person
            {
                Nachname = $"Müller{i}",
                Vorname = "Thomas"
            });
        }
    }

    private void ButtonVT_Click(object sender, RoutedEventArgs e)
    {
        Datenabrufen();
    }
```

Starten Sie die Anwendung, werden Sie nach einem Klick auf die Schaltfläche feststellen, dass Ihre Anwendung „einfriert“. Diese Lösung wollen Sie dem Endanwender sicher nicht zumuten. Was liegt also näher, als diese Aufgabe in einen Hintergrundthread zu verlagern.

HINWEIS: Eine ausführliche Erläuterung zu Tasks und Threads folgt in den Kapiteln 14 und 15.

Gesagt, getan, wir kapseln obigen Methodenaufruf in einem extra Thread:

```
    private void ButtonHT_Click(object sender, RoutedEventArgs e)
    {
        Task.Run(Datenabrufen);
    }
```

Doch nach einem Start der Anwendung werden Sie durch eine *Exception* schnell wieder auf den Boden der Tatsachen zurückgeholt.

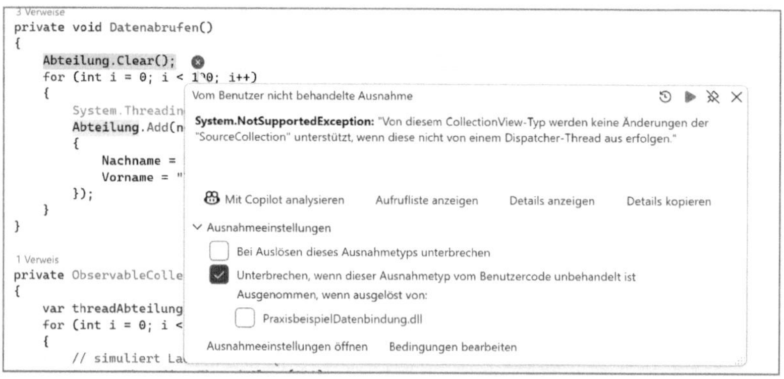

Bild 12.24 Exception beim Verlagern in einen Hintergrundthread

Sie können auf die Collection nicht per Hintergrundthread zugreifen. Das ist erst mal ein Show-Stopper. Doch es gibt zwei Lösungen:

- Laden einer extra Collection im Hintergrund und kopieren dieser Collection in den Vordergrund. Nachfolgend Abgleich mit der gebundenen Collection.
- Laden der Daten im Hintergrund, Einfügen der einzelnen Einträge durch jeweiligen Wechsel in den Vordergrundthread.

Die zweite Lösung ist mit häufigen Threadwechseln verbunden, wir sehen uns also die erste Lösung näher an.

Lösung 1

Wir lagern das Laden der Daten in eine Funktion aus, die eine komplette Liste zurückgibt:

```
private ObservableCollection<Person> Datenabrufen_alteLoesung()
{
    var threadAbteilung = new ObservableCollection<Person>();
    for (int i = 0; i < 100; i++)
    {
        // simuliert Laden aus der Quelle
        System.Threading.Thread.Sleep(100);
        threadAbteilung.Add(new Person
        {
            Nachname = $"Müller{i}",
            Vorname = "Thomas"
        });
    }
    return threadAbteilung;
}
```

Unser Aufruf:

```
private void ButtonHL_Click(object sender, RoutedEventArgs e)
{
```

Anzeige, dass der Nutzer warten soll:

```
    Cursor = Cursors.Wait;
```

In einem extra Thread werden die Daten geladen:

```
    Task.Factory.StartNew <ObservableCollection<Person>>(
                         Datenabrufen_alteLoesung).ContinueWith(t =>
    {
```

Ist dies erfolgt, kopieren wir die Daten in die gebundene Liste:

```
        Abteilung.Clear();
        foreach (var s in t.Result)
        {
            klasse.Add(s);
        }
```

Und blenden die Sanduhr aus:

```
            Cursor = null;
        }, TaskScheduler.FromCurrentSynchronizationContext());
    }
```

Test

Nach dem Start wird die „Sanduhr" angezeigt, nach einigen Sekunden ist die Liste gefüllt. Wie Sie sehen, muss sich der Nutzer auch hier gedulden, die Oberfläche bleibt in dieser Zeit aber voll bedienbar.

Lösung 2 (ab .NET 4.5)

.NET 4.5 bietet die Möglichkeit, Collections für die gleichzeitige Bearbeitung in Threads quasi anzumelden. Nutzen Sie dazu einen Aufruf der Methode *EnableCollectionSynchronization.*

```
    private void ButtonLN_Click(object sender, RoutedEventArgs e)
    {
```

Anmelden der Collection – wir übergeben noch das aktuelle Window-Objekt als Sperrobjekt[4]:

```
        BindingOperations.EnableCollectionSynchronization(Abteilung, this);
```

Wir rufen die Daten per extra Thread ab:

```
        Task.Run(Datenabrufen);
    }
```

Test

Nach dem Start werden Sie feststellen, dass die Oberfläche bedienbar bleibt und dass die Daten „tröpfchenweise" in die Liste geladen werden. Sie können beim Füllen quasi zusehen – eine einfache und recht elegante Lösung für das Einlesen größerer Datenmengen.

HINWEIS: Eine alternative Lösung wäre auch noch die Verwendung des *async-await*-Musters. Dazu mehr in Abschnitt 14.8.

[4] Auch jede andere Objekt-Instanz ist geeignet.

13 .NET MAUI

.NET MAUI steht für .NET Multi-Platform App UI. Sie haben mit .NET MAUI die Möglichkeit, sowohl Desktop-Apps als auch native mobile Apps zu erstellen.

Somit reiht sich .NET MAUI in die Liste mit Windows Forms und WPF ein, um Desktop-Applikationen zu erstellen. Der große Vorteil von .NET MAUI besteht jedoch darin, dass mit einer einzigen Codebasis Applikationen für Android, iOS, macOS und Windows erzeugt werden können.

.NET MAUI ist der Nachfolger von Xamarin.Forms und weist auch viele Gemeinsamkeiten mit Xamarin auf, es gibt jedoch auch wesentliche Unterschiede. So hatte man in Xamarin für jede Plattform ein eigenes Projekt, während man in MAUI jetzt ein einziges Projekt als Codebasis hat.

.NET MAUI war zum Erscheinungszeitpunkt von Visual Studio und .NET 6 im November 2021 noch nicht in einem produktiven Zustand. Somit wurde die Fertigstellung von .NET MAUI auf das 2. Quartal 2022 verschoben.

Durch das Erscheinen von .NET 7 wurde MAUI (in der Version 7) als allgemein verfügbar eingestuft. Ein großes Augenmerk wurde bei .NET 7 im Bereich Performance auf die unterschiedlichen Plattformen gelegt. Leider erwies sich jedoch die veröffentlichte Version nicht als so stabil, wie es sich viele Entwickler gewünscht haben.

Deswegen lag das Hauptaugenmerk In der Version MAUI 8, das mit .NET 8 erschienen ist, unter dem Motto „Qualität statt Quantität“. Neben einer erhöhten Qualität und Stabilität wurde auch viel Arbeit in Performancesteigerungen gesteckt. Gerade beim Scrollen in Listen spürt der Anwender einen deutlichen Performancegewinn.

Auch in den beiden letzten neuen Versionen MAUI 9 und MAUI 10 wurde viel Wert auf Stabilität und Performance gelegt und weitere neue Features wurden eher spärlich implementiert. Die neuen Android API-Level 35 und 36 werden mit .NET 10 nun auch unterstützt.

.NET MAUI unterstützt dabei jetzt folgende Plattformen:

- Windows 11 und Windows 10 ab Version 1809 (unter Verwendung von WinUI 3)
- Android 5.0 oder höher
- iOS 11 oder höher (unter Verwendung von Xcode)
- macOS 10.15 oder höher (unter Verwendung von Mac Catalyst)

Mit .NET 8 ist auch eine neue Projektvorlage für .NET MAUI Blazor Apps verfügbar. Diese ist auf folgenden Plattformen lauffähig:

- Android 7.0 oder höher
- iOS 141 oder höher
- macOS 11 oder höher (unter Verwendung von Mac Catalyst)

Die Entwicklung für Android, iOS und Windows kann in Visual Studio erfolgen, jedoch ist die Kompilierung für iOS und macOS nur auf einem Mac Rechner möglich.

HINWEIS: Microsoft hat den Support für Visual Studio 2022 für Mac am 31. August 2024 eingestellt. .NET 10 wird in Visual Studio für Mac nicht mehr unterstützt. Eine Entwicklung mit Visual Studio Code ist weiterhin möglich.

HINWEIS: Samsung stellt .NET MAUI auch für Tizen zur Verfügung.

13.1 Einführung

.NET MAUI bietet die Möglichkeit, mit einem Projekt und einer Codebasis native Benutzeroberflächen für unterschiedliche Plattformen zu entwickeln. Sie können Ihr Projekt auf unterschiedliche Devices (Android oder iOS) sowie auch auf Mac- und Windows-Computern deployen.

HINWEIS: Die Oberflächen werden, wie wir es gerade in den WPF-Kapiteln gelernt haben, mit XAML definiert.

Bild 13.1 zeigt die Möglichkeiten von .NET MAUI ab .NET 6.

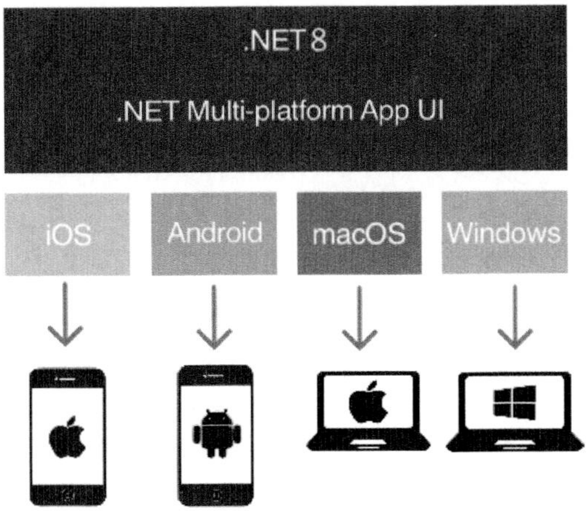

Bild 13.1 .NET MAUI-Zielplattformen

Sie können mit Visual Studio somit Multiplattformapplikationen entwickeln, bei denen Sie ein gemeinsames Oberflächenlayout für verschiedene Plattformen erstellen. Sie können den Code, die Oberfläche, die Geschäftslogik sowie auch Ihre Tests für verschiedene Plattformen nutzen.

Ermöglicht wird dies durch das .NET MAUI Framework, das vom Applikationscode aus angesprochen wird. .NET 10 stellt verschiedene plattformspezifische Frameworks zur Verfügung:

- .NET für Android
- .NET für iOS
- .NET für Mac
- WinUI 3

Alle diese nativen Frameworks greifen wiederum auf die .NET-Basisklassenbibliothek zu. Somit wird die zugrunde liegende Plattform vom Code abstrahiert. Die .NET-10-Basisklassenbibliotheken wiederum sind abhängig von der .NET Runtime, welche die Ausführungsumgebung bereitstellt. Für Android, iOS und macOS ist das beispielsweise die *Mono Runtime*.

Die Basis der Geschäftslogik Ihrer App, die Sie in C# schreiben, wird somit über die Basisklassenbibliotheken bereitgestellt, während die Oberfläche, die Sie in *XAML* entwickeln, über .NET MAUI bereitgestellt wird.

Sie haben aber auch die Möglichkeit, aus Ihrem Applikationscode heraus direkt Aufrufe auf die nativen Frameworks zu schreiben, um die APIs der nativen Plattform zu verwenden. Dabei können Sie über eine Zielplattformadressierung plattformspezifischen Code schreiben.

Die App kann dabei auf Windows oder macOS entwickelt werden. Es gibt dabei aber unterschiedliche Kompilierungsstrategien:

- **Android-Apps:** werden in IL (Intermediate Language) kompiliert, die dann beim Starten der App, ähnlich wie bei einer herkömmlichen .NET-Applikation, in eine native Assembly übersetzt wird.
- **iOS-Apps:** werden sofort in eine native ARM-Assembly übersetzt.
- **macOS-Apps:** verwenden Apples Mac Catalyst, um die App lauffähig zu machen.
- **Windows-Apps:** erstellen mittels WinUI 3 native Apps für den Windows Desktop.

13.2 Was kann eine .NET MAUI-Anwendung?

.NET MAUI bietet Ihnen eine Layout-Engine, um Oberflächen zu entwerfen. Dabei werden für den UI-Entwurf verschiedene Steuerelemente zur Verfügung gestellt. Diese Steuerelemente unterstützen, wie Sie es auch aus WPF kennen, Datenbindung.

.NET MAUI stellt eine plattformübergreifende Grafikbibliothek zur Verfügung, um die Oberflächen zu rendern und eigene 2D-Renderlogik bereitzustellen.

Außerdem werden in den .NET MAUI-Bibliotheken plattformübergreifende APIs zur Verfügung gestellt, um Zugriff auf native Gerätefeatures zu haben. Sie erstellen also, egal für welche Zielplattform, einen einheitlichen Code, und das .NET MAUI Framework kümmert sich um die Ansteuerung der passenden Funktionalität in der nativen Bibliothek.

Zu den plattformunabhängigen Gerätefeatures gehören unter anderem die folgenden:

- Sensoren
  - Kompass
  - Gyroskop
  - Beschleunigungsmesser
- GPS
- Akkustand
- Netzwerk
  - Status
  - Änderungen am Netzwerk
- Geräteinformationen
- Kopierfunktionen

- Dateizugriff
- Text to Speech
- Browserbasierte Authentifizierung

HINWEIS: .NET MAUI unterstützt auch Hot Reload. Sie können also während des Debuggings (z. B. in einem Emulator) Änderungen am Code durchführen und diesen testen, ohne die App neu zu starten.

13.3 Die erste .NET MAUI-App

Nun wollen wir eine .NET MAUI-App genauer anschauen.
In Bild 13.2 sehen Sie die in Visual Studio angebotenen Projektvorlagen.

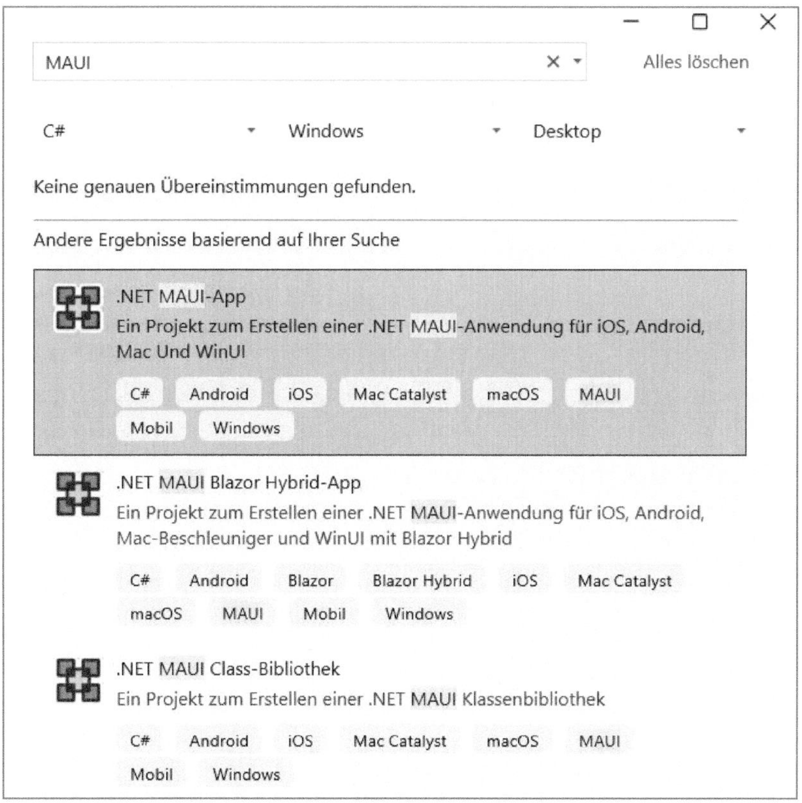

Bild 13.2 .NET MAUI-Projektvorlagen

Sie müssen nur *.NET MAUI-App* auswählen, und schon wird ein Projekt angelegt. Als Projektname haben wir *MauiDemoApp* verwendet.

.NET MAUI Blazor-App ist eine Projektvorlage, in der MAUI mit Blazor (mehr zu Blazor in Kapitel 21) kombiniert werden kann.

Interessant sind zuerst ein Blick in den Projektmappen-Explorer (Bild 13.3) und ein weiterer Blick auf den Ordner *Platforms* (siehe Bild 13.4).

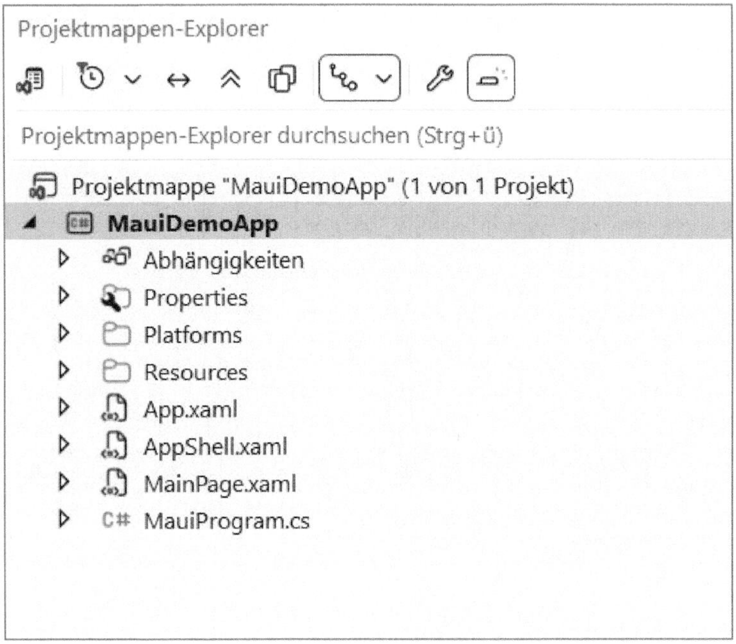

Bild 13.3 .NET MAUI-Projekt

Im letztgenannten Ordner werden die plattformspezifischen Codeelemente programmiert. Momentan sind hier nur unterschiedliche Klassen vorhanden, um die Applikation auf den verschiedenen Plattformen zu starten.

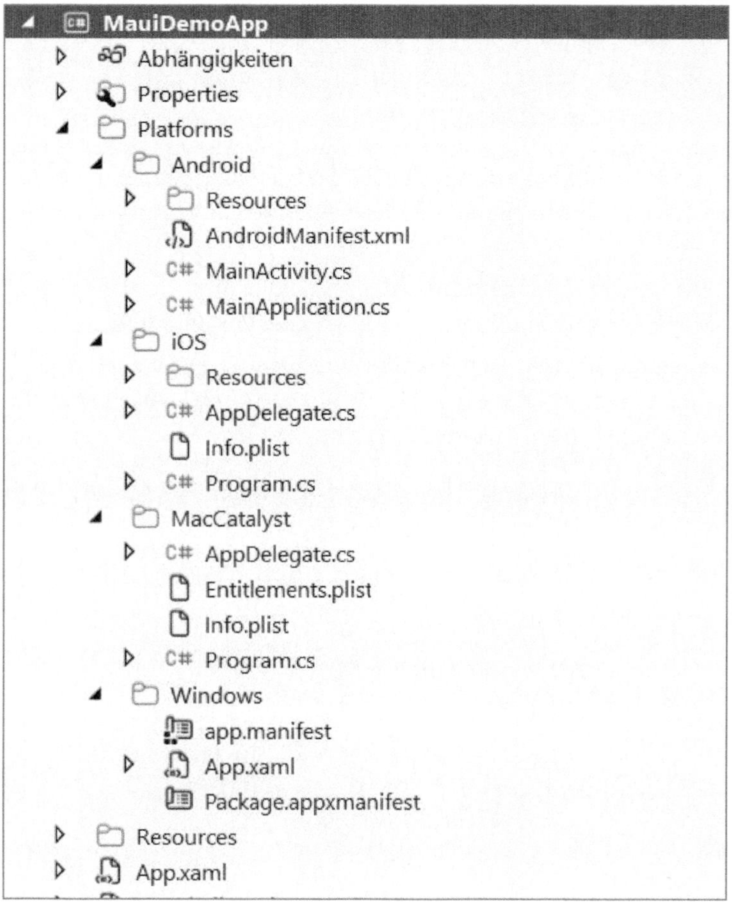

Bild 13.4 Codedateien für die unterschiedlichen Plattformen

Ähnlich wie bei WPF gibt es zum Beispiel unter Windows die *App.xaml.cs*-Datei, um die Applikation zu starten.

Hier ist der generierte Programmcode der *App.xaml.cs*:

Listing 13.1 Generierte App.xaml.cs

```
namespace MauiApp1.WinUI;

public partial class App : Application
{
    public App()
    {
        InitializeComponent();
    }
```

```
    protected override Window CreateWindow(IActivationState? activationState)
    {
        return new Window(new AppShell());
    }
}
```

Die *App*-Klasse erbt von *Application* und initialisiert in der überschriebenen Methode *CreateWindow* über ein neues *Window* die *AppShell*, welches den Startpunkt aus visueller Sicht darstellt.

Die sogenannte Shell für unsere Applikation ist die AppShell.xaml. In dieser Datei wird in der Regel das Menü der Anwendungen oder auch ShellContent definiert.

In diesem XAML wird auch die Startup-Page über das Binding in der Eigenschaft *Content Template* definiert, in diesem Fall die generierte *MainPage*. Die Eigenschaft *Route* wird für die Navigation definiert. Der Name wird hier nur auf denselben Namen wie die Startseite festgelegt.

Listing 13.2 Generierte AppShell.xaml

```
<?xml version="1.0" encoding="UTF-8" ?>
<Shell
    x:Class="MauiDemoApp.AppShell"
    xmlns="http://schemas.microsoft.com/dotnet/2021/maui"
    xmlns:x="http://schemas.microsoft.com/winfx/2009/xaml"
    xmlns:local="clr-namespace:MauiDemoApp"
    Shell.FlyoutBehavior="Disabled"
    Title="MauiDemoApp">
    <ShellContent
        Title="Home"
        ContentTemplate="{DataTemplate local:MainPage}"
        Route="MainPage" />
</Shell>
```

Im Root-Ordner finden wir noch die Datei *MauiProgram.cs*:

Listing 13.3 Generierte MauiProgram.cs

```
using Microsoft.Extensions.Logging;

namespace MauiApp1;

public static class MauiProgram
{
    public static MauiApp CreateMauiApp()
    {
        var builder = MauiApp.CreateBuilder();
        builder.UseMauiApp<App>()
            .ConfigureFonts(fonts =>
            {
                fonts.AddFont("OpenSans-Regular.ttf", "OpenSansRegular");
                fonts.AddFont("OpenSans-Semibold.ttf", "OpenSansSemibold");
            });
#if DEBUG
        builder.Logging.AddDebug();
```

```
#endif

        return builder.Build();
    }
}
```

Wenn Sie schon einmal mit .NET gearbeitet haben, dann erinnert Sie das vermutlich an die Startdateien von Webapplikationen oder APIs.

Hier können Sie die Konfigurationen (wie zum Beispiel die zu verwendenden Schriftarten) der Anwendung definieren und auch *DependencyInjection* initialisieren.

Unsere Anwendung besteht genau aus einer Seite (*MainPage.xaml*). Wie Sie es aus WPF kennen, gibt es auch eine Codebehind-Datei dazu (*MainPage.xaml.cs*).

Der Inhalt der *MainPage.xaml* ist sehr ähnlich dem von WPF-XAML-Dateien. Dies wird die Datei sein, in der Sie Ihre ersten Designarbeiten verrichten.

Listing 13.4 MainPage.xaml

```
<?xml version="1.0" encoding="utf-8" ?>
<ContentPage xmlns="http://schemas.microsoft.com/dotnet/2021/maui"
             xmlns:x="http://schemas.microsoft.com/winfx/2009/xaml"
             x:Class="MauiDemoApp.MainPage">
    <ScrollView>
        <VerticalStackLayout
            Padding="30,0"
            Spacing="25">
            <Image
                Source="dotnet_bot.png"
                HeightRequest="185"
                Aspect="AspectFit"
                SemanticProperties.Description=
                         "dot net bot in a submarine number ten" />
            <Label
                Text="Hello, World!"
                Style="{StaticResource Headline}"
                SemanticProperties.HeadingLevel="Level1" />
            <Label
                Text="Welcome to &#10;.NET Multi-platform App UI"
                Style="{StaticResource SubHeadline}"
                SemanticProperties.HeadingLevel="Level2"
                SemanticProperties.Description=
                    "Welcome to dot net Multi platform App U I" />
            <Button
                x:Name="CounterBtn"
                Text="Click me"
                SemanticProperties.Hint="Counts the number of times you click"
                Clicked="OnCounterClicked"
                HorizontalOptions="Fill" />
        </VerticalStackLayout>
    </ScrollView>
</ContentPage>
```

An der Stelle finden Sie jedoch keinen Designer (eigentlich sind wir sehr froh darüber), sondern nur einen XAML-Editor.

In der Codebehind-Datei *MainPage.xaml.cs* finden Sie einen Ereignishandler, um einen Zähler hochzuzählen.

Listing 13.5 Generierte MainPage.xaml.cs

```
namespace MauiDemoApp;

public partial class MainPage : ContentPage
{
    int count = 0;

    public MainPage()
    {
        InitializeComponent();
    }

    private void OnCounterClicked(object sender, EventArgs e)
    {
        count++;

        if (count == 1)
            CounterBtn.Text = $"Clicked {count} time";
        else
            CounterBtn.Text = $"Clicked {count} times";

        SemanticScreenReader.Announce(CounterLabel.Text);
    }
}
```

Dann wollen wir mal ganz mutig die kleine App starten. Sie haben, wie Sie in Bild 13.5 sehen, die Auswahl zwischen verschiedenen Zielplattformen, mit denen Sie die App starten können.

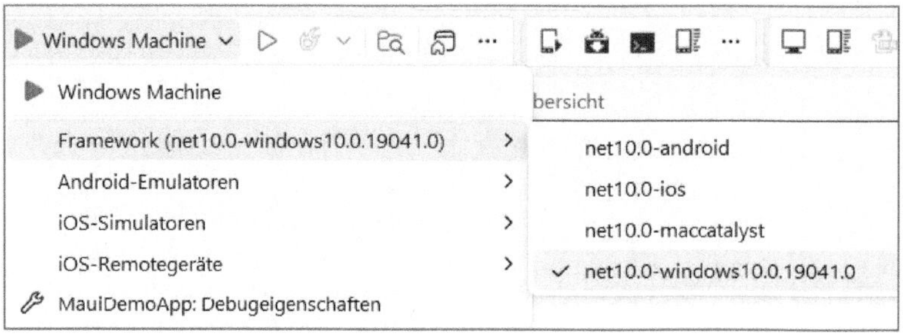

Bild 13.5 Auswahl der Zielplattform

Wenn Sie mit einem Android-Emulator starten, dann müssen Sie zuerst die Android SDK-Lizenzvereinbarung akzeptieren, damit das Projekt gestartet werden kann. Dann müssen Sie auch noch einen Android-Emulator auswählen. Vorgeschlagen wird Ihnen ein Emulator für das Google Pixel 7, wie Sie in Bild 13.7 sehen.

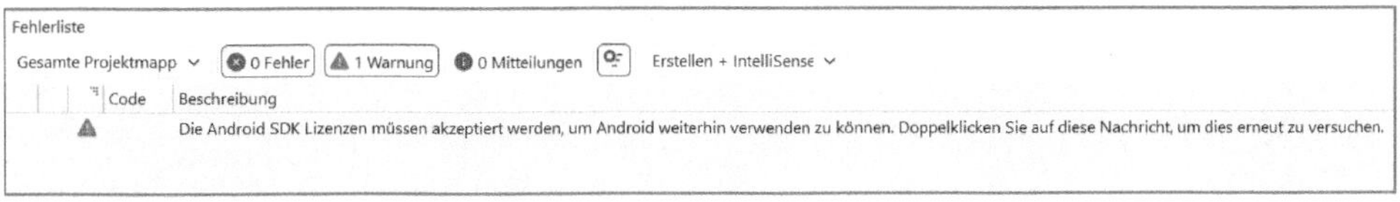

Bild 13.6 Android-Lizenzvertrag zustimmen

Bild 13.7 Erstellen eines Android-Standardgerätes

Sie haben auch noch die Möglichkeit, über den *Android-Geräte-Manager* (Menü *Extras/Android/Android Device Manager...*)ein spezifisches Android-Gerät auszuwählen oder auch ein neues zu installieren (Bild 13.8).

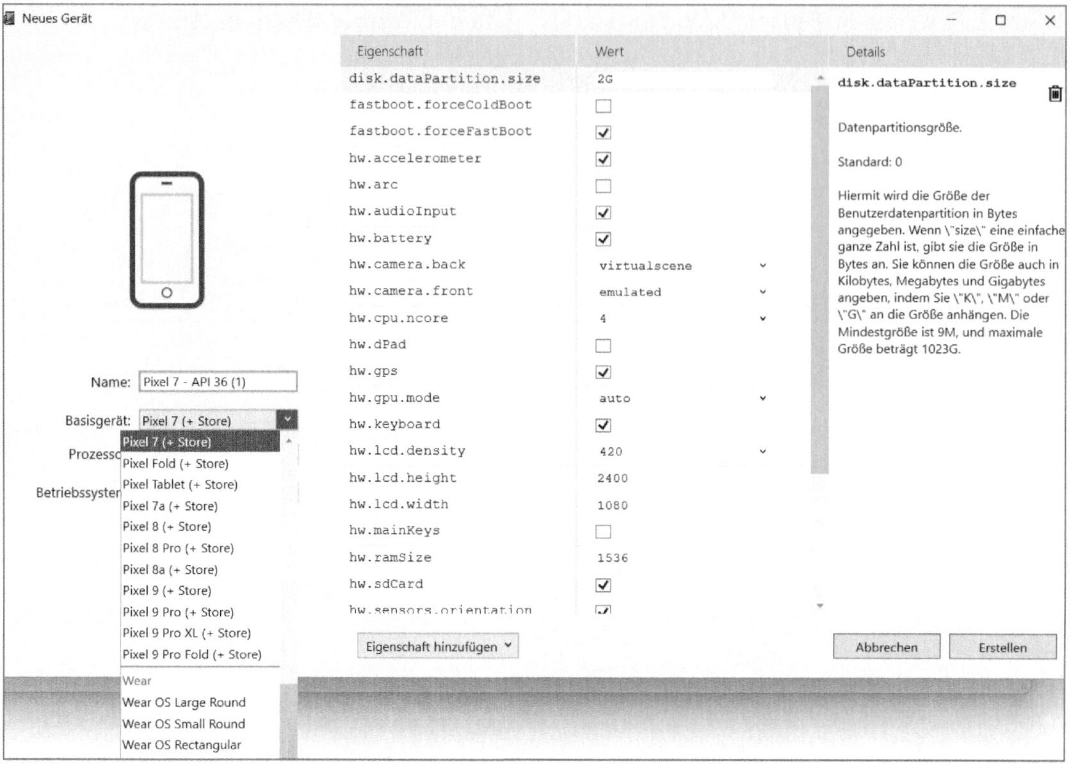

Bild 13.8 Neues Android-Gerät hinzufügen

HINWEIS: Übertreiben Sie es nicht mit dem Hinzufügen von Emulatoren. Ein Emulator kann gerne für die Installation mehrere Gigabyte Plattenplatz belegen.

Dann können Sie tatsächlich die App starten (beim Starten des Android-Emulators kann es tatsächlich etwas lange dauern) und werden von einem netten Bot in einem Rennwagen zu .NET MAUI begrüßt (Bild 13.9) für Windows und Bild 13.10 für Android). Klicken Sie dann ein paarmal auf den *Click me*-Button, um den Zählerwert zu erhöhen.

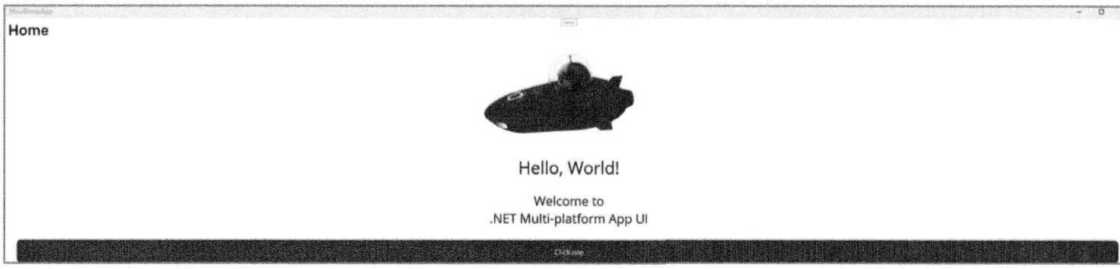

Bild 13.9 .NET MAUI unter Windows

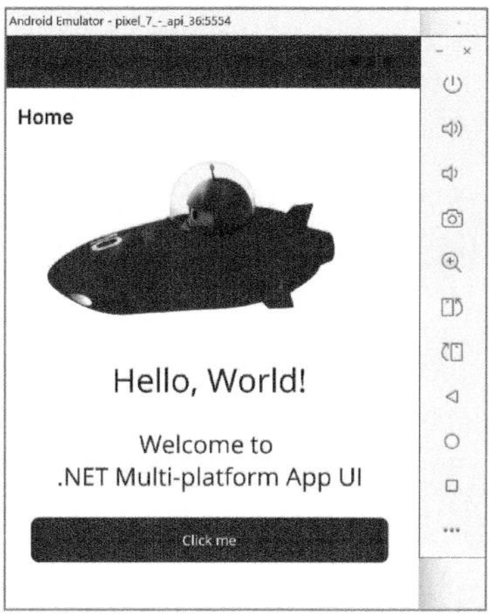

Bild 13.10
.NET MAUI unter Android

Vermutlich kommt Ihnen einiges von dem, was Sie jetzt gesehen haben, bekannt vor – die Oberfläche wird auf Basis von XAML erstellt. Obwohl es eine neue Technologie ist, finden wir viele vertraute Dinge. Also keine Angst, und los mit .NET MAUI!

HINWEIS: Die iOS beziehungsweise Mac-Emulatoren sind unter Windows nicht direkt verfügbar. Sie funktionieren nur bei einer Koppelung mit einem Mac oder einem iOS-Gerät.

13.4 Definieren einer eigenen View

Im nächsten Schritt wollen wir die Beispielanwendung etwas abändern und eine neue eigene Ansicht implementieren.

Zu diesem Zweck legen wir mit der gleichen Projektvorlage *.NET MAUI-App* ein weiteres Projekt mit dem Namen *MauiDemoExtendedApp* an. Den Grundaufbau des Projektes haben wir ja gerade besprochen.

Im nächsten Schritt wollen wir einen neuen Dialog (Page) hinzufügen. Dafür finden Sie unter dem bekannten Dialog, den Sie mit *Hinzufügen/Neues Element* aufrufen können, einen neuen Registereintrag: .NET MAUI (siehe Bild 13.11).

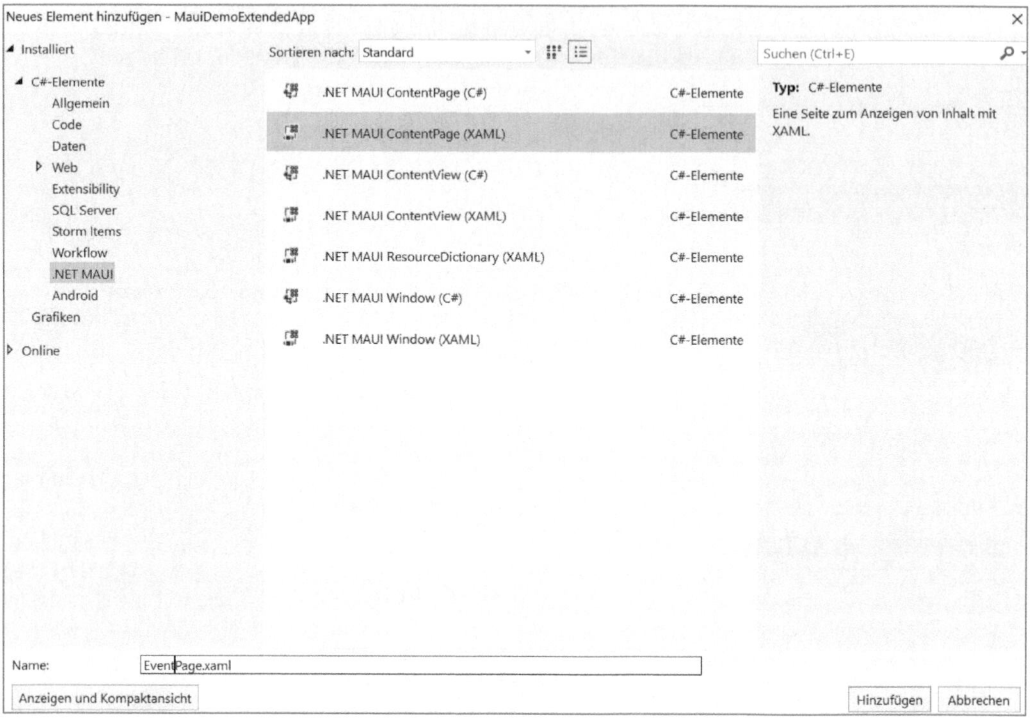

Bild 13.11 Hinzufügen einer ContentPage

Außer dem ResourceDictionary, das denselben Zweck hat wie bei WPF, sehen wir in Bild 13.11 jeweils zwei Varianten einer *ContentPage* und einer *ContentView*.

Dabei ist eine *ContentPage* eine Page, die einen einzelnen Dialog darstellt, während *ContentView* in eine *ContentPage* oder eine andere *ContentView* eingebettet werden kann.

Beide können Sie in einer reinen C#-Version oder als XAML anlegen. Bei der C#-Variante definieren Sie das gesamte Layout mit C#-Code, was sehr anstrengend werden kann, während Sie bei der XAML-Methode das Layout wie in der *MauiDemoApp* gesehen mittels XAML definieren.

Aus diesem Grund haben wir die *ContentPage* mit der XAML-Option angelegt und ihr den Namen *EventPage* gegeben.

Wenn wir nun unsere EventPage als Startseite festlegen wollen, müssen wir in der *AppShell.xaml*, wie Sie in Listing 13.6 sehen, bei der Eigenschaft *ContentTemplate* *MainPage* mit *EventPage* ersetzen. Die Eigenschaft *Route* kann so bleiben.

Listing 13.6 Ausschnitt aus der geänderten AppShell.xaml

```
<ShellContent
    Title="Home"
    ContentTemplate="{DataTemplate local:EventPage}"
    Route="MainPage" />
```

HINWEIS: Sollten Sie Ihre Pages oder View in einem eigenen Ordner im Projekt speichern, so müssen Sie genau wie bei WPF den Namespace des Ordners noch als XML-Namespace hinzufügen. Das *local:* vor *EventPage* bezieht sich eben auf den lokalen Ordner, der auch am Anfang der Datei als Namespace *local* definiert ist.

Wir wollen nun auf dieser Seite die interessantesten Sportveranstaltungen dieser Woche darstellen. Deswegen setzen wir im ersten Schritt die Eigenschaft *Text* in dem generierten Label auf den Text *Sportveranstaltungen in dieser Woche*. Außerdem ändern wir noch den *Title* der Page auf *Events*.

Listing 13.7 Xaml-Code der EventPage.xaml

```
<?xml version="1.0" encoding="utf-8" ?>
<ContentPage xmlns="http://schemas.microsoft.com/dotnet/2021/maui"
             xmlns:x="http://schemas.microsoft.com/winfx/2009/xaml"
             x:Class="MauiDemoExtendedApp.EventPage"
             Title="Events">
    <VerticalStackLayout>
        <Label
            Text="Sportveranstaltungen in diesem Monat"
            VerticalOptions="Center"
            HorizontalOptions="Center" />
    </VerticalStackLayout>
</ContentPage>
```

Das Label befindet sich dabei in einem *VerticalStackLayout*, das in etwa vergleichbar ist mit einem vertikal angeordneten *Stackpanel* in WPF.

Weitere Optionen für das Layout in MAUI sind unter anderem ein *Grid* oder ein *StackLayout*.In Bild 13.12 sehen Sie die verfügbaren Layouts in der Toolbox von Visual Studio.

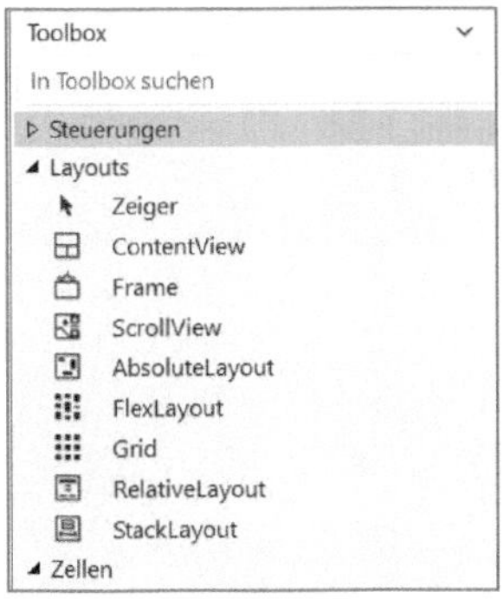

Bild 13.12
Verfügbare Layouts in der Toolbox von Visual Studio

13.5 Daten in MAUI anzeigen

Um nun ein bisschen Leben in das Formular zu bringen, wollen wir noch eine Liste von Sportveranstaltungen anzeigen. Diese werden wir im *Loaded*-Ereignis der Page laden.

Davor benötigen wir aber noch eine Klasse, die alle Informationen zu unseren Events beinhaltet. Diese Klasse nennen wir *EventData*, sie zeigt den entsprechenden Programmcode.

Listing 13.8 Code der Klasse EventData

```
namespace MauiDemoExtendedApp;

public class EventData
{
    public int Id { get; set; }
    public DateTime EventStart { get; set; }
    public string EventType { get; set; } = string.Empty;
    public string EventName { get; set; } = string.Empty;
}
```

Wir definieren also hier lediglich eine Klasse mit vier Properties.

Im zweiten Schritt definieren wir einen Eventhandler für das *Loaded*-Event. Das funktioniert analog zu den WPF-Windows, indem Sie in der Definition der *ContentPage* einen *Loaded*-Eventhandler hinzufügen.

Außerdem definieren wir ein zusätzliches Control im XAML-Code. Wir verwenden dazu eine *CollectionView*, der wir den Namen *cvEvents* geben.

Ähnlich wie in WPF definieren wir jetzt dazu das *ItemTemplate*, das aus einem *DataTemplate* besteht, in der wir letztendlich wieder beliebige Controls definieren können, die über Datenbindung mit den Properties der Klasse verbunden werden. Um die Abstände zwischen den Events zu definieren, benötigen wir noch ein *ItemsLayout* für die *CollectionView*.

Listing 13.9 zeigt den gesamten Code der ContentPage.

Listing 13.9 XAMl-Code der EventPage.xaml

```
<?xml version="1.0" encoding="utf-8" ?>
<ContentPage xmlns="http://schemas.microsoft.com/dotnet/2021/maui"
             xmlns:x="http://schemas.microsoft.com/winfx/2009/xaml"
             x:Class="MauiDemoExtendedApp.EventPage"
             Title="Events" Loaded="ContentPage_Loaded">
    <VerticalStackLayout Margin="10">
        <Label
            Text="Sportveranstaltungen in dieser Woche"
            VerticalOptions="Center"
            HorizontalOptions="Center" />
        <CollectionView x:Name="cvEvents" >
```

```
            <CollectionView.ItemsLayout>
                <LinearItemsLayout Orientation="Vertical" ItemSpacing="10" />
            </CollectionView.ItemsLayout>
            <CollectionView.ItemTemplate>
                <DataTemplate>
                  <VerticalStackLayout Margin="10">
                      <Label Text="{Binding EventStart}"/>
                      <Label Text="{Binding EventType}" FontAttributes="Bold" />
                      <Label Text="{Binding EventName}"/>
                  </VerticalStackLayout>
                </DataTemplate>
            </CollectionView.ItemTemplate>
        </CollectionView>
    </VerticalStackLayout>
</ContentPage>
```

Nun fehlt nur noch der Code im *Loaded*-Ereignis, in dem wir einfach eine Liste von *EventData*-Objekten befüllen und die Liste als *ItemsSource* der *ListView* zuweisen, wie Sie in Listing 13.10 sehen.

Listing 13.10 C#-Code in EventData.xaml.cs

```
namespace MauiDemoExtendedApp;

public partial class EventPage : ContentPage
{
    public EventPage()
    {
        InitializeComponent();
    }

    private void ContentPage_Loaded(object sender, EventArgs e)
    {
        List<EventData> events = new List<EventData>() {
            new EventData()
            {
                Id = 1,
                EventType = "Skispringen",
                EventStart = new DateTime(2026, 1, 6, 13, 30, 0),
                EventName = "Abschluss Vierschanzentournee"
            },
            new EventData()
            {
                Id = 2,
                EventType = "NFL",
                EventStart = new DateTime(2026, 1, 10, 22,0,0),
                EventName = "Wild Card Games"
            },
            new EventData()
            {
                Id = 3,
                EventType = "Fußball Bundesliga",
                EventStart = new DateTime(2026, 1, 11, 17, 30, 0),
                EventName = "Bayern München – Union Berlin"
            },
            new EventData()
```

```
            {
                Id = 4,
                EventType = "Handball",
                EventStart = new DateTime(2026, 1, 13,18,0,0),
                EventName = "Handball Europameisterschaft"
            },
            new EventData()
            {
                Id = 5,
                EventType = "NBA in Berlin",
                EventStart = new DateTime(2026, 1, 15, 20, 0, 0),
                EventName = "Orlando Magic - Memphis Grizzlies"
            },
            new EventData()
            {
                Id = 6,
                EventType = "College Football",
                EventStart = new DateTime(2026, 1, 20, 1, 30, 0),
                EventName = "National Championship"
            },
            new EventData()
            {
                Id = 7,
                EventType = "Ski Alpin",
                EventStart = new DateTime(2024, 1, 24, 12, 30, 0),
                EventName = "Hahnenkamm Abfahrt"
            }
        };

        lvEvents.ItemSource = events;
    }
}
```

Wenn wir nun die Anwendung starten, sehen wir folgende Ergebnisse: Bild 13.13 für Windows und Bild 13.14 für Android.

So gut es auf den ersten Blick unter Windows aussah, so wartet die Ausgabe unter Android mit einem kleinen Makel auf.

Die Formatierung des Datums passt unter Android nicht ganz. Deswegen müssen wir uns noch im folgenden Abschnitt mit Styles beschäftigen.

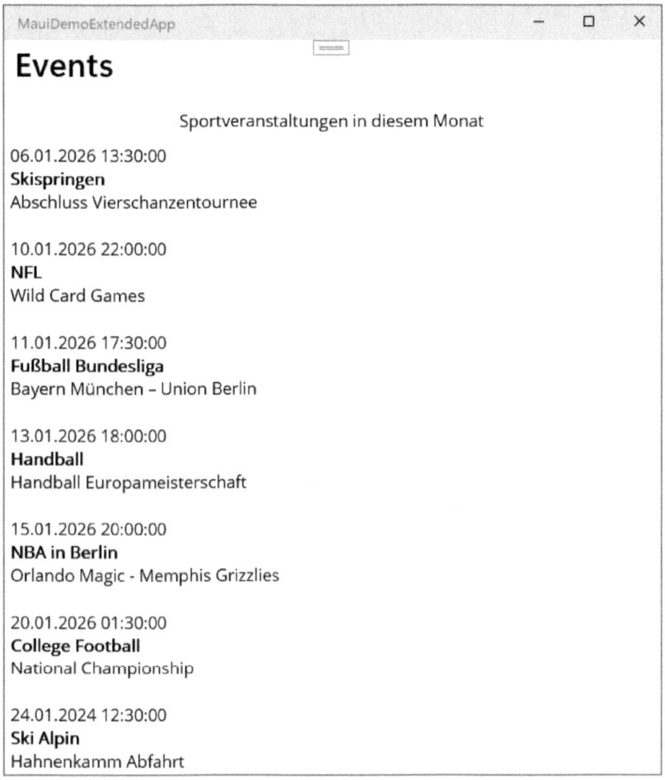

Bild 13.13 App unter Windows

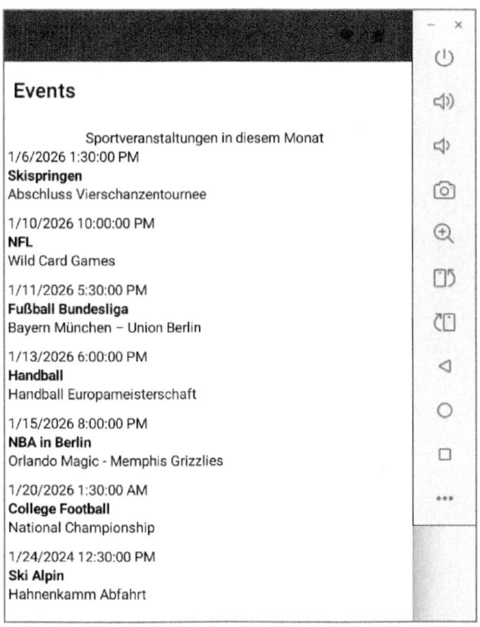

Bild 13.14 App unter Android

13.6 Styles in MAUI

Zum Abschluss wollen wir Ihnen noch ein paar Kleinigkeiten zum Styling der App zeigen, aber zuerst werden wir das Formatierungsproblem aus Abschnitt 13.5 beheben.

Das Format für das Datum können wir genau so angeben, wie wir es von der Datenbindung aus WPF heraus kennen.

```
<Label Text="{Binding EventStart,
                    StringFormat='{0:dd.MM.yyyy HH:mm}'}"/>
```

Als Nächstes wollen wir das Label mit der Überschrift, womit hier die Sportveranstaltungen in dieser Woche angezeigt werden, etwas größer machen. Dazu fügen wir von diesem Label einfach die Eigenschaft *FontSize* auf zum Beispiel den Wert 30.

```
FontSize="30"
```

13.6.1 Styles

Wenn man nun alle *Label* und *VerticalStackLayout*-Elemente mit einem einheitlichen *Margin* versehen möchte, dann kann man (wie auch unter WPF) für diese Elemente in *Resourcen* Styles anlegen.

In der *ContentPage* würde das dann wie folgt aussehen:

```
<ContentPage.Resources>
    <Style TargetType="VerticalStackLayout">
        <Setter Property="Margin" Value="10" />
    </Style>
    <Style TargetType="Label">
        <Setter Property="Margin" Value="5, 0" />
    </Style>
</ContentPage.Resources>
```

Über den *TargetType* wird definiert, für welchen Typ von Control diese Eigenschaft gelten soll, und dann werden dafür die Eigenschaften gesetzt.

Da implizite Styles auf alle Controls des jeweiligen Typs auf der Seite angewandt werden, kann das unter Windows zu unerwartetem Verhalten beim Rendern führen. Es empfiehlt sich dann einen x:Key für den Style zu verwenden und diesen dann auch dem entsprechenden Control zuzuweisen.

Auf unserem Rechner hat Windows die Anzeige der *CollectionView* verweigert, wenn der Style beim Label nicht mit einem *x:Key*-Schlüssel versehen wurde.

```
<ContentPage.Resources>
    <Style TargetType="VerticalStackLayout">
        <Setter Property="Margin" Value="10" />
    </Style>
    <Style x:Key="HeaderLabelStyle" TargetType="Label">
        <Setter Property="Margin" Value="5, 0" />
    </Style>
</ContentPage.Resources>
```

Die Definition des Labels mit der Überschrift habe ich dann wie folgt definiert:

```
<Label
    Text="Sportveranstaltungen in diesem Monat"
    FontSize="30"
    VerticalOptions="Center"
    HorizontalOptions="Center"
    Style="{StaticResource HeaderLabelStyle}"/>
```

13.6.2 Themes

Wie Sie es aus Visual Studio bereits kennen, gibt es verschiedene Themes für die Darstellung der Oberfläche (wie zum Beispiel Dark und Light). Dies ist auch unter MAUI verfügbar.

Wenn Sie vor dem Instanziieren der *AppShell* in der *App.xaml.cs* folgende Zeile einfügen:

```
Current.UserAppTheme = AppTheme.Dark;
```

dann können Sie das gewünschte Theme setzen.

Bild 13.15 und Bild 13.16 zeigen noch einmal die Apps unter Windows und Android mit dem *Dark Theme*.

Bild 13.15 App mit Dark Theme unter Windows

Bild 13.16
App mit Dark Theme unter Android

In den Vorgängerversionen von .NET 10 musste man für das DarkTheme die Schriftfarbe der Labels noch explizit auf weiß setzen, denn die voreingestellte Schriftfarbe ist schwarz.

```
<Style TargetType="Label">
       <Setter Property="TextColor"
               Value="{AppThemeBinding Dark={StaticResource White},
                                       Light={StaticResource Black}}"/>
</Style>
```

Das wurde nun mit der neuen Version verbessert.

13.7 Navigation unter MAUI

Um die Navigation unter MAUI noch zu zeigen, wollen wir in der *AppShell.xaml* die *StartPage* nochmals auf *MainPage* zurücksetzen und unter dem *ButtonClick* der *MainPage* unsere neue Page aufrufen.

Mit folgender Zeile

```
Navigation.PushAsync(new EventPage());
```

können Sie dann eine neue Instanz der *EventPage*-Seite anzeigen.

Es wird dann auch ein Pfeil in der Titelleiste der *EventPage* angezeigt, mit dem Sie wieder zur *MainPage* zurück navigieren können, wie Sie in Bild 13.17 sehen.

Bild 13.17 Navigationspfeil in der Titelzeile

Das sollte Ihnen nun einen ersten Geschmack auf MAUI geben.

Für ausführlichere Informationen empfehlen wir Ihnen das Buch unseres Kollegen André Krämer mit dem Titel „Cross-Plattform-Apps mit .NET MAUI entwickeln“ aus dem Hanser Verlag.

Teil III: Technologien

- Asynchrone Programmierung (Kapitel 14)
- Die Task Parallel Library (Kapitel 15)
- Debugging, Fehlersuche und Fehlerbehandlung (Kapitel 16)
- Entity Framework Core 10.0 (Kapitel 17)
- Künstliche Intelligenz mit .NET (Kapitel 18)

14 Asynchrone Programmierung

In diesem und dem folgenden Kapitel werden wir uns den (positiven und negativen) Aspekten der asynchronen Programmierung mit .NET zuwenden. Wir wollen uns mit

- der Verwendung von Threads,
- den Möglichkeiten von Sperren (*lock*, *Monitor*, *Mutex*),
- dem asynchronen Programmierentwurfsmuster,
- dem asynchronen Aufruf mittels Delegate,
- dem Einsatz der *Task Parallel Library* (siehe Kapitel 15) und, last, but not least,
- den Schlüsselwörtern *async* und *await*

beschäftigen. Ein komplexes Anwendungsbeispiel rundet das Kapitel ab.

HINWEIS: Auch wenn mit der *Task Parallel Library* viele Aufgaben mit weniger Aufwand gelöst werden können, wollen wir uns zunächst mit den klassischen Varianten der asynchronen Programmierung auseinandersetzen. Viele bereits bekannte Konzepte, wie z. B. der Zugriff auf den Vordergrund-Thread (Oberfläche), ändern sich auch bei Verwendung der *Task Parallel Library* nicht. Ein Blick auf diese Details schadet deshalb nicht, sondern verhilft zum dringend erforderlichen Grundverständnis der neueren Technologien.

HINWEIS: Um bestimmte Dinge einfacher darzustellen, werden wir in diesem Kapitel auch wieder Beispiele in der Konsole zeigen. Überall, wo es um grafische Oberflächen geht, werden wir auf WPF zugreifen.

14.1 Übersicht

Threads stehen im Mittelpunkt der sogenannten „asynchronen Programmierung“. Darunter wollen wir all jene Technologien verstehen, die es einer Anwendung ermöglichen, Code auszuführen, ohne das aktuelle Programm, d. h. meist den Vordergrund-Thread mit der Oberfläche, an dieser Stelle anzuhalten. In der Regel ist dies im Zusammenhang mit dem Warten auf relativ unbestimmte Ereignisse oder lang andauernde Vorgänge/Berechnungen von Belang. Die Anwendung soll weiter durch den Nutzer bedienbar bleiben, gleichzeitig wird im Hintergrund zum Beispiel eine Grafik konvertiert oder eine Dateioperation abgeschlossen.

Im Zusammenhang mit dem gerade beschriebenen, quasi parallelen, Abarbeiten von Aufgaben durch den Computer tauchen immer wieder einige Begriffe auf, die Sie unbedingt unterscheiden und kennen sollten:

- *Multitasking*
- *Multithreading*
- *Parallel-Programmierung*
- *Deadlocks*
- *Racing*

Im Folgenden wollen wir diese Begriffe im Zusammenhang erklären.

14.1.1 Multitasking versus Multithreading

Während beim Multitasking jedem Prozess (eigener Speicherbereich, eigener Heap, eigene Variablen) durch das System eine bestimmte Prozessorzeit zugeteilt wird[1], werden beim Multithreading einzelne Ablaufstränge (Fäden → Threads) **innerhalb** des Prozesses gesteuert.

HINWEIS: Leider taucht im Zusammenhang mit der *Task Parallel Library* auch eine andere Bedeutung des Begriffs „Task“ auf. Hier ist die einzelne **Aufgabe** innerhalb eines Programms (Prozesses) gemeint. Derartige *Task*-Objekte sind eigentlich Threads, die um ein paar Verwaltungsfunktionen (Scheduler) bereichert wurden. Es handelt sich definitiv nicht um die vom Windows-Task-Manager verwalteten Prozesse. Wir gehen auf diese Thematik allerdings erst in Kapitel 15 ein.

[1] Echte parallele Ausführung ist nur auf Mehrprozessorsystemen möglich. Aber die kann man heutzutage wohl voraussetzen.

Bild 14.1 zeigt die grundsätzliche Aufteilung (unterschiedlich viele Threads können zu unterschiedlichen Zeiten innerhalb der Prozesse ausgeführt werden).

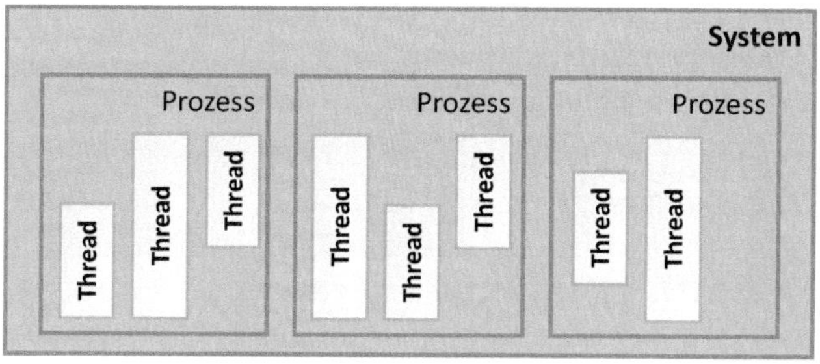

Bild 14.1 Threads in einem Prozess

14.1.2 Deadlocks

Mit diesem Begriff wird ein Szenario bezeichnet, in welchem mindestens zwei Threads gegenseitig aufeinander oder auf die Freigabe eines Objekts warten, ohne je zu einem Ende zu kommen.

Beispiel 14.1: Deadlock

Thread1 möchte die Objekte *A* und *B* bearbeiten und zu diesem Zweck sperren. *Thread2* hat die gleiche Aufgabe, sperrt jedoch erst Objekt *B* und dann Objekt *A*. Kommt es durch die Verteilung der Prozessorzeit dazu, dass *Thread1* Objekt *A* gesperrt hat und nachfolgend *Thread2* Objekt *B* sperrt, wartet *Thread1* bis in alle Ewigkeit auf die Freigabe von Objekt *B* und *Thread2* wartet ebenfalls auf die Freigabe von Objekt *A*.

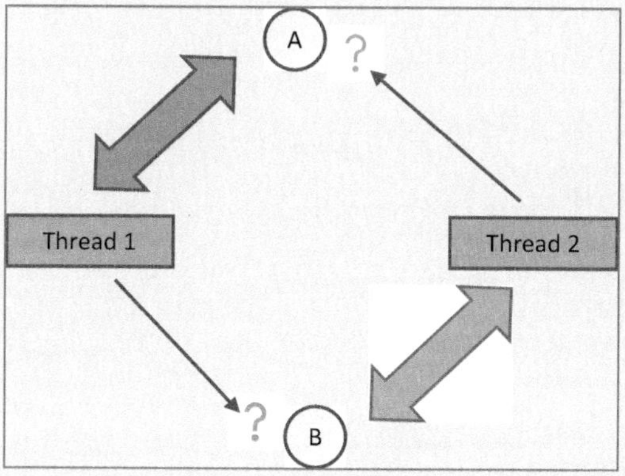

Bild 14.2 Deadlock

Lösen lässt sich dieses Problem zum Beispiel durch eine konsequente Festlegung der Reihenfolge für die einzelnen Sperren oder eine maximale Wartezeit für das Sperren von Objekten.

14.1.3 Racing

Racing bezeichnet den Vorgang, wenn zwei Threads auf die gleiche Ressource (z. B. Datei, Ausgabegerät, Variable etc.) zugreifen wollen. Durch unterschiedlich schnelle Verarbeitung der einzelnen Threads kommt es zu undefinierten Zuständen, d. h. es ist nicht vorhersehbar, welcher Thread das „Rennen" gewinnt.

Derartige Probleme können lange unentdeckt bleiben, bis zum Beispiel die Anwendung auf ein Mehrprozessorsystem verlagert wird oder das System sehr stark ausgelastet ist, was zu einer verlangsamten Abarbeitung einzelner Threads führt. Erst unter diesen Umständen wird aus dem bisherigen korrekten Verhalten ein Fehler, der meist schwer reproduzierbar ist.

Beispiel 14.2: Racing

C#

Ein kleines Testprogramm (mit der *Task Parallel Library*, siehe Kapitel 15) zeigt die Problematik eines „Wettrennens" am Beispiel der Ausgabekonsole.

```
namespace Racing;
class Program
{
    static void Main(string[] args)
    {
        Console.WriteLine("Start");
```

Zwei Tasks (Threads) erzeugen und starten:

```
        var thread1 = Task.Factory.StartNew(MethodeA);
        var thread2 = Task.Factory.StartNew(MethodeB);
```

Hier synchronisieren wir und warten, bis **beide** Threads beendet sind:

```
        Task.WaitAll(thread1, thread2);
        Console.WriteLine("Ende");
        Console.Read();
    }
```

Die beiden „anspruchsvollen" Methoden für die jeweiligen Threads:

```
    static void MethodeA()
    {
       Console.Write("Hallo");
    }
    static void MethodeB()
    {
       Console.WriteLine("Leser");
    }
}
```

Ergebnis

Den Normalfall zeigt Bild 14.3.

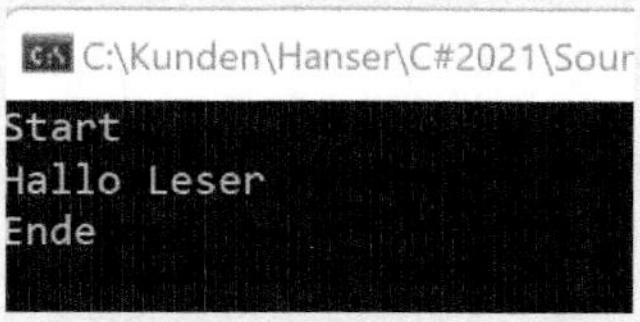

Bild 14.3 Normalfall

Aber nach x Programmstarts finden Sie statt des obigen Ergebnisses die folgende Ausgabe vor:

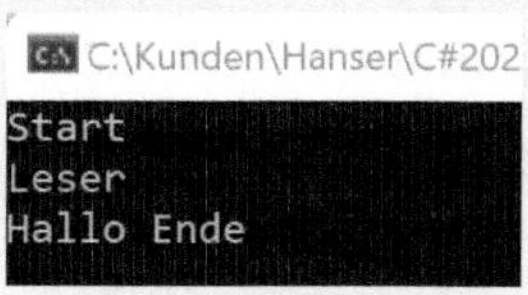

Bild 14.4 Race Condition aufgetreten

In diesem Fall war *Thread2*, also *MethodeB*, etwas schneller, obwohl *Thread1* vorher erzeugt und gestartet wurde. Beachten Sie jedoch, dass Ihr Programm nicht unabhängig vom restlichen System agiert. Auch andere Prozesse haben Einfluss auf die Verteilung der Prozessorzeit und so kann es sein, dass *Thread1* erst einmal in eine kleine Warteschleife geschickt wurde und *Thread2* so günstig erzeugt wurde, dass er sofort ausgeführt werden konnte.

In obigem Beispiel handelt es sich lediglich um ein triviales Problem. Bei Datenbankabfragen bzw. Maschinensteuerungen kann ein Racing schnell zum Show-Stopper werden und Ihre Geduld bei der Fehlersuche auf eine harte Probe stellen.

HINWEIS: Die Lösung im obigen Fall wäre eine Synchronisierung von *Thread2* auf *Thread1*. Allerdings ist dann das Beispiel sinnfrei, da wir *MethodeB* auch gleich in *MethodeA* integrieren könnten.

14.2 Programmieren mit Threads

Die Multithreading-Funktionalität, d. h. die dafür notwendigen Klassen, werden vom Namespace *System.Threading* bereitgestellt. Im Mittelpunkt steht die Klasse *Thread*, mit der Sie Threads erzeugen und steuern können.

14.2.1 Einführungsbeispiel

Bevor wir Sie mit trockenen Ausführungen langweilen, zunächst ein kleines Beispiel der Thread-Programmierung.

Beispiel 14.3: Verwendung der *Thread*-Klasse, um eine Methode *Berechne* als eigenständigen Thread auszuführen. Zusätzlich übergeben wir noch einen Parameter (*anzahl*) an die Methode.

C#

```
namespace ThreadSample;

class Program
{
    static void Main(string[] args)
    {
        ThreadBerechnung();
    }

    private static void ThreadBerechnung()
    {
```

Einen neuen Thread erzeugen (wir übergeben einen Delegate, d. h. die Methode, die als eigener Thread ausgeführt werden soll):

```
        Thread myThread = new Thread(Berechne);
        Console.WriteLine("Thread wird gestartet");
```

Wir starten den Thread und übergeben bei dieser Gelegenheit gleich noch einen Parameter:

```
        myThread.Start(15);
        Console.WriteLine("Nach Thread.Start");
    }
```

Nach dem Aufruf der Methode *Start* wird die Programmausführung asynchron fortgesetzt, d. h. noch vor dem Ende des Threads wird die *Debug*-Ausgabe „Nach Thread.Start" bereits geschrieben.
Die eigentliche Arbeit verrichtet die folgenden statische Methode:

```
    private static void Berechne(object? anzahl)
    {
```

Eine Schleife, um den Thread etwas warten zu lassen:

```
        if (anzahl != null)
        {
            for (int i = 0; i < (int)anzahl; i++)
            {
                Thread.Sleep(100);
                Console.WriteLine($"Thread arbeitet ({i})");
            }
            Console.WriteLine("Thread ist am Ende");
        }
    }
```

Ergebnis

Nach dem Start wird im Ausgabefenster der Text „Thread gestartet" erscheinen, sofort darauf „Nach Thread.Start" (es ist nun mal eine asynchrone Ausführung) und danach die Meldungen aus dem eigentlichen Thread (siehe Bild 14.5).

```
Thread wird gestartet
Nach Thread.Start
Thread arbeitet (0)
Thread arbeitet (1)
Thread arbeitet (2)
Thread arbeitet (3)
Thread arbeitet (4)
Thread arbeitet (5)
Thread arbeitet (6)
Thread arbeitet (7)
Thread arbeitet (8)
Thread arbeitet (9)
Thread arbeitet (10)
Thread arbeitet (11)
Thread arbeitet (12)
Thread arbeitet (13)
Thread arbeitet (14)
Thread ist am Ende
```

Bild 14.5 Ausgaben aus dem Thread

Ganz nebenbei werden Sie aus dem Lautsprecher mit Tönen gefoltert, aber so schlafen Sie beim Ausprobieren dieses Trivialbeispiels wenigstens nicht ein.

14.2.2 Wichtige Thread-Methoden

Mit einigen Methoden der *Thread*-Klasse hatten wir es im vorhergehenden Beispiel bereits zu tun, nun zu den Einzelheiten:

Methode	Beschreibung
Konstruktor	Der Konstruktor erwartet einen Delegate, der auf die auszuführende Methode verweist. Dieser Delegate kann parameterlos sein oder die Übergabe eines *Object*-Typs ermöglichen.
Start	Die Ausführung des Threads beginnt. Vorher haben Sie noch die Möglichkeit, zum Beispiel den Namen oder die Priorität des Threads festzulegen.
Interrupt	Unterbricht einen Thread, der sich im Wait-, Sleep- oder Join-Zustand befindet. Hierdurch wird eine *ThreadInterruptedException* ausgelöst, die Sie abfangen sollten.

Methode	Beschreibung
Join	Blockiert die Ausführung des aktuellen Threads, bis der angegebene Thread beendet ist. 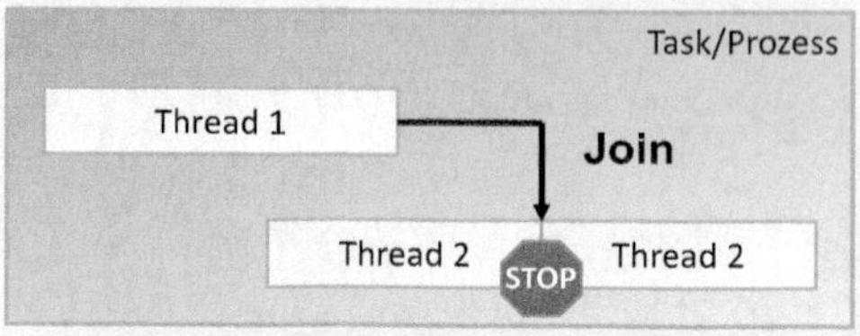 **Bild 14.6** Thread.Join()
Sleep	Hält die Ausführung des Threads für eine vorgegebene Anzahl von Millisekunden oder eine Zeitspanne (*TimeSpan*) an, bevor die Ausführung automatisch fortgesetzt wird. Der Thread verbraucht währenddessen keine Prozessorzeit. **Achtung:** Sie können nur *Thread.Sleep* aufrufen. Diese statische Methode bezieht sich immer auf den aktuellen Thread.
Abort	Beginnt den Abbruch des Threads. Ein erneuter Start ist nicht mehr möglich.

HINWEIS: Generell kann ein Thread nach seiner Abarbeitung nicht wieder gestartet werden. Sie müssen eine neue Instanz erzeugen und diese starten.

Eine Übersicht, wie Sie die Methoden einsetzen, um zwischen den einzelnen Zuständen des Threads zu wechseln, sehen Sie in Bild 14.7.

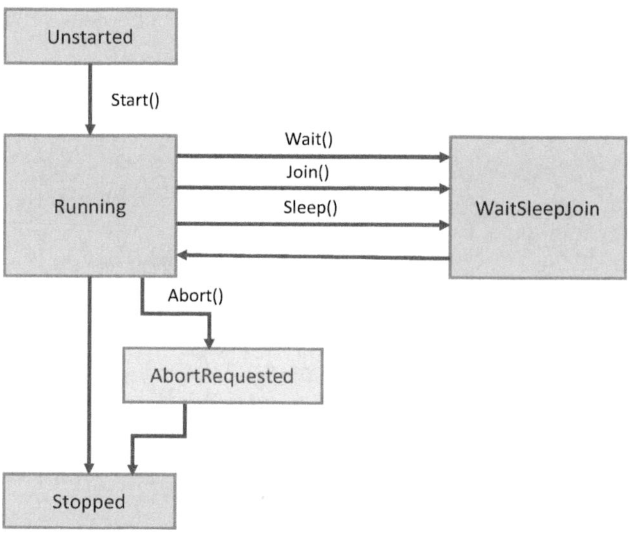

Bild 14.7 Zustandsübergänge eines Threads

HINWEIS: Mehrere Zustände können gleichzeitig aktiv sein (z. B. *WaitSleepJoin* und *AbortRequested*).

14.2.3 Wichtige Thread-Eigenschaften

Folgende Eigenschaften sind von Interesse:

Eigenschaft	Beschreibung
IsAlive	*true*: Der Thread ist gestartet und noch nicht beendet. Dieser Wert ist auch *true*, wenn sich der Thread im Sleep-Zustand befindet.
Name	Ein Name für den Thread, diesen können Sie aus dem Thread heraus mit *Thread.CurrentThread.Name* auslesen. Diese Eigenschaft ist beim Debuggen ganz nützlich, um die einzelnen Threads voneinander zu unterscheiden.
Priority	Die Ausführungspriorität des Threads: *Highest, AboveNormal, Normal, BelowNormal, Lowest.*
ThreadState	Der aktuelle Status des Threads: *Aborted, AbortRequested, Background, Running, Stopped, StopRequested, Suspended, SuspendRequested, Unstarted, WaitSleepJoin.*
IsBackground	Es handelt sich um einen Hintergrund-Thread, d. h. der Thread wird beim Beenden der Anwendung (Vordergrund-Thread) automatisch von der CLR beendet. Sie können diese Eigenschaft für Ihre Threads selbst festlegen. Ist die Eigenschaft auf *false* gesetzt, wird die Anwendung erst nach dem Ende des Threads beendet. Dies kann zu unerwünschten Nebeneffekten führen, wenn Sie zu diesem Zeitpunkt noch auf den Vordergrund-Thread zugreifen wollen.

Stehen Sie vor der Aufgabe, viele Anforderungen gleichzeitig zu bearbeiten, und nehmen diese nicht allzu viel Zeit in Anspruch, können Sie entweder selbst eine Collection von Threads erstellen oder Sie nutzen gleich die Vorteile eines vorhandenen Threadpools.

Bleibt es dem Anwender oder der Applikation überlassen, wie viele Threads angefordert werden können, kann es schnell zu einem Performanceeinbruch kommen, denn die meiste Prozessorzeit wird für die Verwaltung der Threads verbraucht und nicht für deren Bearbeitung. Anders beim Threadpool, hier ist die Anzahl der Threads begrenzt, neue Threads werden erst erstellt, wenn ein Thread wieder frei ist.

HINWEIS: Auf das explizite Erzeugen und Parametrieren der Threads müssen Sie hier zugunsten ihrer einfacheren Verwendung allerdings verzichten. Ein Thread aus dem *ThreadPool* ist ein *BackgroundThread*.

14.2.4 Einsatz der ThreadPool-Klasse

Beispiel 14.4: Anwendung eines ThreadPools

C#

Die eigentliche *Thread*-Methode:

```
public static void BerechneImPool(object? obj)
{
    if (obj != null)
    {
        Console.WriteLine($"-> Thread {(int)obj} gestartet");
```

Abrufen der maximalen Anzahl von Threads:

```
        ThreadPool.GetMaxThreads(out int n3, out int n2);
        // Abrufen der noch verfügbaren Threads:
        ThreadPool.GetAvailableThreads(out int n1, out n2);
        Console.WriteLine(
                $"<-Thread {(int)obj} beendet! (frei {n1 + 1} von {n3})");
    }
}
```

Wir addieren 1, da der aktuelle Thread ja auch gleich beendet wird.
Das eigentliche Verwenden des Threadpools:

```
private static void ThreadpoolBerechnung()
{
```

Maximale Anzahl von Threads bestimmen:

```
    ThreadPool.GetMaxThreads(out int n3, out int n2);
```

Wir erzeugen ein paar mehr Threads, als in den Threadpool passen:

```
    for (int i = 0; i < (n3 + 10); i++)
    {
        ThreadPool.QueueUserWorkItem(BerechneImPool, i);
        Console.WriteLine($"Thread_{i} in Warteschlange aufgenommen");
    }
}
```

Die Ausführung beginnt mit dem Aufruf der Methode *QueueUserWorkItem*. Rufen Sie die Methode wie oben auf, werden lediglich die Threads aus dem Pool verwendet. Die restlichen Anforderungen werden erst dann bearbeitet, wenn wieder ein Thread aus dem Threadpool verfügbar ist.

Ergebnis

Starten Sie das Programm, werden zunächst alle Anforderungen in die Warteschlange gestellt, die ersten Threads werden bearbeitet.

```
-> Thread 0 gestartet
Thread_0 in Warteschlange aufgenommen
<- Thread 0 beendet! (frei 32767 von 32767)
Thread_1 in Warteschlange aufgenommen
Thread_2 in Warteschlange aufgenommen
Thread_3 in Warteschlange aufgenommen
-> Thread 2 gestartet
<- Thread 2 beendet! (frei 32764 von 32767)
-> Thread 4 gestartet
<- Thread 4 beendet! (frei 32764 von 32767)
-> Thread 1 gestartet
<- Thread 1 beendet! (frei 32766 von 32767)
Thread_4 in Warteschlange aufgenommen
Thread_5 in Warteschlange aufgenommen
Thread_6 in Warteschlange aufgenommen
Thread_7 in Warteschlange aufgenommen
-> Thread 3 gestartet
<- Thread 3 beendet! (frei 32764 von 32767)
-> Thread 8 gestartet
<- Thread 8 beendet! (frei 32763 von 32767)
-> Thread 5 gestartet
<- Thread 5 beendet! (frei 32765 von 32767)
-> Thread 6 gestartet
Thread_8 in Warteschlange aufgenommen
<- Thread 6 beendet! (frei 32766 von 32767)
-> Thread 7 gestartet
<- Thread 7 beendet! (frei 32766 von 32767)
-> Thread 9 gestartet
<- Thread 9 beendet! (frei 32767 von 32767)
Thread_9 in Warteschlange aufgenommen
```

Bild 14.8 Ausgabe der Threadpoolthreads

Wie Sie in Bild 14.8 sehen sind im Threadpool 32767 Threads zur Nutzung vorhanden.

14.3 Sperrmechanismen

Nicht in jedem Fall sind Threads ein Segen für den Programmierer. Da einzelne Methodenaufrufe oder Operationen wiederum auf unzähligen Maschinenanweisungen basieren können und die Threadumschaltung zu unvorhergesehenen Zeitpunkten erfolgen kann, sind unter gewissen Umständen undefinierte Zustände möglich und das Programm verhält sich nicht wie gewünscht. Meist ist dieses Verhalten nicht reproduzierbar, da weitere Prozesse und Systemeinstellungen Einfluss auf die Rechenzeitverteilung haben.

In diesem Fall ist es sinnvoll, die Threadumschaltung so lange zu unterbrechen, bis die kritischen Operationen ausgeführt wurden. Das .NET-Framework stellt dafür verschiedene Mechanismen bereit.

14.3.1 Threading ohne lock

Beispiel 14.5: Wir erzeugen zwei Threads, die auf die gleiche Variable *summe* zugreifen. Ein Thread versucht zu inkrementieren, der andere zu dekrementieren.

C#

```
namespace Sperrmechanismen;

class Program
{
    private static int summe = 0;

    static void Main(string[] args)
    {
        Console.WriteLine("Berechne ohne Lock:");
        BerechneOhneLock();
    }

    // Erzeugen zweier Threads
    private static void BerechneOhneLock()
    {
        Thread t1 = new Thread(Berechne);
        t1.Name = "T1";
        Thread t2 = new Thread(Berechne);
        t2.Name = "T2";
        t1.Start(1);
        t2.Start(-1);
    }

    // Die Thread-Methode:
    private static void Berechne(object? anzahl)
    {
       if (anzahl != null)
       {
           for (int i = 0; i < 500_000; i++)
           {
```

Auch wenn die folgende Anweisung im C#-Code trivial aussieht, auf Maschinenebene wird diese Anweisung in mehreren Schritten ausgeführt (Register laden, Verarbeitung, Register auslesen), was dazu führt, dass diese Anweisung, bedingt durch das Multithreading, auch mitten in der Operation unterbrochen werden kann (man spricht von einer **nicht** atomaren Operation). In diesem Fall sind Rechenfehler bei konkurrierendem Zugriff auf dieselbe Variable (*summe*) vorprogrammiert.

```
                summe += (int)anzahl;
            }
            Console.WriteLine($"Thread {Thread.CurrentThread.Name}:
                                 Summe = {summe}");
        }
    }
}
```

Wir addieren also in dem Beispiel 500 000-mal eine 1 auf und ziehen genauso oft eine 1 wieder ab. Also müsste das Ergebnis ja eigentlich 0 sein.

Ergebnis

Ein mögliches Ergebnis sehen Sie in Bild 14.9 im Ausgabefenster:

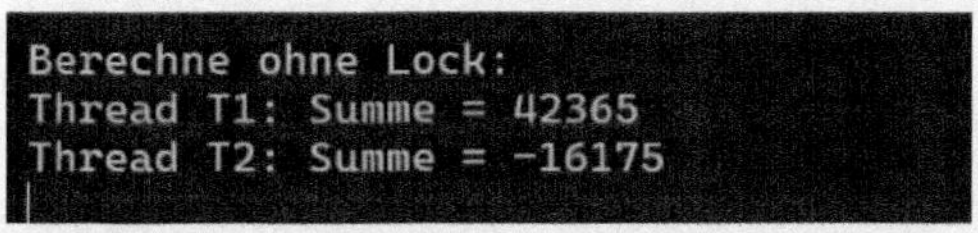

Bild 14.9 Ausgabe der Summe am Ende der Threads

Leider ist das Ergebnis nach dem Beenden der beiden Threads nicht 0. Die Ursache ist, wie schon beschrieben, dass die Threadumschaltung zu so ungünstigen Zeitpunkten erfolgen kann, dass zwar die Prozessorregister mit dem Variableninhalt geladen wurden, aber noch nicht das Inkrementieren oder Dekrementieren erfolgt ist und der Wert auch noch nicht in das Register zurückgeschrieben wurde.

Eine einfache Möglichkeit, um diesen Rechenfehler zu beheben, ist das Setzen des Attributes

```
[MethodImpl(MethodImplOptions.Synchronized)]
```

über die statische Methode *Berechne*. Um dieses Attribut zu setzen, müssen Sie noch folgenden Namespace importieren:

```
using System.Runtime.CompilerServices;
```

Bild 14.10 zeigt die Ausgabe nach Setzen des Attributes.

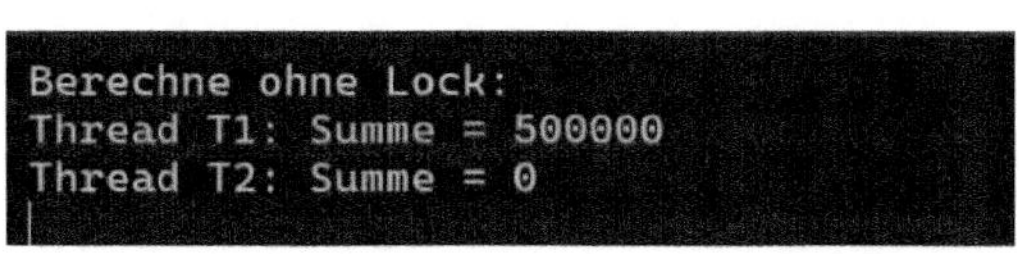

Bild 14.10 Ausgabe nach Setzen des Attributes

Wie Sie erkennen können, wird das Ausführen der beiden Threads aber jetzt synchron ausgeführt. Erst wenn Thread 1 alle 500 000 Aufaddierungen gemacht hat, beginnt Thread 2 mit dem Abziehen. Deswegen auch die Ergebnisse 500 000 nach Thread 1 und das korrekte Ergebnis 0 nach Thread 2. Das muss doch irgendwie eleganter gehen!

14.3.2 Threading mit lock

Unter C# bietet sich als einfachste Möglichkeit das *lock*-Schlüsselwort an, das den folgenden Anweisungsblock als kritischen Abschnitt markiert. Das Ergebnis dieser Bemühungen: Nur ein Thread kann gleichzeitig auf diesen Abschnitt zugreifen, alle anderen müssen warten, bis das Objekt (dieses geben Sie im *lock*-Statement an) freigegeben wird. In diesem Beispiel ist das Objekt, das Sie zum Locken verwenden, die Objektvariable *lockObject* vom Typ *object*.

Beispiel 14.6: Threading mit *lock*

C#

```
// Definition eines lock-Objekts
private static object lockObject = new object();

// Erzeugen zweier Threads
public static void BerechneMitLock()
{
    Thread t1 = new Thread(BerechneSicher);
    t1.Name = "T1";
    Thread t2 = new Thread(BerechneSicher);
    t2.Name = "T2";
    t1.Start(1);
    t2.Start(-1);
}

public static void BerechneSicher(object? anzahl)
{
    if (anzahl == null)
    {
        return;
    }

    lock (lockObject)
    {
        for (int i = 0; i < 500_000; i++)
        {
            summe += (int)anzahl;
        }
    }
    Console.WriteLine($"Thread {Thread.CurrentThread.Name}:  Summe = {summe}");
```

Ergebnis

Das Ergebnis sehen Sie in Bild 14.11:

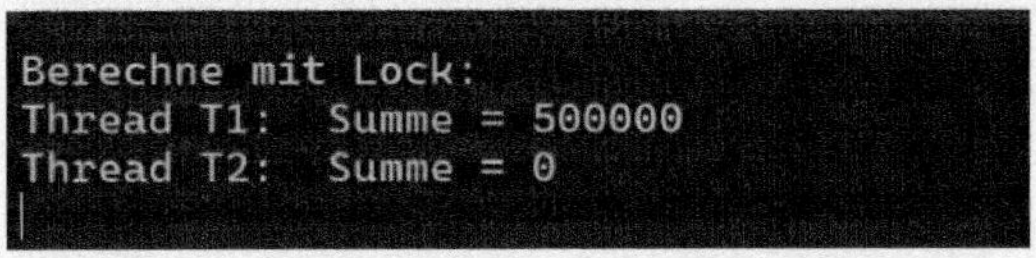

Bild 14.11
Ausgabe mit einem geschützten Block

Das Ergebnis ist aber identisch zu Bild 14.10.
Zunächst kommt der erste Thread *T1* zum Zug, dann *T2*, aber nicht beide durcheinander und schon gar nicht gleichzeitig. Also wieder eine synchrone Abarbeitung. Anscheinend haben wir den *lock*-Block etwas zu großzügig gesetzt.

HINWEIS: Ob erst *T1* und dann *T2* ausgeführt wird oder umgekehrt, ist nicht vorhersagbar, beim erneuten Aufruf kann es schon wieder umgekehrt sein!

Besser ist deshalb die folgende Lösung, bei der lediglich das Summieren und die Ausgabe in das *lock*-Statement eingeschlossen werden.

Beispiel 14.7: Bessere Lösung

C#

```
...
        for (int i = 0; i < 500_000; i++)
        {
            lock (lockObject)
            {
               summe += (int)anzahl;
            }
         }
         Console.WriteLine($"Thread {Thread.CurrentThread.Name}:  Summe =
         {summe}");
```

Ergebnis

In diesem Fall können beide Threads fast parallel ausgeführt werden, während der Pause des einen kann der andere arbeiten. Die Ausgabe im Debug-Fenster:

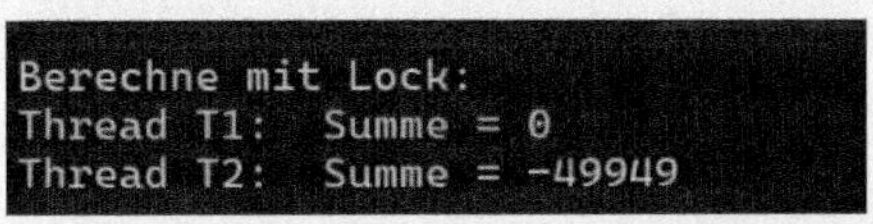

Bild 14.12
Ausgabe mit einem lock-Block nur um den kritischen Block

Ob dabei wieder *T1* oder *T2* zuerst fertig ist, ist nicht vorherzusagen, aber auf jeden Fall muss die 0 hinter einer der beiden Threadausgaben auftauchen.

HINWEIS: Wie Sie sehen, ist es mit der schnellen Verwendung von gesperrten Abschnitten nicht getan. Schnell machen Sie die Vorzüge von Threads wieder zunichte, da das jeweilige Sperren eine aufwendige Operation ist und in dem konstruierten Beispiel auch sehr häufig passiert. Beschränken Sie diese Sperren auf die unbedingt notwendige Anzahl und nehmen Sie gegebenenfalls Zeitmessungen vor.

Mit .NET 9 wurde ein neues Objekt genau für den Zweck des *lock*-Objektes eingeführt. In der Vergangenheit hat man das Lockobjekt meistens vom Typ *object* instanziert. Dafür gibt es jetzt einen neuen speziellen Typ: *System.Threading.Lock*.

Anstatt der folgenden Deklaration des Lockobjektes, wie in Beispiel 14.6 gezeigt,

```
private static object lockObject = new object();
```

schreiben Sie nun einfach:

```
private static Lock lockObject = new Lock();
```

Durch diesen neuen Typ wird eine optimierte API angesprochen, die eine performantere Threadsynchronisation ausführt. Die bisherige API basiert auf der in Abschnitt 14.3.3 vorgestellten *Monitor*-Klasse.

Ein anschauliches Beispiel

Bereits an dieser Stelle wollen wir Sie an ein Alltagsbeispiel heranführen, das wir in den weiteren Abschnitten noch ausbauen wollen, um auf anschauliche Weise die Funktionsweise der verschiedenen Sperrmechanismen zu verdeutlichen:

VERGLEICHSBEISPIEL: Stellen Sie sich zwei oder mehrere Gäste einer Bar als Threads vor, die sich am Tresen einen Drink holen und diesen natürlich auch austrinken wollen. Sie können natürlich alle gleichzeitig auf den Barkeeper (Prozessor) einstürmen, die Folge wird sein, dass kaum einer den gewünschten Drink erhält und die Ausgabe auch recht lange dauern kann (kein Sperrmechanismus).

Alternativ könnten Sie auch dem Barkeeper zurufen, dass Sie einen Drink wünschen. In dieser Zeit ist der Barkeeper für andere Wünsche nicht erreichbar. Allerdings ist es wenig sinnvoll, sich so lange mit dem Barkeeper zu unterhalten, bis Sie das nächste Glas bestellen wollen. Besser ist es, wenn Sie auch die anderen Gäste zum Zuge kommen lassen (möglichst kurze Sperre).

14.3.3 Die Monitor-Klasse

Gehen Ihnen die Möglichkeiten des *lock*-Statements nicht weit genug, verwenden Sie doch einen *Monitor*. Auch diese Klasse findet sich im Namenspace *System.Threading*. Auf das Instanziieren können Sie verzichten, da alle Methoden statisch deklariert sind:

- *Enter*
- *TryEnter*
- *Exit*
- *Pulse*
- *PulseAll*
- *Wait*

Die Verwendung scheint zunächst relativ einfach: Mit *Monitor.Enter* markieren Sie den Beginn eines kritischen Abschnitts, d. h. Sie sperren diesen Abschnitt für alle anderen Threads. Mit *Monitor.Exit* wird das Ende des Abschnitts gekennzeichnet.

HINWEIS: Reduzieren Sie die Länge des Abschnitts auf das unbedingt Notwendige, anderenfalls ist es besser, die Threads mit *Join* zu synchronisieren.

Beispiel 14.8: Beispiel für *Monitor.Enter* und *Monitor.Exit*

C#

```
public void Beladen()
{
    Monitor.Enter(lockObject);
    Ladung++;
    if (Ladung == 5)
    {
        CalculateShipping();
    }
    Monitor.Exit(lockObject);
}
```

Tritt innerhalb des markierten Abschnitts ein Laufzeitfehler auf und wird dieser nicht abgefangen, wird auch *Monitor.Exit* nie aufgerufen und die anderen Threads bekommen keine Möglichkeit, auf den Abschnitt zuzugreifen.
Deshalb besser so:

```
...
    Monitor.Enter(lockObject);
    try
    ...
    finally
    {
        Monitor.Exit(lockObject);
    }
...
```

HINWEIS: Auch wenn Sie ein *lock*-Statement verwenden: Intern erzeugte der Compiler bislang Code, der mittels *Monitor*-Klasse und zusätzlicher Fehlerbehandlung diesen Abschnitt absichert. Wenn Sie jetzt das neue *Lock*-Objekt verwenden, dann wird ein optimierter Code erstellt, verwenden Sie einen anderen Typ als Lockobjekt, wird wieder Code basierend auf der *Monitor*-Klasse erzeugt. Wenn Sie bei *Monitor.Exit* ein Objekt vom Typ *Lock* übergeben, so bekommen Sie eine Compilerwarnung, weil dieses Objekt dann nach *object* konvertiert wird und die optimierte API nicht genutzt werden kann. Bei der Verwendung des *lock*-Blockes können Sie in jedem Fall nicht von den zusätzlichen Möglichkeiten der *Monitor*-Klasse Gebrauch machen.

HINWEIS: Im Gegensatz zum *lock*-Statement müssen sich die *Enter*- und die zugehörige *Exit*-Methode des *Monitor*s nicht in derselben Routine befinden, was viel mehr Flexibilität bietet. Benötigen Sie diese Flexibilität nicht, würden wir Ihnen empfehlen, den *lock*-Block mit der neuen API-Klasse *Lock* zu nutzen, da dies performanter ist als die *Monitor*-Klasse.

Wait und Pulse/PulseAll

Neben der direkten Umsetzung des *lock*-Statements über die Methoden *Enter* und *Exit* der *Monitor*-Klasse sind auch die Methoden *Wait* und *Pulse* für den einen oder anderen Spezialfall interessant. Auch hier soll eine „Bar"-Analogie die Funktionsweise verdeutlichen:

VERGLEICHSBEISPIEL: Stellen Sie sich vor, Sie sind am Tresen, haben den Drink bestellt und wollen kurzfristig tanzen gehen. In diesem Fall können Sie dem Barkeeper sagen, dass er etwas warten soll (Methode *Wait*). Der Barkeeper kann jetzt die Wünsche anderer Gäste erfüllen. Doch wie kommen Sie an Ihren bereits bestellten Drink? Drei Möglichkeiten bestehen: Sie warten darauf, dass der Gast, der gerade am Tresen steht (und quasi den Monitor besitzt), Sie persönlich darauf hinweist, dass Ihr Drink da ist (Methode *Pulse*). Alternativ kann dieser Gast auch in den Raum rufen, dass noch Gläser abgeholt werden müssen (Methode *PulseAll*). Die dritte Variante: Sie sagen dem Barkeeper vorher Bescheid, dass Sie in einer bestimmten Zeit wieder da sein werden, um den Drink abzuholen (Übergabe eines Zeitwerts an die *Wait*-Methode).

Nun aber weg vom Alkohol und hin zur Praxis ...

Beispiel 14.9: Verwendung *Wait* und *Pulse*

C#

Zwei Methoden *BerechneSicherMonitorA* und *BerechneSicherMonitorB* sollen konkurrierend ausgeführt werden. Beide greifen auf die Variable *summe* zu. Zu diesem Zweck wird eine entsprechende Monitor-Sperre verwendet. So weit, so gut. Doch nach dem 100 000sten Schleifendurchlauf in *BerechneSicherMonitorA* soll diese Methode angehalten werden (Methode *Wait*), um zunächst der Methode *BerechneSicherMonitorB* die Vorfahrt zu lassen. Hat diese 300 000 Schleifendurchläufe absolviert, heben wir die Sperre für die Methode *BerechneSicherMonitorA* mit *Pulse* wieder auf. Jetzt laufen beide Methoden im Wechsel ab.

Methode *BerechneSicherMonitorA*:

```
public static void BerechneSicherMonitorA(object anzahl)
{
    if (anzahl != null)
    {
        for (int i = 0; i < 500_000; i++)
        {
            Monitor.Enter(lockObject);
            summe += (int)anzahl;
```

Nach 100 000 Durchläufen warten wir zunächst (hier könnten Sie auch einen Zeitwert übergeben):

```
            if (i == 100_000)
            {
                Monitor.Wait(lockObject);
            }
            Monitor.Exit(lockObject);
        }
        Console.WriteLine($"Thread {Thread.CurrentThread.Name}: Summe = 
{summe}");
    }
}
```

Methode *BerechneSicherMonitorB:*

```
public static void BerechneSicherMonitorB(object? anzahl)
{
    if (anzahl != null)
    {
        for (int i = 0; i < 500_000; i++)
        {
            Monitor.Enter(lockObject);
            summe += (int)anzahl;
```

Nach 300 000 Durchläufen wird die Sperre in *BerechneSicherMonitorA* wieder aufgehoben:

```
            if (i == 300_000)
            {
                Monitor.Pulse(lockObject);
            }
            Monitor.Exit(lockObject);
        }
        Console.WriteLine($"Thread {Thread.CurrentThread.Name}: Summe = 
{summe}");
    }
}
```

Erzeugen zweier Threads:

```
    private static void BerechneMitMonitor()
    {
        Thread t1 = new Thread(BerechneSicherMonitorA);
        t1.Name = "T1";
        Thread t2 = new Thread(BerechneSicherMonitorB);
        t2.Name = "T2";
        t1.Start(1);
        t2.Start(-1);
    }
}
```

Ergebnis

Die Ausgabe in Bild 14.13 zeigt, dass Thread *T2* (aufgrund des *Wait* bei *T1*) jetzt immer vor *T1* fertig wird.

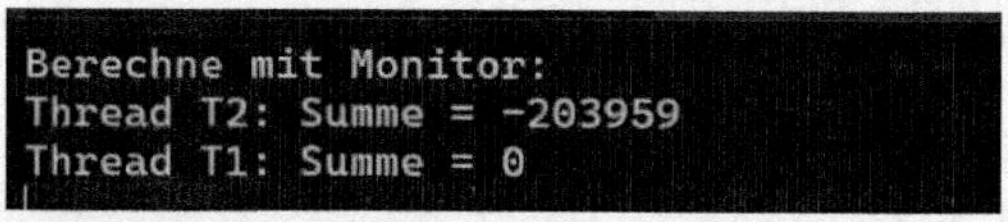

Bild 14.13 Ausgabe mit Monitor

Das korrekte Endergebnis ist 0 (500 000 Schleifendurchläufe mit Addition und genau so viel mit Subtraktion). Über *Wait* und *Pulse* haben wir lediglich die Rechenzeit zwischen den Threads anders aufgeteilt.

TryEnter

Sicher ist Ihnen auch schon aufgefallen, dass je nach Anwendungsfall ein *Monitor.Enter* eine recht lange Wartezeit nach sich ziehen kann. Auch hier wollen wir wieder auf unsere „Bar"-Analogie zurückkommen:

VERGLEICHSBEISPIEL: *TryEnter* können Sie mit einem Blick zum Tresen der Bar vergleichen. Ist der Barkeeper nicht beschäftigt, können Sie Ihre Wünsche sofort loswerden. Alternativ bietet *TryEnter* auch die Möglichkeit, einige Zeit zu warten, d. h. Sie setzen sich an den Tresen und warten x Minuten, ob Sie bedient werden. Ist dies nicht der Fall, gehen Sie einfach wieder weg.

14.3.4 Mutex

Neben dem *Monitor*-Objekt bietet sich auch ein *Mutex*[2)] für das Locking von Codeabschnitten an. Win32-Programmierern wird dieser Begriff sicher bekannt vorkommen, denn ein analoger Mechanismus war auch dort vorhanden.

[2] mutually exclusive

HINWEIS: Im Unterschied zum *Monitor* kann ein *Mutex* auch prozessübergreifend verwendet werden.

Im Unterschied zum *Monitor*-Objekt müssen Sie hier jedoch zunächst eine Instanz erzeugen. Dazu stehen Ihnen fünf überladene Konstruktoren zur Verfügung:

```
Mutex ()
Mutex (bool)
Mutex (bool, string)
Mutex (bool, string, bool)
Mutex (bool, string, bool, MutexSecurity)
```

Hier können Sie bereits bestimmen, ob der aktuelle Thread gleich zum Besitzer des Mutex wird und welcher Name verwendet wird.

Leiten Sie den entsprechenden Abschnitt mit der *WaitOne*-Methode ein, um den Mutex zu erhalten. Freigeben können Sie den Mutex mit der *ReleaseMutex*-Methode.

Beispiel 14.10: Anwendung eines Mutex

C#

Mutex deklarieren:

```
private static Mutex myMutex = new Mutex();
private static int id = 0;  // Zum Zählen der Mutex-Threads
```

Mutex verwenden:

```
private void BerechneMutex(object? anzahl)
{
    myMutex.WaitOne();
    for (int i = 0; i < 10; i++)
    {
        summe++;
        Thread.Sleep(200);
    }
    myMutex.ReleaseMutex();
    Console.WriteLine($"Thread {Thread.CurrentThread.Name}: Summe = {summe}");
}
```

Aufruf der Threads (die Methode *BerechneMitMutex()* kann auch mehrfach aufgerufen werden):

```
private static void BerechneMitMutex()
{
    Thread t1 = new Thread(BerechneMutex);
    t1.Name = $"T{id}";
    id++;
    t1.Start();
}
```

Ergebnis

Die Ausgabe in Bild 14.14 zeigt das korrekte Ergebnis von 30, da in dem Beispiel **BerechneMutex** dreimal aufgerufen wurde.

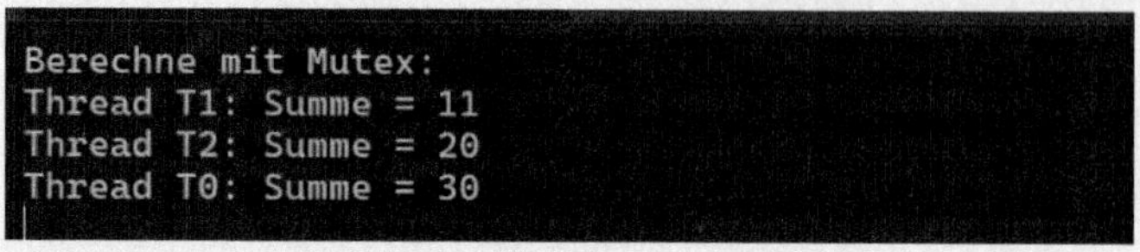

Bild 14.14 Ausgabe mit Mutex

Pro Aufruf wird ein Thread gestartet, der Thread wird durch den Mutex in einem Block abgearbeitet. In welcher Reihenfolge die Threads jedoch zum Zuge kommen, ist nicht vorhersagbar.

14.3.5 Methoden für die parallele Ausführung sperren

Neben obigen Sperrvarianten können Sie auch gleich die ganz große Keule herausholen. Die Rede ist vom Attribut *MethodImpl*, das Sie auf einzelne Methoden anwenden können (wurde schon mal in Abschnitt 14.3.1 angesprochen). In diesem Fall ist die **gesamte Methode** für den Aufruf eines weiteren Threads gesperrt. Sinnvollerweise sollten Sie in dieser Methode nicht allzu viel Code unterbringen, sondern nur die wirklich relevanten Routinen, sonst wird aus Ihrem asynchronen Programm schnell eine ganz normale synchrone Anwendung.

Beispiel 14.11: Verwendung des Attributs *MethodImpl*

C#

```
using System.Runtime.CompilerServices;
...
    [MethodImpl(MethodImplOptions.Synchronized)]
    public void Berechne(object? anzahl)
    {
        if (anzahl != null)
        {
            for (int i = 0; i < (int)anzahl; i++)
            {
                Thread.Sleep(100);
                Console.WriteLine($"Thread arbeitet ({i})");
            }
            Console.WriteLine("Thread ist am Ende");
        }
    }
```

Obige Methode wird in keinem Fall durch andere Thread-Aufrufe unterbrochen, sondern immer komplett abgearbeitet.

VERGLEICHSBEISPIEL: Übertragen auf unsere „Bar"-Metapher können Sie sich obiges Beispiel auch als alleiniger Gast in der Bar vorstellen. Es kann immer nur einer eintreten und trinken. Alle anderen warten am Eingang (vor der Methode).

14.3.6 Semaphore

Da wir gerade bei Analogien sind, auch hierzu gleich eine passende:

VERGLEICHSBEISPIEL: Vergleichen Sie eine Semaphore mit den Sitzplätzen an der Bar. Sie legen beim Erzeugen einer Semaphore fest, wie viele Sitzplätze es gibt und wie viele davon frei sind. Mit *WaitOne* können Sie prüfen, ob ein Platz frei ist und, wenn ja, diesen auch gleich belegen. Dieser wird erst beim Verlassen (*Release*) wieder freigegeben. Ist kein Platz frei, blockiert *WaitOne*, bis ein Platz frei ist. Alternativ können Sie auch maximale Wartezeiten als Zeitwert übergeben.

Der Nutzen dieses Objekts wird bei begrenzten Ressourcen und einer hohen Anforderungszahl durch verschiedene Threads deutlich.

Beispiel 14.12: Die Routine *BerechneMitSemaphore* soll von maximal drei Threads gleichzeitig genutzt werden.

C#

Die Semaphore erzeugen und initialisieren:

```
private static Semaphore semaphore = new Semaphore(3, 3);
    // 3 frei, 3 insgesamt verfügbar
...
```

Wir starten zehn Threads, von denen aber maximal drei gleichzeitig zum Zuge kommen:

```
    private static void BerechneMitSemaphore()
    {
        for (int i = 0; i < 10; i++)
        {
            Thread t = new Thread(BerechneSemaphore);
            t.Name = $"Thread {i}";
            t.Start();
        }
    }
```

Die eigentliche Routine:

```
private static void BerechneSemaphore(object? anzahl)
{
```

Nur wenn noch nicht drei angemeldete Threads vorliegen, kommen wir hier weiter:

```
    semaphore.WaitOne();
    for (int i = 0; i < 5; i++)
    {
        Thread.Sleep(100);
        Console.WriteLine($"Thread {Thread.CurrentThread.Name}");
    }
```

Wir geben die Semaphore (bzw. einen Platz) wieder frei:

```
semaphore.Release();
}
```

Ergebnis

Die Ausgabe: Bei einem Blick ins Ausgabefenster (Ausschnitt in Bild 14.15) werden Sie feststellen, dass sich maximal drei Threads gleichzeitig abmühen.

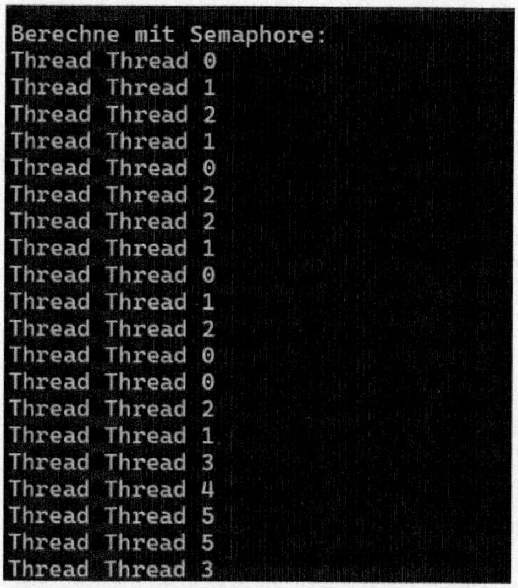

Bild 14.15 Ausgabe mit Semaphore

HINWEIS: Natürlich gibt es noch weitere Sperr- und Synchronisationsmechanismen (*ReaderWriterLock*, *Wait*-Handles ...) und mehr Methoden als die oben aufgeführten, doch wir wollten hier lediglich einen ersten Einstieg vermitteln. Beachten Sie, dass Sie von den oben genannten Sperrmechanismen auch bei der *Task Parallel Library* Gebrauch machen müssen, wenn dies für den Programmablauf erforderlich ist.

Wichtiger ist ein weiteres Problem, mit dem sich der Thread-Programmierer herumschlagen muss: die Interaktion mit dem Vordergrund-Thread, d. h. mit unserer Programmoberfläche bei grafischen Benutzeroberflächen.

14.4 Interaktion mit der Programmoberfläche

Wie bereits für einige Beispiele angemerkt, sind diese teilweise nicht threadsicher programmiert. Das Problem: Die Steuerelemente eines Windows-Forms- bzw. WPF-Programms, d. h. deren Eigenschaften und Methoden, sind nicht threadsicher. Wenn wir aus einem anderen Thread als dem erstellenden (Anwendungs-Thread) auf die Komponenten zugreifen (z. B. Aktualisieren einer *ListBox*), kommt es bereits beim ersten Test in Visual Studio zu folgendem unerfreulichen Dialog:

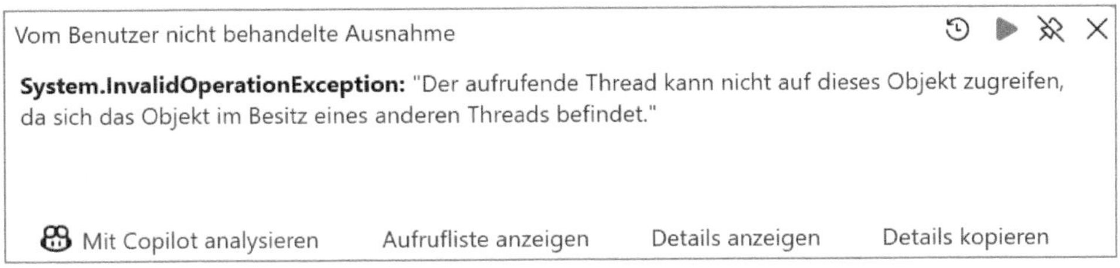

Bild 14.16 Ungültiger Zugriff auf ein Objekt

14.4.1 Die Werkzeuge

Dass der direkte Weg aus einem Thread zum User Interface versperrt ist, bedeutet noch lange nicht, dass es keine Möglichkeit für eine Interaktion gäbe. Die Lösung heißt in diesem Fall *Invoke* oder als asynchrone Variante *BeginInvoke*. Beide Methoden gestatten es, eine Methode im Kontext des aufrufenden Controls (das kann auch ein Fenster sein) auszuführen. Während *Invoke* synchron ausgeführt wird, d. h. auf die Beendigung der aufgerufenen Methode wartet, stellt *BeginInvoke* nur eine neue Anforderung in die Message-Queue des Anwendungs-Threads und unterbricht die Ausführung des aufrufenden Threads nicht.

14.4.2 Einzelne Steuerelemente mit Invoke aktualisieren (Windows Forms)

Geht es darum, auf die Eigenschaften eines einzelnen Controls zuzugreifen, übergeben Sie einen Delegate an die *Invoke*-Methode des gewünschten Controls. Diese Methode wird synchron abgearbeitet, d. h. die Programmausführung des aktuellen Threads wird hier zunächst gestoppt.

Da die Anzeige in den Steuerelementen ja kaum Selbstzweck ist, müssen in der Regel auch Daten übermittelt werden. Dazu bietet sich die zweite Überladung der *Invoke*-Methode an, der Sie neben dem Delegate auch ein Objekt übergeben können. Dieses steht dann in der Callback-Methode zur Verfügung und muss nur noch entsprechend typisiert werden.

Beispiel 14.13: In einer *ListBox* sind Ergebnisse aus verschiedenen Threads anzuzeigen.

C#

Definition des Delegate (muss nicht innerhalb der Form-Klasse sein):

```
public delegate void MyAnzeigeDelegate(string message);
```

Definition der Variablen *summe* und des Lockobjekts:

```
private Lock lockObject = new Lock();
private int summe;
```

Hier wird der Wert in die *ListBox* eingetragen, dank aufrufender *Invoke*-Methode im Kontext des Vordergrund-Threads:

```
private void MyAnzeige(string message)
{
    listBox1.Items.Add(message);
}
```

Unsere Thread-Methode:

```
private void BerechneMitAnzeige(object? anzahl)
{
    lock (lockObject)
    {
        for (int i = 0; i < 5; i++)
        {
            Thread.Sleep(200);
            summe++;
            string msg = $"Thread {Thread.CurrentThread.Name}:
                         Summe = {summe}";
```

Zuweisen des Delegate für die *Invoke*-Methode:

```
            listBox1.Invoke(new MyAnzeigeDelegate(MyAnzeige),
                                new object[] {msg});
        }
    }
}
```

Der Thread-Aufruf bzw. -Start:

```
private void BtnBerechne_Click(object sender, EventArgs e)
{
    Thread t1 = new Thread(BerechneMitAnzeige);
    t1.Start();
}
```

HINWEIS: Alternativ können Sie die Methode auch asynchron mit *BeginInvoke* aufrufen. Warten auf die Abarbeitung können Sie mit *EndInvoke*.

14.4.3 Mehrere Steuerelemente aktualisieren

Wer mehr als ein Control aktualisieren will und die aufwendige Schreiberei mit *Invoke* nicht jedes Mal neu erfinden möchte, der kann auch eine zentrale Anzeigeroutine im Kontext des Formulars erstellen. Da die Steuerelemente im gleichen Kontext laufen, können Sie hier schalten und walten, wie Sie es für notwendig halten.

Beispiel 14.14: Aktualisieren mehrerer Steuerelemente

C#

```
public delegate void MyAnzeigeDelegate(string message);

public void MyAnzeige(string message)
{
    listBox1.Items.Add(message);
    label1.Text = "Bla Bla";
    progressBar1.Value++;
    if (progressBar1.Value == progressBar1.Maximum)
    {
        progressBar1.Value = 0;
    }
}
```

Der Aufruf ist wie im Vorgängerbeispiel 14.13.

14.4.4 Ist ein Invoke-Aufruf nötig?

Wer eine universelle Methode schreiben will, die sowohl aus dem Hintergrund-Thread als auch aus dem Vordergrund-Thread aufgerufen werden kann, sollte sich die Eigenschaft *InvokeRequired* näher ansehen. Da jedes Control/jede Form über diese Eigenschaft verfügt, können Sie schnell ermitteln, ob ein *Invoke-Aufruf* erforderlich ist oder nicht.

Beispiel 14.15: Verwendung von *InvokeRequired*

C#

```
private void Anzeige(string message)
{
    if (InvokeRequired)
    {
```

Falls nötig, rufen wir die Methode im Kontext des Controls erneut auf:

```
        listBox1.Invoke(new MyAnzeigeDelegate(MyAnzeige),
                        new object[] { message });
    }
    else
    {
        MyAnzeige(message);
    }
}
```

14.4.5 Und was ist mit WPF?

In den bisherigen Ausführungen in Abschnitt 14.4 war von den Windows Forms die Rede. Wie bereits erwähnt, sind jedoch auch die WPF-Controls nicht threadsicher, was die Frage aufwirft, wie wir in diesem Fall den Zugriff auf die Oberfläche realisieren.

Die grundsätzliche Vorgehensweise unterscheidet sich nur geringfügig von der Windows-Forms-Lösung. Statt der Methode *Control.Invoke* verwenden Sie in diesem Fall *Control.Dispatcher.Invoke*. Die *InvokeRequired*-Eigenschaft der Windows-Forms-Controls wird durch die *CheckAccess*-Methode ersetzt.

HINWEIS: Beachten Sie, dass die *CheckAccess*-Methode *true* zurückliefert, wenn der Aufruf im Vordergrund-Thread erfolgt (die Logik negiert gegenüber *InvokeRequired*).

Beispiel 14.16: Verwendung von *Dispatcher.Invoke* in einer WPF-Anwendung

C#

```
using System.Windows;

namespace InteraktionGui;

public partial class MainWindow : Window
{
    public MainWindow()
    {
        InitializeComponent();
    }
```

Definition des Delegate und des Lockobjekts:

```
    public delegate void MyAnzeigeDelegate(string message);
    private Lock lockObject = new Lock();
```

Hier wird der Wert in die *ListBox* eingetragen, dank aufrufender *Invoke*-Methode im Kontext des Vordergrund-Threads:

```
    private void MyAnzeige(string message)
    {
        listBox1.Items.Add(message);
    }
```

Unsere Thread-Methode:

```
    private void BerechneMitAnzeige(object? anzahl)
    {
        lock (lockObject)
        {
            for (int i = 0; i < 5; i++)
            {
                Thread.Sleep(200);
                string msg = $"Thread {Thread.CurrentThread.Name}: Durchlauf =
{i}";
```

Wird die Methode aus dem Vordergrund-Thread aufgerufen, greifen wir direkt auf die *ListBox* zu, anderenfalls per *Invoke*:

```
                if (Dispatcher.CheckAccess())
                {
                    listBox1.Items.Add(msg);
                }
                else
                {
                    Dispatcher.Invoke(new MyAnzeigeDelegate(MyAnzeige),
                                      new object[] { msg });
                }
            }
        }
    }
```

Thread erzeugen und starten:

```
    private void ButtonInteraktion_Click(object sender, RoutedEventArgs e)
    {
        Thread t1 = new Thread(BerechneMitAnzeige);
        t1.Start();
    }
}
```

XAML

Der XAML-Code für die „Oberfläche" (ein *Button* und eine *ListBox*):

```
<Window x:Class="InteraktionGui.MainWindow"
    xmlns="http://schemas.microsoft.com/winfx/2006/xaml/presentation"
    xmlns:x="http://schemas.microsoft.com/winfx/2006/xaml"
    xmlns:d="http://schemas.microsoft.com/expression/blend/2008"
    xmlns:mc="http://schemas.openxmlformats.org/markup-compatibility/2006"
    xmlns:local=»clr-namespace:InteraktionGui»
    mc:Ignorable=»d»
    Title="MainWindow" Height="450" Width="800">
    <StackPanel Margin="20">
        <ListBox MinHeight="100" Name="listBox1"></ListBox>
        <Button Click="ButtonInteraktion_Click">Berechne</Button>
    </StackPanel>
</Window>
```

14.5 Timer-Threads

Einen Nachteil hatten die bisherigen Thread-Varianten: Die Methode wird lediglich einmal abgearbeitet, nachfolgend ist der Thread im *Stopped*-Zustand und damit nicht wieder nutzbar. Einige der gezeigten Beispiele versuchten mit Schleifen und der *Sleep*-Anweisung so etwas wie ein zyklisches Verhalten nachzuahmen, dies führt jedoch nur teilweise zum Erfolg und ist auch nicht besonders genau.

Abhilfe verspricht die Klasse *Timer*, die Sie ebenfalls im Namespace *System.Threading* vorfinden. Die übergebene Methode wird in einem Thread aus dem Threadpool ausgeführt.

Beispiel 14.17: Verwendung eines Timer-Threads

C#

```
using System.Windows;

namespace TimerSample;

public partial class MainWindow : Window
{
    public MainWindow()
    {
        InitailizeComponent();
    }

    public delegate void MyAnzeigeDelegate(string message);
    private Timer? timer;
```

Beim Instanziieren der *Timer*-Klasse übergeben Sie folgende Parameter: den *Callback*, eventuell ein Objekt, das als Parameter für die Timer-Callback-Methode verwendet werden kann (sonst *null*), die Wartezeit bis zum Start des Timers (*Timeout.Infinite*, um den sofortigen Start zu verhindern) sowie das Zeitintervall in Millisekunden (oder als *TimeSpan*).

```
    private void ButtonTimer_Click(object sender, RoutedEventArgs e)
    {
        timer = new Timer(MeinTimer, "Timer", 1000, 500);
    }
```

Die Callback-Routine (mit dem Parameter-Objekt):

```
    private void MeinTimer(object? obj)
    {
        string message = obj?.ToString() ?? string.Empty;
        Dispatcher.Invoke(new MyAnzeigeDelegate(myAnzeige),
                                   new object[] { message });
    }
```

Anzeige in der *ListBox*:

```
    public void MyAnzeige(string message)
    {
        listBox1.Items.Add(message);
    }
```

Und den Timer beenden:

```
    private void ButtonTimerStop_Click(object sender, RoutedEventArgs e)
    {
        Timer?.Change(Timeout.Infinite, Timeout.Infinite);
    }
```

HINWEIS: Im Namespace *System.Timers* gibt es auch noch ein weiteres *Timer*-Objekt. Sie dürfen sich das gerne auch selbst betrachten.

14.6 Asynchrone Programmierentwurfsmuster

Nachdem wir uns mit den Grundlagen der Thread-Programmierung vertraut gemacht haben, wollen wir einen Blick auf weitere Möglichkeiten asynchroner Programmierung mittels Delegates werfen. .NET bietet bereits einige Klassen mit integriertem Multithreading.

14.6.1 Kurzübersicht

Mit dem asynchronen Programmierentwurfsmuster (*Asynchronous Design Pattern*) bietet sich dem Nutzer diverser .NET-Klassen die Entscheidungsmöglichkeit, ob eine Methode synchron oder asynchron aufgerufen werden soll.

Dazu werden neben der synchronen Methode (z. B. *Read*) noch zwei zusätzliche Methoden mit der Bezeichnung Begin<*MethodenName*> und End<*Methodenname*> eingeführt.

Begin...-Methode

Die Begin<*MethodenName*>-Methode gibt dem Aufrufer ein Objekt vom Typ *IAsyncResult* zurück, über das der Status der jetzt im Hintergrund laufenden Operation ausgewertet werden kann (zum Beispiel durch Polling).

An die Methode übergeben Sie zunächst ebenfalls die gleichen Parameter wie für das synchrone Pendant, zusätzlich werden noch ein Rückrufdelegate vom Typ *AsyncCallback* und ein beliebiges Objekt für die Datenübergabe an den Thread übergeben.

Beispiel 14.18: *BeginRead*-Methode

C#

```
IAsyncResult result = fs.BeginRead(bytes, 0,
                (int)fs.Length, Fertig, stateobj);
```

Fertig ist der Rückrufdelegate, *stateobj* ist ein benutzerdefiniertes Objekt. Die Daten werden in einem Byte-Array *bytes* gepuffert.

End...-Methode

Diese Methode können Sie in der Rückrufmethode aufrufen, um das Endergebnis des asynchronen Methodenaufrufs zu ermitteln.

Alternativ kann die Methode auch nach dem Eintreten der Bedingung *IsCompleted* aufgerufen werden.

Beispiel 14.19: *EndRead*-Methode

C#

```
IAsyncResult result = fs.BeginRead(bytes, 0, (int)fs.Length, null, null);
while (!result.IsCompleted)
{
    Thread.Sleep(1);
}
int bytesGelesen = fs.EndRead(result);
```

Die Rückrufmethode

Die Rückrufmethode wird nach dem Ende der asynchronen Methode aufgerufen. Sie muss folgendem Muster entsprechen:

```
public void <Methodenname>(IAsyncResult asyncResult)
{
```

Über *asyncResult.AsyncState* können Sie auf das eventuell übergebene Nutzer-Objekt zugreifen:

```
    myState state = (myState)asyncResult.AsyncState;
```

In dieser Methode rufen Sie im Allgemeinen das Funktionsergebnis per *End<Methodenname>* ab. Dafür benötigen Sie den Parameter *asyncResult*:

```
    state.BytesGelesen = state.fs.EndRead(asyncResult);
```

Wie Sie das Entwurfsmuster konkret einsetzen, sollen Ihnen die folgenden Beispiele demonstrieren.

14.6.2 Polling

Es wurde bereits erwähnt, dass eine der Möglichkeiten, auf das Endergebnis der asynchronen Operation zu warten, die Statusabfrage der Operation per Polling ist. Dazu wird der Rückgabewert (Typ *IAsyncResult*) der jeweiligen *Begin*...-Methode ausgewertet. Dessen Eigenschaft *IsCompleted* gibt über den aktuellen Zustand der asynchronen Operation Auskunft. Die Abfrage kann per Schleife oder auch zu festgelegten Zeitpunkten mit einem *Timer* erfolgen. Ein kleines Beispiel zeigt die Vorgehensweise.

Beispiel 14.20: Polling

C#

Eine große Datei soll asynchron in ein Byte-Array geladen werden. Abschließend ist die Anzahl der gelesenen Bytes zu bestimmen[3].
Die erforderlichen Namespaces einbinden:

```
using System.IO;
using System.Windows;

namespace AsynchroneMuster;

public partial class MainWindow : Window
{
    public MainWindow()
    {
        InitializeComponent();
    }

    private void ButtonStarteLesen_Click(object sender, RoutedEventArgs e)
    {
        listBox1.Items.Clear();
        listBox1.Items.Add("Starte Lese-Vorgang ...");
```

Einen *FileStream* erzeugen:

```
        using FileStream fs = new FileStream("Tiger.jpg", FileMode.Open,
                                FileAccess.Read, FileShare.Read, 1000, true);
```

Das Byte-Array anlegen:

```
        byte[] bytes = new byte[fs.Length];
```

Den asynchronen Aufruf starten:

```
        IAsyncResult result = fs.BeginRead(bytes, 0, (int)fs.Length, null, null);
```

Der Rückgabewert ist vom Typ *IAsyncResult*. Mit einer Schleife fragen wir den Status so lange ab, bis die Operation abgeschlossen ist[4]:

```
        while (!result.IsCompleted)
        {
            listBox1.Items.Add($"IsCompleted = {result.IsCompleted}");
            Thread.Sleep(1); // um dem Lese-Thread eine Chance zu geben
        }
        listBox1.Items.Add($"IsCompleted = {result.IsCompleted}");
```

[3] Das Beispiel scheint zu diesem Zeitpunkt noch ziemlich sinnlos zu sein, es wird aber als Vorlage für die folgenden Beispiele gebraucht.

[4] Mit einem synchronen Dateizugriff hätten wir mit weniger Aufwand dasselbe erreicht, aber es geht hier ja um asynchrone Aufrufe und die Abfrage könnte ja auch per Timer etc. erfolgen.

Beispiel 14.20: Polling

Bestimmen der Anzahl gelesener Bytes:

```
        int bytesGelesen = fs.EndRead(result);
        listBox1.Items.Add($"Gelesen: {bytesGelesen} Bytes");
    }
}
```

Ergebnis

Ein Start des Programms zeigt, was passiert (siehe Bild 14.17).

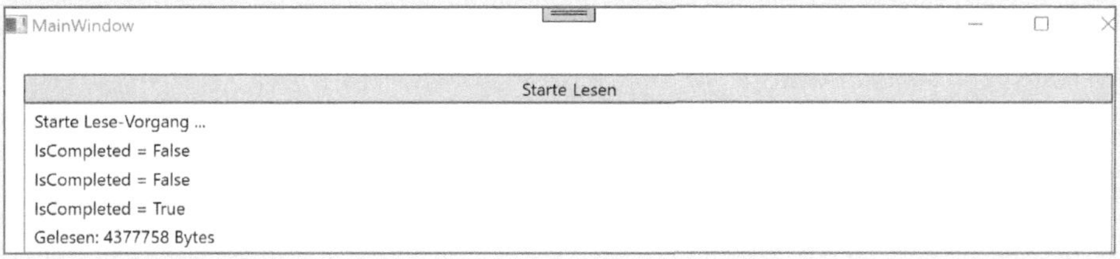

Bild 14.17 Ausgabe des Polling

Nach dem Start der *BeginRead*-Methode wird in diesem Fall die *while*-Schleife zweimal durchlaufen. Danach können wir die Anzahl der gelesenen Bytes bestimmen.
Wie oft die *while*-Schleife durchlaufen wird, hängt von der Zugriffsgeschwindigkeit auf den *FileStream* und natürlich dessen Größe ab. Es könnten also auch mehr oder weniger Durchläufe notwendig sein.

HINWEIS: Vielleicht ist es Ihnen aufgefallen – der Ressourcenschutzblock *using*, in dem der *FileStream* geladen wurde, ist kein Block mehr, sondern mit C# 10 eine normale Anweisung. Der Compiler erkennt, wann der *FileStream* nicht mehr benötigt wird, und ruft *Dispose* an der entsprechenden Stelle auf.

Wie es besser (und sinnvoller) geht, zeigt der nächste Abschnitt.

14.6.3 Callback verwenden

Mit einer Callback-Methode kann die asynchrone Operation ohne Unterbrechung durch den aufrufenden Thread (Polling) durchgeführt werden. Ist die Operation zu Ende, ruft sie die Callback-Methode auf.

HINWEIS: Die Callback-Methode muss einem bestimmten Muster entsprechen, als Parameter wird ein *IAsyncResult*-Objekt erwartet.

Beispiel 14.21: Callback

C#

Wir schreiben das Beispiel aus dem vorhergehenden Abschnitt so um, dass wir per Callback auf das Ende reagieren können.

```
public void LesenFertig(IAsyncResult asyncResult)
    {
     // hier ist die Operation zu Ende
    }
...
        // Der geänderte Aufruf
        fs.BeginRead(Bytes, 0, (int)fs.Length, LesenFertig, null);
...
```

Folgende Einschränkungen sind allerdings zu beachten:

- Da die Methode *Fertig* in einem anderen Thread als die aufrufende Routine läuft, können wir nicht sicher auf deren Eigenschaften zugreifen.
- Auch der Zugriff auf die Steuerelemente des Formulars (in diesem Fall die *ListBox*) bleibt uns aus diesem Grund verwehrt.

Deshalb wagen wir einen zweiten Anlauf.

14.6.4 Callback mit Parameterübergabe verwenden

Die Übergabe der notwendigen Variablen/Eigenschaften an die Callback-Routine lässt sich mithilfe einer eigenen Klasse realisieren. Eine Instanz dieser Klasse kann als Parameter an die *Begin...*-Methode übergeben werden.

In der Callback-Routine stellt der *IAsyncResult*-Parameter mit der Eigenschaft *AsyncState* das übergebene Objekt wieder zur Verfügung.

HINWEIS: Sie müssen das Objekt erst typisieren!

Beispiel 14.22: Callback mit Parameterübergabe

C#

Die Hilfsklasse:

```
public class FileState
{
    public byte[]? Bytes { get; set;}
    public FileStream? fs { get; set;}
    public int BytesGelesen { get; set;}
}
```

Die neue Callback-Routine in unserem Window:

```
public void LesenFertig(IAsyncResult ar)
    {
        if (asyncResult != null)
        {
            // Hilfsobjekt typisieren und verwenden:
            FileState? state = (FileState?)asyncResult.AsyncState;
            if (state != null && state.fs != null)
            {
                state.BytesGelesen = state.fs.EndRead(asyncResult);
                state.fs.Close();
            }
        }
    }
```

Das Starten des asynchronen Dateizugriffs:

```
    private void ButtonStarteLesenMitCallback_Click(object sender,
                                                    RoutedEventArgs e)
    {
        listBox1.Items.Clear();
        listBox1.Items.Add("Starte Lese-Vorgang ...");
```

Hier erzeugen wir unser Hilfsobjekt:

```
        FileState stateobj = new FileState();
```

Die erforderlichen Daten speichern:

```
        stateobj.fs = new FileStream("Tiger.jpg", FileMode.Open,
                          FileAccess.Read, FileShare.Read, 1000, true);
        stateobj.Bytes = new byte[stateobj.fs.Length];
```

Asynchronen Aufruf mit Hilfsobjekt als Parameter starten:

```
        IAsyncResult result = stateobj.fs.BeginRead(stateobj.Bytes, 0,
                        (int)stateobj.fs.Length, LesenFertig, stateobj);
    }
```

Das sieht doch schon wesentlich besser aus als im letzten Beispiel! In der Callback-Methode können die geschriebenen Bytes bestimmt und der *FileStream* kann geschlossen werden.

Doch etwas fehlt noch: die Interaktion mit der Programmoberfläche!

14.6.5 Callback mit Zugriff auf die Programmoberfläche

Um aus dem Callback-Thread auf die Programmoberfläche (Main-Thread) zugreifen zu können, müssen wir per *Invoke* oder *BeginInvoke* mittels Delegate die gewünschte Methode des Formulars aufrufen.

Beispiel 14.23: Zugriff auf die Programmoberfläche

C#

```
...
public partial class MainWindow : Window
{
```

Unsere Routine, die auf die Steuerelemente zugreifen kann:

```
    private void WindowRefresh(FileState obj)
    {
        listBox1.Items.Add("CallBack: --- Fertig ---");
        listBox1.Items.Add($"CallBack: Gelesen: {obj.BytesGelesen} Bytes");
    }
```

Wie Sie sehen, übergeben wir auch unser Hilfsobjekt gleich noch als Parameter. So können wir bequem mit dessen Informationen arbeiten.
Wir deklarieren einen Delegate für den Aufruf der *Invoke*-Methode:

```
    private delegate void WindowRefreshDelegate(FileState obj);
```

Und zum Schluss ändern wir noch die Callback-Routine:

```
    public void LesenFertig(IAsyncResult ar)
    {
        FileState state = (FileState)ar.AsyncState;
        state.BytesGelesen = state.fs.EndRead(ar);
```

Übergabe von Delegate und Hilfsobjekt:

```
        Dispatcher.Invoke(new WindowRefreshDelegate(WindowRefresh),state);
        state.fs.Close();
    }
```

Ergebnis

Jetzt funktioniert auch unser Programm mittels Callback-Routine.

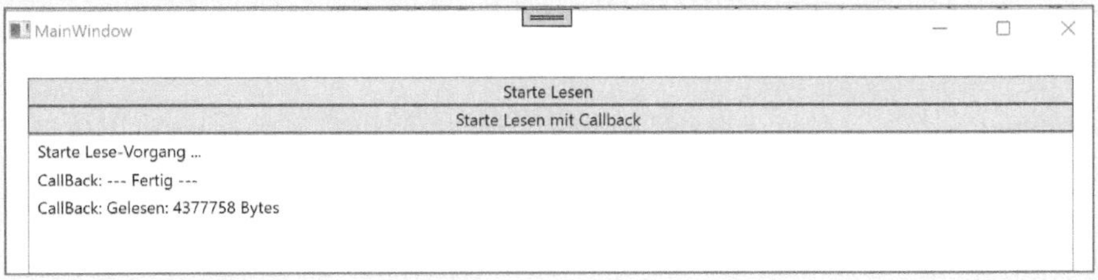

Bild 14.18 Ausgabe durch Callback

Egal, wie lange der Einlesevorgang für die Datei ist, die Oberfläche bleibt bedienbar. Ist die Operation abgeschlossen, sorgt die Callback-Routine für die Anzeige der Werte.

HINWEIS: Die *Invoke*-Methode wird synchron aufgerufen. Das heißt, erst wenn der Thread des Fensters abgearbeitet ist, wird die Programmausführung fortgesetzt.

14.7 Es geht auch einfacher – async und await

Sicher ist es Ihnen nicht verborgen geblieben, dass es teilweise schon richtig Arbeit macht, wenn Sie von den Vorteilen der asynchronen Programmierung profitieren wollen. Schnell verlieren Sie den Überblick in einem Gestrüpp aus Threads und Delegates und zum Schluss verliert mancher auch die Lust am asynchronen Programmieren.

Das ist auch den Microsoft-Entwicklern nicht verborgen geblieben und so wurden mit C# 5.0 zwei neue Schlüsselwörter eingeführt:

- der *async*-Modifizierer und
- der *await*-Operator.

Eine mit *async* markierte Methode wird als „asynchrone Methode" bezeichnet. Das heißt, die Programmausführung wartet nicht nach deren Aufruf auf das Ende der Methode, sondern setzt die Ausführung fort. Mit dem *await*-Operator haben Sie die Möglichkeit, auf das Ende eines asynchronen Aufrufs zu warten, und gleichzeitig können Sie den Rückgabewert der Methode auswerten.

Die sich aus obigen Neuerungen ergebenden Erleichterungen für den Programmierer wollen wir zunächst anhand zweier Beispiele demonstrieren, in welchen wir den synchronen mit dem asynchronen Dateizugriff vergleichen.

HINWEIS: Mehr zu Dateizugriffen finden Sie in den Onlinekapiteln.

In einem zweiten Schritt sehen wir uns an, was man dabei alles falsch machen kann, bevor wir abschließend einen Blick darauf werfen, wie Sie Ihre eigenen Routinen in asynchrone Methoden verwandeln können.

14.7.1 Der Weg von synchron zu asynchron

Stellen Sie sich vor, Ihre Anwendung soll viele Daten speichern. Der „Flaschenhals“ ist, wie nicht anders zu erwarten, die Festplatte oder auch das Netzwerk mit ihrem begrenzten Datendurchsatz.

Beispiel 14.24: Synchrones Speichern von Daten

C#

```
using System.Diagnostics:
using System.IO;
using System.Windows;

namespace AsyncAwaitSample;

public partial class MainWindow : Window
{
    public MainWindow()
    {
        InitializeComponent();
    }
```

Unsere Dummy-Daten zum Speichern :

```
    string dummy = "#".PadLeft(5_000_000, '#');

    private void ButtonSynchronSave_Click(object sender, RoutedEventArgs e)
    {
        listBox1.Items.Clear();
        listBox1.Items.Insert(0, "Start");
```

Datei mit einem *StreamWriter* erzeugen:

```
        using (StreamWriter writer = File.CreateText("VieleDaten.txt"))
        {
            for (int i = 0; i < 100; i++)
            {
```

Wir speichern den Dummy-String mehrfach mit der *Write*-Methode:

```
                writer.Write(System.DateTime.Now.ToString() + dummy);
                listBox1.Items.Insert(0, $"Block {i}");
            }
        }
        listBox1.Items.Insert(0, "FERTIG");
```

Datei wieder löschen, sonst ist Ihre Festplatte bald voll:

```
        File.Delete("VieleDaten.txt");
    }
}
```

HINWEIS: Haben Sie einen langsamen Computer, empfehlen wir Ihnen, die obigen Schleifen etwas zu kürzen. Besitzer einer SSD dürfen die Werte gerne erhöhen.

Nach dem Klick auf die Schaltfläche ist das Formular „eingefroren". Eine Bedienung ist nicht möglich, da die Routine im Vordergrund-Thread läuft und die Kontrolle nicht abgegeben wird. Auch die Anzeige der Zwischenschritte in der *ListBox* erfolgt nicht.

Obiges Beispiel werden wir nun so umschreiben, dass der Benutzer auch während der Ausführung mit dem Formular arbeiten kann.

Beispiel 14.25: Asynchrones Speichern

C#

...

Wir markieren unsere Methode als asynchron:

```
private async void ButtonAsyncSave_Click(object sender, RoutedEventArgs e)
{
    listBox1.Items.Clear();
    listBox1.Items.Insert(0, "Start");
    using (StreamWriter writer = File.CreateText("VieleDaten.txt"))
    {
        for (int i = 0; i < 100; i++)
        {
```

Wir verwenden die asynchrone Variante der *Write*-Methode und warten an dieser Stelle auf das Ende der Ausführung:

```
            await writer.WriteAsync(System.DateTime.Now.ToString() + dummy);
            listBox1.Items.Insert(0, $"Block {i}");
        }
    }
    listBox1.Items.Insert(0, "FERTIG");
    File.Delete("VieleDaten.txt");
}
```

Im Unterschied zur synchronen Variante wird ein „Einfrieren" der Anwendung gänzlich vermieden. Das heißt, Sie können auch direkt nach dem Klick auf die Schaltfläche das Formular verschieben, Eingaben vornehmen etc..

HINWEIS: Wie Sie sehen, halten sich die Änderungen gegenüber dem letzten Beispiel in Grenzen. Eine Threading-Variante ist viel aufwendiger, zumal Sie bei obigem Beispiel jederzeit die Ausgaben im Formular nachverfolgen können. Bei Verwendung eines Threads müssten Sie erst mühevoll in den Vordergrund-Thread umschalten.

Sehen wir uns obiges Beispiel noch einmal genauer an.

Die gesamte Methode *ButtonAsyncSave_Click* wird im Vordergrund-Thread ausgeführt (vorteilhaft für die uneingeschränkte Interaktion mit dem User Interface), der *WriteAsync*-Aufruf läuft hingegen in einem extra Thread und gibt damit Rechenzeit für den Vordergrund und damit für das User Interface frei. Der *await*-Operator ermöglicht uns eine synchrone Verarbeitung innerhalb der asynchronen Methode.

14.7.2 Achtung: Fehlerquellen!

Ja, es könnte so schön sein, einfach alles in einer Methode kapseln und diese dann asynchron aufrufen. Auf obiges Beispiel übertragen ist jedoch eine potenzielle Fehlerquelle ganz schnell feststellbar. Klicken Sie doch während des Speicherns der Datei noch einmal auf diese Schaltfläche oder auch auf eine andere, die gerade mit dieser Datei arbeitet. Die Folge ist ein zweiter, paralleler Aufruf. In diesem Fall kommt es zu einem IO-Fehler, da die Datei durch den ersten Aufruf noch gesperrt ist (siehe Bild 14.19).

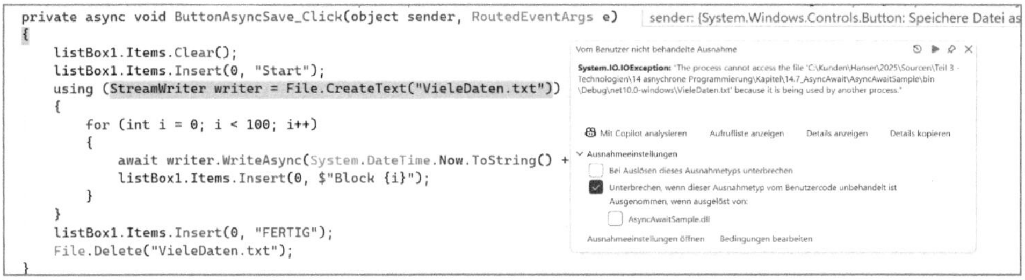

Bild 14.19 Fehler beim gleichzeitigen Zugriff auf die Datei

Sie müssen also Sorge dafür tragen, dass in diesem Fall die Schaltfläche nicht mehrfach gedrückt werden kann (*IsEnabled=False*).

Ganz ähnlich stellt sich der Fall dar, wenn Sie ein „sauberes" Programm schreiben wollen und dazu die Routine in eine extra Methode auslagern:

Beispiel 14.26: Tücken bei der asynchronen Programmierung

C#

Der ausgelagerte, asynchrone Code in einer extra Routine:

```
...
    private async void DateiSpeichern()
    {
        using StreamWriter writer = File.CreateText("VieleDaten.txt");
        for (int i = 0; i < 100; i++)
        {
            await writer.WriteAsync(System.DateTime.Now.ToString() + dummy);
            listBox1.Items.Insert(0, $"Block {i}");
        }
    }
```

Der Aufruf obiger Methode:

```
    private void ButtonAsyncSaveFehler_Click(object sender, RoutedEventArgs e)
    {
        listBox1.Items.Clear();
        listBox1.Items.Insert(0, "Start");
        DateiSpeichern();
        listBox1.Items.Insert(0, "FERTIG");
        File.Delete("VieleDaten.txt");
    }
```

Raten Sie mal, was hier falsch läuft? Der IO-Fehler wird bei *File.Delete* auftreten, der logische Fehler bereits eine Zeile höher, da hier ein „Fertig" angezeigt wird, obwohl die Routine *DateiSpeichern* noch läuft. Was stand weiter oben: Es handelt sich um eine **asynchrone** Routine (*async*)!

Wer jetzt an den *await*-Operator denkt, liegt nicht ganz falsch. Aber leider, leider wird das so nichts.

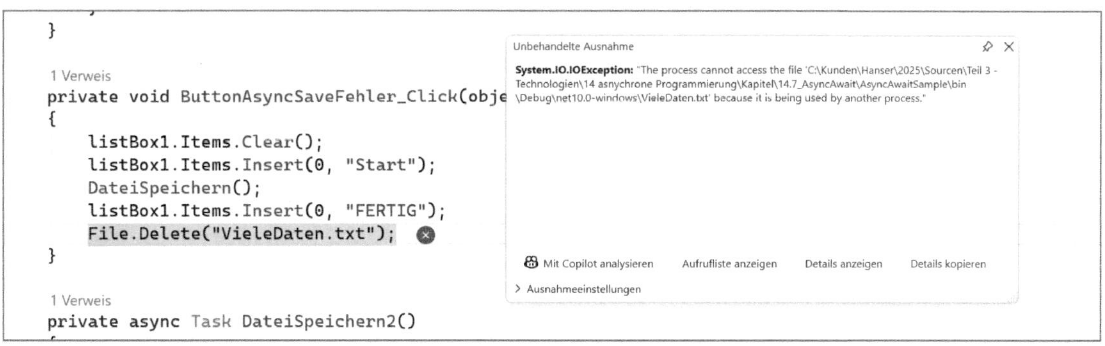

Bild 14.20 Fehler, da die Routine „DateiSpeichern" noch nicht beendet ist.

Unsere asynchrone Methode muss schon einer speziellen Konvention folgen, um den *await*-Operator nutzen zu können. Die Methode muss in diesem Fall ein *Task* oder ein *Task*<> zurückgeben.

Beispiel 14.27: Diese Methode kann mit *await* genutzt werden.

C#

```
...
    private async Task DateiSpeichern2()
    {
        using StreamWriter writer = File.CreateText("VieleDaten.txt");
        for (int i = 0; i < 1000; i++)
        {
            await writer.WriteAsync(System.DateTime.Now.ToString() + dummy);
            listBox1.Items.Insert(0, $"Block {i}");
        }
    }
```

Jetzt lässt sich die Methode korrekt verwenden:

```
...
          await DateiSpeichern2();
...
```

Um den Rückgabewert, d. h. den Thread, kümmert sich in diesem Fall der Compiler.

HINWEIS: Der Rückgabewert einer asynchronen Methode muss immer *Task* bzw. *Task<T>* sein. Die einzige Ausnahme, bei der Sie auch *void* verwenden dürfen, sind Ereignishandler, da ansonsten die Delegate-Signaturen nicht mehr passen. Mehr zu Tasks erfahren Sie im nächsten Kapitel.

14.7.3 Eigene asynchrone Methoden entwickeln

Sicher nicht ganz uninteressant ist die Frage, wie Sie Ihren eigenen Code so umschreiben/konvertieren können, dass Sie oder auch Anwender Ihrer Libraries die *async*-Features nutzen können.

Ausgangspunkt soll folgende bisherige Routine sein:

Beispiel 14.28: Alter, synchroner Code

C#

```
...
    private int MeineLangeBerechnung()
    {
        int result = 0;
        for (int i = 0; i < 50; i++)
        {
            result+=i;
```

Zeitbedarf im aktuellen Thread simulieren:

```
            Thread.Sleep(200);
            Debug.Print($"Rechne + {i}");
        }
        return result;
    }
...
```

Aufruf:

```
    private void ButtonLangeBerechnungSync_Click(object sender, RoutedEventArgs e)
    {
        listBox1.Items.Clear();
        listBox1.Items.Insert(0, "Start");
        int summe = MeineLangeBerechnung();
        listBox1.Items.Insert(0, $"Summe = {summe}");
        listBox1.Items.Insert(0, "Ende");
    }
```

Sie sehen schon, die obige Routine müht sich, möglichst langsam zu sein, und gibt einen *int*-Wert zurück. Ein Aufruf wird erwartungsgemäß die Oberfläche in den Tiefschlaf versetzen.

Wir wollen es besser machen:

Beispiel 14.29: Neuer, asynchroner Code

C#

```
...
    private async Task<int> MeineLangeBerechnungAsync()
    {
        int result = 0;
        for (int i = 0; i < 50; i++)
        {
            result += i;
```

Der simulierte Zeitbedarf landet jetzt automatisch in einem extra Thread, die Programmoberfläche hat damit genügend Zeit, Nutzereingaben zu verarbeiten:

```
            await Task.Delay(200);
            listBox1.Items.Add($"Rechne + {i}");
        }
        return result;
    }
...
```

Die asynchrone Verwendung:

```
    private async void ButtonLangeBerechnungAsync_Click(object sender,
                         RoutedEventArgs e)
    {
        listBox1.Items.Clear();
        listBox1.Items.Insert(0, "Start");
        int summe = await MeineLangeBerechnungAsync();
        listBox1.Items.Insert(0, $"Summe = {summe}");
        listBox1.Items.Insert(0, "Ende");
    }
```

Das war doch gar nicht so schlimm, mit geringsten Änderungen haben Sie asynchron ausführbaren Code produziert, ohne sich mit Threads herumärgern zu müssen.

Doch was ist, wenn Sie nicht in Ihren alten Libraries „herumfrickeln“ wollen und trotzdem die *async*-Features unterstützen wollen? Auch das ist möglich. In diesem Fall packen wir einfach den ganzen alten Code bzw. den Methodenaufruf in einen extra Thread:

Beispiel 14.30: Alten synchronen Code kapseln

C#

```
...
    public Task<int> MeineLangeBerechnungOldAsync()
    {
        return Task.Factory.StartNew(MeineLangeBerechnung);
    }
...
```

Der Aufruf:

```
    private async void ButtonOldLangeBerechnungAsync_Click(
          object sender, RoutedEventArgs e)
    {
        listBox1.Items.Clear();
        listBox1.Items.Insert(0, "Start");
        int summe = await MeineLangeBerechnungOldAsync();
        listBox1.Items.Insert(0, $"Summe = {summe}");
        listBox1.Items.Insert(0, "Ende");
    }
```

Damit steht einer Erweiterung Ihrer Libraries um asynchrone Methoden nichts mehr im Wege.

Der Vollständigkeit halber hier noch der XAML-Code des *Window*:

XAML

```
<Window x:Class="AsyncAwaitSample.MainWindow"
        xmlns="http://schemas.microsoft.com/winfx/2006/xaml/presentation"
        xmlns:x="http://schemas.microsoft.com/winfx/2006/xaml"
        xmlns:d="http://schemas.microsoft.com/expression/blend/2008"
        xmlns:mc="http://schemas.openxmlformats.org/markup-compatibility/2006"
        xmlns:local="clr-namespace:AsyncAwaitSample"
        mc:Ignorable="d"
        Title="MainWindow" Height="450" Width="800">
    <StackPanel Margin="20">
        <Button Margin="5" Click="ButtonSynchronSave_Click">
                           Speichere Datei synchron</Button>
        <Button Margin="5" Click="ButtonAsyncSave_Click">
                           Speichere Datei async</Button>
        <Button Margin="5" Click="ButtonAsyncSaveFehler_Click">
                           Speichere Datei async fehlerhaft</Button>
        <Button Margin="5" Click="ButtonAsyncSaveKorrekt_Click">
                           Speichere Datei async korrekt</Button>
        <Button Margin="5" Click="ButtonLangeBerechnungSync_Click">
                           Meine Lange Berechnung Synchron</Button>
        <Button Margin="5" Click="ButtonLangeBerechnungAsync_Click">
                           Meine Lange Berechnung async</Button>
        <Button Margin="5" Click="ButtonOldLangeBerechnungAsync_Click">
                           Meine alte Lange Berechnung async</Button>
        <ListBox MinHeight="150" MaxHeight="400" Name ="listBox1"></ListBox>
    </StackPanel>
</Window>
```

14.8 Asynchrone Streams

Mit C# 8.0 wurde das Interface *IAsyncEnumerable<T>* (im Namespace *System.Collections.Generic*) eingeführt, mit dessen Hilfe es möglich ist, große Datenströme asynchron zu lesen. Sie können zum Beispiel bei einer großen Datei schon die ersten gelesenen Zeilen in der Oberfläche anzeigen, bevor die gesamte Datei komplett gelesen wurde.

14.8.1 Datei erstellen

Zuerst wollen wir eine einfache Datei mit 1000 Zeilen erstellen. Dies wird beim Laden des Window durchgeführt, damit sichergestellt ist, dass die Datei auch vorhanden ist.

Beispiel 14.31: Erstellen einer Datei mit 1000 Zeilen:

C#

```
using System.IO;
using System.Text;
using System.Windows;

namespace AsynchroneStreams;

public partial class MainWindow : Window
{
    public MainWindo()
    {
        InitializeComponent();
    }
```

Die *Loaded*-Ereignisroutine:

```
    private void Window_Loaded(object sender, RoutedEventArgs e)
    {
```

Überprüfen, ob die Datei schon existiert (damit Sie nicht zweimal geschrieben wird):

```
        if (!File.Exists("Demo.txt"))
        {
```

Aufbereiten der Zeilen mit einem StringBuilder:

```
            StringBuilder builder = new StringBuilder();
            for (int i = 0; i < 1_000; i++)
            {
                builder.Append($"Zeile {i}");
            }
```

Datei schreiben:

```
            File.WriteAllText("Demo.txt", builder.ToString());
        }
    }
}
```

Der Vollständigkeit halber noch der XAML-Code des *Window*:

```
<Window x:Class="AsynchroneStreams.MainWindow"
    xmlns="http://schemas.microsoft.com/winfx/2006/xaml/presentation"
    xmlns:x="http://schemas.microsoft.com/winfx/2006/xaml"
    xmlns:d="http://schemas.microsoft.com/expression/blend/2008"
    xmlns:mc="http://schemas.openxmlformats.org/markup-compatibility/2006"
    xmlns:local="clr-namespace:AsynchroneStreams"
    mc:Ignorable="d"
    Title="MainWindow" Height="450" Width="800" Loaded="Window_Loaded">
    <StackPanel Margin="5">
        <Button Click="Button_Click">Datei asynchron Lesen</Button>
        <ListBox Name="listBox1"></ListBox>
    </StackPanel>
</Window>
```

14.8.2 Datei lesen mit IAsyncEnumerable<T>

Im zweiten Schritt wollen wir die Datei asynchron Zeile für Zeile lesen und die gelesene Zeile an den Aufrufer zurückgeben. In einem Real-World-Szenario würde dies vermutlich in unterschiedlichen Klassen, wenn nicht sogar in unterschiedlichen Bibliotheken geschehen, aber der Einfachheit halber werden wir sowohl den Aufrufer als auch den Leser in unserem Window implementieren.

Was müssen wir beachten, um asynchrone Streams zu lesen?

- Die Methode zum Lesen der Datei muss eine *async*-Methode sein (siehe Abschnitt 14.7).
- Der Rückgabewert muss *IAsyncEnumerable<T>* sein.
- Die Datei muss asynchron gelesen werden.
- Die Rückgabe erfolgt mittels *yield return*.

Beispiel 14.32: Datei zeilenweise asynchron auslesen

C#

Hier die Definition der *async*-Methode *LeseDatei*. Der Returnwert ist vom Typ *IAsyncEnumerable<string>*.

```
private async IAsyncEnumerable<string> LeseDatei()
{
    using StreamReader reader = new StreamReader("Demo.txt");
    string? line;
    while ((line = await reader.ReadLineAsync()) != null)
    {
        await Task.Delay(10);
```

Innerhalb der Schleife wird mit *yield* bereits Satz für Satz an den Aufrufer zurückgegeben:

```
        yield return line;
    }
}
```

Mit dem Button-Klick wird die *async*-Methode aufgerufen:

```
private async void Button_Click(object sender, RoutedEventArgs e)
{
    listBox1.Items.Clear();
```

Die Methode wird mittels *await* und einer *foreach*-Schleife aufgerufen:

```
    await foreach (var line in LeseDatei())
    {
        listBox1.Items.Insert(0, line);
    }
}
```

Wir denken, das ist ein tolles Feature, das nur mit wenigen Zeilen realisiert werden kann.

14.9 Praxisbeispiele

14.9.1 Prozess- und Thread-Informationen gewinnen

Dieses Universalbeispiel demonstriert nicht nur die Verwendung der *Process*- und *ProcessThread*-Objekte in C#, sondern es ist auch für den täglichen Gebrauch des Entwicklers durchaus von Nutzen.

Oberfläche

Wir brauchen zwei *DataGrid*-Komponenten, zwei *Labels* und einen *Button*, die wir auf fünf Zeilen verteilen.

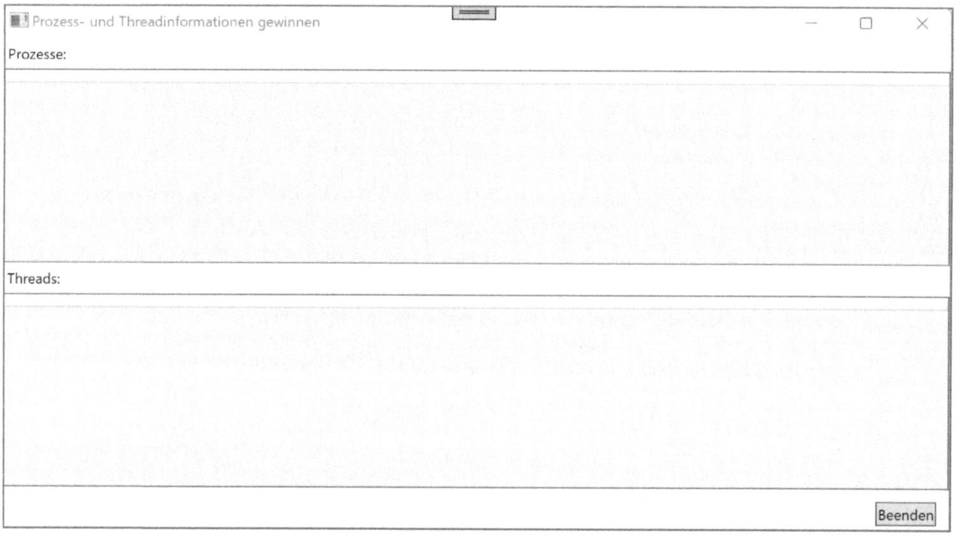

Bild 14.21 Oberfläche des Praxisbeispiels

Dazu verwenden Sie folgendes XAML:

XAML

```
<Window x:Class="ThreadInfoSample.MainWindow"
    xmlns="http://schemas.microsoft.com/winfx/2006/xaml/presentation"
    xmlns:x="http://schemas.microsoft.com/winfx/2006/xaml"
    xmlns:d="http://schemas.microsoft.com/expression/blend/2008"
    xmlns:mc="http://schemas.openxmlformats.org/markup-compatibility/2006"
    xmlns:local="clr-namespace:ThreadInfoSample"
    mc:Ignorable="d"
    Title="Prozess- und Threadinformationen gewinnen" Height="450" Width="800"
        Loaded="Window_Loaded">
```

```
    <Grid>
        <Grid.RowDefinitions>
            <RowDefinition Height="Auto"></RowDefinition>
            <RowDefinition></RowDefinition>
            <RowDefinition Height="Auto"></RowDefinition>
             <RowDefinition></RowDefinition>
             <RowDefinition Height="Auto"></RowDefinition>
        </Grid.RowDefinitions>
        <Label Name="lblProzesse">Prozesse:</Label>
        <DataGrid Name="dgProzesse" Grid.Row="1"
                SelectionChanged="DgProzesse_SelectionChanged">
        </DataGrid>
        <Label Grid.Row="2">Threads:</Label>
        <DataGrid Name="dgThreads" Grid.Row="3"></DataGrid>
        <Button Margin="10" HorizontalAlignment="Right" Grid.Row="4"
                  Click="ButtonBeenden_Click">Beenden
        </Button>
    </Grid>
</Window>
```

Quellcode

```
using System.Diagnostics;
using System.Windows;
using System.Windows.Controls;

namespace ThreadInfoSample;

public partial class MainWindow : Window
{
    public MainWindow()
    {
        InitializeComponent();
    }
```

Der Aufruf unserer Hauptfunktionalität *ListeProzesse()*, die wir im Anschluss implementieren werden:

```
    private void Window_Loaded(object sender, RoutedEventArgs e)
    {
        ListeProzesse();
    }
```

Die *ListeProzesse()*-Methode ermittelt alle laufenden Prozesse:

```
    public void ListeProzesse()
    {
```

Laufende Prozesse (mit einer Beschriftung) ermitteln und in einer Liste ablegen:

```
        List<Process> allProcs = Process.GetProcesses().
            Where(p => !string.IsNullOrEmpty(p.MainWindowTitle)).ToList();
```

Alle Prozesse und ihre Beschreibung an das DataGrid *dgProzesse* und die Anzahl der Prozesse im ersten Label anpassen:

```
        dgProzesse.ItemsSource = allProcs;
        lblProzesse.Content = $"Prozesse {allProcs.Count()}";
    }
```

Alle Threads des im DataGrid ausgewählten Prozesses in dem DataGrid *dgThreads* anzeigen:

```
    private void dgProzesse_SelectionChanged(object sender,
                                             SelectionChangedEventArgs e)
    {
        if (dgProzesse.SelectedItem != null)
        {
            Process selectedProcess = (Process)dgProzesse.SelectedItem;
            dgThreads.ItemsSource = selectedProcess.Threads;
            lblThreads.Content = $"Threads {selectedProcess.Threads.Count}";
        }
        else
        {
            dgThreads.ItemsSource = null;
            lblThreads.Content = "Keine Threads";
        }
    }
```

Programm beenden:

```
    private void ButtonBeenden_Click(object sender, RoutedEventArgs e)
    {
        Close();
    }
```

Test

Nach Programmstart werden alle laufenden Prozesse (mit einer Beschriftung im Fenstertitel) oben aufgelistet. Klicken Sie auf einen Prozess, so werden die zugehörigen Threads angezeigt.

In Bild 14.22 erkennen Sie, dass momentan 12 sichtbare Prozesse auf dem PC laufen und das Testprogramm *ThreadInfo* in 32 verschiedenen Threads läuft.

HINWEIS: Stören Sie sich nicht an den angezeigten Bindungsfehlern. Zu diesem Zeitpunkt können die Eigenschaften *ExitCode*, *ExitTime* etc. noch nicht abgefragt werden, was dann für jeden Eintrag in der Liste zu einem Bindungsfehler führt.

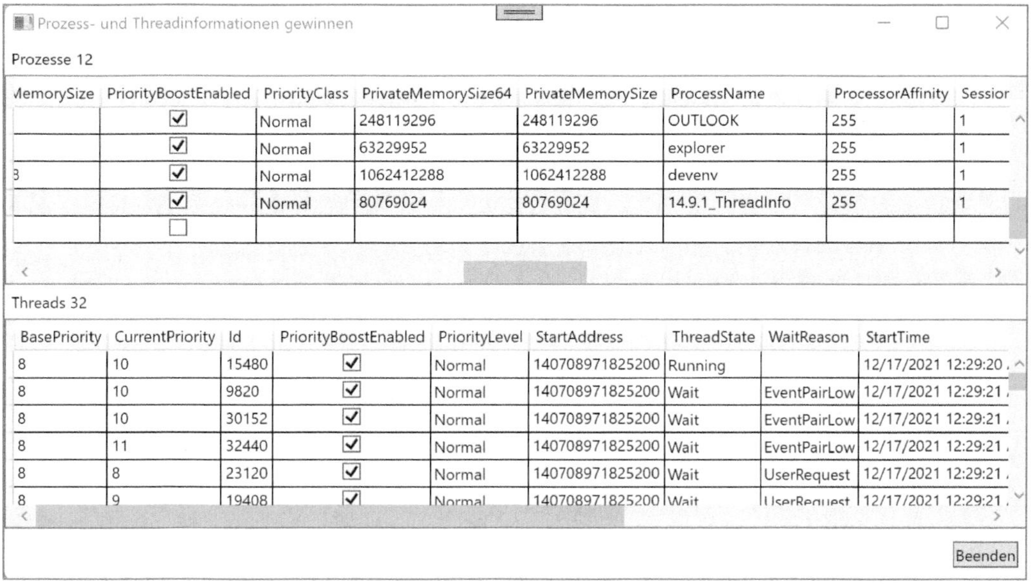

Bild 14.22 Prozessinfos

14.9.2 Ein externes Programm starten

Möchten Sie aus Ihrer .NET-Anwendung heraus andere Prozesse[5], d. h. Programme, starten, bieten sich Ihnen unter C# zahlreiche Möglichkeiten und Optionen an. Das vorliegende Beispiel soll Ihnen einen schnellen Einstieg vermitteln.

Oberfläche

Erstellen Sie eine Oberfläche wie in Bild 14.23.

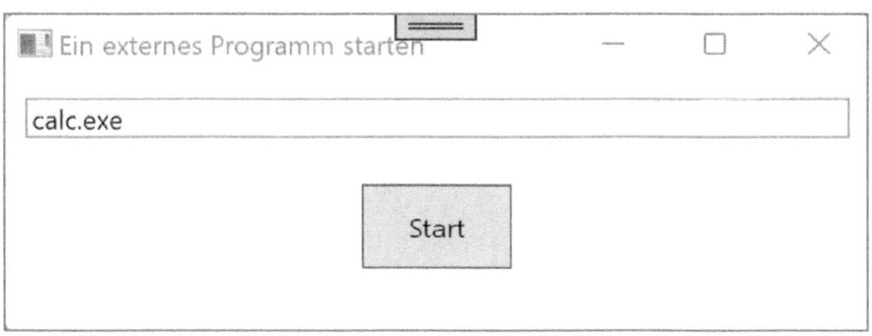

Bild 14.23 Oberfläche des letzten Praxisbeispiels

[5] Hier ist wirklich von Prozessen und nicht von Threads die Rede.

Über die *TextBox* können zur Laufzeit Name und Pfad für eine Anwendung eingegeben werden.

Dazu verwenden Sie folgendes XAML:

XAML

```
<Window x:Class="ExternesProgrammSample.MainWindow"
    xmlns="http://schemas.microsoft.com/winfx/2006/xaml/presentation"
    xmlns:x="http://schemas.microsoft.com/winfx/2006/xaml"
    xmlns:d="http://schemas.microsoft.com/expression/blend/2008"
    xmlns:mc="http://schemas.openxmlformats.org/markup-compatibility/2006"
    xmlns:local="clr-namespace:ExternesProgrammSample"
    mc:Ignorable="d"
    Title="Ein externes Programm starten" Height="150" Width="400">
    <StackPanel>
        <TextBox Name="tbName" Margin="10">calc.exe</TextBox>
        <Button Margin="10" Padding="20,10" HorizontalAlignment="Center"
                Click="ButtonStart_Click">Start</Button>
    </StackPanel>
</Window>
```

Quelltext

Mit Klick auf den *Button* soll folgender Code ausgeführt werden:

```
using System.Diagnostics;
using System.Windows;

namespace ExternesProgrammSample;

public class MainWindow : Window
{
    public MainWindow()
    {
        InitializeComponent();
    }

    private void ButtonStart_Click(object sender, RoutedEventArgs e)
    {
```

Erzeugen eines *Process*-Objekts:

```
        Process proc = new Process();
```

Parametrieren (welche Anwendung gestartet werden soll) und Aufruf:

```
        proc.StartInfo.FileName = tbName.Text;
        proc.Start();
    }
}
```

Test

Geben Sie in die *TextBox* einen Anwendungsnamen ein und klicken Sie auf die *Start*-Schaltfläche (Bild 14.24).

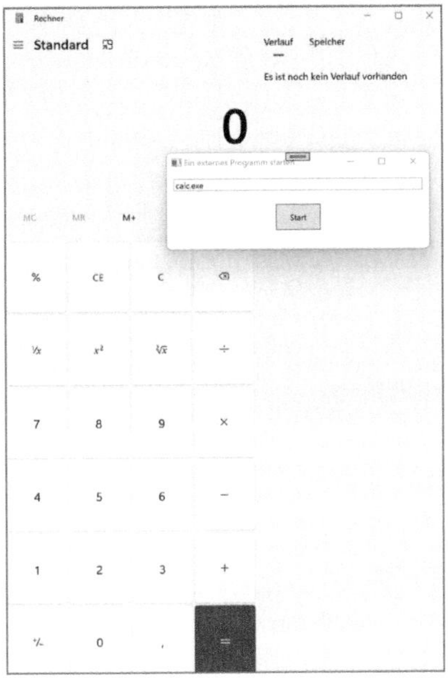

Bild 14.24
Gestarteter Taschenrechner

Ergänzungen

Eine besonders einfache Variante bietet sich mit dem direkten Aufruf der Methode *Start* an:

```
Process.Start(tbName.Text);
```

Über die *StartInfo*-Eigenschaft können Sie unter anderem folgende Optionen für den zu startenden Prozess vorgeben:

Eigenschaft	Beschreibung
Arguments	Die Kommandozeilenparameter für den neuen Prozess (beispielsweise eine zu öffnende Datei)
CreateNoWindow	Start in einem neuen Fenster (*true/false*)
FileName	Die eigentliche Anwendung
WindowStyle	Der Startmodus für das Anwendungsfenster (maximiert, minimiert, versteckt etc.)
WorkingDirectory	Das Arbeitsverzeichnis der Anwendung

Beispiel 14.33: Verwendung von Argumenten beim Aufruf der Start-Methode

C#

```
Process.Start("notepad.exe", @"c:\test.txt");
```

Bemerkung

In diesem Beispiel haben wir Ihnen die grundsätzliche Methodik zum Starten von externen Anwendungen vorgestellt. C# bietet jedoch auch die Möglichkeit, das Ende des Prozesses mit einem Ereignis zu überwachen. Der Vorteil: Sie können mit Ihrer Anwendung normal weiterarbeiten und dennoch auf das Prozessende reagieren.

15 Die Task Parallel Library

Nachdem wir Sie in Kapitel 14 bereits intensiv mit den Möglichkeiten der asynchronen Programmierung und deren Grundlagen vertraut gemacht haben, wollen wir uns nun ausgiebig mit den praktischen Möglichkeiten der *Task Parallel Library* beschäftigen.

15.1 Überblick

Der Vorteil, den Ihnen die *Task Parallel Library* bietet: Sie müssen sich als Programmierer keinen Kopf über die spätere Anzahl von Prozessoren machen, die Library passt die Anzahl der erzeugten Threads automatisch an die Anzahl der verfügbaren Prozessorkerne an. Ihre Anwendung ist also z. B. nicht explizit für ein 4-Kern-System kompiliert, sondern funktioniert auch problemlos auf einem Einkern-Prozessor (wenn auch langsamer). Sinnloser Verwaltungsoverhead durch zu viele Threads fällt in diesem Fall jedoch nicht an. Würden Sie die gleiche Aufgabenstellung mit den Mitteln früherer .NET-Versionen realisieren, müssten Sie sich selbst darum kümmern, die Thread-Anzahl an die Anzahl der verfügbaren Prozessorkerne anzupassen und die Prioritäten der einzelnen Threads zu bestimmen. All diese Aufgaben werden intern über den CLR-Threadpool abgewickelt. Wir kommen auf dieses Thema später noch einmal zurück.

15.1.1 Parallel-Programmierung

Sicher ist Ihnen beim Blick in diverse Computerprospekte bereits aufgefallen, dass sich seit Jahren in den neueren Systemen mittlerweile meist mehr als ein Prozessor bzw. Prozessorkern befindet. Systeme mit zwei, vier oder acht Kernen (teilweise zusätzlich mit Hyperthreading) sind keine Exoten mehr, was die Frage aufwirft, wie Ihre Programme von diesem Mehr an Prozessorleistung profitieren können.

Ganz allgemein kann hier auf das bereits angesprochene Multithreading verwiesen werden. Mehrere Threads in Ihrem Programm werden im Zweifel auch auf mehrere Prozessorkerne verteilt. Allerdings hat die explizite Verwendung von Threads auch Nachteile. So müssen Sie zum Beispiel wissen, wie viele Prozessorkerne vorhanden sind, um Ihr Programm optimal an diese Anzahl anzupassen. Der Aufwand, eine komplexe Aufgabe in mehrere Threads zu zerlegen, kann schnell ausufern und das erzeugte Programm ist meist nur noch für den Profi durchschaubar.

An dieser Stelle kommt das Konzept der „Parallel-Programmierung" ins Spiel: Ohne dass Sie sich um das Erstellen und Verwalten der Threads kümmern müssten, lassen sich wiederkehrende und voneinander unabhängige Aufgaben parallel abarbeiten und damit wesentlich beschleunigen. Als Beispiel sei die Verarbeitung von Arrays und Collections genannt. Die entsprechenden Sprachkonstrukte *Parallel.For* und *Parallel.ForEach* besprechen wir in Abschnitt 15.4 im Detail.

Zur Erinnerung nochmal: Beachten Sie bitte auch die besser lesbare Schreibweise der maximalen Schleifendurchläufe mit dem _-Zeichen.

Beispiel 15.1: Unterschiede bei der Verarbeitung einer Schleife.

C#

Die konventionelle Version mit einer ganz normalen *for*-Schleife:

```
double result = 0;
for (int i = 0; i < 10_000_000; i++)
{
   result += Math.Sin(new Random().NextDouble()) *
             Math.Acos(new Random().NextDouble());
}
```

Die Laufzeit beträgt auf einem AMD Ryzen AI Pro 7 ca. 2 Sekunden bei einer Volllast auf einem Prozessor.
Die parallelisierte Version (zu den Details später mehr):

```
double result = 0;
Parallel.For(0, 10_000_000, i =>
  {
    result += Math.Sin(new Random().NextDouble()) *
              Math.Acos(new Random().NextDouble());
  });
```

Je mehr Kerne bzw. Prozessoren, desto schneller kann jetzt die Aufgabe realisiert werden. Die Laufzeit beträgt jetzt nur noch ca. eine Sekunde (rund die Hälfte) bei nahezu 100 % Prozessorlast und gleichmäßiger Verteilung auf alle Kerne, wie Sie in Bild 15.1 sehen.

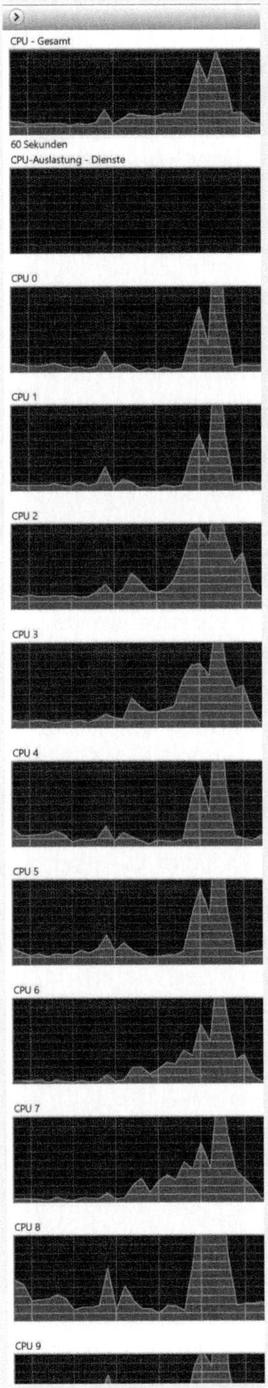

Bild 15.1
Prozessorenauslastung

HINWEIS: Um Missverständnissen gleich vorzubeugen: Eine Anwendung wird durch die Verwendung der doppelten Anzahl von Prozessoren nicht automatisch doppelt so schnell. Zum einen profitiert Ihre Anwendung nur im parallelisierten Abschnitt davon, zum anderen ist das im Hintergrund erforderliche Erzeugen und Verwalten von Threads auch mit zeitlichem Aufwand verbunden. Ganz nebenbei muss die Anwendung in den meisten Fällen auch mit dem Nutzer kommunizieren.

Leider wird die auf den ersten Blick einfache Verwendung dieser parallelen Sprachkonstrukte auch zu einem „Parallelisierungswahn" führen, bei dem viele Entwickler vergessen, dass bei der parallelen Verarbeitung von Aufgaben auch gewisse Spielregeln eingehalten werden müssen. So kann das Parallelisieren von Zugriffen auf mehrere Webserver bei entsprechenden Antwortzeiten recht sinnvoll sein, der parallele Zugriff auf die Festplatte des Systems kann jedoch zu unnötigem „Festplattenrasseln" (Positionierungen des Schreib-/Lesekopfs) führen. Im Extremfall wird Ihre Anwendung dadurch nicht schneller, sondern eher langsamer.[1]

Ganz anders kann dies jedoch beim Parallelisieren einer komplexen Berechnung aussehen. Sollen beispielsweise die Koordinaten eines 3D-Modells neu berechnet werden, bietet sich diese Aufgabe fast schon automatisch für eine Parallelisierung an: Jede Koordinate kann unabhängig von den anderen berechnet werden. Hier führt schon der Ersatz des bisherigen *For* durch ein *Parallel.For* zu einer wesentlichen Beschleunigung der **Berechnung**. Beachten Sie jedoch auch in diesem Fall, dass meist noch eine Anzeige erforderlich ist, und da verliert sich der Zeitvorteil teilweise wieder.

Auf den Punkt „unabhängige Aufgaben" sollten wir auch noch kurz eingehen. Lässt sich eine Aufgabe nicht in voneinander unabhängige Aufgaben zerlegen (siehe Beispiel 15.1), dann vergessen Sie die Parallelisierung ganz schnell wieder. Das in diesem Fall erforderliche Sperren von Objekten und deren Freigabe kann ganz schnell im Chaos (Deadlocks, Racing) enden, von längeren Laufzeiten ganz zu schweigen.

15.1.2 Möglichkeiten der TPL

Ausgehend von den beiden Namespaces

- *System.Threading* und
- *System.Threading.Tasks*

[1] Mehr dazu unter *http://de.wikipedia.org/wiki/Amdahlsches_Gesetz*

bietet Ihnen die TPL[2] folgende neue bzw. erweiterte Möglichkeiten:

- Parallele Verarbeitung von Methoden und deren Synchronisation mit *Parallel.Invoke*
- Parallele Verarbeitung von Arrays und Collections mit *Parallel.For* und *Parallel.ForEach*
- Einführung der *Task*-Klasse als Ersatz für *Thread* bei automatischer Verwendung des Threadpools
- Die Klassen *Barrier, CountdownEvent, ManualResetEventSlim, SemaphoreSlim, SpinLock* und *SpinWait* für die Synchronisation von Threads
- Die Klasse *BlockingCollection* für das synchronisierte Schreiben und Auslesen aus einer Collection
- Parallel-LINQ als parallel verarbeitendes Pendant zu LINQ to Objects

In den folgenden Abschnitten wollen wir uns mit den Details und der Verwendung der TPL beschäftigen. Doch bevor es so weit ist, werfen wir noch schnell einen Blick auf den CLR[3]-Threadpool.

15.1.3 Der CLR-Threadpool

Die grundsätzliche Aufgabe des internen CLR-Threadpools ist die möglichst effiziente Verteilung der angeforderten Aufgaben (Tasks/Threads) auf die vorhandene Hardware, d. h. auf die verfügbaren Prozessoren bzw. Cores. Im Vordergrund steht die Vermeidung von unnötigem Overhead beim Erzeugen bzw. Zerstören der Threads. Beide Aufgaben erfordern im Normalfall einen relativ hohen Verwaltungsaufwand und entsprechende Prozessorzeit.

Ganz nebenbei sorgt der CLR-Threadpool auch dafür, dass mit einem recht effizienten Algorithmus anstehende Aufgaben so verteilt werden, dass kein Prozessor bzw. Kern im „Leerlauf" ist. Das heißt, sind die für einen Kern anstehenden Aufgaben abgearbeitet und hat ein anderer Kern noch ausstehende Aufgaben, werden diese an den freien Kern übergeben. In der einschlägigen Literatur finden Sie dafür den Begriff „work stealing".

Anders als beim bisherigen Einsatz des Threadpools wird bei Verwendung der TPL ein zusätzlicher lokaler Threadpool erzeugt, dessen anstehende Aufgaben in LIFO-Art (letzte Aufgaben zuerst) abgearbeitet werden. Der Hintergrund für dieses Verhalten ist eine optimale Verwendung der bereits im Cache befindlichen Daten.

---

[2] Sie ahnen es sicher, es handelt sich um die Task Parallel Library.

[3] Common Language Runtime = .NET-Laufzeitumgebung

HINWEIS: Diese Verfahrensweise können Sie über das *PreferFairness*-Flag des übergeordneten Tasks beeinflussen.

Auf weitere interne Details des Threadpools wollen wir nicht weiter eingehen, ist es doch die Aufgabe der TPL, den Programmierer möglichst nicht mit derartigen Feinheiten zu belästigen.

15.2 Parallele Verarbeitung mit Parallel.Invoke

Wer sich durch das vorherige Kapitel 14 gearbeitet hat, ist bereits mit vielen Varianten vertraut, wie eine oder mehrere Methoden in einem extra Thread ausgeführt werden können. Die vorliegende TPL-Lösung dürfte aufgrund ihrer einfachen Verwendbarkeit aber alle anderen Alternativen in den Schatten stellen. Doch gleich ein wichtiger Hinweis vorweg:

HINWEIS: *Parallel.Invoke* kann nicht dazu verwendet werden, einen zum Hauptthread parallelen Thread zu erzeugen. *Parallel.Invoke* blockiert den Ablauf so lange, bis **alle** übergebenen Methoden abgearbeitet (synchronisiert) sind und setzt erst dann den Programmablauf fort.

Damit dürfte sich auch gleich das klassische Szenario für die Verwendung der Methode ableiten: Sie haben eine Reihe von Aufgaben, die teilweise zeitintensiv sind, sich jedoch nicht gegenseitig beeinflussen. Erst wenn alle Aufgaben abgearbeitet sind, wird die Programmausführung fortgesetzt (Datenbankinitialisierung, Abfrage von Webdiensten, Laden von Grafiken, Durchsuchen des Dateisystems etc.).

Syntax:

```
Parallel.Invoke(array<Action>[]);
```

Übergeben Sie einfach eine Reihe von Methodennamen bzw. nutzen Sie die Möglichkeit, gleich Lambda-Ausdrücke aufzurufen. Doch nun zur praktischen Verwendung.

15.2.1 Aufrufvarianten

Einige Beispiele zeigen Ihnen mögliche Aufrufvarianten:

Beispiel 15.2: Parallele Verarbeitung von drei Methoden

C#

```
using System.Windows;

namespace ParallelInvoke;

public partial class MainWindow()
{
   public MainWindow()
    {
        InitializeComponent();
    }
```

Die drei Methoden definieren (ohne sinnvolle Aufgabe):

```
    private void AufgabeA()
    {
        Thread.Sleep(5000);
    }

    private void AufgabeB()
    {
        Thread.Sleep(5000);
    }

    private void AufgabeC()
    {
        Thread.Sleep(5000);
    }
```

Der eigentliche Aufruf:

```
    private void Window_Loaded(object sender, RouteEventArgs e)
    {
        Label1.Content =
               $"{DateTime.Now.ToLongTimeString()} Methoden parallel aufrufen ...";
        Parallel.Invoke(AufgabeA, AufgabeB, AufgabeC);
        MessageBox.Show(
               $"{DateTime.Now.ToLongTimeString()} Alle Methoden abgearbeitet!");
    }
```

Sie werden feststellen, dass die Verarbeitungsdauer ungefähr fünf Sekunden beträgt, bei sequenzieller Abarbeitung sind es erwartungsgemäß 15 Sekunden. Bild 15.2 zeigt dies ganz genau.

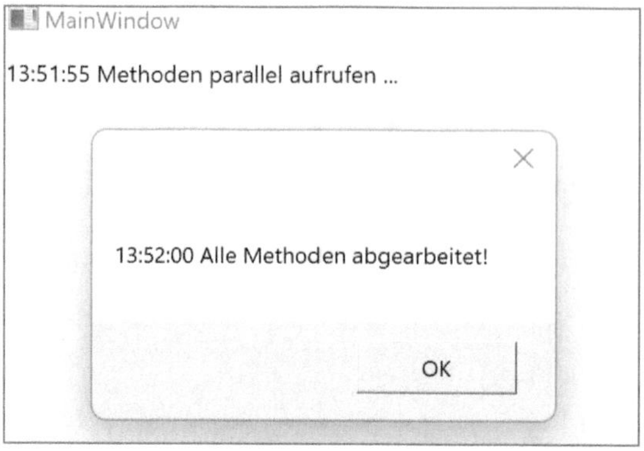

Bild 15.2 Die Abarbeitung dauert fünf Sekunden.

Die oben gezeigte Lösung kann problemlos auch fünf oder zehn Methoden aufrufen, alternativ lassen sich die zu verarbeitenden Methoden auch per Array übergeben. So haben Sie beispielsweise zur Laufzeit die Möglichkeit, die gewünschten Methoden festzulegen.

Beispiel 15.3: Alternative zum vorhergehenden Beispiel, jedoch Übergabe per *System.Action-Array*

C#

```
...
    Action[] aufgaben = new System.Action[] { AufgabeA, AufgabeB, AufgabeC };
    Parallel.Invoke(aufgaben);
...
```

Selbstverständlich können Sie auch direkt Lambda-Ausdrücke an die *Parallel.Invoke*-Methode übergeben, wie es das folgende Beispiel zeigt:

Beispiel 15.4: Parallele Verarbeitung dreier Lambda-Ausdrücke

C#

```
...
   Parallel.Invoke(() => { Thread.Sleep(3000); },
                   () => { Thread.Sleep(5000); },
                   () => { Thread.Sleep(2000); });
...
```

Dass aus den Lambda-Ausdrücken heraus auch wieder Methoden aufgerufen werden können, dürfte sicher bekannt sein.

15.2.2 Einschränkungen

Folgende Einschränkungen sollten Sie bei Verwendung von *Parallel.Invoke* beachten:

- Es muss sich um parameterlose Methoden/Delegates handeln, die keinen Rückgabewert haben.
- Die Methoden dürfen nicht gleichzeitig auf die gleichen Variablen zugreifen.
- Beim Zugriff auf gemeinsame Ressourcen müssen Sie auf Synchronisation achten und dringend Deadlocks vermeiden.
- Aus den aufgerufenen Methoden dürfen Sie nicht direkt auf das User Interface zugreifen (dieses läuft in einem anderen Thread).

HINWEIS: Wie Sie sehen, handelt es sich wieder um die gleichen allgemeinen Belehrungen, wie sie auch schon im vorhergehenden Kapitel eine Rolle gespielt haben.

Damit sind wir bereits beim nächsten Sprachkonstrukt angelangt.

15.3 Verwendung von Parallel.For

Und hier haben wir es auch schon mit einem sehr interessanten Konstrukt zu tun, das neben *Parallel.ForEach* eine konkurrenzlos einfache Möglichkeit bietet, aufwendige Berechnungen zu parallelisieren und damit auf geeigneten Systemen teilweise dramatisch zu beschleunigen, ohne sich große Gedanken um Multithreading etc. machen zu müssen.

Der grundsätzliche Aufruf entspricht in etwa einer *for*-Anweisung (Ähnlichkeiten sind nicht zufällig, sondern beabsichtigt):

Syntax:

```
Parallel.For(startIndex, endIndex, (currentIndex) => { ... Body ... });
```

Ein kleines Beispiel soll das Grundprinzip demonstrieren.

Beispiel 15.5: Parallele Verarbeitung eines Arrays

C#

```
namespace ParallelFor;

class Program
{
    static void Main(string[] args)
    {
        string[] vornamen = { "anton", "berta", "cäsar",
                              "dora","emil", "friedrich" };
        Parallel.For(0, 6, i =>
        {
            Console.WriteLine(vornamen[i].ToUpper());
        });
        Console.ReadLine();
    }
}
```

Wie Sie sehen, steht dem Lambda-Ausdruck ein Parameter *i* zur Verfügung, über den der betreffende Index identifiziert werden kann.
Der Code des obigen Lambda-Abschnitts wird gleichmäßig auf alle Kerne aufgeteilt, je mehr es davon gibt, umso besser.

Ergebnis

In Bild 15.3 sehen Sie das Ergebnis des ersten Programmaufrufs:

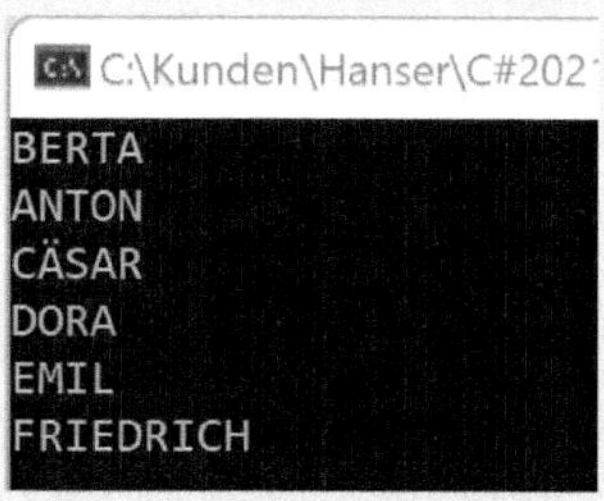

Bild 15.3
Parallel.ForEach die Erste

Ein weiterer Aufruf zeigt jedoch folgendes Ergebnis (Bild 15.4):

Bild 15.4
Parallel.ForEach die Zweite

Bei genauem Vergleich werden Sie feststellen, dass die Reihenfolge der Ausgabe nicht mit der Reihenfolge im Array übereinstimmt. Die Ausgabe ist vielmehr rein zufällig, da die einzelnen Aufgaben vom internen Threadpool frei an die verfügbaren Prozessorkerne verteilt werden.

Beispiel 15.6: Nur zum Vergleich: die konventionelle Lösung per *for*-Schleife

C#

```
...
    for (int i = 0; i < 6; i++)
    {
       Console.WriteLine(vornamen[i].ToUpper());
    }
...
```

In diesem Fall wird lediglich ein Prozessorkern ausgelastet, die restlichen Kerne stehen für die obige Aufgabe nicht zur Verfügung, was im Zweifel zu einer deutlich längeren Laufzeit führt.[4]

15.3.1 Abbrechen der Verarbeitung

Wie bei jeder *for*-Schleife besteht in einigen Situationen manchmal der Wunsch nach einem vorzeitigen Abbruch der Schleife. Mit einer solchen haben wir es in diesem Fall aber gar nicht zu tun, sondern vielmehr mit einer internen Liste von Threads, die durch den internen Threadpool abgearbeitet werden.

Um Einfluss auf die Verarbeitung nehmen zu können, bietet *Parallel.For* eine weitere Überladung, die einen zusätzlichen Parameter an den Lambda-Ausdruck übergibt:

Syntax:

```
Parallel.For(startIndex, endIndex, (currentIndex, loopState) => { ... Body ... });
```

[4] Das muss nicht unbedingt auf unser „anspruchsvolles" Beispiel zutreffen, etwas mehr Logik sollte schon in den betreffenden Abschnitten parallelisiert werden.

Beispiel 15.7: „Schleifenabbruch" realisieren

C#

```
namespace ParallelFor;

class Program
{
    static void Main(string[] args)
    {
        string[] vornamen = { "anton", "berta", "cäsar",
                              "dora", "emil", "friedrich" };
        Parallel.For(0, 6, (i, loopstate) =>
        {
```

Vorzeitiges Ende, wenn in einer Zelle der Name „dora" gefunden wird:

```
            if (vornamen[i] == "dora")
            {
               loopstate.Stop();
            }
            if (loopstate.IsStopped)
            {
                Console.Write("STOP ");
            }
            Console.WriteLine(vornamen[i].ToUpper());
        });
    }
}
```

Es ist nicht sicher, dass nach der Verarbeitung des aktuellen Threads nicht doch noch ein anderer Thread ausgeführt wird, wie es auch Bild 15.5 und Bild 15.6 zeigen.

Ergebnis

Die optimale Version:

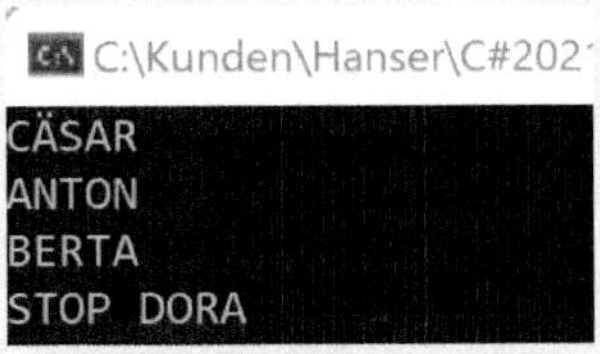

Bild 15.5
Optimale Version bei Abbruch

Ein Problemfall:

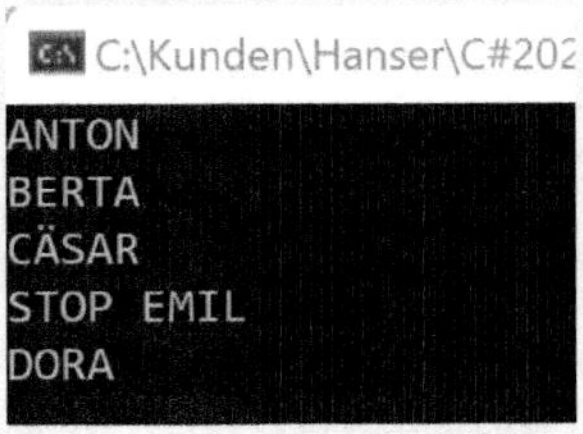

Bild 15.6
Problemfall bei Abbruch

HINWEIS: Über den *ParallelLoopState*-Parameter können Sie Informationen über Fehler in den parallelen Threads abrufen. Verwenden Sie dazu die Eigenschaft *ParallelLoopState.IsExceptional*.

15.3.2 Auswerten des Verarbeitungsstatus

Sicher ist es für den Programmierer in einigen Fällen interessant, den Verarbeitungsstatus nach dem Durchlaufen der „Schleife“ zu bestimmen. Hier hilft Ihnen die *ParallelLoopResult*-Struktur weiter, die von *Parallel.For* zurückgegeben wird.

Beispiel 15.8: Verwendung von *ParallelLoopResult*

C#

```
var result = Parallel.For(0, 5, (i, loopstate) =>
                {
                    if (vornamen[i] == "dora")
                    {
                        loopstate.Break();
                    }
                    Console.WriteLine(vornamen[i].ToUpper());
                });
```

Wurden alle Durchläufe erfolgreich abgeschlossen, können Sie dies mit der Eigenschaft *IsCompleted* auswerten:

```
            if (result.IsCompleted)
            {
                Console.WriteLine("Kein Abbruch");
            }
            else
            {
```

Falls nicht, können Sie auswerten, wann der Abbruch erfolgte:

```
                Console.WriteLine($"Abbruch bei {result.LowestBreakIteration}");
            }
            Console.ReadLine();
```

HINWEIS: Wird über *IsCompleted false* zurückgegeben und gibt *LowestBreakIteration null* zurück, wurde die *Stop*-Methode aufgerufen. Bei einem Aufruf von *Break* können Sie über *LowestBreakIteration* den betreffenden Indexwert auslesen.

HINWEIS: Es gibt noch weitere Überladungen (insgesamt zwölf) der *Parallel.For*-Methode, auf die wir jedoch im Rahmen dieses Buches nicht eingehen können.

15.3.3 Und was ist mit anderen Iterator-Schrittweiten?

Sicher wird der eine oder andere beim Konvertieren seines bisherigen Schleifencodes auch über den Fakt stolpern, dass bei *Parallel.For* nur Long/Integer-Werte für den Iterator zulässig sind. Mit einer kleinen zusätzlichen Berechnung können Sie sich aber schnell weiterhelfen:[5)]

Beispiel 15.9: Iteration mit einer Schrittweite von 0,001 zwischen 0 und 1 realisieren

C#

```
Parallel.For(0, 1000, i =>
{
    double d = i / 1000.0;
    MeineMethode(d);
});
```

HINWEIS: Ganz nebenbei sei auch erwähnt, dass Sie nur positive Iterationen realisieren können. Das heißt, der Startindex muss kleiner als der Endindex sein.

15.4 Collections mit Parallel.ForEach verarbeiten

Neben der indexbasierten Verarbeitung mit *Parallel.For* bietet sich mit *Parallel.ForEach* das Pendant für den parallelen Zugriff auf Collections an.

Syntax:

```
Parallel.ForEach<(Of <(tSource>)>)(iEnumerable<(Of <(tSource>)>),
                                   (Element) => { ... Body ... }))
```

[5] Beachten Sie jedoch, dass in unserem Fall etwas Prozessorzeit für die Division „verschwendet" wird. Dies aber sollte den Vorteil der parallelen Verarbeitung nicht aufheben.

Übergabewerte sind in diesem Fall eine Collection vom Typ *iEnumerable* sowie ein Lambda-Ausdruck mit dem einzelnen Element als Parameter.

Beispiel 15.10: Unser Trivialbeispiel aus dem vorhergehenden Kapitel mittels *Parallel.ForEach* realisiert

C#

```
namespace ParallelForEach;

class Program;
{
    static void Main(string[] args)
    {
        string[] vornamen = { "anton", "berta", "cäsar",
                              "dora", "emil", "friedrich" };
```

Der Aufruf gestaltet sich einfacher als bei der *Parallel.For*-Lösung:

```
        Parallel.ForEach(vornamen, vn =>  {
            Console.WriteLine(vn.ToUpper());
        });
        Console.ReadLine();
}
```

HINWEIS: Weitere Ausführungen zu *Parallel.ForEach* erübrigen sich hier, stattdessen verweisen wir auf den Abschnitt 15.3, „Verwendung von Parallel.For“. Die Möglichkeiten zum Abbruch und zur Auswertung entsprechen den dort vorgestellten Lösungen.

15.5 Die Task-Klasse

Haben Sie das vorhergehende Kapitel eingehend studiert, dürfte Ihnen die Verwendung bzw. das Konzept der *Task*-Klasse[6)] nicht unbekannt vorkommen. Diese bietet in etwa die gleichen Möglichkeiten wie die schon bekannte *Thread*-Klasse, das allerdings auf einem höheren Abstraktionsniveau und, im Gegensatz zum Thread, unter Verwendung des CLR-Threadpools. Somit ist auch klar, dass es sich bei einer Task um einen Backgroundthread handelt. Neben dem einfacheren Handling ermöglicht diese Klasse auch eine bessere Fehlerbehandlung.

[6] Hier ist mit „Task“ die Aufgabe und nicht der Task aus dem Task-Manager gemeint.

15.5.1 Einen Task erzeugen

Eine Instanz der *Task*-Klasse können Sie entweder über den gewohnten Weg mittels *new* oder über die statische *Task.Factory.StartNew*-Methode erzeugen. Während Sie bei *new* den Task explizit starten müssen/können, wird in letzterem Fall der Task bereits automatisch gestartet.

Für die Parametrierung bzw. die Zuweisung des Codes per Delegate bieten sich drei Varianten an:

- Zuweisen eines benannten Delegates,
- Übergabe einer anonymen Methode,
- Verwenden eines Lambda-Ausdrucks, der wiederum benannte Methoden aufrufen kann.

Beispiel 15.11: Die drei Möglichkeiten für die Zuweisung des Task-Codes

C#

Direkter Methodenaufruf:

```
namespace TaskSample;

class Program
{
    static void Test()
    {
        Console.WriteLine("Methodenaufruf !");
    }

    static void Main(string[] args)
    {
         Task task = new Task(Test);
         task.Start();
```

Anonyme Methode:

```
        Task anonymeTask = new Task(delegate() {
                                 Console.WriteLine("Anonyme Methode !"); });
        anonymeTask.Start();
```

Verwendung eines Lambda-Ausdrucks:

```
        Task lambdaTask = new Task(() =>
                                {Console.WriteLine("Lambda-Ausdruck !");});
        lambdaTask.Start();
    }
}
```

Für welche der drei Varianten Sie sich entscheiden, hängt neben den eigenen Vorlieben sicher auch vom Umfang der Aufgabe ab.

15.5.2 Den Task starten

Wie schon erwähnt, wird bei Verwendung der Methode *Task.Factory.StartNew* der Task automatisch gestartet. Weitere Anweisungen sind also nicht erforderlich.

Beispiel 15.12: Automatischer Start mit *Task.Factory.StartNew*

C#

```
namespace TaskSample;

class Program
{
    static void Main(string[] args)
    {
        Console.WriteLine("Start");
```

Ab hier läuft bereits der Task, den Rückgabewert der Methode *StartNew* können Sie zum Steuern und Abfragen des Tasks verwenden:

```
        Task t = Task.Factory.StartNew(() =>
        {
            Thread.Sleep(1000);
            Console.WriteLine("Stop Task");
        });
        Console.WriteLine("Stop");
        Console.ReadLine();
    }
}
```

Ergebnis

Das erwartete Ergebnis zeigt Bild 15.7.

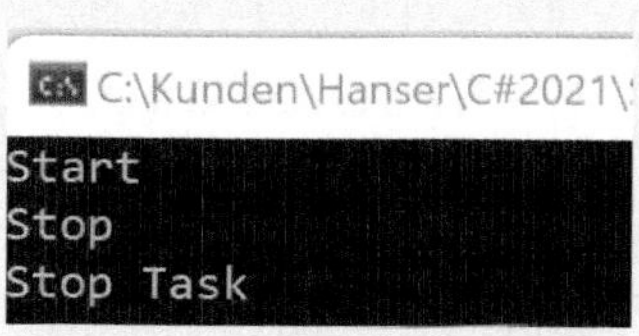

Bild 15.7
„Stop Task" kommt am Ende.

Möchten Sie beim Erzeugen die Art der Task-Verwaltung beeinflussen, können Sie zusätzliche Optionen übergeben.

Beispiel 15.13: Verwendung von *TaskCreationOptions.LongRunning*

C#

```
Task task = Task.Factory.StartNew(MeineMethode, TaskCreationOptions.LongRunning);
```

Beispiel 15.14: Explizites Starten

C#

```
namespace TaskSample;

class Program
{
    static void Main(string[] args)
    {
        Console.WriteLine("Start");
        Task task = new Task(() => {
                Thread.Sleep(1000);
                Console.WriteLine("Stop Task");
        });
        Console.WriteLine("Start Task");
        task.Start();
        Console.WriteLine("Stop");
        Console.ReadLine();
    }
}
```

Ergebnis

Die Ausgabe:

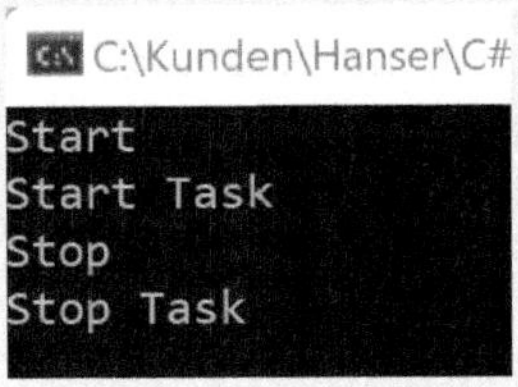

Bild 15.8
„Stop Task" noch immer am Ende

15.5.3 Datenübergabe an den Task

Starten Sie einen Task, ist es vielfach wünschenswert, Daten an diesen zu übergeben. Nichts leichter als dies, definieren Sie einfach einen Parameter (*object*) für den Lambda-Ausdruck und übergeben Sie die Daten als weiteren Parameter an die *StartNew*-Methode bzw. den Task-Konstruktor.

Beispiel 15.15: Übergabe eines Objekts vom Typ Kontakt

C#

```
namespace TaskSample;

class Program
{
    static void Main(string[] args)
    {
        // Instanz der Klasse definieren (Klassendefinition siehe Ende des
        Listings):
        Kontakt kontakt = new Kontakt {Nachname = "Skandal",
                                  Vorname = "Rosi", Telefon = "08932168"};
        Console.WriteLine("Start");
```

Hier definieren wir einen Eingabeparameter für die Lambda-Funktion:

```
        Task task = new Task(data =>
        {
            // Wir müssen den Übergabewert typisieren:
            Kontakt localObject = (Kontakt)data;
            Thread.Sleep(1000);
```

Verwenden der Daten:

```
            Console.WriteLine(localObject.Nachname);
            Console.WriteLine(localObject.Vorname);
            Console.WriteLine(localObject.Telefon);
            Console.WriteLine("Stop Task");
```

Hier findet die Übergabe der Daten an den Task statt:

```
        }, kontakt);
        Console.WriteLine("Start Task");
        task.Start();
        Console.WriteLine("Stop");
        Console.ReadLine();
    }
}
```

Die Klassendefinition:

```
namespace TaskSample;

public class Kontakt
{
    public string Nachname {get; set;}
    public string Vorname {get; set;}
    public string Telefon {get; set;}
}
```

Beispiel 15.15: Übergabe eines Objekts vom Typ Kontakt

Ergebnis

Bild 15.9
Rosi mit ihrem Telefon 32-16-8

HINWEIS: Möchten Sie Daten aus dem Task zurückgeben, sollten Sie sich noch etwas gedulden, ab Abschnitt 15.5.5 erfahren Sie die Lösung.

15.5.4 Wie warte ich auf das Ende des Tasks?

Alles hat ein Ende und – wie die Wurst – kann auch der Task mit zwei „Enden" aufwarten:

- das reguläre Ende nach der kompletten Abarbeitung der Routine und
- das weniger schöne Ende durch eine auftretende Exception.

In diesem Abschnitt wollen wir uns mit der normalen Abarbeitung des Tasks beschäftigen. Gründe für das Warten finden sich leicht, beispielsweise das Synchronisieren mit anderen Tasks oder die Auswertung von Berechnungs- oder Abfrageergebnissen aus dem Task.

HINWEIS: Seien Sie sich aber darüber bewusst, dass der Aufruf *Wait* den Hauptthread blockiert.

Die naheliegende Lösung bietet die *Wait*-Methode, die Sie über die aktuelle *Task*-Instanz aufrufen können.

Beispiel 15.16: Warten auf das Task-Ende

C#

```
namespace TaskSample;

class Program
{
    static void Main(string[] args)
    {
        Console.WriteLine("Start");
        Task task = new Task(() =>
        {
            Thread.Sleep(5000);
            Console.WriteLine("Stop Task");
        });
        Console.WriteLine("Start Task");
        task.Start();
```

Hier warten wir zwei Sekunden auf das Task-Ende (die Zeit wird nicht reichen, da wir den Task fünf Sekunden lang am Leben lassen) und werten das Ergebnis der Warterei aus.

```
            if (task.Wait(2000))
            {
                Console.WriteLine("Warten erfolgreich");
            }
            else
            {
                Console.WriteLine("Warten abgebrochen");
            }
            Console.WriteLine("Stop");
            Console.ReadLine();
    }
}
```

Ergebnis

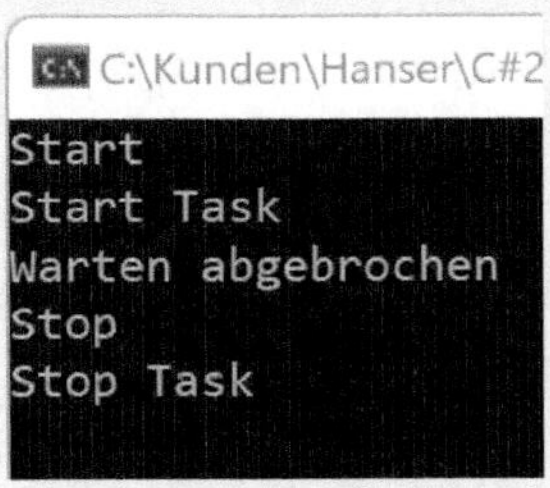

Bild 15.10
Warten abgebrochen

Wie bereits beschrieben, gibt es auch bei Threads entsprechende Konstrukte.

HINWEIS: Werden aus einem Task heraus weitere Tasks gestartet, wartet die *Wait*-Methode auch auf das Ende dieser Child-Tasks.

Alternativ kann es auch vorkommen, dass Sie nicht nur auf einen, sondern auf mehrere Tasks warten müssen, z. B. um diese miteinander zu synchronisieren. In diesem Fall nutzen Sie die Methode *WaitAll*.

HINWEIS: Soll nur auf einen Task aus einer Liste von Tasks gewartet werden, nutzen Sie die *WaitAny*-Methode.

Beispiel 15.17: Verwendung von WaitAll

C#

```
...
        Task t1 = Task.Factory.StartNew(() => {Thread.Sleep(3000);});
        Task t2 = Task.Factory.StartNew(() => {Thread.Sleep(5000);});
        Task t3 = Task.Factory.StartNew(() => {Thread.Sleep(2000);});
        Task.WaitAll(t1, t2, t3);
...
```

15.5.5 Tasks mit Rückgabewerten

Was liegt näher, als einen Task für umfangreiche Berechnungen oder Auswertungen zu verwenden? Doch damit tritt auch die Frage in den Vordergrund, wie man die ermittelten Werte an das aufrufende Programm zurückgeben kann. Für diese Aufgabenstellung bietet sich die *Task*<>-Klasse an. Diese bietet über die *Result*-Eigenschaft einen typisierten Zugriff auf den Rückgabewert des Tasks. Statt vieler Worte zunächst ein einfaches Beispiel.

Beispiel 15.18: Rückgabe eines Integerwerts

C#

```
namespace TaskSample;

class Program
{
    static void Main(string[] args)
    {
```

Datentyp für die Rückgabe definieren:

```
        Task<int> task = new Task<int>(() => {
                Thread.Sleep(5000);
```

Hier erfolgt das Zuweisen des Rückgabewerts:

```
                return 42;
            });
        Console.WriteLine("Start Task");
```

Task starten:

```
        task.Start();
```

Ergebnis auswerten:

```
        Console.WriteLine($"Rückgabewert = {task.Result}");
        Console.ReadLine();
    }
}
```

Mancher Leser wird sich jetzt vielleicht fragen, warum wir direkt nach dem Start bereits auf das Ergebnis zugreifen können. Die Antwort ist recht einfach: Jeder Zugriff auf *Result* synchronisiert die Ausführung des Tasks. Das heißt, es wird gewartet, bis der Task beendet ist; der Hauptthread wird somit auch blockiert.

HINWEIS: Beachten Sie, dass sowohl beim Aufruf von *Wait* wie auch beim Abrufen von *Result* der Thread blockiert und das Programm somit mehr oder weniger synchron läuft. Das hier sind kleine Demobeispiele, in produktiven Anwendungen wird man *Result* oder *Wait* eher selten sehen.

Alternativ können Sie beispielsweise auch mit der *IsCompleted*-Eigenschaft abfragen, ob das Ergebnis schon vorliegt, und dann entsprechend auf den Ergebniswert zugreifen (quasi Polling).

HINWEIS: Wie es noch besser geht, zeigt der Abschnitt 15.6, in dem Sie mit der Erweiterungsmethode *ContinueWith* auf das Ende des Tasks reagieren.

Dass sich die Rückgabewerte nicht auf einfache Datentypen beschränken, soll das folgende Beispiel zeigen, bei dem eine Collection von *Files*-Objekten im Task abgerufen und später aufgelistet wird.

Beispiel 15.19: Task mit Rückgabewert (Collection)

C#

```
namespace TaskSample;

class Program
{
    static void Main(string[] args)
    {
```

Hier wird der Task definiert:

```
        Task<FileInfo[]> task = new Task<FileInfo[]>(() => {
            DirectoryInfo directory = new DirectoryInfo(@"c:\");
            return directory.GetFiles();
          });
```

Optional könnten Sie auch rekursiv durch die Verzeichnisse iterieren. Dies dauert je nach Plattenfüllstand entsprechend lange und dürfte einen Hintergrundtask in jedem Fall rechtfertigen.

```
        Console.WriteLine("Start Task");
        // Task starten:
        task.Start();
```

Rückgabewerte abrufen (hier verläuft die Verarbeitung synchron):

```
        Console.WriteLine("Rückgabewerte");
        foreach (FileInfo f in task.Result)
        {
           Console.WriteLine(f.FullName);
        }
        Console.ReadLine();
     }
 }
```

HINWEIS: Natürlich können Sie auch mit den Funktionsergebnissen aus mehreren Tasks Berechnungen realisieren. In diesen Fällen wird so lange gewartet, bis alle erforderlichen Funktionsergebnisse vorliegen.

Beispiel 15.20: Wer es etwas einfacher mag, kann auch die folgende Lösung mit der Methode *Task.Factory.StartNew* wählen.

C#

```
...
     Task<FileInfo[]> task = Task.Factory.StartNew(() =>
     {
        DirectoryInfo directory = new DirectoryInfo(@"c:\");
        return directory.GetFiles();
     });
     Console.WriteLine("Rückgabewerte");
     foreach (FileInfo file in task.Result)
     {
        Console.WriteLine(file.FullName);
     }
...
```

Doch was ist, wenn Sie mehr als einen Rückgabewert haben? Auch hier hilft Ihnen die obige Lösung weiter. Erzeugen Sie einfach ein neues Objekt mit den Rückgabewerten als Eigenschaften.

Beispiel 15.21: Mehrere (drei) Rückgabewerte definieren

C#

```
namespace TaskSample;

class Program
{
    static void Main(string[] args)
    {
```

Indem Sie neue (auch anonyme) Objekte erzeugen, ist es problemlos möglich, jede Art von Informationen aus den Tasks zurückzugeben:

```
        var task = Task.Factory.StartNew(() =>
        {
            return new { Zeit = DateTime.Now, Wert = 4711, Zeichenkette = "abcdefg" };
        });
```

Sie sollten sich auch die Zeit nehmen, Bezeichner für die einzelnen Eigenschaften zu vergeben. Die spätere Lesbarkeit beim Zugriff auf die Rückgabewerte entschädigt Sie für den Mehraufwand.

```
        Console.WriteLine("Rückgabewerte");
```

Rückgabewerte anzeigen:

```
        Console.WriteLine(task.Result.Wert);
        Console.WriteLine(task.Result.Zeichenkette);
        Console.WriteLine(task.Result.Zeit);
        Console.ReadLine();
    }
}
```

Ergebnis

Wer jetzt glaubt, auf IntelliSense und Typprüfung beim späteren Zugriff auf die Ergebnisse verzichten zu müssen, wird schnell eines Besseren belehrt:

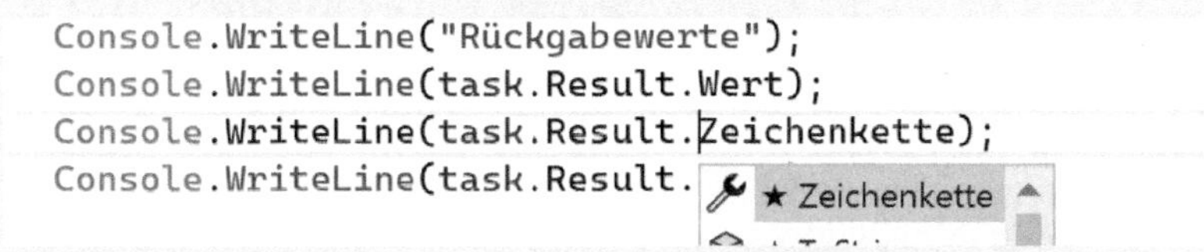

Bild 15.11 IntelliSense funktioniert auch bei anonymen Objekten, die aus einer Task kommen.

Damit dürfte auch die Rückgabe umfangreicher (Datenbank-)Informationen kein Problem darstellen. Womit wir bereits bei zwei recht diffizilen Themen angekommen sind: dem Abbrechen der Taskverarbeitung und einer entsprechenden Fehlerbehandlung.

15.5.6 Die Verarbeitung abbrechen

Auch wenn es sich nicht um den Regelfall handelt, zählt doch der Abbruch eines Tasks zu den gelegentlich anfallenden Aufgaben des Programmierers. Grundsätzlich bestehen die folgenden Möglichkeiten zum Task-Abbruch:

- Sie beenden den Task, indem Sie aus der Task-Logik heraus die *return*-Anweisung aufrufen.
- Sie verwenden einen von der *CancellationTokenSource*-Klasse bereitgestellten *CancellationToken*, um eine Exception auszulösen, die Sie natürlich im weiteren Verlauf abfangen müssen.[7]

HINWEIS: Die zweite Variante ist auch für den Abbruch von *Parallel.For*- bzw. *Parallel.ForEach*-Statements anwendbar.

Abbruch per return

Diese Variante dürfte Sie nicht vor große Herausforderungen stellen. Es genügt, wenn Sie innerhalb der Task-Logik die *return*-Anweisung aufrufen. Beachten Sie allerdings, dass der Rückgabestatus des Tasks (*IsCompleted*-Eigenschaft) in diesem Fall ein reguläres *true* liefert.

Beispiel 15.22: Reguläres Abbrechen eines Tasks (nach zehn Schleifendurchläufen)[8]

C#

```
using System.Diagnostics;
using System.Windows;

namespace TaskSample;

public partial class MainWindow : Window
{
    public MainWindow()
    {
        InitializeComponent();
    }

    private void ButtonRegulaererAbbruch_Click(object sender, RoutedEventArgs e)
    {
        lb.Items.Insert(0, "Task starten ...");
```

7 Das Auslösen einer Exception soll bereits andeuten, dass es sich eben nicht um den regulären Abbruch des Tasks handelt.

8 Eigentlich recht sinnlos, weil dadurch die Oberfläche blockiert wird.

Task definieren und starten:

```
        var task = Task.Factory.StartNew(() =>
        {
            int i = 0;
            while (true)
            {
```

Hier steigen wir später aus:

```
                if (i == 10)
                {
                    return;
                }
```

Ein paar Lebenszeichen an das Konsolenfenster senden:

```
                Debug.WriteLine($"Wert von i = {i}"); // Test only
                Thread.Sleep(500);      // etwas Aktivität simulieren
                i++;
            }
        });
```

Hier warten wir auf den Task, um später den Status auszulesen:

```
        task.Wait();
        lb.Items.Clear();
        lb.Items.Add($"Status: {task.Status}");
        lb.Items.Add($"IsCanceled: {task.IsCanceled}");
        lb.Items.Add($"IsCompleted: {task.IsCompleted}");
    }
```

Ergebnis

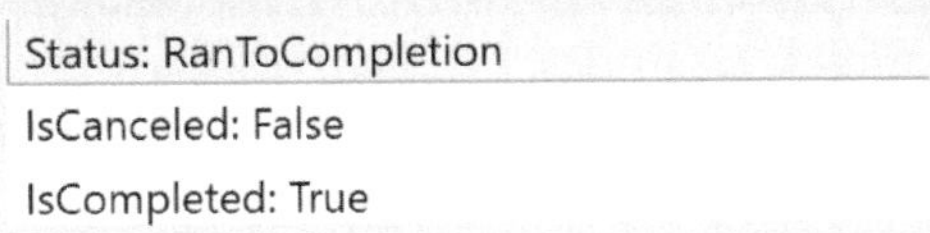

Bild 15.12
Ausgabe der Taskeigenschaften

Wie zu erwarten, lässt sich über den Task-Status nicht der Grund für die Beendigung in Erfahrung bringen. Eventuell könnten Sie eine eigene Statusvariable für diesen Fall über *return* zurückgeben.

HINWEIS: Beachten Sie, dass bei diesem Beispiel die Oberfläche einfriert. Das sollte schon noch eleganter gehen ...

Abbruch per CancellationToken

Damit sind wir auch schon bei der Standardlösung für das Abbrechen von Tasks (und parallelen Threads) angelangt. Wie das folgende Beispiel zeigt, handelt es sich nicht um eine Lösung, die Sie mit zwei Codezeilen realisieren können. Dafür bietet diese Variante jedoch auch ihre Vorteile.

Das Grundprinzip basiert auf der Verwendung eines *CancellationTokenSource*-Objekts. Dieses stellt einen *CancellationToken* bereit, den Sie in einem oder auch in mehreren Tasks verwenden können. Der Token selbst bietet zum einen die Eigenschaft *IsCancellationRequested*, die Auskunft darüber gibt, ob das besitzende *CancellationTokenSource*-Objekt einen Abbruch per *Cancel*-Methode eingeleitet hat. „Eingeleitet" bedeutet nichts mehr und nichts weniger als die Aufforderung zum Abbruch. Ob Sie diesen im Task wirklich einleiten, ist Ihre Entscheidung.

Ist die Eigenschaft *IsCancellationRequested* auf *true* gesetzt, können Sie noch Code zum „Aufräumen" realisieren, bevor Sie final eine Exception auslösen, indem Sie die Token-Methode *ThrowIfCancellationRequested* aufrufen.

Nachfolgend sind Sie dafür verantwortlich, diesen Fehler abzufangen. Dies kann im Rahmen eines *Wait*-Statements oder bei der Auswertung eines Task-Rückgabewerts erfolgen (siehe folgendes Beispiel 15.23).

Beispiel 15.23: Task per Exception abbrechen.

C#

```
using System.Diagnostics;
using System.Windows;

namespace TaskSample;

public partial class MainWindow : Window
{
    public MainWindow()
    {
        InitializeComponent();
        cts = new CancellationTokenSource();
        token = cts.Token;
    }
```

Zunächst brauchen wir eine zentrale *CancellationTokenSource* und einen *CancellationToken*, die im Konstruktor instanziiert werden.

```
    CancellationTokenSource cts;
    CancellationToken token;
    Task? taskToCancel;
```

Hier kommen wir zum Starten des eigentlichen Tasks:

```
    private void ButtonTaskToCancelStart_Click(object sender, RoutedEventArgs e)
    {
        lb.Items.Insert(0, "Task starten ...");
        taskToCancel = Task.Factory.StartNew(() =>
        {
            int i = 0;
            while (true)
            {
```

Etwas Aktivität im Ausgabefenster realisieren:

```
                Debug.WriteLine($"Wert von i = {i}"); // Test only
```

Hier reagieren wir auf eine Abbruchanforderung:

```
                if (token.IsCancellationRequested)
                {
                    // Hier ist noch sinnvolles Beenden möglich
```

Hier wird eine Exception ausgelöst, der Task endet damit:

```
                    token.ThrowIfCancellationRequested();
                }
                Thread.Sleep(500);      // etwas Aktivität simulieren
                i++;
            }
```

Wichtig: Der Token muss an den Task beim Erstellen übergeben werden:

```
        }, token);
    }
```

Die Routine zum Abbruch des Tasks:

```
    private void ButtonCancel_Click(object sender, RoutedEventArgs e)
    {
        lb.Items.Clear();
        lb.Items.Insert(0, "Abbruch anfordern ...");
        // Hier wird die Aufforderung ausgelöst:
        cts.Cancel();
```

Im Rahmen eines *Wait*-Statements fangen wir den Fehler auf und zeigen die Fehlermeldung an:

```
        try
        {
            taskToCancel?.Wait();
        }
        catch (AggregateException ex)
        {
            foreach (var v in ex.InnerExceptions)
            {
                lb.Items.Insert(0, $"Meldung: {v.Message}");
            }
        }
        lb.Items.Add($"Status: {taskToCancel?.Status}");
        lb.Items.Add($"IsCanceled: {taskToCancel?.IsCanceled}");
        lb.Items.Add($"IsCompleted: {taskToCancel?.IsCompleted}");
    }
```

Ergebnis

Das Ergebnis in der Anzeige (Bild 15.13):

Bild 15.13 Abbruch einer Task

Wie Sie sehen, meldet zwar *IsCompleted* einen erfolgreichen Abschluss des Tasks, aber sowohl *Status* als auch *IsCanceled* zeigen den Abbruch des Tasks an.

HINWEIS: Beachten Sie, dass Sie im obigen Beispiel zuerst den *Task* starten müssen, bevor Sie auf den *Abbrechen*-Button klicken. Es kann sein, dass der Visual-Studio-Debugger in die Zeile, in der die *Exception* ausgelöst wird, springt und die Abarbeitung des restlichen Codes unterbricht. Drücken Sie dann einfach **F5**.

Der Vollständigkeit halber hier noch das XAML der Oberfläche:

```
<Window x:Class="TaskSample.MainWindow"
    xmlns="http://schemas.microsoft.com/winfx/2006/xaml/presentation"
    xmlns:x="http://schemas.microsoft.com/winfx/2006/xaml"
    xmlns:d="http://schemas.microsoft.com/expression/blend/2008"
    xmlns:mc="http://schemas.openxmlformats.org/markup-compatibility/2006"
    xmlns:local="clr-namespace:TaskSample"
    mc:Ignorable="d"
    Title="MainWindow" Height="450" Width="800" >
    <StackPanel Margin="20">
        <Button Margin="5" Click="ButtonRegulaererAbbruch_Click">
                Regulärer Abbruch</Button>
        <Button Margin="5" Click="ButtonTaskToCancelStart_Click">
                Starte Task mit Abbruchmöglichkeit</Button>
        <Button Margin="5" Click="ButtonCancel_Click">Abbruch Task</Button>
        <ListBox Name="lb" MinHeight="150"></ListBox>
    </StackPanel>
</Window>
```

15.5.7 Fehlerbehandlung

Wie Sie nach Lektüre des vorhergehenden Abschnitt 15.5.6 vielleicht schon erkannt haben, wurde in diesem Zusammenhang auch gleich en passant die Fehlerbehandlung bei Task-Exceptions aufgezeigt.

Da Tasks auch verschachtelt realisiert werden können[9], werden ausgelöste Exceptions in einem *AggregateException* „verpackt". Die Ausführung wird an den aufrufenden Thread zurückgegeben und dieser hat die Aufgabe, den Fehler entsprechend zu behandeln. Allerdings stellt sich hier die Frage, zu welchem Zeitpunkt dies geschehen soll, läuft doch der Task in der Regel asynchron, sodass Sie kein *try-catch*-Statement sinnvoll aufbauen können.

Der Grundansatz ist deshalb die Fragestellung, zu welchem Zeitpunkt eine Fehlerbehandlung überhaupt einen Sinn ergibt. Allgemein wird dies immer dann der Fall sein, wenn auf den Task bzw. dessen Ergebnisse gewartet wird. Hier sollten Sie sich die Methoden *Wait*, *WaitAll* und *WaitAny* sowie die Abfrage der *Result*-Eigenschaft vormerken. Diese Anweisungen kapseln Sie in einen *try-catch*-Block und lesen mit einer *foreach*-Schleife die *InnerExceptions* aus.

Beispiel 15.24: Auszug aus dem vorhergehenden Beispiel

C#

```
try
{
    taskToCancel.Wait();
}
catch (AggregateException ex)
{
    foreach (var v in ex.InnerExceptions)
    {
        lb.Items.Insert(0, $"Meldung: {v.Message}");
    }
}
```

HINWEIS: Beachten Sie, dass Sie die Fehlermeldungen in der Visual-Studio-IDE in diesem Fall ausschalten müssen (oder mit F5 fortfahren), anderenfalls unterbricht der Debugger bereits in der Task-Routine und zeigt die auftretende Exception an.

[9] Ein Umstand, der sicher viele gute, aber leider auch unlesbare Programme hervorbringen wird ...

15.5.8 Weitere Eigenschaften

Bevor wir zu weiteren wichtigen Themen übergehen, wollen wir noch einen Blick auf einige weitere Eigenschaften und Optionen von Tasks werfen.

Task-Id

Da findet sich zum einen die *Id*, die eine eindeutige Identifikation jedes Tasks (zum Beispiel im Debugger) ermöglicht.

HINWEIS: Die Zuweisung des Werts erfolgt bei der ersten Verwendung der Eigenschaft, spätere Programmaufrufe können also andere Werte zurückgeben.

Status

Diese Eigenschaft bietet detaillierte Informationen über den aktuellen Status des Tasks:

Wert	Beschreibung
Created *WaitingForActivation* *WaitingToRun*	Der Task wurde erzeugt, er wird jedoch noch nicht ausgeführt (verschiedene Zwischenzustände werden unterschieden).
Running	Der Task läuft gerade.
WaitingForChildrenToComplete	Der Task selbst ist mit der Verarbeitung fertig, es wird noch auf Child-Tasks gewartet.
RanToCompletion	Der Task wurde regulär beendet.
Canceled	Der Task wurde per Token abgebrochen.
Faulted	Im Task ist eine Exception aufgetreten, die Verarbeitung wurde abgebrochen.

IsCanceled, IsCompleted, IsFaulted

Über diese Eigenschaften können Sie sich ebenfalls ein Bild vom aktuellen Status des Tasks machen. Wie schon erwähnt, ist *IsCompleted* auch dann *true*, wenn der Task abgebrochen wurde. *IsCanceled* wird auf *true* gesetzt, wenn der Task per Token abgebrochen wird, *IsFaulted* ist bei jedem anderen auftretenden Fehler *true*.

TaskCreationOptions

Mit den *TaskCreationOptions* können Sie beim Erstellen des Tasks dessen Verhalten bzw. die Steuerung durch den Task-Scheduler beeinflussen.

Wert	Beschreibung
None	Keine weitere Spezifikation
PreferFairness	Beeinflusst den Scheduler: Eher erstellte Aufgaben werden auch eher verarbeitet, Gleiches gilt im Umkehrschluss für später erstellte Aufgaben.
LongRunning	Spezifiziert einen Task als lang laufende Aufgabe.
AttachedToParent	Der spezifizierte Task wird als Child dem aktuellen Task zugeordnet.

15.6 Zugriff auf das User Interface

Auch bei Verwendung der TPL stehen Sie vor dem Problem, dass ein direkter Zugriff aus dem jeweiligen Thread/Task auf Elemente der Programmoberfläche (Controls) ausgeschlossen ist.

Zunächst können wir Sie guten Gewissens auf den Abschnitt 14.4 verweisen, wo sowohl auf die Problematik selbst als auch auf die Lösung mittels *Dispatcher* (WPF) und auch auf die Aufrufe von *Invoke*/*BeginInvoke* eingegangen wird. Die dort vorgestellte Lösung sollten Sie immer dann verwenden, wenn es sich um Aktualisierungen der Oberfläche während der Laufzeit des Threads bzw. Tasks handelt.

Im Folgenden stellen wir ergänzend zwei Lösungen vor, mit denen Sie auf das Ende des Tasks reagieren und aus dem Task heraus auf die Oberfläche zugreifen können.

15.6.1 Task-Ende und Zugriff auf die Oberfläche

Eine wohl häufig auftretende Aufgabe ist die Reaktion auf das Task-Ende. Meist geht es darum, Ergebnisse auf den Bildschirm zu bringen oder die Ergebnisse des Tasks anderweitig zu verarbeiten.

In diesem Fall bietet sich für den Task die Erweiterungsmethode *ContinueWith* an, der Sie neben einem Delegate/Lambda-Ausdruck auch ein *TaskScheduler*-Objekt übergeben können. Der Clou daran: Sie können das *TaskScheduler*-Objekt des aktuellen UI-Threads über die Methode *FromCurrentSynchronizationContext* abrufen und verwenden. Damit finden alle Ausgaben aus *ContinueWith* heraus im Context des User Interface statt, umständliche *Invoke*-Aufrufe entfallen gänzlich.

Beispiel 15.25: Warten auf das Task-Ende

C#

Abrufen aller Dateien aus dem Verzeichnis *C:\Windows\System32* in einem Hintergrund-Task und Anzeige in einer *ListBox*, wenn alle Dateien abgerufen wurden.

```
using System.IO;
using System.Windows;

namespace Task_UI;

public partial class MainWindow : Window
{
    public MainWindow()
    {
        InitializeComponent();
    }

    private void ButtonStarteTask_Click(object sender, RoutedEventArgs e)
    {
        lb.Items.Clear();
```

Wir ermitteln den Task-Scheduler des UI-Threads:

```
        var uiSched = TaskScheduler.FromCurrentSynchronizationContext();
```

Neuen Task definieren und starten:

```
        Task.Factory.StartNew(() =>
        {
            DirectoryInfo di = new DirectoryInfo(@"c:\windows\system32");
            Thread.Sleep(3000);   // etwas Aktivität simulieren
```

Rückgabewert ist die Liste der Dateinamen:

```
            return di.GetFiles();
```

Die folgende Aktion wird ausgeführt, wenn der Task beendet ist (der Parameter entspricht dem Rückgabewert des Tasks):

```
        }).ContinueWith(t =>
            {
                lb.Items.Clear();
```

Task-Rückgabewert auswerten:

```
                foreach (FileInfo f in t.Result)
                {
                    lb.Items.Add(f.FullName);
                }
```

Achtung: Wir müssen noch den passenden Task-Scheduler angeben:

```
                }, uiSched);
            }
        }
    }
}
```

HINWEIS: Die Programmausführung wird zunächst unabhängig vom Task-Ende weitergeführt, die Aktion in *ContinueWith* wird später asynchron aufgerufen.

Wer diese Version mit den *Invoke*-Orgien bei den Threads vergleicht, dürfte sich schnell mit dieser Lösung anfreunden können. Doch ein Wunsch bleibt vermutlich immer noch offen: Zugriff auf das User Interface aus dem Task heraus.

15.6.2 Zugriff auf das UI aus dem Task heraus

Neben der oben genannten Lösung können Sie auch einen neuen Task erstellen, der im Context eines anderen Threads (und hier denken wir natürlich gleich an die Oberfläche) läuft. Genau diese Möglichkeit bietet sich auch für das Aktualisieren der Oberfläche aus dem Task heraus an.

Beispiel 15.26: Aktualisieren einer ListBox aus einem laufenden Task heraus.

C#

```
using System.IO;
using System.Windows;

namespace Task_UI;

public partial class MainWindow : Window
{
    public MainWindow()
    {
        InitializeComponent();
    }

    private void ButtonStarteTaskMitUi_Click(object sender, RoutedEventArgs e)
    {
        lb.Items.Clear();
```

Zunächst ermitteln wir wieder das *TaskScheduler*-Objekt für die Oberfläche:

```
        var uiSched = TaskScheduler.FromCurrentSynchronizationContext();
```

Ganz nebenbei benötigen wir noch einen *CancellationToken* (eigentlich benötigen wir diesen nicht, die Parameterliste für das Erzeugen eines Tasks mit vorgegebenem *TaskScheduler* erfordert jedoch diese Angabe):

```
       var token = Task.Factory.CancellationToken;
```

Hier starten wir unseren Arbeits-Task:

```
        Task.Factory.StartNew(() =>
        {
            for (int i = 0; i < 10; i++)
            {
```

Wir wollen die Oberfläche bei jedem Schleifendurchlauf aktualisieren und erzeugen dazu einen neuen Anzeige-Task, der im Context der Oberfläche läuft:

```
                Task.Factory.StartNew(() =>
                {
                    lb.Items.Insert(0, $"Wert von i = {i}");
                }, token, TaskCreationOptions.None, uiSched);
```

Hier legen wir eine Verschnaufpause im Arbeits-Task ein:

```
                Thread.Sleep(1000);      // etwas Aktivität simulieren
            }
```

Ist der Arbeits-Task beendet, zeigen wir noch eine Abschlussmeldung an:

```
        }).ContinueWith(t =>
        {
            lb.Items.Insert(0,"Fertig");
        }, uiSched);
    }
...
```

Ergebnis

Ein Start des Programms wird Ihnen zyklisch die Zwischenergebnisse in der *ListBox* anzeigen, die Oberfläche ist in dieser Zeit nicht blockiert:

Bild 15.14 Zyklische Ausgabe der Ergebnisse

Mit den Lösungen aus den beiden vorhergehenden Abschnitten dürften einige Herzenswünsche des Task-Programmierers in Erfüllung gegangen sein.[10]

[10] Leider werden diese Lösungen aber auch dazu beitragen, dass einige Entwickler wieder entnervt auf den Bildschirm starren und ihre eigenen Programme nicht mehr verstehen.

15.7 Weitere Datenstrukturen im Überblick

Nachdem wir uns durch den Hauptteil der TPL gewühlt haben, wollen wir abschließend noch einen kurzen Blick auf die TPL-Datenstrukturen werfen, die entweder die Arbeit des Programmierers erleichtern sollen oder einfach nur Nachfolger für bereits bekannte Strukturen aus der Thread-Programmierung sind.

HINWEIS: Leider ist es uns aus Platzgründen nicht möglich, dieses Thema in gebotener Ausführlichkeit zu behandeln, wir verweisen Sie stattdessen auf die Onlinehilfe.

15.7.1 Threadsichere Collections

Sicher ist Ihnen nach Lektüre der letzten beiden Kapitel der teilweise recht hohe Aufwand beim threadübergreifenden Zugriff auf Variablen und Collections aufgefallen. Ist ein Schreibzugriff erforderlich, müssen die entsprechenden Anweisungen akribisch gesichert und damit threadsicher gemacht werden (z. B. mit *lock*). Um dem Programmierer diese Arbeit abzunehmen und gleichzeitig ein zeitoptimales Ergebnis zu erzielen, bietet die TPL einige threadsichere Collections für Standardaufgaben an (Namespace *System.Collections.Concurrent*):

- *BlockingCollection*
- *ConcurrentBag*
- *ConcurrentDictionary*
- *ConcurrentQueue*
- *ConcurrentStack*
- *OrderablePartitioner*
- *Partitioner*

15.7.2 Primitive für die Threadsynchronisation

Wie schon in Abschnitt 14.3 beschrieben, werden für die Steuerung von Threads/Tasks diverse Möglichkeiten bereitgehalten, um zum Beispiel Threads miteinander zu synchronisieren oder Ressourcen gemeinsam zu nutzen. Auch hier bietet die TPL einige Erweiterungen, die wir lediglich aufzählen wollen:

- *Barrier*
- *CountdownEvent*
- *ManualResetEventSlim*
- *SemaphoreSlim*
- *SpinLock*
- *SpinWait*

15.8 Parallel LINQ (PLINQ)

Nachdem Sie mittlerweile vermutlich alles parallelisiert haben, was sich nur ansatzweise dafür anbietet, fällt Ihr Blick sicher früher oder später auch auf Collections und damit auf die sich in diesem Zusammenhang anbietenden LINQ-Anweisungen. Bevor Sie jetzt aber anfangen, hier mühsam etwas zu parallelisieren, sollten Sie sich mit den bereits verfügbaren Werkzeugen besser vertraut machen und einen Blick auf PLINQ bzw. Parallel-LINQ werfen.

HINWEIS: Bevor wir uns an dieser Stelle wiederholen, möchten wir Sie zurück ins Kapitel 7 (Abschnitt 7.3.9) schicken, wo wir uns der Thematik „PLINQ" bereits angenommen haben. Im Praxisbeispiel Abschnitt 15.9.2 gehen wir auch nochmal auf PLINQ ein.

15.9 Praxisbeispiele

15.9.1 BlockingCollection

In diesem Beispiel wollen wir ein ganz bekanntes Producer/Consumer-Problem lösen. Über einen Task werden Produkte erzeugt und ein weiterer Task liefert diese Produkte aus.

Beide Tasks laufen parallel und ein Produkt kann erst ausgeliefert werden, wenn ein Produkt auch fertiggestellt wurde. Mittels einer *foreach*-Schleife wollen wir auf eine Liste der fertigen Produkte zugreifen und diese ausliefern. Normalerweise wird die *foreach*-Schleife beendet, wenn keine weiteren Elemente vorhanden sind. Aber lassen wir uns überraschen, was passiert, wenn wir eine *BlockingCollection* durchlaufen.

Oberfläche

Wir brauchen zwei *ListBox*en und zwei *Button*s, die wir in zwei Zeilen und zwei Spalten verteilen.

Dazu verwenden Sie folgendes XAML:

XAML

```
<Window x:Class="BlockingCollectionSample.MainWindow"0
    xmlns="http://schemas.microsoft.com/winfx/2006/xaml/presentation"
    xmlns:x="http://schemas.microsoft.com/winfx/2006/xaml"
    xmlns:d="http://schemas.microsoft.com/expression/blend/2008"
    xmlns:mc="http://schemas.openxmlformats.org/markup-compatibility/2006"
    xmlns:local="clr-namespace:BlockingCollectionSample"
    mc:Ignorable="d"
    Title="Beispiel für eine Blocking Collection" Height="450" Width="800">
    <Grid>
        <Grid.RowDefinitions>
            <RowDefinition></RowDefinition>
            <RowDefinition Height="Auto"></RowDefinition>
        </Grid.RowDefinitions>
        <Grid.ColumnDefinitions>
            <ColumnDefinition></ColumnDefinition>
            <ColumnDefinition></ColumnDefinition>
        </Grid.ColumnDefinitions>
        <ListBox Name="lbProducer" Margin="10"/>
        <ListBox Name="lbConsumer" Grid.Column="1" Margin="10"/>
        <Button Margin="10" Grid.Row="1" HorizontalAlignment="Right"
                Click="ButtonStartProduktion_Click">
                Starte Produktion
        </Button>
        <Button Margin="10" Grid.Row="1" Grid.Column="1"
                HorizontalAlignment="Right"
                Click="ButtonStartVerkauf_Click">
                Starte Verkauf
        </Button>
    </Grid>
</Window>
```

Quellcode

C#

```
using System.Collections.Concurrent;
using System.Windows;
using System.Windows.Controls;

namespace BlockingCollectionSample;

public partial class MainWindow : Window
{
    public MainWindow()
    {
        InitializeComponent();
    }
```

Unsere Hauptreferenz auf die generische *BlockingCollection-productList* (der Einfachheit halber haben wir hier nur eine Liste von Strings; es könnten aber auch beliebige Typen verwendet werden):

```
BlockingCollection<string> productList = new BlockingCollection<string>();
```

Da wir aus Threads heraus unsere *ListBox*en befüllen wollen, schreiben wir gleich eine Methode *AddEntry*, die uns den Aufruf des Dispatchers abnimmt und die Einträge threadsafe in die Listen übernimmt:

```
private void AddEntry(ListBox lb, string entry)
{
    Dispatcher.Invoke(() => lb.Items.Insert(0, entry));
}
```

Danach implementieren wir eine Methode *Produziere*, welche unsere *BlockingCollection* und die linke *ListBox* befüllt:

```
private void Produziere()
{
    for (int i = 0; i < 100; i++)
    {
        productList.Add($"Produkt {i}");
        AddEntry(lbProducer, $"Produkt {i} fertig");
        Thread.Sleep(50);
```

Wie im richtigen Leben gibt es nach zehn produzierten Produkten eine verdiente Pause:

```
        if ((i + 1) % 10 == 0)
        {
            AddEntry(lbProducer, "Pause");
            Thread.Sleep(5000);
        }
```

Und nach 100 Produkten ist das Tagewerk erfüllt (sprich der *BlockingCollection* können jetzt keine weiteren Einträge hinzugefügt werden):

```
    }
    productList.CompleteAdding();
}
```

Der Verkauf arbeitet dagegen pausenlos und sobald ein Produkt fertig ist, wird das auch an den Mann gebracht:

```
private void Verkaufe()
{
    foreach (var product in productList.GetConsumingEnumerable())
    {
        AddEntry(lbConsumer, $"{product} verkauft");
        Thread.Sleep(100);
    }
```

Und macht erst Feierabend, wenn alle Produkte verkauft sind. Sprich die *foreach*-Schleife wird erst beendet, wenn die Produktion *CompleteAdding()* auf der *BlockingCollection* aufgerufen hat:

```
        AddEntry(lbConsumer, "Feierabend");
    }
```

Durch Klick auf die Buttons die entsprechende Methode als Task starten:

```
    private void ButtonStartProduktion_Click(object sender, RoutedEventArgs e)
    {
        Task.Run(Produziere);
    }

    private void ButtonStartVerkauf_Click(object sender, RoutedEventArgs e)
    {
        Task.Run(Verkaufe);
    }
}
```

Test

Klicken Sie auf die beiden Buttons zum Starten der Produktion und des Verkaufs. Sie werden sehen, wie die Produkte parallel produziert und sofort verkauft werden. Ein mehrfaches Klicken auf die Schaltflächen funktioniert so lange, bis die *CompleteAdding*-Methode aufgerufen wird, da der Liste danach keine weiteren Einträge mehr hinzugefügt werden können. Jeder weitere Versuch wird eine *Exception* auslösen.

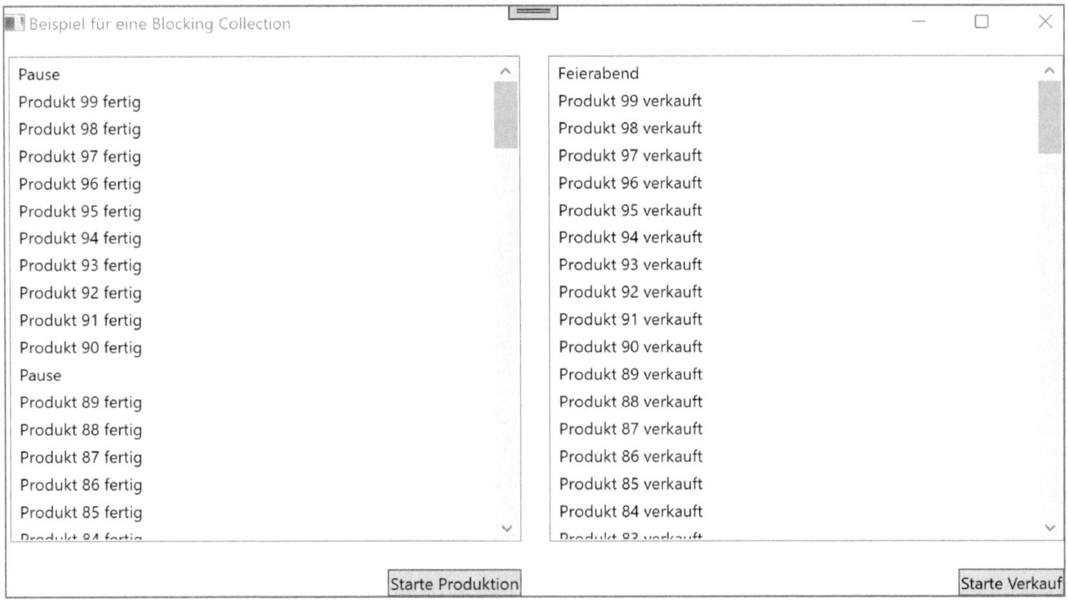

Bild 15.15 BlockingCollection

In Bild 15.15 erkennen Sie, dass das Befüllen der Listen abgeschlossen wurde und die Verkäufer in den Feierabend gehen.

15.9.2 PLINQ

In diesem Abschnitt wollen wir ein kleines Beispiel zu PLINQ zeigen. Wir wollen alle Dateien aus einem Verzeichnis auslesen und diese in einer Schleife verarbeiten (oder auch nur die Dateigröße ausgeben).

Quellcode

```
using System.Diagnostics;

namespace PLINQSample;

class Program
{
    static void Main(string[] args)
    {
        DirectoryInfo directory = new DirectoryInfo(@"c:\temp");
        var files = directory.GetFiles().AsParallel()
                    .OrderBy(f => f.Length)
                    .Select(f => new { f.Name, f.Length });
        foreach (var item in files)
        {
            Console.WriteLine($"{item.Name} - {item.Length}");
            Debug.WriteLine($"Der Dateiname lautet: {item.Name}");
        }
        Console.ReadLine();
    }
}
```

16 Debugging, Fehlersuche und Fehlerbehandlung

Ein Programm, das auf Anhieb hundertprozentig funktioniert, gibt es so gut wie nicht. Besonders tückisch sind die logischen Fehler, die weder zur Entwurfs- noch zur Laufzeit auftreten und die sich lediglich in einer fehlerhaften Funktion des Programms (z. B. falsche Rechenergebnisse, mysteriöse Abstürze) äußern. Für uns Grund genug, im ersten Abschnitt dieses Kapitels den in Visual Studio integrierten Debugger genauer unter die Lupe zu nehmen.

Während das Debugging nur im Stadium der Programmentwicklung von Interesse ist, sollte eine „wasserdichte" Fehlerbehandlung allen zur Laufzeit nur denkbaren Missgeschicken mit geeigneten Mitteln begegnen. Dieser Problematik widmen sich die weiteren Abschnitte des Kapitels.

16.1 Der Debugger

Der in Visual Studio integrierte Debugger ist ein recht komplexes Werkzeug, ausgestattet mit einer Fülle von Features und Fenstern. Zumindest den Umgang mit den elementaren Debug-Funktionen (auf diese wollen wir uns im Folgenden beschränken) sollte der Programmierer im Schlaf beherrschen, spart er sich doch dadurch viel Zeit und Nerven.

16.1.1 Allgemeine Beschreibung

Beim Debugging spielt der aktuelle Modus des Programms (Entwurfsmodus, Ausführungsmodus oder Unterbrechungs- bzw. Debugging-Modus) eine entscheidende Rolle.

Anhand des Zustands der Schaltflächen *Starten* ▶ DebuggingSample ⌄ ▷ , *Unterbrechen* ❚❚ und *Beenden* ■ erkennen Sie, in welchem Modus Sie sich gerade befinden (Entwurfsmodus, Ausführungsmodus, Unterbrechungsmodus).

Das eigentliche Debugging wird in der Regel im Unterbrechungsmodus vollzogen. Die Zeile, an welcher die Programmausführung unterbrochen ist, erscheint dabei gelb hinterlegt.

HINWEIS: Sie dürfen dank *HotReload* auch im Debugging-Modus Ihren Code editieren und danach das Programm fortsetzen. Allerdings kann in diesem Modus nicht alles Mögliche editiert werden, unter Umständen ist dann ein Neustart der Applikation nötig.

16.1.2 Die wichtigsten Fenster

Über das Menü *Ansicht/Weitere Fenster* bzw. *Debuggen/Fenster* lässt sich eine Vielzahl von Fenstern aufrufen, die mit dem Debugging irgendwie im Zusammenhang stehen und die in der Regel am unteren Rand der IDE erscheinen. Die für den Einstieg zunächst wichtigsten Fenster sind:

- Befehlsfenster (*Ansicht/Weitere Fenster/Befehlsfenster*)
- Direktfenster (*Debuggen/Fenster/Direkt*)
- Lokalfenster (*Debuggen/Fenster/Lokal*)
- Überwachungsfenster (*Debuggen/Fenster/Überwachen*)
- Autofenster (*Debuggen/Fenster/Auto*)
- Ausgabefenster (*Ansicht/Ausgabe*)

HINWEIS: Einige dieser Fenster werden nur im Ausführungs- bzw. Unterbrechungsmodus angeboten!

Befehlsfenster

Unabhängig vom aktuellen Programm können Sie in diesem Fenster nach Belieben mit C#-Anweisungen experimentieren.

Beispiel 16.1: Ausführen einer Rechenaufgabe (10 + 20 * 3,45 = 79,0) im unmittelbaren Modus

C#

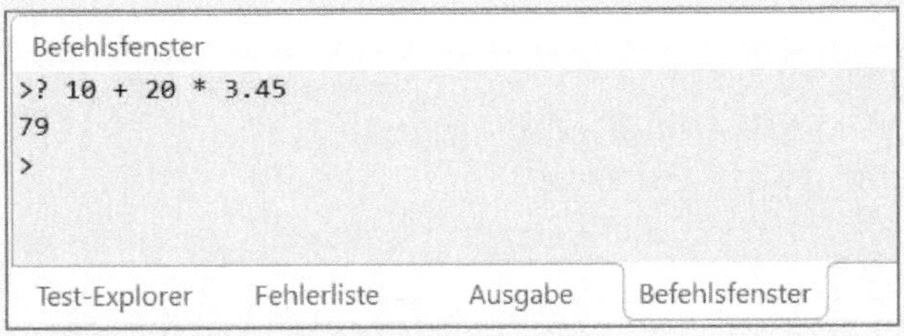

Bild 16.1 Rechnen im Befehlsfenster

HINWEIS: Nützlich ist das Befehlsfenster unter anderem auch für das schnelle Ausprobieren diverser Optionen (zum Beispiel *Format*-Anweisungen o. Ä.).

Direktfenster

Das Direktfenster erlaubt es Ihnen, sich während des Debugging-Prozesses Werte von Variablen oder Ausdrücken ausgeben zu lassen oder sogar diese Werte zu ändern.

HINWEIS: Das Programm muss sich dazu im Unterbrechungsmodus befinden, den Sie z. B. durch Setzen eines Haltepunkts erzwingen können.

Beispiel 16.2: Sie erzeugen im Entwurfsmodus einen Haltepunkt (einfach durch Klick auf die linke graue Randleiste oder durch das Drücken der Taste F9 in der entsprechenden Zeile) und gelangen somit nach dem Programmstart in den Unterbrechungsmodus. Im Direktfenster können Sie nun verschiedene Operationen durchführen, wie Bild 16.2 zeigt.

C#

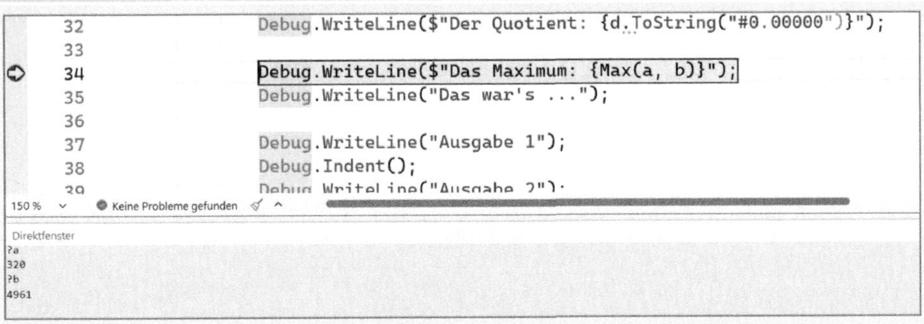

Bild 16.2 Ausgabe von Werten im Direktfenster

Lokal-Fenster

Hier lassen sich – vorausgesetzt das Programm befindet sich im Unterbrechungsmodus – Name, Wert und Typ aller aktuellen Variablen und Objekte anzeigen (Bild 16.3).

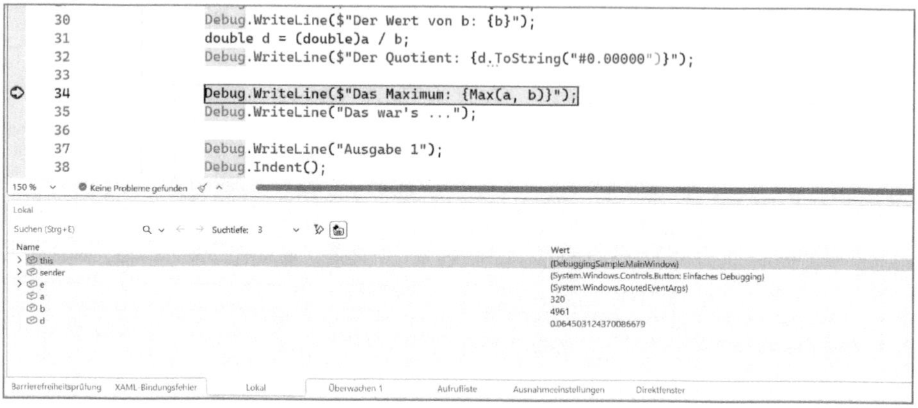

Bild 16.3 Das Lokalfenster zeigt Werte von Variablen an.

Überwachungsfenster

Der Wert bestimmter Variablen bzw. Ausdrücke (Watch-Expressions) kann hier während der Laufzeit überwacht werden. Welche Variablen oder Ausdrücke Sie überwachen wollen, bestimmen Sie durch die Eingabe in die Spalte *Name* (Sie können die Variable auch markieren und per Drag-and-drop in das Fenster ziehen). Über das Kontextmenü eines Wertes können Sie auch bei einer Wertänderung das Programm in den Unterbrechungsmodus wechseln lassen, wie in Bild 16.4 zu sehen ist.

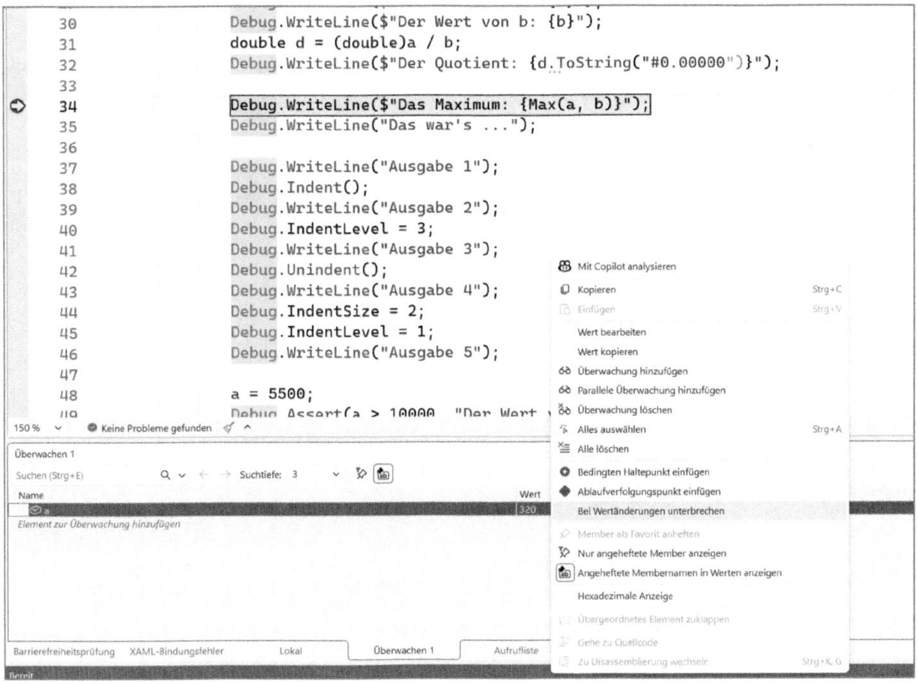

Bild 16.4 Überwachungsfenster mit Kontextmenü

Autofenster

Dieses Fenster zeigt Ihnen alle Variablen der vorhergehenden und der Zeile an, in welcher sich der Haltemodus gerade befindet.

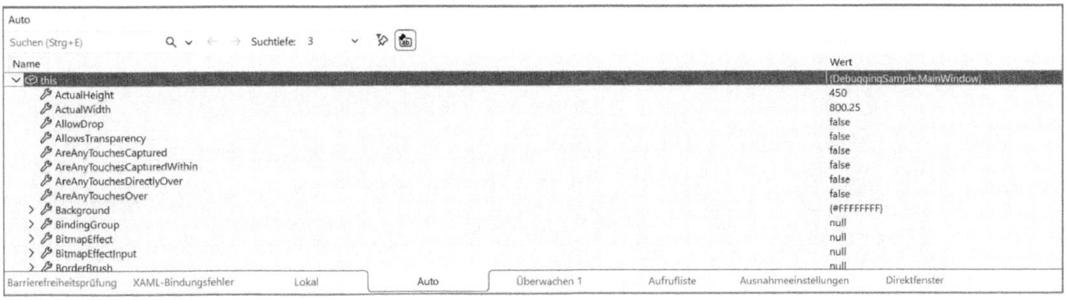

Bild 16.5 Autofenster

Ausgabefenster

In diesem Fenster werden neben diversen Statusmeldungen von Visual Studio auch die Ausgaben des *Debug*- bzw. *Trace*-Objekts angezeigt (siehe Abschnitt 16.2, „Arbeiten mit Debug und Trace“).

Beispiel 16.3: Anzeige von Werten im Ausgabefenster

C#

```
using System.Diagnostics;
...
    Debug.WriteLine($"Der Wert von a: {a}");
    Debug.WriteLine($"Der Wert von b: {b}");
    double d = (double)a / b;
    Debug.WriteLine($"Der Quotient: {d.ToString("#0.00000")}");
```

Ergebnis

Das dazugehörige Ausgabefenster:

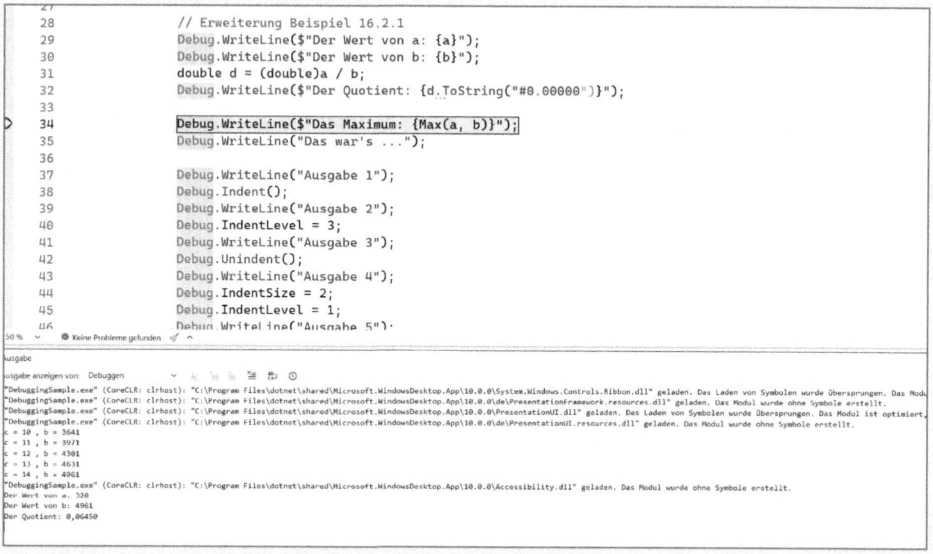

Bild 16.6 Ausgabe von Debug-Anzeigen

16.1.3 Debugging-Optionen

An der Anzahl der Einträge im Menü *Debuggen* erkennen Sie in Bild 16.7 bereits die Vielfalt der Debugging-Möglichkeiten (beachten Sie, dass sich je nach Visual-Studio-Version die Menüeinträge ändern können):

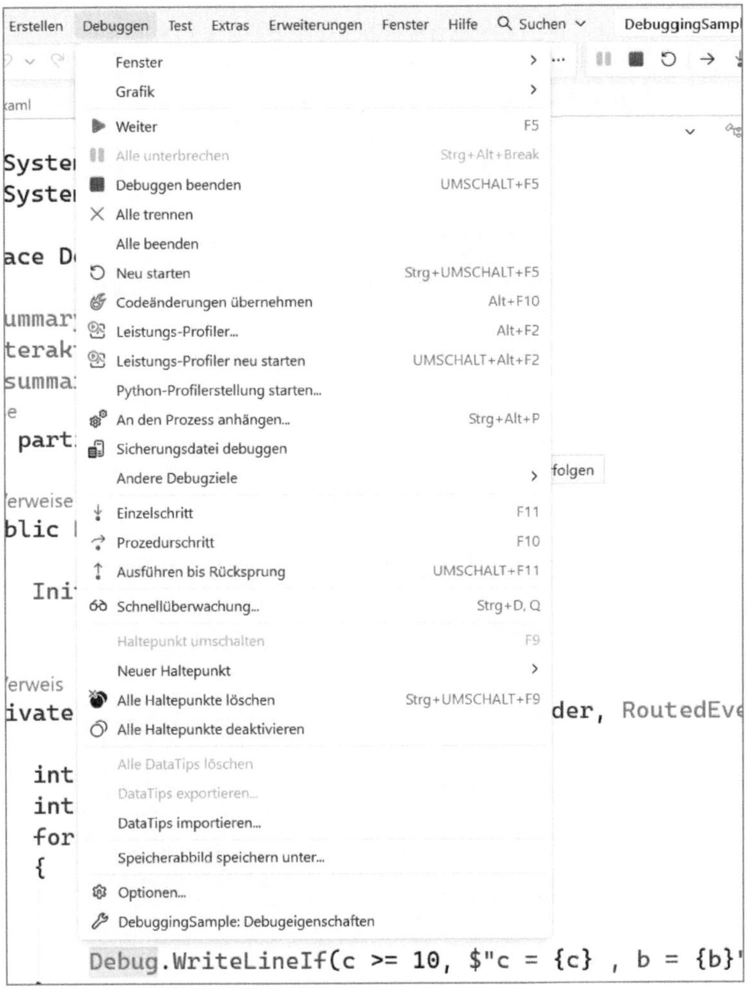

Bild 16.7 Debugging-Menü

Sehr interessant ist der Eintrag *Debugeigenschaften*, den Sie auch direkt über das Drop-down-Menü beim *Starten* aufrufen können. Hier können Sie verschiedene Einstellungen wie Befehlszeilenargumente oder Arbeitsverzeichnis für die Debug-Session einstellen (siehe Bild 16.8).

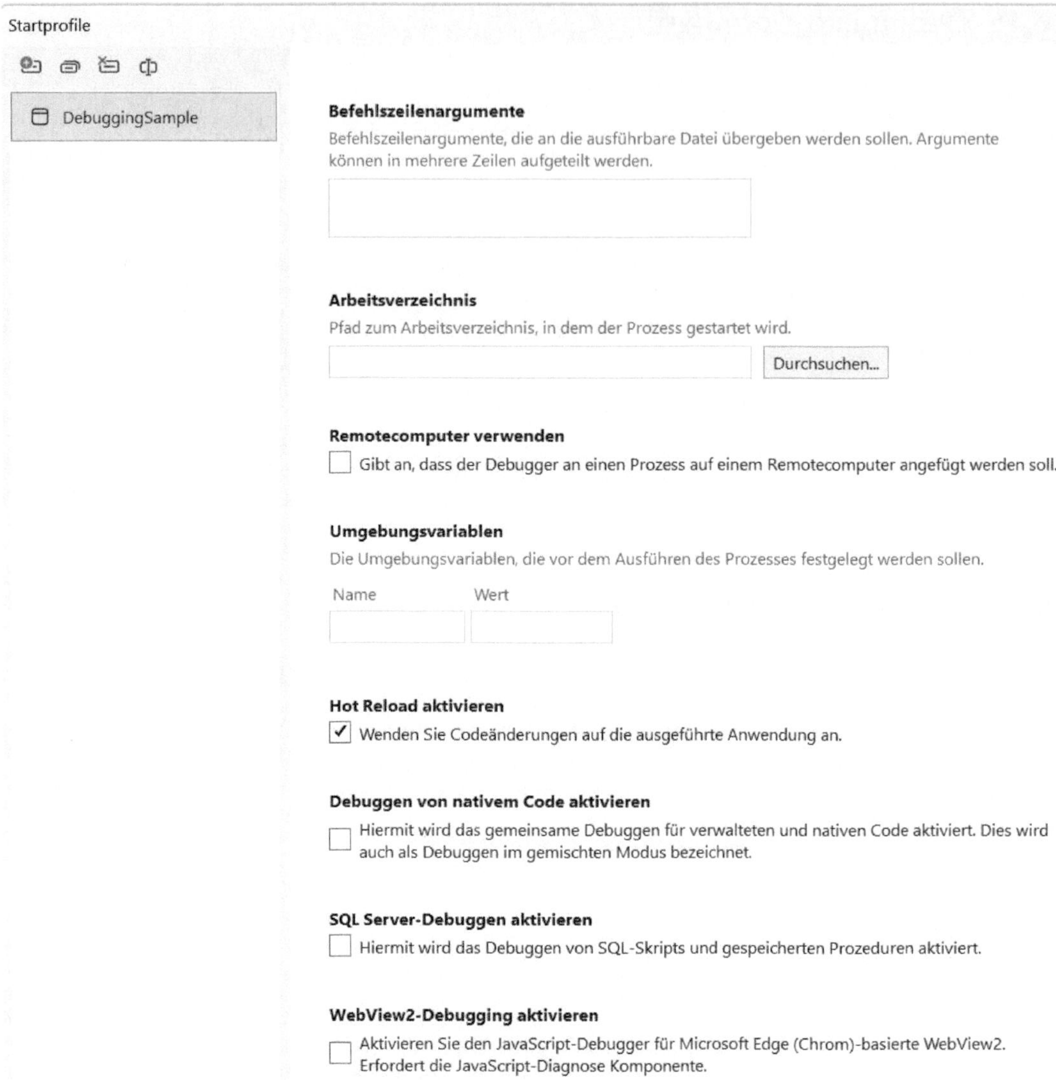

Bild 16.8 Eigenschaften zum Debuggen

Viele Fehler lassen sich nur durch schrittweises Abarbeiten des Quelltextes eingrenzen, Sie können dabei zwischen mehreren Varianten wählen:

Einzelschritt-Modus

Im *Single-Step*-(Einzelschritt-)Modus durchlaufen Sie das Programm (mit F11) zeilenweise. Nach der Ausführung einer Anweisung liegt der Unterbrechungsmodus vor (siehe Bild 16.9).

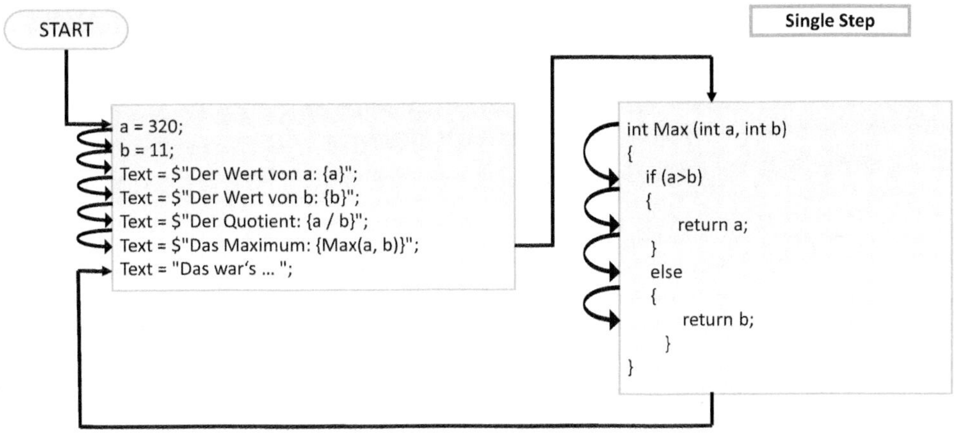

Bild 16.9 Einzelschritt, jede Anweisung wird zeilenweise durchgesteppt

Prozedurschritt-Modus

Bei umfangreicheren Programmen ist das zeilenweise Abarbeiten recht mühsam. Abhilfe schafft hier der *Procedure-Step*-(Prozedurschritt-)Modus (mit **F10**). Zwar wird nach wie vor jede einzelne Zeile verarbeitet, innerhalb von Unterprogrammen wird allerdings nicht mehr angehalten (siehe Bild 16.10).

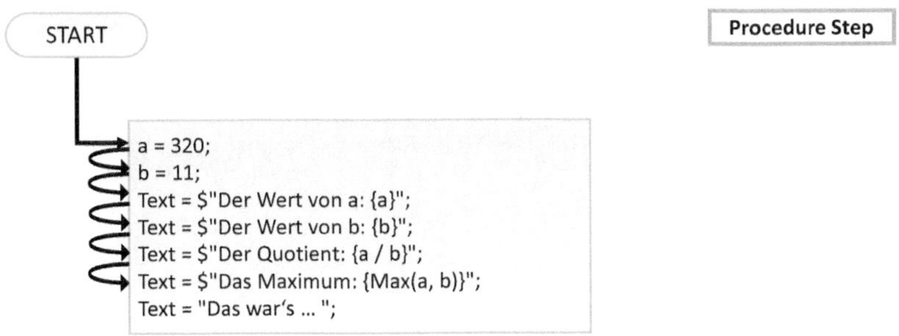

Bild 16.10 Prozedurschritt, Prozeduren werden in einem Schritt übersprungen

Breakpoints

Am komfortabelsten dürfte wohl das Setzen von *Breakpoints* (Haltepunkten) sein. Sie können dazu den Cursor in die entsprechende Anweisung platzieren und die Taste **F9** drücken oder in der Zeile ganz links im Editorfenster in die graue Leiste klicken.

Starten Sie das Programm wie gewohnt, die Ausführung wird an genau dieser Stelle unterbrochen. Auch das Setzen mehrerer Haltepunkte ist möglich (siehe Bild 16.11).

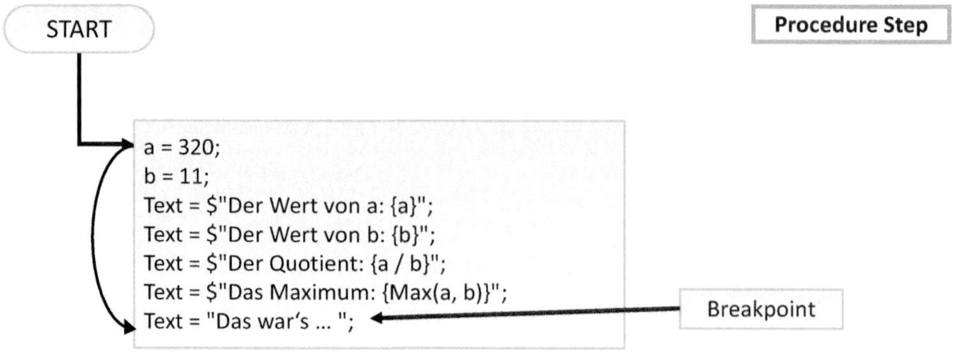

Bild 16.11 Haltepunkte

Über das Kontextmenü eines Haltepunktes können Sie mit *Bedingungen* verschiedene Einstellungen für den Haltepunkt setzen. Die wichtigste ist sicherlich *Bedingungen*, indem Sie unterschiedliche Bedingungen (in C#-Syntax) setzen können, damit der Haltepunkt nur unter bestimmten Voraussetzungen in den Unterbrechungsmodus schaltet. Dies hat vor allem bei langen Schleifen sehr große Vorteile. Bild 16.12 zeigt den Dialog mit den angebotenen Optionen.

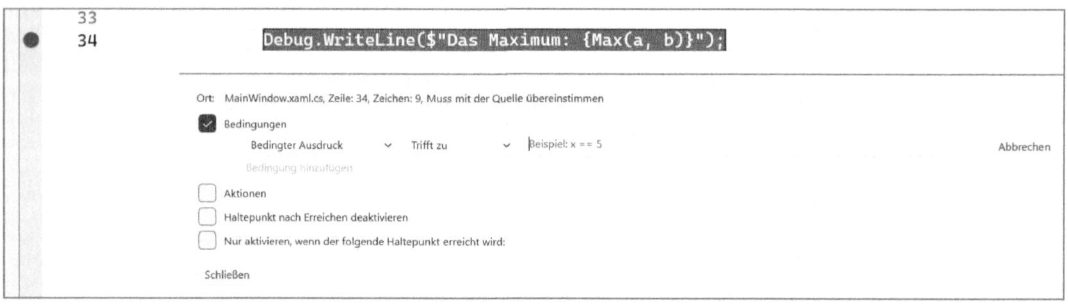

Bild 16.12 Bedingungen für einen Haltepunkt

16.1.4 Praktisches Debugging am Beispiel

Um die einzelnen Betriebsarten zu testen, können Sie natürlich eine beliebige Anwendung nehmen. Die folgenden Ausführungen beziehen sich auf eine einfache WPF-Demo, die sich an obige Abbildungen anlehnt und lediglich aus einem Window besteht.

Beispiel 16.4: Einfache Debugging-Demo

C#

Nach dem Klick auf den *Button* werden die folgenden Anweisungen ausgeführt:

```
private void ButtonDebug_Click(object sender, RoutedEventArgs e)
{
    int a = 320;
    int b = 11;
    for (int c = 0; c < 15; c++)
    {
        b = b + a + 10;
    }
    Max(a, b);
}
```

Die Funktion *Max*:

```
private int Max(int a, int b)
{
   if (b > a )
   {
      return b;
   }
   else
   {
      return a;
   }
}
```

HINWEIS: Obiges Programm hat, wie Sie sehen, keinerlei sinnvolle Funktion. Hier geht es lediglich um die Erläuterung des Grundprinzips.

Haltepunkte setzen

Einen Breakpoint setzen Sie entweder über das Menü *Debuggen/Neuer Haltepunkt* oder Sie klicken einfach mit der Maus auf den linken grauen Rand des Codefensters. Es erscheint ein fetter dunkelroter Punkt und die gesamte Zeile wird markiert. Alternativ drücken Sie die F9-Taste. Genauso einfach lassen sich die Haltepunkte wieder entfernen – Sie brauchen nur darauf zu klicken.

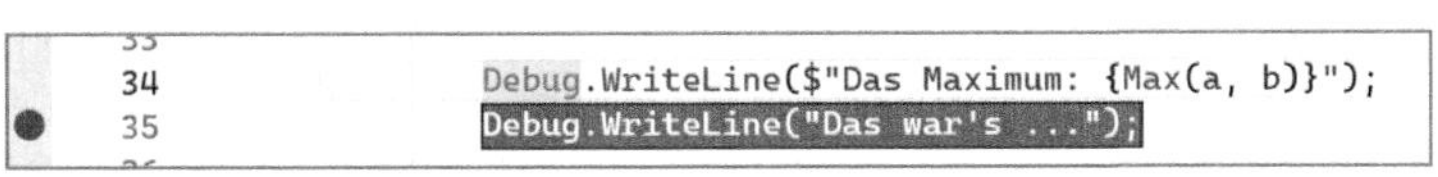

Bild 16.13 Setzen eines Haltepunkts

Nach dem Programmstart (F5) werden alle Anweisungen bis zur Breakpoint-Zeile ausgeführt. Anschließend können Sie schrittweise mit F11 (Einzelschritt) bzw. F10 (Prozedurschritt) fortfahren. Natürlich lassen sich auch mehrere Breakpoints setzen.

Eine sehr praktikable Möglichkeit ist das Setzen von Haltepunkten nicht zur Entwurfs-, sondern erst zur Laufzeit. Sie starten dazu Ihr Programm ganz normal mit F5. Nachdem z. B. das Eröffnungsformular erschienen ist, holen Sie das entsprechende Codefenster nach vorne und setzen den oder die Haltepunkt(e). Nun klicken Sie z. B. auf einen Button und das Programm setzt die Ausführung bis zum Haltepunkt fort.

Besonders dann, wenn Sie mehrere Breakpoints gesetzt haben, sind Sie für eine Übersicht dankbar. Wählen Sie dazu im Menü *Debuggen/Fenster/Haltepunkte*. Es erscheint die Liste aller Haltepunkte.

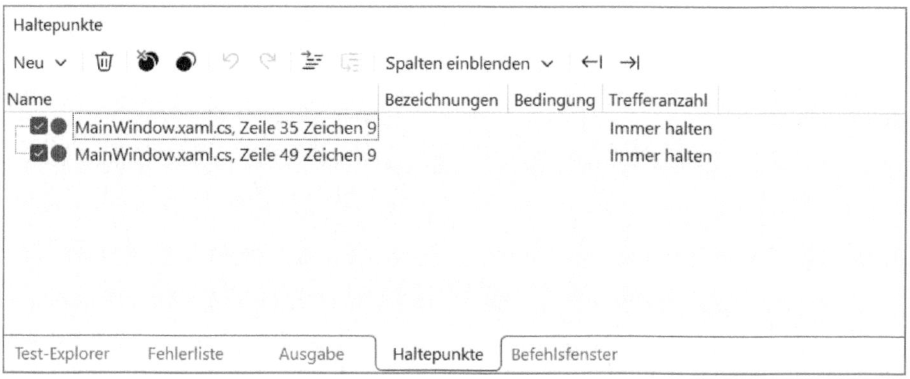

Bild 16.14 In diesem Fenster sehen Sie alle Haltepunkte auf einen Blick.

Auch in diesem Fenster können Sie über den Kontextmenüpunkt *Einstellungen* wieder Bedingungen für diesen Haltepunkt setzen (dazu gleich mehr), oder auch durch Klicken auf die voranstehende *CheckBox* einen Haltepunkt zwischenzeitlich deaktivieren (und danach natürlich wieder aktivieren).

HINWEIS: Um zu einem bestimmten Haltepunkt zu springen, klicken Sie einfach doppelt auf den Eintrag. Der Cursor springt automatisch zur gewünschten Stelle.

Abbruchbedingung setzen

Jeder Haltepunkt kann mit einer Abbruchbedingung verknüpft werden. Öffnen Sie zunächst die Liste der Haltepunkte und klicken Sie dann mit der rechten Maustaste auf den Breakpoint, dem Sie eine Bedingung zuordnen möchten. Im Pop-up-Menü wählen Sie *Einstellungen*. In dem sich öffnenden Dialogfenster wählen Sie *Bedingungen* aus und tragen z. B. die Bedingung *b > 850* ein und bestätigen mit *OK*.

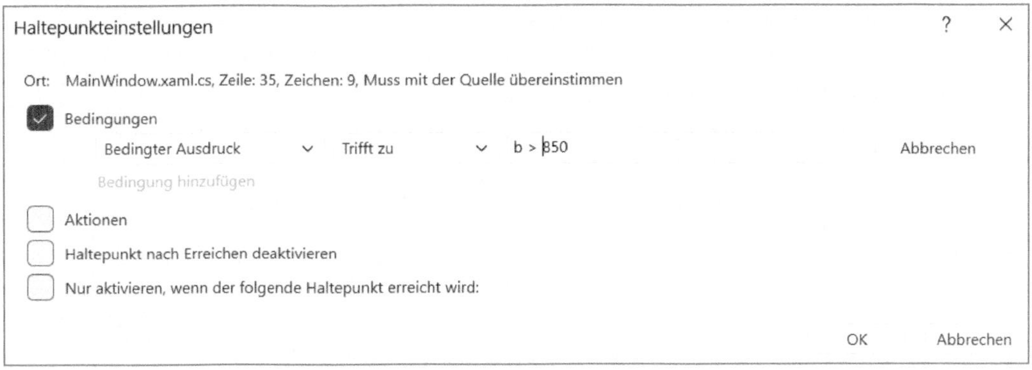

Bild 16.15 Haltepunkteinstellungen

Wenn Sie jetzt unser Demoprogramm normal starten (F5), dürfte der Debugger erst dann die Programmausführung anhalten, wenn *c* einen Wert größer zwei hat (*b* ist zu diesem Zeitpunkt größer als *850*).

HINWEIS: Alternativ können Sie den Breakpoint auch setzen, wenn sich eine Bedingung ändert.

Trefferanzahl verwenden

Reichen Ihnen die bisherigen Bedingungen nicht aus, können Sie zusätzlich auch eine Trefferzahl als Stopp-Bedingung festlegen (klicken Sie hierzu auf *Bedingung hinzufügen*). Unabhängig davon, ob Sie bereits eine Abbruchbedingung gesetzt haben, kann hier das Erreichen des Breakpoints bei der Programmausführung berücksichtigt werden. Welche Bedingungen zulässig sind, zeigt Bild 16.16:

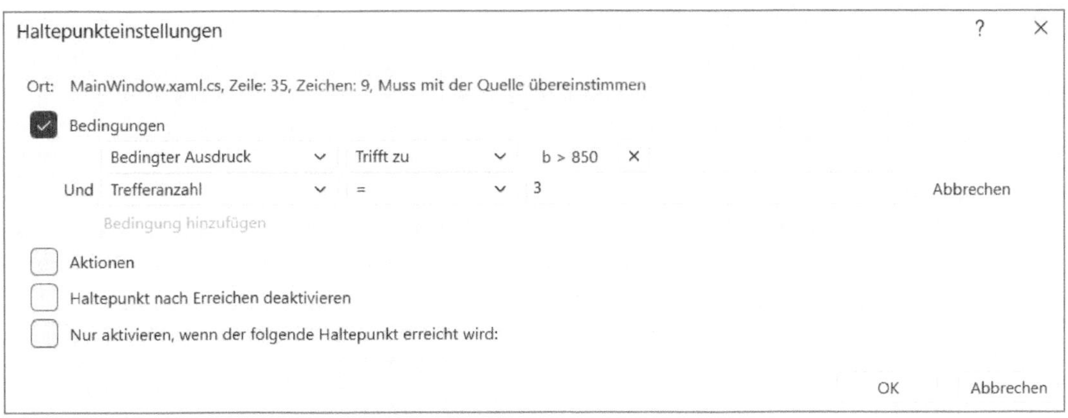

Bild 16.16 Bedingung mit kombinierter Trefferanzahl

Nach obiger Einstellung und unter Beibehaltung unserer Abbruchbedingung stoppt der Debugger, wenn die Variable *c* den Wert fünf hat (zwei Durchläufe für die Abbruchbedingung und drei für die Trefferanzahl).

Einzelschrittmodus

In C# ist der Einzelschrittmodus nur dann sinnvoll, wenn Sie vorher einen Breakpoint gesetzt haben.

Haben Sie einen Breakpoint zum Beispiel in der ersten Zeile des *ButtonDebug_Click*-Ereignisses gesetzt, können Sie ab hier mit **F11** zeilenweise den Programmfortschritt beobachten (gelber Pfeil und gelbe Zeilenmarkierung).

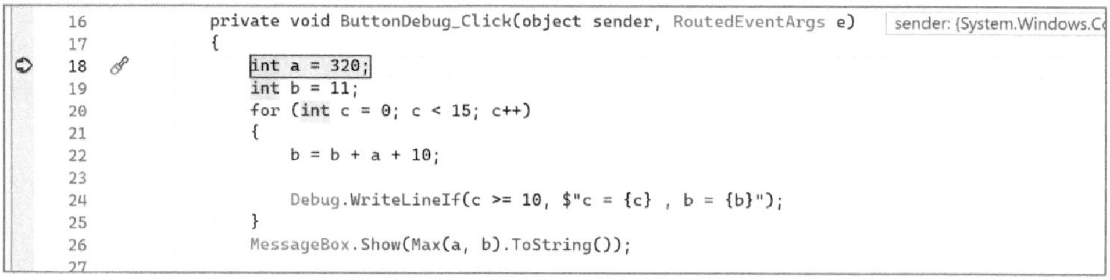

Bild 16.17 Haltepunkt erreicht

Den Wert einzelner Variablen in der Ausführungsposition können Sie über eine gelbe QuickInfo kontrollieren, die sich einblendet, wenn Sie den Mauscursor einen Moment über einer Variablen verweilen lassen:

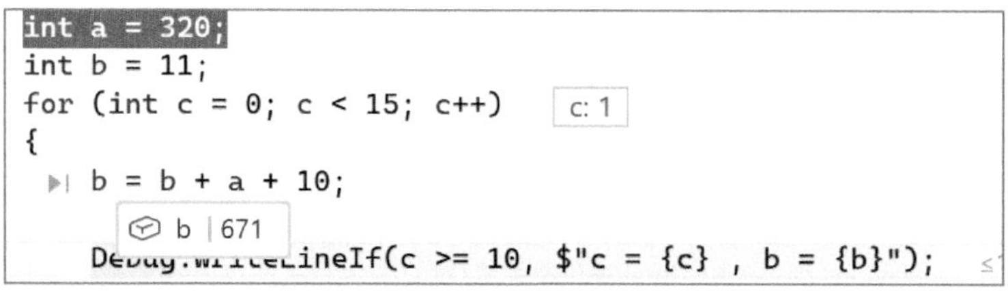

Bild 16.18 Wert der Variablen b

Für diese wie für alle anderen Betriebsarten des Debuggers gilt, dass Sie über **Shift+F5** (bzw. das Menü *Debuggen/Debugging beenden* oder die entsprechende Schaltfläche) den Debug-Modus verlassen können, um in den normalen Entwurfsmodus zurückzukehren.

Prozedurschritt

Bei dieser Variante verfahren Sie völlig analog zum Einzelschritt, nur dass Sie diesmal die **F10**-Taste (oder die entsprechende Schaltfläche) verwenden. Sie werden in unserem Beispiel beobachten, dass bei den Anweisungen innerhalb der *Max*-Methode **nicht** angehalten wird. Den Prozedurschritt werden Sie also nur dann verwenden, wenn es schnell gehen muss und Sie die Fehlerursache außerhalb einer aufgerufenen Methode vermuten.

Ausführen bis Rücksprung

Haben Sie die Möglichkeit des Einzelschritts genutzt und sind Sie in der Methode *Max* angelangt, stellen dort aber fest, dass der Fehler hier ganz bestimmt nicht zu finden ist, dann können Sie mit **Shift+F11** (bzw. dem Menüpunkt *Debuggen/Ausführen bis Rücksprung* oder der entsprechenden Schaltfläche) die gesamte Prozedur übergehen und direkt zum eigentlichen Methodenaufruf zurückspringen.

HINWEIS: Ist ein Ausdruck zu umfangreich oder möchten Sie die Funktion direkt editieren, können Sie das Befehlsfenster aufrufen, um den Ausdruck auszuwerten. Dabei können Sie auf alle aktiven Variablen zugreifen und diese gegebenenfalls auch ändern.

16.2 Arbeiten mit Debug und Trace

Um das Verhalten einer Anwendung zur Laufzeit zu überprüfen, sind Sie nicht nur auf den in Visual Studio integrierten Debugger angewiesen, sondern Sie können auch selbst Programmcode schreiben, der auf den statischen Klassen *Debug* und *Trace* basiert. Beide Klassen ähneln sich fast so wie ein Ei dem anderen.[1]

HINWEIS: Bevor Sie mit *Debug* und *Trace* arbeiten können, müssen Sie den Namespace *System.Diagnostics* einbinden.

16.2.1 Wichtige Methoden von Debug und Trace

Über diese Methoden verfügen sowohl die *Debug*- als auch die *Trace*-Klasse.

Write, WriteLine, WriteIf und WriteLineIf

Die folgende Tabelle erklärt die vier Methoden, die Sie an fast jeder gewünschten Stelle des Programms unterbringen können.

---

[1] Auf den „feinen" Unterschied zwischen beiden Klassen werden wir erst an späterer Stelle eingehen.

Methode	Beschreibung
Write	... schreibt Debug-Ausgaben ohne Zeilenumbruch.
WriteLine	... schreibt Debug-Ausgaben mit Zeilenumbruch.
WriteIf	... schreibt Debug-Ausgaben ohne Zeilenumbruch, wenn eine bestimmte Bedingung erfüllt ist.
WriteLineIf	... schreibt Debug-Ausgaben mit Zeilenumbruch, wenn eine bestimmte Bedingung erfüllt ist.

Zumindest die Methoden *Write* und *WriteLine* dürften Ihnen von der Klasse *Console* bereits bekannt sein. In unserem Fall wird aber nicht in die Konsole, sondern in das Ausgabefenster von Visual Studio geschrieben, das sich normalerweise am unteren Rand der IDE befindet (siehe in Abschnitt 16.1.2, „Die wichtigsten Fenster", den Unterabschnitt „Ausgabefenster"). Falls es nicht sichtbar ist, können Sie das Fenster über das Menü *Ansicht/Ausgabe* zur Anzeige bringen. Die folgenden Beispiele sind eine Ergänzung unserer Debugging-Demo in Abschnitt 16.1.1.

Beispiel 16.5: Demo zur Ausgabe von Debug-Informationen

C#

Ergänzen Sie den folgenden Namespace:

```
using System.Diagnostics;
```

Fügen Sie an das Ende des *ButtonDebug_Click*-Eventhandlers folgenden Code ein:

```
    Debug.WriteLine($"Der Wert von a: {a}");
    Debug.WriteLine($"Der Wert von b: {b}");
    double d = (double) a / b;
    Debug.WriteLine($"Der Quotient: {d.ToString("#0.00000")}");
    Debug.WriteLine($"Das Maximum: {Max(a, b)}");
    Debug.WriteLine("Das war's ...");
```

Nach dem Programmstart befinden sich im Ausgabefenster folgende Zeilen:

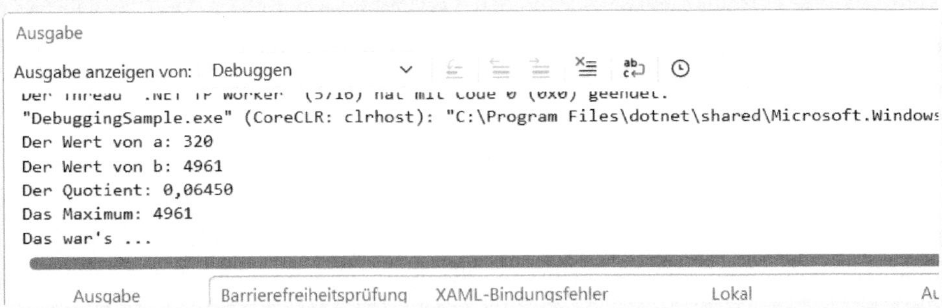

Bild 16.19 Formatierte Ausgaben

Wie Sie sehen, ist eine formatierte Zahlenausgabe möglich.

Alternativ können Sie auch die *Write*-Methode (kein Zeilenumbruch) nutzen oder *WriteIf* bzw. *WriteLineIf* (Ausgabe, wenn eine anzugebende Bedingung *True* ist).

Beispiel 16.6: Ausgabe erfolgt nur, wenn die Schleifenvariable *c* größer gleich *10* ist.

C#

Fügen Sie an das Ende der *for*-Schleife im Vorgängerbeispiel folgende Zeile ein:

```
Debug.WriteLineIf(c >= 10, $"c = {c} , b = {b}");
```

Das Ausgabefenster:

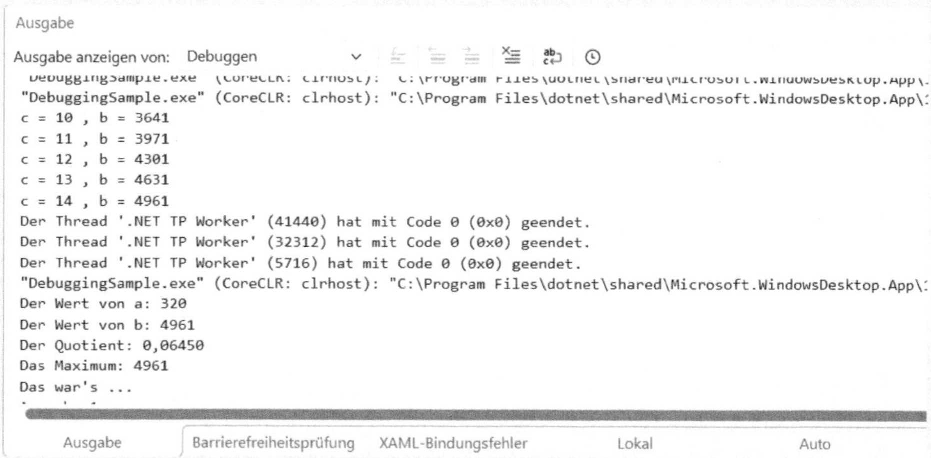

Bild 16.20 Ausgabe nur unter Bedingungen

IndentLevel, Indent, IndentSize und Unindent

Zur Strukturierung der Ausgabe können Sie verschiedene *Indent*-Methoden verwenden:

Methode/Eigenschaft	Beschreibung
Indent()	... erhöht die aktuelle Einzugsebene um eins.
Unindent()	... verringert die aktuelle Einzugsebene um eins.
IndentLevel	... liest oder schreibt die Einzugsebene.
IndentSize	... liest oder schreibt die Anzahl der Leerzeichen eines Einzugs.

Das folgende Beispiel soll für Klarheit sorgen:

Beispiel 16.7: Demonstration verschiedener Texteinzüge

C#

```
using System.Diagnostics;
...
Debug.WriteLine("Ausgabe 1");
Debug.Indent();
Debug.WriteLine("Ausgabe 2");
Debug.IndentLevel = 3;
Debug.WriteLine("Ausgabe 3");
Debug.Unindent();
Debug.WriteLine("Ausgabe 4");
Debug.IndentSize = 2;
Debug.IndentLevel = 1;
```

Debug.WriteLine(„Ausgabe 5“);

Ergebnis

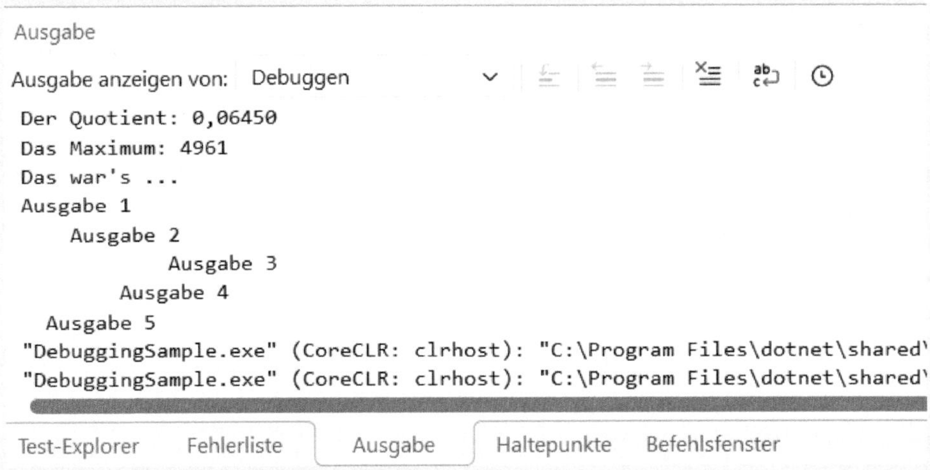

Bild 16.21 Debugausgaben mit Einrückungen

Assert

Diese Methode erlaubt es, bestimmte Bedingungen (Annahmen) zu prüfen. Falls die Annahme (Assert) falsch ist, wird eine Fehlermeldung angezeigt.

Beispiel 16.8: Meldung bei Verletzung einer Annahme

C#

```
using System.Diagnostics;
...
    a = 5500;
    Debug.Assert(a > 10000, "Der Wert von a ist kleiner als 10000!");
```

Ergebnis

Im Ausgabefenster erscheint ein monströses Meldungsfenster, das in Bild 16.22 dargestellt wird.

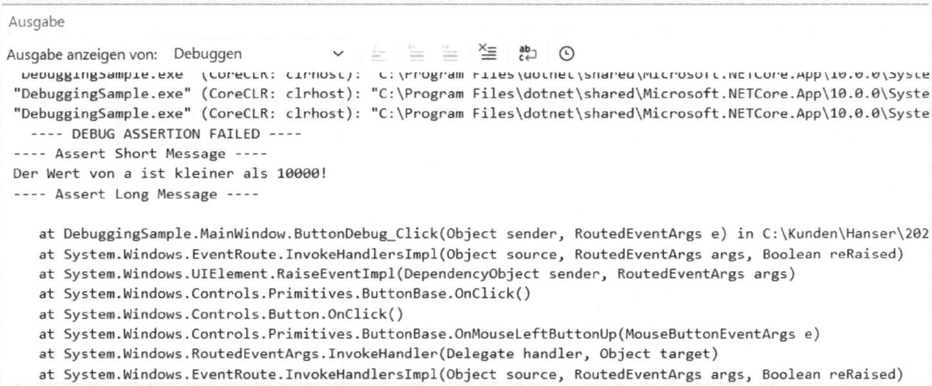

Bild 16.22 Ausgabe von Debug.Assert

Fail

Diese Methode funktioniert ähnlich wie *Assert* und bietet eine elegante Alternative zum Aufruf von *MessageBox.Show*.

Beispiel 16.9: Demo mit *Debug.Fail*

C#

```
using System.Diagnostics;
...
    a = 5500;
    Debug.Fail("Da passt was nicht", a.ToString());
```

Ergebnis

Das Meldungsfenster entspricht prinzipiell dem beim Aufruf der *Assert*-Methode (siehe Beispiel 16.8).

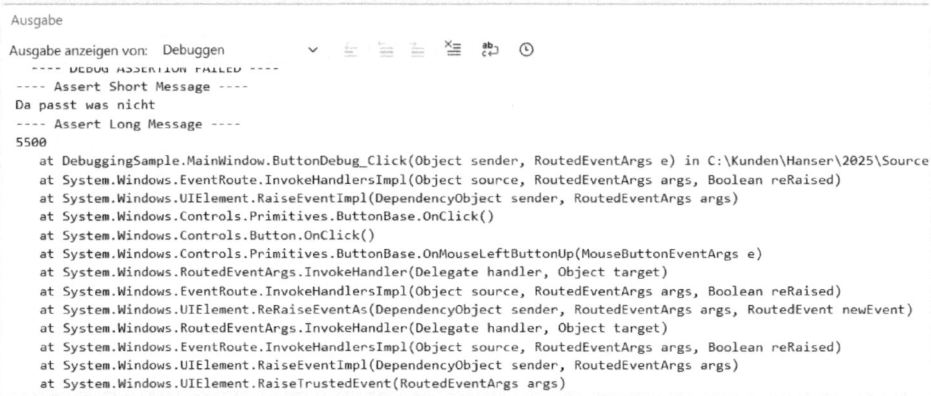

Bild 16.23 Ausgabe von Debug.Fail

16.2.2 Besonderheiten der Trace-Klasse

Bislang hatten wir keinerlei Unterschiede zwischen den Klassen *Debug* und *Trace* festgestellt. Und dennoch gibt es einen, der sich allerdings erst beim Wechsel der Build-Konfiguration bemerkbar macht. Diese stellen Sie mit der kleinen Klappbox in der Symbolleiste von Visual Studio ein (standardmäßig *Debug*).

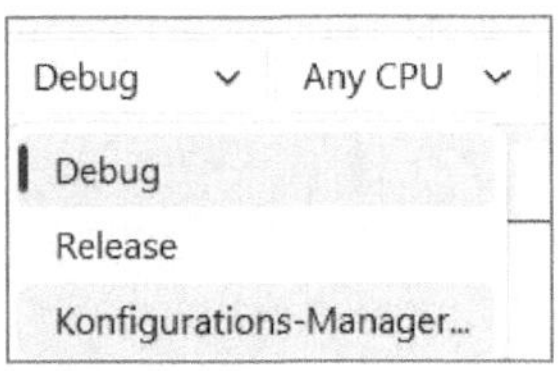

Bild 16.24 Konfiguration der App

Sicher haben Sie im *bin*-Unterverzeichnis Ihres Projektordners bereits die Unterverzeichnisse *Debug* und *Release* entdeckt. Je nach gewählter Build-Konfiguration wird das Kompilat in einem dieser beiden Ordner abgelegt.

Und nun kommen wir zum „feinen" Unterschied: Grundsätzlich werden Aufrufe der Klasse *Trace* immer kompiliert, also unabhängig von der Build-Konfiguration. Wenn Sie aber *Release* wählen, werden vom Compiler nur noch Aufrufe der Klasse *Trace* verarbeitet, die der Klasse *Debug* werden ignoriert.

HINWEIS: Standardmäßig sind in der Release-Build keinerlei Debug-Informationen enthalten!

Es ist zu beachten, dass *Trace*-Aufrufe immer zu einer größeren EXE- oder DLL-Datei führen. Der Vorteil aber ist, dass auch später am fertigen Programm noch Zustände zur Laufzeit geprüft, Fehler lokalisiert und Fehlermeldungen ausgegeben werden können.

16.2.3 TraceListener-Objekte

Nicht immer ist das Ausgabefenster in Visual Studio der ideale Ort, um die Ergebnisse des Debuggings auszuwerten, denn nach Beenden der Anwendung sind sie auf Nimmerwiedersehen verschwunden. Mithilfe von *TraceListener*-Objekten kann man die Meldungen auch in eine Datei oder in das Windows-Ereignisprotokoll umleiten. Das .NET-Framework bietet zahlreiche vordefinierte Listener an, auf die wir alle aber aus Platzgründen nicht näher eingehen können (siehe Onlinehilfe). Lediglich die Klassen *TextWriterTraceListener* und *EventLogTraceListener* sollen – aufgrund ihrer Wichtigkeit – hier kurz beschrieben werden:

TextWriterTraceListener

Sie können diese Klasse verwenden, um Debug-Meldungen in eine Textdatei zu schreiben. Das ermöglicht es Ihnen, Ihre Applikation auch außerhalb der Entwicklungsumgebung zu verwenden und trotzdem ein Fehlerprotokoll zu erhalten.

Beispiel 16.10: Debug-Ausgaben in eine Textdatei umleiten

C#

```
using System.Diagnostics;
using System.Reflection;
using System.Windows;

namespace TraceListenerSample;

public partial class MainWindow : Window
{
    public MainWindow()
    {
        InitializeComponent();
    }
```

```
    private void ButtonTraceListener_Click(object sender, RoutedEventArgs e)
    {
        using TextWriterTraceListener listener =
              new TextWriterTraceListener("Protocol.txt");
        Trace.Listeners.Add(listener);
        Trace.WriteLine("Hier ist eine Debug-Meldung!");
        listener.Flush();
        // leert Ausgabepuffer und schreibt Inhalt in Datei
    }
}
```

Die *Flush*-Methode leert den Ausgabepuffer und schreibt dessen Inhalt in die im Konstruktor angegebene Datei. Alternativ könnten Sie aber auch die *AutoFlush*-Eigenschaft des Trace-Objekts auf *true* setzen.

App.config zur Definition verwenden

Für diejenigen, die in der Vergangenheit die Trace-Configuration über die *app.config* umgesetzt haben, gibt es folgenden Hinweis: Die *app.config* gibt es zwar noch immer, auch wenn sie nicht standardmäßig im Projekt mit angelegt wird, jedoch wird der Abschnitt *system.diagnostic* nicht mehr ausgewertet. Das funktioniert also nicht mehr.

EventLogTraceListener

Wem eine einfache Textdatei zu schnöde ist, der kann die Ausgaben von *Debug*- und *Trace*-Objekt auch in die Ereignisanzeige von Windows schreiben lassen.

Beispiel 16.11: Trace-Ausgaben in das Ereignisprotokoll schreiben

C#

Für das Auslesen des Applikationsnamens den dazu benötigten Namespace hinzufügen:

```
using System.Reflection;
```

Das gewünschte Protokoll aussuchen:

```
        EventLog log = new EventLog("Application");
```

Anwendungsname hinzufügen:

```
        log.Source = Assembly.GetEntryAssembly()?.GetName().Name;
```

EventLogTraceListener erzeugen und nutzen:

```
        EventLog log = new EventLog("Application");
        log.Source = Assembly.GetEntryAssembly().GetName().Name;
        using EventLogTraceListener listener = new EventLogTraceListener(log);
        Trace.Listeners.Add(listener);
        Trace.WriteLine("Hier ist eine Debug-Meldung!");
...
```

Ergebnis

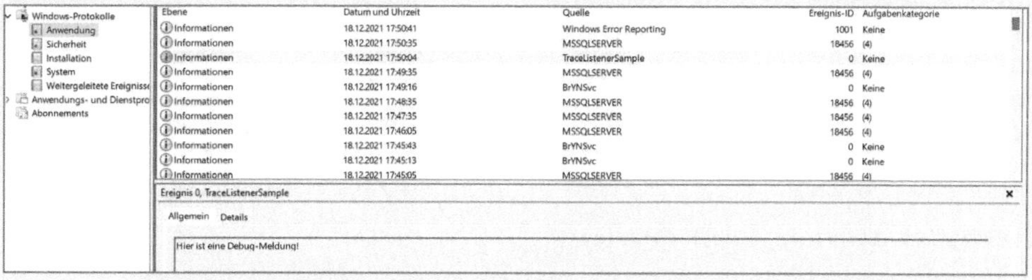

Bild 16.25 Tracing im Windows-Ereignisprotokoll

HINWEIS: Vermutlich werden Sie beim Debuggen aus Visual Studio heraus einen Laufzeitfehler bekommen, da Sie als Anwender nicht das Recht haben, in das *EventLog* zu schreiben. Starten Sie einfach Visual Studio oder auch direkt die kompilierte EXE-Datei als Administrator.

16.3 Caller Information

Dieses Sprachfeature unterstützt Sie bei der Fehlersuche und beim Entwickeln von Diagnose-Tools. So kann z. B. doppelter Code vermieden werden, wenn er in vielen Methoden für den gleichen Zweck aufgerufen wird, wie z. B. beim Logging und Tracing.

16.3.1 Attribute

Folgende Informationen können über Attribute der aufgerufenen Methode von der aufrufenden Methode (Caller) gewonnen werden:

- **CallerFilePath**: Der komplette Pfad der Quelldatei, die den Aufrufer enthält (Dateipfad zur Kompilierzeit)
- **CallerLineNumber**: Zeilennummer in der Quelldatei, in welcher die Methode aufgerufen wird
- **CallerMemberName**: Name des Aufrufers (Methode oder Property)

16.3.2 Anwendung

Ein einfaches Programm soll das Prinzip verdeutlichen:

Beispiel 16.12: Abfragen der Caller Information

C#

```
using System.Runtime.CompilerServices;
using System.Windows;

namespace CallerInfo;

public partial class MainWindow : Window
{
    public MainWindow()
    {
        InitializeComponent();
    }
```

Die aufrufende Methode (Caller):

```
    private void ButtonCallermember_Click(object sender, RoutedEventArgs e)
    {
        LogMethode();
    }
```

Die aufgerufene Methode:

```
    private void LogMethode([CallerMemberName] string callerName = "",
                            [CallerFilePath] string callerFilePath = "",
                            [CallerLineNumber] int callerLineNumber = 0)
    {
        MessageBox.Show($"{callerName} hat {nameof(LogMethode)} von Pfad " +
                  $"{callerFilePath} in Zeile {callerLineNumber} aufgerufen!");
    }
}
```

Ergebnis

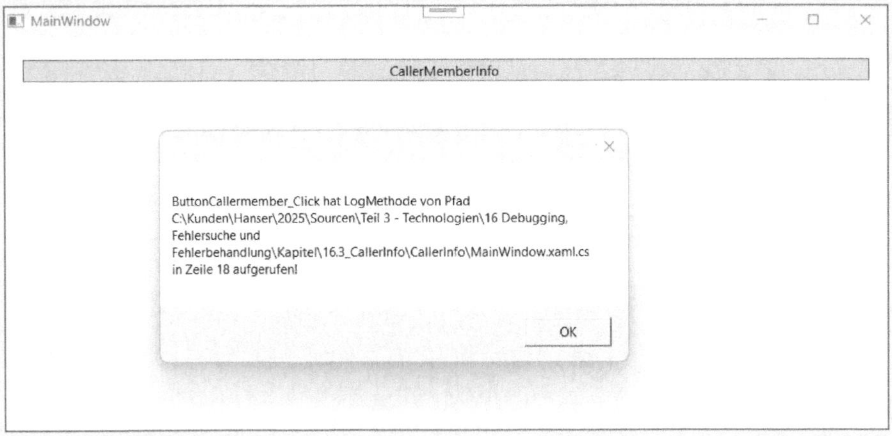

Bild 16.26 Ausgabe der CallerMemberInfo

Durch die Attribute werden die optionalen Parameter mit den entsprechenden Werten befüllt (siehe dazu auch Abschnitt 8.2.2).

16.4 Fehlerbehandlung

Neben den logischen Fehlern, die Sie mit dem Debugger aufspüren können, enthält jeder Code auch eine ganze Reihe weiterer potenzieller Fehlermöglichkeiten, auf die Sie als Programmierer gefasst sein müssen. Beispiele für solche Fehler gibt es viele:

- falsche bzw. unerwartete Anwendereingaben in einem Formular,
- eine fehlerhafte Anmeldung an einer Datenbank wie dem SQL Server
- gesperrte Dateien, fehlende Netzwerkverbindungen etc.,
- fehlende Benutzerrechte,
- zu wenig Speicher,
- die gefürchtete Division durch 0 und andere mathematische Unwägbarkeiten,
- nicht initialisierte Objekte.

16.4.1 Anweisungen zur Fehlerbehandlung

Ist Ihr Programm auf einen Fehler nicht vorbereitet, stürzt es einfach ab.

Sicherlich wollen Sie Abstürze nicht zum Markenzeichen Ihrer Programme werden lassen. Das haben Sie auch nicht nötig, denn C# bietet genügend Möglichkeiten für eine angemessene Fehlerbehandlung.

Drei Konstrukte zur Fehlerbehandlung werden unterstützt:

- *try-catch*-Blöcke
- *try-finally*-Blöcke
- das *Application.OnThreadException*-Ereignis (Windows Forms)
- das *Dispatcher.UnhandledException*-Ereignis (WPF)

16.4.2 try-catch

Programmblöcke, die einen Fehler auslösen können, werden in sogenannten *try-catch*-Blöcken „gekapselt“ (siehe Bild 16.27).

Tritt innerhalb des geschützten Blocks (d. h. zwischen *try* und *catch*) ein Fehler auf, wird die Programmausführung in diesem Block unterbrochen und hinter *catch* fortgesetzt. Sollte kein Fehler auftreten, wird der *catch*-Block **nie** durchlaufen.

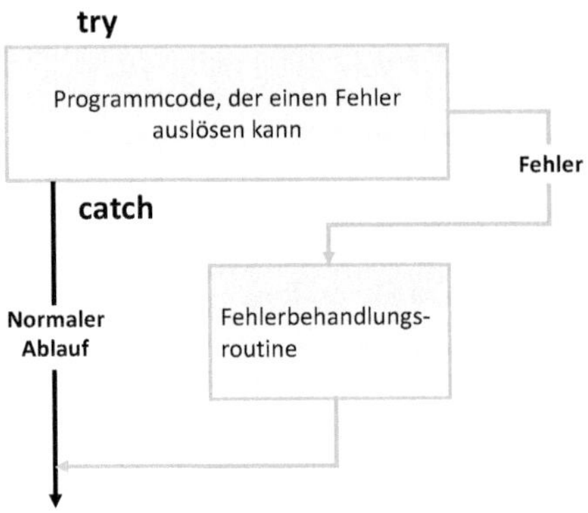

Bild 16.27
try-catch

Beispiel 16.13: try-catch

C#

```
private void ButtonEinfacheFehlerbehandlung_Click(object sender,
                                                   RoutedEventArgs e)
{
    int a = 10;
    int b = 0;
    int c;
    try
    {
        c = a / b;
        Title = c.ToString();
    }
    catch
    {
        Title = "Fehler";
    }
}
```

Tritt im *try-catch*-Block ein Fehler auf, werden alle Anweisungen im *catch*-Block ausgeführt. Das heißt, es wird hier statt des Ergebnisses der String „Fehler" in der Titelleiste des Window angezeigt.

Ausnahmen über Fehlerklassen auswerten

Neben der pauschalen Anzeige einer Dialogbox können Sie auch gezielt einzelne Fehlerklassen behandeln. Verwenden Sie dazu das folgende Konstrukt.

Beispiel 16.14: „Gezielte“ Fehlerbehandlung

C#

```
private void ButtonEinfacheFehlerbehandlung_Click(object sender,
                                                   RoutedEventArgs e)
{
    int a = 10;
    int b = 0;
    int c;
    try
    {
        c = a / b;
        Title = c.ToString();
    }
    catch (Exception ex)
    {
        MessageBox.Show(ex.Message);
        Title = "Fehler";
    }
}
```

Ergebnis

In diesem Fall wird der Fehler über ein *Exception*-Objekt ausgewertet. Sie können sich die systeminterne Fehlermeldung anzeigen lassen (Bild 16.28).

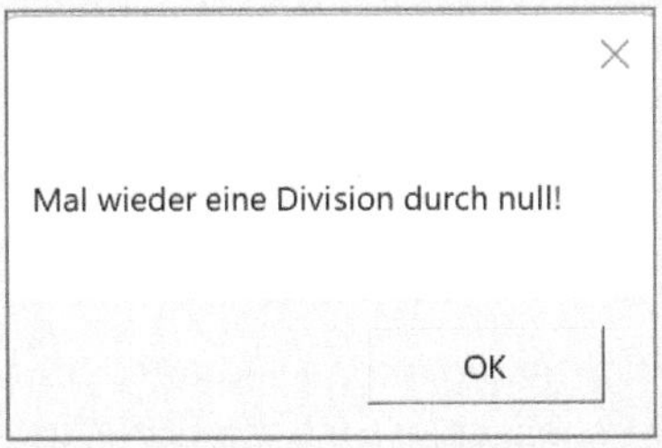

Bild 16.28
Division durch null ist aufgetreten

Spezifische Fehlerklassen auswerten

Tritt ein Fehler in einem größeren Codeblock auf, ist es sicher interessant festzustellen, um welche Art von Fehler es sich handelt. Bei den bisher vorgestellten Varianten wurde Ihnen zwar der Fehlertext übergeben, dessen Auswertung dürfte jedoch viel zu aufwendig sein. Besser ist die Verwendung von spezifischen Fehlerklassen, mit denen Sie Fehler in bestimmte Kategorien einordnen und getrennt behandeln können.

Beispiel 16.15: Spezifische Fehlerklasse verwenden

C#

```
int a = 10;
int b = 0;
int c;
try
{
    c = a / b;
    Title = c.ToString();
}
```

Spezielle Fehlerklasse:

```
catch (DivideByZeroException)
{
  MessageBox.Show("Mal wieder eine Division durch null!");
}
```

Zur Sicherheit auch noch eine allgemeine Fehlerbehandlung:

```
catch (Exception ex)
{
  MessageBox.Show(ex.Message);
  Title = "Fehler";
}
```

Ein paar Probleme dieser Art von Fehlerbehandlung werden Sie sicher auch schon erkannt haben:

- Woher soll man die verschiedenen Fehlerklassen kennen?
- Welche Fehlerklasse tritt bei welcher Ausnahme auf?

Für die erste Frage dürfte es zumindest eine Antwort geben, wenn Sie unter dem Menüpunkt *Debuggen/Fenster/Ausnahmeeinstellungen* nachsehen und von der Menge der Exception-Klassen die beim Aufklappen von *Common Language Runtime Exceptions* erscheint, nicht erschlagen werden.

Ein weiterer Aspekt ist der relativ hohe Code-Aufwand, wenn mehrere Fehlerarten ausgewertet werden sollen.

HINWEIS: Wenn bei einer Division durch 0 einer der beiden Operanden vom Typ *double* ist, dann tritt kurioserweise keine *DivideByZeroException* auf. Statt einer Ganzzahlendivision wird dann eine Fließkommazahlendivision durchgeführt. Bei einer Fließkommazahlendivision ist die 0 nicht definiert. Es wird mit einer Annäherung von 0 dividiert und somit ist das Ergebnis ∞, also unendlich.

Fehler erneut auslösen

Bei den beiden oben genannten Varianten der Fehlerbehandlung wird die Programmausführung normal fortgesetzt. Möchten Sie jedoch, dass der Fehler zu einem Programmabbruch führt, können Sie diesen im *catch*-Block erneut auslösen. Verwenden Sie dazu die *throw*-Anweisung.

Beispiel 16.16: Fehler erneut auslösen

C#

```
int a = 10;
int b = 0;
int c;
try
{
    c = a / b;
    Title = c.ToString();
}
catch (DivideByZeroException)
{
  MessageBox.Show("Mal wieder eine Division durch null!");
  throw;
}
```

Ihre eigene Fehlermeldung wird nun zwar angezeigt, nach dem Aufruf von *throw* verhält sich das Programm jedoch so, als ob keinerlei Fehlerbehandlung vorhanden ist, es sei denn, Sie haben eine übergeordnete Fehlerbehandlung realisiert.

Die *throw*-Anweisung empfiehlt sich gerade bei Fehlern, mit denen Sie nicht rechnen (also vermutlich im *catch*-Block der ganz allgemeinen *Exception*-Klasse). Sie können dann den Fehler in ein Log schreiben und ihn wieder werfen, auch auf die Gefahr hin, dass Ihr Programm abstürzt. Ein Programmabsturz ist nicht schön, aber ehrlicherweise muss man anerkennen, dass sich die Anwendung zu diesem Zeitpunkt in einem nicht definierten Zustand befindet, und lieber crasht die Applikation, als wenn falsche Daten in die Datenbank geschrieben werden oder eine Maschine gegen eine Wand fährt.

HINWEIS: Sehr häufig sieht man in Codebeispielen, dass *throw ex* im Catch-Block aufgerufen wird (*ex* wird dabei hinter der spezifischen *Exception* definiert, so wie beim *Exception*-Block in Beispiel 16.15). Tun Sie das bitte nicht, denn das verändert den *StackTrace* und macht die Fehlersuche nur schwieriger.

Beispiel 16.17: Weiterreichen eines Fehlers an eine übergeordnete Fehlerbehandlung

C#

```
private void Test()
{
    int a = 10;
    int b = 0;
    int c;
    try
    {
        c = a / b;
        Title = c.ToString();
    }
    catch(DivideByZeroException)
    {
        MessageBox.Show("Mal wieder eine Division durch null!");
        throw;
    }
    MessageBox.Show("Alles Ok in Test!");
}

private void ButtonFehlerbehandlungBeiMethodenaufruf_Click(
            object sender, RoutedEventArgs e)
{
    try
    {
        Test();
    }
    catch
    {
        MessageBox.Show("Fehler in Test!");
    }
    MessageBox.Show("Alles Ok im Hauptprogramm!");
}
```

Was läuft hier ab? Zunächst wird durch den Button-Klick die Prozedur *Test* in einem *try-catch*-Block gestartet. In der Prozedur *Test* tritt beim Ausführen der Division ein Overflow auf, der zwar kurzzeitig abgefangen, aber durch die *throw*-Anweisung erneut ausgelöst wird. Die Anweisung *MessageBox.Show(„Alles Ok in Test!")* wird nie ausgeführt, da der erneut auftretende Fehler direkt in die übergeordnete Fehlerbehandlung, d. h. bei *Button_Click*, verzweigt. Hier wird der Fehler mit der Meldung *„Fehler in Test"* endgültig abgearbeitet. Die Programmausführung wird anschließend mit „Alles Ok im Hauptprogramm!" normal fortgesetzt.

16.4.3 try-finally

Ein weiteres Konstrukt zur Fehlerbehandlung ist dann von Interesse, wenn „das Kind schon in den Brunnen gefallen ist".

Nach dem Motto „Retten, was zu retten ist" geht es darum, Systemressourcen etc. auch im Fehlerfall sicher wieder freizugeben. Die Rede ist von den *try-finally*-Blöcken.

Sollte ein Fehler den gewohnten Ablauf stören, wird die Programmausführung im geschützten Block unterbrochen und **nach** *finally* in jedem Fall fortgesetzt.

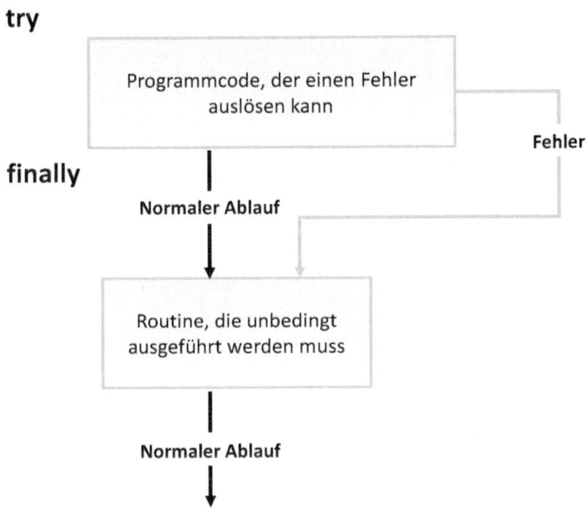

Bild 16.29 try-finally

HINWEIS: Der *finally*-Block wird auch beim „normalen", also fehlerfreien Programmablauf ausgeführt. Auch wenn in einem *catch*-Block *throw* oder *return* aufgerufen wird, wird der *finally*-Block definitiv noch ausgeführt.

Diese Art der Fehlerbehandlung sollten Sie für das Reservieren/Freigeben von Ressourcen verwenden (Speicher, Objekte, Schließen von Dateien und Datenbankverbindungen und dergleichen).

Beispiel 16.18: ***try-finally*** **beim Versuch, zwei Datenbankverbindungen zu öffnen. Um dieses Beispiel laufen lassen zu können, müssen Sie zuerst das NuGet-Paket** ***System. Data.*****SqlClient in der aktuellen Version ins Projekt laden.**

C#

```
using System.Data.SqlClient;
...
    private void ButtonFinally_Click(object sender, RoutedEventArgs e)
    {
        SqlConnection conn1 = new SqlConnection("Data Source=.;
            Initial Catalog=Northwind;Integrated Security=true;");
        SqlConnection conn2 = new SqlConnection("Data Source=.;
            Initial Catalog=DieEsNichtGibt;Integrated Security=true;");
        try
        {
            conn1.Open();
            conn2.Open();
        }
        finally
        {
            MessageBox.Show("Datenbankverbindungen schließen!");
            if (conn1.State == System.Data.ConnectionState.Open)
            {
                conn1.Close();
            }
            if (conn2.State == System.Data.ConnectionState.Open)
            {
                conn2.Close();
            }
        }
        MessageBox.Show("Alle Ok!");
    }
```

Der Versuch, die zweite Connection zu öffnen, wird fehlschlagen, wenn die Datenbank *„DieEsNichtGibt"* auf dem System nicht vorhanden ist. Im *finally*-Block wird aber die erste Verbindung jetzt auch wieder geschlossen und somit bleibt keine Ressource im Speicher hängen.

HINWEIS: Sie können diese Art von Fehlerbehandlung auch mit der *try-catch*-Fehlerbehandlung verbinden, um die Fehlerdialogbox zu vermeiden.

Prinzipiell ist *finally* immer dann sinnvoll, wenn irgendwelche Aufräumarbeiten (oder Freigabe von Ressourcen) sowohl im positiven wie auch im Fehlerfall durchzuführen sind. Man spart sich einfach das Duplizieren von Code.

Beispiel 16.19: ***try-catch-finally*** **(siehe Vorgängerbeispiel)**

C#

```
private void ButtonFinally_Click(object sender, RoutedEventArgs e)
{
    SqlConnection conn1 = new SqlConnection("Data Source=.;
        Initial Catalog=Northwind;Integrated Security=true;");
    SqlConnection conn2 = new SqlConnection("Data Source=.;
        Initial Catalog=DieEsNichtGibt;Integrated Security=true;");
    try
    {
        conn1.Open();
        conn2.Open();
    }
    catch
    {
        MessageBox.Show("Leider konnten die Datenbanken nicht geöffnet werden!");
    }
    finally
    {
        MessageBox.Show("Datenbankverbindungen schließen!");
        if (conn1.State == System.Data.ConnectionState.Open)
        {
            conn1.Close();
        }
        if (conn2.State == System.Data.ConnectionState.Open)
        {
            conn2.Close();
        }
    }
    MessageBox.Show("Alle Ok!");
}
```

Die Programmausführung wird anschließend normal fortgesetzt.

16.4.4 Das Standardverhalten bei Ausnahmen festlegen

Ganz kurz hatten wir ihn schon angesprochen, den Menüpunkt *Debuggen/Fenster/ Ausnahmeeinstellungen*, hinter dem sich u. a. folgende Dialogbox versteckt (siehe Bild 16.30).

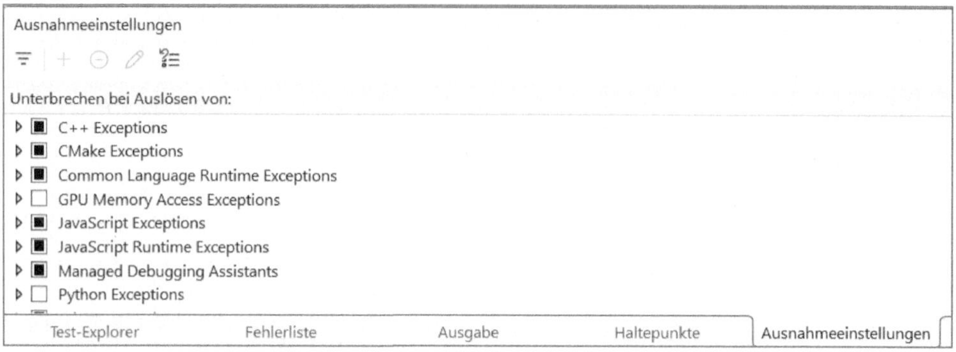

Bild 16.30 Ausnahmeeinstellungen

Neben der reinen Darstellung einer hierarchisch gegliederten Liste der möglichen Ausnahmen bietet die Dialogbox auch die Möglichkeit, das Verhalten des Debuggers bei Ausnahmen anzupassen. Zwei Optionen sind zu unterscheiden:

- das Verhalten, wenn eine Ausnahme ausgelöst wird (also noch vor der eigentlichen Fehlerbehandlung),
- das Verhalten, wenn eine Ausnahme nicht durch das Programm behandelt wird (z. B. *try-catch*).

HINWEIS: Alle hier vorgenommenen Einstellungen gelten nur für das Debugging. Die Release-Version wird davon nicht beeinflusst.

16.4.5 Die Exception-Klasse

Was genau ist eigentlich eine *Exception*? In .NET ist die Antwort schnell gefunden, wie immer handelt es sich um eine Klasse bzw. ein Objekt, das über seine Eigenschaften Informationen zur gerade aufgetretenen Ausnahme bzw. zum Fehler zur Verfügung stellt:

Eigenschaft	Beschreibung
HelpLink	Verweis (z. B. URL, Link) auf eine ausführliche Beschreibung des Fehlers (z. B. Hilfedatei)
HResult	Eine eindeutige Fehlernummer
InnerException	Ein Verweis auf die ursprüngliche Exception

Eigenschaft	Beschreibung
Message	Ein beschreibender Text
Source	Anwendung bzw. Objekt, in dem der Fehler aufgetreten ist
StackTrace	Liefert Informationen vom Aufruf-Stack
TargetSite	Ein Verweis auf die Methode, die die Ausnahme verursacht hat

Wie Sie eine Ausnahme auslösen bzw. wie Sie eine neue Ausnahmeklasse erzeugen, erfahren Sie in den folgenden Abschnitten. Ausgangspunkt für eigene *Exceptions* ist in jedem Fall die *Exception*-Klasse mit den oben genannten Eigenschaften.

Die *Exception*-Klasse ist praktisch die Mutter aller spezifischen *Exception*-Klassen. Jede *Exceptionklasse* (auch eigene) sollte von der *Exception*-Klasse, oder einer bereits vererbten Klasse, erben.

16.4.6 Fehler/Ausnahmen auslösen

Neben den vom System bzw. vom Framework ausgelösten *Exceptions* können Sie auch selbst Ausnahmen auslösen. Die dafür notwendige Anweisung *throw* hatten Sie bereits in einem der vorhergehenden Abschnitte kennengelernt. Ziel in den vorhergehenden Abschnitten war das erneute Auslösen einer *Exception*, nachdem eine Fehlerbehandlung eingesetzt hatte. Der Fehler führte in diesem Fall entweder zur erneuten Fehlerbehandlung in einem übergeordneten *try-catch*-Konstrukt oder zu den schon bekannten Fehlerdialogboxen.

Der Anweisung selbst wird als Parameter ein initialisiertes *Exception*-Objekt übergeben. Den Typ bestimmen Sie anhand der Ausnahme.

HINWEIS: Wenn Sie *throw* aufrufen, um die *Exception* an eine aufrufende Methode weiterzugeben, dann sollten Sie *throw* ohne Parameter verwenden. Anderenfalls verlieren Sie den *StackTrace*.

Beispiel 16.20: Eine Prozedur *Test* erwartet zwei Argumente a und b, die einen festgelegten Wertebereich haben. Wird dieser überschritten, löst die Prozedur eine Exception aus.

C#

```
private void Test(int a, int b)
{
    if ((a > 80_000)||( b > 100_000))
    {
        throw new Exception("Wertebereich nicht eingehalten");
    }
}
```

Ergebnis

Wird die Prozedur mit ungültigen Parametern gestartet, so stürzt das Programm ab.

16.4.7 Eigene Fehlerklassen

So praktikabel auch die bisherigen Varianten sind, in einigen Fällen möchte man doch eigene Fehlerklassen erzeugen, sei es, dass spezielle Parameter übergeben werden oder dass das Verhalten geändert werden soll. Auch die Auswertung der Fehler kann wesentlich differenzierter erfolgen. Last, but not least, sind eigene Fehlerklassen im Zusammenhang mit der Komponentenentwicklung interessant.

HINWEIS: Alle eigenen Fehlerklassen erben von *Exception*, der Basisklasse für Fehler, oder von einer von ihr bereits abgeleiteten Klasse. Oft verwendet man eigene *Exception*-Klassen auch nur, um eine differenziertere Fehlerbehandlung durchführen zu können und um eigene Logikexceptions von denen des Frameworks unterscheiden zu können.

Ein leicht verständliches Beispiel soll die Vorgehensweise vermitteln.

Beispiel 16.21: Es soll eine neue Fehlerklasse entwickelt werden.

C#

Die Klasse (wir leiten von der *Exception*-Klasse ab):

```
public class MyException : Exception
{
```

Der Konstruktor:

```
    public MyException(string message) : base(message)
    {
      // Konstruktor unter Angabe einer Nachricht
    }
}
```

Die Verwendung (Auslösen der neuen Exception):

```
    private void Test(int a, int b)
    {
       if ((a > 80_000)||(b > 100_000))
       {
          throw new MyException("Wertebereich nicht eingehalten");
       }
    }
```

Die Verwendung (Fehlerbehandlung):

```
    private void ButtonEigeneExceptions_Click(object sender, RoutedEventArgs e)
    {
        try
        {
            Test(100_000, 10_000);
        }
        catch (MyException ex)
    {
        MessageBox.Show(ex.Message);
    }
```

HINWEIS: Am einfachsten legen Sie eine eigene *Exception*-Klasse mit dem *Code-Snippet Exception* an. Tippen Sie in einer leeren Codedatei einfach *Exception* und drücken Sie dann zweimal die **Tab**-Taste. Sie erhalten folgendes Codegerüst (Bild 16.31):

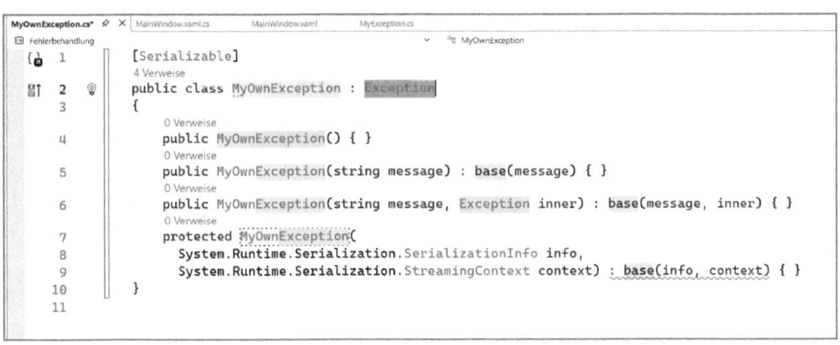

Bild 16.31 CodeSnippet Exception erzeugt das dargestellte Codegerüst.

Ob Sie alle Konstruktoren, die angelegt wurden, tatsächlich brauchen, bleibt natürlich Ihnen überlassen. Aber löschen ist einfacher als erst neu schreiben, denken wir mal. Tatsächlich wird mittlerweile die letzte Überladung, die mit den Serialisierungsparametern, als veraltet gekennzeichnet. Diese Überladung können Sie gerne entfernen, sie sorgt ja auch für eine Warnung. Außerdem werden Sie das *Serializable*-Attribut für die eigene Exceptionklasse nicht mehr benötigen. Hintergrund ist, dass dieses Attribut für die Serialisierung der *Exception* mittels *BinaryFormatter* (ebenso wie die letzte Überladung) benötigt wurde. Durch die Abschaffung des *BinaryFormatters* in den neuen.NET-Versionen wird somit diese Überladung und auch das Attribut nicht mehr benötigt.

16.4.8 Exceptionhandling zur Debugzeit

Auch während der Programmentwicklung erhalten Sie durch Visual Studio eine komfortable Unterstützung bei der Fehlersuche. Der *Exception*-Dialog ist nicht modal. Das heißt, Sie können mit Ihrer Arbeit am Quellcode fortfahren, ohne den Dialog vorher schließen zu müssen. Falls der Dialog stört, verschieben Sie ihn einfach in eine beliebige Ecke des Codefensters (während des Verschiebens erscheint der Dialog transparent).

Klicken Sie auf *Details anzeigen*, um weitere Informationen zu erhalten. Außer einer Fehlerbeschreibung gibt Ihnen die Dialogbox auch Hinweise zur Fehlerbehebung mit diversen Links.

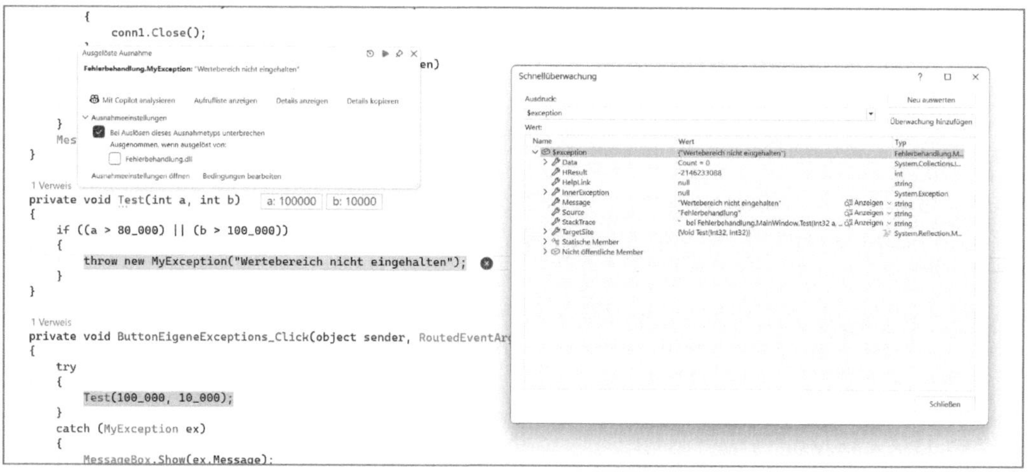

Bild 16.32 Fehlerdetails

16.4.9 Hinweise, welche Exceptions in einer Methode auftreten können

Am Besten sollte man in seinem Code alle Exceptions, mit denen man rechnet, abfangen. Aber woher soll man denn wissen, welche Exceptions überhaupt beim Aufruf einer anderen Methode, deren Quellcode man vielleicht gar nicht kennt, geworfen werden?

Bei den meisten Bibliotheken bekommt man die möglichen Ausnahmen tatsächlich angezeigt, wenn man mit der Maus über die Methode fährt.

Bild 16.33 zeigt die möglichen Ausnahmen beim Aufruf der *Open*()-Methode einer *SqlConnection.*

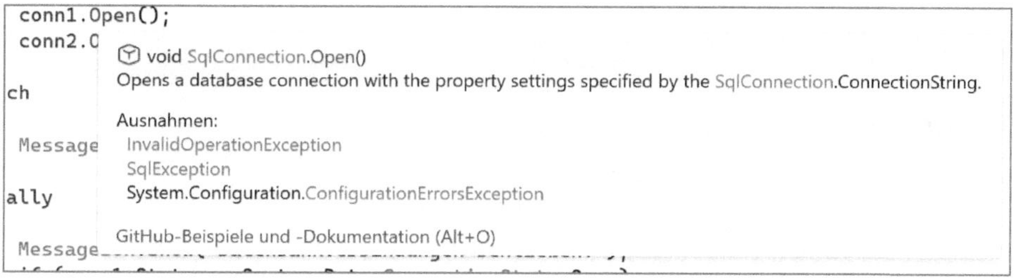

Bild 16.33 Ausnahmen beim Aufruf der Open()-Methode einer SqlConnection

Implementiert ist das durch die sogenannte XML-Kommentarsyntax, die Sie auch selbst verwenden können.

Mit */// *vor dem Methodenkopf wird ein Kommentarblock erzeugt, bei dem Sie außer einer Beschreibung der Methode und den Parametern auch angeben können, welche Exceptions geworfen werden können.

Beispiel 16.22: XML-Kommentar für die Methode Test

C#

```
    /// <summary>
    /// Testmethode
    /// </summary>
    /// <param name="a">Zahl kleiner 80.000</param>
    /// <param name="b">b Zahl kleiner 100.000</param>
    /// <exception cref="MyException">Wenn a und B nicht im Wertebereich</
exception>
    private void Test(int a, int b)
    {
        if ((a > 80_000)||( b > 100_000))
        {
            throw new Exception("Wertebereich nicht eingehalten");
        }
    }
```

Bild 16.34 zeigt die Hilfestellung beim Aufruf der Methode *Test*.

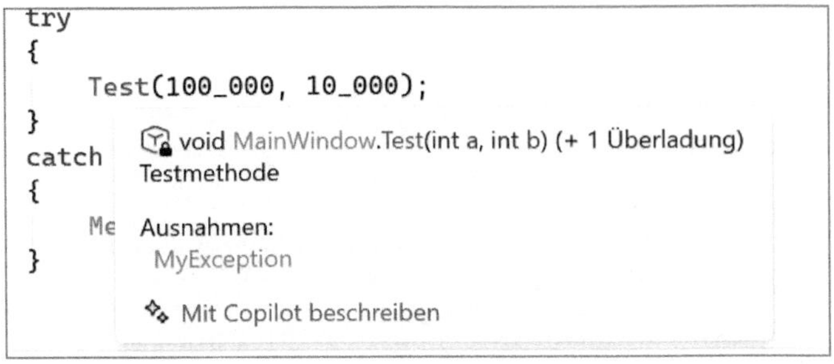

Bild 16.34 Ausnahmen beim Aufruf der eigenen Test-Methode

17 Entity Framework Core

Entity Framework ist die empfohlene Datenzugriffstechnologie unter .NET. Microsoft brachte 2008 die erste Version von .NET Entity Framework auf den Markt. Diese Entity-Framework-Version wurde für das klassische .NET bis zur Version 6 weiterentwickelt. Danach begann die Portierung auf .NET Core und 2016 erschien dann die erste Entity-Framework-Core-Version. Mittlerweile sind wir bei EF Core 10.0 (parallel erschienen mit dem .NET 10 Framework) angekommen. Um keine Verwechslung mit dem in 2013 klassischen EF6 zu riskieren, wurde im Gegensatz zum Framework der Namenszusatz „Core“ noch nicht entfernt.

HINWEIS: Jahrelang war ADO.NET die Datenbankzugriffstechnologie in .NET und es kann auch noch weiterhin genutzt werden. ADO.NET ist der Unterbau des Entity Framework, wird aber von diesem komplett gekapselt. In den Onlinekapiteln finden Sie ein Kapitel zu ADO.NET und auch zum klassischen .NET Entity Framework.

17.1 Überblick

Nach der Erstveröffentlichung des Entity Framework haben wir bei Kunden sehr häufig eine gewisse Skepsis gegenüber dem Entity Framework festgestellt. Nachdem die ersten kritischen Fragen beantwortet wurden und die Vorgehensweise erläutert wurde, hat sich diese Skepsis jedoch schnell gelegt und ist bei dem einen oder anderen sogar in Begeisterung umgeschlagen.

Da das Entity Framework nicht Bestandteil des .NET Frameworks ist/war, müssen Sie entsprechende NuGet-Pakete zu Ihren Projekten hinzufügen.

Gerade an der Anzahl dieser NuGet-Pakete sieht man, wie verbreitet diese Technologie mittlerweile ist. Siehe dazu Tabelle 17.1.

Tabelle 17.1 Downloadzahlen des Entity Framework (Stand Dezember 2025)

Version	Download gesamt	Download täglich (Durchschnitt)
EF Core	ca. 1,9 Milliarden	ca. 519 300
EF	ca. 373 Millionen	ca. 69 100
Aktuelle Version EF Core 10.0.1	ca. 856 400	Erschienen vor 20 Tagen

HINWEIS: Entity Framework Core ist plattformunabhängig, sprich einsetzbar unter Windows, macOS und Linux.

17.1.1 Objektrelationaler Mapper (ORM)

Das Entity Framework ist Microsofts ORM (objektrelationaler Mapper), der den Zugriff auf die Datenbank über ein Objektmodell gewährleistet. Für jede Tabelle der Datenbank, auf die der Zugriff gewährt werden soll, wird im Objektmodell eine Klasse definiert (eine sogenannte Entität). Jede Spalte wird dabei durch eine Property dargestellt. Methoden wird man in den Entitätsklassen nicht finden. Bild 17.1 zeigt das Grundprinzip von Entity Framework als objektrelationaler Mapper.

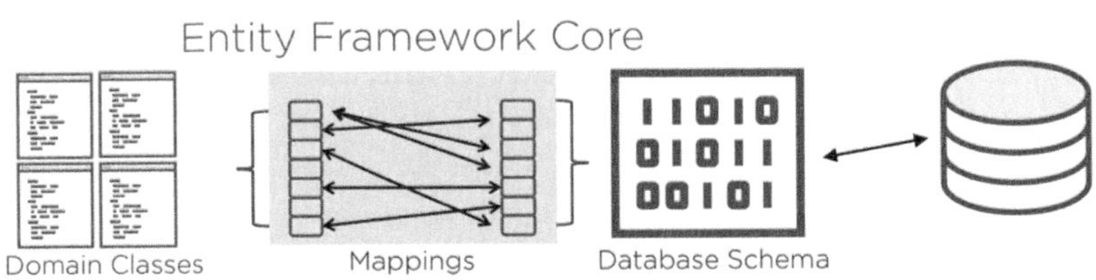

Bild 17.1 ORM

Da wir heutzutage zumeist mit relationalen Datenbanken arbeiten, ist auch noch interessant, wie Relationen im Objektmodell dargestellt werden, da es ja keine Fremdschlüsselbeziehungen bei Objekten gibt.

Dies wird im EF dadurch realisiert, dass das übergeordnete Objekt eine zusätzliche Property als Liste des untergeordneten Objekts enthält, und auch das untergeordnete Objekt enthält als zusätzliche Property einen Verweis auf das übergeordnete Objekt. Diese Properties werden auch als *Navigation Properties* bezeichnet.

Wurden diese Navigation Properties im klassischen Entity Framework erst beim Zugriff automatisch nachgeladen – dieser Vorgang nennt sich *Lazy Loading* – so verzichtet EF Core auf dieses automatische Nachladen.

So komfortabel *Lazy Loading* auf den ersten Blick war, so tückisch hat es sich in der Praxis erwiesen, weil plötzlich (zum Beispiel bei Serialisierung oder Datenbindung an Controls) diese Eigenschaften verwendet wurden und plötzlich die halbe Datenbank im Speicher war. Dies führte sehr schnell zu großen Performanceproblemen (und die Skeptiker fühlten sich im Recht).

EF Core will diese Stolperfallen von Haus aus verhindern und führt ein sogenanntes *Eager Loading* durch. Das bedeutet, dass der Entwickler genau festlegen muss, welche Daten und Abhängigkeiten zu einem bestimmten Zeitpunkt geladen werden sollen.

Lazy Loading lässt sich jedoch durch ein zusätzliches NuGet-Paket aktivieren. Aber wir wollen Sie jetzt nicht auf dumme Ideen bringen.

Der gesamte Datenzugriff wird dann über eine Klasse, die von *DbContext* erbt, erledigt. In Ihrem abgeleiteten *Context* definieren Sie lediglich, welche Objekte bearbeitet werden und auf welche Tabellen somit über die Entitätsklassen zugegriffen wird. Die gesamte Basisfunktionalität zum lesenden und schreibenden Zugriff steckt bereits in der Basisklasse. Sie müssen somit keine SQL-Befehle mehr in Ihrer Anwendung definieren und laden und speichern Ihre Daten nur mit bereits bestehenden Methoden der von *DbContext* abgeleiteten Klasse.

EF Core unterstützt nur noch *Code First*. In früheren Versionen hat es noch *Database First* gegeben. Unter *Code First* versteht man, dass aus einem Objektmodell (in C#) eine Datenbank erstellt werden kann.

Zum Erzeugen des *Code First*-Objektmodells gibt es zwei unterschiedliche Herangehensweisen, die wir uns in diesem Einführungskapitel ansehen wollen.

CodeFirst mit neuer Datenbank

Bei *Code First* definieren Sie mit C# das Objektmodell und aus diesen Klassendefinitionen können Sie dann automatisch die Datenbank erzeugen. Durch Migrationen können Sie außerdem definieren, dass Änderungen an Ihrem Objektmodell automatisch zu einer Anpassung der Datenstruktur führen. Weitere Änderungen am Objektmodell werden dann mittels Migration in die Datenbank geschrieben, sodass die Modelle immer übereinstimmen.

Reverse Engineering

Sehr häufig gibt es bereits zu Projektbeginn eine bestehende Datenbank. Mit *Reverse Engineering* können Sie nun von einer bestehenden Datenbank das Objektmodell automatisch generieren lassen. Alle weiteren Datenmodelländerungen werden aber jetzt durch das Objektmodell durchgeführt und genauso wie bei CodeFirst per Migration an die Datenbank übertragen.

DatabaseFirst (nicht mehr unterstützt)

In den ersten Entity-Framework-Versionen hat es noch *Database First* gegeben, bei der das Objektmodell immer aus der Datenbank heraus aktualisiert wurde. Im Hintergrund stand ein riesiges XML-Mappingfile (**.edmx*), das immer mehr Probleme machte, bis sich Microsoft dazu entschied, diese Technologie einzustellen.

Der große Vorteil von einem objektrelationalen Mapper, und somit auch von Entity Framework Core, besteht darin, dass man Änderungen nur über das Objektmodell durchführt und keine eigenen SQL-Statements mehr schreiben muss. Bei Datenmodelländerungen hat man oft lange im Code sämtliche Stellen in den SQL-Strings suchen und viel Testaufwand reinstecken müssen, damit das Programm wieder fehlerfrei lief. Beim Entity Framework sehen Sie die Stellen sofort, denn das, was bei einem fehlerhaften SQL-Statement erst als Laufzeitfehler aufpoppte, ist jetzt bereits ein Compilerfehler.

Auch die unterschiedlichen SQL-Dialekte gehören der Vergangenheit an, da Sie ja kein eigenes SQL mehr schreiben müssen; darum kümmern sich die sogenannten Provider (siehe Abschnitt 17.1.2).

Die Entwicklerproduktivität wird so durch den Einsatz von Entity Framework deutlich erhöht und durch den Einsatz von *LINQ to Entities* haben Sie eine einheitliche Abfragesyntax über alle unterschiedlichen Objekte und Datenmodelle. Der Entwickler muss sich nicht mehr um lästige SQL-Syntax und ADO.NET-Datenbankobjekte kümmern, sondern kann sein ganzes Augenmerk auf die Domänenobjekte legen.

Entity Framework ist im Übrigen komplett auf den .NET Stack aufgebaut und somit optimal in die.NET-Welt integriert.

17.1.2 Provider

Entity Framework Core unterstützt selbstverständlich nicht nur den hauseigenen SQL-Server, sondern fast die komplette Palette der heutigen Datenbankwelt. Dabei werden die EF Core Provider von Microsoft oder den Datenbankherstellern mittels NuGet-Paketen zur Verfügung gestellt.

Auf *https://learn.microsoft.com/en-us/ef/core/providers/?tabs=dotnet-core-cli* finden Sie eine Übersicht aller möglichen Datenbankprovider für Entity Framework Core.

Für die aktuelle Version stehen Stand Ende Januar 2024 die in Tabelle 17.2 aufgelisteten Provider zur Verfügung.

Tabelle 17.2 EF Core Provider für EF9/10

NuGet-Paket	Unterstützte Datenbank	Hersteller
Microsoft.EntityFramework-Core.SqlServer	SQL Server ab Version 2012	Microsoft
Microsoft.EntityFramework-Core.SqLite	SQLite ab Version 346.1	Microsoft
Microsoft.EntityFramework-Core.InMemory	InMemory-Datenbanken[1]	Microsoft
Microsoft.EntityFramework-Core.Cosmos	Azure Cosmos DB	Microsoft
Npgsql.EntityFramework-Core.PostgreSQL	PostgreSQL – Stand heute (Dezember 2025) wird nur bis EF Core 9 unterstützt	Npgsql-Entwicklungsteam
Pomelo.EntityFramework-Core.MySql	MySQL, MariaDB – Stand heute (Dezember 2025) wird nur bis EF Core 9 unterstützt	Pomelo Foundation Project
Oracle.EntityFrameworkCore	Oracle DB 19c	Oracle
EntityFrameworkCore.Ydb	YDB	YDB

Auf den ersten Blick sind das jetzt noch nicht so viele Hersteller, doch bedenken Sie, dass EF Core 10 bei Redaktionsschluss des Buches erst seit gut zwei Monaten veröffentlicht ist. Gehen Sie davon aus, dass auch viele Hersteller ihre Provider demnächst von EF Core 8 oder 9 auf EF Core 10 aktualisieren.

Dadurch, dass die Provider alle auf einheitliche Schnittstellen aufbauen, müssen Sie bei einem Wechsel des Datenbanksystems nur noch ein NuGet-Paket austauschen. Sie brauchen keine Änderungen mehr an Ihrem Code durchführen. Okay, den Connectionstring werden Sie anpassen müssen sowie die Zeile, welchen Provider Sie nutzen, aber das war es dann schon. Die Zeiten, in denen Sie mühevoll Ihre SQL-Anweisungen anpassen mussten, sind somit Vergangenheit. Falls Sie auch zu den Skeptikern gehörten, haben wir Sie hoffentlich jetzt schon ein wenig überzeugt.

[1] Vor allem für Testszenarien genutzt

17.1.3 Relationale Beziehungen

Bevor wir loslegen, wollen wir noch betrachten, welche Beziehungen in einem Datenbankmodell vorhanden sein können, und wie diese in einem EF-Core-Objektmodell implementiert werden.

1:n-Beziehungen

Dies ist vermutlich die am häufigsten vorkommende Relation in einem relationalen Datenbankmodell. In den Entitätsklassen wird das mit einer Liste von n-Objekten in dem Hauptobjekt dargestellt. In der n-Tabelle kann dann ein Verweis auf das Hauptobjekt vorhanden sein.

Stellen wir uns vor, es gibt eine Tabelle *Kunden* und ein Kunde kann beliebig viele Bestellungen haben. Dann würde diese Relation so abgebildet werden, wie in Beispiel 17.1 dargestellt.

Beispiel 17.1: Entitätsklassen *Kunde.cs* und *Bestellung.cs*

C#

```
public class Kunde
{
    public int Id { get; set; }
    ...
    public virtual ICollection<Bestellung> Bestellungen { get; set; }
}

public class Bestellung
{
    public int Id { get; set;}
    ...
    public virtual Kunde Kunde { get; set; }
}
```

1:1-Beziehungen

Eine 1:1-Beziehung sollte es ja laut der 3. Normalform eigentlich nicht geben, aber es gibt immer wieder Situationen, in denen es in der Entwicklung einfacher ist, sie über 1:1-Beziehungen abzubilden.

Stellen wir uns vor, dass der Kunde noch ein Kundenbild mit ein paar Informationen besitzt. Hier ist es vielleicht sinnvoll, das Bild in eine eigene Entität auszulagern, um beim Laden eines Kunden nicht immer das Bild mit zu laden, und somit den Netzwerktraffic zu vermindern. Diese Relation würden Sie wie in Beispiel 17.2 gezeigt abbilden.

Beispiel 17.2: Die Entitätsklassen *Kunde.cs* und *Kundenbild.cs*

C#

```
public class Kunde
{
    public int Id { get; set; }
    ...
    public virtual Kundenbild Bild { get; set; }
}

public class Kundenbild
{
    public int Id { get; set;}
    ...
    public int KundeId { get; set; }
    public virtual Kunde Kunde { get; set; }
}
```

In diesem Beispiel haben wir in der Entität *Kundenbild* noch zusätzlich den Fremdschlüssel der Tabelle *Kunde* angegeben. Dies können Sie machen, müssen Sie aber nicht machen. Es gibt aber durchaus Szenarien in denen dieses Vorgehen sinnvoll ist. Sie können diesen Fremdschlüssel natürlich auch bei einer klassischen 1:n-Beziehung angeben.

m:n-Beziehungen

m:n- oder *many to many*-Beziehungen findet man auch sehr häufig in Datenbankmodellen. Vor EF Core .NET 5 wurde dies durch drei Entitätsklassen – in der Datenbank gibt es dafür ja auch drei Tabellen – abgebildet.

Seit .NET 5 hat sich das jedoch geändert und es gibt nur noch zwei Klassen, in denen jeweils wiederum eine Liste des anderen Teiles der m:n-Beziehung definiert ist.

Wie jeder von uns wahrscheinlich seit Beginn der Pandemie und dem daraus resultierenden Homeoffice festgestellt hat, hat sich die Anzahl der Meetings in dieser Zeit dramatisch erhöht. Eine Person wird an mehreren Meetings (hoffentlich nicht gleichzeitig) teilnehmen und ein Meeting besteht aus mehreren Personen.

Schauen wir uns dieses Szenario in Beispiel 17.3 an.

Beispiel 17.3: Die Entitätsklassen *Person.cs* und *Meeting.cs*

C#

```
public class Person
{
    public int Id { get; set; }
    ...
    public virtual ICollection<Meeting> Meetings { get; set; }
}

public class Meeting
{
    public int Id { get; set; }
    ...
    public virtual ICollection<Person> Teilnehmer { get; set; }
}
```

Obwohl es in der Datenbank drei Tabellen (*Person, Meeting, PersonMeeting*) geben würde, bildet EF Core ab der Version 5 dies in zwei Klassen ab.

Etwas anders schaut es jedoch aus, wenn in dieser Zwischentabelle noch weitere Informationen abgebildet werden sollen, wie ein Kommentar oder eine Bewertung der einzelnen Person für dieses konkrete Meeting.

In diesem Fall würden Sie die m:n-Beziehung in zwei 1:n-Beziehungen aufteilen. Dann würde die Klassenaufteilung wie in Bild 17.2 dargestellt erfolgen.

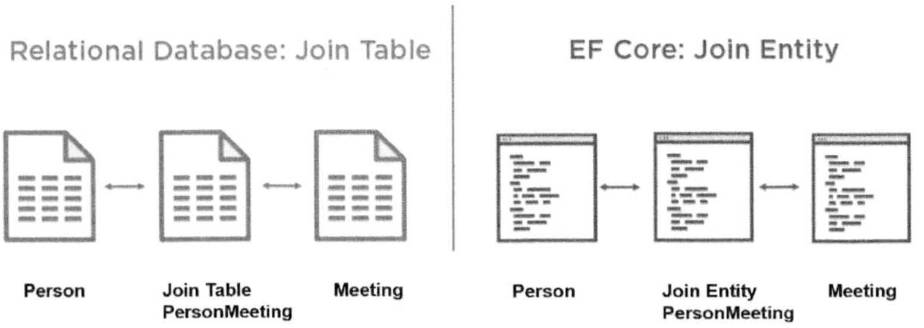

Bild 17.2 m:n-Beziehungen, wenn zusätzliche Informationen benötigt werden, mit zusätzlicher Join Entity

Beispiel 17.4 illustriert dieses Vorgehen.

Beispiel 17.4: Entitätsklassen *Person.cs, Meeting.cs* und *PersonMeeting.cs*

C#

```
public class Person
{
    public int Id { get; set; }
    ...
    public virtual ICollection<PersonMeeting> Meetings { get; set; }
}

public class Meeting
{
    public int Id { get; set; }
    ...
    public virtual ICollection<PersonMeeting> Teilnehmer { get; set; }
}

public class PersonMeeting
{
    public int Id { get; set; }
    ...
    public int PersonId { get; set; }
    public virtual Person Teilnehmer { get; set; }
    public int MeetingId { get; set; }
    public virtual Meeting Meeting { get; set; }
}
```

Die Angabe der Fremdschlüsseleigenschaften *PersonId* und *MeetingId* ist hier auch wieder optional, aber gerade im Beispiel einer „aufgebohrten" m:n-Beziehung meistens sinnvoll.

Dieses Szenario wollen wir im Praxisbeispiel in Abschnitt 17.7.2 noch mal detailliert zeigen.

17.1.4 Benötigte NuGet-Pakete

Für den Einsatz von Entity Framework Core benötigen Sie zwingend die folgenden beiden NuGet-Pakete:

- Microsoft.EntityFrameworkCore (aktuelle Version 10.0.1)
- Microsoft.EntityFrameworkCore.SqlServer (aktuelle Version 10.0.1) oder ein anderer Provider für Ihr Datenbanksystem

Das ist zum einen die Bibliothek mit der Grundfunktionalität für EF Core sowie der spezifische Provider für die Datenbank. Es muss ja nicht zwingend der Provider für den SQL-Server sein.

Beide Pakete haben eine sehr lange Liste von weiteren abhängigen NuGet-Paketen (zum Beispiel *System.Data.SqlClient*), die aber automatisch mitgeladen und hier nicht speziell aufgeführt werden.

Außerdem empfehlen wir Ihnen auch noch das Paket *Microsoft.EntityFramework-Core.Tools*. In diesem Paket sind einige PowerShell-Skripte enthalten, die Sie in der Paket-Manager-Konsole ausführen können. Diese PowerShell-Skripte benötigen Sie in jedem Fall für ReverseEngineering und Datenbankmigrationen. Mehr dazu erfahren Sie in Abschnitt 17.3.

Eine detaillierte Anweisung zum Hinzufügen von NuGet-Paketen haben wir bereits in Abschnitt 12.5.1 dargestellt.

HINWEIS: Da das Hinzufügen von NuGet-Paketen in Visual Studio manchmal etwas mühselig ist empfehlen wir Ihnen, zuerst Ihren Provider (in unseren Beispielen *Microsoft.EntityFrameworkCore.SqlServer*) zu installieren. Da *Microsoft.EntityFrame-workCore* ein davon abhängiges Paket ist, müssen Sie dieses dann nicht mehr explizit installieren. Es genügt dann einfach, *Microsoft.EntityFrameworkCore.Tools* zu installieren und fertig.

In Bild 17.3 sehen Sie die installierten Pakete nach der Installation der drei Entity-Framework-Komponenten.

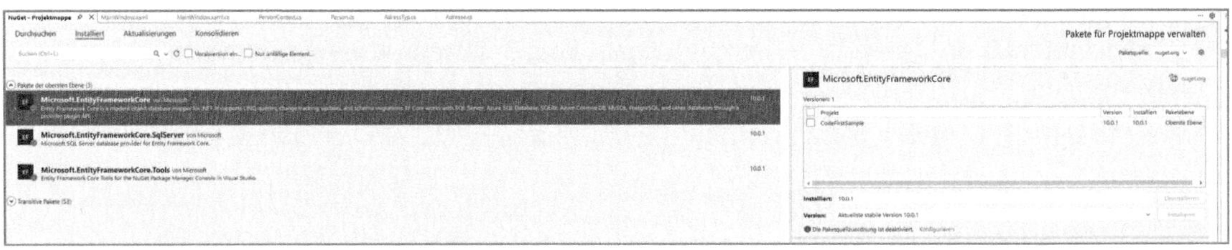

Bild 17.3 Benötigte NuGet-Pakete

HINWEIS: Für alle folgenden Beispiele müssen wir diese NuGet-Pakete zu den jeweiligen Projekten hinzufügen. Die einzelnen Schritte werden im weiteren Verlauf dieses Kapitels nicht mehr explizit beschrieben. Sollten Sie ein anderes Datenbanksystem als den SQL Server verwenden, dann wechseln Sie lediglich das NuGet-Paket für den Provider aus (in den Buchbeispielen wird dafür *Microsoft.EntityFrame-workCore.SqlServer* verwendet).

So, nun aber genug der Theorie. Schauen wir uns doch Code First auf der grünen Wiese und Code First mit Reverse Engineering einer bestehenden Datenbank einfach mal praktisch an. Als Beispiel dient für *Code First* ein eigenes Objektmodell und für *Code First aus einer Datenbank* unsere bereits bekannte *Northwind*-Datenbank.

HINWEIS: Das Skript zum Anlegen der Northwind-Datenbank finden Sie bei den Buchbeispielen oder kann auch unter *https://github.com/Microsoft/sql-server-samples/tree/master/samples/databases/northwind-pubs* heruntergeladen werden.

17.2 Code First

Bei *Code First* legen Sie zuerst ein Objektmodell an und generieren daraus eine Datenbank. Dabei definieren Sie einfach Ihre Entitätsklassen und die *Context*-Klasse. Mittels eines PowerShell-Skripts können Sie dann Ihre Datenbank aus der Paketmanagerkonsole heraus erzeugen.

17.2.1 Code First aus Model

Nachdem wir unserem Projekt die benötigten NuGet-Pakete hinzugefügt haben (siehe Abschnitt 17.1.4), können wir mit der Definition der Entitätsklassen beginnen. Der Einfachheit halber legen wir nur zwei Entitätsklassen mit einigen Properties an.

HINWEIS: Wir würden Ihnen empfehlen, die Entitätsklassen in einem eigenen Ordner innerhalb Ihres Projekts anzulegen. *Model* bietet sich als Ordnername dafür an.

Beispiel 17.5: Entitätsklasse *Person.cs* in einem Ordner *Model*

C#

```
using System.ComponentModel.DataAnnotations;
using System.ComponentModel.DataAnnotations.Schema;

namespace CodeFirstSample.Model;

[Table("Personen")]
public class Person
{
    public Person()
    {
        Adressen = new List<Adresse>();
    }

    public int Id { get; set; }
```

```
        [Required]
        public string Name { get; set; } = string.Empty;

        public DateOnly Geburtstag { get; set; }

        [StringLength(20)]
        public string Telefon { get; set; } = string.Empty;

        public int? Groesse { get; set; }

        public virtual List<Adresse> Adressen { get; set; }
    }
```

So, dann wollen wir mal sehen, welche Attribute und sonstigen Kniffe wir hier eingesetzt haben.

Über der Klassendefinition haben wir ein Attribut *Table* angegeben. Damit teilen wir dem Entity Framework Core mit, dass die Tabelle für die Entität *Person* den im Attribut übergebenen Namen *Personen* haben soll.

Dabei sollte folgende Regel gelten: Objektnamen stehen im im Singular, die entsprechenden Tabellennamen im Plural. Entity Framework Core würde das im Falle von *Person* tatsächlich selbst hinkriegen, wir wollten aber dieses Attribut an dieser Stelle zeigen. Wenn Sie es weglassen, würde die Tabelle mit dem Namen *Personen* erstellt werden.

Entity Framework versucht dabei den Plural immer durch das Hinzufügen des englischen Mehrzahl-*s* herzustellen. Schauen Sie sich einfach an, was das Entity Framework aus Ihren Objektnamen macht und korrigieren Sie dann gegebenenfalls mit dem Attribut.

In der Klasse wird als erste Eigenschaft eine Property *Id* vom Datentyp *int* definiert. Es ist eine Konvention, dass eine Property *Id* automatisch der Primärschlüssel dieser Tabelle wird. Da es sich beim Datentyp um einen Integer handelt, bedeutet dies auch, dass es eine *Identity*-Spalte ist. Alternativ können Sie den Primärschlüssel auch anstatt *Id* mit *{Klassenname}Id* versehen. In unserem Beispiel also *PersonId.*

Die Property *Name* der Klasse *Person* wird mit dem Attribut *Required* dekoriert. Dies bedeutet, dass es sich um eine *NotNull*-Spalte handelt. Über Attribute wird einiges gesteuert (mehr dazu in der nachfolgenden Tabelle). Unter anderem erhält die Property *Telefon* das Attribut *StringLength*, um die maximale Länge des Strings in der Datenbank zu definieren. Die Eigenschaft *Groesse* letztendlich ist als *int?* definiert, somit wird diese Spalte in der Datenbank als *null*-Spalte angelegt.

Mit der Einführung der *Nullable*-Wertetypen wird das *Required*-Attribut in der Regel nicht mehr benötigt. Aufgrund der besseren Lesbarkeit verwenden wir es aber weiterhin.

Dann finden wir in der Klasse noch eine Eigenschaft, die als *virtual* gekennzeichnet ist. Das ist eine sogenannte *Navigation Property*. Eine *Person* besitzt eine *Liste von Adressen* und die einzelne *Adresse* hat die zugehörige *Person* selbst innerhalb der Klasse als Navigationseigenschaft definiert (wir sehen das in Beispiel 17.6). Somit kann man zwischen den Objekten hin- und hernavigieren.

HINWEIS: Wir haben hier die Konfiguration der Tabelle mit *Data Annotations* über die Attribute durchgeführt. Es gibt aber noch eine zweite Möglichkeit, dies zu tun, nämlich über die sogenannte Fluent-API. Diese werden wir in Abschnitt 17.2.2 beim Reverse Engineering genauer betrachten.

Beispiel 17.6: ***(Fortsetzung von Beispiel 17.5)*** **Entitätsklasse** ***Adresse.cs*** **in einem Ordner** ***Model***

C#

```
using System.ComponentModel.DataAnnotations;

namespace CodeFirstSample.Model;

public class Adresse
{
    public int Id { get; set; }

    [StringLength(50)]
    public string Strasse { get; set; } = string.Empty;

    [StringLength(50)]
    public string PLZ { get; set; } = string.Empty;

    [StringLength(50)]
    [Required]
    public string Ort { get; set; } = string.Empty;

    public AdressTyp Typ { get; set; }

    public virtual Person Person { get; set; }
}
```

Sie sehen hier wieder dieselben Konventionen und Attribute wie sie in Beispiel 17.5 bereits erläutert wurden.

Einzig die Property *Typ* ist vom Datentyp her ein Adresstyp, was wiederum eine Enumeration ist (siehe Beispiel 17.7). Interessant wird es sein zu sehen, was Entity Framework Core aus Enumerationswerten macht.

Beispiel 17.7: ***(Fortsetzung von Beispiel 17.5 und 17.6) AdressTyp.cs***

C#

```
namespace CodeFirstSample.Model;

public enum AdressTyp
{
    Unbekannt = 0,
    Privat,
    Office
}
```

HINWEIS: Wenn Sie in einer Entitätsklasse eine *Enum* verwenden, dann fügen Sie neue Werte für die Enumeration immer am Ende der Enumeration ein, **niemals** mittendrin.

Attribute aus System.ComponentModel.DataAnnotations und System.ComponentModel.DataAnnotations.Schema

In der folgenden Tabelle sind die wichtigsten Attribute zur Definition bei *Code First* aufgeführt:

Attribut	Bedeutung
Key	Spalte wird als Primärschlüssel definiert (wird benötigt, wenn der Spaltenname nicht *Id* ist)
Table	Name der Tabelle; wenn nicht angegeben; ist identisch mit dem Klassennamen im Plural
Column	Name der Spalte, wenn nicht angegeben; ist identisch mit Propertyname; damit auch Angabe von alternativen Datentypen möglich
Index	Definition eines Index, auch mehrspaltig möglich
Required	Bei Strings *NotNull*-Spalte
DatabaseGenerated	Angabe, wie der Primärschlüssel definiert wird (*Identity*, *Computed* oder *None*)
NotMapped	Property wird nicht der Datenbanktabelle hinzugefügt.

In dieser Art und Weise können Sie jetzt beliebige weitere Entitätsklassen zu Ihrem Projekt hinzufügen.

Bild 17.4 zeigt die unterschiedlichen Methoden, wie Entity Framework Core die Informationen zum Erstellen der Datenbank verwendet.

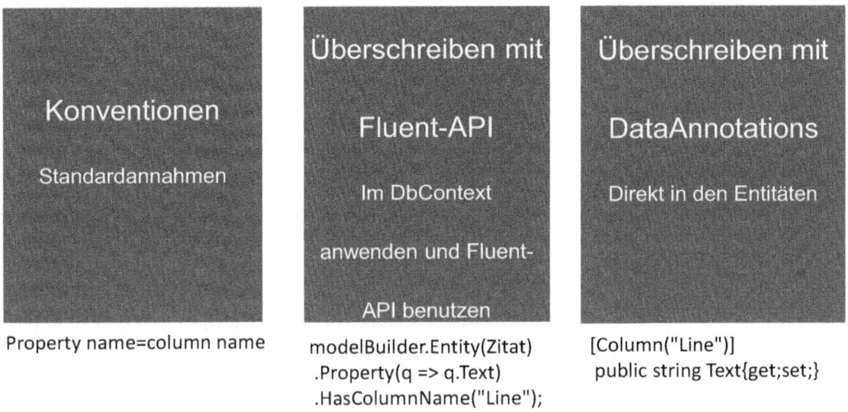

Bild 17.4 Informationen, die das Entity Framework Core verwendet, um die Datenbank zu generieren.

Dann fehlt uns nur noch die Definition unserer *Context*-Klasse.

Beispiel 17.8: ***Context*-Klasse *PersonContext.cs* (auch im *Model*-Ordner)**

C#

```
using Microsoft.EntityFrameworkCore;

namespace CodeFirstSample.Model;

public class PersonContext : DbContext
{
    protected override void OnConfiguring(DbContextOptionsBuilder optionsBuilder)
    {
        optionsBuilder.UseSqlServer(@"Server=(localdb)\MSSQLLocalDb;
                Initial Catalog=PersonDb");
    }

    public virtual DbSet<Person> Personen { get; set; }
    public virtual DbSet<Adresse> Adressen { get; set; }
}
```

In dieser Klasse definieren wir, welche Klassen dem *Context* hinzugefügt werden (wir haben ja nur zwei). *Personen* und *Adressen* werden dabei als generisches *DbSet* vom Typ *Person*/*Adresse* definiert.

In der überschriebenen Methode *OnConfiguring* definieren wir, dass wir zum einen mit dem SQL Server arbeiten wollen (*UseSqlServer()*). *UseSqlServer* ist eine Extensionmethode, die aus dem NuGet-Paket *Microsoft.EntityFrameworkCore.SqlServer* stammt. Wenn Sie einen anderen Datenbankprovider verwenden, wird Ihnen dieser die entsprechende Methode (wie zum Beispiel *UseSqLite()*) zur Verfügung stellen.

Als Parameter wird dieser „Providerauswahlmethode" noch der Connectionstring übergeben. Wir haben diesen hartcodiert, er könnte aber natürlich auch aus einer Konfigurationsdatei kommen. Als Datenbanksystem haben wir die aktuelle Version von LocalDb gewählt. Das ist eine abgespeckte Version des Microsoft SQL Servers, die automatisch mit Visual Studio installiert wird. Der Standardinstanzname dieser Datenbank ist *(localdb)\MSSQLLocalDb*.

Migrationsklasse erstellen

Somit sind wir mit der Definition fertig und ab jetzt müssen wir uns mit PowerShell-Befehlen in der Paket-Manager-Konsole beschäftigen, die wir durch das NuGet-Paket *Microsoft.EntityFrameworkCore.Tools* geladen haben.

Öffnen Sie dazu mit dem Menübefehl *Extras/NuGet-Paket-Manager/Paket-Manager-Konsole* die Konsole des Paketmanagers. Um die erste Migration anzulegen, geben Sie in der Konsole den Befehl *add-migration InitialMigration* ein. Dabei ist *InitialMigration* natürlich ein frei wählbarer Name, er ist aber durchaus ein sprechender Name für das Anlegen der ersten initialen Migration.

Es wird automatisch eine neue Migrationsklasse angelegt. Der Name der Klasse hat noch einen führenden Zeitstempel. Da es die erste Migration war, wurde auch ein Ordner *Migrations* angelegt, in dem alle Migrationsklassen im Laufe der Zeit landen werden.

Beispiel 17.9: Migrationsklasse *InitialMigration.cs*

C#

```
using System;
using Microsoft.EntityFrameworkCore.Migrations;

#nullable disable

namespace CodeFirstSample.Migrations
{
    /// <inheritdoc />
    public partial class InitalMigration : Migration
    {
        /// <inheritdoc />
        protected override void Up(MigrationBuilder migrationBuilder)
        {
            migrationBuilder.CreateTable(
                name: "Personen",
                columns: table => new
```

```
            {
                Id = table.Column<int>(type: "int", nullable: false)
                    .Annotation("SqlServer:Identity", "1, 1"),
                Name = table.Column<string>(type: "nvarchar(max)",
                       nullable: false),
                Geburtstag = table.Column<DateTime>(type: "datetime2",
                       nullable: false),
                Telefon = table.Column<string>(type: "nvarchar(20)",
                       maxLength: 20, nullable: false),
                Groesse = table.Column<int>(type: "int", nullable: true)
            },
            constraints: table =>
            {
                table.PrimaryKey("PK_Personen", x => x.Id);
            });

        migrationBuilder.CreateTable(
            name: "Adressen",
            columns: table => new
            {
                Id = table.Column<int>(type: "int", nullable: false)
                    .Annotation("SqlServer:Identity", "1, 1"),
                Strasse = table.Column<string>(type: "nvarchar(50)",
                          maxLength: 50, nullable: false),
                PLZ = table.Column<string>(type: "nvarchar(50)", maxLength: 50,
                          nullable: false),
                Ort = table.Column<string>(type: "nvarchar(50)", maxLength: 50,
                          nullable: false),
                Typ = table.Column<int>(type: "int", nullable: false),
                PersonId = table.Column<int>(type: "int", nullable: false)
            },
            constraints: table =>
            {
                table.PrimaryKey("PK_Adressen", x => x.Id);table.ForeignKey(
                    name: "FK_Adressen_Personen_PersonId",
                    column: x => x.PersonId,
                    principalTable: "Personen",
                    principalColumn: "Id");
            });

        migrationBuilder.CreateIndex(
            name: "IX_Adressen_PersonId",
            table: "Adressen",
            column: "PersonId");
    }

    /// <inheritdoc />
    protected override void Down(MigrationBuilder migrationBuilder)
    {
        migrationBuilder.DropTable(name: "Adressen");
        migrationBuilder.DropTable(name: "Personen");
    }
  }
}
```

Die Routine *Up()* enthält den Code, der auf der Datenbank ausgeführt werden soll. *Down()* wird für einen Downgrade benötigt.

Wie Sie an einigen fett markierten Stellen im Code sehen, wurden unsere Datenannotationen so umgesetzt, wie wir es erwartet haben. Die Enumerationsspalte *Typ* wird in der Datenbank als *int* umgesetzt – eigentlich ist eine Enumeration auch nichts anderes als ein *int*.

Durch die *virtual*-Property *Person* wird eine *PersonId* als Spalte angelegt und als ein Fremdschlüssel auf die Tabelle *Person* definiert.

Wir haben nun ein Modell erstellt, eine Migrationsklasse angelegt, und jetzt wollen wir natürlich die Datenbank anlegen. Aber wie?

Davor sollten wir uns auch einige Fragen stellen, denn wir haben im Grunde genommen drei verschiedene Möglichkeiten eine Datenbank anzulegen.

- Anlegen der Datenbank über die Paket-Manager-Konsole
- Anlegen der Datenbank mittels eines SQL-Skripts
- Automatisches Anlegen der Datenbank beim Ausführen des Progammcodes

In Bild 17.5 sehen Sie eine Entscheidungsmatrix, wie Sie die Datenbank anlegen sollten.

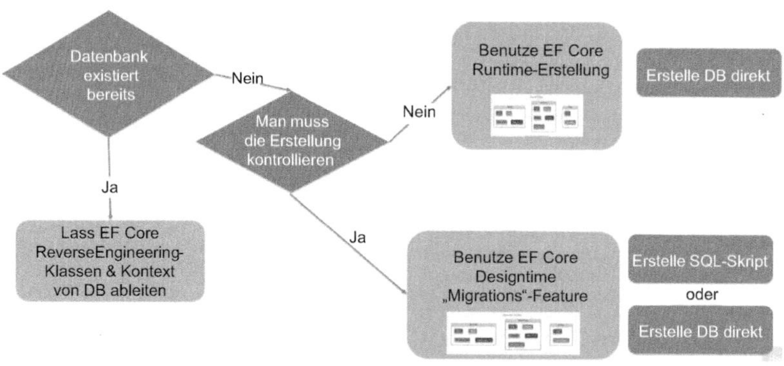

Bild 17.5 Wie soll die Datenbank angelegt werden?

Eine automatische Erstellung der Datenbank während der Laufzeit des Programms wird wohl nur bei lokalen Datenbanken infrage kommen.

Mit dem Code aus Beispiel 17.10 könnten Sie beim Programmstart die Datenbank anlegen bzw. auch garantieren, dass Modelländerungen an der Datenbank nachgezogen werden.

Beispiel 17.10: Anlage der Datenbank inklusive etwaiger Modelländerungen

C#

```
PersonContext context = new PersonContext();
context.Database.Migrate();
```

Durch den Aufruf der *Database.Migrate()*-Methode werden alle offenen Migrationen auf die Datenbank durchgeführt.

Wenn es sich um eine Serverdatenbank handelt, wird man dieses Szenario normalerweise nicht in Erwägung ziehen. Also gibt es noch die beiden Möglichkeiten, die in Bild 17.6 zu sehen sind.

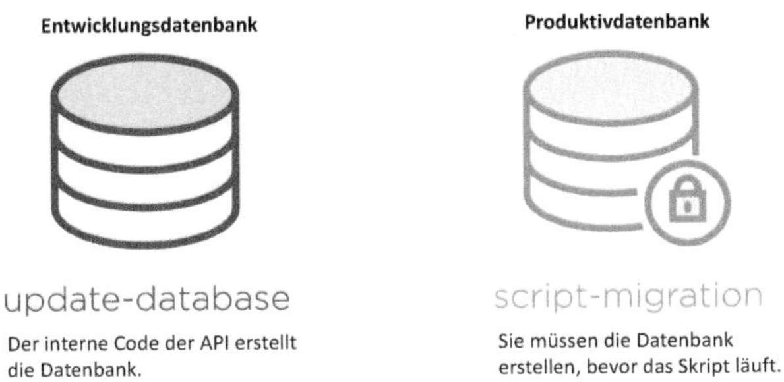

Bild 17.6 Optionen zum Anlegen der Datenbank

SQL-Skript erzeugen

Mit der Anweisung *script-migration* in der Paket-Manager-Konsole können Sie ein Skript erzeugen, das Sie Ihrem Datenbankadministrator geben können, der sich dann um den Rest kümmert.

Beispiel 17.11 zeigt das erzeugte SQL-Skript.

Beispiel 17.11: Erzeugtes SQL-Skript

SQL

```
IF OBJECT_ID(N'[__EFMigrationsHistory]') IS NULL
BEGIN
    CREATE TABLE [__EFMigrationsHistory] (
        [MigrationId] nvarchar(150) NOT NULL,
        [ProductVersion] nvarchar(32) NOT NULL,
        CONSTRAINT [PK___EFMigrationsHistory] PRIMARY KEY ([MigrationId])
    );
END;
GO
```

```
BEGIN TRANSACTION;
CREATE TABLE [Personen] (
    [Id] int NOT NULL IDENTITY,
    [Name] nvarchar(max) NOT NULL,
    [Geburtstag] datetime2 NOT NULL,
    [Telefon] nvarchar(20) NOT NULL,
    [Groesse] int NULL,
    CONSTRAINT [PK_Personen] PRIMARY KEY ([Id])
);

CREATE TABLE [Adressen] (
    [Id] int NOT NULL IDENTITY,
    [Strasse] nvarchar(50) NOT NULL,
    [PLZ] nvarchar(50) NOT NULL,
    [Ort] nvarchar(50) NOT NULL,
    [Typ] int NOT NULL,
    [PersonId] int NOT NULL,
    CONSTRAINT [PK_Adressen] PRIMARY KEY ([Id]),
    CONSTRAINT [FK_Adressen_Personen_PersonId] FOREIGN KEY ([PersonId])
               REFERENCES [Personen] ([Id])
);

CREATE INDEX [IX_Adressen_PersonId] ON [Adressen] ([PersonId]);

INSERT INTO [__EFMigrationsHistory] ([MigrationId], [ProductVersion])
VALUES (N'20251230132623_InitialMigration', N'10.0.1');

COMMIT;
GO
```

Das ist genau das SQL-Skript, das wir erwartet haben, aber in der fett dargestellten Zeile wird noch eine Tabelle *__EFMigrationsHistory* angelegt – wo kommt diese denn plötzlich her. Diese Tabelle wird vom Entity Framework erzeugt und führt im Grunde genommen Buch über die auf die Datenbank angewendeten Migrationen. Löschen Sie diese Tabelle auf keinen Fall!

Update-database in der Paket-Manager-Konsole

Um die Datenbank in der Paket-Manager-Konsole zu erstellen, geben Sie dort den Befehl *update-database* an. Daraufhin wird die Datenbank angelegt, wie Bild 17.7 zeigt.

Sie können sich direkt in Visual Studio die Datenbankdefinition anzeigen lassen. Dazu wählen Sie im Menu *Ansicht/SQL-Server-Objekt-Explorer* aus. Nachdem das Fenster angezeigt wird, klappen Sie nacheinander die Knoten *SQL Server, (localdb)\MSSQL-LocalDb* und *Datenbanken* auf. Danach sollte Ihre *PersonDb* erscheinen.

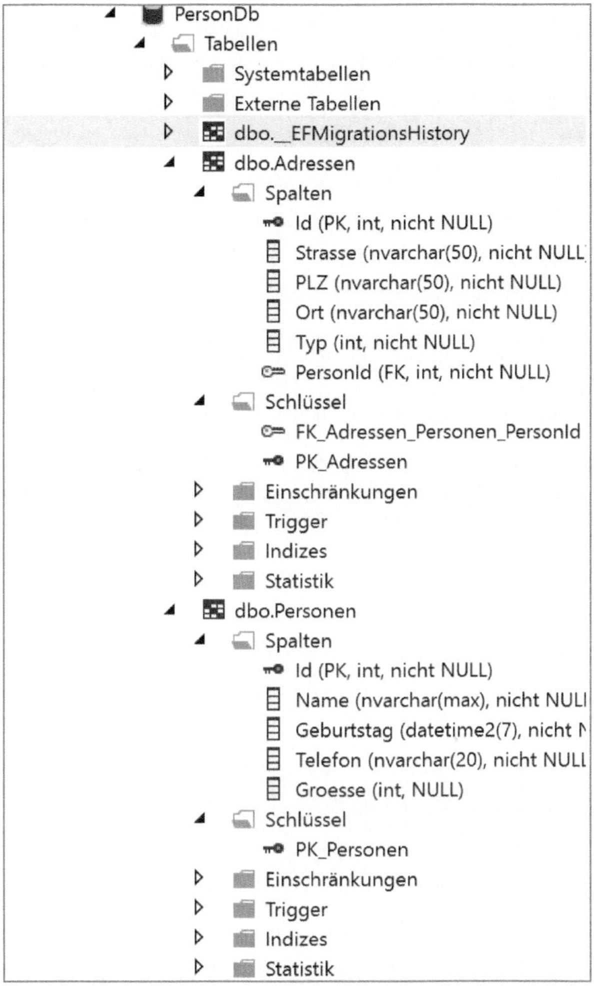

Bild 17.7 PersonDb im SqlServer-Objekt-Explorer

Die Tabellen *Personen* und *Adressen* sind genauso angelegt worden, wie wir es definiert haben. Auch ein Fremdschlüssel *PersonId* wurde in der Tabelle angelegt (das Entity Framework hat dies durch die *NavigationProperties* erkannt). Zusätzlich gibt es noch eine Tabelle *__MigrationHistory*. Über diese Tabelle „weiß" die Datenbank, welche Migrationen schon ausgeführt wurden, und führt diese somit nicht doppelt aus.

Bild 17.8 zeigt den Inhalt der vom Entity Framework verwalteten Tabelle *__EFMigrationHistory*. Wir sehen, dass als einziger Datensatz die gerade ausgeführte *InitialMigration* eingefügt wurde.

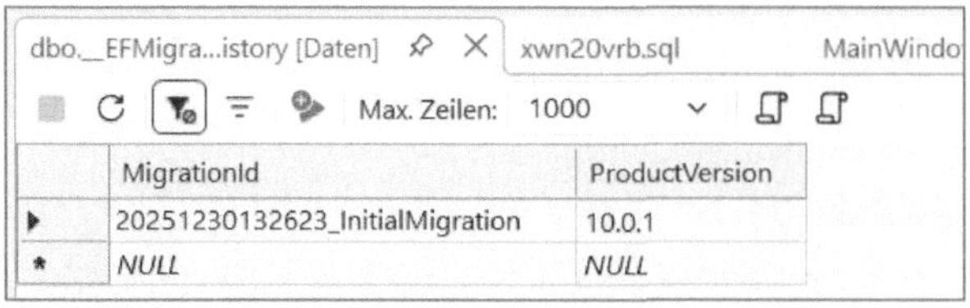

Bild 17.8 Inhalt der Tabelle __EFMigrationHistory

Alle weiteren Änderungen am Objektmodell werden analog mit zusätzlichen Migrationen erstellt.

Der Vollständigkeit halber wollen wir noch einen kurzen Blick auf den Migrationsordner werfen, den Bild 17.9zeigt.

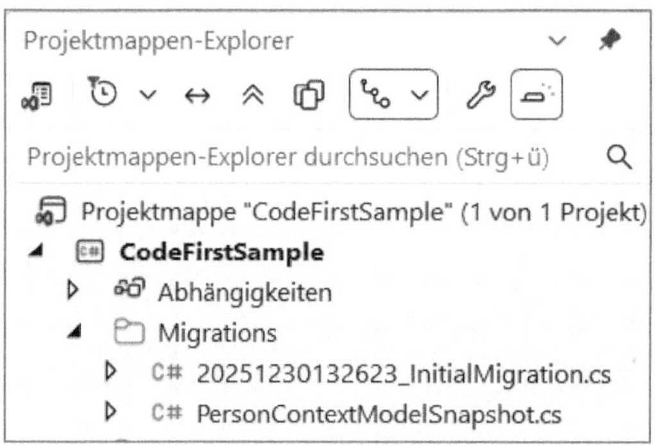

Bild 17.9 Inhalt des Ordners „Migrations“

Die Klasse *PersonContextModelSnapshot* wird ebenfalls vom Entity Framework Core erzeugt und sollte keinesfalls verändert werden. Darin ist ein Snapshot der Datenbank mit dem aktuellen Schema enthalten, sodass bei weiteren Migrationen das Entity Framework feststellen kann, wie sich das Schema verändert hat.

Diese Überprüfung wurde in der Vergangenheit mit binären Dateien durchgeführt, die aber eine gewisse Komplexität mit sich brachten.

Der Zugriff auf die Daten erfolgt analog wie in Abschnitt 17.4 beschrieben (da sind schon Daten in der Datenbank vorhanden und wir müssen nicht selbst welche erzeugen).

Datenseeding

Manchmal will man nach dem Anlegen einer Datenbank auch sofort bestimmte Datenbankzugriffe ausprobieren, doch leider hat man im ersten Moment natürlich eine leere Datenbank. Aus diesem Grund wollen wir uns Testdaten automatisch generieren lassen. Dieser Vorgang wird auch *Datenseeding* genannt.

Mit EF9 wurde eine neue Möglichkeit geschaffen, um die Datenbank mit initialen Werten zu befüllen. Bei der Initialisierung des Datenbankkontextes kann nun eine Methode *UseSeeding* oder auch *UseAsyncSeeding* ausgeführt werden.

Um für unser Modell automatisch eine Person mit einer Adresse anzulegen, können wir einfach die *OnConfiguring()*-Methode der Klasse *PersonContext* erweitern, wie in Beispiel 17.12 dargestellt.

Beispiel 17.12: Seeding in der OnConfiguring()-Methode

C#

```
protected override void OnConfiguring(DbContextOptionsBuilder optionsBuilder)
{
    optionsBuilder.UseSqlServer(
        @"Server=(localdb)\MSSQLLocalDb;Initial Catalog=PersonDb")
        .UseSeeding((context, _) =>
        {
            var person = context.Set<Person>().FirstOrDefault(
                            p => p.Name == "Jürgen");
            if (person == null)
            {
                context.Set<Person>().Add(new Person
                {
                    Name = "Jürgen",
                    Telefon = "089-100 100 80",
                    Adressen = { new Adresse {
                        Ort = "München",
                        PLZ = "80999",
                        Typ = AdressTyp.Office
                    }}
                });

                context.SaveChanges();
            }
        });
}
```

HINWEIS: Beachten Sie, dass Sie überprüfen müssen, ob die Daten schon initialisiert wurden, ansonsten würden die Daten jedes Mal zur Datenbank hinzugefügt werden.

Jetzt werden automatisch eine neue Person und eine zugehörige Adresse in der Datenbank gespeichert, wie Sie in Bild 17.10 sehen.

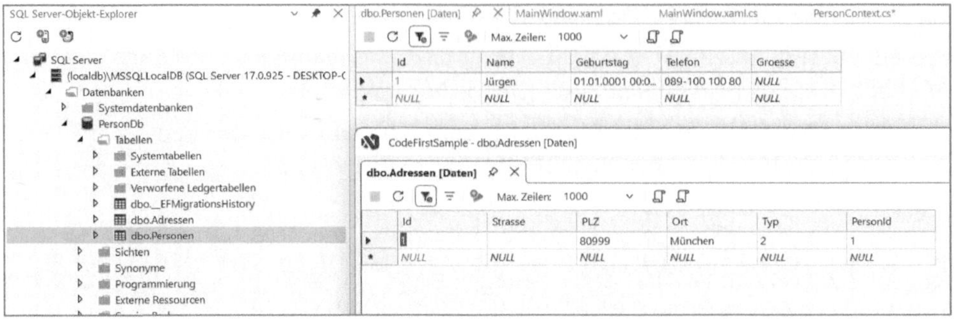

Bild 17.10 Automatisch angelegte Datensätze in der Tabelle Person und Adresse

17.2.2 Code First mittels Reverse Engineering von bestehender Datenbank

In vielen Projekten existiert bereits eine Datenbank. In diesen Fällen kann man sich mit Reverse Engineering das Objektmodell erzeugen lassen. Wir haben das in Abschnitt 12.5.2 schon einmal gezeigt. Dabei wurde die komplette Datenbank als Objektmodell erzeugt.

Wir wollen das jetzt ein kleines bisschen spezifischer gestalten und nur ein Objektmodell für die Tabellen *Customers* und *Orders* erzeugen.

Der Befehl, den wir in Kapitel 12 verwendet haben, lautete:

```
Scaffold-DbContext "Server=.;Initial Catalog=Northwind;IntegratedSecurity=True;
TrustServerCertificate=True" Microsoft.EntityFrameworkCore.SqlServer -OutputDir Model
```

Diesen Befehl wollen wir jetzt ein bisschen verfeinern und dabei hilft uns der Optionsschalter *-Tables*.

Wir haben also wieder ein neues Projekt angelegt, die entsprechenden NuGet-Pakete geladen und einen Ordner *Model* im Projekt angelegt. Um unser gewünschtes Modell mit nur den beiden Tabellen anzulegen, erweitern wir unseren Befehl wie folgt:

```
Scaffold-DbContext "Server=.;Initial Catalog=Northwind;Integrated Security=True;
TrustServerCertificate=True" Microsoft.EntityFrameworkCore.SqlServer -OutputDir Model
-Tables Customers, Orders
```

Sie finden nun im Projektmappen-Explorer drei neue Dateien, wie Bild 17.11 zeigt.

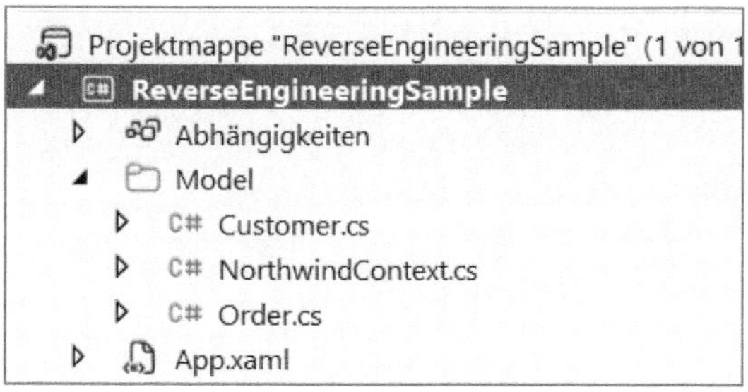

Bild 17.11 Unsere Modellklassen

Schauen wir uns das Ergebnis mal etwas genauer an.

Beispiel 17.13: Generierte Codedatei *Customer.cs*

C#

```
namespace ReverseEngineeringSample.Model;

public partial class Customer
{
    public Customer()
    {
        Orders = new HashSet<Order>();
    }

    public string CustomerId { get; set; } = null!;
    public string CompanyName { get; set; } = null!;
    public string? ContactName { get; set; }
    public string? ContactTitle { get; set; }
    public string? Address { get; set; }
    public string? City { get; set; }
    public string? Region { get; set; }
    public string? PostalCode { get; set; }
    public string? Country { get; set; }
    public string? Phone { get; set; }
    public string? Fax { get; set; }
    public virtual ICollection<Order> Orders { get; set; }
}
```

Was uns auf den ersten Blick auffällt, ist die Tatsache, dass hier keine *Data Annotations* mit Attributen gesetzt wurden. Es sind auch alle *nvarchar*-Spalten aus der Datenbanktabelle, die den Wert *null* annehmen können, mit *string?* angelegt worden.

Und die Strings, die nicht *nullable* sind, wurden mit *null!* vorinitialisiert. Der String ist zwar null, aber die Warnung, dass er null sein kann, wird damit unterdrückt.

Beispiel 17.14: ***(Fortsetzung)*** **Generierte Codedatei *Order.cs***

C#

```
namespace ReverseEngineeringSample.Model;

public partial class Order
{
    public int OrderId { get; set; }
    public string? CustomerId { get; set; }
    public int? EmployeeId { get; set; }
    public DateTime? OrderDate { get; set; }
    public DateTime? RequiredDate { get; set; }
    public DateTime? ShippedDate { get; set; }
    public int? ShipVia { get; set; }
    public decimal? Freight { get; set; }
    public string? ShipName { get; set; }
    public string? ShipAddress { get; set; }
    public string? ShipCity { get; set; }
    public string? ShipRegion { get; set; }
    public string? ShipPostalCode { get; set; }
    public string? ShipCountry { get; set; }
    public virtual Customer? Customer { get; set; }
}
```

Auch hier sehen wir keine Attribute, aber wieder *string?*-Definitionen.

Beispiel 17.15: ***(Fortsetzung)*** **Generierte Northwind*Context.cs***

C#

```
using Microsoft.EntityFrameworkCore;

namespace ReverseEngineeringSample.Model
{
    public partial class NorthwindContext : DbContext
    {
        public NorthwindContext()
        {
        }
        public NorthwindContext(DbContextOptions<NorthwindContext> options)
            : base(options)
        {
        }
        public virtual DbSet<Customer> Customers { get; set; } = null!;
        public virtual DbSet<Order> Orders { get; set; } = null!;

        protected override void OnConfiguring(DbContextOptionsBuilder optionsBuilder)
        {
            if (!optionsBuilder.IsConfigured)
            {
                optionsBuilder.UseSqlServer("Server=.;Initial Catalog=Northwind;
                    Integrated Security=True;TrustServerCertificate=True");
            }
        }
```

```
protected override void OnModelCreating(ModelBuilder modelBuilder)
{
    modelBuilder.Entity<Customer>(entity =>
    {
        entity.HasIndex(e => e.City, "City");
        entity.HasIndex(e => e.CompanyName, "CompanyName");
        entity.HasIndex(e => e.PostalCode, "PostalCode");
        entity.HasIndex(e => e.Region, "Region");
        entity.Property(e => e.CustomerId)
            .HasMaxLength(5)
            .HasColumnName("CustomerID")
            .IsFixedLength();
        entity.Property(e => e.Address).HasMaxLength(60);
        entity.Property(e => e.City).HasMaxLength(15);
        entity.Property(e => e.CompanyName).HasMaxLength(40);
        entity.Property(e => e.ContactName).HasMaxLength(30);
        entity.Property(e => e.ContactTitle).HasMaxLength(30);
        entity.Property(e => e.Country).HasMaxLength(15);
        entity.Property(e => e.Fax).HasMaxLength(24);
        entity.Property(e => e.Phone).HasMaxLength(24);
        entity.Property(e => e.PostalCode).HasMaxLength(10);
        entity.Property(e => e.Region).HasMaxLength(15);
    });

    modelBuilder.Entity<Order>(entity =>
    {
        entity.HasIndex(e => e.CustomerId, "CustomerID");
        entity.HasIndex(e => e.CustomerId, "CustomersOrders");
        entity.HasIndex(e => e.EmployeeId, "EmployeeID");
        entity.HasIndex(e => e.EmployeeId, "EmployeesOrders");
        entity.HasIndex(e => e.OrderDate, "OrderDate");
        entity.HasIndex(e => e.ShipPostalCode, "ShipPostalCode");
        entity.HasIndex(e => e.ShippedDate, "ShippedDate");
        entity.HasIndex(e => e.ShipVia, "ShippersOrders");
        entity.Property(e => e.OrderId).HasColumnName("OrderID");
       entity.Property(e => e.CustomerId)
            .HasMaxLength(5)
            .HasColumnName("CustomerID")
            .IsFixedLength();
        entity.Property(e => e.EmployeeId).HasColumnName("EmployeeID");
        entity.Property(e => e.Freight)
            .HasColumnType("money")
            .HasDefaultValueSql("((0))");
        entity.Property(e => e.OrderDate).HasColumnType("datetime");
        entity.Property(e => e.RequiredDate).HasColumnType("datetime");
        entity.Property(e => e.ShipAddress).HasMaxLength(60);
        entity.Property(e => e.ShipCity).HasMaxLength(15);
        entity.Property(e => e.ShipCountry).HasMaxLength(15);
        entity.Property(e => e.ShipName).HasMaxLength(40);
        entity.Property(e => e.ShipPostalCode).HasMaxLength(10);
        entity.Property(e => e.ShipRegion).HasMaxLength(15);
        entity.Property(e => e.ShippedDate).HasColumnType("datetime");
        entity.HasOne(d => d.Customer)
            .WithMany(p => p.Orders)
            .HasForeignKey(d => d.CustomerId)
            .HasConstraintName("FK_Orders_Customers");
    });
```

```
            OnModelCreatingPartial(modelBuilder);
        }

        partial void OnModelCreatingPartial(ModelBuilder modelBuilder);
    }
}
```

Wie Sie in Beispiel 17.15 sehen, kommt bei ReverseEngineering die Fluent-API zum Einsatz. Anstatt Attribute in den Modellklassen werden hier in der Methode *OnModelCreating* der *Context*-Klasse sämtliche zusätzliche Eigenschaften wie *Nullable* oder *MaxLength* per Code gesetzt.

17.3 Migrationen

Wir haben in Abschnitt 17.2 zwei verschiedene Herangehensweisen gesehen, wie man das Objektmodell bzw. das Datenbankmodell erstellt. Egal welchen Weg man geht, ab dem Zeitpunkt sollte der Code und somit das Objektmodell führend sein und das Datenbankschema nur noch durch Migrationen geändert werden. Ob das dann durch den Befehl *update-database* in der Paket-Manager-Konsole oder durch ein generiertes SQL-Skript, das mittels *script-migration* erzeugt wird, geschieht, spielt keine Rolle.

Der aufmerksame Leser denkt sich aber jetzt: Wir haben doch bei ReverseEnginee ring weder eine Migration angelegt noch gibt es in der benutzten *Northwind*-Datenbank eine Tabelle *__EFMigrationHistory*. Korrekt!

Wir müssen also erst mal noch dafür Sorge tragen, dass wir eine initiale Migration anlegen.

17.3.1 Initiale Migration bei Reverse Engineering

Deswegen setzen wir noch mal bei unserem Reverse-Engineering-Beispiel an und tricksen ein kleines bisschen.

Wir gehen in die Paket-Manager-Konsole und legen wie bei unserem CodeFirst-Beispiel mit dem Befehl *add-migration InitialMigration* eine initiale Migration an.

Der generierte Code für die Migration würde auch vernünftig ausschauen, aber die Tabellen in der Datenbank existieren ja schon. Wenn wir diese Migration ausführen, kommt es also zu einem Fehler, da die Tabellen nicht noch mal angelegt werden können.

Deswegen behelfen wir uns hier mit einem Trick. Wir löschen aus der Migration den generierten Code heraus, sodass ein leerer *Up()*- und *Down()*-Block stehen bleibt.

Beispiel 17.16 zeigt die „gefakte“ Migration.

Beispiel 17.16: Leere Migration

C#

```
using System;
using Microsoft.EntityFrameworkCore.Migrations;

#nullable disable

namespace ReverseEngineeringSample.Migrations
{
    /// <inheritdoc />
    public partial class InitialMigration : Migration
    {
        /// <inheritdoc />
        protected override void Up(MigrationBuilder migrationBuilder)
        {
        }

        /// <inheritdoc />
        protected override void Down(MigrationBuilder migrationBuilder)
        {
        }
    }
}
```

Und wenn wir die Migration jetzt ausführen, werden wir sehen, dass an den Tabellenobjekten keine Änderung durchgeführt wurde, jedoch die Tabelle *__EFMigrationHis tory* korrekt angelegt wurde.

Auch wenn Sie *script-migration* ausführen, sehen Sie die *Create Table*-Anweisung für die „Buchhaltungstabelle", wie in Beispiel 17.17 dargestellt.

Beispiel 17.17: Generiertes SQL-Skript

SQL

```
IF OBJECT_ID(N'[__EFMigrationsHistory]') IS NULL
BEGIN
    CREATE TABLE [__EFMigrationsHistory] (
        [MigrationId] nvarchar(150) NOT NULL,
        [ProductVersion] nvarchar(32) NOT NULL,
        CONSTRAINT [PK___EFMigrationsHistory] PRIMARY KEY ([MigrationId])
    );
END;
GO

BEGIN TRANSACTION;
INSERT INTO [__EFMigrationsHistory] ([MigrationId], [ProductVersion])VALUES
(N'20251231204927_InitialMigration', N'10.0.1');

COMMIT;
GO
```

HINWEIS: Dieses Verfahren macht natürlich nur Sinn, wenn wir beim Reverse-Engineering alle Datenbankobjekte übernehmen und nicht zur zwei ausgewählte Tabellen, um eine Übereinstimmung des Datenbankschemas mit unserem Objektmodell herbeizuführen. Aber wir denken, das prinzipielle Vorgehen sollte klar geworden sein.

So, jetzt wollen wir aber tatsächlich unser Objektmodell erweitern und die Änderungen auch in der Datenbank durchführen.

17.3.2 Weitere Migrationen

Prinzipiell sollte man immer den in Bild 17.12 gezeigten Workflow durchführen. Wir passen unser Objektmodell an, erstellen die Migration und führen diese gegen die Datenbank aus.

Bild 17.12 Workflow für Migrationen

Bild 17.13 zeigt uns noch mal die Optionen, die wir haben, um die Änderungen an die Datenbank weiterzuleiten.

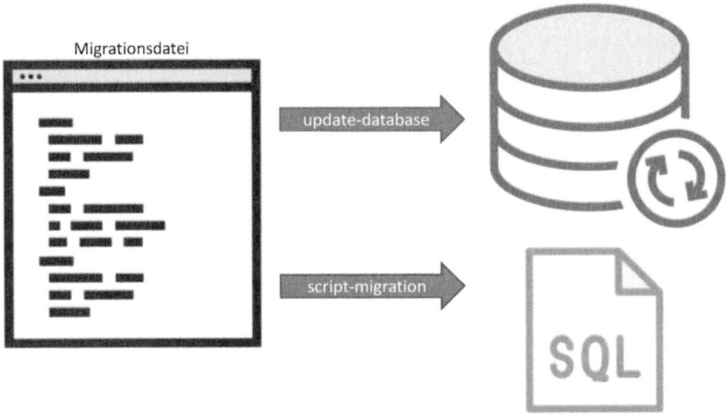

Bild 17.13 Optionen beim Ausführen der Migration

Führen wir diesen Workflow nun aus. Wir fügen der Klasse *Customer.cs* eine neue *boolesche* Property *Premium* hinzu. Da wir bereits Daten in der Datenbank haben, müssen wir eine Spalte definieren, die *null* sein darf, deswegen definieren wir diese Property mit *bool?*.

```
public bool? Premium { get; set; }
```

Wie Sie in Bild 17.12 sehen, erstellen wir als Nächstes die Migration.

Also geben wir folgenden Befehl in die Konsole ein:

```
add-migration AddedPremiumToCustomer
```

Der Name (*AddedPremiumToCustomer*) ist wiederum frei wählbar. Die Eindeutigkeit wird durch den Zeitstempel, der vor dem Namen gesetzt wird, gegeben, jedoch sollte der Name schon sprechend sein.

Beispiel 17.18: Erzeugte Migration

C#

```
using Microsoft.EntityFrameworkCore.Migrations;

#nullable disable

namespace ReverseEngineeringSample.Migrations
{
    /// <inheritdoc />
    public partial class AddedPremiumToCustomer : Migration
    {
        /// <inheritdoc />
        protected override void Up(MigrationBuilder migrationBuilder)
        {
            migrationBuilder.AddColumn<bool>(
                name: "Premium",
                table: "Customers",
                type: "bit",
                nullable: true);
        }

        /// <inheritdoc />
        protected override void Down(MigrationBuilder migrationBuilder)
        {
            migrationBuilder.DropColumn(
                name: "Premium",
                table: "Customers");
        }
    }
}
```

In der *Up()*-Methode wird das neue Feld der Tabelle hinzugefügt, in der *Down()*-Methode wird die Spalte wieder gelöscht. Also, Migration erstellt und jetzt noch ausführen (mittels *update-database* in der Paketmanagerkonsole). Bild 17.14 zeigt die neue Spalte in der Datenbank.

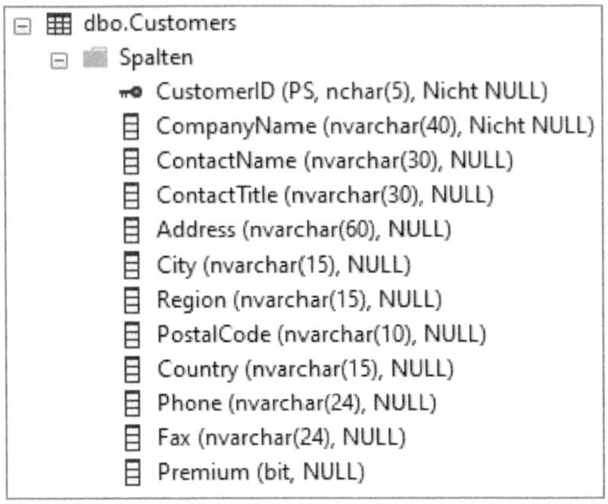

Bild 17.14
Premium-Spalte in der Tabelle „Customers“

Wie Sie gesehen haben, sind die PowerShell-Skripte in der Paket-Manager-Konsole ein wesentlicher Bestandteil für die Migration. Wir haben jetzt schon die wichtigsten PowerShell-Skripte, die durch das NuGet-Paket *Microsoft.EntityFrameworkCore.Tools* in unserem Projekt verfügbar sind, live in Aktion gesehen.

Es gibt aber noch weitere Befehle in diesem Paket, die wir noch nicht angesprochen haben:

- **Bundle-Migration:** Weitere Möglichkeiten, eine Migration zu deployen. Es wird eine EXE-Datei gebaut, mit der die Migrationen durchgeführt werden können.
- **Drop-Database:** Löscht die Datenbank.
- **Get-DbContext:** Gibt den aktuellen DbContext zurück.
- **Get-Help EntityFramework:** Zeigt Hilfe zu Entity-Framework-Befehlen an.
- **Get-Migration:** Listet verfügbare Migrationen auf.
- **Optimize-DbContext:** Generiert eine kompilierte Version des DbContext, um Ladezeiten bei großen Modellen zu beschleunigen (neu in EF Core 6).
- **Remove-Migration:** Entfernt eine Migration.
- **Script-DbContext:** Generiert auf der Basis des DbContext ein SQL-Skript ohne Verwendung der Migrationen.

17.4 Lesen und Schreiben von Daten mit EF Core

Jetzt stellt sich noch die Frage, wie man mit diesen Objekten arbeitet. Dazu wollen wir die Daten in einem *DataGrid* anzeigen und auch editieren lassen (auch wenn wir keine Freunde davon sind, Daten in einem Grid zu editieren). Mit einem Speichern-Button sollen die Änderungen dann in die Datenbank zurückgeschrieben werden. Außerdem haben wir einen Button, um neue Datensätze der *Customer*-Tabelle hinzuzufügen

Da wir bei unserem Reverse-Engineering-Beispiel schon Daten in der Datenbank haben, wollen wir auf dieses Projekt weiter aufsetzen.

Beispiel 17.19: Definition der Oberfläche

XAML

```
<Window x:Class="ReverseEngineeringSample.MainWindow"
        xmlns="http://schemas.microsoft.com/winfx/2006/xaml/presentation"
        xmlns:x="http://schemas.microsoft.com/winfx/2006/xaml"
        xmlns:d="http://schemas.microsoft.com/expression/blend/2008"
        xmlns:mc="http://schemas.openxmlformats.org/markup-compatibility/2006"
        xmlns:local="clr-namespace:ReverseEngineeringSample"
        mc:Ignorable="d" Loaded="Window_Loaded"
        Title="MainWindow" Height="450" Width="800">
    <Grid>
        <Grid.RowDefinitions>
            <RowDefinition/>
            <RowDefinition Height ="Auto" />
        </Grid.RowDefinitions>
        <DataGrid Name="dgCustomer"/>
            <StackPanel Grid.Row="1" Orientation="Horizontal"
                        HorizontalAlignment="Right">
                <Button Margin="5" Click="ButtonAdd_Click">Hinzufügen</Button>
                <Button Margin="5" Click="ButtonSave_Click">Speichern</Button>
            </StackPanel> Margin="5">Speichern</Button>
    </Grid>
</Window>
```

Wir haben also in einem Window ein DataGrid zur Anzeige der Daten angelegt sowie zwei Buttons zum Hinzufügen und Speichern von Datensätzen.

Beispiel 17.20: Lesen der Daten

C#

```
using ReverseEngineeringSample.Model;
using System.Windows;

namespace ReverseEngineeringSample;

public partial class MainWindow : Window
{
    private NorthwindContext context = new NorthwindContext();
    public MainWindow()
    {
        InitializeComponent();
    }

    private void Window_Loaded(object sender, RoutedEventArgs e)
    {
        dgCustomer.ItemsSource = context.Customers.ToList();
    }
}
```

Innerhalb des *Window* definieren wir eine Variable für unseren *Context*, den wir auch gleich instanziieren. Wir weisen der *ItemsSource* des *DataGrid* auf das im Context definierte *DbSet Customers* zu. Im Hintergrund wird ein SQL-Statement ausgeführt, die Daten werden geladen und in dem Grid angezeigt, wie Sie in Bild 17.15 sehen.

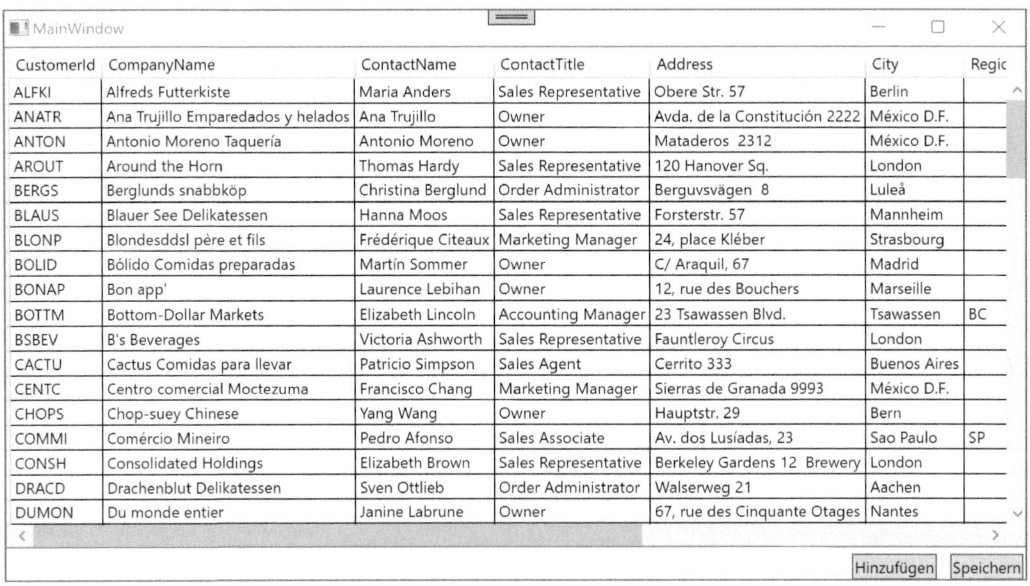

CustomerId	CompanyName	ContactName	ContactTitle	Address	City	Regic
ALFKI	Alfreds Futterkiste	Maria Anders	Sales Representative	Obere Str. 57	Berlin	
ANATR	Ana Trujillo Emparedados y helados	Ana Trujillo	Owner	Avda. de la Constitución 2222	México D.F.	
ANTON	Antonio Moreno Taquería	Antonio Moreno	Owner	Mataderos 2312	México D.F.	
AROUT	Around the Horn	Thomas Hardy	Sales Representative	120 Hanover Sq.	London	
BERGS	Berglunds snabbköp	Christina Berglund	Order Administrator	Berguvsvägen 8	Luleå	
BLAUS	Blauer See Delikatessen	Hanna Moos	Sales Representative	Forsterstr. 57	Mannheim	
BLONP	Blondesddsl père et fils	Frédérique Citeaux	Marketing Manager	24, place Kléber	Strasbourg	
BOLID	Bólido Comidas preparadas	Martín Sommer	Owner	C/ Araquil, 67	Madrid	
BONAP	Bon app'	Laurence Lebihan	Owner	12, rue des Bouchers	Marseille	
BOTTM	Bottom-Dollar Markets	Elizabeth Lincoln	Accounting Manager	23 Tsawassen Blvd.	Tsawassen	BC
BSBEV	B's Beverages	Victoria Ashworth	Sales Representative	Fauntleroy Circus	London	
CACTU	Cactus Comidas para llevar	Patricio Simpson	Sales Agent	Cerrito 333	Buenos Aires	
CENTC	Centro comercial Moctezuma	Francisco Chang	Marketing Manager	Sierras de Granada 9993	México D.F.	
CHOPS	Chop-suey Chinese	Yang Wang	Owner	Hauptstr. 29	Bern	
COMMI	Comércio Mineiro	Pedro Afonso	Sales Associate	Av. dos Lusíadas, 23	Sao Paulo	SP
CONSH	Consolidated Holdings	Elizabeth Brown	Sales Representative	Berkeley Gardens 12 Brewery	London	
DRACD	Drachenblut Delikatessen	Sven Ottlieb	Order Administrator	Walserweg 21	Aachen	
DUMON	Du monde entier	Janine Labrune	Owner	67, rue des Cinquante Otages	Nantes	

Bild 17.15 Kundendatensätze werden im Grid angezeigt.

Sie müssen natürlich nicht alle Daten aus der Tabelle laden, mit einer LINQ-Abfrage können Sie die Daten selbstverständlich auch filtern.

In Beispiel 17.21 werden nur Kunden aus Deutschland angezeigt.

Beispiel 17.21: Die Datenquelle für das Grid enthält alle Kunden aus Deutschland

C#

```
...
    private void Window_Loaded(object sender, RoutedEventArgs e)
    {
        dgCustomer.ItemsSource = context.Customers.Where(
                c => c.Country == "Germany").ToList();
    }
...
```

Bild 17.16 zeigt die gefilterten Kundendaten.

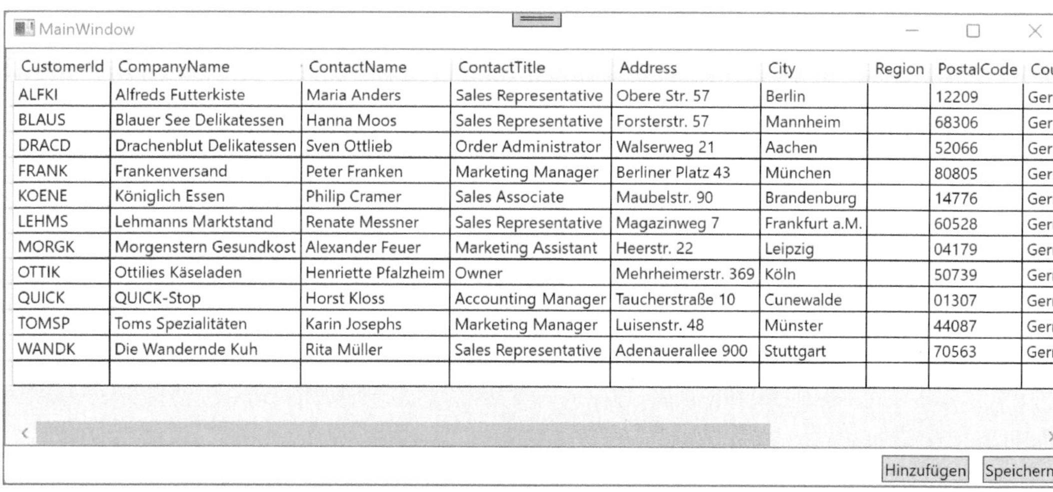

CustomerId	CompanyName	ContactName	ContactTitle	Address	City	Region	PostalCode	Cour
ALFKI	Alfreds Futterkiste	Maria Anders	Sales Representative	Obere Str. 57	Berlin		12209	Germ
BLAUS	Blauer See Delikatessen	Hanna Moos	Sales Representative	Forsterstr. 57	Mannheim		68306	Germ
DRACD	Drachenblut Delikatessen	Sven Ottlieb	Order Administrator	Walserweg 21	Aachen		52066	Germ
FRANK	Frankenversand	Peter Franken	Marketing Manager	Berliner Platz 43	München		80805	Germ
KOENE	Königlich Essen	Philip Cramer	Sales Associate	Maubelstr. 90	Brandenburg		14776	Germ
LEHMS	Lehmanns Marktstand	Renate Messner	Sales Representative	Magazinweg 7	Frankfurt a.M.		60528	Germ
MORGK	Morgenstern Gesundkost	Alexander Feuer	Marketing Assistant	Heerstr. 22	Leipzig		04179	Germ
OTTIK	Ottilies Käseladen	Henriette Pfalzheim	Owner	Mehrheimerstr. 369	Köln		50739	Germ
QUICK	QUICK-Stop	Horst Kloss	Accounting Manager	Taucherstraße 10	Cunewalde		01307	Germ
TOMSP	Toms Spezialitäten	Karin Josephs	Marketing Manager	Luisenstr. 48	Münster		44087	Germ
WANDK	Die Wandernde Kuh	Rita Müller	Sales Representative	Adenauerallee 900	Stuttgart		70563	Germ

Bild 17.16 Gefilterte Kundendaten

Nun wollen wir noch den Code unter den beiden Schaltflächen anschauen. Das Hinzufügen eines neuen Datensatzes wird statisch ausgeführt (Beispiel 17.23), um die Komplexität mit neuen Eingabefeldern etc. nicht zu erhöhen.

Beispiel 17.22: Speichern der Datensätze

C#

```
...
    private void ButtonSave_Click(object sender, RoutedEventArgs e)
    {
        context.SaveChanges();
    }
...
```

Sie können nun einfach in der Oberfläche Daten direkt im *DataGrid* ändern und diese dann in die Datenbank speichern.

Das ist aber jetzt etwas zu einfach, oder? Nein, ist es nicht. Das Entity Framework besitzt intern einen *ChangeTracker*, der sämtliche Änderungen an den Objekten aufzeichnet, die durch den *DbContext* geladen wurden. Beim Aufruf von *SaveChanges()* werden die Einträge im *ChangeTracker* ausgewertet und die entsprechenden SQL-Anweisungen an die Datenbank gesendet. Dabei spielt es keine Rolle, ob es sich um eine Änderung, eine Neuanlage oder auch um das Löschen eines Datensatzes handelt.

HINWEIS: Alle Anweisungen, die durch *SaveChanges()* an die Datenbank geschickt werden, laufen innerhalb einer Datenbanktransaktion. Entweder werden alle Anweisungen gespeichert oder bei einem Fehler eben gar keine. Zwischenzustände sind somit nicht möglich.

Bleibt nur noch das Hinzufügen eines neuen Datensatzes, das wir in Beispiel 17.23 demonstrieren wollen.

Beispiel 17.23: Hinzufügen eines neuen Datensatzes

C#

```
...
    private void ButtonAdd_Click(object sender, RoutedEventArgs e)
    {
        Customer kunde = new Customer() {
            CustomerId = $"NK{context.Customers.Count().ToString("000")}",
            CompanyName =
              $"Neuer Kunde {context.Customers.Count().ToString("000")}",
            City = "Munich";
            Country = "Germany";
        }
        context.Customers.Add(kunde);
        context.SaveChanges();
        dgCustomer.ItemsSource =
                    context.Customers.Where(c => c.Country == "Germany").ToList();
    }
...
```

Auch wenn das nach ein bisschen mehr Code ausschaut, so ist das Prinzip ganz einfach. Wir erstellen ein neues *Customer*-Objekt und setzen Eigenschaften. Hier holen wir uns die Gesamtanzahl der Datensätze der Kundentabelle, um keine Probleme mit nicht eindeutigen Primärschlüsseln zu bekommen (das hat also in erster Linie nichts mit dem Hinzufügen eines neuen Datensatzes zu tun).

Nachdem die gewünschten Eigenschaften gesetzt werden, wird das Objekt der *Customers*-Auflistung des *DbContext* hinzugefügt und gespeichert. Fertig! Auch nicht wirklich schwierig.

Um die Daten dann neu anzuzeigen, setzen wir die *ItemsSource* des *DataGrid* noch mal neu.

Bild 17.17 zeigt zwei neue Datensätze im *DataGrid.*

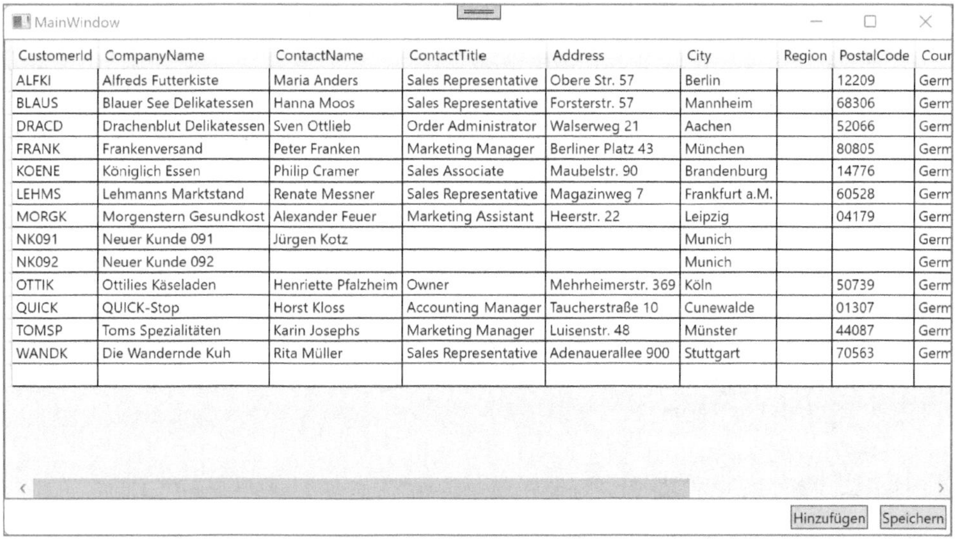

CustomerId	CompanyName	ContactName	ContactTitle	Address	City	Region	PostalCode	Cour
ALFKI	Alfreds Futterkiste	Maria Anders	Sales Representative	Obere Str. 57	Berlin		12209	Gerr
BLAUS	Blauer See Delikatessen	Hanna Moos	Sales Representative	Forsterstr. 57	Mannheim		68306	Gerr
DRACD	Drachenblut Delikatessen	Sven Ottlieb	Order Administrator	Walserweg 21	Aachen		52066	Gerr
FRANK	Frankenversand	Peter Franken	Marketing Manager	Berliner Platz 43	München		80805	Gerr
KOENE	Königlich Essen	Philip Cramer	Sales Associate	Maubelstr. 90	Brandenburg		14776	Gerr
LEHMS	Lehmanns Marktstand	Renate Messner	Sales Representative	Magazinweg 7	Frankfurt a.M.		60528	Gerr
MORGK	Morgenstern Gesundkost	Alexander Feuer	Marketing Assistant	Heerstr. 22	Leipzig		04179	Gerr
NK091	Neuer Kunde 091	Jürgen Kotz			Munich			Gerr
NK092	Neuer Kunde 092				Munich			Gerr
OTTIK	Ottilies Käseladen	Henriette Pfalzheim	Owner	Mehrheimerstr. 369	Köln		50739	Gerr
QUICK	QUICK-Stop	Horst Kloss	Accounting Manager	Taucherstraße 10	Cunewalde		01307	Gerr
TOMSP	Toms Spezialitäten	Karin Josephs	Marketing Manager	Luisenstr. 48	Münster		44087	Gerr
WANDK	Die Wandernde Kuh	Rita Müller	Sales Representative	Adenauerallee 900	Stuttgart		70563	Gerr

Bild 17.17 Neue und geänderte Datensätze im DataGrid (NK091 und NK092)

Dieses Kapitel sollte nur einen ersten Überblick über das Entity Framework Core geben. Für detaillierte Informationen empfehlen wir die Lektüre von Büchern über das Entity Framework Core.

> Ein Problem, über das Sie bei größeren Projekten unter Umständen stolpern, ist die Tatsache, dass der *DbContext* nicht threadsafe ist. In Szenarien, bei denen Sie mit DependencyInjection arbeiten, empfehle ich Ihnen hier die Lektüre zu *DbContext Factory*, mit dem Sie diese Problematiken sauber umschiffen können.

In Abschnitt 17.5 wollen wir aber noch die Neuerungen des Entity Frameworks in den letzten Versionen vorstellen.

17.5 Neuerungen im Entity Framework Core

Auch im Bereich Entity Framework Core gibt es mit den neuen Framework-Versionen entsprechend neue EF Core-Versionen. Mittlerweile ist es aber auch so, wie bei WPF und Windows Forms auch, dass die Entity-Framework-Core-Versionen ab der Version 8 nur noch mit der passenden .NET-Version genutzt werden können.

Nun wollen wir uns aber noch die Neuerungen der beiden aktuellsten Versionen anschauen. Mit EF Core 7 kamen die ersten vier Abschnitte hinzu, bei EF Core 8 die Themen ab Abschnitt 17.5.5. In der Version EF Core 9 kommen viele interne Verbesserungen dazu und das bereits angesprochene Datenseeding. Eine bessere Unterstützung für Azure Cosmos DB wurde mit dieser Version ebenso erreicht wie eine verbesserte Übersetzung der LINQ-Befehle nach SQL, während in EF Core 10 weitere Optimierungen und die LINQ-Operatoren *LeftJoin* und *RightJoin* eingeführt wurden. EF Core 10 unterstützt für den SQL-Server jetzt auch den neuen Vektordatentyp und JSON-Datentyp. Für Azure Cosmos DB wird jetzt auch die Volltextsuche unterstützt.

Eine ausführliche Beschreibung der Neuerungen finden Sie für EF Core 7 unter *https://learn.microsoft.com/de-de/ef/core/what-is-new/ef-core-7.0/whatsnew* und für EF Core 8 unter *https://learn.microsoft.com/en-us/ef/core/what-is-new/ef-core-8.0/whatsnew*.

Für EF Core 9 *https://learn.microsoft.com/de-de/ef/core/what-is-new/ef-core-9.0/whatsnew* sowie für EF Core 10 schließlich *https://learn.microsoft.com/de-de/ef/core/what-is-new/ef-core-10.0/whatsnew*.

17.5.1 JSON-Spalten

Eines der größten neuen Features in Entity Framework Core 7 sind JSON-Spalten (oder auch JSON Columns).

JSON-Spalten sind ja bereits in verschiedenen relationalen Datenbanken verfügbar, und der Inhalt dieser JSON-Dokumente kann in Abfragen ausgewertet werden.

Entity Framework 7 unterstützt nun diese Abfragen auf der Basis der LINQ-Syntax sowie das Speichern dieser JSON-Dokumente.

Dann wollen wir uns dieses Feature etwas genauer anschauen und legen dafür eine neue Konsolenanwendung mit dem Namen *JsonColumnsSample* an und fügen wieder unsere benötigten Nuget-Pakete hinzu.

17.5.1.1 Erstellung des Modells mit einer JSON-Spalte

Zuerst wollen wir das Modell für unsere Anwendung erstellen. Dazu legen wir zwei Klassen *BankKonto* und *KontoInhaber* an. Dabei soll das *BankKonto* genau einen Inhaber haben, der in der Tabelle *BankKonto* als JSON-Struktur gespeichert werden soll.

Beispiel 17.24: Die Klasse KontoInhaber.cs

C#

```
namespace JsonColumnsSample.Model;

public class KontoInhaber
{
    public string FirstName { get; set; } = string.Empty;
    public string LastName { get; set; } = string.Empty;
    public DateTime? DateOfBirth { get; set; }
}
```

Die Entitätsklasse wird hier ohne eine Schlüssel-Spalte angelegt. Die benötigen wir ja nicht, da der Inhaber direkt innerhalb von *BankKonto* gespeichert werden soll.

Beispiel 17.25: Die Klasse BankKonto.cs

C#

```
namespace JsonColumnsSample.Model;

public class BankKonto
{
    public int Id { get; set; }
    public string Iban { get; set; } = string.Empty;
    public double Saldo { get; set; }
    public double Dispo { get; set; }
    public KontoInhaber Inhaber { get; set; } = null!;
}
```

In der Klasse *BankKonto* vergeben wir sehr wohl eine *Id* und fügen außer den normalen Properties *Iban, Saldo* und *Dispo* eine nicht nullable Property *Inhaber* vom Typ *KontoInhaber* hinzu.

Bislang gibt es noch keinen Hinweis, dass es sich beim *Inhaber* um eine JSON-Spalte handeln soll.

Als Nächstes benötigen wir noch die Kontextklasse, die wir *KontoContext* nennen wollen.

Beispiel 17.26: Die Klasse KontoContext.cs

C#

```
using Microsoft.EntityFrameworkCore;

namespace JsonColumnsSample.Model;

public class KontoContext : DbContext
{
    public DbSet<BankKonto> Konten { get; set; }

    protected override void OnModelCreating(ModelBuilder modelBuilder)
    {
        modelBuilder.Entity<BankKonto>().OwnsOne(
            k => k.Inhaber, navigationBuilder =>
            {
                navigationBuilder.ToJson();
            });
    }

    protected override void OnConfiguring(DbContextOptionsBuilder optionsBuilder)
    {
        optionsBuilder.UseSqlServer(@"Server=(localdb)\MSSQLLocalDb;
                                    Initial Catalog=KontoDb");
    }
}
```

Hier definieren wir ganz normal unser *DbSet* für das *BankKonto*, und in der überschriebenen Methode *OnConfiguring* geben wir den ConnectionString an, also alles bereits bekannte Funktionalitäten.

Interessant wird es nun in der überschriebenen Methode *OnModelCreating*. Hier definieren wir mittels der Methode *OwnsOne*, dass unser *BankKonto* einen Inhaber besitzt und dieser in der gleichen Tabelle gespeichert werden soll. Alternativ zu *OwnsOne* gibt es auch für 1:n-Beziehungen die Methode *OwnsMany*.

Durch den Aufruf im zweiten Lambda von *navigationBuilder.ToJson* definieren wir die Spalte *Inhaber* als JSON-Spalte.

HINWEIS: Hätten wir den Aufruf *navigationBuilder.ToJson* weggelassen, dann hätte das Entity Framework in der Tabelle *BankKonto* drei weitere Spalten mit dem Namen *Inhaber_FirstName*, *Inhaber_LastName* und *Inhaber_DateOfBirth* mit den entsprechenden Datentypen angelegt. Hier ist das Präfix, in dem Fall *Inhaber*, mit einer weiteren Überladung auch selbst definierbar.

Dann legen wir mit dem PowerShell-Skript *add-migration InitialMigration* in der Paketmanagerkonsole eine neue Migration an.

Beispiel 17.27: Migrationsklasse unseres Modells

C#

```
using Microsoft.EntityFrameworkCore.Migrations;

#nullable disable

namespace JsonColumnsSample.Migrations;

    /// <inheritdoc />
    public partial class InitialMigration : Migration
    {
        /// <inheritdoc />
        protected override void Up(MigrationBuilder migrationBuilder)
        {
            migrationBuilder.CreateTable(
                name: "Konten",
                columns: table => new
                {
                    Id = table.Column<int>(type: "int", nullable: false)
                         .Annotation("SqlServer:Identity", "1, 1"),
                    Iban = table.Column<string>(type: "nvarchar(max)",
                                                nullable: false),
                    Saldo = table.Column<double>(type: "float", nullable: false),
                    Dispo = table.Column<double>(type: "float", nullable: false),
                    Inhaber = table.Column<string>(type: "nvarchar(max)",
                              nullable: false)
                },
                constraints: table =>
                {
                    table.PrimaryKey("PK_Konten", x => x.Id);
                });
        }

        /// <inheritdoc />
        protected override void Down(MigrationBuilder migrationBuilder)
        {
            migrationBuilder.DropTable(name:  "Konten");
        }
    }
```

Wir sehen hier, dass die Spalte *Inhaber* als *nvarchar(max)* angelegt wird.

Mit dem Befehl *update-database* in der Paketmanagerkonsole wird nun die Datenbank mit der entsprechenden Definition angelegt (siehe Bild 17.18).

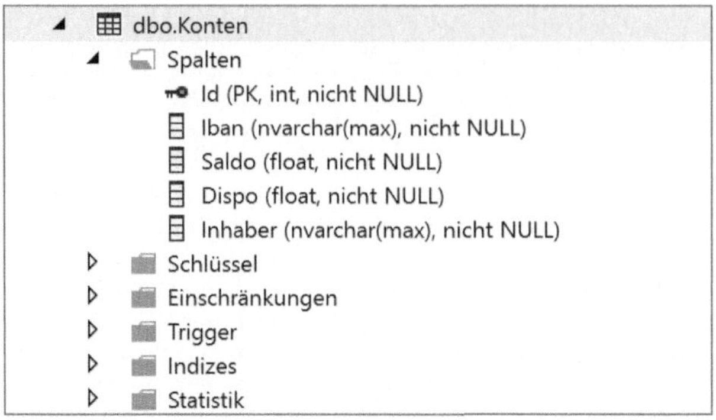

Bild 17.18 Definition der Tabelle Konten

17.5.1.2 Anlegen und Auslesen von Datensätzen mit JSON-Spalten

In der Main-Routine unserer Konsolenanwendung wollen wir nun zwei Datensätze generieren.

Beispiel 17.28: Anlegen von neuen Konten in der Main-Routine

C#

```
using JsonColumnsSample.Model;

namespace JsonColumnsSample;

internal class Program
{
    static void Main(string[] args)
    {
        using KontoContext context = new KontoContext();
        if (!context.Konten.Any())
        {
            context.Konten.Add(
                new BankKonto()
                {
                    Iban = "DE10 1234 5678 9012 3456 78",
                    Inhaber = new KontoInhaber()
                    {
                        FirstName = "Jürgen",
                        LastName = "Kotz"
                    }
                });
            context.Konten.Add(
                new BankKonto()
                {
                    Iban = "DE20 1234 5678 9012 3456 79 ",
                    Inhaber = new KontoInhaber()
                    {
                        FirstName = "Christian",
                        LastName = "Wenz"
                    }
                });
```

```
            context.SaveChanges();
        }
    }
}
```

Wir überprüfen hier, ob schon Datensätze in der Tabelle *Konten* existieren, und wenn nicht, dann legen wir zwei Kontoobjekte inklusive Inhaber an. Mit *context.Save Changes()* speichern wir die Datensätze in die Datenbank.

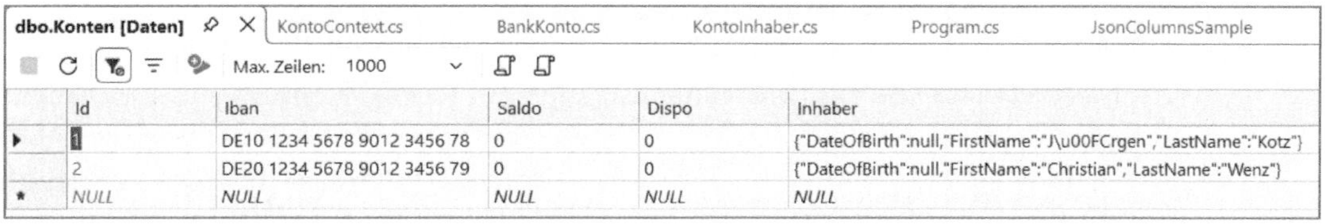

	Id	Iban	Saldo	Dispo	Inhaber
▸	1	DE10 1234 5678 9012 3456 78	0	0	{"DateOfBirth":null,"FirstName":"J\u00FCrgen","LastName":"Kotz"}
	2	DE20 1234 5678 9012 3456 79	0	0	{"DateOfBirth":null,"FirstName":"Christian","LastName":"Wenz"}
*	NULL	NULL	NULL	NULL	NULL

Bild 17.19 Datensätze in der Konten-Tabelle

Wie Sie in Bild 17.19 sehen, wird der Inhaber als JSON in der Datenbank gespeichert.

Zum Auslesen der Daten fügen wir noch folgenden Programmcode in die Main()-Routine hinzu:

```
var konto = context.Konten.FirstOrDefault(k => k.Inhaber.FirstName == "Jürgen");
if (konto != null)
{
    Console.WriteLine($"{konto.Inhaber.FirstName} {konto.Inhaber.LastName}");
}
```

Wir sehen, wir können in der Abfrage ganz normal auf die Properties des Inhabers zugreifen, wie wir es von LINQ gewöhnt sind.

Die Abfrage wird auch tatsächlich komplett auf dem Datenbanksystem ausgeführt. Das erzeugte SQL-Statement in diesem Beispiel schaut so aus:

```
SELECT TOP(1) [k].[Id], [k].[Dispo], [k].[Iban], [k].[Saldo], [k].[Inhaber]
FROM [Konten] AS [k]
WHERE JSON_VALUE([k].[Inhaber], '$.FirstName') = N'Jürgen'
```

HINWEIS: JSON-Spalten werden mit der Version EF Core 8 nun auch in SQLite unterstützt.

17.5.2 Bulk Updates

Für bessere Performance, vor allem bei Massenupdates, wurden zwei neue Methoden, *ExecuteUpdate()* und *ExecuteDelete()*, eingeführt (inklusive der asynchronen Varianten). Diese führen Befehle direkt an die Datenbank aus, ohne die entsprechenden Objekte zu laden und den *Changetracker* die Änderungen aufzeichnen zu lassen. Dadurch werden geladene Objekte jedoch nicht synchron gehalten, darauf sollten Sie dringend achten.

```
await context.Customers.ExecuteDeleteAsync();
```

würde zum Beispiel alle Einträge der Tabelle *Customers* in der Datenbank löschen.

Der *ExecuteDelete()*-Befehl kann natürlich auch mit einem Filter ausgeführt werden. Der Ausdruck

```
await context.Customers.Where(c => c.Country == "Germany").ExecuteDeleteAsync();
```

würde zum Beispiel alle deutschen Kunden in der Datenbank löschen.

Etwas gewöhnungsbedürftiger dürfte die Syntax für den *ExecuteUpdate()* sein. Hier setzt man nicht einfach, wie man es gewohnt ist, den neuen Wert für eine Eigenschaft, sondern muss eine Methode *SetProperty()* aufrufen.

SetProperty() erwartet dabei zwei Parameter, nämlich welche Spalte geändert werden und welchen Wert die Spalte nun haben soll.

```
await context.Product.ExecuteUpdateAsnyc(
    s => s.SetProperty(p => p.Price, p => p.Price * 1.1);
```

Hier würde der Preis aller Produkte um 10 % erhöht werden.

Auch bei *ExecuteUpdate()* kann man natürlich mit Filtern arbeiten:

```
await context.Product
    .Where(p => p.Price > 10)
    .ExecuteUpdateAsnyc(
        s => s.SetProperty(p => p.Price, p => p.Price * 1.1);
```

Die beiden Anweisungen *ExecuteUpdate()* und *ExecuteDelete()* können nur direkt auf eine Tabelle angewandt werden.

Beachten Sie auch bitte, dass Sie für sämtliche Fremdschlüsselbeziehungen bei diesen Aktionen selbst verantwortlich sind. Löschen Sie also auch abhängige Objekte, und zwar in der richtigen Reihenfolge.

Wenn Sie dafür mehrere *ExecuteDelete()*-Befehle verwenden, sollte Ihnen auch bewusst sein, dass diese nicht in einer Transaktion laufen. Sie sind für die Transaktion dann auch selber verantwortlich.

17.5.3 SaveChanges()

Die Performance des Aufrufs zum Speichern *SaveChanges()* wurde in der Version 7.0 dramatisch verbessert. Microsoft spricht von bis zu 400 % Performancegewinn.

Dieser Performancegewinn wurde vor allem dadurch erreicht, dass viele interne Transaktionen nun optimiert ablaufen. Auch das Hinzufügen mit einfachen Identity-Spalten wurde verbessert.

17.5.4 Mapping von Stored Procedures

Über den *ModelBuilder* kann ein Mapping von *StoredProcedures* auf eine Entität erfolgen. Sie können dabei ein Mapping für eine Insert-, Update- und Delete-*Stored Procedure* hinzufügen.

Beispiel 17.29: Mapping mit *StoredProcedures* mit unserer Movie-Klasse

```
modelBuilder.Entity<Movie>()
    .InsertUsingStoredProcedure(
        "Movie_Insert",
        storedProcedureBuilder =>
        {
            storedProcedureBuilder.HasParameter(m => m.Title);
            storedProcedureBuilder.HasParameter(m => m.Year);
            storedProcedureBuilder.HasResultColumn(m => m.Id);
        })
    .UpdateUsingStoredProcedure(
        "Movie_Update",
        storedProcedureBuilder =>
        {
            storedProcedureBuilder.HasOriginalValueParameter(m => m.Id);
            storedProcedureBuilder.HasParameter(m => m.Title);
            storedProcedureBuilder.HasParameter(m => m.Year);
            storedProcedureBuilder.HasRowsAffectedResultColumn();
        })
    .DeleteUsingStoredProcedure(
        "Movie_Delete",
        storedProcedureBuilder =>
        {
            storedProcedureBuilder.HasOriginalValueParameter(m => m.Id);
            storedProcedureBuilder.HasRowsAffectedResultColumn();
        });
```

HINWEIS: Die Stored Procedures auf der Datenbank müssen Sie selber erstellen!

17.5.5 Optimiertes SQL für Contains-Abfragen

Bei Abfragen, in denen Sie den LINQ-Ausdruck *Contains* verwenden, wird nun ein optimiertes SQL eingesetzt, um die Abfrage schneller ausführen zu können. Intern wird jetzt eine Funktion *OpenJson* verwendet, die jedoch in älteren SQL-Server-Versionen nicht kompatibel ist.

Wenn Sie also eine Datenbank vor SQL-Server 2016 verwenden oder eine Kompatibilitätseinstellung in Ihrem Datenbankserver haben, der älter ist als SQL Server 2016, würde das zu einem ungültigen SQL führen, das zu einer Exception führt.

Um dies auf älteren Systemen zu verhindern, überschreiben Sie die *OnConfiguring*-Methode der Kontextklasse mit folgender Anweisung:

```
protected override void OnConfiguring(DbContextOptionsBuilder optionsBuilder)
    => optionsBuilder
        .UseSqlServer(@"<CONNECTION STRING>", o => o.UseCompatibilityLevel(120));
```

17.5.6 Enums werden innerhalb von JSON-Spalten als Integers gespeichert

Seit der Einführung von Entity Framework wurden Enum-Werte in der Datenbank als *int* gespeichert. Bei der Einführung der JSON-Spalten in EF Core 7 wurden jedoch die Enumwerte als *string* gespeichert. Dies wurde jedoch jetzt in EF Core 8 wieder auf *int* umgestellt.

Dies ist somit ein BreakingChange, der bei der Migration von EF Core 7 auf EF Core 8 zu einem Fehler führen würde.

Um diesen Fehler zu verhindern, können Sie in der OnModelCreating-Methode für jede Enumspalte innerhalb einer JSON-Spalte folgenden Code einsetzen:

```
modelBuilder.Entity<Entityname>().Property(e =>
                   e.NameDerEnumProperty).HasConversion<string>();
```

17.5.7 Primitive Collections

Wenn Sie in einer Entitätsklasse ein Array beziehungsweise eine Liste von primitiven Datentypen (*int*, *string*, *DateTime*, *DateOnly* und *bool*) definieren, wird diese nun automatisch als JSON-Spalte in der Entität definiert.

Betrachten wir dazu folgende Klassendefinition für eine Veranstaltungshalle:

Beispiel 17.30: Definition der Venue-Klasse

```
namespace PrimitiveCollectionSample.Model;

public class Venue
{
    public Venue(string name, string[] teams)
    {
        Name = name;
        Teams = teams;
    }

    public int Id { get; set; }
    public string Name { get; set; }
    public string[] Teams { get; set; }
    public List<DateOnly> Visits { get; set; } = new();
}
```

Wir definieren in dieser Klasse eine Property *Id* als Schlüssel, den Namen der Veranstaltungshalle sowie ein *String*-Array, um zu wissen, welche Mannschaften in dieser Arena spielen, und eine weitere Liste, wann wir den Veranstaltungsort besucht haben.

Wenn wir nun wiederum einen Context definieren, müssen wir nur den *DbSet* und den ConnectionString definieren. Wir benötigen keinen weiteren Code, wie in Abschnitt 17.5.1 beschrieben.

Beispiel 17.31: Definition der VenueContext-Klasse

C#

```
using Microsoft.EntityFrameworkCore;

namespace PrimitiveCollectionSample.Model;

public class VenueContext : DbContext
{
    public DbSet<Venue> Arenen { get; set; }

    protected override void OnConfiguring(DbContextOptionsBuilder optionsBuilder)
    {
        optionsBuilder.UseSqlServer(@"Server=(localdb)\MSSQLLocalDb;
                                      Initial Catalog=VenueDb");
    }
}
```

Die erzeugte Migration sehen Sie in Beispiel 17.32.

Beispiel 17.32: Erzeugte Migration

```
using Microsoft.EntityFrameworkCore.Migrations;

#nullable disable

namespace PrimitiveCollectionSample.Migrations
{
    /// <inheritdoc />
    public partial class InitialMigration : Migration
    {
        /// <inheritdoc />
        protected override void Up(MigrationBuilder migrationBuilder)
        {
            migrationBuilder.CreateTable(
                name: "Arenen",
                columns: table => new
                {
                    Id = table.Column<int>(type: "int", nullable: false)
                        .Annotation("SqlServer:Identity", "1, 1"),
                    Name = table.Column<string>(type: "nvarchar(max)",
                                                nullable: false),
                    Teams = table.Column<string>(type: "nvarchar(max)",
                                                 nullable: false),
                    Visits = table.Column<string>(type: "nvarchar(max)",
                                                  nullable: false)
                },
                constraints: table =>
                {
                    table.PrimaryKey("PK_Arenen", x => x.Id);
                });
        }

        /// <inheritdoc />
        protected override void Down(MigrationBuilder migrationBuilder)
        {
            migrationBuilder.DropTable(name: "Arenen");
        }
    }
}
```

Wie Sie in der Migration sehen, wurden die beiden Spalten *Teams* und *Visits* als *nvar char(max)*-Spalten angelegt.

Zum Anlegen und Abfragen der Datensätze fügen wir noch den Programmcode aus Beispiel 17.32 hinzu.

Beispiel 17.33: Anlegen und Abfragen der Datensätze

```
using var context = new VenueContext();
if (!context.Arenen.Any())
{
    context.Arenen.Add(new Venue("SAP Garden",
        new[] { "Bayern München Basketball", "RB München" }));
    context.Arenen.Add(new Venue("Allianz Arena",
        new[] { "FC Bayern München", "NFL Teams" }));

    context.SaveChanges();
}

var arena = context.Arenen.FirstOrDefault(
                    a => a.Teams.Contains("NFL Teams"));

if (arena != null)
{
    Console.WriteLine(arena.Name);
}
```

Bild 17.20 zeigt die erzeugten Datensätze in der Datenbanktabelle.

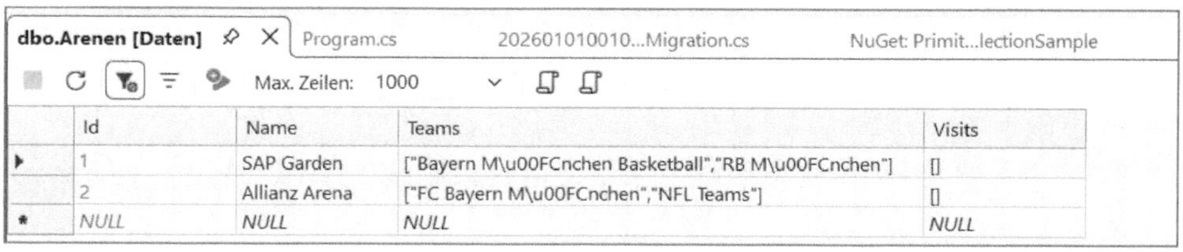

Bild 17.20 Erzeugte Datensätze in der Tabelle Arena

HINWEIS: Auch hier noch der Hinweis, dass Sie vermutlich in solchen Szenarien mit *Contains* in der Abfrage arbeiten werden. Beachten Sie dazu die in Abschnitt 17.5.5 beschriebenen Probleme zur Abwärtskompatibilität von SQL Servern vor der Version 2016.

Auch wenn Sie Primitive Collections in einer explizit definierten JSON-Spalte verwenden, wird sich am Vorgehen nichts ändern. Sie haben dann eben ein JSON-Array innerhalb der JSON-Definition.

17.6 Serialisierung mit System.Text.Json

Im vorigen Kapitel wurden sehr viele neue Features zur Verwendung von Daten im JSON-Format beschrieben. In der Vergangenheit war dazu das Nuget-Paket *Newton soft.Json* die Grundlage für die JSON-Serialisierung unter .NET.

Mit .NET Core 3.1 wurde der Namespace *System.Text.Json* eingeführt, dessen Klassen die gleiche Funktionalität wie die Klassen des Nuget-Paketes *Newtonsoft.Json* implementieren. Bei den neuen Framework-Versionen hat sich der Funktionsumfang von *System.Text.Json* mittlerweile deutlich gesteigert, sodass man jetzt das externe Nuget-Paket nicht mehr laden muss, da sämtliche Funktionalität nun komplett in .NET enthalten ist.

In einem kleinen Beispiel wollen wir ein Objektmodell aufbauen, das wir anschließend serialisieren wollen, um einige JSON-Features zu zeigen.

Dazu verwenden wir eine Konsolenanwendung, die wir *JsonSample* nennen.

Dieser fügen wir eine abstrakte Basisklasse *Konto* hinzu.

Beispiel 17.34: Klasse Konto

```
namespace JsonSample;

public abstract class Konto
{
    public Konto(string inhaber)
    {
        Inhaber = inhaber;
        Random r = new Random();
        int nummer = r.Next(100000, Int32.MaxValue);
        Iban = $"DE9983050505{nummer.ToString().PadLeft(10, '0')}";
    }

    public string Iban { get; }
    public string Inhaber { get; }
    public double Saldo { get; protected set; }
    public double Dispo { get; set; }
    public double Auszahlen(double betrag)
    {
        Saldo -= betrag;
        return Saldo;
    }
    public abstract double Einzahlen(double betrag);
}
```

Wir haben hier also eine abstrakte Basisklasse definiert, die im Konstruktor die *Iban* automatisch generiert und den Inhabernamen mittels eines Parameters setzt. Beides sind schreibgeschützte Properties ohne *set*-Zweig. Des Weiteren gibt es eine Property

Saldo mit einem *protected set*-Zweig und einer Property *Dispo* ohne Einschränkungen vom Lese-Schreib-Zugriff.

Davon leiten wir eine Klasse *Sparkonto* ab, die bei einer Einzahlung am Weltspartag (30.10.) 5 Euro extra gutgeschrieben bekommt, und eine Klasse *Girokonto*, bei der im Konstruktor ein *Dispo* von 1000 Euro festgesetzt wird. Die Klasse *Sparkonto* besitzt außerdem noch eine zusätzliche Property *Zinssatz*.

Beispiel 17.35: Klasse Sparkonto

```
namespace JsonSample;

public class Sparkonto : Konto
{
    public Sparkonto(string inhaber) : base(inhaber)
    {
    }

    public double Zinssatz { get; set; }

    public override double Einzahlen(double betrag)
    {
        if (DateTime.Now.Day == 30 && DateTime.Now.Month == 10)
        {
            betrag += 5;
        }
        Saldo += betrag;
        return Saldo;
    }
}
```

Beispiel 17.36: Klasse Girokonto

```
namespace JsonSample;

public class Girokonto : Konto
{
    public Girokonto(string inhaber) : base(inhaber)
    {
        Dispo = 1000;
    }

    public override double Einzahlen(double betrag)
    {
        Saldo += betrag;
        return Saldo;
    }
}
```

In der *Main()*-Routine legen wir eine Liste von Kontoobjekten an und fügen dieser jeweils ein Spar- und ein Girokonto hinzu. Wir zahlen jeweils 100 Euro ein und setzen den *Zinssatz* des Sparkontos auf 1,9 %.

Anschließend serialisieren wir die Liste mit der statischen Methode *Serialize* des *Json Serializers* und geben den String in der Konsole aus.

Beispiel 17.37: Main()-Routine in der Program.cs unserer Konsolenanwendung

```
using System.Text.Json;

namespace JsonSample;

internal class Program
{
    static void Main(string[] args)
    {
        List<Konto> konten = new List<Konto>();
        Girokonto gKonto = new Girokonto("Juergen");
        gKonto.Einzahlen(100);
        sKonto.Zinssatz = 0.019;
        konten.Add(gKonto);

        Sparkonto sKonto = new Sparkonto("Christian");
        sKonto.Einzahlen(100);
        konten.Add(sKonto);

        var json = JsonSerializer.Serialize(konten);
        Console.WriteLine(json);
    }
}
```

Wenn wir die Anwendung jetzt starten, dann wird folgender String in der Konsole ausgegeben:

[{"Iban":"DE99830505050777922740","Inhaber":"Juergen","Saldo":100,"Dispo":1000},
{"Iban":"DE99830505052123781781","Inhaber":"Christian","Saldo":100,"Dispo":0}]

Also wir sehen eine Auflistung von Objekten, die durch die erste eckige Klammer definiert wird.

Darin enthalten sind weitere in geschweiften Klammern enthaltene Objekte aufgelistet, und hier erkennen wir die Properties unserer Klasse mit den entsprechenden Werten wieder.

Nun ja, der Zinssatz des Sparkontos fehlt, er wurde nicht serialisiert.

Noch spannender wird es, wenn wir jetzt diesen String wieder deserialisieren möchten. Fügen Sie dafür der *Main()*-Routine noch folgenden Code hinzu:

```
        List<Konto>? deserializesKonten =
                    JsonSerializer.Deserialize<List<Konto>>(json);
        if (deserializesKonten != null)
        {
            foreach (var item in deserializesKonten)
            {
                Console.WriteLine(
                    $"{item.Inhaber} hat auf dem Konto {item.Iban} einen Saldo
                      von {item.Saldo} und einen Dispo von {item.Dispo}");
        }
    }
```

Sprich, wir wollen mit der statischen generischen *Deserialize*-Methode des *JsonSerializer* unsere Kontenliste in einer neuen Liste wiederherstellen und anschließend die Werte der beiden Kontoobjekte ausgeben.

Leider bekommen wir, wie in Bild 17.21 dargestellt, beim Deserialisieren eine *NotSupportedException*. Der Deserialisierer hat keinerlei Informationen, ob es sich um Objekte vom Typ *Girokonto* oder *Sparkonto* handelt, und kann eine Kontoklasse nicht instanziieren, da abstrakte Basisklassen nicht instanziiert werden können.

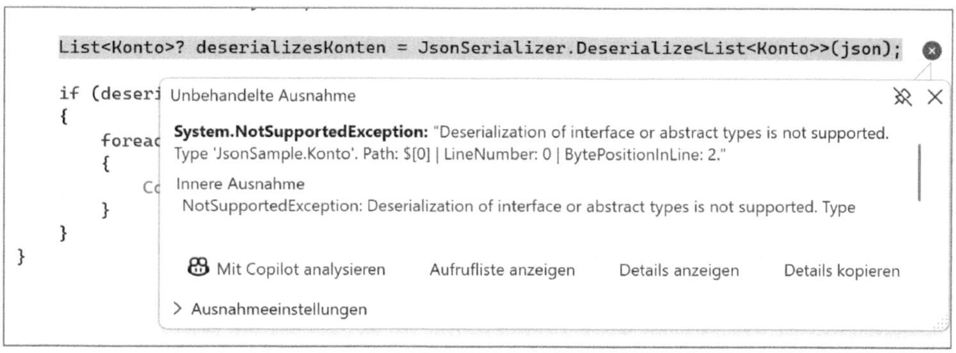

Bild 17.21 Exception beim Deserialisieren der Konten

Dieses Problem können wir beheben, indem wir der Basisklasse *Konto* mittels des *JsonDerivedTypes*-Attributs sagen, welche Typen von der Basisklasse erben und welche Bezeichnung der Serialisierer dann als Typdiskriminator verwenden soll.

Fügen Sie dazu die beiden Attribute für die abstrakte Basisklasse *Konto* wie folgt hinzu:

```
[JsonDerivedType(typeof(Girokonto), "Girokonto")]
[JsonDerivedType(typeof(Sparkonto), "Sparkonto")]
public abstract class Konto
```

Das Attribut *JsonDerivedTypes* befindet sich im Namespace *System.Text.Json.Serialization*, das Sie mit *using* noch einbinden müssen.

Nach dieser Codeänderung läuft unser Projekt jetzt ohne Fehler durch und erzeugt folgende Bildschirmausgabe, wie in Bild 17.22 dargestellt.

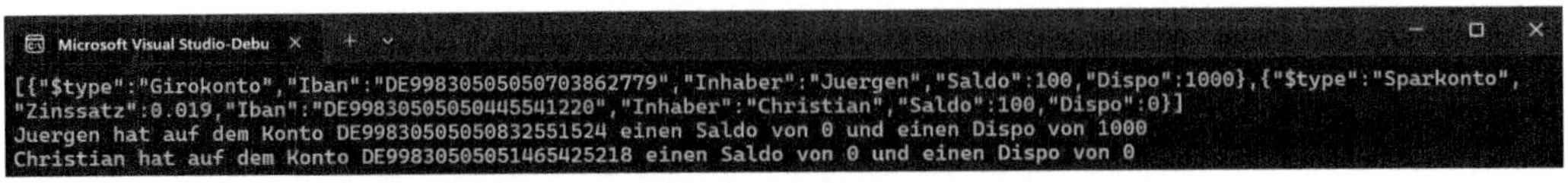

Bild 17.22 Konsolenausgabe des Programms

Als Änderungen sehen wir, dass für das *Sparkonto* der *Zinssatz* jetzt mit deserialisiert wurde und es einen zusätzlichen Eintrag *$type* gibt. Das ist der sogenannte Typdiskriminator, er hat als Werte den zweiten Parameter, den Sie mittels des *JsonDerivedType*-Attributs für den entsprechenden Typ gesetzt haben.

Dann wollen wir nun die Werte aus dem ausgegebenen JSON-String und aus den deserialisierten Werten vergleichen.

Iban ist zwar vorhanden, aber hat bei den deserialisierten Werten einen neuen Wert (der wurde ja im Konstruktor mit einem Zufallszahlengenerator gesetzt). *Inhaber* und *Dispo* passen, aber der Saldo wird mit 0 ausgegeben, obwohl auf jedes der Konten 100 Euro einbezahlt wurden.

Das Problem mit der IBAN können wir dadurch lösen, dass wir in der Definition der Property außer dem *get*-Zweig auch noch einen *init*-Zweig definieren. Somit bleibt die Property schreibgeschützt, und der Wert kann weiterhin nur über einen Konstruktor oder jetzt auch über den Deserialisierer gesetzt werden.

```
public string Iban { get; init; }
```

Und für die Property Saldo verwenden wir einfach das *JsonInclude*-Attribut, sodass der Serialisierer auch diesen Wert setzen kann.

```
[JsonInclude]
public double Saldo { get; protected set; }
```

Nach diesen Änderungen können wir das Beispiel noch mal laufen lassen, und wie Sie in Bild 17.23 sehen, sind nun alle Werte korrekt gesetzt.

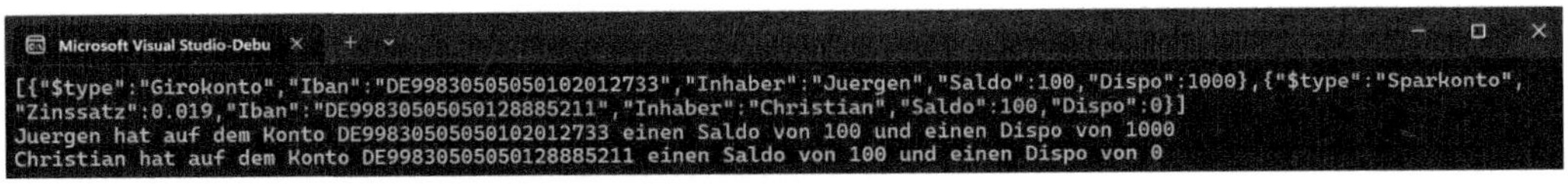

Bild 17.23 Korrekte Ausgabe des Programms

Den *JsonSerializer* werden wir jetzt gleich noch in Abschnitt 17.7.1 sehen, wo auch die *JsonSerializerOption*-Klasse mit angesprochen wird.

17.7 Praxisbeispiele

In den beiden Praxisbeispielen arbeiten wir einmal mit unserer Northwind-Datenbank und speichern geladene Datensätze als JSON. Im zweiten Beispiel zeigen wir noch mal ein kleines Projekt mit einer m:n-Beziehung, so wie es in Beispiel 17.3 bereits angerissen wurde.

17.7.1 Daten mit EF Core laden und als JSON speichern

In diesem Beispiel wollen wir mittels Entity Framework Core verschiedene Abfragemöglichkeiten demonstrieren und die selektierten Daten als JSON lokal speichern. Wir loggen sämtliche Datenbankzugriffe im Debug-Fenster, um bestimmte Unterschiede zwischen den Abfragen zu demonstrieren.

Voraussetzungen

Wir bauen auf unser Reverse-Engineering-Beispiel auf. Wir werden aber auf einem neuen *MainWindow* aufsetzen.

Oberfläche

Neben einem *DataGrid* benötigen wir vier *Buttons* für unterschiedliche Selektionen (Bild 17.24).

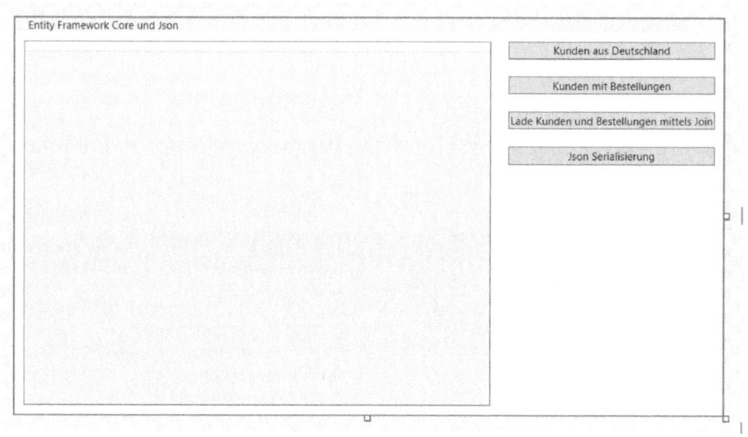

Bild 17.24 Oberfläche für das Praxisbeispiel

Dazu verwenden Sie folgendes XAML:

XAML

```
<Window x:Class="ReverseEngineeringSample.MainWindow"
        xmlns="http://schemas.microsoft.com/winfx/2006/xaml/presentation"
        xmlns:x="http://schemas.microsoft.com/winfx/2006/xaml"
        xmlns:d="http://schemas.microsoft.com/expression/blend/2008"
        xmlns:mc="http://schemas.openxmlformats.org/markup-compatibility/2006"
        xmlns:local="clr-namespace:ReverseEngineeringSample"
        mc:Ignorable="d"
        Title="Entity Framework Core und Json" Height="450" Width="800">
    <Grid>
        <Grid.ColumnDefinitions>
            <ColumnDefinition></ColumnDefinition>
            <ColumnDefinition Width="Auto"></ColumnDefinition>
        </Grid.ColumnDefinitions>
        <DataGrid Margin="10" Name="dgKunden"></DataGrid>
        <StackPanel Grid.Column="1">
            <Button Margin="10" Click="ButtonDeutscheKunden_Click">
                Kunden aus Deutschland
            </Button>
            <Button Margin="10" Click="ButtonKundenMitBestellungen_Click">
                Kunden mit Bestellungen
            </Button>
            <Button Margin="10" Click="ButtonJoin_Click">
                Lade Kunden und Bestellungen mittels Join</Button>
            <Button Margin="10" Click="ButtonJson_Click">
                Json Serialisierung
            </Button>
        </StackPanel>
    </Grid>
</Window>
```

Quellcode

Definition der benötigten Namespaces und einer im gesamten Window verfügbaren *kundenListe.*

C#

```
using Microsoft.EntityFrameworkCore;
using ReverseEngineeringSample.Model;
using System.IO;
using System.Text.Json;
using System.Text.Json.Serialization;
using System.Windows;

namespace ReverseEngineeringSample;
```

```
public partial class MainWindow : Window
{
    public MainWindow()
    {
        InitializeComponent);
    }

    List<Customer> kundenListe = new List<Customer>();
```

Selektion der deutschen Kunden und Zuweisung an das *DataGrid*. Die deutschen Kunden werden mittels eines Lambda-Ausdrucks gefiltert. Es werden zu diesem Zeitpunkt nur die Kundendaten geladen, keine abhängigen Order-Objekte.

```
private void ButtonDeutscheKunden_Click(object sender, RoutedEventArgs e)
{
    using NorthwindContext context = new NorthwindContext();

    kundenListe = context.Customers.Where(c => c.Country == "Germany").ToList();
    dgKunden.ItemsSource = kundenListe;
}
```

Selektion aller Kunden mit Bestellungen – auch hier laden wir keine Order-Objekte, wir überprüfen im Lambda-Ausdruck lediglich, ob der entsprechende Kunde eine Bestellung hat:

```
private void ButtonKundenMitBestellungen_Click(object sender, RoutedEventArgs e)
{
    using NorthwindContext context = new NorthwindContext();

    kundenListe = context.Customers.Where(c => c.Orders.Any()).ToList();
    dgKunden.ItemsSource = kundenListe;
}
```

Selektion aller Kunden und deren Bestellungen – hier laden wir alle Order-Objekte sofort mit:

```
private void ButtonJoin_Click(object sender, RoutedEventArgs e)
{
    using NorthwindContext context = new NorthwindContext();

    kundenListe = context.Customers.Include(c => c.Orders).ToList();
    dgKunden.ItemsSource = kundenListe;
}
```

Und zum Abschluss noch das Serialisieren. Hier haben wir eine Fehlerbehandlung eingebaut, denn so wie unser Programm aufgebaut ist, wird nicht alles so ganz reibungslos laufen (aber dazu mehr beim Test). Die statische Methode *Serialize* der *Json Serializer*-Klasse serialisiert das übergebene Objekt (hier *kundenListe*) und gibt die serialisierten Daten als *string* zurück. Diesen String schreiben wir mit einem *StreamWriter* auf die Platte.

```
    private void ButtonJson_Click(object sender, RoutedEventArgs e)
    {
        try
        {
            using StreamWriter writer = new StreamWriter("kundenliste.json");
            writer.Write(JsonSerializer.Serialize(kundenListe));
        }
        catch (Exception ex)
        {
            MessageBox.Show(ex.Message);
        }
    }
}
```

Da wir sämtliche Anweisungen an die Datenbank auch im Debugfenster sehen möchten, um die Unterschiede zwischen den Abfragen zu sehen, müssen wir noch eine Änderung an unserer *NorthwindContext.cs* vornehmen.

Fügen Sie die fett markierte Zeile zu der Methode *OnConfiguring()* hinzu.

```
protected override void OnConfiguring(DbContextOptionsBuilder optionsBuilder)
{
    if (!optionsBuilder.IsConfigured)
    {

        optionsBuilder.LogTo(s => System.Diagnostics.Debug.WriteLine(s),
                        Microsoft.Extensions.Logging.LogLevel.Information);
        optionsBuilder.UseSqlServer("Server=.;Initial Catalog=Northwind;
                                    Integrated Security=True;");
    }
}
```

Über den Lambda-Ausdruck *s => Debug.WriteLine(s)* definieren wir, dass wir sämtliche Logausgaben des *DbContext* in das Debugfenster schreiben wollen, und zwar alle mit der *LogLevel Information*. Sie können hier natürlich auch in Textdateien oder was auch immer schreiben, passen Sie einfach den Lambda-Ausdruck nach Ihren Bedürfnissen an.

Test

Dieser Test wird etwas komplexer als in den Vorgängerbeispielen, weil wir für jede unterschiedliche Selektion das erzeugte SQL sowie das Verhalten beim Serialisieren betrachten wollen. Der Inhalt des Window unterscheidet sich nur durch die selektierten Daten und dürfte nach einer bestimmten Selektion so wie in Bild 17.25 ausschauen:

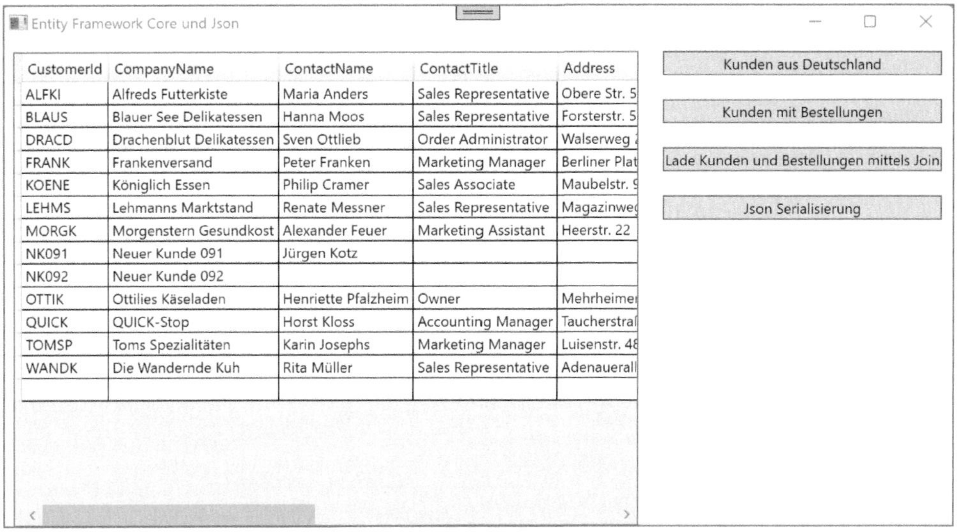

Bild 17.25 Liste mit deutschen Kunden

Kunden aus Deutschland

Wenn Sie die Kunden aus Deutschland selektieren, wird eine Tabelle angezeigt, wie sie in Bild 17.25 zu sehen ist. Interessanter ist jedoch ein Blick auf das an die Datenbank geschickte SQL-Statement:

```
info: 01.01.2026 15:09:54.552 RelationalEventId.CommandExecuted[20101] (Micro
soft.EntityFrameworkCore.Database.Command) Executed DbCommand (25ms) [Parame
ters=[], CommandType='Text', CommandTimeout='30'] SELECT [c].[CustomerID], [c].
[Address], [c].[City], [c].[CompanyName], [c].[ContactName], [c].[Contact
Title], [c].[Country], [c].[Fax], [c].[Phone], [c].[PostalCode], [c].[Premium],
[c].[Region] FROM [Customers] AS [c] WHERE [c].[Country] = N'Germany'
```

Wie Sie sehen, wird eine Verbindung initialisiert und ein SELECT mit der gewünschten *Where*-Bedingung auf die Tabelle *Customers* ausgeführt.

Was passiert nun, wenn wir die Liste der deutschen Kunden serialisieren wollen?

Beim Klicken auf die Schaltfläche *Json Serialisierung* wird im Ausgabeordner eine Datei *kundenliste.json* erzeugt. Bild 17.26 zeigt die Datei in Visual Studio. Wir können dabei deutlich sehen, dass keine Orders-Objekte mit serialisiert wurden.

Bild 17.26 Kunden werden ohne Orders serialisiert

HINWEIS: In früheren Versionen des klassischen Entity Framework und mit aktiviertem LazyLoading hätte hier der Serialisierer versucht, die Orders nachzuladen.

Kunden mit Bestellungen

Beim Klick auf *Kunden mit Bestellungen* sehen Sie im Window alle Kunden, die jemals eine Bestellung aufgegeben haben. Dazu verwendet das Entity Framework den SQL-Befehl, den Sie in Bild 17.27 sehen.

Mittels eines SQL-*Exists*-Aufrufs werden nur die Kunden selektiert, die auch eine Bestellung haben. Da wir hier weiterhin keine Orders mitgeladen haben, wird beim Serialisieren dasselbe Ergebnis wie im vorherigen Fall erscheinen.

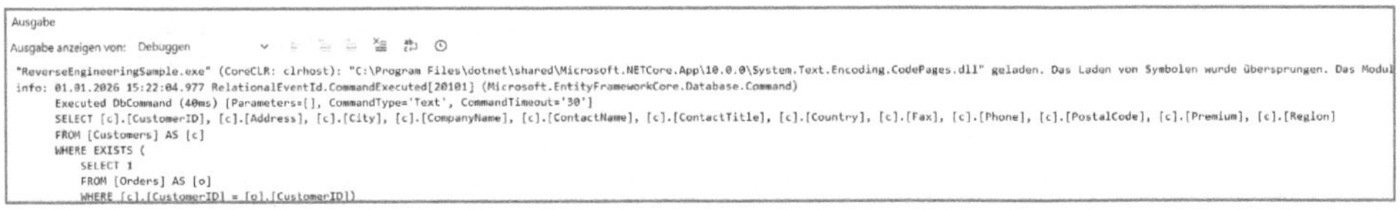

Bild 17.27 Debugausgabe für SQL für alle Kunden mit mindestens einer Bestellung

Lade Kunden und Bestellungen mittels Join

Beim Klick auf *Lade Kunden und Bestellungen mittels Join* sehen Sie im Window nun alle Kunden.

Dazu wurde folgendes SQL abgesetzt, das Sie in Bild 17.28 sehen.

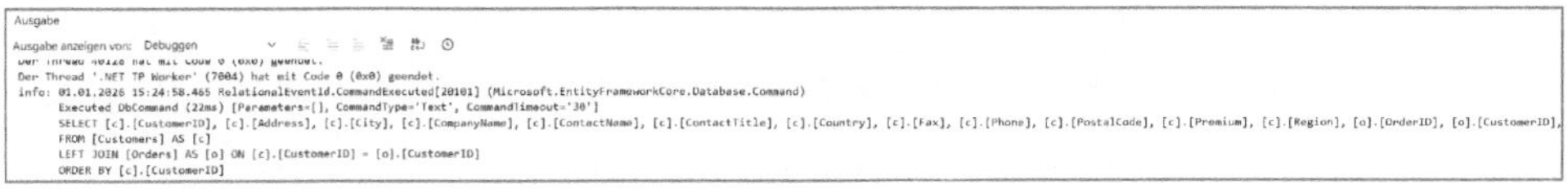

Bild 17.28 Debugausgabe für SQL mit Join auf Orders

Sämtliche *Order*-Objekte eines Kunden wurden sofort mittels eines *Join* in einem Rutsch geladen, auch wenn wir diese im Grid nicht sehen.

Beim Serialisieren erhalten wir allerdings plötzlich eine Fehlermeldung, wie in Bild 17.29 dargestellt ist.

Bild 17.29 Fehlermeldung beim Serialisieren

Was will uns diese Meldung sagen? Beim Serialisieren der Instanzen von *Customers* gibt es auch eine Property *Orders*, die logischerweise mit serialisiert wird. Aber innerhalb der Orders haben wir die Navigationsproperty *Customer* und deswegen würde der Serialisierer diese gerne auch serialisieren. Und schon sind wir mitten in einer Endlosschleife, oder wie die Fehlermeldung sagt, in einem *Cycle*.

Um dieses Problem zu beheben, passen wir den Code unter der Serialisierungsschaltfläche wie folgt an:

```
private void ButtonJson_Click(object sender, RoutedEventArgs e)
{
    try
    {
        JsonSerializerOptions options = new JsonSerializerOptions()
```

```
        {
            ReferenceHandler = ReferenceHandler.IgnoreCycles
        };
        using StreamWriter writer = new StreamWriter("kundenliste.json");
        writer.Write(JsonSerializer.Serialize(kundenListe, options));
    }
    catch (Exception ex)
    {
        MessageBox.Show(ex.Message);
    }
}
```

Wir definieren eine Instanz von *JsonSerializerOptions*, bei der wir die Eigenschaft *ReferenceHandler* auf den Enumerationswert *ReferenceHandler.IgnoreCycles* setzen. Diese Optionen übergeben wir dann dem Serialisierer in der *Serialize()*-Methode.

Danach können Sie die Daten inklusive Bestellungen problemlos serialisieren. Sie sehen schon anhand der Dateigröße, dass die Datei *kundendaten.json* nun sehr viel größer ist.

In Bild 17.30 sehen Sie die serialisierte Datei, jetzt auch mit Bestelldaten.

```
[
  {
    "CustomerId": "ALFKI",
    "CompanyName": "Alfreds Futterkiste",
    "ContactName": "Maria Anders",
    "ContactTitle": "Sales Representative",
    "Address": "Obere Str. 57",
    "City": "Berlin",
    "Region": null,
    "PostalCode": "12209",
    "Country": "Germany",
    "Phone": "030-0074321",
    "Fax": "030-0076545",
    "Premium": null,
    "Orders": [
      {
        "OrderId": 10643,
        "CustomerId": "ALFKI",
        "EmployeeId": 6,
        "OrderDate": "1997-08-25T00:00:00",
        "RequiredDate": "1997-09-22T00:00:00",
        "ShippedDate": "1997-09-02T00:00:00",
        "ShipVia": 1,
        "Freight": 29.4600,
        "ShipName": "Alfreds Futterkiste",
        "ShipAddress": "Obere Str. 57",
        "ShipCity": "Berlin",
        "ShipRegion": null,
        "ShipPostalCode": "12209",
        "ShipCountry": "Germany",
        "Customer": null
      },
      {
        "OrderId": 10692,
        "CustomerId": "ALFKI",
        "EmployeeId": 4,
        "OrderDate": "1997-10-03T00:00:00",
        "RequiredDate": "1997-10-31T00:00:00",
        "ShippedDate": "1997-10-13T00:00:00",
```

Bild 17.30 Kundendaten werden jetzt mit Bestelldaten serialisiert.

17.7.2 Eine Datenbank mit EF Core anlegen und Testdaten generieren und anzeigen

In diesem Praxisbeispiel wollen wir noch einmal auf das Thema m:n-Beziehungen eingehen. Dabei möchten wir das Beispiel 17.3 vertiefen. Dafür legen wir noch mal ein WPF-Projekt an und fügen, wie in den vorangegangenen Kapiteln, die für EF Core benötigten NuGet-Pakete hinzu. Dann legen wir im Projekt einen Ordner mit dem Namen *Model* und darin unsere beiden Modellklassen *Meeting.cs* und *Person.cs* an.

Quellcode Model

Meeting.cs

C#

```
using System.ComponentModel.DataAnnotations;

namespace M_N_Beziehungen.Model;

public class Meeting
{
    public Meeting()
    {
        Teilnehmer = new List<Person>();
    }

    public int Id { get; set; }
    public string Thema { get; set; } = string.Empty;
    public DateTime Start { get; set; }
    public string? Link { get; set; } = string.Empty;
    public virtual ICollection<Person> Teilnehmer { get; set; }
}
```

Person.cs

C#

```
using System.ComponentModel.DataAnnotations;

namespace M_N_Beziehungen.Model;

public class Person
{
    public Person()
    {
        Meetings = new List<Meeting>();
    }

    public int Id { get; set; }
    public string Name { get; set; } = string.Empty;
    public virtual ICollection<Meeting> Meetings { get; set; }
}
```

Wir haben hier zwei Entitätsklassen *Meeting* und *Person* definiert und beide beinhalten eine **Collection** des jeweils anderen Objekts. Das Entity Framework Core 10 macht daraus drei Tabellen. Eine Tabelle *Personen*, eine Tabelle *Meeting* und für die Verknüpfung der beiden eine Tabelle *MeetingPerson*.

In den *Model*-Ordner legen wir außerdem noch unsere Context-Datei *MeetingContext.cs*.

MeetingContext.cs:

C#

```
using Microsoft.EntityFrameworkCore;

namespace M_N_Beziehungen.Model;

public class MeetingContext : DbContext
{
#nullable disable

    protected override void OnConfiguring(DbContextOptionsBuilder optionsBuilder)
    {
        optionsBuilder.UseSqlServer(@"Server=(localdb)\MSSQLLocalDb;
                                      Initial Catalog=MeetingDb");
    }

    public virtual DbSet<Person> Personen { get; set; }
    public virtual DbSet<Meeting> Meeting { get; set; }
}
```

In der Context-Datei definieren wir die zwei DbSets und den Connectionstring für die Datenbank. Es wird in der *localdb*-Instanz eine neue Datenbank *MeetingDb* angelegt.

Mit dem Befehl *add-migration InitialMigration* legen wir eine initiale Migration an und führen diese mit *update-database* aus, sodass die Datenbank erzeugt wird.

Wie Sie in Bild 17.31 sehen, wurden die entsprechenden Tabellen angelegt.

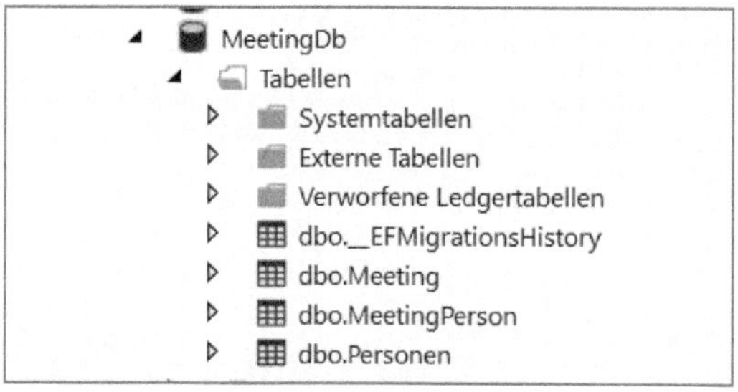

Bild 17.31 Datenbanktabellen für unser Beispiel

Jetzt wäre es natürlich noch schön, wenn wir Testdaten in unserer Datenbank hätten, sodass wir uns danach gleich auf die Oberfläche stürzen können.

Um die Testdaten zu erzeugen, erweitern wir wieder die *OnConfiguring*-Methode unserer Context-Klasse, um das Seeding durchzuführen:

Seeding in der OnConfiguring()-Methode von MeetingContext.cs

C#

```
protected override void OnConfiguring(DbContextOptionsBuilder optionsBuilder)
{
    optionsBuilder.UseSqlServer(
            @"Server=(localdb)\MSSQLLocalDb;Initial Catalog=MeetingDb")
        .UseSeeding((context, _) =>
        {
            if (!context.Set<Meeting>().Any())
            {
                context.Set<Meeting>().AddRange(
                    new Meeting { Thema = "Team JourFix",
                        Start = new DateTime(2026, 1, 8, 14, 0, 0) },
                    new Meeting { Thema = "Projektabschlussfeier",
                        Start = new DateTime(2026, 1, 9, 10, 0, 0) },
                    new Meeting { Thema = "Monatsreview",
                        Start = new DateTime(2026, 1, 30, 9, 0, 0) }
                );

                context.Set<Person>().AddRange(
                   new Person { Name = "Salzburger Christian" },
                   new Person { Name = "Hundsstätter Toni"},
                   new Person { Name = "Kurze Monique" },
                   new Person { Name = "Ostner Gerd" },
                   new Person { Name = "Holzdorfer Marc" }
                );
                context.SaveChanges();
            }
        });
}
```

Darin legen wir drei *Meeting*-Objekte und fünf *Personen*-Objekte an. Wenn Sie die App jetzt starten, werden Sie bemerken, dass der Code nicht durchlaufen wird. Das Seeding wird nur nach Migrationen durchlaufen. Um das jetzt nachzuholen, können wir die Datenbank einfach löschen und mit dem Befehl *update-database* wieder neu anlegen, und schon stehen diese Datensätze auch in der Datenbank, wie Sie in Bild 17.32 sehen.

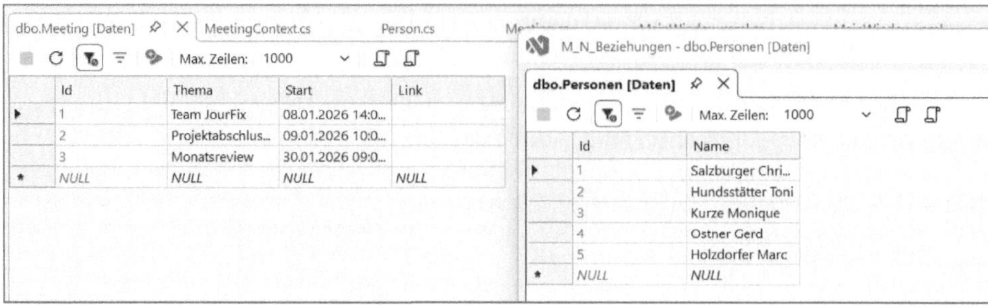

Bild 17.32 Hinzugefügte Testdaten

Oberfläche

In diesem Praxisbeispiel haben wir eine etwas aufwendigere Oberfläche. Betrachten wir zuerst einmal die Oberfläche während der Laufzeit und danach das zugehörige XAML.

Bild 17.33 zeigt die gewünschte Oberfläche.

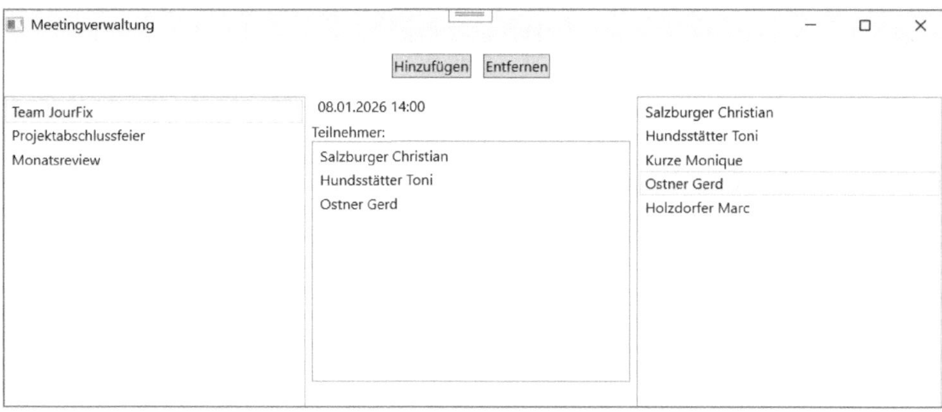

Bild 17.33 Die Oberfläche unserer Meetingverwaltung

Unser Window besteht aus zwei Zeilen und drei Spalten. In der ersten Zeile befinden sich zwei *Buttons Hinzufügen* und *Entfernen*, um Teilnehmer zu einem Meeting hinzuzufügen oder wieder zu entfernen.

In der zweiten Zeile finden wir ganz links eine Liste aller Meetings, ganz rechts haben wir eine Liste aller Personen, die zu einem Meeting hinzugefügt werden können.

In der Mitte finden wir noch die Uhrzeit des Meetings und darunter eine Liste der Teilnehmer an dem Meeting, das in der linken Liste ausgewählt wurde.

MainWindow.xaml

XAML

```
<Window x:Class="M_N_Beziehungen.MainWindow"
        xmlns="http://schemas.microsoft.com/winfx/2006/xaml/presentation"
        xmlns:x="http://schemas.microsoft.com/winfx/2006/xaml"
        xmlns:d="http://schemas.microsoft.com/expression/blend/2008"
        xmlns:mc="http://schemas.openxmlformats.org/markup-compatibility/2006"
        xmlns:local="clr-namespace:M_N_Beziehungen"
        mc:Ignorable="d" Loaded="Window_Loaded"
        Title="Meetingverwaltung" Height="450" Width="800">
```

Ein DataTemplate für die Anzeige in der mittleren *ListBox*:

```
    <Window.Resources>
        <DataTemplate x:Key="MeetingParticipantTemplate">
            <TextBlock Text="{Binding Path=Name}"/>
        </DataTemplate>
    </Window.Resources>
```

Definition der zwei Zeilen und drei Spalten:

```
    <Grid>
        <Grid.RowDefinitions>
            <RowDefinition Height="Auto"/>
            <RowDefinition Height="*"/>
        </Grid.RowDefinitions>
        <Grid.ColumnDefinitions>
            <ColumnDefinition Width="*"/>
            <ColumnDefinition Width="*"/>
            <ColumnDefinition Width="*"/>
        </Grid.ColumnDefinitions>
```

Definition der beiden Buttons:

```
        <StackPanel Orientation="Horizontal" Grid.ColumnSpan="3"
                    HorizontalAlignment="Center" Margin="5">
            <Button Margin="5" Click="ButtonAdd_Click">Hinzufügen</Button>
            <Button Margin="5" Click="ButtonRemove_Click">Entfernen</Button>
        </StackPanel>
```

Definition der Liste für die Meetings:

```
        <ListBox Grid.Row="1" Grid.Column="0" Margin="5" Name="lbMeetings"
                 DisplayMemberPath="Thema"/>
```

Definition der mittleren Spalte:

```
        <StackPanel Grid.Row="1" Grid.Column="1">
            <Label Content="{Binding ElementName=lbMeetings, Path=SelectedItem.Start}"
                   Language="de"/>
            <TextBlock>Teilnehmer:</TextBlock>
```

```
            <ListBox Name="lbTeilnehmer" ItemsSource= "{Binding
                     ElementName=lbMeetings, Path=SelectedItem.Teilnehmer}"
                     ItemTemplate="{StaticResource MeetingParticipantTemplate }"
                     MinHeight="200"/>
        </StackPanel>
```

Definition der rechten *ListBox*:

```
        <ListBox Grid.Row="1" Grid.Column="2" Margin="5" Name="lbPersonen"
                 DisplayMemberPath="Name"/>
    </Grid>
</Window>
```

Und hier noch der zugehörige Code-Behind:

MainWindow.xaml.cs

C#

```
using M_N_Beziehungen.Model;
using Microsoft.EntityFrameworkCore;
using System.Windows;

namespace M_N_Beziehungen;

public partial class MainWindow : Window
{
    public MainWindow()
    {
        InitializeComponent();
    }
```

Definition des *MeetingContext* für das gesamte Window:

```
private MeetingContext context = new MeetingContext();
```

Befüllen der beiden Listen *lbMeetings* und *lbPersonen* mit Daten aus der Datenbank. Die bereits zugeordneten Meetings werden durch die *Include*-Anweisung mitgeladen:

```
    private void Window_Loaded(object sender, RoutedEventArgs e)
    {
        lbMeetings.ItemsSource = context.Meeting.Include(m => m.Teilnehmer).
        ToList();
        lbPersonen.ItemsSource = context.Personen.ToList();
    }
```

Im Code für den Button *Hinzufügen* wird zuerst überprüft, ob überhaupt ein Meeting und eine Person ausgewählt sind, ansonsten erfolgt eine Fehlermeldung:

```
    private void ButtonAdd_Click(object sender, RoutedEventArgs e)
    {
        Person p = (Person)lbPersonen.SelectedItem;
        Meeting m = (Meeting)lbMeetings.SelectedItem;
        if (p == null || m == null)
```

```
        {
            MessageBox.Show("Bitte Einträge auswählen!");
            return;
        }
```

Es folgt eine Überprüfung, ob die Person schon für das Meeting gebucht ist. Falls noch nicht, dann wird die Person der Collection *Teilnehmer* des selektierten Meetings hinzugefügt, die Änderung in der Datenbank gespeichert und die *ListBox* aktualisiert.

```
        if (!m.Teilnehmer.Contains(p))
        {
            m.Teilnehmer.Add(p);
            context.SaveChanges();
            lbTeilnehmer.Items.Refresh();
        }
        else
        {
            MessageBox.Show("Bereits Teilnehmer");
        }
    }
```

Bild 17.34 zeigt noch die Verknüpfungstabelle *MeetingPerson* mit den entsprechenden Schlüsseln aus den Tabellen *Meeting* und *Person*.

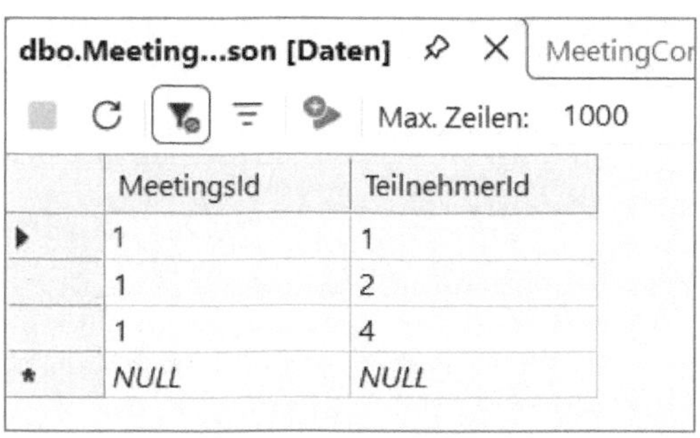

	MeetingsId	TeilnehmerId
▶	1	1
	1	2
	1	4
*	*NULL*	*NULL*

Bild 17.34
Inhalt der Tabelle MeetingPerson

Und zum Schluss noch der Code für den Button *Entfernen*. Hier wird die Person aus der Liste der Teilnehmer des Meetings entfernt, die Änderung in der Datenbank gespeichert und die *ListBox* aktualisiert.

```
    private void ButtonRemove_Click(object sender, RoutedEventArgs e)
    {
        ((Meeting)lbMeetings.SelectedItem).Teilnehmer.Remove((Person)lbTeilnehmer.
                SelectedItem);
        context.SaveChanges();
        lbTeilnehmer.Items.Refresh();
    }
}
```

18 Künstliche Intelligenz mit .NET

Künstliche Intelligenz, oder auch *Artifical Intelligence* (AI), ist eines der großen Schlagwörter der heutigen Zeit. Mittels KI können Entwickler nun Funktionalität in den Anwendungen implementieren, damit Programme auf Ihrem Rechner denken, lernen und letztendlich auch Entscheidungen treffen können. KI und das Wissen, wie KI funktioniert werden in den nächsten Jahren ein immer wichtigerer Faktor für die Arbeit von Entwicklern sein.

In diesem Kapitel wollen wir Ihnen einen Überblick über KI-Konzepte geben und schließlich auch mit C# verschiedene KI-Applikationen entwickeln.

HINWEIS: Der Begriff Artificial Intelligence ist gar nicht so neu, wie man vermuten möchte, denn er wurde bereits 1956 eingeführt.

Im weiteren Verlauf des Kapitels werden die Begriffe KI und AI sowie Künstliche Intelligenz und Artificial Intelligence verwendet, die Bedeutung ist jedoch immer dieselbe.

18.1 Überblick

Bevor wir mit der Programmierung mit C# loslegen, wollen wir uns mit einigen KI-Grundlagen beschäftigen.

Wie gesagt, im Jahre 1956 wurde der Begriff Artifical Intelligence zum ersten Mal verwendet. Damit wurde in der Computerforschung der Teilbereich benannt, der intelligente Maschinen erstellen soll, die menschliche Intelligenz nachahmen oder diese sogar übertreffen können.

Gute 40 Jahre später, im Jahre 1997, wurde der Begriff *Machine Learning* eingeführt. Hier handelt es sich um einen Teil von AI, der es Maschinen ermöglicht, von existierenden Daten zu lernen (das Modell wird mit den Daten trainiert) und auf Basis dieser Daten und entsprechendem Training Entscheidungen oder Vorhersagen zu treffen.

Im Jahre 2012 tauchte dann der Begriff *Deep Learning* auf. Hierbei handelt es sich um eine auf Machine Learning basierende Technologie, welche neuronale Netze nutzt, um Daten zu verarbeiten und Entscheidungen zu treffen.

Und schließlich wurde 2021 Generative AI eingeführt. Dieser Begriff beschreibt die Generierung neuer Inhalte (Text, Bilder oder auch Videos) auf der Basis von großen Datenmengen.

18.1.1 Neuronale Netze

Unter einem neuronalen Netz versteht man ein Modell, das die Möglichkeit zu lernen hat und aufgebaut ist wie das menschliche Gehirn. Dieses Modell besteht aus verbundenen Knoten (Neuronen), die in mehreren Schichten angeordnet sind. Diese Knoten empfangen Signale von anderen Knoten und leiten diese wieder weiter.

Es gibt dabei zumeist folgende Schichten:

- Eingabeschicht
- Versteckte Schicht (Hidden Layer)
- Ausgabeschicht

Der Hidden Layer kann dabei mehr als einmal vorkommen. Je mehr Hidden Layer ein Modell besitzt, desto komplexere Entscheidungen können getroffen werden. Bild 18.1 zeigt ein neuronales Netz mit drei Schichten.

Durch die Anpassung der Gewichtungen der Verbindungen zwischen den Neuronen können diese Modelle lernen, wenn Sie mit großen Datenmengen trainiert werden.

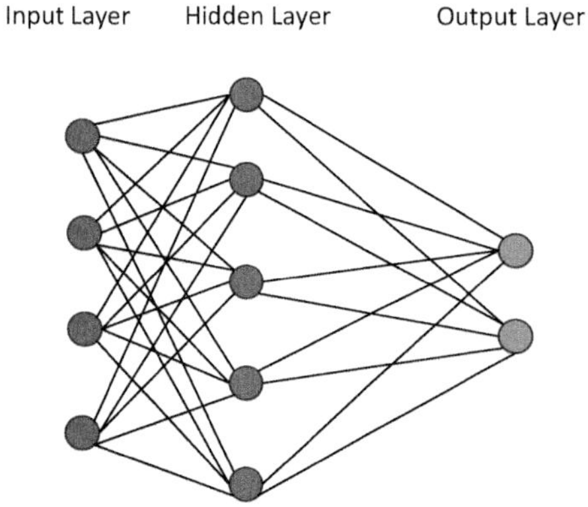

Bild 18.1 Neuronales Netz mit drei Schichten

Neuronale Netze sind die Basis von Deep Learning und z. B. ein wichtiger Bestandteil bei der Entwicklung von autonomen Fahrzeugen.

18.1.2 Machine Learning

Machine Learning ist ein Teil von AI, bei der dem Programm Daten und das erwartete Ergebnis beim Training gegeben werden und das Programm dann den passenden Algorithmus zur Lösung eines Problems findet. In der normalen Softwareentwicklung entwickeln wir Funktionalitäten auf der Basis von Algorithmen, bei Machine Learning trainieren wir ein Programm anhand von Massendaten und den zu erwartenden Ergebnissen, um den Algorithmus selbst zu finden.

Auch beim Machine Learning spricht man von einem Modell, das in diesem Fall zwei Phasen durchläuft:

- die Trainingsphase und
- die Inferenzphase, in der die Schlussfolgerungen gezogen werden.

In der Trainingsphase gibt es drei verschiedene Arten, das Modell zu trainieren:

- Überwachtes Lernen
  - Hier wird das Modell mit Daten trainiert, die sowohl die Eingabedaten wie auch das Ergebnis beinhalten. Das Ergebnis wird hier als Label bezeichnet.
  - Als Beispiel kann man dem Modell Bilder von Hunden oder Katzen zeigen und das entsprechende Label dazu, ob es sich um einen Hund oder eine Katze handelt.
  - Das Modell lernt dabei Muster zu erkennen, um in Zukunft auch ungelabelte Bilder klassifizieren zu können.
- Unüberwachtes Lernen
  - Hier werden dem Modell keine Label gezeigt. Das Modell muss hier Muster oder Strukturen selbst finden.
  - Die Daten werden geclustert, d. h. die nicht-gelabelten Daten werden nach Ähnlichkeit gruppiert.
- Bestärkendes Lernen
  - Hier trifft das Modell Entscheidungen und bekommt dafür Belohnungen oder Bestrafungen in Form von zum Beispiel Pluspunkten bei richtigen Schlussfolgerungen oder Minuspunkten bei falschen Schlussfolgerungen.
  - Das Ziel des Trainings ist es, die Belohnungen zu maximieren.

18.1.3 Deep Learning

Deep Learning basiert auf tiefen neuronalen Netzen und kann dadurch lernen, aus einfachen Eingabedaten (Sensorendaten oder Pixel innerhalb eines Bildes) präzise Rückschlüsse zu ziehen.

Der Vorteil von Deep Learning ist, dass es hoch skalierbar und flexibel ist, und wenn es gut trainiert wurde, autonome Entscheidungen treffen kann. Somit kann das Modell auch eigene Muster erkennen, ohne dass manuelle Programmierung dafür benötigt wird. Es ist jedoch während der Trainingsphase sehr instabil und benötigt riesige Datenmengen und auch viel Rechenleistung. Wurde das Modell gut trainiert, hat es aber eine sehr hohe Genauigkeit.

Die Hauptanwendungsgebiete von Deep Learning sind:

- Bilderkennung
  - Wird sehr viel im medizinischen Bereich eingesetzt
- Spracherkennung
  - Übersetzungen und Chatbots
- Autonome Systeme
  - Grundlage für selbstfahrende Autos
- Empfehlungssysteme
  - Vorschläge von Amazon oder Netflix oder anderen Plattformen auf der Basis von Gewohnheiten in der Vergangenheit.

18.1.4 Large Language Models – LLMs

Auch Large Language Models basieren auf neuronalen Netzen. Während des Trainings lernt das Sprachmodell statistische Muster und Strukturen der menschlichen Sprache durch die Analyse von riesigen Mengen von Texten.

Die Hauptanwendungsgebiete von LLMs sind:

- Übersetzungen
- Textvervollständigung
- Textgenerierung
- Fragen zu beantworten, die aufgrund von Texteingaben gestellt werden
- Zu erkennen, ob es sich um einen aggressiven, freundlichen oder enttäuschten Inhalt handelt

Bekannte Sprachmodelle sind dabei GPT (Generative Pretrained Transformer) von OpenAI; ChatGPT ist eine Variante dieses Sprachmodells.

Die Kritikpunkte an Large Language Models reichen von wirtschaftlichen und ethischen Aspekten bis zu Fragen des Umweltschutzes.

Zum Beispiel werden Webseiten, durch die das Modell gelernt hat, weniger aufgerufen und verlieren somit wichtige Werbeeinnahmen. Gerade im Bereich Datenschutz und Desinformation gibt es viele ungeklärte Fragen, so ist die Verbreitung von Fake News ein nicht zu unterschätzender Punkt.

Aufgrund der hohen benötigten Rechenleistung benötigen diese Sprachmodelle sehr viel Energie und haben somit einen sehr hohen negativen Umwelteinfluss. Das Training von GPT-3 verbrauchte laut Schätzungen ca. 700 000 Liter Wasser zur Kühlung sowie 1 287 Megawattstunden Strom, was in etwa einen Ausstoß von 550 Tonnen CO2 bedeutet.

Auch die Halluzinationen eines Large Language Models bereiten weiterhin Sorgen. Dadurch, dass die LLMs als Black Box arbeiten, fehlt die Transparenz, wie LLMs zu ihren Ergebnissen kommen.

18.1.5 Generative AI

Bei Generative AI handelt es sich um ein Gebiet der Künstlichen Intelligenz, bei dem die Grundlage erlernte Muster sind, die mithilfe existierender Daten erzeugt worden sind. Neue Daten oder Inhalte werden auf Basis dieser Muster erzeugt. Die Basis dafür bilden auch wieder neuronale Netze.

Die Hauptanwendungsgebiete von Generative AI sind:

- Erzeugung von neuen Daten
  - Diese können wiederum für das Training der Modelle eingesetzt werden.
- Erzeugung von kreativen Inhalten
  - Texte, Musik, Bilder
- Automatisierung
  - Content kann automatisiert erstellt werden.
- Personalisierung
  - Angebote können noch spezifischer auf die Kunden zugeschnitten werden.

Die Probleme von Generative AI sind prinzipiell die gleichen wie bei die bereits bei LLMs angesprochenen.

18.1.6 ChatGPT als Beispiel für Generative AI

ChatGPT ist ein generatives KModell, das dafür vorgesehen wurde, um Unterhaltungen mit Personen zu simulieren. Es basiert auf dem Modell GPT der Firma OpenAI.

OpenAI stellte 2018 das erste Modell GPT1 vor. Auf der Basis von GPT3 wurde dann ChatGPT im September 2022 zum ersten Mal einer breiteren Öffentlichkeit vorgestellt. Im August 2025 erschien die bislang aktuellste Version GPT5.

Wir gehen davon aus, dass die meisten Entwickler schon mit ChatGPT gearbeitet haben. Sie haben sogenannte Prompts eingegeben und dann von ChatGPT die gewünschten Antworten oder Lösungen bekommen (manchmal das gewünschte Ergebnis, manchmal aber auch „knapp“ daneben).

Schauen wir uns zum Beispiel eine Anfrage an ChatGPT an. Dazu können wir einfach in einem Webbrowser die URL *https://chatgpt.com* eingeben und dann eine Frage stellen. Bild 18.2 zeigt das Ergebnis der Fragestellung: „Wie viele Alben haben die Beatles veröffentlicht?“

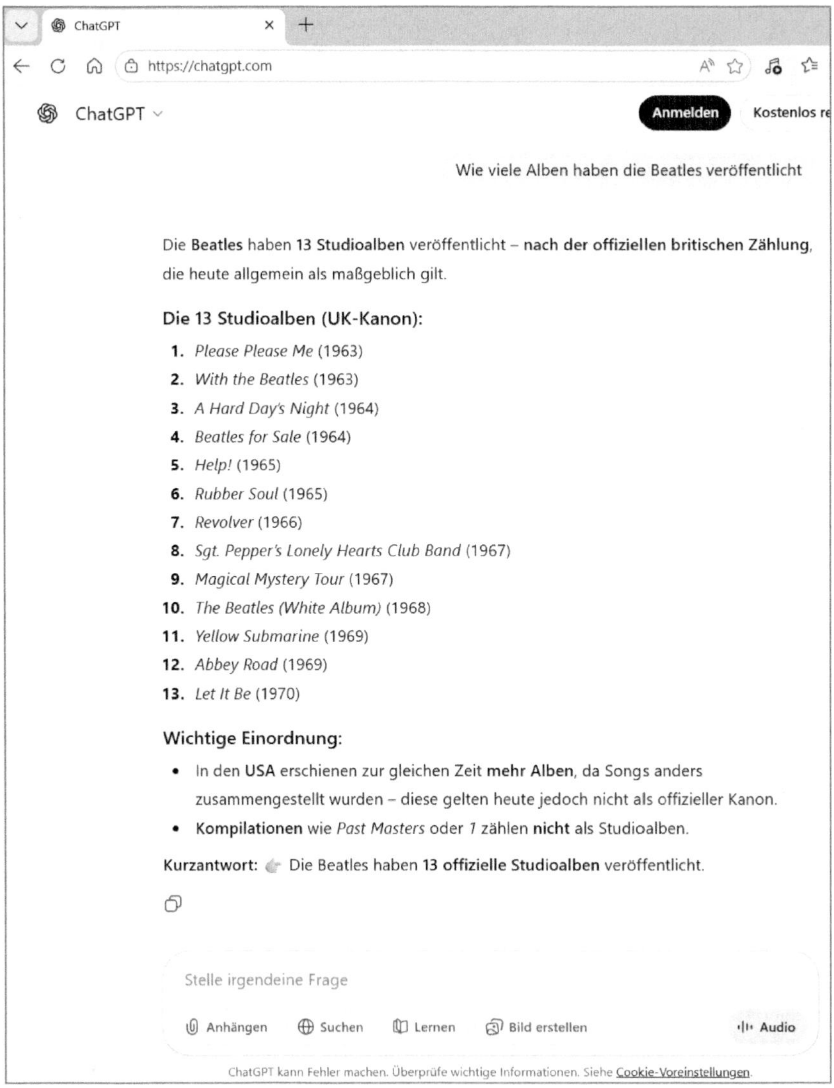

Bild 18.2 ChatGPT – Frage und Antwort

Dabei verwendet ChatGPT unsere Frage (Prompt) als Input, analysiert diese auf Basis der großen Datenmenge, mit der ChatGPT „gefüttert“ wurde, und erstellt dann die Antwort als Output für den Benutzer.

Um einen effektiven Prompt zu generieren, formulieren Sie die Frage möglichst eindeutig, sehr spezifisch und geben dabei so viel Kontext und Hintergrundinformationen wie möglich an.

18.2 Machine Learning mit ML.NET

Machine Learning wird in .NET meist über das Open-Source Framework ML.NET bereitgestellt. Das Framework beinhaltet Tools, Bibliotheken und Schnittstellen, um Machine-Learning-Modelle zu erstellen, zu trainieren und auch zu deployen.

ML.NET ist sehr einfach zu benutzen und ist komplett in .NET integriert, es kann somit problemlos in bestehende Projekte und Applikationen integriert werden. Es beinhaltet bereits eine ganze Reihe von Algorithmen, um bestimmte Aufgaben wie zum Beispiel Klassifizierung zu lösen. Diese Algorithmen können natürlich auch für eigene Zwecke erweitert und angepasst werden.

Die Hauptanwendungsgebiete von ML.NET sind:

- Anomalieerkennung
- Vorhersagen (Verkäufe, Börsenkurse etc.)
- Analytische Auswertungen
- Textklassifizierungen
- Bildklassifizierungen
- Bilderkennung
- Empfehlungen auf der Basis von vergangenem Kauf-/Sehverhalten
- Um ML.NET nutzen zu können, muss zuerst das NuGet-Paket *Microsoft.ML* zu Ihrem Projekt hinzugefügt werden.

Zum Erstellungszeitpunkt des Buches liegt die Version 5.0 vor, die zeitgleich mit .NET 10 erschienen ist.

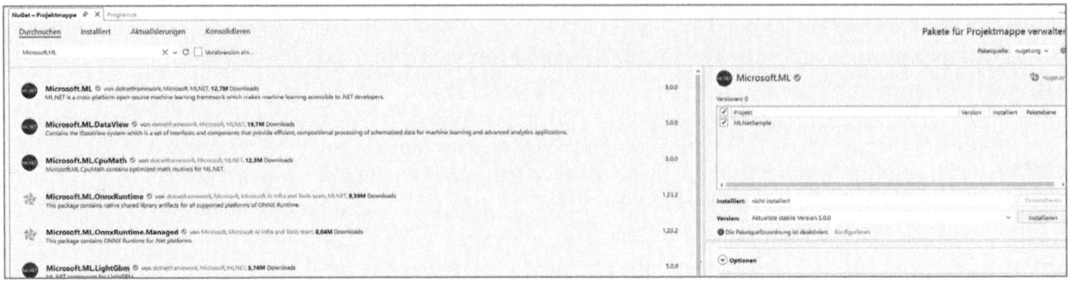

Bild 18.3 Microsoft.ML als NuGet-Paket hinzufügen

18.2.1 ML.NET Workflow

Im ersten Schritt werden die Trainingsdaten aufbereitet und verarbeitet. Dabei können die Daten aus unterschiedlichen Datenquellen ausgelesen werden und in ein passendes Format für das Modell gebracht werden.

Bevor Sie die Daten in das Modell lädt, sollte man einige Grundsätze beachten. Dazu zählt, dass man ein gutes Verständnis der Daten besitzt. Sie sollten sich auch darüber bewusst sein, ob Daten fehlen oder ob unter den Daten sogenannte Ausreißer vorkommen. Versuchen Sie die Daten in einen ordentlichen Zustand zu bringen, indem Sie fehlende Werte ergänzen, Duplikate entfernen oder falsche Datenreihen entfernen. ML.NET kann Sie bei diesen Aufgaben sogar unterstützen.

Nützlich ist auch, die Daten zwischen Trainingsdaten und Testdaten aufzuteilen. Auch hier werden Sie von ML.NET unterstützt.

Nachdem die Daten aufbereitet sind, wird das Modell trainiert und iterativ optimiert. Dabei sollten Sie einen Algorithmus wählen, der für das zu lösende Problem geeignet ist. ML.NET bietet dazu eine ganze Reihe fertiger Algorithmen, wie zum Beispiel Algorithmen für Klassifizierung, Regressionen und Clustering.

Bevor das Modell dann in Produktivumgebungen deployed wird, sollte es noch evaluiert werden. Für die Evaluierung stehen Metriken unter ML.NET zur Verfügung, welche sowohl die Performance des Modells als auch die Schwächen und Stärken offenlegen können.

Ist man mit den Ergebnissen und der Performance zufrieden, kann das Modell ausgeliefert werden, ansonsten geht es zurück ins „Trainingslager"; unter Umständen könnte man noch einen anderen Algorithmus testen, der bessere Ergebnisse liefert.

Die wichtigsten Schritte beim Deployment sind:

- Serialisierung des Modells
  - Onnx (Open Neural Network Exchange)
  - Natives ML.NET-Format

- Hosting des Modells
  - WebService
  - Serverless Function
  - Microservice
- Skalierbarkeit und Performance

18.2.2 Testdatensätze

Für die Beispiele in diesem Kapitel benötigen wir entsprechende Datensätze, um unsere Modelle trainieren zu können.

Dazu können wir Ihnen folgende Plattformen empfehlen:

- *Kaggle.com*
  - Kaggle ist eine Onlineplattform für Data Scientists, die für den Bereich Big Data und Machine Learning entsprechende Datensätze zur Verfügung stellt.
- *Huggingface.co*
  - Hugging Face ist eine Plattform, die sich auf die Entwicklung von KI und insbesondere naütrliche Sprachverarbeitung spezialisiert hat.
- *OpenMl.org*
  - Eine von Nvidia und Intel unterstützte Plattform, die tausende Datensätze zum Download in verschiedenen Formaten bereitstellt.
- *datasetsearch.research.google.com*
  - Metasuche für offene Datensätze

Nehmen Sie sich ruhig Zeit und spielen Sie mit den angebotenen Testdatensätzen ein bisschen herum. Ein mögliches Problem kann sein, aus dieser riesigen Datenvielfalt die richtigen Beispiele zu finden, aber besser Sie haben zu viele Beispiele als zu wenig.

18.3 Praxisbeispiele

Im Folgenden wollen wir zwei Beispiele zeigen, wie man Machine Learning in .NET einsetzen kann. Als erstes Beispiel wollen wir aus Reviews von Kinofilmen erkennen, ob es sich um eine positive oder negative Bewertung handelt (Klassifizierung) und dann wollen wir noch einen Blick auf Anomalieerkennung werfen.

18.3.1 Klassifizierungsbeispiel

In diesem Abschnitt zeigen wir ein Beispiel zur Klassifizierung, in dem wir den in Abschnitt 18.2.1 vorgestellten Workflow durchlaufen. Als Datenquelle dient uns ein Datensatz der Filmdatenbank IMDB, in der Benutzer ein Review von Kinofilmen abgeben können. Aus dem Text des Review wollen wir erkennen, ob es sich um ein positives oder negatives Review handelt.

Die Daten können Sie dabei unter folgendem Link herunterladen: *https://www.kaggle.com/datasets/jcblaise/imdb-sentiments*. Aus diesem Download verwenden wir die beiden Dateien *train.csv* und *test.csv*, um unser Modell zu trainieren und dann zu testen.

In den Trainingsdaten finden wir 25 000 Reviews, aufgeteilt in 12 500 positive und 12 500 negative Reviews. In den Testdaten finden wir schließlich noch mal 11 000 unklassifizierte Reviews.

Wir legen eine neue WPF-Applikation mit dem Namen *ClassificationSample* an. Kopieren Sie die beiden *.csv*-Dateien aus dem Download-Ordner in Ihren Projektordner und setzen Sie die Eigenschaft *In Ausgabeverzeichnis kopieren* auf den Wert *Kopieren, wenn neuer*, wie in Bild 18.4 dargestellt.

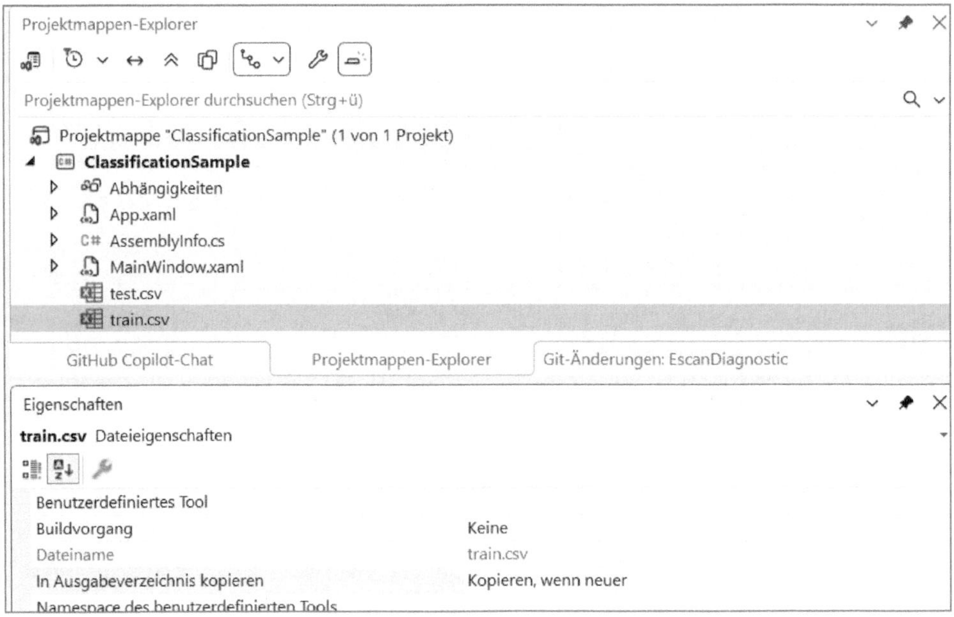

Bild 18.4 Unsere beiden Dateien mit den Trainings- und Testdaten

Dann fügen Sie noch das NuGet-Paket *Microsoft.ML*, wie in Bild 18.3 gezeigt, zu Ihrem Projekt hinzu. Somit sind alle Voraussetzungen erfüllt, damit wir in unserer WPF-Applikation loslegen können.

18.3.1.1 Datenaufbereitung

Im ersten Schritt im Workflow wollen wir unsere Daten aufbereiten und einlesen. Dazu fügen wir unserer Oberfläche einen Button mit folgendem XAML-Code hinzu:

XAML

```
<Window x:Class="ClassificationSample.MainWindow"
        xmlns="http://schemas.microsoft.com/winfx/2006/xaml/presentation"
        xmlns:x="http://schemas.microsoft.com/winfx/2006/xaml"
        xmlns:d="http://schemas.microsoft.com/expression/blend/2008"
        xmlns:mc="http://schemas.openxmlformats.org/markup-compatibility/2006"
        xmlns:local="clr-namespace:ClassificationSample"
        mc:Ignorable="d"
        Title="Klassifizierung" Height="450" Width="800">
    <StackPanel>
        <Button Margin="5" Click="ButtonDatenAufbereiten">Daten aufbereiten</Button>
    </StackPanel>
</Window>
```

Da in den Trainingsdaten und Testdaten einfache Hochkommata vorkommen, sollten wir diese aus den Reviews entfernen.

Dazu fügen Sie im Codebehind des Windows folgenden Code hinzu:

C#

```
using System.IO;
using System.Windows;

namespace ClassificationSample
{
    /// <summary>
    /// Interaction logic for MainWindow.xaml
    /// </summary>
    public partial class MainWindow : Window
    {
        string filenameTrainingsdata = "train.csv";
        string filenameTestdata = "test.csv";

        public MainWindow()
        {
            InitializeComponent();
        }

        private void ButtonDatenAufbereiten(object sender, RoutedEventArgs e)
        {
            string text = File.ReadAllText(filenameTrainingsdata);
            text = text.Replace("'", "");
            File.WriteAllText(filenameTrainingsdata, text);
```

```
                text = File.ReadAllText(filenameTestdata);
                text = text.Replace("'", "");
                File.WriteAllText(filenameTestdata, text);
            }
        }
    }
```

18.3.1.2 Trainingsdaten einlesen

Jetzt wollen wir aber langsam ernst machen und uns um die Machine Learning Topics kümmern. Im nächsten Schritt werden wir die Trainingsdaten einlesen und die ersten 50 Datensätze auch in einer *ListBox* anzeigen.

Fügen Sie dazu in das *Stackpanel* einen neuen *Button* und eine *ListBox* mit folgendem XAML hinzu:

```
<Button Margin="5" Click="ButtonDatenEinlesen">Daten einlesen</Button>
<ListBox Margin="5" Name="lbData"/>
```

Für das Einlesen benötigen wir ein Objekt vom Typ *MLContext*. Ähnlich wie der *Db Context* beim Entity Framework handelt es sich bei *MLContext* um den Dreh- und Angelpunkt der Bibliothek *ML.NET*.

Mit dieser Klasse können Sie Trainingsdaten einlesen, Modelle erstellen, diese Modelle trainieren und evaluieren, sowie das Modell auch laden und speichern.

Außerdem benötigen wir für unsere Daten noch ein Objekt vom Typ *IDataView*.

Fügen Sie dazu eine Variable *context* vom Typ *MLContext* zu unserem *Window* hinzu (Namespace *Microsoft.ML* nicht vergessen) sowie eine Variable *data* vom Typ *IData View*.

C#

```
using Microsoft.ML;
using System.IO;
using System.Windows;

namespace ClassificationSample
{
    /// <summary>
    /// Interaction logic for MainWindow.xaml
    /// </summary>
    public partial class MainWindow : Window
    {
        MLContext context = null!;
        IDataView data = null!;
        ...
    }
}
```

Bevor wir die Trainingsdaten einlesen, werfen wir noch einen Blick darauf. Wie Sie in Bild 18.5 sehen, haben unsere Testdaten eine Überschriftenzeile (text, sentiment). Danach kommen die Reviews und mit einem Komma getrennt dann die bereits qualifizierte Meinung (Sentiment), die positiv oder negativ sein kann. Bei den vorliegenden Trainingsdaten handelt es sich laut der Testdatenbeschreibung bei 0 um eine positive und bei 1 um eine negative Bewertung.

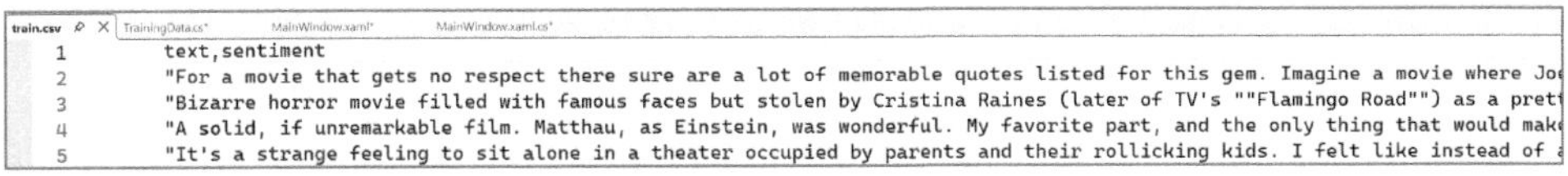

Bild 18.5 Ausschnitt aus den Trainingsdaten

Um ein Mapping zu den Trainingsdaten herzustellen, fügen wir unserem Projekt eine neue Klasse *TrainingData.cs* hinzu die aus den korrespondieren Properties *Text* (*string*) und *Sentiment* (*bool*) besteht. Um das Einlesen der Daten zu vereinfachen, stellt uns ML.NET im Namespace *Microsoft.ML.Data* Attribute zur Verfügung, die wir an die Property anheften können.

LoadColumn ist dabei ein Attribut, das ein Mapping der Property zur Spalte aus der einzulesenden Datei bereitstellt. Außerdem können wir noch das Attribut *Column Name* verwenden; damit können wir zum Beispiel die Property definieren, die wir später bestimmen wollen. Ein Trainingsdatensatz besteht aus sogenannten Features (wie der Text des Reviews) und dem Label, also dem Wert, der später bestimmt werden soll und die Daten eben klassifiziert.

C#

```
using Microsoft.ML.Data;

namespace ClassificationSample;

public class TrainingData
{
    [LoadColumn(0)]
    public string Text { get; set; } = string.Empty;

    [LoadColumn(1)][ColumnName("Label")]
    public bool Sentiment { get; set; }
}
```

Nun können wir mit dem Einlesen der Trainingsdaten beginnen. Dazu erstellen wir zuerst eine Instanz der *MLContext*-Klasse und erstellen uns ein Objekt vom Typ *IData View*.

Da wir die Trainingsdaten aus einem Textfile lesen, rufen wir dazu die generische Methode *LoadFromTextFile* des Data-Objekts des MLContextes auf. Über Parameter können wir den Dateinamen definieren sowie der Methode mitteilen, ob in der Datei eine Überschriftenzeile steckt, was das Trennzeichen zwischen den Spalten ist und ob im Text auch Hochkommas vorhanden sein können.

Mittels der *Preview()*-Methode des *IDataView*-Objekts können wir uns die Daten anzeigen lassen (in diesem Fall wollen wir nur die ersten 50 Zeilen sehen). Wir fügen einfach in einer Schleife die Preview-Daten zur *Items*-Auflistung der *ListBox* hinzu.

C#

```
private void ButtonDatenEinlesen(object sender, RoutedEventArgs e)
{
    lbData.Items.Clear();

    context = new MLContext();
    data = context.Data.LoadFromTextFile<TrainingData>(
       filenameTrainingsdata,
       hasHeader: true,
       allowQuoting: true,
       separatorChar: ',');

    var preview = data.Preview(50);
    foreach (var row in preview.RowView)
    {
        string text = $"{row.Values[1]} - {row.Values[0]}";
        lbData.Items.Add(text);
    }
}
```

Nach dem Einlesen der Daten sollten in der Liste wie in Bild 18.6 die ersten 50 Datensätze angezeigt werden. Wir sehen dabei nur Datensätze mit dem *Label false* (also eine positive Bewertung). Dies liegt im Aufbau der Trainingsdatei, bei der zuerst nur positive Bewertungen und danach die negativen Bewertungen kommen.

Sollten die Daten in einem anderen Format vorliegen, gibt es natürlich Alternativen zur Methode *LoadFromTextFile*. *LoadFromEnumerable* bietet sich zum Beispiel dann an, wenn die Daten bereits in einer Auflistung von Objekttypen vorliegen, oder mittels *CreateDataBaseLoader* können die Daten auch aus einer Datenbank geladen werden.

Sehr häufig hat man keine zwei Datensätze (also in diesem Fall Dateien) für das Training und das Testen des Modells zur Verfügung. Es gibt jedoch eine Methode *TrainTestSplit* (aufzurufen auf dem Data-Objekt des MLContextes), mit der man den einzigen Datensatz in Trainings- und Testdaten aufsplitten kann.

Bild 18.6 Eingelesene Testdatensätze

18.3.1.3 Modellanalyse

Nun wollen wir ein Machine-Learning-Modell für unsere Aufgabenstellung anlegen und dieses Modell mit unseren Trainingsdaten trainieren. ML.NET stellt dabei unterschiedliche Modelle zur Verfügung und wir müssen uns für eines entscheiden. Wir können aber auch die Modelle zuvor analysieren und einen Vergleich zur Effizienz dieser Modelle machen.

Da wir uns in diesem Schritt zwei Modelle anschauen wollen, möchten wir an der Einleseroutine noch eine Kleinigkeit ändern, damit wir einen schönen modularen Aufbau haben und den Code sauber wiederverwenden können.

Anstatt den kompletten Einlesecode unter dem Button zu haben, wollen wir im Ereignishandler des Buttons nur noch das Löschen der Liste haben und den Aufruf einer Methode, um die Daten einzulesen. Dieser Methode geben wir noch einen booleschen Parameter mit, der festlegt, ob die Vorschaudaten auch in der Liste angezeigt werden sollen.

Führen Sie dazu folgende Änderung durch:

C#

```
 private void ButtonDatenEinlesen(object sender, RoutedEventArgs e)
 {
     lbData.Items.Clear();
     ReadData(true);
 }

private void ReadData(bool previewData)
 {
     context = new MLContext();
```

```
        data = context.Data.LoadFromTextFile<TrainingData>(
            filenameTrainingsdata,
            hasHeader: true,
            allowQuoting: true,
            separatorChar: ',');

        if (previewData)
        {
            var preview = data.Preview(50);
            foreach (var row in preview.RowView)
            {
                string text = $"{row.Values[1]} - {row.Values[0]}";
                lbData.Items.Add(text);
            }
        }
    }
```

Für Analysen, welche die Stimmung des Verfassers des Review erkennen sollen, eignen sich in der Regel folgende Modelle:

- Logistic Regression
- Decision Trees
- Neuronale Netze

Logistic-Regression-Modell

Wir beginnen mit dem Logistic-Regression-Modell, das wir erstellen und trainieren wollen. Als Erstes benötigen wir dazu ein Objekt vom Typ einer generischen *EstimatorChain*, einer sogenannten Pipeline, mit der wir das Training durchführen können. Dieses Objekt erhalten wir dadurch, dass wir unserem MLContext sagen, dass er die Daten transformieren und auf diese Transformation einen Trainer anwenden soll.

Unter ML.NET besitzen manche Spalten einen besonderen Namen. Sie erinnern sich vielleicht an das Attribut *ColumnName("Label")* bei der Property *Sentiment* in der Klasse *TrainingData*. Damit haben wir den zu bestimmenden Wert definiert.

Ein weiterer besonderer Name wie *Label* ist *Features*. Damit können wir dem Trainingsmodell sagen, dass es sich hierbei um Informationen handelt, die für die Bestimmung des Wertes zu analysieren sind. *Features* kann sich aus mehreren Spalten zusammensetzen.

> Wir haben für diese Applikation einen Datensatz verwendet, der besonders auf das Problem zugeschnitten ist. In einem Datensatz könnten aber auch deutlich mehr Spalten vorhanden sein, die nicht für die Analyse verwendet werden sollen (zum Beispiel eine eindeutige ID oder die Uhrzeit, zu der der Datensatz angelegt wurde etc.).

Unsere Features sind Textdaten, also müssen wir der Eigenschaft *Text* des Transformers sagen, aus welchen Spalten sich unsere auszuwertenden Features zusammensetzen.

```
context.Transforms.Text.FeaturizeText("Features", "Text")
```

Und an diesen *TextFeaturizingEstimator* hängen wir im nächsten Schritt noch einen Trainer für Klassifizierung an, nämlich einen für ein *LogisticRegressionModel*.

```
var logisticRegressionPipeline = context.Transforms.Text.FeaturizeText("Features",
"Text")                    .Append(context.BinaryClassification.Trainers.
SdcaLogisticRegression());
```

Mittels dieser Pipeline können wir jetzt mit der Methode *Fit()* unser Modell generieren und auch sofort trainieren.

```
var logisticRegressionModel = logisticRegressionPipeline.Fit(data);
```

Die Ausführung der Methode *Fit()* benötigt eine lange Laufzeit, auf meinem Testnotebook hat das Training mit den 25 000 Testdaten knapp über eine Minute gedauert. Zumindest habe ich nicht nur gesehen, wann die Methode beendet war, sondern ich habe es auch gehört. Denn beim Start des Aufrufs ist der Lüfter meines Rechners sofort angegangen und als sich der Lüfter wieder beruhigt hat, war der Aufruf beendet.

Um unsere Modelle später vergleichen zu können, benötigen wir noch Metriken, welche einen Rückschluss auf die Leistungsfähigkeit unseres Modells liefern.

Dazu müssen wir zuerst noch einen Transform-Aufruf auf unser Modell ausführen, an den die Daten übergeben werden. Damit wird wiederum ein *IDataView*-Objekt erstellt, das aus den Vorhersagen des Modells besteht. Und diese Vorhersage können wir evaluieren, um eine Klassifizierungsmetrik zu bekommen.

```
var logisticRegressionPredictions = logisticRegressionModel.Transform(data);
var logisticRegressionMetrics = context.BinaryClassification.
Evaluate(logisticRegressionPredictions);
```

In einer weiteren Methode wollen wir die wichtigsten Eigenschaften dieser Metrik ausgeben (in unserem Fall in die Liste schreiben).

Die mit Abstand wichtigste Metrik dürfte die Vorhersagegenauigkeit (*Accuracy*) sein.

Wir wollen dies nun alles zu einer Methode zusammenfassen, welche uns das Modell erstellt und als Funktionsergebnis das Modell vom Typ *ITransformer* zurückgibt, und diese Methode soll noch über einen Parameter gesteuert werden können, ob die Evaluierung durchgeführt werden soll oder nur das Modell zurückgegeben werden soll.

C#

```
private ITransformer GenerateLogisticRegressionModel(bool withMetricsEvaluation)
{
    var logisticRegressionPipeline =
        context.Transforms.Text.FeaturizeText("Features", "Text")
        .Append(context.BinaryClassification.Trainers.SdcaLogisticRegression());

        var logisticRegressionModel = logisticRegressionPipeline.Fit(data);

    if (withMetricsEvaluation)
    {
        var logisticRegressionPredictions =
           logisticRegressionModel.Transform(data);
        var logisticRegressionMetrics =
           context.BinaryClassification.Evaluate(logisticRegressionPredictions);

        EvaluateMetrics("Logistic Regression", logisticRegressionMetrics);
    }

    return logisticRegressionModel;
}

private void EvaluateMetrics(string modelName,
                             BinaryClassificationMetrics metrics)
{

    lbData.Items.Add($"{modelName} - Accuracy: {metrics.Accuracy:0.##}");
    lbData.Items.Add($"{modelName} - AUC: {metrics.AreaUnderRocCurve:0.##}");
    lbData.Items.Add($"{modelName} - Precision:
                {metrics.PositivePrecision:0.##}");
    lbData.Items.Add($"{modelName} - Positiverecall:
                {metrics.PositiveRecall:0.##}");
    lbData.Items.Add($"{modelName} - F1Score: {metrics.F1Score:0.##}");
    lbData.Items.Add("-----------------------------------------------");
}
```

FastTree-Modell

Als Beispiel für einen *Decision Tree* wollen wir ein *FastTreeModel* zeigen. Wie der Name schon sagt, handelt es sich bei diesem Modell um einen Entscheidungsbaumalgorithmus, der schnell arbeitet und auch große Datenmengen verarbeiten kann. Auch dieses Modell arbeitet wie das gerade gezeigte *LogisticRegressionModel* auf Basis von *Features*.

Das FastTree-Modell ist nicht im Standardumfang des ML.NET-NuGet-Pakets enthalten. Fügen Sie noch das NuGet-Paket *Microsoft.ML.FastTree* zu Ihrem Projekt hinzu.

Der Code ist dem gerade gezeigten sehr ähnlich, außer dass wir einen anderen Trainer verwenden werden (und natürlich andere Variablenbezeichnungen).

C#

```
private ITransformer GenerateLogisticRegressionModel(bool withMetricsEvaluation)
{
    var fastTreePipeline =
        context.Transforms.Text.FeaturizeText("Features", "Text")
        .Append(context.BinaryClassification.Trainers.FastTree());

        var fastTreeModel = fastTreePipeline.Fit(data);

    if (withMetricsEvaluation)
    {
        var fastTreePredictions = fastTreeModel.Transform(data);
        var fastTreeMetrics =
           context.BinaryClassification.Evaluate(fastTreePredictions);

        EvaluateMetrics("FastTree", fastTreeMetrics);
    }

    return fastTreeModel;
}
```

Dann fehlt uns nur noch ein neuer *Button*, den Sie mit folgendem XAML-Code in unser *StackPanel* packen (am besten direkt vor der ListBox):

```
<Button Margin="5" Click="ButtonModelAnalyse">Modelanalyse</Button>
```

Im Ereignishandler schreiben wir dann folgenden Code, der

- die ListBox leert,
- die Daten einliest, falls das noch nicht geschehen,
- beide Modelle erzeugt und evaluiert,
- und aufgrund der langen Laufzeit eine Sanduhr anzeigt.

C#

```
private void ButtonModelAnalyse(object sender, RoutedEventArgs e)
{
    lbData.Items.Clear();

    if (context == null || data == null)
    {
        ReadData(false);
    }

    Cursor = Cursors.Wait;

    GenerateLogisticRegressionModel(true);
    GenerateFastTreeModel(true);

    Cursor = Cursors.Arrow;
}
```

In Bild 18.7 sehen Sie die jeweiligen Metriken der beiden Modelle. Da *FastTree* nicht nur schneller im Training ist, sondern auch noch eine bessere Genauigkeit besitzt, werden wir im nächsten Schritt mit dem FastTree-Modell weiterarbeiten. Da wir aber jetzt alles modular aufgebaut haben, ist es auch kein großes Problem, in den folgenden Schritten die Modelle zu wechseln und damit ein bisschen herumzuspielen oder sogar ein weiteres neues Modell auszuprobieren.

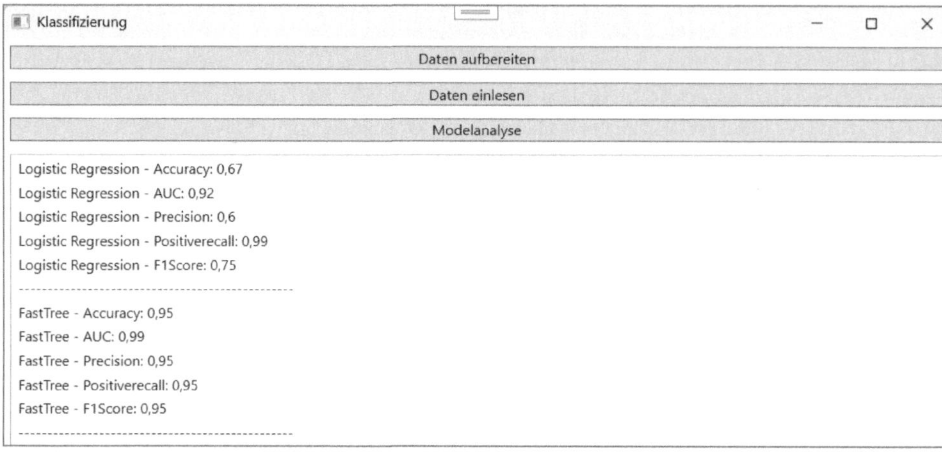

Bild 18.7 Ergebnis der Modellanalyse

18.3.1.4 Modell nach Training speichern

Sie haben im vorherigen Abschnitt 18.3.1.3 gesehen, dass das Training des Modells relativ viel Zeit beansprucht und es wäre ja nicht unbedingt praktikabel, alle Schritte vor dem Einsatz des Modells immer wieder auszuführen. Deswegen gibt es die Möglichkeit, das trainierte Modell zu speichern und zu einem späteren Zeitpunkt wieder einfach zu laden und zu benutzen.

Um das zu bewerkstelligen, fügen wir in unserem *Window* einen weiteren *Button* mit folgendem XAML hinzu:

```
<Button Margin="5" Click="ButtonModelSave">Modell Speichern</Button>
```

Im Ereignishandler des Buttons überprüfen wir zuerst wieder, ob die Testdaten bereits eingelesen wurden und generieren unser Modell (in unserem Beispiel verwende ich jetzt wieder das *FastTreeModell*). Danach speichern wir das Modell mit der *Save*-Methode über das Modell des *MLContextes* in eine ZIP-Datei. Den Namen der ZIP-Datei speichern wir dabei in eine private Stringvariable. Die Parameter sind dabei das Modell, das Schema der Daten sowie der Name der ZIP-Datei.

Sobald die Speicherung abgeschlossen ist, geben wir mittels einer *MessageBox* Bescheid, dass das Modell gespeichert wurde.

C#

```
public partial class MainWindow : Window
{
    string filenameModel = "ReviewModel.zip";

    ...

    private void ButtonModelSave(object sender, RoutedEventArgs e)
    {
        if (context == null || data == null)
        {
            ReadData(false);
        }

        Cursor = Cursors.Wait;

        var model = GenerateFastTreeModel(false);
        context?.Model.Save(model, data?.Schema, filenameModel);

        Cursor = Cursors.Arrow;
        MessageBox.Show("Modell gespeichert");
    }
}
```

18.3.1.5 Modell wieder laden und mit Testdaten evaluieren/benutzen

Zum Schluss wollen wir unser Modell wieder laden und es mit Testdaten auch evaluieren. Das können wir jetzt wieder alles im Ereignishandler des neuen Buttons machen, den Sie mit folgendem XAML hinzufügen:

```
<Button Margin="5" Click="ButtonModelLoadAndEvaluate">Modell Laden und Evaluieren</
Button>
```

Im Ereignishandler überprüfen wir zuerst, ob die Sicherung unseres Modells überhaupt existiert und brechen ab, falls die Sicherungsdatei nicht vorhanden ist.

Dann instanziieren wir einen neuen *MLContext* und definieren eine Objektvariable für das Modell vom Typ *ITransformer*. Diese setzen wir auf das vorhin gespeicherte Modell, das wir mit der Methode *Load* in den Speicher laden. Wir brauchen kein Training mehr durchführen.

Als Nächstes wollen wir unsere Testdaten einlesen. Wie schon beim Einlesen der Trainingsdaten brauchen wir dazu wieder eine Mappingklasse. Unsere Testdaten bestehen nur aus einer einzigen Eigenschaft *Test*.

C#

```
public class TextData
{
    [LoadColumn(0)]
    public string Text { get; set; } = string.Empty;
}
```

Jetzt brauchen wir aber noch eine zweite Klasse, um die Vorhersage zu treffen. Diese Vorhersageklasse, die wir *Prediction.cs* nennen wollen, besitzt eine Eigenschaft *Score*, hier ermittelt der Algorithmus einen Score für den Review-Text. Ähnlich wie die bereits definierten Spaltennamen *Label* oder auch *Features* hängen wir mit einem Attribut den Spaltennamen *Score* an.

C#

```
public class Prediction
{
    [ColumnName("Score")]
    public float Score { get; set; }

    public bool IsPositive => Score < 0.5f;
}
```

Dann lesen wir die Testdaten genauso wie die Trainingsdaten mit der Methode *Load FromTextFile* ein. Die generische Methode *CreatePredictionEngine* erzeugt uns eine *PredictionEngine*, über die wir später die Vorhersagen treffen können.

Im nächsten Schritt erzeugen wir eine Liste von Testdaten vom Typ *TestData*. Diese wird dann durchlaufen und die *Predict*-Methode unserer *PredictionEngine* macht Satz für Satz die Vorhersagen in unserem Modell. Im anhängenden Beispiel evaluieren wir dabei nur die ersten 50 Testdatensätze (der Lüfter ist in den vorherigen Beispielen schon genug gelaufen) und schreiben diese mit der Vorhersage wieder in die Liste.

C#

```
private void ButtonModelLoadAndEvaluate(object sender, RoutedEventArgs e)
{
    if (!File.Exists(filenameModel))
    {
        MessageBox.Show("Modell nicht gefunden. Bitte zuerst speichern.");
        return;
    }

    context = new MLContext();
    ITransformer model;

    using (var stream = new FileStream(filenameModel, FileMode.Open))
    {
        model = context.Model.Load(stream, out var modelInputSchema);
    }

    IDataView testData =
            context.Data.LoadFromTextFile<TextData>(filenameTestdata,
                                hasHeader: true, separatorChar: ',');

    var predictor = context.Model.CreatePredictionEngine<TextData,
                                                Prediction>(model);

    var testDataList = context.Data.CreateEnumerable<TextData>(
                                testData, false).ToList();

    lbData.Items.Clear();

    foreach (var data in testDataList.Take(50))
    {
        var prediction = predictor.Predict(data);
        lbData.Items.Add($"{(prediction.IsPositive ? "Positiv" : "Negativ")}
                        Score: {prediction.Score:0.0#} - {data.Text}");
    }
}
```

Wir sehen hier, wie einfach dann auch die Umstellung ist, wenn wir zum Beispiel ein Eingabefeld mit einem Review machen wollen und dann ausgeben wollen, ob die Eingabe positiv oder negativ ist. Sie brauchen dazu nicht die Testdaten einzulesen, sondern erzeugen einfach ein *TextData*-Objekt und rufen die *Predict*-Methode auf.

Bild 18.8 zeigt die Testdaten in der Anwendung mit der entsprechenden Klassifizierung. Auf den ersten Blick würden wir wohl sagen, dass die Klassifizierung im Großen und Ganzen passt. Beachten Sie auch den Score. Je höher der Score (im negativen oder positiven Bereich) ist, desto klarer ist die Aussage.

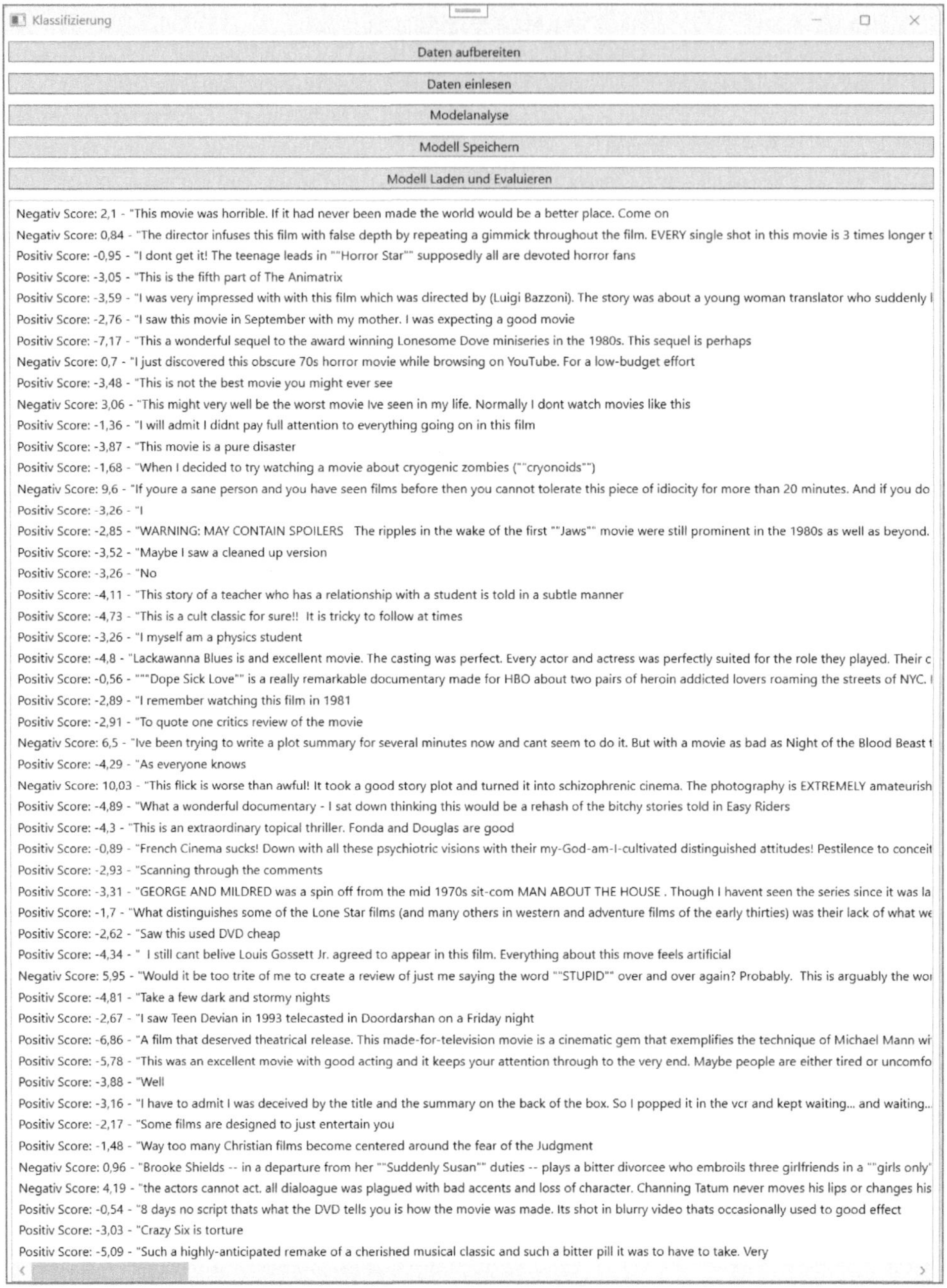

Bild 18.8 Ausgabe der plausiblen Evaluierungsdaten

Hier noch mal zusammengestellt die kompletten Codeteile:

Oberfläche

XAML

```
<Window x:Class="ClassificationSample.MainWindow"
        xmlns="http://schemas.microsoft.com/winfx/2006/xaml/presentation"
        xmlns:x="http://schemas.microsoft.com/winfx/2006/xaml"
        xmlns:d="http://schemas.microsoft.com/expression/blend/2008"
        xmlns:mc="http://schemas.openxmlformats.org/markup-compatibility/2006"
        xmlns:local="clr-namespace:ClassificationSample"
        mc:Ignorable="d"
        Title="Klassifizierung" Height="450" Width="800">
    <StackPanel>
        <Button Margin="5" Click="ButtonDatenAufbereiten">Daten aufbereiten</Button>
        <Button Margin="5" Click="ButtonDatenEinlesen">Daten einlesen</Button>
        <Button Margin="5" Click="ButtonModelAnalyse">Modelanalyse</Button>
        <Button Margin="5" Click="ButtonModelSave">Modell Speichern</Button>
        <Button Margin="5" Click="ButtonModelLoadAndEvaluate">
                           Modell Laden und Evaluieren</Button>
        <ListBox Margin="5" Name="lbData"/>
    </StackPanel>
</Window>
```

Quellcode

Klasse TrainingData.cs

C#

```
using Microsoft.ML.Data;

namespace ClassificationSample;

public class TrainingData
{
    [LoadColumn(0)]
    public string Text { get; set; } = string.Empty;

    [LoadColumn(1)]
    [ColumnName("Label")]
    public bool Sentiment { get; set; }
}
```

Klasse TextData.cs

C#

```
using Microsoft.ML.Data;

namespace ClassificationSample;

public class TextData
{
    [LoadColumn(0)]
    public string Text { get; set; } = string.Empty;
}
```

Klasse Prediction.cs

C#

```
using Microsoft.ML.Data;

namespace ClassificationSample;

public class Prediction
{
    [ColumnName("Score")]
    public float Score { get; set; }

    public bool IsPositive => Score < 0.5f;
}
```

Klasse MainWindow.xaml.cs

C#

```
using Microsoft.ML;
using Microsoft.ML.Data;
using System.IO;
using System.Windows;
using System.Windows.Input;

namespace ClassificationSample;

/// <summary>
/// Interaction logic for MainWindow.xaml
/// </summary>
public partial class MainWindow : Window
{
    string filenameTrainingsdata = "train.csv";
    string filenameTestdata = "test.csv";
    string filenameModel = "ReviewModel.zip";
```

```
MLContext context = null!;
IDataView data = null!;

public MainWindow()
{
    InitializeComponent();
}

private void ButtonDatenAufbereiten(object sender, RoutedEventArgs e)
{
    string text = File.ReadAllText(filenameTrainingsdata);
    text = text.Replace("'", "");
    File.WriteAllText(filenameTrainingsdata, text);

    text = File.ReadAllText(filenameTestdata);
    text = text.Replace("'", "");
    File.WriteAllText(filenameTestdata, text);
}

private void ButtonDatenEinlesen(object sender, RoutedEventArgs e)
{
    lbData.Items.Clear();
    ReadData(true);
}

private void ReadData(bool previewData)
{
    context = new MLContext();
    data = context.Data.LoadFromTextFile<TrainingData>(
        filenameTrainingsdata,
        hasHeader: true,
        allowQuoting: true,
        separatorChar: ',');

    if (previewData)
    {
        var preview = data.Preview(50);
        foreach (var row in preview.RowView)
        {
            string text = $"{row.Values[1]} - {row.Values[0]}";
            lbData.Items.Add(text);
        }
    }
}

private void ButtonModelAnalyse(object sender, RoutedEventArgs e)
{
    lbData.Items.Clear();

    if (context == null || data == null)
    {
        ReadData(false);
    }
```

```
    Cursor = Cursors.Wait;

    GenerateLogisticRegressionModel(true);
    GenerateFastTreeModel(true);

    Cursor = Cursors.Arrow;
}

private ITransformer GenerateFastTreeModel(bool withMetricsEvaluation)
{
    var fastTreePipeline = context.Transforms.Text.FeaturizeText(
                          "Features", "Text")
                     .Append(context.BinaryClassification.Trainers.FastTree());
    var fastTreeModel = fastTreePipeline.Fit(data);

    if (withMetricsEvaluation)
    {
        var fastTreePredictions = fastTreeModel.Transform(data);
        var fastTreeMetrics =
            context.BinaryClassification.Evaluate(fastTreePredictions);
        EvaluateMetrics("FastTree", fastTreeMetrics);
    }

    return fastTreeModel;
}

private ITransformer GenerateLogisticRegressionModel(bool withMetricsEvaluation)
{
    var logisticRegressionPipeline = context.Transforms.Text.FeaturizeText(
                                    "Features", "Text")
        .Append(context.BinaryClassification.Trainers.SdcaLogisticRegression());
    var logisticRegressionModel = logisticRegressionPipeline.Fit(data);
    if (withMetricsEvaluation)
    {
        var logisticRegressionPredictions =
           logisticRegressionModel.Transform(data);
        var logisticRegressionMetrics =
           context.BinaryClassification.Evaluate(logisticRegressionPredictions);
        EvaluateMetrics("Logistic Regression", logisticRegressionMetrics);
    }
    return logisticRegressionModel;
}

private void EvaluateMetrics(string modelName,
                             BinaryClassificationMetrics metrics)
{

    lbData.Items.Add($"{modelName} - Accuracy: {metrics.Accuracy:0.##}");
    lbData.Items.Add($"{modelName} - AUC: {metrics.AreaUnderRocCurve:0.##}");
    lbData.Items.Add($"{modelName} - Precision:
                  {metrics.PositivePrecision:0.##}");
    lbData.Items.Add($"{modelName} - Positiverecall:
                  {metrics.PositiveRecall:0.##}");
    lbData.Items.Add($"{modelName} - F1Score: {metrics.F1Score:0.##}");
    lbData.Items.Add("------------------------------------------------");
}
```

```
    private void ButtonModelSave(object sender, RoutedEventArgs e)
    {
        if (context == null || data == null)
        {
            ReadData(false);
        }

        Cursor = Cursors.Wait;

        var model = GenerateFastTreeModel(false);
        context?.Model.Save(model, data?.Schema, filenameModel);
        Cursor = Cursors.Arrow;

        MessageBox.Show("Modell gespeichert");
    }

    private void ButtonModelLoadAndEvaluate(object sender, RoutedEventArgs e)
    {
        if (!File.Exists(filenameModel))
        {
            MessageBox.Show("Modell nicht gefunden. Bitte zuerst speichern.");
            return;
        }

        context = new MLContext();
        ITransformer model;

        using (var stream = new FileStream(filenameModel, FileMode.Open))
        {
            model = context.Model.Load(stream, out var modelInputSchema);
        }

        IDataView testData =
                context.Data.LoadFromTextFile<TextData>(filenameTestdata,
                    hasHeader: true,
                    separatorChar: ',');

        var predictor = context.Model.CreatePredictionEngine<TextData,
                                                    Prediction>(model);

        var testDataList = context.Data.CreateEnumerable<TextData>(
                        testData, false).ToList();

        lbData.Items.Clear();

        foreach (var data in testDataList.Take(50))
        {
            var prediction = predictor.Predict(data);
            lbData.Items.Add($"{(prediction.IsPositive ? "Positiv" : "Negativ")}
                        Score: {prediction.Score:0.0#} - {data.Text}");
        }

    }
}
```

18.3.2 Anomalieerkennung

Im abschließenden Beispiel dieses Kapitels wollen wir einen Blick auf Anomalieerkennung werfen. Anomalieerkennung ist ein Teilbereich von KI, bei dem auffällige Muster festgestellt werden, die nicht zu einer Norm passen. Auf diese Weise kann man Betrug, Systemfehler oder auch andere unerwartete Verhaltensmuster erkennen.

Bei der Anomalieerkennung ist es wichtig, folgende Begriffe einordnen zu können:

- Normale Daten
  - Daten, die einem normalen Muster entsprechen (z. B. Sie holen sich einmal im Monat 150 EUR vom Geldautomaten).
- Anomalien
  - Daten die von der Norm abweichen (z. B. Sie holen sich jeden Tag den möglichen Höchstbetrag vom Geldautomaten).
- Anomalieerkennung
  - Ein System, das in Echtzeit oder auf Basis von historischen Daten Anomalien erkennt.

Anomalieerkennung wird vor allem für Betrugserkennung, Netzwerksicherheit, im Gesundheitswesen oder in Produktionsanlagen eingesetzt.

In unserem Beispiel wollen wir ein Modell für Anomalieerkennung trainieren, das Transaktionen im Finanzwesen untersucht. Dazu legen wir eine einfache Konsolenanwendung mit dem Namen *FraudDetectionSample* an und fügen das NuGet-Paket *Microsoft.ML* hinzu, so wie wir es auch gerade in Abschnitt 18.3.1 getan haben.

18.3.2.1 Datenaufbereitung

Als Trainingsdaten verwenden wir einen Datensatz aus 10 000 generierten Transaktionsdaten, um finanziellen Betrug zu erkennen. Den Datensatz können Sie unter *https://www.kaggle.com/datasets/umitka/synthetic-financial-fraud-dataset* herunterladen. Kopieren Sie die im Download enthaltene CSV-Datei in Ihr Projektverzeichnis und setzen Sie wiederum die Eigenschaft *In Ausgabeverzeichnis kopieren* auf den Wert *Kopieren, wenn neuer*, wie in Bild 18.4 dargestellt.

Bild 18.9 zeigt einen Ausschnitt aus den heruntergeladenen Trainingsdaten.

Auch in diesem Fall benötigen wir ein Mapping für die Trainingsdaten und legen deswegen eine Klasse *TransactionData.cs* an. In dieser Klasse wird jede Spalte wiederum mit dem Attribut *LoadColumn* auf eine Property der Klasse gemappt. Lediglich bei der letzten Spalte, die wir *IsFraud* nennen, setzen wir auch noch zusätzlich das Attribut *ColumnName("Label")*, denn in dieser Spalte steht wiederum, ob es sich hier um einen legitimen Satz (0) oder einen betrügerischen Satz (1) handelt.

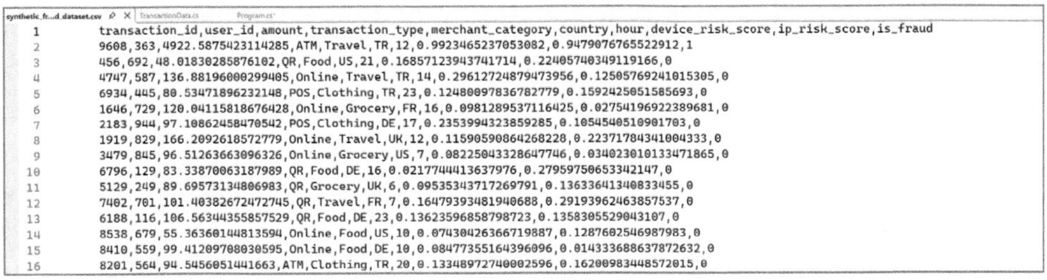

```
synthetic_fr...d_dataset.csv   TransactionData.cs   Program.cs*
transaction_id,user_id,amount,transaction_type,merchant_category,country,hour,device_risk_score,ip_risk_score,is_fraud
9608,363,4922.5875423114285,ATM,Travel,TR,12,0.9923465237053082,0.9479076765522912,1
456,692,48.01830285876102,QR,Food,US,21,0.16857123943741714,0.22405740349119166,0
4747,587,136.88196000299405,Online,Travel,TR,14,0.29612724879473956,0.12505769241015305,0
6934,445,80.53471896232148,POS,Clothing,TR,23,0.12480097836782779,0.1592425051585693,0
1646,729,120.04115818676428,Online,Grocery,FR,16,0.0981289537116425,0.02754196922389681,0
2183,944,97.10862458470542,POS,Clothing,DE,17,0.2353994323859285,0.1054540510901703,0
1919,829,166.2092618572779,Online,Travel,UK,12,0.11590590864268228,0.22371784341004333,0
3479,845,96.51263663096326,Online,Grocery,US,7,0.08225043328647746,0.034023010133471865,0
6796,129,83.33870063187989,QR,Food,DE,16,0.0217744413637976,0.27959750653342147,0
5129,249,89.69573134806983,QR,Grocery,UK,6,0.09535343717269791,0.13633641340833455,0
7402,701,101.40382672472745,QR,Travel,FR,7,0.16479393481940688,0.29193962463857537,0
6188,116,106.56344355857529,QR,Food,DE,23,0.13623596858798723,0.1358305529043107,0
8538,679,55.36360144813594,Online,Food,US,10,0.07430426366719887,0.1287602546987983,0
8410,559,99.41209708030595,Online,Food,DE,10,0.08477355164396096,0.014333688637872632,0
8201,564,94.5456051441663,ATM,Clothing,TR,20,0.13348972740002596,0.16200983448572015,0
```

Bild 18.9 Trainingsdaten für Anomalieerkennung

Hier der Inhalt der *TransactionData.cs*-Datei.

```csharp
using Microsoft.ML.Data;

namespace FraudDetectionSample;

public class TransactionData
{
    [LoadColumn(0)]
    public int Transaction_Id { get; set; }

    [LoadColumn(1)]
    public int User_Id { get; set; }

    [LoadColumn(2)]
    public float Amount { get; set; }

    [LoadColumn(3)]
    public string Transaction_Type { get; set; }  = string.Empty;

    [LoadColumn(4)]
    public string Merchant_Category { get; set; } = string.Empty;

    [LoadColumn(5)]
    public string Country { get; set; } = string.Empty;

    [LoadColumn(6)]
    public int Hour { get; set; }

    [LoadColumn(7)]
    public float Device_Risk_Score { get; set; }

    [LoadColumn(8)]
    public float Ip_Risk_Score { get; set; }

    [LoadColumn(9)]
    [ColumnName("Label")]
    public bool IsFraud { get; set; }
}
```

18.3.3 Trainingsdaten einlesen

Im nächsten Schritt wollen wir nun die Trainingsdaten einlesen. Auch das funktioniert wieder genauso wie im vorigen Beispiel.

Wir instanziieren ein Objekt vom Typ *MLContext* und definieren dann ein Objekt vom Typ *IDataView* und weisen dann das Ergebnis der Methode *LoadFromTextFile* des *Data*-Objekts vom *MLContext* der *IDataView* zu.

Um zu überprüfen, ob das geklappt hat, könnten wir uns mittels der *Preview()*-Methode auch die ersten 20 Datensätze anzeigen lassen.

C#

```
using Microsoft.ML.Data;

namespace FraudDetectionSample;

internal class Program
{
    static void Main(string[] args)
    {
        MLContext context = new MLContext();
        IDataView data = context.Data.LoadFromTextFile<TransactionData>(
                "synthetic_fraud_dataset.csv",
                hasHeader: true, separatorChar: ',');

        var preview = data.Preview(20);
        foreach (var row in preview.RowView)
        {
            Console.WriteLine($"{row.Values[0]} - {row.Values[1]}");
        }
    }
}
```

Bild 18.10 zeigt die ersten beiden Spalten der ersten 20 eingelesenen Zeilen. Wenn dieser Schritt erfolgreich war, dann können wir den Code für die Ausgabe auch kommentieren – er gibt uns ja keine essenziellen Informationen, außer dass es geklappt hat.

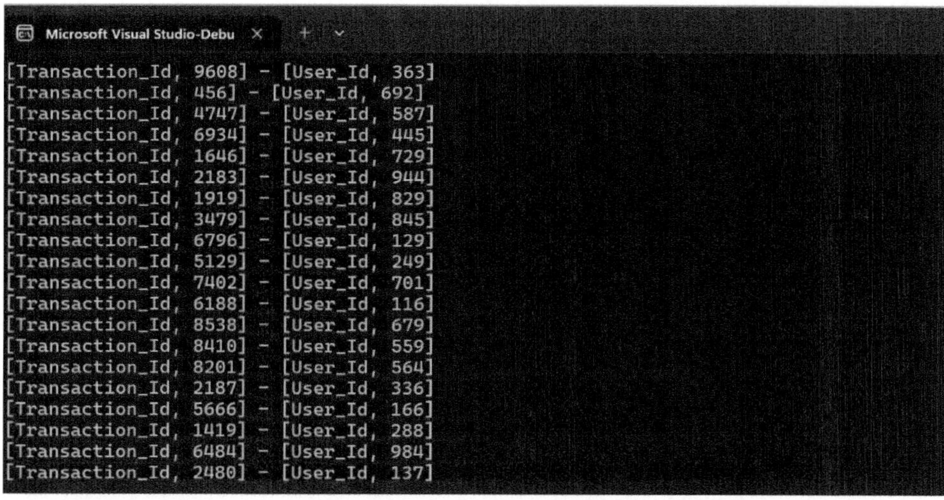

Bild 18.10 Die eingelesenen ersten beiden Spalten der Trainingsdaten

18.3.4 Training

Im nächsten Schritt steht nun das Training der Daten an. Auch hier wollen wir wieder eine Pipeline erzeugen, der wir alle Informationen mitgeben, wie die Daten zu interpretieren sind. Das Feature, das uns die Hinweise geben könnte, ob es sich um eine betrügerische Aktion handelt, ist in unserem Beispiel der Betrag (*Amount*) der Transaktion. Es könnte aber in anderen Fällen eine Kombination mit dem Land ins Spiel kommen, in der die Transaktion stattfindet. Der Betrag allein kann natürlich nicht das einzige Kriterium sein, das es zu betrachten gibt. Zum Beispiel ist ein Betrag von 50 EURO bei einer Essensbestellung genauso legitim wie ein Betrag von 2000 EURO beim Buchen einer Reise, was bei einer Essensbestellung doch etwas ungewöhnlich wäre.

Es gibt in der Anomalieerkennung den Begriff des *False Positive*, also dass ein legitimer Vorgang als Anomalie erkannt wird. Das wäre der Fall, wenn Sie bei der Essensbestellung Pizza für die gesamte Abteilung bestellen würden. Ein legitimer Vorgang, aber trotzdem eine Anomalie, weil es ein eher ungewöhnlicher Vorgang ist.

Ich bekam vor ein paar Jahren mal einen Anruf von der Kreditkartenfirma, weil ich ein Zugticket in Indien gebucht hatte. Legitimer Vorgang, aber trotzdem ungewöhnlich. Und ganz ehrlich: Lieber ein unnötiger Anruf, als wenn dann das Kreditkartenkonto abgeräumt wird.

Also definiere ich zusätzlich zum Feature auch noch die Schlüssel für die Transaktion und gebe dabei die *Merchant_Category* (wie wird bezahlt) und den *Transaction_Type* (was wurde gekauft) an.

Der folgende Code zeigt die Syntax für die Definition der Pipeline.

C#

```
var pipeline = context.Transforms.Conversion.MapValueToKey(
                    nameof(TransactionData.Merchant_Category))
               .Append(context.Transforms.Conversion.MapValueToKey(
                    nameof(TransactionData.Transaction_Type)))
               .Append(context.Transforms.Concatenate("Features",
                    nameof(TransactionData.Amount)))
               .Append(context.Transforms.NormalizeMinMax("Features"))
               .Append(context.Clustering.Trainers.KMeans("Features",
                    numberOfClusters: 3));

var model = pipeline.Fit(data);
```

Die Methode *NormalizeMinMax*, die noch auf die *Features*, also den Betrag, angewandt wird, holt sich den minimalen Betrag und den maximalen Betrag und normalisiert intern die Beträge, um damit sauberer rechnen zu können.

Als Training verwenden wir einen *KMeans*-Algorithmus mit drei Clustern. Hier werden unsere Datenpunkte in k Cluster aufgeteilt (in unserem Fall ist k = 3). Die Cluster überschneiden sich dabei nicht. Dabei wird der minimale Abstand zwischen dem Datenpunkt und der Mitte des Clusters (*Centroid*) als Basis für die Zuordnung zu einem Cluster verwendet.

Mit der *Fit*-Methode der Pipeline wird dann das Training durchgeführt und das Modell erstellt.

Keine Angst, das Training geht hier wesentlich schneller als im ersten Beispiel, sodass wir uns auch das Speichern und Laden des Modells in diesem Beispiel sparen können.

18.3.5 Modellevaluierung

Nun wollen wir mit unseren Daten das Modell auch noch evaluieren, um zu sehen, ob unser Training erfolgreich war.

Dazu benötigen wir noch eine Vorhersagemodellklasse, die wir *TransactionData Prediction* nennen.

Diese Klasse hat eine Property *PredictedClusterId* für die Zuordnung des Clusters (deswegen auch das *ColumnName*-Attribut *PredictedClusterId*). Ein Array von Scores; die Arraygröße bezieht sich auf die Anzahl der Cluster und gibt den Score für die Zugehörigkeit zu einem Cluster an. Die Zuweisung der *PredictedClusterId* wird über diesen Score ermittelt, also ist es das Cluster, dessen Wert (Abstand zum *Centroid*) im Score-Array am geringsten ist. Und schließlich definieren wir für die Ausgabe noch eine Property *Result*.

C#

```
using Microsoft.ML.Data;

namespace FraudDetectionSample;

public class TransactionDataPrediction
{
    [ColumnName("PredictedLabel")]
    public uint PredictedClusterId { get; set; }

    public float[] Score { get; set; } = [];

    public string Result => PredictedClusterId == 1 ? "Betrug " : "Legitim";
}
```

Dazu rufen wir zuerst die *Transform*-Methode des Modells auf, um eine *IDataView* unserer Vorhersagen zu bekommen. Dann erstellen wir auf Basis der Vorhersagen eine Liste von Vorhersageobjekten (*TransactionDataPrediction*) sowie eine Liste der Trainingsdaten (*TransactionData*).

C#

```
        var predictions = model.Transform(data);
        var predictedData =
                    context.Data.CreateEnumerable<TransactionDataPrediction>(
                                                 predictions, false);
        var actualData =
                    context.Data.CreateEnumerable<TransactionData>(data, false);
```

Da wir jetzt die Datensätze zueinander abgleichen wollen, um zu sehen, ob unsere Vorhersage passt, müssen wir beide Auflistungen parallel durchlaufen, wofür dich die *foreach*-Schleife leider nicht eignet. Deswegen holen wir uns von beiden Auflistungen den Enumerator und durchlaufen beide Auflistungen in einer *while*-Schleife und geben dann die wesentlichen Daten aus beiden Auflistungen aus.

C#

```
        using var predictedEnumerator = predictedData.GetEnumerator();
        using var actualEnumerator = actualData.GetEnumerator();

        while (predictedEnumerator.MoveNext() && actualEnumerator.MoveNext())
        {
            var prediction = predictedEnumerator.Current;
            var actual = actualEnumerator.Current;

            Console.WriteLine(
                  $"{actual.Amount.ToString("###,##0.00").PadLeft(8)}-
                    {prediction.PredictedClusterId} " +
                  $"- Actual Label: {(actual.IsFraud ? "Betrug " : "Legitim")}
                    Prediction: {prediction.Result}
                    Kategorie: {actual.Merchant_Category}");
  }
```

Wie Sie in Bild 18.11 sehen, gibt es sehr viele Übereinstimmungen bei der Vorhersage, jedoch werden auch Sätze als legitim gekennzeichnet, die mit *IsFraud* markiert waren. Eventuell könnte man hier beim Aufbau des Modells noch nachbessern und weitere Features hinzunehmen, oder auch die Schlüsselliste nochmals nachschärfen.

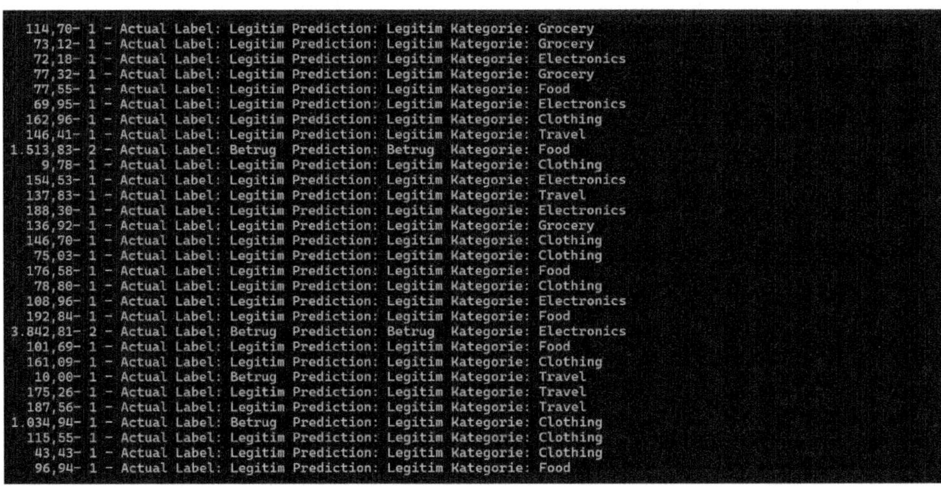

Bild 18.11 Vergleich Label und Vorhersage

Hier noch mal zusammengestellt die komplette Main-Routine:

C#

```
using Microsoft.ML;

namespace FraudDetectionSample;

internal class Program
{
    static void Main(string[] args)
    {
        MLContext context = new MLContext();
        IDataView data = context.Data.LoadFromTextFile<TransactionData>(
                                    "synthetic_fraud_dataset.csv",
                                    hasHeader: true, separatorChar: ',');

        //var preview = data.Preview(20);

        //foreach (var row in preview.RowView)
        //{
        //    Console.WriteLine($"{row.Values[0]} - {row.Values[1]}");
        //}

        var pipeline = context.Transforms.Conversion.MapValueToKey(
                                    nameof(TransactionData.Merchant_Category))
                              .Append(context.Transforms.Conversion.MapValueToKey(
                                    nameof(TransactionData.Transaction_Type)))
                              .Append(context.Transforms.Concatenate("Features",
                                    nameof(TransactionData.Amount)))
                              .Append(context.Transforms.NormalizeMinMax(
                                    "Features"))
                              .Append(context.Clustering.Trainers.KMeans(
                                    "Features", numberOfClusters: 3));

        var model = pipeline.Fit(data);

        var predictions = model.Transform(data);
        var predictedData = context.Data.CreateEnumerable<TransactionDataPrediction>
                                  (predictions, false);
        var actualData = context.Data.CreateEnumerable<TransactionData>(
                                  data, false);

        using var predictedEnumerator = predictedData.GetEnumerator();
        using var actualEnumerator = actualData.GetEnumerator();

        while (predictedEnumerator.MoveNext() && actualEnumerator.MoveNext())
        {
            var prediction = predictedEnumerator.Current;
            var actual = actualEnumerator.Current;

            Console.WriteLine(
                    $"{actual.Amount.ToString("###,##0.00").PadLeft(8)}-
                      {prediction.PredictedClusterId} " +
                    $"- Actual Label: {(actual.IsFraud ? "Betrug " : "Legitim")}
                      Prediction: {prediction.Result}
                      Kategorie: {actual.Merchant_Category}");
    }
}
```

Sie haben jetzt gesehen wie ML.NET 5 eine Klassifizierung und eine Anomalieerkennung gemacht haben und hoffentlich dabei festgestellt, dass das alles kein Hexenwerk ist. Sie sind natürlich herzlich eingeladen, weitere Anwendungsgebiete wie zum Beispiel Textgenerierung selbst einmal auszuprobieren.

Teil IV: Webanwendungen

- Webanwendungen mit ASP.NET Core (Kapitel 19)
- Web APIs mit ASP.NET Core (Kapitel 20)
- Single-Page Applications mit Blazor (Kapitel 21)
- Deployment, lokal und in der Cloud (Kapitel 22)

19 Webanwendungen mit ASP.NET Core

Der Siegeszug von Webanwendungen scheint unaufhaltsam. Quasi jede Firma hat eine Website, und immer mehr Businessanwendungen laufen im Web. Das liegt unter anderem daran, dass Webbrowser eine Art kleinster gemeinsamer Nenner verschiedenster Endgeräte sind, die nicht nur auf Desktops, sondern auch auf mobilen Endgeräten und selbst Industrieanlagen funktionieren. All das ist oft mit einer einheitlichen Codebasis möglich, unabhängig vom tatsächlich verwendeten Gerät. Die berühmte Schlagzeile der Daily Mail aus dem Jahr 2000, das Internet „may be just a passing fad as millions give up on it" (könnte nur eine vorübergehende Modeerscheinung sein, da sich Millionen Menschen davon abwenden)[1], würde sich heutzutage nicht mehr wiederholen.

Microsoft hat auch schon vor .NET Frameworks und Technologien für Webanwendungen erstellt. *Active Server Pages*, kurz ASP, startete 1996 zeitgleich mit dem heutigen einsamen Marktführer PHP und ermöglichten schnelle Ergebnisse durch die direkte Integration von ASP-Code (Programmiersprache damals: VBScript) in HTML-Seiten. Mit dem .NET Framework gab es 2001 den Nachfolger ASP.NET, genauer gesagt ASP.NET Web Forms. Dieses Entwicklungsmodell erinnert nicht nur vom Namen an ASP.NET Win Forms. Erklärtes Ziel war es, Heerschaaren von Desktop-Entwicklungsteams einen simplen Einstieg in die Webentwicklung zu bieten. Das ging auch lange Zeit ziemlich gut, doch letztlich stellte sich die Erkenntnis ein, dass es ganz ohne Web-Know-how nicht gut funktioniert. Aus diesem Grund gibt es seit 2009 ASP.NET MVC, ein Framework auf Basis des MVC-Entwurfsmusters zur Erstellung von Webanwendungen. Neuere Versionen von .NET bieten ein vereinfachtes, seitenbasiertes Entwicklungsmodell namens Razor Pages an. Mit Blazor schließlich steht ein Framework für Single-Page Applications (SPAs) zur Verfügung. Ganz viele Optionen also, in die dieses Buch

[1] Hier gibt es einen Screenshot: *https://www.reddit.com/r/Damnthatsinteresting/comments/rkvwv5/daily_mail_21_years_ago_internet_may_be_just_a/* – dort ist auch zu sehen, dass die Zeitung eine Studie zitiert hat.

alle gründlich einführen soll (wenngleich es unmöglich ist, auf alle Details einzugehen – zu jedem dieser Themen gibt es im Buchmarkt eigene Titel). Kapitel 20 behandelt APIs auf Basis von ASP.NET Core Web API, und Kapitel 21 das SPA-Framework Blazor. In diesem Kapitel geht es um ASP.NET Core, das ist quasi der Oberbegriff für alles rund ums Web in .NET[2]. Dieses Kapitel stellt kurz die Grundlagen von Webanwendungen vor und geht dann ausführlich auf die zwei Haupt-Frameworks ASP.NET Razor Pages (ohne „Core" im Namen, weil es das vor .NET Core noch nicht gab) und ASP.NET Core MVC (aus analogen Gründen mit „Core" im Namen, weil schon unter dem .NET Framework verfügbar) ein.

19.1 Grundlagen

Im Gegensatz zur Entwicklung von Desktop- oder Konsolenapps ist die Funktionsweise einer Webanwendung etwas anders. Grundlage ist das Client-Server-Prinzip, das in Bild 19.1 schematisch dargestellt ist. Der Client ist in der Regel ein Webbrowser; die gebräuchlichsten sind Chrome, Safari und Firefox (die ebenfalls noch messbar populären Edge und Opera verwenden die Engine des Chrome; alle Browser unter iOS setzen auf die Safari-Engine). Dieser kommuniziert mit einem Server. Das am häufigsten eingesetzte Protokoll ist HTTP beziehungsweise dessen verschlüsselte Variante HTTPS. Der Browser fordert per HTTP-Anfrage eine Ressource vom Server an – etwa ein Dokument oder eine Grafik – und zeigt sie nach Lieferung an. Auf dem Server selbst läuft die komplette Logik ab. Gibt es etwa eine Datenbank, so fragt der Server dort Informationen ab und bereitet sie für den Client auf. Einen direkten Datenbankzugriff vom Client aus gibt es nicht.

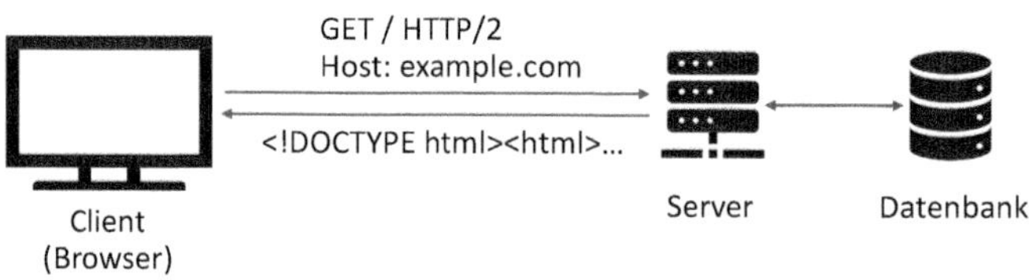

Bild 19.1 Das Client-Server-Modell

Auf der Serverseite kommt .NET zum Einsatz, aber im Client nicht (auch wenn Kapitel 21 einen Ansatz zeigt, der zumindest in diese Richtung geht). Das ist beim Anwendungsdesign zu beachten.

---

[2] .NET Core heißt mittlerweile .NET, aber ASP.NET Core heißt immer noch ASP.NET Core, wohl solange das .NET Framework (mit ASP.NET als Web-Framework) noch eine gewisse Relevanz hat, einfach um Verwechslungen zu vermeiden.

Die Techniken, die clientseitig zum Einsatz kommen können, sind derer drei:

- **HTML:** Die Hypertext Markup Language ist eigentlich keine Sprache, sondern eher ein Format zur Definition von Inhalten und deren Struktur
- **CSS:** Cascading Style Sheets kümmern sich um das Layout der in HTML enthaltenen Inhalte (etwa durch Größen, Abstände und Farben)
- **JavaScript:** Die Skriptsprache ermöglicht es, direkt im Browser Code auszuführen.

Der klassische Use-Case vom Web war: Ein Client fordert per HTTP (oder HTTPS) Dokumente im HTML-Format an, die Links enthalten. Ein Klick auf so einen Link fordert das nächste Dokument an. Diese Dokumente liegen entweder statisch auf dem Webserver oder werden von der Implementierungslogik dort dynamisch erstellt (etwa, indem Daten aus einer Datenbank als HTML formatiert werden). Damit liegt ein wesentlicher Unterschied zu den meisten Desktop-Anwendungen vor, wo auf einen Mausklick direkt reagiert werden kann, ohne HTTP-Kommunikation zwischen Oberfläche und Logik.

HINWEIS: Ein alternativer Ansatz, der Websites näher an die Bedienkonzepte einer Desktop-Anwendung heranbringen möchte, heißt „Single-Page Application", oder kurz SPA. Hier findet sehr viel Logik im Client statt, mithilfe von JavaScript. Hierfür gibt es zahlreiche Frameworks, die die Erstellung einer solche SPA vereinfachen. Populär sind beispielsweise Angular (*https://angular.dev*), React (*https://react.dev*) und Vue.js (*https://vuejs.org*). In diesem Buch zeigen wir hingegen ein Framework, das bei .NET direkt mit dabei ist (und das gar kein JavaScript voraussetzt): In Kapitel 21 geht es um Blazor.

Eine HTTP-Anfrage erfolgt immer nach demselben Schema. Zunächst ist die HTTP--Methode zu wählen. Kapitel 20 geht genauer auf die Unterschiede zwischen den verschiedenen Optionen ein, aber in den meisten Fällen kommt GET zum Einsatz, zum Abfragen von Informationen. Angenommen, die URL http://example.com/[3] soll von einem Browser aufgerufen werden. Die Informationen, die an ihn geschickt werden, sehen dann typischerweise wie folgt aus:

[3] Die gibt es tatsächlich – es ist, wie der Name schon andeutet, eine Test-URL und sie eignet sich damit hervorragend für grundlegende Erläuterungen wie diese.

Beispiel 19.1: Eine HTTP-Anfrage an http://example.com/

HTTP

```
GET / HTTP/2
Host: example.com
User-Agent: Mozilla/5.0 (Windows NT 10.0; Win64; x64; rv:145.0) Gecko/20100101
Firefox/145.0
Accept: text/html,application/xhtml+xml,application/xml;q=0.9,*/*;q=0.8
Accept-Language: de,en-US;q=0.7,en;q=0.3
Accept-Encoding: gzip, deflate, br, zstd
Connection: keep-alive
Upgrade-Insecure-Requests: 1
```

Die wichtigsten Angaben stehen in den ersten beiden Zeilen. Die erste enthält die HTTP-Methode (`GET`), die Ressource auf dem Server (/) sowie das Protokoll samt Version (`HTTP/2`). Die zweite Zeile enthält den Host-Header und gibt dort den Server an. Alle weiteren Zeilen sind zusätzliche HTTP-Header, die unter anderem den verwendeten Browser (hier: Firefox 145) sowie die dort eingestellte Sprache (amerikanisches Englisch) angeben.

Auf dem Server befindet sich Logik, die wie beschrieben die Rückgabe ermittelt. Im Fall von http://example.com/ sieht diese wie folgt aus:

Beispiel 19.2: Die HTTP-Antwort von http://example.com/

HTTP

```
HTTP/2 200 OK
content-encoding: gzip
cache-control: max-age=604800
content-type: text/html
date: Mon, 08 Dec 2025 11:45:46 GMT
etag: "bc2473a18e003bdb249eba5ce893033f:1760028122.592274"
last-modified: Thu, 09 Oct 2025 16:42:02 GMT
vary: Accept-Encoding
content-length: 363
X-Firefox-Spdy: h2
<!doctype html>
<html>
...
</html>
```

Die erste Zeile enthält neben dem Protokoll (`HTTP/2`) auch den Statuscode nebst textueller Beschreibung (`200 OK`). Kapitel 20 geht auf diverse Statuscodes ein; hier muss zunächst der Hinweis genügen, dass 200 der Standardcode ist, falls kein Fehler aufgetreten ist. Die weiteren HTTP-Header geben zusätzliche Informationen über die Ressource an, etwa die Art des Inhalts (HTML im UTF-8-Zeichensatz) und das letzte Änderungsdatum. Nach allen HTTP-Headern folgen eine Leerzeile und dann der eigentliche Inhalt – in diesem Fall das HTML-Markup.

Die drei Basistechniken HTML, CSS und JavaScript sind vom thematischen Kern dieses Buches zu weit entfernt, um sie ausführlich zu behandeln. Doch keine Sorge, die Beschreibungen in diesem Buchteil sind auch mit nur rudimentären Kenntnissen gut nachzuvollziehen. Wir legen den Schwerpunkt auf das, was .NET bietet. Und das ist mehr, als es vielleicht auf den ersten Blick scheint.

Bild 19.2 zeigt einen Ausschnitt der Projektvorlagen, die Visual Studio zum Thema „ASP.NET Core" bietet.

Nicht alles davon ist auch tatsächlich zutreffend, und abhängig davon, welche .NET-Versionen auf Ihrem System installiert sind, unterscheiden sich auch die verfügbaren Optionen. Alles, wo „.NET Framework" im Template-Namen steht, bezieht sich auf die alte Version von .NET und ist somit für unsere Zwecke nicht interessant. ASP.NET Core Web API (manchmal auch ASP.NET Web API genannt) wird in Kapitel 20 ausführlich behandelt. In diesem Kapitel geht es vor allem um zwei der Projektvorlagen:

- *ASP.NET Core Web App (Razor Pages)* – wird in Abschnitt 19.2 behandelt.
- *ASP.NET Core-Web-App (Model View Controller)* – ist Thema in Abschnitt 19.3.

Es gibt noch eine dritte Vorlage namens *ASP.NET Core leer*, bei der der Name Programm ist – es ist einfach nichts drin. Einfacher ist es natürlich, bereits mit einer (minimal) gefüllten Website zu starten, weil dann schon der Rahmen steht. Genauso gehen wir im Folgenden vor.

Bild 19.2 Projektvorlagen in Visual Studio

HINWEIS: Visual Studio ist keine Voraussetzung, um den Inhalten dieses Kapitels folgen zu können – alternative IDEs wie etwa JetBrains Rider oder auch Visual Studio Code sind genauso geeignet. Über die .NET CLI lassen sich ebenfalls Projekte im Handumdrehen anlegen, was wir an den entsprechenden Stellen auch vermerken.

19.2 Razor Pages

Die Vorlage *ASP.NET Core Web App (Razor Pages)* erstellt eine Webanwendung, die auf Seitenbasis funktioniert – vereinfacht gesagt: Ein HTML-Dokument im Browser entspricht einer Datei auf dem Server. Diese Dateien können allerdings Code enthalten. Die Technologie, die .NET hier einsetzt, heißt *Razor Pages*, und Sie werden in Kürze sehen, wieso dem so ist. Werfen wir zunächst einen Blick auf das, was von der Vorlage erzeugt wird. Nach Auswahl des Template ist ein Projektname anzugeben; im letzten Schritt des Assistenten (mit Auswahl der .NET-Version und einiger Zusatzoptionen) sind aktuell keine Änderungen notwendig.

Wer kein Visual Studio nutzt, kann denselben Code durch folgendes Kommando in der Konsole erzeugen:

```
dotnet new razor -o NameDesProjekts
```

19.2.1 Projektaufbau

Das Template legt eine ganze Reihe von Dateien an. Bild 19.3 zeigt die wichtigsten davon anhand des Projektmappen-Explorers von Visual Studio.

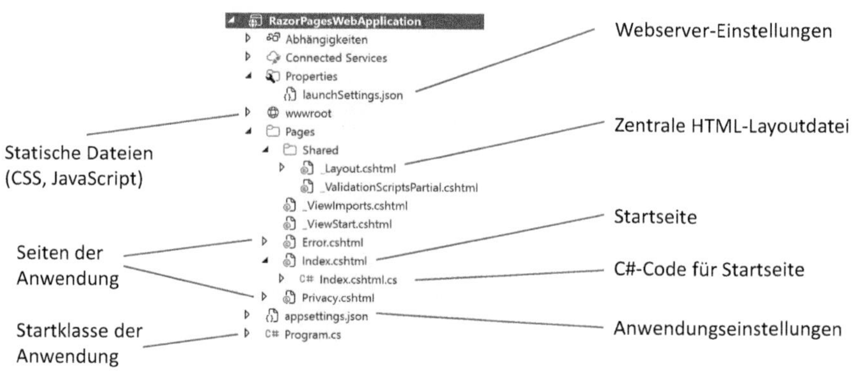

Bild 19.3 Die Bestandteile der Website-Vorlage

Zentraler Einstiegspunkt in die Anwendung ist die Datei *Program.cs*, die – wie beispielsweise auch bei einer Konsolen-App – das Programm startet. Tatsächlich handelt es sich bei der Webanwendung um eine Konsolenanwendung, zumindest standardmäßig. Der Hintergrund: Teil von ASP.NET Core ist ein in .NET geschriebener Webserver (*Kestrel*), der dann die Webanwendung ausführen kann.[4] In der Datei *Program.cs* wird nicht nur der Webserver gestartet, sondern auch die Webanwendung konfiguriert. Im weiteren Verlauf dieses Kapitels werden immer wieder Ergänzungen an dieser Datei vorgenommen.

Hier ist der komplette Inhalt der *Program.cs*, nur aus Platzgründen von Kommentaren bereinigt:

Beispiel 19.3: Die Datei *Program.cs* der Webanwendung

C#

```
1   var builder = WebApplication.CreateBuilder(args);
2
3   builder.Services.AddRazorPages();
4
5   var app = builder.Build();
6
7   if (!app.Environment.IsDevelopment())
8   {
9       app.UseExceptionHandler("/Error");
10      app.UseHsts();
11  }
12
13  app.UseHttpsRedirection();
14
15  app.UseRouting();
16
17  app.UseAuthorization();
18
19  app.MapStaticAssets()
20  app.MapRazorPages()
21     .WithStaticAssets();
22
23  app.Run();
```

Anhand der Zeilennummern wird im Folgenden die prinzipielle Funktionsweise beschrieben:

- Zeile 1 erzeugt eine neue Instanz von `WebApplicationBuilder`, der Klasse, die die Webanwendung dann „baut“.

4 Visual Studio unterstützt auch noch IIS Express (sozusagen der kleine Bruder des IIS zum lokalen Testen) zur direkten Ausführung der Webanwendung, was wir aber nicht gesondert behandeln.

- In Zeile 3 wird Support für Razor Pages hinzugefügt. Hier unterscheiden sich dann Vorlagen für MVC und Web API; dort würden gegebenenfalls andere Module (genauer: Middlewares) ergänzt.
- Zeile 5 schließlich erzeugt die Webanwendung.
- In den Zeilen 7 – 11 werden, sofern die Anwendung nicht im Entwicklungsmodus läuft, ein Error-Handler und Support für HSTS (HTTP Strict Transport Security, ein HTTP-Header der den Browser dazu zwingt, mit der Anwendung nur noch via HTTPS zu kommunizieren) aktiviert.
- Die Zeilen 13 bis 19 fügen diverse weitere Funktionalitäten hinzu: automatische Weiterleitung von HTTP auf HTTPS, die Verwendung von Routing (dazu später mehr), den Support für den Autorisierungsmechanismus von ASP.NET Core und die Unterstützung für statische Inhalte (etwa CSS- und JavaScript-Dateien),.
- Die Zeilen 20 und 21 registrieren bestimmte Endpunkte für Razor Pages und statische Inhalte. Teilweise lassen sich aus den Namen einzelner Seiten deren URLs weiterleiten. Dank Routing (siehe vorheriger Aufzählungspunkt) lässt sich das zwar beliebig anpassen, aber bestimmte Konventionen erleichtern nicht nur die ersten Schritte, sondern sorgen auch gleichzeitig für einen recht konsistenten Anwendungsaufbau.
- Im letzten Schritt, in Zeile 23, wird die Anwendung ausgeführt.

Das tatsächliche Starten der Anwendung erfolgt in Visual Studio klassisch über **F5** oder, wenn kein Debugging notwendig ist (alter Kalauer: Debugging ist für Leute, die Fehler machen), mit **Strg+F5**. In der Kommandozeile erledigt das die .NET CLI:

```
dotnet run
```

Auch Webanwendungen unterstützen Hot Reload, also die automatische Aktualisierung der Anwendung (im Web im Browser) bei Änderungen. Visual Studio hat das standardmäßig aktiviert[5)], die CLI benötigt dazu den folgenden Aufruf im Projektverzeichnis:

```
dotnet watch
```

Im Webbrowser erscheint dann die in Bild 19.4 gezeigte Standardwebsite.

[5] Das kann unter Extras/Optionen/Debugging/.NET/C++ Hot-Reload geändert werden.

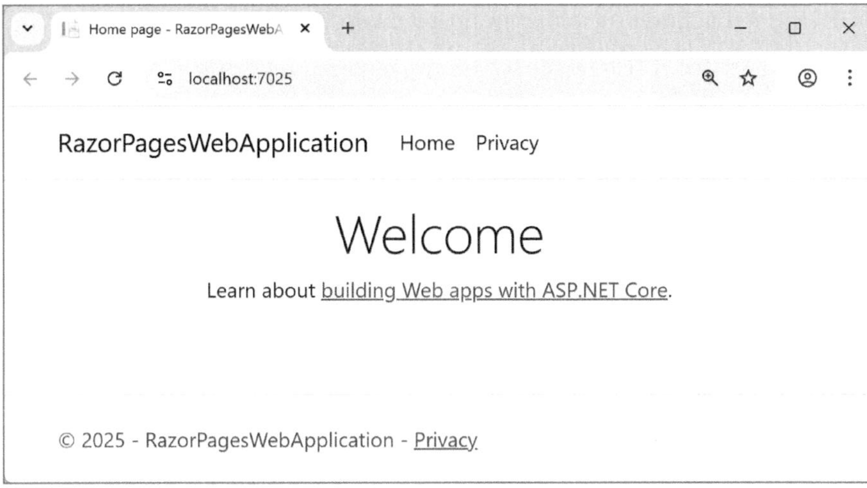

Bild 19.4 Die vom Template erzeugte Anwendung im Webbrowser

Achten Sie auf die URL *https://localhost:7025*. Die Portnummer wird bei Projektanlage zufällig gewählt; Sie werden höchstwahrscheinlich einen anderen Wert haben. Die Konfiguration hierfür versteckt sich in der Datei *Properties\launchSettings.json*, die in unserem Projekt folgenden Inhalt hat:

Beispiel 19.4: Die Datei *launchSettings.json* der Webanwendung

JSON

```json
{
  "$schema": "https://json.schemastore.org/launchsettings.json",
  "profiles": {
    "http": {
      "commandName": "Project",
      "dotnetRunMessages": true,
      "launchBrowser": true,
      "applicationUrl": "http://localhost:5009",
      :"environmentVariables": {
        "ASPNETCORE_ENVIRONMENT": "Development"
      }
    },
    "https": {
      "commandName": "Project",
      "launchBrowser": true,
      "applicationUrl": "https://localhost:7025;http://localhost:5009",
      "environmentVariables": {
        "ASPNETCORE_ENVIRONMENT": "Development"
      }
    }
  }
}
```

In dieser JSON-Datei befinden sich insgesamt zwei Portnummern:

- Bei Verwendung des HTTP-Profils ist die Anwendung unter *http://localhost:5009* erreichbar.
- Beim Einsatz des HTTPS-Profils steht die Anwendung unter *http://localhost:5009* und unter *https://localhost:7025* zur Verfügung.

Die Nummern sind zufällig und können auch frei geändert werden. Wir setzen in allen Beispielen dieses Buchteils auf den .NET-Webserver Kestrel; die Konfiguration für IIS Express wäre möglich, wird aber von uns nicht thematisiert.

19.2.2 Razor-Syntax

Die restlichen Dateien der Vorlage werden vorerst geflissentlich ignoriert. Lediglich einen kurzen Blick in den Ordner *Pages* wagen wir. Dort befinden sich einige Dateien mit der Endung *.cshtml*. Dies deutet schon an, welche Art von „Programmiersprachen“ zur Verwendung kommen: C# und HTML. Übrigens, es gäbe auch Alternativen wie *.vbhtml*, da käme dann Visual Basic zum Einsatz. Diese *.cshtml*-Dateien sind „Razor-Seiten“ oder „Razor Pages“; woher der Begriff kommt, wird sich in Kürze aufklären.

Im Visual Studio kann über das Kontextmenü im Projektmappen-Explorer eine neue Razor Page hinzugefügt werden. Der Menübefehl lautet *Hinzufügen/Razor-Seite* (sofern das Kontextmenü des *Pages*-Ordners gewählt wurde). Es öffnet sich dann der Assistent aus Bild 19.5. Bei *Hinzufügen/Neues Element/Razor Pages (leer)* ist der Name Programm – die Datei ist (fast) leer. Wir setzen zunächst auf den Assistenten, weil dort einige Optionen erkennbar sind.

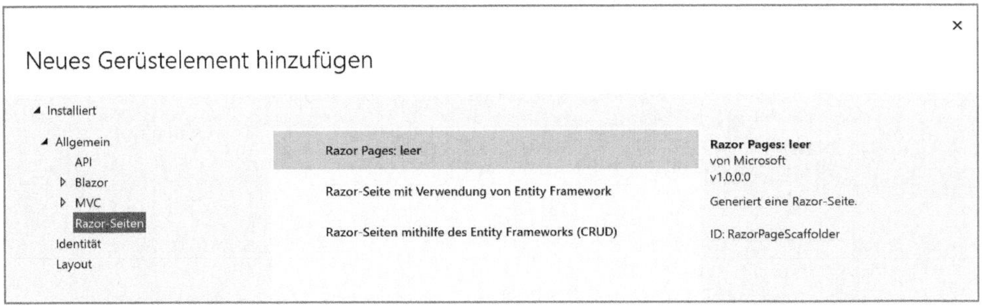

Bild 19.5 Eine neue Razor-Seite per Assistent hinzufügen

Drei Optionen stehen zur Verfügung:

- *Razor Pages: leer* – das entspricht der zuvor angesprochenen „leeren“ Vorlage.
- *Razor-Seite mit Verwendung von Entity Framework* – hier wird eine Seite angelegt, die schon darauf vorbereitet ist, mit Entity Framework Core Daten aus einer Datenbank zu beziehen.

- *Razor-Seiten mithilfe des Entity Frameworks (CRUD)* – diese Option erstellt eine ganze Reihe von Seiten, mit denen eine komplette Oberfläche für Datenbankdaten erzeugt wird.

Wir wählen die erste Option. Wer übrigens auf die .NET CLI setzt, kann zu folgendem Kommando greifen:

```
dotnet new page
```

Egal, welchen Weg Sie wählen – es werden zwei Dateien erzeugt, eine mit Endung *.cshtml*, eine mit Endung *.cs*. Die Aufteilung ist hierbei offensichtlich: Die *.cshtml*-Datei soll im Wesentlichen HTML und alles, was dazu gehört, enthalten, die *.cs*-Datei ist der Platz für C#-Code. Das erscheint durchaus sinnvoll, werden doch so Präsentation und Logik auch physikalisch voneinander getrennt. Warum aber die Endung *.cshtml*, wenn der C#-Code doch woanders liegt? Hierfür gibt es mehrere Gründe. Einer davon: Weil auch im HTML ein bisschen C# notwendig sein könnte, nämlich Anzeigelogik. Angenommen, auf einer Seite soll eine Liste von Personen ausgegeben werden. Würde die Trennung von UI und Code wirklich zu sehr aufgebrochen, wenn in der UI über die Personen iteriert werden würde, um dann jede einzeln auszugeben? Die Architektur-Diskussion lässt sich beliebig lange führen, aber einigen wir uns doch einfach auf: In vielen Fällen spricht nichts gegen diesen pragmatischen Ansatz. Dass natürlich nicht 50 % der HTML-Datei aus Code bestehen sollte (ältere Leser erinnern sich an ASP), liegt auf der Hand.

Beim Einsatz von ASP.NET Code macht es Microsoft besonders einfach, (simplen) Code in HTML zu integrieren. Die Razor-Syntax – daher auch der Name „Razor Pages" – ist genau auf den Anwendungsfall „einfache Logik und Ausgabe von Daten" hin optimiert und kommt mit wenig Sonderzeichen aus, ist also sehr schnell zu lernen. Im Wesentlichen müssen Sie sich nur ein Zeichen merken: den Klammeraffen, `@`.

Für einen ersten Gehversuch löschen Sie die erzeugte *.cs*-Datei (wir brauchen sie aktuell nicht) und lassen also nur die *.cshtml*-Datei bestehen. Dort löschen Sie die bestehenden Inhalte und fügen folgendes Markup ein:

Beispiel 19.5: Einfache Ausgabe von Werten mit der Razor-Syntax

CSHTML

```
@page
<h1>Willkommen im Jahr @DateTime.Now.Year</h1>
```

Beachten Sie die Angabe nach dem Klammeraffen in der zweiten Zeile – `DateTime.Now.Year` ist ein C#-Ausdruck (beziehungsweise eine statische Klasseneigenschaft aus .NET). Bei Verwendung von Visual Studio oder auch Visual Studio Code gibt es sogar IntelliSense beim Eingeben, wie Bild 19.6 zeigt.

Bild 19.6 IntelliSense gibt es auch in Razor Pages

Die erste Zeile, `@page`, deklariert die Datei als Razor Page. Seiteneffekt (und eine der Konsequenzen aus dem Aufruf von `app.MapRazorPages()` aus der *Program.cs*): Die Datei ist jetzt über ihren Namen (ohne *.cshtml*) erreichbar, *https://localhost:7025/NameDerDatei*. Das Ergebnis sehen Sie in Bild 19.7.

Bild 19.7 Die neue Razor-Page mit der aktuellen Jahreszahl (zum Zeitpunkt der Screenshot-Erstellung)

Der Wert `@DateTime.Now.Year` wird somit durch die aktuelle Jahreszahl ersetzt. Die tatsächliche Ausgabe der Seite sieht dann wie folgt aus:

```
<h1>Willkommen im Jahr 2025</h1>
```

HINWEIS: Wieso auf der Seite auch noch andere Inhalte zu sehen sind, etwa eine Navigation sowie ein Footer mit ebenfalls einer Jahreszahl, besprechen wir in Abschnitt 19.2.3.

Die Ausgabe von Inhalten innerhalb von HTML funktioniert auch inmitten von Elementen und Tags. Betrachten wir das folgende erweiterte Beispiel:

Beispiel 19.6: Ausgabe von Werten in HTML-Attributen

CSHTML

```
@page
<h1>Willkommen im Jahr @DateTime.Now.Year</h1>
<p>
    <a href="https://www.google.de/search?q=Feiertage+@DateTime.Now.Year"
target="_blank">Feiertage</a>
</p>
```

Die Jahreszahl wird jetzt direkt in das href-Attribut des <a>-Tags gesetzt, ist also Teil der URL, auf die gelinkt wird. Wie Bild 19.8 belegt, enthält der Link tatsächlich diesen Wert.

Bild 19.8 Der Link enthält die dynamisch berechnete Jahreszahl

PRAXISTIPP: Der Razor-Parser bemüht sich redlich, möglichst viele Sonderfälle zu beachten. Trotzdem ist es nicht immer eindeutig festzustellen, wo der auszugebende Wert endet – etwa bei `@DateTime.Now.DayOfWeek` (auch `DateTime.Now.Day` wäre ja ein valider Ausdruck). Mit runden Klammern kann man das begrenzen, sodass es keinen Interpretationsspielraum gibt: `@(DateTime.Now.Day)OfWeek` gibt den Tag des Monats plus Anhängsel „OfWeek" aus, nicht den Wochentag.

Wenn es etwas mehr Code als einfach nur eine simple Ausgabe sein soll, können auch ganze Codeblöcke in einer Razor Page untergebracht werden – die Syntax ist `@{}`. Innerhalb der geschweiften Klammern steht der C#-Code. Das bereits skizzierte Beispiel mit der Ausgabe von Personendaten lässt sich an dieser Stelle gut implementieren. In einem Codeblock wird die Liste der Personen erstellt, eine `foreach`-Schleife gibt diese dann aus. Allerdings ist noch eine Vorarbeit zu leisten: Die Klasse, die Personen repräsentiert, muss definiert werden. Natürlich wäre es prinzipiell möglich, hier eine eigene *.cs*-Datei zu erstellen. Allerdings bietet sich dafür auch ein Record an. Jetzt wird es allerdings kompliziert: Die Anlage eines solchen Records ist in dem Setup, wie wir es gerade haben, aktuell nicht möglich. Um ihn definieren zu können, müssen wir einen zusätzlichen Block in die Razor Page einbauen: `@functions{}`. Dort wird der Record dann definiert und kann in anderen Codeblöcken auf der Seite verwendet werden.

Beispiel 19.7: Daten per `foreach` in einer Razor Page ausgeben

CSHTML

```
@page

@functions {
    public readonly record struct Person(string Vorname, string Nachname);
}

...

<ul>
@{
    var personen = new Person[]
    {
        new Person("Gerd", "Faltings"),
        new Person("Martin", "Hairer"),
        new Person("Peter", "Scholze")
    };

    foreach (var person in personen)
    {
        <li>@person.Vorname @person.Nachname</li>
    }
}
</ul>
```

Die gute Nachricht zuerst: Der Code funktioniert, Bild 19.9 zeigt die Ausgabe mit der Liste der drei letzten deutschsprachigen Gewinner der Fields-Medaille (zum Zeitpunkt der Drucklegung).

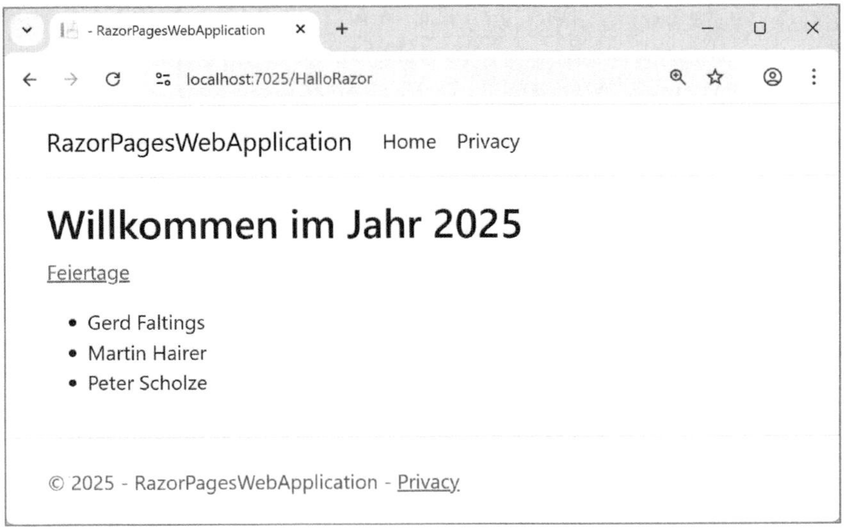

Bild 19.9 Die Personen erscheinen in Form einer unnummerierten Liste

Die schlechte Nachricht: Der Code sieht – insbesondere, wenn man Razor das erste Mal sieht – nicht so aus, als ob er überhaupt kompilieren würde. Die Mischung aus HTML und C# sieht sehr wüst aus, beispielsweise hier:

```
foreach (var person in personen)
{
    <li>@person.Vorname @person.Nachname</li>
}
```

Eine `foreach`-Schleife enthält HTML, das direkt ausgegeben wird – kein `Console.Write()`, kein `printf()` oder Ähnliches. In der Tat, es funktioniert. Da Razor extra für den Einsatz innerhalb von HTML konzipiert worden ist, können HTML-Elemente direkt „in den Code" geschrieben werden und sind dann ein Hinweis für den Parser, dass hier etwas ausgegeben werden soll. Hier hilft freilich die Symmetrie: Das `<li>`-HTML-Tag (das ein Listenelement repräsentiert) wird mit `</li>` geschlossen. Das ist für Razor der Hinweis, dass hier die Ausgabe endet und es mit C# weitergeht.

Im abschließend erzeugten HTML-Markup steht dann kein C# mehr, sondern nur noch das HTML. Der relevante Ausschnitt von dem, was im Browser landet, sieht wie folgt aus:

```
<ul>
    <li>Gerd Faltings</li>
    <li>Martin Hairer</li>
    <li>Peter Scholze</li>
</ul>
```

Für den Browser ist das eine unnummerierte Liste (`<ul>` steht für „unordered list") mit drei Listenelementen (`<li>` steht für „list item") und es wird genauso dargestellt. Und auch wenn es wüst aussieht: So eine `foreach`-Schleife in der Oberfläche ist oft ein besserer Ansatz, als wenn im C#-Code die Iteration stattfinden würde und am Ende Strings aneinandergehängt werden müssten, damit schließlich das Gewünschte erzeugt wird.

Die Einfachheit der Syntax bedingt natürlich auch viele Sonderregeln im Parser sowie Dinge, die zusätzlich beachtet werden müssen. Zum Abschluss der Kurzeinführung ein paar bemerkenswerte Aspekte:

- Um einen Klammeraffen als Text auszugeben (und von Razor somit „ignorieren" zu lassen), muss dieser durch einen vorangestellten, weiteren Klammeraffen „entwertet" werden: `@@`. Dies gilt **nicht** für E-Mail-Adressen. Da E-Mail-Adressen der Haupteinsatzzweck für Klammeraffen sind, werden diese von der Syntax her erkannt und von Razor in Ruhe gelassen: email@example.com.
- Kommentare werden mit `@*` gestartet und mit `*@` beendet.
- Ausdrücke, die nur `@` verwenden (und keine geschweiften Klammern), dürfen keine Leerzeichen enthalten und keine Generics. Einzige Ausnahme für ersteren Punkt: `await`.
- Bedingungen (`if`, `switch`) und Schleifen (`for`, `foreach`, `while`, `do while`) können auch ohne Codeblock (`@{}`) eingebaut werden:

```
@for (var i = 0; i < 10; i++) { <p>@i</p> }
```

Einige weitere Razor-Features tauchen im Verlauf des Kapitels noch auf; für einen Einstieg sollen diese Ausführungen aber genügen.

19.2.3 Layout-Vorlagen

Klären wir als Nächstes das Rätsel, wieso unsere Razor-Seite Header und Footer enthält. Das funktioniert mithilfe des Vorlagen-Systems von ASP.NET Core. Dieses ermöglicht es, einen HTML-Rahmen vorzugeben, den andere Seiten (optional) verwenden können. Bei den meisten Webanwendungen hat das durchaus Sinn: Header und Footer sind meist ähnlich oder identisch, nur die Inhalte ändern sich. Per Copy-and-paste dieselben Kopf- und Fußbereiche in individuelle Dateien einzufügen wäre nicht nur Zeitverschwendung, sondern sorgt spätestens bei einer Aktualisierung für Ärger.

Die Vorlage für eine Anwendung mit ASP.NET Core erstellt automatisch das Rahmenlayout. Im Ordner *Pages\Shared* liegt die Datei *_Layout.cshtml* mit folgendem (etwas gekürzten) Inhalt:

Beispiel 19.8: Die Vorlagendatei für die Webanwendung

CSHTML

```
<!DOCTYPE html>
<html lang="en">
<head>
    <meta charset="utf-8" />
    <meta name="viewport" content="width=device-width, initial-scale=1.0" />
    <title>@ViewData["Title"] – RazorPagesWebApplication</title>
    <script type="importmap"></script>
    <link rel="stylesheet" href="~/lib/bootstrap/dist/css/bootstrap.min.css" />
    <link rel="stylesheet" href="~/css/site.css" asp-append-version="true" />
    <link rel="stylesheet" href="~/RazorPagesWebApplication.styles.css" asp-append-
version="true" />
</head>
<body>
    <header>
 ...
    </header>
    <div class="container">
        <main role="main" class="pb-3">
            @RenderBody()
        </main>
    </div>
    <footer class="border-top footer text-muted">
        <div class="container">
            &copy; 2025 - RazorPagesWebApplication – <a asp-area="" asp-page="/
            Privacy">Privacy</a>
        </div>
    </footer>
    <script src="~/lib/jquery/dist/jquery.min.js"></script>
    <script src="~/lib/bootstrap/dist/js/bootstrap.bundle.min.js"></script>
    <script src="~/js/site.js" asp-append-version="true"></script>
    @await RenderSectionAsync("Scripts", required: false)
</body>
</html>
```

Die Datei besteht im Wesentlichen aus den folgenden Inhalten:

- Einem HTML-Rahmen mit <DOCTYPE> und <html>-Element
- Einem Kopfabschnitt (<head>)
- Einem Inhaltsabschnitt (<body>) mit Header (<header>), Inhaltsbereich (<main>), Footer (<footer>) sowie ein paar JavaScript-Bibliotheken (<script>).

Der Kopfabschnitt setzt unter anderem den Titel der HTML-Seite. Dieser erscheint unter anderem auch in der Titelleiste des Browsers.

```
<title>@ViewData["Title"] – RazorPagesWebApplication</title>
```

Auch hier ist die Razor-Syntax im Einsatz. ViewData ist ein Objekt (ein dynamisches Dictionary vom Typ ViewDataDictionary), in das auf den tatsächlichen *.cshtml*-Seiten geschrieben werden kann. In der Vorlage erfolgt dann die Ausgabe. So ist es möglich, den Seitentitel auch in unserer Testseite anzugeben:

```
@ViewData["Title"] = "Erste Schritte mit Razor";
```

Außerdem lädt die Vorlagendatei ein paar CSS-Stylesheets per `<link>`-Tag. Hier gibt es eine Besonderheit:

```
<link rel="stylesheet" href="~/css/site.css" asp-append-version="true" />
```

Die angegebene Datei *site.css* ist Teil des Projekts. Ein inhärentes Problem bei statischen Dateien ist, dass sie durch Browser gecacht werden könnten. Unter Umständen erhält der Client also eine veraltete Version und nicht die neueste Version vom Server. Durch das Anhängen von `asp-append-version="true"` wird Razor bzw. ASP.NET Core aktiv und hängt an die URL noch einen Hash an. Ändert sich die Datei *site.css*, ändert sich automatisch der Hash und damit die URL, sodass Caching kein Problem mehr ist. Das führt dann zu beispielsweise folgender Ausgabe im HTML-Markup:

```
<link rel="stylesheet" href="/css/site.b9sayid5wm.css" />
```

Das Ganze funktioniert natürlich auch für JavaScript-Code, der in der Vorlage am Seitenende geladen wird. Hier ein Auszug:

```
<script src="~/js/site.js" asp-append-version="true"></script>
```

Im Inhaltsbereich gibt es die wohl zentralste Stelle der ganzen Vorlage:

```
<main role="main" class="pb-3">
    @RenderBody()
</main>
```

Der Aufruf von `RenderBody()` fügt an eben dieser Stelle den Inhalt der Datei ein, die das Template verwendet. Die erste Version unserer Razor Page hatte beispielsweise folgenden Inhalt:

```
<h1>Willkommen im Jahr @DateTime.Now.Year</h1>
```

Da diese Seite standardmäßig das Layout aus *_Layout.cshtml* verwendet, führt das zu folgender Ausgabe:

```
<main role="main" class="pb-3">
    <h1>Willkommen im Jahr @DateTime.Now.Year</h1>
</main>
```

Für die meisten Anwendungsfälle sind wir damit gut gerüstet: Der Hauptinhalt einer Seite wird per `@RenderBody` in das Layout integriert, und einzelne Werte wie etwa der Seitentitel können per `ViewData` in den Seiten gesetzt und im Layout ausgegeben werden. Bei komplexeren Szenarien, etwa der Ausgabe von aufwendigerem HTML-Markup an verschiedenen Stellen im Layout, wird zusätzliche Funktionalität benötigt.

Layouts bieten hierfür die Unterstützung von Sektionen. In der von der .NET-Vorlage angelegten Version ist so eine Sektion bereits angelegt, es sind aber beliebig viele möglich:

```
@await RenderSectionAsync("Scripts", required: false)
```

Die Methode `RenderSectionAsync()` rendert einen Abschnitt, der erste Parameter ist der Name. In den Inhaltsseiten wird die Sektion angelegt, und im Layout steht, wo sie im Endresultat landet. Die Angabe von `required: false` macht den Abschnitt optional, er muss also in der Inhaltsseite nicht vorhanden sein. Fehlt diese Angabe, gäbe es einen Fehler, wenn die Sektion nicht vorhanden ist.

In der Inhaltsseite wird die Sektion mit `@section`, gefolgt von dem Namen des Abschnitts, angelegt. Hier ein Beispiel: Die Jahreszahl im Footer ist bisher statisch und somit nur bedingt aktuell. Nachfolgender Code, in eine Inhaltsseite integriert, würde die Sektion „Scripts“ mit etwas JavaScript-Code füllen, der im Footer die vorhandene Jahreszahl dynamisch durch den aktuellen, tatsächlichen Wert ersetzt.

Beispiel 19.9: JavaScript-Code für die im Template definierte, optionale Sektion

C#

```
@section Scripts {
    <script>
        let footer = document.getElementsByTagName("footer")[0];
        footer.innerHTML = footer.innerHTML.replace(
            /(© )(\d{4})/,
            "$1" + new Date().getFullYear()
        );
    </script>
}
```

Bild 19.10 zeigt ein Experiment: die lokale Systemuhr wurde auf ein Datum in 2026 gestellt, die Layout-Datei hingegegen enthält immer noch 2025. Ergebnis des JavaScript-Code: der Wert im Footer stimmt jetzt auch. In der Praxis würde man natürlich den deutlich besseren Ansatz wählen, direkt in der Layoutdatei das Jahr nicht statisch auszugeben, sondern dynamisch durch `DateTime.Now.Year` zu ermitteln. Die .NET-Vorlage nimmt (zumindest in der aktuellen Version) das bei der Erstellung aktuelle Jahr, aber spätestens nach dem Jahreswechsel ist die Angabe veraltet.

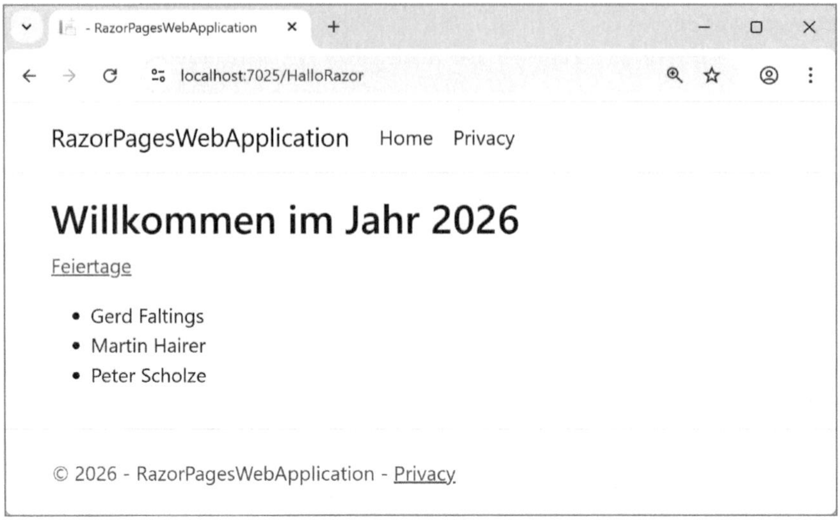

Bild 19.10 Die Jahreszahl im Footer stimmt mit der im Inhaltsbereich überein

Bleibt nur noch eine Frage zu klären: Wieso wird das Layout aus *\Pages\Shared_Layout.cshtml* überhaupt verwendet? Liegt es vielleicht am Dateinamen? Dem ist nicht so. Stattdessen ist das vom Template erzeugte Projekt bereits so konfiguriert, dass die Datei *_Layout.cshtml* als Standard-Layout zum Einsatz kommt. Die Datei *\Pages_ViewStart.cshtml* wird – tatsächlich aufgrund ihres Namens – standardmäßig aufgerufen. In dieser wird auch die Layout-Datei festgelegt:

Beispiel 19.10: Das Layout wird in der Datei *_ViewStart.cshtml* festgelegt

CSHTML

```
@{
    Layout = "_Layout";
}
```

Die Eigenschaft `Layout` jeder Seite enthält die URL der Layout-Datei. Die Angabe `"_Layout"` ist hier ausreichend, denn ASP.NET Core ergänzt automatisch *.cshtml* und sucht unter anderem auch automatisch in dem Ordner *\Pages\Shared*.

Daraus ergibt sich auch, wie bei dieser Basiskonfiguration eine Seite selbst auf diese Layout-Datei verzichten kann (etwa, wenn sie komplett anders aussehen soll):

```
@{
    Layout = null;
}
```

19.2.4 Modelle für Razor Pages

Nach der Anlage einer neuen Razor Page wurden ja zunächst zwei Dateien erzeugt – eine mit Extension *.cshtml* und eine mit *.cs*. Die Startseite der Webapplikation ist übrigens auch so ein Doppelpack: *Index.cshtml* und *Index.cshtml.cs*. Werfen wir noch einmal einen genaueren Blick darauf. Angenommen, eine Razor Page namens *Modell.cshtml* wird erzeugt. Visual Studio bzw. die .NET CLI legt dann zusätzlich noch die Datei *Modell.cshtml.cs* mit folgendem Inhalt an (der Name des Namespace hängt vom Projektnamen ab, bei uns lautet er `RazorPagesWebApplication`):

Beispiel 19.11: Die Klasse zur Seite *Modell.cshtml*

C#

```
using Microsoft.AspNetCore.Mvc;
using Microsoft.AspNetCore.Mvc.RazorPages;

namespace RazorPagesWebApplication.Pages
{
    public class ModellModel : PageModel
    {
        public void OnGet()
        {
        }
    }
}
```

Die Klasse `ModellModel`, abgeleitet von `PageModel`, ist sozusagen die „Hintergrunddatei" zur Razor Page. Wer schon einmal mit dem alten ASP.NET Web Forms gearbeitet hat, kennt das Prinzip unter dem Namen „Code-Behind" – eine Datei enthält den Code, der damit getrennt von der UI ist.

Der Namensbestandteil „Model" ist nicht Pflicht, aber gelebte Praxis, denn der Terminus taucht auch noch später beim Thema ASP.NET Core MVC auf. Das Modell ist sozusagen der Typ der HTML-Seite. Jetzt kann Markup keinen Typ haben – HTML ist nur HTML. Aber wir verwenden ja dank Razor C#-Code in der HTML-Datei. Das Modell gibt vor, von welchem Typ die Daten sind, die vom C#-Code der Oberfläche zur Verfügung gestellt werden. Das funktioniert in drei Schritten:

- Das Modell zur Seite ist eine Klasse mit öffentlichen Eigenschaften.
- Die Seite selbst wird so konfiguriert, dass ihr „Typ" der der Klasse ist.
- In der Seite selbst können dann die Klasseneigenschaften direkt ausgegeben werden.

Das lässt sich am besten an einem Beispiel demonstrieren. Die Klasseneigenschaft `Jahr` enthält die aktuelle Jahreszahl.

Beispiel 19.12: Das Seitenmodell enthält eine Eigenschaft.

C#

```
using Microsoft.AspNetCore.Mvc.RazorPages;

namespace RazorPagesWebApplication.Pages
{
    public class Modell1Model : PageModel
    {
        public int Jahr { get; set; } = DateTime.Now.Year;
    }
}
```

Die zugehörige Razor Page verweist per `@model` (kleingeschrieben!) auf den Modelltyp. Der C#-Code übergibt das Modell an die *.cshtml*-Seite. Dort kann dann über `Model` (großgeschrieben!) auf die Daten zugegriffen werden. Da der Typ feststeht, funktioniert das alles typsicher. Das sieht dann wie folgt aus:

Beispiel 19.13: Ausgabe der Modelldaten in der Razor Page

CSHTML

```
@page
@model RazorPagesWebApplication.Pages.Modell1Model
<h1>Willkommen im Jahr @Model.Jahr</h1>
```

19.2.5 Mit Formularen arbeiten

Interaktion in Webanwendungen funktioniert meist mithilfe von Formularen. Natürlich ist es auch mit Razor Pages möglich, Formulardaten zu verarbeiten. Hier gibt es mehrere Ansätze: Entweder recht hemdsärmelig auf die Daten zugreifen, oder, etwas eleganter, es über das Modell zu regeln. Wir zeigen beide Wege.

HTML-seitig werden Formulare durch das `<form>`-Element dargestellt. Es gibt eine Reihe von verschiedenen Eingabefeldern, wobei die meisten durch das `<input>`-Element repräsentiert werden können. Dessen `type`-Attribut gibt an, um welche Art von Feld es sich handelt. So steht etwa `<input type="text">` für ein einzeiliges Textfeld, `<input type="submit">` für eine Schaltfläche, die das Formular verschickt.

Apropos Formularversand, wohin die Formulardaten gehen und mit welcher HTTP-Methode, wird im `<form>`-Element angegeben. Die Standardmethode ist HTTP GET und das Standardversandziel ist dieselbe URL, aber es ist immer besser, das noch mal explizit anzugeben. Hier ein simples Formular mit einem Textfeld und einer Schaltfläche; die Daten werden an dieselbe URL (das macht `action=""`) und per GET versandt.

```
<form method="get" action="">
    Suchbegriff: <input type="text" name="suchbegriff">
    <input type="submit" value="Suchen">
</form>
```

Die Formularinfos sollen auf dem Server wiederverwendet werden. Das Szenario: Die Webanwendung zeigt (wieder) eine Liste von Personen an. Über das Formular kann ein Suchbegriff angegeben werden. Der Server liefert dann nur diejenigen Personen, in denen der Suchbegriff vorkommt.

Bei Verwendung der Vorlage für eine Razor Page haben Sie bereits die Methode `OnGet()` gesehen, die automatisch erstellt wird:

```
public void OnGet()
{
}
```

Der Name ist Programm – sie wird ausgeführt, wenn die aktuelle Seite per HTTP GET aufgerufen wird. Analog gibt es auch `OnPost()` und weitere Methoden, und das Ganze auch noch einmal asynchron (`OnGetAsync()`, `OnPostAsync()` et cetera). In dieser Methode wäre es also günstig, den Wert aus dem Formular abzufragen und gegebenenfalls dann die Liste der Personen zu filtern.

Der Zugriff auf einen URL-Parameter erfolgt über `HttpContext.Request.Query["NameDesParameters"]` (Achtung, in früheren .NET-Versionen kam `Request.QueryString["NameDesParameters"]` zum Einsatz, was jetzt nicht mehr funktioniert). Allerdings geht es auch etwas eleganter. URL-Parameter werden an die Methode `OnGet()` automatisch als Parameter übergeben, nur der Name muss übereinstimmen. Das Textfeld hat den Namen `"suchbegriff"`, also kann die Methodensignatur wie folgt angepasst werden:

```
public void OnGet(string suchbegriff)
{
}
```

Die Variable `suchbegriff` enthält jetzt den Inhalt des Formularfeldes. Das Feld wiederum verliert beim Formularversand seinen Wert. Das ist eine Auswirkung des Client-Server-Prinzips: Nach Klick auf die Schaltfläche wird vom Server ein neues Dokument angefordert. Im HTML-Markup des Formulars ist das Textfeld nicht vorausgefüllt, deswegen ist der Wert auch „weg" – ein zentraler Unterschied zu klassischen Desktop-Applikationen. Die Lösung ist jedoch nah: Das `value`-Attribut des Textfeldes kann zum Setzen des Wertes genutzt werden. Wenn Sie sich noch an `HttpContext.Request.Query` erinnern: Damit kann die Vorbelegung des Feldes stattfinden:

```
<input type="text" name="suchbegriff"
value="@HttpContext.Request.Query["suchbegriff"]">
```

Damit steht alles bereit, um eine erste Fassung der Anwendung zu erstellen. Das Modell einer Razor Page enthält eine Eigenschaft `Personen`. Diese wird im C#-Code gesetzt und im CSHTML ausgelesen.

Beispiel 19.14: Personen filtern (Variante 1)

CSHTML

```
@page
@model RazorPagesWebApplication.Pages.PersonensucheModel

<form method="get" action="">
    Suchbegriff: <input type="text" name="suchbegriff"
value="@HttpContext.Request.Query["suchbegriff"]">
    <input type="submit" value="Suchen">
</form>

<ul>
@foreach (var person in Model.Personen)
{
    <li>@person.Vorname @person.Nachname</li>
}
</ul>
```

C#

```
using Microsoft.AspNetCore.Mvc;
using Microsoft.AspNetCore.Mvc.RazorPages;

namespace RazorPagesWebApplication.Pages
{
    public class PersonensucheModel : PageModel
    {
        private List<Person> _personen = new List<Person>()
        {
            new Person("Gerd", "Faltings"),
            new Person("Martin", "Hairer"),
            new Person("Peter", "Scholze")
        };

        public List<Person> Personen = new List<Person>();

        public void OnGet(string suchbegriff)
        {
            Personen = string.IsNullOrEmpty(suchbegriff) ?
                _personen :
                _personen.Where(p =>
                    p.Vorname.ToUpper().Contains(suchbegriff.ToUpper()) ||
                    p.Nachname.ToUpper().Contains(suchbegriff.ToUpper())).ToList();
        }
    }

    public readonly record struct Person(string Vorname, string Nachname);
}
```

Dieses Vorgehen funktioniert schon ganz zuverlässig, wie Bild 19.11 zeigt.

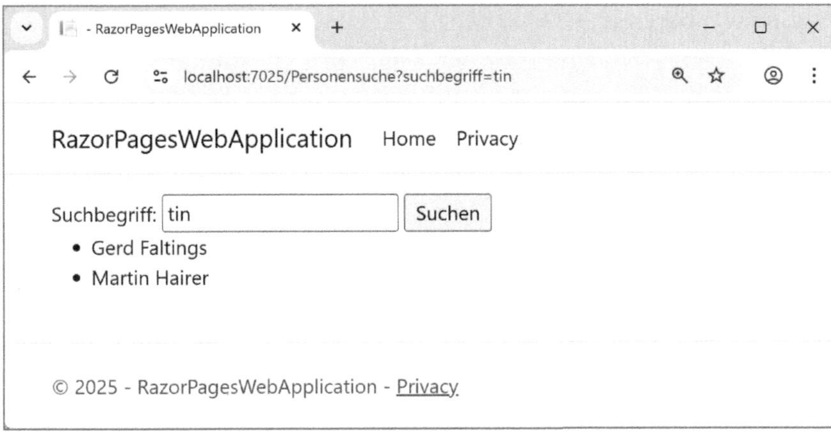

Bild 19.11 Nur noch Personen mit „tin" erscheinen (warum auch immer das gewünscht ist)

HINWEIS: Falls POST statt GET zum Einsatz kommen soll, müssen Sie im Formular `method="post"` angeben und in der Modellklasse die Methode `OnPost()` statt `OnGet()` verwenden. Die Vorausfüllung des Textfeldes erfolgt dann per `HttpContext.Request.Form["suchbegriff"]`. In `OnGet()` muss die Eigenschaft `Personen` gefüllt werden, damit die Ausgabe der Personen auch beim ersten Aufruf funktioniert.

Das „händische" Vorausfüllen des Textfeldes über den Bandwurmausdruck `HttpContext.Request.Query["suchbegriff"]` macht aber noch keinen so guten Eindruck. Schöner wäre es, wenn sich dies über das Modell regeln ließe. Es ist in der Tat kein Problem, eine Modelleigenschaft zu setzen und diese dann etwa in `OnGet()` zu befüllen:

```
public string Suchbegriff = string.Empty;

public void OnGet(string suchbegriff)
{
    Suchbegriff = suchbegriff;
}
```

Noch etwas „schöner" (auch wenn das freilich im Auge des Betrachtenden liegt) wäre es, wenn die explizite Zuweisung gar nicht notwendig wäre. Razor Pages bieten hier Datenbindung oder auch „Model Binding". Die Idee ist genauso einfach wie einleuchtend: Wenn per HTTP-Anfrage etwas übergeben wird, das beispielsweise den Namen „Suchbegriff" hat, könnte eine gleichnamige Eigenschaft doch automatisch gesetzt werden.

Alles, was dazu notwendig ist, ist die Ergänzung des Attributs `[BindProperty]` für die neue Klasseneigenschaft `Suchbegriff`. Damit wird festgelegt, dass an diese Property Daten gebunden werden dürfen. Standardmäßig ist das für HTTP GET aktiviert (und funktioniert nur bei anderen HTTP-Methoden wie etwa POST), kann aber durch die Option `SupportsGet=true` aktiviert werden. Das führt dann zu folgender zweiten Version der Beispielanwendung:

Beispiel 19.15: Personen filtern (Variante 2)

CSHTML

```
@page
@model RazorPagesWebApplication.Pages.PersonensucheModel

<form method="get" action="">
    Suchbegriff: <input type="text" name="suchbegriff" value="@Modell.Suchbegriff">
    <input type="submit" value="Suchen">
</form>

<ul>
@foreach (var person in Model.Personen)
{
    <li>@person.Vorname @person.Nachname</li>
}
</ul>
```

C#

```
using Microsoft.AspNetCore.Mvc;
using Microsoft.AspNetCore.Mvc.RazorPages;

namespace RazorPagesWebApplication.Pages
{
    public class PersonensucheModel : PageModel
    {
        private List<Person> _personen = new List<Person>()
        {
            new Person("Gerd", "Faltings"),
            new Person("Martin", "Hairer"),
            new Person("Peter", "Scholze")
        };

        public List<Person> Personen = new List<Person>();

        [BindProperty(SupportsGet = true)]
        public string Suchbegriff { get; set; } = string.Empty;

        public void OnGet()
        {
            Personen = string.IsNullOrEmpty(Suchbegriff) ?
                _personen :
                _personen.Where(p =>
                    p.Vorname.ToUpper().Contains(Suchbegriff.ToUpper()) ||
                    p.Nachname.ToUpper().Contains(Suchbegriff.ToUpper())).ToList();
        }
    }

    public readonly record struct Person(string Vorname, string Nachname);
}
```

Im HTML-Bereich wird trotzdem noch recht viel UI und Code gemischt – etwa das `value`-Attribut im Eingabefeld, oder auch, dass der Name des Feldes (`name`-Attribut) ein simpler String ist, somit theoretisch auch ein Vertippen möglich wäre. Mit sogenannten *HTML Helpers* gibt es einen alternativen Ansatz. Innerhalb der Klasse `Html` gibt es eine Reihe von Methoden, die Markup erzeugen. Der Clou: Hierbei kann typsicher auf das Modell verwiesen werden, Tippfehler sind somit quasi ausgeschlossen.

Die beiden folgenden Methoden kommen im aktuellen Beispiel in Frage:

- `Html.DisplayNameFor()` gibt den Namen einer Eigenschaft aus.
- `Html.EditorNameFor()` gibt ein Eingabefeld aus.

Parameter für diese Methoden sind jeweils Lambda-Ausdrücke, die die jeweilige Eigenschaft zurückliefern (etwa `model => model.Suchbegriff`). Das Eingabefeld ist in der Regel ein einzeiliges Textfeld, nur bei besonderen Datentypen gibt es Ausnahmen.

Die Sinnhaftigkeit der Ausgabe des Namens mit `Html.DisplayNameFor()` ergibt sich erst auf den zweiten Blick. Standardmäßig wird als Name schlicht die Property verwendet. Manchmal möchte man allerdings auch eine andere textuelle Beschreibung verwenden, etwa eine Eigenschaft, die `Plz` heißt, aber als „PLZ" ausgegeben werden soll. Das `[DisplayName]`-Attribut, definiert in `System.ComponentModel`, schafft hier Abhilfe.

Die folgende Version verwendet beide aufgeführten HTML Helper und setzt auch einen Anzeigenamen in der zugehörigen Modellklasse.

Beispiel 19.16: Personen filtern (Variante 3)

CSHTML

```
@page
@model RazorPagesWebApplication.Pages.PersonensucheModel

<form method="get" action="">
    @Html.DisplayNameFor(model => model.Suchbegriff)
    @Html.EditorFor(model => model.Suchbegriff)
    <input type="submit" value="Suchen">
</form>

<ul>
@foreach (var person in Model.Personen)
{
    <li>@person.Vorname @person.Nachname</li>
}
</ul>
```

C#

```
using Microsoft.AspNetCore.Mvc;
using Microsoft.AspNetCore.Mvc.RazorPages;
using System.ComponentModel;
```

```
namespace RazorPagesWebApplication.Pages
{
    public class PersonensucheModel : PageModel
    {
        private List<Person> _personen = new List<Person>()
        {
            new Person("Gerd", "Faltings"),
            new Person("Martin", "Hairer"),
            new Person("Peter", "Scholze")
        };

        public List<Person> Personen = new List<Person>();

        [BindProperty(SupportsGet = true)]
        [DisplayName("Suchbegriff: ")]
        public string Suchbegriff { get; set; } = string.Empty;

        public void OnGet()
        {
            Personen = string.IsNullOrEmpty(Suchbegriff) ?
                _personen :
                _personen.Where(
                    p => p.Vorname.ToUpper().Contains(Suchbegriff.ToUpper()) ||
                         p.Nachname.ToUpper().Contains(Suchbegriff.ToUpper()))
                   .ToList();
        }
    }

    public readonly record struct Person(string Vorname, string Nachname);
}
```

Das dadurch erzeugte HTML-Markup sieht wie folgt aus:

```
Suchbegriff:
    <input class="text-box single-line input-validation-error" data-val="true" data-
val-required="The Suchbegriff:  field is required." id="Suchbegriff"
name="Suchbegriff" type="text" value="" />
```

Aus `Html.DisplayNameFor()` wurde ein einfacher Text (inklusive dem Doppelpunkt, der per `[DisplayName]`-Attribut konfiguriert wurde[6]), aus `Html.EditorFor()` ist ein `<input>`-Element erzeugt worden. Die Zuordnung zu der Eigenschaft in der Modellklasse erfolgt automatisch. Wir müssen uns also „nur" noch im C#-Code um die Namensgebung kümmern – im HTML stimmen die Bezeichner, wenn dieser Ansatz gewählt wird.

In der Praxis erscheint der Weg über HTML Helper allerdings nicht immer praktikabel. Ab einer gewissen Projektgröße wird erfahrungsgemäß das HTML-Markup von einem separaten Team zugeliefert. Dort dann einfach HTML-Elemente durch Ra-

[6] Sie sehen hier auch ein wenig die Grenzen von der Anpassung des Anzeigenamens: Der Doppelpunkt taucht auch in dem Attribut `data-val-required` auf, wodurch der Text dort etwas unglücklich aussieht. Zur Demonstration des Features soll dies allerdings ausreichen.

zor-Syntax und Methodenaufrufe zu ersetzen, erscheint nicht sehr pragmatisch. Aus diesem Grund gibt es noch eine weitere Möglichkeit, die Informationen „welches Element gehört wozu im Modell" zu transportieren. ***Tag Helper*** können in Form von HTML-Attributen eingesetzt werden. Das Attribut `asp-for` gibt beispielsweise an, für welche Modelleigenschaft das jeweilige HTML-Element zuständig ist. Hier ein Beispiel:

Beispiel 19.17: Personen filtern (Variante 4)

CSHTML

```
@page
@model RazorPagesWebApplication.Pages.PersonensucheModel

<form method="get" action="">
    <label asp-for="Suchbegriff"></label>
    <input asp-for="Suchbegriff" type="text">
    <input type="submit" value="Suchen">
</form>

<ul>
@foreach (var person in Model.Personen)
{
    <li>@person.Vorname @person.Nachname</li>
}
</ul>
```

Sowohl das `<label>`-Element als auch das Textfeld werden mit der Modelleigenschaft `Suchbegriff` verknüpft. Das spiegelt sich auch im generierten Markup wider:

```
<label for="Suchbegriff">Suchbegriff: </label>
<input type="text" class="input-validation-error" data-val="true" data-val-
required="The Suchbegriff:  field is required." id="Suchbegriff" name="Suchbegriff"
value="">
```

In der Modellklasse sind keine weiteren Anpassungen erforderlich – alles funktioniert weiterhin wie bisher.

Es gibt noch weitere HTML Helper und auch noch die Möglichkeit, komplexere Modelle so in Formularen abzubilden. In Abschnitt 19.4.1 werden Sie einiges davon in Aktion sehen. Mit dem folgenden Abschnitt geht es jetzt aber weiter zum alternativen Ansatz, Webanwendungen mit ASP.NET Core zu erstellen.

19.3 MVC

Bei MVC handelt es sich, wie der Name der Vorlage ja bereits sagt, um ein Akronym für Model View Controller. Das ist ein Entwurfsmuster, das in den 1980er-Jahren populär wurde und heutzutage Grundlage vieler Web-Frameworks ist. Ziel ist, wie so oft, die Trennung von Oberfläche und Logik. MVC geht noch einen Schritt weiter und separiert Oberfläche, Logik und Daten. Beim Einsatz des MVC-Musters gibt es drei Hauptprotagonisten:

- **Model (Modell):** Hier liegen alle Daten – völlig egal, wie die Benutzeroberfläche aussieht.
- **View (Ansicht):** Das ist die Oberfläche, bei einer Webanwendung also das HTML. Die View enthält die Daten des Modells und zeigt sie an.
- **Controller (Steuerung):** Diese Komponente nimmt Clienteingaben entgegen, sie kommuniziert mit dem Modell.

Im Fall einer Webanwendung kommuniziert also der Browser direkt mit dem Controller. Dieser interagiert mit dem Modell (aktualisiert Daten oder holt welche), wählt dann die View aus und übergibt dieser gegebenenfalls auch Modelldaten. Die gerenderte View landet dann wieder beim Client. Bild 19.12 stellt dieses Konzept schematisch grob dar.

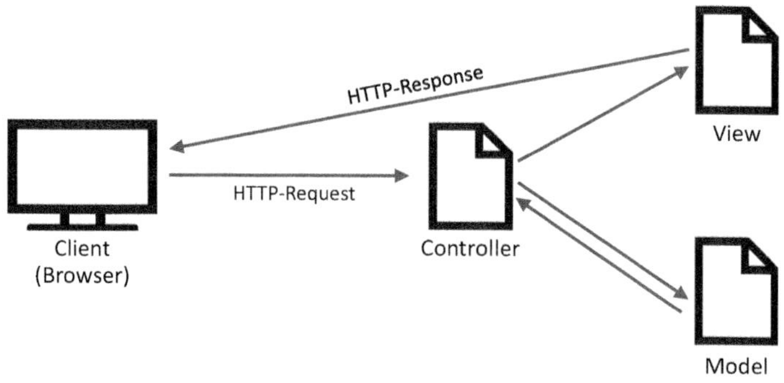

Bild 19.12 MVC für Webanwendungen

Dieses Vorgehen macht die Anwendung auf den ersten Blick komplexer, aber gleichzeitig auch flexibler. Soll es beispielsweise eine normale Version der Anwendung geben sowie eine reduzierte mobile Variante, so wäre es theoretisch möglich, schlicht die Views auszutauschen; Daten und Ablauflogik bleiben gleich. Die Views können unabhängig vom Rest der Anwendung entwickelt werden, es gibt keine Mischung. Einzige Ausnahme: In den Views kann natürlich wieder etwas Ausgabelogik stecken. Hier kommt freilich Razor ins Spiel. Wer HTML kann, eignet sich das bisschen Syntax schnell an. Zeit, einen konkreten Blick auf ASP.NET Core zu werfen.

19.3.1 Projektaufbau

Die Vorlage für eine ASP.NET-Core-Anwendung auf Basis des MVC-Musters heißt in Visual Studio „ASP.NET Core-Web-App (Model View Controller)“. In der .NET CLI ist zur Erstellung `dotnet new mvc` erforderlich. Die generierte Anwendung ähnelt vom Inhalt her sehr der Vorlage für Razor Pages, doch rein physikalisch liegen im Zielverzeichnis mehr Dateien als zuvor. Bild 19.13 zeigt einen Überblick über die Ordner und die zentralen Files.

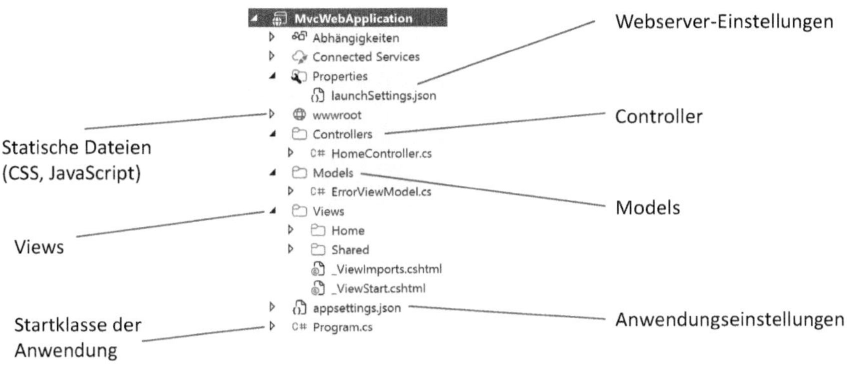

Bild 19.13 Der Inhalt der MVC-Projektvorlage

Das MVC-Muster ist allein schon an den verwendeten Ordnernamen erkennbar: *Models, Views, Controllers.* Und in der Tat landen in diesen Ordnern die jeweiligen Protagonisten, nicht zwingend, aber so findet man sich schnell zurecht und einige der MVC-Automatismen greifen ohne zusätzliche Konfiguration.

Zentraler Einstiegspunkt ist natürlich wieder die Datei *Program.cs*, die die Applikation konfiguriert und startet. Sie enthält folgenden Code:

Beispiel 19.18: Die Datei *Program.cs* der MVC-Anwendung

C#

```
var builder = WebApplication.CreateBuilder(args);

builder.Services.AddControllersWithViews();

var app = builder.Build();

if (!app.Environment.IsDevelopment())
{
    app.UseExceptionHandler("/Home/Error");
    app.UseHsts();
}
```

```
app.UseHttpsRedirection();
app.UseRouting();

app.UseAuthorization();

app.MapStaticAssets();

app.MapControllerRoute(
    name: "default",
    pattern: "{controller=Home}/{action=Index}/{id?}")
    .WithStaticAssets();

app.Run();
```

Im Wesentlichen gibt es zwei Unterschiede zur Datei *Program.cs* bei einem Projekt mit Razor Pages. Zum einen wird `builder.Services.AddControllersWithViews()` verwendet anstelle von `builder.Services.AddRazorPages()` (alternativ wäre auch `builder.Services.AddMvc()` möglich gewesen, was trotz des Namens sowohl Razor Pages als auch MVC aktivieren würde). Und zweitens: Statt `app.MapRazorPages()` setzt die *Program.cs* bei MVC auf `app.MapControllerRoute()`. Klar, jetzt muss das Routing für MVC umgesetzt werden. Und das ist in der Realität ein wenig komplizierter als noch bei Razor Pages.

19.3.2 Action-Methoden

Die beiden wichtigsten Komponenten bei MVC sind C, der Controller (zur Entgegennahme von Client-Anfragen) sowie V, die View (zur Ausgabe von HTML). Der Controller alleine reicht bereits für einen ersten Gehversuch. Im Kontext von ASP.NET Core MVC ist der Controller eine Klasse, die von `Controller` ableitet (in Kapitel 20 werden wir mit Controllern arbeiten, die eine andere Basisklasse haben). Diese Klasse kann öffentliche Methoden enthalten, die dann auf HTTP-Anfragen gemappt werden. Microsoft nennt diese Methoden auch „Action-Methoden", wohl weil sie Aktionen ausführen. Werfen wir noch einmal einen Blick auf die Mapping-Konfiguration für MVC in der Datei *Program.cs*:

```
app.MapControllerRoute(
    name: "default",
    pattern: "{controller=Home}/{action=Index}/{id?}")
```

Hiermit wird ein Standard-Route (Name `"default"`) angelegt, nach dem Muster *Controllername/Aktionsname/optionale ID*. Das bedeutet Folgendes: Angenommen, in der MVC-Anwendung würde die URL *https://server/Customer/Edit/42* aufgerufen werden. Dann würde obige Konfiguration dafür sorgen, dass der `Customer`-Controller zum Einsatz kommt, genauer gesagt die Methode `Edit()` darin. Ebendiese Methode würde einen Parameter namens `id` erhalten, mit dem Wert `42`.

Die oben angelegte Default-Route gibt Standardwerte vor: `Home`-Controller, `Index()`-Methode. Und in der Tat, im Verzeichnis *Controllers* befindet sich eine Datei namens `HomeController` und sie enthält auch eine `Index()`-Methode. Ein Aufruf von *https://server* oder auch *https://server/Home* oder natürlich auch *https://server/Home/Index* würde dann exakt diese Methode aufrufen.

Bei Verwendung von Visual Studio kann ein Controller direkt per Assistent hinzugefügt werden. Im Kontextmenü des *Controllers*-Ordners verbirgt sich die Option *Hinzufügen/Controller*. Diese öffnet den Gerüstbau-Wizard (auch „Scaffolding" genannt), wo es drei Vorlagen für Controller gibt, vergleichbar mit den Templates für Razor Pages (siehe Bild 19.14).

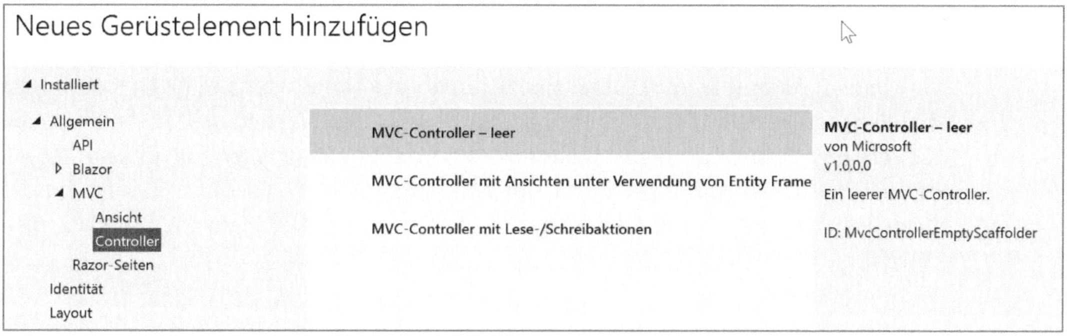

Bild 19.14 Vorlagen für MVC-Controller

HINWEIS: Der Gerüstbau funktioniert auch mit der .NET CLI. Dazu benötigen Sie zunächst das .NET-Tool `dotnet-aspnet-codegenerator`, das wie folgt installiert werden kann:

```
dotnet tool install --global dotnet-aspnet-codegenerator
```

Dann erzeugt `dotnet aspnet-codegenerator controller` einen neuen Controller.

Wir verwenden die erste Option, *MVC-Controller – leer*, und erhalten eine neue Klasse mit einer Methode namens `Index()`. Diese ersetzen wir durch eine simple Methode, die einen String zurückliefert, nach folgendem Muster:

Beispiel 19.19: Eine einfache Action-Methode

C#

```
using Microsoft.AspNetCore.Mvc;

namespace MvcWebApplication.Controllers
{
    public class TestController : Controller
    {
        public string Index()
        {
            return $"Willkommen im Jahr {DateTime.Now.Year}";
        }
    }
}
```

Die Controllerklasse heißt `TestController`. Dass der Name auf „Controller" endet, ist eine der wenigen Vorgaben, die unbedingt eingehalten werden sollten. So lässt sich nämlich der Controllername ableiten – der ist dann „Test". Der Aufruf von *https://server/Test* oder *https://server/Test/Index* ruft dann die Methode auf und sorgt für die Ausgabe in Bild 19.15 (natürlich abhängig davon, in welchem Jahr Sie den Code ausführen).

Bild 19.15 Die Textausgabe der Action-Methode

HINWEIS: Wie bereits bei Razor Pages werden auch bei einer MVC-Anwendung die vom Webserver verwendeten Ports bei der Projektanlage zufällig zugewiesen und in der Datei *Properties\launchSettings.json* hinterlegt. Wir verwenden im Folgenden den Kestrel-Webserver (Ausführung also auch per Kommandozeile mittels `dotnet run` oder `dotnet watch` möglich), der HTTPS-Port ist 7035.

Vielleicht ist es Ihnen sofort aufgefallen: Es wird nicht die Standard-Schrift für Websites verwendet, sondern eine nichtproportionale Schrift (wo alle Zeichen dieselbe Breite haben). Es ist somit kein HTML-Parser aktiv, sondern die Rückgabe wird als purer Text interpretiert – bei einer Action-Methode, die nur einen String liefert, vielleicht verständlich.

Der häufigste Rückgabewert einer Action-Methode ist `IActionResult`. Das ist ein Interface, das verschiedene Arten von Rückgaben (vereinfacht: HTML, JSON, HTTP-Weiterleitungen und vieles mehr) repräsentiert. Ein typisches Muster für eine solche Action-Methode ist dann folgendes:

```
public IActionResult Html()
{
    return View();
}
```

Die Methode `View()` kommt aus der Klasse `Controller`, aus der abgeleitet wird. Diese weist ASP.NET Core an, die zur Action-Methode gehörige View zu rendern und dem Client zurückzuliefern. Doch wo liegt diese View?

Probieren wir es aus – die Methode heißt `Html()` und liegt in der Klasse `TestController`, die zugehörige URL ist also *https://localhost:7035/Test/Html*. Bild 19.16 zeigt das Ergebnis.

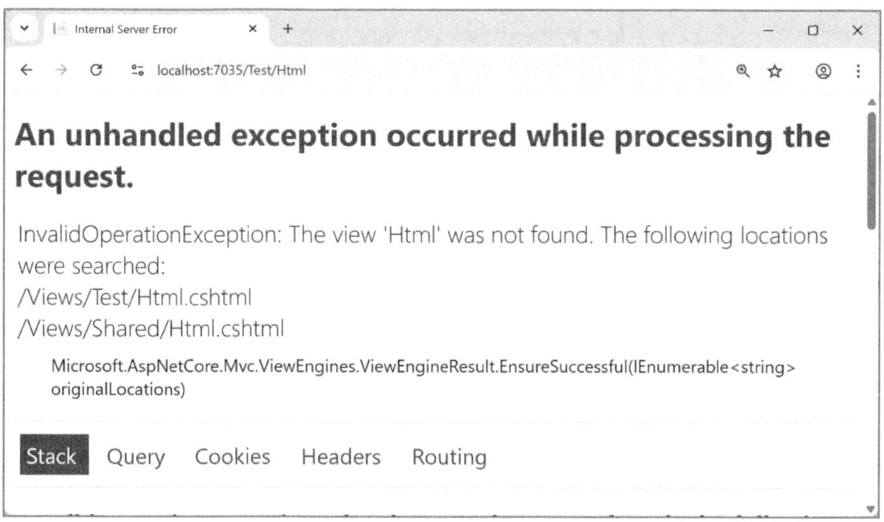

Bild 19.16 Die View wird nicht gefunden – die Fehlermeldung verrät aber, wo gesucht wird.

ASP.NET Core MVC sucht an zwei Stellen nach der View: im Ordner */Views/Test* und im Ordner */Views/Shared*, und zwar in dieser Reihenfolge. Als Dateiname wird der Methodenname plus Extension *.cshtml* erwartet, also *Html.cshtml*. In der `View()`-Methode wäre es zwar auch möglich, explizit einen Pfad und Dateinamen anzugeben, aber dieser Automatismus ist durchaus praktisch, sobald man sich daran gewöhnt hat.

Es ist also an der Zeit, eine View in Form einer *.cshtml*-Datei anzulegen, ganz ähnlich zu Razor Pages vorher. In Visual Studio gibt es wieder einen Assistenten: Klicken Sie mit der rechten Maustaste auf die Action-Methode (!) und wählen Sie „Ansicht hinzufügen" (so nennt Microsoft Views auf Deutsch). Es öffnet sich wieder einmal der Assistent für den Gerüstbau (siehe Bild 19.17).

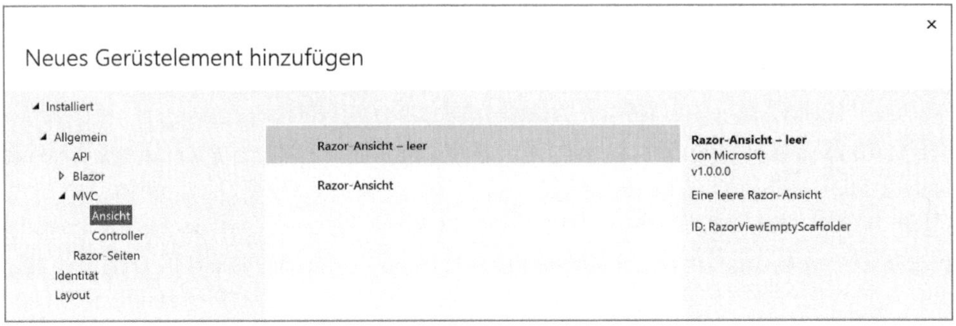

Bild 19.17 Gerüstelemente für MVC-Views

Die Option *Razor-Ansicht – leer* ist eine gute Wahl; bei *Razor-Ansicht* gibt es weitere Einstellungsoptionen, die zum aktuellen Zeitpunkt nicht relevant sind. Im nächsten Schritt müssen Sie den Dateinamen auswählen, dieser wird leider nicht korrekt auf den Namen der Action-Methode gesetzt. In unserem Fall ist *Html.cshtml* die richtige Eingabe.

Die erzeugte, „leere" *.cshtml*-Datei enthält einen Razor-Kommentar und einen inhaltslosen Codeblock. Ersetzen Sie ihn durch etwas Markup, sodass das Gespann aus Controller und View am Ende wie folgt aussieht:

Beispiel 19.20: Controller und View

C#

```
using Microsoft.AspNetCore.Mvc;

namespace MvcWebApplication.Controllers
{
    public class TestController : Controller
    {
    // ...
        // GET: /Test/Html
        public IActionResult Html()
        {
            return View();
        }
    }
}
```

CSHTML

```
<h1>Willkommen im Jahr @DateTime.Now.Year</h1>
```

Die Ausgabe ist nun in einer Proportionalschrift und eindeutig HTML (siehe Bild 19.18). Auch ist wieder ein Template mit im Spiel, doch dazu etwas später mehr.

Bild 19.18 Die View wird als HTML zurückgeliefert

PRAXISTIPP: Es hat sich als gute Praxis erwiesen, die zu einer Action-Methode gehörende URL als Kommentar vorweg zu vermerken, wie im obigen Beispiel geschehen. Pflicht ist das allerdings nicht.

Das „M“ in „MVC“ steht für Model, sodass auch Views – analog zu Razor Pages – ein zugeordnetes Modell haben können. Dies kann in der *.cshtml*-Datei über `@model` angegeben werden:

```
@model int
```

In der View wird dann der Wert im Modell mit `@Model` ausgegeben. Die Übergabe von Modelldaten an die View erfolgt im Aufruf der `View()`-Methode. Den Rest erledigt ASP.NET Core MVC automatisch. Hier der Code:

Beispiel 19.21: Model, View und Controller

C#

```
using Microsoft.AspNetCore.Mvc;

namespace MvcWebApplication.Controllers
{
    public class TestController : Controller
    {
    // ...
        // GET: /Test/IntModel
        public IActionResult IntModel()
        {
            var jahr = DateTime.Now.Year;
            return View(jahr);
        }
    }
}
```

CSHTML

```
@model int

<h1>Willkommen im Jahr @Model.ToString()</h1>
```

Noch mehr Möglichkeiten gibt es, wenn das Modell nicht nur ein primitiver Datentyp ist, sondern eine Klasse oder Ähnliches. Hier kommt der bereits angesprochene Gerüstbau-Assistent in Visual Studio zum Tragen[7]. Bei Wahl der Option „Razor-Ansicht" im Dialog aus Bild 19.17 erscheint ein weiterer Assistent, der in Bild 19.19 gezeigt ist.

Der Name der Ansicht ist bereits korrekt vorbelegt, und beim Punkt *Vorlage* gibt es mehrere Punkte zur Auswahl:

- *Create* erstellt eine Oberfläche zum Erstellen eines Wertes vom Typ der Modellklasse.
- *Delete* erstellt eine Oberfläche zum Löschen eines Wertes vom Typ der Modellklasse.
- *Details* erstellt eine Oberfläche zur Anzeige eines Wertes vom Typ der Modellklasse.
- *Edit* erstellt eine Oberfläche zum Bearbeiten eines Wertes vom Typ der Modellklasse.
- *Empty (ohne Modell)* erstellt eine Oberfläche ohne Inhalt und ohne Modellklasse.
- *List* erstellt eine Oberfläche zur Auflistung mehrerer Werte vom Typ der Modellklasse.

[7] Alternativ kommt wieder die .NET CLI zum Einsatz: `dotnet aspnet-codegenerator view`.

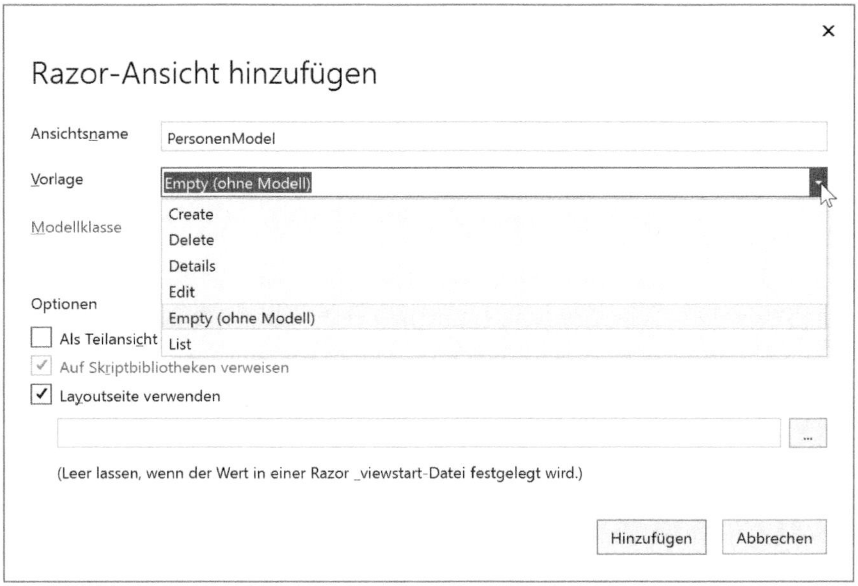

Bild 19.19 Der Assistent zum Anlegen einer View mit Modell

In der Drop-down-Liste *Modellklasse* stehen alle (nicht primitiven) Typen im Projekt zur Auswahl, die als Modellklasse zum Einsatz kommen können. Als Beispiel dient der zuvor schon verwendete Record namens Person:

```
public readonly record struct Person(string Vorname, string Nachname);
```

Wird dieser dem Controller hinzugefügt, taucht er als Option im Assistenten auf. Bei Auswahl der Vorlage *List* wird dann folgendes (leicht gekürzt wiedergegebenes) Markup samt zugehörigem Code generiert:

Beispiel 19.22: Der durch Gerüstbau erzeugte Controller für eine Liste von Personen

CSHTML

```
@model IEnumerable<MvcWebApplication.Controllers.Person>

@{
    ViewData["Title"] = "PersonenModel";
}

<h1>PersonenModel</h1>

<p>
    <a asp-action="Create">Create New</a>
</p>
```

```
<table class="table">
    <thead>
        <tr>
            <th>
                @Html.DisplayNameFor(model => model.Vorname)
            </th>
            <th>
                @Html.DisplayNameFor(model => model.Nachname)
            </th>
            <th></th>
        </tr>
    </thead>
    <tbody>
@foreach (var item in Model) {
        <tr>
            <td>
                @Html.DisplayFor(modelItem => item.Vorname)
            </td>
            <td>
                @Html.DisplayFor(modelItem => item.Nachname)
            </td>
            <td>
            </td>
        </tr>
}
    </tbody>
</table>
```

Als Modell wird `IEnumerable<Person>` verwendet, was durchaus sinnvoll ist, da ja eine Liste von Elementen erwartet wird. Das Markup selbst enthält zwei Dinge, die schon aus den Ausführungen zu Razor Pages bekannt sind (genauer gesagt aus Abschnitt 19.2.5): HTML Helper in Methodenform, die Modellwerte ausgeben, sowie Tag Helper als Attribute, die zur Navigation auf andere Seiten dienen[8]. Jetzt fehlt nur noch der Code, der die Liste von Personen erstellt und an die View übergibt. Als Beispieldaten dienen diesmal die drei (geldmäßig) topplatzierten Empfänger eines Knuth Reward Checks[9] (*https://www-cs-faculty.stanford.edu/~knuth/boss.html*).

[8] Die Zeile, auf die im generierten Markup verlinkt wird, gibt es (noch) nicht. Das zugrunde liegende Schema wird in Abschnitt 19.4.1 ausführlicher behandelt.

[9] Die gibt es, wenn man in einem Buch von Donald Knuth einen Fehler findet und meldet. Bevor Sie fragen: Von den Autoren dieses Buches gibt es in dem Fall lediglich ein Dankeschön, das aber von Herzen kommt.

Beispiel 19.23: Die Action-Methode übergibt eine Liste von Personen an die View.

C#

```
using Microsoft.AspNetCore.Mvc;

namespace MvcWebApplication.Controllers
{
    public class TestController : Controller
    {
        // GET: /Test/PersonenModel
        public IActionResult PersonenModel()
        {
            var personen = new Person[]
            {
                new Person("Udo", "Wermuth"),
                new Person("Thorsten", "Dahlheimer"),
                new Person("David Raymond", "Fuchs")
            };

            return View(personen);
        }
    }

    public readonly record struct Person(string Vorname, string Nachname);
}
```

Das Ergebnis zeigt Bild 19.20. Zur Erinnerung: Die Links sind Teil der Vorlage, sie funktionieren aber nicht.

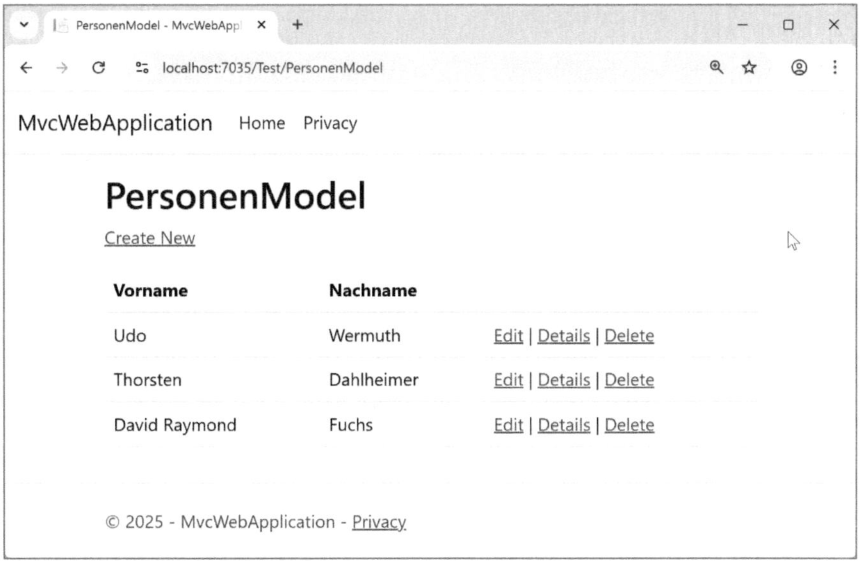

Bild 19.20 Die Liste von Personen, (nicht funktionierende) Administrations-Links inklusive

Alle Action-Methoden (bis auf die allererste, die mit der Zeichenkette als Ausgabe) hatten `IActionResult` als Rückgabetyp. Der Typ, der von der Methode `View()` zurückgeliefert wird, ist `ViewResult` und implementiert das `IActionResult`-Interface. Es gibt aber auch noch andere mögliche Rückgaben. Eine ist `JsonResult`, ein Typ, der Daten im JSON-Format repräsentiert. Das Schöne daran: Mit der Hilfsmethode `Json()` wird fast jeder in JSON serialisierbare Typ in dieses Format umgewandelt. Das sieht dann wie folgt aus:

Beispiel 19.24: Personen im JSON-Format zurückgeben

C#

```
using Microsoft.AspNetCore.Mvc;

namespace MvcWebApplication.Controllers
{
    public class TestController : Controller
    {
        // GET: /Test/PersonenJson
        public IActionResult PersonenJson()
        {
            var personen = new Person[]
            {
                new Person("Udo", "Wermuth"),
                new Person("Thorsten", "Dahlheimer"),
                new Person("David Raymond", "Fuchs")
            };

            return Json(personen);
        }
    }

    public readonly record struct Person(string Vorname, string Nachname);
}
```

Bild 19.21 zeigt die JSON-Rückgabe im Firefox-Browser, der JSON auf Wunsch auch formatiert.

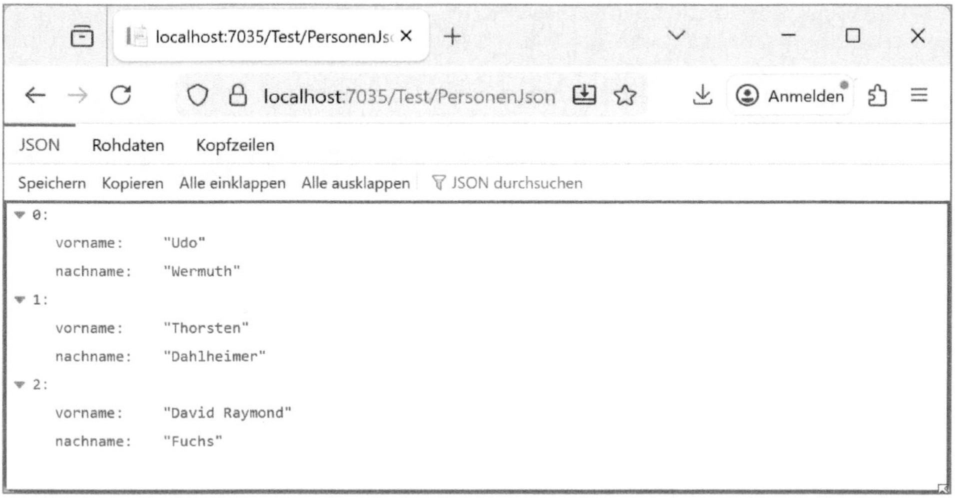

Bild 19.21 Die Personen werden automatisch ins JSON-Format konvertiert.

Dabei fällt auf, dass die Eigenschaften automatisch in Kleinbuchstaben umgewandelt werden (genauer gesagt in CamelCase; aus der Eigenschaft `LastName` würde in JSON der Schlüssel `"lastName"`). Dieses Verhalten lässt sich anpassen. Beim Aufruf von `AddControllersWithViews()` oder `AddMvc()` in der Datei *Program.cs* können die Serialisierungseinstellungen für JSON angepasst werden. Der Standard-Modus heißt in der Tat `CamelCase` (oder vollständig qualifiziert `System.Text.Json.JsonNamingPolicy.CamelCase`). Auf den Wert `null` gesetzt, bleiben die Eigenschaftennamen, wie sie sind:

```
builder.Services.AddControllersWithViews()
    .AddJsonOptions(options => {
        options.JsonSerializerOptions.PropertyNamingPolicy = null;
    });
```

Dies sorgt wie erwartet für folgende JSON-Rückgabe (zur einfacheren Darstellung etwas formatiert):

```
[
    {"Vorname":"Udo","Nachname":"Wermuth"},
    {"Vorname":"Thorsten","Nachname":"Dahlheimer"},
    {"Vorname":"David Raymond","Nachname":"Fuchs"}
}
```

Bis dato wurden alle Endpunkte per HTTP-Methode GET aufgerufen. POST ist selbstverständlich auch möglich. Dazu muss das Formular auch POST verwenden, entweder explizit mit `<form method="post">` oder implizit durch Verwendung des Tag Helpers `asp-action` (dann wird das Formular automatisch auf POST gesetzt). Die Action-Methode im Controller wiederum erhält das Attribut `[HttpPost]` und ist damit für die POST-Methode zuständig. Analog gibt es auch Attribute wie etwa `[HttpPut]` und `[HttpDelete]`. Beachten Sie, dass Sie dann zwei Action-Methoden benötigen: eine für GET (also der erstmaligen Auslieferung des Formulars) und eine für POST (nach Formularversand). Hier ein komplettes Beispiel, das die Liste von Personen filtert.

Beispiel 19.25: GET und POST mit MVC

CSHTML

```
@model IEnumerable<MvcWebApplication.Controllers.Person>

<form asp-action="Filter">
    Suchbegriff:
    <input type="text" name="suchbegriff"
           value="@ViewData["suchbegriff"]">
    <input type="submit" value="Filtern">
</form>

<ul>
    @foreach (var person in Model)
    {
        <li>@person.Vorname @person.Nachname</li>
    }
</ul>
```

C#

```
using Microsoft.AspNetCore.Mvc;

namespace MvcWebApplication.Controllers
{
    public class TestController : Controller
    {
        private List<Person> _personen = new List<Person>()
        {
            new Person("Udo", "Wermuth"),
            new Person("Thorsten", "Dahlheimer"),
            new Person("David Raymond", "Fuchs")
        };

        // GET: /Test/Filter
        public IActionResult Filter()
        {
            return View(_personen);
        }

        // POST: /Test/Filter
        [HttpPost]
        public IActionResult Filter(string suchbegriff)
        {
            ViewData["suchbegriff"] = suchbegriff;
            var personen = string.IsNullOrEmpty(suchbegriff) ?
                _personen :
                _personen.Where(
                    p => p.Vorname.ToUpper().Contains(suchbegriff.ToUpper()) ||
                         p.Nachname.ToUpper().Contains(suchbegriff.ToUpper()));

            return View(personen);
        }
    }

    public readonly record struct Person(string Vorname, string Nachname);
}
```

Das Ergebnis zeigt Bild 19.22. Beachten Sie die URL – kein Parameter im Querystring, stattdessen ist POST im Einsatz.

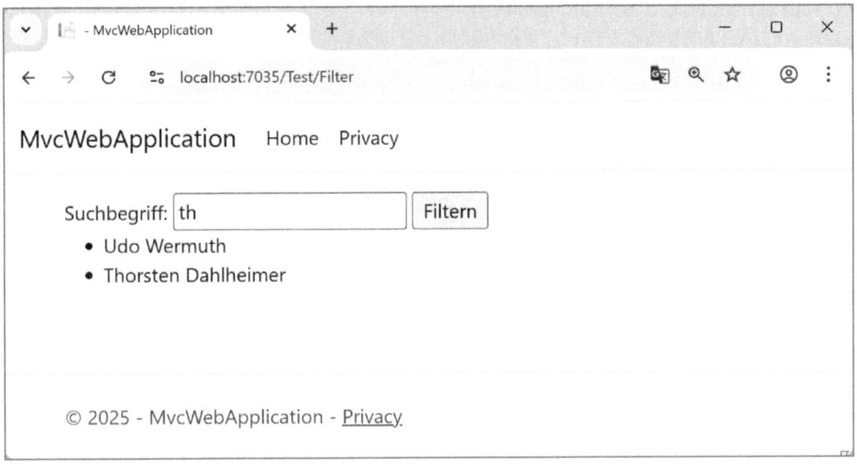

Bild 19.22 Das Filtern von Namen per POST und mit MVC

PRAXISTIPP: Die Vorausfüllung des Feldes mit dem Suchbegriff erfolgte über `ViewData`. Das ist natürlich nicht optimal. Besser wäre es möglicherweise, für die beiden Ansichten ein passendes Modell zu erstellen, das dann Suchbegriff und die Liste der Personen enthält. Das nennt man auch gerne „View Model" – also ein Modell spezifisch für eine View.

Abschließend gilt es noch zu klären, woher der gesamte Rahmen aller vorherigen Beispiele kommt – die Navigation und der Footer. Das Template-System ist sehr ähnlich zu dem von Razor Pages, nur Details sind anders. Die Datei *\Views_ViewStart.cshtml* wird automatisch eingelesen, sobald eine View verwendet wird, und sie legt die Layout-Datei fest:

Beispiel 19.26: Die Datei _*ViewStart.cshtml* der MVC-Anwendung

CSHTML

```
@{
    Layout = "_Layout";
}
```

Diese Template-Vorgabe gilt für alle Views, außer es wird in einer spezifischen View ein anderes oder gar kein Layout gewählt:

```
@{
    Layout = null;
}
```

Die Datei *_Layout.cshtml*, auf die hier verwiesen wird, liegt im Verzeichnis *\Views\Shared*. Der Inhalt ist bis auf Details identisch zu dem Layout-Rahmen, der bei Razor Pages zum Einsatz kommt. In der Mitte des Templates wird `RenderBody()` aufgerufen, um die Inhaltsseite einzubinden. Im Seitentitel erfolgt ein Zugriff auf `ViewData["Title"]`, um die Titelleiste des Browsers anpassen zu können. Und ganz am Ende der Seite wird ein Abschnitt namens `Scripts` definiert, der optional ist und in dem günstig JavaScript-Code platziert werden könnte:

```
@await RenderSectionAsync("Scripts", required: false)
```

19.3.3 Zustandsmanagement

Die Spezifikation von HTTP (hier die ältere, aber übersichtlichere Fassung für Version 1.1: *https://datatracker.ietf.org/doc/html/rfc2616*) erwähnt es bereits im Vorwort: Das Protokoll ist *stateless*, also zustandslos. Auf gut Deutsch bedeutet das, dass das Protokoll per se sich nichts merken kann. Bei der Schaffung des World Wide Web und der Konzeption von HTTP war das eine bewusste Entscheidung. Dokumente sollten per Internet abgerufen und verlinkt werden können, wer muss sich denn bitte da irgendwelche Informationen merken? Als einige Jahre später die ersten Applikationen online gingen, etwa Shops, gab es durchaus die Notwendigkeit für persistierte Daten: etwa, wer gerade eingeloggt ist, oder welche Spracheinstellung beim letzten Besuch einer Website gewählt worden ist.

Browser-Pionier Netscape hat Mitte der 1990er-Jahre[10)] das Konzept der Cookies entworfen: Textinformationen, die in der HTTP-Antwort vom Server an den Client geschickt und dort (außer, die Browserkonfiguration spricht dagegen) bei der nächsten HTTP-Anfrage wieder zurückgesendet werden. Für triviale Informationen wie etwa der gewählten Sprache ist das ein valider Ansatz. Für die Information, wer gerade eingeloggt ist, eher nicht. Cookies werden im Client gespeichert und lassen sich dementsprechend dort manipulieren. Die Browser-Entwicklungstools (in den meisten Produkten über F12 erreichbar) bieten sogar eine bequeme UI, dies zu tun.

Aus diesem Grund wurde schon bald das Konzept der Sessions über den Cookie-Ansatz gestülpt. Die Idee: Jede Sitzung bei einer Webanwendung enthält einen eindeutigen Schlüssel, die Session-ID. Die relevanten Daten zu einer Session (etwa: wer ist

10 Wer Interesse an historischen Dokumenten hat – hier die einstige Spezifikation für Cookies, die größtenteils so heute noch Bestand hat: *https://curl.se/rfc/cookie_spec.html*.

eingeloggt) liegen auf dem Server (und sind damit nicht direkt manipulierbar). Lediglich die Session-ID wird per Cookie an den Client geschickt. Sie kann nicht erraten werden, und auch eine Manipulation ist in der Regel sinnlos, denn zu einer ungültigen Session-ID sind auf dem Server keine Daten hinterlegt.

In ASP.NET Core ist die Unterstützung für Sessions bereits implementiert, sowohl für MVC-Applikationen als auch für Razor Pages. Allerdings erfordert der Einsatz von Sessions eine Anpassung der Datei *Program.cs*. Die Middleware für Sessions muss geladen (`AddSession()`) und aktiviert (`UseSession()`) werden. Ersteres passiert beim Hinzufügen der Middlewares (der Block mit den Aufrufen von `builder.Services.XXX()`), Letzteres dann später in der Datei, und zwar zwingend nach `UseRouting()` und vor `MapControllerRoute()` bzw. `MapRazorPages()`. Hier ein Beispiel:

Beispiel 19.27: Die Datei *Program.cs* mit aktiviertem Session-Support

C#

```
var builder = WebApplication.CreateBuilder(args);

builder.Services.AddControllersWithViews();

builder.Services.AddSession();

var app = builder.Build();

if (!app.Environment.IsDevelopment())
{
    app.UseExceptionHandler("/Home/Error");
    app.UseHsts();
}

app.UseHttpsRedirection();
app.UseRouting();

app.UseAuthorization();

app.UseSession();

app.MapStaticAssets();

app.MapControllerRoute(
    name: "default",
    pattern: "{controller=Home}/{action=Index}/{id?}")
    .WithStaticAssets();

app.Run();
```

PRAXISTIPP: Beim Aufruf von `AddSession()` können mehrere Konfigurationsoptionen für die Session angegeben werden, beispielsweise ihre Ablaufdauer oder spezifische Features des erzeugten Cookies.

Auch wenn die folgenden Ausführungen MVC verwenden (wie auch schon oben an der *Program.cs* zu erkennen, Stichwort `AddControllersWithViews()`), gelten sie genauso für Razor Pages. Der Zugriff auf die Session-Daten erfolgen über `HttpContext.Session`. Dieses Objekt steht erst zur Verfügung, wenn `UseSession()` ausgeführt worden ist (das war in früheren Versionen von ASP.NET anders).

`HttpContext.Session` bietet eine Reihe von Funktionen zum Lesen und Schreiben von Session-Daten. Prinzipiell arbeiten Sessions wie ein Schlüssel-Wert-Speicher, wobei der Schlüssel stets ein String ist, der Wert dagegen verschiedene Datentypen haben kann:

- `Get(Name)/Set(Name, Wert)` liest oder schreibt ein Byte-Array.
- `GetInt32(Name)/SetInt32(Name, Wert)` liest oder schreibt einen Integer-Wert.
- `GetString(Name)/SetString(Name, Wert)` liest oder schreibt einen String.

Ein kleines Beispiel demonstriert das Vorgehen anschaulich: Es soll gezählt werden, wie oft eine Seite innerhalb einer Sitzung vom aktuellen Client aufgerufen wird. Dazu wird beim Laden der Seite die aktuelle Anzahl aus der Session gelesen (oder, falls nicht vorhanden, mit 0 initialisiert). Der um 1 erhöhte Wert wird dann wieder zurück in die Session geschrieben und gleichzeitig ausgegeben. Das ist mit wenigen Zeilen Code umgesetzt:

Beispiel 19.28: Seitenaufrufe zählen mit Session-Unterstützung

C#

```
using Microsoft.AspNetCore.Mvc;

namespace MvcWebApplication.Controllers
{
    public class SessionController : Controller
    {
        public IActionResult Index()
        {
            var pageLoads = HttpContext.Session.GetInt32("PageLoads") ?? 0;
            HttpContext.Session.SetInt32("PageLoads", ++pageLoads);

            return View(pageLoads);
        }
    }
}
```

CSHTML

```
@model int

<h1>@Model Zugriff@(Model != 1 ? "e" : "") auf diese Seite</h1>
```

Bild 19.23 zeigt zweierlei, sowohl die Anzahl der Zugriffe auf die Seite als auch das Session-Cookie. Dieses hat standardmäßig den Namen `.AspNetCore.Session` (der aber im Aufruf von `AddSession()` angepasst werden könnte) und einen langen Wert. Dieser Wert dient dem Server quasi als Primärschlüssel für den Datensatz der Session. Und dort ist dann die Anzahl der Zugriffe hinterlegt.

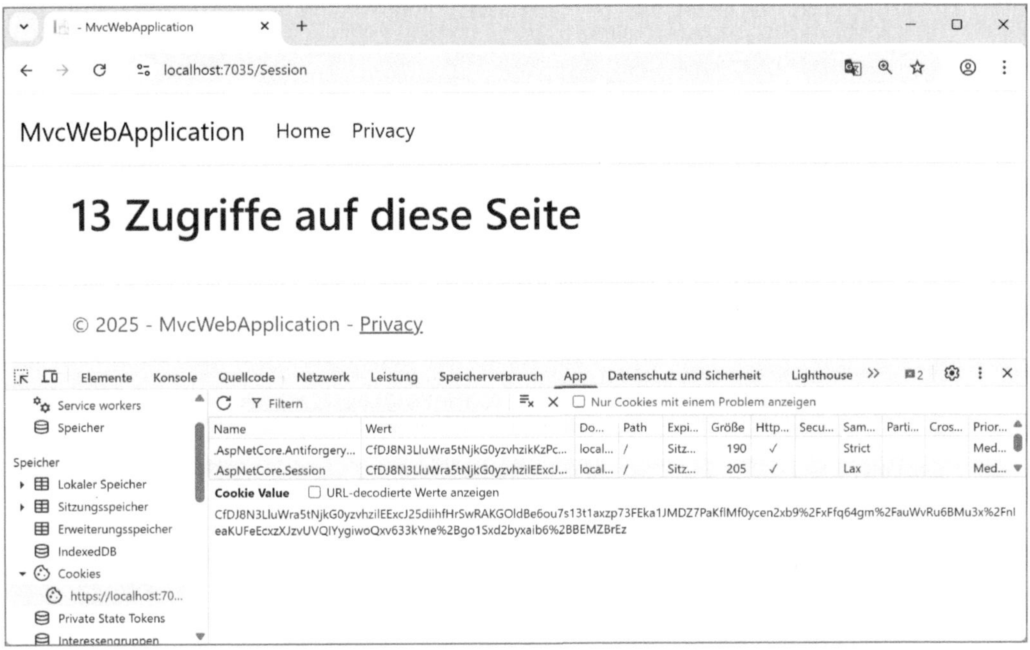

Bild 19.23 Die Session auf dem Server speichert die Zahl der Zugriffe.

Ein seitenübergreifendes Zählen der Zugriffe ist ebenfalls möglich. Sicher erinnern Sie sich: Vor jeder View wird die Datei *\Views_ViewStart.cshtml* ausgeführt; dort wird beispielsweise das Layout für die Seite vorgegeben. An dieser Stelle lassen sich ebenfalls Sessiondaten lesen und schreiben. Einziger Unterschied zum Vorgehen im vorherigen Beispiel: Ein direkter Zugriff auf `HttpContext` ist nicht möglich, stattdessen führt nur `Html.ViewContext.HttpContext` ans Ziel. Damit ist die Datei *_ViewStart.cshtml* schnell erweitert. Der neue Code erhöht die Zahl der Zugriffe via einer Sessionvariablen und speichert das Ergebnis ebenfalls in `ViewData`:

Beispiel 19.29: Die Datei _ViewStart.cshtml der MVC-Anwendung greift auf die Session zu.

CSHTML

```
@{
    var totalPageLoads =
        Html.ViewContext.HttpContext.Session.GetInt32("TotalPageLoads") ?? 0;
    Html.ViewContext.HttpContext.Session.SetInt32(
        "TotalPageLoads",
        ++totalPageLoads);
    ViewData["TotalPageLoads"] = totalPageLoads;

    Layout = "_Layout";
}
```

Die Datei *\Views\Shared_Layout.cshtml* ist ein guter Ort, um den aktuellen Wert des Zählers auszugeben. Wir „hijacken" dafür die Liste der Navigationslinks und ergänzen die Anzahl:

Beispiel 19.30: Der Zugriffszähler wird im Template (*_Layout.cshtml*) ausgegeben (Auszug)

CSHTML

```
<ul class="navbar-nav flex-grow-1">
    <li class="nav-item">
        <a class="nav-link text-dark" asp-area="" asp-controller="Home" asp-
action="Index">Home</a>
    </li>
    <li class="nav-item">
        <a class="nav-link text-dark" asp-area="" asp-controller="Home" asp-
action="Privacy">Privacy</a>
    </li>
    <li class="nav-item">
        <span class="nav-link text-dark">@ViewData["TotalPageLoads"] Zugriffe</span>
    </li>
</ul>
```

Egal, welche Seite der Anwendung Sie jetzt aufrufen, jedes Mal erhöht sich der Zähler um eins. Bild 19.24 zeigt das Ergebnis.

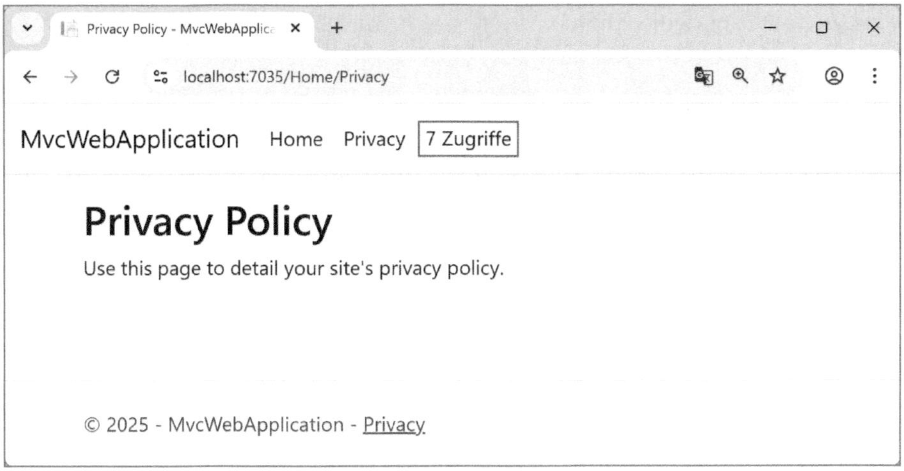

Bild 19.24 Die Anzahl der Zugriffe erscheint jetzt im Header jeder Seite

PRAXISTIPP: Die drei unterstützten Session-Datentypen – Byte-Array, Integer und String – sind für viele Anwendungsfälle gut geeignet. Oft ist es jedoch so, dass komplexe(re) Datentypen in einer Session abgelegt werden sollen. Diese müssen dann serialisiert werden. Ein praktikabler Ansatz besteht häufig darin, auf JSON zu setzen. Die Funktionalität im Namespace `System.Text.Json` bietet eine einfach Umwandlung von Daten in einen JSON-String (`JsonSerializer.Serialize()`) sowie eine ebenso simple Rückkonvertierung in den Ursprungstypen (`JsonSerializer.Deserialize<Typ>()`). Der JSON-String wiederum kann dann in der Sessionvariablen landen. In den Online-Kapiteln gibt es weitere Informationen zum JSON-Support von .NET.

19.4 Praxisbeispiele

19.4.1 CRUD mit Entity Framework

Die Paradedisziplin fast jeder Webanwendung, die eine Verwaltung von wie auch immer gearteten Daten erlaubt (spöttisch auch als „Forms over Data" bezeichnet), ist CRUD. Das Kürzel steht für Create/Read/Update/Delete, es geht also um das Erstellen, Auslesen, Aktualisieren und Löschen von Daten. Sowohl mit Razor Pages als auch mit MVC lässt sich eine solche Anwendung schnell erstellen. Das „schnell" kann durchaus wörtlich genommen werden. In Visual Studio integrierte (und alternativ auch per .NET CLI ausführbare) Gerüstbau-Mechanismen erstellen so eine Anwendung auf Knopfdruck.

Wir werden im Folgenden ebenfalls eine solche Anwendung erzeugen, aber wir wählen einen explorativen Ansatz: Nach Durchführung des Gerüstbaus analysieren wir Schritt für Schritt, was passiert ist, sodass der Code nicht nur funktioniert, sondern auch nachvollziehbar ist und gegebenenfalls angepasst und erweitert werden kann.

Die Unterschiede zwischen Razor Pages und MVC sind vergleichsweise gering. Wir starten mit der MVC-Variante und gehen dann darauf ein, was bei Razor Pages anders ist. Als Beispielmodell dient erneut die Person, diesmal aber als „richtige" Klasse im Ordner *Models*. Die Eigenschaften `Vorname` und `Nachname` werden mit dem Attribut `[Required]` (aus dem Namespace `System.ComponentModel.DataAnnotations`) zu Pflichtangaben gemacht. Die Auswirkungen sehen wir etwas später.

Beispiel 19.31: Die Modellklasse `Person`

C#

```
using System.ComponentModel.DataAnnotations;

namespace MvcWebApplication.Models
{
    public class Person
    {
        public int Id { get; set; }

        [Required]
        public string Vorname { get; set; } = string.Empty;

        [Required]
        public string Nachname { get; set; } = string.Empty;
    }
}
```

HINWEIS: Die Klasseneigenschaft `Id` ist später für Entity Framework Core wichtig, damit jede einzelne Person einen eindeutigen Schlüssel hat.

Beim Hinzufügen eines Controllers durch Aufrufen des Kontextmenüs des *Controllers*-Ordners im Projektmappen-Explorer von Visual Studio gilt es, diesmal die Option *MVC-Controller mit Ansichten unter Verwendung von Entity Framework* zu wählen. Zumindest die Grundlagen zu Entity Framework Core aus Kapitel 17 sind somit nützlich für das weitere Verständnis. Es öffnet sich der Wizard aus Bild 19.25.

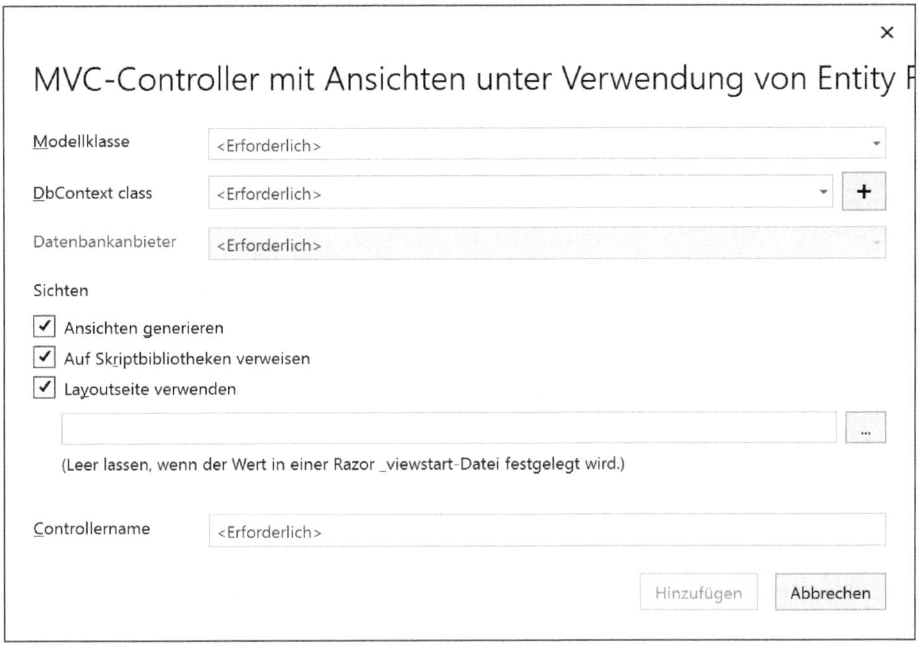

Bild 19.25 Der Controller verwendet Entity Framework Core und muss konfiguriert werden

Die erste Pflichtangabe ist die Modellklasse; hier wählen Sie `Person` aus (wenn Sie – aufgrund vorheriger Beispiele – mehrere Klassen mit diesem Namen haben sollten, greifen Sie unbedingt zu der gerade erst erzeugten). Die zweite Angabe ist die Datenkontextklasse, also das Codestück, das als Bindeglied zwischen den C#-Objekten und Entity Framework und damit der Datenbank dient. Wir haben so eine Klasse aktuell noch nicht, also legen wir eine an. Ein Klick auf die Plus-Schaltfläche öffnet den Dialog aus Bild 19.26.

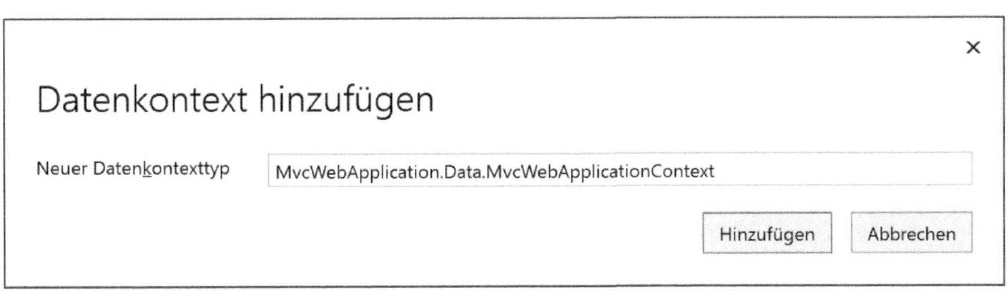

Bild 19.26 Hinzufügen einer neuen Datenkontextklasse

Der standardmäßig eingestellte Name für die Datenkontextklasse ist `<ProjektName>-Context`. Das ist eine akzeptable Wahl; wenn die Anwendung an mehreren Stellen unterschiedliche Datenkontexte benötigt, wäre eine spezifischere Angabe (etwa `Person Context`) eine valide Alternative. Keine Sorge, die hier gewählte Auswahl wird beim Erzeugen des Gerüsts durchgängig verwendet. Als Datenbankanbieter schlägt Visual Studio standardmäßig den Microsoft SQL Server vor, Sie können aber auch zu einer der Alternativen greifen.

Die restlichen Angaben im Wizard aus Bild 19.25 können Sie unverändert lassen. Ansichten sollen generiert werden – wir möchten gleich eine komplette Anwendung erzeugt bekommen – und auch das Standard-Layout (sprich *_Layout.cshtml*) soll zum Einsatz kommen. Die Skriptbibliotheken, auf die verwiesen werden soll, kümmern sich später um die Eingabevalidierung.

Beim Namen des Controllers schlägt Visual Studio automatisch den Plural des Namens der Modellklasse vor. Meistens äußert sich das einfach in einem angehängten „s". Bei einigen Wörtern mit unregelmäßiger Pluralbildung im Englischen werden allerdings die Regeln der Sprache eingehalten. Und so lautet bei der Modellklasse `Person` der Vorschlag für den Controllernamen `PeopleController`. Das kann natürlich problemlos in beispielsweise `PersonenController` geändert werden (was für die folgenden Schritte auch so durchgeführt wird). Die Namen der einzelnen Seiten für CRUD wiederum sind in Englisch gehalten, in einen sauren Apfel muss also so oder so gebissen werden.

HINWEIS: Die Erfahrung zeigt leider: Visual Studio wirft in manchen Versionen einen Fehler beim Erzeugen der Controller und Views. Eine generelle Empfehlung, die das Problem in allen Fällen löst, ist schwierig. Es hilft, die NuGet-Abhängigkeiten der verwendeten Pakete jeweils auf denselben Stand zu bringen (am besten auf die neueste Version). Wenn alles fehl schlägt, greifen Sie zur CLI (siehe weiter unten) oder verwenden Sie direkt die Beispielsdateien zu diesem Kapitel.

So weit die notwendigen Schritte für Visual Studio. Wer auf die .NET CLI setzt, muss zunächst (falls noch nicht zuvor geschehen) ein paar NuGet-Pakete sowie das .NET-Tool `aspnet-codegenerator` installieren:

```
dotnet add package Microsoft.EntityFrameworkCore.SqlServer
dotnet add package Microsoft.VisualStudio.Web.CodeGeneration.Design
dotnet add package Microsoft.EntityFrameworkCore.Design
dotnet tool install -g dotnet-aspnet-codegenerator
```

Das Codegenerator-Tool erzeugt nun – aus dem Wurzelverzeichnis des Projekts aus aufgerufen – einen MVC-Controller (`controller`) namens `PersonenController` (`-name`), mit dem Modell `Person` (`-m`) und dem Kontext `MvcApplicationContext` (`-dc`):

```
dotnet aspnet-codegenerator controller -name PersonenController -m Personen -dc
MvcApplicationContext --useDefaultLayout --referenceScriptLibraries
--relativeFolderPath Controllers
```

Egal ob per Oberfläche oder Konsole, der Gerüstbau dauert einige Sekunden. Es werden NuGet-Pakete installiert und dann die entsprechenden Dateien erzeugt: Ergänzungen in der *Program.cs*, Hinzufügen neuer Klassen sowie des neuen Controllers und der dazugehörigen Views. Am Ende erhalten wir ein Resultat, das wir im Folgenden genauer betrachten.

Ein Schritt fehlt allerdings noch, unabhängig davon, ob Sie die CLI oder Visual Studio eingesetzt haben: Entity Framework Core kommt zum Einsatz sowie dessen Modus Operandi „Code First". Es werden also aus C#-Klassen Datenbankschemata erzeugt. Dies muss initialisiert werden. In einer Konsole – bei Verwendung von Visual Studio beispielweise die Paket-Manager-Konsole (aus dem Menü *Extras/NuGet-Paket-Manager*) – müssen die folgenden beiden Kommandos ausgeführt werden:

```
Add-Migration Initial
Update-Database
```

HINWEIS: Wenn Sie beim Aufruf von Add-Migration bereits einen Fehler erhalten, dass die Klasse Person keine Eigenschaft Id enthalten würde, haben Sie vermutlich noch aus einem vorherigen Beispiel den Record Person im Projekt. In dem Fall müssen Sie in der neu erzeugten PersonenController-Klasse jeweils bei der zweiten Methode namens Create() und Edit() den Typ Person in Models.Person verändern.

Bei Verwendung der .NET CLI bedarf es eines weiteren .NET-Tools, dotnet-ef, und folgender Kommandos:

```
dotnet tool install --global dotnet-ef
dotnet ef migrations add Initial
dotnet ef database update
```

Jetzt ist endlich die Zeit für die Codeanalyse gekommen. Beginnen wir mit dem neuen Datenkontext. Die Klasse mit Namen MvcWebApplicationContext liegt in dem neu angelegten Ordner *Data*. Ihr Inhalt ist wenig spektakulär, was auch dem einfachen Datenmodell geschuldet ist. Die Klasse erbt von DbContext und definiert eine Eigenschaft Person vom Typ DbSet<Person>. Letztere Person ist die Modellklasse.

Beispiel 19.32: Die generierte Datenkontextklasse

C#

```
using Microsoft.EntityFrameworkCore;

namespace MvcWebApplication.Data
{
    public class MvcWebApplicationContext : DbContext
    {
        public MvcWebApplicationContext (DbContextOptions<MvcWebApplicationContext>
options)
            : base(options)
        {
        }
        public DbSet<MvcWebApplication.Models.Person> Person { get; set; } =
default!;
    }
}
```

Die zentrale Konfigurationsdatei *appsettings.json* enthält einen neuen Eintrag: den Connection-String für die Datenbank, die die Modelldaten enthalten wird. Bei Visual Studio kommt hier standardmäßig LocalDB zum Einsatz, der Datenbankname ist (dank angehängter GUID) zufällig. Hier ist die Variante der Beispieldaten:

Beispiel 19.33: Die neue Verbindungszeichenfolge zur Datenbank in der Datei *appsettings.json*

JSON

```
{
  "Logging": {
    "LogLevel": {
      "Default": "Information",
      "Microsoft.AspNetCore": "Warning"
    }
  },
  "AllowedHosts": "*",
  "ConnectionStrings": {
    "MvcWebApplicationContext":
"Server=(localdb)\\mssqllocaldb;Database=MvcWebApplicationContext-c881240c-0806-
46a3-8482-f3e80a594c21;Trusted_Connection=True;MultipleActiveResultSets=true"
  }
}
```

In der Datei *Program.cs* werden Datenkontextklasse und Connection-String zusammengeführt, indem der folgende Eintrag hinzugefügt wurde:

```
builder.Services.AddDbContext<MvcWebApplicationContext>(options =>
    options.UseSqlServer(
        builder.Configuration.GetConnectionString("MvcWebApplicationContext") ??
throw new InvalidOperationException("Connection string 'MvcWebApplicationContext'
not found.")));
```

Damit endet die Konfiguration. Der Rest findet im Code statt. Der Ordner *Controllers* enthält einen neuen Controller mit dem von uns gewählten Namen `PersonenController`. Ebenfalls neu ist der Ordner *Views\Personen*, der die folgenden fünf *.cshtml*-Dateien enthält:

- *Index.cshtml* (Übersichtsseite)
- *Create.cshtml* (neue Person anlegen)
- *Details.cshtml* (Detailansicht einer Person)
- *Edit.cshtml* (Bearbeiten einer Person)
- *Delete.cshtml* (Löschen einer Person)

Im `PersonenController` gibt es für jede dieser Seiten eine Action-Methode für HTTP GET sowie für alle außer der Übersichts- und Detailseite noch Action-Methoden für HTTP-POST (Beispiel: Beim Anlegen einer Person wird per GET das Formular geladen und es danach zur Speicherung per POST verschickt). Am einfachsten ist wohl die Übersichtsseite (bei uns *https://localhost:7035/Personen*). Die Action-Methode liest via Instanz der Datenkontextklasse und Entity Framework Core alle Personen aus und übergibt sie an die View. Die View selbst iteriert über alle Personen und zeigt sie an. Der folgende Codeausschnitt, wie auch viele der späteren, sind aufs Notwendigste gekürzt und lassen einige Details aus.

Beispiel 19.34: Die Übersichtsseite zeigt alle Personen

CSHTML

```
@model IEnumerable<MvcWebApplication.Models.Person>

<table class="table">
    <thead>
        <tr>
            <th>
                @Html.DisplayNameFor(model => model.Vorname)
            </th>
            <th>
                @Html.DisplayNameFor(model => model.Nachname)
            </th>
            <th></th>
        </tr>
    </thead>
    <tbody>
```

```
@foreach (var item in Model) {
        <tr>
            <td>
                @Html.DisplayFor(modelItem => item.Vorname)
            </td>
            <td>
                @Html.DisplayFor(modelItem => item.Nachname)
            </td>
            <td>
                <a asp-action="Edit" asp-route-id="@item.Id">Edit</a> |
                <a asp-action="Details" asp-route-id="@item.Id">Details</a> |
                <a asp-action="Delete" asp-route-id="@item.Id">Delete</a>
            </td>
        </tr>
}
    </tbody>
</table>
```

C#

```
using Microsoft.AspNetCore.Mvc;
using Microsoft.EntityFrameworkCore;
using MvcWebApplication.Data;
using MvcWebApplication.Models;

namespace MvcWebApplication.Controllers
{
    public class PersonenController : Controller
    {
        private readonly MvcWebApplicationContext _context;

        public PersonenController(MvcWebApplicationContext context)
        {
            _context = context;
        }

        // GET: Personen
        public async Task<IActionResult> Index()
        {
            return View(await _context.Person.ToListAsync());
        }
    }
}
```

Wie zu sehen ist, wird im Konstruktor des Controllers der Datenkontext per Dependency Injection zur Verfügung gestellt; die `Index()`-Action-Methode schickt die Liste von Personen an die View. Da mit einer Datenbank (und damit gegebenenfalls mit Latenz) gearbeitet wird, sind alle Action-Methoden asynchron. In der zugehörigen View werden die Personen tabellarisch ausgegeben und per Links auf die noch zu betrachtenden Seiten für Detailansicht, Bearbeitung und Löschen verwiesen. Beachten Sie, dass mit dem Tag Helper `asp-route-id` die ID, die Teil der Route ist (zur Erinnerung: Controller/Action-Methode/ID), übergeben wird.

Die Detailansicht zu einer Person hat die URL *https://localhost:7035/Personen/Details/123* und gibt die Details aus. In der Action-Methode `Details()` wird die ID aus der URL automatisch als Methodenparameter verwendet und dann aus dem Datenbestand geholt. Sollte es die ID nicht geben, sorgt `NotFound()` für den dann einzig richtigen HTTP-Statuscode, 404 (Not Found).

Beispiel 19.35: Die Detailseite zeigt eine Person

CSHTML

```
@model MvcWebApplication.Models.Person

<dl class="row">
    <dt class="col-sm-2">
        @Html.DisplayNameFor(model => model.Vorname)
    </dt>
    <dd class="col-sm-10">
        @Html.DisplayFor(model => model.Vorname)
    </dd>
    <dt class="col-sm-2">
        @Html.DisplayNameFor(model => model.Nachname)
    </dt>
    <dd class="col-sm-10">
        @Html.DisplayFor(model => model.Nachname)
    </dd>
</dl>
```

C#

```
// GET: Personen/Details/5
public async Task<IActionResult> Details(int? id)
{
    if (id == null)
    {
        return NotFound();
    }

    var person = await _context.Person
        .FirstOrDefaultAsync(m => m.Id == id);

    if (person == null)
    {
        return NotFound();
    }

    return View(person);
}
```

Weiter geht es mit *Create.cshtml*, der View zum Erstellen einer Person, sowie den zugehörigen Action-Methoden für GET und POST. Die GET-Methode ist trivial, wie in folgendem Codeausschnitt zu sehen ist:

Beispiel 19.36: Die Ansicht und die GET-Action-Methode für das Anlegen einer Person

CSHTML

```
@model MvcWebApplication.Models.Person

<form asp-action="Create">
    <div asp-validation-summary="ModelOnly" class="text-danger"></div>
    <div class="form-group">
        <label asp-for="Vorname" class="control-label"></label>
        <input asp-for="Vorname" class="form-control" />
        <span asp-validation-for="Vorname" class="text-danger"></span>
    </div>
    <div class="form-group">
        <label asp-for="Nachname" class="control-label"></label>
        <input asp-for="Nachname" class="form-control" />
        <span asp-validation-for="Nachname" class="text-danger"></span>
    </div>
    <div class="form-group">
        <input type="submit" value="Create" class="btn btn-primary" />
    </div>
</form>
```

C#

```
// GET: Personen/Create
public IActionResult Create()
{
    return View();
}
```

Bild 19.27 zeigt die UI im Browser. Wie üblich: Da das HTML-Markup in der *.cshtml*-Datei vorliegt, lässt sich quasi alles anpassen.

Die Handhabung der HTTP-Methode POST erfordert allerdings etwas mehr Hirnschmalz. Zunächst stellen wir erfreut fest, dass das Model Binding von ASP.NET MVC auch für komplexere Typen wie eben `Person` funktioniert. Wenn in der HTTP-Anfrage die Werte `Vorname` und `Nachname` vorkommen, wird daraus eine Person zusammengesetzt. Aus diesem Grund sieht die Signatur der Action-Methode für POST wie folgt aus:

```
public async Task<IActionResult> Create([Bind("Id,Vorname,Nachname")] Person person)
```

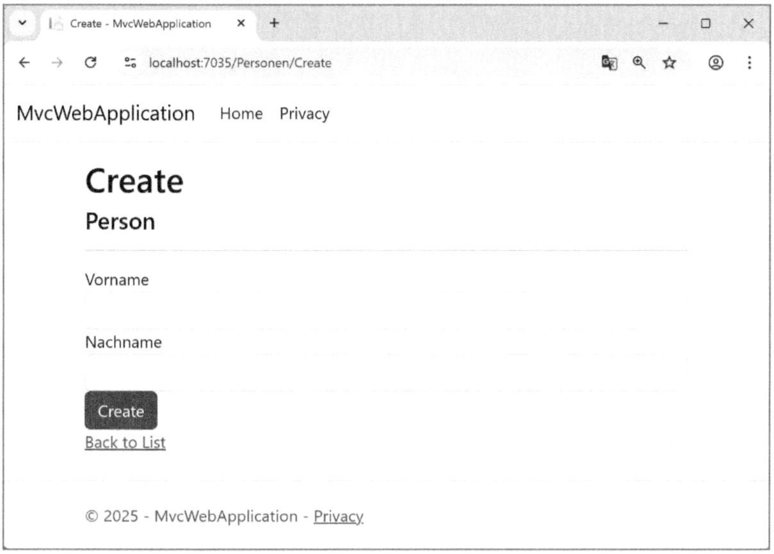

Bild 19.27 Die Maske zum Anlegen einer Person

Sie sehen hier auch, wie explizit die Klasseneigenschaften angegeben werden, an die gebunden werden soll. Das verhindert ein Angriffsszenario namens *Overposting* oder *Mass Assignment* (mehr Informationen erhalten Sie auch im Kommentar direkt über der erzeugten Methode). Für unsere Zwecke können wir an dieser Stelle die ID auch entfernen, denn diese wird beim Anlegen einer Person automatisch erzeugt.

In der Methode selbst werden die Eingaben zunächst validiert. Zur Erinnerung: Die Felder `Vorname` und `Nachname` wurden per `[Required]`-Attribut zu Pflichtfeldern gemacht. ASP.NET Core bietet eine automatische Modellvalidierung, aber es ist minimaler Code notwendig, um das Validierungsresultat abzufragen. Die Eigenschaft `ModelState.IsValid` überprüft, ob alle Angaben korrekt sind. Falls nicht, wird die Eingabemaske einfach erneut ausgegeben, anderenfalls fügt der Code die Person via Entity Framework Core in die Datenbank ein. Nach erfolgreicher Anlage der Person sorgt `RedirectToAction()` dafür, dass der Browser auf die Übersichtsseite umgeleitet wird.

Beispiel 19.37: Die Action-Methode für HTTP POST zum Anlegen einer neuen Person

C#

```
// POST: Personen/Create
[HttpPost]
[ValidateAntiForgeryToken]
public async Task<IActionResult> Create([Bind("Vorname,Nachname")] Models.Person
person)
```

```
{
    if (ModelState.IsValid)
    {
        _context.Add(person);
        await _context.SaveChangesAsync();
        return RedirectToAction(nameof(Index));
    }

    return View(person);
}
```

HINWEIS: Das Attribut `[ValidateAntiForgeryToken]` verhindert ein weiteres Angriffsszenario namens Cross-Site Request Forgery (CSRF). Hierzu wird ein von ASP.NET Core automatisch ins Formular eingetragenes Sicherheitstoken überprüft. Kein weiterer Code ist notwendig, das Framework kümmert sich um alles.

Noch ein Wort zur Validierung: Wenn Sie versuchen, eine Person ohne Vor- oder Nachnamen anzulegen, erhalten Sie ein Ergebnis wie in Bild 19.28. Dies passiert vollautomatisch und ohne Server-Interaktion! Das von `<input asp-for>` (alternativ hätte auch `Html.EditorFor()` funktioniert) generierte HTML-Markup enthält Anweisungen zur clientseitigen Datenüberprüfung, sofern Sie beim Scaffolding die Option *Auf Skriptbibliotheken verweisen* aktiviert gelassen haben. Natürlich ist die serverseitige Überprüfung trotzdem Pflicht, denn JavaScript kann abgeschaltet werden.

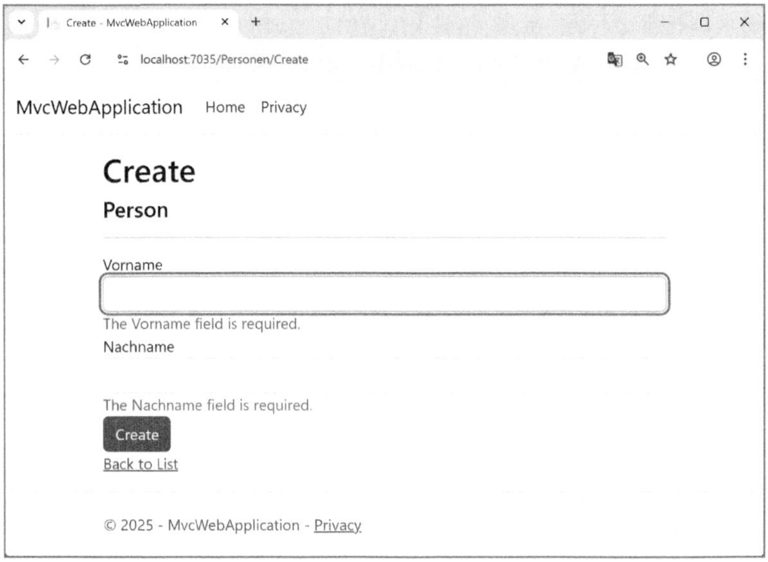

Bild 19.28 Die Formularvalidierung funktioniert auch clientseitig

Die nächste View ist die zum Bearbeiten einer Person. Die URL hat das Muster *https://localhost:7035/Personen/Edit/123*. Die Vorgehensweise ist ähnlich wie beim Erstellen einer Person, auch die Maske sieht quasi identisch zu der aus Bild 19.27 aus. Im Code gibt es jedoch zwei prinzipielle Unterschiede:

- Bei der GET-Anfrage werden die Personendaten geladen und das Formular vorausgefüllt. Wenn es die Person nicht gibt, kommt erneut `NotFound()` zum Einsatz.
- Bei POST gibt es einige Fehlerfälle, die berücksichtigt werden müssen – dass die ID nicht passt, oder dass es beim Aktualisieren zu einem Nebenläufigkeitsfehler in der Datenbank kommt. Diese Fehler werden entsprechend behandelt. Im Erfolgsfall wird der Datensatz aktualisiert und der Browser zur Übersichtsseite weitergeleitet.

Beispiel 19.38: Die Editierseite bearbeitet eine Person.

CSHTML

```
@model MvcWebApplication.Models.Person

<form asp-action="Edit">
    <div asp-validation-summary="ModelOnly" class="text-danger"></div>
    <input type="hidden" asp-for="Id" />
    <div class="form-group">
        <label asp-for="Vorname" class="control-label"></label>
        <input asp-for="Vorname" class="form-control" />
        <span asp-validation-for="Vorname" class="text-danger"></span>
    </div>
    <div class="form-group">
        <label asp-for="Nachname" class="control-label"></label>
        <input asp-for="Nachname" class="form-control" />
        <span asp-validation-for="Nachname" class="text-danger"></span>
    </div>
    <div class="form-group">
        <input type="submit" value="Save" class="btn btn-primary" />
    </div>
</form>
```

C#

```
// GET: Personen/Edit/5
public async Task<IActionResult> Edit(int? id)
{
    if (id == null)
    {
        return NotFound();
    }

    var person = await _context.Person.FindAsync(id);
```

```
    if (person == null)
    {
        return NotFound();
    }

    return View(person);
}

// POST: Personen/Edit/5
[HttpPost]
[ValidateAntiForgeryToken]
public async Task<IActionResult> Edit(int id, [Bind("Id,Vorname,Nachname")] Models.
Person person)
{
    if (id != person.Id)
    {
        return NotFound();
    }

    if (ModelState.IsValid)
    {
        try
        {
            _context.Update(person);
            await _context.SaveChangesAsync();
        }
        catch (DbUpdateConcurrencyException)
        {
            if (!PersonExists(person.Id))
            {
                return NotFound();
            }
            else
            {
                throw;
            }
        }

        return RedirectToAction(nameof(Index));
    }

    return View(person);
}

private bool PersonExists(int id)
{
    return _context.Person.Any(e => e.Id == id);
}
```

Im letzten Schritt geht es um das Löschen einer Person. Auch dies ist ein zweistufiger Prozess: HTTP GET lädt die Maske, die noch mal die Person anzeigt, und per HTTP POST erfolgt die tatsächliche Löschung. Nach erfolgter Tilgung des Datensatzes aus der Datenbank erfolgt erneut die Weiterleitung auf die Übersichtsseite.

Einziger Haken: Sowohl die GET-Methode als auch die POST-Methode haben dieselbe Signatur (Integer-Parameter `id`). Die Regeln von C# verlangen aber, dass es einen Unterschied gibt. Aus diesem Grund hat die Methode für POST einen anderen Namen; im `[ActionName]`-Attribut wird aber klar gemacht, für welche Aktion sie zuständig ist.

Beispiel 19.39: Die Löschseite entfernt eine Person

CSHTML

```
@model MvcWebApplication.Models.Person

<h3>Are you sure you want to delete this?</h3>
<dl class="row">
    <dt class="col-sm-2">
        @Html.DisplayNameFor(model => model.Vorname)
    </dt>
    <dd class="col-sm-10">
        @Html.DisplayFor(model => model.Vorname)
    </dd>
    <dt class="col-sm-2">
        @Html.DisplayNameFor(model => model.Nachname)
    </dt>
    <dd class="col-sm-10">
        @Html.DisplayFor(model => model.Nachname)
    </dd>
</dl>

<form asp-action="Delete">
    <input type="hidden" asp-for="Id" />
    <input type="submit" value="Delete" class="btn btn-danger" /> |
    <a asp-action="Index">Back to List</a>
</form>
```

C#

```
// GET: Personen/Delete/5
public async Task<IActionResult> Delete(int? id)
{
    if (id == null)
    {
        return NotFound();
    }

    var person = await _context.Person
        .FirstOrDefaultAsync(m => m.Id == id);

    if (person == null)
    {
        return NotFound();
    }

    return View(person);
}
```

```
// POST: Personen/Delete/5
[HttpPost, ActionName("Delete")]
[ValidateAntiForgeryToken]
public async Task<IActionResult> DeleteConfirmed(int id)
{
    var person = await _context.Person.FindAsync(id);
    _context.Person.Remove(person);
    await _context.SaveChangesAsync();

    return RedirectToAction(nameof(Index));
}
```

Die Oberfläche zum Löschen zeigt Bild 19.29.

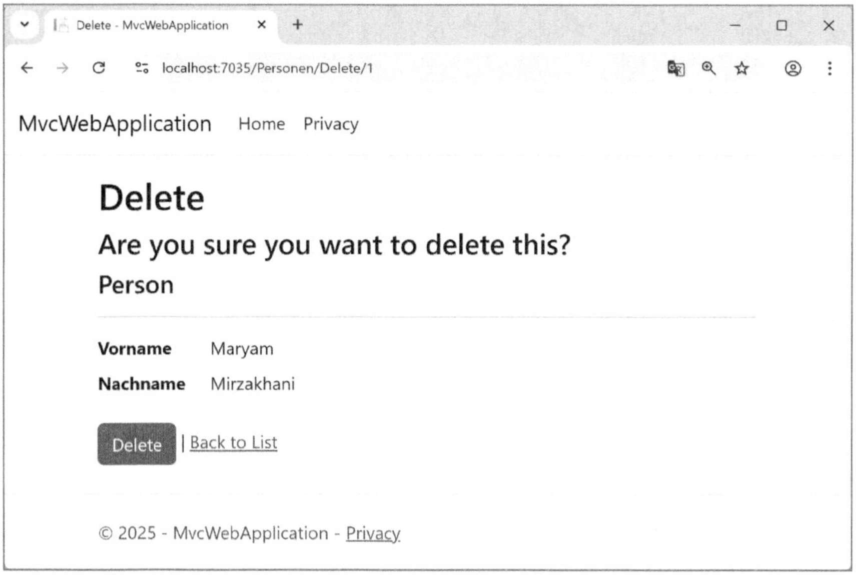

Bild 19.29 Soll dieser Datensatz gelöscht werden (die aktuell einzige weibliche Empfängerin einer Fields-Medaille, also besser nicht)?

So weit die Umsetzung der CRUD-Funktionalität mit ASP.NET Core MVC. Bei Razor Pages funktionieren der Prozess und der dadurch generierte Code sehr ähnlich. Beim Hinzufügen einer neuen Razor-Seite (das ist schon etwas her, Bild 19.5) ist die Vorlage *Razor-Seite mithilfe des Entity Frameworks (CRUD)* die richtige Wahl. Der Assistent, der dann erscheint, ist sehr ähnlich zu dem der MVC-Variante; er wird in Bild 19.30 gezeigt. Die Checkboxen *Auf Skriptbibliothek verweisen* und *Layoutseite verwenden* sollten aktiviert bleiben, um ein analoges Ergebnis zu vorher zu erhalten. Der Wizard erzeugt die Seiten *Index.cshtml, Create.cshtml, Delete.cshtml, Details.cshtml* und *Edit.cshtml* samt zugehöriger C#-Klassen. Beachten Sie, dass das Standardprojekt bereits die Dateien *Index.cshtml* und *Index.cshtml.cs* enthält; diese würden dann überschrieben werden (aber Visual Studio warnt vorher noch einmal).

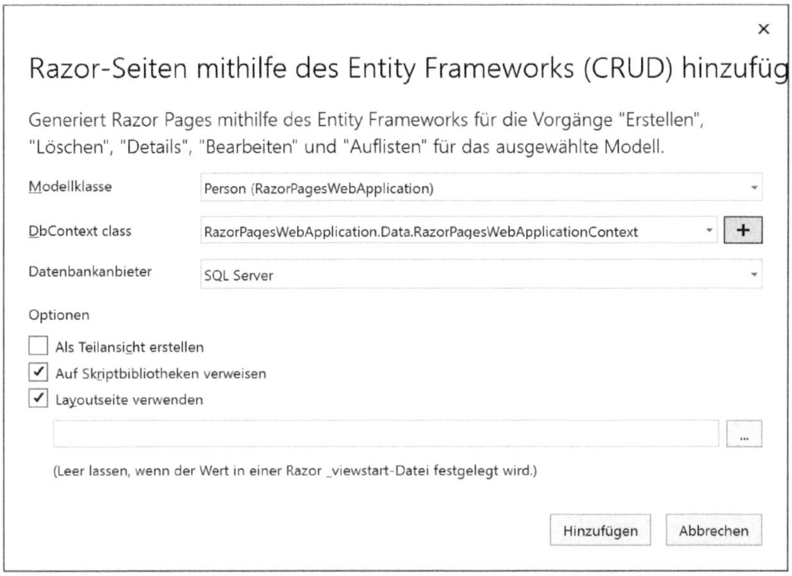

Bild 19.30 Gerüstbau von Razor Pages

Bei Einsatz der .NET CLI ist wieder das .NET-Tool `aspnet-codegenerator` zuständig, mit leicht veränderter Aufrufsyntax für Razor Pages:

```
dotnet aspnet-codegenerator razorpage -m Personen -dc RazorPagesApplicationContext
--useDefaultLayout --referenceScriptLibraries --outDir Pages
```

Die Initialisierung von Entity Framework Core ist ebenfalls Pflicht:

```
Add-Migration Initial
Update-Database
```

Beziehungsweise mit der.NET CLI:

```
dotnet tool install --global dotnet-ef
dotnet ef migrations add Initial
dotnet ef database update
```

Die Funktionsweise der Anwendung ist äquivalent zur MVC-Variante, der Code ist minimal anders. Dies lässt sich gut an der wohl komplexesten der erzeugten Seiten zeigen, nämlich der zum Bearbeiten (*Edit.cshtml*). Hier das Markup:

Beispiel 19.40: Die generierte Datei Edit.cshtml

CSHTML

```
@page
@model RazorPagesWebApplication.Pages.EditModel

@{
    ViewData["Title"] = "Edit";
}

<h1>Edit</h1>

<h4>Person</h4>

<hr />

<div class="row">
    <div class="col-md-4">
        <form method="post">
            <div asp-validation-summary="ModelOnly" class="text-danger"></div>
            <input type="hidden" asp-for="Person.Id" />
            <div class="form-group">
                <span class="text-danger">*</span>
                <label asp-for="Person.Vorname" class="control-label"></label>
                <input asp-for="Person.Vorname" class="form-control" />
                <span asp-validation-for="Person.Vorname" class="text-danger"></span>
            </div>
            <div class="form-group">
                <span class="text-danger">*</span>
                <label asp-for="Person.Nachname" class="control-label"></label>
                <input asp-for="Person.Nachname" class="form-control" />
                <span asp-validation-for="Person.Nachname" class="text-danger"></span>
            </div>
            <div class="form-group">
                <input type="submit" value="Save" class="btn btn-primary" />
            </div>
        </form>
    </div>
</div>

<div>
    <a asp-page="./Index">Back to List</a>
</div>

@section Scripts {
    @{await Html.RenderPartialAsync("_ValidationScriptsPartial");}
}
```

Interessant ist hier insbesondere die Umsetzung der Validierung. Für die beiden Formularfelder für Vor- und Nachnamen der Person ist jeweils ein <span>-HTML-Element als Platzhalter für eine eventuelle Validierungs-Fehlermeldung vorgesehen:

```
<span asp-validation-for="Person.Vorname" class="text-danger"></span>
```

Die zugehörige Logik ist in JavaScript implementiert. Zum Standard-Lieferumfang einer Anwendung mit Razor Pages gehört die Datei *\Pages\Shared_ValidationScripts Partial.cshtml*, die JavaScript-Code lädt. Der Aufruf von `Html.RenderPartialAsync()` lädt diese Datei und somit den dort referenzierten Code, sodass die Validierung funktioniert.

Das zugehörige Seitenmodell in der Datei *Edit.cshtml.cs* setzt dann die eigentliche Funktionalität um:

- Der Datenkontext wird per Constructor Injection zur Verfügung gestellt.
- In `OnGetAsync()` wird per Entity Framework Core die jeweilige Person geladen und das Modell (die öffentliche Eigenschaft `Person`) gefüllt – im Fehlerfall schlägt `NotFound()` zu.
- In `OnPostAsync()` werden die Daten validiert und die neue Person wird angelegt. Im Erfolgsfall erfolgt eine Weiterleitung auf die Übersichtsseite.

Beispiel 19.41: Die generierte Datei *Edit.cshtml.cs*

C#

```
using Microsoft.AspNetCore.Mvc;
using Microsoft.AspNetCore.Mvc.RazorPages;
using Microsoft.EntityFrameworkCore;

namespace RazorPagesWebApplication.Pages
{
    public class EditModel : PageModel
    {
        private readonly RazorPagesWebApplication.Data.
RazorPagesWebApplicationContext _context;

        public EditModel(RazorPagesWebApplication.Data.
RazorPagesWebApplicationContext context)
        {
            _context = context;
        }

        [BindProperty]
        public Person Person { get; set; } = default!;

        public async Task<IActionResult> OnGetAsync(int? id)
        {
            if (id == null)
            {
                return NotFound();
            }

            Person = await _context.Person.FirstOrDefaultAsync(m => m.Id == id);

            if (Person == null)
            {
                return NotFound();
            }
```

```
            return Page();
        }

        public async Task<IActionResult> OnPostAsync()
        {
            if (!ModelState.IsValid)
            {
                return Page();
            }

            _context.Attach(Person).State = EntityState.Modified;

            try
            {
                await _context.SaveChangesAsync();
            }
            catch (DbUpdateConcurrencyException)
            {
                if (!PersonExists(Person.Id))
                {
                    return NotFound();
                }
                else
                {
                    throw;
                }
            }
            return RedirectToPage("./Index");
        }

        private bool PersonExists(int id)
        {
            return _context.Person.Any(e => e.Id == id);
        }
    }
}
```

19.4.2 Authentifizierung und Autorisierung

In Abschnitt 19.3.3 wurde bereits das Session-Konzept motiviert als eine Option, eingeloggte Nutzer zu erkennen und zu verwalten. Derart sicherheitskritische Aspekte sollten aber nicht selbst implementiert werden, stattdessen ist es in der Regel eine gute Idee, auf etablierte und geprüfte Standards zu setzen. Gute Nachrichten: ASP.NET Core unterstützt sowohl die Nutzerauthentifizierung (Login et cetera) als auch die Autorisierung (Zugriffsschutz für Ressourcen). Das Ganze ist unter dem Oberbegriff ASP.NET Core Identity zusammengefasst. Wie immer gibt es Vorlagen, mit denen ein schnelles Erfolgserlebnis erzielt werden kann.

Bei Verwendung von Visual Studio gibt es sowohl bei der Erstellung einer App mit Razor Pages als auch bei MVC im letzten Schritt des Assistenten die Auswahl des Authentifizierungstyps (siehe Bild 19.31). Die Option *Einzelne Konten* legt die Anwendung mit Unterstützung für Nutzerkonten an.

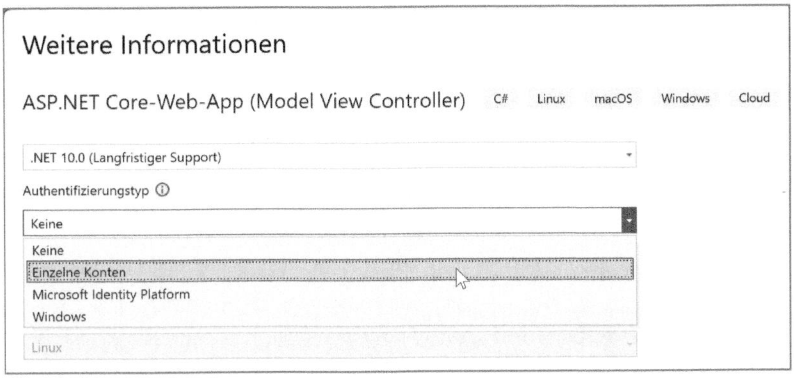

Bild 19.31 Projektanlage mit eingebauter Authentifizierung

Auch bei Verwendung der .NET CLI ist dieses Feature verfügbar. Der Schalter `--auth Individual` ist hierbei das Geheimnis:

```
dotnet new mvc --auth Individual -o NameDesProjekts
```

beziehungsweise

```
dotnet new webapp --auth Individual -o NameDesProjekts
```

Da erneut Entity Framework Core im Einsatz ist, müssen die erforderlichen Datenbankmigrationen noch initialisiert werden, wie bereits in Abschnitt 19.4.1 gesehen. In der Paket-Manager-Konsole von Visual Studio sind die folgenden, inzwischen bereits bekannten Kommandos vonnöten:

```
Add-Migration Initial
Update-Database
```

Wer auf die .NET CLI setzt, kennt ebenfalls die notwendigen Schritte: hier kommt das .NET-Tool `dotnet-ef` mit folgenden Kommandos zum Einsatz (sollte das Tool bereits installiert sein, können Sie den ersten der drei Befehle überspringen):

```
dotnet tool install --global dotnet-ef
dotnet ef migrations add Initial
dotnet ef database update
```

Wird die neu erstellte Anwendung gestartet, ist der erste sichtbare Unterschied zur Standardvorlage das Vorhandensein von zwei zusätzlichen Links in der Navigationsleiste: *Register* und *Login*. Der Link *Register* ermöglicht das Anlegen eines neuen Nutzers (siehe Bild 19.32). Er verweist auf *https://server/Identity/Account/Register*, unabhängig davon, ob MVC oder Razor Pages im Einsatz sind.

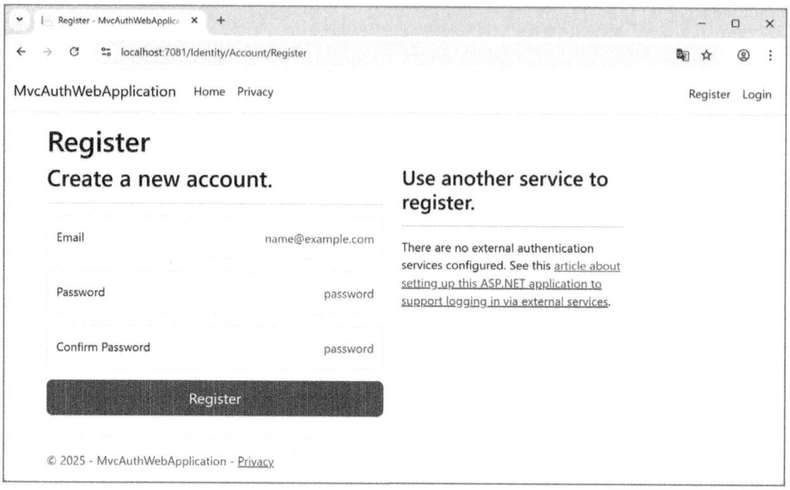

Bild 19.32 Die Nutzerregistrierung

Nach der Nutzerregistrierung würde das System gerne eine Bestätigungsmail zur Freischaltung des Kontos schicken – also Opt-in. Allerdings erfordert das einen E-Mail-Server, der standardmäßig nicht eingerichtet ist. Der Auslieferungszustand der Vorlage bietet deswegen direkt nach der Registrierung einen Link zum Opt-in an, direkt auf der Bestätigungsseite. Diesen Link müssen Sie unbedingt anklicken, anderenfalls ist ein Login nicht möglich.

Die Anwendung unterstützt jetzt Authentifizierung, also Logins, und in der Folge auch Autorisierung. Wenn beispielsweise ein Endpunkt – also eine Action-Methode oder ein Controller in MVC, oder die Modellklasse einer Razor Page oder eine Methode wie `OnGet()` oder `OnPost()` – mit dem Attribut `[Authorize]` markiert ist, erfordert dieser jetzt einen eingeloggten Nutzer.

Hier eine solche MVC-View samt zugehöriger, geschützter Action-Methode. Die View gibt den Namen des eingeloggten Nutzers aus, sofern vorhanden.

Beispiel 19.42: Die geschützte MVC-Seite

CSHTML

```
<h1>Hallo @User?.Identity?.Name!</h1>
```

C#

```
using Microsoft.AspNetCore.Authorization;
using Microsoft.AspNetCore.Mvc;

namespace MvcAuthWebApplication.Controllers
{
    public class HomeController : Controller
    {
        [Authorize]
        public IActionResult Protected()
        {
            return View();
        }
    }
}
```

Bei Razor Pages funktioniert das ganz analog:

Beispiel 19.43: Die geschützte Razor Page

CSHTML

```
@page
@model RazorPagesAuthWebApplication.Pages.ProtectedModel

<h1>Hallo @User?.Identity?.Name!</h1>
```

C#

```
using Microsoft.AspNetCore.Authorization;
using Microsoft.AspNetCore.Mvc.RazorPages;

namespace RazorPagesAuthWebApplication.Pages
{
    [Authorize]
    public class ProtectedModel : PageModel
    {
    }
}
```

Wenn Sie versuchen, diesen Endpunkt direkt aufzurufen (*https://server/Home/Protected* oder *https://server/Protected*, je nach Projekt), erfolgt sofort eine Weiterleitung zu *https://server/Identity/Account/Login*, wo der Login erfolgen soll (siehe Bild 19.33). Die URL der ursprünglichen Seite ist automatisch im URL-Parameter `ReturnUrl` hinterlegt worden.

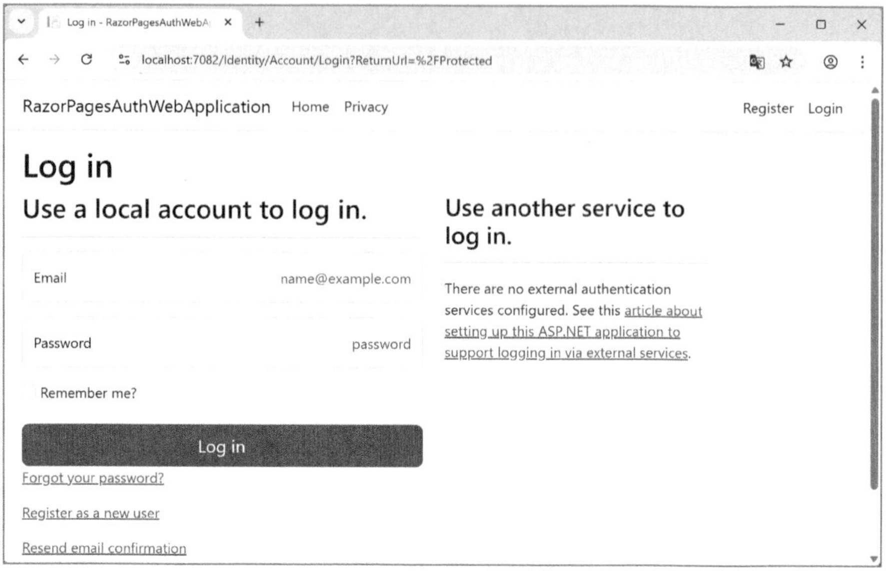

Bild 19.33 Beim Aufruf der geschützten Ressource erfolgt die Weiterleitung zum Login.

Und genau zu dieser URL erfolgt letztendlich die Weiterleitung nach erfolgtem Login. Bild 19.34 zeigt das Ergebnis.

Bild 19.34 Der Benutzer wird auf der geschützten Seite erkannt

All dies funktioniert ohne zusätzliche Konfiguration. Der Login-Zustand wird über ein spezielles Cookie realisiert, das vom Server validiert werden kann. Nicht einmal ein Datenbankschema ist erforderlich, dieses bringt ASP.NET Core automatisch mit. Ein Blick in die Datei *appsettings.json* zeigt den Connection-String, der von der Projektvorlage gleich mit erzeugt wurde (der Datenbankname ist wie immer zufällig und wird bei Ihnen anders aussehen):

Beispiel 19.44: Die Verbindungszeichenfolge zur Datenbank in der Datei appsettings.json

JSON

```
{
  "ConnectionStrings": {
    "DefaultConnection": "Server=(localdb)\\mssqllocaldb;Database=aspnet-
RazorPagesAuthWebApplication-f9c04a0b-cff4-4277-80aa-d88060b2e095;Trusted_
Connection=True;MultipleActiveResultSets=true"
  }
}
```

Die Datenbank kann natürlich auch eingesehen werden. Bild 19.35 beispielsweise zeigt die Liste der erzeugten Tabellen. Anhand dieser erahnen Sie bereits einige der weiteren Features, die ASP.NET Core Identity mit sich bringt – Rollen zum Beispiel. Mit diesen lässt sich der Zugriff auf Ressourcen bzw. Endpunkte auch an spezifische Rollen binden.

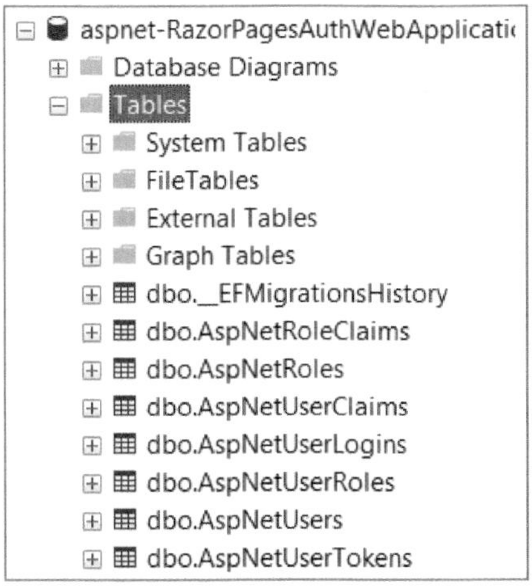

Bild 19.35
Die von ASP.NET Core Identity erzeugten Datenbanktabellen

Darüber hinaus stehen zahlreiche weitere Möglichkeiten zur Verfügung, entweder „out of the box“ oder durch minimale Anpassung der Konfiguration. Hier einige Teaser:

- Zwei-Faktor-Authentifizierung (2FA)
- Authenticator-Apps samt QR-Code zum Scannen
- Login mit einem externen Service (z. B. Facebook, Google, Microsoft)
- Sperren von Nutzern (z. B. nach zu vielen fehlgeschlagenen Loginversuchen)
- Passwort-Wiederherstellung/-Zurücksetzung

Unter *https://learn.microsoft.com/en-us/aspnet/core/security/authentication/identity* gibt es eine recht ausführliche Dokumentation zu diesen und weiteren Möglichkeiten sowie detaillierte Hinweise, welche Anpassungen dafür notwendig sind.

Eingeloggte Nutzer haben zudem Zugriff auf den ebenfalls automatisch verfügbaren Administrationsbereich. Wobei der Begriff „Administrationsbereich" vielleicht nicht ganz korrekt ist. Das einzige, was hier administriert werden kann, ist das eigene Konto – es ist also eine Art Selbstbedienungs-Administration. Bild 19.36 zeigt die Startseite.

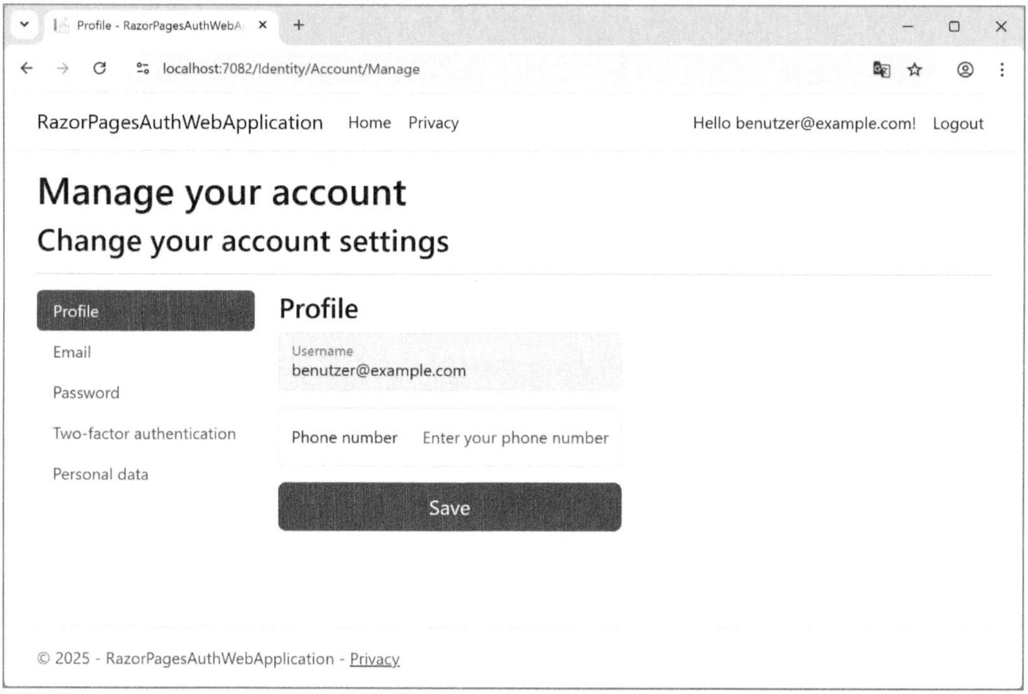

Bild 19.36 Gerüstbau für die Features von ASP.NET Core Identity

Eine Frage soll aber abschließend noch geklärt werden: Wo kommen eigentlich die bisher gezeigten Funktionalitäten her? Für die Endpunkte zur Registrierung und zum Login etwa befinden sich in der Webanwendung keine offensichtlichen Dateien, weder für Frontend noch Backend.

Des Rätsels Lösung: Per NuGet-Paket kommen UI und Code daher. Für einen genaueren Einblick – oder für eine optische oder funktionale Anpassung – gibt es die Möglichkeit, sich per Gerüstbau die verwendeten Dateien physikalisch ins Projekt zu holen. Startpunkt ist wieder einmal der Scaffolding-Wizard (Kontextmenü des Projekts im Projektmappen-Explorer, dann *Hinzufügen/Neues Gerüstelement*). Diesmal ist der Bereich *Identität* zu wählen, und dort dann der einzige, und gleichnamige Eintrag (siehe Bild 19.37).

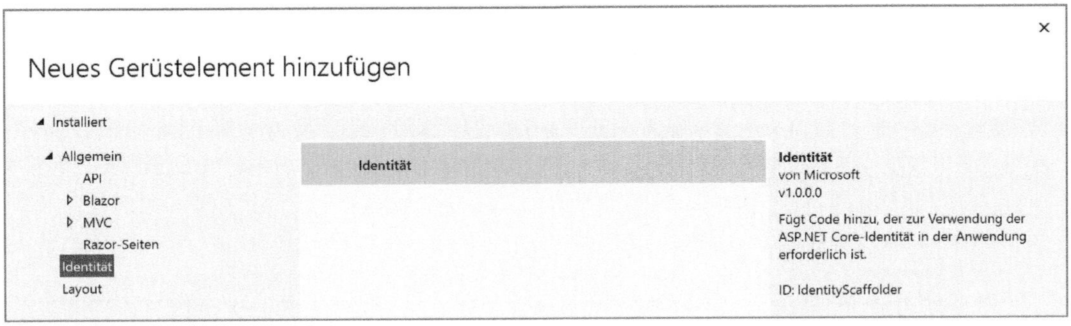

Bild 19.37 Die Liste der Dateien, die auf Wunsch generiert werden können.

HINWEIS: Wenn Sie beim Scaffolding eine Fehlermeldung erhalten sollten, versuchen Sie es direkt noch einmal – dann sollte es funktionieren. Dieser Bug trat bereits in älteren Versionen von Visual Studio auf einigen Systemen reproduzierbar auf und ist wohl nicht totzukriegen.

Im nächsten Schritt erscheint der Dialog aus Bild 19.38, der alle Dateien (Razor Pages und zugehörige C#-Klassen) aufführt, die erzeugt werden können. Selbst bei einem MVC-Projekt werden Razor Pages erzeugt (und gegebenenfalls die Unterstützung dafür in der Datei *Program.cs* aktiviert). Außerdem können Sie die zu verwendende Layout-Seite angeben. ASP.NET Core Identity bringt eine mit, aber wenn Sie Anpassungen in der Datei *\Pages\Shared_Layout.cshtml* (Razor Pages) oder *\Views\Shared_Layout.cshtml* (MVC) haben, sollten Sie diese angeben. Ebenso müssen Sie entweder eine Datenkontextklasse erstellen oder eine vorhandene auswählen (bei Verwendung des Templates ist bereits eine im Projekt vorhanden).

Setzen Sie dagegen auf die .NET CLI, kommt der `aspnet-codegenerator` ins Spiel. Stellen Sie sicher, dass das NuGet-Paket `Microsoft.VisualStudio.Web.CodeGeneration.Design` im Projekt installiert ist, und starten Sie dann den Gerüstbau nach folgendem Muster:

```
dotnet aspnet-codegenerator identity -dc RazorPagesAuthWebApplication.Data.
ApplicationDbContext --files "Account.Register;Account.RegisterConfirmation;Account.
Login;Account.Logout"
```

So erhalten Sie Einblick in alle Dateien und können die Implementierungslogik nachvollziehen und auch ändern. Auch das Layout lässt sich jetzt frei anpassen. Die Details hierzu gehen weit über den Umfang dieses Kapitels hinaus, aber unter der zuvor bereits genannten URL (*https://learn.microsoft.com/en-us/aspnet/core/security/authentication/identity*) finden Sie umfangreiche weitere Informationen.

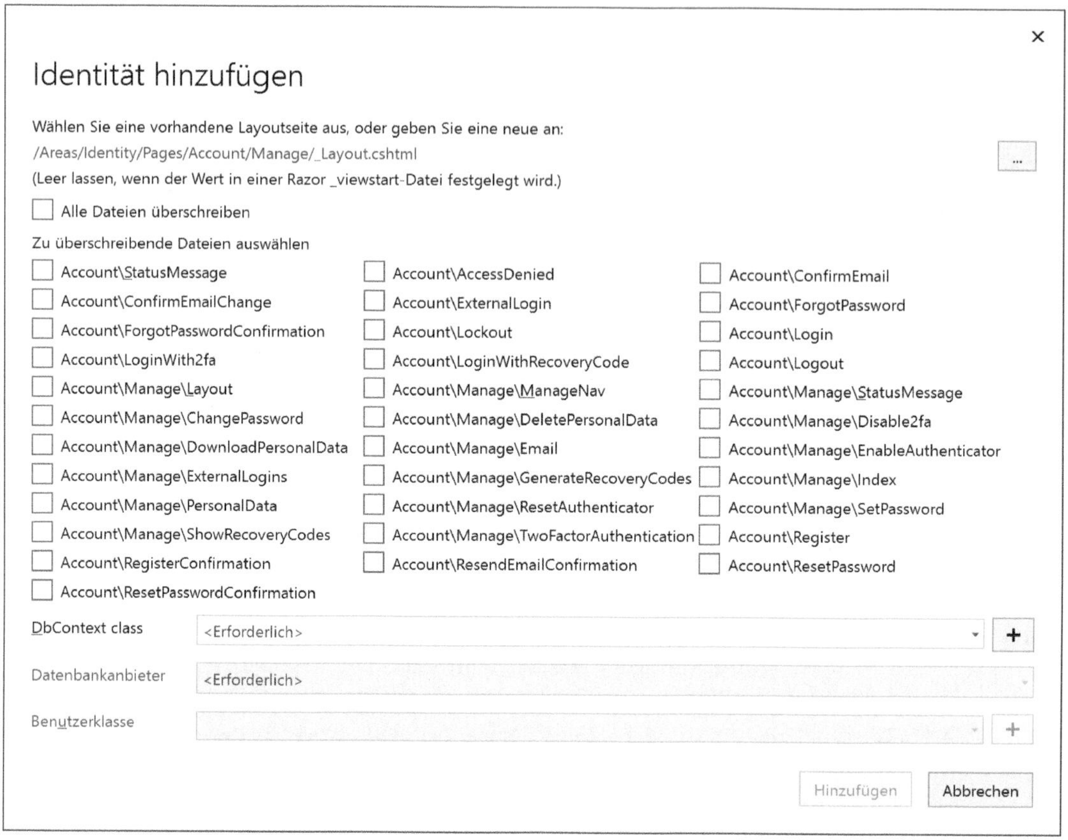

Bild 19.38 Gerüstbau des Self-Service-Administrationsbereichs von ASP.NET Core Identity

19.4.3 Zugriffsbeschränkung

Im vorherigen Unterkapitel haben wir Authentifizierung und Autorisierung als besondere Form der Zugriffsbeschränkung kennengelernt: ohne Login und Credentials keine Daten. Seit .NET 7 gibt es eine andere Form der Einschränkung, eine Webanwendung aufzurufen: Rate-Limiting. Es geht hier also um die Beschränkung zeitgleicher Zugriffe auf eine Ressource, das kann eine Webseite oder auch ein API-Endpunkt (siehe Kapitel 19) sein. Wichtige Voraussetzung: dieses Feature funktioniert nur mit dem in .NET eingebauten Webserver Kestrel, also nicht im IIS oder mit anderen Webservern (die haben gegebenenfalls eigene Mechanismen hierfür).

Das Rate-Limiting von ASP.NET Core lässt sich direkt in der *Program.cs* konfigurieren. Eine so genannte Policy gibt an, welche Limitierungen gelten sollen. Es gibt mehrere Möglichkeiten, unter anderem eine fixe Anzahl von Verbindungen pro Zeitfenster, oder ein sich bewegendes („sliding“) Zeitfenster. Hier eine Policy für erstere Option:

```
builder.Services.AddRateLimiter(_ =>
{
    _.AddFixedWindowLimiter(
        policyName: "fixed-window",
        options =>
        {
            options.Window = TimeSpan.FromSeconds(5);
            options.PermitLimit = 5;
        });
});
```

Ein Zeitfenster ist fünf Sekunden lang, und erlaubt nur fünf gleichzeitige Verbindungen. Hier zunächst die angepasste *Program.cs*, in dem die Rate-Limiting-Policy definiert wird. Wichtig ist zudem der Einbau von `UseRateLimiter()`, damit das Feature auch aktiv ist!

Beispiel 19.45: Die Datei *Program.cs* der Rate-Limiting-Anwendung

C#

```
using Microsoft.AspNetCore.RateLimiting;
var builder = WebApplication.CreateBuilder(args);
builder.Services.AddRateLimiter(_ =>
{
    _.AddFixedWindowLimiter(
        policyName: "fixed-window",
        options =>
        {
            options.Window = TimeSpan.FromSeconds(5);
            options.PermitLimit = 5;
            options.QueueLimit = 2;
        });
});
var app = builder.Build();
app.UseRateLimiter();
app.Run();
```

Um nun eine Razor-Page oder eine MVC-Action-Methode mit der Zugriffsbeschränkung zu versehen, genügt es, das Attribut `[EnableRateLimiting]` hinzuzufügen. Parameter ist dabei der Name der gewünschten und zuvor angelegten Policy.

Beispiel 19.46: Eine mit Rate-Limiting versehene Razor Page

CSHTML

```
@page
@model RazorPagesWebApplication.Pages.RateLimitedModel

<p>Der gleichzeitige Zugriff auf diese Seite ist eingeschränkt.</p>
```

C#

```
using Microsoft.AspNetCore.Mvc.RazorPages;
using Microsoft.AspNetCore.RateLimiting;

namespace RazorPagesWebApplication.Pages
{
    [EnableRateLimiting("fixed-window")]
    public class RateLimitedModel : PageModel
    {
        public void OnGet()
        {
            Thread.Sleep(3000);
        }
    }
}
```

Wird der dort implementierte API-Endpunkt nun sechsmal gleichzeitig aufgerufen, dauert der Prozess in der Regel gut acht Sekunden: die ersten fünf Requests werden im ersten Fünf-Sekunden-Fenster verarbeitet. Die sechste Anfrage landet im zweiten Fenster und dauert (mindestens) drei Sekunden.

Bild 19.39 zeigt eine Art Lasttest, der mithilfe des Tools *k6* (*https://k6.io*) gefahren wurde: Sechs parallele Requests wurden gegen den API-Endpunkt geschickt, und es hat in der Tat acht Sekunden gedauert.

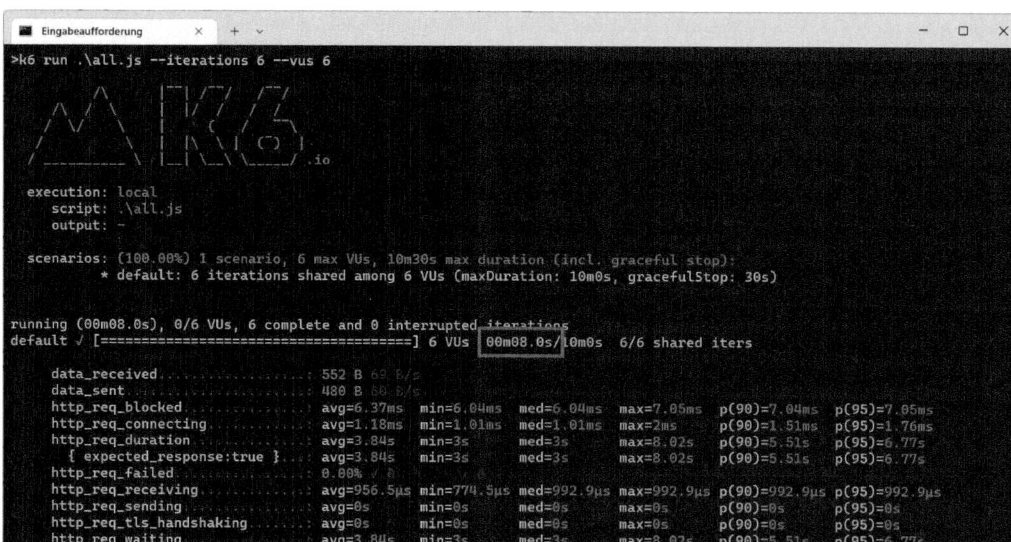

Bild 19.39 Lasttest mit k6

20 Web APIs mit ASP.NET Core

Kapitel 19 hat „klassische" Webapplikationen behandelt – dokumentenbasierte Sites, jeder Mausklick oder Formularversand fordert vom Server eine neue HTML-Seite an. Es gibt allerdings noch einen weiteren, durchaus verbreiteten Architekturansatz, sogenannte Single-Page Applications (SPAs). Diese Art von Anwendungen wird von JavaScript betrieben. Das Gros der Funktionalität findet komplett im Browser statt. Der Server ist lediglich Datenlieferant, stellt also beispielsweise Informationen aus einer Datenbank zur Verfügung oder aktualisiert diese auf Zuruf.

Der „Vertrag" zwischen Client und Server, wie dieser Datenaustausch stattzufinden hat, ist eine API – Application Programming Interface, also Schnittstelle zur Anwendungsprogrammierung. Da wir hier von Webanwendungen sprechen, ist auch oft von „Web APIs" die Rede. Mit ASP.NET Core Web API – manchmal auch verkürzt als ASP. NET Web API bezeichnet – gibt es in ASP.NET Core integrierte Funktionalitäten, die exakt diese Form von APIs einfach zur Verfügung stellen. Dieses Kapitel stellt die wichtigsten Features anhand von zahlreichen Beispielen vor.

HINWEIS: Kapitel 21 behandelt Blazor, einen Ansatz, eine SPA zu erstellen, aber auf Wunsch komplett ohne den Einsatz von (eigenem) JavaScript-Code.

20.1 REST

Die Kommunikation zwischen Client und Server erfolgt in der Regel über HTTP. Die Art und Weise, wie das geschieht, ist dabei vollkommen freigestellt – wie die URLs aussehen, in welchem Format die Daten zurückgeliefert werden müssen et cetera –, aber es gibt nicht bindende Vorgaben, an denen sich zahlreiche APIs ausrichten. Positiver Nebeneffekt: Bei der Umsetzung von ASP.NET Web API hat sich das .NET-Team an ebendiesen Vorgaben ausgerichtet. Zwar ist man entwicklungsseitig frei in der Art und Weise, wie die API zu funktionieren hat, aber besonders einfach geht es, wenn man sich am De-facto-Standard orientiert.

Hierzu müssen wir kurz ausholen. Version 1.0 der HTTP-Spezifikation, 1996[1] in den RFC 1945 gegossen (*https://datatracker.ietf.org/doc/html/rfc1945*), weist drei Autoren auf. Neben Tim Berners-Lee, allgemein als „Erfinder des World Wide Web" bekannt, sind noch zwei weitere Personen genannt, Henrik Frystyk (eigentlich Henrik Frystyk Nielsen) und Roy Fielding. In der HTTP-Version 1.1 aus dem Jahr 1999 (RFC 2616 – *https://datatracker.ietf.org/doc/html/rfc2616*) sind alle drei noch dabei (plus vier weitere Personen). Letztgenannter Roy Fielding hat im Jahr 2000 promoviert; Titel seiner Arbeit: *Architectural Styles and the Design of Network-based Software Architectures* (online unter *https://www.ics.uci.edu/~fielding/pubs/dissertation/top.htm*). Kapitel 5 dieser Arbeit führte den Begriff „Representational State Transfer", kurz „REST" ein. Laut Fielding handelt es sich dabei um einen Architekturstil für „Hypermedia-Systeme", sprich Webanwendungen. Über 20 Jahre später ist REST mehr en vogue als je zuvor, wenn es um die Gestaltung von APIs geht. Bevor wir in die technischen Details von ASP.NET Web API einsteigen, sollen die Grundprinzipien von REST kurz beschrieben werden. Dabei geht es allerdings weniger um eine Beschreibung aus dem Elfenbeinturm heraus, bei der Abweichungen von der reinen Lehre bestraft gehören, sondern um eine verständliche Schilderung, aus der dann direkt eine Implementierung abgeleitet werden kann.

Die Idee hinter „Representational State Transfer" schlägt sich direkt in der Mechanik des World Wide Web nieder. Der Zustand einer Webapplikation wird durch eine Ressource repräsentiert – also einer URI (Uniform Resource Identifier). Eine Webanwendung besteht klassischerweise aus einer Reihe von URIs, zwischen denen hin und her navigiert wird.

Fielding hat sechs REST-Prinzipien, im Original Architektur-Beschränkungen (*architectural constraints*), definiert, also eine Form von Regelwerk für Anwendungen nach dem REST-Prinzip. In den Klammern hinter den freien deutschen Übersetzungen stehen die Original-Abschnittsüberschriften aus der Dissertation:

1. **Client-Server-Architektur (client-server):** Die Aufspaltung einer Applikation in einen Server-Teil (mit Logik) und einen Client-Teil (in dem die Darstellung stattfindet) ist im Web automatisch gegeben. Heutzutage verschwinden freilich ein wenig die Grenzen, etwa wenn vermehrt clientseitige Logik via JavaScript im Browser stattfindet.

2. **Zustandslosigkeit (stateless):** Das HTTP-Protokoll ist zustandslos, merkt sich also nichts (zum Entstehungszeitpunkt von HTTP waren Cookies noch nicht erfunden und sind auch heutzutage nicht Teil der HTTP-Spezifikation).

[1] HTTP gab es da natürlich schon länger, aber hier wurde erstmals das, was Browser umgesetzt haben, als bindender Standard niedergeschrieben.

3. **Cachebarkeit (cache):** Das Cachen von Antworten vom Server muss möglich sein – in HTTP ist das wie bekannt bereits umgesetzt.
4. **Einheitliche Schnittstelle (uniform interface):** Dieses Prinzip gilt als wichtigste Beschränkung für REST-Applikationen (und ist gleichzeitig die einzige Regel, die wirklich jeder kennt). Jede Ressource auf dem Server wird durch eine URI repräsentiert. Ob die Daten dann als HTML oder JSON oder XML transportiert werden, ist prinzipiell egal – die Datengrundlage ist stets dieselbe. Wir werden das später direkt anhand von Beispielen sehen.
5. **Mehrschicht-Architektur (layered system):** Zwischen Client und Server kann es beliebig viele zusätzliche Schichten (etwa Proxy-Server) geben, was keine Auswirkungen auf die Anwendung haben darf.
6. **Code auf Anfrage (code-on-demand):** Der Server darf Code an den Client schicken, der dort zur Ausführung kommt. Hier ist natürlich von JavaScript die Rede (und in längst vergangenen Zeiten des Web auch noch Plugin-Inhalte wie etwa Java-Applets und Silverlight-Anwendungen). Dieses Prinzip ist explizit als optional gekennzeichnet, ist also keine Pflicht. Bei APIs werden wir das nicht benötigen.

In diesem Kapitel geht es um APIs. Im Zusammenhang mit REST wird auch häufig von „RESTful APIs" gesprochen. Damit sind APIs gemeint, die den REST-Beschränkungen unterliegen. Viel Zeit und Energie lässt sich in Diskussionen verschwenden, wie RESTful eine API tatsächlich ist. Wir dagegen werfen natürlich einen Blick auf ASP.NET Web API und darauf, wie dort das Erstellen von APIs funktioniert, die dann RESTful sein können, aber nicht müssen.

Das Konzept der einheitlichen Schnittstelle sowie der Repräsentation per URI lässt sich am einfachsten anhand eines simplen API-Beispiels veranschaulichen. Angenommen, ein Verlag will per API eine Liste von Büchern und anderen Produkten liefern. Die URI dafür könnte beispielsweise wie folgt aussehen:

https://api.verlag.xyz/products

Es gilt als gute Praxis, ein Substantiv zu verwenden und in den Plural zu setzen. Das liegt vorerst auf der Hand, denn in der Datenbank sind sicherlich mehrere Bücher hinterlegt. Bei Betrachtung eines einzelnen Titels sieht es schon wieder etwas anders aus, hier könnte man über den Singular nachdenken. Damit die URIs aber einem einheitlichen Schema genügen, bleibt es beim Plural. Jedes Produkt hat eine eindeutige ID. Das könnte bei Büchern die ISBN sein, aber im folgenden Beispiel gehen wir von einer anderen internen ID aus (vielleicht die Nummer des Buchvertrags mit den Verfassern). Der API-Endpunkt, der ein Produkt mit ID 1234 liefert, könnte dann folgende Form haben:

https://api.verlag.xyz/products/1234

Bücher gibt es häufig in mehreren Ausgaben, etwa als Hardcover und als Taschenbuch, gerade im Bereich der Belletristik. Jede dieser Ausgaben hat natürlich auch eine eigene ISBN. Wäre dieser Teil der URI, wäre es möglicherweise schwierig, die Zusammengehörigkeit der Ausgaben klar festzustellen. Ein möglicher Ansatz, das einheitlich zu lösen, besteht aus der Ergänzung der vorangegangenen URI. Die gewünschte Variante (etwa: 1 = Hardcover, 2 = Softcover, 3 = eBook) wird schlicht ergänzt, nach folgendem Muster:

https://api.verlag.xyz/products/1234/editions/1

https://api.verlag.xyz/products/1234/editions/2

https://api.verlag.xyz/products/1234/editions/3

HINWEIS: Auf die gleiche Art und Weise könnten auch weitere Eigenschaften des spezifischen Produkts angegeben werden, wie etwa die gewünschte Sprachausgabe oder die Auflagennummer.

Und wieso enthalten diese URIs erneut einen Plural, nämlich *editions*? Klar, der folgende Endpunkt liefert eine Liste aller Varianten:

https://api.verlag.xyz/products/1234/editions

Es ist also nach diesem Muster möglich, für jedes Buch eine eindeutige URI anzugeben. Wenn die URLs aufgerufen werden, liefert der Browser die Daten in einem zu definierenden Format (dazu später mehr). Die Beschaffung von Informationen ist somit möglich. Doch was ist mit allen anderen Operationen außer dem Lesen – also dem Erstellen oder Aktualisieren von Büchern, oder dem Löschen? Hier kommen HTTP-Methoden ins Spiel (manchmal auch, wenngleich nicht ganz korrekt, HTTP-Verben genannt). Die meisten Webapplikationen verwenden lediglich GET und POST, doch bei einer RESTful API werden mehrere benötigt. Auch hier gibt es theoretische Detailunterschiede und Stildiskussionen, aber die wichtigsten Methoden finden Sie in Tabelle 20.1.

Tabelle 20.1 HTTP-Methoden für RESTful APIs

Methode	Funktion
GET	Lesen von Daten
POST	Neuanlage von Daten
PUT PATCH[2)]	Aktualisierung bestehender Daten
DELETE	Löschen bestehender Daten

2 Die HTTP-Methode PATCH wurde erst später hinzugefügt und erlaubt es, einzelne Ressourcen zu aktualisieren; PUT ersetzt alte Daten komplett durch neue. Für unsere Ausführungen ist diese Unterscheidung allerdings nicht relevant.

Jetzt fügt sich alles zusammen: Die URL einer Ressource ist immer dieselbe, egal ob diese gelesen, aktualisiert, oder gelöscht wird. Durch die HTTP-Methode wird dem Server die Aktion mitgeteilt. Tabelle 20.2 zeigt einige mögliche Kombinationen aus HTTP-Methoden, URIs sowie deren Bedeutung.

Tabelle 20.2 HTTP-Methoden und URIs

Methode	URI	Funktion
GET	*https://api.verlag.xyz/products/1234/editions/1*	Liest Daten über Buchausgabe.
POST	*https://api.verlag.xyz/products/1234/editions*	Legt eine neue Buchausgabe an.
PUT	*https://api.verlag.xyz/products/1234/editions/1*	Aktualisiert die Buchausgabe mit ID 1.
DELETE	*https://api.verlag.xyz/products/1234/editions/1*	Löscht die Buchausgabe mit der ID 1.

HINWEIS: Bei den Schreiboperationen POST und PUT müssen natürlich die zu schreibenden Daten auch mitgeschickt werden; dies geschieht im Body der HTTP-Anfrage.

Es fällt insbesondere auf, dass die URLs selber keine Aktionen enthalten. In der Tat gibt es APIs, die es anders handhaben und dann beispielsweise eine Struktur nach folgendem Muster aufweisen:

https://api.verlag.xyz/getProducts

https://api.verlag.xyz/getProduct?id=1234

https://api.verlag.xyz/addProduct

https://api.verlag.xyz/updateProduct?id=1234

https://api.verlag.xyz/deleteProduct?id=1234

Das ist dann kein REST mehr, sondern entspricht eher dem Prinzip „Remote Procedure Call“ (kurz: RPC), also einem entfernten Prozeduraufruf. Das war eine Zeit lang sehr populär, beispielsweise bei einem Vorgängerprotokoll zu SOAP, nämlich XML-RPC. In der Praxis hat sich aber mittlerweile ein REST-Ansatz (egal ob 100 % korrekt oder zumindest „nah genug an der Wahrheit dran“) durchgesetzt. Mit dazu beigetragen haben natürlich auch Frameworks, die RESTful APIs halbwegs einfach machen – wie eben auch ASP.NET Web API.

20.2 Vorlagen

Bei Verwendung von Visual Studio gibt es mehrere Vorlagen, die spezifisch auf APIs ausgerichtet sind. In den meisten Fällen setzen Sie aber auf eine ganz bestimmte Vorlage. Sie heißt (aktuell) *ASP.NET Core-Web-API*, der Namensbestandteil „Core“ ist also wiederaufgetaucht. Bild 20.1 zeigt auch eine weitere Vorlage, in deren Beschreibungstext „Web API“ auftaucht: *ASP.NET Core Web-API (native AOT)*. Diese Vorlage ist ähnlich zur „Hauptvorlage“, verwendet aber Ahead-of-Time-Compilation (AOT). Dieses Konzept wird in Kapitel 1 allgemein beschrieben, ist aber für unsere Belange nicht relevant (und sorgt für funktionale Einschränkungen).

Bild 20.1 Die Web-API-Vorlagen in Visual Studio

Im letzten Schritt des Assistenten kann wie gewohnt unter anderem die .NET-Version ausgewählt werden. Bei den restlichen Projektdetails gibt es allerdings einige Checkboxen, von denen zwei einer besonderen Erläuterung bedürfen (siehe Bild 20.2):

- *OpenAPI-Unterstützung aktivieren:* Wenn diese Checkbox aktiviert ist (was standardmäßig der Fall ist), wird automatisch eine Dokumentation der API erstellt, worauf wir in Kürze einen Blick werfen werden.

- *Controller verwenden:* Ist diese Checkbox ausgewählt (was sie standardmäßig nicht ist!), wird ein Controller angelegt, der sehr an MVC aus Kapitel 19 erinnert. Was passiert, wenn die Checkbox deaktiviert wird, beschreibt später Abschnitt 20.5.

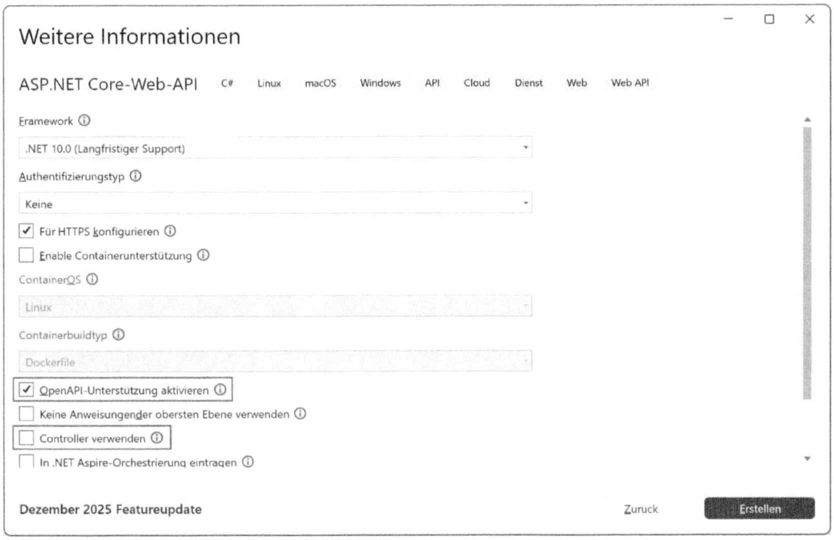

Bild 20.2 Optionen bei der Projektanlage

Für die nächsten Schritte lassen wir beide Checkboxen aktiviert.

HINWEIS: Bei Verwendung der Konsole zur Projektanlage setzen Sie bei Web API auf `dotnet new webapi -o ProjektName`. Wenn kein Controller verwendet werden soll, wird der Optionsschalter `-minimal` benötigt. Soll keine OpenAPI-Dokumentation erstellt werden, fügen Sie dem Aufruf `--no-openapi` hinzu.

Das erzeugte Projekt besteht aus einer Reihe von Dateien. Die drei wichtigsten sind diese:

- *Program.cs* konfiguriert und startet wie üblich Applikation und Webserver.
- *WeatherForecast.cs* definiert die Klasse `WeatherForecast`, die Pseudo-Wettervorhersagen repräsentiert.
- *Contollers\WeatherForecastController.cs* implementiert einen API-Endpunkt für Wettervorhersagen.

Hier zunächst der Inhalt der *Program.cs* (minimal gekürzt):

Beispiel 20.1: Die Datei *Program.cs* der Web API

C#

```
var builder = WebApplication.CreateBuilder(args);

builder.Services.AddControllers();

builder.Services.AddOpenApi();

var app = builder.Build();
if (app.Environment.IsDevelopment())
{
 app.MapOpenAPI();
}

app.UseHttpsRedirection();

app.UseAuthorization();

app.MapControllers();

app.Run();
```

Einige Codestellen sind halbfett hervorgehoben:

- Durch den Aufruf von `AddControllers()` und `MapControllers()` wird die Unterstützung von Controllern aktiviert, inklusive aller Automatismen, wie etwa: Gesucht wird im Ordner `Contollers`, und der Klassenname endet auf `Controller`.
- `AddOpenApi()` und `MapOpenAPI()` aktivieren die Dokumentation für alle API-Endpunkte.

In der Datei *WeatherForecastController.cs* versteckt sich die Logik des (einzigen) Endpunkts der API. Bei einer HTTP-GET-Anfrage werden zufällig fünf Vorhersagen ermittelt und dann zurückgeliefert. Werfen wir zunächst einen Blick auf den Code in seiner Gesamtheit:

Beispiel 20.2: Die Datei *WeatherForecastController.cs* der Web API

C#

```
using Microsoft.AspNetCore.Mvc;

namespace WebApiApplication.Controllers
{
    [ApiController]
    [Route("[controller]")]
    public class WeatherForecastController : ControllerBase
```

```
    {
        private static readonly string[] Summaries =
        [
            "Freezing", "Bracing", "Chilly", "Cool", "Mild", "Warm", "Balmy", "Hot",
"Sweltering", "Scorching"
        ];

        [HttpGet(Name = "GetWeatherForecast")]
        public IEnumerable<WeatherForecast> Get()
        {
            return Enumerable.Range(1, 5).Select(index => new WeatherForecast
            {
                Date = DateOnly.FromDateTime(DateTime.Now.AddDays(index)),
                TemperatureC = Random.Shared.Next(-20, 55),
                Summary = Summaries[Random.Shared.Next(Summaries.Length)]
            })
            .ToArray();
        }
    }
}
```

Mit dem Hintergrundwissen aus Kapitel 19 ist schon ein gewisser Grundaufbau zu erkennen. Der Controller enthält eine Methode `Get()`. Wird diese aufgerufen, wird ein Array von fünf `WeatherForecast`-Instanzen zurückgeliefert. Die genaueren Details hierzu sehen wir im Folgenden, zunächst aber wird es Zeit, die API auszuführen. Eine Betätigung von **Strg+F5** oder `dotnet run` startet die Anwendung, aber offenkundig passiert nichts. Das liegt daran, dass eine API naturgemäß keine Oberfläche hat, weswegen sich auch (bei Verwendung von Visual Studio) kein Webbrowser öffnet.

Die ersten Schritte mit Web API funktionieren aber besser mit etwas UI-Unterstützung, deswegen rüsten wir diese nach. Dazu benötigen wir ein externes NuGet-Paket namens `NSwag.AspNetCore`. Installieren Sie das über den NuGet-Paket-Manager in Visual Studio, oder über folgenden Aufruf in der .NET CLI:

```
dotnet add package NSwag.AspNetCore
```

Dann ergänzen Sie die Datei *Program.cs* wie folgt (hinzugefügte Stellen sind hervorgehoben):

Beispiel 20.3: Die angepasste Datei *Program.cs* der Web API

C#

```
var builder = WebApplication.CreateBuilder(args);

builder.Services.AddControllers();

builder.Services.AddOpenApi();
builder.Services.AddOpenApiDocument();
```

```
var app = builder.Build();
if (app.Environment.IsDevelopment())
{
    app.UseOpenApi();
    app.UseSwaggerUi();
    app.MapOpenAPI();
}

app.UseHttpsRedirection();

app.UseAuthorization();

app.MapControllers();

app.Run();
```

Anschließend öffnen Sie die Datei *launchSettings.json* (im *Properties*-Ordner). Diese sieht bei Ihnen etwas anders aus – allein schon wegen der zufällig vergebenen Portnummern – aber wichtig ist, dass Sie die Einstellungen bei `launchBrowser` und `launchUrl` anpassen beziehungsweise ergänzen.

Beispiel 20.4: Ergänzungen in der Einstellungsdatei *launchSettings.json*

JSON

```
{
  "$schema": "https://json.schemastore.org/launchsettings.json",
  "profiles": {
    "http": {
      "commandName": "Project",
      "dotnetRunMessages": true,
      "launchBrowser": true,
      "launchUrl": "swagger",
      "applicationUrl": "http://localhost:5025",
      "environmentVariables": {
        "ASPNETCORE_ENVIRONMENT": "Development"
      }
    },
    "https": {
      "commandName": "Project",
      "dotnetRunMessages": true,
      "launchBrowser": true,
      "launchUrl": "swagger",
      "applicationUrl": "https://localhost:7085;http://localhost:5025",
      "environmentVariables": {
        "ASPNETCORE_ENVIRONMENT": "Development"
      }
    }
  }
}
```

Starten Sie die Anwendung und öffnen Sie die (gegebenenfalls hinsichtlich des Ports angepasste) URL *https://localhost:7085/swagger* im Browser; bei Verwendung von Visual Studio sollte das automatisch geschehen. Dies liefert die in Bild 20.3 zu sehende Oberfläche – das ist die „Swagger UI", die zuvor in der *Program.cs* konfiguriert wurde. Der Browser zeigt eine Liste aller Endpunkte der Web API; in unserem Fall ist es bisher lediglich einer.

HINWEIS: Achten Sie auf die URL, ein alleiniger Aufruf über den Host (etwa: *https://localhost:7085*) wäre falsch. Ohne den Bestandteil „swagger" erhalten Sie HTTP 404, weil die API an sich keine „Root-Seite" besitzt.

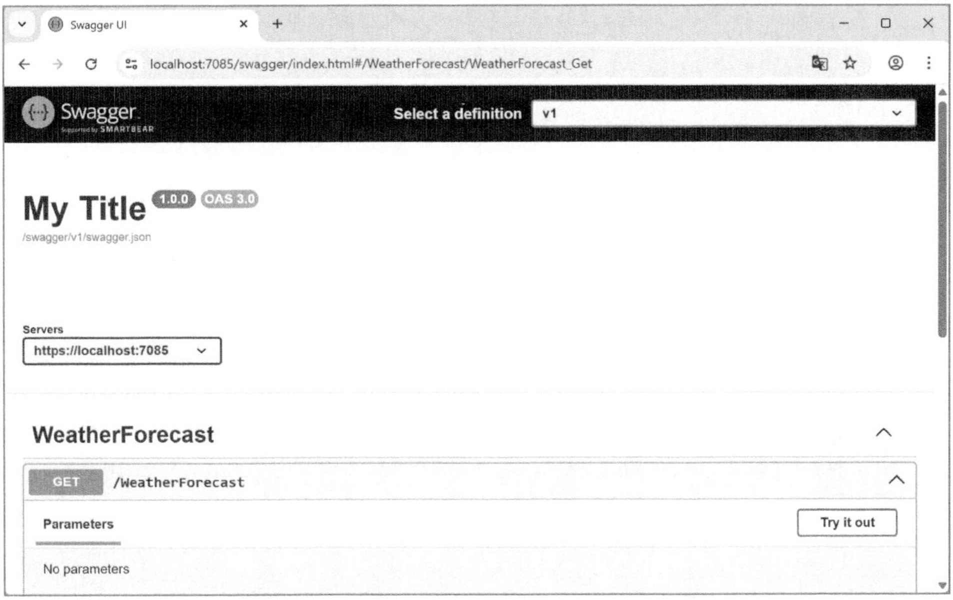

Bild 20.3 Die Übersicht der (übersichtlichen) API

Doch es wird noch besser: Jeder Endpunkt kann direkt im Browser getestet werden; die mit *Try it out* beschriftete Schaltfläche aktiviert die Oberfläche dafür. Wenn der Endpunkt Parameter erwartet, können diese direkt im Browser mit Werten gefüllt werden. Das Ergebnis des Aufrufs sieht dann in etwa aus wie in Bild 20.4. Die Service-Rückgabe ist direkt zu sehen. Das Datenformat ist im vorliegenden Service JSON (auch dazu später mehr), was von Swagger UI sogar farbcodiert dargestellt wird.

Bild 20.4 API-Endpunkte direkt im Browser testen

Natürlich ist es auch möglich, den API-Endpunkt direkt im Browser aufzurufen. Für HTTP GET ist das ein gangbarer Weg. Andere HTTP-Methoden sind etwas komplexer einzurichten, sodass sich hier der Rückgriff auf Extra-Tools wie eben Swagger UI lohnen kann.

Chrome-basierte Browser (wie Chrome, Edge und andere) zeigen die Rückgabe direkt als Text an. Firefox hat für Daten im JSON-Format eine eingebaute Rendering-Engine, die die Daten farblich hervorgehoben und strukturiert anzeigt (siehe Bild 20.5).

Wie bereits angesprochen, ist der Browser eigentlich nur für GET-Anfragen geeignet. Allerdings will sicherlich nicht jede API die von Swagger UI gelieferte Oberfläche mit ausliefern. Die zu Swagger gehörenden Aufrufe, die wir in der Datei *Program.cs* ergänzt haben (zur Erinnerung: `AddOpenApiDocument()`, `UseOpenApi()` und `UseSwaggerUI()`), erledigen das auf unseren Wunsch. Außerdem geschieht das nur auf Entwicklungssystemen. Ein Produktivsystem liefert in der Regel keine API-Oberfläche mit aus.

Für API-Tests gibt es spezialisierte Software, wovon unser Favorit Bruno ist (von *https://www.usebruno.com*). Es handelt sich um ein kommerzielles Tool, für das es aber auch eine kostenlose Edition gibt. Unter *https://www.usebruno.com/downloads* steht Bruno für Windows, Mac und Linux bereit. Bild 20.6 zeigt Bruno für Windows.

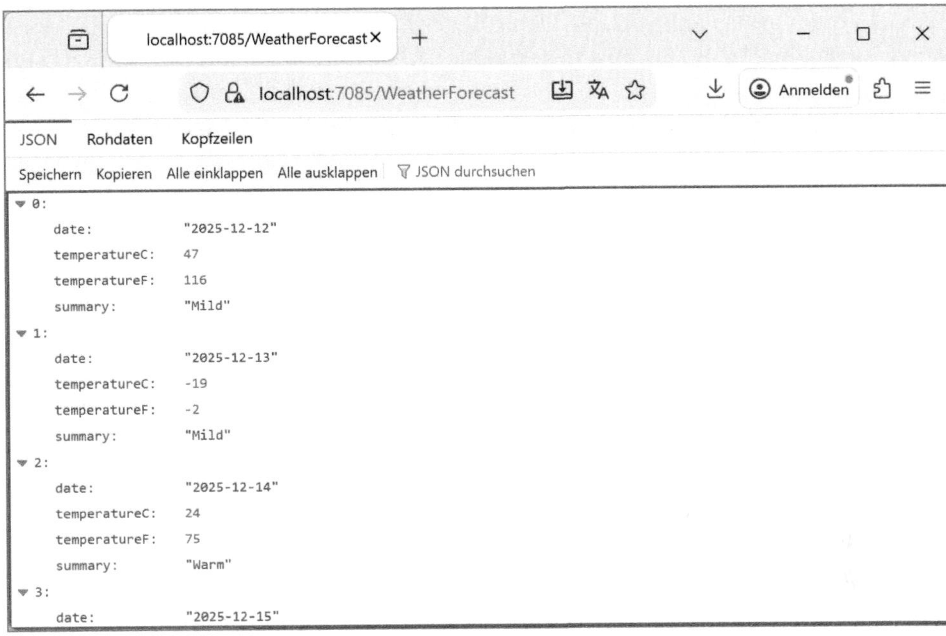

Bild 20.5 Die JSON-Rückgabe im Browser

Bild 20.6 APIs aufrufen mit Bruno

Damit sind die ersten Schritte mit Web API geschafft – Theorie, Projektanlage, erste Gehversuche und Tools zum Testen. Jetzt ist es an der Zeit, das Ganze etwas methodischer zu behandeln.

20.3 Daten lesen

Ein API-Controller sieht auf den ersten Blick aus wie ein MVC-Controller. Und in der Tat: Die Ansätze sind ähnlich, der sprichwörtliche Teufel steckt aber im Detail. Beim Hinzufügen eines neuen Controllers in Visual Studio ist man möglicherweise verleitet, die Controller-Vorlage aus dem Bereich *MVC* zu nehmen. Das wäre aber die falsche Option; für Web APIs zielführend ist der Bereich *API*, wie in Bild 20.7 zu sehen.

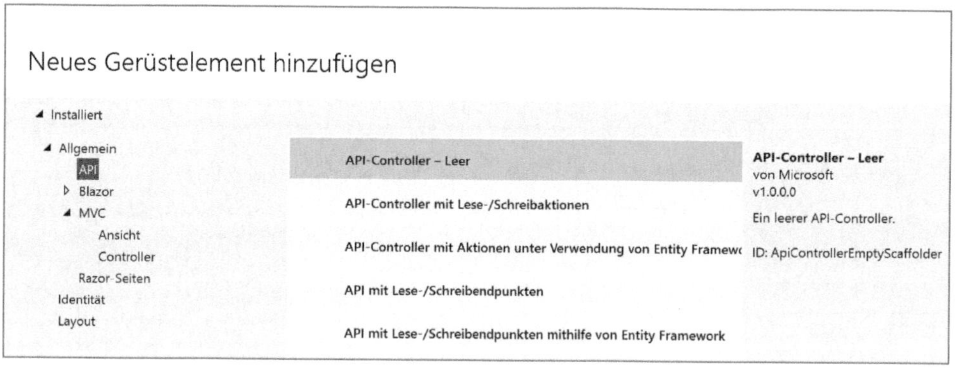

Bild 20.7 Vorlagen für API-Controller in Visual Studio

Die Vorlage *API-Controller – Leer* verwendet standardmäßig den Namen `ValuesController` (den wir vorerst übernehmen) und erstellt folgenden Code:

Beispiel 20.5: Der von Visual Studio erzeugte leere API-Controller

C#

```
using Microsoft.AspNetCore.Http;
using Microsoft.AspNetCore.Mvc;

namespace WebApiApplication.Controllers
{
    [Route("api/[controller]")]
    [ApiController]
    public class ValuesController : ControllerBase
    {
    }
}
```

Hieran sind schon einige Besonderheiten zu erkennen. Zunächst einmal wird der Controller von der Klasse `ControllerBase` abgeleitet, nicht von `Controller` (was bei MVC zur Anwendung kam). Der Grund: `ControllerBase` hat im Gegensatz zu `Controller` keine eingebaute Unterstützung für Views, aber diese brauchen wir bei APIs ja sowieso nicht. Außerdem ist der Controller noch mit dem Attribut `[ApiController]` ausgezeichnet. Dies aktiviert bestimmte automatische Verhaltensweisen des Controllers, beispielsweise im Hinblick auf Fehlerbehandlung.

Schon vom Prinzip her aus Kapitel 19 bekannt ist das `[Route]`-Attribut, das das Routing von URLs auf Klassen und Methoden erledigt. Die gerade betrachtete Vorlage verwendet als Route `api/[controller]`. Da die Klasse `ValuesController` heißt, wäre die Basis-URL für die Inhalte des Controllers *https://server/api/values* (Groß-/Kleinschreibung ist hier nicht relevant). Die Controller-Klasse der Wettervorhersage sieht übrigens wie folgt aus:

```
[ApiController]
[Route("[controller]")]
public class WeatherForecastController : ControllerBase
```

Hier wird in der Route lediglich der Controller-Name verwendet. Der Aufruf erfolgt deswegen per *https://server/weatherforecast*.

Doch wie müssen die Methoden benannt werden, wenn doch sowieso eine Ressource immer über dieselbe URI aufgerufen werden kann und sich nur die HTTP-Methoden unterscheiden? Hier gibt es zweieinhalb Ansätze:

- Die Methode heißt wie die HTTP-Methode oder beginnt damit. Die Methoden `Get()` (wie auch in der Wettervorhersage im Einsatz) oder auch `GetValues()` würden also automatisch beim Aufruf per HTTP GET ausgeführt werden. Gleiches gilt für andere HTTP-Methoden, so würden für POST beispielsweise `Post()` und `PostValue()` funktionieren.
- Die C#-Methode enthält per Attribut die Information, für welche HTTP-Methode sie zuständig ist: `[HttpGet]`, `[HttpPost]` et cetera.
- Zusätzlich können die einzelnen Methoden auch noch individuelle Routen verwenden – wir zählen das mal als „halben“ Ansatz.

Die persönliche Präferenz des Autors ist eine Kombination der ersten beiden Möglichkeiten: Namen, die das Verb enthalten, sowie zusätzlich das Attribut. Das vermeidet Missverständnisse und ist explizit in der Angabe, welche Methoden wie von der API behandelt werden. Die Unterstützung von Swagger UI (und deren zugrunde liegender Standard, OpenAPI), erfordert zudem die Angabe des Attributs, weil dieses dann automatisiert per Reflection ausgelesen und als Grundlage für die UI-Erstellung verwendet wird.

Als Modell soll eine simple Repräsentation eines Buches dienen, in Form eines Records namens `SimpleBook` mit diesen Eigenschaften:

- `Id`: numerischer Identifikator
- `Title`: Name des Buches
- `Author`: Verfassende des Buches

Die erste Iteration des Service enthält eine einfache Methode, die eine statische Liste der Bücher zurückliefert:

Beispiel 20.6: Die API liefert eine Liste von Büchern zurück.

C#

```
using Microsoft.AspNetCore.Mvc;
using System.ComponentModel.DataAnnotations;

namespace WebApiApplication.Controllers
{
    [Route("api/[controller]")]
    [ApiController]
    public class ValuesController : ControllerBase
    {
        private List<SimpleBook> _books = new List<SimpleBook>()
        {
            new SimpleBook { Id = 1, Title = "Krieg und Frieden", Author = "Lew
            Nikolajewitsch Tolstoi" },
            new SimpleBook { Id = 2, Title = "Buddenbrocks", Author = "Thomas Mann"
}
        };

        [HttpGet]
        public List<SimpleBook> GetBooks()
        {
            return _books;
        }
    }

    public record SimpleBook
    {
        [Required]
        public int Id { get; set; }
        [Required]
        public string Title { get; set; } = string.Empty;
        [Required]
        public string Author { get; set; } = string.Empty;
    }
}
```

Das funktioniert zunächst wie gewünscht. Der Aufruf von *https://server/api/values* liefert eine Liste von Büchern im JSON-Format.

HINWEIS: Zwar ließe sich die Methode `GetBooks()` mit `public List<SimpleBook> GetBooks => _books` auch kompakter implementieren. Allerdings lässt sich in diesem Fall das `[HttpGet]`-Attribut nicht hinzufügen, weswegen dann die automatische Unterstützung von Swagger UI/OpenAPI nicht funktionieren würde.

Etwas schwieriger wird es indes, wenn eine zweite Methode hinzugefügt wird, etwa zum Abfragen eines individuellen Buches über die URI *https://server/api/values/1*. Der folgende Ansatz sieht gut aus, er ist es aber nicht:

```
[HttpGet]
public SimpleBook? GetBook(int id)
{
    return _books.Find(b => b.Id == id);
}
```

Beim Starten der Anwendung erscheint ein Fehler in der Oberfläche von Swagger UI und die Konsolenausgabe des Webservers verrät die Ursache (siehe Bild 20.8).

Bild 20.8 Die beiden Methoden stehen im Konflikt zueinander

Die beiden Methoden `GetBooks()` und `GetBook()` stehen in einem Konflikt zueinander. Beide sind für die HTTP-Methode GET zuständig, und auch wenn `GetBook()` einen Parameter erwartet (im Gegensatz zu `GetBooks()`) – die Generierung von Swagger UI kommt damit nicht zurecht. Die Route muss diesen Parameter ebenfalls aufweisen. Das hatten wir bereits in Kapitel 19 gelöst, aber da der Fehler nicht immer sofort ins

Auge fällt, weisen wir an dieser Stelle explizit darauf hin. Die folgende Variante funktioniert nach Wunsch:

Beispiel 20.7: Die API bietet jetzt zwei Endpunkte.

C#

```
using Microsoft.AspNetCore.Mvc;
using System.ComponentModel.DataAnnotations;

namespace WebApiApplication.Controllers
{
    [Route("api/[controller]")]
    [ApiController]
    public class ValuesController : ControllerBase
    {
        private List<SimpleBook> _books = new List<SimpleBook>()
        {
            new SimpleBook { Id = 1, Title = "Krieg und Frieden", Author = "Lew
Nikolajewitsch Tolstoi"  },
            new SimpleBook { Id = 2, Title = "Buddenbrocks", Author = "Thomas Mann"
}
        };

        [HttpGet()]
        public List<SimpleBook> GetBooks()
        {
            return _books;
        }

        [HttpGet("{id}")]
        public SimpleBook? GetBook(int id)
        {
            return _books.Find(b => b.Id == id);
        }
    }

    public record SimpleBook
    { /* ... */ }
}
```

Die URL *https://server/api/values* würde jetzt beide Bücher liefern, *https://server/api/values/1* nur das mit der ID 1.

HINWEIS: Model Binding funktioniert in ASP.NET Web API genauso wie in ASP.NET Core MVC oder in Razor Pages. Erwartet eine Methode einen Parameter namens x, so lässt sich dieser durch einen GET- oder POST- oder Routen-Parameter namens x setzen. Im vorliegenden Fall wäre also auch der Parameter `int id` sowie ein angehängtes `?id=1` möglich gewesen. Das Problem war die für Swagger UI/OpenAPI nicht mehr mögliche Unterscheidung zur bereits vorhandenen Methode `GetBooks()`.

Nach demselben Strickmuster lassen sich noch weitere Endpunkte hinzufügen. Gäbe es für die Bücher unterschiedliche Ausgaben, so ließe sich eine URI nach dem Muster *https://server/api/values/1/editions/2* durch eine Methode mit folgender Signatur implementieren:

```
[HttpGet("{bookId}/editions/{editionId}")]
public SimpleEdition? GetEdition(int bookId, int editionId)
```

Hier ist der komplette Code für dieses Beispiel, inklusive erweiterter Beispielsdaten und Unterstützung für Editionen im Modell:

Beispiel 20.8: Die API erhält einen Endpunkt für verschiedene Ausgaben eines Buches.

C#

```
using Microsoft.AspNetCore.Mvc;
using System.ComponentModel.DataAnnotations;
namespace WebApiApplication.Controllers
{
    [Route("api/[controller]")]
    [ApiController]
    public class ValuesController : ControllerBase
    {
        private List<SimpleBook> _books = new List<SimpleBook>()
        {

           new SimpleBook { Id = 1, Title = "Krieg und Frieden", Author = "Lew
Nikolajewitsch Tolstoi", Editions = new SimpleEdition[] {
                new SimpleEdition { Id = 1, Title = "Gebundenes Buch"},
                new SimpleEdition { Id = 2, Title = "Taschenbuch"}
            }},
            new SimpleBook { Id = 2, Title = "Buddenbrocks", Author = "Thomas Mann",
Editions = new SimpleEdition[] {
                new SimpleEdition { Id = 1, Title = "Taschenbuch"},
                new SimpleEdition { Id = 2, Title = "Hörbuch"} }}
        };

        [HttpGet()]
        public List<SimpleBook> GetBooks()
        {
            return _books;
        }

        [HttpGet("{id}")]
        public SimpleBook? GetBook(int id)
        {
            return _books.Find(b => b.Id == id);
        }

        [HttpGet("{bookId}/editions/{editionId}")]
        public SimpleEdition? GetEdition(int bookId, int editionId)
        {
            var book = _books.Find(b => b.Id == bookId);
            var edition = book?.Editions?.Where(e => e.Id ==
editionId).FirstOrDefault();
```

```
            return edition;
        }
    }

    public record SimpleBook
    {
        [Required]
        public int Id { get; set; }
        [Required]
        public string Title { get; set; } = string.Empty;
        [Required]
        public string Author { get; set; } = string.Empty;
        public SimpleEdition[] Editions { get; set; } = Array.Empty<SimpleEdition>();
    }

    public record SimpleEdition
    {
        [Required]
        public int Id { get; set; }
        public string Title { get; set; } = string.Empty;
    }
}
```

Da wir noch ohne Datenhaltung arbeiten, kommt der Controller ohne `async` aus. Das wird sich im nächsten Buchabschnitt ändern. Zuvor aber gibt es noch einen kleinen Schönheitsfehler, um den wir uns kümmern sollten. Der Aufruf eines nicht existierenden Buches oder einer nicht existierenden Ausgabe liefert im C#-Code `null` zurück. Die API gibt dann im wahrsten Sinne des Wortes gar nichts zurück. In Kapitel 19 haben wir bereits HTTP-Statuscodes im Zusammenhang mit Fehlerzuständen gesehen. Zur Erinnerung: Statuscodes werden anhand der ersten Ziffer klassifiziert:

- *1xx*: Bestätigung des Eingangs einer HTTP-Anfrage
- *2xx*: HTTP-Anfrage war erfolgreich
- *3xx*: Weiterleitung zu einer anderen URL
- *4xx*: Clientseitige Fehler (inklusive nicht existierender Ressourcen oder Anfragen mit inkorrekten Daten)
- *5xx*: Serverseitige Fehler (wie etwa Exceptions)

Die Klasse `ActionResult` bietet die Möglichkeit, Daten mit beliebigem HTTP-Statuscode zurückzugeben. Die Methode kann weiterhin den ursprünglichen Datentyp zurückgeben, wenn die typisierte Fassung von `ActionResult` verwendet wird:

```
[HttpGet()]
public ActionResult<List<SimpleBook>> GetBooks()
{
    return _books;
}
```

Dazu gibt es eine Reihe von Hilfsmethoden, ähnlich wie das auch bei MVC in Kapitel 19 funktionierte. Die Bezeichnungen sind allerdings ein wenig anders. Hier die wichtigsten:

- `NoContent()`: HTTP 204 (HTTP-Anfrage ohne Fehler, aber auch ohne Rückgabe)
- `BadRequest()`: HTTP 400 (Bad Request)
- `NotFound()`: HTTP 404 (Not Found)

Nachfolgender Code ist entsprechend angepasst: Nicht existierende Bücher oder Ausgaben führen zum korrekten HTTP-Statuscode 404.

Beispiel 20.9: Die API gibt Fehlerzustände via HTTP-Statuscode zurück.

C#

```
using Microsoft.AspNetCore.Mvc;
using System.ComponentModel.DataAnnotations;

namespace WebApiApplication.Controllers
{
    [Route("api/[controller]")]
    [ApiController]
    public class ValuesController : ControllerBase
    {
        private List<SimpleBook> _books = new List<SimpleBook>()
        {
            new SimpleBook { Id = 1, Title = "Krieg und Frieden", Author = "Lew
Nikolajewitsch Tolstoi", Editions = new SimpleEdition[] {
                new SimpleEdition { Id = 1, Title = "Gebundenes Buch"},
                new SimpleEdition { Id = 2, Title = "Taschenbuch"}
            }},

           new SimpleBook { Id = 2, Title = "Buddenbrocks", Author = "Thomas Mann",
Editions = new SimpleEdition[]
            {
                new SimpleEdition { Id = 1, Title = "Taschenbuch"},
                new SimpleEdition { Id = 2, Title = "Hörbuch"}
            }}
        };

        [HttpGet()]
        public ActionResult<List<SimpleBook>> GetBooks()
        {
            return _books;
        }

       [HttpGet("{id}")]
        public ActionResult<SimpleBook> GetBook(int id)
        {
            var book = _books.Find(b => b.Id == id);
            if (book == null)
            {
                return NotFound();
            }
            return book;
        }
```

```
        [HttpGet("{bookId}/editions/{editionId}")]
        public ActionResult<SimpleEdition> GetEdition(int bookId, int editionId)
        {
            var book = _books.Find(b => b.Id == bookId);
            var edition = book?.Editions?.Where(e => e.Id == editionId).
            FirstOrDefault();

            if (edition == null)
            {
                return NotFound();
            }

            return edition;
        }
    }

    public record SimpleBook
    {
        [Required]
        public int Id { get; set; }
        [Required]
        public string Title { get; set; } = string.Empty;
        [Required]
        public string Author { get; set; } = string.Empty;
        public SimpleEdition[] Editions { get; set; } = Array.
Empty<SimpleEdition>();
    }

    public record SimpleEdition
    {
        [Required]
        public int Id { get; set; }
        public string Title { get; set; } = string.Empty;
    }
}
```

Das Ergebnis beim Aufruf einer URL, zu der es kein Buch und keine Buchausgabe gibt, führt dann zum HTTP-Statuscode 404. Zusätzlich werden die Fehlerinformationen auch im JSON-Format ausgegeben, wie Bild 20.9 zeigt. Die URL in der Fehlermeldung verweist übrigens auf RFC 7231 (das ist die HTTP-Spezifikation für Version 1.1) und dort auf den Abschnitt 6.5.4 (dort wird der Statuscode 404 definiert).

Einsatzzwecke für `NoContent()` und `BadRequest()` werden Sie im nächsten Abschnitt kennenlernen.

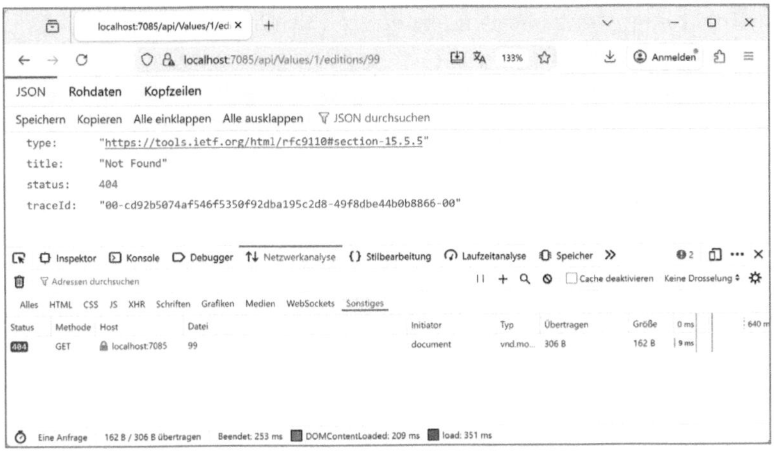

Bild 20.9 Die API liefert HTTP-Status 404 und Details im JSON-Format.

20.4 Daten schreiben, aktualisieren, löschen

Was für viele MVC-Anwendungen gilt, ist auch für viele APIs zutreffend: Der Haupteinsatzzweck ist CRUD (Create/Read/Update/Delete). Das „R", „Read", haben wir in Abschnitt 20.3 behandelt, die restlichen drei Buchstaben folgen auf dem Fuße. Da hierzu Daten persistiert und geändert werden müssen, ist ein Datenbank-Backend nützlich. Besonders bequem geht es unter Verwendung des Entity Frameworks und beim Einsatz mit Visual Studio. Wer auf die Konsole setzt, findet im weiteren Verlauf der Ausführungen die notwendigen Informationen, wie dasselbe Ergebnis erzielt werden kann.

Grundlage ist eine Modellklasse für Bücher, die dieses Mal etwas einfacher aufgebaut ist und nur eine ID, einen Titel und Autor oder Autorin erfasst:

Beispiel 20.10: Die Modellklasse Book

C#

```
using System.ComponentModel.DataAnnotations;

namespace WebApiApplication
{
    public class Book
    {
        [Required]
        public int Id { get; set; }
        [Required]
        public string Title { get; set; } = string.Empty;
        [Required]
        public string Author { get; set; } = string.Empty;
    }
}
```

Beim Hinzufügen eines neuen Controllers innerhalb von Visual Studio gibt es die Vorlage *API-Controller mit Aktionen unter Verwendung von Entity Framework* – die natürlich im Bereich *API* steckt, nicht im standardmäßig ausgewählten Abschnitt *MVC*. Bild 20.10 zeigt den Assistenten, der vier Angaben abfragt:

- Das Modell (die zuvor erstellte Klasse Book)
- Den Datenkontext (kann durch Klick auf die Schaltfläche mit dem Plus neu angelegt werden)
- Der Datenbankanbieter (neben dem Standard SQL Server werden auch SQLite, PostgreSQL und Azure Cosmos DB unterstützt)
- Den Namen der Controllerklasse

Bild 20.10 Einen API-Controller mit Datenbank-Backend erstellen

Nach Bestätigung legt der Assistent eine Reihe von Dateien an, die wir nacheinander betrachten bzw. uns erarbeiten. Wer nicht auf den Wizard in Visual Studio setzen kann, muss die nächsten Dateien vorerst selbst anlegen, bevor dann zu einer späteren Stelle auf den Automatismus gesetzt werden kann.

Der erste Schritt besteht darin, die Datenbankanbindung zu konfigurieren. Standardmäßig setzt die Vorlage auf die Engine des Microsoft SQL Server, genauer gesagt auf LocalDB. Bei Verwendung des Assistenten wird ein zufälliger Datenbankname erzeugt, der sich aus dem im Wizard gewählten Kontext sowie einer GUID zusammensetzt. In den Beispielsdateien sieht es so aus – wenn Sie die Dateien selbst erzeugen, werden Sie einen anderen Namen generiert bekommen:

Beispiel 20.11: Die Datenbankverbindung in der Datei *appsettings.json*

JSON

```
{
  "Logging": {
    "LogLevel": {
      "Default": "Information",
      "Microsoft.AspNetCore": "Warning"
    }
  },
  "AllowedHosts": "*",
  "ConnectionStrings": {
    "WebApiApplicationContext":
"Server=(localdb)\\mssqllocaldb;Database=WebApiApplicationContext-a880cfbe-000e-4807-
845b-260298ade656;Trusted_Connection=True;MultipleActiveResultSets=true"
  }
}
```

Der bereits angesprochene Datenbankkontext liegt standardmäßig im Verzeichnis *Data* der Anwendung. Unser Modell ist sehr einfach gestrickt – es enthält nur eine Klasse –, sodass der Kontext sich übersichtlich präsentiert:

Beispiel 20.12: Der Datenbankkontext in der Datei *Data\WebApiApplicationContext.cs*

C#

```
using Microsoft.EntityFrameworkCore;

namespace WebApiApplication.Data
{
    public class WebApiApplicationContext : DbContext
    {
        public WebApiApplicationContext (DbContextOptions<WebApiApplicationContext>
options)
            : base(options)
        {
        }

        public DbSet<WebApiApplication.Book> Book { get; set; } = default!;
    }
}
```

Kontext und Verbindungsstring zur Datenbank werden in der Datei *Program.cs* zusammengeführt, indem folgender Aufruf eingefügt wird:

```
builder.Services.AddDbContext<WebApiApplicationContext>(options =>
    options.UseSqlServer(
        builder.Configuration.GetConnectionString("WebApiApplicationContext") ??
throw new InvalidOperationException("Connection string 'WebApiApplicationContext' not
found.")));
```

HINWEIS: Möchten Sie ohne Datenbankserver beginnen, etwa für einen lokalen Test, tut es auch eine Datenbank im Hauptspeicher (die nach Beendigung der Anwendung automatisch gelöscht wird). Verzichten Sie dazu auf den Connectionstring in der *appsettings.json* und verwenden Sie `options.UseInMemoryDatabase("BooksDB")` statt `options.UseSqlServer()`.Sie benötigen zusätzlich das NuGet-Paket *Microsoft.EntityFrameworkCore.InMemory*.

Abschließend muss die Datenbank noch erzeugt werden. Dazu müssen in einem Konsolenfenster (oder bei Verwendung von Visual Studio direkt in der Paket-Management-Konsole, die im Wesentlichen eine PowerShell-Instanz ist) die beiden folgenden Kommandos eingegeben werden:

```
Add-Migration Initial
Update-Database
```

Dies generiert ein Migrationsskript (für spätere Änderungen am Modell) und setzt die Datenbank auf. Bild 20.11 zeigt einen Ausschnitt dieses Prozesses.

```
PM> Add-Migration Initial
Build started...
Build succeeded.
To undo this action, use Remove-Migration.
PM> Update-Database
Build started...
Build succeeded.
Microsoft.EntityFrameworkCore.Database.Command[20101]
      Executed DbCommand (285ms) [Parameters=[], CommandType='Text', CommandTimeout='60']
      CREATE DATABASE [WebApiApplicationContext-a880cfbe-000e-4807-845b-260298ade656];
Microsoft.EntityFrameworkCore.Database.Command[20101]
      Executed DbCommand (109ms) [Parameters=[], CommandType='Text', CommandTimeout='60']
      IF SERVERPROPERTY('EngineEdition') <> 5
      BEGIN
          ALTER DATABASE [WebApiApplicationContext-a880cfbe-000e-4807-845b-260298ade656] SET READ_COMMITTED_SNAPSHOT ON;
      END;
Microsoft.EntityFrameworkCore.Database.Command[20101]
```

Bild 20.11 Die Datenbank wird per Entity Framework Core erzeugt

Wer nicht auf Visual Studio, sondern auf die Konsole gesetzt hat, kann jetzt wieder einsteigen und die automatische Generierung des Controllers anstoßen. Dies erfordert zunächst die Installation einiger NuGet-Pakete sowie des Codegenerator-Tools mit folgendem Kommando:

```
dotnet add package Microsoft.EntityFrameworkCore.SqlServer
dotnet add package Microsoft.VisualStudio.Web.CodeGeneration.Design
dotnet add package Microsoft.EntityFrameworkCore.Design
dotnet tool install -g dotnet-aspnet-codegenerator
```

Das Codegenerator-Tool erzeugt nun einen API-Controller (-api) mit asynchronen Aktionen (-async), dem Modell Book (-m) und dem Kontext WebApiApplicationContext (-dc):

```
dotnet aspnet-codegenerator controller -name BooksController -api -async -m Book -dc
WebApiApplicationContext -outDir Controllers
```

Auch auf der CLI ist es notwendig, die Datenmigration durchzuführen:

```
dotnet tool install --global dotnet-ef
dotnet ef migrations add Initial
dotnet ef database update
```

HINWEIS: Die automatische Generierung von Controllern ist historisch ein Schwachpunkt von .NET, insbesondere im Zusammenhang mit Visual Studio. Manchmal gibt es nichtssagende Fehlermeldungen, aber häufig hilft ein zweiter Anlauf (oder eine Adaption der Beispiele zum Buch).

Die Vorbereitungen sind jetzt abgeschlossen, es geht ans Eingemachte beziehungsweise an den BooksController. Diesen haben Sie möglicherweise bereits generiert, wir werden ihn aber schrittweise erstellen. Der Rahmen steht schon fest: Die Controller-Klasse ist mit [ApiController] ausgezeichnet und im Konstruktor wird der Datenbankkontext per Dependency Injection eingefügt. Die Basis-URL des Controllers ist *api/books*.

```
using Microsoft.AspNetCore.Mvc;
using Microsoft.EntityFrameworkCore;
using WebApiApplication.Data;

namespace WebApiApplication.Controllers
{
    [Route("api/[controller]")]
    [ApiController]
    public class BooksController : ControllerBase
    {
        private readonly WebApiApplicationContext _context;

        public BooksController(WebApiApplicationContext context)
        {
            _context = context;
        }
    // ...
}
```

Das Auslesen aller Bücher aus der Datenbank ist schnell erledigt: Der Kontext liefert die Bücher, diese werden – asynchron – zu einer Liste umgewandelt und dann in der Controllermethode zurückgeliefert. Um die Serialisierung in JSON kümmert sich ASP.NET Core Web API. Wie auch beim MVC-Framework ist es gute Praxis, die URL als Kommentar vor die Methode zu setzen.

```
// GET: api/Books
[HttpGet]
public async Task<ActionResult<IEnumerable<Book>>> GetBook()
{
    return await _context.Book.ToListAsync();
}
```

Die Rückgabe eines spezifischen Buches auf Basis der in der URL übergebenen ID (also */api/Book/1*) ist ebenfalls fix umgesetzt. Der Aufruf von `FindAsync()` liefert entweder ein Buch oder `null` zurück, dementsprechend wird das Buch oder HTTP 404 zurückgeliefert.

```
// GET: api/Books/5
[HttpGet("{id}")]
public async Task<ActionResult<Book>> GetBook(int id)
{
    var book = await _context.Book.FindAsync(id);

    if (book == null)
    {
        return NotFound();
    }

    return book;
}
```

Die nächste Operation, die umgesetzt werden soll, ist das „C“ in CRUD, „Create“. Eine POST-Anfrage an */api/Book* fügt ein neues Buch hinzu. Dieses wird direkt als Parameter übergeben. Wie das clientseitig funktioniert, sehen wir in Kürze. Auf dem Server dagegen nimmt uns Model Binding die ganze Arbeit ab, die Methode erhält automatisch eine Instanz von `Book`.

HINWEIS: Zur Erinnerung: Alle öffentlichen Eigenschaften der Modellklasse können gebunden werden. Wenn Sie ein Modell haben, aber einige der Eigenschaften selbst innerhalb der Applikation setzen möchten, müssen Sie zusätzliche Schutzmaßnahmen treffen. Der generierte Code enthält extra einen Warnhinweis in einem Kommentar und verlinkt auf *https://learn.microsoft.com/en-us/aspnet/core/tutorials/first-web-api#over-post*, wo Sie weitere Informationen finden. In Kapitel 19 haben wir diese bereits einmal thematisiert.

Innerhalb der Methode wird das neue Buch via Kontext hinzugefügt und dieses dann per `SaveChangesAsync()` an die Datenbank übermittelt. Doch was gibt die POST-Anfrage für einen Wert zurück? Eigentlich bräuchten wir keinen – die Daten wurden ja eingetragen, nicht abgefragt –, aber gleichzeitig ist es sicher nützlich zu wissen, wie das neue Buch abgefragt werden kann. Die ID wird automatisch gesetzt, insofern steht sie vor dem Eintragen nicht fest. Die Idee ist jetzt folgende: Als HTTP-Statuscode wird 201 verwendet, das steht für „Created“, „erzeugt“. Die Rückgabe enthält gleichzeitig das komplette Buch, ID inklusive. Der Methodenname des zugehörigen API-Endpunkts zum Lesen eines Buches ist `GetBook()` und wird deswegen als Parameter an `CreatedAtAction()` übermittelt, was die Daten zusammenträgt und an den Client zurückliefert.

```
// POST: api/Books
[HttpPost]
public async Task<ActionResult<Book>> PostBook(Book book)
{
    _context.Book.Add(book);
    await _context.SaveChangesAsync();

    return CreatedAtAction("GetBook", new { id = book.Id }, book);
}
```

Dies lässt sich beispielsweise in Bruno oder vergleichbaren Tools testen. Erstellen Sie einen neuen POST-Request an *https://server/api/Books*. Im Reiter *Headers* fügen Sie – sofern noch nicht vorhanden – einen neuen HTTP-Header namens `Content-Type` hinzu, als Wert setzen Sie `application/json` (siehe Bild 20.12). Damit zeigen Sie dem Server an, dass Sie mit der Anfrage JSON-Daten mitschicken möchten.

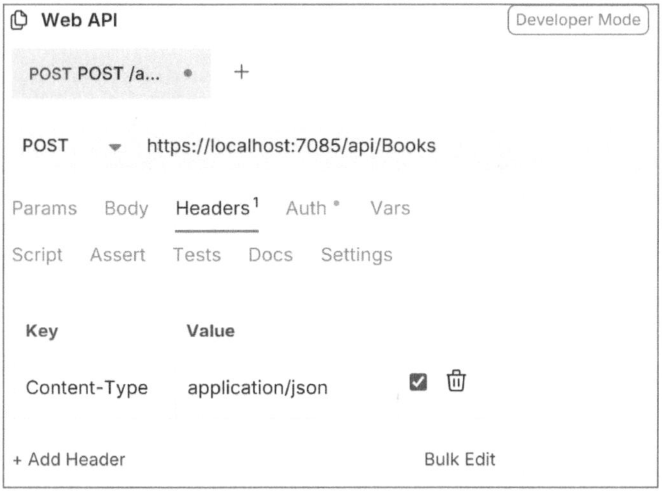

Bild 20.12 POST-Request in Postman mit JSON-Content-Type

Wechseln Sie in den Reiter *Body*, wählen Sie in der Drop-down-Liste den Eintrag *JSON* aus, und geben Sie dort die JSON-Repräsentation eines neuen Buches an:

```
{
    "Title": "C# und .NET 10",
    "Author": "Jürgen Kotz, Christian Wenz"
}
```

Bild 20.13 zeigt, wie das in Bruno aussieht.

Bild 20.13 Daten des neuen Buchs im JSON-Format

Abschließend können Sie die Anfrage abschicken. Wie Bild 20.14 zeigt, wird der HTTP-Statuscode 201 planmäßig zurückgegeben. Der Inhalt der HTTP-Antwort ist das komplette Buch im JSON-Format, inklusive der automatisch vergebenen ID (im Beispiel 1, weil es das erste Buch ist).

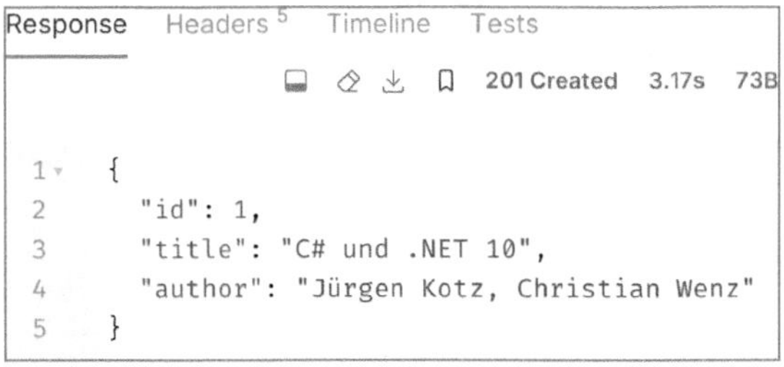

Bild 20.14 Rückgabe „HTTP 201 Created" samt den Buchdaten

Das Aktualisieren eines bestehenden Buches erfordert etwas mehr Aufwand, da einige Fehlerfälle denkbar sind. Zunächst erzeugen wir eine Hilfsmethode, die die Information zurückliefert, ob ein Buch existiert. Das wäre nicht zwingend notwendig, aber es ist vorstellbar, dass diese Funktionalität auch noch an anderen Stellen nützlich werden könnte. Zudem erfolgt die Abfrage derart, dass das Buch nicht vom Entity Framework Core „materialisiert" wird und somit auch von anderen Codeteilen verändert werden kann.

```
private bool BookExists(int id)
{
    return _context.Book.Any(e => e.Id == id);
}
```

Die Methode zur Aktualisierung verwendet HTTP PUT und die URL */books/42*. Zwei Dinge können schiefgehen:

- Die übergebenen Buchdaten könnten eine ID enthalten, die nicht der ID aus der URL entspricht. In diesem Fall würde die API HTTP 404 (Bad Request) zurückliefern.
- Beim Schreiben der aktualisierten Buchdaten in die Datenbank könnte es zu einer Ausnahme wegen zwischenzeitlich erfolgter Änderungen am Datenbestand kommen (`DbUpdateConcurrencyException`). In diesem Fall würde die API entweder eine Ausnahme werfen (HTTP 500) oder – wenn das zu aktualisierende Buch zwischenzeitlich gelöscht wurde – HTTP 404 (Not Found).

Beim Aktualisieren eines Buches ist im Erfolgsfall das Endergebnis bereits bekannt, weil sich ja die ID nicht ändert. Insofern muss dieser Endpunkt keine Rückgabedaten liefern, worum sich die Methode `NoContent()` kümmert. Hier die komplette Implementierung:

```
// PUT: api/Books/5
[HttpPut("{id}")]
public async Task<IActionResult> PutBook(int id, Book book)
{
    if (id != book.Id)
    {
        return BadRequest();
    }

    _context.Entry(book).State = EntityState.Modified;

    try
    {
        await _context.SaveChangesAsync();
    }
    catch (DbUpdateConcurrencyException)
    {
        if (!BookExists(id))
        {
            return NotFound();
        }
        else
        {
            throw;
        }
    }

    return NoContent();
}
```

Auch die zugehörige PUT-Anfrage lässt sich in Postman oder anderen Tools leicht erstellen. Achten Sie lediglich darauf, stets `Content-Type: application/json` als HTTP-Header zu verwenden, damit der Server die gesendeten Daten korrekt interpretiert.

Die letzte Operation, die noch fehlt, ist „D" – „Delete". Diese geht etwas schneller von der Hand. Zunächst müssen wir feststellen, ob es das Buch überhaupt gibt. Falls nein, lautet die einzig korrekte Rückgabe HTTP 404 – nicht gefunden. Anderenfalls löscht die API das Buch aus der Datenbank und liefert eine leere Rückgabe zurück:

```
// DELETE: api/Books/5
[HttpDelete("{id}")]
public async Task<IActionResult> DeleteBook(int id)
{
    var book = await _context.Book.FindAsync(id);
    if (book == null)
    {
        return NotFound();
    }

    _context.Book.Remove(book);
    await _context.SaveChangesAsync();

    return NoContent();
}
```

Und damit unterstützt der Controller die komplette CRUD-Funktionalität. Die resultierende Datei ist gut 100 Zeilen lang, aber mit dem entsprechenden Hintergrundwissen sind alle Schritte gut nachvollziehbar. Die von der Vorlag erstellte Implementierung ist solide und auch eine gute Ausgangsbasis für eigene, komplexere Szenarien.

Nachfolgend noch einmal der komplette Code im Überblick:

Beispiel 20.13: Der komplette CRUD-API-Controller

C#

```
using Microsoft.AspNetCore.Mvc;
using Microsoft.EntityFrameworkCore;
using WebApiApplication.Data;

namespace WebApiApplication.Controllers
{
    [Route("api/[controller]")]
    [ApiController]
    public class BooksController : ControllerBase
    {
        private readonly WebApiApplicationContext _context;

        public BooksController(WebApiApplicationContext context)
        {
            _context = context;
        }

       // GET: api/Books
        [HttpGet]
        public async Task<ActionResult<IEnumerable<Book>>> GetBook()
        {
            return await _context.Book.ToListAsync();
        }
```

```
    // GET: api/Books/5
    [HttpGet("{id}")]
    public async Task<ActionResult<Book>> GetBook(int id)
    {
        var book = await _context.Book.FindAsync(id);

        if (book == null)
        {
            return NotFound();
        }

        return book;
    }

    // PUT: api/Books/5
    [HttpPut("{id}")]
    public async Task<IActionResult> PutBook(int id, Book book)
    {
        if (id != book.Id)
        {
            return BadRequest();
        }

        _context.Entry(book).State = EntityState.Modified;

        try
        {
            await _context.SaveChangesAsync();
        }
        catch (DbUpdateConcurrencyException)
        {
            if (!BookExists(id))
            {
                return NotFound();
            }
            else
            {
                throw;
            }
        }

       return NoContent();
    }

   // POST: api/Books
    [HttpPost]
    public async Task<ActionResult<Book>> PostBook(Book book)
    {
        _context.Book.Add(book);
        await _context.SaveChangesAsync();

       return CreatedAtAction("GetBook", new { id = book.Id }, book);
    }
```

```
        // DELETE: api/Books/5
        [HttpDelete("{id}")]
        public async Task<IActionResult> DeleteBook(int id)
        {
            var book = await _context.Book.FindAsync(id);
            if (book == null)
            {
                return NotFound();
            }

            _context.Book.Remove(book);
            await _context.SaveChangesAsync();

            return NoContent();
        }

        private bool BookExists(int id)
        {
            return _context.Book.Any(e => e.Id == id);
        }
    }
}
```

20.5 Minimale APIs

So weit der Einblick in die Erstellung von APIs mit ASP.NET Core Web API. Doch gehen wir noch einmal zurück an den Anfang und zu Bild 20.2. Die Checkbox *Controller verwenden* war ausgewählt, dementsprechend enthielt das erzeugte Projekt bereits einen Controller. Anderenfalls wird nämlich ein vor einigen .NET-Versionen eingeführtes Feature aktiviert, sogenannte minimale APIs („Minimal API"). Hier wird die Menge an notwendigem Code seht stark verringert, indem viel vom Rahmenwerk (Controllerklasse, `[ApiController]` und weitere Attribute) schlicht eliminiert wird. Im Fall der Vorlage[3] steckt die komplette Funktionalität dann in der Datei *Program.cs* und sieht wie folgt aus (allerdings um das NuGet-Paket `NSwag.AspNetCore` und die entsprechenden Codeergänzungen für den Swagger-Support erweitert):

[3] Bei Nutzung der .NET CLI lautet der Befehl zur Generierung `dotnet new webapi -minimal`.

Beispiel 20.14: Die minimale API in der Datei *Program.cs*

C#

```
var builder = WebApplication.CreateBuilder(args);

// Add services to the container.
builder.Services.AddOpenApi();
builder.Services.AddOpenApiDocument();
var app = builder.Build();

// Configure the HTTP request pipeline.
if (app.Environment.IsDevelopment())
{
    app.UseOpenApi();
    app.UseSwaggerUI();
    app.MapOpenApi();
}

app.UseHttpsRedirection();

var summaries = new[]
{
    "Freezing", "Bracing", "Chilly", "Cool", "Mild", "Warm", "Balmy", "Hot",
"Sweltering", "Scorching"
};

app.MapGet("/weatherforecast", () =>
{
    var forecast = Enumerable.Range(1, 5).Select(index =>
        new WeatherForecast
        (
            DateOnly.FromDateTime(DateTime.Now.AddDays(index)),
            Random.Shared.Next(-20, 55),
            summaries[Random.Shared.Next(summaries.Length)]
        ))
         .ToArray();
    return forecast;
})
.WithName("GetWeatherForecast");

app.Run();

internal record WeatherForecast(DateOnly Date, int TemperatureC, string? Summary)
{
    public int TemperatureF => 32 + (int)(TemperatureC / 0.5556);
}
```

Das Entscheidende ist der Aufruf von `app.MapGet()`. Dieser legt einen API-Endpunkt für HTTP GET an. Die URL ist */weatherforecast* und die Implementierung folgt direkt auf dem Fuße. Der angehängte Aufruf von `WithName()` legt den Namen der Operation fest, wie er dann in Swagger UI auftaucht.

Auch die zuvor erstellte CRUD-API lässt sich in eine minimale API umwandeln. Dazu sind allerdings einige Extra-Schritte notwendig. Zunächst einmal muss der Datenbankkontext bereitstehen. Praktischerweise wird dieser automatisch in die entsprechenden Endpunkt-Methoden injiziert. Zweite Änderung: Die Hilfsfunktionen wie `NotFound()` stehen nicht zur Verfügung, weil wir uns nicht mehr in einer Klasse befinden, die von `ControllerBase` abgeleitet ist. Über die Klasse `Results` (im Namespace `Microsoft.AspNetCore.Http` definiert) gibt es aber äquivalente Methoden. Für die Rückgabe von Büchern etwa im GET-Endpunkt kann die Ergebnisliste an `Results.Ok()` übergeben werden. Dies führt zu HTTP 200 und einer entsprechend JSON-codierten Bücherliste:

```
app.MapGet("/books", async (WebApiApplicationContext _context) =>
{
    return Results.Ok(await _context.Book.ToListAsync());
});
```

Auch beim Anlegen eines neuen Buches muss der Code angepasst werden. In der gerade eben eingeführten Klasse `Results` gibt es keine Methode `CreatedAtAction()` – es gibt ja auch keinen Controller mit Action-Methoden. Mit `Results.CreatedAtRoute()` erreichen wir trotzdem die gewünschte Antwort mit HTTP-Statuscode 201 und dem neu angelegten Buch als Rückgabewert.

```
app.MapPost("/books", async (Book book, WebApiApplicationContext _context) =>
{
    _context.Book.Add(book);
    await _context.SaveChangesAsync();

    return Results.CreatedAtRoute("GetBook", new { id = book.Id }, book);
});
```

Bei der Implementierung des Endpunkts zum Abruf eines einzelnen Buches muss nur darauf geachtet werden, dass der zuvor in `CreatedAtRoute()` verwendete Name (hier „`GetBook`") auch exakt so angegeben wird:

```
app.MapGet("/books/{id}", async (int id, WebApiApplicationContext _context) =>
{
    var book = await _context.Book.FindAsync(id);

    if (book == null)
    {
        return Results.NotFound();
    }

    return Results.Ok(book);
}).WithName("GetBook");
```

Die weiteren Endpunkte lassen sich analog im Stile einer minimalen API umsetzen. Am Ende erhalten wir folgende Implementierung, die direkt in die Datei *Program.cs* eingefügt werden kann (vor `app.Run()`):

Beispiel 20.15: Die CRUD-API als minimale API in der *Program.cs* (Ausschnitt)

C#

```
app.MapGet("/books", async (WebApiApplicationContext _context) =>
{
    return Results.Ok(await _context.Book.ToListAsync());
});

app.MapGet("/books/{id}", async (int id, WebApiApplicationContext _context) =>
{
    var book = await _context.Book.FindAsync(id);

    if (book == null)
    {
        return Results.NotFound();
    }

    return Results.Ok(book);
}).WithName("GetBook");

app.MapPost("/books", async (Book book, WebApiApplicationContext _context) =>
{
    _context.Book.Add(book);
    await _context.SaveChangesAsync();

    return Results.CreatedAtRoute("GetBook", new { id = book.Id }, book);
});

app.MapPut("/books/{id}", async (int id, Book book, WebApiApplicationContext _
context) =>
{
    if (id != book.Id)
    {
        return Results.BadRequest();
    }

    _context.Entry(book).State = EntityState.Modified;

    try
    {
        await _context.SaveChangesAsync();
    }
    catch (DbUpdateConcurrencyException)
    {
        if (!_context.Book.Any(e => e.Id == id))
        {
            return Results.NotFound();
        }
        else
        {
            throw;
        }
    }

    return Results.NoContent();
});
```

```
app.MapDelete("/books/{id}", async (int id, WebApiApplicationContext _context) =>
{
    var book = await _context.Book.FindAsync(id);

    if (book == null)
    {
        return Results.NotFound();
    }

    _context.Book.Remove(book);
    await _context.SaveChangesAsync();

    return Results.NoContent();
});
```

Wenn bei der Projekterstellung der Support von OpenAPI/Swagger UI aktiviert wurde, tauchen auch die minimalen APIs in der Oberfläche auf, wie Bild 20.15 zeigt.

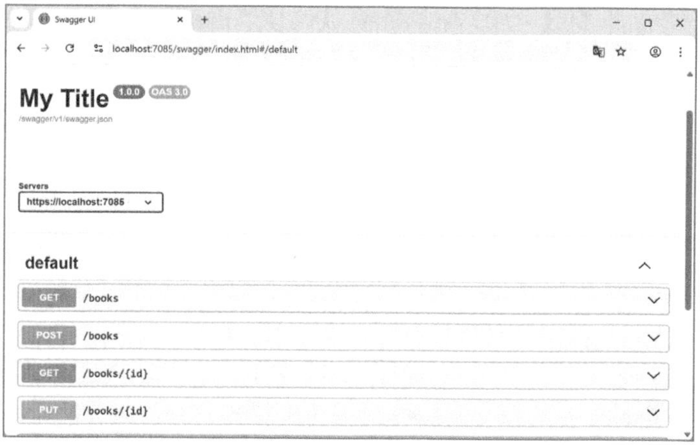

Bild 20.15 Die Swagger UI zeigt auch die minimale API an.

Anstelle von einem Controller mit etwa 100 Zeilen haben wir jetzt eine zentrale `Program`-Klasse mit ungefähr 100 Zeilen. Persönliche Meinung des Autors: Lediglich bei kleinen Beispielen oder Demos mögen minimale APIs einen schnellen Weg zum Ziel bieten. In der Praxis hingegen, mit wachsender Komplexität, ist der Weg über dedizierte Controller der bessere Ansatz. Das hält die Datei *Program.cs* schlank und lagert die API in eigene und damit autark wartbare Dateien aus. Ein möglicher Kompromiss wäre es freilich, die Datenverarbeitung in eine eigene Klasse auszulagern und dann per minimaler API jeweils Methoden dieser Klasse aufzurufen. Das hält den Umfang der *Program.cs* im Zaum, trotz Einsatz einer minimalen API.

HINWEIS: Bei minimalen APIs gibt es eine wichtige Besonderheit hinsichtlich der Validierung. In Kapitel 19 haben wir bereits behandelt, wie sich dies über Data Annotations im Modell umsetzen lässt. Das funktioniert auch bei Web APIs, wenn sie mit Controllern umgesetzt sind. Bei minimalen APIs ist ein Sonderschritt notwendig, der in .NET 10 eingeführt wurde. Der folgende Aufruf in *Program.cs* aktiviert die Validierung:

```
builder.Services.AddValidation();
```

20.6 Praxisbeispiele

20.6.1 Paginierung

Wenn ein API-Endpunkt eine große Menge an Daten zurückgibt, kann das zu Performanceproblemen führen. Paginierung ist hier ein probates Mittel, um den Umfang der Daten zu verringern und die API schneller zu machen. Die Daten werden in mehrere „Seiten" aufgeteilt, und die API gibt jeweils nur eine Seite zurück. Eine Oberfläche könnte dann beispielsweise die Navigation zur nächsten oder vorherigen Seite ermöglichen.

In der API ist das mit wenigen Schritten bewerkstelligt. Der Endpunkt zum Liefern aller Bücher, also HTTP GET an */api/books*, akzeptiert zwei weitere Parameter:

- `page`: Welche „Seite" zurückgeliefert werden soll (Standard ist 1, also die erste Seite).
- `size`: Wie groß eine Seite sein soll (sprich wie viele Bücher auf einmal zurück geliefert werden sollen – Standard ist 10).

Die URL *https://server/api/books?page=2&size=1* würde demnach das zweite Buch zurückliefern.

Um dies umzusetzen, wird zunächst eine Klasse erstellt, die die zusätzlichen Parameter repräsentiert. Das vereinfacht es später, zusätzliche Features wie etwa eine Suche oder eine Sortierung hinzuzufügen. Die Klasse definiert zunächst die Parameter und hinterlegt Standardwerte. Der Maximalwert für `size` wird auf 50 gesetzt, was später zur Maximalanzahl zurückgelieferter Datensätze wird.

Beispiel 20.16: Die Parameter für die API werden in einer Klasse definiert.

C#

```
namespace WebApiApplication
{
    public class Params
    {
        private int _size = 10;

        public int Page { get; set; } = 1;

        public int Size
        {
            get
            {
                return _size;
            }
            set
            {
                _size = Math.Min(50, value);
            }
        }
    }
}
```

HINWEIS: Das Model Binding von .NET unterscheidet nicht zwischen Groß- und Kleinschreibung. Der URL-Parameter `size` wird dadurch auf die Klasseneigenschaft `Size` gemappt. Es hat sich nur etabliert, Querystring-Bezeichner klein- und Properties in Klassen großzuschreiben.

Im Controller gilt es dann, die Methode zum Zurückliefern aller Bücher um den Support der neuen Parameter zu erweitern. Dazu wird die Signatur der Methode wie folgt geändert:

```
public async Task<ActionResult<IEnumerable<Book>>> GetBook([FromQuery] Params parameters)
```

Es werden also Parameter übergeben, und zwar über den Querystring – das definiert das `[FromQuery]`-Attribut. Wenn dort etwa die Parameter `page` und `size` vorkommen, werden in der `Params`-Instanz `parameters` die Eigenschaften `Page` und `Size` entsprechend gesetzt.

Der Rest der Implementierung ist nicht mehr kompliziert. Zunächst wird um `Size` Datensätze nach vorne gesprungen, und zwar `Page - 1`-mal (bei Seite 1 wird nichts übersprungen, bei Seite 2 die Menge der Daten von einer Seite). Dann werden genau `Size` Stück Datensätze zurückgeliefert. Hier die komplette Implementierung der Methode:

Beispiel 20.17: Die Liste aller Bücher ist paginiert

C#

```
// GET: api/Books
[HttpGet]
public async Task<ActionResult<IEnumerable<Book>>> GetBook([FromQuery]Params
parameters)
{
    IQueryable<Book> books = _context.Book;

    books = books
        .Skip((parameters.Page - 1) * parameters.Size)
        .Take(parameters.Size);

    return await books.ToListAsync();
}
```

Bild 20.16 zeigt das Ergebnis des zuvor schon genannten Beispielaufrufs: Seite 2, bei einer Seitengröße von 1, liefert in der Tat den zweiten Eintrag in der Datenbank zurück (wenn Sie ein leeres Array zurückerhalten, müssen Sie erst genug Bücher anlegen).

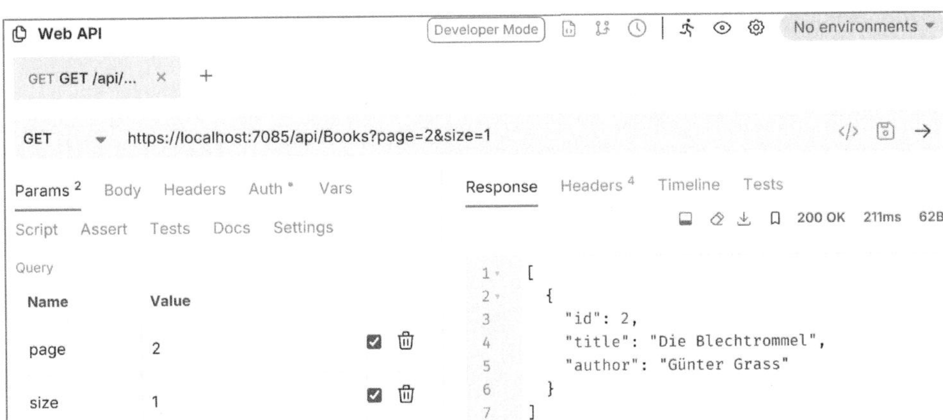

Bild 20.16 Dank Paginierung wird der zweite Datensatz zurückgegeben.

20.6.2 XML statt JSON

HTTP unterstützt – in der Theorie – ein Feature namens *Content Negotiation*. Und das funktioniert so: Der Client kann bei einer HTTP-Anfrage im `Accept`-Header angeben, welche Datentypen er unterstützt. Der Firefox-Browser schickt beispielsweise standardmäßig folgenden Header:

```
Accept: text/html,application/xhtml+xml,application/xml;q=0.9,*/*;q=0.8
```

Die Version des Chrome-Browsers sieht sehr ähnlich aus:

```
Accept: text/html,application/xhtml+xml,application/xml;q=0.9,image/avif,image/
webp,image/apng,*/*;q=0.8,application/signed-exchange;v=b3;q=0.7
```

Damit teilen die Browser also dem Server mit, dass Sie unter anderem mit HTML und auch XML umgehen können. Erinnern wir uns an eines der REST-Prinzipien: Die URI ist eindeutig, die Repräsentation der Daten (sprich das Format) ist zunächst egal. Mit dem `Accept`-Header kann ein Client aber explizit angeben, wie genau die Informationen geliefert werden sollen. Bei klassischen Webapplikationen wird der Header in der Regel geflissentlich ignoriert, aber bei APIs ergeben sich interessante Möglichkeiten. Steht im `Accept`-Header der Wert `application/json`, werden die Daten im JSON-Format zurückgeliefert. Bei `application/xml` (oder dem gebräuchlicheren `text/xml`) kommt XML zurück. So war in der Tat eine Zeit lang die Funktionsweise von ASP.NET Web API. Nach einigen Versionen hat sich allerdings herauskristallisiert, dass in der überwiegenden Mehrzahl von Anwendungen ausschließlich auf JSON gesetzt wird. Aus diesem Grund liefert ASP.NET Core Web API standardmäßig JSON zurück, unabhängig vom Wert im `Accept`-Header.

Im Hintergrund werkeln sogenannte „Formatter“ – Klassen, die sich um die Formatierung bzw. Serialisierung von Daten kümmern. Der Formatter für JSON ist standardmäßig aktiviert, die Unterstützung von XML muss explizit konfiguriert werden. In der Datei *Program.cs* muss dazu der folgende Aufruf angepasst werden:

```
builder.Services.AddControllers();
```

Durch ein Anhängen von `AddXmlSerializerFormatters()` wird die für die XML-Serialisierung zuständige Komponente aktiviert.

```
builder.Services.AddControllers()
    .AddXmlSerializerFormatters();
```

Danach klappt es auch mit einem `Accept`-Header für XML, wie Bild 20.17 zeigt.

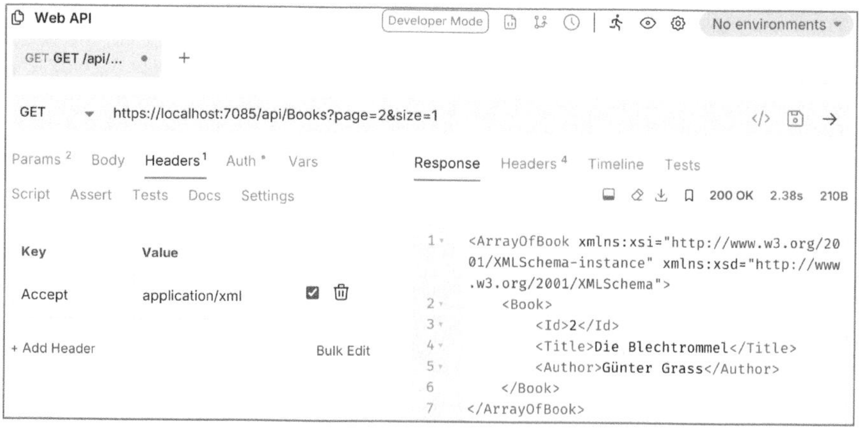

Bild 20.17 Die API liefert – bei entsprechendem `Accept`-Header – XML zurück.

20.6.3 CORS

Im Falle einer Single-Page Application (SPA) ist es in der Regel JavaScript-Code, der die API aufruft. Solange sich App und API auf demselben Server befinden, ist alles gut. Bei Cross-Domain-Anfragen (etwa: *https://app.example.com* ruft die API von *https://api.example.com* auf) ist es etwas schwieriger. Aus Sicherheitsgründen verhindert das der Webbrowser, weil ansonsten gewisse Angriffsszenarien denkbar wären. Dies lässt sich anhand eines Beispiels schnell sehen. Eine Projektmappe enthält zwei Projekte, einmal eine Webanwendung, einmal eine API. Wie üblich werden bei der Projektanlage die verwendeten Ports zufällig gewählt und in der Datei *Properties\launch Settings.json* hinterlegt. Im Beispiel sieht es wie in Tabelle 20.3 aus.

Tabelle 20.3 URLs von App und API

Anwendung	URL
Web-App	*https://localhost:7142*
API	*https://localhost:7085*

Wenn Sie andere Ports verwenden, müssen Sie in den folgenden Codebeispielen die URLs entsprechend anpassen.

Die API (zur Erinnerung: *https://localhost:7085*) enthält wieder die altgewohnte Methode, die fünf Wettervorhersagen würfelt. In der Webanwendung (*https://localhost:7142*) ist dann der folgende Code dafür zuständig, diese API aufzurufen und das Ergebnis als Liste darzustellen:

Beispiel 20.18: Der JavaScript-Client ruft die API auf.

CSHTML

```
@page
@model IndexModel
@{
    ViewData["Title"] = "Home page";
}

<ul id="forecasts"></ul>

@section Scripts {
<script>
    var list = document.getElementById("forecasts");
    fetch("https://localhost:7085/weatherforecast")
        .then(response => response.json())
        .then(data => data.forEach(forecast => {
            let li = document.createElement("li");
            li.appendChild(
                document.createTextNode(
                    `${new Date(Date.parse(forecast.date)).toLocaleDateString()}:
${forecast.temperatureC}° / ${forecast.summary}`
```

```
                )
            );
            list.appendChild(li);
        }));
</script>
}
```

Starten Sie jetzt beide Projekte, die API und die Client-Anwendung. Beim Versuch, diese im Browser aufzurufen, passiert leider nichts. Beziehungsweise fast nichts, denn die Konsole in den Browser-Entwicklungstools (F12-Taste) zeigt einen Fehler an. Das Netzwerk-Tab wiederum vermerkt eine HTTP-Anfrage an die API (siehe Bild 20.18), aber die Daten stehen trotzdem nicht zur Verfügung. Je nach Browser wird sogar angegeben, dass die API Daten geliefert hat, aber der JavaScript-Code erhält keinen Zugriff darauf.

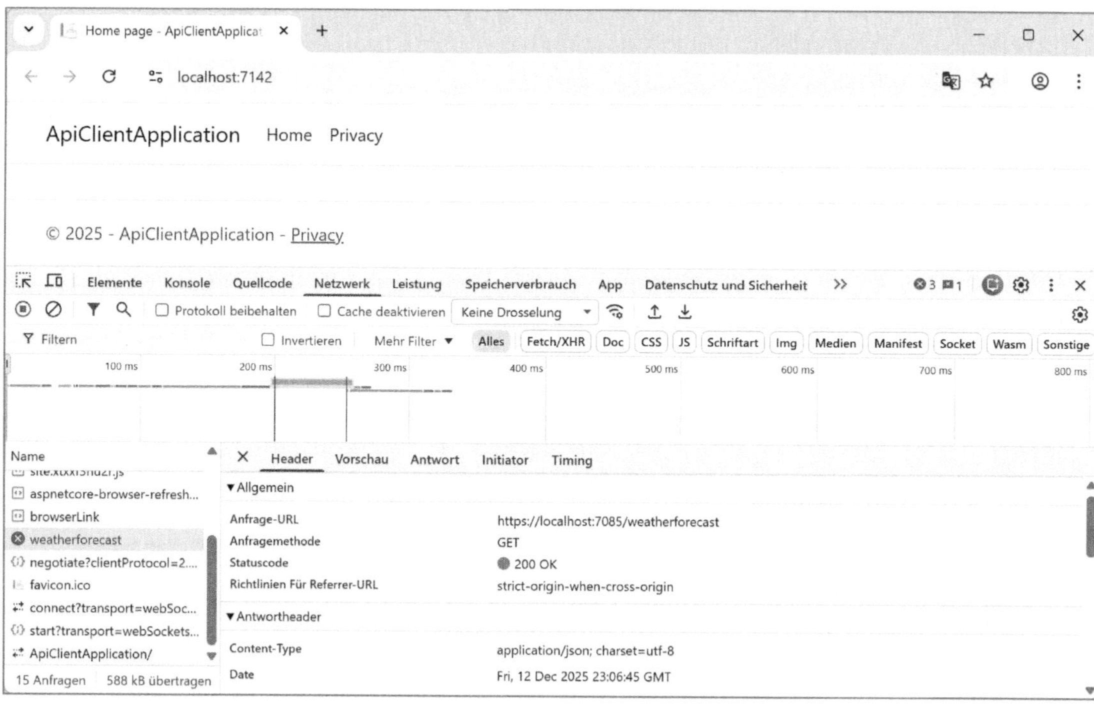

Bild 20.18 Die API wird aufgerufen (unten), aber die Seite bleibt leer (oben)

Die Ursache für dieses Verhalten ist die *Same-Origin Policy*. Dieser Sicherheitsmechanismus von JavaScript beschränkt den Zugriff auf Ressourcen, die denselben *Origin* haben. Damit ist das Tripel aus Protokoll (z. B. HTTPS), Domainnamen (bei uns *localhost*) und Port (für die Webanwendung 7142) gemeint. Die API hat dasselbe Protokoll und denselben Domainnamen, aber einen anderen Port (7085), ein Aufruf verletzt somit die Same-Origin Policy und wird vom Browser unterbunden.

Es gibt jedoch einen Workaround. Bei einer solchen Cross-Origin-Anfrage schickt der Browser automatisch einen Header an den Server, in dem der Origin der Webanwendung steht:

```
Origin: https://localhost:7142
```

Der Server kann daran erkennen, dass gerade eine Cross-Origin-Anfrage stattfindet und diese gegebenenfalls freigeben. Dies geschieht, indem die HTTP-Antwort den Header `Access-Control-Allow-Origin` enthält. Der Wert: Der zuvor im `Origin`-Header angegebene „Ursprung".

```
Access-Control-Allow-Origin: https://localhost:7142
```

Wenn der Browser diesen Header sieht, und der Wert passt, erhält JavaScript Zugriff auf die abgerufenen Daten. Aus Entwicklungssicht passiert das alles komplett automatisch, dieses Verhalten kann also clientseitig nicht konfiguriert werden. Die Bezeichnung: *Cross-Origin Resource Sharing* oder kurz *CORS*. Bild 20.19 zeigt das Vorgehen in schematischer Darstellung.

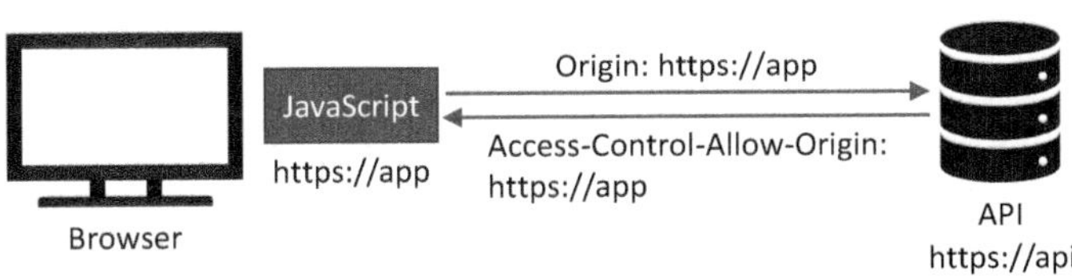

Bild 20.19 Cross-Origin Resource Sharing (CORS) in Aktion

Die bisherigen Schilderungen beziehen sich auf GET-Anfragen. Bei anderen HTTP-Methoden wie POST, PUT oder DELETE ist es nicht ganz so einfach. Hier ist es gar nicht so wichtig, JavaScript den Zugriff auf die vom Server gelieferten Daten zu verbieten, sondern eher, die Anfrage per se zu verhindern (anderenfalls könnte JavaScript-Code auf einer anderen Website gegebenenfalls schadhafte Requests an eine API schicken). Hier stellt CORS einen zweiten Modus bereit, bei dem der Browser erst per OPTIONS-Methode beim Server anfrägt (und auf den `Access-Control-Allow-Origin`-Header wartet). Wenn alles in Ordnung ist, wird danach die eigentliche Anfrage gesendet. Aber wie gesagt: Browser machen das automatisch. Server müssen indes extra konfiguriert werden.

Beim Einsatz von ASP.NET Core ist das glücklicherweise sehr einfach. In der Datei *Program.cs* des API-Projekts sind zwei Dinge zu tun:

- Erstellen einer CORS-Policy: Welche Origins (und gegebenenfalls welche HTTP-Methoden und zusätzlichen HTTP-Header) sind bei einer Cross-Origin-Anfrage erlaubt?
- Aktivieren der CORS-Policy, entweder global oder für individuelle API-Controller oder -Endpunkte.

Die Methode AddCors() fügt die CORS-Middleware hinzu, AddDefaultPolicy() legt eine Standard-Policy an. Es ist empfehlenswert, die API für möglichst wenige Origins freizuschalten. Bei HTTP-Headern und -Methoden spricht meist nichts dagegen, alle zu erlauben:

```
builder.Services.AddCors(options => options.AddDefaultPolicy(builder =>
{
    builder.WithOrigins("https://localhost:7142")
        .AllowAnyHeader()
        .AllowAnyMethod();
}));
```

Der Aufruf app.UseCors() schließlich aktiviert CORS inklusive der bereits angelegten Standard-Policy. Nachfolgend die komplette Datei mit allen CORS-Einstellungen.

Beispiel 20.19: CORS für die API in der Datei *Program.cs* aktivieren

C#

```
var builder = WebApplication.CreateBuilder(args);

builder.Services.AddCors(options => options.AddDefaultPolicy(builder =>
{
    builder.WithOrigins("https://localhost:7142")
        .AllowAnyHeader()
        .AllowAnyMethod();
}));

// Add services to the container.
// Learn more about configuring OpenAPI at https://aka.ms/aspnet/openapi
builder.Services.AddOpenApi();

var app = builder.Build();

// Configure the HTTP request pipeline.
if (app.Environment.IsDevelopment())
{
    app.MapOpenApi();
}

app.UseHttpsRedirection();

var summaries = new[]
{
    "Freezing", "Bracing", "Chilly", "Cool", "Mild", "Warm", "Balmy", "Hot",
"Sweltering", "Scorching"
};

app.MapGet("/weatherforecast", () =>
{
    var forecast = Enumerable.Range(1, 5).Select(index =>
        new WeatherForecast
        (
            DateOnly.FromDateTime(DateTime.Now.AddDays(index)),
            Random.Shared.Next(-20, 55),
            summaries[Random.Shared.Next(summaries.Length)]
        ))
```

```
        .ToArray();
    return forecast;
})
.WithName("GetWeatherForecast");

app.UseCors();

app.Run();

internal record WeatherForecast(DateOnly Date, int TemperatureC, string? Summary)
{
    public int TemperatureF => 32 + (int)(TemperatureC / 0.5556);
}
```

Jetzt klappt der Aufruf der API – Bild 20.20 zeigt das (temperaturtechnisch etwas unrealistische) Ergebnis.

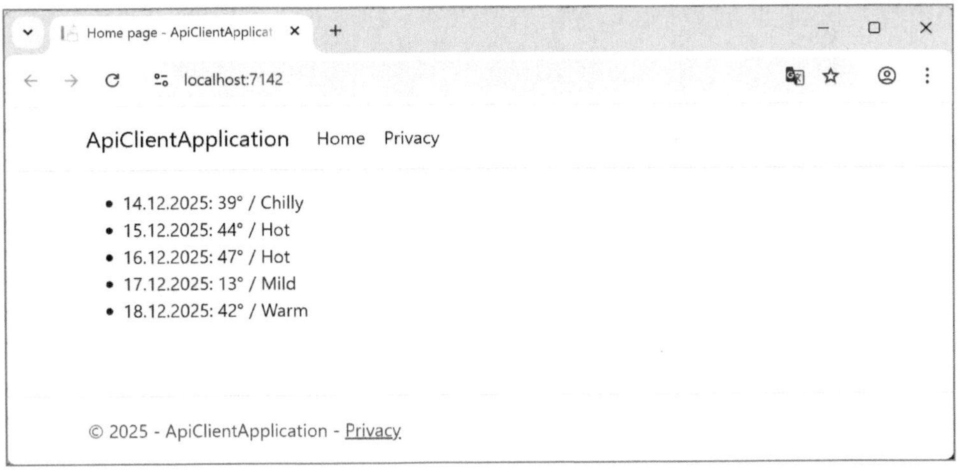

Bild 20.20 Der Cross-Origin-Aufruf der API funktioniert.

21 Single-Page Applications mit Blazor

Microsoft und Webentwicklung – eine bewegte Geschichte. Und dabei ist nicht die Rede von ASP.NET Core (Kapitel 19) oder ASP.NET Core Web API (Kapitel 20), die beide etabliert sind und sich auch an in der Webentwicklung tätige Personen richten. Allerdings gab es bereits mehrfach den Versuch, auch eine Zielgruppe für Microsofts Web-Frameworks zu gewinnen, die sich mit Web-Technologien weniger beschäftigt haben oder beschäftigen wollen.

Ein erstes Beispiel hierfür waren ASP.NET WebForms, eingeführt zusammen mit dem .NET Framework im Jahre 2001. Der Name erinnerte nicht nur zufällig an die Windows-Oberflächentechnologie WinForms. Eine Webanwendung auf WebForms-Basis bestand typischerweise aus Steuerelementen mit eigenen Events. Dass der Code der Eventhandler in einer .NET-Sprache wie beispielsweise C# geschrieben war, der Browser das aber nicht sprechen konnte – geschenkt. Der Trick: Wann immer clientseitig ein solches Event ausgelöst wurde (JavaScript war die Schlüsseltechnologie), erfolgte schlicht eine HTTP-POST-Anfrage (treffenderweise „Postback“ genannt) an den Server, wo letztlich der zugehörige C#-Code ausgeführt werden konnte.

Über den Architekturansatz kann man streiten, doch das Ziel war klar: Windows-Developer einen sanften Einstieg in die Webentwicklung zu bieten. Das hat zwar leidlich gut funktioniert, aber sehr häufig kamen nur mäßig wartbare Anwendungen dabei heraus.

Ein weiteres klassisches Beispiel für diesen Ansatz war Silverlight, ein Browser-Plug-in zur Erstellung von damals populären „Rich Internet Applications“ (RIAs). Spätestens ab Version 2 von Silverlight war die Marschrichtung klar: C#-Code ins Web zu bringen, ohne sich mit den „Niederungen“ von HTML, CSS und JavaScript beschäftigen zu müssen. Die mangelnde Zukunftsfähigkeit von Plug-in-basierten Technologien ist Legende, und auch Silverlight ereilte irgendwann das Schicksal. 2015 stellte Microsoft klar, dass man bestehende Anwendungen besser wegmigrieren solle. Bei allem

Spott, zum Veröffentlichungszeitpunkt von Silverlight waren HTML5 und verwandte Technologien einfach noch nicht weit genug, sodass Silverlight durchaus einen Platz hatte.

Mit .NET Core 3.1 hat Microsoft einen dritten Anlauf gestartet, C# ins Web zu bringen, diesmal mit einem wahrlich hybriden Ansatz. Blazor ist der Name des Frameworks, der dazu da ist, Single-Page Applications (SPAs) auf Basis von C# zu erstellen. Üblicherweise entstehen SPAs auf Basis von einem JavaScript-Framework, wobei Angular (*https://angular.dev*), React (*https://react.dev*) und Vue.js (*https://vuejs.org*) aktuell die populärsten sind. Bei Blazor ist gar kein (selbst geschriebener) JavaScript-Code vonnöten. C# dient hier als Wahl der Implementierungstechnologie für alles, was mit Logik zu tun hat. Die Navigation übernimmt das Blazor-Framework und die Oberfläche wird klassisch mit HTML und CSS erstellt. Microsoft verspricht eine niedrige Lernkurve (im Gegensatz zu einigen der JavaScript-Frameworks) und bietet gerade für die C#-Fraktion ein attraktives Angebot. Es bleibt zu hoffen, dass die Zukunft rosiger wird als die von Silverlight. Blazor setzt rein auf Webtechnologien, insofern ist zumindest das Potenzial fraglos vorhanden.

In diesem Kapitel werfen wir einen Blick auf die Architektur von Blazor und die wichtigsten Features. Genau wie auch bei ASP.NET Core und ASP.NET Web API könnte das Thema ein eigenes Buch füllen, sodass Lücken unumgänglich sind.

21.1 Hosting-Modelle

Blazor ist bereits seit .NET Core 3.1 ein Bestandteil von ASP.NET Core und erfordert keine zusätzliche Installation. Jede Edition von Visual Studio enthält entsprechende Templates. Auch über die Kommandozeile lassen sich analog Blazor-Anwendungen erstellen. Bild 21.1 zeigt die Ausgabe von `dotnet new list blazor`, die zwei Vorlagen für Blazor aufzeigt. Abhängig davon, welche .NET-Versionen oder weitere Softwareprodukte sich auf Ihrem System befinden, sind es möglicherweise mehr.

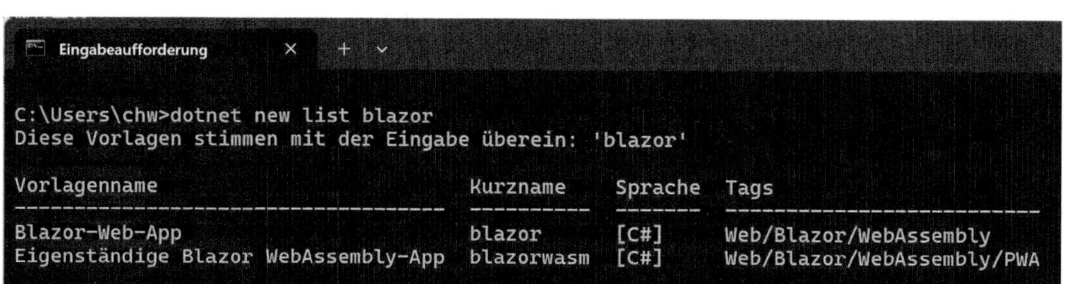

Bild 21.1 Blazor-Vorlagen sind standardmäßig bei .NET dabei

In Visual Studio stehen genau dieselben Vorlagen zur Verfügung, die die .NET CLI anzeigt; auch hier gilt: gegebenenfalls sogar weitere, abhängig davon, was auf dem System installiert ist. Bild 21.2 zeigt den Assistenten aus Visual Studio 2026. Ganz wichtig aber: Welche Vorlagen genau erscheinen, hängt auch davon ab, welche .NET-SDKs auf dem System installiert sind. Wenn Sie also weniger Vorlagen sehen, ist das kein Problem – Sie haben nur womöglich keine .NET-Version neben 10 auf dem System.

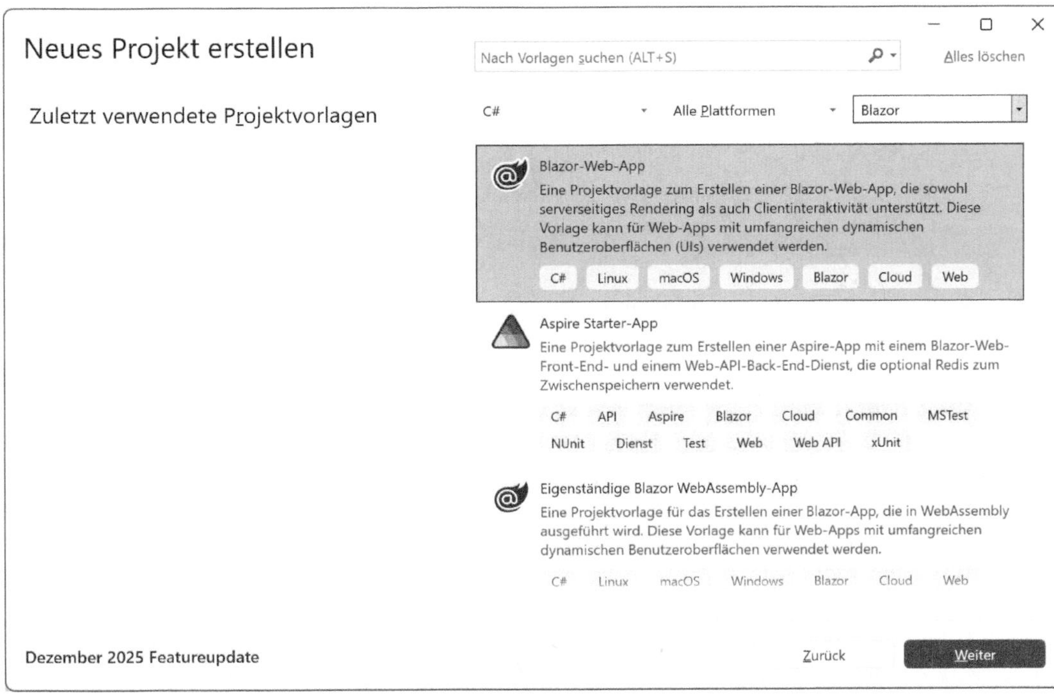

Bild 21.2 Blazor-Vorlagen in Visual Studio

Die Auswahl einer dieser Vorlagen hat drastische Auswirkungen auf die Art und Weise, wie die Blazor-Anwendung dann funktioniert. Es gibt verschiedene Funktionsmodi des Frameworks, wovon wir die beiden Hauptvarianten etwas genauer vorstellen.

Die Hauptvorlage *Blazor Web App* behandeln wir, trotz des einladenden Namens, erst später. Sie vereint nämlich unterschiedliche Ansätze von Blazor. Um das besser zu verstehen, wenden wir uns zunächst den Grundlagen zu.

Bis einschließlich .NET 7 gab es die Vorlage *Blazor Server App* beziehungsweise den Vorlagennamen `blazorserver` für die CLI. Diese Funktionalität steht zwar auch in .NET 10 zur Verfügung, aber nicht so offensichtlich, deswegen erarbeiten wir uns zunächst die technischen Grundlagen auf (konzeptioneller) Basis des „alten" Templates. Es sorgt für eine auf Basis von ASP.NET Core gehostete Anwendung. Auf dem Server kommt C#-Code zur Ausführung, an den Browser werden wie üblich die Oberfläche (HTML und CSS) sowie zusätzliche Funktionalität (JavaScript) geschickt. Der Clou: Bestimmte Aktionen im Browser, etwa der Klick auf einen Navigationslink oder eine Schaltfläche, sorgen für die Ausführung von C# auf dem Server. Ebendieser Server-Code instruiert schließlich den Browser, die Oberfläche entsprechend zu aktualisieren, indem beispielsweise der Inhalt der Seite angezeigt wird, zu der navigiert worden ist. Bild 21.3 zeigt die grobe Architektur in schematischer Darstellung.

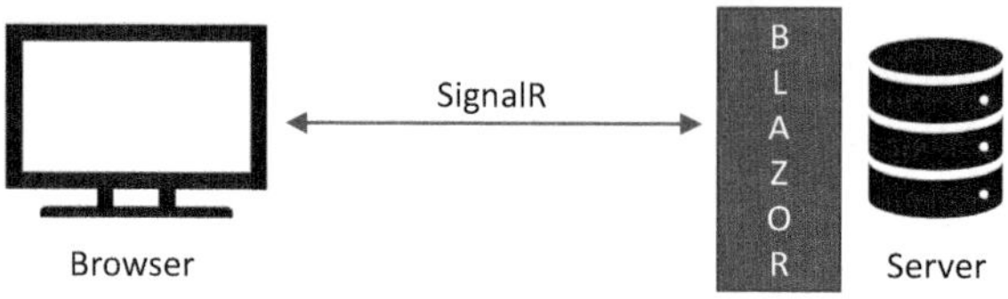

Bild 21.3 Die Funktionsweise von Blazor Server

Bindeglied zwischen Client und Server ist SignalR, ein Framework von Microsoft für effiziente bidirektionale Kommunikation zwischen Client und Server. Es entstand ursprünglich, um unterschiedliche Ansätze in Webbrowsern für diesen Zweck (HTTP-Requests, Long Polling, Server-Sent Events, WebSockets) unter einem gemeinsamen Dach und mit einer einheitlichen API zu bündeln. Moderne Browser unterstützen alle das WebSocket-Protokoll, und SignalR setzt direkt darauf auf. Eine Aktion im Browser, die an ein serverseitiges Event gebunden ist, wird entsprechend per SignalR an die Blazor-Anwendung gemeldet; diese schickt dann – etwas vereinfacht geschildert – die neu oder geändert anzuzeigenden Inhalte zurück an den Client. Der JavaScript-Code, der automatisch Teil der Blazor-App ist, nimmt diese Daten entgegen und zeigt sie dann an. Dabei ist es möglich, dass der selbst geschriebene Code ausschließlich auf C# setzt; keine eigenen JavaScript-Künste sind vonnöten.

Das Modell erinnert grob an das bereits angesprochene ASP.NET WebForms (und auch in gewisser Hinsicht an das `UpdatePanel`-Steuerelement), es ist aber deutlich effizienter. Nach dem Dafürhalten der Autoren „zählt" dieser Ansatz als valide Single-Page Application. Im Browser wird einmalig die Startseite der Anwendung geladen, um den Rest kümmern sich automatisch der von Blazor bereitgestellte JavaScript-Code sowie die C#-Implementierung auf dem Server.

Dieser Ansatz ist indes mit Nachteilen verbunden: Bei quasi jeder erforderlichen Änderung der Oberfläche muss Serverlogik ausgeführt werden, die Anwendung hat also eine eingebaute doppelte Latenz (die für die Anfrage und die für die Antwort). Das WebSocket-Protokoll ist sehr effizient, aber es gibt dennoch eine spürbare Verzögerung, gerade bei trivialen Dingen ohne offensichtlichen Servercode. Hier ein Beispiel: Bei einer Tab-Navigation sind bei SPAs häufig die Inhalte aller Tabs bereits Teil des Mark-ups und nur per CSS ausgeblendet. Bei einer reinen Blazor-Implementierung würde jeder Klick auf einen nicht geöffneten Tab eine Anfrage an den Server auslösen, und erst nach deren Beantwortung würden die Inhalte des gewählten Tabs angezeigt. Bei einer rein clientseitigen Implementierung sieht es anders aus, die neuen Inhalte wären sofort sichtbar.

Ein alternativer Ansatz für Blazor-Anwendungen umschifft dieses Problem, schafft aber gegebenenfalls ein paar neue. Hierzu müssen wir kurz ausholen. Unter dem Dach des World Wide Web Consortiums (W3C), Hüter unter anderem der HTML- und XML-Standards, gibt es die „WebAssembly Working Group". Dieser Zusammenschluss aus zahlreichen Personen aus dem Umfeld der Browserentwicklung hat mit WebAssembly ein binäres Instruktionsformat definiert und spezifiziert – quasi wie Assembler. Der Clou: Alle modernen Browser unterstützen dieses Format. Jede Programmiersprache, für die es einen WebAssembly-Compiler gibt, kann also theoretisch im Browser laufen. Und keine Sorge, aus Sicherheitsgründen kommt eine virtuelle Maschine zum Einsatz, sodass der Code innerhalb einer Sandbox laufen kann. Mehr Informationen dazu verrät die spezifische WebAssembly-Homepage unter *https://webassembly.org*.

Mit Emscripten (*https://emscripten.org*) ist es möglich, in C und C++ geschriebenen Code in WebAssembly zu überführen. Microsoft ist für C# (und damit Blazor) einen anderen Weg gegangen. Ein in WebAssembly vorliegender Interpreter ist in der Lage, MSIL auszuführen. Es können also im Wesentlichen .NET-DLLs im Browser ausgeführt werden. Der gesamte C#-Code der Anwendung liegt also im Browser vor, der Webserver selbst muss keine speziellen Fähigkeiten mehr besitzen. Bild 21.4 skizziert dieses Modell, das Microsoft „Blazor WebAssembly" getauft hat. Die zugehörige Vorlage hieß *Blazor-WebAssembly App* (bzw. `blazorwasm` bei Verwendung der .NET CLI)

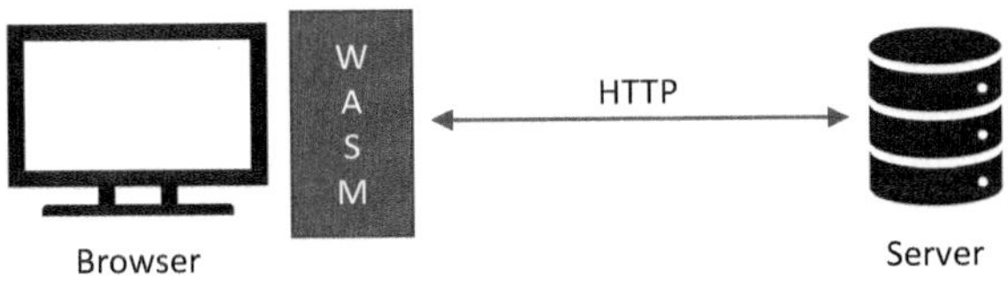

Bild 21.4 Die Funktionsweise von Blazor WebAssembly

Sofern auf dem Webserver APIs zur Verfügung stehen, die von der Anwendung aufgerufen werden, kann die Kommunikation herkömmlich via HTTP bzw. HTTPS stattfinden, es gibt also keinen Zwang mehr zum Einsatz von SignalR (wenngleich das auch möglich wäre). Die inhärente Latenz von Blazor Server ist somit nicht mehr vorhanden, weil der komplette C#-Code im Browser liegt. Allerdings müssen dieser Code sowie die benötigten .NET-DLLs erst einmal an den Browser übermittelt werden. Es gibt also beim initialen Start der Anwendung eine spürbare Verzögerung. Ist das erst einmal geschafft, läuft die Blazor-App sehr performant.

Abgesehen von diesen Haupt-Templates für Blazor gibt es auch noch weitere Initiativen. Die Vorlage *.NET MAUI Blazor-App* – nur vorhanden, wenn die Workload *.NET Multi-Platform App UI-Entwicklung* installiert wurde – ermöglicht die Erstellung einer Cross-Platform-Anwendung (sprich: inklusive iOS und Android) auf Blazor-Basis unter Verwendung von .NET MAUI. Damit ist es auch möglich, in eine Desktop- oder native Applikation bestehende Blazor-Inhalte zu integrieren. Mehr Informationen zu .NET MAUI gibt es in Kapitel 13.

21.2 Projektvorlagen

Wir werfen im Folgenden einen Blick auf die Projektvorlagen und insbesondere die Unterschiede zwischen Blazor Server und Blazor WebAssembly. Für die tatsächliche Implementierung von Anwendungsfeatures gibt es danach praktisch keine Unterschiede in der Umsetzung, da Blazor sich um das Verdrahten kümmert. Lediglich bei Funktionalitäten, die von dem gewählten Hostingmodell abhängen (etwa Aufrufe von Services) gibt es Dinge zu beachten, worauf wir in diesem Kapitel später auch eingehen.

Wir beginnen mit Blazor WebAssembly und der *Eigenständige Blazor-WebAssembly App*-Vorlage. Zunächst gilt es, in Visual Studio im Rahmen des Assistenten zwei „Gretchenfragen" zu beantworten (siehe Bild 21.5):

- Beispielinhalte verwenden oder nicht?
- Verwendung einer Progressive Web Application (PWA) oder nicht?

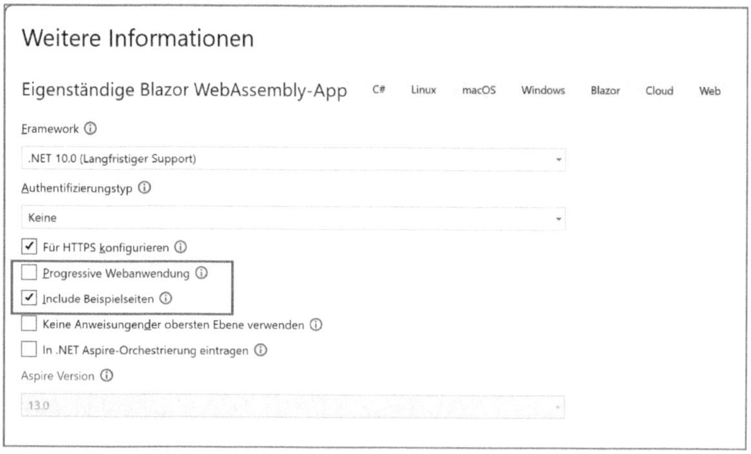

Bild 21.5 Zwei entscheidende Fragen beim Erstellen einer Blazor-WebAssembly App

Dass die Anwendung Demo-Inhalte enthalten soll, kann zwar per Checkbox verhindert werden, aber genau deswegen haben wir ja die Vorlage gewählt, also bleibt die Checkbox aktiviert. Interessanter ist die zweite Wahlmöglichkeit. Bei einer Progressive Web App (PWA), von Microsoft etwas zwanghaft mit „Progressive Webanwendung“ ins Deutsche übersetzt, handelt es sich um eine Webapp, die im Browser installiert werden kann. Sie ermöglicht auch ein sehr granular konfigurierbares Caching. Für eine solche Blazor-Anwendung ist das durchaus attraktiv, weil dann die benötigten .NET-DLLs gespeichert und beim nächsten App-Start nicht mehr extra vom Server bezogen werden müssen. Selbst Offline-Szenarien sind dann möglich – die Anwendung steht auch zur Verfügung, wenn der Webserver nicht verfügbar oder das Endgerät nicht online ist. Auf der anderen Seite wird dann das Debugging in manchen Szenarien zu einer Herausforderung. Für die folgenden Ausführungen wird auch diese Checkbox aktiviert.

Der Assistent erstellt dann eine Reihe von Dateien. Erste Anlaufstelle ist die *Program.cs*, die wie folgt aussieht:

Beispiel 21.1: Die Datei *Program.cs* der Blazor-WebAssembly-Anwendung

C#

```
using BlazorWebAssemblyApp;
using Microsoft.AspNetCore.Components.Web;
using Microsoft.AspNetCore.Components.WebAssembly.Hosting;

var builder = WebAssemblyHostBuilder.CreateDefault(args);
builder.RootComponents.Add<App>("#app");
builder.RootComponents.Add<HeadOutlet>("head::after");

builder.Services.AddScoped(sp => new HttpClient { BaseAddress = new Uri(builder.
HostEnvironment.BaseAddress) });

await builder.Build().RunAsync();
```

Irgendwie sieht diese Datei gar nicht so aus wie die *Program.cs*-Varianten, die wir in den beiden vorangegangenen Kapiteln besprochen haben. Im Wesentlichen werden zwei Komponenten hinzugefügt:

- Eine App-Komponente mit CSS-Selektor `#app` (also: Element mit der ID `app`). Das wird später im HTML-Template wichtig.
- Eine `HeadOutlet`-Komponente mit CSS-Selektor `head::after` (also: nach dem öffnenden `<head>`-Tag).

Wo sind die vielen Services, die sonst bei ASP.NET Core verwendet werden? Der Grund: Die PWA, die von der Vorlage erstellt wurde, ist ja wie beschrieben offlinefähig und braucht keinen Server. Blazor-Anwendungen, die mit der WebAssembly-Vorlage angestellt werden, enthalten keinen C#-fähigen Webhost mehr! Das verschlankt die *Program.cs*, erfordert aber, dass etwaige APIs dann in einer separaten Anwendung laufen. Doch keine Sorge – wenn wir uns später der Blazor Web-App-Vorlage zuwenden, sehen wir noch eine Alternative zu diesem Ansatz.

Gucken wir uns zunächst das HTML-Template für die Anwendung an. Das verbirgt sich in der Datei *\wwwroot\index.html.* Dort finden wir unter anderem ein Element mit der ID app (in diesem wird dann die Blazor-App gerendert), einen Verweis auf eine JavaScript-Bibliothek aus dem Blazor-Framework (*blazor.webassembly.js*) sowie, bei Verwendung der PWA-Option, die Registrierung eines Service-Workers (der wiederum Code enthält, der die Anwendung offline-fähig macht und Caching ermöglicht).

Beispiel 21.2: Die Datei *index.html* der Blazor-WebAssembly-Anwendung

HTML

```html
<!DOCTYPE html>
<html lang="en">

<head>
    <meta charset="utf-8" />
    <meta name="viewport" content="width=device-width, initial-scale=1.0 " />
    <title>BlazorWebAssemblyApp</title>
    <base href="/" />
    <link rel="preload" id="webassembly" />
    <link rel="stylesheet" href="css/bootstrap/bootstrap.min.css" />
    <link rel="stylesheet" href="css/app.css" />
    <link rel="icon" type="image/png" href="favicon.png" />
    <link href="BlazorWebAssemblyApp.Client.styles.css" rel="stylesheet" />
    <link href="manifest.json" rel="manifest" />
    <link rel="apple-touch-icon" sizes="512x512" href="icon-512.png" />
    <link rel="apple-touch-icon" sizes="192x192" href="icon-192.png" />
    <script type="importmap"></script>
</head>
<body>
    <div id="app">
        <svg class="loading-progress">
            <circle r="40%" cx="50%" cy="50%" />
            <circle r="40%" cx="50%" cy="50%" />
        </svg>
        <div class="loading-progress-text"></div>
    </div>
    <div id="blazor-error-ui">
        An unhandled error has occurred.
        <a href="" class="reload">Reload</a>
        <a class="dismiss">×</a>
    </div>
    <script src="_framework/blazor.webassembly#[.{fingerprint}].js"></script>
    <script>navigator.serviceWorker.register('service-worker.js', { updateViaCache:
     'none' });</script>
</body>

</html>
```

Beim Start der Anwendung zeigt sich im Browser ein zunächst erschreckendes Bild: Selbst beim Testen auf einem lokalen System dauert es zwischen Ausgabe der Warteanimation und der Anzeige der Startseite der Anwendung etwa eine Sekunde. In den Browser-Entwicklungstools wird sogar gemeldet, dass fast 24 MB an Daten übertragen worden sind (siehe Bild 21.6), inklusive vieler WASM-Dateien, die „zufällig" so heißen wie .NET-DLLs.

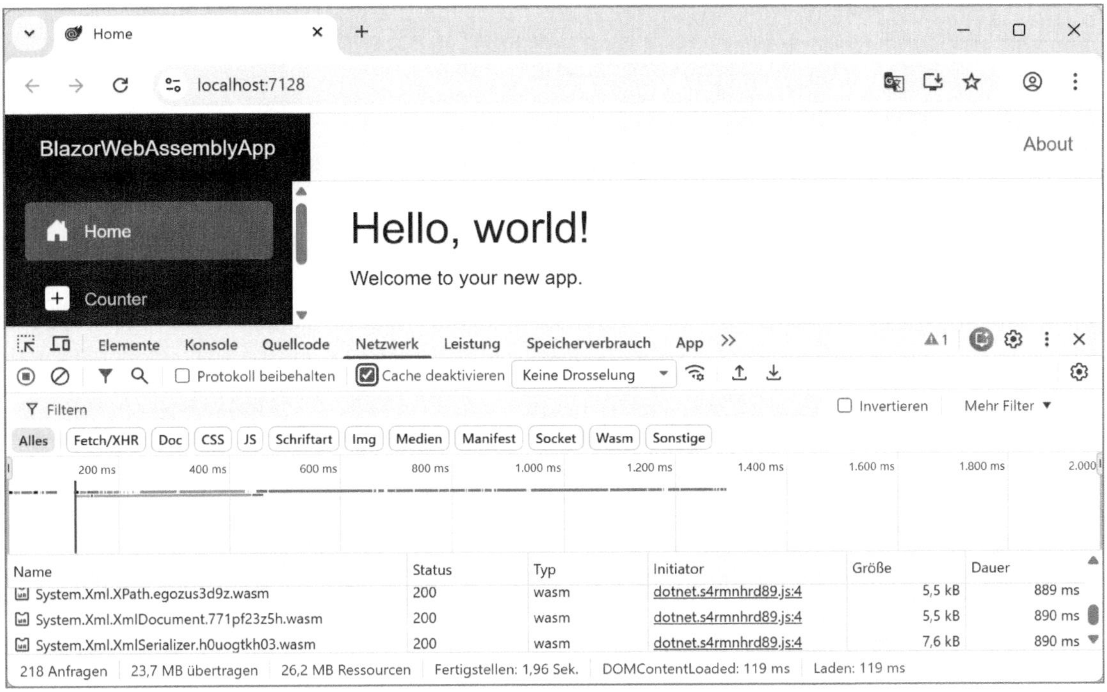

Bild 21.6 Der Datentraffic beim erstmaligen Laden der Blazor-WebAssembly-Anwendung

Immerhin, beim Neuladen der Anwendung sind es nur noch ein paar Hundert Kilobyte. Das Caching über die PWA funktioniert also zuverlässig. Im Release-Modus wird das Ganze nochmals weniger umfangreich. Gerade bei Inhouse-Anwendungen ist dieser initiale Umfang der Anwendung häufig vernachlässigbar. Selbst bei öffentlichen Applikationen lassen sich Datenmenge und Startverzögerung in vielen Fällen verkraften. Eine offene Diskussion über Für und Wider muss aber zwingend geführt werden. Nur eine transparente Kommunikation über potenzielle Nachteile (und die Vorteile, die die Nachteile womöglich aufwiegen) führt in der Praxis zu einem Projekterfolg.

Doch was ist mit Blazor Server? Bereits seit .NET 8 gibt es hierfür keine Projektvorlage mehr – wenn Ihr System eine aufweist, funktioniert sie nur bis hin zum längst abgekündigten .NET 7. Aber es gibt ja noch die bereits angesprochene „Hauptvorlage". Der zugehörige Assistent in Visual Studio (siehe Bild 21.7) enthält unter anderem die Option *Interaktiver Rendermodus*. Dort geben wir im Wesentlichen an, welcher Blazor-Modus zum Einsatz kommt – Server, WebAssembly oder sogar eine Kombination aus beidem! Der Clou: Das ließe sich sogar pro einzelner Seite oder Komponente ändern. Wir setzen aber diesen Modus zunächst auf Server, sodass die Anwendung auf Blazor Server basiert. Bei *Interaktivitätslocation* geben wir *Global* an, die Einstellung soll überall gelten.

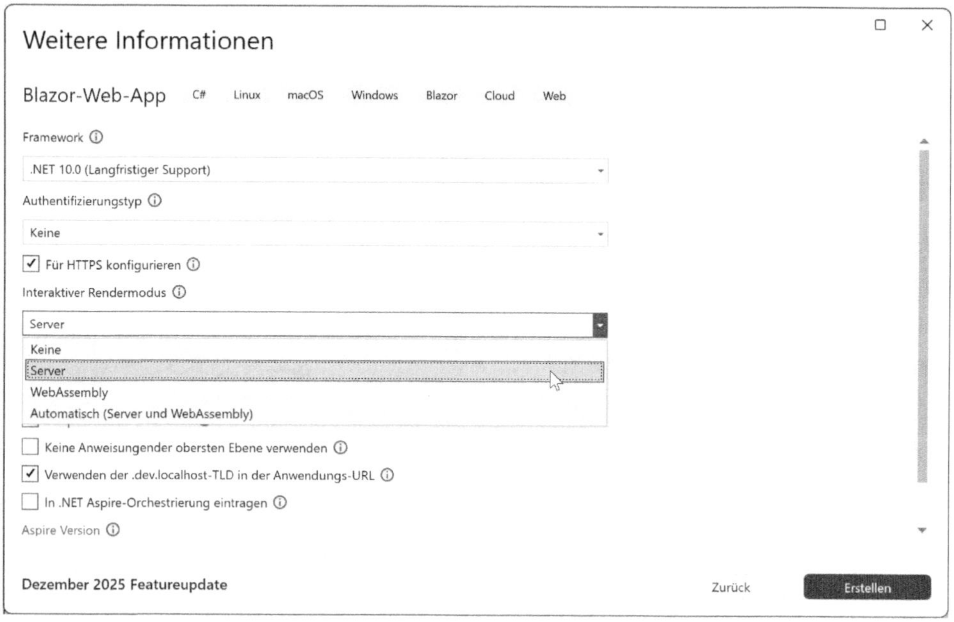

Bild 21.7 Einrichtung einer Blazor-Server-App durch Setzen des interaktiven Render-Modus

Bei Verwendung der .NET CLI liefert folgender Aufruf ein äquivalentes Ergebnis:

```
dotnet new blazor -int Server -ai -o BlazorServerApp
```

Die Datei *Program.cs* des neu erzeugten Projekts sieht jetzt schon eher so aus, wie wir es von ASP.NET Core gewohnt sind.

Beispiel 21.3: Die Datei *Program.cs* der BlazorServer-Anwendung

C#

```
using BlazorServerWebApp.Components;

var builder = WebApplication.CreateBuilder(args);

builder.Services.AddRazorComponents()
    .AddInteractiveServerComponents();

var app = builder.Build();

if (!app.Environment.IsDevelopment())
{
    app.UseExceptionHandler("/Error", createScopeForErrors: true);
    app.UseHsts();
}

app.UseStatusCodePagesWithReExecute("/not-found", createScopeForStatusCodePages:
true);
app.UseHttpsRedirection();

app.UseAntiforgery();

app.MapStaticAssets();
app.MapRazorComponents<App>()
    .AddInteractiveServerRenderMode();

app.Run();
```

Zwei zentrale Stellen im Code sind fett dargestellt:

- Die Middlewares für Razor Pages und für serverseitiges Blazor werden mit `AddRazorComponents()` und `AddInteractiveServerComponents()` hinzugefügt.
- Die App-Komponente (der zentrale Einstiegspunkt in die Anwendung) wird geladen (`MapRazorComponents<App>()`) und im Blazor-Server-Modus verwendet (`AddInteractiveServerRenderMode()`).

Eine Datei *wwwroot\index.html* suchen wir hier allerdings vergeblich. Stattdessen steckt der HTML-Rahmen der Blazor-Anwendung in der Datei *Components\App.razor*. Dort wird insbesondere die JavaScript-Bibliothek für Blazor geladen; diese heißt allgemein *blazor.web.js*.

Vergleichbar wie bei ASP.NET Core Razor Pages und MVC gibt es ein Layout, das in der Datei *\Components\Layout\MainLayout.razor* steckt.

Hier sind zwei Dinge für die Funktionsweise interessant:

- Der Aufruf von `@Body()` fügt den Inhalt der Seite ein, von der aus die Layout-Datei referenziert wird.
- Das `<div>`-Element mit der ID `blazor-error-ui` ist für die Ausgabe von Fehlermeldungen zuständig.

Hier der komplette Code dieser Datei:

Beispiel 21.4: Die Datei *MainLayout.razor* der Blazor-Server-Anwendung

CSHTML

```
@inherits LayoutComponentBase

<div class="page">
    <div class="sidebar">
        <NavMenu />
    </div>

    <main>
        <div class="top-row px-4">
            <a href=https://learn.microsoft.com/aspnet/core/
target="_blank">About</a>
        </div>

        <article class="content px-4">
            @Body
        </article>
    </main>
</div>

<div id="blazor-error-ui">
    An unhandled error has occurred.
    <a href="," class="reload">Reload</a>
    <a class="dismiss">×</a>
</div>
```

Wenn Sie die Applikation aus Visual Studio heraus starten, öffnet sich der Standardbrowser mit der Startseite. In den Developer-Tools (meist über die Taste F12 zu erreichen) sehen Sie ähnlich zu Bild 21.8, dass die Anwendung eine WebSocket-Verbindung aufbaut. Die von Blazor verwendete Verbindung ist die erste, die beiden anderen sind spezifisch für Visual Studio, um Hot Reload zu ermöglichen.

HINWEIS: Bei Verwendung der CLI sorgt der Befehl `dotnet watch` dafür, dass die Anwendung startet und sich bei geänderten Dateien automatisch aktualisiert („Hot Reload"). Den verwendeten Browserport sehen Sie dann direkt in der Ausgabe des Tools. Die in diesem Kapitel gezeigten Portnummern sind wie üblich zufällig und können sich auf Ihrem System unterscheiden.

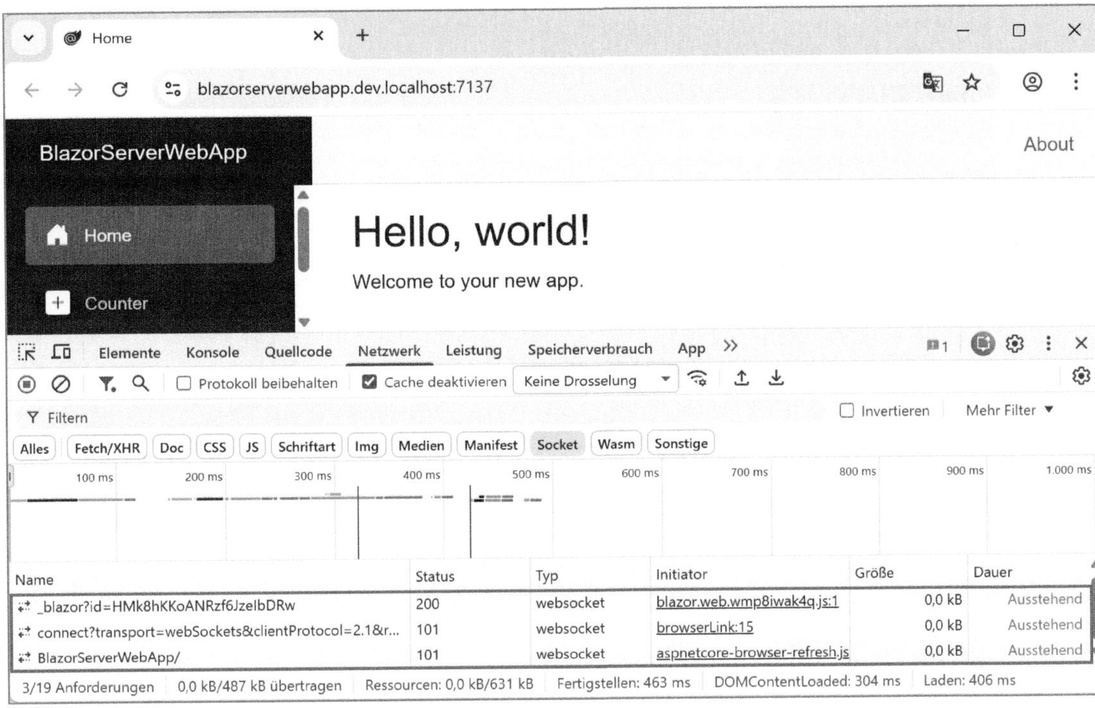

Bild 21.8 Die Blazor Server-Anwendung baut WebSocket-Verbindungen auf.

HINWEIS: Die URL ist diesmal übrigens nicht *https://localhost:1234* (der Port 1234 ist dabei zufällig), sondern setzt sich aus dem Projektnamen und .dev.localhost zusammen. Im Beispiel ist das *https://blazorserverwebapp.dev.localhost:7137/*. Die Top-Level-Domain (TLD) .localhost ist standardisiert und zeigt auf den lokalen Rechner. .NET unterstützt dies seit ASP.NET Core 10. Im Assistenten bei der Projektanlage gab es dazu die spezielle Checkbox *Verwenden der .dev.localhost-TLD in der Anwendungs-URL*.

Egal welche der beiden Blazor-Architekturen Sie im Einsatz haben, die Anwendungen verhalten sich danach zunächst auf den ersten Blick identisch. Die Seite *Counter* enthält eine Schaltfläche und einen Zähler. Bei jedem Klick auf die Schaltfläche wird der Wert des Zählers um eins erhöht (Bild 21.9).

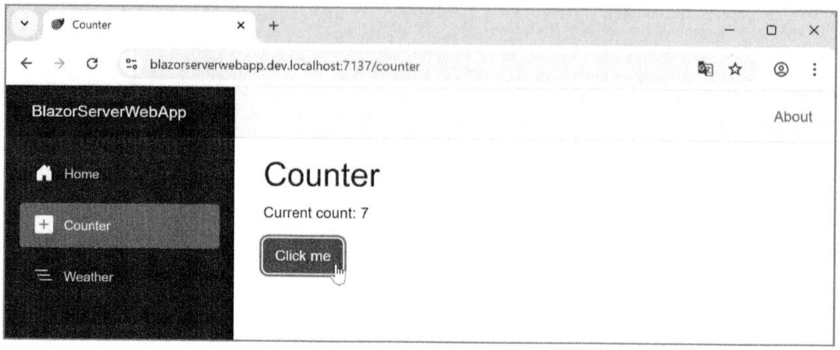

Bild 21.9 Der Zähler zählt die Klicks auf die Schaltfläche.

Die Seite *Fetch data* simuliert den Aufruf einer API auf und zeigt dann eine vollkommen unrealistische, zufällige Wettervorhersage an (Bild 21.10).

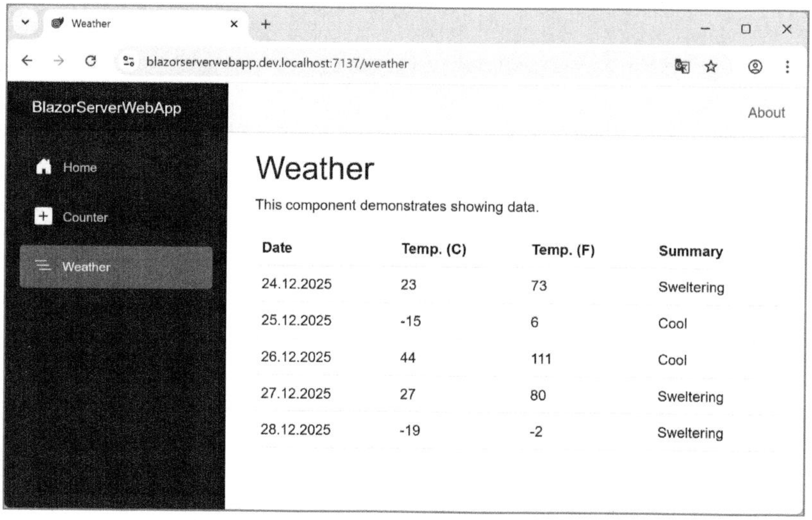

Bild 21.10 Der Wettervorhersagen-Service liefert (unzutreffende) Prognosen.

Auf dieser Basis können wir weiterarbeiten und die bestehende Anwendung erweitern. Im Folgenden kommt in der Regel Blazor Server zum Einsatz. Allerdings sind alle Ausführungen auch für Blazor WebAssembly korrekt (außer wir weisen explizit auf Unterschiede hin).

HINWEIS: Wenn Sie beim Assistenten zur Projektanlage (Template: *Blazor Web App*) den Interaktivitätsmodus *WebAssembly* einstellen, erhalten Sie ebenfalls eine Anwendung auf Basis von Blazor Webassembly. Es gibt aber Unterschiede zur Vorlage *Eigenständige Blazor-WebAssembly-App*: Die „Hauptvorlage“ *Blazor Web App* erstellt dann zwei Projekte, in einem sind die interaktiven Bestandteile von Blazor enthalten (vereinfacht: die, bei denen mit Event-Handling gearbeitet wird), in dem anderen die statischen. Außerdem ist der Webserver Kestrel aktiv und ermöglicht auch die Integration anderer Bestandteile von ASP.NET Core, etwa MVC oder Web API. Bei der eigenständigen App fehlt dies; es werden nur die (statischen) Blazor-Bestandteile ausgeliefert.

21.3 Blazor-Komponenten

Quasi alles in Razor ist eine Komponente. Im Normalfall landet eine Komponente in einer Razor-Datei mit der Endung *.razor*. Aus diesem Grund wird häufig die Bezeichnung „Blazor-Komponente" gebraucht, wenngleich Microsoft offiziell von „Razor-Komponenten" spricht (dieses Kapitel verwendet beides). Die Ähnlichkeit zu Razor Pages (vgl. Kapitel 18) ist frappierend, jedoch gibt es subtile, aber entscheidende Unterschiede.

21.3.1 Code in/für Komponenten

Ein Blick auf die von der Blazor-Vorlage erzeugte Datei *\Components\Pages\Counter.razor* (bei Blazor WebAssembly: *Pages\Counter.razor*) erklärt viele grundlegende Konzepte einer Blazor-Seite oder -Komponente auf einen Blick. Sie hat den folgenden Inhalt:

Beispiel 21.5: Die Datei *Counter.razor* der Blazor-Anwendung

Razor

```
@page "/counter"

<PageTitle>Counter</PageTitle>

<h1>Counter</h1>

<p role="status">Current count: @currentCount</p>

<button class="btn btn-primary" @onclick="IncrementCount">Click me</button>

@code {
    private int currentCount = 0;

    private void IncrementCount()
    {
        currentCount++;
    }
}
```

Diese Datei enthält zahlreiche Aspekte. Ganz am Anfang kommt das eingebaute Routing von Blazor zum Einsatz. Die folgende Anweisung gibt die URL an, unter der dieser Inhalt erreichbar ist.

```
@page "/counter"
```

Wenn die Wurzel-URL der Applikation etwa (wie auf unserem System – bei Ihnen ist es womöglich anders) *https://localhost:7137* oder *https://blazorserverwebapp.dev.localhost:7137/* ist, geschieht der Zugriff auf die Seite mit dem Zähler über die URL *https://localhost:7137/counter* bzw. *https://blazorserverwebapp.dev.localhost:7137/counter*.

Als Nächstes enthält die Zählerseite das `<PageTitle>`-Element. Hiermit kann der Titel der Seite angegeben werden:

```
<PageTitle>Counter</PageTitle>
```

Das Blazor-Framework sorgt dann automatisch dafür, dass die Titelleiste im Browser diesen Titel anzeigt (das war z. B. in Bild 21.9 zu sehen). Rein technisch wird per JavaScript der Inhalt des `<title>`-Elements bzw. die JavaScript-Eigenschaft `document.title` angepasst. Technologisch ist das eine Petitesse, aber es zeigt sich erneut, dass der Einsatz von eigenem JavaScript-Code in einem großen Maße „verhindert“ werden kann.

Werfen wir nun einen Blick auf das Ende der Datei. Dort gibt es ein `@code`-Element mit Inline-Code, in etwa vergleichbar zu Codeblöcken mit `@{ ... }` in einer Razor Page oder MVC-View. In diesem Code wird zunächst eine private Variable namens `currentCount` angelegt und mit 0 initialisiert sowie eine Methode `IncrementCount()`, die bei Aufruf diesen Variablenwert um eins erhöht.

```
@code {
    private int currentCount = 0;

    private void IncrementCount()
    {
        currentCount++;
    }
}
```

Rein technisch wird zur aktuellen Datei (*Counter.razor*) eine Klasse `Counter` angelegt, die `currentCount` als Feld und `IncrementCount()` als Methode beinhaltet. Im Kontext dieser Seite ist es jetzt jederzeit möglich, auf das Feld zuzugreifen und die Methode aufzurufen. Ersteres geschieht etwas weiter oben bei der Ausgabe des aktuellen Zählerstandes:

```
<p role="status">Current count: @currentCount</p>
```

Die Syntax ist bekannt – das ist Razor. Der Wert der Klasseneigenschaft `currentCount` wird an der angegebenen Stelle ausgegeben. Spannend wird es allerdings, wenn sich dieser Wert ändert. Dies geschieht beim Klick auf die Schaltfläche. Per Ereignishandler für das `click`-Event wird die vorher betrachtete Methode `IncrementCount()` aufgerufen.

```
<button class="btn btn-primary" @onclick="IncrementCount">Click me</button>
```

Die Syntax wirkt auf den ersten Blick etwas verwirrend, insbesondere wenn man einen JavaScript-Background hat. Und genau das ist auch die Herausforderung, die es zu bewältigen gilt! Das `onclick`-Attribut ist in HTML bereits reserviert, und zwar für clientseitige Klick-Ereignisse. Der Wert des Attributs ist der (in JavaScript gehaltene!) Code, der beim Klick ausgeführt werden soll! Um mit diesem Mechanismus nicht zu kollidieren, wird syntaktisch `@onclick` verwendet, damit klar ist, dass sich Blazor um dieses Event kümmern soll. Der Wert ist dann der Name der Methode, die aufgerufen werden soll.

Wie sich im Browser zeigt, wird tatsächlich bei jedem Klick der Wert von `currentCount` um eins erhöht. Durch die Datenbindung erscheint der aktuelle Wert tatsächlich unvermittelt (zuzüglich einer etwaigen Latenz), ohne neues Rendern der gesamten Seite. Wir haben also tatsächlich eine Single-Page Application vorliegen.

Für solch kleine, simple Anwendungen funktioniert das zuverlässig, aber ab einem bestimmten Komplexitätslevel kann es sinnvoll erscheinen, die Oberfläche und die Logik in verschiedene Dateien aufzuteilen. Diese Problematik haben wir bereits bei Razor Pages diskutiert. Bei Blazor ist der Lebenszyklus etwas simpler als bei Razor Pages, insofern ist unsere Empfehlung nicht ganz so strikt wie die in Kapitel 19. Dennoch erscheint uns der Code-Behind-Ansatz in einigen Szenarien als die wartbarere Option.

Die richtige Vorlage in Visual Studio, um eine neue Komponente hinzuzufügen, heißt „Razor-Komponente“ (siehe Bild 21.11) und nicht „Razor-Seite“! Allerdings erzeugt diese Vorlage wiederum nur eine *.razor*-Datei ohne separates Code-Behind; stattdessen erscheint wieder ein `@code`-Element.

Wir müssen uns von Hand behelfen. Die folgenden Schritte sind erforderlich:

- Zusätzlich zur Blazor-Komponente (etwa *ComponentCodeBehind.razor*) muss eine C#-Klasse angelegt werden, die denselben Namen hat, um *.cs* ergänzt (hier *ComponentCodeBehind.razor.cs*).
- Diese Klasse muss als `partial` gekennzeichnet werden, damit es zu keiner Kollision mit der automatisch für die *.razor*-Datei angelegten Klasse kommt.
- Die Klasse enthält dann den Code, der vorher direkt in der Razor-Datei war.

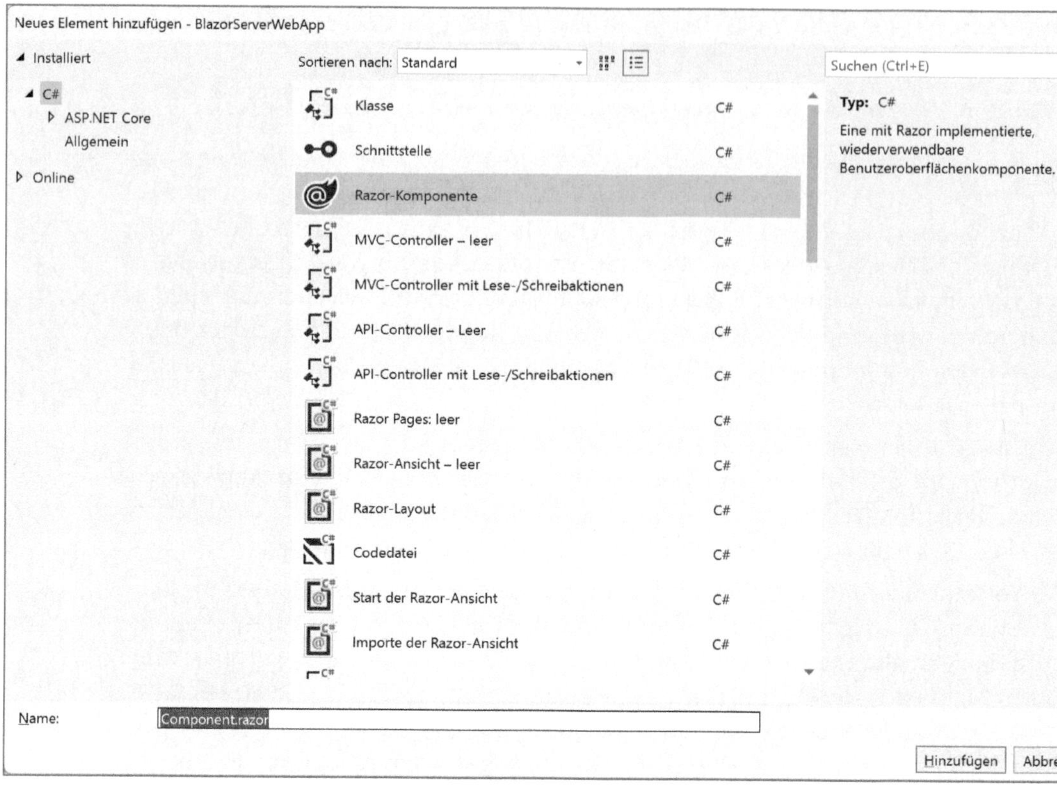

Bild 21.11 Die Vorlage „Razor-Komponente" ist für Blazor die richtige.

Das sieht dann wie folgt aus:

Beispiel 21.6: Der Zähler als Code-Behind

Razor

```
@page "/componentcodebehind"

<PageTitle>Counter (Code-Behind)</PageTitle>

<h1>Counter</h1>

<p role="status">Current count: @currentCount</p>

<button class="btn btn-primary" @onclick="IncrementCount">Click me</button>
```

C#

```
namespace BlazorServerWebApp.Pages;

public partial class ComponentCodeBehind
{
    private int currentCount = 0;
```

```
    private void IncrementCount()
    {
        currentCount++;
    }
}
```

HINWEIS: Alternativ wäre es auch möglich, den Code in eine Klasse mit komplett unterschiedlichem Namen zu legen. Diese muss dann von `ComponentBase` ableiten. In der Razor-Datei selbst sorgt die Anweisung `@inherits NameDerNeuenKlasse` dafür, dass UI und Logik zugeordnet werden können. Allerdings verliert man dadurch die visuelle Zuordnung im Projektmappen-Explorer von Visual Studio.

21.3.2 Event-Handling

Die vorherigen Beispiele haben das Thema Ereignisbehandlung bereits gestreift – höchste Zeit, sich dem etwas ausführlicher zu widmen. Prinzipiell gilt: Die meisten Ereignisse innerhalb einer Blazor-Anwendung sind DOM-Ereignisse, sie finden also innerhalb des Document Object Model statt – der API, mit der ein Browser mit den Inhalten einer Seite kommunizieren kann. Die unterstützten Ereignisse hängen immer vom jeweiligen Element ab. So etwas wie `onclick` gibt es quasi überall, aber spezifischere Dinge wie etwa Tastatur-Events gibt es nur bei Elementen, die so etwas verarbeiten können. Durch das Voranstellen eines Klammeraffens (@) weisen wir Blazor darauf hin, dass C# (bzw. WebAssembly) die Kontrolle übernehmen soll, wenn das Ereignis auftritt.

HINWEIS: Blazor-eigene Komponenten können eigene Ereignisse mit sich bringen; dies wäre auch bei selbst erstellten Komponenten möglich, ist aber außerhalb der Thematik dieses Kapitels bzw. Buches.

Die Funktionsweise von Ereignissen soll anhand eines Beispiels demonstriert werden. Eine Blazor-Komponente enthält im Wesentlichen zwei Elemente:

- Ein Texteingabefeld (`<input type="text">`)
- Ein Ausgabeelement (<p>)

Eingaben in das Textfeld werden abgefangen. Hierfür stehen drei Ereignisse zur Verfügung: `keydown`, `keyup`, `keypress`. Während die ersten beiden beim Drücken bzw. Loslassen einer Taste aktiv werden, findet `keypress` nur dann statt, wenn eine Taste gedrückt und losgelassen worden ist und die Taste zudem ein druckbares Zeichen ausgeben würde. Ein Drücken der Taste **A** beispielsweise würde diese Voraussetzung erfüllen, die **Umschalt**-Taste hingegen nicht. Wir setzen auf `keydown`, denn wir möchten auch Sondertasten mit abfangen.

Die Handlermethode für das Ereignis erhält als Parameter automatisch Informationen über das Event. Bei Tastaturereignissen sind diese vom Typ `KeyboardEventArgs`. In diesem Fall enthält die Eigenschaft `Key` dann eine textuelle Repräsentation der gedrückten Taste. Merkregel: Ist es nur ein Zeichen, so ist es eine herkömmliche Taste, inklusive Sonderzeichen (also etwa `"1"` oder `"!"`, wenn zusätzlich die **Umschalt**-Taste gedrückt worden ist).

Die Löschen-Taste, auch Backspace genannt, liefert dagegen `"Backspace"`, ESC führt zu `"Escape"`. Dies soll im Folgenden berücksichtigt werden: Wenn das Textfeld den Fokus hat und eine Taste gedrückt wird, so soll dies per Event-Handling abgefangen und das zugehörige Zeichen ausgegeben werden (aber keine Sondertasten). Einzige Ausnahme: Das Betätigen von Backspace soll, wie im Textfeld auch, das letzte Zeichen löschen. Der Code sieht dann wie folgt aus:

Beispiel 21.7: Tastatureingaben abfangen

Razor

```
@page "/eventhandling"

<PageTitle>Event-Handling</PageTitle>

<h1>Event-Handling</h1>

<p>Eingabe: <input type="text" @onkeydown="AddValue"></p>

<p>Ausgabe: @inputValues</p>
```

C#

```
namespace BlazorServerWebApp.Pages;

public partial class EventHandling
{
    private string inputValues = string.Empty;

    private void AddValue(KeyboardEventArgs e)
    {
        if (e.Key == "Backspace" && inputValues.Length > 0)
        {
            inputValues = inputValues[..^1];
        }
        else if (e.Key.Length == 1)
        {
            inputValues += e.Key;
        }
    }
}
```

Als Heuristik, ob eine Taste eine Sondertaste war, wird die Überprüfung der Länge der `Key`-Eigenschaft genommen. Besteht diese aus nur einem Zeichen, gehen wir von einer „herkömmlichen“ Taste aus. Im Fall von Backspace wird das hinterste Zeichen gelöscht. Bild 21.12 zeigt das Beispiel im Browser.

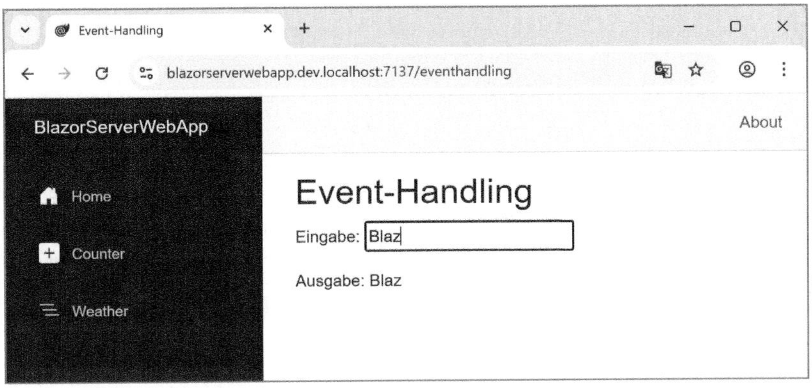

Bild 21.12 Tastatureingaben erscheinen im Ausgabeelement

Die Art und Weise, wie das Event-Handling mit Blazor hier funktioniert, hängt – naturgemäß! – sehr stark damit zusammen, wie Event-Handling im Browser bzw. DOM funktioniert. Hierzu gibt es noch zwei zusätzliche Möglichkeiten, die vorliegenden Verhaltensweisen anzupassen.

Viele Events haben ein Standardverhalten. Beispielsweise führt ein Klick auf einen (herkömmlichen) Link dazu, dass eine neue Seite geladen wird. Hat ein Textfeld einen Fokus, so führt ein Tastendruck dazu, dass das zugehörige Zeichen im Textfeld erscheint. Ist das Textfeld Teil eines Formulars mit Schaltfläche und wird die **Enter**-Taste gedrückt, wird das Formular verschickt.

Die JavaScript-API, um dieses Standardverhalten zu unterdrücken, ist eine Methode namens `preventDefault()`. Auch Blazor kann sich derer bedienen, allerdings nur im WebAssembly-Modus. Der Hintergrund: Bei Blazor Server werden clientseitige Ereignisse ja erst an den Server weitergereicht; dieser entscheidet dann, wie es weitergeht. In dieser Zeit ist aber das Event – und auch das dazugehörige Standarverhalten! – bereits im Browser ausgelöst worden. Die (serverseitige) Verhinderung kommt also zu spät.

Der folgende Code ist also in einem Projekt mit Blazor WebAssembly einzufügen. Die Unterdrückung des Default-Verhaltens erfolgt durch das reine Setzen eines Attributs in der Razor-Datei:

Beispiel 21.8: Standardverhalten von Tastaturereignissen unterdrücken

Razor

```
@page "/eventhandling"

<PageTitle>Event-Handling</PageTitle>

<h1>Event-Handling</h1>

<p>Eingabe: <input type="text" @onkeydown="AddValue" @onkeydown:preventDefault></p>

<p>Ausgabe: @inputValues</p>
```

Durch diesen Syntax-Zucker wird das Ereignis abgefangen, aber das Standardverhalten verhindert (wie gesagt, nur im WebAssembly-Modus). Das Ergebnis zeigt Bild 21.13: Tastatureingaben werden weiterhin im <p>-Element ausgegeben, das Textfeld jedoch bleibt leer.

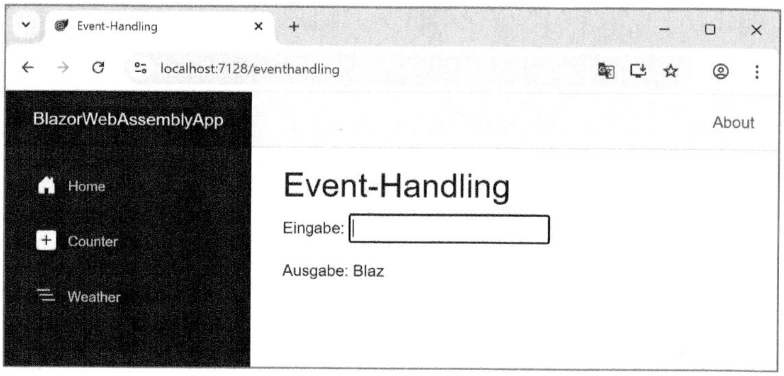

Bild 21.13 Das Textfeld bleibt leer, das Ausgabeelement füllt sich

Die zweite Möglichkeit, den herkömmlichen DOM-Ablauf bei Events zu beeinflussen, ist die Art und Weise, wie Events weitergereicht werden. HTML gibt eine hierarchische Struktur der Elemente vor. Im aktuellen Beispiel gibt es beispielweise aus dem Layout ein <body>-Element, und auf der Detailseite ein <p>-Element, und innerhalb dessen noch ein <input>-Element. Wird im <body>-Element etwa ein `click`-Ereignis ausgelöst, so wird es erst dort gemeldet, und sukzessive in allen Unterelementen – im Beispiel also bei <p> und dann bei <input>. Angenommen, das <p>-Element würde das `click`-Event bereits verarbeiten und möchte verhindern, dass tiefer liegende Elemente in der Hierarchie dieses Ereignis ebenfalls gemeldet bekommen. In diesem Fall ist `stopPropagation()` die JavaScript-API der Wahl. In Blazor funktioniert das wieder direkt per Attribut:

Beispiel 21.9: Weiterreichen eines Ereignisses verhindern

Razor

```
<p @onclick:stopPropagation>
    Eingabe:
    <input type="text" ...>
</p>
```

21.3.3 Datenbindung

Zugegeben, die Herangehensweise in den vorherigen Beispielen wirkt etwas mühsam. Wieso müssen wir von Hand Tastatureingaben abfangen und dann in ein Ausgabeelement schreiben – Datenbindung sollte Blazor ja können? Und in der Tat ließe sich zumindest Beispiel 21.7 deutlich einfacher gestalten.

Die Ausgabe eines Wertes per Razor-Syntax, etwa `@currentCount`, ist eine Art von Ein-Wege-Datenbindung. Wenn sich der Wert ändert, wird die Ausgabe aktualisiert; der Wert kann aber nicht in die andere Richtung geändert werden. Dies zeigt sich am Beispiel eines Texteingabefeldes:

```
<input type="text" value="@currentCount">
```

Dieses Feld zeigt stets den aktuellen Zählerstand an; eine manuelle Änderung des Wertes im Textfeld hat aber überhaupt keine Auswirkungen auf den Wert des Klassen-Feldes `currentCount`.

Der korrekte Ansatz, um in beide Richtungen binden zu können, verwendet das `@bind`-Attribut. Als Attributswert kommt der Name der Eigenschaft, an die gebunden werden soll, zum Einsatz.

Beispiel 21.10: Zwei-Wege-Datenbindung

Razor

```
@page "/databinding"

<PageTitle>Datenbindung</PageTitle>

<h1>Datenbindung</h1>

<p>Eingabe: <input type="text" @bind="inputValues"></p>

<p>Ausgabe: @inputValues</p>
```

C#

```
namespace BlazorServerWebApp.Pages;

public partial class DataBinding
{
    private string inputValues = string.Empty;
}
```

Wenn Sie dies im Browser ausprobieren, scheint es zunächst nicht zu funktionieren: Während des Tippens im Textfeld bleibt die Ausgabe leer (Bild 21.14). Doch sobald das Eingabefeld den Fokus verliert, aktualisiert sich die Ausgabe.

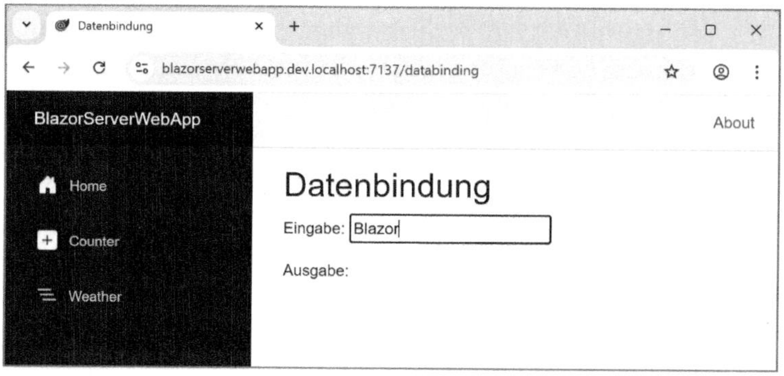

Bild 21.14 Die Datenbindung funktioniert erst auf den zweiten Blick

Dies liegt an der Funktionsweise des zugrunde liegenden DOM-Ereignisses `change`. Es wird bei Textfeldern eben erst dann ausgelöst, wenn diese den Fokus verlieren (und, das ist wohl der historische Hintergrund, die Eingabe damit „komplett" ist). Das etwas später hinzugekommene Ereignis `input` wird bei jeder Veränderung der Eingabe ausgelöst. Dies müssen Sie spezifisch bei `@bind` angeben, und zwar in zwei Schritten:

1. Die zu bindende Klasseneigenschaft geben Sie mit `@bind-XXX="Property"` an. `XXX` ist dabei die Komponenteneigenschaft, an die die Klasseneigenschaft (`Property`) gebunden werden soll. Beim Eingabefeld ist das `value`, andere Komponenten können andere Properties haben.
2. Das Event, das die Datenbindung auslösen soll, geben Sie mit `@bind-XXX:event=" onYYY"` an, dabei ist `XXX` wieder die Komponenteneigenschaft und `YYY` repräsentiert das Event. In unserem Beispiel wäre das also: `@bind-value:event="oninput"`.

Beispiel 21.11: Zwei-Wege-Datenbindung mit `input`-Ereignis

Razor

```
@page "/databinding"
<PageTitle>Datenbindung</PageTitle>
<h1>Datenbindung</h1>
<p>Eingabe: <input type="text" @bind-value="inputValues" @bind-
value:event="oninput"></p>
<p>Ausgabe: @inputValues</p>
```

C#

```
namespace BlazorServerApp.Pages;
public partial class DataBinding
{
    private string inputValues = string.Empty;
}
```

Bild 21.15 zeigt das Ergebnis – direkt während der Eingabe wird das <p>-Element aktualisiert.

Bild 21.15 Jetzt funktioniert die Datenbindung im Moment der Eingabe

HINWEIS: Stellen Sie sicher, dass die Datentypen auch passen. Der Wert in einem HTML-Textfeld ist standardmäßig eine Zeichenkette; ein Binden an beispielsweise Zahlenwerte kann schiefgehen. Im Zweifel ist es einfacher, primär Strings zu verwenden und dann in der Applikationslogik manuell zu konvertieren.

21.4 Services und APIs aufrufen

Die in Blazor integrierten Vorlagen stellen bereits dar, wie ein Service aufgerufen werden kann. Hier trennt sich in der Tat die Spreu vom Weizen (ohne Wertung): Blazor Server und Blazor WebAssembly handhaben diese Aufgabe unterschiedlich.

Wenn es „nur" darum geht, eine C#-Implementierung innerhalb der Anwendung aufzurufen, ist das mit Blazor Server einfacher: Per öffentlicher Methode wird der Code in einer Klasse aufrufbar gemacht und kann dann direkt aus der Blazor-Logik ausgeführt werden. Die Kommunikation im Hintergrund – Stichwort Anfrage und Antwort via WebSocket-Protokoll – übernimmt das Framework automatisch.

Bei Blazor WebAssembly wäre das theoretisch auch möglich, allerdings gilt für alles, was direkt in der Blazor-App steckt: Der Code wird in den Browser geladen und ist damit auch für Außenstehende einsehbar. Die Alternative ist der Aufruf einer API analog zu den Ausführungen in Kapitel 20. Wie bereits dort schon geschildert, erfordert dies gegebenenfalls spezielle Sicherheitsvorkehrungen (Stichwort CORS), sollte die API nicht denselben Server verwenden wie die Blazor-App. Die Art und Weise, wie viele Projekte aufgebaut sind, macht den Zugriff allerdings einfach – es ist derselbe Host für die Blazor-Anwendung und für die API im Einsatz.

Werfen wir also einen Blick auf die Blazor-WebAssembly-Anwendung. Wir benötigen dazu die auf Basis der Vorlage *Blazor-Web-App*, denn das Template *Eigenständige Blazor-Web-App* kommt ohne ASP.NET-Core-Server aus. Genau diesen Server brauchen wir aber für unser Beispiel, um eine API bereitzustellen.

Die Anwendung muss eine HTTP- oder HTTPS-Anfrage zum Server senden und die Rückgabe entsprechend auswerten. Als Erstes brauchen wir eine API und verwenden dazu das inzwischen schon mehrfach gesehene Beispiel aus den Blazor-Projektvorlagen: die Wettervorhersage. Zunächst erstellen wir im Client-Projekt eine Modellklasse, denn wir benötigen den Datentyp zweimal: einmal innerhalb der API, und einmal in der Blazor-Anwendung, um die API-Daten zu verarbeiten.

Beispiel 21.12: Das Datenmodell für die API

C#

```
namespace BlazorAppInteractiveWebAssembly.Client
{
    public class WeatherForecast
    {
        public DateOnly Date { get; set; }
        public int TemperatureC { get; set; }
        public string? Summary { get; set; }
        public int TemperatureF => 32 + (int)(TemperatureC / 0.5556);
    }
}
```

Als Nächstes implementieren wir die API. Das hat im Hauptprojekt zu erfolgen. Der Kompaktheit wegen setzen wir dabei auf eine Minimal-API und packen die komplette Implementierung in die *Program.cs*. Der Aufruf erfolgt dann über *https://localhost:7128/api/weather*.

Beispiel 21.13: Die Minimal API in der Datei *Program.cs* (Auszug)

C#

```
using BlazorAppInteractiveWebAssembly.Client;

...

app.MapGet("/api/weather", () =>
{
    var startDate = DateOnly.FromDateTime(DateTime.Now);
    var summaries = new[] { "Freezing", "Bracing", "Chilly", "Cool", "Mild", "Warm",
"Balmy", "Hot", "Sweltering", "Scorching" };
    return Enumerable.Range(1, 5).Select(index => new WeatherForecast
    {
        Date = startDate.AddDays(index),
        TemperatureC = Random.Shared.Next(-20, 55),
        Summary = summaries[Random.Shared.Next(summaries.Length)]
    }).ToArray();
});
```

Der eigentliche Aufruf der API findet in der Komponente *Weather.razor* des Client-Projekts statt. Die Vorlage selbst behilft sich hierbei mit Daten, die direkt in der Razor-Datei generiert werden. Wir möchten stattdessen die API verwenden. Das geht im Prinzip relativ simpel: Die `HttpClient`-Klasse dient als Vehikel für eine HTTP-Anfrage; die Daten von der API deserialisieren wir dann in unsere Modellklasse und nutzen die bereits vorhandene Anzeigelogik in der Komponente aus dem Template.

Eine kleine Hürde gibt es jedoch noch: Wir benötigen eine absolute URL für den `HttpClient`-Aufruf. Schöner wäre natürlich eine relative Adresse, sodass die Anwendung ohne Änderungen beispielsweise auf dem lokalen System und auf dem Produktivserver funktioniert. Hier gibt es mehrere Lösungen, beispielsweise individuelle *appsettings.json*-Dateien (siehe hierzu auch die Beschreibung vom Deployment von Webanwendungen in Kapitel 22). Hier behelfen wir uns mit einem kleinen Trick: Über die `NavigationManager`-Klasse erhalten wir Zugriff auf die aktuelle Basis-URL. Per Dependency-Injection machen wir die Klasse unserer Komponente verfügbar:

```
@inject NavigationManager navigationManager
```

Damit können wir dann den `HttpClient` instanziieren:

```
var httpClient = new HttpClient()
{
    BaseAddress = new Uri(navigationManager.BaseUri)
};
```

Der eigentliche API-Aufruf ist dann simpel: die Methode `GetFromJsonAsync()` sendet einen asynchronen HTTP-Request an die API und deserialisiert das erhaltene JSON in den gewünschten Typ. Diesen zeigen wir dann auf der Seite an. Hier der komplette Code, mit unseren Anpassungen in halbfett:

Beispiel 21.14: Aufruf und Ausgabe der Wettervorhersage

Razor

```
@page "/weather"
@inject NavigationManager navigationManager

<PageTitle>Weather</PageTitle>

<h1>Weather</h1>

<p>This component demonstrates showing data.</p>

@if (forecasts == null)
{
    <p><em>Loading...</em></p>
}
else
{
    <table class="table">
        <thead>
            <tr>
                <th>Date</th>
                <th aria-label="Temperature in Celsius">Temp. (C)</th>
                <th aria-label="Temperature in Fahrenheit">Temp. (F)</th>
                <th>Summary</th>
            </tr>
        </thead>
        <tbody>
            @foreach (var forecast in forecasts)
            {
                <tr>
                    <td>@forecast.Date.ToShortDateString()</td>
                    <td>@forecast.TemperatureC</td>
                    <td>@forecast.TemperatureF</td>
                    <td>@forecast.Summary</td>
                </tr>
            }
        </tbody>
    </table>
}
```

```
@code {
    private List<WeatherForecast>? forecasts;

    protected override async Task OnInitializedAsync()
    {
        var httpClient = new HttpClient()
        {
            BaseAddress = new Uri(navigationManager.BaseUri)
        };
        string apiUrl = "/api/weather";
        forecasts = await httpClient.GetFromJsonAsync<List<WeatherForecast>>(apiUrl)
?? new List<WeatherForecast>();
    }
}
```

Die Browser-Developer-Tools zeigen dann auch tatsächlich die HTTP-Anfrage, die an den Server geschickt wird (Bild 21.16). Noch einmal zum Verständnis: Die WebAssembly-Anwendung läuft komplett im Browser, die Instanz von `HttpClient` und auch der Service-Aufruf finden tatsächlich per HTTP statt. Aus diesem Grund unterliegt diese Kommunikation auch dem Sicherheitsmodell des Browsers und erfordert insbesondere CORS-Header, sollte die API auf einem anderen Origin liegen als der Host der Blazor-Anwendung selbst.

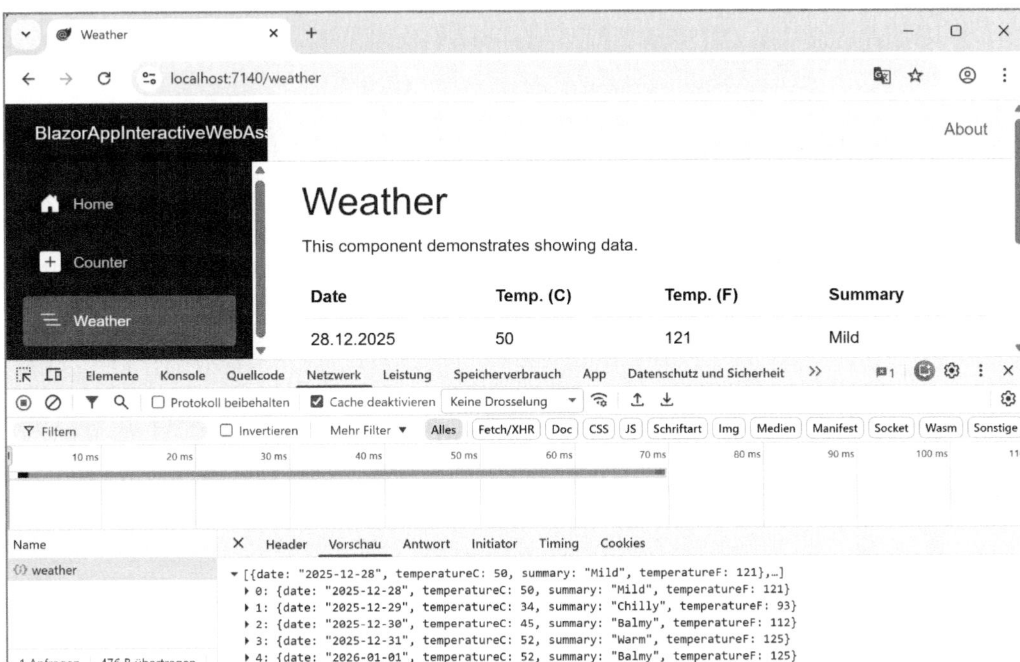

Bild 21.16 Der HTTP-Aufruf der (statischen) API kann nachverfolgt werden.

HINWEIS: Die Methode `OnInitializedAsync()` (und auch ihr synchrones Pendant `OnInitialized()`) wird beim erstmaligen Rendern einer Razor-Komponente aufgerufen. Wenn durch das Ändern von per Datenbindung angezeigten Daten bestimmte Bereiche der Komponente neu gerendert werden, wird die Methode nicht erneut ausgeführt. Mehr Informationen zum Lebenszyklus einer Razor-Komponente verrät die Dokumentation unter *https://learn.microsoft.com/en-us/aspnet/core/blazor/components/lifecycle*.

Beim Einsatz von Blazor Server sieht das Ganze anders aus. Klar, auch hier wäre eine Verwendung von `HttpClient` analog möglich, dann sogar ohne CORS-Beschränkungen, denn es ist ja der Server, der die Abfrage macht.

Allerdings gibt es auch einen direkteren Weg, wenn nämlich die Implementierung der Wetterprognose in der Blazor-Anwendung selbst liegt. Dann könnte das auch als Service realisiert werden. Dazu legen wir eine neue Datei *WeatherService.cs* an, die gar kein REST-Service ist und – je nach Lesart – auch nicht einmal ein Service. Stattdessen setzen wir die Implementierung als simple Klasse um, die zufällig fünf verschiedene Wetterprognosen erstellt.

Beispiel 21.15: Der „Service" für die Wettervorhersage in der Blazor-Server-App

C#

```
namespace BlazorServerApp
{
    public class WeatherService
    {
        private static readonly string[] Summaries = new[]
        {
            "Freezing", "Bracing", "Chilly", "Cool", "Mild", "Warm", "Balmy", "Hot",
             "Sweltering", "Scorching"
        };

        public Task<List<WeatherForecast>> GetWeather(DateOnly startDate)
        {
            return Task.FromResult(Enumerable.Range(1, 5).Select(index => new
            WeatherForecast
            {
                Date = startDate.AddDays(index),
                TemperatureC = Random.Shared.Next(-20, 55),
                Summary = Summaries[Random.Shared.Next(Summaries.Length)]
            }).ToList());
        }
    }

    public class WeatherForecast
    {
        public DateOnly Date { get; set; }
        public int TemperatureC { get; set; }
```

```
        public string? Summary { get; set; }
        public int TemperatureF => 32 + (int)(TemperatureC / 0.5556);
    }
}
```

Die öffentliche Methode `GetWeather()` ermittelt die Daten und liefert sie als Liste zurück (die Asynchronität wäre an dieser Stelle kein Muss, ist aber bei länger laufenden Aktionen wie etwa Datenbankabfragen durchaus nützlich).

Es wäre ein Leichtes, diese Methode direkt innerhalb einer Blazor-Komponente aufzurufen, aber ein Mindestmaß an Architektur ist sicherlich nicht von Nachteil. In der Datei *Program.cs* des Projekts hinterlegen wir diese Klasse als Service, und zwar als Singleton – sprich, eine Instanz dieser Klasse ist genug, weil sie ja keinen Zustand verwaltet.

Beispiel 21.16: Registrierung der Wettervorhersagen-Funktionalität als Singleton-Service in der Datei *Program.cs*

C#

```
builder.Services.AddSingleton<WeatherService>();
```

Dieser Aufruf erlaubt es, den `WeatherService` per Dependency Injection (sprich `@inject`-Anweisung) in jede Blazor-Komponente mit aufzunehmen und dann dort direkt aufzurufen. Auch hier kommt, wie beim WebAssembly-Beispiel, die Methode `OnInitializedAsync()` zum Einsatz. Dazu passen wir die Datei *Weather.razor* wie folgt an:

Beispiel 21.17: Aufruf des Wettervorhersagen-Service in der Blazor-Komponente

Razor

```
@page "/weather"

<PageTitle>Weather forecast</PageTitle>

@inject WeatherService weatherService

<h1>Weather </h1>

<p>This component demonstrates showing data.</p>

@if (forecasts == null)
{
    <p><em>Loading ...</em></p>
}
else
```

```
{
    <table class="table">
        <thead>
            <tr>
                <th>Date</th>
                <th aria-label="Temperature in Celsius">Temp. (C)</th>
                <th aria-label="Temperature in Fahrenheit">Temp. (F)</th>
                <th>Summary</th>
            </tr>
        </thead>
        <tbody>
            @foreach (var forecast in forecasts)
            {
                <tr>
                    <td>@forecast.Date.ToShortDateString()</td>
                    <td>@forecast.TemperatureC</td>
                    <td>@forecast.TemperatureF</td>
                    <td>@forecast.Summary</td>
                </tr>
            }
        </tbody>
    </table>
}
@code {
    private List<WeatherForecast>? forecasts;
    protected override async Task OnInitializedAsync()
    {
        forecasts = await weatherService.GetWeather(
            DateOnly.FromDateTime(DateTime.Now));
    }
}
```

Der Aufruf dieses Dienstes wird über die bestehende WebSocket-Verbindung ausgelöst. Es findet also explizit kein HTTP-Aufruf statt, und das JSON-Format ist auch nicht beteiligt. Freilich wäre es möglich, auch aus der Blazor-Server-Anwendung heraus eine HTTP-Anfrage an einen Server zu stellen. Diese Anfrage würde dann aber vom Server ausgehen und wäre damit nicht dem Browser-Sicherheitsmodell bzw. CORS unterworfen.

21.5 Weitere Blazor-Features

Blazor bietet zahlreiche weitere Features, die für moderne Single-Page Applications nützlich sind. In diesem Abschnitt stellen wir wahllos ein paar davon vor.

21.5.1 Zustandsmanagement

HTTP ist ein zustandsloses Protokoll, sprich das Protokoll merkt sich nichts. Bei herkömmlichen Webanwendungen sind Cookies (und gegebenenfalls in Verbindung damit Sessions) ein möglicher Ausweg, um Daten zu persistieren. Bei einer Single-Page Application steht dieses Mittel nicht immer zur Verfügung.

Reine JavaScript-Anwendungen haben hierfür mehrere Lösungen. Die bekanntesten sind Session Storage und Local Storage, zwei JavaScript-APIs zum Speichern von Daten. Bei Session Storage werden die Sitzungsdaten gelöscht, sobald ein Browserfenster oder ein Browser-Tab geschlossen wird – das ist ein ähnliches Modell wie bei Session-Cookies, nur dass die Sitzungsinformationen erst beim kompletten Schließen des Browsers gelöscht werden. Im Local Storage gespeicherte Daten bleiben bestehen, bis sie aktiv gelöscht werden.

Leider gibt es keine in Blazor eingebaute API, um auf Session Storage oder Local Storage zugreifen zu können. Mit JavaScript-Interoperabilität wäre es möglich (siehe auch Abschnitt 21.5.2), aber das ist primär ein Einsatzzweck für Blazor WebAssembly, das sowieso vollständig im Browser läuft. Beim Einsatz von Blazor Server gibt es noch eine Alternative. .NET unterstützt ASP.NET Core Data Protection, eine Sammlung von APIs zum Schützen von Daten. Dies beinhaltet auch Verschlüsselung.

Mit ASP.NET Core Protected Browser Storage steht eine Kombination aus beiden Ansätzen zur Verfügung: Blazor-Server-Anwendungen können Daten im Local Storage oder Session Storage ablegen, und die Daten sind auch verschlüsselt und können nicht trivial im Browser modifiziert werden.

Im Beispiel soll der Zählerstand innerhalb der Blazor-Anwendung persistiert werden, damit der Wert auch beim hin- und hernavigieren in der Anwendung erhalten bleibt. Bisher verhält sich die Anwendung so, dass der Wert im Zähler wieder verloren geht, wenn man zu einer anderen Komponente der App und wieder zurück springt. Mit ASP.NET Core Protected Browser Storage kann sich das ändern.

Damit das funktioniert, muss der Zugriff auf Local Storage beziehungsweise Session Storage aktiviert werden. Der vollständige Namensraum ist `Microsoft.AspNetCore.Components.Server.ProtectedBrowserStorage` und enthält die per Dependency Injection integrierbaren Klassen `ProtectedSessionStorage` und `ProtectedLocalStorage`. Für den gewählten Einsatzzweck reicht Session Storage aus.

Die `ProtectedSessionStorage`-Klasse unterstützt die Methoden `GetAsync()` und `SetAsync()` zum Schreiben von Daten. Während die JavaScript-APIs lediglich mit Strings arbeiten können, können die .NET-Pendants typisiert werden – um die Serialisierung und Deserialisierung kümmert sich das Framework.

Damit lässt sich der Code vervollständigen. Die Methode `IncrementCount()` muss auf asynchron umgestellt werden, um darin den Aufruf von `SetAsync()` einzubauen, um den neuen Zählerwert in den Session Storage zu schreiben. Beim Rendern der Komponente wird der aktuelle Zählerwert aus dem Session Storage geladen. Hier gibt es allerdings eine Besonderheit. Wir setzen nicht auf das bereits bekannte `OnInitializedAsync()`, sondern verwenden `OnAfterRenderAsync()`. Es gibt einen Blazor-Modus, bei dem Inhalte bereits vorab gerendert werden, was mit unserem asynchronen Auslesen aus dem Session Storage kollidieren würde. Bei `OnInitializedAsync()` haben wir dieses Problem nicht, müssen aber Blazor noch durch einen Aufruf der Methode `StateHasChanged()` mitteilen, dass sich Werte geändert haben. Hier ist die vollständige Implementierung:

Beispiel 21.18: Zählerstand im Session Storage speichern

Razor

```
@page "/counter"

@using Microsoft.AspNetCore.Components.Server.ProtectedBrowserStorage
@inject ProtectedSessionStorage ProtectedSessionStore

<PageTitle>Counter</PageTitle>

<h1>Counter</h1>

<p role="status">Current count: @currentCount</p>

<button class="btn btn-primary" @onclick="IncrementCount">Click me</button>
```

C#

```
namespace BlazorServerApp.Pages
{
    public partial class Counter
    {
        private int currentCount = 0;
        private async Task IncrementCount()
        {
            currentCount++;
            await ProtectedSessionStore.SetAsync("currentCount", currentCount);
        }
        protected override async Task OnAfterRenderAsync(bool firstRender)
        {
            var result = await ProtectedSessionStore.GetAsync<int>("currentCount");
            currentCount = result.Success ? result.Value : 0;
            StateHasChanged();
        }
    }
}
```

In den Browser-Developer-Tools lassen sich die Inhalte von Session Storage und Local Storage direkt einsehen. Wie Bild 21.17 zeigt, ist der Wert im Session Storage eigentlich 42 – aber stattdessen ist ein nicht verwertbarer Wert zu sehen. Der Server weiß, wie damit umzugehen ist, und zeigt beim Weg- und Zurückspringen zur Seite wieder die 42 an.

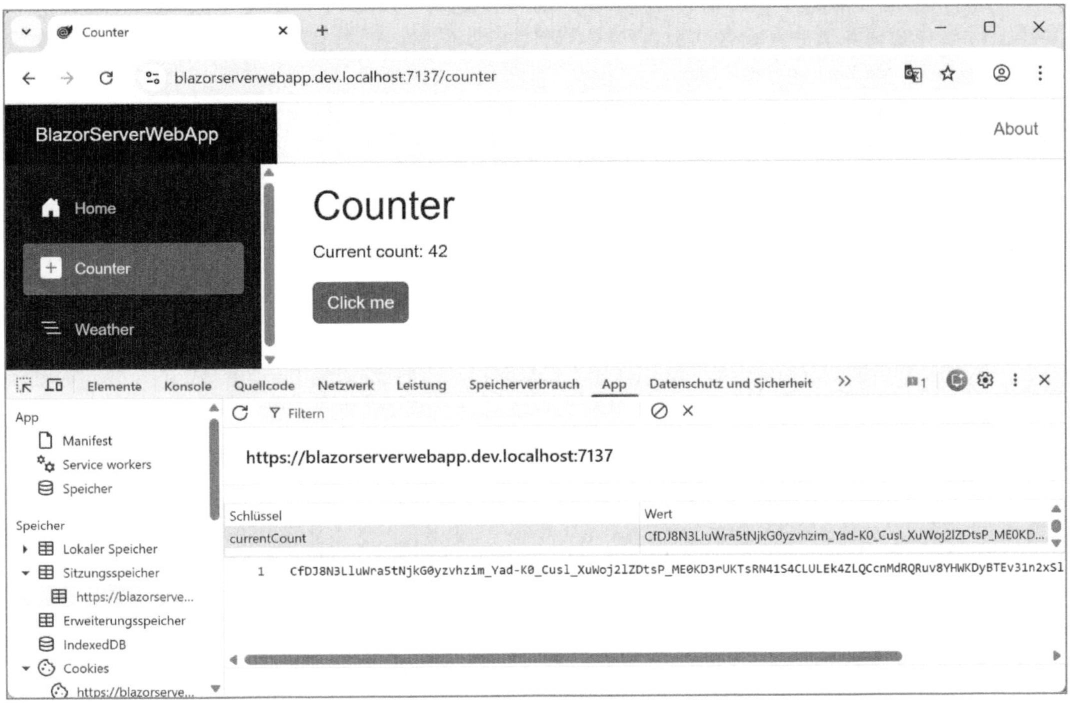

Bild 21.17 Der Zählerstand steht verschlüsselt im Session Storage

21.5.2 JavaScript-Interoperabilität

Im Fall von Blazor WebAssembly steht, wie erwähnt, ASP.NET Core Protected Storage nicht zur Verfügung, weil ASP.NET Core Data Protection im Browser nicht möglich ist. Allerdings ist es möglich, aus einer Blazor-Anwendung heraus JavaScript-Code aufzurufen. Dies ist in beide Richtungen möglich, also von JavaScript zu .NET und von .NET zu JavaScript. Mit der letzteren Richtung, also dem Aufruf von JavaScript-Code aus .NET heraus, lässt sich der Zählerstand auch im Browser persistieren.

Als Vorbereitung ist es erforderlich, die JavaScript-Implementierung zur Verfügung zu stellen. Die JavaScript-Funktionen müssen global verfügbar sein. Am einfachsten ist es, diese in eine eigene JavaScript-Datei zu legen und dann aus der Datei *\wwwroot\index.html* heraus aufzurufen. Der JavaScript-Code besteht aus zwei Funktionen: eine schreibt einen Wert in den Session Storage und die andere liest ihn aus. Um JSON-Serialisierung und -Deserialisierung müssen wir uns dieses Mal selber kümmern.

Beispiel 21.19: Zählerstand – unverschlüsselt – im Session Storage speichern

JavaScript

```
window.writeStorage = (key, value) => {
    sessionStorage.setItem(key, JSON.stringify(value));
};

window.readStorage = (key) => {
    let value = sessionStorage.getItem(key);
    return (value != null) ? JSON.parse(value) : null;
};
```

HTML

```
<script src="js/storage.js"></script>
```

Die JavaScript-Interoperabilität wird durch die `IJSRuntime`-Schnittstelle sichergestellt. Die Methode `InvokeAsync()` ruft eine JavaScript-Funktion auf, Parameter werden dabei im Format `object[]` übergeben. Der Rückgabewert kann typisiert werden.

HINWEIS: Bei Funktionen, die keinen Rückgabewert haben, kann auch `InvokeVoidAsync()` verwendet werden; dies erfordert allerdings, dass der Namespace `Microsoft.JSInterop` explizit per `using` geladen wird. Ebenfalls ist es seit Blazor 10 möglich, JavaScript-Klassen zu instanziieren. Dazu brauchen wir ein Modul, das wir per `import` laden. Eben dieses `import`-Statement setzen wir wieder per `InvokeAsync()` ab:

```
var module = await JSRuntime.InvokeAsync<IJSObjectReference>(
    "import",
    "../lib/bibliothek.esm.js");
```

Dann können wir mit `InvokeConstructorAsync()` die im Modul definierte Klasse instanziieren.

Die Implementierung läuft dann analog zum vorangegangenen Beispiel mit Blazor Server: In der Methode `OnInitializedAsync()` wird der aktuelle Zählerwert ausgelesen und in `IncrementCount()` der aktuelle Stand in den Session Storage geschrieben.

Beispiel 21.20: Zählerstand per JavaScript im Session Storage speichern

Razor

```
@page "/counter"

@inject IJSRuntime runtime

<PageTitle>Counter</PageTitle>

<h1>Counter</h1>

<p role="status">Current count: @currentCount</p>

<button class="btn btn-primary" @onclick="IncrementCount">Click me</button>
```

C#

```
using Microsoft.JSInterop;

namespace BlazorWebAssemblyApp. Pages
{
    public partial class Counter
    {
        private int currentCount = 0;

        private async Task IncrementCount()
        {
            currentCount++;
            await runtime.InvokeVoidAsync(
                "writeStorage", "currentCount", currentCount);
        }
        protected override async Task OnInitializedAsync()
        {
            try
            {
                currentCount = await runtime.InvokeAsync<int>(
                    "readStorage", new[] { "currentCount" });
            } catch (Exception)
            {
                currentCount = 0;
            }
        }
    }
}
```

Das Ergebnis zeigt Bild 21.18. Der Zählerwert steht im Klartext im Session Storage. Damit ist natürlich Manipulation Tür und Tor geöffnet, aber in dem vorliegenden Fall dürfte das kein Sicherheitsrisiko darstellen.

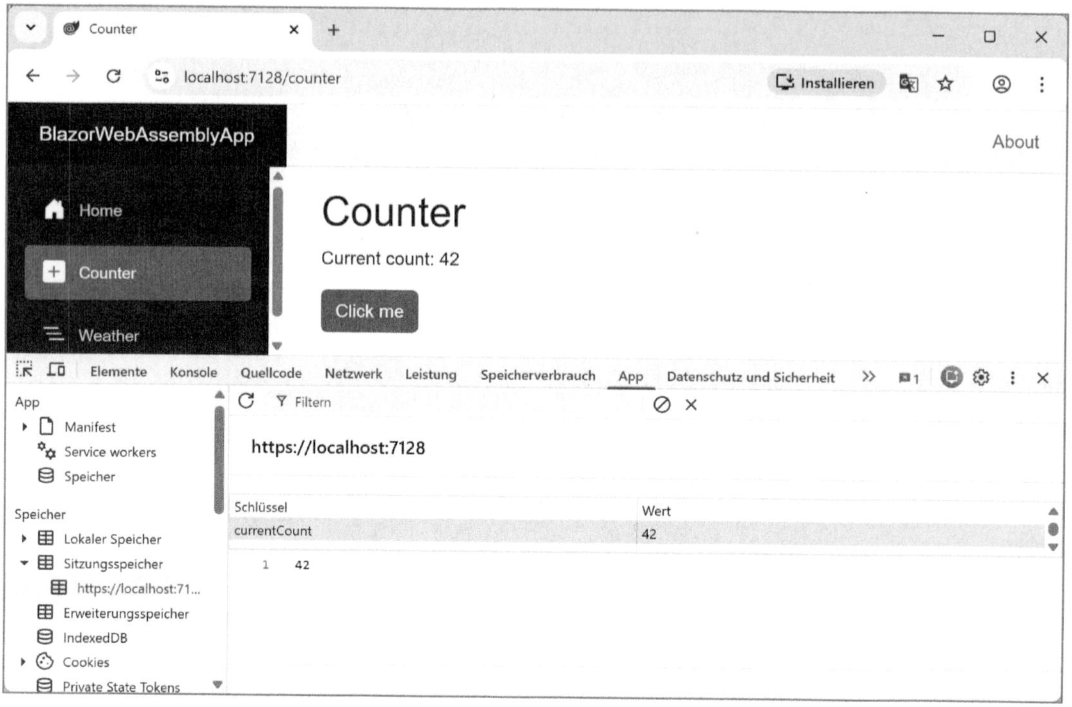

Bild 21.18 Dank JavaScript-Interop steht der Zählerstand im Session Storage

Der Rückweg, also der Aufruf von .NET-Code aus JavaScript heraus, ist ebenfalls möglich, wenngleich in Blazor der Aufruf von C# sowieso gang und gäbe ist – aber halt nicht von JavaScript getriggert. Als Beispielanwendung soll der Text, der den Zählerstand enthält, mit einer zufälligen Farbe versehen werden. Diese Zufallsfarbe wird von C#-Code ermittelt.

Damit das auch gut funktioniert, muss die Anwendung an mehreren Stellen angepasst werden:

- Der JavaScript-Code muss im Kontext der Blazor-Anwendung vorliegen – ein guter Ort ist wie zuvor die Datei *index.html*.
- Der Aufruf des Codes muss in die Oberfläche integriert werden – etwa durch Verwendung von `onclick` (anstelle von `@onclick`).
- Der C#-Code muss vorhanden und aufrufbar sein.

Der letzte Punkt soll als Erstes erfüllt werden. Die JavaScript-Interop-Funktionalität von Blazor kann eine öffentliche Methode aufrufen, entweder als statische Methode oder als Instanzmethode. Eine weitere Voraussetzung ist, dass die Methode mit dem Attribut `[JSInvokable]` (aus dem bereits bekannten Namespace `Microsoft.JSInterop`) gekennzeichnet sein muss. Nur dann wird sie für JavaScript-Code sichtbar gemacht.

```
[JSInvokable]
public static Task<Color> RandomColor() {}
```

Der JavaScript-Code kann dann auf diese Methode zugreifen. Das Objekt `DotNet` (ja, tatsächlich!) bietet die Methode `invokeMethodAsync()`. Diese erwartet als Parameter zunächst den Namen der Assembly (und zwar genau den, nicht den Namen der Klasse oder des Namespace der Komponente oder Ähnliches) und natürlich den Namen der C#-Methode, die aufgerufen werden soll. Ein Beispiel: Im Fall einer mit dem Visual-Studio-Assistenten erzeugten Blazor-WebAssembly App mit dem Namen `BlazorWebAssemblyApp` lautet der korrekte Namespace ebenfalls `BlazorWebAssemblyApp`, denn genauso heißt das Projekt (und auch die Assembly) des Blazor-Projekts.

HINWEIS: Beim Aufruf einer Instanzmethode ist etwas mehr Aufwand erforderlich. In Abschnitt 21.6.1 finden Sie ein konkretes Praxisbeispiel hierzu.

Damit liegt alles vor, was für das Beispiel erforderlich ist:

Beispiel 21.21: C#-Code per JavaScript aufrufen

C#

```
[JSInvokable]
public static Task<Color> RandomColor()
{
    Random random = new Random();
    Color color = Color.FromArgb(
        random.Next(255), random.Next(255), random.Next(255), random.Next(255));
    return Task.FromResult(color);
}
```

JavaScript

```
window.randomColor = () => {
    DotNet.invokeMethodAsync("BlazorWebAssemblyApp", "RandomColor")
        .then(color => {
            var status = document.querySelector("p[role='status']");
            if (status != null) {
                status.style.color = "#" + color.name;
            }
        });
};
```

HTML

```
<script src="js/storage.js"></script>
```

Razor

```
<button class="btn btn-secondary" onclick="randomColor()">Einfärben</button>
```

Bild 21.19 zeigt das Endresultat. Nach jedem Klick auf die neue Schaltfläche erstrahlt der Absatz mit dem Zähler in neuem Glanz (abhängig vom zufällig ermittelten Wert und den eigenen optischen Ansprüchen).

Es gibt in Blazor noch eine alternative Möglichkeit für die Kommunikation zwischen JavaScript und .NET-Code – beschränkt auf Blazor WebAssembly. Es ist jetzt möglich, JavaScript-Code mit `[JSImport]`-Attribut .NET verfügbar zu machen, und per `[JSExport]`-Attribut markierte .NET-Methoden für JavaScript zugänglich zu machen. Das klingt prinzipiell gut, ist aber in der Praxis etwas mit Mühen verbunden. Im Praxisbeispiel in Abschnitt 21.6.1 werfen wir einen Blick auf diesen Ansatz.

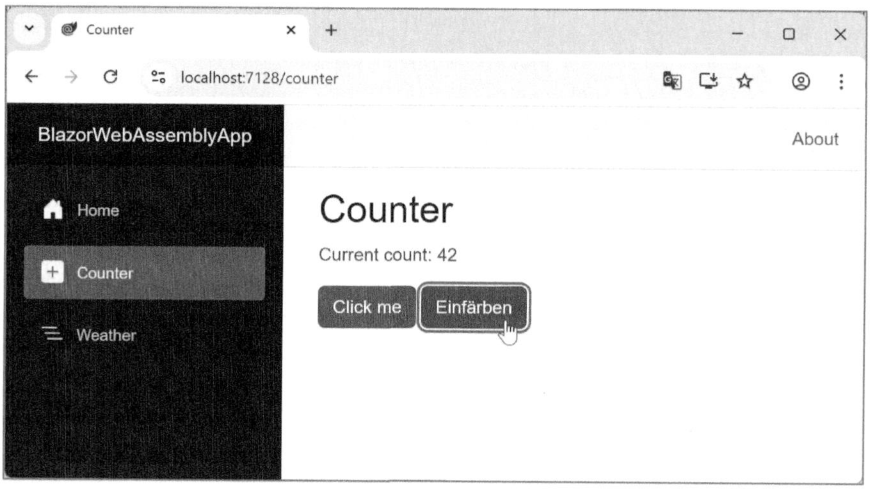

Bild 21.19 Der Text wird per Klick zufällig eingefärbt

21.5.3 Render-Modi und Streaming

Kehren wir noch einmal zur Vorlage *Blazor Web App* zurück. In Bild 21.7 haben Sie die Einstellung zum interaktiven Render-Modus gesehen. Wir haben uns hier recht schnell für *Server* entschieden, aber insgesamt gibt es vier Optionen:

- *None* – Keine Interaktivität. Microsoft hat hierfür einen etwas sperrigen Begriff erfunden: *Static server-side rendering (SSSR)*, also statisches Rendern auf dem Server. Das ist, wie der Name schon sagt, für statische Inhalte passend und auch performant. Interaktivität, etwa die Behandlung von clientseitigen Events wie Mausklicks, ist so aber nicht möglich. Etwaige Eventhandler-Methoden werden nicht aufgerufen.
- *Server* – Wir haben es „Blazor Server" genannt. Blazor läuft also auf dem Server, per WebSocket-Verbindung hält der Browser stets eine Verbindung offen und ermöglicht es so, dass der Client durch C#-Code auf dem Server aktualisiert wird.

- *WebAssembly* – Unser „Blazor WebAssembly“. Die Anwendung wird in WebAssembly kompiliert und läuft komplett im Client.
- *Auto* – Dieser Zwitter, eingeführt in .NET 8, verspricht das Beste beider Welten, nämlich von Blazor Server und Blazor WebAssembly. Beim ersten Aufruf kommt Blazor Server zum Einsatz, die Oberfläche ist also schnell zum Browser übertragen, ohne viele Megabyte an Daten zu übertragen. Sobald das allerdings passiert ist, wird die WebAssembly-Variante der Blazor-App im Hintergrund geladen und dann dynamisch umgeschaltet. Ab jetzt ist keine WebSocket-Verbindung mehr notwendig, und die Anwendung läuft schnell und clientseitig.

Wie bereits angesprochen, kann der Render-Modus global gesetzt werden, es ist aber auch möglich, ihn pro Seite bzw. Razor-Komponente einzustellen. Das läuft über die `@rendermode`-Direktive. Tabelle 21.1 zeigt die möglichen Werte.

Tabelle 21.1 Render-Modi von Blazor

Render-Modus	Wert für @rendermode
Statisches serverseitiges Rendern	*Keiner, weil Standardverhalten*
Blazor Server	`InteractiveServer`
Blazor WebAssembly	`InteractiveWebAssembly`
Automatisch	`InteractiveAuto`

Einen Sonderfall gibt es jedoch noch. Dieser lässt sich sehr gut dann beobachten, wenn der Aufbau der Seite etwas dauert, etwa wenn Datenbank- oder API-Anfragen notwendig sind. In unserer Blazor Server-Anwendung gibt es (seit Abschnitt 21.4) einen Service, der Wetterdaten liefert. Diesen können wir in der Datei *Weather.razor* ein wenig verlangsamen, indem wir drei Sekunden Verzögerung einbauen:

```
protected override async Task OnInitializedAsync()
{
    await Task.Delay(3000);

    forecasts = await weatherService.GetWeather(
        DateOnly.FromDateTime(DateTime.Now));
}
```

Weiter oben auf der Seite gibt es bereits einen eigenen Wartetext, falls die Variable `forecasts` noch nicht befüllt ist:

```
@if (forecasts == null)
{
    <p><em>Loading ...</em></p>
}
else
{
```

```
    <table class="table">
    ...
}
```

Beim Test im Browser jedoch erscheint dieser Text nicht. Der Browser denkt drei Sekunden lang nach, dann kommt die Wettervorhersage. Das Problem: Die Seite wird serverseitig gerendert, und erst nach dem Rendern – also nach dem Aufruf des Service! – an den Client geschickt.

Bereits seit .NET 8 gibt es jedoch für solche Fälle die Option, Streaming beim Rendern einzusetzen. Das geht durch folgende Angabe in der Razor-Komponente:

```
@attribute [StreamRendering]
```

Ohne weiteren Code-Eingriff ändert jetzt Blazor das Verhalten. Die Oberfläche der Seite wird sofort an den Browser geschickt („gestreamt"). Immer, wenn es Änderungen gibt, schickt der Server das Delta, und der Client aktualisiert, was angezeigt wird. Es kommt also zunächst der Wartetext und dann, drei Sekunden später, die Wettervorhersage. Bild 21.20 zeigt, wie es im Browser vor Ablauf der drei Sekunden aussieht.

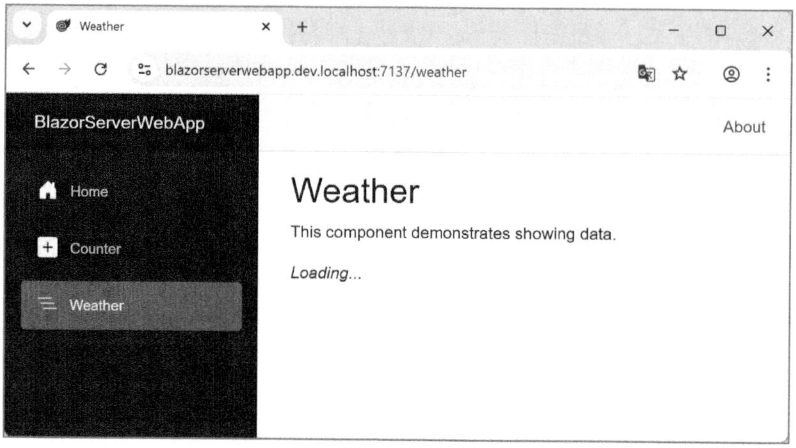

Bild 21.20 Der Wartetext erscheint, bis der Service Daten liefert.

Dies beendet den Schnelldurchlauf durch die grundlegenden Konzepte von Blazor. Für erste Gehversuche und zusätzliche Experimente sind Sie nun bestens gerüstet. Wie üblich folgen zum Abschluss einige weiterführende Praxisbeispiele.

21.6 Praxisbeispiele

21.6.1 Online-Status ermitteln

Bei einer Anwendung auf Basis von Blazor Server ist die Sachlage klar: Der Browser muss durchgängig online sein. Fällt beispielsweise die Netzwerkverbindung aus, wird damit auch die WebSocket-Verbindung gekappt. Konsequenz: Die Anwendung schlägt Alarm. Das sieht dann aus wie in Bild 21.21. Das Markup für die Fehlermeldung übrigens befindet sich in der Datei *Components/Layout/ReconnectModal.razor* und kann somit recht flexibel angepasst werden.

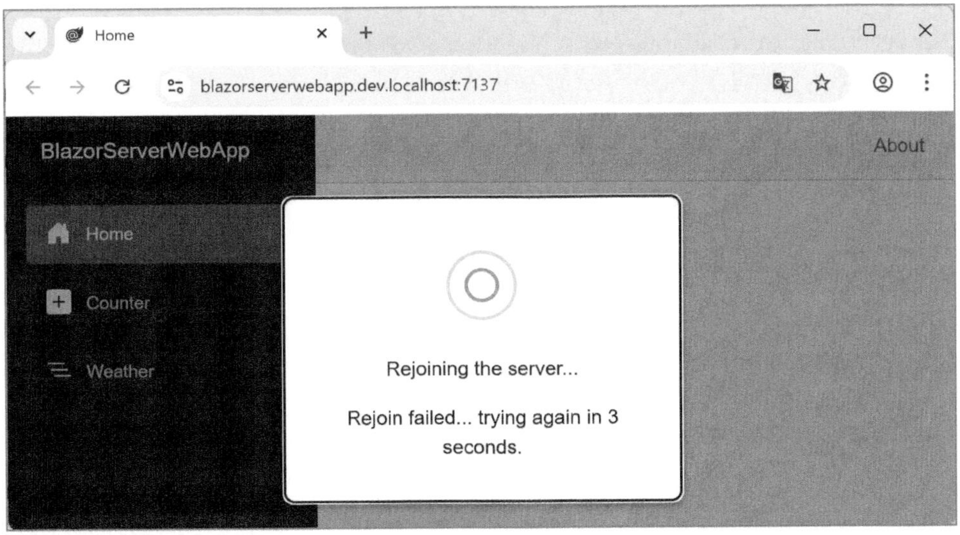

Bild 21.21 Die Blazor-Anwendung kann den Server nicht mehr erreichen

Bei einer Blazor-WebAssembly App sieht das naturgemäß anders aus. Diese läuft vollständig im Webbrowser, hat also nach dem Start nicht a priori einen Webserver nötig. Sofern die PWA-Vorlage im Einsatz ist, kann die Anwendung sogar offline aufgerufen werden. Doch wie lässt sich feststellen, ob der Browser gerade online ist oder offline?

Eine hemdsärmelige Lösung lässt sich schnell skizzieren: Der Versuch, einen Service via HTTP-Request aufzurufen, würde offline fehlschlagen – das wäre ein guter Lackmustest. Noch einfacher wäre es mit purem JavaScript, denn da gibt es die boolesche Eigenschaft `navigator.onLine`, die angibt, ob der Browser denkt, online zu sein oder nicht.

HINWEIS: In der Tat „denkt“ der Browser, aber nicht gut. Wenn etwa eine WLAN-Verbindung vorhanden ist, über die aber wegen Überlastung oder auch nur falscher DHCP-Konfiguration keine Daten geliefert werden, geht der Client fälschlicherweise von „online“ aus. Diese Diskussion ist aber für das Beispiel nebensächlich.

Zudem gibt es noch zwei JavaScript-Ereignisse:

- `online`: Wenn der Status zu „online“ wechselt.
- `offline`: Wenn der Status zu „offline“ wechselt.

Mit JavaScript-Interop wäre es auch für eine Blazor-WebAssembly App möglich, diese Information abzufragen und darzustellen. Allerdings muss dazu noch eine spezielle Hürde überwunden werden, was in Kürze thematisiert wird.

Zunächst aber der Ausgangspunkt: eine Blazor-Komponente, die einen roten oder grünen Kreis anzeigt:

Beispiel 21.22: Das Markup der Komponente für den Online-Status

Razor

```
<span class="rounded-circle float-start mx-2" style=" background-color: @color;
width:@(Size)px; height: @(Size)px;"></span>
```

Im Markup wird bereits mit Datenbindung gearbeitet, sowohl die Größe des Kreises als auch dessen Farbe wird in der zugehörigen Code-Behind-Klasse festgelegt. Die Größe des Kreises kann als Parameter an die Komponente übergeben werden, das Attribut `[Parameter]` konfiguriert dies entsprechend:

```
private string color = "#888";
[Parameter]
public int Size { get; set; } = 50;
```

Eine Klassenmethode, dank `[JSInvokable]` von JavaScript aufrufbar, setzt dann eine Farbe abhängig vom Online-Status:

```
[JSInvokable]
public void SetColor(bool status)
{
    color = status ? "#0f0" : "#f00";
}
```

Der Parameter würde wie folgt angegeben werden (unter der Annahme, dass die Komponente `OnlineStatus` heißt):

```
<OnlineStatus Size="25" />
```

Doch jetzt beginnen die Probleme. Zunächst einmal hatten wir beim Aufruf von .NET-Code aus JavaScript heraus in Abschnitt 21.5.2 lediglich statische Methoden behandelt. Auf die nämlich konnte JavaScript-Code per automatisch vorhandener `DotNet`-Variable zugreifen. Bei Instanzmethoden ist das nicht mehr so einfach möglich. Der JavaScript-Code benötigt eine Referenz auf eine Klasseninstanz, um an die Methode heranzukommen.

Die Lösung: Zunächst ruft der .NET-Code JavaScript-Code auf, wie ebenfalls in Abschnitt 21.5.2 beschrieben. In diesem Aufruf wird die gewünschte Instanz übergeben, welche mit `DotNetObjectReference.Create()` erzeugt werden kann. Der Wert, der bei JavaScript ankommt, unterstützt dann die Methode `invokeMethodAsync()`, welche wiederum eine Methode der Instanz aus JavaScript heraus aufrufen kann. Der folgende Code, in einer neuen JavaScript-Datei hinterlegt, nimmt so eine .NET-Instanz entgegen, erzeugt eine Handlerfunktion zum Aufruf der .NET-Methode `SetColor()`, und ruft diese sowohl beim Laden der JavaScript-Datei als auch bei den Events `online` und `offline` auf. Dieser Code wird schließlich in der Datei *\wwwroot\index.html* eingebunden.

Beispiel 21.23: Der JavaScript-Code zur Anzeige des Online-Status

JavaScrip

```
window.setupOnlineStatus = (DotNet) => {
    function handler() {
        DotNet.invokeMethodAsync("SetColor", navigator.onLine);
    };
    window.addEventListener("online", handler);
    window.addEventListener("offline", handler);
    handler();
};
```

HTML

```
<script src="js/onlinestatus.js"></script>
```

Jetzt fehlt noch das .NET-Pendant. Wie bereits diskutiert, ist es erforderlich, eine . NET-Instanz in Form einer `DotNetObjectReference` zu erstellen. Dies muss selbstverständlich nur ein einziges Mal geschehen (die JavaScript-Datei wird ja auch nur einmal geladen). Hier hilft uns die Methode `OnAfterRenderAsync()` , die, wie der Name schon andeutet, nach erfolgtem Rendern aufgerufen wird. Sie erhält automatisch einen Parameter `firstRender`, der beim allerersten Rendern `true` ist und danach immer `false`. Damit lässt sich sicherstellen, dass die Referenz auch tatsächlich nur einmal an JavaScript übermittelt wird.

Das letzte fehlende Puzzlestück hat ebenfalls mit dem Rendern zu tun: Blazor rendert beim Ändern der `color`-Eigenschaft der Code-Behind-Klasse die Komponente nicht automatisch neu. Wird allerdings die zuvor bereits einmal gezeigte Methode `StateHasChanged()` aufgerufen, wird das nachgeholt. Nachfolgend der komplette C#-Code der Blazor-Komponente:

Beispiel 21.24: Die Code-Behind-Klasse der Komponente für den Online-Status

C#

```
using Microsoft.AspNetCore.Components;
using Microsoft.JSInterop;

namespace BlazorWebAssemblyApp.Components;

public partial class OnlineStatus
{
    [Inject]
    public IJSRuntime? runtime { get; set; }

    private string color = "#888";

    [Parameter]
    public int Size { get; set; } = 50;

    [JSInvokable]
    public void SetColor(bool status)
    {
        color = status ? "#0f0" : "#f00";
        StateHasChanged();
    }

    protected async override Task OnAfterRenderAsync(bool firstRender)
    {
        if (firstRender && runtime != null)
        {
            var DotNet = DotNetObjectReference.Create(this);
            await runtime.InvokeVoidAsync("setupOnlineStatus", DotNet);
        }
    }
}
```

Abschließend kann die Komponente beliebig auf Seiten der Blazor-Anwendung eingebaut werden. Die Datei, in der das Komponenten-Markup liegt, heißt *OnlineStatus.razor* (und sie liegt im Ordner *Components*, aber das ist kein Muss, lediglich ein üblicher Ansatz). Standardmäßig erfolgt dann die Integration der Komponente über `<OnlineStatus />`. Ein guter Ort, um diese Komponenten in eine Anwendung auf Basis des Standard-Templates einzubauen, ist die Datei *NavMenu.razor*, die in der Layoutvorlage integriert ist:

Beispiel 21.25: Einbau der Online-Status-Komponente in das Navigationsmenü

Razor

```
<div class="nav-item px-3">
    <p class="text-white"><OnlineStatus Size="25" /> Online-Status</p>
</div>
```

HINWEIS: Zur besseren Auffindbarkeit haben wir die Komponente `OnlineStatus` in einem neuen Ordner namens *Components* platziert, wir auch im Namespace in Beispiel 21.24 zu erkennen ist. Damit diese Komponenten auch überall zur Verfügung stehen, bietet es sich an, in der Datei *_Imports.razor* folgendes einzufügen: `@using BlazorWebAssemblyApp.Components`

Bild 21.22 zeigt den Normalzustand: Die Anwendung ist online, der Status-Kreis ist grün. Wird beispielsweise das Clientsystem in den Flugzeugmodus versetzt oder über die Browser-Entwicklungstools der Browser offline geschaltet (in Bild 21.23 anhand des Chrome-Browsers im Netzwerk-Tab der Browser-Entwicklungstools zu sehen), schaltet der Kreis auf Rot um.

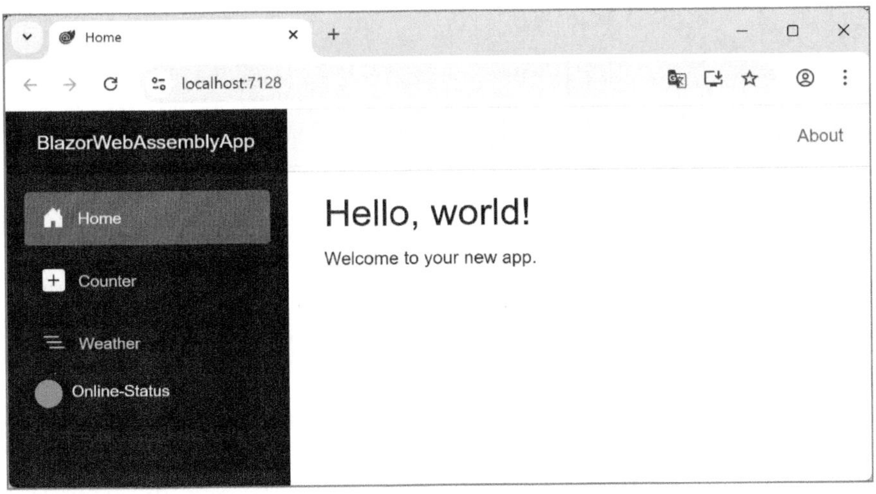

Bild 21.22 Der Browser ist online

Wie bereits erwähnt, bietet Blazor eine alternative Möglichkeit für die Kommunikation zwischen JavaScript und .NET-Code. Das `[JSImport]`-Attribut Macht JavaScript-Code für .NET verfügbar, und `[JSExport]` markiert .NET-Methoden als für JavaScript zugänglich. Das klingt prinzipiell gut, aber die Tücken stecken im Detail, wie wir am folgenden Beispiel sehen werden. Dazu portieren wir das Praxisbeispiel von gerade eben auf die neue Interoperabilitätsoption. Zur Rekapitulation: eine Komponente namens `OnlineStatus` ermittelt per JavaScript-Interop, ob sich der Browser gerade im Offline-Modus befindet oder nicht. Dazu muss .NET JavaScript-Code aufrufen, um den Status zu ermitteln (beziehungsweise, um entsprechende HTML-Handler einzurichten), und JavaScript wiederum meldet das Ergebnis an .NET, wenn sich etwas ändert.

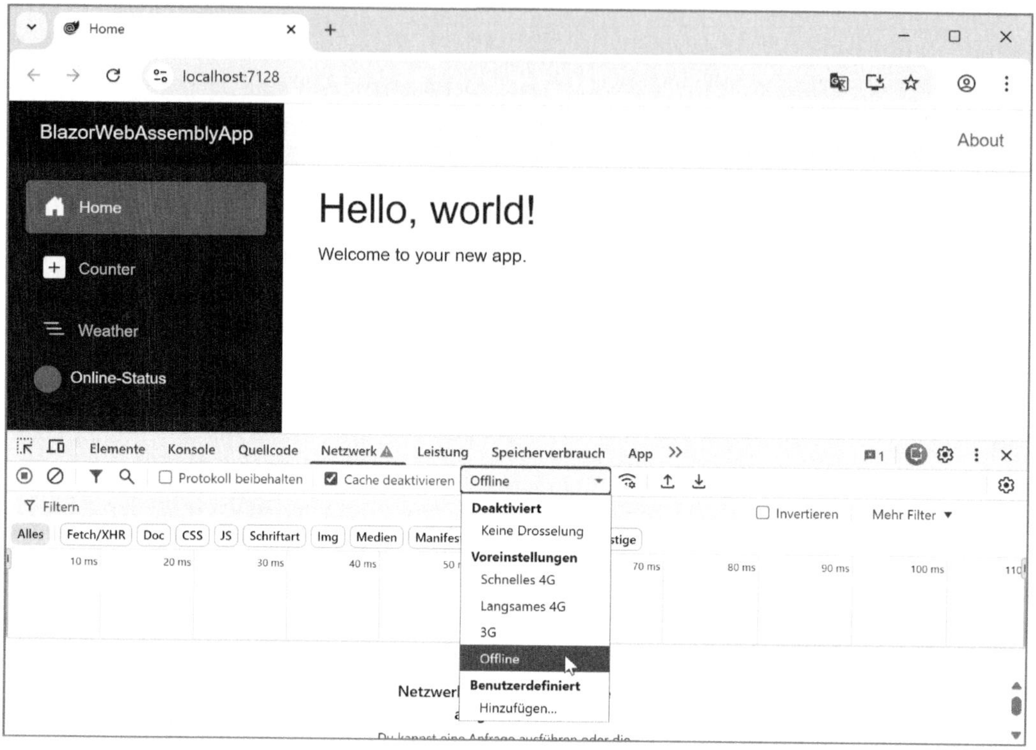

Bild 21.23 Der Browser ist (künstlich) offline

Der JavaScript-Code wird später dazu führen, dass .NET-Code generiert wird. Aus Sicherheitsgründen müssen Sie dies explizit freischalten. Aus diesem Grund ist eine zusätzliche Angabe in der Projektdatei (*.csproj*) erforderlich:

```
<PropertyGroup>
  <AllowUnsafeBlocks>true</AllowUnsafeBlocks>
  ...
</PropertyGroup>
```

Dann geht es an die Implementierung. Die Komponente heißt wie besprochen `OnlineStatus`, befindet sich aber diesmal im Ordner *Pages* im Projekt `BlazorWebAssemblyApp` – das wird später noch einmal wichtig. Der neue Ort hat keine funktionalen Gründe, sondern wir sparen uns so einfach die Integration in die Navigation.

Bei der Komponente verwenden wir sowohl Inline-Code in der *.cshtml*-Datei als auch eine zugehörige Code-Behind-Klasse *OnlineStatus.cshtml.cs*. Der JavaScript-Code liegt in der Datei *OnlineStatus.cshtml.js*, dann wird in Visual Studio alles als zusammengehörig angezeigt.

Beim allerersten Rendern der Komponente wird alles eingerichtet. Die Methode `ImportAsync()` lädt die JavaScript-Datei; danach rufen wir die Methode `JavaScriptSetupOnlineStatus()` auf:

```
protected override async Task OnAfterRenderAsync(bool firstRender)
{
    if (firstRender)
    {
        await JSHost.ImportAsync(
            "OnlineStatus",
            "../Pages/OnlineStatus.razor.js");
        JavaScriptSetupOnlineStatus();
    }
}
```

Die zuletzt genannte Methode ist in der Code-Behind-Datei angelegt und sieht so aus:

```
[JSImport("setupOnlineStatus", "OnlineStatus")]
internal static partial void JavaScriptSetupOnlineStatus();
```

Durch das Attribut `[JSImport]` wird eine JavaScript-Funktion namens `setupOnlineStatus()` „importiert“ (die sehen wir in Kürze). Die zugehörige C#-Methode `JavaScriptSetupOnlineStatus()` muss dieselbe Signatur haben. Dann genügt im C#-Code ein Aufruf der letztgenannten Methode, um den JavaScript-Code aufzurufen.

In der Code-Behind-Datei gibt es noch eine Methode namens `SetColor()`, die die Farbe der Komponente setzt – rot steht für offline, grün für online. Diese wird mit dem Attribut `[JSExport]` markiert und kann dann später per JavaScript aufgerufen werden. Einziger Haken: die Methode muss statisch sein. Wir setzen allerdings in der C#-Methode die Komponentenfarbe und würden dann gerne `StateHasChanged()` aufrufen, damit die Komponenten neu gerendert wird. Das geht aber nur in einer Instanzmethode. Als Workaround legen wir ein Event an und rufen dieses in `SetColor()` auf:

```
protected delegate void OnColorChanged();
private static event OnColorChanged? OnColorChangedOccurred;
[JSExport]
public static void SetColor(bool status)
{
    Color = status ? "#0f0" : "#f00";
    OnColorChangedOccurred?.Invoke();
}
```

Das Auslösen dieses Ereignisses können wir in der Komponente abfangen und dann entsprechend `StateHasChanged()` aufrufen. Schön ist anders, aber immerhin, es funktioniert:

```
protected override void OnInitialized()
{
    OnColorChangedOccurred += () =>
    {
        StateHasChanged();
    };
}
```

Fehlt nur noch der JavaScript-Code, genauer gesagt die Methode `setupOnlineStatus()`, die wie oben gesehen auf die C#-Methode `JavaScriptSetupOnlineStatus()` gemappt wird. Hier müssen wir zunächst auf die .NET-Runtime zugreifen:

```
const { getAssemblyExports } = await globalThis.getDotnetRuntime(0);
```

Als nächstes greifen wir auf alle per `[JSExport]` „freigegebenen" .NET-Methoden zu. Hierbei ist es wichtig, den korrekten kompletten Assembly-Namen anzugeben. In Ihrem Projekt ist der möglicherweise ein anderer:

```
var exports = await getAssemblyExports("BlazorWebAssemblyApp.dll");
```

Jetzt endlich ist ein Zugriff auf die Methode möglich. Wir übergeben den Online-Zustand (kommt per JavaScript-Eigenschaft `navigator.onLine`) an die C#-Methode. Auch hier hängt der exakte Zugriff vom Assembly- bzw. Namespace-Namen ab.

```
exports.BlazorWebAssemblyApp.Pages.OnlineStatus.SetColor(
    navigator.onLine);
```

Jetzt fehlt nur noch die Einrichtung der zugehörigen Event-Handler, und das Beispiel funktioniert. Hier der vollständige Code für dieses Beispiel:

Beispiel 21.26: Online-Status per JavaScript-Interop ermitteln

Razor

```
@page "/onlinestatus"

@using System.Runtime.InteropServices.JavaScript;

<span class="rounded-circle float-start mx-2"
      style="background-color: @Color; width: @(Size)px; height: @(Size)px;"></
span>

@code {
    [Parameter]
    public int Size { get; set; } = 50;

    protected override async Task OnAfterRenderAsync(bool firstRender)
    {
        if (firstRender)
        {
            await JSHost.ImportAsync(
                "OnlineStatus",
                "../Pages/OnlineStatus.razor.js");
            JavaScriptSetupOnlineStatus();
        }
    }
}
```

C#

```
using System.Runtime.InteropServices.JavaScript;

namespace BlazorWebAssemblyApp.Pages
{
    public partial class OnlineStatus
    {
        protected delegate void OnColorChanged();

        private static event OnColorChanged? OnColorChangedOccurred;

        [JSImport("setupOnlineStatus", "OnlineStatus")]
        internal static partial void JavaScriptSetupOnlineStatus();

        [JSExport]
        public static void SetColor(bool status)
        {
            Color = status ? "#0f0" : "#f00";
            OnColorChangedOccurred?.Invoke();
        }

        public static string Color { get; set; } = "#888";

        protected override void OnInitialized()
        {
            OnColorChangedOccurred += () =>
            {
                StateHasChanged();
            };
        }
    }
}
```

JavaScript

```
export function setupOnlineStatus() {

    async function handler() {
        const { getAssemblyExports } = await globalThis.getDotnetRuntime(0);
        var exports = await
            getAssemblyExports("BlazorWebAssemblyApp.dll");
        exports.BlazorWebAssemblyApp.Pages.OnlineStatus.SetColor(
            navigator.onLine);
    }

    window.addEventListener("online", handler);
    window.addEventListener("offline", handler);

    handler();
}
```

Bild 21.24 zeigt die Anwendung im Browser.

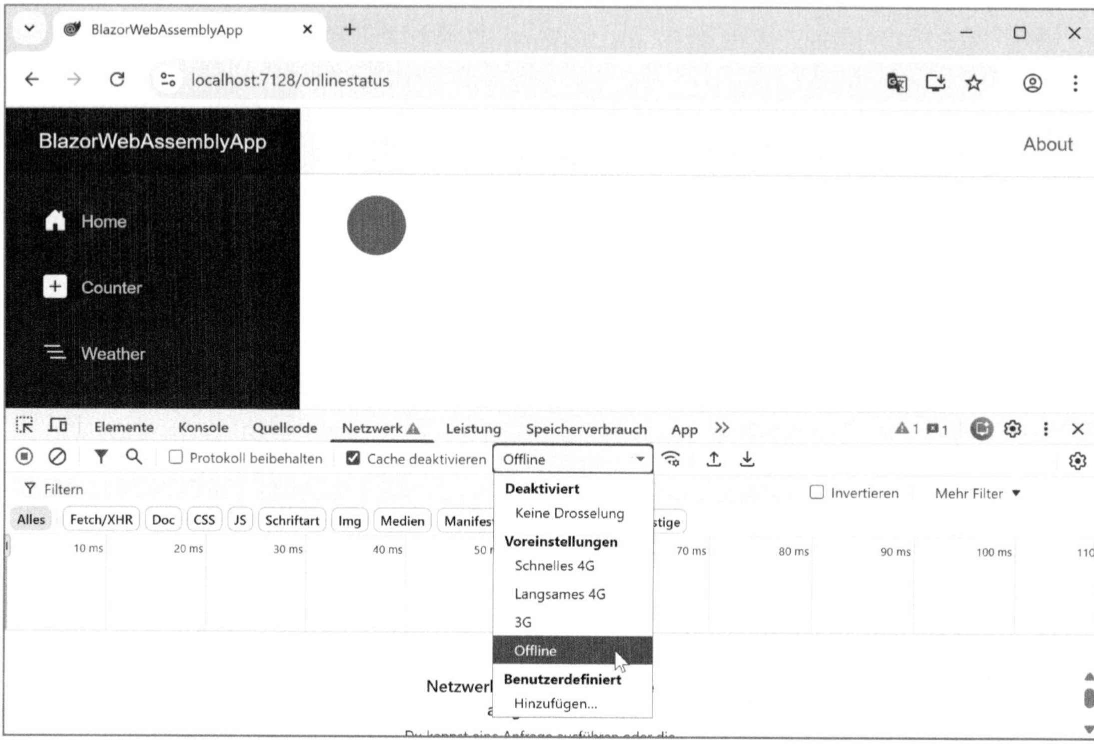

Bild 21.24 Die Komponente zeigt an, dass der Browser offline ist (nachgeholfen per Browser-Tools)

21.6.2 File-Uploads

In HTML werden File-Uploads mit dem Element <input type="file"> dargestellt. Der Browser rendert das als Schaltfläche, die auf Klick den File-Explorer (oder das betriebssystemspezifische Pendant, etwa ein Finder-Fenster unter macOS) öffnet. Dort kann dann eine Datei (oder gegebenenfalls mehrere) geöffnet werden. Diese wird aber nicht geöffnet, sondern beim Formularversand an den Webserver zur weiteren Verarbeitung geschickt.

Dies wäre prinzipiell auch im Rahmen einer Blazor-Anwendung möglich, aber da es sich um eine Single-Page Application handelt, funktionieren Formulare anders. Wenn, dann werden die Formulardaten abgegriffen und dann an eine API übermittelt.

Für File-Uploads gibt es aber einen weiteren interessanten Einsatzzweck, ganz ohne Upload: Wird über den Dateipicker beispielsweise eine Grafik ausgewählt, könnte diese ja direkt innerhalb der Anwendung angezeigt werden. Dies ist mit Blazor in wenigen Codezeilen möglich. Um eine bequem zu bedienende API einsetzen zu können, setzen wir allerdings nicht auf `<input type="file">`, sondern auf eine eigene Blazor-Komponente, `<InputFile>`. Diese wird zwar auch als `<input type="file">` gerendert, doch sie bietet eine einfache Schnittstelle zum Zugriff auf die ausgewählte Datei.

Das Ereignis bei Wahl einer Grafik via `<InputFile>` heißt `Change`, das zugehörige Attribut `OnChange`. Die dort angegebene Handlermethode erhält Parameter vom Typ `InputFileChangeEventArgs`, deren Eigenschaft `File` gewährt Zugriff auf die gewählte Datei.

Für Grafiken gibt es noch ein Extra-Feature: Die Methode `RequestImageFileAsync()` wandelt die Datei in eine Grafik um, abhängig von den übergebenen Parametern für Format, Breite und Höhe. Natürlich ist das nur von Erfolg gekrönt, wenn die ausgewählte Datei auch tatsächlich eine von Blazor verarbeitbare Grafik enthält. In diesem Fall jedoch kann die Grafik eingelesen und direkt angezeigt werden. Dazu nutzt die Anwendung einen nur sporadisch verwendeten Kniff, den alle aktuellen Browser unterstützen. Soll eine Grafik in HTML nicht per Dateinamen referenziert, sondern über ihren Inhalt verlinkt werden, so ist das möglich, wenn ebendieser Inhalt Base64-codiert wurde. Das sieht dann so aus:

```
<img src="data:image/png;base64,ABC123 ...">
```

Damit lässt sich die Applikation fertig implementieren. Vor Auswahl der Datei wird das `<InputFile>`-Element angezeigt, danach deren (Grafik-)Inhalt.

Beispiel 21.27: Datei-Upload und Grafik-Anzeige in einem

C#

```
using Microsoft.AspNetCore.Components.Forms;
namespace BlazorServerWebApp.Components.Pages
{
    public partial class FileUpload
    {
        private string fileContent = string.Empty;

        private async Task DisplayFile(InputFileChangeEventArgs eventArgs)
        {
            var imageFile = await eventArgs.File.RequestImageFileAsync(
                "img/png", 150, 150);
            var buffer = new byte[imageFile.Size];
            await imageFile.OpenReadStream().ReadExactlyAsync(buffer);

            fileContent = "data:image/png;base64," +
Convert.ToBase64String(buffer);
        }
    }
}
```

Razor

```
@page "/fileupload"

<PageTitle>File-Upload</PageTitle>

<h1>File-Upload</h1>

@if (!string.IsNullOrEmpty(fileContent))
{
    <img src="@fileContent">
} else
{
    <InputFile OnChange="DisplayFile" />
}
```

Bild 21.25 zeigt das File-Upload-Element. Ein Klick darauf öffnet den Dateipicker. Wird ein Bild ausgewählt, zeigt es die Blazor-Anwendung direkt danach an (Bild 21.26).

Bild 21.25 Schritt 1: Auswahl der Datei

Bild 21.26 Schritt 2: Anzeige der Datei

21.6.3 Fehlerbehandlung

Zugegeben, einige der Beispiele in diesem Buch sind recht optimistisch – in anderen Worten: Die Möglichkeit von Fehlern wird durch reines Wunschdenken ausgeschlossen. Das ist meistens der Didaktik und Übersichtlichkeit geschuldet, aber komplett ignoriert werden darf das Thema natürlich nicht. Die Standardbehandlung von Fehlern in einer Blazor-Anwendung ist eher funktional denn benutzerfreundlich. Um dies zu demonstrieren, provozieren wir zunächst in der Anwendung des Standard-Templates eine unbehandelte Ausnahme. Auf der Seite des Zählers geben wir nicht den Wert, sondern dessen Reziprok an. Der Startwert des Zählers ist 0, ausgegeben werden soll somit 1/0. Das führt natürlich zu einem Fehler.

Beispiel 21.28: Provozieren eines Fehlers

Razor

```
@page "/counter"

<PageTitle>Counter</PageTitle>

<h1>Counter</h1>

<p role="status">Current count: @(1/currentCount)</p>

<button class="btn btn-primary" @onclick="IncrementCount">Click me</button>

@code{
    private int currentCount = 0;

    private void IncrementCount()
    {
        currentCount++;
    }
}
```

Das Ergebnis lässt sich in Bild 21.27 „bewundern“: Beim Auftreten des Fehlers wird in der Blazor-App am unteren Browserrand ein gelbes Banner eingeblendet nebst dem lapidaren Hinweis, man möge in den Developer-Tools im Browser die Details nachsehen. Diese Details weisen nicht einmal auf die Fehlerursache hin, denn aus Sicherheitsgründen müssen aussagekräftige Fehlermeldungen erst einmal aktiviert werden (die Meldung verrät, wie das geht).

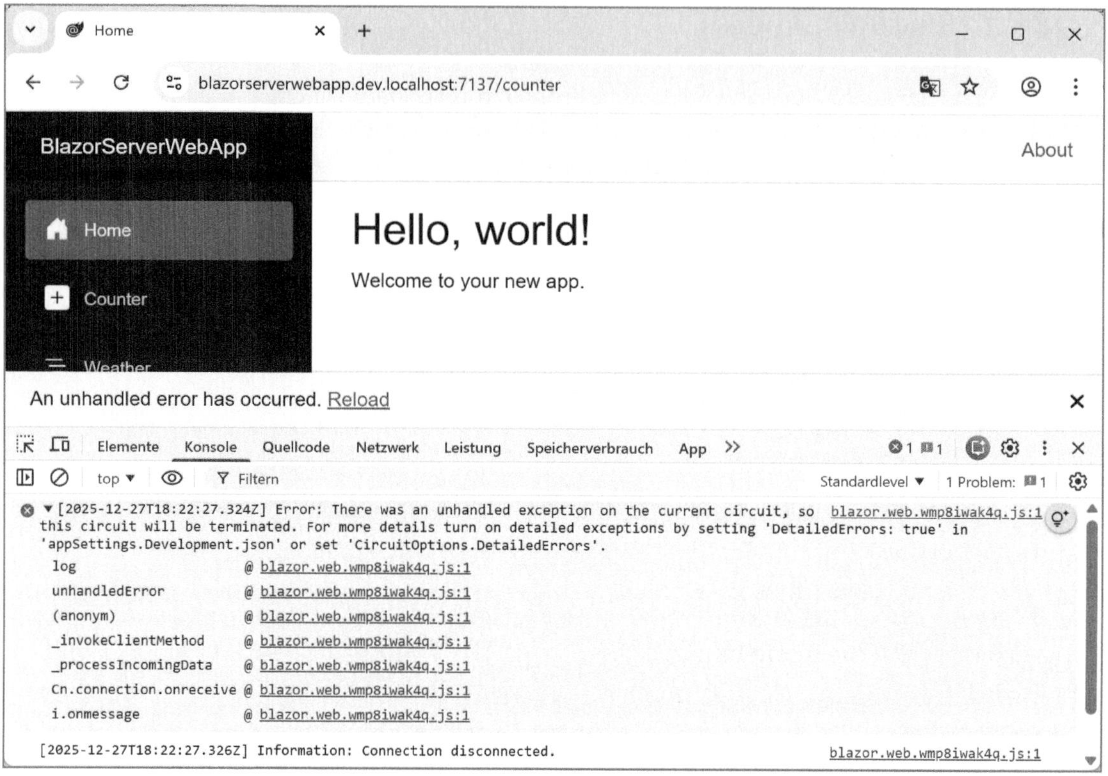

Bild 21.27 Gelbes Banner in der Anwendung, rote hinterlegte Meldung in den Browser-Tools

So ein Verhalten ist natürlich den meisten nicht zuzumuten. Blazor bietet mit `<ErrorBoundary>` eine Komponente, die Fehler abfangen und visualisieren kann. Dies soll anhand einer Blazor-Server-Anwendung demonstriert werden (die Funktionsweise ist für Apps auf Basis von Blazor WebAssembly analog).

HINWEIS: Eine wichtige Information vorab: Prinzipiell sollten alle Ausnahmen innerhalb der Anwendung bereits abgefangen werden, um spezifisch innerhalb der jeweiligen Komponente darauf reagieren können. `<ErrorBoundary>` ist sozusagen das Sicherheitsnetz, sollte trotzdem etwas schiefgegangen sein.

Die `<ErrorBoundary>`-Komponente fängt alle Exceptions, die in ihr ausgelöst und nicht behandelt werden, ab und zeigt einen entsprechenden Hinweis an. Ein guter Einsatzort hierfür ist die Haupt-Layoutdatei *\Components\Layout\MainLayout.razor*. Dort wird bisher mittels `@Body` der Inhalt der jeweiligen Seite oder Komponente ausgegeben, von der aus das Layout referenziert wird. Ebendieser Inhalt wird jetzt von `<ErrorBoundary>` umgeben.

Beispiel 21.29: Exceptions werden im Template abgefangen.

Razor

```
@inherits LayoutComponentBase
<div class="page">
    <div class="sidebar">
        <NavMenu />
    </div>
    <main>
        <div class="top-row px-4">
            <a href="https://learn.microsoft.com/aspnet/core/"target="_
blank">About</a>
        </div>
        <article class="content px-4">
            <ErrorBoundary>
                @Body
            </ErrorBoundary>
        </article>
    </main>
</div>
```

Das Ergebnis ist in Bild 21.28 zu sehen. Die Browser-Konsole enthält keine roten Fehlertexte mehr, dafür ist die Fehlermeldung innerhalb der App direkt in der Seite zu sehen.

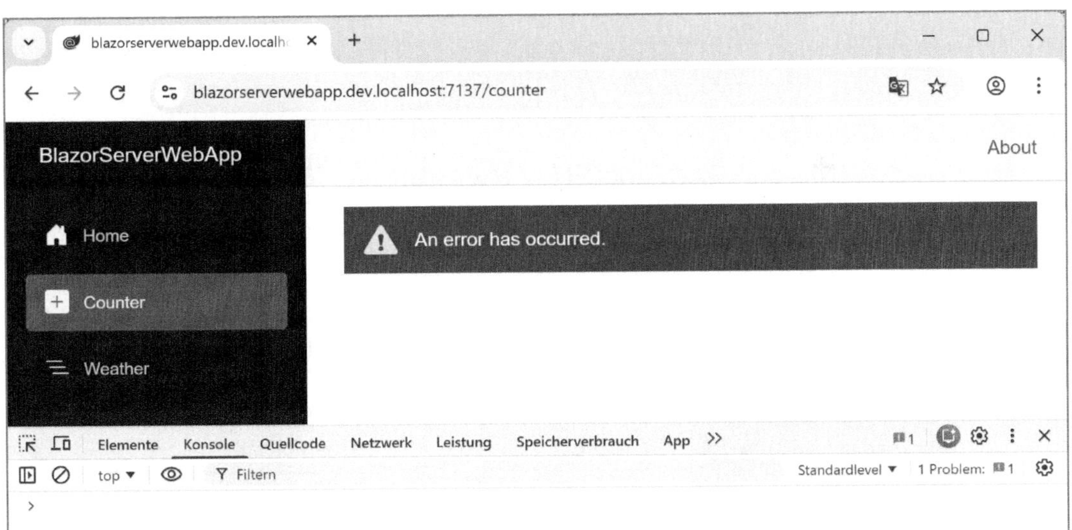

Bild 21.28 Die Fehlermeldung erscheint jetzt innerhalb der Seite.

Die technische Umsetzung ist recht interessant: Blazor rendert ein `<div>`-Element mit der CSS-Klasse `blazor-error-boundary` – der Stil kann somit frei angepasst werden, eben indem die Klasse überschrieben wird. Alternativ ist es auch möglich, das

Markup für den Fehler frei anzugeben. Dazu dienen zwei Unterelemente von `<ErrorBoundary>`:

- `<ChildContent>` enthält die zu rendernden Elemente, falls kein Fehler auftritt.
- `<ErrorContent>` enthält die Inhalte für den Fehlerfall.

Beispiel 21.30: Ein selbst angegebener Fehlertext

Razor

```
@inherits LayoutComponentBase
<div class="page">
    <div class="sidebar">
        <NavMenu />
    </div>
    <main>
        <div class="top-row px-4">
            <a href="https://learn.microsoft.com/aspnet/core/"target="_
blank">About</a>
        </div>
        <article class="content px-4">
            <ErrorBoundary>
                <ChildContent>
                    @Body
                </ChildContent>
                <ErrorContent>
                    <p class="text-danger">
                        Ein Fehler ist aufgetreten.
                    </p>
                </ErrorContent>
            </ErrorBoundary>
        </article>
    </main>
</div>
```

Bild 21.29 zeigt die neue Fehlermeldung.

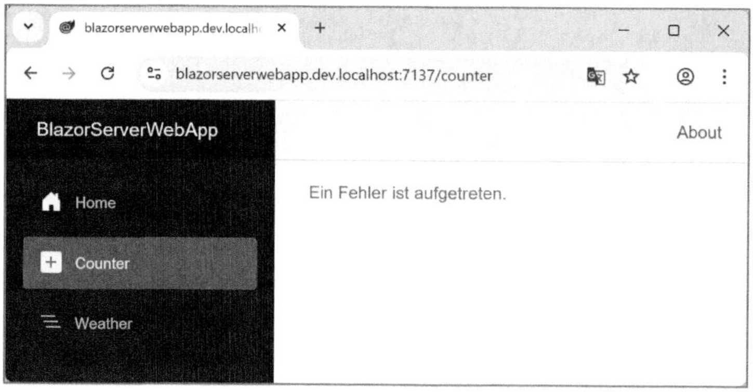

Bild 21.29 Die selbstgestaltete Fehlermeldung

Einen kleinen Schönheitsfehler hat die Applikation noch. Wenn Sie auf der Zählerseite den Fehler provozieren und dann zu einer der anderen Seiten der App navigieren, erscheint trotzdem noch die Fehlermeldung. Der Fehlerspeicher der Blazor-Anwendung wird nämlich nicht automatisch geleert. Um dies zu erreichen, ist eine kleine Anpassung notwendig. Die Methode `OnParameterSet()` wird aufgerufen, wenn die aktuelle Komponente alle ihre Parameter erhalten hat. Dann ist auch ein Zugriff auf das `<ErrorBoundary>`-Element möglich. Dessen Methode `Recover()` leert den Fehlerspeicher.

Bleibt nur noch eine Frage zu klären: Wie kann der C#-Code auf das `<ErrorBoundary>`-Element zugreifen? Hier hilft etwas Syntax-Zucker von Blazor: Über das `@ref`-Attribut kann einer Komponente im Razor-Markup eine C#-Variable zugewiesen werden. Das führt dann zu folgendem abschließenden Code für dieses Beispiel:

Beispiel 21.31: Der Fehlerspeicher wird nach Anzeige wieder gelöscht.

Razor

```
@inherits LayoutComponentBase
<div class="page">
    <div class="sidebar">
        <NavMenu />
    </div>
    <main>
        <div class="top-row px-4">
            <a href="https://learn.microsoft.com/aspnet/core/"target="_
blank">About</a>
        </div>
        <article class="content px-4">
            <ErrorBoundary @ref="errorBoundary">
                <ChildContent>
                    @Body
                </ChildContent>
                <ErrorContent>
                    <p class="text-danger">
                        <span class="oi oi-warning"></span>
                        Ein Fehler ist aufgetreten.
                    </p>
                </ErrorContent>
            </ErrorBoundary>
        </article>
    </main>
</div>
```

C#

```
using Microsoft.AspNetCore.Components.Web;

namespace BlazorServerWebApp.Components.Layout
{
    public partial class MainLayout
    {
        ErrorBoundary? errorBoundary;
```

```
        protected override void OnParametersSet()
        {
            errorBoundary?.Recover();
        }
    }
}
```

Tritt jetzt ein Fehler innerhalb der Anwendung auf, erscheint weiterhin die eigene Fehlermeldung; nach Navigation zu einem anderen Bereich der App wird dieser wieder korrekt angezeigt. Der Aufruf von `Recover()` hat also gefruchtet und den Fehlerspeicher wieder zurückgesetzt.

21.6.4 Datengrid

Einer der am häufigsten genannten Featurewünsche für Blazor war lange Zeit ein Datengrid, also eine tabellarische Darstellung von Daten mit einigen Extra-Optionen. Diese ist inzwischen bei Blazor dabei und heißt `QuickGrid`. Microsoft tritt damit nicht wirklich in Konkurrenz mit den etablierten Herstellern von Drittkomponenten, sondern bietet ein simples Grid für zahlreiche „einfachere" Anwendungsfälle an: Daten tabellarisch anzeigen, sortieren und filtern. Die Komponente `QuickGrid` muss dazu per NuGet bezogen werden, der Paketname ist `Microsoft.AspNetore.Components.QuickGrid`.

Das NuGet-Paket stellt die Blazor-Komponente `<QuickGrid>` bereits. Diese stellt Daten in einem Grid dar und weist dabei zumindest leichte Anlehnungen an den Ansatz von ASP.NET WebForms und den dortigen tabellarischen Komponenten (etwa: `GridView`) auf. Per Markup definieren wir die einzelnen Spalten der Tabelle. Im folgenden Beispiel etwa gibt es nur eine Spalte, die die `Title`-Eigenschaft der zu bindenden Daten ausgibt und auch danach sortierbar ist. Die anzuzeigenden Daten werden über das Attribut `Items` zugewiesen:

```
<QuickGrid Items="@issues">
    <PropertyColumn Property="@(i => i.Title)" Sortable="true" />
</QuickGrid>
```

Nachfolgend zeigen wir ein etwas ausführlicheres Beispiel. In diesem werden mehrere Werte an das QuickGrid gebunden, und zwar vermeintliche Unzulänglichkeiten in .NET. Davon gibt es einige, deswegen arbeiten wir mit Paginierung. Die Komponente `<Paginator>` erzeugt eine UI zum Vor- und Zurückblättern in den Daten der Tabelle. Die Tabellenzeilen werden der Lesbarkeit wegen abhängig vom Schweregrad des jeweiligen Datensatzes im Grid farblich hinterlegt.

Beispiel 21.32: QuickGrid und Paginator im Einsatz

Razor

```
@page "/grid"

@using Microsoft.AspNetCore.Components.QuickGrid

<style>
    .row-low {
        background-color: lightyellow;
    }
    .row-medium {
        background-color: orange;
    }
    .row-high {
        background-color: red;
    }
</style>

<h3>QuickGrid</h3>

<QuickGrid Items="@issues" Pagination="@pagination" RowClass="GetSeverityClass">
    <PropertyColumn Property="@(i => i.IssueId)" Sortable="false" />
    <PropertyColumn Property="@(i => i.Title)" Sortable="true" />
    <PropertyColumn Property="@(i => i.CreationDate)" Sortable="true" />
    <PropertyColumn Property="@(i => i.Severity)" Sortable="true" />
</QuickGrid>

<Paginator State="@pagination" />
```

C#

```
using Microsoft.AspNetCore.Components.QuickGrid;

namespace BlazorWebAssemblyApp.Pages
{
    public partial class Grid
    {
        private enum IssueSeverity { Low, Medium, High }

        private record Issue(int IssueId, string Title, DateOnly CreationDate,
IssueSeverity Severity);

        private string GetSeverityClass(Issue issue) =>
            issue.Severity switch
            {
                IssueSeverity.Low => "row-low",
                IssueSeverity.Medium => "row-medium",
                IssueSeverity.High => "row-high",
                _ => string.Empty
            };
```

```
        private IQueryable<Issue> issues = new[]
        {
            new Issue(123, ".NET 10 ist noch nicht fertig", new DateOnly(2025, 11,
10), IssueSeverity.Medium),
            new Issue(456, "Blazor unterstützt kein Visual Basic", new
DateOnly(2026, 1, 15), IssueSeverity.High),
            new Issue(789, "WCF ist tot", new DateOnly(2026, 2, 16), IssueSeverity.
Low),
            new Issue(999, "Der Internet Explorer wird nicht mehr unterstützt", new
DateOnly(2026, 3, 17), IssueSeverity.Low)
        }.AsQueryable();

        PaginationState pagination = new PaginationState { ItemsPerPage = 3 };
    }
}
```

Bild 21.30 zeigt das Ergebnis im Browser. Darüber hinaus gibt es noch zahlreiche weitere Features, etwa eine Unterstützung für die Filterung von Daten, die Anbindung an Entity Framework Core und weitere Datenquellen sowie einiges mehr.

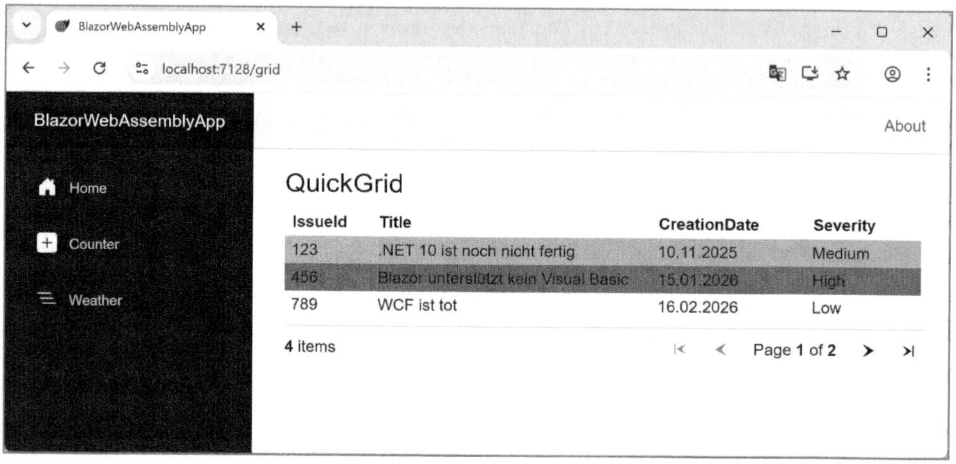

Bild 21.30 Dank Paginierung sind die Daten auf mehrere Seiten aufgeteilt.

22 Deployment lokal und in der Cloud

Das Erstellen einer Webanwendung mit ASP.NET Core – egal ob eine „herkömmliche" Website (Kapitel 19), eine REST-API (Kapitel 20) oder eine Single-Page Application (Kapitel 21) – ist nur der erste Schritt. Denn spätestens, wenn die Anwendung fertig ist, wird sie in aller Regel online gestellt, damit sie auch außerhalb von *localhost* verfügbar ist.

In diesem Kapitel zeigen wir einige Optionen, wie das erfolgt: mit Visual Studio, mit der .NET CLI, unter Verwendung von IIS oder Kestrel, und Deployment in die Azure-Cloud. Ein wichtiger Hinweis vorweg: Die Details eines Deployments hängen natürlich auch davon ab, wie die Webanwendung selbst erstellt worden ist. Sind – um ein extremes Beispiel zu konstruieren – etwa lokale Pfade hart im Code verdrahtet, wird es auf einem Produktivsystem gegebenenfalls zu Problemen kommen, sollte dort eine andere Pfadstruktur vorherrschen. Außerdem haben unterschiedliche Hoster möglicherweise spezifische Vorgaben oder sogar Veröffentlichungstools für ihre Systeme. Das Kapitel legt deswegen den Schwerpunkt darauf, die verschiedenen Möglichkeiten vorzustellen und so einen Überblick zu bieten.

Dieser Hinweis vorab gilt insbesondere für Abschnitt 22.4, in dem es um ein Deployment in die Cloud geht. Die Halbwertszeit von Informationen scheint in diesem Bereich stetig geringer zu werden, sowohl hinsichtlich von Funktionalitäten als auch dem Aussehen und der Struktur der Weboberfläche. Sehen Sie es also den Autoren nach, wenn sich zwischen Bucherstellung und Kapitellektüre einige Details geändert haben könnten.

22.1 Deployment mit Visual Studio

Nun aber zum Deployment einer Webanwendung. Als Ausgangsbasis nehmen wir zunächst eine Webanwendung, die von der aus Kapitel 19 bestens bekannten Vorlage *ASP.NET Core-Web-App (Razor Pages)* erzeugt wird. Eine Anpassung ist zunächst nicht erforderlich.

Visual Studio hat bereits seit vielen Versionen einen Assistenten eingebunden, der einen einfachen Zugriff auf zahlreiche Deployment-Szenarien bietet. Dieser kann über das Kontextmenü jedes Projekts (aber nicht der Projektmappe selbst!) im Projektmappen-Explorer erreicht werden; alternativ finden Sie einen Eintrag namens *"Projektname" veröffentlichen* im *Erstellen*-Menü. Die einzelnen Einträge im Assistenten können durch zusätzliche Softwarepakete auch erweitert werden; wir setzen im Folgenden auf den herkömmlichen Auslieferungszustand von Visual Studio. Bild 22.1 zeigt diesen Wizard.

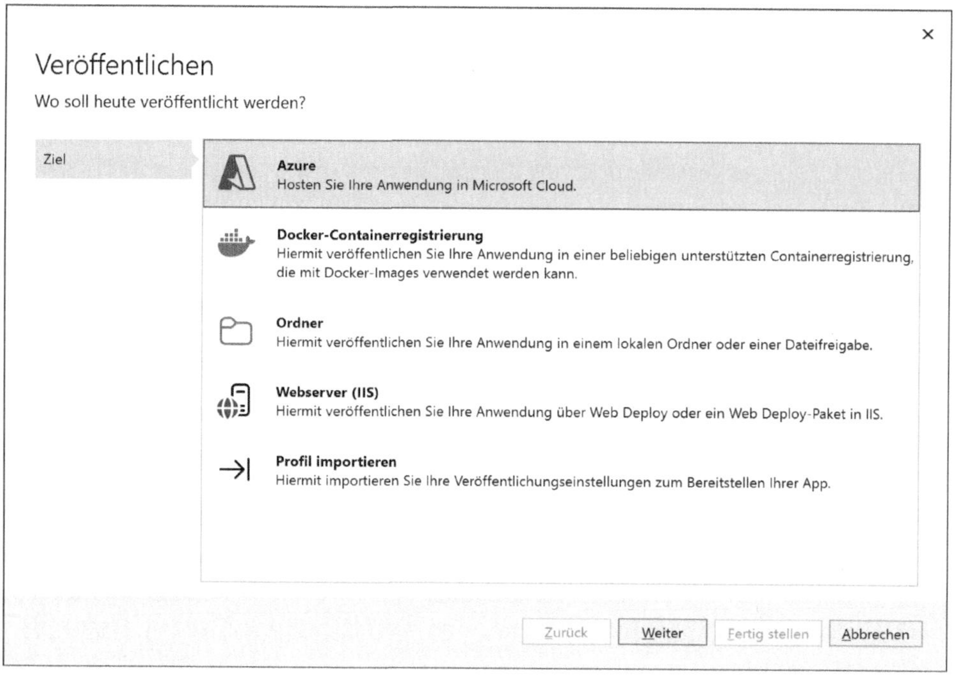

Bild 22.1 Der Veröffentlichen-Wizard von Visual Studio

22.1.1 Deployment in einen Ordner

Das erste Deployment-Ziel – und zweifelsohne das mit den wenigsten Voraussetzungen – heißt *Ordner*. Hier wird die Webanwendung in einen lokalen oder per Netzwerk erreichbaren Ordner bereitgestellt. Dies ist bei .NET-Anwendungen schon länger eine typische Strategie und wird manchmal als „Xcopy-Deployment" bezeichnet: Es ist keine Installation notwendig, die Dateien müssen lediglich kopiert werden. Ganz so einfach ist es bei Webanwendungen normalerweise nicht, aber viel komplizierter auch nicht.

Im nächsten Schritt fordert der Assistent die Angabe des lokalen oder Netzwerkordners an (siehe Bild 22.2). Voreinstellung ist ein relativer Pfad direkt innerhalb des Projekts; möglich ist aber natürlich auch ein Ziel auf einem anderen System.

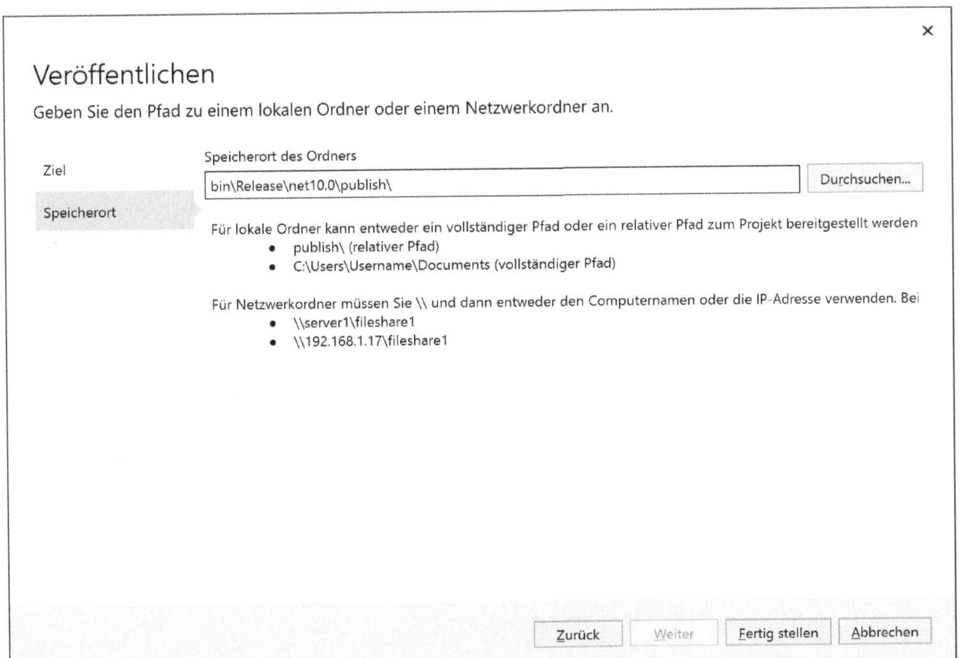

Bild 22.2 Auswahl des Ordners, in den veröffentlicht werden soll

Und das war es auch schon! Visual Studio landet erstaunlich schnell auf dem letzten Bildschirm des Assistenten – viel zu schnell für das Kompilieren des Projekts! Der Titel des finalen Wizard-Schritts verrät den Grund: Die Anwendung wurde nicht deployt, sondern Visual Studio hat „lediglich" ein entsprechendes Deployment-Profil erstellt. Dieses finden wir im Ordner *Properties\PublishProfiles*. Das Profil hat – bei Veröffentlichung in einen Ordner – standardmäßig den Namen *FolderProfile.pubxml* und sieht im vorliegenden Beispiel wie folgt aus:

Beispiel 22.1: Das Veröffentlichungsprofil für Deployment in einen Ordner

XML

```xml
<?xml version="1.0" encoding="utf-8"?>
<!-- https://go.microsoft.com/fwlink/?LinkID=208121. -->
<Project>
  <PropertyGroup>
    <DeleteExistingFiles>false</DeleteExistingFiles>
    <ExcludeApp_Data>false</ExcludeApp_Data>
    <LaunchSiteAfterPublish>true</LaunchSiteAfterPublish>
    <LastUsedBuildConfiguration>Release</LastUsedBuildConfiguration>
    <LastUsedPlatform>Any CPU</LastUsedPlatform>
    <PublishProvider>FileSystem</PublishProvider>
    <PublishUrl>bin\Release\net10.0\publish\</PublishUrl>
    <WebPublishMethod>FileSystem</WebPublishMethod>
    <_TargetId>Folder</_TargetId>
  </PropertyGroup>
</Project>
```

Zentraler Bestandteil ist der Name des Zielordners. Die anderen Angaben in der XML-Datei geben unter anderem an, welche Build-Konfiguration zu verwenden ist (*Release* hat bei einem Deployment standardmäßig am meisten Sinn).

Jetzt, wo das Veröffentlichungsprofil eingerichtet ist, ändert sich die Anzeige in Visual Studio (Bild 22.3). Die Schaltfläche *Veröffentlichen* startet den Veröffentlichungsvorgang des gewählten Profils. Die etwas kleinere Schaltfläche *Neues Profil* legt ein neues Deployment-Profil an.

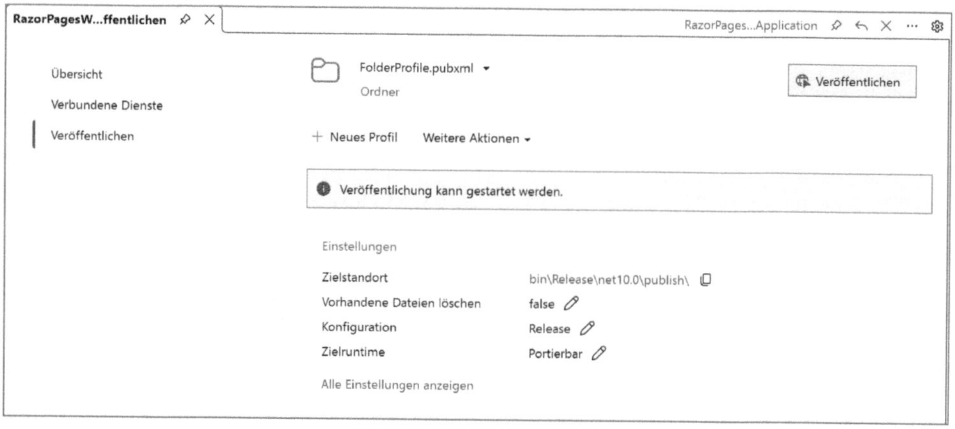

Bild 22.3 Das neue Veröffentlichungsprofil kann jetzt genutzt werden.

Nach erfolgter Veröffentlichung befinden sich am Zielort die in Bild 22.4 gezeigten Dateien und Ordner. Gehen wir sie einmal durch:

- *appsettings.json* und *appsettings.Development.json* sind Konfigurationsdateien, die vom Website-Template angelegt wurden. Mehr zum Thema Konfiguration finden Sie in Abschnitt 22.3.
- *RazorPagesWebApplication.deps.json* ist eine JSON-Datei mit den von der Anwendung verwendeten Abhängigkeiten.
- *RazorWebApplication.dll*, *RazorWebApplication.exe* und *RazorWebApplication.pdb* sind die ausführbaren Dateien der Anwendung beziehungsweise die Debugging-Symbole.
- *RazorPagesWebApplication.runtimeconfig.json* enthält Laufzeitkonfigurationseinstellungen für die Anwendung, beispielsweise hinsichtlich des Garbage Collectors.
- *RazorPagesWebApplication.staticwebassets.endpoints.json* enthält Informationen über alle statischen Inhalte der Anwendung. ASP.NET Core benötigt das, um ein optimales Caching für diese Daten ermöglichen zu können.
- *web.config* ist eine Konfigurationsdatei für den IIS und sorgt dafür, dass die Anwendung auch unter dem Microsoft-Webserver entsprechend lauffähig ist (siehe auch Abschnitt 22.1.2).
- *wwwroot* ist der Ordner mit den statischen Inhalten der Webanwendung wie CSS, JavaScript oder Grafiken.

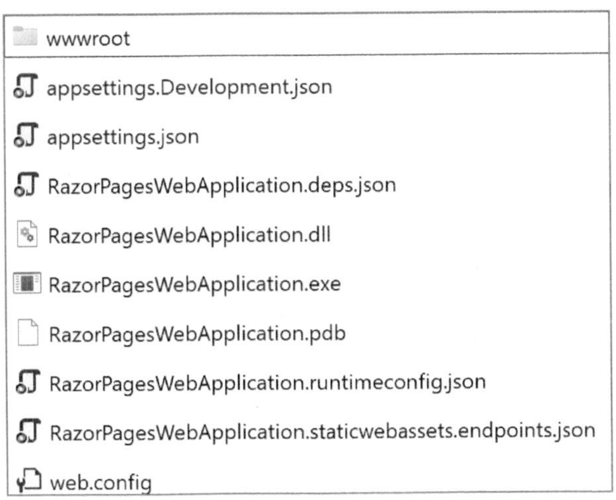

Bild 22.4 Die Dateien im Ordner *publish*

Wenn der Kestrel-Webserver genutzt werden soll, liegt hiermit alles vor, damit die Webanwendung auch auf einem anderen Zielsystem, auf dem die .NET-Runtime installiert ist, ausgeführt werden kann. Unter Windows kann die *.exe*-Datei direkt ausgeführt werden; betriebssystemunabhängig funktioniert der Aufruf der DLL über die .NET CLI:

```
dotnet RazorPagesWebApplication.dll
```

Bild 22.5 zeigt, wie das auf dem Mac aussieht. Die Anwendung läuft standardmäßig auf Port 5000. Es fällt nämlich auf, dass es im *publish*-Ordner keine *launchSettings.json*-Datei mehr gibt. Das ist auch gut so, denn diese ist für Entwicklungsumgebungen vorgesehen. Allerdings gibt es für das Produktivsystem mehrere Optionen, die URL der Anwendung (und insbesondere den Port) zu setzen:

- Start der Anwendung nach folgendem Muster:

```
dotnet RazorPagesWebApplication.dll --urls https://+:443
```

- Angabe der URL in der Umgebungsvariablen `ASPNETCORE_URLS`
- Aufruf der Erweiterungsmethode `UseUrls()` von `IWebHostBuilder`
- Angabe der URL in *appsettings.json*:

```
{
  "Kestrel": {
    "Endpoints": {
      "MyHttpEndpoint": {
        "Url": "https://+:443"
      }
    }
  }
}
```

Bild 22.5 Die veröffentlichte Webanwendung läuft unter MacOS.

Natürlich braucht es hierfür kein Visual Studio. Letztendlich ist der gezeigte Assistent nur ein schicke Oberfläche für das Tool, das die eigentliche Arbeit macht: die .NET CLI. Der zugehörige Befehl heißt `dotnet publish`. Dieser erstellt die Anwendung und bereitet sie dann auf die Veröffentlichung vor. Der Aufruf ohne besondere Parameter allein führt schon in vielen Fällen ans Ziel (und ist letztendlich das, was der Wizard macht); eine Liste von zusätzlichen Optionen befindet sich in der Microsoft-Dokumentation unter *https://learn.microsoft.com/en-us/dotnet/core/tools/dotnet-publish*. Sie sehen es schon an der URL – da steht nichts von ASP.NET Core, sondern „nur" .NET, denn letzten Endes veröffentlichen wir (bei Einsatz von Kestrel) eine .NET-Konsolenanwendung. Dass diese einen Webserver startet, ist nur ein positiver, gewünschter Nebeneffekt.

22.1.2 Deployment in den IIS

Microsofts eigener Webserver ist der IIS. Das stand früher mal für „Internet Information Server", aber wurde dann – im Zuge der SOA-Bewegung (Service-Oriented Architecture) – in „Internet Information Services" umbenannt. Deutsche Windows-Versionen machen daraus „Internetinformationsdienste". Deswegen wird manchmal von „die IIS" gesprochen, aber wir verwenden die männliche Bezeichnung, denn letztendlich geht es um „den" Server.

Für den IIS steht mit WebDeploy ein Mechanismus zur Verfügung, über den per Kommandozeile oder bequem aus Visual Studio heraus eine Anwendung erstellt wird. Hierfür sind einige Vorbereitungen von Nöten, insbesondere auf Seiten des Servers: WebDeploy muss eingerichtet werden, inklusive etwaiger Firewall-Freigaben; eine Webanwendung muss erstellt, konfiguriert und mit entsprechenden Rechten ausgestattet werden. Dies alles setzen wir voraus, denn abhängig von Betriebssystem und Infrastruktur gibt es Unterschiede.

Dann ist es Zeit für den Auftritt des Deployment-Mechanismus. Beim Erstellen eines neuen Veröffentlichungsprofils (siehe Bild 22.1) gibt es die Option IIS. Diese bietet zwei Vorgehensweisen an, wie in Bild 22.6 zu sehen:

- *Web Deploy*
- *Web Deploy-Paket*

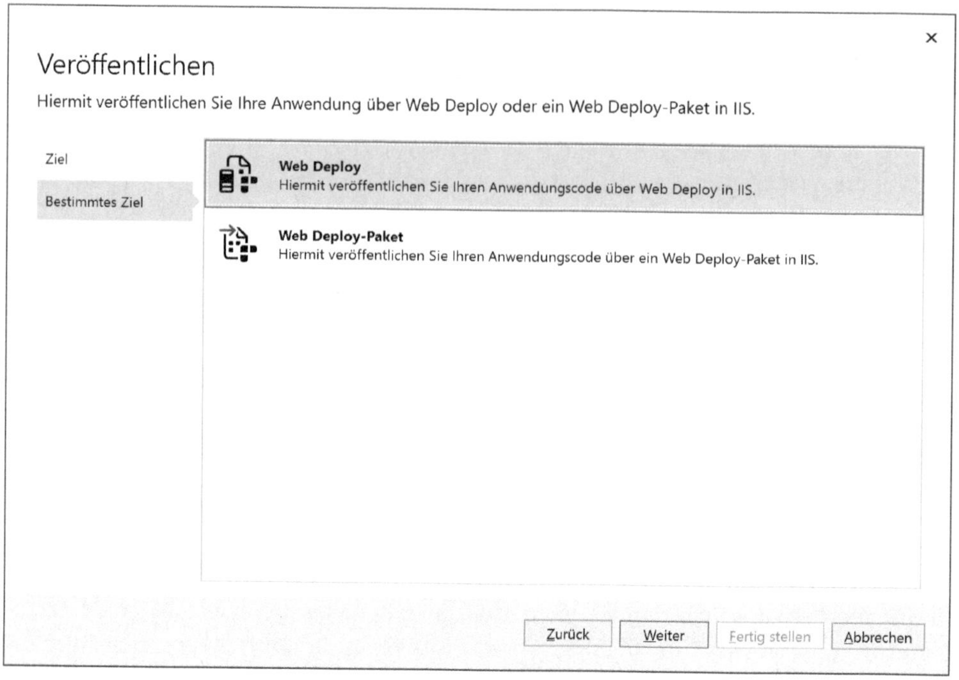

Bild 22.6 Veröffentlichungsoptionen in den IIS via Web Deploy

Mit der ersten Option kann ein Veröffentlichungsprofil erstellt werden, das sich direkt mit dem IIS verbindet (auf dem dann auch der entsprechende Gegenpunkt in Form eines Dienstes läuft). Die technischen Details beim Deployment werden dann also direkt von Visual Studio und dem IIS beziehungsweise dem WebDeploy-Modul gemanagt. Bild 22.7 zeigt den Teil des Assistenten, in dem Informationen über den Zielserver angegeben werden können.

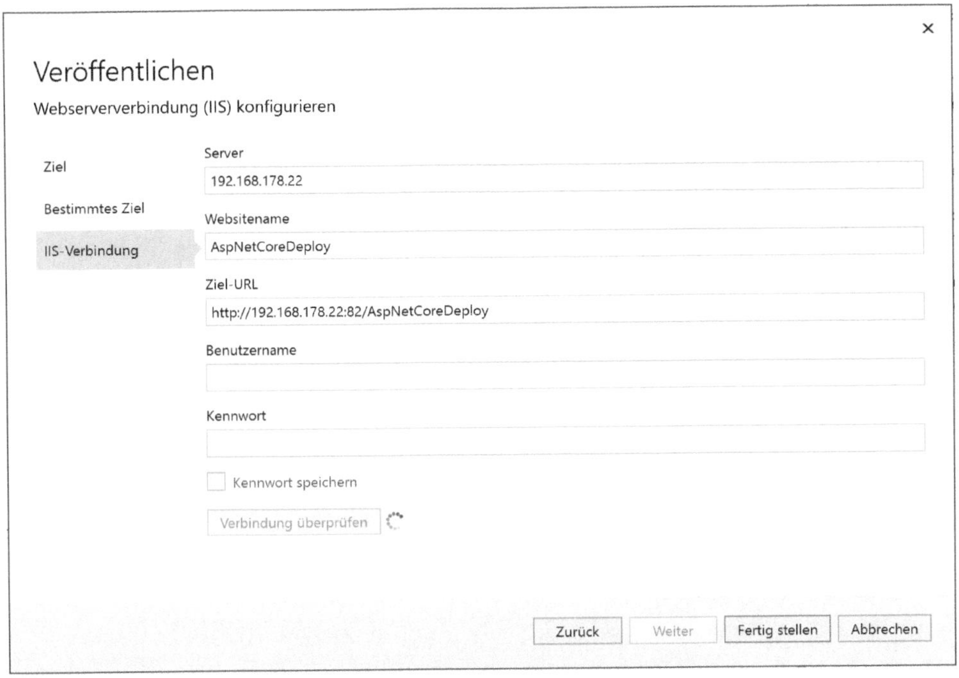

Bild 22.7 Abfrage des WebDeploy-Endpunkts auf dem Zielserver

Allerdings ist es nicht immer wünschenswert, dass ein Webserver so exponiert und ein direktes Deployment so einfach möglich ist. Die zweite Option aus Bild 22.6 bei der Veröffentlichung in den IIS, *Web Deploy-Paket*, bietet eine Alternative. Diese erstellt nämlich eine ZIP-Datei, in der die Anwendung steckt – sowohl die Daten als auch Informationen zum Deployment, beispielsweise den Namen der IIS-Applikation, in die veröffentlicht werden soll. Dieses ZIP-Paket wiederum lässt sich dann in den IIS importieren. Bild 22.8 zeigt die Management-Software des IIS (mit besonders langem Namen: *Internetinformationsdienst (IIS)-Manager*) und dort die Option, so ein Anwendungsarchiv zu importieren. WebDeploy muss korrekt und vollständig installiert worden sein, damit diese Option überhaupt erscheint!

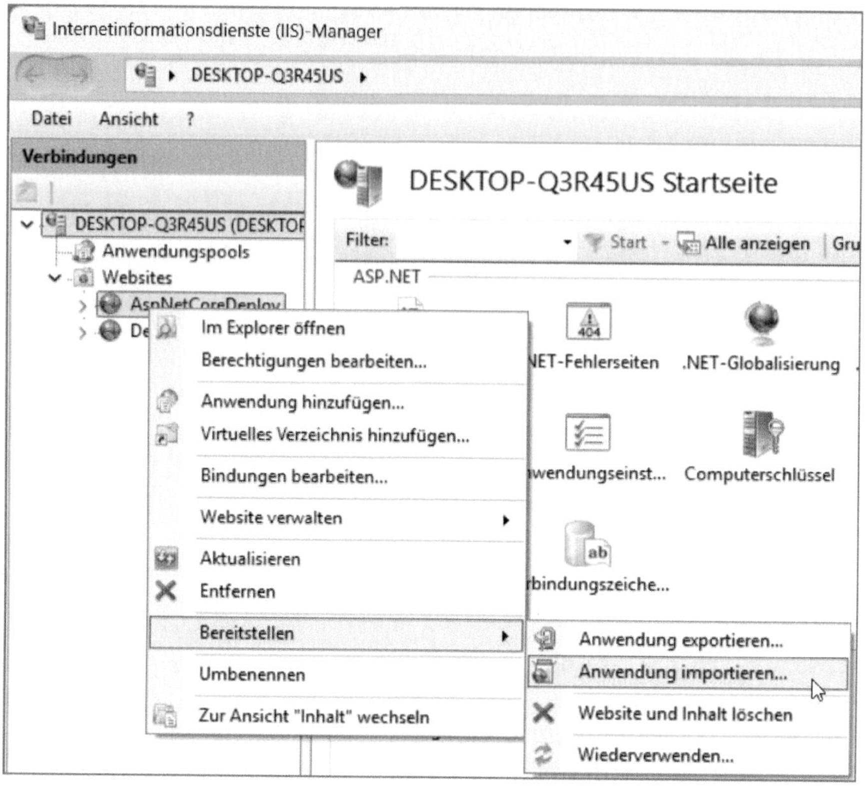

Bild 22.8 Import eines WebDeploy-Anwendungspakets im ZIP-Format

Beim Import der ZIP-Datei sind die einzelnen Schritte sichtbar, die sich in dem Archiv verbergen. Bild 22.9 zeigt, welche das bei unserer fast nackten Webanwendung sind: Anlegen der App im IIS, Einspielen der Inhalte.

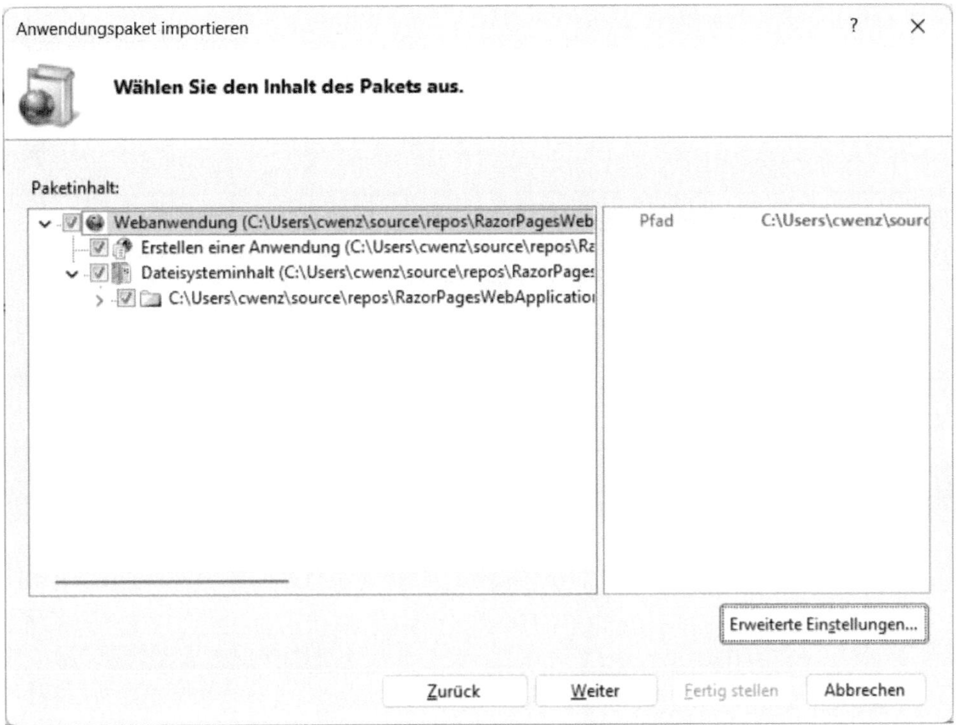

Bild 22.9 Die Paketinhalte: Daten und Anwendungsinformationen

22.2 Deployment in Docker

Das Konzept der Software-Virtualisierung gibt es schon seit den 1960 Jahren, doch so richtig populär wurde es erst in den Nullerjahren. Die Kernidee ist, dass die Systemressourcen aufgeteilt werden können – auch auf Betriebssystemebene. Stark vereinfacht: Auf einem System können mehrere Betriebssysteme laufen. Cloud-Computing wäre ohne dieses Konzept nur schwer vorstellbar.

Im Jahr 2003 wurde mit dem Docker-Projekt eine Toolsammlung veröffentlicht, um eben eine solche Virtualisierung zu betreiben. Applikationen können so unabhängig voneinander in sogenannten Containern laufen. Jeder dieser Container hat dann ein eigenes Betriebssystem – und natürlich die Anwendung selbst, die laufen soll.

Beim Anlegen eines Web-Projekts (ASP.NET Core, API oder Blazor) gibt es im letzten Schritt des Assistenten stets die Frage nach der Containerisierung, etwa halbherzig mit *Enable Containerunterstützung* übersetzt. Wird diese ausgewählt, erlaubt der Assistent zwei weitere Einstellungen (Bild 22.10):

- *ContainerOS*: Das Betriebssystem, das im Container laufen soll – Linux oder Windows
- *Containerbuildtyp*: Auf welcher Basis der Container aufgebaut werden soll, Dockerfile (Docker-eigenes Dateiformat) oder .NET SDK

Bei der Wahl vom Containerbuildtyp *.NET SDK* wird kein Dockerfile erzeugt, sondern die Containererstellung erfolgt ohne Docker. Stattdessen wird die .NET CLI benötigt. Der zugehörige Befehl sieht so aus:

```
dotnet publish /t:PublishContainer
```

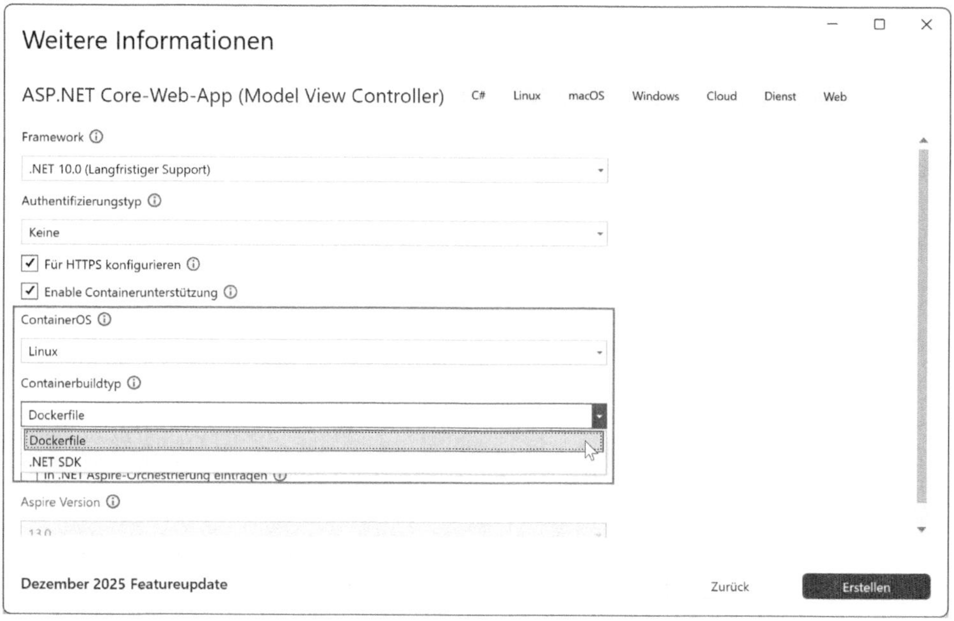

Bild 22.10 Optionen für Containerisierung bei der Projektanlage

Bei Containerbuildtyp *Dockerfile* wird eine Datei mit dem Namen *Dockerfile* ins Wurzelverzeichnis der neuen Anwendung generiert. Diese enthält dann die Anweisungen für Docker, wie die Anwendung in den Container zu installieren und zu starten ist. Bei ContainerOS *Linux* sieht diese Datei wie folgt aus:

Beispiel 22.2: Das Dockerfile für Deployment in einen Linux-Container (angepasst)

Dockerfile

```
1  # Standard-Einstellungen
2  FROM mcr.microsoft.com/dotnet/aspnet:10.0 AS base
3  USER $APP_UID
4  WORKDIR /app
5  EXPOSE 8080
6  EXPOSE 8081
7
8  # Release-Build
9  FROM mcr.microsoft.com/dotnet/sdk:10.0 AS build
10 ARG BUILD_CONFIGURATION=Release
11 WORKDIR /src
12 COPY ["DockerMvoWebApplication/DockerMvoWebApplication.csproj",
   "DockerMvoWebApplication/"]
13 RUN dotnet restore "./DockerMvoWebApplication/DockerMvoWebApplication.csproj"
14 COPY . .
15 WORKDIR "/src/DockerMvoWebApplication"
16 RUN dotnet build "./DockerMvoWebApplication.csproj" -c $BUILD_CONFIGURATION -o
   /app/build
17
18 # Deployment-Build
19 FROM build AS publish
20 ARG BUILD_CONFIGURATION=Release
21 RUN dotnet publish "./DockerMvoWebApplication.csproj" -c $BUILD_CONFIGURATION
   -o /app/publish /p:UseAppHost=false
22
23 # Ausführen der Anwendung
24 FROM base AS final
25 WORKDIR /app
26 COPY --from=publish /app/publish .
27 ENTRYPOINT ["dotnet", "DockerMvoWebApplication.dll"]
```

Gehen wir dieses Dockerfile Stück für Stück durch. Wichtig: Die Zeilennummern beziehen sich auf die obige Version, die im Gegensatz zum Original leicht redaktionell angepasst wurde.

In Zeile 2 wird als Ausgangsbasis das Image *asp.net:10.0* von Microsoft als Basis herangezogen. Das ist also sozusagen ein vorbereitetes System. In dieses wird später die Anwendung hineininstalliert.

Die Zeilen 3 bis 6 legen ein paar Grundeinstellungen fest, unter anderem werden die Browserports 8080 und 8081 freigegeben. Das ist auch notwendig, denn standardmäßig verwendet ASP.NET Core im Container diese Ports für HTTP bzw. HTTPS.

Die Zeilen 8 bis 16 erstellen ein Release-Build der Webanwendung. Das Projekt wird zunächst in einen Ordner in den Container kopiert; dann wird erst `dotnet restore` ausgeführt (Zeile 13) und später `dotnet build` (Zeile 16).

Der Deployment-Prozess findet in den Zeilen 18 bis 21 statt – diesmal kommt `dotnet publish` zum Einsatz.

Abschließend führt das Dockerfile die Anwendung aus (Zeilen 23 bis 27). Die zuvor erstellte Anwendung wird in einen Ordner kopiert und dann dort die Applikations-DLL per .NET CLI ausgeführt.

Bei Verwendung von Visual Studio kann das Dockerfile direkt ausgeführt werden; Voraussetzung dafür, ist, dass die Verwaltungssoftware Docker Desktop auf dem System läuft (sofern vorhanden und lizenztechnisch bei Ihnen möglich). Alternativ können Sie bei vorhandenem Docker auch auf die Kommandozeile und das CLI-Tool der Containerisierungssoftware ausweichen. Führen Sie dazu in dem Verzeichnis, in dem die *.csproj*-Datei liegt, den folgenden Befehl aus:

```
docker build -t mvcapp -f Dockerfile ..
```

Die beiden Punkte am Ende des Kommandos beziehen sich auf das übergeordnete Verzeichnis – denn dort befindet sich die *.slnx*-Datei mit der kompletten Projektmappe! Dies ist sozusagen der Referenzpunkt für die ganze Unternehmung. Die Angabe *mvcapp* ist frei gewählt – im nächsten Schritt wird nur dieselbe Angabe benötigt.

Bild 22.10 zeigt einen Teil der Ausgabe, der nach dem Aufruf erscheint. Im Wesentlichen werden alle erforderlichen Komponenten inklusive dem Basis-Image heruntergeladen und dann die einzelnen Arbeitsanweisungen aus dem Dockerfile ausgeführt[1].

Bild 22.11 Das Docker-Image wird mit dem Dockerfile erstellt

[1] Sollten Sie eine Fehlermeldung der Machart *failed to resolve source metadata for mcr.microsoft.com* erhalten: Dies scheint mit einigen (neueren) Versionen von Docker Desktop aufzutreten. Workaround: IPv6 beim Netzwerkadapter deaktivieren. Wir gehen davon aus, dass das ein temporäres Problem ist, vielleicht ist der Hinweis trotzdem von Nutzen.

Sofern Sie an der Anwendung nichts ändern, ist die Image-Erstellung nur einmal notwendig. Und selbst bei Änderungen geht es in der Regel bei Folgeaufrufen immer schneller, weil die umfangreichen Betriebssystemdateien bereits lokal im Cache liegen.

Um das Image dann auszuführen – was wiederum die Webanwendung startet und verfügbar macht – ist folgendes Kommando erforderlich:

```
docker run --rm -it mvcapp
```

Natürlich ist *mvcapp* derselbe Bezeichner, der zuvor bei `docker build` zum Einsatz kam. Das Resultat ist eine Ausgabe wie in Bild 22.12, die doch sehr bekannt scheint: Die Anwendung läuft und kann außerhalb des Containers im Webbrowser aufgerufen werden.

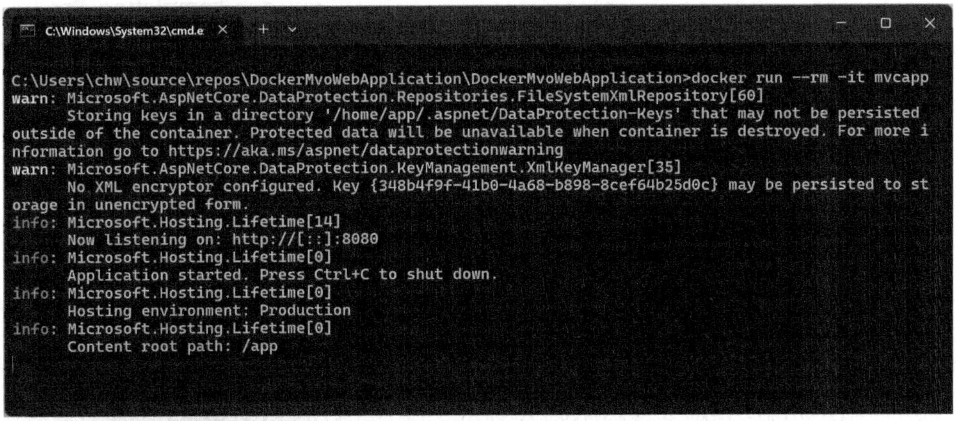

Bild 22.12 Die Docker-Anwendung wurde im Container gestartet.

Die Portnummern im Container sind standardmäßig auch die, über die von außen auf die virtualisierte Anwendung zugegriffen werden kann. Allerdings lassen sich die Ports auch umbiegen:

```
docker run --rm -p 5000:8080 -it mvcapp
```

Jetzt läuft die Anwendung im Container weiterhin unter Port 8080, aber der Zugriff von außerhalb des Containers ist (nur) über *http://localhost:5000* möglich.

22.3 Konfiguration anpassen

Die bisher deployten Anwendungen waren offenkundig sehr einfach, und viel entscheidender, hatten keine Abhängigkeiten von weiteren Systemen wie beispielsweise Datenbanken. Das ist bei komplexeren Anwendungen natürlich meist anders. Wir müssen beim Deployment vorab mehrere Entscheidungen treffen. Zum Beispiel: Werden die zusätzlichen Systeme separat deployt oder findet das während des Veröffentlichungsvorgangs der Webanwendung statt? Aber auch: Wie verbindet sich die Webanwendung mit dem Zusatzsystem, wo stehen beispielsweise die Servernamen oder Zugangsdaten?

Der letztere Punkt ist Thema dieses Abschnitts. Woher bezieht eine Webanwendung ihre Konfigurationsoptionen? Das Ziel ist es, dass die App im Idealfall auf dem Entwicklungs-, Test- und Produktivsystem mit demselben Codestand läuft. Wo aber, um im Beispiel zu bleiben, die Datenbank liegt, ist Teil der Konfiguration.

Die verschiedenen Web-Templates von .NET sind hierauf bereits vorbereitet. Die Anwendungen erhalten zwei Dateien: *appsettings.json* und *appsettings.Development.json*. Letztere Datei ist in Visual Studio erst sichtbar, wenn auf den kleinen Pfeil neben *appsettings.json* geklickt wird.

Der Dateiname *appsettings.json* hat in .NET eine eingebaute Funktion – genauer gesagt, die Klasse `WebApplicationBuilder` (Rückgabewert vom ersten Methodenaufruf in *Program.cs*, `WebApplication.CreateBuilder()`) bezieht Konfigurationsoptionen – unter anderem – aus dieser Datei. Standardmäßig werden alle Werte aus *appsettings.json* verwendet – darin befindet sich eine beliebige JSON-Struktur. Allerdings können abhängig von der aktuellen Umgebung noch zusätzliche oder geänderte Konfigurationsdaten angegeben werden. Diese stecken dann in der Datei *appsettings.NameDerUmgebung.json*. Das Template liefert *appsettings.Development.json* mit, also für die Umgebung mit dem Namen *Development*.

Diese Umgebung kann prinzipielle jede beliebige Zeichenkette sein, doch die Klasse `Microsoft.Extensions.Hosting.Environments` liefert drei vorgegebene Optionen mit, die viele Szenarien bereits abdecken:

- `Development`
- `Staging`
- `Production`

Die Versionen der Datei *appsettings.Umgebung.json*, die für eine bestimmte Umgebung sind, haben dabei eine höhere Priorität als die „unabhängige" *appsettings.json*. Gibt es also dieselbe Konfigurationseinstellung in beiden Varianten der Datei, „gewinnt" die für das Environment.

Wie das mit den verschiedenen Umgebungen in der Praxis aussehen kann, lässt sich gut mit einigen der Beispiele aus den vorherigen Kapiteln nachvollziehen, so etwa mit der MVC-Anwendung aus Abschnitt 19.4.1, die auf Entity Framework Core setzt und eine Liste von Personen verwaltet. Hier sieht die Datei *appsettings.json* wie folgt aus (auf die für diese Ausführungen wesentliche Information gekürzt):

Beispiel 22.3: Die Verbindungszeichenfolge zur Datenbank in den Konfigurationseinstellungen

JSON

```
{
  "ConnectionStrings": {
    "MvcWebApplicationContext": "Server=(localdb)\\mssqllocaldb;Database=MvcWebAppl
icationContext-c881240c-0806-46a3-8482-f3e80a594c21;Trusted_
Connection=True;MultipleActiveResultSets=true"
  }
}
```

Die JSON-Datei enthält also Ort und Namen der Datenbank, mit der gearbeitet werden soll. In der Datei *Program.cs* wird dieser Wert dann ausgelesen:

```
builder.Services.AddDbContext<MvcWebApplicationContext>(options =>
    options.UseSqlServer(
        builder.Configuration.GetConnectionString("MvcWebApplicationContext") ??
            throw new InvalidOperationException("Connection string
'MvcWebApplicationContext' not found.")));
```

Für den Bereich `"ConnectionStrings"` in der *appsettings.json* gibt es mit `GetConnectionString()` eine dedizierte Hilfsmethode für den bequemen Zugriff auf individuelle Einstellungen. Aber natürlich sind auch alle anderen Elemente in der JSON-Datei verfügbar. Die Eigenschaft `builder.Configuration` ist vom Typ `ConfigurationManager`, der unter anderem auch einen Zugriff über die Array-Syntax erlaubt:

```
builder.Configuration["ConnectionStrings:MvcWebApplicationContext"]
```

In Action-Methoden und `PageModel`-Klassen steht das Interface `IConfiguration` via Dependency Injection zur Verfügung und erlaubt so das Auslesen von Konfigurationseinstellungen.

Es wäre jetzt also möglich, die Datenbank des Abnahmesystems in der Datei *appsettings.Staging.json* zu hinterlegen, während in *appsettings.Production.json* die Informationen für das Produktivsystem stehen. So funktioniert dieselbe Codebasis auf all diesen Servern.

Bleibt nur noch eine Frage zu klären: Woher weiß ASP.NET Core, auf welcher Umgebung es gerade läuft? Standardmäßig ist das `Production`. Aber natürlich kann das gezielt eingestellt werden. Hierzu kommen Umgebungsvariablen zum Einsatz: `ASPNETCORE_ENVIRONMENT` und `DOTNET_ENVIRONMENT`. Sie können beide verwenden, es gibt hier funktional keinen Unterschied, auch wenn in der Praxis die erstere Option gebräuchlicher zu sein scheint.

Spannend wird es allerdings, wenn beide Umgebungsvariablen gesetzt sind. Welche hat dann Vorrang? Dies kann in der Datei *Program.cs* abgelesen werden, und zwar dort, wo `CreateBuilder()` oder eine ähnliche Methode aufgerufen wird. Die Klasse, die von diesem Builder erzeugt wird, entscheidet:

- Handelt es sich um `WebApplication` (wie in der Regel bei ASP.NET Core und Web-APIs), hat der Wert von `DOTNET_ENVIRONMENT` Vorrang.
- Handelt es sich um `WebHost` (oder Vergleichbarem, etwa `WebAssemblyHost` wie bei eigenständigen Blazor-Webassembly-Apps), „gewinnt" `ASPNETCORE_ENVIRONMENT`.

Bei Verwendung von Visual Studio wird die Variable `ASPNETCORE_ENVIRONMENT` in den meisten Fällen automatisch auf `Development` gesetzt. Das ist nicht offensichtlich, aber ein Blick in die Startprofil-Konfiguration belegt das. Bild 22.13 zeigt das anhand der Maske, die beim Aufruf von *<Projektname>: Debugeigenschaften* im *Debuggen*-Menü erscheint.

Bild 22.13 In den Startprofilen in Visual Studio ist jeweils `ASPNETCORE_ENVIRONMENT` gesetzt.

Zusätzliche Umsicht ist notwendig, wenn in den Konfigurationsdaten auch noch Zugangsdaten oder andere geheime Informationen hinterlegt werden sollen. Landet die *appsettings.json* beispielsweise in einer Quellcodeverwaltung wie Git, ist das mit der Geheimhaltung im schlimmsten Fall Geschichte. Für solche Fälle sollten Sie zu anderen Maßnahmen greifen, bei Hosting in der Cloud etwa zu den dortigen sicheren Speichermechanismen (zum Beispiel Azure KeyVault in der Microsoft-Cloud), oder Sie arbeiten mit Umgebungsvariablen, die auf dem jeweiligen System gesetzt werden.

22.4 Deployment in Azure

Das auf den ersten Blick bequemste Deployment-Ziel ist das, das nicht selbst betrieben werden muss: ASP.NET Core und Blazor können auch in der Cloud laufen. „Nicht betreiben“ heißt allerdings nicht automatisch „nicht überwachen“, denn was tatsächlich aus dem Ruder laufen könnte, sind die Kosten. Im Internet gibt es durchaus köstliche Anekdoten (zumindest, sofern man nicht selbst betroffen ist), wie Cloud-Anwendungen unerwartet – aber durchaus häufig schuldfrei – hohe Kosten erzeugt haben. Deswegen vorweg der obligatorische Hinweis: Cloud-Kosten müssen überwacht werden. Es ist zugegebenermaßen nicht immer einfach, vorab die präzisen Kosten zu prognostizieren. Aber ein Management der finanziellen Aufwände ist Pflicht. Die großen Clouds bieten dafür auch Tooling an, das zumindest ein bisschen bei dieser Aufgabe helfen kann. In der Azure-Cloud, also in dem Angebot von Microsoft, heißt das Feature **Cost Management** (Bild 22.14).

Apropos Azure: Dass es in diesem Abschnitt um diesen Anbieter geht, heißt freilich nicht, dass beim Einsatz des Microsoft-Web-Stacks auf die Cloud aus Redmond gesetzt werden *muss*. Auch andere große Clouds – AWS von Amazon, die Google Cloud, oder auch europäische Cloud-Anbieter ermöglichen das Hosten von Webanwendungen und APIs mit ASP.NET Core und Blazor. Die prinzipielle Vorgehensweise ist dort sehr ähnlich. Um jedoch ein Deployment in die Cloud an einem konkreten Beispiel zeigen zu können, ist die Wahl auf Azure gefallen. Als kleiner Extra-Vorteil ist Visual Studio (wen wundert's) für genau dieses Szenario vorbereitet.

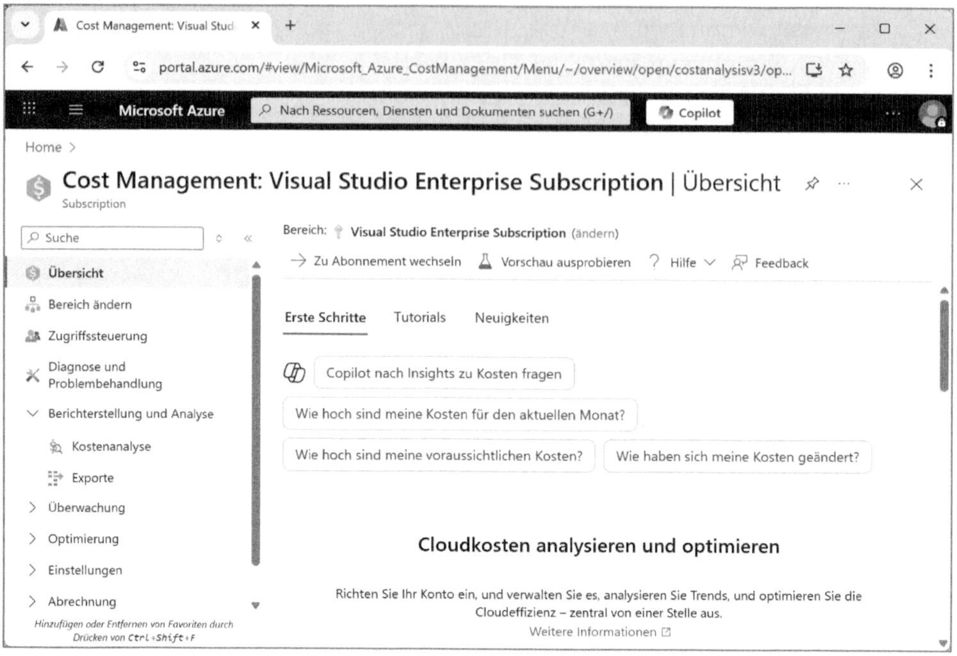

Bild 22.14 Cost Management hilft bei der Überwachung und Analyse anfallender Azure-Kosten.

22.4.1 Hosting-Optionen

Bevor eine Webanwendung in Azure (oder einer anderen Cloud) veröffentlicht werden soll, gilt es erst einmal, die verfügbaren Optionen zu analysieren. Prinzipiell gibt es verschiedene Ansätze, von luxuriös (und gegebenenfalls teuer) bis hin zu spartanisch (und günstig).

Mit am oberen Ende der Skala steht eine virtuelle Maschine – in der Cloud steht also ein virtueller Server für uns bereit, inklusive komplettem Betriebssystem. Dort installieren wir dann die Anwendung, entweder in den IIS (wenn es ein Windows-System ist und dieser Server installiert ist), oder in Kestrel, gegebenenfalls ergänzt durch zusätzliche Komponenten wie einen Reverse-Proxy oder anderes. Auf dieser Maschine können wir sozusagen schalten und walten, und es ist „unsere". Das entspricht grob einem eigenen dedizierten Server in einem klassischen Rechenzentrum, nur dass es keine physikalische Maschine ist (die können wir bei Azure nicht bekommen, geschweige denn bezahlen), sondern eine virtualisierte. Aber innerhalb dieses virtuellen Systems befindet sich nur unsere Anwendung, keine anderen Cloud-Kunden. Bei Microsoft heißt dieser Service *Azure Virtual Machine*.

Für viele Webanwendungen ist so eine starke Abschottung nicht notwendig. Da wäre es schon in Ordnung, wenn auf einem System mehrere Anwendungen laufen, solange sie sich technisch nicht in die Quere kommen und die Ressourcen ausreichen. Für ASP.NET Core bietet sich hier ein *Azure App Service* an. Das ist ein PaaS-Angebot von Azure. Das Akronym steht für *Platform as a Service* und bedeutet, dass die Cloud eine vorbereitete Plattform zur Verfügung stellt, auf die die Anwendungen deployt werden können. Das Azure-Team kümmert sich um das Management der kompletten Infrastruktur. In Abschnitt 22.4.3 sehen Sie, wie das mit einer unserer Beispielanwendungen funktioniert.

Bei *Azure Static Web Apps* liegen, wie der Namen schon sagt, statische Inhalte in einer Webanwendung vor. Es ist also keine Dynamik möglich. Aus Kapitel 21 kennen Sie jedoch einen Anwendungsfall für genau diese Hosting-Variante: eigenständige Blazor WebAssembly-Apps! Diese sind nämlich rein statisch: HTML, CSS, JavaScript und viel WebAssembly. Das, was hier durch `dotnet publish` erzeugt wird, benötigt danach kein ASP.NET Core mehr. Die kostengünstigen Azure Static Web Apps wären hier also eine passende Deployment-Option.

Darüber hinaus gibt es noch weitere Möglichkeiten, inklusive dem Hosten und Management von Docker-Containern und Kubernetes-Clustern, und vieles mehr. Dieser Abschnitt beschränkt sich jedoch auf Azure App Services, eine gute Option für viele Anwendungsfälle.

22.4.2 Deployment in Azure App Service

Voraussetzung für ein Deployment in einen Azure App Service ist zunächst eine Azure-Mitgliedschaft (genannt *Subscription*). Außerdem müssen wir einen passenden *Plan* wählen – das ist in etwa mit einem Abonnement zu vergleichen. Unter *https://azure.microsoft.com/de-de/pricing/details/app-service* gibt es eine Preisübersicht für Linux und Windows als Basisbetriebssystem des Service. Für beide Varianten gibt es zum Redaktionsschluss auch eine kostenfreie Option. Sie eignet sich eher nicht für den Produktivbetrieb, sondern eher fürs Testen und Ausprobieren, aber sie ist für die ersten Schritte natürlich ausreichend. Aber Achtung, nicht jede Region (das ist das Gebiet, wo die Server stehen) hat immer den „Free Plan" verfügbar. Ein Beispiel: In „Deutschland, Westen Mitte" (*Germany West Central*) gibt es eine Gratis-Option für Windows, aber keine für Linux.

Im ersten Schritt benötigen wir eine Ressourcengruppe. Damit können wir in Azure mehrere zugehörige Ressourcen zusammenfassen, beispielsweise einen App Service und auch noch eine Datenbank. Loggen Sie sich ins Azure-Portal (*https://portal.azure.com*) ein, suchen Sie in dem Feld oben Mitte nach „Ressourcengruppen" und Sie landen im *Resource Manager*, wo Sie eben eine solche Gruppe anlegen können. Bild 22.15 zeigt, wie das aussehen kann.

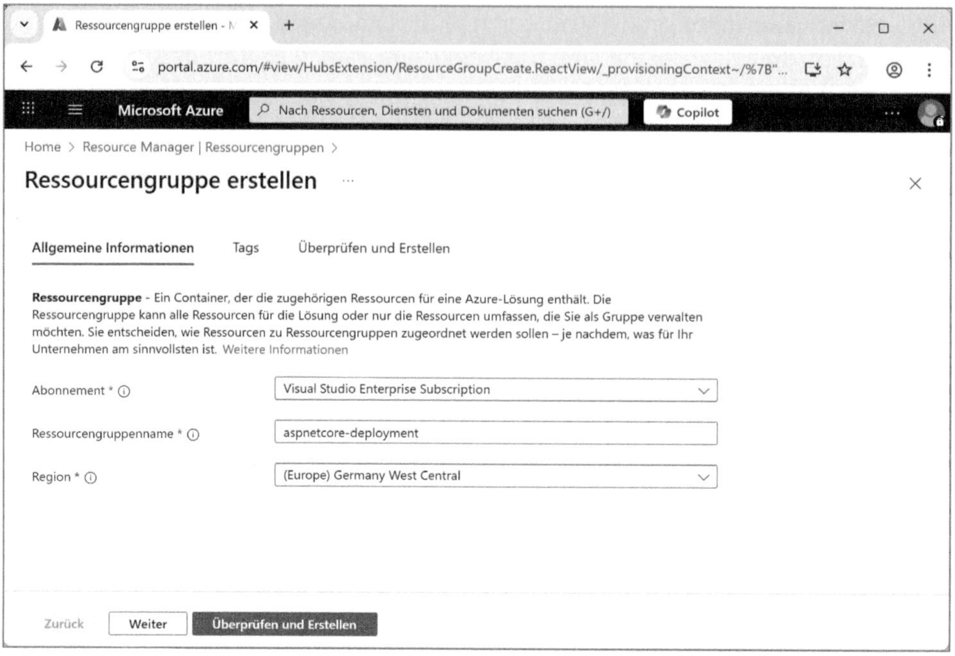

Bild 22.15 Erstellen einer Ressourcengruppe in Azure

Jetzt ist es Zeit, die simple Beispielanwendung aus Abschnitt 22.1 in einen App Service zu deployen. Der Weg führt erneut in Visual Studio über den bereits bekannten Veröffentlichungs-Wizard. Deployment-Ziel ist jetzt Azure, woraufhin mehrere Dienste angeboten werden. Bild 22.16 zeigt die Auswahlmöglichkeiten; außerhalb des Scrollbereichs befindet sich noch die Option, eine virtuelle Maschine in der Microsoft-Cloud anzulegen.

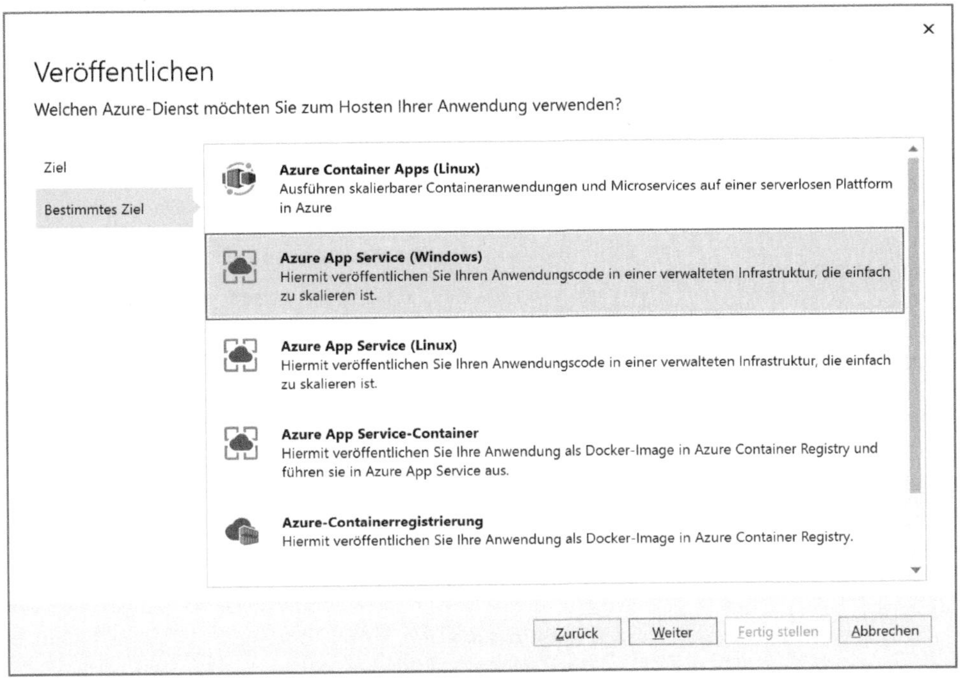

Bild 22.16 Verfügbare Azure-Dienste fürs Deployment

Wir wählen aber im Beispiel *Azure App Service (Windows)* – Sie können natürlich auch die Linux-Option selektieren. Sie entscheiden natürlich, was für Ihre Szenario und Ihre Azure-Subscription am besten passt. Loggen Sie sich, sofern noch nicht geschehen, in Ihren Azure-Account ein und wählen Sie dann eine Ressourcengruppe und einen Hostingplan aus oder legen Sie eine direkt über den Assistenten aus Visual Studio an (Bild 22.17). Dann erstellen Sie mit diesen Angaben das entsprechende Deployment-Profil.

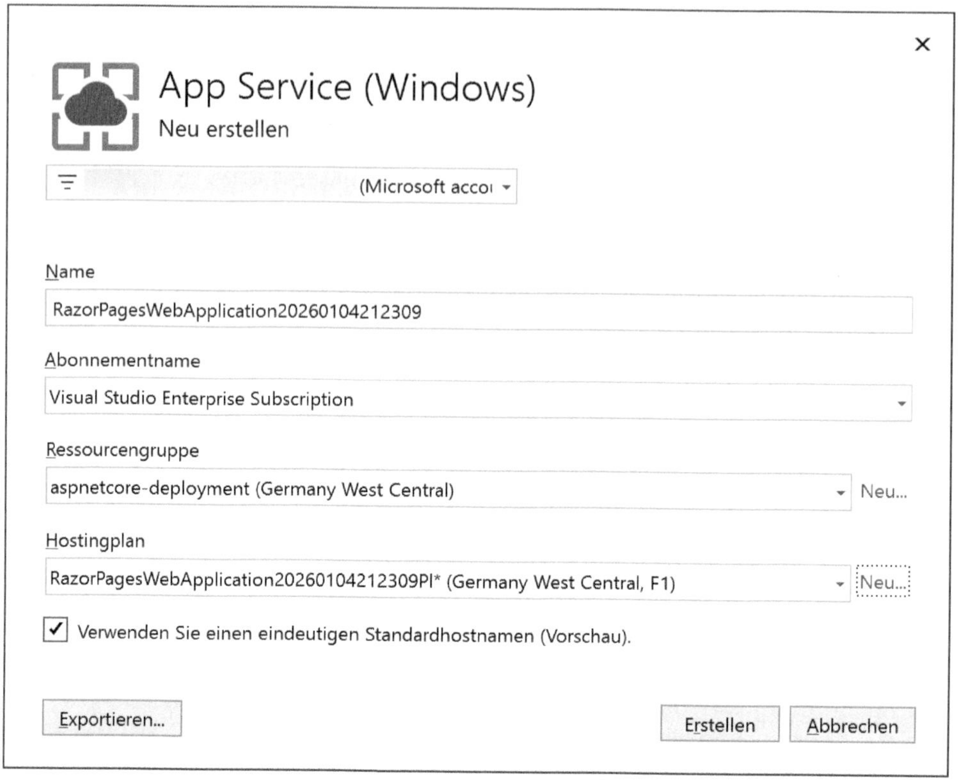

Bild 22.17 Einrichten des App Service innerhalb von Visual Studio

Erhalten Sie eine Fehlermeldung der Machart „Operation cannot be completed without additional quota", stehen gerade nicht genug Ressourcen für den gewählten Hostingplan in der gewählten Region zur Verfügung. Probieren Sie dann eine andere Region, oder versuchen Sie es tatsächlich später erneut.

Wenn Sie jetzt die Veröffentlichung über den Assistenten von Visual Studio starten, wird die Applikation tatsächlich in die Cloud geschoben. Anhand des langen Domainnamens in Bild 22.18 sehen Sie schon: Das ist nicht mehr das lokale System.

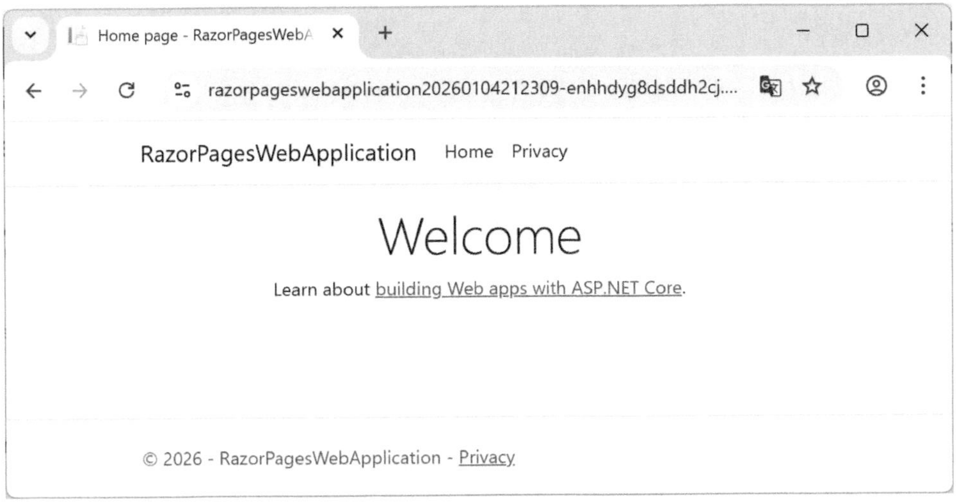

Bild 22.18 Die Webanwendung läuft jetzt in der Cloud.

Natürlich sind all dieses Schritte auch ohne Visual Studio möglich. Für Visual Studio Code beispielsweise gibt es eine Handvoll von nützlichen Erweiterungen; die Dokumentation unter *https://code.visualstudio.com/docs/azure/overview* erläutert, was für welchen Anwendungsfall am besten geeignet ist. Aber selbst das ist nicht notwendig, es geht rein mit Browser und Terminal.

Das Anlegen der Ressourcen in Azure funktioniert freilich auch über das Azure Portal selbst. Und das Deployment der Anwendung selbst? Hierfür gibt es von Azure ein eigenes Kommandozeilentool, die Azure CLI. Unter *https://learn.microsoft.com/en-us/cli/azure/install-azure-cli* finden Sie Installationshinweise und eine Funktionsübersicht. Das Microsoft-Quickstart unter *https://learn.microsoft.com/en-us/azure/app-service/quickstart-dotnetcore* führt Sie komplett durch die Veröffentlichung aus Azure.

Und damit endet der Einblick in das Deployment von ASP.NET Core-Anwendungen. Mit zunehmender Kompexität einer Software lässt sich das Veröffentlichungskonzept beliebig erweitern, insbesondere hinsichtlich der Automatisierung. In einer weiteren Ausbaustufe wird alles per Skript erzeugt – nicht nur die Anwendung selbst, sondern auch die komplette Infrastruktur in der Cloud.

Anhang A: Glossar

Begriff	Bedeutung	Bemerkung
ACE	Access Control Entries	Einträge in einer ACL
ACL	Access Control List	Zugangskontrollliste, dient der Rechteverwaltung
ADO	ActiveX Data Objects	Ältere Datenzugriffstechnologie von Microsoft
ADO.NET		Datenzugriffstechnologie von Microsoft für .NET
ADS	Active Directory Service	Verzeichnisdienst
Ajax	Asynchronous JavaScript And XML	Asynchrone JavaScript-Aufrufe an den Webserver
ANSI	American National Standard Institute	US-amerikanische Standardisierungsbehörde
API	Application Programming Interface	Allgemeine Schnittstelle für die Anwendungsprogrammierung
ASCII	American Standard Code for Information Interchange	Klassischer Textformat-Standard
ASP.NET Core		Web-Framework in .NET
Blazor		Framework zum Erstellen von Single-Page Applications
BLOB	Binary Large Object	Binäres Objekt, z. B. Grafik

Begriff	Bedeutung	Bemerkung
CLI	Common Language Infrastructure	Standard für alle .NET-Programmiersprachen
CLR	Common Language Runtime	Virtuelle Umgebung von .NET
COM	Common Object Model	Allgemeines Objektmodell von Microsoft
CSS	Cascading Style Sheets	Layout-Sprache für Webanwendungen
CSV	Comma Separated Values	Durch bestimmte Zeichen getrennte Daten (meist Komma)
CTS	Common Type System	Datentypen, die von .NET unterstützt werden
DAO	Data Access Objects	Klassische Datenzugriffsobjekte
DC	Device Context	Gerätekontext
DCOM	Distributed Component Object Model	Auf mehrere Rechner verteiltes COM
DDL	Data Definition Language	Untermenge von SQL zur Datendefinition
DES	Data Encryption Standard	Standard für die Verschlüsselung von Daten
DLL	Dynamic Link Library	Laufzeitbibliothek, die von mehreren Programmen benutzt werden kann
DML	Data Manipulation Language	Untermenge von SQL zur Datenmanipulation
DNS	Domain Name Service	Umwandlung von Domain-Namen in IP-Adresse
DOM	Document Object Model	Objektorientiertes Modell für den Zugriff auf strukturierte Dokumente
DSN	Data Source Name	Name einer Datenquelle
DTD	Document Type Definition	Definition der XML-Dokumentenstruktur
DTS	Data Transformation Services	SQL-Server-Dienst, zum Transformieren von Daten
EF	Entity Framework	Objektrelationaler Mapper für Datenbankzugriffe
EF Core	Entity Framework Core	Neue Version des objektrelationalen Mappers für Datenbankzugriffe

Begriff	Bedeutung	Bemerkung
FCL	Framework Class Library	.NET-Klassenbibliothek
FTP	File Transfer Protocol	Internet-Protokoll für Dateitransfer
GAC	Global Assembly Cache	Allgemein zugänglicher Speicherbereich für Assemblies
GC	Garbage Collection	„Müllsammlung" (Freigabe von Objekten)
GDI	Graphical Device Interface	Grafikfunktionen der Windows API
GDI+		Grafikklassenbibliothek von .NET
GUI	Graphical User Interface	Grafische Benutzerschnittstelle
GUID	Global Unique Identifier	Eindeutiger Zufallswert (128 Bit) zur Kennzeichnung von Klassen
HTML	Hypertext Markup Language	Sprache zur Gestaltung statischer Webseiten
HTTP	Hypertext Transfer Protocol	Protokoll für Hypertextdokumente
ID	Identifier	Identifikationsschlüssel
IDE	Integrated Development Environment	Integrierte Entwicklungsumgebung
IIS	Internet Information Server	Mittlerweile Internet Information Services – Webserver von Windows
IL	Intermediate Language	Zwischencode von .NET
JIT	Just In Time	Kompilieren zur Laufzeit
JSON	JavaScript Object Notation	Modernes kompaktes Format für Datenstrukturen
LAN	Local Area Network	Lokales Rechnernetzwerk
MARS	Multiple Active Results Sets	Mehrfachverwendung einer Connection
MAUI	Multi-Platform App UI	Microsoft-Framework für Cross-Platform-Anwendungen
MDA	Model Driven Architecture	Anwendungsentwicklung auf Basis von Modellen
MDAC	Microsoft Data Access Components	Datenzugriffskomponenten (ab Version 2.6), müssen auf Zielcomputer installiert sein

Begriff	Bedeutung	Bemerkung
MIME	Multipurpose Internet Mail Extensions	Standardisierte Dateitypen für Internet-Nachrichten
MMC	Microsoft Management Console	Rahmenanwendung für administrative Aufgaben
MS	Microsoft	Software-Gigant
MSDE	Microsoft Data Engine	Abgerüstete SQL-Server-Datenbank-Engine
MSDN	Microsoft Developers Network	Eine (fast) unerschöpfliche Informationsquelle für die Entwicklung mit Microsoft-Technologien
MSIL	Microsoft Intermediate Language	Zwischencode für .NET
MVC	Model-View-Controller	Pattern zur Entwicklung von Webapplikationen
ODBC	Open Database Connectivity	Allgemeine Datenbankschnittstelle
OLAP	On-Line Analytical Processing	Analysesystem
OLE	Object Linking and Embedding	Microsoft-Technologie zum Verknüpfen und Einbetten von Objekten
OLE DB	Object Linking and Embedding Database	Schnittstelle für den universellen Datenzugriff
OOA	Object Oriented Analysis	Objektorientierte Analyse
OOP	Object Oriented Programming	Objektorientierte Programmierung
ORM	Object-Relational Mapper	Mapper zwischen einem Datenbankmodell und einem Objektmodell
PAP	Programmablaufplan	
POP3	Post Office Protocol Version 3	Posteingangsprotokoll
RAD	Rapid Application Development	Schnelle Anwendungsentwicklung
RDBMS	Relational Database Management System	Relationales Datenbank-Management-System
RDL	Report Definition Language	XML-basierte Beschreibungssprache für Microsoft Reporting Services
RDS	Remote Data Services	Objektmodell für Datenverkehr mit Remote Server

Begriff	Bedeutung	Bemerkung
REST	Representational State Transfer	Architekturmodell zum Erstellen von und Zugriff auf Ressourcen (zumeist per JSON serialisiert)
RPC	Remote Procedure Call	Aufruf einer entfernten Methode
SDK	Software Development Kit	Entwickler-Tools
SignalR		Framework für bidirektionale Echtzeitkommunikation
SMTP	Simple Mail Transport Protocol	TCP/IP-Protokoll für die Übertragung von Nachrichten zwischen einzelnen Computern
SOAP	SOAP (und nicht: Simple Object Access Protocol)	Format zum XML-basierten Zugriff auf Objekte
SPA	Single-Page Application	Webanwendung, bei der nur eine Startseite initial vom Server geladen wird, sämtliche Kommunikation anschließend über JavaScript
SQL	Structured Query Language	Abfragesprache für Datenbanken
SSL	Secure Socket Layer	Sicherheitsprotokoll für Datenübertragung
SSPI	Security Service Provider Interface	API für Authentifizierung und Vergabe von Zugriffsberechtigungen
TCP/IP	Transmission Control Protocol/ Internet Protocol	Netzwerkprotokoll zum Datentransfer, IP-Adresse ist 32-Bit-Zahl
UDF	User Defined Function	Benutzerdefinierte Funktion (SQL Server)
UDP	Unified Data Protocol	Standardisiertes Datenprotokoll
UI	User Interface	Benutzerschnittstelle
UML	Unified Modelling Language	Sprache zur Beschreibung von Objektmodellen
UNC	Uniform Naming Convention	System zur Benennung von Dateien in vernetzten Umgebungen
URI	Uniform Resource Identificator	Web-Adresse
URL	Uniform Resource Locator	Web-Adresse
WASM	WebAssembly	Binärformat für Anwendungen, die im Webbrowser ausgeführt werden können

Begriff	Bedeutung	Bemerkung
WCF	Windows Communication Framework	Ehemaliges Framework von Microsoft zum Erstellen von verteilten Applikationen auf der Basis von SOAP
Web API		Framework zum Erstellen von REST-basierten Webservices (Langform: ASP.NET Core Web API)
WinRT	Windows Runtime	Framework seit Windows 8
WMI	Windows Management Instrumentation	Klassen zur Windows-Administration
WPF	Windows Presentation Framework	Framework zum Erstellen moderner Desktopapplikationen
WSDL	Web Services Description Language	XML-basierte Beschreibungssprache für Webdienste auf SOAP-Basis
WSE	Webservice Enhancements	Webdienst-Erweiterungen von Microsoft
WWW	World Wide Web	Teil des Internets
W3C	World Wide Web Consortium	Standardisierungsorganisation
XAML	eXtensible Application Markup Language	XML-Beschreibung für Windows-Oberflächen
XML	Extensible Markup Language	Universelle textbasierte Beschreibungssprache
XSD	XML Schema Definition Language	XML-Dialekt zur Beschreibung von Datenstrukturen
XSLT	Extensible Stylesheet Language Transformation	Technologie zum Transformieren der Struktur von XML-Dokumenten

Anhang B: Wichtige Dateiendungen

Extension	Beschreibung
.config	Konfigurationsdatei einer Anwendung
.cs	C#-Quellcodedatei
.cshtml	View in einer MVC-Applikation oder Razor Page (Mischung aus C#-Code und HTML)
.cshtml.cs	C#-Datei zu einer MVC-View oder Razor Page
.csproj	C#-Projektdatei
.css	Cascading Style Sheet
.deploy	Dateien für Click Once Deployment
.disco	Static Discovery File
.dll	Assembly (Klassenbibliothek)
.exe	Assembly (ausführbare Datei)
.htm/.html	HTML-Datei
.http	API-Definition zum Testen in Visual Studio
.js	JavaScript-Datei
.json	JSON-Datei (JavaScript Object Notation)
.manifest	Deployment Manifest
.pdb	Debug-Infos (Program Debug Database)
.razor	Razor-Komponente (meist in Blazor-Anwendung)

Extension	Beschreibung
.razor.cs	C#-Code zu einer Razor-Komponente
.resources	Ressourcen-Datei
.resx	Ressourcen-Datei (XML)
.rdl	XML-Report (Reporting Services)
.rdlc	Lokaler XML-Report
.rpt	Crystal Report
.settings	Anwendungseinstellungen (Visual Studio Settings)
.sitemap	Inhaltsverzeichnis des Webs für die Navigation
.sln/.slnx	Visual-Studio-Projektmappe
.suo	Benutzereinstellungen Visual Studio
.vshost.exe	Visual Studio Host zum Laden der Assembly
.wasm	WebAssembly-Datei
.wsf	Skript für Windows Scripting Host
.xaml	Oberflächendatei für WPF
.xaml.cs	Codebehind-Datei für eine XAML-Datei
.xsd	XML-Schema für XML-Dokumente
.xslt	XML-Transformationsdatei

Index

Symbole

A

B

C

D

N

O

S

T

U

V

W

X

Y

Z